Ridder
GGVS-Gefahrgutverordnung Straße
mit ADR
Wortlaut, Anlagen A und B,
Begründung, Straßen-Gefahrgut-
ausnahmeverordnung, Ausgewählte
Richtlinien, Gefahrgutgesetz

D1672265

GefahrgutPraxis

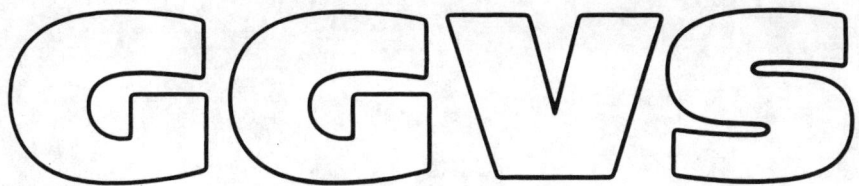

Gefahrgutverordnung Straße mit ADR
Wortlaut · Anlagen A und B ·
Straßen-Gefahrgutausnahmeverordnung
Begründung · Ausgewählte Richtlinien
Gefahrgutgesetz
4. Auflage mit GGVS '88

 K. RIDDER

Dieses Werk will Sie beraten. Die Angaben sind nach bestem Wissen zusammengestellt, jedoch kann eine Verbindlichkeit aus ihnen nicht hergeleitet werden.

CIP-Kurztitelaufnahme der Deutschen Bibliothek

Gefahrgutverordnung Straße : GGVS ; [Verordnung über die innerstaatliche und grenzüberschreitende Beförderung gefährlicher Güter auf Strassen ; vom 22. Juli 1985]. Mit ADR [u. a.]. K. Ridder. – Sonderdr., 4. Aufl. – Landsberg/Lech : ecomed, 1988
    (GefahrgutPraxis)
    Aus: Gefahrgut-Handbuch. – Einheitssacht. d. beigef. Werkes: Vertrag
    < 1957.09.30 >
    ISBN 3-609-67930-1
NE: Ridder, Klaus [Bearb.]; Deutschland < Bundesrepublik >: Vertrag
    < 1957.09.30 >; GGVS; beigef. Werk

GGVS: Gefahrgutverordnung Straße mit ADR, Wortlaut, Anlagen A und B, Begründung, Straßen-Gefahrgutausnahmeverordnung, Ausgewählte Richtlinien
4. Auflage 1988
Verfasser: Klaus Ridder
Sonderdruck mit freundlicher Genehmigung aus:
GefahrgutHandbuch
Verfasser: Klaus Ridder
ecomed verlagsgesellschaft mbH, Landsberg · München
ISBN: 3-609-7700-7
© 1986 ecomed verlagsgesellschaft mbH
Justus-von-Liebig-Straße 1, 8910 Landsberg/Lech
Telefon (08191) 125-0, Telex 527-114

Gesamtherstellung: Kessler Verlagsdruckerei GmbH, 8903 Bobingen 1
Printed in Germany 670930/108875
ISBN: 3-609-67930-1

IV

Inhaltsübersicht

V

Vorwort zur 4. Auflage

Die Allgemeinheit und auch die an der Beförderung gefährlicher Güter Beteiligten haben einen Anspruch darauf, vor den Gefahren beim Transport solcher Güter geschützt zu werden. Mehr Schutz wurde insbesondere auch nach den schweren Gefahrgutunfällen, die sich Mitte 1987 in Herborn und Schonach ereigneten, gefordert. Es ist daher Pflicht des Verordnungsgebers, Vorschriften zu erlassen, die Unfälle nach Möglichkeit verhindern. Gerade in der Bundesrepublik gibt es genug solche Vorschriften (die auch ständig fortentwickelt werden). Sie müssen allerdings bekannt sein, um beachtet werden zu können. Dazu soll diese Ausgabe, die aufgrund ihrer Handlichkeit überall hin mitgenommen werden kann, beitragen.

Die wichtigsten Vorschriften für den Straßenverkehr sind enthalten in der **Verordnung über die innerstaatliche und grenzüberschreitende Beförderung gefährlicher Güter auf Straßen (abgekürzt: Gefahrgutverordnung Straße – GGVS)** und in der **Straßen-Gefahrgutausnahmeverordnung.** Die letztgenannte Verordnung wurde im August 1987 seit ihrem Erlaß im vorhergehenden Jahr bereits zum dritten Mal geändert. Umfangreich geändert wurde, mit Wirkung vom 1. Januar 1988, die GGVS. Beide aktuellen Fassungen sind im vorliegenden Werk berücksichtigt; außerdem sind die wichtigsten ergänzenden Gesetzes-, Verordnungs- und Richtlinientexte enthalten.

Mit Hilfe des seitlich aufgedruckten Registers findet der Benutzer leicht die gewünschten Stellen, da die Systematik der GGVS zugrunde gelegt wurde.

Will jemand wissen, warum diese oder jene Vorschrift erlassen worden ist, so schaut er in die **amtliche Begründung.**

Die **Richtlinie zur Durchführung der GGVS** mit dem **Bußgeldkatalog** findet man unter dem Registerpunkt RS 002 in der ab August gültigen Fassung.

Die Mitte 1988 aktualisierte **Richtlinie RS 006** zur Erstellung von Unfallmerkblättern mit 4-farbigem **Merkblatt für Sammelladungen** ist in dieser 4. Auflage schon berücksichtigt.

Die Vorschriften für die künftigen »Großpackmittel«, das sind Behältnisse, die international noch mit der Bezeichnung **IBC** (= **I**ntermediate **B**ulk **C**ontainer) bezeichnet werden, sind im letzten Teil abgedruckt.

Königswinter-Berghausen, im August 1988   Klaus Ridder

Gesetz über die Beförderung gefährlicher Güter (Gefahrgutgesetz)

II

Gesetz
über die Beförderung gefährlicher Güter

Vom 6. August 1975
– unter Berücksichtigung der Änderungen vom
28. 3. 1980 und 18. 9. 1980 –

Der Bundestag hat mit Zustimmung des Bundesrates das folgende Gesetz beschlossen:

§ 1
Geltungsbereich

(1) Dieses Gesetz gilt für die Beförderung gefährlicher Güter mit Eisenbahn-, Straßen-, Wasser- und Luftfahrzeugen.

Es findet keine Anwendung auf die Beförderung

1. innerhalb von Betrieben, in denen gefährliche Güter hergestellt, bearbeitet, verarbeitet, gelagert, verwendet oder vernichtet werden, soweit sie auf einem abgeschlossenen Gelände stattfindet,

2. im Bereich der Deutschen Bundespost,

3. im grenzüberschreitenden Verkehr, wenn und soweit auf den betreffenden Beförderungsvorgang Vorschriften der Europäischen Gemeinschaften oder zwischenstaatliche Vereinbarungen oder auf solchen Vorschriften oder Vereinbarungen beruhende innerstaatliche Rechtsvorschriften unmittelbar anwendbar sind, es sei denn, diese Vereinbarungen nehmen auf innerstaatliche Rechtsvorschriften Bezug,

4. mit Bergbahnen.

(2) Dieses Gesetz berührt nicht

1. Rechtsvorschriften über gefährliche Güter, die aus anderen Gründen als aus solchen der Sicherheit im Zusammenhang mit der Beförderung erlassen sind,

2. auf örtlichen Besonderheiten beruhende Sicherheitsvorschriften des Bundes, der Länder oder der Gemeinden.

§ 2
Begriffsbestimmungen

(1) Gefährliche Güter im Sinne dieses Gesetzes sind Stoffe und Gegenstände, von denen auf Grund ihrer Natur, ihrer Eigenschaften oder ihres Zustandes im Zusammenhang mit der Beförderung Gefahren für die öffentliche Sicherheit oder Ordnung, insbesondere für die Allgemeinheit, für wichtige Gemeingüter, für Leben und Gesundheit von Menschen sowie für Tiere und andere Sachen ausgehen können.

(2) Die Beförderung im Sinne dieses Gesetzes umfaßt nicht nur den Vorgang der Ortsveränderung, sondern auch die Übernahme und die Ablieferung des Gutes sowie zeitweilige Aufenthalte im Verlauf der Beförderung, Vorbereitungs- und Abschluß-

Quelle: Bundesgesetzblatt I, 1975, S. 2121
Bundesgesetzblatt I, 1980, S. 373 und 1729

handlungen (Verpacken und Auspacken der Güter, Be- und Entladen), auch wenn diese Handlungen nicht vom Beförderer ausgeführt werden.

§ 3
Ermächtigungen

(1) Die Bundesregierung wird ermächtigt, mit Zustimmung des Bundesrates Rechtsverordnungen und allgemeine Verwaltungsvorschriften über die Beförderung gefährlicher Güter zu erlassen, insbesondere über

1. die Zulassung der Güter zur Beförderung,

2. die Verpackung, das Zusammenpacken und Zusammenladen,

3. die Kennzeichnung von Versandstücken,

4. den Bau, die Beschaffenheit, Ausrüstung, Prüfung und Kennzeichnung der Fahrzeuge und Beförderungsbehältnisse,

5. das Verhalten während der Beförderung,

6. die Beförderungsgenehmigungen, die Beförderungs- und Begleitpapiere,

7. die Auskunfts-, Aufzeichnungs- und Anzeigepflichten,

8. die Besetzung und Begleitung der Fahrzeuge,

9. die Befähigungsnachweise,

10. die Meß- und Prüfverfahren,

11. die Schutzmaßnahmen für das Beförderungspersonal,

12. das Verhalten und die Schutz- und Hilfsmaßnahmen nach Unfällen mit gefährlichen Gütern,

13. die ärztliche Überwachung und Untersuchung des Fahrpersonals und anderer bei der Beförderung beschäftigter Personen,

soweit dies zum Schutz gegen die von der Beförderung gefährlicher Güter ausgehenden Gefahren und erheblichen Belästigungen erforderlich ist. Das Grundrecht auf körperliche Unversehrtheit (Artikel 2 Abs. 2 Satz 1 des Grundgesetzes) wird nach Maßgabe des Satzes 1 Nr. 13 eingeschränkt.

(2) Rechtsverordnungen nach Absatz 1 können auch zur Durchführung oder Umsetzung von Rechtsakten der Europäischen Gemeinschaften und zur Erfüllung von Verpflichtungen aus zwischenstaatlichen Vereinbarungen erlassen werden.

(3) Die Bundesregierung kann durch Rechtsverordnung ohne Zustimmung des Bundesrates die Ermächtigung nach den Absätzen 1 und 2 ganz oder teilweise auf den Bundesminister für Verkehr übertragen.

(4) Soweit Sicherheitsgründe und die Eigenart des Verkehrsmittels es zulassen, soll die Beförderung gefährlicher Güter mit allen Verkehrsmitteln einheitlich geregelt werden.

(5) In den Rechtsverordnungen nach Absatz 1 sind Ausnahmen für die Streitkräfte, den Bundesgrenzschutz und die Polizeien sowie die Kampfmittelräumdienste der Länder zuzulassen, soweit dies Gründe der Verteidigung, polizeiliche Aufgaben oder die Aufgaben der Kampfmittelräumung erfordern.

1

§ 4

Anhörung von Sachverständigen und der beteiligten Wirtschaft

(1) Vor dem Erlaß von Rechtsverordnungen nach § 3 sollen Sachverständige der Bundesanstalt für Materialprüfung, der Physikalisch-Technischen Bundesanstalt, des Instituts für Chemisch-Technische Untersuchungen und des Bundesgesundheitsamtes sowie sonstige Sachverständige für gefährliche Güter, für Fahrzeug- und Behälterbau und andere mit der Beförderung gefährlicher Güter zusammenhängende Fragen angehört werden.

(2) Der Bundesminister für Verkehr bestimmt die Zahl der anzuhörenden Sachverständigen sowie das Nähere über die Berufung der Sachverständigen und über das Anhörungsverfahren.

§ 5

Zuständigkeiten

(1) Im Bereich der Bundeseisenbahnen, im Luftverkehr sowie auf dem Gebiet der See- und Binnenschiffahrt auf Bundeswasserstraßen einschließlich der bundeseigenen Häfen obliegt die Wahrnehmung der Aufgaben nach diesem Gesetz und nach den auf ihm beruhenden Rechtsvorschriften dem Bund in bundeseigener Verwaltung. Unberührt bleiben die Zuständigkeiten für die Hafenaufsicht (Hafenpolizei) in den nicht vom Bund betriebenen Stromhäfen an Bundeswasserstraßen.

(2) Die Bundesregierung wird ermächtigt, durch Rechtsverordnung ohne Zustimmung des Bundesrates die für die Ausführung dieses Gesetzes und der auf ihm beruhenden Rechtsvorschriften zuständigen Behörden und Stellen zu bestimmen, soweit es sich um den Bereich der bundeseigenen Verwaltung handelt. Wenn und soweit der Zweck des Gesetzes durch das Verwaltungshandeln der Länder nicht erreicht werden kann, kann die Bundesregierung durch Rechtsverordnung mit Zustimmung des Bundesrates die Bundesanstalt für Materialprüfung, die Physikalisch-Technische Bundesanstalt, das Bundesgesundheitsamt, das Institut für Chemisch-Technische Untersuchungen und das Kraftfahrt-Bundesamt auch für den Bereich für zuständig erklären, in dem die Länder dieses Gesetz und die auf ihm beruhenden Rechtsvorschriften auszuführen hätten.

(3) Soweit zwischenstaatliche Vereinbarungen oder Rechtsakte der Europäischen Gemeinschaften auf die zuständigen Behörden der Vertragsstaaten Bezug nehmen, gilt für die Bestimmung dieser Behörden durch Rechtsverordnung Absatz 2 entsprechend.

(4) Die Bundesregierung kann durch Rechtsverordnung ohne Zustimmung des Bundesrates die Ermächtigung nach den Absätzen 2 und 3 ganz oder teilweise auf den Bundesminister für Verkehr übertragen.

(5) Die Bundesregierung wird ermächtigt, durch Rechtsverordnung ohne Zustimmung des Bundesrates zu bestimmen, daß der Vollzug dieses Gesetzes und der auf dieses Gesetz gestützten Rechtsverordnungen in Fällen, in denen gefährliche Güter durch die Streitkräfte oder den Bundesgrenzschutz beför-

dert werden, Bundesbehörden obliegt, soweit dies Gründe der Verteidigung oder die Aufgaben des Bundesgrenzschutzes erfordern.

(6) Absatz 5 gilt nicht im Land Berlin.

§ 6

Ausnahmen

Allgemeine Ausnahmen von den auf diesem Gesetz beruhenden Rechtsverordnungen kann der Bundesminister für Verkehr durch Rechtsverordnung ohne Zustimmung des Bundesrates zulassen; vor ihrem Erlaß sind die zuständigen obersten Landesbehörden zu hören.

§ 7

Sofortmaßnahmen

(1) Der Bundesminister für Verkehr kann die Beförderung bestimmter gefährlicher Güter untersagen oder nur unter Bedingungen und Auflagen gestatten, wenn sich die geltenden Sicherheitsvorschriften als unzureichend zur Einschränkung der von der Beförderung ausgehenden Gefahren herausstellen und eine Änderung der Rechtsvorschriften in dem nach § 3 vorgesehenen Verfahren nicht abgewartet werden kann. Allgemeine Anordnungen dieser Art trifft der Bundesminister für Verkehr durch Rechtsverordnung ohne Zustimmung des Bundesrates.

(2) Absatz 1 gilt sinngemäß für den Fall, daß sich bei der Beförderung von Gütern, die bisher nicht den Vorschriften für die Beförderung gefährlicher Güter unterworfen waren, eine Gefährdung im Sinne von § 2 Abs. 1 herausstellt.

(3) Auf Grund von Absatz 1 und 2 getroffene Anordnungen gelten ein Jahr, sofern sie nicht vorher zurückgenommen werden.

§ 8

Sicherungsmaßnahmen, Zurückweisen von Gefahrguttransporten

(1) Wenn ein Fahrzeug, das gefährliche Güter befördert, nicht den jeweils geltenden Vorschriften über die Beförderung gefährlicher Güter entspricht oder die vorgeschriebenen Papiere nicht vorgelegt werden, können die für die Überwachung zuständigen Behörden die zur Behebung des Mangels erforderlichen Maßnahmen treffen. Im grenzüberschreitenden Verkehr können von außerhalb des Geltungsbereichs dieses Gesetzes kommende Fahrzeuge in solchen Fällen zurückgewiesen werden.

(2) Absatz 1 gilt für die Ladung entsprechend.

§ 9

Überwachung

(1) Die Beförderung gefährlicher Güter unterliegt der Überwachung durch die zuständigen Behörden.

(2) Die für die Beförderung gefährlicher Güter Verantwortlichen (Absatz 5) haben den für die Überwachung zuständigen Behörden und deren Beauftragten die zur Erfüllung ihrer Aufgaben erforderlichen Auskünfte unverzüglich zu erteilen. Die

von der zuständigen Behörde mit der Überwachung beauftragten Personen sind befugt, Grundstücke, Betriebsanlagen, Geschäftsräume, Fahrzeuge und zur Verhütung dringender Gefahren für die öffentliche Sicherheit oder Ordnung, insbesondere für die Allgemeinheit, für wichtige Gemeingüter, für Leben und Gesundheit von Menschen sowie für Tiere und andere Sachen auch die Wohnräume des Auskunftspflichtigen zu betreten, dort Prüfungen und Besichtigungen vorzunehmen und die geschäftlichen Unterlagen des Auskunftspflichtigen einzusehen. Der Auskunftspflichtige hat diese Maßnahmen zu dulden. Er hat den mit der Überwachung beauftragten Personen auf Verlangen Proben und Muster von gefährlichen Stoffen und Gegenständen oder Muster von Verpackungen zum Zwecke der amtlichen Untersuchung zu übergeben. Das Grundrecht der Unverletzlichkeit der Wohnung (Artikel 13 des Grundgesetzes) wird insoweit eingeschränkt.

(3) Die Absätze 1 und 2 gelten auch für die Überwachung von Fertigungen von Verpackungen, Behältern (Containern) und Fahrzeugen, die nach Baumustern hergestellt werden, welche in den Vorschriften für die Beförderung gefährlicher Güter festgelegt sind.

(4) Der zur Erteilung der Auskunft Verpflichtete kann die Auskunft auf solche Fragen verweigern, deren Beantwortung ihn selbst oder einen der in § 383 Abs. 1 Nr. 1 bis 3 der Zivilprozeßordnung bezeichneten Angehörigen der Gefahr strafrechtlicher Verfolgung oder eines Verfahrens nach dem Gesetz über Ordnungswidrigkeiten aussetzen würde.

(5) Verantwortlicher für die Beförderung ist, wer als Unternehmer oder als Inhaber eines Betriebes

1. gefährliche Güter verpackt, verlädt, versendet, befördert, entlädt, empfängt oder auspackt oder
2. Verpackungen, Behälter (Container) oder Fahrzeuge zur Beförderung gefährlicher Güter gemäß Absatz 3 herstellt.

§ 10
Ordnungswidrigkeiten

(1) Ordnungswidrig handelt, wer vorsätzlich oder fahrlässig

1. einer Rechtsverordnung nach § 3, § 7 Abs. 1 Satz 2 oder § 7 Abs. 2 in Verbindung mit § 7 Abs. 1 Satz 2 zuwiderhandelt, soweit sie für einen bestimmten Tatbestand auf diese Bußgeldvorschrift verweist,
2. einer vollziehbaren Untersagung oder Auflage nach § 7 Abs. 1 Satz 1 oder § 7 Abs. 2 in Verbindung mit § 7 Abs. 1 Satz 1 zuwiderhandelt,
3. entgegen § 9 Abs. 2 Satz 1 oder § 9 Abs. 3 in Verbindung mit § 9 Abs. 2 Satz 1 eine Auskunft nicht, nicht richtig, nicht vollständig oder nicht rechtzeitig erteilt oder
4. einer Duldungspflicht nach § 9 Abs. 2 Satz 3 oder einer Übergabepflicht nach § 9 Abs. 2 Satz 4, jeweils auch in Verbindung mit § 9 Abs. 3, zuwiderhandelt.

(2) Ordnungswidrig handelt auch, wer vorsätzlich oder fahrlässig den Vorschriften über die Beförderung gefährlicher Güter

1. der Anlagen A und B zum Europäischen Übereinkommen vom 30. September 1957 über die internationale Beförderung gefährlicher Güter auf der Straße (ADR) in der Fassung vom 29. Juli 1968 (Anlageband zum Bundesgesetzbl. 1969 II Nr. 54), zuletzt geändert durch die 5. ADR-ÄnderungsV vom 8. Juli 1974 (Bundesgesetzbl. II S. 949),
2. der Anlage I zum Internationalen Übereinkommen über den Eisenbahnfrachtverkehr (CIM) vom 7. Februar 1970 (Bundesgesetzbl. 1974 II S. 357, 381)

zuwiderhandelt, soweit eine Rechtsverordnung nach Satz 2 für einen bestimmten Tatbestand auf diese Bußgeldvorschrift verweist. Die Rechtsverordnung erläßt der Bundesminister für Verkehr ohne Zustimmung des Bundesrates. Verbindlicher Wortlaut der in Satz 1 bezeichneten Anlagen ist hierbei die amtliche Übersetzung.

(3) Ordnungswidrig handelt ferner, wer vorsätzlich oder fahrlässig

1. einer Rechtsverordnung nach Artikel 2 des Gesetzes zu dem Europäischen Übereinkommen vom 30. September 1957 über die internationale Beförderung gefährlicher Güter auf der Straße (ADR) vom 18. August 1969 (Bundesgesetzbl. II S. 1489) oder
2. einer Rechtsverordnung nach Artikel 2 des Gesetzes zu dem Zusatzübereinkommen vom 26. Februar 1966 zum Internationalen Übereinkommen über den Eisenbahn-Personen- und -Gepäckverkehr vom 25. Februar 1961 über die Haftung der Eisenbahn für Tötung und Verletzung von Reisenden sowie zu den Internationalen Übereinkommen vom 7. Februar 1970 über den Eisenbahnfrachtverkehr und den Eisenbahn-Personen- und -Gepäckverkehr vom 26. April 1974 (Bundesgesetzbl. II S. 357) zuwiderhandelt, soweit sie für einen bestimmten Tatbestand auf diese Bußgeldvorschrift verweist.

Absatz 2 Satz 3 ist anzuwenden.

(4) Die Ordnungswidrigkeit nach Absatz 1 Nr. 1 und 2 sowie nach Absatz 2 und 3 kann mit einer Geldbuße bis zu hunderttausend Deutsche Mark, die Ordnungswidrigkeit nach Absatz 1 Nr. 3 und 4 mit einer Geldbuße bis zu zweitausend Deutsche Mark geahndet werden.

(5) Wird eine Zuwiderhandlung nach Absatz 1, 2 Nr. 1 oder Absatz 3 Nr. 1 bei der Beförderung gefährlicher Güter auf der Straße in einem Unternehmen begangen, das im Geltungsbereich des Gesetzes weder seinen Sitz noch eine geschäftliche Niederlassung hat, und hat auch der Betroffene im Geltungsbereich des Gesetzes keinen Wohnsitz, so ist Verwaltungsbehörde im Sinne des § 36 Abs. 1 Nr. 1 des Gesetzes über Ordnungswidrigkeiten die Bundesanstalt für den Güterfernverkehr.

(6) § 7 Abs. 2 Satz 2 des Gesetzes über die Aufgaben des Bundes auf dem Gebiet der Binnenschiff-

fahrt vom 15. Februar 1956 (Bundesgesetzbl. II
S. 317), zuletzt geändert durch Artikel 4 des Gesetzes vom 22. Januar 1975 zu dem Internationalen
Schiffsvermessungs-Übereinkommen vom 23. Juni
1969 (Bundesgesetzbl. 1975 II S. 65), bleibt unberührt.

§ 11

Strafvorschriften

Entfällt durch 18. Strafrechtänderungsgesetz

§ 12

Kosten

(1) Für Amtshandlungen, Prüfungen und Untersuchungen nach diesem Gesetz und den auf ihm beruhenden Rechtsvorschriften werden Kosten (Gebühren und Auslagen) erhoben. Das Verwaltungskostengesetz vom 23. Juni 1970 (Bundesgesetzbl. I
S. 821) findet Anwendung.

(2) Der Bundesminister für Verkehr bestimmt
durch Rechtsverordnung die gebührenpflichtigen
Tatbestände näher und sieht dabei feste Sätze oder
Rahmensätze vor. Die Gebühr beträgt mindestens
zehn Deutsche Mark; sie darf im Einzelfall fünfzigtausend Deutsche Mark nicht übersteigen.

(3) In den Rechtsverordnungen nach Absatz 2
kann bestimmt werden, daß die für die Prüfung oder
Untersuchung zulässige Gebühr auch erhoben werden darf, wenn die Prüfung oder Untersuchung
ohne Verschulden der prüfenden oder untersuchenden Stelle und ohne ausreichende Entschuldigung
des Antragstellers am festgesetzten Termin nicht
stattfinden konnte oder abgebrochen werden mußte.

(4) Rechtsverordnungen über Kosten, deren Gläubiger der Bund ist, bedürfen nicht der Zustimmung
des Bundesrates.

§ 13

Änderungen anderer Gesetze

(1) Das Gesetz über die Aufgaben des Bundes auf
dem Gebiet der Seeschiffahrt vom 24. Mai 1965
(Bundesgesetzbl. II S. 833), zuletzt geändert durch
Artikel 3 des Gesetzes vom 27. Januar 1975 zu dem
Internationalen Übereinkommen vom 29. November
1969 über Maßnahmen auf Hoher See bei Ölverschmutzungs-Unfällen (Bundesgesetzbl. 1975 II
S. 137), wird wie folgt geändert:

1. In § 1 wird die Nummer 7 gestrichen; die Nummern 8 bis 12 werden Nummern 7 bis 11.

2. In § 3 Abs. 1 Satz 1 wird im zweiten Halbsatz
die Verweisung „§ 9 Abs. 6" durch die Verweisung „§ 9 Abs. 5" ersetzt.

3. In § 4 Abs. 1 Satz 2 Nr. 3 wird die Verweisung
„§ 1 Nrn. 10 bis 12" durch die Verweisung „§ 1
Nr. 9 bis 11" ersetzt.

4. § 9 wird wie folgt geändert:

a) In Absatz 1 Satz 1 Nr. 5 werden die Worte
„und gefährlichen Seefrachtgütern" gestrichen;

b) Absatz 5 wird gestrichen; der bisherige Absatz 6 wird Absatz 5.

5. In § 12 Abs. 2 Satz 6 Nr. 3 wird die Verweisung
„§ 1 Nr. 4 bis 6 und 9" durch die Verweisung
„§ 1 Nr. 4 bis 6 und 8" ersetzt.

(2) Das Gesetz über die Aufgaben des Bundes auf
dem Gebiet der Binnenschiffahrt vom 15. Februar
1956 (Bundesgesetzbl. II S. 317), zuletzt geändert
durch Artikel 4 des Gesetzes vom 22. Januar 1975
zu dem Internationalen Schiffsvermessungs-Übereinkommen vom 23. Juni 1969 (Bundesgesetzbl. 1975
II S. 65), wird wie folgt geändert:

1. In § 3 Abs. 1 Satz 1 wird die Nummer 3 gestrichen; die Nummern 4 bis 6 werden Nummern 3
bis 5.

2. In § 3 Abs. 1 Satz 2 wird die Verweisung „Nummern 2 bis 5" durch die Verweisung „Nummern 2
bis 4" ersetzt.

3. § 3 Abs. 1 Satz 3 wird gestrichen.

4. In § 3 Abs. 1a wird die Verweisung „Satz 1 Nr.
1 bis 3" durch die Verweisung „Satz 1 Nr. 1 und
2" ersetzt.

5. In § 3 b Abs. 2 Satz 2 wird die Nummer 6 gestrichen; die Nummern 7 und 8 werden Nummern
6 und 7.

(3) Das Straßenverkehrsgesetz in der Fassung
vom 19. Dezember 1952 (Bundesgesetzbl. I S. 837),
zuletzt geändert durch Artikel 2 des Dreizehnten
Strafrechtsänderungsgesetzes vom 13. Juni 1975
(Bundesgesetzbl. I S. 1349), wird wie folgt geändert:

1. In § 6 Abs. 1 Satz 1 werden Nummer 3 Buchstabe g und Nummer 5 gestrichen.

2. In § 28 Nr. 3 werden die Worte „dieses Gesetzes" ersetzt durch „dieses Gesetzes, nach § 10 des
Gesetzes über die Beförderung gefährlicher Güter, soweit die Ordnungswidrigkeit im Zusammenhang mit der Beförderung gefährlicher Güter
auf der Straße begangen wurde".

3. In § 30 Abs. 1 Nr. 1 werden die Worte „diesem
Gesetz" ersetzt durch „diesem Gesetz, dem Gesetz über die Beförderung gefährlicher Güter,".

4. In § 30 Abs. 1 Nr. 2 wird nach den Worten „dieses Gesetzes", eingefügt „des Gesetzes über die
Beförderung gefährlicher Güter,".

(4) § 54 Abs. 2 des Güterkraftverkehrsgesetzes
(GüKG) in der Fassung der Bekanntmachung vom
22. Dezember 1969 (Bundesgesetzbl. 1970 I S. 1), zuletzt geändert durch Artikel 28 des Zuständigkeitslockerungsgesetzes vom 10. März 1975 (Bundesgesetzbl. I S. 685), wird wie folgt geändert:

1. In Nummer 2 wird das Wort „und" durch ein
Komma ersetzt.

2. In Nummer 3 wird der Punkt hinter dem Wort
„kann" durch das Wort „und" ersetzt.

3. Folgende Nummer 4 wird angefügt:

„4. die Rechtsvorschriften über die Beförderung
gefährlicher Güter auf der Straße eingehalten
werden, soweit diese Überwachung im Rahmen der Maßnahmen nach § 55 Abs. 1 Nr. 4
durchgeführt werden kann."

(5) Das Luftverkehrsgesetz in der Fassung der Bekanntmachung vom 4. November 1968 (Bundesgesetzbl. I S. 1113), zuletzt geändert durch § 70 des Bundes-Immissionsschutzgesetzes vom 15. März 1974 (Bundesgesetzbl. I S. 721, 1193), wird wie folgt geändert:

Entfällt durch 9. Änderungsgesetz des
Luftverkehrsgesetzes

(6) Das Atomgesetz vom 23. Dezember 1959 (Bundesgesetzbl. I S. 814), zuletzt geändert durch § 69 des Bundes-Immissionsschutzgesetzes vom 15. März 1974 (Bundesgesetzbl. I S. 721, 1193), wird wie folgt geändert:

1. In § 12 Abs. 1 werden in Nummern 1 und 6 jeweils nach den Worten „der in §§ 7 und 11 Abs. 1 Nr. 2 bezeichneten Art" das Komma gestrichen und das Wort „sowie" eingefügt; ferner werden die Worte „sowie bei der Beförderung dieser Stoffe, Anlagen, Geräte und Vorrichtungen" gestrichen; es wird folgender Satz angefügt: „Satz 1 Nr. 1 und 6 gilt entsprechend für die Beförderung radioaktiver Stoffe, soweit es sich um die Erreichung der in § 1 Nr. 1, 3 und 4 genannten Zwecke und um Regelungen über die Deckungsvorsorge handelt."

2. In § 21 Abs. 2 Nr. 3 werden nach der Zahl „9" die Worte „sowie für Genehmigungen zur Ausführung von Rechtsverordnungen, die auf Grund der §§ 10 bis 12 dieses Gesetzes erlassen sind," eingefügt.

3. In § 23 Satz 1 werden nach den Worten „der Beförderung von Kernbrennstoffen" die Worte „und Großquellen" eingefügt; der Punkt nach dem Wort „zuständig" wird durch einen Strichpunkt ersetzt und folgender Halbsatz angefügt: „Großquellen im Sinne des ersten Halbsatzes sind radioaktive Stoffe, deren Aktivität je Beförderungs- oder Versandstück die Werte der Randnummer 2450 Bem. 5 der Anlage A zu dem Europäischen Übereinkommen vom 30. September 1957 über die internationale Beförderung gefährlicher Güter auf der Straße (ADR) (Bundesgesetzblatt 1969 II S. 1489) übersteigt."

(7) § 37 Abs. 3 des Gesetzes über explosionsgefährliche Stoffe (Sprengstoffgesetz) vom 25. August 1969 (Bundesgesetzbl. I S. 1358), geändert durch Artikel 182 des Einführungsgesetzes zum Strafgesetzbuch vom 2. März 1974 (Bundesgesetzbl. I S. 469, 589), wird aufgehoben.

(8) Artikel 4 des Gesetzes zu dem Europäischen Übereinkommen vom 30. September 1957 über die internationale Beförderung gefährlicher Güter auf der Straße (ADR) tritt außer Kraft, wenn die Zuständigkeit zur Ausführung des Übereinkommens durch eine Rechtsverordnung gemäß § 5 Abs. 3 dieses Gesetzes geregelt wird.

§ 14
Berlin-Klausel

(1) Dieses Gesetz gilt nach Maßgabe des § 13 Abs. 1 des Dritten Überleitungsgesetzes vom 4. Januar 1952 (Bundesgesetzbl. I S. 1) auch im Land Berlin. Soweit den Wasser- und Schiffahrtsdirektionen des Bundes auf Grund dieses Gesetzes oder durch Rechtsverordnungen auf Grund dieses Gesetzes Aufgaben zugewiesen werden, nimmt diese im Land Berlin der zuständige Fachsenator wahr.

(2) Rechtsverordnungen auf Grund dieses Gesetzes gelten im Land Berlin nach § 14 des Dritten Überleitungsgesetzes.

§ 15
Inkrafttreten

Dieses Gesetz tritt mit Ausnahme des § 13 Abs. 5 am Tage nach der Verkündung in Kraft. § 13 Abs. 5 tritt in Kraft, sobald eine Rechtsverordnung über die Beförderung gefährlicher Güter in Luftfahrzeugen auf Grund dieses Gesetzes in Kraft getreten ist.

Das vorstehende Gesetz wird hiermit verkündet.

Bonn, den 6. August 1975

Für den Bundespräsidenten
Der Präsident des Bundesrates
Kubel

Der Bundeskanzler
Schmidt

Der Bundesminister für Verkehr
K. Gscheidle

Der Bundesminister des Innern
W. Maihofer

Der Bundesminister
für Arbeit und Sozialordnung
Walter Arendt

Verordnung
über die innerstaatliche und grenzüberschreitende
Beförderung gefährlicher Güter auf Straßen
(Gefahrgutverordnung Straße – GGVS)
vom 22. Juli 1985

unter Berücksichtigung der Ersten Verordnung
zur Änderung der Gefahrgutverordnung Straße
(1. Straßen-Gefahrgutänderungsverordnung)
vom 21. Dezember 1987

Verordnung über die innerstaatliche und grenzüberschreitende Beförderung gefährlicher Güter auf Straßen (Gefahrgutverordnung Straße – GGVS) Vom 22. Juli 1985*)

unter Berücksichtigung der ersten Verordnung zur Änderung der Gefahrgutverordnung Straße (1. Straßen-Gefahrgutänderungsverordnung) vom 21. Dezember 1987**)

§ 1
Grundregel

(1) Diese Verordnung regelt die Beförderung gefährlicher Güter mit Straßenfahrzeugen.

(2) Die innerstaatliche Beförderung gefährlicher Güter unterliegt den Vorschriften, die in den Anlagen A und B zu dieser Verordnung über die ganze Seite sowie links vom mittleren Trennungsstrich abgedruckt sind.

(3) Die grenzüberschreitende Beförderung unterliegt den Regeln des Europäischen Übereinkommens vom 30. September 1957 über die internationale Beförderung gefährlicher Güter auf der Straße (ADR-Übereinkommen) (BGBl. 1969 II S. 1489), deren Übersetzung in deutscher Sprache sich aus den in den Anlagen A und B zu dieser Verordnung über die ganze Seite sowie rechts vom mittleren Trennungsstrich abgedruckten Vorschriften ergibt. Im übrigen gelten die Vorschriften dieser Verordnung für grenzüberschreitende Beförderungen nur, soweit dies ausdrücklich bestimmt ist.

(4) Folgende Vorschriften der Anlagen A und B gelten in der für innerstaatliche Beförderungen anzuwendenden Fassung auch für grenzüberschreitende Beförderungen:

Anlage A

Randnummer 2002 Abs. 3 Satz 2,

Anlage B

Randnummer 10 003,
            10 118 Abs. 5 Satz 4,
            10 130 Abs. 1 Satz 4 und 5,
            10 204 Abs. 4,
            10 240 Abs. 5,
            10 260 Abs. 3,
            10 315 Abs. 7 Satz 1,
            10 353 Abs. 3,
            10 381 Abs. 1, Abs. 2 Buchstabe f und Abs. 3,

Randnummer 10 385 Abs. 1 Satz 1 und Abs. 3,
            10 500 Abs. 10 (ausgenommen die Vorschriften über die Warntafelhalterung) und 11,

Randnummer   11 311 Satz 2,
            11 401 Abs. 4,
            51 220 Abs. 4 Satz 1,
            52 401 Satz 3,
            71 500 Abs. 2, Satz 2, 2. Halbsatz und Satz 3,
            211 153 Satz 1,
            211 170 Satz 2,
            211 172 Abs. 6,
            211 270 Satz 3,
            211 371 Satz 2,
            211 673 Satz 2,
            211 771 Satz 2,
            212 153 Satz 1.

§ 2
Begriffsbestimmungen

(1) Im Sinne dieser Verordnung

1. sind gefährliche Güter die den in der Anlage A Randnummer 2002 Abs. 2 in Verbindung mit Absatz 1 Sätze 3 bis 5 aufgeführten einzelnen Klassen zugehörenden Güter;

2. ist Beförderer, wer das Fahrzeug für die Ortsveränderung des Gutes verwendet;

3. ist Absender, wer mit dem Beförderer einen Beförderungsvertrag abschließt; wird kein Beförderungsvertrag abgeschlossen, so gilt der Beförderer als Absender;

4. ist Verlader, wer als unmittelbarer Besitzer das Gut dem Beförderer zur Beförderung übergibt oder selbst befördert;

5. ist Fahrzeugführer, wer das Fahrzeug lenkt;

6. sind behördlich anerkannte Sachverständige, soweit in den Anlagen A und B nicht ausdrücklich etwas anderes bestimmt ist, die Sachverständigen nach § 9 Abs. 3 Nr. 2.

(2) Absatz 1 gilt auch für grenzüberschreitende Beförderungen.

---

*) Quelle: BGBl. I 1985, S. 1550
**) Quelle: BGBl. I 1987, S. 2858

§ 3
Zulassung zur Beförderung

(1) Gefährliche Güter dürfen auf der Straße nur befördert werden, wenn sie nach der Anlage A Randnummer 2002 Abs. 1 Sätze 3 bis 5 zur Beförderung zugelassen sind. Der Verlader darf gefährliche Güter dem Beförderer nur übergeben, wenn sie zur Beförderung zugelassen sind. Der Beförderer ist verpflichtet, anhand der ihm vorgelegten Begleitpapiere nachzuprüfen, ob die gefährlichen Güter nach der Anlage A Randnummer 2002 Abs. 1 Sätze 3 bis 5 zur Beförderung zugelassen sind.

(2) Absatz 1 gilt auch für grenzüberschreitende Beförderungen.

§ 4
Sicherheitspflichten

(1) Die an der Beförderung gefährlicher Güter Beteiligten haben die nach Art und Ausmaß der vorhersehbaren Gefahren erforderlichen Vorkehrungen zu treffen, um Schadensfälle zu verhindern und bei Eintritt eines Schadens dessen Umfang so gering wie möglich zu halten.

(2) Der Absender muß den Beförderer und der Verlader muß den Fahrzeugführer auf das gefährliche Gut und dessen Bezeichnung (Benennung, Klasse, Ziffer und ggf. Buchstabe der Stoffaufzählung) sowie ggf. auf die Erlaubnispflicht (§ 7) hinweisen. Wird der Absender im Auftrage eines anderen tätig, so hat der Auftraggeber den Absender in gleicher Weise zu unterrichten. Die Sorgfaltspflichten des Beförderers werden hierdurch nicht berührt.

(3) Wer eigenverantwortlich Versandstücke zum Zwecke der Beförderung gefährlicher Güter verpackt oder verpacken läßt, muß die Vorschriften über

1. die Verpackung nach der Anlage A Klassen 1 a bis 6.2 und 8, jeweils Abschnitt 2. A.1 und 2, sowie der Klasse 7 Blätter 1 bis 11, jeweils Nummer 2,

2. das Zusammenpacken nach der Anlage A Klassen 1 a bis 6.2 und 8, jeweils Abschnitt 2. A.3, sowie Anlage A Anhang A.6 Randnummer 3650,

3. die Kennzeichnung nach der Anlage A Klassen 1 a bis 6.2 und 8, jeweils Abschnitt 2.A.4, sowie der Klasse 7 Blätter 1 bis 11, jeweils Nummern 1 und 6,

4. die Verpackung nach der Anlage A Klasse 9 Abschnitt 2.A und die Vorschriften der Randnummer 2020 Abs. 2 bis 4

beachten.

(4) Der Verlader muß bei der Übergabe gefährlicher Güter zur Beförderung prüfen, ob deren Verpackung unbeschädigt ist. Ein Versandstück, dessen Verpackung beschädigt, insbesondere undicht ist, so daß gefährliches Gut austritt oder austreten kann, darf zur Beförderung erst übergeben werden, wenn der Mangel beseitigt worden ist.

(5) Der Fahrzeugführer darf kein Versandstück befördern, dessen Verpackung beschädigt, insbesondere undicht ist, so daß gefährliches Gut austritt oder austreten kann.

(6) Der Verlader darf gefährliche Güter zur Beförderung in loser Schüttung oder in Containern nur übergeben und der Beförderer sie nur befördern, wenn die Beförderungsart nach Anlage B Randnummer 10 003 Abs. 1 zulässig ist.

Bei grenzüberschreitenden Beförderungen darf der Verlader gefährliche Güter zur Beförderung in Tanks nur übergeben und der Beförderer sie nur befördern, wenn die Beförderungsart nach Anlage B Randnummer 10 003 Abs. 1 zulässig ist und bei Tankfahrzeugen das gefährliche Gut in der Bescheinigung der besonderen Zulassung nach Anlage B Anhang B. 3 aufgeführt ist.

(7) Die Vorschriften der Anlage B Randnummer 10 003 über

1. Bau und Ausrüstung der Fahrzeuge (Randnummer 10 003 Abs. 2) muß der Halter,

2. Beladen, Zusammenladen und Handhabung (Randnummer 10 003 Abs. 3 und 4) muß der Verlader, Beförderer, Fahrzeugführer oder Beifahrer, über Entladen (Randnummer 10 003 Abs. 4) muß der Beförderer, Fahrzeugführer, Beifahrer oder Empfänger,

3. Durchführung der Beförderung und Überwachung beim Parken (Randnummer 10 003 Abs. 3) muß der Fahrzeugführer

beachten.

(8) Die Absätze 1, 2, 3 Nr. 1 und 2 und die Absätze 4, 6 Satz 1 und Absatz 7 gelten auch für grenzüberschreitende Beförderungen.

§ 5
Ausnahmen

(1) Die nach Landesrecht zuständigen Stellen können auf Antrag für Einzelfälle oder allgemein für bestimmte Antragsteller Ausnahmen von dieser Verordnung zulassen.

(2) Ausnahmen dürfen nur zugelassen werden, wenn

1. der technische Fortschritt dies rechtfertigt, das Gut sonst von der Beförderung ausgeschlossen wäre oder die Einhaltung einer Bestimmung unzumutbar ist und

2. sichergestellt ist, daß Sicherheitsvorkehrungen, die nach den von dem Gut ausgehenden Gefahren erforderlich sind, dem Stand von Wissenschaft und Technik entsprechen; entsprechen die Sicherheitsvorkehrungen nicht dem Stand von Wissenschaft und Technik, so muß die Zulassung der Ausnahme im Hinblick auf die verbleibenden Gefahren als vertretbar angesehen werden können.

(3) Über die erforderlichen Sicherheitsvorkehrungen ist bei Abweichungen von den Anlagen A und B vom Antragsteller ein Gutachten von Sachverständigen für gefährliche Güter, für Fahrzeug- und Behälterbau oder für andere mit der Beförderung gefährlicher Güter zusammenhängende Fragen vorzulegen. In den Fällen des Absatzes 2 Nr. 2 2. Halbsatz müssen in diesem Gutachten auch die verbleibenden Gefahren dargestellt werden; außerdem muß begründet werden, weshalb die Zulassung der Ausnahme im Hinblick auf die verbleibenden Gefahren als vertretbar angesehen wird. Die nach Landesrecht zuständige Stelle kann die Vorlage weite-

rer Gutachten auf Kosten des Antragstellers verlangen oder im Benehmen mit dem Antragsteller weitere Gutachten selbst anfordern.

(4) Werden Ausnahmen nach Absatz 1 zugelassen, so sind diese schriftlich und unter dem Vorbehalt des Widerrufs für den Fall zu erteilen, daß sich die auferlegten Sicherheitsvorkehrungen als unzureichend zur Einschränkung der von der Beförderung ausgehenden Gefahren herausstellen. Ausnahmen dürfen höchstens für die Dauer von drei Jahren zugelassen werden.

(5) Der Bundesminister der Verteidigung, der Bundesminister des Innern, die Innenminister (-senatoren) der Länder und die für die Kampfmittelbeseitigung zuständigen obersten Landesbehörden oder die von ihnen bestimmten Stellen können von den §§ 2 bis 4 Abs. 3 bis 7, den §§ 6, 7 und 11 sowie der Anlage A Randnummer 2002 Abs. 3 und 4 und der Anlage B Randnummern 10 240 Abs. 5, 10 260 Abs. 3 und 4, 10 315, 10 381 und 10 500 Ausnahmen zulassen, soweit Gründe der Verteidigung, polizeiliche Aufgaben, Aufgaben der Feuerwehren oder Aufgaben der Kampfmittelräumung dies erfordern und die öffentliche Sicherheit gebührend berücksichtigt ist. Absatz 2 Nr. 2 ist anzuwenden.

§ 6
Baumusterzulassungen, Prüfbescheinigungen

(1) Festverbundene Tanks, Aufsetztanks und Gefäßbatterien nach dem Verfahren der Anlage B Anhang B.1 a Randnummer 211 140 und Tankcontainer nach dem Verfahren der Anlage B Anhang B.1 b Randnummer 212 140 zuzulassen. Die Zulassung wird für ein Baumuster erteilt. Die Baumusterzulassung ist zu erteilen, wenn das Baumuster des festverbundenen Tanks, des Aufsetztanks und der Gefäßbatterien den Anforderungen der Anlage B Anhang B.1 a oder das Baumuster des Tankcontainers den Anforderungen der Anlage B Anhang B.1 b entspricht. In Zulassung muß bestimmt werden, für welche gefährlichen Güter der Tank verwendet werden darf. Die Baumusterzulassung kann außer nach den Vorschriften der Verwaltungsverfahrensgesetze widerrufen werden, soweit dies zur Abwehr der von der Beförderung gefährlicher Güter ausgehenden Gefahren nach § 2 Abs. 1 des Gesetzes über die Beförderung gefährlicher Güter erforderlich ist. Sie kann unter den gleichen Voraussetzungen inhaltlich beschränkt, mit einer Bedingung erlassen oder mit einer Auflage, Änderung oder Ergänzung der Auflage versehen werden.

(2) Vor der erstmaligen Inbetriebnahme eines Tankfahrzeugs, eines Aufsetztanks, einer Gefäßbatterie oder eines Tankcontainers sind diese nach Anlage B Anhang B. 1 a oder Anhang B. 1 b zu prüfen. Tankfahrzeuge sind außerdem daraufhin zu prüfen, ob sie den Vorschriften der Anlage B, I. und II. Teil, entsprechen. Genügen das Tankfahrzeug, der Aufsetztank oder die Gefäßbatterie den erwähnten Vorschriften, ist vom Sachverständigen nach § 9 Abs. 3 Nr. 2 eine Prüfbescheinigung nach dem Muster in Anlage B Anhang B. 3 a auszustellen. In die Prüfbescheinigung sind auch Bedingungen und Auflagen der Baumusterzulassung nach Absatz 1 Satz 6 zu übernehmen, soweit sie von den an der Beförderung Beteiligten zu beachten sind. Die Zulassungsstelle nach § 23 der Straßenverkehrs-Zulassungs-Ordnung oder der Sachver-

ständige nach § 9 Abs. 3 Nr. 2 hat im Fahrzeugschein des Tankfahrzeugs durch Stempelaufdruck zu vermerken: ,,Baumuster zugelassen nach GGVS''.

(3) Tankfahrzeuge, Aufsetztanks, Gefäßbatterien und Tankcontainer unterliegen den in der Anlage B Anhang B. 1 a Randnummern 211 151 und 211 152 sowie Anhang B. 1 b Randnummern 212 151 und 212 152 vorgesehenen wiederkehrenden Prüfungen. Werden die Prüfungsanforderungen erfüllt, so ist – außer bei Tankcontainern – von Sachverständigen nach § 9 Abs. 3 Nr. 2 ein entsprechender Vermerk in die Prüfbescheinigung einzutragen.

(4) Beförderungseinheiten der Fahrzeugklasse B.III (Anlage B Randnummer 11 205 Abs. 2 Buchstabe c), Trägerfahrzeuge von Aufsetztanks sowie Sattelzugmaschinen, die zum Betrieb von Tankfahrzeugen oder Trägerfahrzeugen von Aufsetztanks bestimmt sind, sind vor der ersten Inbetriebnahme daraufhin zu prüfen, ob sie für eine ordnungsgemäße Kennzeichnung nach Anlage B Randnummer 10 500 ausgerüstet sind sowie der Anlage B, I. und II. Teil jeweils Abschnitt 2, für die Beförderung der gefährlichen Güter, für sie verwendet werden sollen, entsprechen. Genügen die Fahrzeuge den erwähnten Vorschriften, ist von einem nach § 9 Abs. 3 Nr. 3 jeweils zuständigen Sachverständigen für Beförderungseinheiten der Fahrzeugklasse B.III eine Prüfbescheinigung nach Anlage B Anhang B. 3 b und für die übrigen Fahrzeuge eine Prüfbescheinigung nach Anlage B Anhang B. 3 a auszustellen; der Sachverständige oder die Zulassungsstelle nach § 23 der Straßenverkehrs-Zulassungs-Ordnung vermerken durch Stempelaufdruck im Fahrzeugschein ,,Geprüft nach § 6 Abs. 4 der GGVS''.

(5) Die elektrische Ausrüstung nach Anlage B Anhang B. 2 Randnummer 220 000 der Tankfahrzeuge, der Beförderungseinheiten der Fahrzeugklasse B. III, der Trägerfahrzeuge von Aufsetztanks sowie der Sattelzugmaschinen von Tankfahrzeugen und Trägerfahrzeugen von Aufsetztanks ist wiederkehrend zu prüfen. Die Prüffrist beträgt für Beförderungseinheiten der Fahrzeugklasse B. III fünf Jahre und für die übrigen Fahrzeuge drei Jahre. Entspricht die elektrische Ausrüstung der Anlage B, ist von dem nach § 9 Abs. 3 Nr. 2 oder Abs. 3 zuständigen Sachverständigen bei Tankfahrzeugen in der Prüfbescheinigung nach Absatz 2, bei den übrigen Fahrzeugen in der Prüfbescheinigung nach Absatz 4 ein entsprechender Prüfvermerk einzutragen.

(6) In der Hauptuntersuchung nach § 29 der Straßenverkehrs-Zulassungs-Ordnung von Tankfahrzeugen, Beförderungseinheiten der Fahrzeugklasse B. III, Trägerfahrzeugen von Aufsetztanks sowie Sattelzugmaschinen von Tankfahrzeugen und Trägerfahrzeugen von Aufsetztanks, in deren Fahrzeugschein ein Vermerk nach den Absätzen 2 oder 4 eingetragen ist, ist durch äußere Besichtigung zu prüfen, ob diese Fahrzeuge für eine ordnungsgemäße Kennzeichnung nach Anlage B Randnummer 10 500 ausgerüstet sind und ob die Vorschriften der Anlage B, I. und II. Teil jeweils Abschnitt 2, eingehalten sind. Bei Tankfahrzeugen ist ferner durch die äußere Besichtigung des Tanks festzustellen, ob dieser Mängel aufweist und ob die wiederkehrenden Prüfungen nach Absatz 3 in der Bescheinigung nach Absatz 2 bestätigt worden sind. Die Prüfplakette darf nur zugeteilt werden, wenn das Fahrzeug der Straßenverkehrs-Zulassungs-Ordnung entspricht, für eine ordnungsgemäße Kennzeichnung nach Anlage B Randnummer 10 500 ausgerüstet ist und keine durch äußere

GGVS
Rahmen-
fassung

Besichtigung erkennbaren sicherheitstechnischen Mängel festgestellt worden sind.

(7) Der Beförderer darf Tankfahrzeuge, Aufsetztanks, Gefäßbatterien, Beförderungseinheiten der Fahrzeugklasse B. III, Trägerfahrzeuge von Aufsetztanks sowie Sattelzugmaschinen von Tankfahrzeugen und Trägerfahrzeugen von Aufsetztanks nur zur Beförderung der gefährlichen Güter verwenden, die in der Prüfbescheinigung nach den Absätzen 2 oder 4 oder in der Erklärung nach Anlage B Anhang B. 3 c aufgeführt sind. Tankfahrzeuge, Beförderungseinheiten der Fahrzeugklasse B. III, Trägerfahrzeuge von Aufsetztanks sowie Sattelzugmaschinen von Tankfahrzeugen und Trägerfahrzeugen von Aufsetztanks dürfen zur Beförderung gefährlicher Güter außerdem nur verwendet werden, wenn ein Vermerk nach den Absätzen 2 oder 4 im Fahrzeugschein eingetragen ist. Der Fahrzeugführer hat Fahrzeugscheine von Anhängern, die einen solchen Vermerk tragen, stets mitzuführen. Der Verlader hat dafür zu sorgen, daß gefährliche Güter zur Beförderung in festverbundenen Tanks, Aufsetztanks, Gefäßbatterien oder Beförderungseinheiten der Fahrzeugklasse B. III dem Fahrzeugführer oder Beförderer nur übergeben werden, wenn die nach den Absätzen 2 und 4 für die Tanks und die Fahrzeuge (einschließlich Sattelzugmaschinen) vorgeschriebenen Prüfbescheinigungen mit den erforderlichen Prüfvermerken oder die Erklärungen nach Anlage B Anhang B. 3 c vorliegen und in ihnen das zu befördernde Gut bezeichnet ist.

(8) Der Vermerk im Fahrzeugschein nach den Absätzen 2 oder 4 ist auf Antrag des Halters von der Zulassungsstelle nach § 23 der Straßenverkehrs-Zulassungs-Ordnung zu streichen. Damit erlischt das Recht zur Beförderung gefährlicher Güter mit dem betreffenden Fahrzeug.

(9) Wer den Tankcontainer befüllt, darf nur solche Güter einfüllen und sie mit dem Tankcontainer zur Beförderung übergeben, die in der Baumusterzulassung oder in der Erklärung nach Anlage B Anhang B. 3 c aufgeführt sind und muß etwaige Auflagen der Baumusterzulassung für das zu befördernde Gut beachten.

§ 7
Beförderungserlaubnis
für Güter der Listen I und II

(1) Die Beförderung der in der Anlage B Anhang B. 8 Randnummer 280 001 Listen I und II aufgeführten Güter bedarf in dem in den Bemerkungen zu Randnummer 280 001 festgelegten Rahmen der Erlaubnis der Straßenverkehrsbehörde. Die Erlaubnis wird dem Beförderer erteilt, wenn die Anforderungen an den Bau, die Ausrüstung und die Prüfung der Beförderungsmittel nach dieser Verordnung oder, soweit es sich um grenzüberschreitende Beförderungen handelt, nach Anlage B des ADR-Übereinkommens (§ 1 Abs. 3 Satz 1) erfüllt sind. Die Erlaubnis kann mit Nebenbestimmungen versehen werden Die Erlaubnis darf nur unter dem Vorbehalt erteilt werden, daß sie widerrufen wird, wenn sich die geltenden Sicherheitsvorschriften oder die Nebenbestimmungen als unzureichend zur Einschränkung der von der Beförderung ausgehenden Gefahren herausstellen.

(2) Soll die Beförderung in Tankfahrzeugen, Aufsetztanks, Gefäßbatterien oder Tankcontainern durchge-

führt werden, die auf Grund der Übergangsregelung des § 11 zur Beförderung gefährlicher Güter weiterverwendet werden dürfen, aber noch nicht den technischen Anforderungen dieser Verordnung entsprechen, soll dies durch Nebenbestimmungen berücksichtigt werden. Zur Vorbereitung ihrer Entscheidung kann die Straßenverkehrsbehörde die Beibringung eines Gutachtens von Sachverständigen nach § 9 Abs. 3 auf Kosten des Antragstellers über die am Fahrzeug, am festverbundenen Tank, am Aufsetztank, an der Gefäßbatterie oder am Tankcontainer durch technische Maßnahmen getroffene Vorsorge anordnen.

(3) Bei Gütern der Anlage B Anhang B. 8 Randnummer 280 001 Liste I ist die Erlaubnis zu versagen, wenn das gefährliche Gut in einem Gleis- oder Hafenanschluß verladen und entladen werden kann, es sei denn, daß die Entfernung auf dem Schienen- oder Wasserweg mindestens doppelt so groß ist wie die tatsächliche Entfernung auf der Straße.

Die Erlaubnis für Güter der Liste I, ausgenommen Gase der Klasse 2 Randnummer 2201 Ziffern 7 b) und 8 b), ist auf die Beförderung zum und vom nächstgelegenen geeigneten Bahnhof oder Hafen zu beschränken, wenn das gefährliche Gut in Tankcontainern oder Großcontainern verladen werden kann, die gesamte Beförderungsstrecke im Geltungsbereich dieser Verordnung mehr als 200 Kilometer beträgt und der Container auf dem größeren Teil dieser Strecke mit der Eisenbahn oder dem Schiff befördert werden kann. Ab 1. Januar 1989 ist die Erlaubnis auf die Beförderung zum und vom nächstgelegenen geeigneten Bahnhof oder Hafen zu beschränken, wenn das gefährliche Gut in Straßenfahrzeuge verladen werden soll und im Huckepackverkehr befördert werden kann, die gesamte Beförderungsstrecke im Geltungsbereich dieser Verordnung mehr als 400 Kilometer beträgt und das Straßenfahrzeug auf dem größeren Teil dieser Strecke mit der Eisenbahn oder dem Schiff befördert werden kann.

(4) Der Geltungsbereich jeder Erlaubnis ist festzulegen. Geht die Fahrt über das Land hinaus, so hat die Straßenverkehrsbehörde diejenige höhere Verwaltungsbehörde, durch deren Bezirk die Fahrt in den anderen Ländern zuerst geht, zu den vorgesehenen Nebenbestimmungen zu hören. Ihre Zustimmung ist nur hinsichtlich des Fahrweges erforderlich. Die Erlaubnis kann für eine einzelne Fahrt oder für eine begrenzte oder unbegrenzte Zahl von Fahrten innerhalb einer bestimmten Zeit von höchstens drei Jahren erteilt werden.

(5) Der Beförderer hat den Erlaubnisbescheid dem Fahrzeugführer vor Beförderungsbeginn zu übergeben.

(6) Die Absätze 1 bis 5 gelten auch für grenzüberschreitende Beförderungen. Absatz 3 findet keine Anwendung auf Beförderungen von und nach Berlin (West) und den Verkehr mit der Deutschen Demokratischen Republik und Berlin (Ost).

§ 8
Sonderrechte

(1) Die Truppen der nichtdeutschen Vertragsstaaten des Zusatzabkommens vom 3. August 1959 zu dem Abkommen zwischen den Parteien des Nordatlantikvertrages über die Rechtsstellung ihrer Truppen hinsichtlich der in der Bundesrepublik Deutschland stationierten ausländischen Truppen, Anlage zum Gesetz zum

6

NATO-Truppenstatut und zu den Zusatzvereinbarungen vom 18. August 1961 (BGBl. II S. 1183, 1218), wenden bei der Beförderung gefährlicher Güter auf der Straße in truppeneigenen Fahrzeugen ihre Vorschriften an, soweit diese gleichwertige oder höhere Anforderungen als diese Verordnung stellen. An die Stelle der Erlaubnis nach § 7 tritt der Beförderungsauftrag der zuständigen Behörde der Truppe. Soweit die Truppen diese Verordnung anwenden, bestimmt die Behörde der Truppe, die den Beförderungsauftrag erteilt, ob und in welchem Umfang im Sinne des § 5 Abs. 5 von den Anforderungen dieser Verordnung abgewichen werden darf.

(2) Verpflichtungen der Bundesrepublik Deutschland aus zwischenstaatlichen Verträgen bleiben unberührt.

(3) Die Absätze 1 und 2 gelten auch für grenzüberschreitende Beförderungen.

§ 9
Zuständigkeiten

(1) Die Erlaubnis nach § 7 Abs. 1 erteilt für Einzelfahrten die Straßenverkehrsbehörde, in deren Bezirk die erlaubnispflichtige Beförderung beginnt. Die zeitlich befristete Erlaubnis für eine begrenzte oder unbegrenzte Zahl von Fahrten erteilt

1. die Straßenverkehrsbehörde, in deren Bezirk der Beförderer seinen Wohnort, seinen Sitz oder eine Zweigniederlassung hat oder,

2. falls Wohnort, Sitz oder Zweigniederlassung außerhalb des Geltungsbereichs dieser Verordnung liegen, die Straßenverkehrsbehörde, in deren Bezirk die erlaubnispflichtige Beförderung beginnt.

Ist neben der Erlaubnis eine Ausnahmezulassung erforderlich, so kann auch die für die Ausnahmezulassung nach § 5 zuständige Landesbehörde die Erlaubnis erteilen. Wird die Ladung außerhalb des Geltungsbereichs dieser Verordnung aufgenommen, so beginnt die erlaubnispflichtige Beförderung an der Grenzübergangsstelle.

(2) Welche Stelle Straßenverkehrsbehörde ist, richtet sich nach Landesrecht.

(3) Zuständig sind für

1. die Baumusterzulassung von festverbundenen Tanks, Aufsetztanks und Gefäßbatterien die nach Landesrecht zuständigen Behörden, für die Baumusterzulassung von Tankcontainern die Bundesanstalt für Materialforschung und -prüfung, für die Baumusterprüfung die amtlichen oder amtlich für Prüfungen nach Anlagen nach § 24 Abs. 3 Nr. 2 oder 9 der Gewerbeordnung anerkannten Sachverständigen nach § 24 c der Gewerbeordnung;

2. die sonstigen Prüfungen der Tanks und die erstmaligen und wiederkehrenden Prüfungen von Druckgefäßen die amtlichen oder amtlich für Prüfungen von Anlagen nach § 24 Abs. 3 Nr. 2 oder 9 der Gewerbeordnung anerkannten Sachverständigen nach § 24 c der Gewerbeordnung sowie die nach Rechtsverordnungen auf Grund des § 24 Abs. 1 der Gewerbeordnung für die Prüfung dieser Anlagen amtlich anerkannten Sachverständigen;

3. die Prüfung von Fahrzeugen die amtlich anerkannten Sachverständigen für den Kraftfahrzeugverkehr; soweit es sich bei den Fahrzeugen um Tankfahrzeuge,

Trägerfahrzeuge von Aufsetztanks oder Sattelzugmaschinen von Tankfahrzeugen, von Trägerfahrzeugen und Trägerfahrzeugen von Aufsetztanks handelt, dürfen diese Prüfungen, ausgenommen die Untersuchungen nach Nummer 4, auch von den Sachverständigen nach Nummer 2 durchgeführt werden;

4. die Untersuchungen der Fahrzeuge einschließlich der äußeren Besichtigung von Tanks

   a) nach § 6 Abs. 6 und

   b) nach Anlage B Randnummer 10 282 Abs. 4

   die für Hauptuntersuchungen nach § 29 der Straßenverkehrs-Zulassungs-Ordnung zuständigen Stellen oder Personen;

5. die Bauartprüfung und -zulassung sowie die Überwachung der Fertigung von Verpackungen nach Anlage A Anhang A.5 Randnummer 3550 Abs. 1 und die Baumusterprüfung nach Anlage A Randnummer 2002 Abs. 13 die Bundesanstalt für Materialforschung und -prüfung; sie kann die Bauartprüfung von Herstellern oder Verwendern einer Verpackung oder von sonstigen Prüfstellen anerkennen. Das Verfahren richtet sich nach den vom Bundesminister für Verkehr im Verkehrsblatt bekanntgegebenen Richtlinien über die Bauartprüfung, die Erteilung der Kennzeichnung und die Zulassung von Verpackungen für die Beförderung gefährlicher Güter, die sich auf diese Vorschriften beziehen;

6. den Abschluß von Vereinbarungen nach Anlage A Randnummer 2010 und nach Anlage B Randnummer 10 602 der Bundesminister für Verkehr;

7. die Zulassung radioaktiver Stoffe in besonderer Form die Bundesanstalt für Materialforschung und -prüfung;

8. die Genehmigung der Beförderung von radioaktiven Stoffen und für die Zulassung der Muster von Versandstücken für radioaktive Stoffe die Physikalisch-Technische Bundesanstalt;

9. die Ausstellung von Bescheinigungen nach Anhang B. 3 der Anlage B in der für grenzüberschreitende Beförderungen geltenden Fassung die Zulassungsstellen nach § 23 der Straßenverkehrs-Zulassungs-Ordnung;

10. die Ausstellung von Bescheinigungen und die Anerkennung von Lehrgängen nach Anlage B Randnummer 10 315 Abs. 1 bis 3 die Industrie- und Handelskammern.

(4) Für die Dienstbereiche der Bundeswehr und des Bundesgrenzschutzes werden, soweit dies Gründe der Verteidigung oder die Aufgaben des Bundesgrenzschutzes erfordern, die Zuständigkeiten hinsichtlich der Prüfungen der Tanks und der Fahrzeuge nach § 6 sowie hinsichtlich der Beförderungserlaubnis nach § 7 durch Sachverständige oder Dienststellen wahrgenommen, die der Bundesminister der Verteidigung oder der Bundesminister des Innern bestellt hat.

(5) Die Absätze 1, 3 und 4 gelten auch für grenzüberschreitende Beförderungen.

§ 10
Ordnungswidrigkeiten

(1) Ordnungswidrig im Sinne des § 10 Abs. 1 Nr. 1 und Abs. 2 Satz 1 Nr. 1 des Gesetzes über die Beförderung

gefährlicher Güter handelt, wer bei innerstaatlichen oder grenzüberschreitenden Beförderungen vorsätzlich oder fahrlässig

1. als Absender entgegen § 4 Abs. 2 Satz 1, auch in Verbindung mit Absatz 8, den Beförderer auf das gefährliche Gut, dessen Bezeichnung oder die Erlaubnispflicht nicht hinweist oder

2. als Verlader entgegen

   a) § 3 Abs. 1 Satz 2, auch in Verbindung mit Absatz 2, gefährliche Güter zur Beförderung übergibt,

   b) § 4 Abs. 2 Satz 1, auch in Verbindung mit Absatz 8, den Fahrzeugführer auf das gefährliche Gut, dessen Bezeichnung oder die Erlaubnispflicht nicht hinweist,

   c) § 4 Abs. 4 Satz 2, auch in Verbindung mit Absatz 8, das Versandstück ohne Beseitigung des Mangels zur Beförderung übergibt,

   d) § 4 Abs. 6 Satz 1, auch in Verbindung mit § 1 Abs. 4 und § 4 Abs. 8, dem Beförderer gefährliche Güter zur Beförderung übergibt,

   e) Anlage B Randnummer 10 385 Abs. 3, auch in Verbindung mit § 1 Abs. 4, nicht dafür sorgt, daß die schriftlichen Weisungen (Unfallmerkblätter) vor Beförderungsbeginn in den Besitz des Fahrzeugführers gelangen,

   f) Anlage B Randnummer 10 118 Abs. 5 Satz 4 oder 10 130 Abs. 1 Satz 4, auch in Verbindung mit § 1 Abs. 4, Gefahrzettel nicht anbringt,

   g) Anlage B Randnummer 10 500 Abs. 11 Satz 2, auch in Verbindung mit § 1 Abs. 4, Warntafeln nicht anbringt,

   h) Anlage B Anhang B. 1 a Randnummer 211 172 Abs. 6 Satz 1, auch in Verbindung mit § 1 Abs. 4, den höchstzulässigen Füllungsgrad oder die höchstzulässige Masse der Füllung dem Fahrzeugführer nicht angibt oder

   i) Anlage B Anhang B. 1 a Randnummer 211 172 Abs. 6 Satz 3, auch in Verbindung mit § 1 Abs. 4, nicht dafür sorgt, daß nicht befördert wird, oder

3. als Beförderer

   a) entgegen § 3 Abs. 1 Satz 1, auch in Verbindung mit Absatz 2, gefährliche Güter befördert,

   b) entgegen § 4 Abs. 6 Satz 1, auch in Verbindung mit § 1 Abs. 4 und § 4 Abs. 8, gefährliche Güter befördert,

   c) entgegen § 7 Abs. 1 Satz 1, auch in Verbindung mit Absatz 6 Satz 1, gefährliche Güter ohne die erforderliche Erlaubnis befördert,

   d) *weggefallen*

   e) entgegen § 7 Abs. 5, auch in Verbindung mit Absatz 6 Satz 1, den Erlaubnisbescheid vor Beförderungsbeginn nicht übergibt,

   f) entgegen Anlage A Randnummer 2002 Abs. 3 Satz 2, auch in Verbindung mit § 1 Abs. 4, nicht dafür sorgt, daß das Beförderungspapier dem Fahrzeugführer vor Beförderungsbeginn übergeben wird,

g) entgegen Anlage B Randnummer 10 204 Abs. 4, auch in Verbindung mit § 1 Abs. 4, Vorschriften der Anlage B Randnummer 10 204 Abs. 1, 11 204, 41 204, 42 204, 43 204 oder 52 204 über die Fahrzeugarten nicht beachtet,

h) entgegen Anlage B Randnummer 10 315 Abs. 7 Satz 1, auch in Verbindung mit § 1 Abs. 4, nicht dafür sorgt, daß nur geschulte Fahrzeugführer eingesetzt werden,

i) einer Vorschrift der Anlage B Anhang B. 1 a Randnummern 211 270 bis 211 273, auch in Verbindung mit § 1 Abs. 4, über die wechselweise Verwendung der Tanks zuwiderhandelt oder

j) entgegen Anlage B Anhang B. 1 a Randnummer 211 371, 211 672 oder 211 771, auch in Verbindung mit § 1 Abs. 4, Tanks zur Beförderung verwendet oder

4. als Fahrzeugführer entgegen

   a) § 4 Abs. 7 Nr. 3, auch in Verbindung mit Absatz 8 und § 1 Abs. 4, die Vorschriften über die Durchführung der Beförderung oder die Überwachung beim Parken nicht beachtet,

   b) Anlage B Randnummer 10 240 Abs. 5, auch in Verbindung mit § 1 Abs. 4, Feuerlöschgeräte nicht mitführt oder zur Prüfung nicht vorzeigt oder nicht aushändigt,

   c) *weggefallen*

   d) Anlage B Randnummer 10 315 Abs. 1 oder 2 die vorgeschriebene Bescheinigung nicht besitzt,

   e) Anlage B Randnummer 10 353 Abs. 1 oder 2 in Verbindung mit Abs. 3, auch in Verbindung mit § 1 Abs. 4, nicht für die Einhaltung der Vorschriften über das Betreten des Fahrzeugs mit Beleuchtungsgeräten sorgt,

   f) Anlage B Randnummer 10 381 Abs. 1 oder 2 Satz 1 Buchstabe a, b, d, oder f Begleitpapiere nicht mitführt oder entgegen Absatz 3 Begleitpapiere zur Prüfung nicht vorzeigt oder nicht aushändigt, jeweils auch in Verbindung mit § 1 Abs. 4.

   g) Anlage B Randnummer 10 500 Abs. 11 Satz 1, auch in Verbindung mit § 1 Abs. 4, nicht dafür sorgt, daß eine Warntafel oder Kennzeichnungsnummer angebracht, sichtbar gemacht, verdeckt oder entfernt wird,

   h) Anlage B Randnummer 10 500 Abs. 11 Satz 3, auch in Verbindung mit § 1 Abs. 4, Gefahrzettel nicht anbringt, nicht sichtbar macht, nicht verdeckt oder nicht entfernt,

   i) Anlage B Randnummer 10 507 Satz 1 die nächsten zuständigen Behörden nicht oder nicht rechtzeitig benachrichtigt oder benachrichtigen läßt,

   j) Anlage B Randnummer 51 220 Abs. 4 Satz 1 in Verbindung mit Satz 3, auch in Verbindung mit § 1 Abs. 4, Wasser nicht mitführt oder

   k) Anlage B Randnummer 71 500 Abs. 2 Satz 2 zweiter Halbsatz oder Satz 3, auch in Verbindung mit § 1 Abs. 4, die vorgeschriebenen Zettel nicht anbringt, nicht verdeckt oder nicht entfernt oder

5. als Beifahrer entgegen

   a) Anlage B Randnummer 10 240 Abs. 5, auch in Verbindung mit § 1 Abs. 4, Feuerlöschgeräte nicht mitführt oder zur Prüfung nicht vorzeigt oder nicht aushändigt oder

   b) Anlage B Randnummer 10 260 Abs. 1 in Verbindung mit Absatz 3, auch in Verbindung mit § 1 Abs. 4, Ausrüstungsgegenstände nicht mitführt oder zur Prüfung nicht vorzeigt oder nicht aushändigt oder

6. als Halter entgegen

   a) § 4 Abs. 7 Nr. 1, auch in Verbindung mit Absatz 8 und § 1 Abs. 4, die Vorschriften über den Bau oder die Ausrüstung der Fahrzeuge nicht beachtet,

   b) Anlage B Randnummer 10 500 Abs. 10, auch in Verbindung mit § 1 Abs. 4, für die dort vorgeschriebene Ausrüstung des Fahrzeugs nicht sorgt,

   c) Anlage B Anhang B. 1 a Randnummer 211 153 Satz 1, auch in Verbindung mit § 1 Abs. 4, nicht dafür sorgt, daß der Tank den Bau-, Ausrüstungs- und Kennzeichnungsvorschriften entspricht, oder

   d) Anlage B Anhang B. 1 a Randnummer 211 170, auch in Verbindung mit § 1 Abs. 4, Tanks ohne die vorgeschriebene Mindestwanddicke verwendet oder

7. als Auftraggeber des Absenders entgegen § 4 Abs. 2 Satz 2, auch in Verbindung mit Absatz 8, den Absender auf das gefährliche Gut, dessen Bezeichnung oder die Erlaubnispflicht nicht hinweist,

8. entgegen § 4 Abs. 3 Nr. 1 oder 2, auch in Verbindung mit Absatz 8, eine dort aufgeführte Vorschrift über das Verpacken oder Zusammenpacken nicht beachtet,

9. als Empfänger entgegen

   a) Anlage B Randnummer 10 118 Abs. 5 Satz 4 oder 10 130 Abs. 1 Satz 5, auch in Verbindung mit § 1 Abs. 4, Gefahrzettel nicht verdeckt oder nicht entfernt oder

   b) Anlage B Randnummer 10 500 Abs. 11 Satz 2, auch in Verbindung mit § 1 Abs. 4, Warntafeln nicht entfernt oder

10. als Absender, Verlader, Beförderer, Fahrzeugführer, Beifahrer, Halter oder Empfänger das Rauchverbot der Anlage B Randnummer 10 374 nicht beachtet,

11. entgegen § 4 Abs. 7 Nr. 2, auch in Verbindung mit Absatz 8 und § 1 Abs. 4, als Verlader, Beförderer, Fahrzeugführer oder Beifahrer die Vorschriften über das Beladen, Zusammenladen oder die Handhabung oder als Beförderer, Fahrzeugführer oder Empfänger die Vorschriften über das Entladen nicht beachtet,

12. als Verlader, Beförderer, Fahrzeugführer, Beifahrer oder Empfänger einer Vorschrift der Anlage B Randnummer 31 410, 51 410, 61 410 oder 62 410 über Vorsichtsmaßnahmen bei Nahrungs-, Genuß- und Futtermitteln zuwiderhandelt,

13. als Betroffener einer im Rahmen einer Beförderungserlaubnis nach § 7 erteilten vollziehbaren Auflage zuwiderhandelt oder

14. als Eigentümer entgegen Anlage B Anhang B. 1 b Randnummer 212 153 Satz 1, auch in Verbindung

mit § 1 Abs. 4, nicht dafür sorgt, daß der Tankcontainer den Bau-, Ausrüstungs- und Kennzeichnungsvorschriften entspricht.

(2) Ordnungswidrig im Sinne des § 10 Abs. 1 Nr. 1 des Gesetzes über die Beförderung gefährlicher Güter handelt, wer bei innerstaatlichen Beförderungen vorsätzlich oder fahrlässig

1. als Absender entgegen

   a) Anlage A Randnummer 2002 Abs. 3 Satz 1 ein Beförderungspapier nicht mitgibt oder

   b) Anlage A Randnummer 2010 Satz 2 oder Anlage B Randnummer 10 602 Satz 2 das Beförderungspapier nicht wie vorgeschrieben ausfüllt oder

2. als Verlader entgegen

   a) § 6 Abs. 7 Satz 4 nicht dafür sorgt, daß gefährliche Güter nur übergeben werden, wenn die Prüfbescheinigungen mit den erforderlichen Prüfvermerken oder die Erklärungen nach Anlage B Anhang B. 3 c vorliegen und in ihnen das zu befördernde Gut bezeichnet ist oder

   b) Anlage B Randnummer 71 500 Abs. 2 Satz 2 erster Halbsatz die vorgeschriebenen Zettel nicht anbringt oder

3. als Beförderer entgegen

   a) § 6 Abs. 7 Satz 1 oder 2 Beförderungsmittel verwendet,

   b) Anlage B Randnummer 10 260 Abs. 2 Satz 2, 21 260 Satz 3 oder 61 260 Satz 3 die erforderliche Schutzausrüstung nicht mitgibt,

   c) Anlage B Randnummer 10 311 Satz 1, 2 oder 3 in Verbindung mit Satz 7 oder entgegen Anlage B Randnummer 11 311 einen Beifahrer nicht mitgibt oder

   d) Anlage B Randnummer 11 401, 41 401 oder 52 401 Mengengrenzen nicht beachtet oder

4. als Fahrzeugführer entgegen

   a) § 4 Abs. 5 beschädigte Versandstücke befördert,

   b) § 6 Abs. 7 Satz 3 den Fahrzeugschein von Anhängern nicht mitführt,

   c) Anlage B Randnummer 10 260 Abs. 1 Satz 1 in Verbindung mit Absatz 3 Warnleuchten oder entgegen Absatz 2 Satz 1 oder Absatz 4 in Verbindung mit Absatz 3 die Schutzausrüstung nicht mitführt oder zur Prüfung nicht vorzeigt oder nicht aushändigt,"

   d) Anlage B Randnummer 10 381 Abs. 2 Satz 1 Buchstabe e den Bescheid über die Ausnahmegenehmigung nicht mitführt oder ihn entgegen Absatz 3 zur Prüfung nicht vorzeigt oder nicht aushändigt,".

   e) Anlage B Randnummer 10 385 Abs. 1, 5 Satz 1 in Verbindung mit Absatz 6 schriftliche Weisungen (Unfallmerkblätter) nicht oder nicht an der vorgeschriebenen Stelle mitführt,

   f) Anlage B Randnummer 10 385 Abs. 4 die erforderlichen Maßnahmen nicht trifft oder

   g) Anlage B Randnummer 10 385 Abs. 8 Satz 2 andere Unfallmerkblätter nicht wie vorgeschrieben aufbewahrt oder

5. als Beifahrer entgegen

   a) Anlage B Randnummer 10 260 Abs. 1 Satz 1 in

Verbindung mit Absatz 3 Warnleuchten oder entgegen Absatz 2 Satz 1 oder Absatz 4 in Verbindung mit Absatz 3 die Schutzausrüstung nicht mitführt oder zur Prüfung nicht vorzeigt oder nicht aushändigt oder

b) Anlage B Randnummer 10 385 Abs. 4 die erforderlichen Maßnahmen nicht trifft oder

6. als Halter entgegen

a) Anlage B Randnummer 11 500 Satz 6 für die dort vorgeschriebene Ausrüstung des Fahrzeugs nicht sorgt oder

b) Anlage B Anhang B.1a Randnummer 211 153 Satz 2 oder Anhang B.1b Randnummer 212 153 Satz 2 eine außerordentliche Prüfung nicht durchführen läßt oder

7. entgegen § 4 Abs. 3 Nr. 3 oder 4 eine dort aufgeführte Vorschrift über das Kennzeichen oder Verpacken nicht beachtet oder

8. als Absender, Verlader, Beförderer, Fahrzeugführer, Beifahrer, Halter oder Empfänger entgegen

a) Anlage B Randnummer 11 354 Satz 1 mit Feuer oder offenem Licht umgeht oder

b) Anlage B Randnummer 11 354 Satz 2 Zündhölzer oder Feuerzeuge mitnimmt oder

9. als Betroffener einer im Rahmen

a) einer Baumusterzulassung nach § 6 Abs. 1 Satz 6 oder einer Prüfbescheinigung nach § 6 Abs. 2 Satz 4,

b) einer Ausnahmezulassung nach § 5 oder

c) einer Erklärung nach Anlage B Anhang B.3c

erteilten vollziehbaren Auflage zuwiderhandelt oder

10. entgegen § 6 Abs. 9 Tankcontainer befüllt oder zur Beförderung übergibt oder einer vollziehbaren Auflage der Baumusterzulassung zuwiderhandelt oder

11. als verantwortliche Person nach Anlage B Randnummer 10 385 Abs. 1 Satz 3 Nr. 6 entgegen Randnummer 10 385 Abs. 1 Satz 3 in die schriftlichen Weisungen (Unfallmerkblätter) Angaben nicht, nicht richtig oder nicht vollständig aufnimmt.

(3) Ordnungswidrig im Sinne des § 10 Abs. 2 Satz 1 Nr. 1 des Gesetzes über die Beförderung gefährlicher Güter handelt, wer bei grenzüberschreitenden Beförderungen vorsätzlich oder fahrlässig

1. als Absender entgegen

a) Anlage A Randnummer 2002 Abs. 3 Satz 2 dem Beförderer die in das Beförderungspapier einzutragenden Vermerke nicht mitteilt,

b) Anlage B Anhang A.9 Randnummer 3901 Abs. 3 die vorgeschriebenen Gefahrzettel nicht anbringt oder

c) Anlage B Randnummer 71 500 Abs. 2 Satz 2 erster Halbsatz die vorgeschriebenen Zettel nicht anbringt oder

d) Anlage B Anhang B.1a Randnummer 211 174 Satz 3 die Dichtheit der Verschlußeinrichtung nicht prüft oder

2. als Verlader entgegen § 4 Abs. 6 Satz 2 dem Beförderer gefährliche Güter zur Beförderung übergibt oder

3. als Beförderer entgegen

a) § 4 Abs. 6 Satz 2 gefährliche Güter befördert,".

b) Anlage B Randnummer 10 385 Abs. 3 nicht dafür sorgt, daß das beteiligte Personal in der Lage ist, die Weisungen wirksam anzuwenden,

c) Anlage B Randnummer 11 311 in Verbindung mit Randnummer 10 311 und § 1 Abs. 4 den Fahrzeugführer nicht durch einen zu seiner Ablösung befähigten Beifahrer begleiten läßt oder

d) Anlage B Randnummer 11 401 Abs. 1, 2, 3 oder 52 401 in Verbindung mit Randnummer 11 401 Abs. 4 und § 1 Abs. 4 die Mengengrenzen nicht beachtet oder

4. als Fahrzeugführer entgegen

a) Anlage B Randnummer 10 260 in Verbindung mit Absatz 3 und mit § 1 Abs. 4 Ausrüstungsgegenstände nicht mitführt oder zur Prüfung nicht vorzeigt oder nicht aushändigt oder

b) Anlage B Randnummer 10 385 Abs. 1 Satz 1 in Verbindung mit § 1 Abs. 4 und mit Anlage B Randnummer 10 385 Abs. 2 Satz 2 eine Ausfertigung der Weisungen im Führerhaus nicht mitführt oder

5. als Beifahrer entgegen Anlage B Randnummer 10 260 in Verbindung mit Absatz 3 und mit § 1 Abs. 4 Ausrüstungsgegenstände nicht mitführt oder zur Prüfung nicht vorzeigt oder nicht aushändigt.

§ 11
Übergangsvorschriften

(1) Zu den nachstehend bezeichneten Bestimmungen dieser Verordnung gelten folgende Übergangsvorschriften:

1. weggefallen

2. § 6 Abs. 1, 2 und 4, Anlage A Randnummer 2002 Abs. 3 Satz 5 und Abs. 13, Randnummern 2314, 2614, 2814, Anhang A.5 und Anlage B Anhang B.1a Randnummer 211 171 Abs. 1 (Angabe von Klasse, Ziffer und Buchstaben der Klassen 3, 6.1 und 8):

Die vor Inkrafttreten dieser Verordnung für Stoffe der Klassen 3, 6.1 und 8 anzugebende Bezeichnung (Benennung, Klasse, Ziffer und Buchstaben) und die gegebenenfalls anzugebenden Vermerke dürfen weiterverwendet werden

a) weggefallen

b) in Prüfbescheinigungen nach § 6 Abs. 2 und 4 und in Erklärungen nach Anlage B Anhang B.3c bis zur nächsten, dem 30. Juni 1986 stattfindenden wiederkehrenden Prüfung nach § 6 Abs. 3 oder 5. In diesen Fällen hat der Halter ab 1. Januar 1986 der Prüfbescheinigung und der Erklärung nach Anlage B Anhang B.3c eine von ihm unterschriebene Gegenüberstellung der zugelassenen Stoffe beizufügen, in der neben der Stoffbenennung jeweils die bis zum Inkrafttreten dieser Verordnung und die nach dieser Verordnung gültigen Klassen, Ziffern und Buchstaben anzugeben sind. Ordnungswidrig im Sinne des § 10 Abs. 1 Nr. 1 des Gesetzes über die Beförderung gefährlicher Güter handelt der Halter, der vorsätzlich oder fahrlässig entgegen Satz 2 eine Gegenüberstellung nicht oder mit unrichtigem Inhalt beifügt;

3. § 6 Abs. 4 (Prüfbescheinigung):*)

Die besondere Zulassung nach § 6 der Verordnung über die Beförderung gefährlicher Güter auf der Straße in der Fassung der Bekanntmachung vom 28. September 1976 (BGBl. I S. 2888) für Sattelzugmaschinen, die keiner wiederkehrenden Prüfung zu unterziehen sind, gilt als Prüfbescheinigung nach § 6 Abs. 4. Der Vermerk im Fahrzeugschein „Besondere Zulassung für Gefahrguttransporte erteilt" gilt als Vermerk nach § 6 Abs. 4.

(2) Zu den nachstehend bezeichneten Bestimmungen der Anlage A gelten folgende Übergangsvorschriften:

1. Randnummer 2220 Abs. 1 und 2221 Abs. 1 (Gefäße für Kohlendioxid und Acetylen):

Kohlendioxid der Randnummer 2201 Ziffer 5 a) und Acetylen der Randnummer 2201 Ziffer 9 c) dürfen in Gefäßen befördert werden, die vor dem 1. Januar 1963 hergestellt sind, wenn von amtlichen oder amtlich anerkannten Sachverständigen nach § 9 Abs. 3 Nr. 2 dieser Verordnung geprüft worden ist, daß sie den Anforderungen des Artikels 2 der Verordnung zur Ablösung von Verordnungen nach § 24 der Gewerbeordnung vom 27. Februar 1980 – Druckbehälterordnung – (BGBl. I S. 173, 184) entsprechen. Für den bei der wiederkehrenden Prüfung anzuwendenden Prüfdruck und ihre höchstzulässige Füllung gelten die Werte, die für diese Gefäße nach der vorgenannten Verordnung zulässig sind.

(3) Zu den nachstehend bezeichneten Bestimmungen der Anlage B gelten folgende Übergangsvorschriften:

1. Randnummer 10 260 Abs. 1 Satz 2 (Prüfzeichen für Warnleuchten):

Die Bestimmung gilt für Warnleuchten, die nach dem 1. November 1983 hergestellt werden.

2. Randnummer 10 315 (Bescheinigung für Klassen 3, 6.1 und 8):

Bescheinigungen, die vor dem Inkrafttreten dieser Verordnung für die Klassen 3, 6.1 oder 8 ausgestellt wurden, gelten bis zum nächsten Fortbildungslehrgang jeweils für Beförderungen von Stoffen der Klassen 3, 6.1 und 8.

3. Randnummer 10 315 Abs. 3 Satz 1 (auf einzelne Klassen beschränkte Schulung):

Ist vor dem 1. September 1983 eine Bescheinigung für einzelne Stoffe ausgestellt worden, so kann dem Inhaber auf Antrag während der Geltungsdauer eine Bescheinigung für die betreffende Klasse erteilt werden.

§ 12

Anwendung anderer Vorschriften

(1) Andere Rechtsvorschriften über die Beförderung gefährlicher Güter auf der Straße bleiben unberührt.

(2) Insbesondere bleiben in der jeweils geltenden Fassung unberührt:

1 das Atomgesetz in der Fassung der Bekanntmachung vom 15. Juli 1985 (BGBl. I S. 1565),

2 das Gesetz über die Kontrolle von Kriegswaffen vom 20. April 1961 (BGBl. I S. 444),

3. das Waffengesetz in der Fassung der Bekanntmachung vom 8. März 1976 (BGBl. I S. 432),

4. das Sprengstoffgesetz vom 7. April 1986 (BGBl. I S. 577),

5. das Abfallgesetz vom 27. August 1986 (BGBl. I S. 1410),

6. das Chemikaliengesetz vom 16. September 1980 (BGBl. I S. 1718),

7. das Straßenverkehrsgesetz vom 19. Dezember 1952 (BGBl. I S. 837),

8. das Wasserhaushaltsgesetz in der Fassung der Bekanntmachung vom 16. Oktober 1976 (BGBl. I S. 3017),

9. das Gesetz über Umweltstatistiken in der Fassung der Bekanntmachung vom 14. März 1980 (BGBl. I S. 311),

10. das Pflanzenschutzgesetz vom 15. September 1986 (BGBl. I S. 1505).

und die auf diesen Gesetzen beruhenden Rechtsverordnungen,

11. die Druckbehälterverordnung vom 27. Februar 1980 (BGBl. I S. 184) und

12. die Verordnung über brennbare Flüssigkeiten vom 27. Februar 1980 (BGBl. I S. 229).

§ 13

Berlin-Klausel

Diese Verordnung gilt nach § 14 des dritten Überleitungsgesetzes in Verbindung mit § 14 des Gesetzes über die Beförderung gefährlicher Güter auch im Land Berlin.

§ 14

Inkrafttreten, Außerkrafttreten

(1) Diese Verordnung tritt am Tage nach der Verkündung in Kraft.

(2) Gleichzeitig treten außer Kraft:

1. Die Gefahrgutverordnung Straße in der Fassung vom 29. 06. 1983 (BGBl I S. 905)

2. Die ADR-Bußgeldverordnung vom 7. Mai 1979 (BGBl I S. 524)

Bonn, den 21.12.87

Der Bundesminister für Verkehr
in Vertretung Dr. Knittel

---

* Gültig bis zum 30. 6. 1988

Anlagen A und B
zur Verordnung über die innerstaatliche und grenzüberschreitende Beförderung gefährlicher Güter auf Straßen (Gefahrgutverordnung Straße – GGVS) vom 22. Juli 1985*)

unter Berücksichtigung der Ersten Verordnung zur Änderung der Gefahrgutverordnung Straße vom 21. Dezember 1987**)

Die in der Anlage über die ganze Seite gedruckten Vorschriften gelten, soweit nichts anderes angegeben ist, für innerstaatliche und grenzüberschreitende Beförderungen. Die links vom mittleren senkrechten Trennungsstrich gedruckten Änderungen gelten nur für innerstaatliche Beförderungen. Die rechts vom mittleren senkrechten Trennungsstrich gedruckten Änderungen gelten nur für grenzüberschreitende Beförderungen. Die für grenzüberschreitende Beförderungen geltenden Änderungen der Anlagen A und B entsprechen den vom 20. bis 24. Mai 1985 und vom 28. April bis 2 Mai 1986 in Genf beschlossenen Änderungen der Anlagen A und B des Europäischen Übereinkommens vom 30. September 1957 über die internationale Beförderung gefährlicher Güter auf der Straße (ADR-Regeln).

*) Quelle: BGBl. I 1985, S. 1550
**) Quelle: BGBl I 1987, A. 2858

Anlage A

Vorschriften über die gefährlichen Stoffe und Gegenstände

Inhaltsverzeichnis

I. Teil

Begriffsbestimmungen und allgemeine Vorschriften

Begriffsbestimmungen

2000

(1) Im Sinne dieser Anlage bedeuten

„Zuständige Behörde" die Dienststelle, die in jedem Staat und in jedem Einzelfall von der Regierung als solche bestimmt wird;

„Zerbrechliche Versandstücke" Versandstücke mit zerbrechlichen Gefäßen (d. h. solchen aus Glas, Porzellan, Steinzeug oder dgl.), die nicht von einer vollwandigen Verpackung umgeben sind, die sie wirksam gegen Stöße schützt [siehe auch Rn. 2001 (5)];

„Gase" Gase und Dämpfe;

„Gefährliche Güter", wenn der Ausdruck allein verwendet wird, die Stoffe und Gegenstände, die als Stoffe und Gegenstände

dieser Verordnung | des ADR

bezeichnet sind;

„Beförderung in loser Schüttung" die Beförderung eines festen Stoffes ohne Verpackung;

„ADR" Europäisches Übereinkommen über die internationale Beförderung gefährlicher Güter auf der Straße;

„RID" Ordnung für die internationale Eisenbahnbeförderung gefährlicher Güter [Anlage I zu den Einheitlichen Rechtsvorschriften für den Vertrag über die internationale Eisenbahnbeförderung von Gütern (CIM)];

„GGVE" Verordnung über die Beförderung gefährlicher Güter mit Eisenbahnen.

(2) Im Sinne dieser Anlage gelten die Tanks (siehe die Begriffsbestimmungen in Anlage B) nicht ohne weiteres als „Gefäße, da der Ausdruck „Gefäß" in einem einschränkenden Sinne verwendet wird. Die Vorschriften über die Gefäße sind auf die festverbundenen Tanks, die Gefäßbatterien, die Aufsetztanks und die Tankcontainer nur in den Fällen anzuwenden, in denen dies ausdrücklich bestimmt ist.

(3) Der Ausdruck „Geschlossene Ladung" bezeichnet jede Ladung, die von einem einzigen Absender kommt, dem der ausschließliche Gebrauch eines Fahrzeugs oder eines Großcontainers vorbehalten ist, wobei alle Ladevorgänge nach den Anweisungen des Absenders oder des Empfängers durchgeführt werden.

„(4) Abfälle sind Stoffe, Lösungen, Gemische oder Gegenstände, für die keine unmittelbare Verwendung vorgesehen ist, die aber befördert werden zur Aufarbeitung, zur Deponie oder zur Beseitigung durch Verbrennung oder durch sonstige Entsorgungsverfahren.

Bem. Siehe 2. Bem. zu Rn. 2100 (1)"

(1) In dieser Anlage und in der Anlage B gelten folgende Maßeinheiten [1]):

2001

Größe	SI-Einheit [2])	Zusätzlich zugelassene Einheit	Beziehung zwischen den Einheiten
Länge	m (Meter)	–	–
Fläche	m² (Quadratmeter)	–	–
Volumen	m³ (Kubikmeter)	l[3]) (Liter)	$1\ l = 10^{-3}\ m^3$
Zeit	s (Sekunde)	min (Minute)	$1\ min = 60\ s$
		h (Stunde)	$1\ h = 3600\ s$
		d (Tag)	$1\ d = 86\ 400\ s$
Masse	kg (Kilogramm)	g (Gramm)	$1\ g = 10^{-3}\ kg$
		t (Tonne)	$1\ t = 10^3\ kg$
Dichte	kg/m³	kg/l	$1\ kg/l = 10^3\ kg/m^3$
Temperatur	K (Kelvin)	°C (Grad Celsius)	$0\ °C \triangleq 273{,}15\ K$
Temperaturdifferenz	K (Kelvin)	°C (Grad Celsius)	$1\ °C = 1\ K$
Kraft	N (Newton)	–	$1\ N = 1\ kg \cdot m/s^2$
Druck	Pa (Pascal)	bar (Bar)	$1\ Pa = 1\ N/m^2$
			$1\ bar = 10^5\ Pa$
Mechanische Spannung	N/m²	N/mm²	$1\ N/mm^2 = 1\ MPa$
Arbeit		kWh (Kilowattstunde)	$1\ kWh = 3{,}6\ MJ$
Energie	J (Joule)		$1\ J = 1\ N \cdot m = 1\ W \cdot s$
Wärmemenge		eV (Elektronvolt)	$1\ eV = 0{,}1602 \cdot 10^{-18}\ J$
Leistung	W (Watt)	–	$1\ W = 1\ J/s = 1\ N \cdot m/s$
Kinematische Viskosität	m²/s	mm²/s	$1\ mm^2/s = 10^{-6}\ m^2/s$
Dynamische Viskosität	Pa · s	mPa · s	$1\ mPa \cdot s = 10^{-3}\ Pa \cdot s$

[1]) siehe nächste Seite
[2]) siehe nächste Seite
[3]) siehe nächste Seite

3

Begriffsbestimmungen und allgemeine Vorschriften

2001
(Forts.)

Dezimale Vielfache und Teile einer Einheit können durch Vorsetzen der nachfolgenden Vorsätze bzw. Vorsatzzeichen vor den Namen bzw. das Zeichen der Einheit gebildet werden:

Faktor		Vorsatz	Vorsatzzeichen
1 000 000 000 000 000 000	= 10^{18} Trillionenfach	Exa	E
1 000 000 000 000 000	= 10^{15} Billiardenfach	Peta	P
1 000 000 000 000	= 10^{12} Billionenfach	Tera	T
1 000 000 000	= 10^{9} Milliardenfach	Giga	G
1 000 000	= 10^{6} Millionenfach	Mega	M
1 000	= 10^{3} Tausendfach	Kilo	k
100	= 10^{2} Hundertfach	Hekto	h
10	= 10^{1} Zehnfach	Deka	da
0,1	= 10^{-1} Zehntel	Dezi	d
0,01	= 10^{-2} Hundertstel	Zenti	c
0,001	= 10^{-3} Tausendstel	Milli	m
0,000 001	= 10^{-6} Millionstel	Mikro	μ
0,000 000 001	= 10^{-9} Milliardstel	Nano	n
0,000 000 000 001	= 10^{-12} Billionstel	Piko	p
0,000 000 000 000 001	= 10^{-15} Billiardstel	Femto	f
0,000 000 000 000 000 001	= 10^{-18} Trillionstel	Atto	a

(2) Soweit in dieser Anlage und in der Anlage B das Wort „Gewicht" verwendet wird, ist darunter die Masse zu verstehen.

(3) Ist in dieser Anlage und in der Anlage B vom Gewicht der Versandstücke die Rede, so ist darunter, sofern nichts anderes bestimmt ist, die Bruttomasse zu verstehen. Die Masse der für die Beförderung der Güter benutzten Container und Tanks ist in den Bruttomassen nicht enthalten.

(4) Sofern nicht ausdrücklich etwas anderes bestimmt ist, bedeutet in dieser Anlage und in der Anlage B das Zeichen „%":

a) bei Mischungen von festen oder flüssigen Stoffen, bei Lösungen oder bei festen, von einer Flüssigkeit getränkten Stoffen den in Prozent angegebenen Massenanteil bezogen auf die Gesamtmasse der Mischung, der Lösung oder des getränkten Stoffes;

b) bei verdichteten Gasgemischen den in Prozent angegebenen Volumenanteil, bezogen auf das Gesamtvolumen der Gasmischung; bei verflüssigten Gasgemischen sowie unter Druck gelösten Gasen den in Prozent angegebenen Massenanteil, bezogen auf die Gesamtmasse der Mischung.

---

[1] Für die Umrechnung der bisher gebräuchlichen Einheiten in SI-Einheiten gelten folgende gerundete Werte:

Kraft
1 kg	= 9,807 N
1 N	= 0,102 kg

Mechanische Spannung
1 kg/mm²	= 9,807 N/mm²
1 N/mm²	= 0,102 kg/mm²

Druck
1 Pa	= 1 N/m² = 10^{-5} bar	= 1,02 · 10^{-5} kg/cm²	= 0,75 · 10^{-2} Torr
1 bar	= 10^5 Pa	= 1,02 kg/cm²	= 750 Torr
1 kg/cm²	= 9,807 · 10^4 Pa	= 0,9807 bar	= 736 Torr
1 Torr	= 1,33 · 10^2 Pa	= 1,33 · 10^{-3} bar	= 1,36 · 10^{-3} kg/cm²

Arbeit, Energie, Wärmemenge
1 J	= 1 Nm	= 0,278 · 10^{-6} kWh	= 0,102 kgm	= 0,239 · 10^{-3} kcal
1 kWh	= 3,6 · 10^6 J	= 367 · 10^3 kgm	= 860 kcal	
1 kgm	= 9,807 J	= 2,72 · 10^{-6} kWh	= 2,34 · 10^{-3} kcal	
1 kcal	= 4,19 · 10^3 J	= 1,16 · 10^{-3} kWh	= 427 kgm	

Leistung
1 W	= 0,102 kgm/s	= 0,86 kcal/h
1 kgm/s	= 9,807 W	= 8,43 kcal/h
1 kcal/h	= 1,16 W	= 0,119 kgm/s

Viskosität, kinematisch
1 m²/s	= 10^4 St (Stokes)
1 St	= 10^{-4} m²/s

Viskosität, dynamisch
1 Pa · s	= 1 Ns/m²	= 10 P (Poise)	= 0,102 kgs/m²
1 P	= 0,1 Pa · s	= 0,1 Ns/m²	= 1,02 · 10^{-2} kgs/m²
1 kgs/m²	= 9,807 Pa · s	= 9,807 Ns/m²	= 98,07 P

[2] Das Internationale Einheitensystem (SI) ist das Ergebnis von Beschlüssen der Generalkonferenz für Maße und Gewichte (Adr.: Pavillon de Breteuil, Parc de St-Cloud, F-92 310 Sèvres).

[3] Beim Schreiben mit der Schreibmaschine ist für Liter neben dem Zeichen „l" auch das Zeichen „L" zulässig.

Begriffsbestimmungen und allgemeine Vorschriften

(5) Drücke jeder Art bei Gefäßen (z. B. Prüfdruck, innerer Druck, Öffnungsdruck von Sicherheitsventilen) werden immer als Überdruck (über dem atmosphärischen Druck liegender Druck) angegeben; der Dampfdruck von Stoffen wird dagegen immer als absoluter Druck angegeben.

(6) Ist in dieser Anlage oder in der Anlage B ein Füllungsgrad für Gefäße oder Tanks vorgesehen, so bezieht sich dieser immer auf eine Stofftemperatur von 15 °C, sofern nicht eine andere Temperatur genannt ist.

(7) Zerbrechliche Gefäße, die einzeln oder zu mehreren in ein widerstandsfähiges Gefäß eingebettet sind, gelten nicht als zerbrechliche Gefäße, wenn das widerstandsfähige Gefäß so dicht und so beschaffen ist, daß bei Bruch oder Leckwerden der zerbrechlichen Gefäße der Inhalt nicht nach außen gelangen und die mechanische Festigkeit des widerstandsfähigen Gefäßes während der Beförderung durch Korrosion nicht beeinträchtigt werden kann.

(8) Bis zur vollständigen Einarbeitung der SI-Einheiten in den Text des ADR ist folgende angenäherte Umrechnung zugelassen:

$$1 \text{ kg/mm}^2 = 10 \text{ N/mm}^2$$
$$1 \text{ kg/cm}^2 = 1 \text{ bar.}$$

Allgemeine Vorschriften

(1) Diese Anlage sieht vor, welche gefährlichen Güter von der **2002**

        | internationalen

Beförderung auf der Straße ausgeschlossen und welche unter bestimmten Bedingungen zugelassen sind.
Sie reiht die gefährlichen Güter in Nur-Klassen und freie Klassen ein. Von den unter den Begriff der Nur-Klassen fallenden gefährlichen Gütern (Klassen 1 a, 1 b, 1 c, 2, 4.2, 4.3, 5.2, 6.2 und 7) sind die in den Vorschriften für diese Klassen (Rn. 2101, 2131, 2171, 2201, 2431, 2471, 2551, 2651 und 2701) aufgezählten Güter nur unter den dort vorgesehenen Bedingungen zur Beförderung zugelassen; die übrigen Güter sind von der Beförderung ausgeschlossen. Bestimmte unter den Begriff der freien Klassen (Klassen 3, 4.1, 5.1, 6.1

und 8 sowie 9) | und 8)

fallende gefährliche Güter sind durch Bemerkungen in den einzelnen Klassen von der Beförderung ausgeschlossen. Von den anderen unter den Begriff der freien Klassen fallenden Gütern sind die in den Vorschriften dieser Klassen (Rn. 2301, 2401, 2501, 2601

und 2801 sowie 2901) | und 2801)

genannten oder die unter eine Sammelbezeichnung fallenden Güter nur unter den in diesen Vorschriften vorgesehenen Bedingungen zur Beförderung zugelassen; die nicht genannten oder nicht unter eine Sammelbezeichnung fallenden Güter gelten nicht als gefährliche Güter im Sinne

dieser Verordnung | dieses Übereinkommens

und sind ohne besondere Bedingungen zur Beförderung zugelassen.

(2) Diese Anlage enthält folgende Klassen:

Klasse 1 a	Explosive Stoffe und Gegenstände	Nur-Klasse
Klasse 1 b	Mit explosiven Stoffen geladene Gegenstände	Nur-Klasse
Klasse 1 c	Zündwaren, Feuerwerkskörper und ähnliche Güter	Nur-Klasse
Klasse 2	Verdichtete, verflüssigte oder unter Druck gelöste Gase	Nur-Klasse
Klasse 3	Entzündbare flüssige Stoffe	freie Klasse
Klasse 4.1	Entzündbare feste Stoffe	freie Klasse
Klasse 4.2	Selbstentzündliche Stoffe	Nur-Klasse
Klasse 4.3	Stoffe, die in Berührung mit Wasser entzündliche Gase entwickeln	Nur-Klasse
Klasse 5.1	Entzündend (oxydierend) wirkende Stoffe	freie Klasse
Klasse 5.2	Organische Peroxide	Nur-Klasse
Klasse 6.1	Giftige Stoffe	freie Klasse
Klasse 6.2	Ekelerregende oder ansteckungsgefährliche Stoffe	Nur-Klasse
Klasse 7	Radioaktive Stoffe	Nur-Klasse
Klasse 8	Ätzende Stoffe	freie Klasse
Klasse 9	Sonstige gefährliche Stoffe und Gegenstände	freie Klasse

(3) Für jede durch diese

Verordnung | Anlage

geregelte Beförderung von Gütern

hat der Absender ein Beförderungspapier mitzugeben, das den Vorschriften dieses Absatzes und des Absat- | ist ein Beförderungspapier erforderlich.

5

Begriffsbestimmungen und allgemeine Vorschriften

2002
(Forts.)

zes 4 entspricht. Der Beförderer muß dafür sorgen, daß es dem Fahrzeugführer vor Beförderungsbeginn übergeben wird.

Der Absender muß dem Beförderer die in das Beförderungspapier einzutragenden Vermerke, wie sie für jede Klasse im II. Teil dieser Anlage in den Abschnitten 2. B vorgesehen sind, schriftlich mitteilen.

Dieses Papier kann auch ein solches sein, das bereits durch andere geltende Vorschriften verlangt wird.

Ein Beförderungspapier ist nicht erforderlich, wenn

a) die in Anlage B, Rn. 10 011 angegebenen Mengen nicht überschritten und die Güter für eigene Zwecke befördert werden und keine Beförderungserlaubnis nach § 7 Abs. 1 erforderlich ist und die nicht als geschlossene Ladung zu befördern sind oder

b) es sich um die Beförderung ungereinigter leerer festverbundener Tanks von Tankfahrzeugen oder ungereinigter leerer Aufsetztanks handelt.

Jedes Gut, dessen Beförderung durch diese

Verordnung | Anlage

geregelt ist, muß im Beförderungspapier nach

den Abschnitten 2. B und 2. C | Abschnitt 2. B

der besonderen Vorschriften für die einzelnen Klassen bezeichnet sein.

Anstelle der dort angegebenen Abkürzung „ADR" oder „RID" ist die Abkürzung „GGVS" oder, wenn das Gut auf einem Teil der Beförderungsstrecke mit der Eisenbahn befördert wird, die Abkürzung „GGVE" zu verwenden.

Das Beförderungspapier muß die Angabe der Nettomasse des Gutes enthalten. Dies ist nicht erforderlich, wenn

Die in das Beförderungspapier einzutragenden Vermerke sind in einer amtlichen Sprache des Versandlandes abzufassen und, wenn diese Sprache nicht Englisch, Französisch oder Deutsch ist, außerdem in einer dieser Sprachen, wenn nicht internationale Tarifvereinbarungen über die Beförderung auf der Straße oder Abkommen zwischen den von der Beförderung berührten Staaten etwas anderes vorsehen. Dem Beförderungspapier müssen gegebenenfalls Weisungen über das Verhalten bei Unfällen beigegeben sein (siehe Anlage B Rn. 10 385).

a) in Tanks befördert wird, ausgenommen bei Gütern nach Anlage B Anhang B. 8;

b) die Masse die in Randnummer 10 385 Abs. 6 Nr. 1 angegebene Menge überschreitet und dies im Beförderungspapier vermerkt ist;

c) es sich um eine nach § 7 erlaubnispflichtige Beförderung handelt und dies im Beförderungspapier vermerkt ist.

Statt der Nettomasse darf die Bruttomasse angegeben werden. In diesem Falle ist für die Anwendung der Randnummer 10 385 und 10 500 die Bruttomasse maßgebend.

Das Beförderungspapier muß Namen und Anschrift des Absenders enthalten; bei erlaubnispflichtigen Beförderungen nach § 7 sind zusätzlich Name und Anschrift des Empfängers, Versandort und Bestimmungsort einzutragen. Bei Beförderung in festverbundenen Tanks und Aufsetztanks muß das Beförderungspapier zusätzlich die Kennzeichnungsnummern, die in Anhang B.5 vorgeschrieben sind, enthalten.

Das Beförderungspapier ist bei der Beförderung der gefährlichen Güter mitzuführen.

(4) Kann eine Sendung wegen der Größe der Ladung nicht vollständig in eine einzige Beförderungseinheit verladen werden, sind mindestens so viele Beförderungspapiere oder Abschriften des einen Beförderungspapiers auszufertigen, wie Beförderungseinheiten beladen werden. Ferner sind in allen Fällen getrennte Beförderungspapiere auszufertigen für Sendungen oder Teile einer Sendung, die nach Anlage B nicht in ein Fahrzeug zusammengeladen werden dürfen.

(5) Außer den durch diese Anlage vorgeschriebenen Verpackungen dürfen äußere Verpackungen zusätzlich verwendet werden, sofern sie dem Sinn der Vorschriften dieser Anlage für die äußeren Verpackungen nicht widersprechen. Werden solche zusätzlichen Verpackungen verwendet, so müssen die vorgeschriebenen Aufschriften und Gefahrzettel auf ihnen angebracht sein.

Begriffsbestimmungen und allgemeine Vorschriften

(6) Wenn nach den Vorschriften des Abschnitts A.3 der einzelnen Klassen die Zusammenpackung mehrerer gefährlicher Güter miteinander oder mit anderen Gütern zugelassen ist, müssen die inneren Verpackungen, die verschiedene gefährliche Güter enthalten, sorgfältig und sicher voneinander getrennt in Sammelverpackungen eingesetzt werden, wenn infolge Beschädigung, Leckwerdens oder Zerstörung der inneren Verpackungen gefährliche Reaktionen eintreten können, z. B., wenn eine gefährliche Erwärmung oder Entzündung entsteht, reibungsempfindliche oder schlagempfindliche Gemische gebildet oder entzündliche oder giftige Gase entwickelt werden können. Insbesondere ist bei zerbrechlichen Gefäßen und ganz besonders, wenn sie Flüssigkeiten enthalten, die Gefahr einer Vermischung unverträglicher Stoffe durch geeignete Maßnahmen, wie Verwendung geeigneter Füllstoffe in ausreichender Menge, Einsetzen der Gefäße in eine widerstandsfähige zweite Verpackung, Unterteilung der Sammelverpackung in einzelne Abteilungen zu verhüten.

(7) Im Falle einer Zusammenpackung gelten die Vorschriften dieser Anlage über Eintragungen im Beförderungspapier für jeden der in der Sammelverpackung enthaltenen verschieden benannten gefährlichen Stoffe; diese Sammelverpackung muß mit allen Aufschriften und Gefahrzetteln versehen sein, die in dieser Anlage für die in Versandstücken enthaltenen gefährlichen Güter vorgeschrieben sind.

„(8) Für Lösungen und Gemische (wie Präparate, Zubereitungen und Abfälle*)), die in der Stoffaufzählung der einzelnen Klassen nicht namentlich aufgeführt sind, gelten folgende Bestimmungen:

Bem. 1. Lösungen und Gemische bestehen aus zwei oder mehr Komponenten. Diese Komponenten können entweder Stoffe

    dieser Verordnung   ▌   des ADR

    sein oder Stoffe, die den Vorschriften

    dieser Verordnung   ▌   des ADR

    nicht unterstellt sind.

    2. Lösungen und Gemische mit einer oder mehreren Komponenten einer Nur-Klasse sind zur Beförderung nur zugelassen, wenn diese Komponenten in der Stoffaufzählung der Nur-Klasse namentlich aufgeführt sind.

a) Lösungen und Gemische mit nur einer

    dieser Verordnung   ▌   dem ADR

    unterstellten Komponente gelten als Stoffe

    dieser Verordnung,   ▌   des ADR,

wenn die Konzentration dieser Komponente so beschaffen ist, daß die Lösungen und Gemische eine Gefahr der Komponente selbst aufweisen. Sie sind aufgrund der Kriterien der einzelnen Klassen zuzuordnen.

b) Lösungen und Gemische mit mehreren

    dieser Verordnung   ▌   dem ADR

unterstellten Komponenten sind aufgrund ihrer gefährlichen Eigenschaften einer Ziffer oder einem Buchstaben der entsprechenden Klasse zuzuordnen. Bei dieser Zuordnung aufgrund der gefährlichen Eigenschaften ist wie folgt zu verfahren:

1. Bestimmung der physikalischen, chemischen, physiologischen Eigenschaften durch Messung oder Berechnung und Zuordnung nach den Kriterien der einzelnen Klassen.

2. Wenn diese Bestimmung nur mit unverhältnismäßig großem Aufwand möglich ist (z.B. bei gewissen Abfällen), sind diese Lösungen und Gemische der Klasse der Komponente mit der überwiegenden Gefahr zuzuordnen.

   Es ist in folgender Reihenfolge zuzuordnen:

2.1 Wenn eine oder mehrere Komponenten unter eine einzige Nur-Klasse fallen und die Lösung oder das Gemisch eine Gefahr aufweist, wie diese Komponente(n) selbst, ist dieses Gemisch oder diese Lösung dieser Klasse zuzuordnen;

2.2 Wenn Komponenten mehrerer Nur-Klassen vorhanden sind und die Lösung oder das Gemisch eine Gefahr aufweist, wie mindestens eine dieser Komponenten selbst, ist dieses Gemisch oder diese Lösung der Klasse der Komponente mit der überwiegenden Gefahr zuzuordnen; überwiegt keine Gefahr, ist in eine der nachstehend genannten Klassen in der Reihenfolge 1a, 5.2, 2, 4.2, 4.3 oder 6.2 zuzuordnen;

2.3 Wenn Komponenten mehrerer freier Klassen vorhanden sind oder wenn, wie in den unter 2.1 oder 2.2 genannten Fällen, die Lösung oder das Gemisch keine Gefahr einer Nur-Klasse aufweist, so ist die Lösung oder das Gemisch der Klasse der Komponente mit der überwiegenden Gefahr zuzuordnen. Überwiegt keine Gefahr, ist die Lösung oder das Gemisch wie folgt zuzuordnen:

2.3.1 Die Zuordnung zu einer Klasse muß unter Berücksichtigung der verschiedenen Komponenten sowie der in der nachstehenden Tabelle aufgeführten Reihenfolge der überwiegenden Gefahren erfolgen. Bei den Klassen 3, 6.1 und 8 ist die Gefährlichkeit der Komponenten nach den Kriterien dieser Klassen, bezeichnet durch die Buchstaben a, b oder c, zu berücksichtigen [siehe Rn. 2300 (3), 2600 (1) und 2800 (1)].

---

*) Siehe Rn. 2000 (4).

Anlage A
Allgemeine
Vorschriften

Tabelle

Klasse und ggf. Buchstabe	4.1	5.1 ¹)	6.1 a) ³)	6.1 b) ³)	6.1 c) ³)	8 a) ⁴)	8 b) ⁴)	8 c) ⁴)
3 a) ²)	Sol. 4.1 / Liq. 3 a)	3 a)	3 a)	3 a)	3 a)	3 a)	3 a)	3 a)
3 b) ²)	Sol. 4.1 / Liq. 3 b)	3 b)	3 a)	3 b)	3 b)	3 a)	3 b)	3 b)
3 c) ²)	Sol. 4.1 / Liq. 3 c)	3 c)	6.1 a)	6.1 b)	3 c) ⁵)	8 a)	8 b)	3 c)
4.1		Sol. 4.1 / Liq. 5.1	6.1 a)	6.1 b)	Sol. 4.1 / Liq. 6.1 c)	8 a)	8 b)	Sol. 4.1 / Liq. 8 c)
5.1 ¹)			6.1 a)	6.1 b)	5.1	8 a)	8 b)	5.1
6.1 a) ³)						6.1 a)	6.1 a)	6.1 a)
6.1 b) ³)						8 a)	Sol. 6.1 b) / Liq. 8 b)	6.1 b)
6.1 c) ³)						8 a)	8 b)	8 c)

Sol. = feste Gemische
Liq. = flüssige Gemische und Lösungen

¹) Diese Gemische und Lösungen können explosive Eigenschaften haben. In diesem Fall sind sie zur Beförderung nur zugelassen, wenn sie den Bedingungen der Klasse 1 a entsprechen.

²) Lösungen oder Gemische, die Stoffe der Klasse 3 Rn. 2301, Ziffer 12 oder 13 enthalten, sind dieser Klasse unter diesen Ziffern zuzuordnen.

³) Lösungen oder Gemische, die Stoffe der Klasse 6.1 Rn. 2601, Ziffern 1 bis 3 enthalten, sind dieser Klasse unter diesen Ziffern zuzuordnen.

⁴) Lösungen oder Gemische, die Stoffe der Klasse 8 Rn. 2801 Ziffer 24 oder 25 enthalten, sind dieser Klasse unter diesen Ziffern zuzuordnen.

⁵) Lösungen oder Gemische, die zur Schädlingsbekämpfung dienende Stoffe oder Zubereitungen der Klasse 6.1 Rn. 2601, Ziffern 71 bis 88 enthalten, sind dieser Klasse unter diesen Ziffern zuzuordnen, wenn der für die Zuordnung unter den Buchstaben c) maßgebende prozentuale Anteil des Pestizidwirkstoffes erreicht ist.

Bem. Beispiele für die Anwendung der Tabelle:

Gemisch, bestehend aus einem entzündbaren flüssigen Stoff, zugeordnet zu Klasse 3 Buchstabe c), einem giftigen Stoff, zugeordnet zu Klasse 6.1 Buchstabe b) und einem ätzenden Stoff, zugeordnet zu Klasse 8 Buchstabe a).

Vorgehensweise:

Der Schnittpunkt von Linie 3 c) mit Spalte 6.1 b) ergibt 6.1 b). Der Schnittpunkt von Linie 6.1 b) mit Spalte 8 a) ergibt 8 a). Dieses Gemisch ist somit der Klasse 8, Buchstabe a) zuzuordnen.

2.3.2 Die Zuordnung zu einer Ziffer der nach 2.3.1 ermittelten Klasse muß unter Berücksichtigung der Gefahreigenschaften der einzelnen Komponenten der Lösung oder des Gemisches erfolgen. Die Verwendung von Ziffern mit Sammelbezeichnungen ohne Spezifizierung (Klasse 3 Ziffern 20 und 26, Klasse 6.1 Ziffern 24, 68 und 90 und Klasse 8 Ziffern 27, 39, 46, 55, 65 und 66) in den einzelnen Klassen ist nur erlaubt, wenn keine Zuordnung zu einer Ziffer mit einer spezifizierten Sammelbezeichnung möglich ist.

Bem. Beispiele für die Zuordnung der Gemische und Lösungen in Klassen und Ziffern:

Eine Lösung von Phenol der Klasse 6.1 Ziffer 13 b) in Benzol der Klasse 3 Ziffer 3 b) ist der Klasse 3 Buchstabe b) zuzuordnen; aufgrund der Giftigkeit des Phenols ist diese Lösung der Klasse 3 Ziffer 17 b) zuzuordnen.

Ein Gemisch aus Natriumarsenat der Klasse 6.1 Ziffer 51 b) und Natriumhydroxid der Klasse 8 Ziffer 41 b) ist der Klasse 6.1 Ziffer 51 b) zuzuordnen.

Eine Lösung von Naphthalin der Klasse 4.1 Ziffer 11 b) in Benzin der Klasse 3 Ziffer 3 b) ist der Klasse 3 Ziffer 3 b) zuzuordnen."

(10) —

(10) Der Absender muß entweder in dem Beförderungspapier oder in einer besonderen Erklärung bescheinigen, daß das zur Beförderung aufgegebene Gut nach den Vorschriften des ADR zur Beförderung auf der Straße zugelassen ist und daß sein Zustand, seine Beschaffenheit und, falls erforderlich, seine Verpackung und Bezettelung den Vorschriften des ADR entsprechen. Falls mehrere gefährliche Güter in einer Sammelverpackung oder in einem Container zusammengepackt sind, ist der Absender außerdem verpflichtet zu bestätigen, daß diese Zusammenpackung nicht verboten ist.

(11) Ein Stoff, dessen spezifische Radioaktivität 0,002 Mikrocurie je Gramm nicht überschreitet und der unter eine Sammelbezeichnung irgendeiner Klasse fällt, ist von der Beförderung ausgeschlossen, wenn er auch unter den Begriff einer Nur-Klasse fällt, in welcher er nicht aufgezählt ist.

(12) Ein Stoff, dessen spezifische Radioaktivität 0,002 Mikrocurie je Gramm nicht überschreitet und der in keiner Klasse namentlich aufgezählt ist, aber unter zwei oder mehrere Sammelbezeichnungen verschiedener Klassen fällt, unterliegt den Vorschriften

a) der Nur-Klasse, wenn eine der in Frage kommenden Klassen eine Nur-Klasse ist;

b) der Klasse, die der dem betreffenden Stoff innewohnenden größten Gefahr während der Beförderung entspricht, wenn keine der in Frage kommenden Klassen eine Nur-Klasse ist.

„(12 a) Güter, die

a) mehr als 0,002 mg/kg (ppm) 2,3,7,8-Tetrachlordibenzo-1,4-dioxin (2,3,7,8-TCDD) [Rn. 2601 Ziffer 17 a)] oder

b) insgesamt mehr als 0,005 mg/kg (ppm) polychlorierte Dibenzodioxine und -furane der Rn. 2601 Ziffer 17 a)

enthalten, sind von der Beförderung ausgeschlossen.

Sofern gefährliche Stoffe der Klassen 3, 6.1 und 8 mehr als 0,002 mg/kg (ppm) bis höchstens 0,01 mg/kg (ppm) 2,3,7,8-Tetrachlordibenzo-1,4-dioxin oder insgesamt mehr als 0,005 mg/kg (ppm) bis höchstens 0,1 mg/kg (ppm) polychlorierte Dibenzodioxine und -furane der Rn. 2601 Ziffer 17 a) enthalten, sind sie jedoch zur Beförderung zugelassen, wenn sie unter den Buchstaben a) der jeweiligen Ziffer eingeordnet und in Verpackungen befördert werden, die Anhang A.5 mit Ausnahme der Rn. 3570 entsprechen. Der Absender hat im Beförderungspapier zusätzlich den Gehalt an polychlorierten Dibenzodioxinen und -furanen der Rn. 2601 Ziffer 17 a) anzugeben."

Begriffsbestimmungen und allgemeine Vorschriften

(13) Soweit – ausgenommen für die Klassen 3, 6.1 und 8 – Verpackungen aus Kunststoff ohne zusätzliche Außenverpackung (z. B. Schutzverpackungen) vorgeschrieben oder zugelassen sind, muß die Eignung der Kunststoffverpackung durch eine Baumusterprüfung nachgewiesen sein. Wegen der Zuständigkeit siehe § 9 Abs. 3 Nr. 5. Die Verpackungen geprüfter Baumuster sind
– mit dem Kurzzeichen „D", der Kurzbezeichnung der Prüfanstalt, einer Registriernummer sowie Monat und Jahr der Herstellung dauerhaft zu kennzeichnen (z. B. D/BAM/127/5/81) oder

– mit der nach den Vorschriften der Verordnung über die Beförderung gefährlicher Güter mit Seeschiffen (GefahrgutVSee) für geprüfte Verpackungen vorgeschriebenen Kennzeichnung zu versehen (z. B. (u) 1H1/Y 1,4/81/7/D/VL 123).

Es dürfen auch Kunststoffverpackungen verwendet werden, die nach Rn. 5 der Anlage der Gefahrgutverordnung Eisenbahn zugelassen sind.

2003   (1) Diese Anlage enthält für jede Klasse, ausgenommen Klasse 7,

a) eine Aufzählung der gefährlichen Güter und gegebenenfalls in einer mit dem Buchstaben „a" versehenen Randnummer Angaben über die Befreiung von den Vorschriften

dieser Verordnung | des ADR

für bestimmte Güter bei Erfüllung bestimmter Bedingungen;

b) Vorschriften, die wie folgt unterteilt sind:

A. Versandstücke

   1. Allgemeine Verpackungsvorschriften

   2. Verpackung der einzelnen Stoffe oder Arten von Gegenständen

   3. Zusammenpackung

   4. Aufschriften und Gefahrzettel auf Versandstücken

B. Vermerke im Beförderungspapier

C. Leere Verpackungen

D. Sonstige Vorschriften

(2) Vorschriften über:
Sendungen in loser Schüttung, in Containern und in Tanks,
Versandart und Abfertigungsbeschränkungen,
Zusammenladeverbote,
Beförderungsmittel
befinden sich in der Anlage B und ihren Anhängen, die auch alle anderen erforderlichen Sondervorschriften für die Beförderung auf der Straße enthalten.

(3) Die Anhänge dieser Anlage enthalten:

Anhang A. 1:   Beständigkeits- und Sicherheitsbedingungen für explosive Stoffe, entzündbare feste Stoffe und organische Peroxide sowie Vorschriften für die Prüfverfahren;

Anhang A. 1 a: Bestimmungen für Fibertrommeln und Pappfässer für bestimmte Stoffe und feste Gegenstände der Klassen 1 a und 1 b;

Anhang A. 2:   Vorschriften für die Beschaffenheit der Gefäße aus Aluminiumlegierungen für bestimmte Gase der Klasse 2; Vorschriften für Werkstoffe und den Bau von Gefäßen für tiefgekühlte verflüssigte Gase der Klasse 2 sowie Vorschriften für die Prüfung von Druckgaspackungen und Kartuschen der Ziffern 10 und 11 der Klasse 2;

Anhang A. 3:   Prüfung der entzündbaren flüssigen Stoffe der Klassen 3, 6.1 und 8; Prüfverfahren zur Feststellung des Fließverhaltens entzündbarer flüssiger Stoffe der Klasse 3;

Anhang A. 5:   Allgemeine Verpackungsvorschriften, Art, Anforderungen und Vorschriften über die Prüfung der Verpackungen;

Anhang A. 6:   Vorschriften für die radioaktiven Stoffe der Klasse 7;

Anhang A. 9:   Vorschriften für die Gefahrzettel und Erläuterung der Bildzeichen.

Die Anhänge A. 4, A. 7 und A. 8 bleiben offen.

Begriffsbestimmungen und allgemeine Vorschriften

(4) Für die Klasse 7 sind die einschlägigen Bedingungen für die Verpackung, die Zusammenpackung, die Bezettelung und Kennzeichnung der Versandstücke, sowie für die Zwischenlagerung, den Versand und die Beförderung, einschließlich der Beförderung in loser Schüttung, in Containern und in Tanks in den Blättern der Rn. 2703 der Anlage A aufgeführt. Einige der ins einzelne gehenden technischen Bestimmungen für diese Klasse befinden sich im Anhang A. 6, der ebenfalls eine vollständige Übersicht über die Radionuklide und die Prüfmethoden für Verpackungen für die Stoffe der Klasse 7 enthält.

2004

Wenn die Vorschriften für die Beförderung „als geschlossene Ladung" anzuwenden sind, können die zuständigen Behörden verlangen, daß das für die Beförderung verwendete Fahrzeug oder der verwendete Großcontainer nur an einer Stelle beladen und nur an einer Stelle entladen wird.   **2005**

(1) Wenn das Fahrzeug, das für eine den Vorschriften   **2006**

dieser Verordnung | des ADR

unterliegende Beförderung verwendet wird, einen Teil der Beförderungsstrecke nicht auf der Straße zurücklegt, sind für diesen Teil der Beförderungsstrecke nur jene nationalen

| oder internationalen

Vorschriften anzuwenden, die hier gegebenenfalls für die Beförderung gefährlicher Güter mit dem Verkehrsträger gelten, mit dem das Straßenfahrzeug befördert wird.

(2) Falls eine Beförderung, die den Vorschriften des ADR unterliegt, auf ihrer gesamten oder einem Teil ihrer Straßenstrecke ebenso denjenigen eines internationalen Übereinkommens unterworfen ist, das die Beförderung gefährlicher Güter durch einen anderen Verkehrsträger als die Straße regelt – und zwar auf Grund von Vorschriften, die dessen Anwendungsbereich auf bestimmte Kraftfahrzeugdienste ausdehnen –, so gelten die Vorschriften dieses internationalen Übereinkommens für die betreffende Strecke gleichzeitig mit denen des ADR, soweit sie mit ihnen vereinbar sind; die übrigen Vorschriften des ADR gelten nicht für die betreffende Strecke.

(1) Die Absätze 2 bis 6 gelten für die Beförderung gefährlicher Güter innerhalb der Seehafenstädte sowie von und nach einem Seehafen, auch nach einer vorausgegangenen oder nachfolgenden Beförderung auf der Eisenbahn oder auf einer Binnenwasserstraße.

(2) Für Versandstücke – auch für Versandstücke in Containern – dürfen die Vorschriften der Gefahrgutverordnung See *) in der jeweils geltenden Fassung über Verpackung, Zusammenpackung, Kennzeichnung und Beschriftung angewandt werden.

(3) Gefährliche Güter, die nach der Gefahrgutverordnung See Klassen 1 bis 8, nicht aber nach dieser Verordnung zur Beförderung zugelassen sind, dürfen abweichend von § 3 Abs. 1 befördert werden

a) in Versandstücken – auch in Versandstücken in Containern –, wenn diese den Vorschriften der Gefahrgutverordnung See über Verpackung, Zusammenpackung, Kennzeichnung und Beschriftung,

b) in Tankcontainern, wenn diese den Vorschriften der Gefahrgutverordnung See für ortsbewegliche Tanks

entsprechen. Rn. 2002 (12 a) und die Bem. 2 zu Rn. 2601 Ziffer 17 a) sind jedoch zu beachten.

(4) Wegen Tankcontainern siehe Rn. 10 130 Abs. 3 und Rn. 212 190, wegen Containern siehe Rn. 10 118 Abs. 5 Sätze 3 und 4.

2007

„Versandstücke mit einem Fassungsraum von höchstens 450 l oder 400 kg (Nettomasse), die den Verpackungs-Bezettelungs- und Zusammenpackungsvorschriften des ADR nicht vollinhaltlich, wohl aber den Vorschriften für die Beförderung im See- oder Luftverkehr *) entsprechen, dürfen, sofern eine See- oder Luftbeförderung vorangeht oder folgt, unter folgenden Bedingungen befördert werden:

a) Die Versandstücke müssen, sofern ihre Bezettelung nicht dem ADR entspricht, nach den Vorschriften für den See- oder Luftverkehr *) bezettelt sein;

b) für die Zusammenpackung in einem Versandstück gelten die Vorschriften für den See- oder Luftverkehr *);

c) Versandstücke mit Gütern der Klassen 1 a, 1 b, 1 c, 5.1 oder 5.2, die nicht nach den Vorschriften des ADR bezettelt sind, dürfen nur als geschlossene Ladung befördert werden und nicht mit anderen Gütern des ADR zusammengeladen werden;

d) Zusätzlich zu den nach dem ADR vorgeschriebenen Angaben ist im Beförderungspapier zu vermerken: „Beförderung nach Rn. 2007 des ADR".

*) Diese Vorschriften sind von der International Maritime Organization (IMO) London, im International Maritime Dangerous Goods Code (IMDG) und von der Internationalen Zivilluftfahrt-Organisation (ICAO), Montreal, in den Technischen Vorschriften für die sichere Beförderung gefährlicher Güter im Luftverkehr veröffentlicht.

---

*) Unter Gefahrgutverordnung See im Sinne dieser Vorschriften ist die Verordnung in Verbindung mit dem IMDG-Code deutsch zu verstehen.

Begriffsbestimmungen und allgemeine Vorschriften

(5) Im Falle des Absatzes 3 müssen, im übrigen dürfen in den Begleitpapieren anstelle der nach Rn. 2002 Abs. 3 und Rn. 10 385 Abs. 1 vorgeschriebenen Bezeichnungen folgende Angaben nach der Gefahrgutverordnung See enthalten sein:

a) Der richtige technische Name; für Gase der Klasse 2 muß zusätzlich die Gefahr angegeben werden;

b) die Nummer der Klasse und, soweit vorhanden, der Unterklasse;

c) die UN-Nummer;

d) der niedrigste Flammpunkt, wenn er unter 61 °C liegt;

e) die für bestimmte Güter vorgeschriebene Beförderungstemperatur;

f) für Güter der Klasse 7 die nach Nr. 9.1.1 der Einleitung zur Klasse 7 erforderlichen Angaben.

Im Beförderungspapier ist zusätzlich zu vermerken: „Beförderung nach Rn. 2007 GGVS". Die Sätze 1 und 2 gelten nicht für Güter des Anhangs B. 8 dieser Verordnung und Stoffe der Klasse 9 der Gefahrgutverordnung See.

(6) In den Fällen des Absatzes 5 Satz 1 sind die Vorschriften der Anlage B mit folgender Maßgabe anzuwenden:

a) Für Güter der Klassen 1 bis 8 der GGVSee

Alle Vorschriften des I. Teils sind zu beachten; jedoch gilt Rn. 10 404 nicht, wenn die Güter in Containern nach den Trennvorschriften der Gefahrgutverordnung See geladen sind. Für Beförderungen nach Absatz 3 gilt zusätzlich

1. Rn. 10 011 ist nicht anzuwenden.

2. Mengen über 500 kg sind wie Güter des Anhangs B.8 Liste II nach § 7 erlaubnispflichtig.

b) Für Güter der Klasse 1 der GGVSee

1. Sie müssen abweichend von Rn. 11 105, 11 206 und 11 401 als geschlossene Ladung in Beförderungseinheiten B. III in Mengen von höchstens 6000 kg je Sattelkraftfahrzeug oder Fahrzeug ohne Anhänger oder höchstens 10 000 kg je andere Beförderungseinheit befördert werden.

2. Rn. 11 240 gilt nicht.

3. Die Vorschriften der Rn. 10 321 sind abweichend von Rn. 11 321 bei Mengen über 50 kg zu beachten.

4. Abweichend von Rn. 11 403 dürfen Güter der Klasse 1 nicht mit anderen gefährlichen Gütern zusammen in ein Fahrzeug verladen werden.

5. Rn. 11 500 gilt für alle Beförderungen.

c) Für Güter der Klasse 2 der GGVSee

1. Rn. 21 105, 21 118 und 21 240 gelten nicht.

2. Abweichend von Rn. 21 212 müssen gedeckte Fahrzeuge stets eine ausreichende Belüftung haben.

3. Rn. 21 260 Satz 1 ist für Gase, die giftig im Sinne der Gefahrgutverordnung See sind, anzuwenden.

Begriffsbestimmungen und allgemeine Vorschriften

4. Die Vorschriften der Rn. 10 321 sind abweichend von Rn. 21 321 bei Mengen über 1000 kg zu beachten.

5. Abweichend von Rn. 21 403 dürfen Güter der Klasse 2 außerdem nicht mit gefährlichen Gütern der Klassen 1, 5.1 und 5.2 der Gefahrgutverordnung See zusammen in ein Fahrzeug verladen werden.

6. Rn. 21 407 gilt für alle Beförderungen.

d) Für Güter der Klasse 3 der GGVSee

1. Die Vorschriften der Rn. 10 321 sind abweichend von Rn. 31 321 bei Mengen über 5000 kg zu beachten.

2. Abweichend von Rn. 31 403 dürfen Güter der Klasse 3 außerdem nicht mit gefährlichen Gütern der Klassen 1, 5.1 und 5.2 der Gefahrgutverordnung See zusammen in ein Fahrzeug verladen werden.

3. Rn. 31 415 gilt für alle Beförderungen.

e) Für Güter der Klasse 4.1 der GGVSee

1. Abweichend von Rn. 41 105 gilt die im Beförderungspapier angegebene Beförderungstemperatur.

2. Rn. 41 204 gilt für alle Beförderungen.

3. Die Vorschriften der Rn. 10 321 sind abweichend von Rn. 41 321 bei Mengen über 4000 kg zu beachten.

4. Die Vorschriften der Rn. 41 401 und 41 414 gelten für alle Güter, für die im Beförderungspapier eine Beförderungstemperatur angegeben ist.

5. Abweichend von Rn. 41 403 dürfen Güter der Klasse 4.1 außerdem nicht mit gefährlichen Gütern der Klassen 1, 5.1 und 5.2 der Gefahrgutverordnung See zusammen in ein Fahrzeug verladen werden.

f) Für Güter der Klasse 4.2 der GGVSee

1. Rn. 42 204 und 42 414 gelten für alle Beförderungen.

2. Die Vorschriften der Rn. 10 321 sind abweichend von Rn. 42 321 bei Mengen über 10 000 kg zu beachten.

3. Abweichend von Rn. 42 403 dürfen Güter der Klasse 4.2 außerdem nicht mit gefährlichen Gütern der Klassen 1, 5.1 und 5.2 der Gefahrgutverordnung See zusammen in ein Fahrzeug verladen werden.

g) Für Güter der Klasse 4.3 der GGVSee

1. Die Vorschriften der Rn. 10 321 sind abweichend von Rn. 43 321 bei Mengen über 10 000 kg zu beachten.

2. Abweichend von Rn. 43 403 dürfen Güter der Klasse 4.3 außerdem nicht mit gefährlichen Gütern der Klassen 1, 5.1 und 5.2 der Gefahrgutverordnung See zusammen in ein Fahrzeug verladen werden.

h) Für Güter der Klasse 5.1 der GGVSee

1. Die Vorschriften der Rn. 10 321 sind abweichend von Rn. 51 321 bei Mengen über 10 000 kg zu beachten.

2. Abweichend von Rn. 51 403 dürfen Güter der Klasse 5.1 nicht mit anderen gefährlichen Gütern zusammen in ein Fahrzeug verladen werden.

3. Rn. 51 410 gilt für alle Beförderungen.

Begriffsbestimmungen und allgemeine Vorschriften

i) Für Güter der Klasse 5.2 der GGVSee

1. Umgebungstemperaturen im Sinne der Rn. 52 105 Abs. 1 sind die im Beförderungspapier angegebenen Beförderungstemperaturen.

2. Rn. 52 204 Abs. 1 Sätze 2 bis 5 gilt für alle Beförderungen.

3. Die Vorschriften der Rn. 10 321 sind abweichend von Rn. 52 321 bei Mengen über 1 000 kg zu beachten.

4. Die Vorschriften der Rn. 52 401 sind bei Gütern, für die im Beförderungspapier eine Beförderungstemperatur angegeben ist, in Mengen über 1 200 kg zu beachten.

5. Abweichend von Rn. 52 403 dürfen Güter der Klasse 5.2 nicht mit anderen gefährlichen Gütern zusammen in ein Fahrzeug verladen werden.

6. Die Vorschriften der Rn. 52 414 Abs. 4 und 5 und der Rn. 52 509 sind bei Gütern, für die im Beförderungspapier eine Beförderungstemperatur angegeben ist, zu beachten.

j) Für Güter der Klasse 6.1 der GGVSee

1. Rn. 61 240 gilt nicht.

2. Die Vorschriften der Rn. 10 321 sind abweichend von Rn. 61 321 bei Mengen über 1 000 kg zu beachten.

3. Abweichend von Rn. 61 403 dürfen Güter der Klasse 6.1 außerdem nicht mit gefährlichen Gütern der Klassen 1, 5.1 und 5.2 der Gefahrgutverordnung See zusammen in ein Fahrzeug verladen werden.

4. Rn. 61 407 gilt für alle Beförderungen.

k) Für Güter der Klasse 6.2 der GGVSee

1. Abweichend von Rn. 62 403 dürfen Güter der Klasse 6.2 außerdem nicht mit gefährlichen Gütern der Klassen 1, 5.1 und 5.2 der Gefahrgutverordnung See zusammen in ein Fahrzeug verladen werden.

2. Rn. 62 410 gilt für alle Beförderungen.

l) Für Güter der Klasse 7 der GGVSee

Rn. 71 240 und 71 353 gelten nicht.

m) Für Güter der Klasse 8 der GGVSee

1. Rn. 81 240 gilt nicht.

2. Die Vorschriften der Rn. 10 321 sind abweichend von Rn. 81 321 bei Mengen über 10 000 kg zu beachten.

3. Abweichend von Rn. 81 403 dürfen Güter der Klasse 8 außerdem nicht mit gefährlichen Gütern der Klassen 1, 5.1 und 5.2 der Gefahrgutverordnung See zusammen in ein Fahrzeug verladen werden.

4. Rn. 81 413 und 81 414 gelten für alle Beförderungen.

(7) Für Versandstücke mit gefährlichen Gütern, die von und nach Flugplätzen befördert werden, gelten die Absätze 2, 3, 5 und 6 entsprechend, wenn anstelle der Vorschriften der Gefahrgutverordnung See die des Luftverkehrs eingehalten werden."

Begriffsbestimmungen und allgemeine Vorschriften

Hat die Bundesrepublik Deutschland Vereinbarungen nach dem Europäischen Übereinkommen vom 30. September 1957 über die internationale Beförderung gefährlicher Güter auf der Straße (ADR), Anlage A Randnummer 2010, über Abweichungen von der Anlage A zu diesem Übereinkommen abgeschlossen, dürfen soweit nicht ausdrücklich etwas anderes bestimmt ist, vom Zeitpunkt ihrer Verkündung im Bundesgesetzblatt bis zu ihrer Aufhebung Beförderungen innerhalb des Geltungsbereichs dieser Verordnung unter denselben Voraussetzungen und nach denselben Bestimmungen durchgeführt werden, wie es in diesen Vereinbarungen für den grenzüberschreitenden Verkehr vorgesehen ist. In diesem Falle hat der Absender im Beförderungspapier zusätzlich die Nummer der Vereinbarung wie folgt anzugeben: „ADR-Vereinbarung Nr. . . . D".

Sind in dieser Anlage – ausgenommen in den Klassen 3, 6.1 und 8 – Papiersäcke zugelassen, so müssen die Festigkeitswerte des maschinenglatten Papiers mindestens den Anforderungen des Merkblattes 11 der „Gemeinschaft Papiersackindustrie e. V., Vereinigung Kraftpapiere e.V., Wiesbaden", entsprechen. Papiersäcke aus anderen Papierarten müssen mindestens denselben Gebrauchswert haben.

Soweit in dieser Anlage – ausgenommen in den Klassen 3, 6.1 und 8 – Einheitspappkästen zugelassen sind, müssen sie den Bedingungen des Deutschen Eisenbahn-Verkehrsverbandes über die „Einheitsverpackung Nr. 1 – Versandschachteln –" entsprechen und mit einem Gütestempel gekennzeichnet sein, der neben

Um die Vorschriften dieser Anlage der technischen und industriellen Entwicklung anzupassen, können die zuständigen Behörden der Vertragsparteien unmittelbar untereinander vereinbaren, bestimmte Beförderungen auf ihren Gebieten unter zeitweiliger Abweichung von den Vorschriften dieser Anlage zu genehmigen. Die Behörde, die die so vereinbarte zeitweilige Abweichung angeregt hat, veranlaßt, daß diese Abweichung der zuständigen Stelle des Sekretariats der Vereinten Nationen mitgeteilt wird; diese unterrichtet die Vertragsparteien.

2010

2011

2012

Begriffsbestimmungen und allgemeine Vorschriften

der Bezeichnung „Einheitsverpackung Nr. 1" die Angabe der zulässigen Bruttohöchstmasse und die Nummer der Herstellerliste enthält.

Diese Angaben sind durch das Herstellungsdatum (Monat, Jahr) und die Firmenbezeichnung des Herstellers oder seine Nummer der Herstellerliste oder den Verbandsstempel des Verbandes der Wellpappen-Industrie e. V. (VDW) oder des Verbandes Vollpappe-Kartonagen e. V. (VKK) zu ergänzen.

Die Pappe muß außen, bei Verpackung flüssiger Stoffe beidseitig, wasserabweisend sein.

2013-2018

2019   Für Beförderungen von Stoffen der Klassen 3, 6.1 und 8 nach dieser Verordnung dürfen auch Verpackungen verwendet werden, die nach einem nach den Vorschriften des Anhangs V der Gefahrgutverordnung Eisenbahn vom 22. Juli 1985 (BGBl. I S. 1560), geändert durch die 1. Eisenbahn-Gefahrgutänderungsverordnung vom 21. August 1986 (BGBl. I S. 1347), oder des § 5 Abs. 1 der Gefahrgutverordnung See in der Fassung der Bekanntmachung vom 27. Juni 1986 (BGBl. I S. 961) in den jeweils geltenden Fassungen geprüften und zugelassenen Baumuster hergestellt und mit einer Kennzeichnung nach Anhang A.5 Rn. 3512 versehen sind.

2020   (1) Gefährliche Stoffe und Zubereitungen, deren gefährliche Eigenschaften noch nicht bekannt sind, um sie nach Rn. 2002 Abs. 11 und 12 zu klassifizieren, dürfen – sofern ausgeschlossen ist, daß sie unter die Klassen 1 a, 1 b, 1 c, 2, 5.2 oder 7 fallen – in Mengen bis 1,5 kg je Versandstück als Probe für Prüfzwecke befördert werden.

(2) Der Werkstoff der Verpackungen darf vom Inhalt nicht angegriffen werden und keine schädlichen Verbindungen mit ihm eingehen. Die Verpackungen, die aus einer Innen- und Außenverpackung bestehen müssen, und ihre Verschlüsse müssen in allen Teilen so fest und stark sein, daß sie sich unterwegs nicht lockern und allen denkbaren Beanspruchungen während der Beförderung zuverlässig standhalten. Zerbrechliche Gefäße dürfen deshalb nicht verwendet werden.

(3) Das Zusammenpacken mit anderen gefährlichen oder mit sonstigen Gütern ist nicht zugelassen.

(4) Auf der Außenverpackung ist gut lesbar und unauslöschbar anzugeben: „Gefahrgut-Probe". Diese Aufschrift ist, wenn eine Kiste verwendet wird, an zwei gegenüberliegenden Seiten und bei anderen Verpackungen in entsprechender Weise anzubringen.

(5) Die Bezeichnung des Gutes im Beförderungspapier muß lauten: „Gefahrgut-Probe". Diese Bezeichnung ist zu unterstreichen und durch die Angabe der Randnummer und die Abkürzung „GGVS" oder „GGVE" zu ergänzen (z. B. „Rn. 2020 GGVS").

(6) Versandstücke mit Stoffen und Zubereitungen nach Absatz 1 dürfen nicht zusammen in ein Fahrzeug verladen werden mit Versandstücken, die mit Zetteln nach Muster 1 oder mit 2 Zetteln nach Muster 3 bis 8 versehen sind.

2021-2099

Klasse 1 a

II. Teil

Stoffaufzählung und besondere Vorschriften
für die einzelnen Klassen

Klasse 1 a

Explosive Stoffe und Gegenstände

Bem. Stoffe, die durch Flammenzündung nicht zur Explosion gebracht werden können und die weder gegen Stoß noch gegen Reibung empfindlicher sind als Dinitrobenzol, gelten nicht als explosive Stoffe im Sinne der Klasse 1 a dieser Verordnung und unterliegen nicht den Vorschriften der Klasse 1 a. Der Absender hat jedoch im Begleitpapier unter der Bezeichnung des Gutes einzutragen:

„Nicht explosiver Stoff im Sinne der „GGVS/ GGVE".

Hiernach gelten z. B. folgende explosionsfähige Stoffe nicht als explosive Stoffe im Sinne dieser Verordnung und unterliegen somit nicht den Vorschriften der Klasse 1 a:

Gruppe A: Stoffe ohne Zusätze

Ammoniumnitrat (siehe jedoch Klasse 5.1 – Rn. 2500 –);

Azo-isobuttersäurenitril   } [siehe jedoch Klasse 4.1,
Benzolsulfohydrazid   } Ziffern 14 und 15 a) – Rn. 2401 –];

Dinitrobenzol;

Dinitrochlorbenzol;

Dinitrokresol, auch in Form seines Ammoniumsalzes und seiner Salze mit organischen Basen;

Dinitronaphthalin;

Dinitrophenol;

Dinitrotoluol;

Guanidinnitrat;

Nitroguanidin;

Nitromethan (siehe jedoch Klasse 3, Ziffer 31 – Rn. 2301 –);

Tetranitrodiphenylamin;

p-Tolylsulfonylmethylnitrosamid;

Trichlortrinitrobenzol;

Gruppe B: Stoffe mit Zusätzen

Ammoniumnitrat in Mischungen, die nicht mehr als 0,4 % verbrennliche Bestandteile enthalten und die gegen mechanische und thermische Beanspruchung sowie gegen Detonationsstoß nicht empfindlicher sind als Ammoniumnitrat (siehe jedoch Klasse 5.1 – Rn. 2500 –);

Ammoniumperchlorat mit mindestens 10 % Wasser *) (siehe jedoch Klasse 5.1, Ziffer 5 – Rn. 2501 –);

Benzol-1,3-disulfohydrazid mit mindestens 40 % Paraffinöl oder gleichwirksamen Phlegmatisierungsmitteln [siehe jedoch Klasse 4.1, Ziffer 15 b) – Rn. 2401 –];

cyanidhaltiges Quecksilberoxycyanid mit höchstens 35 % Quecksilberoxycyanid [siehe jedoch Klasse 6.1, Ziffer 41 b) – Rn. 2601 –];

1,4-3,6-Dianhydrosorbit-2,5-dinitrat in homogenen Mischungen von höchstens 20 Gewichtsteilen mit 80 Gewichtsteilen Milchzucker;

Dinitrophenolkalium in wässeriger Lösung;

Dinitrophenolnatrium in wässeriger Lösung;

Dinitroso-pentamethylentetramin mit mindestens 5 % pulvrigen, inerten anorganischen Stoffen und mindestens 15 % Paraffinöl oder gleichwirksamen Phlegmatisierungsmitteln in homogener Mischung [siehe jedoch Klasse 4.1, Ziffer 15 c) – Rn. 2401 –];

Nitroglycerin oder andere Salpetersäureester in Lösungen von höchstens 5 Gewichtsteilen in 95 Gewichtsteilen eines nicht explosiven Lösemittels (siehe jedoch Klasse 3 – Rn. 2301 –);

Nitroglycerin oder andere Salpetersäureester in homogenen Mischungen von höchstens 5 Gewichtsteilen mit 95 Gewichtsteilen feinpulverisierter inerter Stoffe;

p-Nitrophenolnatrium mit wenigstens 25 % Wasser einschließlich Hydratwasser;

Nitrozellulose in Form von Fäden oder Geweben mit so viel Wasser, daß sie durch die Flüssigkeit vollständig überdeckt wird;

Nitrozellulose in Form von Pasten oder von Lösungen mit höchstens 60 % Nitrozellulose und einem nicht explosiven Lösemittel (siehe jedoch Klasse 3 – Rn. 2301 –);

Bem. Stoffe, die durch Flammenzündung nicht zur Explosion gebracht werden können und die weder gegen Stoß noch gegen Reibung empfindlicher sind als Dinitrobenzol, unterliegen nicht den Vorschriften der Klasse 1 a.

Anlage A
Klasse 1a

---

*) Der Stoff muß so fein beschaffen sein, daß das Wasser gleichmäßig verteilt ist und festgehalten wird.

Klasse 1 a

Nitrozellulose in Form von Zellhorn (Zelluloid) (siehe jedoch Klasse 4.1, Ziffern 4, 5 und 6 – Rn. 2401 –);

Nitrozellulose mit einem Stickstoffgehalt bis zu 12,6 %, gut stabilisiert und mit mindestens 25 % Wasser oder Alkohol (z. B. Methyl-, Äthyl-, Propyl-, Butyl-, Amylalkohol), wobei der Alkohol bis zur Hälfte durch Kampfer ersetzt sein kann; anstelle von Wasser oder Alkohol können auch Gemische der beiden Flüssigkeiten treten.

Bei Nitrozellulose mit einem Stickstoffgehalt von höchstens 12,3 % sind auch Kohlenwasserstoffe oder Gemische aus Kohlenwasserstoffen und Alkoholen als Befeuchtungsmittel zugelassen. Die Flamm- und Siedepunkte der Kohlenwasserstoffe dürfen nicht unter denen des 90er Handelsbenzols liegen und ihr Dampfdruck darf nicht größer sein als bei diesem Benzol.

Der vorgeschriebene Feuchtigkeitsgehalt darf an keiner Stelle der Nitrozellulosemasse unterschritten sein [siehe jedoch Klasse 4.1, Ziffer 7 a) – Rn. 2401 –];

Nitrozellulosefilmabfälle, gewaschen und durch Kochen unter Druck behandelt, mit mindestens 2 % Kampfer und so viel Alkohol (z. B. Methyl-, Äthyl-, Propyl-, Butyl-, Amylalkohol), Benzol, Toluol oder Xylol, daß sie durch die Flüssigkeit vollständig überdeckt werden (siehe jedoch Klasse 4.2, Ziffer 4 – Rn. 2431 – und Klasse 3 – Rn. 2301 –);

Nitrozellulosewalzmasse, gebrochen, mit mindestens 18 % Phlegmatisierungsmitteln [siehe jedoch Klasse 4.1, Ziffer 7 b) und 7 c) – Rn. 2401 –];

Pentaerytrittetranitrat in homogenen Mischungen von höchstens 12 Gewichtsteilen mit 88 Gewichtsteilen feinpulverisierter inerter Stoffe;

Pikraminsäure mit mindestens 20 % Wasser *);

pikrinsaure Alkalisalze in wäßriger Lösung;

Pikrinsäure mit mindestens 20 % Wasser *);

Pikrinsäure und/oder deren Alkalisalze in Salben;

Tetranitroacridon mit mindestens 10 % Wasser *);

Tetranitrocarbazol mit mindestens 10 % Wasser *);

Trinitrobenzoesäure mit mindestens 30 % Wasser *);

Trinitrobenzol mit mindestens 30 % Wasser *).

1. Aufzählung der Stoffe und Gegenstände

2100   (1) Von den unter den Begriff der Klasse 1 a fallenden Stoffen und Gegenständen sind nur die in Rn. 2101 genannten und auch diese nur zu den Vorschriften dieser

Verordnung | Anlage und denen der Anlage B

unter bestimmten Bedingungen zur Beförderung zugelassen und somit Stoffe und Gegenstände

dieser Verordnung. | des ADR.

Dies gilt auch für Lösungen und Gemische der in Rn. 2101 genannten Stoffe in bzw. mit anderen Stoffen, sofern die Lösungen und Gemische durch Flammenzündung zur Explosion gebracht werden können und/oder gegen Schlag und/oder Reibung empfindlicher sind als Dinitrobenzol.

,,Bem. Für die Zuordnung von Lösungen und Gemischen (wie Präparate, Zubereitungen und Abfälle), die eine oder mehrere in Rn. 2101 aufgeführte Komponenten enthalten, siehe auch Rn. 2002 (8).

Bem. Explosivstoffhaltige Mischungen nichtspezifizierter Zusammensetzung sind keine Abfälle.''

(1 a) Die Stoffe und Gegenstände der Klasse 1 a müssen den Vorschriften des Anhangs A. 1 entsprechen.

(2) In den zur Beförderung zugelassenen explosiven Stoffen darf das Nitroglycerin ganz oder teilweise ersetzt sein durch

a) Nitroglykol oder

b) Dinitrodiäthylenglykol oder

c) nitrierten Zucker (nitrierte Saccharose) oder

d) eine Mischung der vorgenannten Stoffe.

2101   1. *Nitrozellulose,* hochnitriert (wie *Schießbaumwolle*), d. h. mit einem Stickstoffgehalt von mehr als 12,6 %, gut stabilisiert und,

wenn sie nicht gepreßt ist, mit mindestens 25 % Wasser oder Alkohol (Methyl-, Äthyl-, n-Propyl- oder Isopropyl-, Butyl-, Amylalkohol oder ihrer Gemische), auch denaturiert, oder Mischungen von Wasser und Alkohol,

wenn sie gepreßt ist, mit mindestens 15 % Wasser oder mindestens 12 % Paraffin oder anderen ähnlich wirkenden Stoffen.

*) Der Stoff muß so fein beschaffen sein, daß das Wasser gleichmäßig verteilt ist und festgehalten wird.

Klasse 1 a

Siehe auch Anhang A. 1 Rn. 3101.

Bem. 1. Nitrozellulose mit einem Stickstoffgehalt von höchstens 12,6 % ist ein Stoff der Klasse 4.1, wenn sie der in Rn. 2401 Ziffer 7 a), b) oder c) angegebenen Zusammensetzung entspricht.

2. Nitrozellulose in Form von Nitrozellulosefilmabfällen, von Gelatine befreit, in Form von Bändern, Blättern oder Schnitzeln, ist ein Stoff der Klasse 4.2 (siehe Rn. 2431 Ziffer 4).

2. *Pulverrohmasse,* nicht gelatiniert, für die Herstellung von rauchschwachem Pulver mit höchstens 70 % wasserfreier Substanz und mindestens 30 % Wasser. Die wasserfreie Substanz darf nicht mehr als

60 % | 50 %

Nitroglycerin oder ähnliche flüssige explosive Stoffe enthalten.

2 A. *Pulverrohmasse,* nicht gelatiniert, für die Herstellung von dreibasigen Pulvern mit höchstens 80 % wasserfreier Substanz und mindestens 20 % Lösemitteln. Die wasserfreie Substanz darf nicht mehr als 60 % Nitroglycerin oder ähnliche flüssige explosive Stoffe enthalten. Das Lösemittel kann aus Äthanol oder Mischungen von Äthanol mit Aceton bestehen, wobei der Anteil an Aceton nicht mehr als ⅓ betragen darf.

3. Gelatinierte *Nitrozellulosepulver* und gelatinierte nitroglycerinhaltige Nitrozellulosepulver *(Nitroglycerinpulver):*

   a) *nicht porös* und *nicht staubförmig;*
     Nitroglycerinpulver darf auch einen Zusatz von Nitropenta oder von gekörntem Schwarzpulver oder von Komponenten des Schwarzpulvers (Kaliumnitrat, Schwefel, Holzkohle) enthalten;

   b) *porös* oder *staubförmig.*

Siehe auch Anhang A. 1 Rn. 3102.

3 A. Festtreibstoffe,

   a) in der Hauptsache aus Nitrozellulose und Nitroglycerin bestehend *(Mehrbasige Festtreibstoffe).* Die Festtreibstoffe dürfen auch Zusätze von Ammoniumperchlorat, Ammoniumnitrat, Natriumnitrat und Metallen enthalten;

   b) in der Hauptsache aus Ammoniumperchlorat, verbrennbaren Stoffen (Metallen) und Bindern bestehend *(Komposit-Festtreibstoffe).* Die Festtreibstoffe dürfen auch Zusätze von Ammoniumnitrat und Natriumnitrat enthalten.

Die Festtreibstoffe dürfen nur als Stücke, Bänder oder als Treibsätze, mit oder ohne Isolierung, nicht staubförmig und ohne Abrieb, befördert werden.

Siehe auch Anhang A. 1 Rn. 3102/1.

4. *Plastifizierte Nitrozellulose* mit mindestens 12 %, aber weniger als 18 % plastifizierendem Stoff (wie Butylphthalat oder einem dem Butylphthalat mindestens gleichwertigen plastifizierenden Stoff) und mit einem Stickstoffgehalt der Nitrozellulose von höchstens 12,6 %, auch in Form von Blättchen (Schnitzeln, Chips).

Bem. Plastifizierte Nitrozellulose mit mindestens 18 % Butylphthalat oder einem dem Butylphthalat mindestens gleichwertigen plastifizierenden Stoff ist ein Stoff der Klasse 4.1 [siehe Rn. 2401 Ziffer 7 b) und c)].

Siehe auch Anhang A. 1 Rn. 3102, 1.

5. Nichtgelatinierte *Nitrozellulosepulver (Mischpulver).* Siehe auch Anhang A. 1 Rn. 3102.

5 A. *Formteile aus Nitrozellulose-Zellulosemischungen,* gut stabilisiert, nicht porös und ohne staubförmigen Abrieb, mit 40 % bis 75 % Nitrozellulose, 15 % bis 40 % Zellstoff, 6 % bis 20 % Binder und 0,5 % bis 2 % Stabilisatoren.

Siehe auch Anhang A. 1 Rn. 3102.

6. Organische explosive Nitroverbindungen, die gegen Stoß und Reibung nicht empfindlicher sind als Pikrinsäure; siehe auch Anhang A. 1 Rn. 3103 – auch Brandversuch unter Einschluß – (siehe auch Ziffer 8);

6. *Trinitrotoluol (Trotyl),* auch gepreßt oder gegossen sowie in Mischungen mit Aluminium; Mischungen genannt *flüssiges Trinitrotoluol* und *Trinitroanisol.*

Siehe auch Anhang A. 1 Rn. 3103.

Klasse 1 a

2101
(Forts.)

a) wasserlöslich;

Trinitrobenzoesäure;

Trinitrokresol;

b) wasserunlöslich, keine explosiven Salze bildend:

Dinitrophenylglykoläthernitrat, auch im Gemisch mit Trinitrophenylglykoläthernitrat. Der Anteil des Gemisches an letzterem darf nicht mehr als 65 % betragen;

Trinitrotoluol, auch als sogenanntes *flüssiges Trinitrotoluol* (ein neutrales Gemisch aus verschiedenen Nitrierungsstufen des Toluols), ferner Gemische aus Trinitrotoluol und Ammoniumnitrat, auch mit Aluminium;

Trinitrobenzol;

Trinitrochlorbenzol (Pikrylchlorid);

Trinitroanilin;

Trinitroanisol;

Trinitroxylol;

Tetranitroacridon;

Tetranitrocarbazol;

Tetranitrodiphenylaminsulfon;

Tetranitronaphthalin;

Hexanitrodiphenylsulfid;

c) alle diese Stoffe unter a) und b) auch im Gemisch miteinander oder mit anderen aromatischen Nitroverbindungen, die keine explosiven Stoffe im Sinne der Bem. zur Überschrift der Klasse 1 a sind, wie Mononitrotoluol, auch mit anderen die Gefahr nicht erhöhenden Zusätzen;

d) Sprengstoffgemische, die aus den unter a), b) und c) bezeichneten organischen explosiven Nitroverbindungen auch ohne andere Zusätze bestehen und nach dem vorwiegenden Bestandteil bezeichnet werden (wie Trinitrotoluolgemisch für ein Gemisch aus viel Trinitrotoluol und wenig Dinitrotoluol);

e) *organische explosive Nitroverbindungen als Präparate für wissenschaftliche oder pharmazeutische Zwecke,* höchstens 500 g in einem Gefäß, Gesamtmenge an Nitroverbindungen in einem Versandstück höchstens 5 kg.

7. a) *Hexanitrodiphenylamin (Hexyl)* und *Pikrinsäure;*

b) *Mischungen von Pentaerythrittetranitrat* und *Trinitrotoluol (Pentolit)* und *Mischungen von Trimethylentrinitramin* und *Trinitrotoluol (Hexolit),*

beide auch phlegmatisiert,

deren Trinitrotoluolgehalt so hoch ist, daß sie gegen Stoß nicht empfindlicher sind als Tetryl;

c) *Pentaerythrittetranitrat (Penthrit, Nitropenta)* und *Trimethylentrinitramin (Hexogen),* beide phlegmatisiert durch Beimischung einer derartigen Menge von Wachs, Paraffin oder anderer ähnlich wirkender Stoffe, daß sie gegen Stoß nicht empfindlicher sind als Tetryl.

Siehe zu a), b) und c) auch Anhang A. 1 Rn. 3103.

Bem. Die Stoffe der Ziffer 7 b) und phlegmatisiertes Hexogen der Ziffer 7 c) können auch Aluminium enthalten.

Die Stoffe der Ziffer 7 b) dürfen auch Ammoniumnitrat enthalten.

8. Organische explosive *Nitrokörper:*

a) *wasserlösliche,* wie Trinitroresorzin;

b) *wasserunlösliche,* wie Trinitrophenylmethylnitramin (Tetryl);

c) *Tetrylkörper* ohne Metallumhüllung.

Siehe zu a) und b) auch Anhang A. 1, Rn. 3103.

Bem. Abgesehen von flüssigem Trinitrotoluol (Ziffer 6) sind die organischen explosiven Nitrokörper in flüssigem Zustand von der Beförderung ausgeschlossen.

Klasse 1 a

9. a) *Pentaerythrittetranitrat (Penthrit, Nitropenta)*, feucht, und *Trimethylentrinitramin (Hexogen)*, feucht, das erste mit einem Wassergehalt an allen Stellen des Stoffes von mindestens 20 %, das zweite mit einem solchen Wassergehalt von mindestens 15 %;

   Cyclotetramethylentetranitramin (Oktogen), auch mit insgesamt 3% Zusätzen an Metallseifen und Graphit, mit einem Wassergehalt an allen Stellen des Stoffes von mindestens 15 %;

   b) feuchte *Mischungen von Pentaerythrittetranitrat und Trinitrotoluol (Pentolit)* und feuchte *Mischungen von Trimethylentrinitramin und Trinitrotoluol (Hexolit)*, die in trockenem Zustand gegen Stoß empfindlicher sind als Tetryl, beide mit einem Wassergehalt an allen Stellen des Stoffes von mindestens 15 %;

   c) feuchte *Mischungen von Pentaerythrittetranitrat* oder *Trimethylentrinitramin mit Wachs, Paraffin* oder *dem Wachs oder dem Paraffin ähnlichen Stoffen*, die in trockenem Zustand gegen Stoß empfindlicher sind als Tetryl, mit einem Wassergehalt an allen Stellen des Stoffes von mindestens 15 %;

   d) *Penthritkörper*, gepreßt, ohne Metallumhüllung.

   Siehe zu a), b) und c) auch Anhang A. 1 Rn. 3103.

10. —

10. a) *Benzoylperoxid*:

   1. trocken oder mit einem Wassergehalt von weniger als 10 %;

   2. mit weniger als 30% Phlegmatisierungsmitteln;

   Bem. 1. Benzoylperoxid mit einem Wassergehalt von mindestens 10% oder mit mindestens 30% Phlegmatisierungsmitteln ist ein Stoff der Klasse 5.2 [siehe Rn. 2551 Ziffer 8 a) und b)].
   2. Benzoylperoxid mit einem Gehalt von mindestens 70% an festen, trockenen inerten Stoffen unterliegt nicht den Vorschriften des ADR.

   b) *Cyclohexanonperoxide* [1-Hydroxy-1'-hydroperoxydicyclohexylperoxid, bis-(1-hydroxycyclohexyl)-peroxid und Gemische dieser beiden Verbindungen]:

   1. trocken oder mit einem Wassergehalt von weniger als 5 %

   2. mit weniger als 30 % Phlegmatisierungsmitteln;

   Bem. 1. Cyclohexanonperoxide und deren Gemische mit einem Wassergehalt von mindestens 5 % oder mit mindestens 30 % Phlegmatisierungsmitteln sind Stoffe der Klasse 5.2 [siehe Rn. 2551 Ziffer 9 a) und b)].
   2. Cyclohexanonperoxide und deren Gemische mit einem Gehalt von mindestens 70 % an festen trockenen inerten Stoffen unterliegen nicht den Vorschriften des ADR.

   c) *p-p'-Dichlorbenzoylperoxid*:

   1. trocken oder mit einem Wassergehalt von weniger als 10 %;

   2. mit weniger als 30 % Phlegmatisierungsmitteln.

   Bem. 1. p-p'-Dichlorbenzoylperoxid mit einem Wassergehalt von mindestens 10% oder mit mindestens 30 % Phlegmatisierungsmitteln ist ein Stoff der Klasse 5.2 [siehe Rn. 2551 Ziffer 17 a) und b)].
   2. p-p'-Dichlorbenzoylperoxid mit einem Gehalt von 70 % oder mehr an festen, trockenen inerten Stoffen unterliegt nicht den Vorschriften des ADR.

11. a) *Schwarzpulver (auf Kaliumnitratbasis)*, gekörnt oder in Mehlform;

   b) *schwarzpulverähnliche Sprengstoffe* (Gemische von Natriumnitrat, Schwefel und Holz-, Stein- oder Braunkohle oder Gemische von Kaliumnitrat, mit oder ohne Natriumnitrat, Schwefel und Stein- oder Braunkohle);

   c) *Preßkörper aus Schwarzpulver* oder *schwarzpulverähnlichen Sprengstoffen*.

   Bem. Die Dichte der Preßkörper darf nicht niedriger sein als 1,30 g/cm³.
   Siehe zu a) und b) auch Anhang A. 1 Rn. 3104.

   1,5.

12. a) Pulverförmige *Nitratsprengstoffe*, soweit sie nicht unter Ziffern 11, 14 a) oder c) fallen, in der Hauptsache aus Ammoniumnitrat oder einem Gemisch von Alkalinitraten oder Erd-

12. a) Pulverförmige *Nitratsprengstoffe*, soweit sie nicht unter die Ziffern 11, 14 a) oder c) fallen, in der Hauptsache aus Ammoniumnitrat oder einem Gemisch von Ammoniumnitrat mit Alka-

15

Klasse 1 a

2101
(Forts.)

alkalinitraten mit Ammoniumchlorid oder aus einem Gemisch von Ammoniumnitrat mit Alkalinitraten oder Erdalkalinitraten und Ammoniumchlorid bestehend. Sie können daneben brennbare Stoffen (z. B. Holz- oder Pflanzenmehl oder Kohlenwasserstoffe), aromatische Nitroverbindungen sowie Nitroglycerin oder Nitroglykol oder ein Gemisch beider enthalten, außerdem inerte, stabilisierende oder färbende Zusätze; siehe auch Anhang A. 1 Rn. 3105;

linitraten oder Erdalkalinitraten oder einem Gemisch von Ammoniumnitrat mit Natriumchlorid oder einem Gemisch von Alkalinitraten oder Erdalkalinitraten mit Ammoniumchlorid oder einem Gemisch von Ammoniumnitrat mit Alkalinitraten der Erdalkalinitraten und Natriumchlorid oder einem Gemisch von Ammoniumnitrat mit Alkalinitraten oder Erdalkalinitraten und Ammoniumchlorid bestehend. Sie können daneben brennbare Stoffe (z. B. Holz- oder Pflanzenmehl oder Kohlenwasserstoffe), Sensibilisatoren (z. B. fein pulverisiertes Aluminium), aromatische Nitroverbindungen sowie Nitroglycerin oder Nitroglykol oder ein Gemisch beider enthalten, außerdem inerte, stabilisierende oder färbende Zusätze; siehe auch Anhang A. 1 Rn. 3105;

b) pulverförmige *Sprengstoffe, ohne anorganische Nitrate,* in der Hauptsache aus einem Gemisch von inerten Stoffen (z. B. Alkalichloriden) mit Nitroglycerin oder Nitroglykol oder einem Gemisch beider bestehend. Sie können daneben aromatische Nitroverbindungen sowie phlegmatisierend, stabilisierend oder gelatinierend wirkende oder färbende Zusätze enthalten; siehe auch Anhang A. 1 Rn. 3105

Bem. Wegen der besonderen Zulassung zur Beförderung auf der Straße siehe Rn. 3150 (2 b);

c) *wasserhaltige,* gelierte *Nitratsprengstoffe,* das sind Gemische aus anorganischen Nitraten (mit oder ohne Ammoniumnitrat), Wasser, Geliermitteln und brennbaren Stoffen (z. B. Metalle in Pulverform oder in sonstiger feiner Verteilung, flüssige organische Verbindungen, feste organische Verbindungen). Sie können daneben explosive Stoffe (z. B. organische Nitroverbindungen, Nitrozellulosepulver) und inerte Stoffe enthalten; siehe auch Anhang A. 1 Rn. 3105/1.

13. *Chloratsprengstoffe* und *Perchloratsprengstoffe* (Gemische von Chloraten oder Perchloraten der Alkali- der Erdalkalimetalle mit kohlenstoffreichen Verbindungen. Siehe auch Anhang A. 1 Rn. 3106.

Bem. Wegen der besonderen Zulassung zur Beförderung auf der Straße siehe Rn. 3150 (2 c).

14. a) *Dynamite* mit inertem Absorptionsmittel und *Sprengstoffe, die den Dynamiten* mit inertem Absorptionsmittel *ähnlich sind;*

b) *Sprenggelatine* und *Gelatinedynamite;*

b) *Sprenggelatine,* bestehend aus nitrierter Baumwolle und höchstens 93 % Nitroglycerin;

Gelatinedynamite mit höchstens 85 % Nitroglycerin;

c) gelatinöse *Nitratsprengstoffe,* in der Hauptsache aus Ammoniumnitrat oder einem Gemisch von Ammoniumnitrat mit Nitraten der Alkali- oder Erdalkalimetalle, mit höchstens 40% gelatiniertem Nitroglycerin oder Nitroglykol oder einem Gemisch beider bestehend. Sie können daneben Nitroverbindungen oder brennbare Stoffe (z. B. Holz- oder Pflanzenmehl oder Kohlenwasserstoffe) sowie andere inerte oder färbende Stoffe enthalten.

Siehe zu a), b) und c) auch Anhang A. 1 Rn. 3107.

Bem. Wegen der besonderen Zulassung zur Beförderung auf der Straße siehe Rn. 3150 (2 b).

14 A. *Ammoniumperchlorat, trocken* oder mit weniger als 10 % Wasser.

Bem. Ammoniumperchlorat mit mindestens 10 % Wasser ist ein Stoff der Klasse 5.1 (siehe Rn. 2501 Ziffer 5).

14 B. Proben von explosionsgefährlichen Stoffen, die an staatliche oder amtlich anerkannte Prüfstellen oder Hersteller von explosionsgefährlichen Stoffen zur Untersuchung versandt werden:

a) *Proben von Sprengstoffen* (Stoffe, die zum Sprengen verwendet werden), in Mengen bis zu 25 kg;

b) *Proben sonstiger explosionsgefährlicher Stoffe* in Mengen bis zu 100 g.

Siehe zu a) und b) auch Anhang A. 1 Rn. 3107.

15. Ungereinigte *leere Verpackungen,* die gefährliche Güter der Klasse 1 a enthalten haben.

16

Klasse 1 a

2. Vorschriften

A. Versandstücke

1. Allgemeine Verpackungsvorschriften   **2102**

(1) Die Verpackungen müssen so verschlossen und so dicht sein, daß vom Inhalt nichts nach außen gelangen kann. Es ist untersagt, Bänder oder Drähte aus Metall zur Sicherung des Verschlusses zu verwenden, sofern dies nicht in den Verpackungsvorschriften für die einzelnen Stoffe oder Gegenstände ausdrücklich zugelassen ist.

(2) Der Werkstoff der Verpackungen und der Verschlüsse darf vom Inhalt nicht angegriffen werden und keine schädlichen oder gefährlichen Verbindungen mit ihm eingehen.

(3) Die Verpackungen und ihre Verschlüsse müssen in allen Teilen so fest und stark sein, daß sie sich unterwegs nicht lockern können und der üblichen Beanspruchung während der Beförderung zuverlässig standhalten. Feste Stoffe sind in der Verpackung, innere Verpackungen in den äußeren sicher und fest zu verpacken. Sofern im Abschnitt „Verpackung der einzelnen Stoffe und Arten von Gegenständen" nichts anderes vorgeschrieben ist, dürfen die inneren Verpackungen einzeln oder zu mehreren in die Versandverpackungen eingesetzt werden.

(4) Flaschen und andere Gefäße aus Glas müssen frei von Fehlern sein, die ihre Widerstandskraft verringern könnten. Insbesondere müssen die inneren Spannungen gemildert sein. Die Dicke der Wände muß mindestens 2 mm betragen.

(5) Die Füllstoffe für Einbettungen sind den Eigenschaften des Inhalts anzupassen; sie müssen insbesondere saugfähig sein, wenn dieser flüssig ist oder Flüssigkeit ausschwitzen kann.

(6) Soweit in den Vorschriften über die Verpackung der einzelnen Stoffe oder Arten von Gegenständen zur Sicherung des Verschlusses Bänder oder Drähte aus geeignetem Metall vorgeschrieben oder zugelassen sind, dürfen auch genügend widerstandsfähige Bänder aus geeignetem Kunststoff verwendet werden.

2. Verpackung der einzelnen Stoffe oder Arten von Gegenständen   **2103**

(1) Die Stoffe der Ziffern 1 und 2 müssen verpackt sein:

a) in Holzgefäßen oder in Fässern aus wasserdichter Pappe; diese Gefäße und Fässer sind außerdem mit einer dem Inhalt entsprechenden flüssigkeitsdichten Auskleidung zu versehen; ihr Verschluß muß dicht sein; oder

b) in luftdichten Säcken (z. B. aus Gummi oder geeignetem schwerentzündbarem Kunststoff), die in eine Holzkiste einzusetzen sind; oder

c) in innen verzinkten oder verbleiten Eisenfässern; oder

d) in Gefäßen aus Weiß-, Zink- oder Aluminiumblech, die in Holzkisten einzubetten sind.

(2) Die Metallgefäße müssen mit Verschlüssen oder Sicherheitseinrichtungen versehen sein, die einem inneren Druck von höchstens 300 kPa (3 bar) nachgeben, wobei diese Verschlüsse oder Sicherheitseinrichtungen die Festigkeit des Gefäßes oder des Verschlusses weder mindern noch beeinträchtigen dürfen.

(3) Nitrozellulose (Ziffer 1), die lediglich mit Wasser durchfeuchtet ist, darf in Pappfässern verpackt sein; die Pappe muß einer besonderen Behandlung unterzogen werden, damit sie vollkommen wasserdicht ist. Der Verschluß der Fässer muß wasserdampfdicht sein.

(4) Ein Versandstück mit Stoffen der Ziffer 1 darf nicht schwerer sein als 120 kg oder, wenn es sich rollen läßt, nicht schwerer als 300 kg; bei Verwendung von Pappfässern darf es jedoch nicht schwerer sein als 75 kg.

Ein Versandstück mit Stoffen der Ziffer 2 darf nicht schwerer sein als 75 kg.

2103/1

(1) Pulverrohrmasse der Ziffer 2 A. muß in dichten Fibertrommeln mit einsetzbarem, fest anliegendem Innengefäß aus geeignetem Kunststoff von mindestens 0,4 mm Wanddicke verpackt sein. Fibertrommeln und Innengefäß müssen durch einen innenseitig mit geeignetem Kunststoff überzogenen Sperrholzdeckel mit Gummidichtung verschlossen und mit einem Spannringverschluß versehen sein.

(2) Ein Versandstück darf nicht schwerer sein als 75 kg; es darf nicht mehr als 60 kg Pulverrohrmasse enthalten.

2104

(1) Die Stoffe der Ziffern 3 a)

– mit Ausnahme von Nitroglycerinpulver mit einem Zusatz von gekörntem Schwarzpulver –

17

und 4 müssen verpackt sein:

a) wenn sie als geschlossene Ladung befördert werden

  1. in Fässern aus wasserdichter Pappe; oder

  2. in Verpackungen aus Holz oder Metall, ausgenommen Schwarzblech;

b) wenn sie nicht als geschlossene Ladung befördert werden

  1. in Büchsen aus Pappe, Weiß-, Zink- oder Aluminiumblech oder geeignetem schwerentzündbarem Kunststoff oder in Beuteln aus dichtem Gewebe oder starkem Papier von mindestens zwei Lagen oder aus starkem Papier mit einer Einlage aus Aluminium oder geeignetem Kunststoff. Diese Verpackungen sind in Holzkisten einzusetzen; oder,

   soweit es sich um Büchsen mit Jagdblättchenpulver der Ziffer 3 a) handelt, auch in Mengen bis zu 40 kg in Einheitspappkästen (siehe Rn. 2012) für 50 kg Höchstmasse; oder

  2. ohne Vorverpackung in Büchsen oder Beuteln:

   a) in Fässern aus wasserdichter Pappe oder aus Holz; oder

   b) in Holzverpackungen mit einer Auskleidung aus Zink- oder Aluminiumblech; oder

   c) in Metallgefäßen, ausgenommen Schwarzblech.

(2) Ist das Pulver röhren-, stab-, faden-, band- oder scheibenförmig, so darf es, ohne Vorverpackung in Büchsen oder Beuteln, auch in Holzkisten verpackt werden.

(2 a) Nitroglycerinpulver mit einem Zusatz von gekörntem Schwarzpulver der Ziffer 3 a) muß in Büchsen aus Pappe, Weiß-, Zink- oder Aluminiumblech oder geeignetem schwerentzündbarem Kunststoff oder in Beuteln aus dichtem Gewebe oder starkem Papier von mindestens zwei Lagen oder aus starkem Papier mit einer Einlage aus Aluminium oder geeignetem Kunststoff verpackt sein. Diese Verpackungen sind in Holzkisten oder in Mengen von höchstens 40 kg in Einheitspappkästen (siehe Rn. 2012) für 50 kg Höchstmasse einzusetzen.

(3) Die Metallgefäße müssen mit Verschlüssen oder Sicherheitseinrichtungen versehen sein, die einem inneren Druck von höchstens 300 kPa (3 bar) nachgeben, wobei diese Verschlüsse oder Sicherheitseinrichtungen die Festigkeit des Gefäßes oder des Verschlusses weder mindern noch beeinträchtigen dürfen.

(4) Der Verschluß der Holzkisten darf durch herumgelegte und gespannte Bänder oder Drähte aus einem geeigneten Metall gesichert sein. Sind diese aus Eisen, so müssen sie mit einem Stoff überzogen sein, der bei Stoß oder Reibung keine Funken erzeugt.

(5) Ein Versandstück darf nicht schwerer sein als 120 kg, bei Verwendung von Pappfässern jedoch nicht schwerer als 75 kg.

2104/1   (1) Die Stoffe der Ziffer 3 A. – Festtreibstoffbänder auf Papphülsen aufgerollt – müssen einzeln in zwei Lagen wasserfestem Papier oder in einer Folie aus geeignetem Kunststoff eingewickelt und in Holzkisten fest eingesetzt sein. Sie sind in den Holzkisten durch Holz-, Kunststoff- oder Pappeinsätze so zu sichern, daß sie sich nicht gegenseitig berühren und nicht an der Kistenwand reiben können. Der Verschluß der Holzkisten darf durch herumgelegte und gespannte Bänder oder Drähte aus einem geeignetem Metall gesichert sein. Sind sie aus Eisen, so müssen sie mit einem Stoff überzogen sein, der bei Stoß oder Reibung keine Funken erzeugt.

(2) Ein Versandstück darf nicht schwerer sein als 120 kg. Es darf nicht mehr als 100 kg Festtreibstoff enthalten.

2105   (1) Die Stoffe der Ziffern 3 b) und 5 müssen verpackt sein:

a) wenn sie als geschlossene Ladung befördert werden

  1. in Fässern aus wasserdichter Pappe; oder

  2. in Verpackungen aus Holz oder Metall, ausgenommen Schwarzblech;

Klasse 1 a

b) wenn sie nicht als geschlossene Ladung befördert werden
1. in Büchsen aus Pappe, Weiß- oder Aluminiumblech. Eine Büchse darf nicht mehr als 1 kg Pulver enthalten und muß in Papier eingewickelt sein. Diese sind in Holzverpackungen einzusetzen; oder
2. in Säcken aus dichtem Gewebe oder aus starkem Papier von mindestens zwei Lagen oder aus starkem Papier mit einer Einlage aus Aluminium oder geeignetem Kunststoff. Die Säcke sind in Fässer aus Pappe oder Holz oder in andere Holzverpackungen mit einer Auskleidung aus Zink- oder Aluminiumblech oder in Gefäße aus Zink- oder Aluminiumblech einzusetzen. Die Gefäße aus Zink- oder Aluminiumblech sind innen vollständig mit Holz oder Pappe auszukleiden.

(2) Die Metallgefäße müssen mit Verschlüssen oder Sicherheitseinrichtungen versehen sein, die einem inneren Druck von höchstens 300 kPa (3 bar) nachgeben, wobei diese Verschlüsse oder Sicherheitseinrichtungen die Festigkeit des Gefäßes oder des Verschlusses weder mindern noch beeinträchtigen dürfen.

(3) Der Verschluß der Holzkisten darf durch herumgelegte und gespannte Bänder oder Drähte aus einem geeigneten Metall gesichert sein. Sind diese aus Eisen, so müssen sie mit einem Stoff überzogen sein, der bei Stoß oder Reibung keine Funken erzeugt.

(4) Ein Versandstück nach Absatz 1 a) darf nicht schwerer sein als 100 kg, bei Verwendung von Pappfässern jedoch nicht schwerer als 75 kg. Ein Versandstück nach Absatz 1 b) darf nicht schwerer sein als 75 kg. Es darf nicht mehr als 30 kg Nitrozellulosepulver enthalten.

2105/1

(1) Die Gegenstände der Ziffer 5 A. müssen einzeln in geeigneter Kunststoffolie verpackt und in einer weiteren Verpackung fest eingesetzt sein. Diese Verpackungen sind in Schachteln aus starker Vollpappe einzusetzen.

(2) Ein Versandstück darf bei Beförderung als geschlossene Ladung nicht schwerer sein als 120 kg und nicht schwerer als 75 kg, wenn es nicht als geschlossene Ladung befördert wird.

2106

(1) Die Stoffe der Ziffer 6 sind in Holzgefäße

oder Fässer aus wasserdichter Pappe

zu verpacken. Für festes Trinitrotoluol und für Trinitroanisol sind auch Fässer aus wasserdichter Pappe und für flüssiges Trinitrotoluol auch Eisengefäße zulässig.

Für sogenanntes flüssiges Trinitrotoluol sind jedoch nur Holz- oder Eisengefäße zulässig.
Die Eisengefäße müssen dicht verschlossen sein, jedoch einem schwachen inneren Druck nachgeben.

(2) Die festen Stoffe der Ziffer 6 dürfen auch in fest verschlossenen Fibertrommeln verpackt sein.

(2) Die Metallgefäße müssen mit Verschlüssen oder Sicherheitseinrichtungen versehen sein, die einem inneren Druck von höchstens 300 kPa (3 bar) nachgeben, wobei diese Verschlüsse oder Sicherheitseinrichtungen die Festigkeit des Gefäßes oder des Verschlusses weder mindern noch beeinträchtigen dürfen.

(3) Ein Versandstück darf nicht schwerer sein als 120 kg oder, wenn es sich rollen läßt, nicht schwerer als 300 kg; bei Verwendung von Pappfässern darf es jedoch nicht schwerer sein als 75 kg.

(4) Die Stoffe der Ziffer 6 b) dürfen auch in dicht verschlossenen Beuteln aus geeignetem Kunststoff verpackt sein. Die Wanddicke der Beutel muß bei einem Füllgewicht von höchstens 2,5 kg je Beutel mindestens 0,1 mm und bei einem Füllgewicht von mehr als 2,5 kg je Beutel mindestens 0,15 mm betragen. Die Beutel sind bis zu einer Gesamtmenge von 25 kg in Einheitspappkästen (siehe Rn. 2012) für 30 kg Höchstmasse fest einzusetzen.

(5) Organische explosive Nitroverbindungen als Präparate für wissenschaftliche oder pharmazeutische Zwecke [Ziffer 6 e)] müssen in Mengen von höchstens 500 g dicht in Gefäßen aus Glas, Porzellan, Steinzeug u. dgl. verpackt und diese in Holzverpackungen eingebettet sein.
Ein Versandstück darf nicht schwerer sein als 15 kg. Es darf nicht mehr als 5 kg organische Nitroverbindungen enthalten.

(6) Zur Verpackung von wasserlöslichen Nitroverbindungen dürfen Blei oder bleihaltige Stoffe nicht verwendet werden.

Klasse 1 a

2107   (1) Die Stoffe der Ziffer 7 müssen wie folgt verpackt sein:

a) die Stoffe der Ziffer 7 a): in Holzgefäßen oder Fässern aus wasserdichter Pappe. Zur Verpackung von Hexanitrodiphenylamin (Hexyl) und Pikrinsäure dürfen Blei oder bleihaltige Stoffe (Legierungen oder Verbindungen) nicht verwendet werden.

Pikrinsäure in Mengen bis höchstens 500 g darf auch in Gefäßen aus Glas, Porzellan, Steinzeug u. dgl. oder geeignetem Kunststoff verpackt sein, die in Holzkisten einzubetten sind (z. B. mit Wellpappe). Die Gefäße müssen durch einen Stopfen aus Kork, Kautschuk oder geeignetem Kunststoff verschlossen sein, der durch eine zusätzliche Maßnahme (wie Anbringen einer Haube oder Kappe, Versiegeln, Zubinden) gesichert sein muß, durch die jede Lockerung der Verschlußeinrichtung während der Beförderung verhindert wird;

b) die Stoffe der Ziffer 7 b) und c) in Mengen bis höchstens 30 kg,

Mischungen aus Trimethylentrinitramin (Hexogen) mit Trinitrotoluol der Ziffer 7 b) beim Versand in Brocken von 2 cm bis 5 cm Kantenlänge auch in größeren Mengen,

in dichten Beuteln aus Gewebe oder starken Säcken aus Papier oder geeignetem Kunststoff; diese Beutel und Säcke sind in dichte Holzgefäße oder in dicht verschließbare Hartpapiertrommeln mit Sperrholzboden und -deckel einzusetzen. Der Deckel der Kisten ist mit Schrauben, derjenige der Trommeln mit Spannringverschluß zu befestigen.

(2) Ein Versandstück mit Stoffen der Ziffer 7 a) darf bei Verwendung eines Holzgefäßes nicht schwerer sein als 120 kg, bei Verwendung von Pappfässern nicht schwerer als 75 kg. Ein Versandstück mit Pikrinsäure darf bei Verwendung von zerbrechlichen Gefäßen oder Gefäßen aus Kunststoff

oder Blech nicht schwerer sein als 30 kg, jedoch nicht mehr als 20 kg Pikrinsäure enthalten.	nicht schwerer sein als 15 kg.

Ein Versandstück mit Stoffen der Ziffer 7 b) oder c) darf nicht schwerer sein als 75 kg.

Kisten sind mit Trageeinrichtungen zu versehen, wenn sie mit Inhalt schwerer sind als 30 kg.

2108   (1) Die Stoffe und Gegenstände der Ziffer 8 müssen wie folgt verpackt sein:

a) die Stoffe der Ziffer 8 a): in Gefäßen aus nichtrostendem Stahl oder aus

geeignetem Kunststoff. Die Eignung der Kunststoffgefäße ist durch eine Baumusterprüfung [siehe Rn. 2002 (13)] nachzuweisen.	einem anderen geeigneten Werkstoff (dadurch sind insbesondere Blei und seine Legierungen ausgeschlossen).

Die Nitrokörper sind so zu durchfeuchten, daß der Wassergehalt während der gesamten Beförderung an jeder Stelle mindestens 25 % beträgt. Die Metallgefäße müssen mit Verschlüssen oder Sicherheitseinrichtungen versehen sein, die einem inneren Druck von höchstens 300 kPa (3 bar) nachgeben, wobei diese Verschlüsse oder Sicherheitseinrichtungen die Festigkeit des Gefäßes oder des Verschlusses weder mindern noch beeinträchtigen dürfen.

Die Gefäße, ausgenommen die aus nichtrostendem Stahl, sind in Holzverpackungen einzubetten;

b) die Stoffe der Ziffer 8 b) bis höchstens 15 kg in Beuteln aus Gewebe oder geeignetem Kunststoff, die in Holzverpackungen einzusetzen sind;

bb) die Gegenstände der Ziffer 8 c): einzeln in festem Papier und zu höchstens 100 Stück in Blechschachteln eingesetzt. Bis zu 20 Gegenstände dürfen auch ohne Papierumhüllung in einer Reihe auf Einsätzen aus Pappe oder Kunststoff, die mit höchstens 10 Rillen versehen sein dürfen, so eingelegt werden, daß bei der Beförderung kein Abrieb entsteht. Höchstens 5 Einsätze sind in Schachteln aus Pappe, Metall oder Kunststoff einzusetzen. Höchstens 100 Schachteln sind in einer Versandkiste aus Holz zu verpacken.

c) die Stoffe der Ziffer 8 a) und b) dürfen in Mengen bis höchstens 500 g auch in Gefäßen aus Glas, Porzellan, Steinzeug u. dgl. oder geeignetem Kunststoff, die in Holzkisten einzubetten sind (z. B. mit Wellpappe) verpackt sein. Ein Versandstück darf höchstens 5 kg Nitrokörper enthalten. Die Gefäße müssen durch einen Stopfen aus Kork, Kautschuk oder geeignetem Kunststoff verschlossen sein, der durch eine zusätzliche Maßnahme (wie Anbringen einer Haube oder Kappe, Versiegeln, Zubinden) gesichert sein muß, durch die jede Lockerung der Verschlußeinrichtung während der Beförderung verhindert wird;

cc) Trinitrophenylmethylnitramin [Ziffer 8 b)]: in Mengen bis höchstens 15 kg in Beuteln aus Gewebe oder geeignetem Kunststoff, die in Verpackungen aus Holz einzusetzen sind. Ein Versandstück darf nicht mehr als 30 kg Trinitrophenylmethylnitramin enthalten;

Klasse 1 a

dd) die Gegenstände der Ziffer 8 c): wie vorstehend unter bb).

d) die Gegenstände der Ziffer 8 c): einzeln in festes Papier und zu höchstens 100 Stück in Blechschachteln eingesetzt. Höchstens 100 Schachteln sind in eine Versandkiste aus Holz zu verpacken.

(2) Ein Versandstück nach Absatz 1 a) oder b)

oder bb)

darf nicht schwerer sein als 75 kg; es darf von den Stoffen der Ziffer 8 a) nicht mehr als 25 kg, von denjenigen der Ziffer 8 b) nicht mehr als 50 kg enthalten. Ein Versandstück nach Absatz 1 c) darf nicht schwerer sein als 15 kg, ein solches nach Absatz

1 cc) oder dd)　　　　　　　　　　1 d)

nicht schwerer als 40 kg.

Ein Versandstück nach Absatz 1 a), 3., Sätze 2 bis 4, darf höchstens 20 kg Tetryl enthalten.

(1) Die Stoffe und Gegenstände der Ziffer 9 müssen wie folgt verpackt sein:　　　　**2109**

a) die Stoffe der Ziffer 9 a) bis c):

　1. in Mengen bis höchstens 10 kg in Beuteln aus Gewebe oder geeignetem Kunststoff, die in eine Schachtel aus wasserdichter Pappe oder in eine Büchse aus Weiß-, Aluminium- oder Zinkblech einzusetzen sind; oder

　2. in Mengen bis höchstens 10 kg in Gefäßen aus genügend starker Pappe, die mit Paraffin getränkt oder auf andere Weise wasserdicht gemacht sind.

Die Büchsen aus Weiß-, Aluminium- oder Zinkblech und die Büchsen oder Gefäße anderer Art sind in eine mit Wellpappe ausgelegte Holzkiste einzusetzen; Metallbüchsen sind durch Wellpappe voneinander zu trennen. Eine Kiste darf nicht mehr als 4 Büchsen oder Gefäße anderer Art enthalten. Der Deckel der Kiste ist mit Schrauben zu befestigen;

b) Pentaerythrittetranitrat [Ziffer 9 a)] auch

　1. in Mengen bis höchstens 5 kg in Gefäßen aus Glas, Porzellan, Steinzeug u. dgl. oder geeignetem Kunststoff, die mit einem Stopfen aus Kork, Kautschuk oder geeignetem Kunststoff verschlossen sind; jedes Gefäß muß in einem luftdicht verschweißten oder verlöteten Metallgefäß so eingesetzt sein, daß es durch Ausfüllen aller Lücken mit elastischen Stoffen vollkommen gesichert ist. Höchstens 4 Metallgefäße sind in eine mit Wellpappe ausgelegte Holzkiste einzusetzen und voneinander durch mehrere Lagen von Wellpappe oder einem anderen gleichwertigen Stoff zu trennen; oder

　2. in Mengen bis höchstens 500 g Trockenmasse in Gefäßen aus Glas, Porzellan, Steinzeug u. dgl. oder geeignetem Kunststoff, die mit einem Stopfen aus Kork, Kautschuk oder geeignetem Kunststoff verschlossen sind. Diese Gefäße sind in eine Holzkiste einzusetzen. Sie sind voneinander durch Wellpappe und von den Wänden der Kiste durch einen mit Füllstoffen ausgestopften Zwischenraum von mindestens 3 cm zu trennen;

c) Trimethylentrinitramin [Ziffer 9 a)] wie vorstehend

　unter b) 2.　　　　　　　　　　unter b) 1.

　für Pentaerythrittetranitrat;

d) die Gegenstände der Ziffer 9 d) einzeln in festem Papier und bis höchstens 3 kg in Pappkästen unbeweglich eingebettet. Höchstens 10 Kästen sind in einer mit Schrauben verschlossenen Holzkiste so einzubetten, daß zwischen den Pappkästen und der Versandkiste überall ein mit Füllstoffen ausgestopfter Zwischenraum von mindestens 3 cm verbleibt.

Ein Versandstück mit Gegenständen der Ziffer 9 d), das nicht in geschlossener Ladung befördert wird, darf nicht mehr als 25 kg Explosivstoff enthalten.

(2) Ein Versandstück nach Absatz 1 a) oder 1 b) 1. darf nicht schwerer sein als 75 kg, ein solches nach Absatz 1 c) nicht schwerer als 10 kg und ein solches nach dem Absatz 1 b) 2. oder 1 d) nicht schwerer als 35 kg. Versandstücke, die mit ihrem Inhalt mehr als 30 kg wiegen, müssen mit Trageeinrichtungen versehen sein.

(1) Die Stoffe der Ziffer 10 müssen bis höchstens 500 g in gut verschnürten Beuteln aus einem geeigneten, geschmeidigen Stoff verpackt sein. Jeder Beutel ist in eine Büchse aus Metall, Pappe oder Fiber einzusetzen; diese Büchsen sind zu höchstens 30 Stück in eine vollwandige Versandkiste aus Holz einzubetten, deren Wände mindestens 12 mm dick sind.　　**2110**

(2) Ein Versandstück darf nicht schwerer sein als 25 kg.

(1) Die Stoffe und Gegenstände der Ziffer 11 müssen wie folgt verpackt sein:　　**2111**

a) die Stoffe der Ziffer 11 a) und b):

　1. in Mengen bis höchstens 2,5 kg in Beuteln, die in Büchsen aus Pappe, Weiß- oder Aluminiumblech einzusetzen sind.

21

Klasse 1 a

2111
(Forts.)

Die Büchsen sind in Verpackungen aus Holz einzubetten; oder in Einheitspappkästen (siehe Rn. 2012) für 30 kg Höchstmasse, soweit es sich um Stoffe der Ziffer 11 a) handelt und ein Versandstück höchstens 25 kg Schwarzpulver enthält; oder

2. in Säcken aus dichtem Gewebe, die in Fässer oder Kisten aus Holz einzusetzen sind;

3. in Mengen bis höchstens 2,5 kg in dicht verschlossenen Gefäßen aus geeignetem Kunststoff, die in Einheitspappkästen (siehe Rn. 2012) für 30 kg Höchstmasse fest einzusetzen sind. Die Kanten und Fugen der Einheitspappkästen müssen mit starken Klebestreifen verklebt oder die Heftklammern der Pappkästen mit starken Klebestreifen so abgedeckt sein, daß eine Beschädigung der Kunststoffverpackung ausgeschlossen ist. Ein Versandstück darf höchstens 25 kg Sprengstoffe enthalten;

4. in Mengen bis höchstens 25 kg in Säcken aus dichtem Gewebe (ausgenommen aus hochisolierendem Material), die in Beutel aus geeignetem Kunststoff und damit in Einheitspappkästen (siehe Rn. 2012) für 30 kg Höchstmasse einzusetzen sind;

5. in Mengen bis höchstens 50 kg in Säcken aus dichtem Gewebe, die in Fibertrommeln einzusetzen sind. Diese müssen einer hierfür besonders zugelassenen Bauart nach Anhang A. 1 a entsprechen;

6. Schwarzpulver der Ziffer 11 a) (ohne scharfe Kanten) darf in Mengen bis zu 2,5 kg in Schläuchen aus geeignetem Kunststoff, die auch eine zusammenhängende Kette bilden können, patroniert oder in Beuteln aus geeignetem Kunststoff verpackt sein, beide mit einer Wanddicke von mindestens 0,2 mm. Die Wanddicke der Patronen darf auf mindestens 0,15 mm verringert sein, sofern ihr Durchmesser höchstens 40 mm beträgt und das Gesamtgewicht einer zusammenhängenden Kette von Patronen 2,5 kg nicht übersteigt. Der so verpackte Sprengstoff ist in einer Gesamtmenge von höchstens 25 kg in Einheitspappkästen (siehe Rn. 2012) für 30 kg Höchstmasse fest einzusetzen. Die Kanten und Fugen der Einheitspappkästen müssen mit starken Klebestreifen verklebt oder die Heftklammern der Pappkästen mit starken Klebestreifen so abgedeckt sein, daß eine Beschädigung der Kunststoffverpackung ausgeschlossen ist. Die zusammenhängenden Ketten dürfen auch in Holzkisten fest eingesetzt werden, sofern diese mit dichter, widerstandsfähiger Pappe oder einem gleichwertigen Werkstoff ausgekleidet sind.

7. Jagdschwarzpulver der Ziffer 11 a) darf auch in Mengen bis zu 2,5 kg in Büchsen aus Weißblech, die mit dichten Kunststoffverschlüssen versehen sein müssen, verpackt sein. Das so verpackte Jagdschwarzpulver ist in einer Gesamtmenge von höchstens 40 kg in Einheitspappkästen (siehe Rn. 2012) für 50 kg Höchstmasse einzusetzen.

8. Zündschnurpulver der Ziffer 11 a) darf beim Versand als geschlossene Ladungen und bei Vorverpackung in dichten Säcken auch in Aluminiumfässern verpackt sein, die einem schwachen inneren Druck nachgeben müssen.

9. Der schwarzpulverähnliche Sprengstoff Sprengsalpeter der Ziffer 11 b) darf bis zu einem Gewicht von 25 kg in Einheitspappkästen (siehe Rn. 2012) für 30 kg Höchstmasse verpackt sein.

Klasse 1 a

b) die Gegenstände der Ziffer 11 c): in widerstandsfähiges Papier eingerollt; jede Rolle darf nicht schwerer sein als 300 g. Die Rollen sind in Holzkisten einzusetzen, die mit widerstandsfähigem Papier ausgelegt sind.

Die Kisten brauchen nicht mit Papier ausgelegt zu sein, wenn die Rollen in Pappschachteln verpackt sind. Die Rollen dürfen bis zu einem Gewicht von 25 kg auch in Einheitspappkästen (siehe Rn. 2012) für 30 kg Höchstmasse eingesetzt werden.

(2) Der Deckel der Kisten ist mit Schrauben zu befestigen. Sind die Schrauben aus Eisen, so müssen sie mit einem Stoff überzogen sein, der bei Stoß oder Reibung keine Funken erzeugt.

Als Befestigungsmittel sind auch verzinkte eiserne Nägel zulässig.

(3) Ein Versandstück darf bei Beförderung als geschlossene Ladung nicht schwerer sein als 75 kg und nicht schwerer als 35 kg, wenn es nicht als geschlossene Ladung befördert wird.

Für Einheitspappkästen gilt jedoch die in Absatz 1 vorgeschriebene Höchstmasse.

(1) Die Stoffe der Ziffer

12 a) und b) | 12

müssen in Hülsen aus geeignetem Kunststoff oder Papier patroniert sein. Diese Patronen dürfen in ein Paraffin-, Zeresin- oder Harzbad eingetaucht oder mit geeignetem Kunststoff umhüllt werden, damit sie gegen Feuchtigkeit geschützt sind. Sprengstoffe mit mehr als 6 % flüssigen Salpetersäureestern müssen in paraffiniertem oder zeresiniertem Papier oder einem wasserdichten Kunststoff, wie Polyäthylen, patroniert sein. Die Patronen sind in Holzverpackungen einzusetzen.

(2) Nicht paraffinierte oder nicht zeresinierte Patronen oder solche, deren Hülse nicht wasserdicht ist, müssen zu Paketen bis höchstens 2,5 kg vereinigt werden. Die Pakete, deren Umhüllung mindestens aus starkem Papier bestehen muß, sind in ein Paraffin-, Zeresin- oder Harzbad einzutauchen oder mit geeignetem Kunststoff zu umhüllen, damit sie gegen Feuchtigkeit geschützt sind. Die Pakete sind in Holzverpackungen einzusetzen.

(3) Der Verschluß der Holzverpackungen darf durch herumgelegte und gespannte Bänder oder Drähte aus Metall gesichert sein.

(4) Ein Versandstück darf nicht schwerer sein als 75 kg. Es darf nicht mehr als 50 kg Sprengstoff enthalten.

(5) An Stelle der in den Absätzen 1 und 2 vorgeschriebenen Holzverpackungen dürfen auch

Einheitspappkästen (siehe Rn. 2012) für 30 kg Höchstmasse verwendet werden.

geeignete Kästen aus Vollpappe oder Wellpappe von ausreichender mechanischer Festigkeit verwendet werden, deren Deckel- und Bodenklappen mit genügend starken Klebestreifen verschlossen sein müssen. Die Bauart der Kästen aus Vollpappe oder Wellpappe muß im Versandland behördlich zugelassen sein.

Ein solches Versandstück darf nicht schwerer sein als 30 kg; es darf höchstens 25 kg Sprengstoff enthalten.

2112

Die Stoffe der Ziffer 12 a) dürfen in Mengen bis zu 25 kg auch in dicht verschlossenen Beuteln aus geeignetem Kunststoff mit einer Wanddicke von mindestens 0,1 mm verpackt sein.

Bei einer solchen Verpackung ist die in Rn. 2112 (2) geforderte Vereinigung der Patronen zu Paketen von höchstens 2,5 kg nicht erforderlich.

Die Beutel sind bis zu einer Gesamtmenge von 25 kg in Einheitspappkästen (siehe Rn. 2012) für 30 kg Höchstmasse fest einzusetzen; die Pappkästen dürfen nur mit starken Klebestreifen verschlossen werden.

2112/1

Die Stoffe der Ziffer 12 c) müssen in Mengen bis zu 25 kg in Hüllen oder Beutel aus geeignetem Kunststoff mit einer Wanddicke von mindestens 0,1 mm verpackt sein. Die Hüllen oder Beutel sind in Holzkisten oder in Einheitspappkästen (siehe Rn. 2012) für 30 kg Höchstmasse fest einzusetzen. Ein Versandstück darf höchstens 25 kg Sprengstoff enthalten.

2112/2

(1) Die Stoffe der Ziffer 13 müssen in Papierhülsen patroniert sein. Nicht paraffinierte oder nicht zeresinierte Patronen sind zuerst in wasserdichtes Papier einzurollen. Sie sind durch eine Papierhülle zu Paketen zu vereinigen, die höchstens 2,5 kg schwer sein dürfen; die Pakete sind in Verpackungen aus Holz einzubetten, deren Verschluß durch herumgelegte und gespannte Bänder oder Drähte aus Metall gesichert sein darf.

2113

Klasse 1 a

(2) Ein Versandstück darf nicht schwerer sein als 35 kg

und nicht schwerer als 10 kg, wenn es sich um ein Muster handelt.

2114 (1) Die Stoffe der Ziffer 14 müssen wie folgt verpackt sein:

a) die Stoffe der Ziffer 14 a): in Hülsen aus wasserdichtem Papier oder geeignetem Kunststoff patroniert. Die Patronen sind entweder durch eine Papierhülle zu Paketen zu vereinigen oder ohne Umschlagpapier in Pappkästen einzubetten. Die Pakete oder Pappkästen sind mit inerten Füllstoffen in Holzverpackungen einzubetten, deren Verschluß durch herumgelegte und gespannte Bänder oder Drähte aus Metall gesichert sein darf;

b) die Stoffe der Ziffer 14 b): in Hülsen aus wasserdichtem Papier oder geeignetem Kunststoff patroniert. Die Patronen sind in Pappschachteln einzusetzen. Die in wasserdichtem Papier eingehüllten Pappschachteln sind ohne Leerräume in Holzverpackungen einzusetzen, deren Verschluß durch herumgelegte und gespannte Bänder oder Drähte aus Metall gesichert sein darf;

c) die Stoffe der Ziffer 14 c):

1. in Hülsen aus geeignetem Kunststoff oder Papier patroniert. Die Patronen dürfen in ein Paraffin-, Zeresin- oder Harzbad eingetaucht oder mit geeignetem Kunststoff umhüllt werden, damit sie gegen Feuchtigkeit geschützt sind. Sprengstoffe mit mehr als 6 % flüssigen Salpetersäureestern müssen in paraffiniertem oder zeresiniertem Papier oder einem wasserdichten Kunststoff, wie Polyäthylen, patroniert sein. Die Patronen sind in Holzverpackungen einzusetzen;

2. nicht paraffinierte oder nicht zeresinierte Patronen oder solche, deren Hülse nicht wasserdicht ist, sind zu Paketen von höchstens 2,5 kg zu vereinigen. Die Pakete, deren Umhüllung mindestens aus starkem Papier bestehen muß, sind in ein Paraffin-, Zeresin- oder Harzbad einzutauchen oder mit geeignetem Kunststoff zu umhüllen, damit sie gegen Feuchtigkeit geschützt sind. Die Pakete sind in Holzverpackungen einzusetzen;

3. der Verschluß der Holzverpackungen darf durch herumgelegte und gespannte Bänder oder Drähte aus Metall gesichert sein;

4. an Stelle der vorstehend unter 1. und 2. vorgeschriebenen Holzverpackungen dürfen auch;

 Einheitspappkästen (siehe Rn. 2012) für 30 kg Höchstmasse verwendet werden; geeignete Kästen aus Vollpappe oder Wellpappe von ausreichender mechanischer Festigkeit verwendet werden, deren Deckel- und Bodenklappen mit genügend starken Klebestreifen verschlossen sein müssen. Die Bauart der Kästen aus Vollpappe oder Wellpappe muß im Versandland behördlich zugelassen sein.

5. in Mengen bis zu 25 kg in dicht verschlossenen Beuteln aus geeignetem Kunststoff mit einer Wanddicke von mindestens 0,1 mm. Die Beutel sind in Einheitspappkästen (siehe Rn. 2012) für 30 kg Höchstmasse fest einzulegen; die Einheitspappkästen müssen mit starken Klebstreifen verschlossen werden. Bei einer solchen Verpackung ist die vorstehend unter 2. geforderte Vereinigung der Patronen zu Paketen von höchstens 2,5 kg nicht erforderlich.

(1 a) Bei Sendungen von Dynamiten der Ziffer 14 kann die Verpackung der Patronen in Paketen oder Pappkästen wegfallen, wenn die Versandkisten mit zähem, wasserdichtem Packpapier dicht ausgelegt und wenn die Patronen beim Einlegen in die Kiste derart in Weichholzmehl, das sich unter Druck elastisch zusammenballt, eingebettet sind, daß überall zwischen den Patronen und zwischen diesen und der Packpapierausfütterung eine gute Ausfüllung mit Weichholzmehl vorhanden ist.

(2) Ein Versandstück mit Stoffen der Ziffer 14 a) oder b) darf nicht schwerer sein als 35 kg

und nicht schwerer als 10 kg, wenn es sich um ein Muster handelt.

Ein Versandstück mit Stoffen der Ziffer 14 c) darf nicht schwerer sein als 75 kg; es darf nicht mehr als 50 kg Sprengstoff enthalten. Bei Verpackung nach Abs. 1 c) 4.

und 5.

darf es nicht schwerer sein als 30 kg und nicht mehr als 25 kg Sprengstoff enthalten.

2114/1 Ammoniumperchlorat der Ziffer 14 A. muß in Holzverpackungen oder in wasserdichten Pappfässern verpackt sein.

Klasse 1 a

(1) Die Sprengstoffproben der Ziffer 14 B. a) sind in Versandkisten aus Holz zu verpacken. Die Innenverpackung muß der für vergleichbare Sprengstoffe vorgeschriebenen entsprechen.

2114/2

(2) Die Verpackung der Proben der sonstigen explosionsgefährlichen Stoffe der Ziffer 14 B. b) muß von der Bundesanstalt für Materialprüfung (BAM) anerkannt sein. Wenn es sich um explosive Stoffe handelt, die für eine militärische Verwendung bestimmt sind, muß die Verpackung vom Bundesinstitut für chemisch-technische Untersuchungen (BICT) anerkannt sein.

3. Zusammenpackung

Die in einer Ziffer der Rn. 2101 bezeichneten Stoffe dürfen weder mit Stoffen, die in derselben Ziffer oder einer anderen Ziffer dieser Randnummer genannt sind, noch mit Stoffen oder Gegenständen der übrigen Klassen, noch mit sonstigen Gütern zu einem Versandstück vereinigt werden.

2115

Bem. Das in Rn. 2108 (1) c) bezeichnete Versandstück darf organische Nitrokörper verschiedener Art und Benennung enthalten.

4. Aufschriften und Gefahrzettel auf Versandstücken (siehe Anhang A. 9)

Versandstücke mit Pikrinsäure [Ziffer 7 a)] müssen in roten, gut lesbaren und dauerhaften Buchstaben die Bezeichnung des Stoffes tragen.

2116

Diese Aufschrift ist in einer amtlichen Sprache des Versandlandes und außerdem falls diese Sprache nicht Englisch, Französisch oder Deutsch ist, in einer dieser Sprachen abzufassen, wenn nicht internationale Tarifvereinbarungen über die Beförderung auf der Straße oder Abkommen zwischen den an der Beförderung beteiligten Staaten etwas anderes vorschreiben.

(1) Versandstücke mit Stoffen und Gegenständen der Klasse 1 a sind mit einem Zettel nach Muster 1 zu versehen.

2117

(2) Versandstücke mit zerbrechlichen Gefäßen, die von außen nicht sichtbar sind, sind mit einem Zettel nach Muster 12 zu versehen. Enthalten die zerbrechlichen Gefäße Flüssigkeiten, so sind, wenn es sich nicht um zugeschmolzene Ampullen handelt, außerdem Zettel nach Muster 11 anzubringen; diese Zettel sind, wenn eine Kiste verwendet wird, oben an zwei gegenüberliegenden Seiten und bei anderen Verpackungen in entsprechender Weise anzubringen.

2118

B. Vermerke im Beförderungspapier

(1) Die Bezeichnung des Gutes im Beförderungspapier muß gleich lauten wie eine der in Rn. 2101 durch *Kursivschrift* hervorgehobenen Benennungen. Falls in Ziffer 8 a) und b) der Stoffname nicht angegeben ist, muß die handelsübliche Benennung eingesetzt werden. Die Bezeichnung des Gutes ist

2119

zu unterstreichen und

durch die *Angabe der Klasse, der Ziffer und gegebenenfalls des Buchstabens der Stoffaufzählung und die Abkürzung „ADR"* oder *„RID"* zu ergänzen [z. B. *1 a, Ziffer 3 a), ADR*].

(2) Im Beförderungspapier ist zu bescheinigen: *„Beschaffenheit des Gutes und Verpackung entsprechen den Vorschriften des ADR".*

(3) Bei Beförderungen, die nach Rn. 11 105, der Anlage B nur als geschlossene Ladung zulässig sind, muß im Beförderungspapier außer der Anzahl und Art der Verpackung auch die Masse jedes einzelnen Versandstücks angegeben sein.

2120-2125

C. Leere Verpackungen

(1) Die Verpackungen der Ziffer 15 müssen gut verschlossen und ebenso undurchlässig sein wie in gefülltem Zustand.

2126

(2) Ungereinigte leere Verpackungen der Ziffer 15 müssen mit den gleichen Gefahrzetteln versehen sein, wie in gefülltem Zustand.

(3) Die Bezeichnung im Beförderungspapier muß lauten: *„Leere Verpackung, 1 a, Ziffer 15, ADR (oder RID)".*

Dieser Text ist zu unterstreichen.

2127-2129

25

Klasse 1 b

Mit explosiven Stoffen geladene Gegenstände

1. Aufzählung der Gegenstände

2130　　(1) Von den unter den Begriff der Klasse 1 b fallenden Gegenständen sind nur die in Rn. 2131 genannten und auch diese nur zu den Vorschriften dieser

Verordnung　　　　　　　　　　　❙　Anlage und denen der Anlage B

unter bestimmten Bedingungen zur Beförderung zugelassen und somit Gegenstände

dieser Verordnung.　　　　　　　　❙　des ADR.

　　(2) Wenn die

Gegenstände der Klasse 1 b　　　　❙　in den Ziffern 7, 10 oder 11 der Rn. 2131 aufgezählten
　　　　　　　　　　　　　　　　　　Gegenstände

aus in Rn. 2101 aufgeführten explosiven Stoffen bestehen oder damit geladen sind, so müssen diese explosiven Stoffe den für sie im Anhang A. 1 aufgestellten Beständigkeits- und Sicherheitsbedingungen entsprechen.

2131　1.　Zündschnüre ohne Zünder:

　　　　a) *Schnellzündschnüre* (Zündschnüre aus dickem Schlauch mit Schwarzpulverseele oder mit einer Seele aus mit Schwarzpulver imprägnierten Baumwollfäden oder mit einer Seele aus nitrierten Baumwollfäden);

　　　　b) *detonierende Zündschnüre in Form von* dünnwandigen *Metallröhren* von geringem Querschnitt mit einer Seele aus einem explosiven Stoff; siehe auch Anhang A. 1, Rn. 3108;

　　　　c) *detonierende, schmiegsame Zündschnüre* mit Umwicklung aus Textilien oder plastischen Stoffen, von geringem Querschnitt mit einer Seele aus einem explosiven Stoff; siehe auch Anhang A. 1, Rn. 3109;

　　　　d) *Momentzündschnüre* (gesponnene Schnüre von geringem Querschnitt mit einer Seele aus einem explosiven Stoff von größerer Gefährlichkeit als Pentaerythrittetranitrat).

　　　　Wegen anderer Zündschnüre siehe Klasse 1 c, Rn. 2171, Ziffer 3.

　　2.　Nichtsprengkräftige Zünder (Zünder, die nicht durch Sprengkapseln oder sonstige Einrichtungen brisant wirken):

　　　　a) *Zündhütchen;*

　　　　b) 1. *Zentralfeuerpatronenhülsen mit Zündvorrichtung*, ohne Treibladung, für Schußwaffen aller Kaliber;
　　　　　 2. *Randfeuerpatronenhülsen mit Zündvorrichtung*, ohne Treibladung, für Flobert und dergleichen Kleinkaliber;

　　　　c) *Schlagröhren, Zündschrauben* und ähnliche *Zünder mit kleiner Ladung* (Schwarzpulver oder andere Zündmittel), die durch Reibung, Schlag oder Elektrizität zur Wirkung gebracht werden;

　　　　d) *Zünder* ohne Einrichtung (wie Sprengkapsel), die brisant wirkt, und ohne Übertragungsladung.

　　3.　*Knallkapseln der Eisenbahn.*

　　4.　Patronen für Handfeuerwaffen [mit Ausnahme derjenigen, die eine Sprengladung enthalten (siehe Ziffer 11)]:

　　　　a) *Jagdpatronen;*

　　　　b) *Flobertmunition*
　　　　　 und andere *Randfeuerpatronen;*

　　　　c) *Leuchtspurpatronen;*

　　　　d) *Patronen mit Brandsatz;*

　　　　e) andere *Zentralfeuerpatronen.*

　4 A.　*Treibkartuschen* für industrielle Zwecke.

Bem. zu Ziffern 4 und 4 A. Mit Ausnahme von Jagdpatronen mit Bleischrot gelten als Gegenstände der Ziffern 4 und 4 A, nur Patronen und Treibkartuschen, deren Kaliber 13,2 mm nicht übersteigt.

Bem. Mit Ausnahme von Jagdpatronen mit Bleischrot gelten als Gegenstände der Ziffer 4 nur Patronen, deren Kaliber 13,2 mm nicht übersteigt.

　　5.　Sprengkräftige Zünder:

　　　　a) *Sprengkapseln* mit oder ohne Verzögerungseinrichtung; *Verbindungsstücke* mit Verzögerung *für* detonierende *Zündschnüre;*

　　　　b) *Sprengkapseln mit elektrischem Zünder* mit oder ohne Verzögerungseinrichtung;

　　　　c) *Sprengkapseln in fester Verbindung mit Schwarzpulverzündschnur;*

　　　　d) *Zündladungen (Detonatoren)*, d. s. Sprengkapseln in Verbindung mit einer Übertragungsladung aus gepreßtem explosivem Stoff; siehe auch Anhang A. 1, Rn. 3110;

　　　　e) *Zünder mit Sprengkapseln*, mit oder ohne Übertragungsladung;

　　　　f) *Sprengkapseln mit Zündhütchen*, mit oder ohne Verzögerungseinrichtung, mit oder ohne mechanische Zündvorrichtung und ohne Übertragungsladung.

Klasse 1 b

6. *Lotkapseln,* auch *Freilote* oder *Lotbomben* genannt, d. s. Sprengkapseln mit oder ohne Zündhütchen, eingeschlossen in Blechgehäusen.

7. *Gegenstände mit Treibladung,* sofern nicht unter Ziffer 8 aufgezählt, *Gegenstände mit Sprengladung, Gegenstände mit Treib- und Sprengladung,* sofern darin nur explosive Stoffe der Klasse 1 a enthalten sind, sämtliche ohne Einrichtung (z. B. Sprengkapsel), die brisant wirkt; die Ladung dieser Gegenstände darf ein Lichtspurmittel enthalten (siehe auch Ziffern 8 und 11).

   Bem. Nichtsprengkräftige Zünder (Ziffer 2) sind in diesen Gegenständen zugelassen.

8. *Gegenstände mit Leucht-* oder *Signalmitteln,*

   oder mit anderen *pyrotechnischen Sätzen,*　　▐

   mit oder ohne Treibladung, mit oder ohne Ausstoßladung und ohne Sprengladung, deren Treib- oder

   pyrotechnischer Satz　　▐　Leuchtsatz

   so verdichtet ist, daß die Gegenstände beim Abbrennen nicht explodieren.

9. *Gegenstände mit Rauchentwicklern,* die Chlorate oder eine explosionsfähige Ladung oder einen explosionsfähigen Zündsatz enthalten.

   Wegen rauchentwickelnder Stoffe für land- und forstwirtschaftliche Zwecke siehe Klasse 1 c, Rn. 2171, Ziffer 27.

10. *Brunnentorpedos* mit einer Ladung aus Dynamit oder dynamitähnlichen explosiven Stoffen, ohne Zünder und ohne Einrichtung (z. B. Sprengkapsel), die brisant wirkt; *Geräte mit Hohlladung* zu wirtschaftlichen Zwecken, die höchstens 1 kg in der Hülse festliegenden explosiven Stoff enthält, ohne Sprengkapsel.

11. *Gegenstände mit Sprengladung, Gegenstände mit Treib- und Sprengladung,* sämtliche mit Einrichtung (z. B. Sprengkapsel), die brisant wirkt, das Ganze zuverlässig gesichert. Der einzelne Gegenstand darf nicht schwerer sein als 25 kg.

12. *Zündverstärker:*

   a) bestehend aus einem geschlossenen Gehäuse aus Pappe, Metall oder Kunststoff, das explosiven Stoff enthält, oder bestehend aus kunststoffgebundenem explosivem Stoff;

   b) bestehend aus einer offenen Hülse oder Kapsel aus Pappe, Metall oder Kunststoff, die gegossenen oder gepreßten explosiven Stoff enthält.

13. *Gegenstände mit pyrotechnischen Knall-* oder *Blitzsätzen* mit Anzündvorrichtung, mit oder ohne Treibladung, ohne Sprengladung, mit nicht mehr als 100 g Knallsatz.

   Bem. Hinsichtlich der Zusammensetzung der Knall- und Blitzsätze ist die Erste Verordnung zum Sprengstoffgesetz, Anlage 1, Abschnitt 4.2, zu beachten.

2. Vorschriften

A. Versandstücke

1. Allgemeine Verpackungsvorschriften

(1) Die Verpackungen müssen so verschlossen und so dicht sein, daß vom Inhalt nichts nach außen gelangen kann. Die Sicherung des Verschlusses der Versandstücke durch herumgelegte Bänder oder Drähte aus Metall ist zulässig; bei Kisten, die Deckel mit Scharnieren haben, muß sie vorhanden sein, wenn die Kisten nicht mit einer wirksamen Einrichtung versehen sind, die eine Lockerung des Verschlusses verhindert.　**2132**

(2) Der Werkstoff der Verpackungen und der Verschlüsse darf vom Inhalt nicht angegriffen werden und keine schädlichen oder gefährlichen Verbindungen mit ihm eingehen.

(3) Die Verpackungen und ihre Verschlüsse müssen in allen Teilen so fest und stark sein, daß sie sich unterwegs nicht lockern und der üblichen Beanspruchung während der Beförderung zuverlässig standhalten. Die Gegenstände sind in der Verpackung, innere Verpackungen in den äußeren sicher und fest zu verpacken. Sofern im Abschnitt „Verpackung der einzelnen Arten von Gegenständen" nichts anderes vorgeschrieben ist, dürfen die inneren Verpackungen einzeln oder zu mehreren in die Versandverpackungen eingesetzt werden.

(4) Die Füllstoffe für Einbettungen sind den Eigenschaften des Inhalts anzupassen.

Klasse 1 b

2. Verpackung der einzelnen Arten von Gegenständen

2133   Die Gegenstände der Ziffer 1 müssen wie folgt verpackt sein:

a) die Gegenstände der Ziffer 1 a) und b) in Verpackungen aus Holz oder in Fässern aus wasserdichter Pappe. Ein Versandstück darf nicht schwerer sein als 120 kg, bei Verwendung von Pappfässern jedoch nicht schwerer als 75 kg;

b) die Gegenstände der Ziffer 1 c) in Längen bis zu

500 m	250 m

auf Rollen aus Holz oder Pappe gewickelt. Die Rollen sind in Holzkisten so einzusetzen, daß sie weder einander noch die Kistenwände berühren können. Eine Kiste darf nicht mehr als 1 000 m Zündschnur enthalten;

c) die Gegenstände der Ziffer 1 d) in Längen bis zu 125 m auf Rollen aus Holz oder Pappe gewickelt, die in eine mit Schrauben zu verschließende Holzkiste von mindestens 18 mm Wanddicke so einzusetzen sind, daß die Rollen weder einander noch die Kistenwände berühren können. Eine Kiste darf nicht mehr als 1 000 m Momentzündschnur enthalten.

2134   (1) Die Gegenstände der Ziffer 2 müssen wie folgt verpackt sein:

a) Zündhütchen [Ziffer 2 a)] mit unbedeckter Zündsatzoberfläche bis höchstens 500 Stück, mit bedeckter Zündsatzoberfläche bis höchstens 5 000 Stück in Blechschachteln, Pappschachteln oder Holzkistchen. Die inneren Verpackungen sind in eine Versandkiste aus Holz oder Blech einzusetzen;

  aa) Zündhütchen [Ziffer 2 a)] mit bedeckter Zündsatzoberfläche dürfen auch in eine Verpackung, bestehend aus einem Kunststoffinnenteil, in dem die einzelnen Gegenstände in jeweils durch eine Zwischenwand aus Kunststoff getrennte Reihen nebeneinander liegen, eingesetzt werden. Diese Verpackung mit höchstens 250 Gegenständen ist in eine Schiebeschachtel aus Pappe einzusetzen. Höchstens 10 Schiebeschachteln sind in einer Schachtel aus Pappe zu vereinigen. Höchstens 20 dieser Sammelschachteln sind in Einheitspappkästen (siehe Rn. 2012) für 50 kg Höchstmasse, die mit Wellpappe ausgelegt sind, einzusetzen.

b) Zentralfeuerpatronenhülsen mit Zündeinrichtung, ohne Treibladung, für Schußwaffen aller Kaliber [Ziffer 2 b) 1.] in Holzkisten oder Pappkästen oder in

Säcken aus Textilstoffen oder in Pappfässern, die   dichten Gewebesäcken;
einer hierfür besonders zugelassenen Bauart nach
Anhang A. 1 a entsprechen;

c) Randfeuerpatronenhülsen mit Zündeinrichtung, ohne Treibladung, für Flobert und ähnliche Kleinkaliber [Ziffer 2 b) 2.] bis höchstens 5 000 Stück in Blech- oder Pappschachteln, die in eine Versandkiste aus Holz oder Blech

oder in Einheitspappkästen (siehe Rn. 2012) für
30 kg Höchstmasse

einzusetzen sind; sie dürfen auch bis höchstens 25 000 Stück in einem Sack verpackt sein, der in einer Versandkiste aus Holz oder Eisen mit Wellpappe eingebettet sein muß;

d) die Gegenstände der Ziffer 2 c) und d) in Papp-, Holz- oder Blechschachteln, die in Verpackungen aus Holz oder Metall einzusetzen sind.

Die Gegenstände dürfen auch in Einsätzen aus Hartschaum fest eingesetzt sein. Diese Einsätze sind in Holzkisten fest einzusetzen, die mit wasserfestem Papier ausgelegt sind.

(2) Ein Versandstück mit Gegenständen der Ziffer 2 a), c) oder d) darf nicht schwerer sein als 100 kg.

Sind die Gegenstände der Ziffer 2 a) nach Absatz
(1) aa) verpackt, so darf ein Versandstück nicht schwerer sein als 40 kg.

2135   (1) Die Gegenstände der Ziffer 3 sind in Kisten von mindestens 18 mm Wanddicke aus gespundeten, durch Holzschrauben zusammengehaltenen Brettern zu verpacken. Die Kapseln sind in die Kisten so einzubetten, daß sie weder einander noch die Kistenwände berühren können.

(2) Ein Versandstück darf nicht schwerer sein als 50 kg.

Klasse 1 b

2136

(1) Die Gegenstände der Ziffern 4 a), b) und e)

sowie 4 A.

sind ohne Spielraum in gut schließende

Blech-, Holz-, Papp- oder Kunststoffschachteln | Blech-, Holz- oder Pappschachteln

einzusetzen; diese Schachteln sind ohne Zwischenraum in Versandkisten aus Metall, Holz, Fiberplatten oder

in Einheitspappkästen (siehe Rn. 2012) für 50 kg   wasserdicht imprägnierter Voll- oder Wellpappe von
Höchstmasse   ausreichender mechanischer Festigkeit

einzusetzen.

Die Pappkästen sind mit genügend starken Klebestreifen oder in gleichwertiger Weise zu verschließen. Die Bauart der Voll- oder Wellpappkästen muß im Versandland behördlich zugelassen sein.

(2) Die Gegenstände der Ziffer 4 c) und d) sind zu höchstens 400 Stück in Blech-, Holz- oder Pappschachteln einzusetzen; diese Schachteln sind in Versandkisten aus Holz oder in Metallkästen sicher und fest zu verpacken.

(3) Ein Versandstück darf nicht schwerer sein als 100 kg; bei Verwendung von Kästen aus Fiberplatten oder Pappe darf jedoch ein Versandstück mit Gegenständen der Ziffern 4 a), b) oder e)

sowie 4 A.

nicht schwerer sein als 40 kg.

2137

(1) Die Gegenstände der Ziffer 5 müssen wie folgt verpackt sein:

a) die Gegenstände der Ziffer 5 a) zu höchstens 100 Sprengkapseln oder 50 Verbindungsstücken zündsicher eingebettet in einem Gefäß aus Blech oder wasserdichter Pappe

oder Kunststoff.

Blechgefäße sind mit elastischem Stoff auszulegen. Die Deckel sind ringsum mit Klebestreifen zu befestigen. Höchstens 5 Gefäße mit Sprengkapseln oder 10 Gefäße mit Verbindungsstücken sind zu einem Paket zu vereinigen oder in eine Pappschachtel einzusetzen. Die Pakete oder Schachteln sind in eine mit Schrauben zu verschließende Holzkiste von mindestens 18 mm Wanddicke oder in eine Blechverpackung einzusetzen und diese in eine Versandkiste von mindestens 18 mm Wanddicke so einzubetten, daß zwischen der Holzkiste oder der Blechverpackung und der Versandkiste überall ein Zwischenraum von mindestens 3 cm verbleibt, der mit Füllstoffen auszustopfen ist;

b) die Gegenstände der Ziffer 5 b) zu höchstens 100 Stück zu Paketen

oder in Pappschachteln

vereinigt. Darin müssen die Sprengkapseln abwechselnd an das eine und das andere Ende des Paketes gelegt sein.

Aus höchstens 10 Paketen

oder Pappschachteln

ist ein Sammelpaket zu bilden. Höchstens 5 Sammelpakete sind in eine Versandkiste aus Holz von mindestens 18 mm Wanddicke oder in eine Blechverpackung

einzusetzen oder jedes Einzelpaket ist in eine Kunststoffhülle einzusetzen, die dicht zu verschließen ist. Höchstens 10 Pakete – bei Drahtlängen bis zu 1 m auch 20 solcher Pakete – sind in eine dicht mit Schrauben zu verschließende Versandkiste aus Holz von mindestens 18 mm Wanddicke einzusetzen. Es werden auch Pakete ohne Kunststoffhüllen zugelassen. In diesem Falle tritt an die Stelle der Versandkiste aus Holz eine solche aus Blech;

so einzubetten, daß zwischen den Sammelpaketen und der Versandkiste oder der Blechverpackung überall ein Zwischenraum von mindestens 3 cm verbleibt, der mit Füllstoffen auszustopfen ist;

c) die mit Sprengkapseln versehen Zündschnüre [Ziffer 5 c)] zu Ringen aufgerollt; höchstens 10 Ringe sind zu einer Rolle zu vereinigen, die in Papier zu verpacken ist. Höchstens 10 Rollen sind in ein mit Schrauben zu verschließendes Holzkistchen von mindestens 12 mm Wanddicke einzubetten. Die Kistchen sind zu höchstens 10 Stück in eine Versandkiste von mindestens 18 mm Wanddicke so einzubetten, daß zwischen den Kistchen und der Versandkiste überall ein Zwischenraum von mindestens 3 cm verbleibt, der mit Füllstoffen auszustopfen ist;

d) die Gegenstände der Ziffer 5 d)

1. zu höchstens 100 Zündladungen so in Holzkisten von mindestens 18 mm Wanddicke, daß sie voneinander und von den Kistenwänden mindestens 1 cm abstehen. Die Kistenwände müssen gezinkt, Boden und Deckel mit Schrauben befestigt sein. Hat die Kiste eine Auskleidung aus Zink- oder Aluminiumblech, so genügt eine Wanddicke von 16 mm. Diese Kiste ist in eine Versandkiste von mindestens 18 mm Wanddicke so einzubetten, daß zwischen der Kiste und der Versandkiste überall ein Zwischenraum von mindestens 3 cm verbleibt, der mit Füllstoffen auszustopfen ist; oder

Klasse 1 b

2137
(Forts.)

2. zu höchstens 5 Zündladungen in Blechschachteln oder Kunststoffgefäßen.

Sie sind darin in Holzgittern oder ausgebohrten Holzleisten oder auf andere geeignete Weise voneinander getrennt

einzusetzen. Der Deckel ist ringsum mit Klebestreifen zu befestigen. Höchstens 20 Blechschachteln oder Kunststoffgefäße

sind in eine Versandkiste von mindestens 18 mm Wanddicke einzusetzen;

e) die Gegenstände der Ziffer 5 e)

1. zu höchstens 50 Stück in Holzkisten von mindestens 18 mm Wanddicke. Die Gegenstände sind darin mit Holzeinlagen so einzubetten, daß sie voneinander und von den Kistenwänden mindestens 1 cm Zwischenraum haben. Die Kistenwände müssen gezinkt, Boden und Deckel mit Schrauben befestigt sein. Höchstens 6 Kisten sind in eine Versandkiste von mindestens 18 mm Wanddicke so einzubetten, daß zwischen den Kisten und der Versandkiste überall ein Zwischenraum von mindestens 3 cm verbleibt, der mit Füllstoffen auszustopfen ist. Der Zwischenraum kann bis auf 1 cm vermindert werden, wenn er mit porösen Holzfiberplatten ausgefüllt wird. Sind die einzelnen Gegenstände jeder für sich unbeweglich in

dicht   luftdicht

verschlossenen Blech- oder Kunststoffbüchsen verpackt, so dürfen sie in eine Versandkiste aus Holz von mindestens 18 mm Wanddicke eingesetzt werden. Die Gegenstände müssen voneinander durch Pappe oder Holzfiberplatten unbeweglich getrennt sein;

2. zu höchstens 50 Stück in Verpackungen aus Hartschaumstoff. Die Gegenstände sind so in diese mit Klebeband zu verschließenden Verpackungen einzusetzen, daß jeder Gegenstand für sich unbeweglich allseitig von Hartschaumstoff umgeben ist und der Abstand von Zünder zu Zünder mindestens 1 cm und von Zünder zu Kistenwand mindestens 2,5 cm beträgt. Enthalten die Gegenstände freiliegende Sprengkapseln (Detonatoren), so ist außerdem ein Abstand von Detonator zu Detonator von mindestens 2 cm einzuhalten. Höchstens 6 solcher Verpackungen sind unbeweglich in eine mit Hartschaumstoff ausgekleidete Versandkiste aus Holz von mindestens 18 mm Wanddicke einzusetzen;

f) die Gegenstände der Ziffer 5 f)

1 zu höchstens 50 Stück in Kisten aus Holz oder Metall; in diese Kisten ist der sprengkräftige Teil der Zünder in eine Holzunterlage so einzusetzen, daß der Abstand zwischen zwei Sprengkapseln sowie zwischen den Sprengkapseln und den Kistenwänden mindestens 2 cm beträgt; der Deckelverschluß der Kiste muß die vollständige Unbeweglichkeit des Inhalts gewährleisten. Höchstens 3 solcher Kisten sind ohne Leerraum in eine Versandkiste aus Holz von mindestens 18 mm Wanddicke einzusetzen; oder

2. in Schachteln aus Holz oder Metall oder Kunststoff;

in diesen Schachteln sind die Zünder unter Verwendung von Gittern oder auf andere geeignete Weise

so festzuhalten, daß der Abstand zwischen den Zündern sowie zwischen den Zündern und den Schachtelwänden mindestens 2 cm beträgt und die Unbeweglichkeit des Inhalts gewährleistet wird. Diese Schachteln sind in eine Versandkiste von mindestens 18 mm Wanddicke so einzubetten, daß zwischen den Schachteln sowie zwischen den Schachteln und der Versandkiste überall ein Zwischenraum von mindestens 3 cm verbleibt, der mit Füllstoffen auszustopfen ist; ein Versandstück darf nicht mehr als 150 Zünder

enthalten;   enthalten.

3. zu höchstens 20 Stück in Verpackungen aus Hartschaumstoff. Die Gegenstände sind so in diese mit Klebeband zu verschließenden Verpackungen einzusetzen, daß jeder Gegenstand für sich unbeweglich allseitig von Hartschaumstoff umgeben ist und der Abstand von Sprengkapsel (Detonator) zu Sprengkapsel (Detonator) mindestens 4 cm, von Gegenstand zu Gegenstand mindestens 2 cm und von Gegenstand zu Kistenwand mindestens 1 cm beträgt. Höchstens 2 solcher Verpackungen sind unbeweglich in eine Versandkiste aus Holz von 18 mm Wanddicke einzusetzen.

Klasse 1 b

(2) Der Deckel der Versandkiste ist mit Schrauben oder mit Scharnieren und Bügelverschluß zu verschließen.

(3) Bei jedem Versandstück mit Gegenständen der Ziffer 5 muß der Verschluß gesichert sein, und zwar entweder durch Plomben oder Siegel (Abdruck oder Marke), die auf zwei Schraubenköpfen an den Enden der Hauptachse des Deckels oder am Bügelverschluß anzubringen sind, oder durch einen die Fabrikmarke enthaltenden Streifen, der über den Deckel und zwei gegenüberliegende Wände der Kiste zu kleben ist.

(4) Ein Versandstück darf nicht schwerer sein als 75 kg.

	Versandstücke, die schwerer sind als 30 kg, sind mit Trageeinrichtungen zu versehen.

2137/1

Bei Beförderung kleiner Mengen [siehe Rn. 11 403 (5)] müssen

a) die Gegenstände der Ziffer 5

    1. zu höchstens 200 Stück sprengkräftige Zünder in Verpackungen entsprechend Rn. 2137 (1) a) bis f) oder

    2. zu höchstens 200 Stück in widerstandsfähigen verschließbaren Behältern;

b) die Gegenstände der Ziffer 5 a) in Kunststoffformteilen oder ausgebohrten Holzklötzchen, die mit einem gegen selbständiges Öffnen gesicherten Schiebedeckel oder dgl. zu verschließen sind,

verpackt sein.

(1) Die Gegenstände der Ziffer 6 sind einzeln in Papier einzuwickeln und in Wellpapphüllen einzusetzen. Sie sind zu höchstens 25 Stück in Papp- oder Blechschachteln zu verpacken. Die Deckel sind ringsum mit Klebestreifen zu befestigen. Höchstens 20 Schachteln sind in eine Versandkiste aus Holz einzusetzen.

2138

(2) Ein Versandstück darf nicht schwerer sein als 50 kg.

	Versandstücke, die schwerer sind als 30 kg, sind mit Trageeinrichtungen zu versehen.

(1) Die Gegenstände der Ziffer 7 sind in mit Schrauben oder Scharnieren und Bügelverschluß zu verschließende Holzkisten von mindestens 16 mm Wanddicke oder in Gefäße aus Metall oder geeignetem Kunststoff von entsprechender Widerstandsfähigkeit zu verpacken.

2139

Die Deckel und Böden der Holzkisten dürfen auch aus Fiberplatten bestehen, die unter hohem Druck hergestellt sind und die gleiche Festigkeit wie die Wände haben müssen. Gegenstände, die schwerer sind als 20 kg, dürfen auch in Lattenverschlägen oder unverpackt versandt werden.

(2) Ein Versandstück darf nicht schwerer sein als 100 kg, wenn es Gegenstände enthält, die einzeln nicht schwerer sind als 1 kg.

	Kisten, die mit Inhalt schwerer sind als 30 kg, sind mit Trageeinrichtungen zu versehen.

(1) Die Gegenstände der Ziffer 8 sind in Holzkisten oder in Fässer aus wasserdichter Pappe oder in Gefäße aus Metall oder geeignetem Kunststoff von entsprechender Widerstandsfähigkeit

2140

oder in Einheitspappkästen (siehe Rn. 2012) für 50 kg Höchstmasse

zu verpacken.

Die Anzündstelle ist so zu schützen, daß ein Ausstreuen des Satzes verhindert wird.

Warnfackeln der Ziffer 8 dürfen zu höchstens 3 Stück in Pappschachteln eingesetzt werden. Bis zu 50 solcher Pappschachteln sind in Einheitspappkästen (siehe Rn. 2012) für 50 kg Höchstmasse zu verpacken.

(2) Ein Versandstück darf nicht schwerer sein als 100 kg, bei Verwendung von Pappfässern jedoch nicht schwerer als

75 kg und bei Verwendung von Pappkästen nicht schwerer als 40 kg.	75 kg. Kisten, die mit Inhalt schwerer sind als 30 kg, sind mit Trageeinrichtungen zu versehen.

Die Gegenstände der Ziffer 9 sind in Holzverpackungen einzusetzen. Ein Versandstück darf nicht schwerer sein als 75 kg.

2141

	Versandstücke, die schwerer sind als 30 kg, sind mit Trageeinrichtungen zu versehen.

31

Klasse 1 b

2142   Die Gegenstände der Ziffer 10 sind in Holzkisten zu verpacken.

> Versandstücke, die schwerer sind als 30 kg, sind mit Trageeinrichtungen zu versehen.

2143   Die Gegenstände der Ziffer 11 müssen wie folgt verpackt sein:

a) Gegenstände mit einem Durchmesser von weniger als 13,2 mm zu höchstens 25 Stück ohne Spielraum in gut schließenden Pappschachteln oder in Gefäßen aus geeignetem Kunststoff von entsprechender Widerstandsfähigkeit; diese Schachteln oder Gefäße sind ohne Zwischenräume in eine Holzkiste von mindestens 18 mm Wanddicke einzusetzen, die mit Weiß-, Zink- oder Aluminiumblech oder geeignetem Kunststoff oder einem ähnlichen Material von entsprechender Widerstandsfähigkeit ausgekleidet sein darf.

Ein Versandstück darf nicht schwerer sein als 60 kg.

> Versandstücke, die schwerer sind als 30 kg, sind mit Trageeinrichtungen zu versehen.

b) Gegenstände mit einem Durchmesser von 13,2 mm bis 57 mm:

   1. einzeln

      – in einem starken, genau passenden und an beiden Enden sicher zu verschließenden Rohr aus Pappe oder geeignetem Kunststoff; oder

      – in einem starken, genau passenden, an einem Ende geschlossenen und am anderen Ende offenen Rohr aus Pappe oder geeignetem Kunststoff; oder

      – in einem starken, genau passenden, an beiden Enden offenen Rohr aus Pappe oder geeignetem Kunststoff, das mit Einbuchtungen oder anderen geeigneten Einrichtungen versehen ist, die den Gegenstand festhalten.

      Die so verpackten Gegenstände sind

      bei einem Durchmesser von 13,2 mm bis 21 mm zu höchstens 300 Stück,
      bei einem Durchmesser von mehr als 21 mm bis 37 mm zu höchstens 60 Stück,
      bei einem Durchmesser von mehr als 37 mm bis 57 mm zu höchstens 25 Stück
      in eine Holzkiste von mindestens 18 mm Wanddicke, die mit Weiß-, Zink- oder Aluminiumblech auszukleiden ist, schichtweise einzulegen.

      Wenn die Gegenstände in an beiden Enden oder an einem Ende offenen Rohren verpackt sind, ist die Versandkiste an den den Rohröffnungen zugekehrten Wänden mit einer mindestens 7 mm dicken Einlage aus Filz oder zweiseitiger Wellpappe oder ähnlichem Material zu versehen.

      Ein Versandstück darf nicht schwerer sein als 100 kg.

      > Versandstücke, die schwerer sind als 30 kg, sind mit Trageeinrichtungen zu versehen.

   2. Gegenstände mit einem Durchmesser von 20 mm dürfen auch zu höchstens 10 Stück in eine genau passende, starke, paraffinierte, mit gelochtem Bodeneinsatz und Trennwänden aus paraffinierter Pappe versehene Pappschachtel verpackt werden. Die Schachteln sind mit einem verklebbaren Klappdeckel zu schließeh.

      Höchstens 30 Schachteln sind ohne Zwischenräume in eine mit Weiß-, Zink- oder Aluminiumblech ausgekleidete Holzkiste von mindestens 18 mm Wanddicke einzusetzen.

      Ein Versandstück darf nicht schwerer sein als 100 kg.

      > Versandstücke, die schwerer sind als 30 kg, sind mit Trageeinrichtungen zu versehen.

   3. Gegenstände mit einem Durchmesser bis 30 mm dürfen auch gegurtet, zu höchstens der unter 1. genannten Stückzahl in ein starkes Stahlgefäß verpackt werden. Das Gefäß darf zylindrisch sein.

      Diese gegurteten Gegenstände sind in geeigneter Weise so zu umschließen, daß sie eine kompakte Einheit bilden und einzelne Gegenstände sich nicht lösen können. Eine oder mehrere Einheiten sind in dem Gefäß so sicher und fest einzusetzen, daß sie sich nicht verschieben können.

      Die Enden der gegurteten Gegenstände müssen auf stoßdämpfenden, nicht metallischen Einlagen aufliegen.

      Der Deckel des Gefäßes muß dicht schließen und durch eine plombierbare Verriegelung so gesichert sein, daß keine Gegenstände herausfallen können.

      Ein Versandstück darf nicht schwerer sein als 100 kg.

      > Versandstücke, die schwerer sind als 30 kg, sind mit Trageeinrichtungen zu versehen.

      Bei rollbaren Gefäßen muß am Deckel ein starker Tragegriff angebracht sein.

   4. Gegenstände mit einem Durchmesser von 30 mm bis 57 mm dürfen auch einzeln in einer genau passenden, dicht verschlossenen, starken Hülse aus Pappe, Fiber oder einem geeigneten Kunststoff verpackt sein. Höchstens 40 Hülsen sind in eine Holzkiste von mindestens 18 mm Wanddicke schichtweise einzulegen.

      > Bis zu 24 Gegenstände mit einem Durchmesser von 40 mm dürfen auch in dichten Stahlblechkästen verpackt sein. Je 4 solcher Gegenstände müssen auf einem Laderahmen aufgezogen und sicher befestigt sein.

Klasse 1 b

Ein Versandstück darf nicht schwerer sein als 100 kg.

> Versandstücke, die schwerer sind als 30 kg, sind mit Trageeinrichtungen zu versehen.

c) die anderen Gegenstände der Ziffer 11 entsprechend den Vorschriften der Rn. 2139 (1). Ein Versandstück darf nicht schwerer sein als 100 kg.

> Versandstücke, die schwerer sind als 30 kg, sind mit Trageeinrichtungen zu versehen.

Bem. Bei Gegenständen, die sowohl eine Treib- als auch eine Sprengladung enthalten, bezieht sich „Durchmesser'' auf den zylindrischen Teil des Gegenstandes, der die Sprengladung enthält.

2143/1

(1) Die Gegenstände der Ziffer 12 a) müssen in Beuteln aus geeignetem Kunststoff verpackt oder einzeln mit Papier oder Kunststoff umhüllt sein. Die Beutel dürfen höchstens 500 g explosiven Stoff enthalten. Gegenstände mit geschlossenem Gehäuse bedürfen nicht einer solchen Innenverpackung. Die Beutel oder einzelnen Gegenstände sind in Kisten aus Holz, Pappe, Metall oder Kunststoff oder in dicht zu verschließende Papptrommeln mit Sperrholzboden und -deckel fest einzusetzen. Die Deckel der Holzkisten müssen mit Schrauben, diejenigen der Trommeln mit Spannringverschluß verschlossen werden.

(2) Die Gegenstände der Ziffer 12 b) müssen mit Papier oder Kunststoff umhüllt und in Gefäße aus Pappe, Metall oder Kunststoff fest eingesetzt sein. Die Gefäße aus Metall sind allseitig mit Polsterstoffen auszukleiden. Die Gegenstände dürfen auch ohne Papier- oder Kunststoffumhüllung in die Innenverpackung eingesetzt werden, wenn zwischen den einzelnen Gegenständen ein Zwischenraum von mindestens 3 mm verbleibt, der mit Polsterstoffen auszufüllen ist. Die Innenverpackungen sind in Kisten aus Holz, Pappe, Metall oder Kunststoff fest einzusetzen. Die Deckel der Kisten aus Holz müssen mit Schrauben verschlossen werden.

(3) Ein Versandstück mit Gegenständen der Ziffer 12 darf nicht mehr als 25 kg explosive Stoffe enthalten und nicht schwerer sein als 35 kg.

2143/2

(1) Die Gegenstände der Ziffer 13 müssen in Schachteln aus Pappe verpackt sein. Gegenstände mit mehr als 1 g Knallsatz sind mit Pappstreifen festzulegen. Die Gegenstände dürfen auch in Einsätze aus Kunststoff oder Holz fest eingesetzt werden. Die Schachteln aus Pappe oder die Einsätze sind in Holzkisten einzusetzen. Bei Gegenständen mit weniger als 10 g Knallsatz dürfen die Schachteln aus Pappe auch in Einheitspappkästen (siehe Rn. 2012) für 50 kg Höchstmasse eingesetzt werden.

(2) Ein Versandstück darf nicht schwerer sein als 75 kg, bei Verwendung eines Einheitspappkastens nicht schwerer als 20 kg.

3. Zusammenpackung

2144

(1) Die in einer Ziffer der Rn. 2131 bezeichneten Gegenstände dürfen weder mit andersartigen Gegenständen derselben Ziffer, noch mit Gegenständen einer anderen Ziffer dieser Randnummer, noch mit Stoffen oder Gegenständen der übrigen Klassen, noch mit sonstigen Gütern zu einem Versandstück vereinigt werden.

(2) Zu einem Versandstück dürfen jedoch vereinigt werden

a) die Gegenstände der Ziffer 1 miteinander, und zwar:

die der Ziffer 1 a) und b) zusammen in der Verpackung nach Rn. 2133 a);

wenn Gegenstände der Ziffer 1 c) mit Gegenständen der Ziffer 1 a) oder b) oder beiden zusammengepackt werden, müssen die der Ziffer 1 c) in der vorgeschriebenen Verpackung verpackt sein. Die Versandverpackung muß den Vorschriften für die Verpackung der Ziffer 1 a) oder b) entsprechen.

Ein Versandstück darf nicht schwerer sein als 120 kg;

b) die Gegenstände der Ziffer 2 a) mit solchen der Ziffer 2 b), sofern sich beide in Schachteln verpackt in einer Holzkiste befinden. Ein Versandstück darf nicht schwerer sein als 100 kg;

Klasse 1 b

c) die Gegenstände der Ziffer 4, jedoch nur miteinander und unter Beachtung der Vorschriften für die innere Verpackung in einer Versandverpackung aus Holz. Ein Versandstück darf nicht schwerer sein als 100 kg;

d) die Gegenstände der Ziffer 7 mit den dazugehörigen Gegenständen der Ziffer 5 a), d), e) und f), sofern die Verpackung der letzteren die Übertragung einer möglichen Detonation auf die Gegenstände der Ziffer 7 verhindert. In einem Versandstück muß die Zahl der Gegenstände der Ziffer 5 a), d), e) und f) mit jener der Gegenstände der Ziffer 7 übereinstimmen. Ein Versandstück darf nicht schwerer sein als 100 kg.

4. Aufschriften und Gefahrzettel auf Versandstücken (siehe Anhang A. 9)

2145 Versandstücke mit Gegenständen der Klasse 1 b sind mit einem Zettel nach Muster 1 zu versehen. Versandstücke mit Gegenständen der Ziffern 1 d), 5 und 6 sind jedoch mit zwei Zetteln nach Muster 1 zu versehen.

2146

B. Vermerke im Beförderungspapier

2147 (1) Die Bezeichnung des Gutes im Beförderungspapier muß gleich lauten wie eine der in Rn. 2131 durch *Kursivschrift* hervorgehobenen Benennungen; sie ist

zu unterstreichen und

durch die *Angabe der Klasse, der Ziffer und gegebenenfalls des Buchstabens der Stoffaufzählung und die Abkürzung „ADR"* oder *„RID" zu ergänzen* [z. B. *I b, Ziffer 2 a), ADR].*

(2) Im Beförderungspapier ist zu bescheinigen: *„Beschaffenheit des Gutes und Verpackung entsprechen den Vorschriften des ADR".*

**2148-
2152**

C. Leere Verpackungen

2153 Keine Vorschriften.

**2154-
2169**

Klasse 1 c

Zündwaren, Feuerwerkskörper und ähnliche Güter

1. Aufzählung der Güter

(1) Von den unter den Begriff der Klasse 1 c fallenden Stoffen und Gegenständen sind nur die in Rn. 2171 genannten **2170** und auch diese nur zu den Vorschriften dieser

Verordnung | Anlage und denen der Anlage B

unter bestimmten Bedingungen zur Beförderung zugelassen und somit Stoffe und Gegenstände

dieser Verordnung. | des ADR.

(2) Die zugelassenen Gegenstände müssen folgende Bedingungen erfüllen:

a) Der Explosivsatz muß so beschaffen, angeordnet und verteilt sein, daß weder durch Reibung noch durch Erschütterung, noch durch Stoß, noch durch Flammenzündung der verpackten Gegenstände eine Explosion des ganzen Inhalts des Versandstücks herbeigeführt werden kann.

Die in den Ziffern 15, 15 A. und 15 B. bezeichneten Gegenstände dürfen erst befördert werden, wenn die Bundesanstalt für Materialprüfung ein Muster des Versandstücks (Gegenstände und Verpackungen) geprüft und zur Beförderung auf der Straße zugelassen hat. Änderungen der Anordnung und Verteilung der Gegenstände sowie der Verpackung bedürfen einer erneuten Prüfung und Zulassung durch die Bundesanstalt für Materialprüfung.

b) Weißer oder gelber Phosphor darf nur bei den Gegenständen der Ziffern 2 und 20 verwendet werden.

c) Der Knallsatz in den Feuerwerkskörpern (Ziffern 21 bis 24), die Blitzlichtpulver (Ziffer 26) und der Rauchsatz in den Gegenständen für Schädlingsbekämpfung (Ziffer 27)

sowie die Sätze in den Brandkörpern (Ziffer 29) und die Zünd- und Brennsätze (Ziffer 30)

dürfen kein Chlorat enthalten.

d) Die Gegenstände mit Explosivsatz müssen | Der Explosivsatz muß

der Beständigkeitsbedingung der Rn. 3111 im Anhang A.1 entsprechen.

e) Die in den Ziffern 16 bis 19 und 29 bezeichneten Gegenstände sowie Bomben und Feuertöpfe der Ziffer 21 dürfen erst befördert werden, wenn sie auf Grund eines in zweifacher Ausfertigung einzureichenden Antrags von der Bundesanstalt für Materialprüfung zur Beförderung auf der Straße zugelassen sind. Bei der Anmeldung sind Menge, Zusammensetzung und Anordnung des Satzes durch Beifügung einer schematischen Skizze anzugeben; auf Anfordern ist ein Muster, bei dem der explosive Satz durch eine ungefährliche Nachahmung ersetzt ist, und das die Einrichtung des Gegenstandes, insbesondere die Anordnung des Satzes und außerdem die erste (Schachtel-, Rollen-, Paket- oder dergleichen) Verpackung erkennen läßt, einzusenden.

f) Die in Ziffer 30 bezeichneten Zünd- und Brennsätze dürfen erst befördert werden, wenn sie auf Grund eines in zweifacher Ausfertigung einzureichenden Antrags von der Bundesanstalt für Materialprüfung (BAM) zur Beförderung auf der Straße zugelassen sind. Wenn es sich um einen Zünd- oder Brennsatz handelt, der für eine militärische Verwendung bestimmt ist, muß der Antrag auf Zulassung an das Bundesinstitut für chemisch-technische Untersuchungen (BICT) gerichtet werden. In dem Antrag ist die Bezeichnung und die Zusammensetzung des Satzes anzugeben.

A. Zündkörper

1. a) *Sicherheitszündhölzer* (mit Kaliumchlorat und Schwefel);   **2171**

   b) *Zündhölzer* mit Kaliumchlorat und Phosphorsesquisulfid sowie *Reibzünder;*

Klasse 1 c

2171
(Forts.)

    c) *Dieselzünder* (mit einem Zündsatz versehene Salpeterpapierstäbchen).

2. *Zündbänder (Amorcesbänder)* für Sicherheitslampen und *Paraffinzündbänder* für Sicherheitslampen. 1 000 Amorces dürfen höchstens 7,5 g Zündsatz enthalten.

    Wegen anderer Zündbänder (Amorcesbänder) siehe Ziffer 15.

3. *Schwarzpulverzündschnüre* mit langsamer Verbrennung (Zündschnüre aus dünnem, dichtem Schlauch mit Schwarzpulverseele von geringem Querschnitt).

    Wegen anderer Zündschnüre siehe Klasse 1 b, Rn. 2131, Ziffer 1.

3 A. *Stoppinen* (mit Schwarzpulver überzogene Fäden aus Baumwolle oder Zellwolle).

3 B. *Anzündlitzen* aus dünnen Kunststoff-Schläuchen mit Schwarzpulververfüllung und Drahteinlage; 1 m Anzündlitze darf höchstens 4 g Schwarzpulver enthalten; *Verbinder* aus Metallhülsen mit höchstens 0,06 g Schwarzpulver und mit eingepreßter Anzündlitze von höchstens 10 cm Gesamtlänge.

4. *Zündgarn* (nitrierte Baumwollfäden). Siehe auch Anhang A. 1, Rn. 3101.

4 A. *Verzögerungen* (Metallhülsen mit einer kleinen Menge Zünd- und Brennsatz).

5. *Zündschnuranzünder* (Papier- oder Papprohren mit einer kleinen Menge Brandsatz aus Sauerstoffträgern und organischen Stoffen, auch aromatischen Nitrokörpern) und *Thermitkapseln* mit Zündpillen.

6. *Sicherheitszündschnuranzünder* (Zündhütchen mit durchgehendem Reibzünder- oder Abreißdraht in einer Papierhülse oder von ähnlicher Bauart).

7. a) *Elektrische Zünder* ohne Sprengkapsel;

    auch mit höchstens 100 cm langen fest montierten Schwarzpulverzündschnüren der Ziffer 3;

    b) *Köpfchen für elektrische Zünder*;

    c) *Zündpillenkämme*. Jeder Kamm darf höchstens 20 elektrische Zündpillen mit je höchstens 30 mg sprengkräftigem Zündsatz haben.

8. Elektrische *Zündlamellen* (wie für photographische Blitzlichtpulver). Der Zündsatz einer Lamelle darf 30 mg nicht übersteigen und nicht mehr als 10 % Quecksilberfulminat enthalten.

    Bem. Blitzlichtgeräte, die nach Art elektrischer Glühlampen hergestellt sind und einen Zündsatz nach Art der Zündlamellen enthalten, unterliegen nicht den Vorschriften

    dieser Verordnung.   des ADR.

B. **Pyrotechnische Scherzgegenstände und Spielwaren; Zündblättchen (Amorces) und Zündbänder (Amorcesbänder); Knallkörper**

9. *Pyrotechnische Scherzgegenstände* (wie Boskozylinder, Konfettibomben, Kotillonfrüchte). Gegenstände mit Kollodiumwolle dürfen davon höchstens 1 g je Stück enthalten.

10. *Knallbonbons, Blumenkarten, Blättchen* von *Kollodiumpapier*.

    1 000 Knallbonbons dürfen höchstens 2,5 g Silberfulminat enthalten.

11. a) *Knallerbsen, Knallgranaten* und ähnliche Silberfulminat enthaltende *pyrotechnische Spielwaren*;

    b) *Knallstreichhölzer*;

    c) *Knalleinlagen*;

    d) *Knallziehbänder* für Knallbonbons.

    Zu a), b), c)

    und d):

    1 000 Stück dürfen höchstens 2,5 g Silberfulminat enthalten.

12. *Knallsteine*, die auf der Oberfläche einen Knallsatz von höchstens 3 g je Stück tragen. Fulminate sind als Knallsatz ausgeschlossen.

Klasse 1 c

13. *Pyrotechnische Zündstäbchen* (wie bengalische Zündhölzer, Goldregenhölzer, Blumenregenhölzer).

2171
(Forts.)

14. *Wunderkerzen* ohne Zündkopf.

15. *Zündblättchen (Amorces), Zündbänder (Amorcesbänder)* und *Zündringe (Amorcesringe).* 1 000 Amorces dürfen höchstens 7,5 g fulminatfreien Knallsatz enthalten.

Wegen Zündbändern für Sicherheitslampen siehe Ziffer 2.

15 A. —

15 B. *Plastik-Amorces, Plastik-Amorcesbänder, Plastik-Amorcesringe.* 1 000 Amorces dürfen höchstens 7,5 g Phosphor-Chlorat-Knallsatz enthalten. Der Knallsatz muß sich in Näpfchen aus geeignetem Kunststoff befinden, wobei die Näpfchen durch fest angeklebte oder in anderer Weise befestigte Papierblättchen, Kunststoffscheiben oder durch aufgespritzten Kunststoff abgedeckt sind.

15 C. *Party-Knaller.* 1 000 Party-Knaller dürfen höchstens 7,5 g Phosphor-Chlorat-Knallsatz enthalten.

16. *Knallkorken* mit einem Phosphor-Chlorat-Knallsatz oder einem in Papphütchen eingepreßten Fulminat- oder einem ähnlichen Knallsatz. 1 000 Stück Knallkorken dürfen höchstens 60 g Chloratknallsatz oder höchstens 10 g Fulminate oder Verbindungen von Fulminaten enthalten.

17. *Knallscheiben* mit Phosphor-Chlorat-Knallsatz. 1 000 Stück dürfen höchstens 45 g Knallsatz enthalten.

18. *Pappzündhütchen (Liliputmunition)* mit einem Phosphor-Chlorat-Knallsatz oder einem Fulminat- oder einem ähnlichen Knallsatz. 1 000 Stück dürfen höchstens 25 g Knallsatz enthalten.

19. *Pappzündhütchen (Tretknaller)* mit bedecktem Phosphor-Chlorat-Knallsatz. 1 000 Stück dürfen höchstens 30 g Knallsatz enthalten.

20. a) *Knallplatten,*

    b) *Martinikas* (sogenanntes *spanisches Feuerwerk*),

    beide enthalten eine Mischung aus weißem (gelbem) und rotem Phosphor mit Kaliumchlorat und mindestens 50 % trägen Stoffen, die sich an der Zersetzung der Phosphor-Chlorat-Mischung nicht beteiligen. Eine Knallplatte darf nicht schwerer sein als 2,5 g und eine Martinika nicht schwerer als 0,1 g.

C. Feuerwerkskörper

21. *Hagelraketen* ohne Sprengkapseln, *Bomben* und *Feuertöpfe.* Die Ladung, einschließlich Treibladung, darf im einzelnen Körper nicht schwerer sein als 14 kg, die Bombe oder der Feuertopf insgesamt nicht schwerer als 18 kg.

22. *Bränder, Raketen, römische Lichter, Fontänen, Feuerräder* und ähnliche *Feuerwerkskörper* mit Ladungen, die im einzelnen Körper nicht schwerer sein dürfen als 1 200 g.

23. *Kanonenschläge* oder *Papierböller* mit höchstens 600 g gekörntem Schwarzpulver oder 220 g Sprengstoff je Stück, der nicht gefährlicher als Aluminiumpulver mit Kaliumperchlorat sein darf, und *Gewehrschläge (Petarden)* mit höchstens 20 g gekörntem Schwarzpulver je Stück, sämtliche mit Zündschnüren, deren Enden verdeckt sind, sowie ähnliche *zur Erzeugung eines starken Knalles dienende Gegenstände.*

Wegen der Knallkapseln der Eisenbahn siehe Klasse 1 b, Rn. 2131, Ziffer 3.

24. *Kleinfeuerwerk* [wie Frösche, Schwärmer, Goldregen, Silberregen, sämtliche mit einem Höchstgehalt an Schwarz-(Korn-)pulver von 1 000 g auf 144 Stück; Vulkane, Handkometen, beide mit einem Höchstgehalt an Schwarz-(Korn-)pulver von 30 g im einzelnen Körper].

    Bem. Als Kleinfeuerwerk der Ziffer 24 gelten auch pyrotechnische Gegenstände der Ziffern 21 bis 23 mit einem pyrotechnischen Satz von höchstens 50 g, hiervon nicht mehr als 7 g loses Schwarz-(Korn-)pulver, im einzelnen Gegenstand. Der pyrotechnische Satz darf nicht gefährlicher sein als Schwarz-(Korn-)pulver. Gegenstände mit einem pyrotechnischen Satz von mehr als 30 g bis höchstens 50 g dürfen nur in solchen Verpackungen befördert werden, deren Eignung die Bundesanstalt für Materialprüfung festgestellt hat.

25. *Bengalische Beleuchtungsgegenstände* ohne Zündkopf (wie Fackeln, Feuer, Flammen).

26. *Blitzlichtpulver* in kleinen Mengen von höchstens 5 g in Papierbeuteln oder Glasröhrchen.

Anlage A
Klasse 1c

Klasse 1 c

D. Stoffe und Gegenstände zur Schädlingsbekämpfung

27. *Rauchentwickelnde Stoffe* für land- und forstwirtschaftliche Zwecke sowie *Räucherpatronen, Räucherstäbchen* und *Räucherpulver* für Schädlingsbekämpfung.

Wegen Rauchentwickler, die Chlorate oder eine explosionsfähige Ladung oder einen explosionsfähigen Zündsatz enthalten, siehe Klasse 1 b, Rn. 2131, Ziffer 9.

E. Reizstoffentwickler und Brandkörper

28. a) *Reizstoffentwickler* mit einer Zündvorrichtung aus Schwarzpulverzündschnur und einem Schwarzpulversatz von höchstens 1 g;

b) *Riechtöpfe* mit einem Heizsatz aus Metallen und Metalloxiden oder sauerstoffabgebenden Salzen und höchstens 1 g mit Kieselgur vermischtem Reizstoff;

c) *Reizstoffentwickler mit Schwelsätzen.*

29. *Brandkörper* mit einem Brandsatz aus Metallen und Metalloxid.

F. Zünd- und Brennsätze

30. a) *Zündsätze;*

b) *nichtsprengkräftige Brennsätze.*

2. Vorschriften

A. Versandstücke

1. Allgemeine Verpackungsvorschriften

2172   (1) Die Verpackungen müssen so verschlossen und so dicht sein, daß vom Inhalt nichts nach außen gelangen kann.

(2) Die Verpackungen und ihre Verschlüsse müssen in allen Teilen so fest und stark sein, daß sie sich unterwegs nicht lockern und der üblichen Beanspruchung während der Beförderung zuverlässig standhalten. Die Gegenstände sind in der Verpackung, innere Verpackungen in den äußeren sicher und fest zu verpacken. Sofern im Abschnitt „Verpackung der einzelnen Stoffe und Arten von Gegenständen" nichts anderes vorgeschrieben ist, dürfen die inneren Verpackungen einzeln oder zu mehreren in die Versandverpackungen eingesetzt werden.

(3) Die Füllstoffe für Einbettungen sind den Eigenschaften des Inhalts anzupassen.

2. Verpackung der einzelnen Stoffe und Arten von Gegenständen

2173   (1) Die Gegenstände der Ziffer 1 a) sind in Schachteln oder Briefchen zu verpacken. Diese sind mit widerstandsfähigem Papier zu Sammelpaketen zu vereinigen, deren sämtliche Falten zu verkleben sind.

Die Schachteln dürfen auch mit einem nicht leicht entzündbaren Stoff (z. B. Zellulosehydrat- oder Zelluloseacetatfolie) zu Sammelpaketen vereinigt werden, deren sämtliche Falten zu verkleben oder thermisch zu versiegeln sind.

Die Briefchen dürfen auch in Schachteln aus dünner Pappe oder einem nicht leicht entzündbaren Stoff (z. B. Acetylzellulose) vereinigt werden. Die Pappschachteln oder die Sammelpakete sind in widerstandsfähige Kisten aus Holz, harten Holzfiberplatten oder in Kästen aus Metall

starker glatter Pappe oder doppelseitiger Wellpappe

einzusetzen.

Alle Fugen der Metallkästen müssen weichgelötet oder gefalzt sein.

Die Pappschachteln oder Sammelpakete dürfen auch in Einheitspappkästen (siehe Rn. 2012) für 10 kg oder 20 kg Höchstmasse eingesetzt werden. Ein Versandstück darf bei Verwendung eines Einheitspappkastens für 10 kg Höchstmasse nicht schwerer sein als 10 kg, bei Verwendung eines Einheitspappkastens für 20 kg Höchstmasse nicht schwerer sein als 15 kg.

Die Verschlüsse der Pappkästen müssen aus fugendicht schließenden Klappen bestehen. Die Ränder der äußeren Klappen sowie alle sonstigen Fugen müssen verklebt oder auf eine andere geeignete Weise gut abgedichtet sein.

Sind die Pappschachteln oder Sammelpakete in Pappkästen verpackt, so darf ein Versandstück nicht schwerer sein als 20 kg.

Klasse 1 c

(2) Die Gegenstände der Ziffer 1 b) sind in Schachteln, in denen sie sich nicht bewegen können, zu verpacken.

Höchstens 12 dieser Schachteln sind zu einem Paket zu vereinigen, dessen Falten zu verkleben sind, oder zu höchstens 10 Stück in Klarsichtschachteln aus geeignetem Kunststoff (z. B. Hart-PVC) einzusetzen. Höchstens 12 Pakete oder 5 Klarsichtschachteln sind mit widerstandsfähigem Papier zu einem Sammelpaket zu vereinigen, dessen Falten alle verklebt sein müssen.

Höchstens 12 dieser Schachteln sind zu einem Paket zu vereinigen, dessen Falten zu verkleben sind.

Diese Pakete sind mit widerstandsfähigem Papier, dessen Falten alle verklebt sein müssen, zu höchstens 12 zu einem Sammelpaket zu vereinigen.

Die Sammelpakete sind in widerstandsfähige Kisten aus Holz, harten Holzfiberplatten oder Kästen aus Metall,

starker glatter Pappe oder doppelseitiger Wellpappe

einzusetzen.

Alle Fugen der Metallkästen müssen weichgelötet oder gefalzt sein.

Die Pappschachteln oder Sammelpakete dürfen auch in Einheitspappkästen (siehe Rn. 2012) für 20 kg Höchstmasse eingesetzt werden. Ein Versandstück darf nicht schwerer sein als 15 kg.

Die Verschlüsse der Pappkästen müssen aus fugendicht schließenden Klappen bestehen. Die Ränder der äußeren Klappen sowie alle sonstigen Fugen müssen verklebt oder auf eine andere geeignete Weise gut verschlossen sein.

Sind die Sammelpakete in Pappkästen verpackt, so darf ein Versandstück nicht schwerer sein als 20 kg.

(3) Die Dieselzünder [Ziffer 1 c)] müssen verpackt sein:

a) zu 100 Zündern eng nebeneinanderstehend in Dosen aus Blech oder starker Pappe. Das zündsatzfreie Ende muß sich an der Deckelseite der Dose befinden, oder

b) zu 200 Zündern in zwei Lagen in einer Blechdose.

Die Dosen aus Blech oder Pappe sind in Holzkisten von mindestens 18 mm Wanddicke einzusetzen.

Ein Versandstück darf nicht schwerer sein als 135 kg; es darf nicht mehr als 100 kg Dieselzünder enthalten.

An Stelle der Holzkisten dürfen auch Einheitspappkästen (siehe Rn. 2012) für 30 kg Höchstmasse verwendet werden.

Ein Versandstück darf nicht schwerer sein als 25 kg.

(1) Die Gegenstände der Ziffer 2 sind in Blech- oder Pappschachteln zu verpacken. Höchstens 30 Blech- oder 144 Pappschachteln sind zu einem Paket zu vereinigen, das höchstens 90 g Zündsatz enthalten darf. Die Pakete sind in eine mit widerstandsfähigem Papier oder dünnem Zink- oder Aluminiumblech oder schwer entflammbarer Kunststoffolie ausgekleidete Versandkiste aus fugendichten Wänden mit mindestens 18 mm Dicke einzusetzen. Bei Versandstücken, die nicht schwerer sind als 35 kg, genügt eine Wanddicke von 11 mm, wenn die Kisten mit einem Eisenband umspannt sind.   **2174**

(2) Ein Versandstück darf nicht schwerer sein als 100 kg.

(1) Die Gegenstände der Ziffer 3 sind in mit widerstandsfähigem Papier oder   **2175**

Kunststoffolie oder

dünnem Zink- oder Aluminiumblech ausgekleidete Holzkisten oder in Fässer aus wasserdichter Pappe

Holz, Kunststoff oder Blech – wobei Eisenblech verzinnt, verzinkt oder lackiert sein muß –

zu verpacken.

Die Eignung der Kunststoffässer ist durch eine Baumusterprüfung [siehe Rn. 2002(13)] nachzuweisen.

Die Gegenstände der Ziffer 3 dürfen auch in Einheitspappkästen (siehe Rn. 2012) für 30 kg Höchstmasse verpackt sein. Die Gegenstände sind entweder in Beutel aus geeignetem Kunststoff einzusetzen oder die Einheitspappkästen mit einer Kunststoffolie auszukleiden.

Sendungen, die nicht schwerer sind als 20 kg, dürfen auch mit Wellpappe umhüllt in fest verschnürten Paketen aus doppeltem, widerstandsfähigem Packpapier verpackt sein.

Klasse 1 c

(2) Bei Verwendung von Pappfässern
oder Fässern aus Holz, Kunststoff oder Blech
darf ein Versandstück nicht schwerer sein als 75 kg;
bei Verwendung von Einheitspappkästen darf es nicht
schwerer sein als 20 kg.

2175/1   (1) Die Gegenstände der Ziffer 3 A. sind in Mengen
von höchstens 2,5 kg zu bündeln und mit Ölpapier zu
umwickeln. Die Bündel sind in Holzkisten mit mindestens 18 mm Wanddicke zu verpacken, die mit Ölpapier
oder paraffiniertem Papier dicht auszulegen sind.

(2) Ein Versandstück darf nicht schwerer sein als
35 kg; es darf nicht mehr als 25 kg Stoppinen enthalten.

2175/2   (1) Ein Ring Anzündlitze der Ziffer 3 B. von höchstens
8 m Länge ist in eine Faltschachtel aus Pappe zu verpacken. Höchstens 25 Faltschachteln sind in einen
Pappkasten und höchstens 4 dieser Pappkästen in eine
geleimte Holzkiste oder in einen Einheitspappkasten
(siehe Rn. 2012) für 30 kg Höchstmasse einzusetzen.

(2) Höchstens 100 Verbinder aus Metallhülsen oder
50 Verbinder mit Anzündlitze der Ziffer 3 B. sind in einen
Pappkasten zu verpacken. Höchstens 100 dieser Pappkästen sind in eine geleimte Holzkiste oder in einen Einheitspappkasten (siehe Rn. 2012) für 30 kg Höchstmasse einzusetzen.

2176   (1) Zündgarn (Ziffer 4) muß in Längen von höchstens 30 m auf Pappstreifen aufgewickelt und jeder Wickel in Papier
eingehüllt sein. Höchstens 10 davon sind mit Packpapier zu einem Paket zu vereinigen, das in ein Holzkistchen
einzubetten ist. Diese Kistchen sind in eine Versandkiste aus Holz einzusetzen.

(2) Ein Versandstück darf höchstens 6 000 m Zündgarn enthalten.

2176/1   (1) Verzögerungen (Ziffer 4 A.) sind zu höchstens 150
Stück so in Schachteln aus Weißblech oder Aluminium
mit übergreifendem Deckel zu verpacken, daß sich
reihenweise einmal die Anfeuerungsseite oben und das
andere Mal unten befindet. Die Schachteln sind in eine
mit Weißblech ausgekleidete Versandkiste aus Holz
einzusetzen.

(2) Ein Versandstück darf nicht schwerer sein als
100 kg.

2177   (1) Die Gegenstände der Ziffer 5 sind zu höchstens 25 Stück in Schachteln aus Weißblech oder Pappe, Thermitkapseln jedoch zu höchstens 100 in eine Pappschachtel zu verpacken. Höchstens 40 solcher Schachteln sind in eine
Holzkiste so einzubetten, daß sie weder einander noch die Kistenwände berühren.

(2) Ein Versandstück darf nicht schwerer sein als 100 kg.

2178   (1) Die Gegenstände der Ziffern 6 bis 8 müssen wie folgt verpackt sein:

a) die Gegenstände der Ziffer 6 in Holzkisten;

b) die Gegenstände der Ziffer 7 a) in Kisten oder Fässern aus Holz oder in Fässern aus wasserdichter Pappe;

die elektrischen Zünder mit festmontierten
Schwarzpulverzündschnüren der Ziffer 7 a) sind in
Wellpapp-Faltkartons, die hinsichtlich ihrer mechanischen Festigkeit einem Einheitspappkasten
(siehe Rn. 2012) für 25 kg Höchstmasse entsprechen müssen, zu verpacken. Die Berührungsflächen ineinander geschobener Kartons sowie die
Boden- und Deckelklappen der Faltkartons sind fest
zu verkleben und zusätzlich durch Heftklammern zu
befestigen;

Klasse 1 c

c) die Gegenstände der Ziffer 7 b) zu höchstens 1 000 Stück mit Sägemehl in Pappschachteln eingebettet, die durch Pappeinlagen in mindestens drei gleich große Abteilungen zu unterteilen sind. Die Deckel der Schachteln müssen ringsum mit Klebestreifen befestigt sein. Höchstens 100 Pappschachteln sind in ein Gefäß aus gelochtem Stahlblech einzusetzen. Dieses Gefäß ist in eine mit Schrauben zu verschließende Versandkiste aus Holz von mindestens 18 mm Wanddicke so einzubetten, daß zwischen dem Blechgefäß und der Versandkiste überall ein Zwischenraum von mindestens 3 cm verbleibt, der mit Füllstoffen auszustopfen ist;

die Gegenstände der Ziffer 7 c) zu höchstens 50 Stück mit Holzmehl in 6 mm dicken Sperrholzkistchen eingebettet, deren Seitenwände gezinkt, Boden aufgeleimt und Deckel ringsum mit Klebestreifen befestigt sein müssen. Höchstens 100 Sperrholzkistchen sind in eine Holzkiste von mindestens 18 mm Wanddicke einzusetzen, die durch 20 mm starke Holzbretter in mindestens vier gleich große Abteilungen zu unterteilen ist. Innerhalb jeder Lage müssen die Kistchen durch 20 mm dicke, gitterartig angeordnete Holzleisten voneinander getrennt sein;

d) die Gegenstände der Ziffer 8 in Pappschachteln. Die Schachteln sind zu einem Paket zu vereinigen, das höchstens 1 000 elektrische Zündlamellen enthalten darf. Die Pakete sind in eine Versandkiste aus Holz einzusetzen.

(2) Ein Versandstück mit Gegenständen der Ziffer 7 a) darf bei Verwendung von Pappfässern nicht schwerer sein als 75 kg.

Bei Verwendung eines Wellpapp-Faltkartons darf es nicht schwerer sein als 25 kg.

Ein Versandstück mit Gegenständen der Ziffer 7 b) darf nicht schwerer sein als

50 kg.

50 kg; Versandstücke, die schwerer sind als 30 kg, sind mit Trageeinrichtungen zu versehen.

2179

(1) Die Gegenstände der Ziffern 9 bis 26 müssen wie folgt verpackt sein (innere Verpackungen):

a) die Gegenstände der Ziffern 9 und 10 in Papier oder Schachteln;

die Gegenstände der Ziffer 9 auch in Schachteln aus geschäumtem Kunststoff oder aus Pappe, die mit einem Deckel aus schwer entflammbarer Klarsichtfolie aus geeignetem Kunststoff (z. B. PVC) zu verschließen sind; oder in Schachteln aus Pappe mit vorgeformten Einsätzen aus Tiefziehfolie aus geeignetem Kunststoff, die mit einem Deckel aus schwer entflammbarer Klarsichtfolie aus geeignetem Kunststoff (z. B. PVC) zu verschließen sind; oder in vorgeformte Tiefziehfolie aus geeignetem Kunststoff, die auf einer kunststoffbeschichteten Pappe aufgesiegelt oder in anderer Weise auf einem Kartonblatt ausreichend befestigt ist;

b) die Gegenstände der Ziffer 11 a) zu höchstens 500 Stück mit Sägemehl eingebettet

   1. in Pappschachteln, die in Papier einzuwickeln sind; oder

   2. in Holzkistchen oder   in Holzkistchen;

   3. in Schachteln aus Kunststoff;

c) die Gegenstände der Ziffer 11 b) zu höchstens 10 Stück in einem Briefchen. Höchstens 100 Briefchen sind in eine Pappschachtel zu verpacken oder in starkes Papier einzupacken;

d) die Gegenstände der Ziffer 11 c) zu höchstens 10 Stück in Beuteln aus Papier oder geeignetem Kunststoff. Höchstens 100 Beutel sind in eine Pappschachtel zu verpacken;

dd) die Gegenstände der Ziffer 11 d) zu höchstens 100 Stück mit einem ca. 50 mm breiten Papierstreifen gebündelt. Höchstens 50 Bündel sind in einen Karton so zu verpacken, daß sie sich nicht zwängen, aber auch nicht bewegen können. Die verschiedenen Bündelreihen sind mit Wellpappe von 4,3 mm Dicke senkrecht und waagerecht gegeneinander abzutrennen. Die übereinander liegenden Schichten der Bündel sind so anzuordnen, daß die Zündpunktbereiche nicht in gleicher Ebene liegen, sondern gegeneinander versetzt sind;

e) die Gegenstände der Ziffer 12 zu höchstens 25 Stück in Pappschachteln;

41

Klasse 1 c

2179
(Forts.)

f) die Gegenstände der Ziffer 13 in Schachteln. Höchstens 12 Schachteln sind mit Papier zu einem Paket zu vereinigen;

g) die Gegenstände der Ziffer 14

zu höchstens 12 Stück in Beuteln aus Papier oder geeignetem Kunststoff oder bis zu höchstens 50 Stück in Schachteln aus Pappe. Diese Packungen sind mit Papier oder durch Einpacken in einen Pappkarton zu einem Paket zu vereinigen;

in Schachteln oder Säcken aus Papier oder geeignetem Kunststoff. Diese Packungen sind mit Papier zu Paketen zu vereinigen, die jeweils höchstens 144 Stück dieser Gegenstände enthalten dürfen;

h) die Gegenstände der Ziffern 15, 15 B. und 15 C. in Schachteln, Näpfchen oder Dosen aus Pappe oder geeignetem Kunststoff. Bei Gegenständen der Ziffern 15 und 15 B. sind diese Verpackungen mit Packpapier oder durch Gummibänder zu einem Päckchen zu vereinigen oder in Schachteln aus Pappe oder Kunststoff oder in Kunststoffbeuteln zu verpacken. Siehe auch Rn. 2170 Abs. 2 a);

h) die Gegenstände der Ziffer 15 in Pappschachteln, von denen jede nicht mehr enthalten darf als

100 Amorces zu je höchstens 5 mg Knallsatz oder

50 Amorces zu je höchstens 7,5 mg Knallsatz.

Höchstens 12 Schachteln sind mit Papier zu einer Rolle und höchstens 12 Rollen mit Packpapier zu einem Paket zu vereinigen.

Die Bänder mit 50 Amorces zu je höchstens 5 mg Knallsatz dürfen wie folgt verpackt werden: je 5 Bänder in Pappschachteln, die zu 6 Stück mit Papier, das so widerstandsfähig sein muß wie Kraft-Papier von mindestens 40 g/m², zu einem Päckchen vereinigt werden; 12 auf solche Weise gebildete Päckchen sind mit Papier gleicher Qualität zu einem Paket zu vereinigen.

i) die Gegenstände der Ziffer 16 zu höchstens 50 Stück in Pappschachteln eingebettet. Die Korken sind auf dem Boden der Schachtel festzukleben oder in gleichwertiger Weise zu befestigen. Jede Schachtel ist mit Papier zu umwickeln, und höchstens 10 dieser Schachteln sind mit Packpapier zu einem Paket zu vereinigen;

k) die Gegenstände der Ziffer 17 zu höchstens 5 Stück in Pappschachteln. Höchstens 200 Schachteln sind, in Rollen unterteilt, in einer Sammelschachtel aus Pappe zu vereinigen;

l) die Gegenstände der Ziffer 18 zu höchstens 10 Stück in Pappschachteln eingebettet. Höchstens 100 Schachteln sind, in Rollen unterteilt, mit Papier zu einem Paket zu vereinigen;

m) die Gegenstände der Ziffer 19 zu höchstens 15 Stück in Pappschachteln eingebettet. Höchstens 144 Schachteln sind, in Rollen unterteilt, in eine Pappschachtel zu verpacken;

n) die Gegenstände der Ziffer 20 a) zu höchstens 144 Stück in Pappkästen eingebettet;

o) die Gegenstände der Ziffer 20 b) zu höchstens 75 Stück in Pappschachteln; höchstens 72 Pappschachteln sind mit einer Pappumhüllung zu einem Paket zu vereinigen;

p) die Gegenstände der Ziffer 21 in Pappschachteln oder starkem Papier. Wenn die Anzündstelle der Gegenstände nicht mit einer Schutzkappe versehen ist, müssen die Gegenstände vorher einzeln mit Papier umwickelt werden. Bei Bomben, die schwerer sind als 5 kg, muß die Treibladung durch eine über den unteren Teil der Bomben geschobene Papierhülse geschützt sein;

q) die Gegenstände der Ziffer 22 in Pappschachteln oder starkem

Papier, bis zu 10 solcher Feuerwerkskörper auch in dicht verschlossenen Beuteln aus geeignetem Kunststoff mit einer Foliendicke von mindestens 0,2 mm.

Papier.

Größere Feuerwerkskörper bedürfen jedoch keiner inneren Verpackung, wenn ihre Anzündstelle mit einer Schutzkappe versehen ist;

r) die Gegenstände der Ziffer 23 in Schachteln aus Holz oder Pappe eingebettet. Die Anzündstellen sind mit einer Schutzkappe zu versehen;

s) die Gegenstände der Ziffer 24

1. in Pappschachteln oder in starkem Papier;

   in Pappschachteln oder starkem Papier;

2. in Schachteln aus geeignetem Kunststoff oder aus Pappe, die mit einem Deckel aus schwer entflammbarer Klarsichtfolie aus geeignetem Kunststoff (z. B. PVC) zu verschließen sind; oder in Schachteln aus Pappe mit vorgeformten Einsätzen aus Tiefziehfolie aus geeignetem Kunststoff, die mit einem Deckel aus schwer entflammbarer Klarsichtfolie aus geeignetem Kunststoff (z. B. PVC) zu verschließen sind; oder in vorgeformte Tiefziehfolie aus geeignetem Kunststoff, die auf einer kunststoffbeschichteten Pappe aufgesiegelt oder in anderer Weise auf einem Kartonblatt ausreichend befestigt ist;

Klasse 1 c

3. zu höchstens 15 Gegenständen in Beuteln aus geeignetem Kunststoff mit einer Wanddicke von mindestens 0,08 mm. Wenn die Anzündstelle der Gegenstände nicht mit einer Schutzkappe versehen ist, müssen die Gegenstände vorher in Dosen aus Pappe oder Kunststoff verpackt sein;

t) die Gegenstände der Ziffer 25

1. in Pappschachteln oder in starkem Papier;   in Pappschachteln oder starkem Papier.

2. in Schachteln aus geeignetem Kunststoff oder aus Pappe, die mit einem Deckel aus schwer entflammbarer Klarsichtfolie aus geeignetem Kunststoff (z. B. PVC) zu verschließen sind; oder in Schachteln aus Pappe mit vorgeformten Einsätzen aus Tiefziehfolie aus geeignetem Kunststoff, die mit einem Deckel aus schwer entflammbarer Klarsichtfolie aus geeignetem Kunststoff (z. B. PVC) zu verschließen sind; oder in vorgeformte Tiefziehfolie aus geeignetem Kunststoff, die auf einer kunststoffbeschichteten Pappe aufgesiegelt oder in anderer Weise auf einem Kartonblatt ausreichend befestigt ist;

3. zu höchstens 15 Gegenständen in Beuteln aus geeignetem Kunststoff mit einer Wanddicke von mindestens 0,08 mm. Wenn die Anzündstelle der Gegenstände nicht mit einer Schutzkappe versehen ist, müssen die Gegenstände vorher in Dosen aus Pappe oder Kunststoff verpackt sein.

Größere Feuerwerkskörper bedürfen jedoch keiner inneren Verpackung, wenn ihre Anzündstelle mit einer Schutzkappe versehen ist;

u) die Gegenstände der Ziffer 26 in Pappschachteln. Eine Pappschachtel darf höchstens 3 Glasröhrchen enthalten.

(2) Die inneren Verpackungen nach Absatz 1 sind einzusetzen:

a) Verpackungen mit Gegenständen der Ziffern 10, 13 und 14 in Versandkisten aus Holz;

Verpackungen mit Gegenständen der Ziffern 10, 13 und 14 auch in Einheitspappkästen (siehe Rn. 2012) für 40 kg oder 50 kg Höchstmasse.

Ein Versandstück darf bei Verwendung eines Einheitspappkastens für 40 kg Höchstmasse nicht schwerer als 35 kg und für 50 kg Höchstmasse nicht schwerer als 45 kg sein.

b) Verpackungen mit Stoffen und Gegenständen der Ziffern 9, 11, 12 und 15 bis 26 in mit widerstandsfähigem Papier oder dünnem Zink- oder Aluminiumblech

oder vollständig mit einer Folie aus geeignetem Kunststoff

ausgekleidete Versandkisten aus fugendichten Wänden mit mindestens 18 mm Dicke. Bei Versandstücken, die nicht schwerer sind als 35 kg, genügt eine Wanddicke von 11 mm, wenn die Kisten mit einem eisernen Band umspannt sind.

Der Inhalt einer Versandkiste ist beschränkt für:

Gegenstände der Ziffer 11 d) auf 20 Kartons,

Gegenstände der Ziffer 17 auf 50 Sammelschachteln aus Pappe,

Gegenstände der Ziffer 18 auf 25 Pakete,

Gegenstände der Ziffer 20 a) auf 50 Pappkästen,

Gegenstände der Ziffer 20 b) auf 50 Pakete zu 72 Pappschachteln,

Gegenstände der Ziffer 21 auf so viel Stücke, daß ihre Gesamtmasse 56 kg nicht übersteigt.

Verpackungen mit Gegenständen der Ziffern 9, 11 a) bis d), 12, 18, 19, 22 bis 25 sowie mit Feuertöpfen der Ziffer 21 dürfen auch in Einheitspappkästen (siehe Rn. 2012) für 40 kg oder 50 kg Höchstmasse, Packungen mit Gegenständen der Ziffer 15, 15 B. und 15 C. auch in Einheitspappkästen (siehe Rn. 2012) für 30 kg Höchstmasse verpackt sein.

Ein Versandstück darf nicht schwerer sein als 35 kg, mit Gegenständen der Ziffern 15, 15 B. und 15 C. jedoch nicht schwerer als 25 kg.

Klasse 1 c

c) Verpackungen mit Blitzlichtpulver (Ziffer 26) entweder nach b) oder in Mengen von höchstens 5 kg in Versandkisten aus Holz oder in Kästen aus starker Pappe, wenn die Verpackung aus Papierbeuteln besteht.

c) Verpackungen mit Blitzlichtpulver (Ziffer 26) entweder nach b) oder in Versandkisten aus Holz von höchstens 5 kg oder, wenn die Verpackung aus Papierbeuteln besteht, in Kästen aus starker Pappe von höchstens 5 kg.

(3) Holzkisten, in denen Gegenstände mit Phosphor-Chlorat-Knallsatz verpackt sind, müssen durch Schrauben verschließbar sein.

(4) Ein Versandstück mit Gegenständen der Ziffern 9, 11, 12, 15 bis 22 oder 24 bis 26 darf nicht schwerer sein als 100 kg und mit Gegenständen der Ziffer 23 nicht schwerer als 50 kg; es darf nicht schwerer sein als 35 kg, wenn die Kiste nur eine Wanddicke von 11 mm hat und mit einem eisernen Band umspannt ist.

2180   (1) Die Stoffe und Gegenstände der Ziffer 27 sind in mit Packpapier, Ölpapier oder Wellpappe ausgekleidete Holzkisten zu verpacken. Das Auskleiden ist nicht notwendig, wenn die Stoffe und Gegenstände mit Hüllen aus Papier oder Pappe versehen sind.

(2) Ein Versandstück darf nicht schwerer sein als 100 kg.

(3) Räucherpatronen für Schädlingsbekämpfung dürfen, in Papier oder Pappe eingehüllt,

und Räucherstäbchen dürfen, zu höchstens 10 Stück in einer Pappschachtel verpackt und zu höchstens 50 derartiger Pappschachteln in einen Pappkarton eingesetzt,

auch verpackt sein:

a) in Einheitspappkästen (siehe Rn. 2012) für 10 kg, 20 kg oder 30 kg Höchstmasse; ein Versandstück darf bei Verwendung eines Einheitspappkastens für 10 kg Höchstmasse nicht schwerer sein als 7,5 kg, für 20 kg Höchstmasse nicht schwerer sein als 15 kg und für 30 kg Höchstmasse nicht schwerer sein als 25 kg;

a) in Kästen aus Wellpappe oder starker Pappe; ein solches Versandstück darf nicht schwerer sein als 20 kg;

b) in Kästen aus gewöhnlicher Pappe; ein solches Versandstück darf nicht schwerer sein als 5 kg.

(4) Räucherpulver für Schädlingsbekämpfung der Ziffer 27 muß verpackt sein:

a) in Mengen bis zu 1 kg in Kunststoffbeuteln, die in feste Papierbeutel einzusetzen sind.

Als äußere Verpackung sind zu verwenden

1. gewöhnliche Pappkästen, wenn das Versandstück nicht schwerer ist als 5 kg,

2. Einheitspappkästen (siehe Rn. 2012) für 10 kg oder 20 kg Höchstmasse;

b) in Mengen bis zu 10 kg in Kunststoffbeuteln, die in genügend widerstandsfähige Papptrommeln einzusetzen sind;

c) in Mengen bis zu 60 g in Räucherdosen, deren Böden und Deckel aus mindestens 0,4 mm dickem Aluminiumblech und deren Mäntel aus mindestens 2 mm dicker, innen mit Aluminiumfolie verkleideter Pappe bestehen.

Als äußere Verpackung sind zu verwenden:

1. gewöhnliche Pappkästen, wenn das Versandstück nicht schwerer ist als 5 kg;

2. Einheitspappkästen (siehe Rn. 2012) für 30 kg Höchstmasse. Ein Versandstück darf nicht schwerer sein als 25 kg.

2180/1   (1) Die Gegenstände der Ziffer 28 a) müssen zu höchstens 12 Stück mit Zellstoff in Wellpappkästen verpackt sein. Höchstens 20 Wellpappkästen sind mit Kieselgur in eine Holzkiste einzubetten.

(2) Die Gegenstände der Ziffer 28 b) müssen zu höchstens 8 Stück in Pappschachteln verpackt sein, die mit Wellpappe umwickelt in eine Holzkiste einzusetzen sind.

Ein Versandstück darf nicht mehr als 250 Riechtöpfe enthalten und nicht schwerer sein als 50 kg.

Klasse 1 c

(3) Die Gegenstände der Ziffer 28 c) müssen zu höchstens 5 Stück in Schachteln aus paraffinierter Pappe oder, wenn sie einzeln mit Hartschaumstoff vollständig umhüllt sind, zu höchstens 3 Stück in Beuteln aus geeignetem Kunststoff verpackt sein. Höchstens 50 Schachteln aus Pappe oder Beutel sind in eine Holzkiste einzusetzen.

Ein Versandstück darf nicht mehr als 25 kg Schwelsatz enthalten und nicht schwerer sein als 50 kg.

Die Gegenstände der Ziffer 29 müssen, einzeln in Wellpappe eingehüllt, in mit zähem Papier ausgelegten Holzkisten verpackt sein.   **2180/2**

Ein Versandstück darf nicht schwerer sein als 75 kg.

(1) Die Zündsätze der Ziffer 30 a) müssen zu höchstens 500 g in Röhren oder Gefäßen aus geeignetem Kunststoff oder Metall verpackt sein. Die Röhren oder Gefäße sind mit Stopfen aus weichem Material wie Gummi, Kork oder Kunststoff zu verschließen und unter Verwendung von Kieselgur oder einer Mischung von Kieselgur und Holzmehl in eine Versandkiste aus Holz so einzubetten, daß sie weder einander noch die Kistenwände berühren. Die Röhren oder Gefäße dürfen auch mit festen Einsätzen aus Holz oder schwer brennbarem Kunststoff in der Außenverpackung festgelegt oder in mit geeignetem Kunststoff ausgeschäumten Versandkisten aus Holz eingesetzt sein. Kaliumperchlorathaltige Sätze müssen zu höchstens 100 g in Röhren aus Aluminium verpackt sein, deren Stopfen ringsum mit Klebestreifen befestigt sein müssen. Die Röhren sind einzeln in ausgebohrte Holzklötze einzusetzen, deren seitliche Wanddicke mindestens 30 mm betragen muß. Die Holzklötze sind in eine Versandkiste aus Holz von mindestens 18 mm Wanddicke so einzusetzen, daß die einzelnen Holzklötze durch Aluminiumplatten von 1 mm Dicke voneinander getrennt sind.   **2180/3**

Ein Versandstück darf höchstens 3 kg, bei kaliumperchlorathaltigen Sätzen höchstens 1 kg Zündsatz enthalten.

Gepreßte Körner aus kaliumperchlorathaltigen Sätzen müssen zu höchstens 200 g in Sägespänen eingebettet in Pappschachteln verpackt sein. Der Inhalt jeder Schachtel ist durch Filzeinlagen in 4 Schichten zu unterteilen und unten und oben durch Filz abzudecken. Der Deckel der Schachtel ist ringsum mit Klebstreifen zu befestigen. Höchstens 5 Schachteln sind durch Einwickeln in Papier zu einem Paket zu vereinigen. Höchstens 2 Pakete sind in eine Versandkiste aus Holz von mindestens 18 mm Wanddicke in Kieselgur so einzubetten, daß die Pakete voneinander und von den Wandungen der Holzkiste durch eine mindestens 30 mm dicke Schicht von Kieselgur getrennt sind.

(2) Die nichtsprengkräftigen Brennsätze der Ziffer 30 b) müssen in Mengen von höchstens 30 kg in dicht verschlossenen Verpackungen aus verzinntem Stahlblech oder in Dosen aus geeignetem leitfähigem Kunststoff verpackt sein. Die Verpackungen sind mit Kieselgur oder einer Mischung aus Kieselgur und Holzmehl in eine Versandkiste aus Holz so einzubetten, daß sie weder einander noch die Kistenwände berühren.

Ein Versandstück darf höchstens 30 kg Brennsatz enthalten.

3. Zusammenpackung

(1) Die in derselben Ziffer genannten Stoffe und Gegenstände dürfen miteinander zu einem Versandstück vereinigt   **2181**
werden. Die inneren und äußeren Verpackungen müssen den Vorschriften für die betreffenden Stoffe und Gegenstände entsprechen. Ein Pappkasten mit Gegenständen der Ziffer 20 a) ist einem Paket mit Gegenständen der Ziffer 20 b) gleichzustellen.

Klasse 1 c

(2) Sofern im Abschnitt „Verpackung der einzelnen Stoffe und Arten von Gegenständen" nicht geringere Mengen vorgeschrieben und nachstehend nicht besondere Bedingungen vorgesehen sind, dürfen die gefährlichen Güter dieser Klasse in Mengen von höchstens 6 kg, und zwar für alle in einer Ziffer oder unter einem Buchstaben aufgezählten gefährlichen Güter zusammen, mit gefährlichen Gütern einer anderen Ziffer oder eines anderen Buchstabens dieser Klasse oder mit gefährlichen Gütern der übrigen Klassen, soweit die Zusammenpackung auch für diese zugelassen ist, oder mit sonstigen Gütern zu einem Versandstück vereinigt werden.

Die inneren Verpackungen müssen den allgemeinen und besonderen Verpackungsvorschriften entsprechen. Ferner sind die allgemeinen Vorschriften der Rn. 2001 (7) und 2002 (6) und (7) zu beachten.

Ein Versandstück darf nicht schwerer sein als 100 kg und nicht schwerer als 50 kg, wenn es Gegenstände der Ziffer 23 enthält.

Besondere Bedingungen:

Ziffer	Bezeichnung der Gegenstände	Höchstmenge je Gefäß	Höchstmenge je Versandstück	Besondere Vorschriften
1	Zündhölzer	5 kg	5 kg	Dürfen nicht zusammengepackt werden mit Stoffen der Klassen 3, 4.1 und 4.2
2 und 3	Zündbänder und Schwarzpulver-zündschnüre	Zusammenpackung nicht zugelassen		
4	Zündgarn		1 500 m Zündgarn	
5–8	Alle Gegenstände	Zusammenpackung nicht zugelassen		
9–20	Alle Gegenstände			Zusammenpackung nur mit Kurzwaren oder nicht pyrotechnischen Spielwaren gestattet, von denen sie getrennt zu halten sind. Die Versandkiste muß den schärfsten Bedingungen der Rn. 2179 (2) und (3) entsprechen, die für die darin enthaltenen Gegenstände gelten.
21–25	Alle Gegenstände			Zusammenpackung nur miteinander gestattet. Die Versandkiste muß den schärfsten Bedingungen der Rn. 2179 (2) und (3) entsprechen, die für die darin enthaltenen Gegenstände gelten.
26–27	Alle Stoffe und Gegenstände	Zusammenpackung nicht zugelassen		

4. Aufschriften und Gefahrzettel auf Versandstücken (siehe Anhang A. 9)

2182　　(1) Versandstücke mit Gegenständen der Klasse 1 c Ziffern 16 und 21 bis 23 sind mit einem Zettel nach Muster 1 zu versehen.

　　　　(2) Versandstücke mit zerbrechlichen Gefäßen, die von außen nicht sichtbar sind, sind mit einem Zettel nach Muster 12 zu versehen.

2183

B. Vermerke im Beförderungspapier

2184　　(1) Die Bezeichnung des Gutes im Beförderungspapier muß gleich lauten wie eine der in Rn. 2171 durch *Kursivschrift* hervorgehobenen Benennungen; sie ist

I *zu unterstreichen* und

durch die *Angabe der Klasse, der Ziffer und gegebenenfalls des Buchstabens der Stoffaufzählung und die Abkürzung „ADR"* oder „RID" zu ergänzen [z. B. *1 c, Ziffer 1 a), ADR*]. Zulässig ist auch der Vermerk *„Feuerwerkskörper des ADR, 1 c, Ziffern ..."* mit Angabe der Ziffern, unter welche die zu befördernden Gegenstände fallen.

Klasse 1 c

(2) Für die Stoffe und Gegenstände der Ziffern 2, 4, 5, 8, 9, 11, 12 und 15 bis 27 sowie für die Gegenstände der Ziffern 3 A., 3 B., 4 A., 7 c), 15 B. und 28 bis 30

(2) Für die Stoffe und Gegenstände der Ziffern 2, 4, 5, 8, 9, 11, 12 und 15 bis 27

muß der Absender im Beförderungspapier bescheinigen: *„Beschaffenheit des Gutes und Verpackung entsprechen den Vorschriften des ADR".*

(3) Für die Stoffe und Gegenstände der Ziffern 15, 15 B., 16 bis 19, 29 und 30 sowie Bomben und Feuertöpfe der Ziffer 21 muß der Absender im Beförderungspapier bescheinigen: *„Zugelassen durch BAM (bzw. BICT) nach Rn. 2170".*

2185-
2189

C. Leere Verpackungen

Keine Vorschriften.

2190

2191-
2199

47

Klasse 2

Verdichtete, verflüssigte oder unter Druck gelöste Gase

1. Stoffaufzählung

2200   (1) Von den unter den Begriff der Klasse 2 fallenden Stoffen und Gegenständen sind nur die in Rn. 2201 genannten und auch diese nur zu den Vorschriften dieser Anlage und denen der Anlage B unter bestimmten Bedingungen zur Beförderung zugelassen und somit Stoffe und Gegenstände

dieser Verordnung. | des ADR.

(2) Als Stoffe der Klasse 2 gelten solche, die eine kritische Temperatur von weniger als 50 C oder bei 50 C einen Dampfdruck von mehr als 300 kPa (3 bar) haben.

(3) Die Stoffe und Gegenstände der Klasse 2 sind wie folgt eingeteilt:

A.   Verdichtete Gase, deren kritische Temperatur unter – 10 C liegt.

B.   Verflüssigte Gase, deren kritische Temperatur gleich oder höher als – 10 C ist:

   a) verflüssigte Gase mit einer kritischen Temperatur von gleich oder höher als 70 C;

   b) verflüssigte Gase mit einer kritischen Temperatur von gleich oder über – 10 C, aber unter 70 C.

C.   Tiefgekühlte verflüssigte Gase.

D.   Unter Druck gelöste Gase.

E.   Druckgaspackungen und Kartuschen mit Druckgasen.

F.   Gase, die besonderen Vorschriften unterliegen.

G.   Leere Gefäße und leere Tanks.

Auf Grund ihrer chemischen Eigenschaften sind die Stoffe und Gegenstände der Klasse 2 wie folgt unterteilt:

a)   nicht brennbar;

at)   nicht brennbar, giftig;

b)   brennbar;

bt)   brennbar, giftig;

c)   chemisch instabil;

ct)   chemisch instabil, giftig.

Falls nicht anders bezeichnet, gelten die chemisch instabilen Stoffe als brennbar.

Die ätzenden Gase sowie die Gegenstände mit solchen Gasen sind mit der Bezeichnung „ätzend" in Klammern gekennzeichnet.

(4) Die als chemisch instabil bezeichneten Stoffe der Klasse 2 sind zur Beförderung zugelassen, wenn die erforderlichen Maßnahmen zur Verhinderung einer gefährlichen Zerfalls-, Disproportionierungs- oder Polymerisationsreaktion während der Beförderung getroffen wurden.

Zu diesem Zweck muß insbesondere auch dafür gesorgt werden, daß die Gefäße und Tanks keine Stoffe enthalten, welche diese Reaktionen begünstigen.

2201   A. **Verdichtete Gase** [siehe auch Rn. 2201 a unter a). Wegen der Gase der Ziffern 1 a), 1 b) und 2 a), die in Druckgaspackungen oder Kartuschen enthalten sind, siehe Ziffern 10 und 11].

Als verdichtete Gase im Sinne

dieser Verordnung | des ADR

gelten solche, deren kritische Temperatur unter – 10 C liegt.

1.   Reine Gase und technisch reine Gase

   a)   nicht brennbar
       Argon, Helium, Krypton, Neon, Sauerstoff, Stickstoff, Tetrafluormethan (R 14);

   at)   nicht brennbar, giftig
       Bortrifluorid, Fluor (ätzend), *Siliciumtetrafluorid* (ätzend);

   b)   brennbar
       Deuterium, Methan, Wasserstoff;

   bt)   brennbar, giftig
       Kohlenoxid;

   ct)   chemisch instabil, giftig
       Stickstoffoxid (NO) (nicht brennbar).

Klasse 2

2. Gasgemische

   a)   nicht brennbar

      Gemische aus zwei oder mehreren der folgenden Gase: Edelgase (mit höchstens 10 Vol-% Xenon), Stickstoff, Sauerstoff, höchstens 30 Vol-% Kohlendioxid; nicht brennbare Gemische aus zwei oder mehreren der folgenden Gase: Wasserstoff, Methan, Stickstoff, Edelgase (mit höchstens 10 Vol-% Xenon), höchstens 30 Vol-% Kohlendioxid; Stickstoff mit höchstens 6 Vol-% Äthylen; *Luft;*

   b)   brennbar

      Gemische von mindestens 90 Vol-% Methan mit Kohlenwasserstoffen der Ziffern 3 b) und 5 b); brennbare Gemische aus zwei oder mehreren der folgenden Gase: Wasserstoff, Methan, Stickstoff, Edelgase (mit höchstens 10 Vol-% Xenon), höchstens 30 Vol-% Kohlendioxid; *Erdgas (Naturgas);*

   bt) brennbar, giftig

      Stadtgas; Gemische von Wasserstoff mit höchstens 10 Vol-% Selenwasserstoff, Phosphorwasserstoff, Siliciumwasserstoff, Germaniumwasserstoff oder höchstens 15 Vol-% Arsenwasserstoff; Gemische von Stickstoff, Edelgasen (mit höchstens 10 Vol-% Xenon) mit höchstens 10 Vol-% Selenwasserstoff, Phosphorwasserstoff, Siliciumwasserstoff, Germaniumwasserstoff oder höchstens 15 Vol-% Arsenwasserstoff; *Wassergas; Synthesegas* (z. B. nach Fischer-Tropsch); Gemische von Kohlenoxid mit Wasserstoff oder Methan;

   ct) chemisch instabil, giftig

      Gemische von Wasserstoff mit höchstens 10 Vol-% Diboran; Gemische von Stickstoff oder Edelgasen (mit höchstens 10 Vol-% Xenon) mit höchstens 10 Vol-% Diboran.

2201
(Forts.)

B. Verflüssigte Gase [siehe auch Rn. 2201 a unter b) und e). Für Gase der Ziffern 3 bis 6, die in Druckgaspackungen oder Kartuschen enthalten sind, siehe Ziffern 10 und 11].

Als verflüssigte Gase im Sinne

dieser Verordnung | des ADR

gelten solche, deren kritische Temperatur gleich oder höher als – 10 °C ist.

a. Verflüssigte Gase mit einer kritischen Temperatur von gleich oder höher als 70 °C:

3. Reine Gase und technisch reine Gase

   a)   nicht brennbar

      Bromchlordifluormethan (R 12 B 1), Chlordifluormethan (R 22), Chlorpentafluoräthan (R 115), Chlortrifluoräthan (R 133 a), Dichlordifluormethan (R 12), Dichlorfluormethan (R 21), Dichlortetrafluoräthan (R 114), Octafluorcyclobutan (RC 318);

   at) nicht brennbar, giftig

      Ammoniak, Bortrichlorid (ätzend), *Bromwasserstoff* (ätzend), *Chlor* (ätzend), *Chlorkohlenoxid (Phosgen)* (ätzend), *Chlortrifluorid* (ätzend), *Hexafluorpropylen (R 1216), Methylbromid, Nitrosylchlorid* (ätzend), *Schwefeldioxid, Stickstoffdioxid* (NO_2) [*Stickstofftetroxid* (N_2O_4)] (ätzend), *Sulfurylfluorid, Wolframhexafluorid;*

   b)   brennbar

      Butan, iso-Butan,

      Buten-1 (Butylen), | *Buten-1,*

      cis-Buten-2, iso-Buten, trans-Buten-2, Chlordifluoräthan (R 142 b), Cyclopropan, 1,1-Difluoräthan (R 152 a), Dimethyläther, Methylsilan, Propan,

      Propen (Propylen), | *Propen,*

      1,1,1-Trifluoräthan;

   bt) brennbar, giftig

      Äthylamin, Äthylchlorid, Arsenwasserstoff, Dichlorsilan, Dimethylamin, Dimethylsilan, Methylamin, Methylchlorid, Methylmercaptan, Schwefelwasserstoff, Selenwasserstoff, Trimethylamin, Trimethylsilan;

   c)   chemisch instabil

      Butadien-1,2, Butadien-1,3, Vinylchlorid;

      Bem. In der Gasphase müssen die Gefäße frei von Sauerstoff sein, d. h. die Sauerstoffkonzentration darf 50 ppm (50 ml/m³) nicht übersteigen.

   ct) chemisch instabil, giftig

      Äthylenoxid, Chlorcyan (nicht brennbar) (ätzend), *Chlortrifluoräthylen (R 1113), Dicyan, Vinylbromid, Vinylmethyläther.*

      Bem. 1. Für die Halogenkohlenwasserstoffe sind als Stoffbezeichnungen auch zulässig die Handelsnamen: z. B. *Algofrene, Arcton, Edifren, Flugene, Forane, Freon, Fresane, Frigen, Isceon, Kaltron,* gefolgt von den Identifikationsnummern des Stoffes ohne den Buchstaben R.

               2. In Gefäßen, die Butadien-1,2 enthalten darf die Sauerstoffkonzentration in der Gasphase 50 ml/m³ nicht übersteigen.

4. Gasgemische

   a)   nicht brennbar

      Gemische der in Ziffer 3 a) aufgezählten Stoffe mit oder ohne Hexafluorpropylen der Ziffer 3 at), die als *Gemisch F1* bei 70 °C einen Dampfdruck von nicht mehr als 1,3 MPa (13 bar) haben und eine Dichte, die bei 50 °C diejenige von Dichlorfluormethan (1,30 kg/l) nicht unterschreitet,

Klasse 2

2201
(Forts.)

Gemisch F2 bei 70 °C einen Dampfdruck von nicht mehr als 1,9 MPa (19 bar) haben und eine Dichte, die bei 50 °C diejenige von Dichlordifluormethan (1,21 kg/l) nicht unterschreitet,

Gemisch F3 bei 70 °C einen Dampfdruck von nicht mehr als 3 MPa (30 bar) haben und eine Dichte, die bei 50 °C diejenige von Chlordifluormethan (1,09 kg/l) nicht unterschreitet;

Bem. 1. Monofluortrichlormethan (R 11), Trifluortrichloräthan (R 113) und Trifluorchloräthan (R 133) sind keine verflüssigten Gase im Sinne

dieser Verordnung | des ADR

und unterliegen daher nicht den Vorschriften

dieser Verordnung; | des ADR;

sie dürfen aber in den Gemischen F1 bis F3 enthalten sein.

2. Siehe Bem. unter Ziffer 3.

Gemisch R 500: azeotropes *Gemisch* von Dichlordifluormethan (R 12) und 1,1-Difluoräthan (R 152 a);

Gemisch R 502: azeotropes *Gemisch* von Chlorpentafluoräthan (R 115) und Chlordifluormethan (R 22);

Gemisch von 19 Masse-% bis 21 Masse-% Dichlordifluormethan (R 12) mit 79 Masse-% bis 81 Masse-% Bromchlordifluormethan (R 12 B 1);

Gemisch von Bromchlordifluormethan (Halon 1211) *und Stickstoff;*

Gemisch von Dichlordifluormethan (Halon 122) *und Stickstoff;*

a) nicht brennbar, giftig
   Gemische von Methylbromid und Chlorpikrin mit einem Dampfdruck von mehr als 300 kPa (3 bar) bei 50 °C;

b) brennbar
   Gemische der in Ziffer 3 b) aufgezählten Kohlenwasserstoffe und von Äthan und Äthylen der Ziffer 5 b), die als

Gemisch A bei 70 °C einen Dampfdruck von nicht mehr als 1,1 MPa (11 bar) haben und eine Dichte, die bei 50 °C den Wert von 0,525 kg/l nicht unterschreitet,

Gemisch A 0 bei 70 °C einen Dampfdruck von nicht mehr als 1,6 MPa (16 bar) haben und eine Dichte, die bei 50 °C den Wert von 0,495 kg/l nicht unterschreitet,

Gemisch A 1 bei 70 °C einen Dampfdruck von nicht mehr als 2,1 MPa (21 bar) haben und eine Dichte, die bei 50 °C den Wert von 0,485 kg/l nicht unterschreitet,

Gemisch B bei 70 °C einen Dampfdruck von nicht mehr als 2,6 MPa (26 bar) haben und eine Dichte, die bei 50 °C den Wert von 0,450 kg/l nicht unterschreitet,

Gemisch C bei 70 °C einen Dampfdruck von nicht mehr als 3,1 MPa (31 bar) haben und eine Dichte, die bei 50 °C den Wert von 0,440 kg/l nicht unterschreitet;

Bem. Für die oben genannten Gemische sind auch folgende Handelsnamen als Stoffbezeichnung zulässig:

Benennung in Ziffer 4 b)	Handelsnamen
Gemisch A und Gemisch A 0	Butan
Gemisch C	Propan

Gemische von Kohlenwasserstoffen der Ziffern 3 b) und 5 b), die Methan enthalten;

Gemische aus verflüssigten Kohlenwasser-stoffen („Flüssiggase") in der Zusammen-setzung nach DIN 51 622:
Gemisch Butan,
Gemisch Buten (Butylen),
Gemisch Propan,
Gemisch Propen (Propylen);

bt) brennbar, giftig
   Gemische aus zwei oder mehreren der folgenden Gase: Methylsilan, Dimethylsilan, Trimethylsilan; Gemische von Methylchlorid und Methylenchlorid mit einem Dampfdruck von mehr als 300 kPa (3 bar) bei 50 °C; Gemische von Methylchlorid und Chlorpikrin, Gemische von Methylbromid und Äthylenbromid, beide mit einem Dampfdruck von mehr als 300 kPa (3 bar) bei 50 °C;

c) chemisch instabil
   Gemische von Methylacetylen und Propadien und Kohlenwasserstoffen der Ziffer 3 b), wie

Gemisch P 1, mit höchstens 63 Vol-% Methylacetylen und Propadien und mit höchstens 24 Vol.-% Propan und Propen; der Prozentsatz an gesättigten C$_4$-Kohlenwasserstoffen muß mindestens 14 Vol-% betragen,

Gemisch P 2, mit höchstens 48 Vol-% Methylacetylen und Propadien und mit höchstens 50 Vol-% Propan und Propen; der Prozentsatz an gesättigten C$_4$-Kohlenwasserstoffen muß mindestens 5 Vol-% betragen;

Gemische von Butadien-1,3 und Kohlenwasserstoffen der Ziffer 3 b), die bei 70 °C einen Dampfdruck von nicht mehr als 1,1 MPa (11 bar) haben und bei 50 °C eine Dichte, die 0,525 kg/l nicht unterschreitet.

Methylacetylen/Propadien-Gemisch I
mit höchstens 63 Vol-% Methylacetylen und Propadien, davon maximal 38 Vol-% Propadien, und mit höchstens 24 Vol-% Propan und Propen, davon etwa 8 Vol-% Propen; der Prozentsatz an gesättigten C$_4$-Kohlenwasser-

Klasse 2

2201
(Forts.)

stoffen muß mindestens 14 Vol-% betragen, davon iso-Butan oder Butan mindestens 13 Vol-%;

Methylacetylen/Propadien-Gemisch III
mit höchstens 42,2 Vol-% Methylacetylen und Propadien, davon maximal 18 Vol-% Propadien, und mit 50 Vol-% bis 58 Vol-% Propan und Propen, davon maximal 53 Vol-% Propen, und maximal 2,4 Vol-% Butadien-1,3; der Prozentsatz an gesättigten C_4-Kohlenwasserstoffen muß mindestens 6 Vol-% betragen;

Methylacetylen/Propadien-Gemisch IV
mit höchstens 27,3 Vol-% Methylacetylen und Propadien, davon maximal 11,2 Vol-% Propadien, und mit 64 Vol-% bis 68 Vol-% Propan und Propen, davon 37 Vol-% bis 39 Vol-% Propen, und mit 4 Vol-% bis 8 Vol-% Butan;

Methylacetylen/Propadien-Gemisch V
mit höchstens 48 Vol-% Methylacetylen und Propadien, davon maximal 21 Vol-% Propadien, und mit maximal 5,2 Vol-% Acetylen und mit mindestens 34 Vol-% Propan und Propen, davon maximal 10 Vol-% Propen und mit mindestens 10 Vol-% Butan und iso-Butan;

Methylacetylen/Propadien-Gemisch VI
mit höchstens 13,5 Vol-% Methylacetylen und Propadien (davon höchstens 6 Vol-% Propadien), mindestens ebenso viele Vol-% Propan und mindestens 20 % dieses Anteils n- und iso-Butan sowie mindestens 70 Vol-% Propen (Propylen);

ct) chemisch instabil, giftig
Äthylenoxid mit höchstens 10 Masse-% Kohlendioxid; Äthylenoxid mit höchstens 50 Masse-% Methylformiat, mit Stickstoff bis zu einem maximalen Gesamtdruck von 1 MPa (10 bar) bei 50 °C; Äthylenoxid mit Stickstoff bis zu einem maximalen Gesamtdruck von 1 MPa (10 bar) bei 50 °C; Dichlordifluormethan mit 12 Masse-% Äthylenoxid.

b. **Verflüssigte Gase mit einer kritischen Temperatur von gleich oder über –10 °C, aber unter 70 °C:**

5. Reine Gase und technisch reine Gase

a) nicht brennbar
Bromtrifluormethan (R 13 B 1), *Chlortrifluormethan* (R 13), *Distickstoffoxid* (N_2O), *Hexafluoräthan* (R 116),

Kohlendioxid (Kohlensäure),   *Kohlendioxid,*

Schwefelhexafluorid, Trifluormethan (R 23), *Xenon;*

Wegen Kohlendioxid siehe auch Rn. 2201 a unter c).

Bem. 1. Distickstoffoxid ist zur Beförderung nur zugelassen, wenn es einen Reinheitsgrad von mindestens 99 % hat.
2. Siehe Bem. unter Ziffer 3.

at) nicht brennbar, giftig
Chlorwasserstoff (ätzend);

b) brennbar
Äthan, Äthylen, Siliciumwasserstoff;

bt) brennbar, giftig
Germaniumwasserstoff, Phosphorwasserstoff;

c) chemisch instabil
1,1-Difluoräthylen, Vinylfluorid;

ct) chemisch instabil, giftig
Diboran.

6. Gasgemische

a) nicht brennbar
Kohlendioxid mit 1 Masse-% bis 10 Masse-% Stickstoff, Sauerstoff, Luft oder Edelgasen; *Gemisch R 503:* azeotropes Gemisch von Chlortrifluormethan (R 13) und Trifluormethan (R 23);

Gemisch von Bromtrifluormethan (Halon 1301)
und Stickstoff;

Bem. Kohlendioxid mit weniger als 1 Masse-% Stickstoff, Sauerstoff, Luft oder Edelgasen ist ein Stoff der Ziffer 5 a).

Anlage A
Klasse 2

51

Klasse 2

2201
(Forts.)

   c)   chemisch instabil
        Kohlendioxid mit höchstens 35 Masse-% Äthylenoxid;

   ct)   chemisch instabil, giftig
        Äthylenoxid mit mehr als 10 Masse-% aber höchstens 50 Masse-% Kohlendioxid.

C. Tiefgekühlte verflüssigte Gase

7. Reine Gase und technisch reine Gase

   a)   nicht brennbar
        Argon, Distickstoffoxid (N_2O), Helium,

        Kohlendioxid (Kohlensäure),   *Kohlendioxid,*

        Krypton, Neon, Sauerstoff, Stickstoff, Xenon;

   b)   brennbar
        Äthan, Äthylen, Methan, Wasserstoff.

8. Gasgemische

   a)   nicht brennbar
        Luft; Gemische aus Stoffen der Ziffer 7 a);

   b)   brennbar
        Gemische aus Stoffen der Ziffer 7 b); *Erdgas (Naturgas).*

D. Unter Druck gelöste Gase

9. Reine Gase und technisch reine Gase

   at)   nicht brennbar, giftig
        Ammoniak, in Wasser gelöst mit über 35 Masse-% bis höchstens 40 Masse-% Ammoniak; *Ammoniak,* in Wasser gelöst mit über 40 Masse-% bis höchstens 50 Masse-% Ammoniak;

        Bem. Ammoniakwasser mit mindestens 10 Masse-% und höchstens 35 Masse-% Ammoniak (NH_3) sind Stoffe der Klasse 8 [siehe Rn. 2801 Ziffer 43 c)].

   c)   chemisch instabil
        Acetylen, gelöst in einem von poröser Masse aufgesaugten Lösemittel, z. B. Aceton.

E. Druckgaspackungen, Kartuschen mit Druckgasen [siehe auch Rn. 2201 a unter d)]

   Bem. 1. Druckgaspackungen (sog. Aerosole) sind zur einmaligen Verwendung bestimmte Gefäße mit einem Entnahmeventil oder einer Zerstäubungseinrichtung, die unter Druck ein in Rn. 2208 (2) aufgeführtes Gas oder Gasgemisch oder einen Wirkstoff (zur Insektenvertilgung, für kosmetische Zwecke usw.) mit einem solchen Gas oder Gasgemisch als Treibmittel enthalten.

          2. Kartuschen sind zur einmaligen Verwendung bestimmte Gefäße, die ein in Rn. 2208 (2) und (3) aufgeführtes Gas oder Gasgemisch enthalten (z. B. Butan für Campingkocher, Kühlgase usw.) und kein Entnahmeventil besitzen.

          3. Als brennbare Stoffe gelten:
              i) Gase (Treibmittel in Druckgaspackungen, Kartuschenfüllung), deren Mischung mit Luft entzündbar ist und daher eine untere und eine obere Zündgrenze haben;
              ii) flüssige Stoffe (Wirkstoffe der Druckgaspackungen) der Klasse 3.

          4. Als chemisch instabil gilt ein Inhalt, der sich ohne besondere Maßnahme bei einer Temperatur von unter oder gleich 70 °C gefährlich zersetzt oder polymerisiert.

10. *Druckgaspackungen*

   a)   nicht brennbar
        mit nicht brennbarem Inhalt;

   at)   nicht brennbar, giftig
        mit nicht brennbarem, giftigem Inhalt;

   b)   brennbar
        1. mit höchstens 45 Masse-% an brennbarem Inhalt,
        2. mit mehr als 45 Masse-% an brennbarem Inhalt;

   bt)   brennbar, giftig
        1. mit giftigem und höchstens 45 Masse-% an brennbarem Inhalt,
        2. mit giftigem und mehr als 45 Masse-% an brennbarem Inhalt;

   c)   chemisch instabil
        mit chemisch instabilem Inhalt;

   ct)   chemisch instabil, giftig
        mit chemisch instabilem, giftigem Inhalt.

11. *Kartuschen mit Druckgasen*

   a)   nicht brennbar
        mit nicht brennbarem Inhalt;

   at)   nicht brennbar, giftig
        mit nicht brennbarem, giftigem Inhalt;

Klasse 2

b) brennbar
mit brennbarem Inhalt;

bt) brennbar, giftig
mit brennbarem, giftigem Inhalt;

c) chemisch instabil
mit chemisch instabilem Inhalt;

ct) chemisch instabil, giftig
mit chemisch instabilem, giftigem Inhalt.

F. Gase, die besonderen Vorschriften unterliegen

12. Verschiedene Gemische von Gasen

Gemische, die Gase enthalten, welche unter den anderen Ziffern dieser Klasse aufgeführt sind; Gemische eines oder mehrerer Gase, die unter den anderen Ziffern dieser Klasse aufgeführt sind, mit Dämpfen von Stoffen, die nach

dieser Verordnung | dem ADR

von der Beförderung nicht ausgeschlossen sind, vorausgesetzt, daß während der Beförderung

1. das Gemisch in jedem Fall gasförmig bleibt;

2. jede Möglichkeit einer gefährlichen Reaktion ausgeschlossen ist.

Gemische in verflüssigtem Zustand dürfen jedoch befördert werden, wenn die Unbedenklichkeit der Beförderung durch Gutachten der Bundesanstalt für Materialprüfung, Berlin, und der Physikalisch-Technischen Bundesanstalt, Braunschweig, bestätigt wird.

13. Versuchsgase

Gase und Gasgemische, die nicht unter den anderen Ziffern dieser Klasse aufgeführt sind und die nur für Laborversuche Verwendung finden, vorausgesetzt, daß während der Beförderung

1. das Gas oder Gasgemisch in jedem Fall gasförmig bleibt;

2. jede Möglichkeit einer gefährlichen Reaktion ausgeschlossen ist.

Gase und Gasgemische in verflüssigtem Zustand dürfen jedoch befördert werden, wenn die Unbedenklichkeit der Beförderung durch Gutachten der Bundesanstalt für Materialprüfung, Berlin, und der Physikalisch-Technischen Bundesanstalt, Braunschweig, bestätigt wird.

G. Leere Gefäße und leere Tanks

14. *Ungereinigte leere Gefäße* und *ungereinigte leere Tanks*, die Tetrafluormethan der Ziffer 1 a), Stoffe der Ziffern 1 at) bis ct), 2 b) bis ct), 3 bis 6, Distickstoffoxid und Kohlendioxid der Ziffer 7 a), Stoffe der Ziffern 7 b), 8 b), 9, 12 und 13 enthalten haben.

Bem. 1. Als leere ungereinigte Gefäße oder ungereinigte leere Tanks gelten jene, die nach Entleerung von den in der Ziffer 14 aufgeführten Stoffen noch geringe Reste enthalten.

2. Ungereinigte leere Gefäße oder ungereinigte leere Tanks, die andere Gase der Ziffer 1 a) als Tetrafluormethan (R 14), Gase der Ziffern 2 a), 7 a), ausgenommen Distickstoffoxid und Kohlendioxid und Gase der Ziffer 8 a) enthalten haben, unterliegen nicht den Vorschriften

dieser Verordnung. | des ADR.

3. Ungereinigte leere Gefäße, die Xenon oder Kohlendioxid (Kohlensäure) der Ziffer 5 a) enthalten haben, unterliegen nicht den Vorschriften dieser Verordnung.

Gase und Gegenstände, die unter den nachstehenden Bedingungen zur Beförderung aufgegeben werden, unterliegen nicht den für diese Klasse in dieser   **2201 a**

Verordnung | Anlage und in der Anlage B

enthaltenen Vorschriften:

a) verdichtete Gase, die weder brennbar noch giftig noch ätzend sind und deren Druck im Gefäß, bezogen auf 15 °C, nicht höher ist als 200 kPa (2 bar); das gilt auch für Gasgemische, die nicht mehr als 2 % brennbare Bestandteile enthalten;

b) verflüssigte Gase in Mengen von höchstens 60 Liter oder in Mengen von weniger als 5 Liter mit höchstens 25 g Wasserstoff in Kühlapparaten (Kühlschränken, Eismaschinen usw.), die zu ihrem Betrieb dienen;

c) Kohlendioxid [Ziffer 5 a)], in gasförmigem Zustand nicht mehr als 0,5 % Luft enthaltend, in metallenen Kapseln (Sodors, Sparklets), die bis zu 25 g Kohlendioxid und höchstens 0,75 g Kohlendioxid auf 1 cm³ enthalten dürfen;

Klasse 2

d) Gegenstände der Ziffern 10 und 11 mit einem Fassungsraum von höchstens 50 cm³. Ein Versandstück darf nicht schwerer sein als 10 kg;

e) Treibgase in Gefäßen zum Betrieb von Kraftfahrzeugen, die mit einem anderen Kraftfahrzeug befördert werden, wenn diese Gefäße fest mit dem Fahrzeug und außerdem mit dem Kraftstoffsystem für die Versorgung der Antriebsmaschine dieses Fahrzeugs dauerhaft verbunden sind;

f) Stickstoff in Gefäßen zum Betrieb von Kühleinrichtungen auf Fahrzeugen, sofern diese Gefäße mit der Kühleinrichtung fest verbunden sind.

e) Flüssiggase, die sich in Tanks von Kraftfahrzeugen befinden, sofern diese Tanks an den Fahrzeugen dauerhaft befestigt sind. Der Betriebshahn zwischen dem Tank und dem Motor muß geschlossen und der elektrische Kontakt unterbrochen sein.

2. Vorschriften

A. Versandstücke

1. Allgemeine Verpackungsvorschriften

2202 (1) Der Werkstoff der Gefäße und der Verschlüsse darf vom Inhalt nicht angegriffen werden und keine schädlichen oder gefährlichen Verbindungen mit ihm eingehen.

Bem. Es muß darauf geachtet werden, daß beim Füllen der Gefäße keine Feuchtigkeit eindringt und daß die Gefäße nach den Flüssigkeitsdruckproben mit Wasser oder wässerigen Lösungen (siehe Rn 2216) vollkommen trocken sind.

(2) Die Verpackungen und ihre Verschlüsse müssen in allen Teilen so fest und stark sein, daß sie sich unterwegs nicht lockern und der üblichen Beanspruchung während der Beförderung zuverlässig standhalten. Sofern eine äußere Verpackung vorgeschrieben ist, sind die Gefäße darin sicher und fest zu verpacken. Ist im Abschnitt „Verpackung der einzelnen Stoffe oder Arten von Gegenständen" nichts anderes vorgeschrieben, dürfen die inneren Verpackungen einzeln oder zu mehreren in die Versandverpackungen eingesetzt werden.

(3) Die Metallgefäße für die Gase der Ziffern 1 bis 6 und 9 dürfen nur mit dem Gas gefüllt werden, für das sie geprüft wurden und dessen Bezeichnung sich auf dem Gefäß befindet [siehe Rn. 2218 (1) a)].

Ausnahmen sind zugelassen:

1. Für Metallgefäße, die für einen Stoff der Ziffern 3 a) oder 4 a), für Bromtrifluormethan, Chlortrifluormethan oder Trifluormethan der Ziffer 5 a)

   sowie Gemisch R 503 der Ziffer 6 a)

   geprüft wurden, dürfen auch mit einem anderen Stoff dieser Ziffern gefüllt werden, vorausgesetzt, daß der vorgeschriebene Mindestprüfdruck dieses Stoffes nicht höher ist als der Prüfdruck des Gefäßes und daß dieser Stoff und die höchstzulässige Masse der Füllung auf dem Gefäß vermerkt sind;

2. für Metallgefäße, die für Kohlenwasserstoffe der Ziffern 3 b) oder 4 b) geprüft wurden, dürfen auch mit einem anderen Kohlenwasserstoff gefüllt werden, vorausgesetzt, daß der vorgeschriebene Mindestprüfdruck dieses Stoffes nicht höher ist als der Prüfdruck des Gefäßes und daß dieser Stoff und die höchstzulässige Masse der Füllung auf dem Gefäß vermerkt sind.

Zu 1. und 2. siehe auch Rn. 2215, 2218 (1) a) und 2220 (1) bis (3).

(4) Grundsätzlich darf ein Gefäß anderweitig verwendet werden, sofern

der amtliche oder amtlich anerkannte Sachverständige nach § 9 Abs. 3 Nr. 2 dieser Verordnung seine Zustimmung gegeben hat;

es die nationalen Vorschriften zulassen und die Zustimmung der zuständigen Behörden vorliegt;

das Gefäß ist entsprechend seiner Verwendung neu zu bezeichnen.

2. Verpackung der einzelnen Stoffe oder Arten von Gegenständen

Bem. Wegen Distickstoffoxid und Kohlendioxid der Ziffer 7 a) und Gemischen, die Stickstoffoxide und Kohlendioxide der Ziffern 8 a) und Gase der Ziffern 7 b) und 8 b) enthalten, siehe Anlage B, Rn. 21 105.

a. Gefäßarten

2203 (1) Die Gefäße für die Gase der Ziffern 1 bis 6, 9, 12 und 13 müssen so verschlossen und so dicht sein, daß ein Entweichen von Gasen ausgeschlossen ist.

(2) Diese Gefäße müssen aus Kohlenstoffstahl oder aus legiertem Stahl (Spezialstahl) hergestellt sein.

Klasse 2

Es sind jedoch auch zugelassen:

a) Gefäße aus Kupfer für:

1. verdichtete Gase der Ziffern 1 a), b) und bt), 2 a) und b), wenn der Füllungsdruck, bezogen auf 15 °C, 2 MPa (20 bar) nicht übersteigt;

2. verflüssigte Gase der Ziffer 3 a), Schwefeldioxid der Ziffer 3 at), Dimethyläther der Ziffer 3 b), Äthylchlorid, Methylchlorid der Ziffer 3 bt), Vinylchlorid der Ziffer 3 c), Vinylbromid der Ziffer 3 ct), die Gemische F 1, F 2 und F 3 der Ziffer 4 a), Äthylenoxid mit höchstens 10 Masse-% Kohlendioxid der Ziffer 4 ct);

b) Gefäße aus Aluminiumlegierungen (siehe Anhang A. 2) für:

1. verdichtete Gase der Ziffern 1 a), b) und bt), Stickstoffoxid (NO) der Ziffer 1 ct) und verdichtete Gase der Ziffer 2 a), b) und bt);

2. verflüssigte Gase der Ziffer 3 a), Schwefeldioxid der Ziffer 3 at), die verflüssigten Gase der Ziffer 3 b), ausgenommen Methylsilan, Methylmercaptan und Selenwasserstoff der Ziffer 3 bt), Äthylenoxid der Ziffer 3 ct), die verflüssigten Gase der Ziffer 4 a) und b), Äthylenoxid mit höchstens 10 Masse-% Kohlendioxid der Ziffer 4 ct), die verflüssigten Gase der Ziffern 5 a) und b) und 6 a) und c). Schwefeldioxid der Ziffer 3 at) und die Stoffe der Ziffern 3 a) und 4 a) müssen trocken sein;

3. gelöstes Acetylen der Ziffer 9 c);

4. Gase und Gasgemische der Ziffern 12 und 13, sofern die Bundesanstalt für Materialprüfung die Unbedenklichkeit bestätigt hat.

Alle Gase, die in Gefäßen aus Aluminiumlegierungen befördert werden, müssen frei von alkalischen Verunreinigungen sein.

(1) Die Gefäße für gelöstes Acetylen [Ziffer 9 c)] müssen ständig ganz ausgefüllt sein mit einer nach Druckbehälterverordnung zugelassenen, behördlich zugelassenen, gleichmäßig verteilten porösen Masse, welche **2204**

a) die Gefäße nicht angreift und weder mit dem Acetylen noch mit dem Lösemittel schädliche oder gefährliche Verbindungen eingeht,

b) auch nach längerem Gebrauch, bei Erschütterungen und bei Temperaturen bis 60 °C nicht zusammensinkt,

c) geeignet ist, die Verbreitung einer Zersetzung des Acetylens in der Masse zu verhindern.

(2) Das Lösemittel darf die Gefäße nicht angreifen.

(1) Die folgenden verflüssigten Gase dürfen auch in dickwandigen Glasröhren befördert werden, sofern die Menge des Gases in jeder Röhre und der Füllungsgrad der Röhren die nachstehenden Werte nicht überschreiten: **2205**

Gase	Menge	Füllungsgrad der Röhre
Distickstoffoxid (N_2O, Kohlendioxid [Ziffer 5 a)], Äthan, Äthylen [Ziffer 5 b)]	3 g	½ des Fassungsraums
Ammoniak, Chlor, Methylbromid [Ziffer 3 at)], Cyclopropan [Ziffer 3 b)], Äthylchlorid [Ziffer 3 bt)]	20 g	⅔ des Fassungsraums
Chlorkohlenoxid, Schwefeldioxid [Ziffer 3 at)]	100 g	¾ des Fassungsraums

(2) Die Glasröhren müssen zugeschmolzen und einzeln mit Kieselgur in verschlossenen Blechkapseln eingebettet sein, die in eine Holzkiste oder in eine andere Versandverpackung von ausreichender Widerstandsfähigkeit einzusetzen sind (siehe auch Rn. 2222).

(3) Für Schwefeldioxid [Ziffer 3 at)] sind auch starke Glasdruckflaschen zugelassen, die nicht mehr als 1,5 kg des Stoffes enthalten und höchstens zu 88 % gefüllt sein dürfen. Die Flaschen müssen mit Kieselgur, Sägemehl, pulverförmiger Schlämmkreide oder einer Mischung der beiden letzteren in starken Holzkisten oder in einer anderen Versandverpackung von ausreichender Widerstandsfähigkeit eingebettet sein. Ein Versandstück darf nicht schwerer sein als 100 kg; ist es schwerer als 30 kg, so muß es mit Trageeinrichtungen versehen sein.

(1) Die Gase der Ziffer **2206**

3 a) und b), ausgenommen Methylsilan,

3 bt), ausgenommen Arsenwasserstoff, Dichlorsilan, Dimethylsilan, Selenwasserstoff und Trimethylsilan,

3 c) und ct), ausgenommen Chlorcyan; und

die Gemische der Ziffer 4 a) und b)

dürfen in Mengen von höchstens 150 g und höchstens bis zu der in Rn. 2220 vorgesehenen höchstzulässigen Masse der Füllung auch in dickwandige Glasröhren oder in dickwandige Röhren aus einem nach Rn 2203 (2) zugelassenen Metall eingefüllt werden. Die Röhren müssen frei von Fehlern sein, die ihre Widerstandskraft verringern könnten. Insbesondere müssen bei Glasröhren die inneren Spannungen gemildert sein und die Dicke ihrer Wände darf in keinem Fall geringer sein als 2 mm. Der Verschluß der Röhren ist durch eine zusätzliche Maßnahme (wie Anbringen einer

55

Klasse 2

Haube oder Kappe, Versiegeln, Zubinden usw.) so zu sichern, daß er sich während der Beförderung nicht lockern kann. Die Röhren sind in Kästchen aus Holz oder Pappe einzubetten, wobei die Anzahl Röhren je Kästchen so zu beschränken ist, daß ein Kästchen nicht mehr als 600 g Flüssigkeit enthält. Diese Kästchen sind in Holzkisten oder in eine andere Versandverpackung von ausreichender Widerstandsfähigkeit einzusetzen; enthält eine Kiste mehr als 5 kg Flüssigkeit, so muß sie mit weich verlötetem Blech ausgekleidet sein.

(1 a) In dickwandige Glasröhren dürfen auch eingefüllt werden:

a) Bortrichlorid der Ziffer 3 at) in Mengen bis zu 25 g. Die höchstzulässige Masse der Füllung beträgt 1,24 kg je Liter Fassungsraum und der Mindestprüfdruck der Glasröhre 1 MPa (10 bar);

b) Nitrosylchlorid der Ziffer 3 at) in Mengen bis zu 100 g. Die höchstzulässige Masse der Füllung beträgt 1,14 kg je Liter Fassungsraum und der Mindestprüfdruck der Glasröhre 1,1 MPa (11 bar).

Im übrigen gelten die Bestimmungen des Absatzes (1).

(2) Ein Versandstück darf nicht schwerer sein als 75 kg.

2207 (1) Gase der Ziffern 7 a) – ausgenommen Distickstoffoxid und Kohlendioxid – und 8 a) – ausgenommen Gemische mit Distickstoffoxid und Kohlendioxid – müssen verpackt und so isoliert sein, daß sie weder mit Tau noch mit Reif beschlagen können; sie müssen mit einem Sicherheitsventil versehen sein.

(2) Gase der Ziffern 7 a) – ausgenommen Distickstoffoxid und Kohlendioxid – und 8 a) – ausgenommen Gemische mit Distickstoffoxid und Kohlendioxid – dürfen auch in Gefäßen verpackt sein, die nicht luftdicht verschlossen sind, wie:

a) Glasgefäße mit luftleerer Doppelwand und isolierenden saugfähigen Stoffen umgeben; diese Glasgefäße sind durch Drahtkörbe zu schützen und in Metallkästen einzusetzen; oder

b) Metallgefäße, wenn sie gegen Wärmedurchgang so geschützt sind, daß sie weder mit Tau noch mit Reif beschlagen können; der Fassungsraum der Gefäße darf

450 Liter   100 Liter

nicht übersteigen.

(3) Die Metallkästen nach Absatz 2 a) und die Gefäße nach Absatz 2 b) sind mit Trageeinrichtungen zu versehen. Die Öffnungen der Gefäße nach Absatz 2 a) und b) müssen mit gasdurchlässigen Einrichtungen versehen sein, die das Herausspritzen von Flüssigkeit verhindern und die gegen das Herausfallen zu sichern sind. Für Sauerstoff [Ziffer 7 a)] und für die Gemische mit Sauerstoff [Ziffer 8 a)] müssen die Einrichtungen sowie die isolierenden saugfähigen Stoffe, die die Gefäße nach Absatz 2 a) umgeben, aus nicht brennbarem Material bestehen.

2208 (1) Druckgaspackungen (Ziffer 10) und Kartuschen (Ziffer 11) müssen folgenden Bedingungen entsprechen:

a) Druckgaspackungen, die nur ein Gas oder Gasgemisch enthalten, und Kartuschen müssen aus Metall hergestellt sein. Ausgenommen sind Kartuschen aus Kunststoff bis zu einem Fassungsraum von 100 ml für Butan. Andere Druckgaspackungen müssen aus Metall, Kunststoff oder Glas hergestellt sein. Metallgefäße mit einem Außendurchmesser von mindestens 40 mm müssen einen konkaven Boden haben;

b) Gefäße aus Glas oder aus einem Kunststoff, der splittern kann, sind mit einem Splitterschutz (engmaschiges Metallnetz, elastischer Kunststoffmantel usw.) zu versehen, der beim Bruch des Gefäßes das Herausschleudern von Splittern verhindert; ausgenommen sind Gefäße von höchstens 150 cm³ Fassungsraum und einem Innendruck bei 20 °C von weniger als 150 kPa (1,5 bar);

c) Gefäße aus Metall dürfen einen Fassungsraum von höchstens 1000 cm³, solche aus Kunststoff oder Glas von höchstens 500 cm³ haben;

d) jedes Bauartmuster der Gefäße muß vor der Inbetriebnahme einer Flüssigkeitsdruckprobe nach Anhang A.2 Rn. 3291 genügen. Der dabei anzuwendende innere Druck (Prüfdruck) muß das 1,5fache des Innendrucks bei 50 °C, aber mindestens 1 MPa (10 bar) betragen;

e) die Entnahmeventile der Druckgaspackungen und ihre Zerstäubungseinrichtungen müssen einen dichten Verschluß der Packung gewährleisten. Sie sind gegen unbeabsichtigtes Öffnen zu schützen. Ventile und Zerstäubungseinrichtungen, die nur auf Innendruck schließen, sind nicht zugelassen.

(2) Als Treibmittel oder Treibmittelkomponenten oder als Gasfüllung für Druckgaspackungen sind zugelassen: Gase der Ziffern 1 a) und b), 2 a) und b), 3 a) und b) – ausgenommen Methylsilan –, Äthylchlorid der Ziffer 3 bt), Butadien-1,3 der Ziffer 3 c), Chlortrifluoräthylen der Ziffer 3 ct), Gase der Ziffer 4 a) und b), Gase der Ziffer 5 a) und b) – ausgenommen Siliciumwasserstoff –, Gase der Ziffern 5 c), 6 a) und c).

Ferner sind auch andere Gase und Gasgemische zugelassen, die in der Stoffaufzählung der Rn. 2201 genannt sind, wenn die Prüfdrücke der Druckgaspackungen dies zulassen. Solche Gase oder Gasgemische sind auch im Gemisch mit Gasen, Flüssigkeiten oder festen Suspensionen zulässig, wenn keine gefährlichen Reaktionen eintreten.

Klasse 2

(3) Als Gasfüllung für Kartuschen sind alle im Absatz 2 aufgeführten Gase und außerdem Methylbromid der Ziffer 3 at), Äthylamin, Dimethylamin, Methylamin, Methylmercaptan und Trimethylamin der Ziffer 3 bt), Äthylenoxid, Vinylbromid und Vinylmethyläther der Ziffer 3 ct), Äthylenoxid mit höchstens 10 Masse-% Kohlendioxid der Ziffer 4 ct) zugelassen.

(1) Der innere Druck der Druckgaspackungen und Kartuschen darf bei 50 °C höchstens ²/₃ des Prüfdrucks des Gefäßes, aber höchstens 1,2 MPa (12 bar) betragen. **2209**

(2) Die Druckgaspackungen und Kartuschen aus Metall dürfen bei 50 °C zu höchstens 87 % ihres Fassungsraums, solche mit konkavem Boden, wenn sich dieser vor dem Bersten konvex verformt, zu höchstens 95 % ihres Fassungsraums mit flüssiger Phase gefüllt sein. Druckgaspackungen und Kartuschen aus Glas oder Kunststoff dürfen zu höchstens 90 % ihres Fassungsraums gefüllt sein.

Die Druckgaspackungen und die Kartuschen dürfen bei 50 °C zu höchstens 95 % ihres Fassungsraums durch die flüssige Phase gefüllt sein.

Der Fassungsraum der Druckgaspackungen ist das in einer verschlossenen, mit Ventilträger, Ventil und Steigrohr versehenen Druckgaspackung zur Verfügung stehende Volumen.

(3) Alle Druckgaspackungen und Kartuschen müssen nach den Vorschriften des Anhangs A. 2, Rn. 3292 einer Dichtheitsprüfung genügen.

(1) Die Druckgaspackungen und Kartuschen sind in Holzkisten **2210**

in starke Metallkästen oder in Einheitspappkästen (siehe Rn. 2012)

oder in starke Papp- oder Metallkästen

einzusetzen. Druckgaspackungen aus Glas oder aus Kunststoff, der splittern kann, sind durch Einlagen aus Pappe oder einem anderen geeigneten Werkstoff voneinander zu trennen.

(2) Ein Versandstück darf nicht schwerer sein als 50 kg, wenn es sich um Pappkästen und nicht schwerer als 75 kg, wenn es sich um andere Verpackungen handelt.

(3) Druckgaspackungen aus Metall dürfen bei Beförderung als geschlossene Ladung auch wie folgt verpackt werden:

Die Druckgaspackungen müssen zu Einheiten auf Unterlagen mit einer Folie aus geeignetem Kunststoff versiegelt zusammengefaßt werden. Diese Einheiten müssen auf Paletten in geeigneter Weise gestapelt und gesichert sein.

b. Vorschriften für die Metallgefäße

[Diese Vorschriften gelten weder für die in Rn. 2206 genannten Metallröhren noch für die in Rn. 2207 (2) b) genannten Gefäße noch für die in Rn. 2208 genannten Druckgaspackungen und Kartuschen aus Metall.]

1. Bau und Ausrüstung (siehe auch Rn. 2238)

(1) Die Spannung des Metalls an der am stärksten beanspruchten Stelle des Gefäßes darf beim Prüfdruck (Rn. 2215, 2219 und 2220) **2211**

77 %   ³/₄

der garantierten Mindeststreckgrenze Re nicht überschreiten. Unter Streckgrenze ist die Spannung zu verstehen, bei der eine bleibende Dehnung von 2 ‰ (d. h. 0,2 %) oder eine bleibende Dehnung von 1 % bei austenitischen Stählen zwischen den Meßmarken des Probestabes erreicht wurde.

Bem. Für Bleche ist die Zugprobe quer zur Walzrichtung zu entnehmen. Dehnung nach Bruch (l = 5d) wird an Probestäben mit kreisrundem Querschnitt bestimmt, wobei die Meßlänge l zwischen den Meßmarken gleich dem 5fachen Stabdurchmesser d ist. Werden Probestäbe mit eckigem Querschnitt verwendet, so wird die Meßlänge l nach der Formel l = 5,65√ F_0 berechnet, wobei F_0 gleich dem ursprünglichen Querschnitt des Probestabes ist.

(2) a) Gefäße aus Stahl, deren Prüfdruck mehr als 6 MPa (60 bar) beträgt, müssen nahtlos oder geschweißt sein. Für geschweißte Gefäße darf nur Stahl (Kohlenstoffstahl oder legierter Stahl) verwendet werden, dessen Schweißbarkeit einwandfrei feststeht.

b) Gefäße, deren Prüfdruck nicht mehr als 6 MPa (60 bar) beträgt, müssen entweder den Bedingungen unter a) entsprechen oder sie müssen genietet oder hartgelötet sein, sofern der Hersteller eine gute Ausführung gewährleistet und

der amtliche oder amtlich anerkannte Sachverständige nach § 9 Abs. 3 Nr. 2 dieser Verordnung seine Zustimmung gegeben hat.

die zuständigen Behörden des Ursprungslandes ihre Zustimmung gegeben haben.

(3) Die Gefäße aus Aluminiumlegierungen müssen nahtlos oder geschweißt sein.

(4) Geschweißte Gefäße sind nur zugelassen, sofern der Hersteller eine gute Ausführung gewährleistet und

der amtliche oder amtlich anerkannte Sachverständige nach § 9 Abs. 3 Nr. 2 dieser Verordnung seine Zustimmung gegeben hat.

die zuständigen Behörden des Ursprungslandes ihre Zustimmung gegeben haben.

Klasse 2

2212   (1) Es sind folgende Gefäßarten zu unterscheiden:

a) Flaschen mit einem Fassungsraum von höchstens 150 Liter;

b) Gefäße mit einem Fassungsraum von mindestens 100 Liter [ausgenommen Flaschen nach a)] und höchstens 1000 Liter (z. B. zylindrische Gefäße mit Rollreifen und Gefäße auf Gleiteinrichtungen);

c) Tanks (siehe Anlage B);

d) Flaschenbündel aus Flaschen nach Absatz 1 a), die untereinander mit einem Sammelrohr verbunden und in einem Metallrahmen festgehalten sein müssen;

(2) a) Wenn Flaschen nach Absatz 1 a)

                     | nach den Vorschriften des Versandlandes

mit einer Einrichtung versehen sein müssen, die das Rollen verhindert, darf diese nicht mit der Schutzkappe [Rn. 2213 (2)] verbunden sein.

b) Die rollbaren Gefäße nach Absatz 1 b) müssen mit Rollreifen versehen sein oder einen anderen Schutz haben, der Schäden beim Rollen vermeidet (z. B. Aufspritzen eines korrosionsfesten Metallbelages).

Die nicht rollbaren Gefäße nach Absatz 1 b) und c) müssen mit einer Einrichtung versehen sein (z. B. Gleiteinrichtungen, Ösen, Haken), die eine sichere Handhabung mit mechanischen Fördermitteln gewährleistet und so angebracht ist, daß sie weder eine Schwächung noch eine unzulässige Beanspruchung der Gefäßwände zur Folge hat.

c) Flaschenbündel nach Absatz 1 d) müssen mit Einrichtungen versehen sein, die ihre sichere Handhabung gewährleisten. Das Sammelrohr und das Hauptventil müssen sich innerhalb des Rahmens befinden und so angebracht sein, daß sie gegen Beschädigungen geschützt sind.

(3) a) Mit Ausnahme der Gase der Ziffern 7 und 8 dürfen die Gase der Klasse 2 in Flaschen nach Absatz 1 a) befördert werden.

Bem. Wegen der eventuellen Beschränkung der Gefäßgrößen für bestimmte Gase siehe Rn. 2219.

b) Mit Ausnahme von Fluor, Siliciumtetrafluorid [Ziffer 1 at)], Stickstoffoxid (NO) [Ziffer 1 ct)], Gemischen von Wasserstoff mit höchstens 10 Vol-% Selenwasserstoff, Phosphorwasserstoff, Siliciumwasserstoff, Germaniumwasserstoff oder 15 Vol-% Arsenwasserstoff; Gemischen von Stickstoff, Edelgasen (mit höchstens 10 Vol-% Xenon) mit höchstens 10 Vol-% Selenwasserstoff, Phosphorwasserstoff, Siliciumwasserstoff, Germaniumwasserstoff oder 15 Vol-% Arsenwasserstoff [Ziffer 2 bt)], Gemischen von Wasserstoff mit höchstens 10 Vol-% Diboran; Gemischen von Stickstoff, Edelgasen (mit höchstens 10 Vol-% Xenon) mit höchstens 10 Vol-% Diboran [Ziffer 2 ct)], Bortrichlorid, Chlortrifluorid, Nitrosylchlorid, Sulfurylfluorid, Wolframhexafluorid [Ziffer 3 at)], Methylsilan [Ziffer 3 b)], Arsenwasserstoff, Dichlorsilan, Dimethylsilan, Trimethylsilan, Selenwasserstoff [Ziffer 3 bt)], Äthylenoxid, Chlorcyan, Dicyan [Ziffer 3 ct)], Gemischen der Methylsilane [Ziffer 4 bt)], Äthylenoxid mit höchstens 50 Masse-% Methylformiat [Ziffer 4 ct)],

Distickstoffoxid [Ziffer 5 a)], Siliciumwasserstoff [Ziffer 5 b)], Stoffen der Ziffern 5 bt) und ct), 7, 8, 12 und 13 dürfen die Gase der Klasse 2 in Gefäßen nach Absatz 1 b) befördert werden.

c) Mit Ausnahme von Siliciumtetrafluorid [Ziffer 1 at)], Stickstoffoxid [Ziffer 1 ct)], Gemischen von Wasserstoff mit höchstens 10 Vol-% Selenwasserstoff, Phosphorwasserstoff, Siliciumwasserstoff, Germaniumwasserstoff oder 15 Vol-% Arsenwasserstoff, Gemischen von Stickstoff, Edelgasen (mit höchstens 10 Vol-% Xenon) mit höchstens 10 Vol-% Selenwasserstoff, Phosphorwasserstoff, Siliciumwasserstoff, Germaniumwasserstoff oder 15 Vol-% Arsenwasserstoff [Ziffer 2 bt)], Gemischen von Wasserstoff mit höchstens 10 Vol-% Diboran, Gemischen von Stickstoff, Edelgasen (mit höchstens 10 Vol-% Xenon) mit höchstens 10 Vol-% Diboran [Ziffer 2 ct)], Bortrichlorid, Chlortrifluorid, Nitrosylchlorid, Sulfurylfluorid, Wolframhexafluorid [Ziffer 3 at)], Methylsilan [Ziffer 3 b)], Arsenwasserstoff, Dichlorsilan, Dimethylsilan, Selenwasserstoff, Trimethylsilan [Ziffer 3 bt)], Äthylenoxid, Chlorcyan, Dicyan [Ziffer 3 ct)], Gemischen der Methylsilane [Ziffer 4 bt)], Stoffen der Ziffer 4 c) und ct) außer Dichlordifluormethan mit 12 Masse-% Äthylenoxid; Distickstoffoxid [Ziffer 5 a)], Siliciumwasserstoff [Ziffer 5 b)], Stoffen der Ziffern 5 bt) und ct), 7, 8, 12 und 13 dürfen die Gase der Klasse 2 in Flaschenbündeln nach Absatz 1 d) befördert werden. Die einzelnen Flaschen eines Flaschenbündels dürfen nur ein und dasselbe verdichtete, verflüssigte oder unter Druck gelöste Gas enthalten. Bei Flaschenbündeln für Fluor [Ziffer 1 at)] und gelöstes Acetylen [Ziffer 9 c)] muß jedoch jede Flasche mit einem Ventil versehen sein. Die Flaschen eines Flaschenbündels für Acetylen dürfen nur die gleiche poröse Masse enthalten (Rn. 2204).

2213   (1) Die Öffnungen zum Füllen und Entleeren der Gefäße müssen mit Teller- oder Bolzenventilen versehen sein. Ventile anderer Typen dürfen jedoch verwendet werden, wenn sie sicherheitstechnisch gleichwertig und

nach der Druckbehälterverordnung | im Ursprungsland

zugelassen sind. Bei jeder Art Ventil muß das Befestigungssystem widerstandsfähig und so beschaffen sein, daß die Prüfung seines guten Zustandes vor jeder Verladung leicht vorgenommen werden kann.

Klasse 2

Die Gefäße nach Rn. 2212 (1) b) und c) dürfen außer

einer Besichtigungsöffnung, die | einem Mannloch, das

mit einem sicheren Verschluß versehen sein muß, und der zur Entfernung der Niederschlagsrückstände notwendigen Öffnung höchstens je eine Öffnung zum Füllen bzw. Entleeren besitzen. Gefäße für gelöstes Acetylen [Ziffer 9 c)] mit einem Fassungsraum von mindestens 100 Liter dürfen jedoch mehr als zwei Öffnungen zum Füllen und zum Entleeren besitzen.

Desgleichen dürfen Gefäße und Tanks nach Rn. 2212 (1) b) und c) für die Beförderung von Stoffen der Ziffern 3 b) und 4 b) andere Öffnungen besitzen, die insbesondere zur Prüfung des Standes der Flüssigkeit und des manometrischen Drucks dienen.

(2) Die Verschlußventile müssen wirksam mit Schutzkappen oder Schutzkragen geschützt sein. Die Schutzkappen müssen mit Löchern von genügender Größe versehen sein, damit bei einem Undichtwerden der Ventile die Gase entweichen können. Die Schutzkappen oder Schutzkragen müssen die Verschlußventile der Flasche bei einem Sturz, während der Beförderung und beim Stapeln genügend schützen. Ventile, die im Innern des Gefäßhalses angebracht und durch einen aufgeschraubten Stopfen geschützt sind, sowie Gefäße, die in Schutzkisten verpackt befördert werden, bedürfen keiner Kappe. Die Verschlußventile der Flaschenbündel bedürfen ebenfalls keiner Schutzkappe.

(3) Die Gefäße für Fluor [Ziffer 1 at)], Chlortrifluorid [Ziffer 3 at)] und Chlorcyan [Ziffer 3 ct)] müssen mit stählernen Schutzkappen versehen sein, ob sie in Schutzkisten verpackt befördert werden oder nicht. Diese Schutzkappen dürfen nicht durchlöchert sein und müssen während der Beförderung mit einer Dichtung, die verhindern muß, daß Gas ausströmen kann, versehen sein. Der Werkstoff der Dichtung darf von der Gasfüllung nicht angegriffen werden.

2214

(1) An Gefäßen für Bortrifluorid oder Fluor [Ziffer 1 at)], Chlortrifluorid, flüssiges Ammoniak [Ziffer 3 at)] oder in Wasser gelöstes Ammoniak [Ziffer 9 at)], Nitrosylchlorid [Ziffer 3 at)], Äthylamin, Dimethylamin oder Trimethylamin, Methylamin [Ziffer 3 bt)] sind Ventile aus Kupfer oder einem anderen Metall, das durch diese Gase angegriffen werden kann, nicht zulässig.

(2) An den Abdichtungen und Abschlußeinrichtungen der Gefäße für Sauerstoff [Ziffer 1 a)], Fluor [Ziffer 1 at)], Gemische von Sauerstoff [Ziffer 2 a)], Chlortrifluorid und Stickstoffdioxid [Ziffer 3 at)], Distickstoffoxid [Ziffer 5 a)] und die Gemische der Ziffer 12 mit mehr als 10 Vol-% Sauerstoff dürfen keine fett- oder ölhaltigen Dichtungs- oder Schmiermittel verwendet werden.

(3) Für den Bau der in Rn. 2207 (1) aufgeführten Gefäße gelten folgende Vorschriften:

a) Werkstoffe und Bau der Gefäße müssen den Vorschriften des Anhangs A. 2 unter B, Rn. 3250 bis 3254, entsprechen; bei der erstmaligen Prüfung müssen für jedes Gefäß alle mechanisch-technologischen Gütewerte des verwendeten Werkstoffs nachgewiesen werden; bezüglich Kerbschlagzähigkeit und Biegezahl siehe Anhang A. 2 unter B, Rn. 3265 bis 3285.

b) Die Gefäße müssen mit einem Sicherheitsventil versehen sein, das sich bei dem auf dem Gefäß angegebenen Betriebsdruck öffnet. Es muß so gebaut sein, daß es auch bei seiner tiefsten Betriebstemperatur einwandfrei arbeitet. Die sichere Arbeitsweise bei dieser Temperatur ist durch eine Prüfung des einzelnen Ventils oder durch eine

Bauartzulassung nach der Druckbehälterverordnung | Baumusterprüfung

festzustellen und nachzuweisen.

c) Die Öffnungen und die Sicherheitsventile der Gefäße müssen so beschaffen sein, daß sie ein Herausspritzen der Flüssigkeit verhindern.

d) Die Verschlußeinrichtungen müssen gegen Öffnen durch Unbefugte gesichert sein.

e) Gefäße, die volumetrisch gefüllt werden, müssen mit einer Einrichtung zur Nachprüfung des Flüssigkeitsstandes versehen sein.

f) Die Gefäße sind mit einer wärmeisolierenden Schutzeinrichtung zu versehen, die durch eine vollständige Metallumhüllung gegen Stöße gesichert sein muß. Ist der Raum zwischen Gefäß und Metallumhüllung luftleer (Vakuum-Isolierung), so muß rechnerisch nachgewiesen werden, daß die Schutzumhüllung einem äußeren Druck von mindestens 100 kPa (1 bar) ohne Verformung standhält. Wenn die Umhüllung gasdicht schließt (z. B. bei Vakuum-Isolierung), muß durch eine Einrichtung verhindert werden, daß in der Isolierschicht bei Undichtheiten am Gefäß oder an dessen Armaturen ein gefährlicher Druck entsteht. Die Einrichtung muß das Eindringen von Feuchtigkeit in die Isolierung verhindern.

(4) An Gefäßen für Gemische

P 1 und P 2, für Methylacetylen/Propadien-Gemisch I, III, IV, V und VI | P 1 und P 2

der Ziffer 4 c) oder für gelöstes Acetylen dürfen die Metallteile der Absperreinrichtungen, die mit dem Inhalt in Berührung kommen, nicht mehr als 70 % Kupfer enthalten. An Gefäßen für gelöstes Acetylen [Ziffer 9 c)] sind auch Absperrventile für Bügelanschluß zulässig.

(5) An Fischbehältern sind Gefäße mit Sauerstoff der Ziffern 1 a) oder 7 a) auch dann zugelassen, wenn sie mit Einrichtungen zur allmählichen Abgabe des Sauerstoffs versehen sind.

Anlage A
Klasse 2

59

Klasse 2

2. Amtliche Gefäßprüfung (für die Gefäße aus Aluminiumlegierungen siehe auch Anhang A. 2)

2215 (1) Metallgefäße müssen

| vom amtlichen oder amtlich anerkannten Sachverständigen nach § 9 Abs. 3 Nr. 2 dieser Verordnung | unter Kontrolle eines behördlich anerkannten Sachverständigen |

den in Rn. 2216 und 2217 vorgeschriebenen erstmaligen und wiederkehrenden Prüfungen unterworfen werden.

Dies gilt nicht für Metallgefäße, ausgenommen Gefäße für Acetylen, mit einem Fassungsraum von nicht mehr als 220 cm³.

(2) Gefäße für gelöstes Acetylen [Ziffer 9 c)] sind außerdem auf die in Rn. 2204 vorgeschriebene Beschaffenheit der porösen Masse und die in Rn. 2221 (2) festgesetzte Menge des Lösemittels zu prüfen.

2216 (1) Die erstmalige Prüfung der neuen oder noch nicht gebrauchten Gefäße umfaßt:

A. An einer ausreichenden Anzahl von Gefäßen:

a) die Prüfung des Werkstoffs, wobei mindestens Streckgrenze, Zugfestigkeit und Bruchdehnung bestimmt werden und die hierbei festgestellten Werte

| den vom Deutschen Druckbehälterausschuß aufgestellten Technischen Regeln Druckgase (TRG), die vom Bundesminister für Arbeit und Sozialordnung im Bundesarbeitsblatt bekanntgegeben worden sind, entsprechen müssen. | den nationalen Vorschriften entsprechen müssen. |

b) die Messung der geringsten Wanddicke und Bestimmung der rechnerischen Spannung;

c) die Feststellung der Gleichmäßigkeit des Werkstoffs innerhalb einer jeden Fabrikationsserie sowie die Untersuchung der äußeren und inneren Beschaffenheit der Gefäße;

B. An allen Gefäßen:

d) die Flüssigkeitsdruckprobe nach den Bestimmungen der Rn. 2219 bis 2221;

e) die Prüfung der Bezeichnung der Gefäße (siehe Rn. 2218);

C. An Gefäßen für gelöstes Acetylen [Ziffer 9 c)] außerdem:

f) eine Prüfung entsprechend den

| Technischen Regeln Druckgase (TRG). | nationalen Vorschriften. |

(2) Die Gefäße müssen dem Prüfdruck ohne bleibende Verformung oder Risse zu zeigen standhalten.

(3) Bei den wiederkehrenden Prüfungen sind zu wiederholen:

die Flüssigkeitsdruckprobe, die Feststellung des äußeren und inneren Zustandes der Gefäße (z. B. durch Abwiegen, Ausleuchten, Messung der Wanddicke), die Überprüfung der Ausrüstung und Bezeichnung und gegebenenfalls die Feststellung der Werkstoffbeschaffenheit durch geeignete Prüfverfahren.

Diese Prüfungen müssen vorgenommen werden:

a) alle 2 Jahre
an Gefäßen für Gase der Ziffer 1 at) und ct), Stadtgas der Ziffer 2 bt), Gase der Ziffer 3 at), ausgenommen Ammoniak, Hexafluorpropylen und Methylbromid; an Gefäßen für Chlorcyan der Ziffer 3 ct) und Stoffe der Ziffer 5 at);

b) alle 5 Jahre
an Gefäßen für die übrigen verdichteten und verflüssigten Gase, unter Vorbehalt der Bestimmungen unter c), sowie an Gefäßen für unter Druck gelöstes Ammoniak [Ziffer 9 at)];

c) alle 10 Jahre

| an Gefäßen für Gase der Ziffer 1 a), an Gefäßen für Gemische von Stickstoff und Edelgasen, Luft, Gemische von Sauerstoff mit 5 Vol-% Kohlendioxid, Gemische mit mindestens 20 Vol-% Edelgasen (außer Xenon), Rest: Stickstoff und/oder weniger als 20 Vol-% Sauerstoff und/oder höchstens 20 Vol-% Kohlendioxid, Gemische mit mehr als 80 Vol-% Stickstoff, Rest: Sauerstoff und/oder Kohlendioxid und/oder Edelgase (außer Xenon), Gemische von Stickstoff mit höchstens 6 Vol-% Äthylen, Gemische mit Sauerstoff, Rest: Edelgase (außer Xenon) und/oder Stickstoff und/oder höchstens 20 Vol-% Kohlendioxid, Gemische von Kohlendioxid mit höchstens 10 Masse-% Stickstoff, Sauerstoff oder Luft der Ziffer 2 a), an Gefäßen für Gase der Ziffer 3 a) und b), ausgenommen Chlordifluoräthan (R 142 b), 1,1-Difluoräthan (R 152 a), Dimethyläther, Methylsilan und 1,1,1-Trifluoräthan, | an Gefäßen für Gase der Ziffer 1 a), ausgenommen Sauerstoff, Gemische von Stickstoff und Edelgasen der Ziffer 2 a), an Gefäßen für Gase der Ziffer 3 a) und b), ausgenommen Chlordifluoräthan, 1,1-Difluoräthan, Dimethyläther, Methylsilan, 1,1,1-Trifluoräthan und an Gefäßen für Gemische von Gasen der Ziffer 4 a) und b), wenn die Gefäße keinen größeren Fassungsraum als 150 Liter haben und das Ursprungsland nicht eine kürzere Frist vorschreibt. |

Klasse 2

an Gefäßen für Hexafluorpropylen (R 1216) der Ziffer
3 at),
an Gefäßen für Butadien-1,2 und Butadien-1,3 der
Ziffer 3 c),
an Gefäßen für Gemische von Gasen der Ziffer 4 a)
und b),
an Gefäßen für die Gase Bromtrifluormethan
(R 13 B 1), Distickstoffoxid (N_2O), Kohlendioxid
(Kohlensäure), Schwefelhexafluorid, Trifluormethan
(R 23) und Xenon der Ziffer 5 a), wenn die Gefäße
keinen größeren Fassungsraum als 150 Liter haben.

d) Für Gefäße für gelöstes Acetylen [Ziffer 9 c)] gilt Rn. 2217 (1) und für Gefäße nach Rn. 2207 (1) gilt Rn. 2217 (2).

(4) Sofern nach den Vorschriften der Druckbehälterverordnung für die Gefäße nach Absatz 3 a) bis c)
kürzere Prüffristen gelten, sind diese Fristen maßgebend.

(1) Die Gefäße für gelöstes Acetylen [Ziffer 9 c)] müssen alle 5 Jahre auf ihren äußeren Zustand (Korrosion, **2217**
Verbeulungen) sowie auf den Zustand der porösen Masse (Lockerung, Zusammensinken) geprüft werden. Wenn
es notwendig ist, sind Stichproben vorzunehmen, und zwar in der Weise, daß eine angemessene Anzahl Gefäße
zerschnitten und auf innere Korrosion sowie Veränderung des Werkstoffs und der porösen Masse untersucht wird.

(2) Gefäße nach Rn. 2207 (1) sind alle 5 Jahre einer Feststellung des äußeren Zustandes und einer Dichtheitsprüfung zu unterziehen. Diese Dichtheitsprüfung ist mit dem im Gefäß enthaltenen Gas oder mit einem inerten Gas
unter einem Druck von 200 kPa (2 bar) vorzunehmen. Die Kontrolle erfolgt dabei entweder am Manometer oder durch eine
Vakuummessung. Die Isolierung wird nicht entfernt. Während der Prüfdauer von 8 Stunden darf der Druck nicht sinken.
Dabei sind Änderungen zu berücksichtigen, die sich aus der Art des Prüfgases und aus Temperaturänderungen
ergeben.

3. Gefäßzeichen

(1) Auf den Metallgefäßen müssen gut lesbar und dauerhaft vermerkt sein: **2218**

a) eine der ungekürzten Bezeichnungen des Gases oder Gasgemisches nach Angabe in der Rn. 2201 Ziffern 1 bis
9, der Name oder die Fabrikmarke des Herstellers oder des Eigentümers und die Nummer des Gefäßes [siehe auch
Rn. 2202 (3)]. Für die Halogenkohlenwasserstoffe der Ziffern 1 a), 3 a), at), b) und ct), 4 a), 5 a) und 6 a) sind als
Bezeichnung des Gases oder Gasgemisches auch zulässig der Buchstabe R, gefolgt von der Identifikationsnummer
des Stoffes; .

b) die Eigenmasse des Gefäßes ohne Ausrüstungsteile;

c) für die Gefäße für verflüssigte Gase außerdem die Eigenmasse des Gefäßes einschließlich der Ausrüstungsteile,
wie Ventile, Metallstopfen und dergleichen, aber ohne die Schutzkappe;

Bem. zu b) und c): Sofern diese Massenangaben nicht bereits angebracht sind, ist dies anläßlich der nächsten wiederkehrenden Prüfung vorzunehmen.

d) die Höhe des Prüfdrucks (siehe Rn. 2219 bis 2221) und das Datum (Monat, Jahr) der letzten Prüfung (siehe
Rn. 2216 und 2217);

e) der Stempel des Sachverständigen, der die Prüfungen und Kontrollen vorgenommen hat; außerdem

f) für verdichtete Gase oder Gasgemische der Ziffern 1, 2, 12 und 13 der für das betreffende Gefäß zulässige höchste
Füllungsdruck bei 15 °C (siehe Rn. 2219);
und der Fassungsraum;

g) für Bortrifluorid [Ziffer 1 at)], verflüssigte Gase (Ziffern 3 bis 6) und für in Wasser gelöstes Ammoniak [Ziffer 9 a)]:
die höchstzulässige Masse der Füllung und der Fassungsraum; für tiefgekühlte verflüssigte Gase der Ziffern 7 und
8 der Fassungsraum;

h) für gelöstes Acetylen [Ziffer 9 c)]: die Höhe des zulässigen Füllungsdrucks [siehe Rn. 2221 (2)]; die Masse des
leeren Gefäßes einschließlich der Ausrüstungsteile, der porösen Masse und des Lösemittels;

i) für Gasgemische der Ziffer 12 und für Versuchsgase der Ziffer 13 ist als Benennung der Füllung das Wort
„Gasgemisch"
oder „Prüfgas"
bzw. „Versuchsgas" auf dem Gefäß einzuschlagen. Die genaue Bezeichnung des Inhalts muß während der
Beförderung dauerhaft vermerkt sein;

k) bei Metallgefäßen, die nach Rn. 2202 (3) zur wahlweisen Verwendung verschiedener Gase zugelassen sind, muß
die Bezeichnung des Inhalts während der Beförderung dauerhaft vermerkt sein.

(2) Die Angaben müssen auf einem verstärkten Teil des Gefäßes oder auf einem am Gefäß unbeweglich befestigten
Ring oder Typenschild eingeschlagen sein. Der Name des Stoffes darf auf dem Gefäß außerdem in Farbe oder auf eine
andere gleichwertige Art gut haftend und deutlich sichtbar angebracht werden.

Anlage A
Klasse 2

61

Klasse 2

c. Prüfdruck, Füllung und Beschränkung des Fassungsraums der Gefäße (siehe auch Rn. 2238,
   und § 11 Abs. 2 und 3 dieser Verordnung) | 211 180 und 212 180)

2219   (1) Der bei der Flüssigkeitsdruckprobe anzuwendende innere Druck (Prüfdruck) muß bei Gefäßen für verdichtete Gase der Ziffern 1, 2 und 12 mindestens das 1,5fache des auf dem Gefäß angegebenen Füllungsdrucks bei 15 °C, mindestens aber 1 MPa (10 bar) betragen.

(2) Für Gefäße mit Stoffen der Ziffer 1 a) – ausgenommen Tetrafluormethan –, Deuterium und Wasserstoff der Ziffer 1 b) und Gasen der Ziffer 2 a) darf der Füllungsdruck, bezogen auf 15 °C, 30 MPa (300 bar) nicht übersteigen. Bei

Flaschenbündel | Tanks

darf der Füllungsdruck, bezogen auf 15 °C, 25 MPa (250 bar) nicht übersteigen.

Für Gefäße und

Flaschenbündel | Tanks

mit anderen verdichteten Gasen der Ziffern 1 und 2 darf der Füllungsdruck, bezogen auf 15 °C, 20 MPa (200 bar) nicht übersteigen.

Abweichend hiervon darf für Flaschenbündel mit Argon, Helium, Krypton, Neon und Stickstoff der Ziffer 1 a), Deuterium und Wasserstoff der Ziffer 1 b), Gemischen aus zwei oder mehreren Edelgasen (außer Xenon) sowie Luft der Ziffer 2 a), brennbaren Gemischen aus Wasserstoff mit mehr als 2 Vol-%, Edelgasen (außer Xenon) und/oder Stickstoff und brennbaren Gemischen aus Methan mit mehr als 2 Vol-%, Edelgasen (außer Xenon) und/oder Stickstoff der Ziffer 2 b) der Füllungsdruck, bezogen auf 15° C, 30 MPa (300 bar) nicht übersteigen.

(3) Für Gefäße für Fluor [Ziffer 1 at)] muß der bei der Flüssigkeitsdruckprobe anzuwendende innere Druck (Prüfdruck) 20 MPa (200 bar) betragen und der Füllungsdruck darf 2,8 MPa (28 bar) bei 15 °C nicht übersteigen; außerdem darf kein Gefäß mehr als 5 kg Fluor enthalten.

Für Gefäße für Bortrifluorid [Ziffer 1 at)] muß der bei der Flüssigkeitsdruckprobe anzuwendende innere Druck (Prüfdruck) 30 MPa (300 bar) betragen und die höchstzulässige Masse der Füllung je Liter Fassungsraum darf 0,86 kg nicht übersteigen, oder 22,5 MPa (225 bar), wobei die höchstzulässige Masse der Füllung je Liter Fassungsraum 0,715 kg nicht übersteigen darf.

(4) Für Gefäße für Stickstoffoxid (NO) [Ziffer 1 ct)] ist der Fassungsraum auf 50 Liter beschränkt. Der bei der Flüssigkeitsdruckprobe anzuwendende innere Druck (Prüfdruck) muß 20 MPa (200 bar) betragen und der Füllungsdruck darf 5 MPa (50 bar) bei 15 °C nicht übersteigen.

(5) Für Gefäße für Gemische von Wasserstoff mit höchstens 10 Vol-% Selenwasserstoff, Phosphorwasserstoff, Siliciumwasserstoff, Germaniumwasserstoff oder 15 Vol-% Arsenwasserstoff; Gemische von Stickstoff, Edelgasen (mit höchstens 10 Vol-% Xenon) mit höchstens 10 Vol-% Selenwasserstoff, Phosphorwasserstoff, Siliciumwasserstoff, Germaniumwasserstoff oder 15 Vol-% Arsenwasserstoff [Ziffer 2 bt)]; Gemische von Wasserstoff mit höchstens 10 Vol-% Diboran und für Gemische von Stickstoff, Edelgasen (mit höchstens 10 Vol-% Xenon) mit höchstens 10 Vol-% Diboran [Ziffer 2 ct)], ist der Fassungsraum auf 50 Liter beschränkt. Der bei der Flüssigkeitsdruckprobe anzuwendende innere Druck (Prüfdruck) muß mindestens 20 MPa (200 bar) betragen und der Füllungsdruck darf 5 MPa (50 bar) bei 15 °C nicht übersteigen.

(6) Gefäße nach Rn. 2207 (1) dürfen bei der Fülltemperatur und bei einem Druck von 100 kPa (1 bar) nur zu 98 % ihres Fassungsraums gefüllt werden.

Bei Sauerstoff der Ziffer 7 a) muß der Austritt der flüssigen Phase verhindert werden.

(7) Wenn gelöstes Acetylen [Ziffer 9 c)] in Gefäßen nach Rn. 2212 (1) b) befördert wird, darf der Fassungsraum des Gefäßes 150 Liter nicht übersteigen.

(8) Gefäße für Gasgemische der Ziffer 12 dürfen einen Fassungsraum von 50 Liter nicht überschreiten. Der Druck des Gemisches darf 15 MPa (150 bar) bei 15 °C nicht übersteigen,

es sei denn, die Unbedenklichkeit eines höheren Drucks wird durch Gutachten der Bundesanstalt für Materialprüfung und der Physikalisch-Technischen Bundesanstalt bestätigt.

(9) Gefäße für Versuchsgase der Ziffer 13 dürfen einen Fassungsraum von 50 Liter nicht übersteigen. Der Füllungsdruck bei 15 °C darf 7 % des Prüfdrucks des Behälters nicht übersteigen.

Der Füllungsdruck bei 15 °C darf mehr als 7 % des Prüfdrucks betragen, wenn die Unbedenklichkeit durch Gutachten der Bundesanstalt für Materialprüfung und der Physikalisch-Technischen Bundesanstalt bestätigt wird.

Anlage A
Klasse 2

62

Klasse 2

(10) Für Gefäße für Wolframhexafluorid [Ziffer 3 at)] ist der Fassungsraum auf 60 Liter beschränkt.

Der Fassungsraum der Gefäße für Siliciumtetrafluorid [Ziffer 1 at)],

| Bortrichlorid,

Nitrosylchlorid, Sulfurylfluorid [Ziffer 3 at)], Methylsilan [Ziffer 3 b)], Arsenwasserstoff, Dichlorsilan, Dimethylsilan, Trimethylsilan, Wasserstoffselenid [Ziffer 3 bt)], Chlorcyan, Dicyan [Ziffer 3 ct)], Gemische der Methylsilane [Ziffer 4 bt)];

| Äthylenoxid mit höchstens 50 Masse-% Methylformiat, [Ziffer 4 ct)],

Siliciumwasserstoff [Ziffer 5 b)], die Stoffe der Ziffer 5 bt) und ct) ist auf 50 Liter beschränkt.

(11) Für Gefäße für Chlortrifluorid [Ziffer 3 at)] ist der Fassungsraum auf 40 Liter beschränkt. Nach der Füllung muß ein Gefäß mit Chlortrifluorid [Ziffer 3 at)], bevor es befördert wird, während mindestens 7 Tagen aufbewahrt werden, um sich zu vergewissern, daß es dicht ist.

2220

(1) Der bei der Flüssigkeitsdruckprobe anzuwendende innere Druck (Prüfdruck) muß bei Gefäßen für verflüssigte Gase der Ziffern 3 bis 6 und für die unter Druck gelösten Gase (Ziffer 9) mindestens 1 MPa (10 bar) betragen.

(2) Für verflüssigte Gase der Ziffern 3 und 4 gelten hinsichtlich des bei der Flüssigkeitsdruckprobe der Gefäße anzuwendenden inneren Drucks (Prüfdruck) und ihrer höchstzulässigen Füllung folgende Werte *):

*) 1. Die vorgeschriebenen Prüfdrücke sind mindestens gleich den Dampfdrücken der Flüssigkeiten bei 70 °C, vermindert um 100 kPa (1 bar), wobei aber ein Mindestprüfdruck von 1 MPa (10 bar) gefordert wird.

2. Für Chlorkohlenoxid [Ziffer 3 at)] und Chlorcyan [Ziffer 3 ct)] wurde auf Grund hoher Giftigkeit der Gase der Mindestprüfdruck auf 2 MPa (20 bar) festgesetzt.

3. Die vorgeschriebenen Höchstwerte für die Füllung in kg/l sind wie folgt berechnet worden: höchstzulässige Füllung je Liter Fassungsraum = 0,95 × Dichte der flüssigen Phase bei 50 °C, wobei außerdem die Dampfphase unterhalb 60 °C nicht verschwinden darf.

Bezeichnung des Stoffes	Ziffer	Mindest-prüfdruck		Höchstzulässige Masse der Füllung je Liter Fassungsraum
		MPa	(bar)	kg
Bromchlordifluormethan (R 12 B1)	3 a)	1,0	(10)	1,61
Chlordifluormethan (R 22)	3 a)	2,9	(29)	1,03
Chlorpentafluoräthan (R 115)	3 a)	2,5	(25)	1,06
Chlortrifluoräthan (R 133 a)	3 a)	1,0	(10)	1,18
Dichlordifluormethan (R 12)	3 a)	1,8	(18)	1,15
Dichlorfluormethan (R 21)	3 a)	1,0	(10)	1,23
Dichlortetrafluoräthan (R 114)	3 a)	1,0	(10)	1,30
Octafluorcyclobutan (RC 318)	3 a)	1,1	(11)	1,34
Ammoniak	3 at)	3,3	(33)	0,53
Bortrichlorid	3 at)	1,0	(10)	1,19
Bromwasserstoff	3 at)	6,0	(60)	1,54
Chlor	3 at)	2,2	(22)	1,25
Chlorkohlenoxid	3 at)	2,0	(20)	1,23
Chlortrifluorid	3 at)	3,0	(30)	1,40
Hexafluorpropylen (R 216)	3 at)	2,2	(22)	1,11
Methylbromid	3 at)	1,0	(10)	1,51
Nitrosylchlorid	3 at)	1,3	(13)	1,10
Schwefeldioxid	3 at)	1,4	(14)	1,23
Stickstoffdioxid (NO₂)	3 at)	1,0	(10)	1,30
Sulfurylfluorid	3 at)	5,0	(50)	1,10
Wolframhexafluorid	3 at)	1,0	(10)	2,70
Butan	3 b)	1,0	(10)	0,51
iso-Butan	3 b)	1,0	(10)	0,49
Buten-1	3 b)	1,0	(10)	0,53
cis-Buten-2	3 b)	1,0	(10)	0,55
iso-Buten	3 b)	1,0	(10)	0,52
trans-Buten-2	3 b)	1,0	(10)	0,54
Chlordifluoräthan (R 142 b)	3 b)	1,0	(10)	0,99
Cyclopropan	3 b)	2,0	(20)	0,53
1,1-Difluoräthan (R 152 a)	3 b)	1,8	(18)	0,79
Dimethyläther	3 b)	1,8	(18)	0,58
Methylsilan	3 b)	22,5	(225)	0,39
Propan	3 b)	2,5	(25)	0,42
Propen	3 b)	3,0	(30)	0,43
1,1,1-Trifluoräthan	3 b)	3,5	(35)	0,75
Äthylamin	3 bt)	1,0	(10)	0,61
Äthylchlorid	3 bt)	1,0	(10)	0,80

63

Klasse 2

2220
(Forts.)

Bezeichnung des Stoffes	Ziffer	Mindest-prüfdruck		Höchstzulässige Masse der Füllung je Liter Fassungsraum kg
		MPa	(bar)	
Arsenwasserstoff	3 bt)	4,2	(42)	1,10
Dichlorsilan	3 bt)	1,0	(10)	0,90
Dimethylamin	3 bt)	1,0	(10)	0,59
Dimethylsilan	3 bt)	22,5	(225)	0,39
Methylamin	3 bt)	1,3	(13)	0,58
Methylchlorid	3 bt)	1,7	(17)	0,81
Methylmercaptan	3 bt)	1,0	(10)	0,78
Schwefelwasserstoff	3 bt)	5,5	(55)	0,67
Selenwasserstoff	3 bt)	3,1	(31)	1,60
Trimethylamin	3 bt)	1,0	(10)	0,56
Trimethylsilan	3 bt)	22,5	(225)	0,39
Butadien-1,2	3 c)	1,0	(10)	0,59
Butadien-1,3	3 c)	1,0	(10)	0,55
Vinylchlorid	3 c)	1,2	(12)	0,81
Äthylenoxid	3 ct)	1,0	(10)	0,78
Chlorcyan	3 ct)	2,0	(20)	1,03
Chlortrifluoräthylen (R 1113)	3 ct)	1,9	(19)	1,13
Dicyan	3 ct)	10,0	(100)	0,70
Vinylbromid	3 ct)	1,0	(10)	1,37
Vinylmethyläther	3 ct)	1,0	(10)	0,67
Gemisch F 1	4 a)	1,2	(12)	1,23
Gemisch F 2	4 a)	1,8	(18)	1,15
Gemisch F 3	4 a)	2,9	(29)	1,03
Gasgemisch R 500	4 a)	2,2	(22)	1,01
Gasgemisch R 502	4 a)	3,1	(31)	1,05
Gasgemisch von 19 Masse-% bis 21 Masse-% Dichlordifluormethan (R 12) mit 79 Masse-% bis 81 Masse-% Bromchlordifluormethan (R 12 B1)	4 a)	1,2	(12)	1,50
Gemisch von Bromchlordifluormethan (Halon 1211) und Stickstoff bis zu einem höchstzulässigen Fülldruck bei 15 °C von [1]) [2])				
– 1 MPa (10 bar) [2])	4 a)	1,8	(18)	1,00
		1,9	(19)	1,20
		2,0	(20)	1,30
		2,1	(21)	1,40
		2,5	(25)	1,50
		4,4	(44)	1,60
– 1,5 MPa (15 bar) [2])	4 a)	2,5	(25)	1,00
		2,6	(26)	1,20
		2,7	(27)	1,30
		2,9	(29)	1,40
		3,8	(38)	1,50
		6,5	(65)	1,60
– 1,8 MPa (18 bar) [2])	4 a)	3,0	(30)	0,91
– 2 MPa (20 bar) [2])	4 a)	3,1	(31)	1,00
		3,3	(33)	1,20
		3,5	(35)	1,30
		3,8	(38)	1,40
		5,0	(50)	1,50
		8,5	(85)	1,60
– 3 MPa (30 bar) [2])	4 a)	4,4	(44)	1,00
		4,7	(47)	1,20
		5,0	(50)	1,30
		5,5	(55)	1,40
		7,6	(76)	1,50
		12,6	(126)	1,60
– 4 MPa (40 bar) [2])	4 a)	9,5	(95)	1,40
Gemische von Methylbromid und Chlorpikrin	4 at)	1,0	(10)	1,51
Gemisch A (Handelsname: Butan)	4 b)	1,0	(10)	0,50
Gemisch A 0 (Handelsname: Butan)	4 b)	1,5	(15)	0,47

[1]) Der höchstzulässige Fülldruck gilt für Halon mit Stickstoffüberlagerung, während sich die höchstzulässige Masse der Füllung je Liter Fassungsraum auf das reine Halon bezieht.

[2]) Nur gültig im innerstaatlichen Verkehr.

Klasse 2

Bezeichnung des Stoffes	Ziffer	Mindest-prüfdruck		Höchstzulässige Masse der Füllung je Liter Fassungsraum kg
		MPa	(bar)	
Gemisch A 1	4 b)	2,0	(20)	0,46
Gemisch B	4 b)	2,5	(25)	0,43
Gemisch C (Handelsname: Propan)	4 b)	3,0	(30)	0,42
Gemisch von Kohlenwasserstoffen und Methan	4 b)	22,5	(225)	0,187
		30,0	(300)	0,244
Gemisch Butan [2])	4 b)	1,2	(12)	0,49
Gemisch Buten (Butylen) [2])	4 b)	1,0	(10)	0,51
Gemisch Propan [2])	4 b)	3,0	(30)	0,425
Gemisch Propen (Propylen) [2])	4 b)	3,0	(30)	0,43
Gemisch der Methylsilane	4 bt)	22,5	(225)	0,39
Gemische von Methylchlorid und Methylenchlorid	4 bt)	1,7	(17)	0,81
Gemische von Methylchlorid und Chlorpikrin	4 bt)	1,7	(17)	0,81
Gemische von Methylbromid und Äthylenbromid	4 bt)	1,0	(10)	1,51
Gemische von Methylacetylen/Propadien und Kohlenwasser-stoff				
Gemisch P 1	4 c)	3,0	(30)	0,49
Gemisch P 2	4 c)	2,4	(24)	0,47
Methylacetylen/Propadien-Gemisch I [2])	4 c)	2,5	(25)	0,49
Methylacetylen/Propadien-Gemisch III [2])	4 c)	2,5	·(25)	0,46
Methylacetylen/Propadien-Gemisch IV [2])	4 c)	2,5	(25)	0,45
Methylacetylen/Propadien-Gemisch V und VI [2])	4 c)	3,0	(30)	0,43
Gemische von Butadien-1,3 und Kohlenwasserstoffen der Ziffer 3 b)	4 c)	1,0	(10)	0,50
Äthylenoxid mit höchstens 10 Masse-% Kohlendioxid	4 ct)	2,8	(28)	0,73
Äthylenoxid mit höchstens 50 Masse-% Methylformiat mit Stickstoff bis zu einem max. Gesamtdruck von 1 MPa (10 bar) bei 50 °C	4 ct)	2,5	(25)	0,80
Äthylenoxid mit Stickstoff bis zu einem Gesamtdruck von 1 MPa (10 bar) bei 50 °C	4 ct)	1,5	(15)	0,78
Dichlordifluormethan mit 12 Masse-% Äthylenoxid	4 ct)	1,8	(18)	1,09

(3) Für die verflüssigten Gase der Ziffern 5 und 6 wird der Füllungsgrad so berechnet, daß der innere Druck bei 65 °C den Prüfdruck für das Gefäß nicht übersteigt. Die maßgebenden Werte sind (siehe auch Absatz 4):

Bezeichnung des Stoffes	Ziffer	Mindest-prüfdruck		Höchstzulässige Masse der Füllung je Liter Fassungsraum kg
		MPa	(bar)	
Bromtrifluormethan (R 13 B1)	5 a)	4,2	(42)	1,13
		12,0	(120)	1,44
		25,0	(250)	1,60
Chlortrifluormethan (R 13)	5 a)	10,0	(100)	0,83
		12,0	(120)	0,90
		19,0	(190)	1,04
		25,0	(250)	1,10
Distickstoffoxid (N$_2$O)	5 a)	18,0	(180)	0,68
		22,5	(225)	0,74
		25,0	(250)	0,75
Hexafluoräthan (R 116)	5 a)	20,0	(200)	1,10
Kohlendioxid	5 a)	19,0	(190)	0,66
		25,0	(250)	0,75
Schwefelhexafluorid	5 a)	7,0	(70)	1,04
		14,0	(140)	1,33
		16,0	(160)	1,37
Trifluormethan (R 23)	5 a)	19,0	(190)	0,87
		25,0	(250)	0,95
Xenon	5 a)	13,0	(130)	1,24

[1]) Der höchstzulässige Fülldruck gilt für Halon mit Stickstoffüberlagerung, während sich die höchstzulässige Masse der Füllung je Liter Fassungsraum auf das reine Halon bezieht.

[2]) Nur gültig im innerstaatlichen Verkehr.

Klasse 2

2220
(Forts.)

Bezeichnung des Stoffes	Ziffer	Mindest-prüfdruck		Höchstzulässige Masse der Füllung je Liter Fassungsraum kg
		MPa	(bar)	
Chlorwasserstoff	5 at)	10,0	(100)	0,30
		12,0	(120)	0,56
		15,0	(150)	0,67
		20,0	(200)	0,74
Äthan	5 b)	9,5	(95)	0,25
		12,0	(120)	0,29
		30,0	(300)	0,39
Äthylen	5 b)	22,5	(225)	0,34
		30,0	(300)	0,37
Siliciumwasserstoff	5 b)	22,5	(225)	0,32
		25,0	(250)	0,41
Germaniumwasserstoff	5 bt)	25,0	(250)	1,02
Phosphorwasserstoff	5 bt)	22,5	(225)	0,30
		25,0	(250)	0,51
1,1-Difluoräthylen	5 c)	25,0	(250)	0,77
Vinylfluorid	5 c)	25,0	(250)	0,64
Diboran	5 ct)	25,0	(250)	0,072

Bezeichnung des Stoffes	Ziffer	MPa	(bar)	Beimengung Masse-%	Höchstzulässige Masse kg
Kohlendioxid mit 1 Masse-% bis 10 Masse-% Stickstoff, Sauerstoff, Luft oder Edelgasen	6 a)	19,0	(190)	1	0,64
		19,0	(190)	1–10	0,48
		25,0	(250)	1	0,73
		25,0	(250)	1–10	0,59
Gasgemisch R 503	6 a)	3,1	(31)		0,11
		4,2	(42)		0,20
		10,0	(100)		0,66
		19,0 [2]	(190)		0,93 [2]
		22,5 [2]	(225)		0,98 [2]
Gemisch von Bromtrifluormethan (Halon 1301) und Stickstoff bis zu einem höchstzulässigen Fülldruck bei 15 °C von [1] [2]					
– 2,3 MPa (23 bar) [2]	6 a)	5,6	(56)		0,80
		5,7	(57)		0,90
		6,2	(62)		1,00
		7,0	(70)		1,10
		7,6	(76)		1,15
– 2,5 MPa (25 bar) [2]	6 a)	7,4	(74)		1,00
– 3,9 MPa (39 bar) [2]	6 a)	7,7	(77)		0,80
		8,1	(81)		0,90
		9,0	(90)		1,00
		10,1	(101)		1,10
		10,9	(109)		1,15
– 5,5 MPa (55 bar) [2]	6 a)	10,5	(105)		0,80
		11,0	(110)		0,90
		12,1	(121)		1,00
		13,4	(134)		1,10
		14,3	(143)		1,15
– 6 MPa (60 bar) [2]	6 a)	12,0	(120)		0,75
Kohlendioxid mit höchstens 35 Masse-% Äthylenoxid	6 c)	19,0	(190)		0,66
		25,0	(250)		0,75
Äthylenoxid mit mehr als 10 Masse-%, aber höchstens 50 Masse-% Kohlendioxid	6 ct)	19,0	(190)		0,66
		25,0	(250)		0,75

[1] Der höchstzulässige Fülldruck gilt für Halon mit Stickstoffüberlagerung, während sich die höchstzulässige Masse der Füllung je Liter Fassungsraum auf das reine Halon bezieht.

[2] Nur gültig im innerstaatlichen Verkehr

(4) Für die Stoffe der Ziffer 5 – ausgenommen Chlorwasserstoff [Ziffer 5 at)], Germaniumwasserstoff, Phosphorwasserstoff [Ziffer 5 bt)], Diboran [Ziffer 5 ct)] – und der Ziffer 6 dürfen auch Gefäße mit niedrigeren Prüfdrücken als den in Absatz 3 genannten verwendet werden. Es darf jedoch nicht mehr als die Menge eingefüllt werden, die im Inneren des Gefäßes bei 65 °C einen Druck ausübt, der höchstens gleich dem Prüfdruck ist. Die höchstzulässige Masse der Füllung muß in diesem Fall von den

amtlichen oder amtlich anerkannten Sachverständigen nach § 9 Abs. 3 Nr. 2 dieser Verordnung

behördlich anerkannten Sachverständigen

festgesetzt werden.

Klasse 2

(1) Für unter Druck gelöste Gase der Ziffer 9 gelten für den bei der Flüssigkeitsdruckprobe der Gefäße anzuwendenden inneren Druck (Prüfdruck) und ihre höchstzulässige Füllung folgende Werte: **2221**

Bezeichnung des Stoffes	Ziffer	Mindestprüfdruck		Höchstzulässige Masse der Füllung je Liter Fassungsraum kg
		MPa	(bar)	
Für in Wasser unter Druck gelöstes Ammoniak				
mit über 35 % bis höchstens 40 % Ammoniak	9 a t)	1,0	(10)	0,80
mit über 40 % bis höchstens 50 % Ammoniak	9 a t)	1,2	(12)	0,77
Für gelöstes Acetylen..................................	9 c)	6,0	(60)	Siehe Absatz 2

(2) In Flaschen für gelöstes Acetylen [Ziffer 9 c)] darf der Füllungsdruck nach dem Druckausgleich bei 15 °C den Wert nicht übersteigen, der für die jeweilige poröse Masse von der zuständigen Behörde festgelegt wurde und der auf der Flasche eingeschlagen sein muß. Auch die Menge des Lösemittels und des eingefüllten Acetylens muß dem in der Zulassung festgelegten Wert entsprechen.

3. Zusammenpackung

(1) Die Stoffe dieser Klasse, ausgenommen diejenigen der Ziffern 7 und 8, dürfen miteinander zu einem Versandstück vereinigt werden, wenn sie wie folgt verpackt sind: **2222**

a) in Druckgefäßen aus Metall mit einem Fassungsraum von höchstens 10 Liter;

b) in dickwandigen Glasröhren oder in Glasdruckflaschen nach Rn. 2205 und 2206, sofern diese zerbrechlichen Gefäße den Vorschriften der Rn. 2001 (7) entsprechen. Die Füllstoffe für Einbettungen müssen den Eigenschaften des Inhalts angepaßt sein. Die inneren Verpackungen sind so in die äußeren einzusetzen, daß sie sicher voneinander getrennt sind.

(2) Die Gegenstände der Ziffern 10 und 11 dürfen nach den Vorschriften der Rn. 2210 miteinander zu einem Versandstück vereinigt werden.

(3) Außerdem dürfen die Stoffe, die nach Rn. 2205 und 2206 verpackt sind, unter Berücksichtigung der nachstehenden besonderen Vorschriften, miteinander zu einem Versandstück vereinigt werden.

(4) Ein Versandstück, das den Bedingungen der Absätze 1 und 3 entspricht, darf nicht schwerer sein als 100 kg und nicht schwerer als 75 kg, wenn es zerbrechliche Gefäße enthält.

Besondere Bedingungen:

Ziffer bzw. Buchstabe	Bezeichnung des Stoffes	Höchstmenge je Gefäß	je Versandstück	Besondere Vorschriften
	Nach Rn. 2205 verpackte Gase: Alle in dieser Randnummer genannten Gase			Chlor [3 at)] darf nicht mit Schwefeldioxid [3 at)] zusammengepackt werden
a) at)	nicht brennbare Gase nicht brennbare, giftige Gase	nach den in Rn. 2205 vorgeschriebenen Mengen	6 kg	Dürfen nicht zusammengepackt werden mit Stoffen der Klassen 1 a, 1 b, 1 c, 3, 4.2, 5.2 und 7
b)	brennbare Gase			Dürfen nicht zusammengepackt werden mit Stoffen der Klassen 1 a, 1 b, 1 c, 3, 4.1, 4.2, 4.3, 5.1, 5.2, 7 und 8

Anlage A Klasse 2

Klasse 2

Ziffer bzw. Buchstabe	Bezeichnung des Stoffes	Höchstmenge je Gefäß	je Versandstück	Besondere Vorschriften
	Nach Rn. 2206 verpackte Gase: Alle in dieser Randnummer genannten Gase, mit Ausnahme von Ammoniak und Cyclopropan			
a)	nicht brennbare Gase			Dürfen nicht zusammengepackt werden mit Stoffen der Klassen 1 a, 1 b, 1 c, 3, 4.2, 5.2 und 7
at)	nicht brennbare, giftige Gase			
		150 g	6 kg	
b)	brennbare Gase			Dürfen nicht zusammengepackt werden mit Stoffen der Klassen 1 a, 1 b, 1 c, 3, 4.1, 4.2, 4.3, 5.1, 5.2 und 7
bt)	brennbare, giftige Gase			
c)	chemisch instabile Gase			
ct)	chemisch instabile, giftige Gase			
3 at)	Ammoniak			
3 b)	Cyclopropan	20 g	6 kg	

4. Aufschriften und Gefahrzettel auf Versandstücken (siehe Anhang A. 9)

2223   (1) Auf Versandstücken, die Gefäße mit Gasen der Ziffern 1 bis 9, 12 und 13 oder Kartuschen der Ziffer 11 enthalten, ist der Inhalt – ergänzt durch die Bezeichnung „Klasse 2" – gut lesbar und unauslöschbar

anzugeben.   in einer amtlichen Sprache des Versandlandes und außerdem, falls diese Sprache nicht Englisch, Französisch oder Deutsch ist, in einer dieser Sprachen anzugeben, wenn nicht Abkommen zwischen den an der Beförderung beteiligten Staaten etwas anderes vorschreiben.

Diese Bestimmung braucht nicht beachtet zu werden, wenn die Gefäße und ihre Angaben gut sichtbar sind.

   (2) Versandstücke mit Druckgaspackungen der Ziffer 10 sind mit der gut lesbaren und unauslöschbaren Aufschrift „AEROSOL" zu versehen.

                              (3) Bei geschlossener Ladung sind die in Absatz 1 erwähnten Angaben nicht erforderlich.

2224   (1) Versandstücke, die Gefäße aus einem Werkstoff enthalten, der splittern kann – wie Glas oder Kunststoff –, sind mit einem Zettel nach Muster 12 zu versehen.

   (2) Jedes Versandstück mit Gasen der Ziffern 7 a) und 8 a) ist an zwei gegenüberliegenden Seiten mit einem Zettel nach Muster 11 und, wenn die Stoffe in Glasgefäßen [Rn 2207 (2) a)] verpackt sind, außerdem mit einem Zettel nach Muster 12 zu versehen.

2225   Jedes Versandstück mit Druckgaspackungen der Ziffer 10 b) 2., bt) 2., c) und ct)) und Kartuschen mit Druckgasen der Ziffern 11 b), bt), c) und ct) ist mit einem Zettel nach Muster 3 zu versehen.

B. Vermerke im Beförderungspapier

2226   (1) Die Bezeichnung des Gutes im Beförderungspapier muß lauten:

a) für die reinen und technisch reinen Gase der Ziffern 1, 3, 5, 7 und 9 sowie für die Druckgaspackungen der Ziffer 10 und die Kartuschen mit Druckgasen der Ziffer 11: eine der in Rn 2201 durch *Kursivschrift* hervorgehobenen Benennungen;

b) für die Gasgemische der Ziffern 2, 4, 6, 8, 12 und 13: *„Gasgemisch"*. Diese Benennung ist zu ergänzen durch die Angabe der Zusammensetzung des Gasgemisches in Vol-% oder Masse-%. Anteile von weniger als 1 % brauchen dabei nicht aufgeführt zu werden. Für die Gasgemische der Ziffern 2 a), b) und bt), 4 a), b) und c), 6 a), 8 a) und b) sind auch die in Rn 2201 *kursiv* gedruckten Benennungen oder Handelsnamen ohne Angabe der Zusammensetzung zulässig.

Diese Bezeichnungen sind

                              zu unterstreichen und

durch die *Angabe der Klasse, der Ziffer und gegebenenfalls des Buchstabens der Stoffaufzählung und die Abkürzung „ADR"* oder *„RID"* zu ergänzen [z. B.: *2, Ziffer 5 at), ADR*].

Klasse 2

(2) Beim Versand von chemisch instabilen Gasen muß der Absender im Beförderungspapier bescheinigen: *„Die nach Rn. 2200 (4) ADR erforderlichen Maßnahmen sind getroffen worden."* Beim Versand von Gasgemischen der Ziffer 12 oder von Versuchsgasen der Ziffer 13 muß der Absender im Beförderungspapier bescheinigen: *„Die Bedingungen der Rn. 2201 Ziffer 12 oder Ziffer 13 ADR sind erfüllt."*

(3) Beim Versand von Chlortrifluorid [Ziffer 3 at)] muß der Absender im Beförderungspapier bescheinigen: *„Nach der Füllung mit Chlortrifluorid wurde das Gefäß mindestens 7 Tage beobachtet und festgestellt, daß es dicht ist."*

(4) Für Tanks mit Gasen der Ziffern 7 a) und 8 a) – ausgenommen Kohlendioxid und Distickstoffoxid – ist die nachstehende Erklärung in das Beförderungspapier einzutragen: *„Der Inhalt des Tanks ist ständig mit der Außenluft in Verbindung."*

> „(4) Für Tanks mit Gasen der Ziffern 7 a) und 8 a) – ausgenommen Kohlendioxid und Distickstoffoxid – ist die nachstehende Erklärung in das Beförderungspapier einzutragen:
>
> „Der Inhalt des Tanks ist ständig mit der Außenluft in Verbindung.""

2227-2236

C. Leere Verpackungen

(1) Die Gefäße und Tanks der Ziffer 14 müssen ebenso verschlossen sein wie in gefülltem Zustand.   **2237**

(2) Die Bezeichnung im Beförderungspapier muß gleich lauten wie eine der in Ziffer 14 durch *Kursivschrift* hervorgehobenen Benennungen, z. B. *„Ungereinigtes leeres Gefäß oder ungereinigter leerer Tank, 2, Ziffer 14, ADR."*

| Dieser Text ist *zu unterstreichen.*

Diese Bezeichnung ist durch die Angabe *„Letztes Ladegut"* sowie die Benennung und Ziffer des letzten Ladegutes [z. B. „Letztes Ladegut Chlor Ziffer 3at"] zu ergänzen.

(3) Die Gefäße der Ziffer 14 nach Rn. 2212 (1) a), b) und d) dürfen auch nach Ablauf der in Rn. 2215 für die wiederkehrende Prüfung vorgesehenen Fristen befördert werden, um sie der Prüfung zuzuführen.

D. Übergangsbestimmungen

Für die Gefäße mit verdichteten, verflüssigten oder unter Druck gelösten Gasen gelten folgende Übergangsbestimmungen: **2238**

Gefäße, die am 1. September 1979 im Verkehr waren und den Vorschriften der bis zu diesem Zeitpunkt geltenden Verordnung über die Beförderung gefährlicher Güter auf der Straße entsprechen, dürfen unter den bisher für ihre Füllung und den Transport geltenden Bedingungen bis auf weiteres verwendet werden; die in den Randnummern 2216 (3) und (4) und 2217 vorgeschriebenen Fristen für die wiederkehrenden Prüfungen müssen eingehalten werden. Diese Regelung gilt entsprechend für Gefäße, die bis zum 28. Februar 1981 hergestellt wurden.

a) Gefäße, die sich im Verkehr befinden, sind unter Vorbehalt nachstehender Ausnahmen noch so lange zum internationalen Verkehr zugelassen, als dies die Vorschriften des Vertragsstaates, in dem die Prüfungen nach Rn. 2216 vorgenommen worden sind, gestatten und die in den Rn. 2216 (3) und 2217 vorgeschriebenen Fristen für die periodischen Prüfungen eingehalten werden;

b) bei Gefäßen, die unter den früheren Bedingungen (zulässige Beanspruchung 2/3 der Streckgrenze statt 3/4) hergestellt worden sind, darf weder der Prüfdruck noch der Füllungsdruck erhöht werden [siehe Rn. 2211 (1)];

c) Übergangsbestimmungen für Tanks siehe Rn. 211 180;

d) Übergangsbestimmungen für Tankcontainer siehe Rn. 212 180.

Soweit die Rn. 2200 bis 2221 keine Vorschriften enthalten, denen die Gefäße zur Beförderung von verdichteten, verflüssigten oder unter Druck gelösten Gasen genügen müssen, sind die vom Deutschen Druckbehälterausschuß aufgestellten Technischen Regeln Druckgase (TRG), die vom Bundesminster für Arbeit und Sozialordnung im Bundesarbeitsblatt bekanntgegeben worden sind, zu beachten.   **2239**

2240-2299

Klasse 3
Entzündbare flüssige Stoffe

1. Stoffaufzählung

2300   (1) Von den entzündbaren Stoffen und Mischungen, die bei Temperaturen von nicht mehr als 35 °C flüssig oder dick-flüssig sind [1]), unterliegen die in Rn. 2301 genannten oder unter eine dort genannte Sammelbezeichnung fallenden Stoffe und Mischungen den in Rn. 2300 (2) bis 2322 enthaltenen Bedingungen, den Vorschriften dieser

Verordnung		Anlage und denen der Anlage B
und sind somit Stoffe		
dieser Verordnung [2]).		des ADR [2]).

(2) Als entzündbare flüssige Stoffe im Sinne

dieser Verordnung		des ADR

gelten die entzündbaren Stoffe, die bei 50 °C einen Dampfdruck von höchstens 300 kPa (3 bar) und einen Flammpunkt von höchstens 100 °C haben. Ausgenommen sind entzündbare flüssige Stoffe, die wegen ihrer zusätzlichen gefähr-lichen Eigenschaften entweder in anderen Klassen aufgeführt oder diesen zuzuordnen sind. Der Flammpunkt ist nach den Vorschriften des Anhangs A. 3 (Rn. 3300 bis 3302) zu bestimmen.

(3) Auf Grund des Grades ihrer Gefährlichkeit sind die Stoffe der Klasse 3, mit Ausnahme der Stoffe der Ziffern 12 und 13, in den einzelnen Ziffern der Rn. 2301 einer der folgenden durch die Buchstaben a), b) und c) bezeichneten Gruppen entsprechend ihrer Gefahr zuzuordnen:

a) sehr gefährliche Stoffe: entzündbare flüssige Stoffe, die einen Siedepunkt bzw. Siedebeginn von höchstens 35 °C haben, und entzündbare flüssige Stoffe mit einem Flammpunkt unter 21 °C, die entweder nach den Kriterien der Rn. 2600 sehr giftig oder nach den Kriterien der Rn. 2800 stark ätzend sind;

b) gefährliche Stoffe: entzündbare flüssige Stoffe mit einem Flammpunkt unter 21 °C, die nicht unter Buchstabe a fallen, ausgenommen Stoffe der Rn. 2301 Ziffer 5 c);

c) weniger gefährliche Stoffe: entzündbare flüssige Stoffe mit einem Flammpunkt von 21 °C bis 100 °C sowie Stoffe der Rn. 2301 Ziffer 5 c).

(4) Wenn der Flammpunkt, Siedepunkt bzw. der Siedebeginn oder der Dampfdruck eines Stoffes der Klasse 3 durch Beimengungen nicht in den für die einzelnen Ziffern der Rn. 2301 festgelegten Grenzen liegt, so ist dieses Gemisch der Ziffer zuzuordnen, zu der es auf Grund des tatsächlich bestimmten Wertes seines Flammpunkts, Siedepunkts bzw. Siedebeginns oder Dampfdrucks gehört.

„**Bem.** Für die Zuordnung von Lösungen und Gemischen (wie Präparate, Zubereitungen und Abfälle), siehe auch Rn. 2002 (8)."

(5) Stoffe der Klasse 3, die leicht peroxydieren (wie Äther oder gewisse heterozyklische sauerstoffhaltige Stoffe), sind zur Beförderung nur zugelassen, wenn ihr Gehalt an Peroxid 0,3 %, auf Wasserstoffperoxid (H_2O_2) berechnet, nicht übersteigt. Der Gehalt an Peroxid ist nach den Vorschriften des Anhangs A. 3, Rn. 3303 zu bestimmen.

(6) Die chemisch instabilen Stoffe der Klasse 3 sind zur Beförderung nur zugelassen, wenn die erforderlichen Maßnahmen zur Verhinderung einer gefährlichen Zerfalls- oder Polymerisationsreaktion während der Beförderung getroffen wurden. Zu diesem Zweck muß insbesondere auch dafür gesorgt werden, daß die Gefäße keine Stoffe enthalten, die diese Reaktionen begünstigen.

2301   **Bem.** Auch wenn unter den Buchstaben a, b oder c der einzelnen Ziffern dieser Randnummer keine Stoffe genannt sind, können zu diesen Buchstaben Stoffe, Lösungen, Mischungen und Zubereitungen entsprechend den Kriterien der Rn. 2300 assimiliert werden.

A.   Nicht giftige und nicht ätzende Stoffe mit einem Flammpunkt unter 21 °C

1. Stoffe sowie Lösungen und Gemische (wie Präparate, Zubereitungen und Abfälle), deren Dampfdruck bei 50 °C 175 kPa (1,75 bar) übersteigt, wie:
   a) *Acetaldehyd (Äthanal), Butin-2 (Dimethylacethylen, Crotonylen), 2-Chlorpropen, Isopentan, 2-Methylbuten-1, 3-Methylbuten-1 (Isopropyläthylen), Methylformiat, Methylisopropyläther, Pentadien-1,4 (Divinylmethan), Penten-1 (Propyläthylen), Vinylidenchlorid (1,1-Dichloräthylen).*

---

[1]) Zur Feststellung des Fließverhaltens der Stoffe und Mischungen bei 35 °C ist das Penetrometerverfahren anzuwenden (siehe Anhang A. 3 Rn. 3310 und 3311).

[2]) Für Mengen der in Rn. 2301 aufgeführten Stoffe, die den in dieser Anlage oder in der Anlage B für diese Klasse enthaltenen Vorschriften nicht unterliegen, siehe Rn. 2301 a.

Anlage A
Klasse 3
1

Klasse 3

2. Stoffe sowie Lösungen und Gemische (wie Präparate, Zubereitungen und Abfälle), deren Dampfdruck bei 50 °C größer als 110 kPa (1,10 bar) jedoch kleiner als oder gleich 175 kPa (1,75 bar) ist, wie: **2301** (Forts.)

   a) *Äthyläther, Isopren, Propylenoxid;*
   b) *1-Chlorpropan (Propylchlorid), 2-Chlorpropan (Isopropylchlorid), Cyclopenten, Dimethoxymethan (Methylal), Dimethylsulfid, 2-Methylbuten-2, Methylprpyläther, n-Pentan, Penten-2, Vinyläthyläther.*

3. Stoffe sowie Lösungen und Gemische (wie Präparate, Zubereitungen und Abfälle), deren Dampfdruck bei 50 °C 110 kPa (1,10 bar) nicht übersteigt, wie:

   b) Gewisse *Roherdöle* und andere *Rohöle* sowie leicht flüchtige Destillationsprodukte aus Erdöl und aus anderen Rohölen (Steinkohlen-, Braunkohlen-, Schiefer-, Holz- und Torfteer), wie: *Benzin, Erdgas-Gasolin, Petroläther.*

   Bem. Obwohl Benzin unter gewinnen klimatischen Bedingungen bei 50 °C einen Dampfdruck von mehr als 110 kPa (1,10 bar) haben kann, muß dieser Stoff unter dieser Ziffer eingereiht bleiben.

   Kohlenwasserstoffe, wie:
   Äthylbenzol, technisch, Benzol, Cycloheptan, Cyclohexan, Cyclohexen, Cyclopentan, Heptane, Heptene, Hexane, Octane, Octene, Toluol;

   halogenhaltige Stoffe, wie:
   Amylchlorid (1-Chlorpentan), N-Butylbromid (1-Brombutan), 2-Brompropan, Butylchloride, 1,1-Dichloräthan (Äthylidenchlorid), Propylendichlorid;

   Bem. Giftige halogenhaltige Stoffe sind Stoffe der Ziffer 16, ätzende halogenhaltige Stoffe sind Stoffe der Ziffern 21 oder 25.

   Alkohole, wie:
   Äthanol (Äthylalkohol) und seine wässerigen Lösungen mit mehr als 70 % Alkohol, *tert-Amylalkohol, tert-Butanol (tert-Butylalkohol), Diacetonalkohol, technisch, Propanol-2 (Isopropylalkohol);*

   Äther, wie:
   Acetal (1,1-Diäthoxyäthan), Äthylbutyläther, Diisopropyläther, 1,2-Dimethoxyäthan, Dioxan (1,4-Diäthylendioxid), Dioxolan, Isobutylvinyläther, Tetrahydrofuran;

   Aldehyde, wie:
   Butyraldehyd, Propionaldehyd;

   Ketone, wie:
   Aceton, Methyläthylketon (Butanon), Methylisobutylketon, Methylpropylketon, Methylvinylketon;

   Ester, wie:
   Äthylacetat, Äthylacrylat, Äthylformiat, Äthylpropionat, sec-Butylacetat, Dimethylcarbonat, Isobutylacetat, Isopropylacetat, Methylacetat, Methylacrylat, Methylbutyrat, Methylmethacrylat, Methylpropionat, n-Propylacetat, Propylformiate, Triäthylborat, Trimethylborat, Vinylacetat;

   schwefelhaltige Stoffe, wie:
   Amylmerkaptan, Butylmerkaptan, Propylmerkaptan, Thiophen.

   Bem. Giftige schwefelhaltige Stoffe sind Stoffe der Ziffer 18.

4. Mischungen von Stoffen der Ziffern 1 bis 3 mit höchstens 55 % Nitrozellulose mit einem Stickstoffgehalt von nicht mehr als 12,6 % (*Kollodium-, Semikollodium-* und andere *Nitrozelluloselösungen* sowie *Nitrozellulosefarben* und *Nitrozelluloselacke*):

   a) mit einem Siedepunkt bzw. Siedebeginn von höchstens 35 °C;

   b) mit einem Siedepunkt bzw. Siedebeginn von mehr als 35 °C.

   Bem. Mischungen mit einem Flammpunkt unter 21 °C
   – mit mehr als 55 % Nitrozellulose mit beliebigem Stickstoffgehalt oder
   – mit höchstens 55 % Nitrozellulose mit einem Stickstoffgehalt von mehr als 12,6 %
   sind Stoffe der Klasse 1 a (siehe Rn. 2101 Ziffer 1) oder der Klasse 4.1 [siehe Rn. 2401 Ziffer 7 a)].

5. Viskose Stoffe, wie:
   Farbstoffe, Klebstoffe, Lacke, Lackfarben, Poliermittel und gewisse *Leder-* und *Tiefdruckfarben,* ausgenommen Stoffe, die Nitrozellulose enthalten:

   a) mit einem Siedepunkt bzw. Siedebeginn von höchstens 35 °C, soweit sie nicht unter c) fallen;

   b) mit einem Siedepunkt bzw. Siedebeginn von mehr als 35 °C, soweit sie nicht unter c) fallen;

   c) wenn sie folgenden Bedingungen genügen:
      1. die Höhe der sich abtrennenden Schicht des Lösemittels muß weniger als 3 % der Gesamthöhe des Prüfmusters bei der Lösemittel-Trennprüfung [1] betragen,

---

[1] **Lösemittel-Trennprüfung:** Diese Prüfung muß bei 23 °C in einem Meßzylinder von 100 ml Inhalt durchgeführt werden. Letzterer muß mit einem Stopfen versehen sein und eine Gesamthöhe von zirka 25 cm sowie einen einheitlichen inneren Durchmesser im kalibrierten Teil von etwa 3 cm besitzen. Der Stoff muß gut umgerührt werden, um eine einheitliche Homogenität zu erhalten. Hierauf ist der Stoff in den Meßzylinder bis zur Marke 100 ml einzufüllen; Stopfen aufsetzen und während 24 Stunden ruhen lassen. Anschließend ist die Höhe der oberen Trennschicht zu messen und der Prozentsatz dieser Schichthöhe gegenüber der Gesamthöhe des Prüfmusters auszurechnen.

Klasse 3

2301
(Forts.)

2. die Viskosität [2]) und der Flammpunkt müssen mit der folgenden Tabelle übereinstimmen:

Extrapolierte kinematische Viskosität v (bei einer Schergeschwindigkeit von fast 0) mm²/s bei 23 °C	Auslaufzeit t nach ISO 2431 – 1980		Flammpunkt in °C
	in s	bei Durchmesser der Auslaufdüse in mm	
20 < v ≤ 80	20 < t ≤ 60	4	über 17
80 < v ≤ 135	60 < t ≤ 100	4	über 10
135 < v ≤ 220	20 < t ≤ 32	6	über 5
220 < v ≤ 300	32 < t ≤ 44	6	über – 1
300 < v ≤ 700	44 < t ≤ 100	6	über – 5
700 < v	100 < t	6	– 5 und darunter

6. Stoffe und Präparate zur Schädlingsbekämpfung mit gesundheitsschädlicher Wirkung mit einem Flammpunkt unter 21 °C:

a) mit einem Siedepunkt bzw. Siedebeginn von höchstens 35 °C;

b) mit einem Siedepunkt bzw. Siedebeginn von mehr als 35 °C.

Bem. Die Zuordnung der Stoffe und Präparate zu dieser Ziffer erfolgt auf Grund der Kriterien für gesundheitsschädliche Stoffe nach der Fußnote [1]) zu Rn. 2600 (1) sowie nach den Bemerkungen zu den Ziffern 71 bis 88 der Rn. 2601.

B. Giftige Stoffe mit einem Flammpunkt unter 21 °C

Bem. 1. Giftige Stoffe mit einem Flammpunkt von 21 °C oder darüber sowie Blausäure (Cyanwasserstoff) und ihre Lösungen und die Metallcarbonyle sind Stoffe der Klasse 6.1.
2. Hinsichtlich der Giftigkeitskriterien siehe Fußnote [1]) zu Rn. 2600 (1).
3. Gesundheitsschädliche Stoffe mit einem Flammpunkt unter 21 °C sind Stoffe der Ziffern 1 bis 6 dieser Klasse.

11. Nitrile und Isonitrile (Isocyanide), wie:

a) *Acrylnitril (Vinylcyanid), tert-Butylisocyanid;*

b) *Acetonitril (Methylcyanid), Butyronitril (Buttersäurenitril), 2-Chloracrylnitril, Isobutyronitril (Isobuttersäurenitril), Methacrylnitril, Pivalonitril, Propionitril.*

12. Imine, wie:

Äthylenimin, Propylenimin.

Bem. Für diese Stoffe bestehen Sondervorschriften für die Verpackung (siehe Rn. 2303).

13. *Äthylisocyanat, Methylisocyanat.*

Bem. Für diese Stoffe bestehen Sondervorschriften für die Verpackung (siehe Rn. 2304).

14. Sonstige Isocyanate, wie:

a) *tert-Butylisocyanat, Methoxymethylisocyanat, Propylisocyanate;*

b) *n-Butylisocyanat, Isobutylisocyanat,* Lösungen von Isocyanaten mit einem Flammpunkt unter 21 °C (siehe Klasse 6.1 Rn. 2601 Ziffern 18 und 19).

15. Andere stickstoffhaltige Stoffe, wie:

a) *Allylamin, 1,2-Dimethylhydrazin;*

b) *Pyridin.*

16. Organische halogenhaltige Stoffe, wie:

a) *Äthylchlorformiat, Allylbromid, Allylchlorid, Chloropren, Methylchlorformiat;*

b) *1,2-Dichloräthan (Äthylendichlorid), Methylchlormethyläther (Chlormethoxymethan), Methylchlorthioformiat.*

17. Organische sauerstoffhaltige Stoffe, wie:

a) *Acrolein, Tetramethylorthosilikat (Tetramethoxysilan);*

b) *Allylacetat, Diallyläther, Methacrylaldehyd, Methylalkohol (Methanol).*

18. Organische schwefelhaltige Stoffe, wie:

a) *Isopropylisothiocyanat, Schwefelkohlenstoff;*

b) *Äthylmerkaptan, Diäthylsulfid (Diäthylschwefel),* Lösungen von Isothiocyanaten mit einem Flammpunkt unter 21 °C (siehe Klasse 6.1 Rn. 2601 Ziffer 20 b).

---

[2]) **Bestimmung der Viskosität:** Wenn der betreffende Stoff sich nicht-newtonisch verhält oder wenn die Auslaufbecher-Methode zur Bestimmung der Viskosität ungeeignet ist, muß ein Viskometer mit variabler Schergeschwindigkeit verwendet werden, um den Koeffizienten der dynamischen Viskosität des Stoffes bei 23 °C bei einer Anzahl von Schergeschwindigkeiten zu bestimmen; die erhaltenen Werte müssen in Abhängigkeit von den Schergeschwindigkeiten auf eine Schergeschwindigkeit 0 extrapoliert werden. Die auf diese Weise festgestellte dynamische Viskosität, dividiert durch die Dichte, ergibt die scheinbare kinematische Viskosität bei einer Schergeschwindigkeit von fast 0.

Klasse 3

19. Sehr giftige oder giftige Stoffe und Präparate zur Schädlingsbekämpfung mit einem Flammpunkt unter 21 C: **2301**

(Forts.)
a) mit einem Siedepunkt bzw. Siedebeginn von höchstens 35 C und/oder sehr giftig;

b) mit einem Siedepunkt bzw. Siedebeginn von mehr als 35 C und giftig.

Bem. 1. Die Zuordnung der Stoffe und Präparate zur Ziffer 19 a) oder b) erfolgt auf Grund der Kriterien für sehr giftige oder giftige Stoffe nach der Fußnote ¹) zu Rn. 2600 (1) sowie nach den Bemerkungen zu den Ziffern 71 bis 88 der Rn. 2601.

2. Stoffe und Präparate zur Schädlingsbekämpfung mit gesundheitsschädlicher Wirkung mit einem Flammpunkt unter 21 C sind Stoffe der Ziffer 6 a) oder b).

20. Sehr giftige oder giftige Stoffe sowie Lösungen und Gemische (wie Präparate, Zubereitungen und Abfälle) mit einem Flammpunkt unter 21 °C, die nicht unter andere Sammelbezeichnungen fallen:

a) mit einem Siedepunkt bzw. Siedebeginn von höchstens 35 C und/oder sehr giftig;

b) mit einem Siedepunkt bzw. Siedebeginn von mehr als 35 C und giftig.

Bem. Die Zuordnung der Stoffe, Lösungen, Mischungen und Zubereitungen zur Ziffer 20 a) oder b) erfolgt auf Grund der Kriterien für sehr giftige bzw. giftige Stoffe nach der Fußnote ¹) zu Rn. 2600 (1).

C.   Ätzende Stoffe mit einem Flammpunkt unter 21 C

Bem. 1. Ätzende Stoffe mit einem Flammpunkt von 21 C oder darüber und einige Säurehalogenide mit einem Flammpunkt unter 21 C sind Stoffe der Klasse 8.

2. Hinsichtlich der Kriterien betreffend die Ätzwirkung siehe Fußnote ¹) zu Rn. 2800 (1).

21. Chlorsilane, wie:

a) *Äthyltrichlorsilan, Dimethyldichlorsilan, Methyltrichlorsilan, Trimethylchlorsilan, Vinyltrichlorsilan;*

Bem. Chlorsilane, die in Berührung mit Wasser oder feuchter Luft entzündliche Gase abgeben, sind Stoffe der Klasse 4.3 und sind zur Beförderung nur zugelassen, wenn sie dort namentlich aufgeführt sind.

22. Amine und Lösungen von Aminen, wie:

a) *Isopropylamin (2-Aminopropan),* wässerige Lösungen von *Äthylamin,* von *Dimethylamin,* von *Methylamin* und von *Trimethylamin* mit einem Siedepunkt von höchstens 35 °C;

b) *n-Amylamin, n-Butylamin, Diäthylamin, Diallylamin, Diisopropylamin, Dimethylpropylamin, Isobutylamin, n-Propylamin (1-Aminopropan), Pyrrolidin, Triäthylamin,* wässerige Lösungen von *Äthylamin,* von *Dimethylamin,* von *Methylamin* und von *Trimethylamin* mit einem Siedepunkt über 35 °C.

Bem. Wasserfreies Methylamin, Äthylamin, Dimethylamin und Trimethylamin sind Stoffe der Klasse 2 [siehe Rn. 2201 Ziffer 3 bt)].

23. Alkylhydrazine, wie:

a) *1,1-Dimethylhydrazin, Methylhydrazin.*

24. Lösungen der Alkoholate, wie:

b) Alkoholische Lösungen von *Natriummethylat.*

25. Sonstige halogenhaltige ätzende Stoffe, wie:

a) *Allyljodid, Isopropylchlorformiat;*

b) *Acetylchlorid, Propionylchlorid (Propionsäurechlorid).*

26. Stark ätzende oder ätzende Stoffe sowie Lösungen und Gemische (wie Präparate, Zubereitungen und Abfälle) mit einem Flammpunkt unter 21 °C. die nicht unter andere Sammelbezeichnungen fallen:

a) mit einem Siedepunkt bzw. Siedebeginn von höchstens 35 °C und/oder stark ätzend;

b) mit einem Siedepunkt bzw. Siedebeginn von mehr als 35 °C und ätzend.

Bem. Die Zuordnung der Stoffe, Lösungen, Mischungen und Zubereitungen zur Ziffer 26 a) oder b) erfolgt auf Grund der Kriterien für stark ätzende bzw. ätzende Stoffe nach der Fußnote ¹) zu Rn. 2800 (1).

D.   Nicht giftige und nicht ätzende Stoffe mit einem Flammpunkt von 21 °C bis 100 °C (die Grenzwerte inbegriffen)

Bem. Nicht giftige und nicht ätzende Lösungen und homogene Mischungen mit einem Flammpunkt von 21 °C oder darüber (wie gewisse Farben und Lacke, ausgenommen Stoffe, die Nitrozellulose enthalten) unterliegen nicht den Vorschriften

dieser Verordnung,   **|**   des ADR,

wenn bei der Lösemittel-Trennprüfung nach Fußnote ¹) zur Ziffer 5 die Höhe der sich abtrennenden Schicht des Lösemittels weniger als 3 % der Gesamthöhe beträgt und wenn die Stoffe bei 23 °C im Auslaufbecher nach ISO-Norm 2431 – 1980 mit einer Auslaufdüse von 6 mm Durchmesser eine Auslaufzeit

a) von mindestens 60 Sekunden oder

b) von mindestens 40 Sekunden haben und nicht mehr als 60 % Stoffe der Klasse 3 enthalten.

31. Stoffe sowie Lösungen und Gemische (wie Präparate, Zubereitungen und Abfälle) mit einem Flammpunkt von 21 °C bis 55 °C (die Grenzwerte inbegriffen), wie:

c) Gewisse *Roherdöle* und andere *Rohöle* sowie halbschwere Destillationsprodukte aus Erdöl und aus anderen Rohölen (Steinkohlen-, Braunkohlen-, Schiefer-, Holz- und Torfteer), wie:
Kerosin, Mineralterpentin (white-spirit, Terpentinersatz), Petroleum, Solventnaphtha;

Kohlenwasserstoffe, wie:
Äthylbenzol, chemisch rein, *Cumol (Isopropylbenzol), Cymole (Methylisopropylbenzole), n-Decan, Dicyclopentadien, Isododecan (Pentamethylheptan), Mesitylen (1,3.5-Trimethylbenzol), Nonan, Styrol (Vinylbenzol), Terpentin, m-Xylol (1,3-Dimethylbenzol), o-Xylol (1,2-Dimethylbenzol), p-Xylol (1,4-Dimethylbenzol);*

73

halogenhaltige Stoffe, wie:

Chlorbenzol (Phenylchlorid), Dichlorpentane, 1,3-D ichlorpropen;

Alkohole, wie:

Äthylglykol (Glykolmonoäthläther), n-Amylalkohol, sec-Amylalkohol, Butanol (n-Butylalkohol), n-Butand-2 (sec-Butylalkohol), Cyclopentanol, Diacetonalkohol, chemisch rein, *Isobutanol (Isobutylalkohol), Methoxyäthanol, Methylamylalkohol (Methylisobutylcarbinol), n-Propanol,* wässerige Lösungen von *Ätyhlalkohol* mit einer Konzentration von 24, jedoch nicht mehr als 70 %;

Bem. Wässerige Lösungen von Äthylalkohol mit einer Konzentration von weniger als 24 % unterliegen nicht den Vorschriften

dieser Verordnung. | **des ADR.**

Äther, wie:

1,2 Diäthoxyäthan (Äthylenglykoldiäthyläther), Diisoamyläther, n-Dibutyläther (n-Butyläther), Phenylmethyläther (Anisol);

Aldehyde, wie:

2-Äthylhexanal, Hexaldehyd, Paraldehyd;

Ketone, wie:

Cyclohexanon, Cyclopentanon, Diisobutylketon, Mesityloxid;

Ester, wie:

2-Äthylbutylacetat, Äthylbutyrat, Äthylglykolacetat (Äthylenglykolmonoäthylätheracetat), Äthyllactat, Äthylsilikat, Amylacetate, n-Butylacetat, n-Butylacrylat, Isoamylformiat, Methylamylacetat, Methylglykolacetat (Äthylenglykolmonomethylätheracetat), Triäthylphosphit, Trimethylphosphit;

stickstoffhaltige Stoffe, wie:

Amylnitrat, Dimethyläthanolamin (Dimethylaminoäthanol), Morpholin, Nitromethan, Nitropropane, Picoline (Methylpyridine).

32. Stoffe sowie Lösungen und Gemische (wie Präparate, Zubereitungen und Abfälle) mit einem Flammpunkt über 55 °C bis höchstens 100 °C, wie:

    c) Gewisse *Roherdöle* und andere *Rohöle* sowie schwere Destillationsprodukte aus Erdöl und aus anderen Rohölen, *Dieselöle,* gewisse *Gasöle, Heizöle,* gewisse *Teere* und ihre Destillationsprodukte;

       Kohlenwasserstoffe, wie:

       Decahydronaphthalin (Decalin), Diäthylbenzole, Tetrahydronaphthalin, Undecan;

       sauerstoffhaltige Stoffe, wie:

       Cyclohexylacetat, Diisobutylcarbinol (2,6-Dimethylheptanol), Furfural (Furfuraldehyd), Hexanole;

       halogenhaltige Stoffe, wie:

       2-Äthylhexylchlorid, 1-Brompropan;

       stickstoffhaltige Stoffe, wie:

       N,N-Dimethylformamid.

33. c) Mischungen von Stoffen der Ziffer 31 c) mit höchstens 55 % Nitrozellulose mit einem Stickstoffgehalt von nicht mehr als 12,6 % *(Kollodium-, Semikollodium-* und andere *Nitrozelluloselösungen* sowie *Nitrozellulosefarben* und *Nitrozelluloselacke).*

    Bem. Mischungen

       – mit mehr als 55 % Nitrozellulose mit beliebigem Stickstoffgehalt oder

       – mit höchstens 55 % Nitrozellulose mit einem Stickstoffgehalt von mehr als 12,6 %

       sind Stoffe der Klasse 1 a (siehe Rn. 2101 Ziffer 1) oder der Klasse 4.1 [siehe Rn. 2401 Ziffer 7 a)].

34. c) Mischungen von Stoffen der Ziffer 32 c) mit höchstens 55 % Nitrozellulose mit einem Stickstoffgehalt von nicht mehr als 12,6 % *(Kollodıum-, Semikollodium-* und andere *Nitrozelluloselösungen* sowie *Nitrozellulosefarben* und *Nitrozelluloselacke).*

    Bem. Mischungen

       – mit mehr al⁻ 55 % Nitrozellulose mit beliebigem Stickstoffgehalt oder

       – mit höchstens 55 % Nitrozellulose mit einem Stickstoffgehalt von mehr als 12,6 %

       sind Stoffe der Klasse 1 a (siehe Rn. 2101 Ziffer 1) oder der Klasse 4.1 [siehe Rn. 2401 Ziffer 7 a)].

E. Leere Verpackungen

41. Ungereinigte *leere Verpackungen, leere Tankfahrzeuge, leere Aufsetztanks* und *leere Tankcontainer,* die Stoffe der Klasse 3 enthalten haben.

2301 a   Stoffe der Ziffern 1 bis 6, 21 bis 26 und 31 bis 34, die unter den nachstehenden Bedingungen befördert werden, unterliegen nicht den für diese Klasse in

dieser Verordnung | dieser Anlage und der Anlage B

enthaltenen Vorschriften:

    (1) a) Stoffe, die unter a) der einzelnen Ziffern fallen, bis zu 500 ml je Innenverpackung und bis zu 1 Liter je Versandstück;

Klasse 3

b) Stoffe, die unter b) der einzelnen Ziffern fallen, bis zu 3 Liter je Innenverpackung und bis zu 6 Liter je Versandstück;

c) Stoffe, die unter c) der einzelnen Ziffern fallen, bis zu 3 Liter je Innenverpackung und bis zu 45 Liter je Versandstück.

Diese Stoffmengen müssen in zusammengesetzten Verpackungen befördert werden, die mindestens den Bedingungen der Rn. 3538 entsprechen.

Die allgemeinen Verpackungsvorschriften der Rn. 3500 (1) und (2) sowie (4) bis (7) sind zu beachten.

Bem. Bei wasserhaltigen homogenen Mischungen beziehen sich die genannten Mengen nur auf die in ihnen enthaltenen Stoffe dieser Klasse.

Bem. Für wässerige Lösungen von Äthylalkohol und mit Wasser beliebig mischbare Stoffe, jeweils der Ziffer 31 c), in Gefäßen gelten nicht die Höchstbegrenzung von 45 Liter je Versandstück und die in Absatz 1 Satz 2 und 3 enthaltenen Bedingungen.

(2) Alkoholische Getränke der Ziffer 31 c) in Verpackungen mit einem Fassungsraum bis höchstens 250 Liter.

(3) Kraftstoff in Behältern von Beförderungsmitteln, der zu ihrem Antrieb oder zum Betrieb ihrer besonderen Einrichtungen (z.B. Kühleinrichtungen) dient. Der Absperrhahn zwischen Motor und Behälter der Krafträder und Fahrräder mit Hilfsmotor, deren Behälter Kraftstoff enthalten, muß bei der Beförderung geschlossen sein; sie müssen aufrecht verladen und gegen Umkippen gesichert werden.

2. Vorschriften

A. Versandstücke

1. Allgemeine Verpackungsvorschriften

(1) Die Verpackungen müssen den Bedingungen des Anhangs A. 5 entsprechen, sofern nicht in den Rn. 2303 bis 2310 besondere Bedingungen für die Verpackung bestimmter Stoffe vorgesehen sind. **2302**

(2) Nach den Bestimmungen der Rn. 2300 (3) und 3511 (2) sind für

– sehr gefährliche, in den einzelnen Ziffern unter a) fallende Stoffe, Verpackungen der Verpackungsgruppe I, gekennzeichnet mit dem Buchstaben „X",

– gefährliche, in den einzelnen Ziffern unter b) fallende Stoffe, Verpackungen der Verpackungsgruppe II oder I, gekennzeichnet mit dem Buchstaben „Y" oder „X",

– weniger gefährliche, in den einzelnen Ziffern unter c) fallende Stoffe, Verpackungen der Verpackungsgruppe III, II oder I, gekennzeichnet mit dem Buchstaben „Z", „Y" oder „X",

zu verwenden.

Bem. Wegen Beförderung von Stoffen der Klasse 3 in Tankfahrzeugen, Aufsetztanks und Tankcontainern siehe Anlage B.

2. Besondere Verpackungsvorschriften

a) Imine der Ziffer 12 müssen in Stahlgefäßen von ausreichender Dicke verpackt sein, die mit eingeschraubten Stopfen oder aufgeschraubter Kappe und geeigneten Dichtungsringen oder Dichtungsscheiben gas- und flüssigkeitsdicht verschlossen sind. Die Gefäße müssen erstmalig und wiederkehrend spätestens alle 5 Jahre mit einem Druck von mindestens 0,3 MPa (3 bar) (Überdruck) nach Rn. 2216 geprüft werden. Jedes Gefäß muß unter Verwendung saugfähiger Stoffe in eine feste, dichte Schutzverpackung aus Metall eingebettet sein. Die Schutzverpackung muß luftdicht verschlossen, der Verschluß gegen unbeabsichtigtes Lösen gesichert sein. Die Höchstmasse der Füllung je Liter Fassungsraum beträgt 0,67 kg. Ein Versandstück darf nicht schwerer sein als 75 kg. Sofern sie nicht als geschlossene Ladung befördert werden, müssen Versandstücke, die schwerer sind als 30 kg, mit Trageeinrichtungen versehen sein. **2303**

b) Imine der Ziffer 12 dürfen auch verpackt sein in Stahlgefäßen von ausreichender Dicke, die mit eingeschraubten Stopfen und aufgeschraubter Schutzkappe oder einer gleichwertigen Einrichtung gas- und flüssigkeitsdicht verschlossen sind. Die Gefäße müssen erstmalig und wiederkehrend, spätestens alle 5 Jahre, mit einem Druck von mindestens 1 MPa (10 bar) (Überdruck) nach Rn. 2216 geprüft werden. Die Masse der Füllung je Liter Fassungsraum darf nicht mehr als 0,67 kg betragen. Ein Versandstück darf nicht schwerer sein als 75 kg.

Methyl- und Äthylisocyanat der Ziffer 13 müssen verpackt sein: **2304**

a) in dichtverschlossenen Gefäßen aus Reinaluminium, mit einem Fassungsraum von höchstens 1 Liter, die bis zu 90 % ihres Fassungsraums gefüllt sein dürfen. Höchstens 10 solcher Gefäße sind mit geeigneten Polsterstoffen in eine Holzkiste einzubetten. Ein solches Versandstück, das den Prüfanforderungen für zusammengesetzte Verpackungen nach Rn. 3538 für die Verpackungsgruppe I genügen muß, darf nicht schwerer sein als 30 kg; oder

b) in Gefäßen aus Reinaluminium mit einer Wanddicke von 5 mm oder aus rostfreiem Stahl. Die Gefäße müssen vollständig geschweißt sein und erstmalig und wiederkehrend spätestens alle 5 Jahre mit einem Druck von mindestens 0,5 MPa (5 bar) (Überdruck) nach Rn. 2216 geprüft werden. Sie müssen mit zwei übereinanderliegenden Verschlüssen, von denen einer verschraubt oder in gleichwertiger Weise befestigt sein muß, dicht verschlossen sein.

Klasse 3

Der Füllungsgrad darf höchstens 90 % betragen.

Fässer, die schwerer sind als 100 kg, müssen mit Rollreifen oder Rollsicken versehen sein.

2305   Die Stoffe, die unter a) der einzelnen Ziffern der Rn. 2301 fallen, müssen verpackt sein:

a) in Fässern aus Stahl mit nichtabnehmbarem Deckel nach Rn. 3520 oder

b) in Fässern aus Aluminium mit nichtabnehmbarem Deckel nach Rn. 3521 oder

c) in Kanistern aus Stahl mit nichtabnehmbarem Deckel nach Rn. 3522, oder

d) in Fässern aus Kunststoff mit nichtabnehmbarem Deckel, mit einem Fassungsraum von höchstens 60 Liter, oder in Kanistern aus Kunststoff mit nichtabnehmbarem Deckel nach Rn. 3526 oder".

e) in Kombinationsverpackungen (Kunststoff) nach Rn. 3537 oder

f) in zusammengesetzten Verpackungen mit Innenverpackungen aus Glas, Kunststoff oder Metall nach Rn. 3538.

2306   (1) Die Stoffe, die unter b) der einzelnen Ziffern der Rn. 2301 fallen, müssen verpackt sein:

a) in Fässern aus Stahl nach Rn. 3520 oder

b) in Fässern aus Aluminium nach Rn. 3521 oder

c) in Kanistern aus Stahl nach Rn. 3522 oder

d) in Fässern und Kanistern aus Kunststoff nach Rn. 3526 oder

e) in Kombinationsverpackungen (Kunststoff) nach Rn. 3537 oder

f) in zusammengesetzten Verpackungen nach Rn. 3538;

„**Bem.** zu a), b), c) und d): Fässer oder Kanister mit abnehmbarem Deckel sind nur für dickflüssige Stoffe mit einer Viskosität bei 23 °C von mehr als 200 mm²/s zugelassen."

(2) Die Stoffe, die unter b) der Ziffern 3, 6, 15, 17, 22, 24 und 25 fallen, dürfen auch in Kombinationsverpackungen (Glas, Porzellan oder Steinzeug) nach Rn. 3539 verpackt sein.

2307   Die Stoffe, die unter c) der einzelnen Ziffern der Rn 2301 fallen, müssen verpackt sein:

a) in Fässern aus Stahl nach Rn. 3520 oder

b) in Fässern aus Aluminium nach Rn. 3521 oder

c) in Kanistern aus Stahl nach Rn. 3522 oder

d) in Fässern und Kanistern aus Kunststoff nach Rn. 3526 oder

e) in Kombinationsverpackungen (Kunststoff) nach Rn. 3537 oder

f) in zusammengesetzten Verpackungen nach Rn. 3538 oder

g) in Kombinationsverpackungen (Glas, Porzellan oder Steinzeug) nach Rn. 3539.

Bem. 1. zu a), b), c) und d): Fässer oder Kanister mit abnehmbarem Deckel sind nur für dickflüssige Stoffe mit einer Viskosität bei 23 °C von mehr als 200 mm²/s zugelassen.

     2. Verpackungen nach Rn. 2307, die Stoffe der Ziffern 32 c) und 34 c) enthalten, müssen nur den Vorschriften der Rn. 3500 (1), (2) und (4) bis (7) entsprechen.

2308   (1) Äthylalkohol sowie seine wässerigen Lösungen der Ziffern 3 b) und 31 c) dürfen auch verpackt sein in Fässern aus Naturholz mit Spund nach Rn. 3524.

(2) Die Stoffe der Ziffern 3 b), 4 b), 5 b) und c), 6 b), 31 c), 32 c), 33 c) und 34 c) dürfen auch verpackt sein in Feinstblechverpackungen nach Rn. 3540.

Feinstblechverpackungen mit abnehmbarem Deckel sind nur zugelassen für dickflüssige Stoffe mit einer Viskosität bei 23 °C von mehr als 200 mm²/s sowie für Stoffe der Ziffer 5 c).

Bem. Verpackungen nach Rn. 2308 (2), die Stoffe der Ziffern 32 c) und 34 c) enthalten, müssen nur den Vorschriften der Rn. 3500 (1), (2) und (4) bis (7) entsprechen.

2309   Die Öffnungen der Gefäße für Stoffe der Ziffern 6 a) und b), 11 a) und b), 14 a) und b), 15 a) und b), 16 a) und b), 17 a) und b), 18 a) und b), 19 a) und b), 20 a) und b) müssen mit zwei hintereinanderliegenden Einrichtungen, von denen eine verschraubt oder in gleichwertiger Weise befestigt sein muß, dicht verschlossen sein.

2310   Gefäße, die Zubereitungen der Ziffern 31 c) und 32 c) enthalten, die in geringer Menge Kohlendioxid und/oder Stickstoff ausgasen, müssen mit einer Lüftungseinrichtung nach Rn. 3500 (8) versehen sein.

3. Zusammenpackung

2311   (1) Die unter dieselbe Ziffer fallenden Stoffe dürfen miteinander zu einer zusammengesetzten Verpackung nach Rn. 3538 vereinigt werden.

Klasse 3

(2) Stoffe verschiedener Ziffern der Klasse 3 dürfen bis höchstens 5 Liter je Verpackung miteinander und/oder mit Gütern, die den Vorschriften

dieser Verordnung   ▌ des ADR

nicht unterliegen, zu einer zusammengesetzten Verpackung nach Rn. 3538 vereinigt werden, wenn sie nicht gefährlich miteinander reagieren.

(3) Sofern nachstehend nicht besondere Bedingungen vorgesehen sind, dürfen Stoffe der Klasse 3 bis höchstens 5 Liter je Verpackung mit Stoffen oder Gegenständen der übrigen Klassen – soweit eine Zusammenpackung auch für Stoffe und Gegenstände dieser Klassen zugelassen ist – und/oder mit Gütern, die den Vorschriften

dieser Verordnung   ▌ des ADR

nicht unterliegen, zu einer zusammengesetzten Verpackung nach Rn. 3538 vereinigt werden, wenn sie nicht gefährlich miteinander reagieren.

(4) Gefährliche Reaktionen sind:

a) eine Verbrennung und/oder eine Entwicklung beträchtlicher Wärme;

b) die Entwicklung von entzündbaren und/oder giftigen Gasen;

c) die Bildung von ätzenden flüssigen Stoffen;

d) die Bildung instabiler Stoffe.

(5) Die Zusammenpackung eines Stoffes sauren Charakters mit einem Stoff basischen Charakters in einem Versandstück ist nicht zulässig, wenn beide Stoffe in zerbrechlichen Verpackungen verpackt sind.

(6) Die Vorschriften der Rn. 2001 (7), 2002 (6) und (7) und 2302 sind zu beachten.

(7) Ein Versandstück darf bei Verwendung einer Kiste aus Holz oder Pappe nicht schwerer sein als 100 kg.

Besondere Bedingungen

Ziffer	Bezeichnung des Stoffes	Höchstmenge		Besondere Vorschriften
		je Gefäß	je Versandstück	
12	Imine			
13	Methylisocyanat Äthylisocyanat	Zusammenpackung nicht zugelassen		
Für die in den Ziffern unter a) fallenden Stoffe		0,5 Liter	1 Liter	Dürfen nicht zusammengepackt werden mit Stoffen und Gegenständen der Klassen 1 a, 1 b, 1 c, 5.2 (ausgenommen Härter und Mehrkomponentensysteme) und 7

4. Aufschriften und Gefahrzettel auf Versandstücken (siehe Anhang A. 9)

(1) Versandstücke mit Stoffen der Ziffern 1 bis 6, 11 bis 26, 31 und 33 sind mit einem Zettel nach Muster 3 zu versehen. Sind die Stoffe in Kombinationsverpackungen (Glas, Porzellan, Steinzeug) nach Rn. 3539 mit einem Fassungsraum von mehr als 5 Liter verpackt, so sind die Versandstücke jedoch mit zwei Zetteln nach Muster 3 zu versehen [siehe Rn. 3901 (2)].   **2312**

(2) Außerdem sind Versandstücke mit Stoffen der Ziffer 6 mit einem Zettel nach Muster 6.1 A, mit Stoffen der Ziffern 11 bis 20

sowie Benzol der Ziffer 3 b)   ▌

mit einem Zettel nach Muster 6.1, mit Stoffen der Ziffern 21 bis 26 mit einem Zettel nach Muster 8 zu versehen.

(3) Versandstücke mit zerbrechlichen Gefäßen, die von außen nicht sichtbar sind, sind an zwei gegenüberliegenden Seiten mit einem Zettel nach Muster 12 zu versehen.

(4) Versandstücke mit Gefäßen, deren Verschlüsse von außen nicht sichtbar sind, sowie Versandstücke mit Gefäßen mit Lüftungseinrichtungen oder Gefäße mit Lüftungseinrichtungen ohne Außenverpackung sind an zwei gegenüberliegenden Seiten mit einem Zettel nach Muster 11 zu versehen.

Anlage A
Klasse 3

2313

B. Vermerke im Beförderungspapier

(1) Die Bezeichnung des Gutes im Beförderungspapier muß gleich lauten wie eine der in Rn. 2301 durch *Kursivschrift* hervorgehobenen Benennungen. Falls der Stoffname nicht namentlich aufgeführt ist, muß die chemische Bezeichnung eingesetzt werden. Diese Benennung muß für Stoffe und Präparate der Ziffern 6 und 19 für den   **2314**

Klasse 3

gefährlichsten Bestandteil sowohl des Pestizidanteils[1]) als auch des entzündbaren Anteils eingesetzt werden (z.B.: ,,Parathion in Hexan''). Die Bezeichnung des Gutes ist

| *zu unterstreichen* und

durch die *Angabe der Klasse, der Ziffer und gegebenenfalls des Buchstabens der Stoffaufzählung und die Abkürzung ,,ADR'' (oder ,,RID'')* zu ergänzen [z. B. *3, Ziffer 14 a) ADR*].

Bem. Für Zubereitungen und Gemische gilt auch die technische Bezeichnung als chemische Benennung.

|

,,Bei der Beförderung von Abfällen [siehe Rn. 2000 (4)] muß die Bezeichnung des Gutes lauten: ,,Abfall, enthält . . .'', wobei die für die Zuordnung des Abfalls nach Rn. 2002 (8) maßgebende(n) gefährliche(n) Komponente(n) mit ihrer (ihren) chemischen Benennung(en) einzusetzen ist (sind), z. B. *,,Abfall, enthält Methanol, 3, Ziffer 17 b), ADR''*. Im allgemeinen brauchen nicht mehr als zwei Komponenten, die maßgebend für die Gefahr(en) des Abfalls sind, angegeben zu werden.''

(2) Beim Versenden von chemisch instabilen Stoffen muß der Absender im Beförderungspapier bescheinigen: *,,Maßnahmen nach Rn. 2300 (6) wurden getroffen.''*

2315-2321

C. Leere Verpackungen

2322　　(1) Ungereinigte leere Verpackungen der Ziffer 41 müssen ebenso verschlossen und undurchlässig sein wie in gefülltem Zustand.

(2) Ungereinigte leere Verpackungen der Ziffer 41 müssen mit den gleichen Gefahrzetteln versehen sein wie in gefülltem Zustand.

(3) Die Bezeichnung im Beförderungspapier muß gleich lauten wie eine der in Ziffer 41 durch *Kursivschrift* hervorgehobenen Benennungen, z. B. *,,Leere Verpackung, 3, Ziffer 41 ADR''*.

| Dieser Text ist zu *unterstreichen*.

Bei ungereinigten leeren Tankfahrzeugen, leeren Aufsetztanks und leeren Tankcontainern ist diese Bezeichnung durch die Angabe ,,Letztes Ladegut'' sowie die Benennung und Ziffer des letzten Ladegutes [z. B. *,,Letztes Ladegut Benzin, Ziffer 3 b)''*] zu ergänzen.

2323-2399

---

[1]) Für die Bezeichnung des Pestizidanteils ist, sofern aufgeführt, der Name gemäß ISO-Norm R 1750 – 1981 einzusetzen (siehe auch Ziffern 71 bis 88 der Rn. 2601).

Klasse 4.1

Entzündbare feste Stoffe

1. Stoffaufzählung

Von den unter den Begriff der Klasse 4.1 fallenden Stoffen unterliegen die in Rn. 2401 genannten den Vorschriften **2400**
dieser

Verordnung. | Anlage und denen der Anlage B.

Diese Stoffe sind unter bestimmten Bedingungen zur Beförderung zugelassen und somit Stoffe

dieser Verordnung. | des ADR.

Bem. Für die Zuordnung der Lösungen und Gemische (wie Präparate, Zubereitungen und Abfälle) siehe auch Rn 2002 Abs. 8.

1. a) Stoffe, die durch Funken leicht entzündet werden können, wie *Holzmehl, Sägemehl, Holzspäne, Holzwolle, Holzkohle, Holzschliff* und *Holzzellstoff, Altpapier* und *Papierabfälle, Papierwolle, Rohr* (ausgenommen spanisches Rohr), **2401**
Schilf und *Schilfrohr, Heu, Stroh,* auch feucht (auch *Mais-, Reis-* oder *Flachsstroh*), *Spinnstoffe* pflanzlichen
Ursprungs und *Abfälle von Spinnstoffen* pflanzlichen Ursprungs, *Kork,* pulverförmig oder körnig, geschwellt oder
nicht geschwellt, auch mit Beimengung von Pech oder anderen nicht zur Selbstoxidation neigenden Stoffen, und
kleinstückige *Korkabfälle.*

Siehe auch Klasse 4.2, Rn. 2431, Ziffern 8 bis 10 und Rn. 2431 a unter a).

Bem. 1. Für Stoffe der Ziffer 1 a) sind die Vorschriften dieser Ver- | 1. Diese Stoffe sind in der Aufzählung nur wegen der Zusammenladeverordnung nicht anzuwenden.'' | bote aufgeführt. Die Vorschriften der Rn. 2416 (1) sind anzuwenden, nicht aber die anderen Vorschriften dieser Anlage oder der Anlage B.

2. Heu ist von der Beförderung ausgeschlossen, wenn es noch einen Feuchtigkeitsgrad aufweist, der zu einer Gärung führen könnte.

3. Durch Pressen hergestellte Schalen und Platten aus geschwelltem Kork, auch mit Beimengung von Pech oder anderen nicht zur Selbstoxidation neigenden Stoffen, unterliegen nicht den Vorschriften

dieser Verordnung. | des ADR.

4. Mit zur Selbstoxidation neigenden Stoffen imprägnierter Kork ist ein Stoff der Klasse 4.2 (siehe Rn. 2431, Ziffer 9).

b) Gemische (Präparate, Zubereitungen und Abfälle), | Abfälle,
die aus festen Stoffen bestehen, die entzündbare flüssige Stoffe enthalten.

2. a) *Schwefel* (auch *Schwefelblume*);

b) *Schwefel in geschmolzenem Zustand.*

3. *Zelloidin,* ein durch unvollständiges Verdunsten des im Kollodium enthaltenen Alkohols hergestelltes, im wesentlichen aus Kollodiumwolle bestehendes Erzeugnis.

4. *Zelluloid* in Platten, Blättern, Stangen oder Röhren und *mit Nitrozellulose imprägnierte Gewebe.*

5. *Filmzelluloid* (Filmrohstoff ohne Emulsion) in Rollen·und entwickelte *Filme aus Zelluloid.*

6. *Zelluloidabfälle* und *Zelluloidfilmabfälle.*

Bem. Nitrozellulosefilmabfälle, von Gelatine befreit, in Form von Bändern, Blättern oder Schnitzeln, sind Stoffe der Klasse 4.2 (siehe Rn. 2431, Ziffer 4).

7. a) *Nitrozellulose,* schwach nitriert (wie *Kollodiumwolle*), d. h. mit einem Stickstoffgehalt von höchstens 12,6 %,
gut stabilisiert und mit mindestens 25 % Wasser oder Alkohol (Methyl-, Äthyl-, n-Propyl- oder Isopropyl-,
Butyl-, Amylalkohol oder ihrer Gemische), auch denaturiert, Solventnaphtha, Benzol, Toluol, Xylol, Mischungen von denaturiertem Alkohol und Xylol, Mischungen von Wasser und Alkohol oder von kampferhaltigem
Alkohol;

Bem. 1. Nitrozellulose mit einem Stickstoffgehalt von mehr als 12,6 % ist ein Stoff der Klasse 1 a (siehe Rn. 2101, Ziffer 1).

2. Wird die Nitrozellulose mit denaturiertem Alkohol befeuchtet, dann darf das Denaturierungsmittel auf die Beständigkeit der Nitrozellulose keinen schädigenden Einfluß haben.

b) plastifizierte *Nitrozellulose, nicht pigmentiert,* mit mindestens 18 % plastifizierendem Stoff (wie Butylphthalat
oder einem dem Butylphthalat mindestens gleichwertigen plastifizierenden Stoff) und einem Stickstoffgehalt
der Nitrozellulose von höchstens 12,6 %, auch in Form von Blättchen (Schnitzeln, Chips);

Bem. Plastifizierte Nitrozellulose, nicht pigmentiert, mit mindestens 12 % und weniger als 18 % Butylphthalat oder einem dem Butylphthalat mindestens gleichwertigen plastifizierenden Stoff ist ein Stoff der Klasse 1 a (siehe Rn. 2101, Ziffer 4).

c) plastifizierte *Nitrozellulose, pigmentiert,* mit mindestens 18 % plastifizierendem Stoff (wie Butylphthalat oder
einem dem Butylphthalat mindestens gleichwertigen plastifizierenden Stoff) und einem Stickstoffgehalt der
Nitrozellulose von höchstens 12,6 % sowie mit einem Gehalt an Nitrozellulose von mindestens 40 %, auch
in Form von Blättchen (Schnitzeln, Chips).

Bem. Plastifizierte Nitrozellulose, pigmentiert, mit einem Gehalt an Nitrozellulose von weniger als 40 % unterliegt nicht den Vorschriften

dieser Verordnung. | des ADR.

Zu a), b) und c): Die schwach nitrierte Nitrozellulose und die plastifizierte Nitrozellulose, pigmentiert oder
nicht pigmentiert, werden zur Beförderung nur zugelassen, wenn sie den im Anhang A. 1 vorgeschriebenen
Beständigkeits- und Sicherheitsbedingungen und den vorstehenden Anforderungen in bezug auf Art und
Menge der Zusätze entsprechen.

Siehe zu a) auch Anhang A. 1, Rn. 3101, zu b) und c) auch Anhang A. 1, Rn. 3102 unter 1.

8. *Roter (amorpher) Phosphor, Phosphorsesquisulfid* und *Phosphorpentasulfid.*

Bem. Phosphorpentasulfid, das nicht frei von weißem oder gelbem Phosphor ist, ist zur Beförderung nicht zugelassen.

Anlage A
Klasse 4.1

79

Klasse 4.1

9. *Kautschuk (Gummi)* gemahlen, *Kautschuk-(Gummi-)staub.*

10. Künstlich aufbereiteter (z. B. durch Vermahlen oder auf andere Art hergestellter) *Staub von Steinkohle, Braun-kohle, Braunkohlenkoks* und *Torf,* sowie inertisierter (nicht selbstentzündlicher) *Braunkohlenschwelkoks.*

   Bem. 1. Der bei der Gewinnung von Kohle, Koks, Braunkohle oder Torf anfallende natürliche Staub unterliegt nicht den Vorschriften

   dieser Verordnung.   ▌ des ADR.

   2. Nicht vollständig inertisierter Braunkohlenschwelkoks ist zur Beförderung nicht zugelassen.

11. a) *Rohnaphthalin* mit einem Schmelzpunkt von weniger als 75 °C;

   b) *Reinnaphthalin* und *Rohnaphthalin* mit einem Schmelzpunkt von 75 °C oder mehr;

   c) *Naphthalin* in geschmolzenem Zustand.

   Siehe zu a) und b) auch Rn. 2401 a.

12. *Schäumbare Polystyrole,* die entzündbare Dämpfe mit einem Flammpunkt bis höchstens 55 °C abgeben.

12 A. Alkoholate, und zwar

   a) *Alkalialkoholate;*

   Bem. Selbstentzündliche Alkalialkoholate, z. B. Natriummethylat,
   fallen unter die Klasse 4.2.''

   b) *feste Aluminiumalkoholate.*

13. a) *Staub* und *Pulver von Aluminium* sowie
   Gemische von Aluminiumstaub oder -pulver und
   Zinkstaub oder -pulver, auch fettig oder ölig;
   Staub und *Pulver von Zirkonium* und *von Titan;*
   Hochofenfilterstaub, alle Stoffe *nicht selbstent-*
   zündlich;

   b) *Staub, Pulver* und feine *Späne von Magnesium*
   sowie *von Magnesiumlegierungen* mit einem
   Gehalt an Magnesium von mehr als 80 %, alle
   Stoffe *nicht selbstentzündlich.*

   Bem. zu Ziffer 13 a) und b):
   Die unter Ziffer 13 a) und b) aufgeführten Stoffe
   – in pyrophorer Form sind Stoffe der Klasse 4.2 [siehe
   Rn. 2431, Ziffer 6 a)];
   – in nicht pyrophorer Form, die aber in Berührung mit
   Wasser entzündliche Gase entwickeln, sind Stoffe der
   Klasse 4.3 [siehe Rn. 2471, Ziffer 1 d)].

14. *Azo-isobuttersäurenitril.*

15. a) *Benzolsulfohydrazid;*

   b) *Benzol-1,3-disulfohydrazid* mit mindestens
   40 % Paraffinöl oder gleichwirksamen Phlegmatisierungsmitteln;

   c) *Dinitroso-pentamethylentetramin* mit mindestens 5 % pulverförmigen, inerten, anorganischen Stoffen und mindestens 15 % Paraffinöl
   oder gleichwirksamen Phlegmatisierungsmitteln in homogener Mischung;

   d) *5-Morpholyl-1,2,3,4-thiatriazol;*

   e) *Azodicarbonamid.*

16. *2,2'-Azo-bis-(2,4-dimethylvaleronitril).*

   Bem. zu den Ziffern 14 bis 16:
   Andere als die in den Ziffern 14 bis 16 genannten Blähmittel
   sind zur Beförderung nicht zugelassen.

2401 a   Naphthalin in Kugeln oder Schuppen [Ziffer 11 a) und b)] unterliegt nicht den für diese Klasse in dieser
Verordnung   ▌ Anlage und in der Anlage B
enthaltenen Vorschriften, wenn es in Mengen bis höchstens 1 kg in gut verschlossenen Schachteln oder Kästchen
aus Pappe oder Holz verpackt ist und diese zu höchstens 10 Stück in eine Holzkiste eingesetzt sind.

2. Vorschriften

A. Versandstücke

1. Allgemeine Verpackungsvorschriften

2402   (1) Die Verpackungen müssen so verschlossen und so beschaffen sein, daß vom Inhalt nichts nach außen gelangen
kann.

Klasse 4.1

(2) Der Werkstoff der Verpackungen und der Verschlüsse darf vom Inhalt nicht angegriffen werden und keine schädlichen oder gefährlichen Verbindungen mit ihm eingehen.

(3) Die Verpackungen und ihre Verschlüsse müssen in allen Teilen so fest und stark sein, daß sie sich unterwegs nicht lockern und der üblichen Beanspruchung während der Beförderung zuverlässig standhalten. Die festen Stoffe sind in der Verpackung, innere Verpackungen in den äußeren, sicher und fest zu verpacken. Sofern im Abschnitt „Verpackung der einzelnen Stoffe" nichts anderes vorgeschrieben ist, dürfen die inneren Verpackungen einzeln oder zu mehreren in die Versandverpackungen eingesetzt werden.

(4) Die Füllstoffe für Einbettungen sind den Eigenschaften des Inhalts anzupassen; sie müssen insbesondere saugfähig sein, wenn dieser flüssig ist oder Flüssigkeit ausschwitzen kann.

2. Verpackung der einzelnen Stoffe

(1) Schwefel der Ziffer 2 a) ist in feste Säcke aus Papier oder dichtem Jutegewebe zu verpacken.   **2403**

(2) Schwefel in geschmolzenem Zustand der Ziffer 2 b) darf nur in Tanks befördert werden.

Zelloidin (Ziffer 3) ist so zu verpacken, daß es nicht austrocknen kann.   **2404**

(1) Zelluloid in Platten, Blättern, Stangen oder Röhren und mit Nitrozellulose imprägnierte Gewebe (Ziffer 4) müssen **2405** verpackt sein:

a) in gut verschlossenen Verpackungen aus Holz oder

b) in einer widerstandsfähigen Papierumhüllung, die einzusetzen ist:

    1. in Lattenverschläge, oder

    2. in Bretterrahmen, die durch Bandeisen zusammengehalten sind und über die Papierumhüllung vorstehen müssen, oder

    3. in Hüllen aus dichtem Gewebe.

(2) Ein Versandstück darf nicht schwerer sein als:

75 kg, wenn es sich um Zelluloid in Platten, Blättern oder Röhren und um mit Nitrozellulose imprägnierte Gewebe handelt und die äußere Verpackung aus einer Gewebehülle nach Absatz 1 b) 3. besteht;

120 kg in allen anderen Fällen.

Filmzelluloidrollen und entwickelte Filme aus Zelluloid (Ziffer 5) sind in Holzverpackungen oder in Pappschachteln **2406** zu verpacken.

(1) Zelluloidabfälle und Zelluloidfilmabfälle (Ziffer 6) müssen in Holzverpackungen oder in zwei festen, dichten Roh- **2407** leinen- oder Jutesäcken verpackt sein, die mit feuerhemmenden Stoffen so getränkt sind, daß sie bei Berührung mit einer Flamme nicht Feuer fangen, und die ununterbrochene feste Nähte besitzen. Diese Säcke müssen ineinander gesetzt werden; nach der Füllung müssen ihre Öffnungen einzeln mehrmals übereinander gefaltet und mit engen Stichen derart vernäht werden, daß jedes Entweichen des Inhalts verhindert wird.

An Stelle der zwei festen, dichten Jutesäcke darf auch ein starker, dichter, mit schwer entflammbarem Kunststoff kaschierter Jutesack verwendet werden.

Für Zelluloidabfälle darf auch ein einziger Sack verwendet werden, sofern die Abfälle vorher in widerstandsfähigem Packpapier oder einem geeigneten Kunststoff verpackt sind und der Absender im Beförderungspapier bescheinigt, daß die Zelluloidabfälle keine staubförmigen Abfälle enthalten.

(2) Versandstücke mit einfacher Rohleinen- oder Jutehülle dürfen nicht schwerer sein als 40 kg,

mit kaschiertem Jutesack nicht schwerer als 75 kg

und mit doppelter Hülle nicht schwerer als 80 kg.

(3) Wegen des Vermerks im Beförderungspapier siehe Rn. 2416 (2).

(1) Die Stoffe der Ziffer 7 a) müssen verpackt sein: **2408**

a) in Holzgefäßen oder Fässern aus wasserdichter Pappe; diese Gefäße und Fässer müssen außerdem mit einer dem Inhalt entsprechenden flüssigkeitsdichten Auskleidung versehen sein; ihr Verschluß muß dicht sein; oder

b) in Säcken, die für Dämpfe der darin enthaltenen Flüssigkeiten undurchlässig sind (z. B. Säcke aus Gummi oder geeignetem schwer entzündbarem Kunststoff), die in eine Holzkiste oder ein Metallgefäß einzusetzen sind; oder

c) in innen verzinkten oder verbleiten Eisenfässern; oder

d) in Gefäßen aus Weiß-, Zink- oder Aluminiumblech, die in Holzkisten einzubetten sind.

(2) Nitrozellulose der Ziffer 7 a), die nur mit Wasser durchfeuchtet ist, darf in Pappfässern verpackt sein; die Pappe muß einer besonderen Behandlung unterzogen werden, damit sie vollkommen wasserdicht ist. Der Verschluß der Fässer muß wasserdampfdicht sein.

Klasse 4.1

(3) Nitrozellulose der Ziffer 7 a) mit Xylolzusatz darf nur in Metallgefäßen verpackt sein.

(4) Die Stoffe der Ziffer 7 b) und c) müssen verpackt sein:

a) in Holzverpackungen, die mit festem Papier oder mit Zink- oder Aluminiumblech ausgekleidet sind; oder

b) in starken Pappfässern oder, wenn die Stoffe staubfrei sind und der Absender dies im Beförderungspapier bescheinigt, in Kästen aus wasserdicht imprägnierter Vollpappe; oder

c) in Verpackungen aus Blech.

d) Die Stoffe der Ziffer 7 c) dürfen auch verpackt sein

1. in Einheitspappkästen (siehe Rn. 2012) für 50 kg Höchstmasse; oder

2. in starken, dichten, innen zweimal mit schwer entflammbarem Kunststoff kaschierten Jutesäcken.

(5) Die Metallgefäße für Stoffe der Ziffer 7 müssen so gebaut und verschlossen oder mit einer Sicherheitseinrichtung versehen sein, daß sie einem inneren Druck von höchstens 300 kPa (3 bar) nachgeben, wobei diese Verschlüsse oder Sicherheitseinrichtungen die Festigkeit des Gefäßes oder des Verschlusses weder mindern noch beeinträchtigen dürfen.

(6) Ein Versandstück darf nicht schwerer sein als 75 kg und, wenn es sich rollen läßt, nicht schwerer als 300 kg; bei Verwendung eines Pappfasses darf es jedoch nicht schwerer sein als 75 kg und bei Verwendung eines Pappkastens nicht schwerer als 35 kg,

sowie bei Verwendung einer Fibertrommel nicht schwerer als 90 kg, bei Verwendung eines Einheitspappkastens nicht schwerer als 50 kg und bei Verwendung eines kaschierten Jutesackes nicht schwerer als 30 kg.

(7) Wegen des Vermerks im Beförderungspapier siehe Rn. 2416 (3).

2409   (1) Roter Phosphor und Phosphorpentasulfid (Ziffer 8) müssen verpackt sein:

a) in Gefäßen aus Eisenblech oder Weißblech, die in eine starke Holzkiste einzusetzen sind; ein Versandstück darf nicht schwerer sein als 100 kg; oder

b) in Gefäßen aus Glas oder Steinzeug von mindestens 3 mm Wanddicke oder aus geeignetem Kunststoff, von denen jedes nicht mehr als 12,5 kg Stoff enthalten darf. Diese Gefäße sind in eine starke Holzkiste einzubetten; ein Versandstück darf nicht schwerer sein als 100 kg; oder

c) in Metallgefäßen, die, wenn sie mit Inhalt schwerer sind als 200 kg, zur Verstärkung mit Kopf- und Rollreifen zu versehen sind;

d) oder in wasserdichten Sperrholzfässern von ausreichender mechanischer Festigkeit; ein Versandstück darf nicht schwerer sein als 75 kg.

(2) Phosphorsesquisulfid (Ziffer 8) muß in dichten Metallgefäßen verpackt sein, die in Holzkisten mit fugendichten Wänden einzubetten sind. Ein Versandstück darf nicht schwerer sein als 75 kg.

2410   Die Stoffe der Ziffer 9 müssen in dichten, gut verschlossenen Gefäßen

oder in starken Säcken aus Papier, Jute oder dgl., die durch Gummieren oder auf andere Weise luftdicht gemacht sind,

verpackt sein.

2411   (1) Die Stoffe der Ziffer 10 müssen in Gefäßen aus Metall oder Holz oder in widerstandsfähigen Säcken verpackt sein.

(2) Für künstlich aufbereiteten Staub von Steinkohle, Braunkohle oder Torf sind Holzgefäße und Säcke jedoch nur zulässig, wenn der Staub nach Hitzetrocknung vollständig abgekühlt ist.

(3) Wegen des Vermerks im Beförderungspapier siehe Rn. 2416 (4).

2412   (1) Naphthalin der Ziffer 11 a) muß in gut verschlossenen Gefäßen aus Holz oder Metall verpackt sein.

(2) Naphthalin der Ziffer 11 b) muß in Gefäßen aus Holz oder Metall oder in starken Pappkästen oder in widerstandsfähigen Säcken aus Gewebe, aus vier Lagen Papier oder aus geeignetem Kunststoff verpackt sein. Ein Versandstück darf bei Verwendung eines Pappkastens nicht schwerer sein als 30 kg.

(3) Naphthalin in geschmolzenem Zustand [Ziffer 11 c)] darf nur in Tanks befördert werden.

(4) Schäumbare Polystyrole der Ziffer 12 müssen in dichten, gut verschlossenen Verpackungen verpackt sein.

Klasse 4.1

(1) Alkoholate (Ziffer 12 A) müssen verpackt sein:

a) in Weißblechgefäßen, oder

b) in Mengen bis zu 100 g in Glasflaschen, oder

c) in Mengen bis zu 90 kg in luftdicht verschlossenen Beuteln oder Gefäßen aus Kunststoff.

(2) Die Weißblechgefäße sowie die Glasflaschen sind mit nicht brennbaren saugfähigen Füllstoffen in eine Versandkiste aus Holz einzubetten. Luftdicht verschlossene Weißblechgefäße mit einer Wanddicke von mindestens 1,5 mm dürfen auch in Schutzverpackungen aus Eisen eingesetzt werden.

(3) Die Beutel oder Gefäße aus Kunststoff sind in Einheitspappkästen (siehe Rn. 2012) für 30 kg Höchstmasse einzusetzen. Ein Versandstück darf nicht schwerer sein als 30 kg.

Kunststoffbeutel mit einem Inhalt bis zu 90 kg sind in einen Kreppapiersack einzulegen, der in eine Wellblechtrommel einzusetzen ist.

(4) Alkalialkoholate der Ziffer 12 A. a) dürfen auch verpackt sein:

a) in flüssigkeitsdicht verschlossenen Stahlblechtrommeln mit einem Fassungsraum von höchstens 200 Liter. Die Gefäße müssen eine Wanddicke von mindestens 1,25 mm haben und in der Längsnaht geschweißt sein;

b) in Gefäßen aus geeignetem Kunststoff mit einem Fassungsraum von höchstens 65 Liter. Die Füll- und Entleerungsöffnungen müssen durch Schraubkappen aus geeignetem Kunststoff, die mit geeigneten Dichtungen versehen sind, flüssigkeitsdicht verschlossen und gegen Lockerung gesichert sein. Die Eignung der Kunststoffgefäße ist durch eine Baumusterprüfung [siehe Rn. 2002 (13)] nachzuweisen.

(5) Eingeschmolzenes Aluminiumpropylat darf auch in Schwarzblechverpackungen verpackt sein.

(6) Ein Versandstück mit Glasflaschen darf nicht schwerer als 75 kg sein.

(1) Die Stoffe der Ziffer 13 a) müssen in dichten, gut schließenden Verpackungen aus Holz oder Metall verpackt sein. Staub und Pulver von Zirkonium dürfen nur in Verpackungen aus Metall oder Glas verpackt sein; sie dürfen in solchen Verpackungen auch mit Methyl- oder Äthylalkohol überdeckt sein. Verpackungen mit Staub und Pulver von Zirkonium müssen in festen Holzkisten eingebettet sein; brennbares Einbettungsmaterial muß feuerhemmend getränkt sein.

(2) Die Stoffe der Ziffer 13 b) müssen in dichten, gut schließenden Eisenfässern oder Holzkisten mit dichtem Blecheinsatz oder in dicht schließenden Büchsen aus Weißblech oder dünnem Aluminiumblech und damit in Holzkisten verpackt sein. Bei einzeln aufgelieferten Büchsen aus Weißblech oder dünnem Aluminiumblech genügt statt der Holzkiste eine Umhüllung aus Wellpappe. Versandstücke dieser Art dürfen nicht schwerer als 12 kg sein.

(1) Azo-isobuttersäurenitril (Ziffer 14) muß verpackt sein in

a) Stahlblechverpackungen mit einer Sicherheitseinrichtung, die einem schwachen inneren Druck nachgibt, ohne daß die Festigkeit des Gefäßes oder des Verschlusses beeinträchtigt wird, oder

b) in Säcken aus geeignetem Kunststoff, die in dichtschließende Fibertrommeln einzusetzen sind, oder

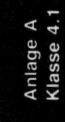
Anlage A
Klasse 4.1

Klasse 4.1

c) in Fibertrommeln mit einer Auskleidung aus geeignetem Kunststoff, oder

d) in Mengen bis zu 5 kg in Beuteln aus geeignetem Kunststoff, die in Blechgefäße zu verpacken sind. Die Blechgefäße sind in Einheitspappkästen (siehe Rn. 2012) für 30 kg Höchstmasse oder in Holzkisten fest einzusetzen.

(2) Ein Versandstück darf nicht schwerer sein als 75 kg, bei Verwendung eines Einheitspappkastens nicht schwerer als 30 kg.

2412/4   (1) Die Stoffe der Ziffer 15 müssen verpackt sein:

a) in dichtschließenden Stahlblechgefäßen, oder

b) in Säcken aus geeignetem Kunststoff, die in dichtschließende Fibertrommeln einzusetzen sind, oder

c) in Fibertrommeln mit einer Auskleidung aus geeignetem Kunststoff.

(2) Ein Versandstück darf nicht schwerer sein als 75 kg.

2412/5   (1) 2,2'-Azo-bis-(2,4-dimethylvaleronitril) (Ziffer 16) muß in Säcken aus geeignetem Kunststoff verpackt sein, die in dicht schließende Fibertrommeln einzusetzen sind.

(2) Ein Versandstück darf nicht schwerer sein als 55 kg.

3. Zusammenpackung

2413   (1) Die in derselben Ziffer genannten Stoffe dürfen miteinander zu einem Versandstück vereinigt werden. Die inneren und äußeren Verpackungen müssen den Vorschriften für die betreffenden Stoffe entsprechen. Ein Versandstück, in welchem Zelluloidstangen und -röhren in einer Gewebehülle zusammengepackt sind, darf nicht schwerer sein als 75 kg.

(2) Sofern im Abschnitt „Verpackung der einzelnen Stoffe" nicht geringere Mengen vorgeschrieben und nachstehend nicht besondere Bedingungen vorgesehen sind, dürfen die Stoffe dieser Klasse in Mengen bis höchstens 6 kg, und zwar für alle in einer Ziffer oder unter einem Buchstaben aufgeführten Stoffe zusammen, mit Stoffen einer anderen Ziffer oder eines anderen Buchstabens dieser Klasse oder mit gefährlichen Gütern der übrigen Klassen, soweit die Zusammenpackung auch für diese zugelassen ist, oder mit sonstigen Gütern zu einem Versandstück vereinigt werden.

Die inneren Verpackungen müssen den allgemeinen und besonderen Verpackungsvorschriften entsprechen. Ferner sind die allgemeinen Vorschriften der Rn. 2001 (7) und 2002 (6) und (7) zu beachten.

Ein Versandstück darf nicht schwerer sein als 150 kg und nicht schwerer als 75 kg, wenn es zerbrechliche Gefäße enthält.

Besondere Bedingungen

Ziffer	Bezeichnung des Stoffes	Höchstmenge je Gefäß	je Versandstück	Besondere Vorschriften
2 a)	Schwefel	5 kg	5 kg	Darf nicht zusammengepackt werden mit Chloraten, Permanganaten, Perchloraten, Peroxiden (ausgenommen Wasserstoffperoxidlösungen)
7 a)	Nitrozellulose, schwach nitriert (wie Kollodiumwolle)	100 g	1 kg	Dürfen nicht zusammengepackt werden mit Stoffen der Klassen 4.2 und 5.1
8	Roter (amorpher) Phosphor	5 kg	5 kg	
	Phosphorsesquisulfid	Zusammenpackung nicht zugelassen		
16	2,2'-Azo-bis-(2,4-dimethylvaleronitril)			

Klasse 4.1

4. Aufschriften und Gefahrzettel auf Versandstücken (siehe Anhang A. 9)

(1) Versandstücke mit Stoffen der Ziffern 1 b), 4 bis 8.   **2414**

12 A., 14 und 15

sind mit einem Zettel nach Muster 4.1 zu versehen.

Versandstücke mit Stoffen der Ziffer 16 sind mit zwei
Zetteln nach Muster 4.1 zu versehen.

Sind die Stoffe der Ziffern 4 bis 7 in Hüllen aus dichtem Gewebe nach Rn. 2405 (1) b) 3., in Schachteln oder Kästen aus Pappe nach Rn. 2406 und 2408 (4) b), in

Rohleinen- oder

Jutesäcken nach Rn. 2407 (1) oder in Pappfässern nach Rn. 2408 (1) a), (2) und (4) b) verpackt, so sind die Versand-stücke jedoch mit zwei Zetteln nach Muster 4.1 zu versehen.

Verpackungen, die schäumbare Polystyrole der Ziffer 12 enthalten, müssen folgende Aufschrift tragen: „Von Zünd-quellen fernhalten".

Diese Aufschrift ist in einer amtlichen Sprache des Ursprungslandes abzufassen und, wenn diese Sprache nicht Englisch, Französisch oder Deutsch ist, außerdem in einer dieser Sprachen, wenn nicht Abkommen zwischen den von der Beförderung berührten Staaten etwas anderes vorsehen.

(2) Versandstücke mit zerbrechlichen Gefäßen, die von außen nicht sichtbar sind, sind mit Zetteln nach Muster 12 zu versehen. Enthalten die zerbrechlichen Gefäße Flüssigkeiten, so sind, wenn es sich nicht um zugeschmolzene Ampullen handelt, außerdem Zettel nach Muster 11 anzubringen; diese Zettel müssen, wenn eine Kiste verwendet wird, oben an zwei gegenüberliegenden Seiten und bei anderen Verpackungen in entsprechender Weise angebracht werden.

2415

B. Vermerke im Beförderungspapier

(1) Die Bezeichnung des Gutes im Beförderungspapier muß gleich lauten wie eine der in Rn. 2401 durch *Kursivschrift*   **2416** hervorgehobenen Benennungen.

„Falls in Ziffer 1 a) der Stoffname nicht angegeben ist, muß die chemische Bezeichnung eingesetzt werden."

durch die *Angabe der Klasse, der Ziffer und gegebenenfalls des Buchstabens der Stoffaufzählung und die Abkürzung „ADR"* oder *„RID"* zu ergänzen [z. B. *4.1, Ziffer 7 a), ADR*].

„Bei der Beförderung von Abfällen [siehe Rn. 2000 (4)] muß die Bezeichnung des Gutes lauten: ,, Abfall, enthält . . .'', wobei die für die Zuordnung des Abfalls nach Rn. 2002 (8) maßgebende(n) gefährliche(n) Komponente(n) mit ihrer (ihren) chemischen Benennung(en) einzusetzen ist (sind), z. B. *„Abfall, Erde, enthält Toluol, 4.1, Ziffer 1b), ADR"*. Im allgemeinen brauchen nicht mehr als zwei Komponenten, die maßgebend für die Gefahr(en) des Abfalls sind, angegeben zu werden.''

(2) Für Zelluloidabfälle (Ziffer 6), die in widerstandsfähigem Packpapier oder in geeignetem Kunststoff verpackt und damit in dichte Hüllen aus Rohleinen oder Jute eingesetzt sind, muß der Absender im Beförderungspapier bescheinigen: *„Ohne staubförmige Abfälle"*.

(3) Für Stoffe der Ziffer 7 b) und c), die in Pappkästen verpackt sind, muß der Absender im Beförderungspapier bescheinigen: *„Staubfreie Stoffe"*.

(4) Für künstlich aufbereiteten Staub von Steinkohle, Braunkohle oder Torf (Ziffer 10), der in Holzgefäßen oder in Säcken verpackt ist [siehe Rn. 2411 (2)], muß der Absender im Beförderungspapier bescheinigen: *„Nach Hitze-trocknung vollständig abgekühlt"*.

**2417-
2423**

C. Leere Verpackungen

Keine Vorschriften.   **2424**

**2425-
2429**

Klasse 4.2

Selbstentzündliche Stoffe

1. Stoffaufzählung

2430   Von den unter den Begriff der Klasse 4.2 fallenden Stoffen und Gegenständen sind nur die in Rn. 2431 genannten und auch diese nur zu den Vorschriften dieser

Verordnung.   ❘   Anlage und denen der Anlage B.

unter bestimmten Bedingungen zur Beförderung zugelassen und somit Stoffe und Gegenstände

dieser Verordnung.   ❘   des ADR.

„Bem. Für die Zuordnung von Lösungen und Gemischen (wie Präparate, Zubereitungen und Abfälle), die eine oder mehrere in Rn. 2431 aufgeführte Komponente(n) enthalten, siehe auch Rn. 2002 (8)."

   „1. *Weißer* oder *gelber Phosphor; 9-Phosphabicyclo-*   ❘   1. *Weißer oder gelber Phosphor"*
       nonan (Cyclooktadienphosphin).

2431   2.   Verbindungen von Phosphor mit Alkali- und Erdalkalimetallen, wie *Natriumphosphid, Calciumphosphid, Strontium-phosphid.*

         Bem. 1. Zinkphosphid ist ein Stoff der Klasse 6.1 [siehe Rn. 2601 Ziffer 43 b)].

             2. Sonstige Verbindungen von Phosphor mit Schwermetallen, wie Eisen, Kupfer, Zinn usw. unterliegen nicht den Vorschriften

              dieser Verordnung.   ❘ des ADR.

   3.   Selbstentzündliche metallorganische Verbindungen, wie:

       Aluminiumalkyle, Aluminiumalkylhalogenide, Aluminiumalkylhydride, Lithiumalkyle, Magnesiumalkyle, Zinkalkyle, Galliumalkyle, Boralkyle, sowie selbstentzündliche Lösungen dieser Stoffe.

         Bem. 1. Metallorganische Verbindungen sowie ihre Lösungen, die nicht selbstentzündlich sind, jedoch in Berührung mit Wasser entzündliche Gase entwickeln, sind Stoffe der Klasse 4.3 [siehe Rn. 2471 Ziffer 2 e)].

             2. Entzündbare Lösungen der Stoffe der Ziffer 3 in Konzentrationen, die weder selbstentzündlich sind, noch in Berührung mit Wasser entzündliche Gase entwickeln, sind Stoffe der Klasse 3. Der Absender hat im Beförderungspapier zu vermerken: „Nicht selbstentzündlich" [siehe auch Klasse 4.3, Rn. 2471 Ziffer 2 e), Bem. 2].

   4.   *Nitrozellulosefilmabfälle,* von Gelatine befreit, in Form von Bändern, Blättern oder Schnitzeln.

         Bem. Nitrozellulosefilmabfälle, von Gelatine befreit, die pulverförmig sind oder pulverförmige Bestandteile enthalten, sind von der Beförderung ausgeschlossen.

   5.   a) *Gebrauchte Putztücher* und *Putzwolle;*

       b) *fettige* oder *ölige Gewebe, Dochte, Seile* und *Schnüre;*

       c) *fettige* oder *ölige Wolle, Haare, Kunstwolle, Reißwolle, Baumwolle, Reißbaumwolle, Kunstfasern, Seide, Flachs, Hanf* und *Jute,* auch als Abfälle vom Verspinnen oder Verweben.

       Siehe zu a), b) und c) auch Rn. 2431 a unter a).

         Bem. Wenn die Stoffe der Ziffer 5 b) und c) wasserfeucht sind, so sind sie von der Beförderung ausgeschlossen.

   6.   a) Metalle in pyrophorer Form, wie:

       Staub und *Pulver von Aluminium, Magnesium, Nickel, Titan, Zink* und *Zirkonium* sowie Gemische von Pulvern und Pulvern von Legierungen; *Hochofenfilterstaub;*

         Bem. 1. Staub und Pulver von Metallen in nicht pyrophorer Form, die jedoch in Berührung mit Wasser entzündliche Gase entwickeln, sind Stoffe der Klasse 4.3 [siehe Rn. 2471 Ziffer 1 d)].

             2. Staub und Pulver von Metallen in nicht pyrophorer Form, die auch in Berührung mit Wasser keine entzündlichen Gase entwickeln, aber durch kurzzeitige Einwirkung einer Zündquelle leicht entzündet werden können und auch nach deren Entfernen weiterbrennen oder weiterglimmen, sind Stoffe der Klasse 4.1 (siehe Rn. 2401, Ziffer 13).

       b) Salze der dithionigen Säure ($H_2S_2O_4$), wie:

       Natriumdithionit, Kaliumdithionit, Calciumdithionit und *Zinkdithionit;*

       c) wasserfreies *Kaliumsulfid* und wasserfreies *Natriumsulfid* sowie deren Hydrate mit weniger als 30% Kristallwasser; *Natriumhydrogensulfid* mit weniger als 25% Kirstallwasser.

       Siehe zu b) auch Rn. 2431 a unter a).

         Bem. Kaliumsulfid und Natriumsulfid mit mindestens 30% Kristallwasser sowie Natriumhydrogensulfid mit mindestens 25% Kristallwasser sind Stoffe der Klasse 8 [siehe Rn. 801 Ziffer 45 b)].

   7.   Frisch geglühter *Ruß.* Siehe auch Rn. 2431 a unter a).

   8.   Frisch gelöschte *Holzkohle,* pulverförmig, körnig oder in Stücken. Siehe auch Rn. 2431 a unter a) und Klasse 4.1, Rn. 2401, Ziffer 1.

         Bem. Unter frisch gelöschter Holzkohle versteht man:
         bei Holzkohle in Stücken solche, seit deren Löschung noch nicht 4 Tage verstrichen sind;
         bei Holzkohle in Pulver oder in Körnern in geringeren Ausmaßen als 8 mm solche, seit deren Löschung noch nicht 8 Tage verstrichen sind, vorausgesetzt, daß deren Auskühlung an der Luft in dünnen Schichten oder mittels eines Verfahrens vorgenommen wurde, das einen gleichen Abkühlungsgrad gewährleistet.

Klasse 4.2

9. Gemische von körnigen oder porösen brennbaren Stoffen mit der Selbstoxydation noch unterliegenden Bestandteilen, wie Leinöl, Leinölfirnis und Firnisse aus anderen analogen Ölen, Harz, Harzöl, Petroleumrückständen (wie sogenannte *Korkfüllmasse, Lupulin)*, sowie ölhaltige *Rückstände der Sojabohnenölbleichung.* Siehe auch Rn. 2431 a unter a) und Klasse 4.1, Rn. 2401, Ziffer 1.

10. *Papiere, Pappe* und Erzeugnisse aus Papier oder Pappe (wie *Hülsen* und *Pappringe), Holzfiberplatten, Gespinste, Gewebe, Garne, Seilerwaren, Abfälle vom Verspinnen oder Verweben* sowie Abfälle bestehend aus Verpackungsmaterialien und Putzlappen mit Farbresten, alle *imprägniert* mit selbstoxydierenden Ölen, Fetten, Firnissen oder anderen Imprägniermitteln.Siehe auch Rn. 2431 a unter a) und Klasse 4.1, Rn. 2401.

   Bem. Wenn die unter Ziffer 10 genannten Stoffe mehr als die hygroskopische Feuchtigkeit aufweisen, sind sie von der Beförderung ausgeschlossen.

11. *Gebrauchte Gasreinigungsmasse* auf Eisenoxidbasis.

   Bem. Wenn die gebrauchte Gasreinigungsmasse durch Ablagern und Lüften nicht mehr selbstentzündlich ist und dies vom Absender im Beförderungspapier durch den Vermerk „*Nicht selbstentzündlich"* bestätigt wird, unterliegt sie nicht den Vorschriften

   dieser Verordnung. | des ADR.

12. Ungereinigte, *gebrauchte Hefebeutel.* Siehe auch Rn. 2431 a unter a).

13. *Stoffsäcke, entleert von Natriumnitrat.*

   Bem. Wenn die Stoffsäcke durch Waschen vom Nitrat, mit welchem sie getränkt waren, vollkommen befreit sind, so unterliegen sie nicht den Vorschriften

   dieser Verordnung. | des ADR.

14. Ungereinigte *leere Verpackungen, leere Tankfahrzeuge, leere Aufsetztanks* und *leere Tankcontainer,* die

   Stoffe | Phosphor

   der Ziffer 1 enthalten haben.

15. Ungereinigte *leere Verpackungen, leere Tankfahrzeuge, leere Aufsetztanks* und *leere Tankcontainer,* die Stoffe der Ziffer 3 enthalten haben.

   Bem. zu den Ziffern 14 und 15:

   Die von den übrigen Stoffen der Klasse 4.2 entleerten Verpackungen unterliegen nicht den Vorschriften

   dieser Verordnung. | des ADR.

Stoffe, die unter den nachstehenden Bedingungen zur Beförderung aufgegeben werden, unterliegen nicht den für   **2431 a**
diese Klasse in dieser

Verordnung | Anlage und die in der Anlage B

enthaltenen Vorschriften:

a) Stoffe der Ziffern 5, 6 b), 7 bis 10 und 12, wenn sie sich in einem die Selbstentzündung ausschließenden Zustand befinden und der Absender dies im Frachtbrief durch den Vermerk „*Nicht selbstentzündlich"* bescheinigt; für die Stoffe der Ziffer 8 und gewisse Stoffe der Ziffern 9 und 10 siehe jedoch Klasse 4.1 Rn. 2401 Ziffer 1;

„b) – | b) Staub und Pulver von Aluminium oder Zink [Ziffer 6 a)], z. B. zusammengepackt mit Lacken für die Herstellung von Farben, wenn sie bis höchstens 1 kg sorgfältig verpackt sind."

2. Vorschriften

A. Versandstücke

1. Allgemeine Verpackungsvorschriften

(1) Die Verpackungen müssen so verschlossen und so beschaffen sein, daß vom Inhalt nichts nach außen gelangen   **2432**
kann.

(2) Der Werkstoff der Verpackungen und der Verschlüsse darf vom Inhalt nicht angegriffen werden und keine schädlichen oder gefährlichen Verbindungen mit ihm eingehen.

(3) Die Verpackungen und ihre Verschlüsse müssen in allen Teilen so fest und stark sein, daß sie sich unterwegs nicht lockern und der üblichen Beanspruchung während der Beförderung zuverlässig standhalten. Insbesondere müssen bei flüssigen oder in eine Flüssigkeit eingetauchten Stoffen oder bei Lösungen, sofern im Abschnitt „Verpackung der einzelnen Stoffe oder Arten von Gegenständen" nichts anderes vorgeschrieben ist, die Gefäße und ihre Verschlüsse dem sich bei normalen Beförderungsverhältnissen etwa entwickelnden inneren Druck auch unter Berücksichtigung des Vorhandenseins von Luft Widerstand leisten können. Zu diesem Zwecke muß ein füllungsfreier Raum gelassen werden, der unter Berücksichtigung des Unterschieds zwischen der Füllungstemperatur und dem Höchstwert der mittleren Flüssigkeitstemperatur, die der Stoff während der Beförderung erreichen kann, zu berechnen ist. Feste Stoffe sind in der Verpackung, innere Verpackungen in der äußeren sicher und fest zu verpacken. Sofern im Abschnitt „Verpackung der einzelnen Stoffe oder Arten von Gegenständen" nichts anderes vorgeschrieben ist, dürfen die inneren Verpackungen einzeln oder zu mehreren in die Versandverpackungen eingesetzt werden.

Klasse 4.2

(4) Flaschen und andere Gefäße aus Glas müssen frei von Fehlern sein, die ihre Widerstandskraft verringern könnten. Insbesondere müssen die inneren Spannungen gemildert sein. Die Dicke der Wände muß für Gefäße, die mit Inhalt schwerer sind als 35 kg, mindestens 3 mm und für die anderen Gefäße mindestens 2 mm betragen.

Der Verschluß muß durch eine zusätzliche Maßnahme (wie Anbringung einer Haube oder Kappe, Versiegeln, Zubinden usw.) gesichert werden, durch die jede Lockerung während der Beförderung verhindert wird.

(5) Falls Gefäße aus Glas, Porzellan, Steinzeug und dgl. vorgeschrieben oder zugelassen sind, müssen sie in Schutzverpackungen eingebettet sein.

Die Füllstoffe für Einbettungen sind den Eigenschaften des Inhalts anzupassen; sie müssen insbesondere trocken und saugfähig sein, wenn dieser flüssig ist oder Flüssigkeit ausschwitzen kann.

2. Verpackung der einzelnen Stoffe oder Arten von Gegenständen

2433   (1) Die Stoffe der Ziffer 1 müssen verpackt sein: | (1) Phosphor der Ziffer 1 muß verpackt sein:

a) in luftdicht verschlossenen Weißblechgefäßen, die in Holzkisten einzusetzen sind; oder

b) in luftdicht verschlossenen Eisenblechfässern. Aufgepreßte Deckel sind nicht zugelassen. Die Blechdicke des Mantels, Bodens und Deckels muß mindestens 1,5 mm betragen. Ein Versandstück darf nicht schwerer sein als 500 kg. Ist es schwerer als 100 kg, so muß es mit Rollreifen oder Versteifungsrippen versehen und geschweißt sein; oder

c) Mengen bis höchstens 250 g auch in luftdicht verschlossenen Glasgefäßen, die in verlötete Weißblechgefäße und mit diesen in Holzkisten einzubetten sind.

(2) Die Gefäße und Fässer mit

Stoffen der Ziffer 1 | Phosphor

sind mit Wasser aufzufüllen.

2434   (1) Die Stoffe der Ziffer 2 sind in luftdicht verschließbare Weißblechgefäße zu verpacken, die in Holzkisten einzusetzen sind.

(2) Mengen bis höchstens 2 kg je Gefäß dürfen auch in Gefäßen aus Glas, Porzellan, Steinzeug und dgl. verpackt sein, die in Holzkisten einzubetten sind.

2435   (1) Die Stoffe der Ziffer 3 müssen in luftdicht verschlossenen Gefäßen aus Metall, die vom Inhalt nicht angegriffen werden, mit einem Fassungsraum von höchstens 450 Liter, verpackt sein.

Die Gefäße

– sind entweder in Versandverpackungen aus feuerhemmenden Werkstoffen einzubetten, oder

– müssen eine Wanddicke von mindestens 3 mm haben, und der Verschluß der Füll- und Entleerungseinrichtung muß durch eine Schutzkappe gesichert sein.

Die Gefäße müssen erstmalig und wiederkehrend alle 5 Jahre mit einem inerten Prüfmedium und einem Druck von mindestens 1 MPa (10 bar) (Überdruck) geprüft werden. Die Gefäße dürfen höchstens zu 90% ihres Fassungsraums gefüllt sein; bei einer Flüssigkeitstemperatur von 50 °C muß jedoch ein füllungsfreier Raum von 5 % bleiben. Bei der Aufgabe zur Beförderung muß die Flüssigkeit durch ein inertes Gas abgedeckt sein, dessen Überdruck 50 kPa (0,5 bar) nicht übersteigt.

Auf dem Typenschild des Gefäßes müssen folgende Angaben eingeschlagen sein:

a) Metallorganische Verbindungen Kl. 4.2,

b) die Eigenmasse des Gefäßes, einschließlich der Ausrüstungsteile,

c) die Höhe des Prüfdrucks und das Datum (Monat, Jahr) der letzten Prüfung,

d) der Stempel des Sachverständigen, der die Prüfungen vorgenommen hat,

e) der Fassungsraum des Gefäßes und die höchstzulässige Masse der Füllung.

Die genaue Bezeichnung des Inhalts und der Vermerk „Nicht öffnen während der Beförderung, selbstentzündlich" müssen dauerhaft vermerkt sein

| in einer amtlichen Sprache des Versandlandes und außerdem, falls diese Sprache nicht Englisch, Französisch oder Deutsch ist, in einer dieser Sprachen, wenn nicht Abkommen zwischen den an der Beförderung beteiligten Staaten etwas anderes vorschreiben.

Ein Versandstück darf nicht schwerer sein als 1 000 kg.

(2) Die Stoffe der Ziffer 3 dürfen auch in luftdicht verschlossenen Glasgefäßen mit einem Fassungraum bis höchstens 5 Liter verpackt sein, die mit geeigneten Polsterstoffen in Blechgefäße einzubetten sind. Die Glasgefäße dürfen höchstens zu 90 % ihres Fassungsraums gefüllt sein.

Klasse 4.2

(1) Die Stoffe der Ziffer 4 sind in Säcke zu verpacken, die in Fässer aus wasserdichter Pappe oder in Gefäße aus Zink- oder Aluminiumblech einzusetzen sind. Die Wände der Metallgefäße sind mit Pappe auszukleiden. Die Böden und Deckel der Pappfässer und der Metallgefäße sind mit Holz auszukleiden. **2436**

(2) Die Metallgefäße müssen mit Verschlüssen oder Sicherheitseinrichtungen versehen sein, die einem inneren Druck von höchstens 300 kPa (3 bar) nachgeben, wobei diese Verschlüsse oder Sicherheitseinrichtungen die Festigkeit des Gefäßes oder des Verschlusses weder mindern noch beeinträchtigen dürfen.

(3) Ein Versandstück darf nicht schwerer sein als 75 kg.

(1) Die Stoffe der Ziffer 5 a) müssen fest gepreßt sein und sind in dichte Metallgefäße einzusetzen. **2437**

(2) Die Stoffe der Ziffern 5 b) und c) müssen fest gepreßt sein und sind in Holzkisten oder Pappkästen oder in Umhüllungen aus Papier oder Gewebe zu verpacken.

(1) Die Stoffe der Ziffer 6 a) müssen in luftdicht verschlossenen Gefäßen aus Metall, Glas oder geeignetem Kunststoff verpackt sein. Die Stoffe sind unter einer Schutzflüssigkeit oder unter Schutzgas zu befördern. Wenn erforderlich, müssen die Gefäße mit einer geeigneten Druckausgleichseinrichtung versehen sein. **2438**

Die Glasgefäße sind in Verpackungen aus Pappe oder Metall einzubetten; das Einbettungsmaterial darf nicht brennbar sein. Die Kunststoffgefäße sind in Verpackungen aus Pappe oder Metall einzusetzen. Die Verpackungen mit Glas- oder Kunststoffgefäßen sind in eine Versandkiste aus Holz einzusetzen. Ein Versandstück darf nicht schwerer sein als 75 kg.

(2) Die Stoffe der Ziffer 6 b) und c) müssen in luftdicht verschlossenen Blechgefäßen oder Stahlfässern verpackt sein. Ein Versandstück darf bei Verwendung eines Blechgefäßes nicht schwerer sein als 50 kg.

Die Stoffe der Ziffern 7 bis 10 und 12 müssen in gut schließenden Verpackungen enthalten sein. Holzverpackungen für Stoffe der Ziffern 7 und 8 müssen dicht ausgekleidet sein. **2439**

Gebrauchte Gasreinigungsmasse (Ziffer 11) ist in gut schließende Blechgefäße zu verpacken. **2440**

Die von Natriumnitrat entleerten Säcke (Ziffer 13) sind, gut verschnürt und zusammengepreßt, in Holzkisten oder in mehrere Lagen aus festem Papier oder undurchlässigem Gewebe zu verpacken. **2441**

3. Zusammenpackung

(1) Die in derselben Ziffer genannten Stoffe dürfen miteinander zu einem Versandstück vereinigt werden. Die inneren Verpackungen und die Versandverpackung müssen den Vorschriften für die betreffenden Stoffe entsprechen. **2442**

(2) Sofern im Abschnitt „Verpackung der einzelnen Stoffe oder Arten von Gegenständen" nicht geringere Mengen vorgeschrieben und nachstehend nicht besondere Bedingungen vorgesehen sind, dürfen die Stoffe dieser Klasse in Mengen bis höchstens 6 kg für feste Stoffe oder 3 Liter für flüssige Stoffe, und zwar für alle in einer Ziffer oder unter einem Buchstaben aufgezählten Stoffe zusammen, mit Stoffen einer anderen Ziffer oder eines anderen Buchstabens dieser Klasse oder mit gefährlichen Gütern anderer Klassen, soweit die Zusammenpackung auch für diese zugelassen ist, oder mit sonstigen Gütern zu einem Versandstück vereinigt werden.

Die inneren Verpackungen müssen den allgemeinen und besonderen Verpackungsvorschriften entsprechen. Ferner sind die allgemeinen Vorschriften der Rn. 2001 (7) und 2002 (6) und (7) zu beachten.

Ein Versandstück darf nicht schwerer sein als 150 kg und nicht schwerer als 75 kg, wenn es zerbrechliche Gefäße enthält.

Besondere Bedingungen

Ziffer	Bezeichnung des Stoffes	Höchstmenge je Gefäß	je Versandstück	Besondere Vorschriften
1	Sämtliche Stoffe [1])	Zusammenpackung		
1	Weißer oder gelber Phosphor [2])	nicht zugelassen		
2	Phosphide			
3	Zinkalkyle usw.			
6 a)	Metalle in pyrophorer Form	3 kg	3 kg	Dürfen nicht zusammengepackt werden mit schwach nitrierter Nitrozellulose und rotem Phosphor der Klasse 4.1 sowie mit Bifluoriden
4, 5, 6 b), 7 bis 12	Sämtliche Stoffe			

[1]) Nur gültig für innerstaatliche Beörderungen.
[2]) Nur gültig für internationale Beförderungen.

Klasse 4.2

4. Aufschriften und Gefahrzettel auf Versandstücken (siehe Anhang A. 9)

2443   (1) Versandstücke mit Stoffen der Ziffern 1 bis 4 und 6 sind mit einem Zettel nach Muster 4.2 zu versehen. Versandstücke mit Stoffen der Ziffer 3 sind außerdem mit einem Zettel nach Muster 4.3 zu versehen. Sind Stoffe der Ziffer 4 in Fässern aus wasserdichter Pappe nach Rn. 2436 (1) verpackt, so sind die Versandstücke jedoch mit zwei Zetteln nach Muster 4.2 zu versehen (siehe Rn. 3901).

(2) Fässer mit aufgeschraubtem Deckel und ohne Einrichtung zum zwangsweisen Aufrechtstellen, die

Stoffe   ❘ Phosphor

der Ziffer 1 enthalten, sind außerdem oben an zwei diametral gegenüberliegenden Stellen mit zwei Zetteln nach Muster 11 zu versehen.

(3) Versandstücke mit Gefäßen mit Lüftungseinrichtungen sowie Gefäße mit Lüftungseinrichtungen ohne Außenverpackungen mit Stoffen der Ziffer 6 a) sind an zwei gegenüberliegenden Seiten mit einem Zettel nach Muster 11 zu versehen.

Versandstücke mit zerbrechlichen Gefäßen, die von außen nicht sichtbar sind, sind mit Zetteln nach Muster 12 zu versehen. Enthalten die zerbrechlichen Gefäße Flüssigkeiten, so sind, wenn es sich nicht um zugeschmolzene Ampullen handelt, außerdem Zettel nach Muster 11 anzubringen; diese Zettel sind, wenn eine Kiste verwendet wird, oben an zwei gegenüberliegenden Seiten und bei anderen Verpackungen in entsprechender Weise anzubringen.

2444

B. Vermerke im Beförderungspapier

2445   Die Bezeichnung des Gutes im Beförderungspapier muß gleich lauten wie eine der in Rn. 2431 in *Kursivschrift* hervorgehobenen Benennungen. Falls in den Ziffern 2, 3, 9 und 10 der Stoffname nicht angegeben ist, muß die chemische Bezeichnung eingesetzt werden. Die Bezeichnung des Gutes ist

❘ *zu unterstreichen* und

durch die *Angabe der Klasse, der Ziffer und gegebenenfalls des Buchstabens der Stoffaufzählung und die Abkürzung „ADR" oder „RID" zu ergänzen [z. B. 4.2, Ziffer 5 a), ADR].*

Bei der Beförderung von Abfällen [siehe Rn. 2000 (4) muß die Bezeichnung des Gutes lauten: „Abfall enthält . . . ", wobei die für die Zuordnung des Abfalls nach Rn. 2002 (8) meßgebende(n) gefährliche(n) Komponente(n) mit ihrer (ihren) chemischen Benennung(en) einzusetzen ist (sind), z.B. *„Abfall, enthält weißen Phosphor, 4.2, Ziffer 1, ADR".* Im allgemeinen brauchen nicht mehr als zwei Komponenten, die maßgebend für die Gefahr(en) des Abfalls sind, angegeben zu werden.

**2446-
2452**

C. Leere Verpackungen

2453   (1) Ungereinigte leere Verpackungen der Ziffern 14 und 15 müssen ebenso verschlossen und ebenso undurchlässig sein wie in gefülltem Zustand.

(2) Ungereinigte leere Verpackungen der Ziffern 14 und 15 müssen mit den gleichen Gefahrzetteln versehen sein wie in gefülltem Zustand.

(3) Die Bezeichnung im Beförderungspapier muß gleich lauten wie eine der in Ziffer 14 oder 15 durch *Kursivschrift* hervorgehobenen Benennungen, z. B *„Leere Verpackung, 4.2, Ziffer 14, ADR".*

❘ Dieser Text ist zu unterstreichen.

Bei ungereinigten leeren Tankfahrzeugen, leeren Aufsetztanks und leeren Tankcontainern ist diese Bezeichnung durch die Angabe „Letztes Ladegut" sowie die Benennung und Ziffer des letzten Ladegutes zu ergänzen, z. B. *„Letztes Ladegut: weißer Phosphor, Ziffer 1."*

**2454-
2469**

Klasse 4.3

Stoffe, die in Berührung mit Wasser entzündliche Gase entwickeln

1. Stoffaufzählung

Von den unter den Begriff der Klasse 4.3 fallenden Stoffen und Gegenständen sind nur die in Rn. 2471 genannten **2470** und auch diese nur zu den Vorschriften dieser

Verordnung | Anlage und denen der Anlage B

unter bestimmten Bedingungen zur Beförderung zugelassen und somit Stoffe und Gegenstände

dieser Verordnung. | des ADR.

Bem. Aluminium/Calcium/Silicium-Legierungen mit etwa 20 % Al, 20 % Ca und 50 % Si, Calciumsilicid (Calciumsilicium) mit etwa 25 % bis 35 % Ca und 60 % Si, Calciummangansilicid (Calciummangansilicium) mit 16 % bis 20 % Ca, 14 % bis 18 % Mn und 50 % bis 55 % Si sowie Aluminium/Silicium/Eisen-Legierungen in Massen mit etwa 50 % Al, 35 % Si und 10 % Fe unterliegen nicht den Vorschriften dieser Verordnung.

„**Bem.** Für die Zuordnung von Lösungen und Gemischen (wie Präparate, Zubereitungen und Abfälle), die eine oder mehrere in Rn. 2471 aufgeführte Komponente(n) enthalten, siehe auch Rn. 2002 (8).“

1. a) Alkalimetalle und Erdalkalimetalle, wie *Natrium, Kalium, Calcium, sowie Legierungen der Alkalimetalle,* **2471** *Legierungen der Erdalkalimetalle* und *Legierungen der Alkalimetalle mit den Erdalkalimetallen;*

    b) *Amalgame der Alkali- und Erdalkalimetalle;*

    c) *Dispersionen der Alkalimetalle;*

    d) sonstige Metalle und Metallegierungen, die in Berührung mit Wasser entzündliche Gase entwickeln, wie: *Staub, Pulver* und feine *Späne von Aluminium, Zink, Magnesium* und *Magnesiumlegierungen,* mit einem Magnesiumgehalt von mehr als 50 %, alles frei von Partikeln, die eine Zündung fördern können; *Magnesiumkörner, überzogen,* Partikelgröße mindestens 149 μm.

    Bem. 1. Staub und Pulver von Metallen in pyrophorer Form sind Stoffe der Klasse 4.2 [siehe Rn. 2431 Ziffer 6 a)].

    2. Staub und Pulver von Metallen in nicht pyrophorer Form, die auch in Berührung mit Wasser keine entzündlichen Gase entwickeln, aber durch kurzzeitige Einwirkung einer Zündquelle leicht entzündet werden können und nach deren Entfernen weiterbrennen oder weiterglimmen, sind Stoffe der Klasse 4.1 (siehe Rn. 2401, Ziffer 13).

    Siehe zu d) auch Rn. 2471 a unter b).

2. a) *Calciumcarbid* und *Aluminiumcarbid;*

    b) *Hydride* der Alkali- und Erdalkalimetalle [wie *Lithiumhydrid, Calciumhydrid (Hydrolith)*], gemischte *Hydride* sowie komplexe *Alkali-* und Erdalkalihydride *von Bor* und *Aluminium;*

    c) *Alkalisilicide;*

    d) *Calciumsilicid (Calciumsilicium),* pulverförmig, körnig oder in Stücken, mit mehr als 50 % Silicium, *Calciummangansilicid (Calciummangansilicium);*

    e) metallorganische Verbindungen, die in Berührung mit Wasser entzündliche Gase entwickeln, wie:

    Aluminiumalkyle, Aluminiumalkylhalogenide, Aluminiumalkylhydride, Lithiumalkyle, Magnesiumalkyle, Zinkalkyle, Galiumalkyle und *Boralkyle,* sowie Lösungen dieser Stoffe, die in Berührung mit Wasser entzündliche Gase entwickeln.

    Bem. 1. Metallorganische Verbindungen sowie ihre Lösungen, die selbstentzündlich sind, sind Stoffe der Klasse 4.2 (siehe Rn. 2431 Ziffer 3).

    2. Entzündliche Lösungen der Stoffe der Ziffer 2 e) in Konzentrationen, die weder selbstentzündlich sind noch in Berührung mit Wasser entzündliche Gase entwickeln, sind Stoffe der Klasse 3. Der Absender hat im Beförderungspapier zu vermerken: „Stoffe, die in Berührung mit Wasser keine entzündlichen Gase entwickeln“ (siehe auch Klasse 4.2, Rn. 2431 Ziffer 3, Bem. 2).

3. *Amide* der Alkali- und Erdalkalimetalle, wie *Natriumamid.* Siehe auch Rn. 2471 a unter a).

    Bem. Calciumcyanamid (Kalkstickstoff) unterliegt nicht den Vorschriften

    dieser Verordnung. | des ADR.

4. a) *Trichlorsilan (Siliciumchloroform);*

    b) *Methyldichlorsilan* und *Äthyldichlorsilan.*

5. *Bortrifluorid-Dimethylätherat.*

6. Ungereinigte *leere Verpackungen, leere Tankfahrzeuge, leere Aufsetztanks, leere Tankcontainer* und *leere Kleincontainer* für Güter in loser Schüttung, die Stoffe der Klasse 4.3 enthalten haben.

Klasse 4.3

2471 a   Stoffe, die unter den nachstehenden Bedingungen zur Beförderung aufgegeben werden, unterliegen nicht den für diese Klasse in dieser

Verordnung | Anlage und in der Anlage B

enthaltenen Vorschriften:

a) Natriumamid (Ziffer 3) in Mengen von höchstens 200 g je Versandstück in dicht verschlossenen, vom Inhalt nicht angreifbaren Gefäßen verpackt und diese in starke, dichte Verpackungen aus Holz mit dichtem Verschluß sorgfältig eingesetzt;

b) Staub und Pulver von Aluminium oder Zink [Ziffer 1 d)]; zusammengepackt z. B. mit Lacken zur Herstellung von Farben, wenn diese in Mengen von nicht mehr als 1 kg sorgfältig verpackt sind.

2. Vorschriften

A. Versandstücke

1. Allgemeine Verpackungsvorschriften

2472   (1) Die Verpackungen müssen so verschlossen und so dicht sein, daß weder Feuchtigkeit eindringen noch vom Inhalt etwas nach außen gelangen kann.

(2) Der Werkstoff der Gefäße und der Verschlüsse darf vom Inhalt nicht angegriffen werden und keine schädlichen oder gefährlichen Verbindungen mit ihm eingehen. Die Gefäße müssen in allen Fällen trocken sein.

(3) Die Verpackungen und ihre Verschlüsse müssen in allen Teilen so fest und stark sein, daß sie sich unterwegs nicht lockern und der üblichen Beanspruchung während der Beförderung zuverlässig standhalten. Insbesondere müssen bei festen, in eine Flüssigkeit eingetauchten Stoffen und, sofern im Abschnitt „Verpackung der einzelnen Stoffe" nichts anderes vorgeschrieben ist, die Gefäße und ihre Verschlüsse dem sich bei normalen Beförderungsverhältnissen etwa entwickelnden inneren Druck auch unter Berücksichtigung des Vorhandenseins von Luft Widerstand leisten können. Zu diesem Zwecke muß ein füllungsfreier Raum gelassen werden, der unter Berücksichtigung des Unterschiedes zwischen der Füllungstemperatur und dem Höchstwert der mittleren Flüssigkeitstemperatur, die der Stoff während der Beförderung erreichen kann, zu berechnen ist. Feste Stoffe sind in der Verpackung, innere Verpackungen in den äußeren sicher und fest zu verpacken. Sofern im Abschnitt „Verpackung der einzelnen Stoffe" nichts anderes vorgeschrieben ist, dürfen die inneren Verpackungen einzeln oder zu mehreren in die Versandverpackungen eingesetzt werden.

(4) Flaschen und andere Gefäße aus Glas müssen frei von Fehlern sein, die ihre Widerstandskraft verringern könnten. Insbesondere müssen die inneren Spannungen gemildert sein. Die Dicke der Wände darf in keinem Fall geringer sein als 2 mm.

Der Verschluß muß durch eine zusätzliche Maßnahme (wie Anbringen einer Haube oder Kappe, Versiegeln, Zubinden usw.) gesichert werden, durch die jede Lockerung während der Beförderung verhindert wird.

(5) Die Füllstoffe für Einbettungen sind den Eigenschaften des Inhalts anzupassen.

2. Verpackung der einzelnen Stoffe

2473   (1) Die Stoffe der Ziffer 1 a bis c) müssen verpackt sein:

a) in Gefäßen aus Eisenblech, verbleitem Eisenblech oder aus Weißblech. Für Stoffe der Ziffer 1 b) sind jedoch Gefäße aus verbleitem Eisenblech oder aus Weißblech nicht zugelassen. Diese Gefäße, ausgenommen Eisenfässer, müssen in Versandkisten aus Holz oder in Schutzkörbe aus Eisen eingesetzt werden; oder

b) in Mengen bis höchstens 1 kg auch in Glas- oder Steinzeuggefäßen. Höchstens

10 | 5

dieser Gefäße müssen in Versandkisten aus Holz mit dicht verlöteter Auskleidung aus

Metall oder in dichten Metallverpackungen | gewöhnlichem oder verbleitem Eisenblech oder aus Weißblech

verpackt sein. Statt der ausgekleideten Holzkisten dürfen für Glasgefäße mit Mengen bis höchstens 250 g auch Gefäße aus gewöhnlichem oder verbleitem Eisenblech oder aus Weißblech verwendet werden. Glasgefäße sind mit nicht brennbaren Füllstoffen in die Versandverpackungen einzubetten;

c) die Stoffe der Ziffer 1 b) in Mengen bis höchstens 5 kg auch in Flaschen aus geeignetem Kunststoff, die in Holzkisten einzusetzen sind. Ein Versandstück darf nicht schwerer sein als 75 kg.

(2) Wenn ein Stoff der Ziffer 1 a) nicht in einem geschweißten Metallgefäß mit dichtverlötetem Deckel verpackt ist, so muß

a) er mit Mineralöl mit einem Flammpunkt von mehr als 50 ˚C vollständig bedeckt oder so reichlich übersprüht sein, daß die Stücke vollständig mit einer Schicht dieses Mineralöls überzogen sind; oder

Klasse 4.3

b) aus dem Gefäß die Luft durch ein Schutzgas (z. B. Stickstoff) restlos verdrängt und das Gefäß gasdicht verschlossen sein; oder

c) der Stoff in das Gefäß randvoll eingegossen und dieses nach Abkühlung gasdicht verschlossen sein.

(3) Die Eisengefäße müssen eine Wanddicke von mindestens 1,25 mm haben; sie müssen, wenn sie mit Inhalt schwerer sind als 75 kg, hartgelötet oder geschweißt sein. Wenn sie schwerer sind als 125 kg, müssen sie außerdem mit Kopf- und Rollreifen oder mit Rollsicken versehen sein.

(4) Die Stoffe der Ziffer 1 d) müssen in luftdicht verschlossenen Gefäßen aus Metall, Glas oder geeignetem Kunststoff oder in feuchtigkeitsdichten Säcken verpackt sein.

Die Glasgefäße und die Säcke sind mit Polsterstoffen in eine Außenverpackung aus Holz, Metall oder Pappe einzusetzen. Ein Versandstück darf nicht schwerer sein als 115 kg.

2474

(1) Die Stoffe der Ziffer 2 a) bis d) müssen verpackt sein:

a) in Gefäßen aus Eisenblech, verbleitem Eisenblech oder aus Weißblech. Ein Gefäß darf nicht mehr als 10 kg der Stoffe der Ziffer 2 b) und c) enthalten. Diese Gefäße, ausgenommen Eisenfässer, müssen in Versandkisten aus Holz oder in Schutzkörbe aus Eisen eingesetzt werden; oder

b) in Mengen bis höchstens 1 kg auch in Gefäßen aus Glas oder Steinzeug oder geeignetem Kunststoff. Höchstens 5 dieser Gefäße müssen in Versandkisten aus Holz mit dicht verlöteter Auskleidung aus

Metall oder in dichte Metallverpackungen | gewöhnlichem oder verbleitem Eisenblech oder aus Weißblech

verpackt sein. Statt der ausgekleideten Holzkisten dürfen für Glasgefäße mit Mengen bis höchstens 250 g auch Gefäße aus gewöhnlichem oder verbleitem Eisenblech oder aus Weißblech verwendet werden. Glasgefäße sind mit nicht brennbaren Füllstoffen in die Versandverpackungen einzubetten.

c) Natriumboranat der Ziffer 2 b) darf in Metallgefäßen mit einer Wanddicke von mindestens 1 mm verpackt sein.

(2) Ein Versandstück mit Stoffen der Ziffer 2 b) oder c) darf nicht schwerer sein als 75 kg, mit Stoffen der Ziffer 2 d) nicht schwerer als 125 kg.

(3) Die Stoffe der Ziffer 2 e) müssen in luftdicht verschlossenen Gefäßen aus Metall, die vom Inhalt nicht angegriffen werden, mit einem Fassungsraum von höchstens 450 Litern verpackt sein.

Die Gefäße

- sind entweder in Außenverpackungen aus feuerhemmenden Werkstoffen einzubetten, oder

- müssen eine Wanddicke von mindestens 3 mm haben und der Verschluß der Füll- und Entleerungseinrichtung muß durch eine Schutzkappe gesichert sein.

Die Gefäße müssen erstmalig und wiederkehrend alle 5 Jahre mit einem inerten Prüfmedium und einem Druck von mindestens 1 MPa (10 bar) (Überdruck) geprüft werden. Die Gefäße dürfen höchstens zu 90 % ihres Fassungsraums gefüllt sein; bei einer Flüssigkeitstemperatur von 50 °C muß jedoch ein füllungsfreier Raum von 5 % bleiben. Bei der Aufgabe zur Beförderung muß die Flüssigkeit durch ein inertes Gas abgedeckt sein, dessen Überdruck 50 kPa (0,5 bar) nicht übersteigt.

Auf dem Typenschild des Gefäßes müssen folgende Aufgaben eingeschlagen sein:

a) Metallorganische Verbindungen Klasse 4.3,

b) die Eigenmasse des Gefäßes einschließlich der Ausrüstungsteile,

c) die Höhe des Prüfdrucks und das Datum (Monat, Jahr) der letzten Prüfung,

d) der Stempel des Sachverständigen, der die Prüfungen vorgenommen hat,

e) der Fassungsraum des Gefäßes und die zulässige Höchstmasse der Füllung.

Die genaue Bezeichnung des Inhalts und der Vermerk „Nicht öffnen während der Beförderung, bildet in Berührung mit Wasser entzündliche Gase" müssen dauerhaft vermerkt sein

in einer amtlichen Sprache des Versandlandes und außerdem, falls diese Sprache nicht Englisch, Französisch oder Deutsch ist, in einer dieser Sprachen, wenn nicht Abkommen zwischen den an der Beförderung beteiligten Staaten etwas anderes vorschreiben.

Ein Versandstück darf nicht schwerer sein als 1000 kg.

(4) Die Stoffe der Ziffer 2 e) dürfen auch in luftdicht verschlossenen Glasgefäßen mit einem Fassungsraum von höchstens 5 Liter verpackt sein, die mit Polsterstoffen in Blechgefäße einzubetten sind. Die Glasgefäße dürfen höchstens zu 90 % ihres Fassungsraums gefüllt sein.

Klasse 4.3

2475   Die Amide (Ziffer 3) sind in Mengen bis höchstens

| 20 kg | 10 kg |

| in luftdicht verschlossene | |

| Blechgefäße | Büchsen oder Fässer aus Metall |

zu verpacken, die

mit Einfüll- und Entlüftungsstutzen versehen sein müssen und

in Holzkisten

oder in Metallverpackungen

einzusetzen sind. Ein Versandstück darf nicht schwerer sein als 75 kg.

Der in den Gefäßen nach der Füllung verbleibende Leerraum muß mit Stickstoff ausgefüllt sein.

2476   (1) Trichlorsilan (Siliciumchloroform) [Ziffer 4 a)], Methyldichlorsilan und Äthyldichlorsilan [Ziffer 4 b)] müssen in
Gefäßen aus korrosionsbeständigem Stahl mit einem Fassungsraum von höchstens

| 450 | 500 |

Liter verpackt sein. Die Gefäße müssen luftdicht verschlossen sein; die Verschlußeinrichtung muß durch eine Kappe
geschützt sein. Die Gefäße müssen

| einem Prüfdruck von 0,5 MPa (5 bar) standhalten und hinsichtlich Werkstoff, Herstellung, Berechnung und Ausrüstung den allgemein anerkannten Regeln der Technik *) entsprechen. Die Gefäße müssen vor der Indienststellung einer Flüssigkeitsdruckprobe mit einem Überdruck von 5 MPa (5 bar) unterzogen wer- den. Gefäße mit einem Fassungsraum bis zu 250 Liter müssen eine Wanddicke von mindestens 2,5 mm, sol- che mit einem größeren Fassungsraum eine Wanddicke von mindestens 3 mm haben. | als Druckgefäß für einen Betriebsdruck von 0,4 MPa (4 bar) gebaut und nach den Vorschriften des Versand- landes für Druckgefäße geprüft sein. Gefäße mit einem Fassungsraum bis zu 250 Liter müssen eine Wanddicke von mindestens 2,5 mm, Gefäße mit einem größeren Fassungsraum eine Wanddicke von mindestens 3 mm haben. |

(2) Wenn nach Masse gefüllt wird, darf der Füllungsgrad nicht übersteigen:

1,14 kg/l bei Trichlorsilan,
0,95 kg/l bei Methyldichlorsilan,
0,93 bei Äthyldichlorsilan.

Wird nach Volumen auf Sicht gefüllt, so darf der Füllungsgrad 85 % nicht übersteigen.

(3) Trichlorsilan (Siliciumchloroform) darf auch in
Mengen von höchstens 370 ml unter Stickstoffabdek-
kung in zugeschmolzenen Quarzampullen mit einer
Wanddicke von mindestens 2 mm und einem Fassungsraum von höchstens 500 ml verpackt sein. Höchstens
10 Quarzampullen sind in einen mit entsprechenden
Aussparungen versehenen Kunststoffkörper fest einzusetzen, wobei die Ampullenhälse durch eine Haube zu
schützen sind. Der Kunststoffkörper ist mit geeigneten
Polsterstoffen in eine Kiste aus widerstandsfähigem
Material festliegend einzubetten, auf deren Boden
zusätzlich eine ausreichende Menge von Natriumbikar-
bonat aufzubringen ist. Der Raum zwischen Kunststoffkörper und Kistendeckel ist mit Schaumstoff auszufüllen. Ein Versandstück darf nicht schwerer sein als
20 kg.

2477   Bortrifluorid-Dimethylätherat (Ziffer 5) muß verpackt sein:

a) in Mengen bis höchstens 1 Liter je Gefäß in luftdicht verschlossenen Gefäßen aus Glas, Steinzeug oder geeignetem
Kunststoff, die in Versandkisten aus Holz oder Pappe zu verpacken sind. Die Gefäße aus Glas oder Steinzeug sind
mit geeigneten saugfähigen, inerten und nicht brennbaren Stoffen in die Versandverpackungen einzubetten oder
in enganliegenden inerten Formteilen aus Kunststoff in die Versandverpackungen einzusetzen. Ein Versandstück
darf nicht schwerer sein als 55 kg bei Verwendung einer Kiste aus Pappe und nicht schwerer als 125 kg bei
Verwendung einer Kiste aus Holz;

---

*) Als allgemein anerkannte Regeln der Technik gelten z. B. die von der
„Arbeitsgemeinschaft Druckbehälter" aufgestellten Richtlinien für
Werkstoff, Herstellung, Berechnung und Ausrüstung von Druckbehäl-
tern – AD-Merkblätter –.

Klasse 4.3

b) in luftdicht verschlossenen Gefäßen aus geeignetem Kunststoff mit einem Fassungsraum von höchstens 250 l, die einzeln in eine enganliegende vollwandige Schutzverpackung aus Stahl einzusetzen sind;

c) in luftdicht verschlossenen Fässern aus korrosionsbeständigem Stahlblech mit einem Fassungsraum von höchstens 450 l.

3. Zusammenpackung

(1) Die in derselben Ziffer genannten Stoffe dürfen miteinander zu einem Versandstück vereinigt werden. Die inneren Verpackungen und die Versandverpackung müssen den Vorschriften für die betreffenden Stoffe entsprechen. **2478**

(2) Sofern im Abschnitt „Verpackung der einzelnen Stoffe" nicht geringere Mengen vorgeschrieben und nachstehend nicht besondere Bedingungen vorgesehen sind, dürfen die Stoffe dieser Klasse in Mengen bis höchstens 6 kg für feste Stoffe oder 3 Liter für flüssige Stoffe, und zwar für alle in einer Ziffer oder unter einem Buchstaben aufgezählten Stoffe zusammen, mit Stoffen einer anderen Ziffer oder eines anderen Buchstabens dieser Klasse oder mit gefährlichen Gütern der übrigen Klassen, soweit die Zusammenpackung auch für diese zugelassen ist, oder mit sonstigen Gütern zu einem Versandstück vereinigt werden.

Die inneren Verpackungen müssen den allgemeinen und besonderen Verpackungsvorschriften entsprechen. Ferner sind die allgemeinen Vorschriften der Rn. 2001 (5) und 2002 (6) und (7) zu beachten.

Ein Versandstück darf nicht schwerer sein als 150 kg und nicht schwerer als 75 kg, wenn es zerbrechliche Gefäße enthält.

Besondere Bedingungen

Ziffer	Bezeichnung des Stoffes	Höchstmenge		Besondere Vorschriften
		je Gefäß	je Versandstück	
1 a)	Alkalimetalle und Erdalkalimetalle, wie Natrium, Kalium, Calcium und Barium – in zerbrechlichen Gefäßen – in anderen Gefäßen	500 g 1 kg	500 g 1 kg	Die Alkalimetalle und Erdalkalimetalle der Ziffer 1 a) und Hydride der Alkali- und Erdalkalimetalle der Ziffer 2 b) dürfen zusammen die höchstzulässige Masse von 500 g bzw. 1 kg nicht übersteigen. Die Alkalimetalle und Erdalkalimetalle sowie die Stoffe der Ziffer 2 b) dürfen nicht zusammengepackt werden mit Säuren und wasserhaltigen Flüssigkeiten
2 a)	Calciumcarbid	Zusammenpackung nicht zugelassen		
2 b)	Hydride der Alkali- und Erdalkalimetalle [wie Lithiumhydrid, Calciumhydrid (Hydrolith)], einschließlich gemischter Hydride und Alkali- und Erdalkalihydride von Bor und Aluminium – in zerbrechlichen Gefäßen – in anderen Gefäßen	500 g 1 kg	500 g 1 kg	
4	Alle Stoffe	Zusammenpackung nicht zugelassen		
5	Bortrifluorid-Dimethylätherat			

4. Aufschriften und Gefahrzettel auf Versandstücken (siehe Anhang A. 9)

(1) Versandstücke mit Stoffen der Klasse 4.3 sind mit einem Zettel nach Muster 4.3 und einem Zettel nach Muster 10 zu versehen. **2479**

(2) Versandstücke mit Stoffen der Ziffern 4 und 5 sind außerdem mit Zetteln nach Muster 3 und 8 zu versehen.

(3) Versandstücke mit zerbrechlichen Gefäßen, die von außen nicht sichtbar sind, sind mit einem Zettel nach Muster 12 zu versehen. Enthalten die zerbrechlichen Gefäße Flüssigkeiten, so sind, wenn es sich nicht um zugeschmolzene Ampullen handelt, außerdem Zettel nach Muster 11 anzubringen; diese Zettel sind, wenn eine Kiste verwendet wird, oben an zwei gegenüberliegenden Seiten und bei anderen Verpackungen in entsprechender Weise anzubringen.

2480

Klasse 4.3

B. Vermerke im Beförderungspapier

2481   Die Bezeichnung des Gutes im Beförderungspapier muß gleich lauten wie eine der in Rn. 2471 durch *Kursivschrift* hervorgehobenen Benennungen. Falls in der Ziffer 1 der Stoffname nicht angegeben ist, muß die chemische Bezeichnung eingesetzt werden. Die Bezeichnung des Gutes ist

 | *zu unterstreichen* und

durch die *Angabe der Klasse, der Ziffer und gegebenenfalls des Buchstabens der Stoffaufzählung und die Abkürzung „ADR"* *(oder „RID")* zu ergänzen [z. B. *4.3, Ziffer 2 a), ADR*].

„Bei der Beförderung von Abfällen [siehe Rn. 2000 (4)] muß die Bezeichnung des Gutes lauten: „Abfall, enthält . . .", wobei die für die Zuordnung des Abfalls nach Rn. 2002 (8) maßgebende(n) gefährliche(n) Komponente(n) mit ihrer (ihren) chemischen Benennung(en) einzusetzen ist (sind), z. B. *„Abfall, enthält Natrium, 4.3, Ziffer 1 a), ADR".* Im allgemeinen brauchen nicht mehr als zwei Komponenten, die maßgebend für die Gefahr(en) des Abfalls sind, angegeben zu werden."

**2482-
2498**

C. Leere Verpackungen

2499   (1) Ungereinigte leere Verpackungen der Ziffer 6 müssen ebenso verschlossen und ebenso undurchlässig sein wie in gefülltem Zustand.

(2) Ungereinigte leere Verpackungen der Ziffer 6 müssen mit den gleichen Gefahrzetteln versehen sein wie in gefülltem Zustand.

(3) Die Bezeichnung im Beförderungspapier muß gleich lauten wie eine der in Ziffer 6 durch *Kursivschrift* hervorgehobenen Benennungen, z. B. *„Leere Verpackung 4.3, Ziffer 6, ADR".*

 | *Dieser Text ist zu unterstreichen.*

Bei ungereinigten leeren Tankfahrzeugen, leeren Aufsetztanks, leeren Tankcontainern und leeren Kleincontainern für Güter in loser Schüttung ist diese Bezeichnung durch die Angabe „Letztes Ladegut" sowie die Benennung und Ziffer des letzten Ladegutes zu ergänzen, z. B. *„Letztes Ladegut: Trichlorsilan, Ziffer 4".*

Klasse 5.1

Entzündend (oxydierend) wirkende Stoffe

1. Stoffaufzählung

Von den unter den Begriff der Klasse 5.1 fallenden Stoffen und Gegenständen unterliegen die in Rn. 2501 genannten den Vorschriften dieser **2500**

Verordnung. | Anlage und denen der Anlage B.

Diese Stoffe sind unter bestimmten Bedingungen zur Beförderung zugelassen und somit Stoffe und Gegenstände

dieser Verordnung. | des ADR.

Bem. 1. Die Mischungen von entzündend (oxydierend) wirkenden Stoffen mit brennbaren Stoffen sind von der Beförderung ausgeschlossen, wenn sie durch Flammenzündung zur Explosion gebracht werden können oder sowohl gegen Stoß als auch gegen Reibung empfindlicher sind als Dinitrobenzol, sofern sie nicht ausdrücklich in den Klassen 1 a oder 1 c aufgeführt sind.

2. Für die Zuordnung von Lösungen und Gemischen (wie Präparate, Zubereitungen und Abfälle) siehe auch Rn. 2002 (8).

1. Wässerige *Lösungen von Wasserstoffperoxid* mit mehr als 60 % Wasserstoffperoxid, stabilisiert, und *Wasserstoffperoxid*, stabilisiert. **2501**

   Bem. 1. Wegen wässeriger Lösungen von Wasserstoffperoxid mit höchstens 60 % Wasserstoffperoxid siehe Rn. 2801, Ziffer 62.

   2. Nicht stabilisierte wässerige Lösungen von Wasserstoffperoxid mit mehr als 60 % Wasserstoffperoxid, und nicht stabilisiertes Wasserstoffperoxid sind zur Beförderung nicht zugelassen.

2. *Tetranitromethan*, frei von brennbaren Verunreinigungen.

   Bem. Von brennbaren Verunreinigungen nicht freies Tetranitromethan ist zur Beförderung nicht zugelassen.

3. *Perchlorsäure* in wässerigen Lösungen mit mehr als 50 %, aber höchstens 72,5 % reiner Säure (HClO$_4$). Siehe auch Rn. 2501 a unter a).

   Bem. Perchlorsäure in wässerigen Lösungen mit höchstens 50 % reiner Säure (HClO$_4$) ist ein Stoff der Klasse 8 [siehe Rn. 2801, Ziffer 4]. Wässerige Lösungen von Perchlorsäure mit mehr als 72,5 % reiner Säure sowie Mischungen von Perchlorsäure mit anderen Flüssigkeiten als Wasser sind zur Beförderung nicht zugelassen.

„3 A. *Jodpentafluorid.*" |

4. a) *Chlorate;* anorganische *chlorathaltige Unkrautvertilgungsmittel* aus einer Mischung von Natrium-, Kalium- oder Calciumchlorat mit einem hygroskopischen Chlorid, wie Magnesiumchlorid oder Calciumchlorid;

   Bem. Ammoniumchlorat ist zur Beförderung nicht zugelassen.

   b) *Perchlorate* (mit Ausnahme von Ammoniumperchlorat, siehe Ziffer 5);

   c) *Natriumchlorit* und *Kaliumchlorit;*

   d) *Mischungen von* unter a), b) und c) aufgeführten *Chloraten, Perchloraten und Chloriten* untereinander;

   e) *Calciumhypochlorit;*
   f) *Trichlorisocyanursäure* (trocken), *Dichlorisocyanursäure* (trocken), *Dichlorisocyanursäuresalze* (trocken) und deren Gemische.

   Bem. Natriumdichlorisocyanurat-Dihydrat unterliegt nicht den Vorschriften dieser Verordnung."

   Siehe zu a), b), c), d) und e) | Siehe zu a), b), c) und d)
   auch Rn. 2501 a unter b). |

5. *Ammoniumperchlorat* mit mindestens 10 % Wasser. | 5. *Ammoniumperchlorat.*

   Siehe auch Rn. 2501 a unter b). |

   Bem. Ammoniumperchlorat, trocken oder mit weniger als 10 % Wasser ist ein Stoff der Klasse 1 a (siehe Rn. 2101, Ziffer 14 A).

6. a) *Ammoniumnitrat* mit nicht mehr als 0,2 % brennbaren Stoffen (für organische Stoffe gilt nur der Kohlenstoffgehalt) und frei von sonstigen zugesetzten Stoffen.

   Bem. 1. Ammoniumnitrat, das mehr als 0,2 % brennbare Stoffe (für organische Stoffe gilt nur der Kohlenstoffgehalt) enthält, ist zur Beförderung nicht zugelassen, ausgenommen als Bestandteil eines explosiven Stoffes der Klasse 1 a (siehe Rn. 2101, Ziffern 12 und 14).

   2. Wässerige Lösungen von Ammoniumnitrat mit einer Konzentration von höchstens 80 % unterliegen nicht den Vorschriften

   dieser Verordnung. | des ADR.

   b) *Ammoniumnitrathaltige Düngemittel Typ A (A 1):* einheitliche, nicht trennbare Mischungen von Ammoniumnitrat mit anorganischen Zusätzen, die chemisch inert gegenüber Ammoniumnitrat sind, und die nicht weniger als 90 % Ammoniumnitrat und nicht mehr als 0,2 % brennbare Stoffe (für organische Stoffe gilt nur der Kohlenstoffgehalt) enthalten, oder die weniger als 90 % aber mehr als 70 % Ammoniumnitrat und nicht mehr als insgesamt 0,4 % brennbare Stoffe enthalten.

   c) *Ammoniumnitrathaltige Düngemittel Typ A (A2):* einheitliche, nicht trennbare Mischungen von Ammoniumnitrat mit Calciumcarbonat und/oder Dolomit, die mehr als 80 %, aber weniger als 90 % Ammoniumnitrat und nicht mehr als insgesamt 0,4 % brennbare Stoffe enthalten.

   d) *Ammoniumnitrathaltige Düngemittel Typ A (A3):* einheitliche, nicht trennbare Mischungen von Ammoniumnitrat mit Ammoniumsulfat, die mehr als 45 %, aber nicht mehr als 70 % Ammoniumnitrat und nicht mehr als insgesamt 0,4 % brennbare Stoffe enthalten.

Klasse 5.1

e) *Ammoniumnitrathaltige Düngemittel Typ A (A4)*: einheitliche, nicht trennbare Mischungen (Mischdünger) des Stickstoff/Posphat- oder Stickstoff/Kalityps oder Volldüngemittel des Stickstoff/Posphat/Kalityps, die mehr als 70 %, aber weniger als 90 % Ammoniumnitrat und nicht mehr als insgesamt 0,4 % brennbare Stoffe enthalten.

> **Bem.** 1. Bei der Bestimmung des Ammoniumnitratgehaltes müssen alle Nitrat-Ionen, für die in der Mischung eine äquivalente Menge von Ammonium-Ionen vorhanden ist, als Ammoniumnitrat gerechnet werden.
>
> 2. Düngemittel mit Gehalten an Ammoniumnitrat oder brennbaren Stoffen, über den in der Ziffer 6 b) bis e) jeweils angegebenen Werten, sind zur Beförderung nur unter den Bedingungen der Klasse 1 a [siehe Rn. 2101, Ziffer 12 a)] zugelassen. Siehe jedoch Bem. 4.
>
> 3. Düngemittel mit einem Ammoniumnitratgehalt unter den in der Ziffer 6 b) bis e) jeweils angegebenen Werten unterliegen nicht den Vorschriften.
> dieser Verordnung. | des ADR.
>
> 4. Düngemittel mit nicht mehr als 45 % Ammoniumnitrat und einem Gehalt an brennbaren Stoffen von mehr als 0,4 % unterliegen nicht den Vorschriften
> dieser Verordnung, | des ADR.
> sofern der Gehalt an überschüssigem Nitrat, für das in der Mischung keine äquivalente Menge von Ammonium-Ionen vorhanden ist (berechnet als Kaliumnitrat), 10 Masse-% nicht übersteigt.
> Siehe zu a) bis e) auch Rn. 2501 a.

7. a) *Natriumnitrat;*

   b) *Mischungen von Ammoniumnitrat mit Natrium-, Kalium-, Calcium- oder Magnesiumnitrat;*

   c) *Bariumnitrat* und *Bleinitrat.*

   Siehe zu a), b) und c) auch Rn. 2501 a unter b).

   > **Bem.** 1. Mischungen von Ammoniumnitrat mit Calcium- oder Magnesiumnitrat oder mit beiden, die nicht mehr als 10 % Ammoniumnitrat enthalten, unterliegen nicht den Vorschriften
   > dieser Verordnung. | des ADR.
   >
   > 2. Stoffsäcke, entleert von Natriumnitrat, jedoch nicht vollkommen befreit vom Nitrat, mit dem sie getränkt waren, sind Gegenstände der Klasse 4.2 (siehe Rn. 2431, Ziffer 13).

8. *Anorganische Nitrite.* Siehe auch Rn. 2501 a unter b).

   > **Bem.** Ammoniumnitrit und Mischungen eines anorganischen Nitrits mit einem Ammoniumsalz sind zur Beförderung nicht zugelassen.

9. a) *Peroxide der Alkalimetalle* und *Mischungen, die Peroxide der Alkalimetalle enthalten,* die nicht gefährlicher sind als *Natriumperoxid;*

   b) *Peroxide der Erdalkalimetalle* wie *Bariumperoxid;*

   c) *Natrium-, Kalium-, Calcium- und Bariumpermanganat.*

   Siehe zu a), b) und c) auch Rn. 2501 a unter b).

   > **Bem.** Ammoniumpermanganat und Mischungen eines Permanganats mit einem Ammoniumsalz sind zur Beförderung nicht zugelassen.

10. *Chromtrioxid* (auch *Chromsäure* genannt). Siehe auch Rn. 2501 a unter b).

    > **Bem.** Lösungen von Chromsäure sind Stoffe der Klasse 8 [siehe Rn. 2801 Ziffer 11 b)].

11. Ungereinigte *leere Verpackungen, leere Tankfahrzeuge, leere Aufsetztanks, leere Tankcontainer* und *leere Kleincontainer* für Güter in loser Schüttung, die Stoffe der Klasse 5.1 enthalten haben.

    > **Bem.** Leere Verpackungen und leere Tanks, die Chlorate, Perchlorate, Chlorite (Ziffern 4 und 5), anorganische Nitrite (Ziffer 8) oder Stoffe der Ziffern 9 und 10 enthalten haben und denen außen Rückstände ihres früheren Inhalts anhaften, sind zur Beförderung nicht zugelassen.

2501 a　　Stoffe, die unter den nachstehenden Bedingungen befördert werden, unterliegen nicht den für diese Klasse in dieser

Verordnung | Anlage und in der Anlage B

enthaltenen Vorschriften:

a) Stoffe der Ziffer 3 in Mengen bis höchstens 200 g, sofern sie in dicht verschlossenen Gefäßen verpackt sind, die durch den Inhalt nicht angegriffen werden können, und sofern höchstens 10 Gefäße in einer Holzkiste mit inerten saugfähigen Stoffen eingebettet sind;

b) Stoffe der Ziffern 4 bis 10,

   ausgenommen Natriumchlorit der Ziffer 4 c) und Stoffe der Ziffer 4 e) und f) in Glasgefäßen, |

   in Mengen bis höchstens 10 kg, verpackt zu höchstens 2 kg in dicht verschlossenen Gefäßen, die durch den Inhalt nicht angegriffen werden können; die Gefäße sind in starke, dichte Verpackungen aus Holz oder Blech mit dichtem Verschluß einzusetzen.

2. Vorschriften

A. Versandstücke

1. Allgemeine Verpackungsvorschriften

2502　　(1) Die Gefäße müssen so verschlossen und so beschaffen sein, daß vom Inhalt nichts nach außen gelangen kann.

Klasse 5.1

(2) Der Werkstoff der Verpackungen und der Verschlüsse darf vom Inhalt nicht angegriffen werden, keine Zersetzungen hervorrufen und keine schädlichen oder gefährlichen Verbindungen mit ihm eingehen.

(3) Die Verpackungen und ihre Verschlüsse müssen in allen Teilen so fest und stark sein, daß sie sich unterwegs nicht lockern und der üblichen Beanspruchung während der Beförderung zuverlässig standhalten. Insbesondere müssen bei flüssigen Stoffen und, sofern im Abschnitt „Verpackung der einzelnen Stoffe" nichts anderes vorgeschrieben ist, die Gefäße und ihre Verschlüsse dem sich bei normalen Beförderungsverhältnissen etwa entwickelnden inneren Druck auch unter Berücksichtigung des Vorhandenseins von Luft Widerstand leisten können. Zu diesem Zweck muß ein füllungsfreier Raum gelassen werden, der unter Berücksichtigung des Unterschiedes zwischen der Füllungstemperatur und dem Höchstwert der mittleren Flüssigkeitstemperatur, die der Stoff während der Beförderung erreichen kann, zu berechnen ist. Sofern im Abschnitt „Verpackung der einzelnen Stoffe" nichts anderes vorgeschrieben ist, dürfen die inneren Verpackungen einzeln oder zu mehreren in die Versandverpackungen eingesetzt werden.

(4) Flaschen und andere Gefäße aus Glas müssen frei von Fehlern sein, die ihre Widerstandskraft verringern könnten. Insbesondere müssen die inneren Spannungen gemildert sein. Die Dicke der Wände muß für Gefäße, die mit Inhalt schwerer sind als 35 kg, mindestens 3 mm und für die anderen Gefäße mindestens 2 mm betragen.

Der Verschluß muß durch eine zusätzliche Maßnahme (wie Anbringen einer Haube oder Kappe, Versiegeln, Zubinden usw.) gesichert werden, durch die jede Lockerung während der Beförderung verhindert wird.

(5) Falls Gefäße aus Glas, Porzellan, Steinzeug und dgl. vorgeschrieben oder zugelassen sind, müssen sie in Schutzverpackungen eingebettet werden. Die Füllstoffe für Einbettungen müssen aus nicht brennbaren Stoffen wie Glaswolle, saugfähiger Erde, Kieselgur usw. bestehen und dürfen mit dem Inhalt des Gefäßes keine gefährlichen Verbindungen eingehen. Ist der Inhalt flüssig, so müssen sie außerdem saugfähig sein, und ihre Menge muß dem Volumen der Flüssigkeit entsprechen; die Dicke der Füllstoffschicht muß überall mindestens 4 cm betragen.

2. Verpackung der einzelnen Stoffe

(1) Die wässerigen Lösungen von Wasserstoffperoxid und Wasserstoffperoxid der Ziffer 1 müssen in Fässern oder anderen Gefäßen aus Aluminium mit einem Gehalt an Aluminium von mindestens 99,5 % oder aus Spezialstahl, der keine Zersetzung des Wasserstoffperoxids hervorruft, verpackt sein. Diese Fässer und Gefäße sind mit Trageeinrichtungen zu versehen und müssen einen standsicheren Boden besitzen, so daß sie nicht umstürzen können. Diese Gefäße müssen   **2503**

a) an der nach oben gerichteten Seite mit einer Verschlußeinrichtung versehen sein, die einen Ausgleich zwischen einem inneren Druck des Gefäßes und dem atmosphärischen Druck jederzeit gewährleistet; diese Verschlußeinrichtung muß unter allen Umständen das Ausfließen von Flüssigkeit und das Eindringen fremder Substanzen ins Innere des Gefäßes sicher verhindern und muß durch eine mit einem Schlitz versehene Kappe geschützt sein; oder

b) einem inneren Druck von 250 kPa (2,5 bar) standhalten und an der nach oben gerichteten Seite mit einer Sicherheitseinrichtung versehen sein, die bei einem inneren Überdruck von höchstens 100 kPa (1,0 bar) nachgibt.

(2) Die Gefäße dürfen höchstens zu 90 % ihres Fassungsraums gefüllt werden.

(3) Ein Versandstück darf nicht schwerer sein als 90 kg.

Tetranitromethan (Ziffer 2) muß in Flaschen aus Glas, Porzellan, Steinzeug und dgl. oder aus geeignetem Kunststoff verpackt sein, die mit nicht brennbaren Stöpseln zu verschließen und in Kisten aus dichtgefügten Brettern einzusetzen sind; die zerbrechlichen Gefäße sind mit saugfähiger Erde darin einzubetten. Die Gefäße dürfen höchstens zu 93 % ihres Fassungsraums gefüllt werden.   **2504**

Versandstücke mit zerbrechlichen Gefäßen dürfen, wenn sie nicht als geschlossene Ladung befördert werden, nicht schwerer sein als 75 kg.

Perchlorsäure in wässerigen Lösungen (Ziffer 3) muß in Glasgefäßen verpackt werden, die höchstens zu 93 % ihres Fassungsraums gefüllt sein dürfen. Die Gefäße müssen mit nicht brennbaren, saugfähigen Stoffen in nicht brennbaren, flüssigkeitsdichten Schutzverpackungen eingebettet sein, die den Inhalt der Gefäße aufnehmen können. Die Verschlüsse der Gefäße sind durch Hauben zu schützen, wenn die Schutzverpackungen nicht vollständig geschlossen sind.   **2505**

Mit Glasstöpseln

oder mit Dichtungen und Schraubkappen aus geeignetem Kunststoff

verschlossene Glasflaschen dürfen mit nicht brennbaren, saugfähigen Stoffen auch in Kisten aus dichtgefügten Brettern eingebettet sein.

Versandstücke mit zerbrechlichen Gefäßen, die nicht als geschlossene Ladung befördert werden, dürfen nicht schwerer sein als 75 kg.

und sind mit Trageeinrichtungen zu versehen.

Klasse 5.1

„Jodpentafluorid der Ziffer 3 A muß in hermetisch verschlossenen Zylindern aus geeignetem Metall verpackt sein. Die
Metallzylinder müssen den Prüfungsanforderungen des
Anhangs A.5 für Verpackungen der Verpackungsgruppe I
genügen. Ein Versandstück darf nicht schwerer sein als
2,5 kg."

2506 (1) Die Stoffe der

Ziffern 4 a) bis e) | Ziffern 4

und 5 sowie Lösungen der Stoffe der

Ziffer 4 a) bis e) | Ziffer 4 .

müssen in Gefäßen aus Glas, geeignetem Kunststoff oder Metall verpackt sein; feste Stoffe der Ziffer 4 b) dürfen
auch in Hartholzfässern verpackt sein.

(2) Zerbrechliche Gefäße oder Kunststoffgefäße müssen mit nicht brennbaren Füllstoffen in Schutzverpackungen
aus Holz oder Metall eingebettet sein. Sie dürfen auch mit nicht brennbaren Füllstoffen einzeln in unzerbrechlichen
Zwischenverpackungen eingebettet sein, die ihrerseits in die Schutzverpackungen fest einzusetzen oder einzubetten
sind. Die Gefäße dürfen höchstens 5 kg des Stoffes enthalten. Bei Gefäßen mit flüssigem Inhalt müssen die Füllstoffe
saugfähig sein.

(3) Kunststoffgefäße mit Lösungen von Stoffen der

Ziffer 4 a) bis e) | Ziffer 4 .

                                                                     | wenn ihre Wanddicke überall mindestens 4 mm beträgt,
                                                                     | die Wände durch starke Rippen versteift, die Böden
                                                                     | verstärkt, am Kopfteil zwei feste Trageeinrichtungen
                                                                     | angebracht sind und die Öffnung mit einem Schraubver-
                                                                     | schluß versehen ist.

(4) Gefäße mit Flüssigkeiten dürfen höchstens zu 95 % ihres Fassungsraums gefüllt sein.

(5) Versandstücke mit zerbrechlichen Gefäßen oder Kunststoffgefäßen (Absätze 2 und 3), die Flüssigkeiten
enthalten, und Versandstücke mit zerbrechlichen Gefäßen oder Kunststoffgefäßen (Absatz 2), die nur feste Stoffe
enthalten und nicht als geschlossene Ladung befördert werden, dürfen nicht schwerer sein als 75 kg.

                                                                     | Die Versandstücke sind, wenn sie nicht als geschlos-
                                                                     | sene Ladung befördert werden, mit Trageeinrichtungen
                                                                     | zu versehen.

(6) Versandstücke, die gerollt werden können, dürfen nicht schwerer sein als 400 kg; sind sie schwerer als 275 kg,
so müssen sie mit Rollreifen versehen sein.

(7) Gefäße mit festen Chloraten, ausgenommen solche nach Absatz 8, dürfen außer kleinen Polstern aus Wachs-
papier keine brennbaren Stoffe enthalten.

(8) In kleinen Flaschen, die höchstens 200 g Chlorate in Tablettenform, mit oder ohne geeignetes Bindemittel, ent-
halten, darf Watte verwendet werden, um ein starkes Schütteln der Tabletten in der Flasche zu verhindern. Die
Flaschen sind in Pappschachteln mit einer besonderen Zwischenverpackung in die äußere Verpackung einzusetzen.
Eine Zwischenverpackung darf nicht als 1 kg und ein Versandstück nicht mehr als 6 kg Chlorat enthalten.

„(9) Die Stoffe der Ziffer 4 f) müssen verpackt sein in
Gefäße aus geeignetem Kunststoff, die in Kisten aus
Pappe einzusetzen sind. Die Kunststoffgefäße dürfen
höchstens 5 kg der Stoffe enthalten. Ein Versandstück darf
nicht schwerer sein als 40 kg.

(10) Die Stoffe der Ziffer 4 f) dürfen in einer Höchstmasse von 40 kg auch in Fässer aus geeignetem Kunststoff mit abnehmbarem Deckel verpackt sein.

(11) Die Stoffe der Ziffer 4 f) dürfen auch in Fässer aus
Pappe mit Innenauskleidung verpackt sein; ein Versandstück darf nicht schwerer sein als 180 kg."

2507   (1) Die Stoffe der Ziffern 6, 7 und 8 müssen verpackt sein:

a) in Fässern,

   Fibertrommeln |

   oder Kisten; oder

b) in widerstandsfähigen Säcken aus dichtem Gewebe oder aus mindestens fünf Lagen starken Papiers oder, in
   Mengen bis höchstens 50 kg, in Säcken aus geeignetem Kunststoff,

deren Eignung durch eine Baumusterprüfung [siehe | der die nötige Dicke und Widerstandsfähigkeit besitzt,
Rn. 2002 (13)] nachzuweisen ist. | um jegliche Verstreuung des Inhalts zu verhindern.

Klasse 5.1

Wenn der Stoff hygroskopischer ist als Natriumnitrat, müssen die aus dichtem Gewebe oder aus fünf Lagen starken Papiers bestehenden Säcke mit geeignetem Kunststoff ausgekleidet sein oder auf andere Weise undurchlässig gemacht werden.

Versandstücke, die gerollt werden können, dürfen nicht schwerer sein als 400 kg; sind sie schwerer als 275 kg, so müssen sie mit Rollreifen versehen sein.

(2) Die Stoffe der Ziffer 8 dürfen auch in Mengen bis höchstens 5 kg in Glas-, Blech- oder Kunststoffgefäßen verpackt sein, die in Holzkisten oder Einheitspapp-kästen (siehe Rn. 2012) für 30 kg Höchstmasse einzu-setzen sind.

(1) Die Stoffe der Ziffer 9 a) müssen verpackt sein: **2508**

a) in Stahlfässern,

    deren Eignung durch eine Baumusterprüfung nach-zuweisen ist. Die Stahlfässer müssen im Stückgut-verkehr in Boxpaletten oder Kleincontainern ver-laden werden;

    oder

b) in Gefäßen aus Blech, verbleitem Eisenblech oder aus Weißblech, die in Versandkisten aus Holz mit einer Metall-auskleidung, die verlötet oder auf andere Weise dicht gemacht werden muß, einzusetzen sind. Werden die Stoffe der Ziffer 9 a) als geschlossene Ladung versandt, so genügt es, wenn Weißblechgefäße in eisernen Schutzkörben eingesetzt sind.

    Bem. Die Baumusterprüfung ist durchzuführen von der Bundes-anstalt für Materialprüfung, Berlin-Dahlem, oder dem Bundes-bahn-Zentralamt, Minden (Westf.).

Anlage A
Klasse 5.1

100.2

Klasse 5.1

(1 a) Natriumperoxid [Ziffer 9 a)] darf bei Versand als geschlossene Ladung in Mengen bis zu 1 000 kg je Gefäß auch in kastenförmigen, geschweißten Stahlgefäßen mit einer Wanddicke von mindestens 3 mm verpackt sein. Die Gefäße müssen mit Verstärkungsprofilen versehen oder so gebaut sein, daß sie die gleiche Festigkeit wie Gefäße mit Verstärkungsprofilen besitzen. Die Gefäße dürfen mit einer im Boden angebrachten Entleerungseinrichtung, die durch eine Stahlrahmenkonstruktion geschützt ist, ausgerüstet sein.

(2) Die Gefäße mit Stoffen der Ziffer 9 a) müssen so verschlossen und so dicht sein, daß keine Feuchtigkeit eindringen kann.

Für Natriumperoxid dürfen nur neue und ungebrauchte Gefäße verwendet werden. Die für Versandstücke mit diesem Produkt vorgesehene Ladefläche muß vor der Beladung gründlich gesäubert und, außer beim Versand nach Absatz 1, mit calcinierter (wasserfreier) Soda in einer Menge von mindestens 5 kg/m² gleichmäßig bestreut werden, bevor Versandstücke mit Natriumperoxid verladen werden.

(3) Die Stoffe der Ziffer 9 b) und c) müssen verpackt sein:

a) in nicht brennbaren Gefäßen, die einen luftdichten und ebenfalls nicht brennbaren Verschluß besitzen. Wenn die nicht brennbaren Gefäße zerbrechlich sind,

   muß jedes einzelne mit nicht brennbarem Füllstoff | muß jedes einzeln

   in eine mit widerstandsfähigem Papier ausgekleidete Holzkiste eingebettet werden; oder

b) in Hartholzfässern mit dichtgefügten Dauben, die mit widerstandsfähigem Papier ausgekleidet sind.

(4) Versandstücke mit zerbrechlichen Gefäßen, die nicht als geschlossene Ladung befördert werden, dürfen nicht schwerer sein als 75 kg.

                               | und sind mit Trageeinrichtungen zu versehen.

Versandstücke, die gerollt werden können, dürfen nicht schwerer sein als 400 kg; sind sie schwerer als 275 kg, so müssen sie mit Rollreifen versehen sein.

(1) Chromtrioxid (Ziffer 10) muß verpackt sein: **2509**

a) in gut verschlossenen Gefäßen aus Glas, Porzellan, Steinzeug und dgl., die unter Verwendung von inerten und saugfähigen Stoffen in eine Holzkiste einzubetten sind, oder

b) in luftdicht verschlossenen Metallfässern. | in Metallfässern.

(2) Versandstücke mit zerbrechlichen Gefäßen, die nicht als geschlossene Ladung befördert werden, dürfen nicht schwerer sein als 75 kg.

                               | und sind mit Trageeinrichtungen zu versehen.

Versandstücke, die gerollt werden können, dürfen nicht schwerer sein als 400 kg; sind sie schwerer als 275 kg, so müssen sie mit Rollreifen versehen sein.

3. Zusammenpackung

(1) Die unter demselben Buchstaben genannten Stoffe dürfen miteinander zu einem Versandstück vereinigt werden. **2510** Die inneren Verpackungen und die Versandverpackung müssen den Vorschriften für die betreffenden Stoffe entsprechen.

(2) Sofern im Abschnitt „Verpackung der einzelnen Stoffe" nicht geringere Mengen vorgeschrieben und nachstehend nicht besondere Bedingungen vorgesehen sind, dürfen die Stoffe dieser Klasse in Mengen bis höchstens 6 kg für feste Stoffe oder 3 Liter für flüssige Stoffe, und zwar für alle in einer Ziffer oder unter einem Buchstaben aufgeführten Stoffe zusammen, mit Stoffen einer anderen Ziffer oder eines anderen Buchstabens dieser Klasse oder mit gefährlichen Gütern der übrigen Klassen, soweit die Zusammenpackung auch für diese zugelassen ist, oder mit sonstigen Gütern zu einem Versandstück vereinigt werden.

Die inneren Verpackungen müssen den allgemeinen und besonderen Verpackungsvorschriften entsprechen. Ferner sind die allgemeinen Vorschriften der Rn. 2001 (7) und 2002 (6) und (7) zu beachten.

Ein Versandstück darf nicht schwerer sein als 150 kg und nicht schwerer als 75 kg, wenn es zerbrechliche Gefäße enthält.

Klasse 5.1

2510
(Forts.)

Besondere Bedingungen

Ziffer	Bezeichnung des Stoffes	Höchstmenge je Gefäß	je Versandstück	Besondere Vorschriften
1	Wasserstoffperoxid und seine wässerigen Lösungen mit mehr als 60 % Wasserstoffperoxid	Zusammenpackung nicht zugelassen		
2	Tetranitromethan			
3	Perchlorsäure			Nur innerstaatlicher Verkehr:
3 A	Jodpentafluorid (gilt nur für innerstaatliche Beförderungen)			Perchlorsäure darf mit Perchlorsäure der Klasse 8, Ziffer 4, zusammengepackt werden.
4	Lösungen von Stoffen der Ziffer 4			
4 a)	Chlorate – in zerbrechlichen Gefäßen – in anderen Gefäßen; für innerstaatliche Beförderungen gelten die vorstehend angegebenen Beschränkung für Chlorate auch für Stoffe der Ziffer 4 e) und f).	1 kg 5 kg	2,75 kg 5 kg	Dürfen nicht zusammengepackt werden mit schwach nitrierter Nitrozellulose und rotem Phosphor, Bifluoriden, flüssigen halogenhaltigen Reizstoffen, Salzsäure, Schwefelsäure, Chlorsulfonsäure, Essigsäure, Benzoesäure, Salicylsäure, Ameisensäure, freier Sulfonsäure, Schwefel, Salpetersäure, Mischungen von Schwefelsäure mit Salpetersäure, Hydrazin. Müssen von ungebundenem Kohlenstoff (in irgendeiner Form), Hypophosphiten, Ammoniak und seinen Verbindungen, Triäthanolamin, Anilin, Xylidin, Toluidin und entzündbaren flüssigen Stoffen mit einem Flammpunkt unter 21 °C getrennt sein.
4 b) und 5	Perchlorate	5 kg	5 kg	Dürfen nicht zusammengepackt werden mit schwach nitrierter Nitrozellulose und rotem Phosphor, Bifluoriden und flüssigen halogenhaltigen Reizstoffen, Salzsäure, Schwefelsäure, Chlorsulfonsäure, Salpetersäure, Mischungen von Schwefelsäure mit Salpetersäure, Anilin, Pyridin, Xylidin, Toluidin, Schwefel, Hydrazin.
4 c) und d), 6, 7, 8	Sämtliche Stoffe			Dürfen nicht zusammengepackt werden mit schwach nitrierter Nitrozellulose und rotem Phosphor.
9 a) und b)	Peroxide – in zerbrechlichen Gefäßen – in anderen Gefäßen	500 g 5 kg	2,5 kg 5 kg	Dürfen nicht zusammengepackt werden mit den gleichen Stoffen wie die Perchlorate, ferner nicht mit Aluminiumstaub oder -pulver oder gekörntem Aluminium, Essigsäure, wasserhaltigen Flüssigkeiten, entzündbaren flüssigen Stoffen der Klassen 3 und 6.1, Stoffen der Klasse 4.1; die metallischen Peroxide auch nicht mit Wasserstoffperoxidlösungen. Die Peroxide der Ziffer 9 a) und b) dürfen zusammen die höchstzulässige Masse von 2,5 kg nicht überschreiten. Als Füllstoff sind Sägemehl und andere organische Stoffe nicht zugelassen.
9 c)	Permanganate	5 kg	5 kg	Dürfen nicht zusammengepackt werden mit den gleichen Stoffen wie die Chlorate, ferner nicht mit Wasserstoffperoxidlösungen, Glycerin, Glykol. Müssen von den gleichen Stoffen getrennt sein wie die Chlorate.
10	Chromtrioxid (Chromsäure)	4,5 kg	4,5 kg	Als Füllstoff sind Sägemehl und andere organische Stoffe nicht zugelassen.

Klasse 5.1

4. Aufschriften und Gefahrzettel auf Versandstücken (siehe Anhang A. 9)

(1) Versandstücke mit Stoffen der Klasse 5.1 sind mit einem Zettel nach Muster 5 zu versehen. Versandstücke mit   **2511** Stoffen der Ziffern 1 bis 5 und 8 bis 10 sind jedoch mit zwei Zetteln nach Muster 5 zu versehen. Versandstücke mit Stoffen der Ziffer 3 müssen außerdem mit einem Zettel nach Muster 8 zu versehen.

„Außerdem sind Versandstücke mit Jodpentafluorid der Ziffer 3 A mit einem Zettel nach Muster 6.1, mit Stoffen der Ziffer 4 f) mit einem Zettel nach Muster 10 zu versehen."

(2) Versandstücke mit zerbrechlichen Gefäßen, die von außen nicht sichtbar sind, sind mit Zetteln nach Muster 12 zu versehen. Enthalten die zerbrechlichen Gefäße Flüssigkeiten, so sind, wenn es sich nicht um zugeschmolzene Ampullen handelt, außerdem Zettel nach Muster 11 anzubringen; diese Zettel sind, wenn eine Kiste verwendet wird, oben an zwei gegenüberliegenden Seiten und bei anderen Verpackungen in entsprechender Weise anzubringen.

  2512

B. Vermerke im Beförderungspapier

Die Bezeichnung des Gutes im Beförderungspapier muß gleich lauten wie eine der in Rn. 2501 durch *Kursivschrift*   **2513** hervorgehobenen Benennungen; sie ist

zu unterstreichen und

durch die *Angabe der Klasse, der Ziffer und gegebenenfalls des Buchstabens der Stoffaufzählung und die Abkürzung „ADR"* oder *„RID"* zu ergänzen, [z. B. *5.1, Ziffer 4 a), ADR*].

„Bei der Beförderung von Abfällen [siehe Rn. 2000 (4)] muß die Bezeichnung des Gutes lauten: „Abfall, enthält . . .", wobei die für die Zuordnung des Abfalls nach Rn. 2002 (8) maßgebende(n) gefährliche(n) Komponente(n) mit ihrer (ihren) chemischen Benennung(en) einzusetzen ist (sind), z. B. *„Abfall, enthält Chlorate, 5.1, Ziffer 4 a), ADR"*. Im allgemeinen brauchen nicht mehr als zwei Komponenten, die maßgebend für die Gefahr(en) des Abfalls sind, angegeben zu werden."

  2514-
  2520

C. Leere Verpackungen

(1) Die Verpackungen und die Tanks der Ziffer 11 müssen ebenso verschlossen und ebenso undurchlässig sein wie   **2521** in gefülltem Zustand.

(2) Ungereinigte leere Verpackungen der Ziffer 11 müssen mit den gleichen Gefahrzetteln versehen sein wie in gefülltem Zustand.

(3) Die Bezeichnung im Beförderungspapier muß gleich lauten wie eine der in Ziffer 11 durch *Kursivschrift* hervorgehobenen Benennungen, z. B. *„Leere Verpackung, 5.1, Ziffer 11, ADR"*.

Dieser Text ist zu unterstreichen.

Bei ungereinigten leeren Tankfahrzeugen, leeren Aufsetztanks, leeren Tankcontainern und leeren Kleincontainern für Güter in loser Schüttung ist diese Bezeichnung durch die Angabe „Letztes Ladegut" sowie die Benennung und Ziffer des letzten Ladegutes, z. B. *„Letztes Ladegut: Wasserstoffperoxid, Ziffer 1"* zu ergänzen.

(4) Ungereinigte leere Gewebesäcke, die Natriumnitrat [Ziffer 7 a)] enthalten haben, unterliegen den Vorschriften der Klasse 4.2 (siehe Rn. 2441).

  2522-
  2549

Klasse 5.2

Organische Peroxide

1. Stoffaufzählung

2550 Von den unter den Begriff der Klasse 5.2 fallenden Stoffen und Gegenständen sind nur die in Rn. 2551 genannten und auch diese nur zu den Vorschriften dieser

Verordnung.

| Anlage und denen der Anlage B

unter bestimmten Bedingungen zur Beförderung zugelassen und somit Stoffe und Gegenstände

dieser Verordnung.   des ADR.

Bem. 1. Unter den Begriff der Klasse 5.2 fallen explosive und nicht explosive organische Peroxide. Zur Ermittlung der explosiven Eigenschaften sind die in Anhang A. 1 aufgeführten Prüfverfahren anzuwenden.

2. Die angegebenen Mindestgehalte an Wasser, Phlegmatisierungsmitteln, Lösemitteln und festen, inerten Stoffen sind mit einer Genauigkeit von 5 %, bezogen auf diese Zusatzstoffe, einzuhalten.

3. Als Phlegmatisierungsmittel gelten solche flüssigen Stoffe, die gegenüber organischen Peroxiden inert sind und die einen Siedepunkt von mindestens 150 °C haben.

4. Für die Zuordnung von Lösungen und Gemischen (wie Präparate, Zubereitungen und Abfälle), die eine oder mehrere in Rn. 2551 aufgeführte Komponente(n) enthalten, siehe auch Rn. 2002 (8).

Bem. 1. Die organischen Peroxide, die durch Flammenzündung zur Explosion gebracht werden können oder die entweder gegen Stoß oder gegen Reibung empfindlicher sind als Dinitrobenzol, sind von der Beförderung ausgeschlossen, sofern sie nicht ausdrücklich in der Klasse 1 a aufgeführt sind.

(siehe Rn. 2101, Ziffer 10, und Anhang A. 1, Rn. 3112 sowie nachstehende Rn. 2551 Gruppe E).

2. Für die Zuordnung von Lösungen und Gemischen (wie Präparate, Zubereitungen und Abfälle), die eine oder mehrere in Rn. 2551 aufgeführte Komponente(n) enthalten, siehe auch Rn. 2002 (8).

Gruppe A

2551 1. *Di-(tert. butyl)-peroxid,* technisch rein.

    2. *tert. Butylhydroperoxid:*

      a) mit mindestens 10 % Wasser;

      b) mit mindestens 30 % Wasser;

      c) mit mindestens 8 % Di-(tert. butyl)-peroxid und mit mindestens 10 % Wasser;

      d) mit mindestens 20 % Di-(tert. butyl)-peroxid.

    3. *tert. Butylperacetat* mit mindestens 50 % Phlegmatisierungsmitteln.

    4. *tert. Butylperbenzoat:*

      a) technisch rein;

      b) mit mindestens 25 % Phlegmatisierungsmitteln;

      c) mit mindestens 50 % festen trockenen inerten Stoffen.

    5. *tert. Butylpermaleinat:*

      a) als Paste mit mindestens 50 % Phlegmatisierungsmitteln;

      b) als Lösung mit mindestens 50 % Phlegmatisierungsmitteln.

    6. *Di-(tert. butylperoxy)-phthalat* mit mindestens 50 % Phlegmatisierungsmitteln.

    7. *2,2-Bis-(tert. butylperoxy)-butan:*

      a) mit mindestens 50 % Phlegmatisierungsmitteln;

      b) in einer Konzentration von höchstens 14 %, *mit* höchstens 12 % *tert. Butylper-(2-äthyl)-hexanoat,* mindestens 14 % Phlegmatisierungsmitteln und mindestens 60 % festen trockenen inerten Stoffen.

1. *Ditertiäres Butylperoxid.*

2. *Tertiäres Butylhydroperoxid* mit mindestens 20 % ditertiärem Butylperoxid und mit mindestens 20 % Phlegmatisierungsmitteln.

Bem. Tertiäres Butylhydroperoxid mit mindestens 20 % ditertiärem Butylperoxid, aber ohne Phlegmatisierungsmittel, ist unter Ziffer 31 aufgeführt.

3. *Tertiäres Butylperacetat* mit mindestens 30 % Phlegmatisierungsmitteln.

4. *Tertiäres Butylperbenzoat.*

5. *Tertiäres Butylpermaleinat* mit mindestens 50 % Phlegmatisierungsmitteln.

6. *Ditertiäres Butyldiperphthalat* mit mindestens 50 % Phlegmatisierungsmitteln.

7. *2,2-Bis-(tertiär-Butylperoxy)butan* mit mindestens 50 % Phlegmatisierungsmitteln.

Klasse 5.2

8. *Dibenzoylperoxid:*

a) mit mindestens 10 %, jedoch weniger als 20 % Wasser;

b) mit mindestens 20 % Wasser;

c) als Paste mit mindestens 30 % Phlegmatisierungsmitteln;

d) mit mindestens 45 % festen, organischen inerten Stoffen.

Bem. Dibenzoylperoxid mit einem Gehalt von mindestens 70 % an festen trockenen inerten Stoffen unterliegt nicht den Vorschriften dieser Verordnung.

8. *Benzoylperoxid:*

a) mit einem Wassergehalt von mindestens 10 %;

b) mit mindestens 30 % Phlegmatisierungsmitteln.

Bem. 1. Benzoylperoxid, trocken oder mit einem Wassergehalt von weniger als 10 % oder mit weniger als 30 % Phlegmatisierungsmitteln ist ein Stoff der Klasse 1 a [siehe Rn. 2101, Ziffer 10 a)].

2. Benzoylperoxid mit einem Gehalt von mindestens 70 % an festen, trockenen inerten Stoffen unterliegt nicht den Vorschriften des ADR.

9. *Cyclohexanonperoxid (1-Hydroxy-1´-hydroperoxy-dicyclohexylperoxid),* technisch rein:

a) mit mindestens 5 %, jedoch weniger als 10 % Wasser;

b) mit mindestens 10 % Wasser;

c) als Paste mit mindestens 30 % Phlegmatisierungsmitteln;

d) als Lösung mit mindestens 30 % Phlegmatisierungsmitteln.

Bem. Cyclohexanonperoxid (1-Hydroxy-1´-hydroperoxy-dicyclohexylperoxid) mit einem Gehalt von mindestens 70 % an festen trockenen inerten Stoffen unterliegt nicht den Vorschriften dieser Verordnung

9. *Cyclohexanonperoxide* [1-Hydroxy-1´-hydroperoxy-dicyclohexylperoxid,

    Bis-(1-hydroxycyclohexyl)-peroxid und Gemische dieser beiden Verbindungen]:

a) mit einem Wassergehalt von mindestens 5 %;

b) mit mindestens 30 % Phlegmatisierungsmitteln.

Bem. 1. Cyclohexanonperoxide und deren Gemische, trocken oder mit einem Wassergehalt von weniger als 5 % oder mit weniger als 30 % Phlegmatisierungsmitteln sind Stoffe der Klasse 1 a [siehe Rn. 2101, Ziffer 10 b)].

2. Cyclohexanonperoxide und deren Gemische, mit einem Gehalt von mindestens 70 % an festen, trockenen inerten Stoffen unterliegen nicht den Vorschriften des ADR.

9A. *Bis-(1-hydroxy-cyclohexyl)-peroxid,* technisch rein.

10. *Cumolhydroperoxid,* technisch rein.

10. *Cumolhydroperoxid* mit einem Peroxidgehalt von höchstens 95 %.

11. *Dilauroylperoxid,* technisch rein.

11. *Dilauroylperoxid.*

12. *Tetralinhydroperoxid,* technisch rein.

12. *Tetralinhydroperoxid.*

13. *Bis-(2,4-dichlorbenzoyl)-peroxid:*

a) mit mindestens 10 %, jedoch weniger als 25 % Wasser;

b) mit mindestens 25 % Wasser;

c) als Paste mit mindestens 30 % Phlegmatisierungsmitteln.

13. *Bis-(2,4-Dichlorbenzoyl)-peroxid:*

a) mit einem Wassergehalt von mindestens 10 %;

b) mit mindestens 30 % Phlegmatisierungsmitteln.

14. *p-Menthanhydroperoxid,* technisch rein.

14. *p-Menthanhydroperoxid* mit einem Peroxidgehalt von höchstens 95 % (Rest Alkohole und Ketone).

15. *Pinanhydroperoxid,* technisch rein.

15. *Pinanhydroperoxid* mit einem Peroxidgehalt von höchstens 95 % (Rest Alkohole und Ketone).

16. *Dicumylperoxid,* technisch rein.

Bem. Dicumylperoxid mit einem Gehalt von mindestens 60 % an festen trockenen inerten Stoffen unterliegt nicht den Vorschriften dieser Verordnung.

16. *Dicumylperoxid* mit einem Peroxidgehalt von höchstens 95 %.

Bem. Dicumylperoxid mit einem Gehalt von 60 % oder mehr an festen trockenen inerten Stoffen unterliegt nicht den Vorschriften des ADR.

17. *Bis-(4-chlorbenzoyl)-peroxid:*

a) mit mindestens 10 %, jedoch weniger als 25 % Wasser;

b) mit mindestens 25 % Wasser;

17. *p,p´-Dichlorbenzoylperoxid:*

a) mit einem Wassergehalt von mindestens 10 %;

b) mit mindestens 30 % Phlegmatisierungsmitteln.

Anlage A
Klasse 5.2

Klasse 5.2

2551
(Forts.)

c) als Paste mit mindestens 30 % Phlegmatisie-
    rungsmitteln.

> **Bem.** Bis-(4-chlorbenzoyl)-peroxid mit einem Gehalt von minde-
> stens 70 % an festen trockenen inerten Stoffen unterliegt
> nicht den Vorschriften dieser Verordnung.

> **Bem. 1.** p,p'-Dichlorbenzoylperoxid trocken oder mit einem
> Wassergehalt von weniger als 10 % oder mit weniger als
> 30 % Phlegmatisierungsmitteln ist ein Stoff der Klasse
> 1 a [siehe Rn. 2101, Ziffer 10 c)].
>
> **2.** p,p'-Dichlorbenzoylperoxid mit einem Gehalt von 70 %
> oder mehr an festen, trockenen, inerten Stoffen unter-
> liegt nicht den Vorschriften des ADR.

18. *Diisopropylbenzolhydroperoxid* mit einem Peroxid-
     gehalt von höchstens 70 %.

18. *Di-isopropylbenzolhydroperoxid* mit 45 % eines
     Gemisches aus Alkoholen und Ketonen.

19. *Methylisobutylketonperoxid:*

     mit mindestens 40 % Phlegmatisierungsmitteln
     oder mit mindestens 20 % Phlegmatisierungsmit-
     teln und mindestens 20 % Methylisobutylketon.

19. *Methylisobutylketonperoxid* mit mindestens 40 %
     Phlegmatisierungsmitteln.

20. *tert. Butylcumylperoxid*, technisch rein.

20. *Tertiäres Butylcumylperoxid* mit einem Peroxid-
     gehalt von höchstens 95 %.

21. (bleibt offen)

21. *Diacetylperoxid* mit mindestens 75 % Phlegmati-
     sierungsmitteln.

22. (bleibt offen)

22. *Acetylbenzoylperoxid* mit mindestens 60 % Phleg-
     matisierungsmitteln.

> **Bem. zu den Ziffern 1 bis 22.**
> Als Phlegmatisierungsmittel gelten solche Verbindungen, die
> gegenüber organischen Peroxiden inert sind und die einen Flamm-
> punkt von mindestens 100 °C sowie einen Siedepunkt von minde-
> stens 150 °C haben. Die Stoffe der Gruppe A dürfen darüber hinaus
> auch mit Lösungsmitteln verdünnt werden, die gegen diese Stoffe
> inert sind.

23. *2,5-Dimethyl-2,5-di-(tert. butylperoxy)-hexan:*

     a) technisch rein;

     b) mit mindestens 50 % festen trockenen inerten
         Stoffen.

24. *2,5-Dimethyl-2,5-di-(tert. butylperoxy)-hexin-3:*

     a) technisch rein;

     b) mit mindestens 50 % festen trockenen inerten
         Stoffen.

25. *2,2-Bis-(4,4-ditert. butylperoxycyclohexyl)-propan*
     mit mindestens 60 % festen trockenen inerten
     Stoffen.

26. *1,3-Bis-(2-tert. butylperoxyisopropyl)-benzol,*
     technisch rein.

> **Bem.** 1,3-Bis-(2-tert. butylperoxyisopropyl)-benzol mit einem
> Gehalt von mindestens 60 % an festen trockenen inerten
> Stoffen unterliegt nicht den Vorschriften dieser Verord-
> nung.

27. *1,4-Bis-(2-tert. butylperoxyisopropyl)-benzol,*
     technisch rein.

> **Bem.** 1,4-Bis-(2-tert. butylperoxyisopropyl)-benzol mit einem
> Gehalt von mindestens 60 % an festen trockenen inerten
> Stoffen unterliegt nicht den Vorschriften dieser Verord-
> nung.

28. *1,1-Di-(tert. butylperoxy)-3,3,3-trimethylcyclohexan:*

     a) mit mindestens 45 % Phlegmatisierungs-
         mitteln;

     b) mit mindestens 56 % festen trockenen inerten
         Stoffen.

29. *tert. Butylperisononanoat* (tert. Butylperoxy-3,5,5-
     trimethylhexanoat), technisch rein.

30. *Acetylacetonperoxid* (3,5-Dimethyl-3,5-dihydroxy-
     dioxolan-1,2) mit mindestens 50 % Phlegmatisie-
     rungsmitteln.

Klasse 5.2

31. *2,5-Dimethyl-2,5-di-(benzoylperoxy)-hexan:*

    a) mit mindestens 20 % Wasser;

    b) mit mindestens 20 % festen trockenen inerten Stoffen.

32. *n-Butyl-4,4-bis-(tert. butylperoxy)-valerat:*

    a) technisch rein;

    b) mit mindestens 50 % festen trockenen inerten Stoffen.

33. *Hexamethyltetroxonan　　(3,3,6,6,9,9-Hexamethyl-cyclo-1,2,4,5-tetraoxanonan):*

    a) mit mindestens 50 % Phlegmatisierungsmitteln;

    b) mit mindestens 50 % festen trockenen inerten Stoffen.

34. *Methylähtylketonperoxide* mit mindestens 50 % Phlegmatisierungsmitteln:

    a) nicht explosiv;

    b) explosiv, jedoch in bezug auf explosive Eigenschaften nicht gefährlicher als der Stoff der Ziffer 4 a).

34A. *3-tert. Butylperoxy-3-phenylphthalid,*　　technisch rein.

34B. *Distearylperoxydicarbonat* mit mindestens 15 % Stearylalkohol.

34C. *Äthyl-3,3-Bis-(tert. butylperoxy)-butyrat* mit mindestens 50 % festen inerten anorganischen Stoffen.

34D. *1,1-Bis-(tert. butylperoxy)-cyclohexan:*

    a) mit mindestens 25 % Phlegmatisierungsmitteln;

    b) mit mindestens 50 % Phlegmatisierungsmitteln;

    c) mit mindestens 13 % Phlegmatisierungsmitteln und mindestens 47 % festen trockenen inerten Stoffen.

34E. *3-Chlorperoxybenzoesäure* mit mindestens 15 % 3-Chlorbenzoesäure.

    Bem.　Die Stoffe der Ziffer 34E sind zur Beförderung nur zugelassen, wenn sie bei der Prüfung nach Rn. 3152/1 bei 50 °C beständig sind.

34F. *2,2-Bis-(tert. butylperoxy)-propan:*

    a) in einer Lösung mit mindestens 50 % Phlegmatisierungsmitteln;

    b) mit mindestens 13 % Phlegmatisierungsmitteln und mindestens 47 % festen trockenen inerten Stoffen.

34G. *tert. Amylperoxybenzoat* in einer Lösung mit mindestens 10 % Phlegmatisierungsmitteln.

Bem. zur Gruppe A
Die Stoffe der Gruppe A dürfen zusätzlich mit Lösemitteln verdünnt werden, die gegen diese Stoffe indifferent sind.

Gruppe B

(bleibt offen)

2551
(Forts.)

30. *Methyläthylketonperoxid:*

    a) mit mindestens 50 % Phlegmatisierungsmitteln;

    b) in Lösungen, die höchstens 12 % dieses Peroxids enthalten, in Lösemitteln, die gegen das Peroxid unempfindlich sind.

Klasse 5.2

2551
(Forts.)

31. *Tertiäres Butylhydroperoxid:*

　　a) mit mindestens 20 % ditertiärem Butylperoxid ohne Phlegmatisierungsmittel;

　　b) in Lösungen, die höchstens 12 % dieses Peroxids enthalten, in Lösemitteln, die gegen das Peroxid unempfindlich sind.

Bem. zu den Ziffern 30 und 31.
Als Phlegmatisierungsmittel gelten solche Stoffe, die gegenüber organischen Peroxiden inert sind und die einen Flammpunkt von mindestens 100 °C sowie einen Siedepunkt von mindestens 150 °C haben.

Gruppe C

35. *Peressigsäure*, stabilisiert,

　　mit höchstens 40 % Peressigsäure, höchstens 6 % Wasserstoffperoxid, 5 % bis 20 % Wasser, 35 % bis 75 % Essigsäure und höchstens 1 % Schwefelsäure.

35. *Peressigsäure* mit höchstens 40 % Peressigsäure und mit mindestens 45 % Essigsäure und mit mindestens 10 % Wasser.

Bem. zu den Gruppen A, B und C.
Gemische von Produkten, welche in die Gruppen A, B oder C eingereiht sind, werden zum Versand unter den Beförderungsvorschriften der Gruppe C zugelassen, wenn sie Peressigsäure enthalten, in den anderen Fällen unter den Beförderungsvorschriften der Gruppe B.

Gruppe D

40. In den Gruppen

　　A oder C nicht genannte ┃ A, B und C nicht genannte phlegmatisierte

organische Peroxide und ihre Lösungen, die als Mustersendungen zur Beförderung aufgegeben werden, in Mengen bis höchstens 1 kg je Versandstück, wenn sie mindestens die gleiche Lagerungsbeständigkeit aufweisen wie in den Gruppen

　　A und C ┃ A und B

aufgeführten Stoffe.

Gruppe E

Bem. Die Gruppe E enthält organische Peroxide, die sich bei gewöhnlicher oder wenig erhöhter Temperatur leicht zersetzen und deren Umgebungstemperatur bei der Beförderung bestimmte Höchstwerte nicht überschreiten darf.

Bem. Die Gruppe E enthält organische Peroxide, die sich bei gewöhnlicher ausreichender Temperatur leicht zersetzen und die infolgedessen nur unter ausreichender Kühlung befördert werden dürfen. Einige organische Peroxide sind, obwohl sie nach der Bemerkung zur Klasse 5.2 explosiv sind, in die Gruppe E aufgenommen worden, weil sie in gekühltem Zustand ohne Gefahr befördert werden können und auch um jede Unklarheit über ihre Handhabung zu vermeiden.

45. *Di-n-octanoylperoxid*, technisch rein.

46. *Acetylcyclohexansulfonylperoxid:*

　　a) mit 78 % bis 82 % Acetylcyclohexansulfonylperoxid und 12 % bis 16 % Wasser;

　　b) in einer Lösung mit mindestens 80 % Lösemitteln;

　　c) in einer Lösung mit mindestens 70 % Phlegmatisierungsmitteln.

47. *Diisopropylperoxydicarbonat:*

　　a) technisch rein;

　　b) in einer Lösung mit mindestens 50 % Phlegmatisierungs- oder Lösemitteln.

48. *Dipropionylperoxid* in einer Lösung mit mindestens 75 % Lösemitteln.

49. *tert. Butylperpivalat:*

　　a) technisch rein;

　　b) in einer Lösung mit mindestens 25 % Phlegmatisierungs- oder Lösemitteln.

50. *Diisononanoylperoxid* [*Bis-(3,5,5-trimethylhexanoyl)-peroxid*]

　　in einer Lösung mit mindestens 20 % Phlegmatisierungsmitteln.

45. *Dioctanolperoxid*, technisch rein.

　　a) mit einem Wassergehalt von mindestens 30 %;

49. *Tertiäres Butylperpivalat.*

50. *Bis-(3,5,5-trimethylhexanoyl)-peroxid.*

108

Klasse 5.2

51. *Dipelargonylperoxid,* technisch rein.

52. *tert. Butylper-(2-äthyl)-hexanoat:*

   a) technisch rein;

   b) in einer Lösung mit mindestens 50 % Phleg-
      matisierungsmitteln.

53. *Bis-(2-äthylhexyl)-peroxydicarbonat:*

   a) technisch rein;

   b) in einer Lösung mit mindestens 25 % Phleg-
      matisierungs- oder Lösemitteln;

   c) in einer stabilen Suspension mit mindestens
      55 % Wasser und mit 5 % Polyvinylalkohol

54. *Didecanoylperoxid,* technisch rein.

55. *tert. Butylperisobutyrat*

   in einer Lösung mit mindestens

   25 % Phlegmatisierungsmitteln.

56. *Dicyclohexylperoxydicarbonat:*

   a) technisch rein;

   b) mit mindestens 10 % Wasser.

57. *Bis-(4-tert. butylcyclohexyl)-peroxydicarbonat,*
     technisch rein.

58. *Diacetonalkoholperoxide* mit höchstens 9 % Was-
     serstoffperoxid, mindestens 26 % Diacetonalko-
     hol und mindestens 8 % Wasser und mit einem
     Gesamtaktivsauerstoffgehalt von höchstens
     10 %.

59. *Dicetylperoxydicarbonat,* technisch rein.

60. *Di-n-butyl-peroxydicarbonat* in einer Lösung mit
     mindestens 50 % Phlegmatisierungsmitteln.

61. *Di-sek. butyl-peroxydicarbonat* in einer Lösung mit
     mindestens 50 % Phlegmatisierungsmitteln.

62. *Diäthylperoxydicarbonat* in einer Lösung mit min-
     destens 75 % Phlegmatisierungsmitteln.

63. *Diacetylperoxid* in einer Lösung mit mindestens
     75 % Phlegmatisierungsmitteln.

64. *Bis-(3,5,5-trimethyl-1,2-dioxolanyl-3)-peroxid* als
     Paste mit mindestens 50 % Phlegmatisierungs-
     mitteln.

65. *Dibenzylperoxydicarbonat* mit mindestens 15 %
     Wasser.

66. *Bis-(2-methylbenzoyl)-peroxid* mit mindestens
     15 % Wasser.

67. *Dimyristylperoxydicarbonat:*

   a) technisch rein;

   b) in einer stabilen Dispersion mit mindestens
      80 % Wasser.

68. *tert. Butylperneodecanoat:*

   a) technisch rein;

   b) mit mindestens 25 % Phlegmatisierungsmit-
      teln.

69. *tert. Amylperneodecanoat* mit mindestens 25 %
     Phlegmatisierungsmitteln.

2551
(Forts.)

52. *Tertiäres Butylper-(2-äthyl)-hexanoat,* technisch
     rein.

53. *Di-(äthylhexyl)-peroxydicarbonat* in Lösungen mit
     mindestens 55 % Phlegmatisierungs- oder Löse-
     mitteln.

55. *Tertiäres Butylperisobutyrat*

     25 % Lösemitteln.

Klasse 5.2

2551
(Forts.)

70. *Methylcyclohexanonperoxid [1-Hydroxy-1'-hydro-peroxydi-(methylcyclohexyl)-peroxide]* in einer Lösung mit mindestens 35 % Phlegmatisierungsmitteln.

71. *Diperoxyazelainsäure* mit mindestens 15 % Azelainsäure, mindestens 54 % Natriumsulfat (berechnet wasserfrei) und 3 % bis 5 % Wasser.

72. *tert. Amylperoxy-(2-äthyl)-hexanoat,* technisch rein.

73. *Bis-(iso-tridecyl)-peroxydicarbonat,* technisch rein.

74. *2,4,4-Trimethylpentyl-2-peroxyphenoxyacetat* in einer Lösung mit mindestens 65 % Phlegmatisierungsmitteln.

75. *tert. Amylperoxypivalat* in einer Lösung mit mindestens 25 % Phlegmatisierungsmitteln.

76. *Cumylperoxyneodecanoat* in einer Lösung mit mindestens 25 % Phlegmatisierungsmitteln.

77. *Bis-2,2-(tert-butylperoxy)-butan* in einer Lösung von höchstens 35 %, *mit* höchstens 30 % *tert. Butylper-(2-äthyl)-hexanoat* und mindestens 35 % Phlegmatisierungsmitteln.

Bem. **zur Gruppe E**
Lösemittel sind Stoffe, die gegenüber organischen Peroxiden inert sind und außerdem eine der folgenden Bedingungen erfüllen:

a) nicht entzündlich und Siedetemperatur mindestens 85 °C; oder

b) nicht entzündlich und Siedetemperatur unter 85 °C, aber mindestens 60 °C; in diesem Falle müssen luftdicht verschlossene Gefäße verwendet werden; oder

c) Flammpunkt mindestens 21 °C und Siedetemperatur mindestens 85 °C; oder

d) Flammpunkt unter 21 °C, aber nicht unter 5 °C und Siedetemperatur mindestens 60 °C; in diesem Falle müssen luftdicht verschlossene Gefäße verwendet werden.

Bem. 1. Als Phlegmatisierungsmittel gelten solche Stoffe, die gegenüber organischen Peroxiden inert sind und die einen Flammpunkt von mindestens 100 °C sowie einen Siedepunkt von mindestens 150 °C haben.

2. Lösemittel sind Stoffe, die gegenüber organischen Peroxiden inert sind und außerdem eine der folgenden Bedingungen erfüllen:

a) nicht entzündlich und Siedetemperatur mindestens 85 °C; oder

b) nicht entzündlich und Siedetemperatur unter 85 °C, aber mindestens 60 °C; in diesem Falle müssen luftdicht verschlossene Gefäße verwendet werden; oder

c) Flammpunkt mindestens 21 °C und Siedetemperatur mindestens 85 °C; oder

d) Flammpunkt unter 21 °C, aber nicht unter 5 °C und Siedetemperatur mindestens 60 °C; in diesem Falle müssen luftdicht verschlossene Gefäße verwendet werden.

Gruppe F

96. Die in der Gruppe E nicht genannten, ihrer geringen Beständigkeit nach definitionsgemäß zu dieser Gruppe gehörenden *organischen Peroxide,* die als Mustersendungen zur Beförderung aufgegeben werden, in Mengen bis zu 1 kg je Versandstück.

Bem. Diese organischen Peroxide sind bei solchen Umgebungstemperaturen zu befördern, bei denen sie mindestens die gleiche Lagerungsbeständigkeit aufweisen wie die Stoffe der Gruppe E bei den für diese vorgeschriebenen Höchsttemperaturen.

Gruppe G

97. *Mischungen* der Stoffe der Gruppe A miteinander.

98. *Mischungen* der Stoffe der Gruppe E miteinander oder mit Stoffen der Gruppe A.

Gruppe H　　　　　　　　　　　　　　　　**Gruppe F**

99. Ungereinigte *leere Verpackungen, leere Tankfahrzeuge, leere Aufsetztanks* und *leere Tankcontainer,* die Stoffe der Klasse 5.2 enthalten haben.

Klasse 5.2

Die Stoffe der Gruppe A, die unter den nachstehenden Bedingungen zur Beförderung aufgegeben werden, unterliegen nicht den für diese Klasse in dieser Verordnung enthaltenen Vorschriften; Rn. 2562 ist jedoch zu beachten:

2551 a

a) Flüssige Stoffe

in Mengen bis 1000 g je Versandstück in Flaschen aus geeignetem Kunststoff oder Glas, Stoffe der Ziffern 10, 14, 15 und 18 auch in Flaschen aus Aluminium, mit Stopfen aus geeignetem Kunststoff, Bügelverschluß oder Schraubverschluß, mit elastischer Einlage. Die Flaschen sind in Pappdosen einzubetten. Es muß eine genügende Menge von inerten Füllstoffen vorhanden sein, um die gesamte Flüssigkeitsmenge aufsaugen zu können.

b) Pastenförmige oder pulverförmige Stoffe

in Mengen bis 1000 g je Versandstück in Gefäßen oder Beuteln aus geeignetem Kunststoff, die in geeignete nichtmetallische Schutzverpackungen einzusetzen sind.

c) Benzoylperoxid mit mindestens 30 % Phlegmatisierungsmitteln

in Mengen bis 1000 g je Versandtstück in Tuben aus Aluminium oder aus geeignetem Kunststoff.

d) Benzoylperoxid mit mindestens 50 % Phlegmatisierungsmitteln

in Mengen bis 5000 g je Versandstück in Tuben aus Aluminium oder aus geeignetem Kunststoff, die einzeln in eine Pappschachtel eingesetzt oder in vorgeformter Pappe eingelegt sind und in einem Einheitspappkasten (siehe Rn. 2012) für 10 kg Höchstmasse oder in einer Holzkiste zusammengefaßt werden.

Zum Auffangen sich etwa bildender Gase ist in den Packungen bei den flüssigen organischen Peroxiden ein Leerraum von 25 % und bei den pastenförmigen und pulverförmigen organischen Peroxiden ein solcher von 10 % freizulassen.

2. Vorschriften

A. Versandstücke

1. Allgemeine Verpackungsvorschriften

(1) Der Werkstoff der Verpackungen und der Verschlüsse darf vom Inhalt nicht angegriffen werden und keine schädlichen oder gefährlichen Verbindungen mit ihm eingehen.

2552

(2) Die Verpackungen und ihre Verschlüsse müssen in allen Teilen so fest und stark sein, daß sie sich unterwegs nicht lockern und der üblichen Beanspruchung während der Beförderung zuverlässig standhalten. Die inneren Verpackungen sind in den äußeren sicher und fest zu verpacken. Sofern im Abschnitt „Verpackung der einzelnen Stoffe" nichts anderes vorgeschrieben ist, dürfen die inneren Verpackungen einzeln oder zu mehreren in die Versandverpackungen eingesetzt werden.

(3) Die Füllstoffe für Einbettungen dürfen nicht leicht entzündbar sein; sie müssen ferner den Eigenschaften des Inhalts angepaßt sein und dürfen auf die Peroxide nicht zersetzend wirken.

2. Verpackung der einzelnen Stoffe

a. Verpackung der Stoffe der Gruppe A

(1) Die Gefäße müssen so verschlossen und so dicht sein, daß Inhalt nichts nach außen gelangen kann.

Die Gefäße müssen so verschlossen und so dicht sein, daß vom Inhalt nichts nach außen gelangen kann.

2553

(2) Wenn jedoch flüssige Stoffe der Gruppe A bei 40 °C bemerkbar Gas abspalten, müssen die Gefäße mit einer Entlüftungseinrichtung versehen sein, die den Ausgleich zwischen dem inneren und dem atmosphärischen Druck zuläßt und die unter allen Umständen – auch bei einer Ausdehnung der Flüssigkeit infolge Erwärmung – das Herausspritzen von Flüssigkeit verhindert, ohne daß Verunreinigungen in das Gefäß gelangen können.

Klasse 5.2

(3) Entlüftungseinrichtungen dürfen nicht angebracht sein an Gefäßen mit Stoffen, die gemäß der Bemerkung zur Gruppe A mit Lösemitteln verdünnt sind. In diesem Fall dürfen die Gefäße höchstens zu 75 % ihres Fassungsraums gefüllt sein.

2554 (1) Die flüssigen Stoffe der Gruppe A sind in Gefäße aus geeignetem Kunststoff zu verpacken, die in geeignete nichtmetallische Schutzverpackungen einzusetzen sind.

Sie dürfen auch in Mengen bis höchstens 0,5 l in Glasflaschen verpackt sein, die bruchsicher in geeignete nichtmetallische Schutzverpackungen einzusetzen sind.

(2) Die festen Stoffe der Gruppe A sind in Gefäße oder Beutel aus geeignetem Kunststoff zu verpacken, die in geeignete nichtmetallische Schutzverpackungen einzusetzen sind.

Wasserfeuchte Stoffe sind derart wasserdicht zu verpacken, daß eine Austrocknung sicher verhindert wird.

Die Stoffe der Ziffer 16 in fester Form dürfen auch in Säcke aus geeignetem Kunststoff verpackt werden, die in geeignete metallische Schutzbehälter einzusetzen sind.

(3) Die pastenförmigen Stoffe der Gruppe A sind in Gefäße oder Beutel aus geeignetem Kunststoff zu verpacken, die in geeignete Schutzverpackungen einzusetzen sind.

Die pastenförmigen Stoffe der Ziffer 8 c) dürfen auch in Tuben aus Aluminium oder aus geeignetem Kunststoff verpackt sein, die einzeln in eine Pappschachtel einzusetzen oder in vorgeformte Pappe einzulegen sind. Die Pappschachteln sind in einen Pappkasten von ausreichender mechanischer Widerstandsfähigkeit einzusetzen.

(4) Die Stoffe der Ziffern 1, 2, 5 a), 8 c), 9 c), 10, 12, 14, 15, 16, 18 und 20 dürfen auch in Gefäßen aus Aluminium mit einem Gehalt von mindestens 99,5 % Aluminium oder aus Edelstahl der Werkstoff-Nr. 1.4571 oder aus anderen geeigneten Stählen verpackt sein. Im letztgenannten Fall ist die chemische Beständigkeit des Werkstoffes gegenüber dem Füllgut durch eine Prüfung nachzuweisen.

Bem. Es dürfen nur Stähle verwendet werden, deren chemische Beständigkeit von der Bundesanstalt für Materialprüfung, Berlin-Dahlem, geprüft wurde.

(5) Die Stoffe der Ziffern 1, 2, 5 b), 10, 12, 14, 15, 16, 18 und 20 dürfen auch in Gefäße aus geeignetem Kunststoff verpackt sein, die in geeignete metallische Schutzverpackungen einzusetzen sind.

(6) Die Stoffe der Ziffern 10, 12, 14, 16 und 18 dürfen auch in im Vollbad verzinkten oder verzinnten Gefäße verpackt sein.

(7) Die Innenverpackungen für die Stoffe der Ziffern 8 a), 9 a), 13 a), 17 a) und 34E dürfen je höchstens 6 kg der Stoffe enthalten.

(8) Die Innenverpackungen für die Stoffe der Ziffern 8 b) – ausgenommen die in Tuben verpackten pastenförmigen Stoffe –, 9 b), 13 b) und 17 b) dürfen höchstens 35 kg der Stoffe enthalten.

(1) Die Stoffe der Ziffern 1 bis 7, 8 b), 9 b), 10 bis 12, 13 b), 14 bis 16, 17 b) und 18 bis 22 sowie ihre Lösungen müssen verpackt sein:

a) in im Vollbad verzinnten Gefäßen oder in Gefäßen aus Aluminium mit einem Gehalt von mindestens 99,5 % Aluminium; oder

b) in Gefäßen aus geeignetem Kunststoff, die in Schutzverpackungen einzusetzen sind; oder

c) in Mengen bis höchstens 2 Liter in gut verschlossenen Glasflaschen, die bruchsicher in eine Schutzverpackung einzubetten sind.

(2) Die Stoffe der Ziffern 1 bis 3, 5 bis 7, 8 b), 9 b), 10 bis 12, 13 b), 16, 18 und 20 dürfen auch in im Vollbad verzinkten Gefäßen verpackt sein.

(3) Die Stoffe der Ziffern 8 a), 9 a), 13 a) und 17 a) müssen zu je höchstens 5 kg wasserdicht verpackt sein. Die Verpackungen sind in eine Holzkiste einzusetzen.

(4) Pastenförmige und feste Peroxide dürfen auch in Beuteln aus geeignetem Kunststoff verpackt sein, die in geeignete Schutzverpackungen einzusetzen sind. Die Stärke der Folie ist so zu wählen, daß das Austreten des Peroxides aus dem Beutel unter normalen Beförderungsverhältnissen ausgeschlossen ist. Feste Proxide dürfen in Mengen bis höchstens 1 kg, Cyclohexanonperoxide der Ziffer 9 a) jedoch zu höchstens 500 g, in Gefäßen aus paraffinierter Pappe verpackt werden, die in eine Holzkiste einzusetzen sind.

(5) Die Stoffe der Ziffern 10 und 14 bis 18 dürfen auch in Stahlblechgefäßen verpackt sein.

(6) Mit Ausnahme von Beuteln aus geeignetem Kunststoff dürfen Gefäße mit flüssigen oder pastenförmigen organischen Peroxiden nur bis 93 % des Fassungsraums gefüllt sein.

(7) Ein Versandstück darf nicht schwerer sein als 50 kg; Versandstücke, die schwerer sind als 15 kg, müssen mit Trageeinrichtungen versehen sein.

Klasse 5.2

(9) Die Innenverpackungen für die Stoffe der Ziffern 31, 32 b) und 33 b) dürfen höchstens 25 kg der Stoffe enthalten.

(10) Ein Versandstück mit Stoffen der Gruppe A darf nicht mehr als 50 kg der Stoffe enthalten. Für die Stoffe der Ziffern 4 a), 24 a), 32 a) 34 b), 34 D a) und 34 E beträgt die Höchstmasse der Stoffe je Versandstück 30 kg, für die Stoffe der Ziffern 1 und 16 je Versandstück 100 kg, für die in Tuben verpackten pastenförmigen Stoffe der Ziffer 8 c) je Versandstück 5 kg.

(11) Mit Ausnahme von Beuteln aus geeignetem Kunststoff dürfen Gefäße mit flüssigen oder pastenförmigen Stoffen höchstens zu 93 % ihres Fassungsraums gefüllt werden.

(12) Die Stoffe der Ziffern 10, 14, 15 und 18 dürfen auch verpackt sein:

a) in geschweißten Rollreifenfässern mit einem Fassungsraum von höchstens 220 Liter und aus Stahl mit einer Dicke im Mantel von mindestens 1,75 mm und in den Böden von mindestens 2 mm oder aus Aluminium mit einem Gehalt von mindestens 99,5 % Al und einer Wanddicke von mindestens 3 mm.

Die Fässer müssen mit einem in einer Spundkappe untergebrachten Sicherheitsventil ausgerüstet sein. Das Sicherheitsventil muß sich bei einem Überdruck von höchstens 0,2 bar öffnen. Die Spundkappe muß zusätzlich durch eine Kappe aus geeignetem Kunststoff geschützt sein. Die Dichtung des Sicherheitsventils muß vor jeder Verwendung der Fässer überprüft werden. Die Fässer dürfen höchstens zu 93 % ihres Fassungsraums gefüllt sein;

b) in geschweißte Rollsickenfässer aus Stahl mit einem Fassungsraum von höchstens 220 Liter.

Die ausreichende mechanische Festigkeit ist durch eine Baumusterprüfung nachzuweisen. Die Einfüllöffnung muß durch eine mit einer geeigneten Dichtung versehenen Verschlußschraube ausgestattet sein. Die Fässer dürfen höchstens zu 85 % ihres Fassungsraums gefüllt werden.

Bem. Es dürfen nur Fässer verwendet werden, deren Baumuster von der Bundesanstalt für Materialprüfung, Berlin-Dahlem, oder dem Bundesbahn-Zentralamt, Minden (Westf.), geprüft wurde.

b. Verpackung der Stoffe der Gruppe B

(bleibt offen)

(bleibt offen)

2555 (1) Die mit Stoffen der Ziffern 30 a) und 31 a) gefüllten Gefäße sind mit einer Entlüftungseinrichtung zu versehen, die den Ausgleich zwischen dem inneren und dem atmosphärischen Druck ermöglicht und unter allen Umständen, auch bei einer Ausdehnung der Flüssigkeit infolge Erwärmung, das Ausfließen von Flüssigkeit verhindert, ohne daß Verunreinigungen in das Gefäß gelangen können. Für die Stoffe der Ziffern 30 b) und 31 b) sind nur Gefäße zugelassen, die so verschlossen und so dicht sind, daß vom Inhalt nichts nach außen gelangen kann.

(2) Die Versandstücke sind mit einem standsicheren Boden zu versehen, so daß sie nicht umstürzen können.

2556 (1) Stoffe der Ziffern 30 a) und 31 a) müssen verpackt sein:

a) in im Vollbad verzinnten oder verzinkten Gefäßen oder in Aluminiumgefäßen mit einem Gehalt von mindestens 99,5 % Aluminium; oder

Klasse 5.2

b) in Gefäßen aus geeignetem Kunststoff, die in Schutzverpackungen eingesetzt sind. Die Festigkeit dieser Gefäße ist so zu wählen, daß das Austreten des Inhalts unter normalen Beförderungsverhältnissen ausgeschlossen ist; oder

c) in Mengen bis höchstens 2 Liter in Glasflaschen, die bruchsicher in eine Schutzverpackung einzubetten sind.

(2) Gefäße mit flüssigen oder pastenförmigen organischen Peroxiden dürfen höchstens zu 90 % ihres Fassungsraums gefüllt sein.

(3) Ein Versandstück darf nicht schwerer sein als 40 kg. Versandstücke, die schwerer sind als 15 kg, sind mit Trageeinrichtungen zu versehen.

(4) Die Stoffe der Ziffern 30 b) und 31 b) dürfen nur in Mengen bis höchstens 5 kg in den im Absatz 1 genannten Gefäßen, die aber keine Entlüftungseinrichtung haben dürfen, versandt werden (Höchstmenge für eine Glasflasche 1,5 Liter). Die Gefäße dürfen höchstens zu 75 % ihres Fassungsraums gefüllt sein.

c. Verpackung der Stoffe der Gruppe C

2557 (1) Die Stoffe der Ziffer 35 sind in Mengen bis zu höchstens 25 kg je Versandstück in Gefäße aus geeignetem Kunststoff zu verpacken, die mit einem plombierfähigen Spezialverschluß aus geeignetem Kunststoff zu versehen sind, der oben eine Öffnung aufweist, die den Ausgleich zwischen dem inneren und dem atmosphärischen Druck zuläßt und unter allen Umständen – auch bei einer Ausdehnung der Flüssigkeit infolge Erwärmung – das Herausspritzen von Flüssigkeit verhindert, ohne daß Verunreinigungen in das Gefäß gelangen können. Die Gefäße sind in geeignete, verschließbare Schutzverpackungen aus einem geeigneten Werkstoff fest anliegend einzusetzen.

(2) Die Schutzverpackungen sind mit einem Sonnenschutz zu versehen.

(1) Die Stoffe der Ziffer 35 und peressigsäurehaltige Gemische müssen in Mengen bis zu höchstens 25 kg in dickwandigen Glasgefäßen oder in Gefäßen aus geeignetem Kunststoff verpackt sein, die mit einem plombierfähigen Spezialverschluß aus geeignetem Kunststoff versehen sind, der oben eine Öffnung aufweist, die den Ausgleich zwischen dem inneren und dem atmosphärischen Druck ermöglicht und unter allen Umständen, auch bei einer Ausdehnung der Flüssigkeit infolge Erwärmung, das Ausfließen von Flüssigkeit verhindert, ohne daß Verunreinigungen in das Gefäß gelangen können.

(2) Die Glasgefäße sind mit reinem Glimmerpulver oder Glaswolle in verschließbare Schutzverpackungen aus Stahl- oder Aluminiumblech fest einzubetten, die mit Trageeinrichtungen und einem standsicheren Boden versehen sein müssen. Die Gefäße sind auch dann einzubetten, wenn die verwendeten Schutzverpackungen nicht vollwandig sind. Die Gefäße aus geeignetem Kunststoff sind in verschließbare Schutzverpackungen aus Stahlblech fest anliegend einzusetzen.

d. Verpackung der Stoffe der Gruppe D und F

2558 (1) Die Stoffe der Gruppen D und F sind in Mengen bis zu 1 kg je Versandstück in Flaschen mit genügender Wanddicke aus geeignetem Kunststoff oder Glas, die in geeignete, nichtmetallische Schutzverpackungen einzusetzen sind, zu verpacken.

Glasflaschen sind mit reinem Glimmerpulver oder Glaswolle fest in die Schutzverpackungen einzubetten. Feste Stoffe dürfen auch in Beuteln aus geeignetem Kunststoff von genügender Stärke verpackt sein, welche ebenfalls in geeignete, nichtmetallische Schutzverpackungen einzusetzen sind.

(2) Wenn die Peroxide der Gruppe D bei 40 °C bemerkbar Gas abspalten, müssen die Gefäße den Bedingungen der Rn. 2553 (2) entsprechen.

Für die Stoffe der Gruppe F gelten die Vorschriften der Rn. 2559 (1) und (2) sinngemäß.

d. Verpackung der Stoffe der Gruppe D

Die Stoffe der Gruppe D müssen in Mengen bis höchstens 1 kg je Versandstück verpackt sein in im Vollbad verzinnten Gefäßen oder in Aluminiumgefäßen mit einem Gehalt von mindestens 99,5% Aluminium oder in spritzgegossenen oder geblasenen Flaschen aus geeignetem Kunststoff von ausreichender Wanddicke oder in Glasflaschen, die in Schutzverpackungen aus Stahl- oder Aluminiumblech oder Holz einzusetzen sind. Glasflaschen sind mit reinem Glimmerpulver oder Glaswolle fest in die Schutzverpackung einzubetten. Feste Stoffe dürfen ferner verpackt werden in Beutel aus geeignetem Kunststoff von ausreichender Dicke, welche ebenfalls in Schutzverpackungen aus Stahl- oder Aluminiumblech oder Holz einzusetzen sind. Wenn die Peroxide unterhalb 40 °C Gas abspalten, müssen die Gefäße den Bedingungen der Rn. 2555 entsprechen.

114

Klasse 5.2

e. Verpackung der Stoffe der Gruppe E

(1) Die Gefäße mit Stoffen der Gruppe E dürfen – soweit nicht durch die Bemerkung zur Gruppe E in der Rn. 2551 anders vorgeschrieben – mit einer Entlüftungseinrichtung versehen sein, die den Ausgleich zwischen dem inneren und dem atmosphärischen Druck zuläßt und unter allen Umständen – auch bei einer Ausdehnung der Flüssigkeit infolge Erwärmung – das Herausspritzen von Flüssigkeit verhindert, ohne daß Verunreinigungen in die Gefäße gelangen können.

(2) Gefäße mit flüssigen Stoffen der Gruppe E dürfen höchstens zu 95% ihres Fassungsraums gefüllt werden, bezogen auf das Volumen der Stoffe bei den in der Rn. 52 105 genannten Temperaturen.

Enthalten die Stoffe Lösemittel nach der Bemerkung zur Gruppe E unter b) oder d), so darf der Füllungsgrad der Gefäße nur 75 % betragen.

(1) Die Stoffe der Ziffern 45, 51, 53 c), 54, 56 b), 57, 59, 66, 67 a) und 71 sind in Gefäße oder Säcke aus geeignetem Kunststoff zu verpacken, die in geeignete Schutzverpackungen einzusetzen sind. Ein Versandstück darf höchstens 50 kg dieser Stoffe enthalten. Für die Stoffe der Ziffern 56 b) und 66 beträgt die Höchstmenge 25 kg.

(2) Die Stoffe der Ziffern 46 a), 56 a) und 65 sind in Beutel aus geeignetem Kunststoff zu verpacken, die einzeln oder zu mehreren in geeignete Schutzverpackungen einzusetzen sind. Ein Beutel darf höchstens 6 kg, eine Schutzverpackung höchstens 24 kg dieser Stoffe enthalten.

(3) Die Stoffe der Ziffer 47 a) sind zu verpacken:

a) in Gefäße aus geeignetem Kunststoff;

b) in Gefäße aus Aluminium mit einem Gehalt von mindestens 99,5 % Aluminium mit Deckel aus Kunststoff.

Die Gefäße nach a) und b) sind in geeignete Schutzverpackungen einzusetzen. Ein Kunststoffgefäß darf höchstens 1 kg, ein Aluminiumgefäß höchstens 3 kg und eine Schutzverpackung höchstens 10 kg dieser Stoffe enthalten.

(4) Die Stoffe der Ziffern 46 b), 46 c), 47 b), 48, 49 b), 50, 52, 53 a), 53 b), 55, 58, 60 bis 63, 68 bis 70 und 72 bis 77 sind in Gefäße aus geeignetem Kunststoff zu verpacken, die in geeignete nichtmetallische Schutzverpackungen einzusetzen sind.

Ein Gefäß darf höchstens 25 kg, ein Versandstück mit Stoffen der Ziffern 52, 55, 63, 68 und 69 höchstens 25 kg und mit Stoffen der übrigen Ziffern höchstens 50 kg enthalten.

(5) Die Stoffe der Ziffer 49 a) sind in Gefäße aus geeignetem Kunststoff zu verpacken, die in geeignete Schutzverpackungen einzusetzen sind. Ein Kunststoffgefäß darf höchstens 10 kg, eine Schutzverpackung höchstens 40 kg dieser Stoffe enthalten.

(6) Die Stoffe der Ziffer 64 sind in Gefäße oder Beutel aus geeignetem Kunststoff zu verpacken, die in geeignete nichtmetallische Schutzverpackungen einzusetzen sind.
Eine Schutzverpackung darf nicht mehr als 25 kg der Stoffe enthalten.

(7) Die Stoffe der Ziffer 67 b) sind in Gefäße aus geeignetem Kunststoff zu verpacken, die in geeignete Schutzverpackungen einzusetzen sind. Ein Versandstück darf höchstens 220 Liter dieser Stoffe enthalten.

2559

(1) Versandstücke mit Stoffen der Gruppe E sind mit einer Entlüftungseinrichtung zu versehen, die den Ausgleich zwischen dem inneren und dem atmosphärischen Druck ermöglicht und unter allen Umständen, auch bei einer Ausdehnung der Flüssigkeit infolge Erwärmung, das Ausfließen der Flüssigkeit verhindert, ohne daß Verunreinigungen in die Gefäße gelangen können.

(2) Gefäße mit flüssigen organischen Peroxiden dürfen höchstens zu 95 % ihres Fassungsraums gefüllt sein.

2560

(1) Die Stoffe der Ziffern 45, 51 und 54 müssen in Gefäßen oder Säcken aus geeignetem Kunststoff verpackt sein, die in geeignete Schutzverpackungen eingesetzt sind. Eine Schutzverpackung darf höchstens 50 kg dieser Stoffe enthalten.

(2) Die Stoffe der Ziffer 46 a) müssen in Beuteln aus geeignetem Kunststoff verpackt sein, die einzeln oder zu mehreren in geeignete Schutzverpackungen eingesetzt sind. Ein Beutel darf höchstens 5 kg, eine Schutzverpackung höchstens 20 kg dieser Stoffe enthalten.

(3) Die Stoffe der Ziffer 47 a) müssen verpackt sein:

a) höchstens 1 kg in Gefäßen aus geeignetem Kunststoff;

b) höchstens 3 kg in Gefäßen aus Aluminium mit einem Gehalt von mindestens 99,5 % Aluminium und mit Deckeln aus Kunststoff.

Die Schutzverpackung darf höchstens 10 kg dieser Stoffe enthalten.

(4) Die Stoffe der Ziffern 46 b) und c), 47 b), 48, 49 b), 50, 52, 53 und 55 müssen in Gefäßen aus geeignetem Kunststoff verpackt sein, die in geeignete Schutzverpackungen einzusetzen sind. Ein Kunststoffgefäß darf höchstens 25 kg, eine Schutzverpackung höchstens 50 kg dieser Stoffe enthalten; für den Stoff der Ziffer 52 beträgt die Höchstmenge 25 kg.

(5) Die Stoffe der Ziffer 49 a) müssen in Gefäßen aus geeignetem Kunststoff verpackt sein, die in geeignete Schutzverpackungen einzusetzen sind. Ein Kunststoffgefäß darf höchstens 10 kg, eine Schutzverpackung höchstens 40 kg dieser Stoffe enthalten.

(6) Versandstücke mit Stoffen der Gruppe E, die schwerer sind als 35 kg, sind mit Trageeinrichtungen zu versehen.

Anlage A
Klasse 5.2

115

Klasse 5.2

f. Verpackung der Stoffe der Gruppe F

2560/1 Siehe Rn. 2558.

g. Verpackung der Stoffe der Gruppe G

2561 Die Verpackung der Stoffe der Ziffern 97 und 98 richtet sich nach den für die Stoffe der Gruppe A oder E geltenden Verpackungsvorschriften, wobei für die Art der zu wählenden Verpackung der Aggregatzustand der Mischung maßgebend ist. Das Höchstgewicht der Mischung je Versandstück und gegebenenfalls je Innenverpackung muß den Vorschriften für den Mischungspartner mit dem jeweils geringeren zugelassenen Höchstgewicht entsprechen.

f. Verpackung von Stoffen in kleinen Mengen

Die Stoffe der Ziffern 1 bis 22, 30 und 31 dürfen in kleinen Mengen auch wie folgt verpackt sein:

a) *Flüssige Stoffe*

in Mengen bis höchstens 1 kg je Versandstück in Flaschen aus Aluminium, geeignetem Kunststoff oder Glas mit Stopfen aus geeignetem Kunststoff, Bügelverschluß oder Schraubverschluß, die beiden letzteren mit elastischer Einlage. Die Flaschen sind mit reinem Glimmerpulver oder mit Glaswolle in Papp- oder Holzbüchsen einzubetten. Es muß eine genügende Menge von Füllstoffen vorhanden sein, die die gesamte Flüssigkeitsmenge aufsaugen kann. Die Flaschen dürfen höchstens zu 75 % ihres Fassungsraums gefüllt sein.

b) *Pastenförmige oder pulverförmige Stoffe*

in Mengen bis höchstens 1 kg je Versandstück in Büchsen aus Aluminium, Pappe oder Holz (letztere beide mit einer Auskleidung aus Aluminium oder geeignetem Kunststoff) mit festem Verschluß. In den Packungen ist ein Leerraum von 10 % freizulassen.

3. Zusammenpackung

2562 Die Stoffe der Klasse 5.2 dürfen weder mit anderen Stoffen und Gegenständen

dieser Verordnung | des ADR

noch mit sonstigen Gütern, die Stoffe der Gruppe C auch nicht mit Stoffen der Gruppen

A, D, E, F und G | A, B und E

zu einem Versandstück vereinigt werden.

3. Zusammenpackung

4. Aufschriften und Gefahrzettel auf Versandstücken (siehe Anhang A. 9)

2563 (1) Jedes Versandstück mit Stoffen der Klasse 5.2 ist mit zwei Zetteln nach Muster 5 zu versehen.

(1) Versandstücke mit Stoffen der Klasse 5.2 müssen mit zwei Zetteln nach Muster 5 versehen sein. Versandstücke mit den Stoffen der Ziffern 46 a), 47 a) und 49 a) müssen außerdem mit einem Zettel nach Muster 1 versehen sein.

(2) Versandstücke mit Stoffen der Ziffern 2 c), 4 a), 8 a), 8 b), 9 a), 13 a), 13 b), 17 a), 17 b), 24 a), 32 a), 34 b), 34 D a), 34 E, 46 a), 47 a), 52 a), 55, 56 a), 65 und 66 sind außerdem mit einem Zettel nach Muster 1 zu versehen. Dies gilt nicht für solche Versandstücke, in denen diese Stoffe aufgrund der Konstruktion und des Baumaterials der Verpackungen nicht zur Explosion kommen können. Ein solches Verhalten der Stoffe muß durch Brand- und andere geeignete Versuche, die an einem oder mehreren Versandstücken unter Berücksichtigung der bei der Beförderung auftretenden großen Stoffmengen auszuführen sind, nachgewiesen sein. Werden die Versandstücke gemäß Rn. 10 118 (1) in Containern befördert, so sind diese ebenfalls entsprechend Rn. 10 118 (5) mit Zetteln nach Muster 1 zu versehen.

(2) Versandstücke mit zerbrechlichen Gefäßen, die von außen nicht sichtbar sind, müssen mit Zetteln nach Muster 12 versehen sein. Enthalten die zerbrechlichen Gefäße Flüssigkeiten, so sind, wenn es sich nicht um zugeschmolzene Ampullen handelt, außerdem Zettel nach Muster 11 anzubringen; ebenso sind Zettel nach Muster 11 auf Versandstücken mit Stoffen der Ziffern 30, 31, 35, 40 und 45 bis 55 anzubringen; diese Zettel müssen, wenn eine Kiste verwendet wird, oben an zwei gegenüberliegenden Seiten und bei anderen Verpackungen in entsprechender Weise angebracht werden.

Bem. Auf die Bezettelung nach Muster 1 wird nur bei Versandstücken verzichtet, bei denen durch von der Bundesanstalt für Materialprüfung, Berlin-Dahlem, oder im Einvernehmen mit ihr durchgeführte Brand- andere geeignete Versuche nachgewiesen wurde, daß die Stoffe in dieser Verpackung nicht zur Explosion kommen können.

Klasse 5.2

(3) An Versandstücken mit flüssigen Stoffen der Klasse 5.2 sind Zettel nach Muster 11 anzubringen; diese Zettel müssen, wenn eine Kiste verwendet wird, oben an zwei gegenüberliegenden Seiten und bei anderen Verpackungen in entsprechender Weise angebracht werden. Versandstücke mit zerbrechlichen Gefäßen, die von außen nicht sichtbar sind, sind mit Zetteln nach Muster 12 zu versehen.

(4) Versandstücke mit Stoffen der Ziffern 97 und 98 sind, wenn die Mischungen explosive Stoffe der Klasse 5.2 enthalten, zusätzlich mit einem Zettel nach Muster 1 zu versehen.

Absatz 2 gilt entsprechend.

2564

B. Vermerke im Beförderungspapier

Die Bezeichnung des Gutes im Beförderungspapier muß gleich lauten wie eine der in Rn. 2551 durch *Kursivschrift* hervorgehobenen Benennungen; sie ist 　　　　**2565**

❙ *zu unterstreichen* und

durch die *Angabe der Klasse, der Ziffer und gegebenenfalls des Buchstabens der Stoffaufzählung und die Abkürzung „ADR"* oder *„RID"* zu ergänzen, [z. B. *5.2, Ziffer 8 a), ADR.]*

Bei den Stoffen der Ziffern 97 und 98 muß außer der Bezeichnung der Güter in Klammern die in Rn. 2551 durch *Kursivschrift* hervorgehobene Benennung des Hauptbestandteils der Mischung angegeben werden.

„Bei der Beförderung von Abfällen [siehe Rn. 2000 (4)] muß die Bezeichnung des Gutes lauten: „Abfall, enthält . . .", wobei die für die Zuordnung des Abfalls nach Rn. 2002 (8) maßgebende(n) gefährliche(n) Komponente(n) mit ihrer (ihren) chemischen Benennung(en) einzusetzen ist (sind), z. B. „*Abfall, enthält Peressigsäure, 5.2, Ziffer 35, ADR"*. Im allgemeinen brauchen nicht mehr als zwei Komponenten, die maßgebend für die Gefahr(en) des Abfalls sind, angegeben zu werden."

**2566-
2569**

C. Leere Verpackungen

(1) Ungereinigte leere Verpackungen der Ziffer 99 müssen ebenso verschlossen und ebenso undurchlässig sein wie in gefülltem Zustand. 　　　　**2570**

(2) Ungereinigte leere Verpackungen der Ziffer 99 müssen mit den gleichen Gefahrzetteln versehen sein wie in gefülltem Zustand.

(3) Die Bezeichnung im Beförderungspapier muß gleich lauten wie eine der in Ziffer 99 durch *Kursivschrift* hervorgehobenen Benennungen, z. B. *„Leere Verpackung, 5.2, Ziffer 99, ADR"*.

❙ Dieser Text ist *zu unterstreichen*.

Bei ungereinigten leeren Tankfahrzeugen, leeren Aufsetztanks und leeren Tankcontainern ist diese Bezeichnung durch die Angabe *„Letztes Ladegut"* sowie die Benennung und Ziffer des letzten Ladegutes, z. B. *„Letztes Ladegut: Pinanhydroperoxid, 5.2, Ziffer 15"*, zu ergänzen.

**2571-
2599**

117

Klasse 6.1

Giftige Stoffe

1. Stoffaufzählung

2600   (1) Von den unter den Begriff der Klasse 6.1 [1]) fallenden Stoffen und Gegenständen unterliegen die in Rn. 2601 genannten oder unter eine dort genannte Sammelbezeichnung fallenden Stoffe und Gegenstände den in Rn. 2600 (2) bis 2622 enthaltenen Bedingungen, den Vorschriften dieser Anlage und denen der Anlage B und sind somit Stoffe und Gegenstände

dieser Verordnung [2]). | des ADR [2]).

Auf Grund des Grades ihrer Giftigkeit sind die Stoffe der Klasse 6.1, mit Ausnahme der Stoffe der Ziffern 1 bis 3, in den einzelnen Ziffern der Rn. 2601 einer der folgenden durch die Buchstaben a), b) und c) bezeichneten Gruppen zuzuordnen:

a) sehr giftige Stoffe,

b) giftige Stoffe,

c) gesundheitsschädliche Stoffe.

Wenn Stoffe der Klasse 6.1 durch Beimengungen in andere Bereiche der Giftigkeit oder des Siedepunkts fallen als die, zu denen die namentlich genannten Stoffe der Rn. 2601 gehören, sind diese Gemische oder Lösungen den Ziffern bzw. Buchstaben zuzuordnen, zu denen sie auf Grund ihrer tatsächlichen Giftigkeit oder ihres Siedepunktes gehören.

Wenn Stoffe der Klasse 6.1 durch Beimengungen in den Flammpunktbereich unter 21 °C fallen, sind diese Gemische oder Lösungen unter Berücksichtigung ihrer Giftigkeit den entsprechenden Ziffern und Buchstaben der Klasse 3 zuzuordnen.

Wenn Stoffe der Klasse 6.1 durch Beimengungen von Stoffen der Klasse 8 überwiegend ätzende Eigenschaften erhalten, sind diese Gemische oder Lösungen den entsprechenden Ziffern und Buchstaben der Klasse 8 zuzuordnen.

Bem. 1. Entzündbare giftige flüssige Stoffe mit einem Flammpunkt unter 21 °C, ausgenommen Blausäure (Cyanwasserstoff) und ihre Lösungen sowie Metallcarbonyle, sind Stoffe der Klasse 3 (siehe Rn. 2301 Ziffern 11 bis 20).

2. Für die Zuordnung von Lösungen und Gemischen (wie Präparate, Zubereitungen und Abfälle) siehe auch Rn. 2002 (8).

[1]) Der Begriff der Klasse 6.1 umfaßt giftige Stoffe, von denen aus der Erfahrung bekannt oder nach tierexperimentellen Untersuchungen anzunehmen ist, daß sie bei Zufuhr durch Atemwege, bei Aufnahme durch die Haut oder bei Zufuhr durch die Verdauungsorgane bei einmaliger oder kurzdauernder Einwirkung in relativ kleiner Menge zu Gesundheitsschäden oder zum Tode eines Menschen führen können.

Nicht namentlich genannte Stoffe, einschließlich der Mittel zur Schädlingsbekämpfung der Ziffern 71 bis 88, sind nach folgenden Gesichtspunkten einer entsprechenden Ziffer und einem entsprechenden Buchstaben zuzuordnen:

Der Beurteilung der toxischen Gefährlichkeit sind Erfahrungen aus Vergiftungsunfällen bei Menschen zugrunde zu legen. Ferner sollten besondere Eigenschaften des zu beurteilenden Stoffes, wie flüssiger Zustand, hohe Flüchtigkeit, besondere Wahrscheinlichkeit der Aufnahme durch die Haut und besondere biologische Wirkungen, berücksichtigt werden.

Fehlen Erfahrungen über die Wirkung bei Menschen, wird die toxische Gefährlichkeit durch Auswertung von tierexperimentellen Untersuchungen nach nachstehender Tabelle beurteilt:

	Gruppenunterteilung in Ziffern	Giftigkeit bei Einnahme LD_{50} (mg/kg)	Giftigkeit bei Absorption durch die Haut LD_{50} (mg/kg)	Giftigkeit beim Einatmen Stäube und Nebel LC_{50} (mg/l)
sehr giftig	(a)	≤ 5	≤ 40	≤ 0,5
giftig	(b)	> 5–50	> 40–200	> 0,5–2
gesundheitsschädlich	(c)	feste Stoffe: > 50–200 flüssige Stoffe: > 50–500	> 200–1 000	> 2–10

Wenn ein Stoff bei zwei oder mehr verschiedenen Zuführungsarten verschiedene Toxizitätswerte ergibt, so ist die höchste Toxizität zugrunde zu legen.

Stoffe, die auf Grund der Giftigkeitskriterien als gesundheitsschädlich einzureihen wären, werden als giftig eingereiht, sofern der Dampfdruck bei 20 °C genügt, um Umgebungsverhältnisse zu schaffen, die eine Tränenreizwirkung auf die Augen haben, die mit derjenigen von Tränengasen verglichen werden kann.

Klasse 6.1

LD$_{50}$-Wert für die akute Giftigkeit bei Einnahme:

Diejenige Menge, die bei Einnahme durch junge, erwachsene männliche und weibliche Albino-Ratten mit der größten Wahrscheinlichkeit den Tod der Hälfte der Tiergruppe innerhalb von 14 Tagen herbeiführt. Die Anzahl der Tiere, die dieser Untersuchung unterworfen wird, muß genügend groß sein, damit das Ergebnis statistisch signifikant ist und den üblichen Gepflogenheiten der Pharmakologie entspricht. Das Ergebnis wird in mg je kg Körpermasse ausgedrückt.

LD$_{50}$-Wert für die akute Giftigkeit bei Absorption durch die Haut:

Diejenige Menge, die bei kontinuierlichem Kontakt während 24 Stunden mit der nackten Haut von Albino-Kaninchen mit der größten Wahrscheinlichkeit den Tod der Hälfte der Tiergruppe innerhalb von 14 Tagen herbeiführt. Die Anzahl Tiere, die dieser Untersuchung unterworfen wird, muß genügend groß sein, damit das Ergebnis statistisch signifikant ist und den üblichen Gepflogenheiten der Pharmakologie entspricht. Das Ergebnis wird in mg je kg Körpermasse ausgedrückt.

LC$_{50}$-Wert für die akute Giftigkeit beim Einatmen:

Diejenige Konzentration von Dampf, Nebel oder Staub, die bei kontinuierlichem Einatmen während einer Stunde durch junge, erwachsene männliche und weibliche Albino-Ratten mit der größten Wahrscheinlichkeit den Tod der Hälfte der Tiergruppe innerhalb von 14 Tagen herbeiführt.

Wenn der Stoff den Tieren in Form von Staub oder Nebel verabreicht wird, müssen mehr als 90 % der Partikel, denen die Tiere ausgesetzt sind, einen Durchmesser von 10 µm oder weniger aufweisen, vorausgesetzt, daß es nicht unwahrscheinlich ist, daß ein Mensch während der Beförderung einer solchen Konzentration ausgesetzt sein kann. Das Ergebnis wird in mg je Liter Luft für den Staub und Nebel und in ml je m³ Luft (ppm) für den Dampf ausgedrückt.

Die Kriterien für die Giftigkeit beim Einatmen von Stäuben oder Nebeln beruhen auf LC$_{50}$-Werten bei einer Versuchsdauer von einer Stunde, und wenn solche Werte vorhanden sind, müssen sie auch verwendet werden. Wenn jedoch nur LC$_{50}$-Werte bei einer Versuchsdauer von 4 Stunden erhältlich sind, können diese mit 4 multipliziert werden und das Resultat kann dann mit den in der Tabelle angegebenen Werten verglichen werden. Mit anderen Worten: LC$_{50}$ (Versuchsdauer 4 Stunden) × 4 wird als äquivalent angesehen einer LC$_{50}$ (Versuchsdauer 1 Stunde).

Giftigkeit beim Einatmen von Dämpfen

Für die Einteilung in die verschiedenen Gruppen a) bis c) von flüssigen Stoffen mit giftigen Dämpfen werden folgende Kriterien verwendet, wobei „V" die gesättigte Dampf-Konzentration in ml/m³ bei 20 °C und Standardatmosphärendruck ist:

Gruppenunterteilung in den Ziffern

sehr giftig	a)	wenn V ⩾ 10 LC$_{50}$ und LC$_{50}$ ⩽ 1000 ml/m³
giftig	b)	wenn V ⩾ LC$_{50}$ und LC$_{50}$ ⩽ 3000 ml/m³ und die Kriterien für a) nicht erfüllt werden.
gesundheitsschädlich	c)	wenn V ⩾ 1/5 LC$_{50}$ und LC$_{50}$ ⩽ 5000 ml/m³ und die Kriterien für a) oder b) nicht erfüllt werden.

Diese Kriterien beruhen auf LC$_{50}$-Werten bei einer Versuchsdauer von einer Stunde, und wenn solche Werte vorhanden sind, müssen sie auch verwendet werden. Wenn jedoch nur LC$_{50}$-Werte bei einer Versuchsdauer von 4 Stunden erhältlich sind, können diese auch verwendet werden. Sie können mit 2 multipliziert werden, und das Resultat kann dann mit den in der Tabelle angegebenen Werten verglichen werden. Mit anderen Worten: LC$_{50}$ (Versuchsdauer 4 Stunden) × 2 wird als äquivalent angesehen einer LC$_{50}$ (Versuchsdauer 1 Stunde).

Giftigkeit bei Einatmen von Dämpfen

Trennlinien der Verpackungsgruppen

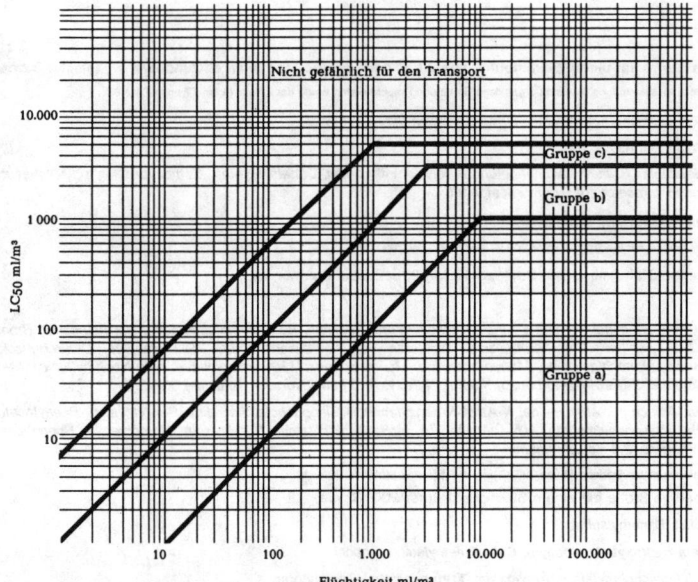

In der Abbildung sind die Kriterien für die Giftigkeit beim Einatmen von Dämpfen graphisch dargestellt, um ihre Anwendung zu erleichtern. Wegen der nur ungefähren Genauigkeit von graphischen Darstellungen sollten Stoffe, die in die unmittelbare Nähe von den Trennlinien der verschiedenen Verpackungsgruppen fallen, nur mit Hilfe der numerischen Kriterien-Tabelle klassifiziert werden.

³) Für Mengen der in Rn. 2601 aufgeführten Stoffe, die den in dieser Anlage oder in der Anlage B für diese Klasse enthaltenen Vorschriften nicht unterliegen, siehe Rn. 2601 a.

Klasse 6.1

(2) Als feste Stoffe im Sinne der Verpackungsvorschriften der Rn. 2605 (2), 2606 (3) und 2607 (2) gelten Stoffe oder Stoffgemische mit einem Schmelzpunkt über 45 °C.

(3) Die chemisch instabilen Stoffe der Klasse 6.1 dürfen zur Beförderung nur übergeben werden, wenn die erforderlichen Maßnahmen zur Verhinderung einer gefährlichen Zerfalls- oder Polymerisationsreaktion während der Beförderung getroffen wurden. Zu diesem Zweck muß insbesondere auch dafür gesorgt werden, daß die Gefäße keine Stoffe enthalten, die diese Reaktionen begünstigen.

(4) Der nachstehend festgesetzte Flammpunkt ist nach den Vorschriften des Anhangs A.3 zu bestimmen.

Bem. Auch wenn unter den Buchstaben a), b) oder c) der einzelnen Ziffern dieser Randnummer keine Stoffe genannt sind, können zu diesen Buchstaben Stoffe, Lösungen, Mischungen und Zubereitungen entsprechend den Kriterien der Rn. 2600 assimiliert werden.

A. Sehr giftige Stoffe mit einem Flammpunkt unter 21 °C und einem Siedepunkt unter 200 °C, die nicht Stoffe der Klasse 3 sind, wie:

2601

1. *Blausäure (Cyanwasserstoff)* mit höchstens 3 % Wasser (völlig aufgesaugt durch eine inerte poröse Masse oder flüssig), sofern die Gefäßfüllung vor weniger als einem Jahr erfolgte.

   Bem. 1. Für diesen Stoff bestehen Sondervorschriften für die Verpackung [siehe Rn. 2603 (1)].
   2. Blausäure, die diesen Bedingungen nicht entspricht, ist zur Beförderung nicht zugelassen.

2. Folgende Blausäurelösungen:

   Wässerige *Blausäurelösungen* mit höchstens 20 % reiner Säure (HCN), *Blausäurelösungen* in Methylalkohol mit höchstens 45 % reiner Säure (HCN), *Blausäurelösungen* in Äthylalkohol mit höchstens 40 % reiner Säure (HCN).

   Bem. 1. Für diese Stoffe bestehen Sondervorschriften für die Verpackung [siehe Rn. 2603 (2)].
   2. Wässerige Blausäurelösungen mit mehr als 20 % reiner Säure (HCN), Blausäurelösungen in Methylalkohol mit mehr als 45 % reiner Säure und Blausäurelösungen in Äthylalkohol mit mehr als 40 % reiner Säure sind zur Beförderung nicht zugelassen.

3. Folgende Metallcarbonyle:

   Eisenpentacarbonyl, Nickeltetracarbonyl.

   Bem. 1. Für diese Stoffe bestehen Sondervorschriften für die Verpackung (siehe Rn. 2604).
   2. Metallcarbonyle mit einem Flammpunkt von 21 °C oder darüber sind Stoffe der Ziffer 36.
   Andere Metallcarbonyle mit einem Flammpunkt unter 21 °C sind zur Beförderung nicht zugelassen.

B. Organische Stoffe mit einem Flammpunkt von 21 °C oder darüber und nicht entzündbare organische Stoffe

Bem. Zur Schädlingsbekämpfung dienende organische Stoffe und Präparate sind Stoffe der Ziffern 71 bis 77 und 81 bis 83.

11. Stickstoffhaltige Stoffe mit einem Siedepunkt unter 200 °C, wie:

   a) *Acetoncyanhydrin;*

   b) *Anilin, Benzonitril, Dimethylaminoacetonitril, N,N-Dimethylanilin, Dimethylpyridin, Methoxypropionitril, Milchsäurenitril, Monochloracetonitril, Trichloracetonitril;*

   c) *Diäthylaminoacetonitril, N-Methylanilin.*

   Bem. Isocyanate mit einem Siedepunkt unter 200 °C sind Stoffe der Ziffer 18.

12. Stickstoffhaltige Stoffe mit einem Siedepunkt von 200 °C oder darüber, wie:

   a) . . . ;

   b) *Äthyltoluidine, 2-Aminobenzonitril, Aminonitrobenzonitril, Benzidin, Benzidindihydrochlorid, Benzidinsulfat, Bromanilin, N-Butylaniline, Chlornitrobenzole, Dichloraniline, Dimethylaminoboran, Dinitroaniline, Dinitrobenzole, Dinitrotoluole, Monochloraniline, Mononitroaniline, Mononitrobenzol, Mononitrotoluole, beta-Naphthylamin, Nitrobenzotrifluoride, 3-Nitro-4-chlorbenzotrifluorid, Nitroxylole, Phenylhydrazin, Toluidine, Xylidine;*

   c) *Acrylamid, Adiponitril, Äthylaniline, N-Äthyl-N-benzylanilin, Aminophenole, Anisidine, Benzylcyanid (Phenylacetonitril), Diaminodiphenylmethan, N,N-Diäthylanilin, alpha-Naphthylamin, Nitrokresole, Nitrophenole, Phenetidine, Phenylendiamine, 2,4-Toluylendiamin.*

   Bem. Isocyanate mit einem Siedepunkt von 200 °C oder darüber sind Stoffe der Ziffer 19.

13. Sauerstoffhaltige Stoffe mit einem Siedepunkt unter 200 °C, wie:

   a) *Allylalkohol, Dimethylsulfat;*

   b) *Aldol (beta-Hydroxybutyraldehyd), Chlordimethylsulfat, Phenol;*

   c) *Äthylenglykolmonobutyläther, Äthyloxalat, Furfurylalkohol, Triallylborat.*

14. Sauerstoffhaltige Stoffe mit einem Siedepunkt von 200 °C oder darüber, wie:

   a) . . . ;

   b) *Benzochinon, Chlorkresole, Diäthylsulfat, Kresole, Xylenole;*

   c) *Alkyloxyphenole, Brenzkatechin, Chinhydron, Hydrochinon, alkylierte Phenole (C_2–C_8 Homologe), Resorcin.*

Klasse 6.1

15. Halogenhaltige Kohlenwasserstoffe mit einem Siedepunkt unter 200 °C, wie: **2601**
    a) ...;   (Forts.)

    b) *Äthylbromid, Benzylbromid, Benzylchlorid, Chloroform, 1,2-Dibromäthan (Äthylendibromid), Methyljodid, Pentachloräthan, 1,1,1,2-Tetrachloräthan, 1,1,2,2-Tetrachloräthan (Acetylentetrachlorid), Tetrachlorkohlenstoff;*

    Bem. Gemische von 1,2-Dibromäthan (Äthylendibromid) mit Methylbromid mit einem Dampfdruck bei 50 °C von mehr als 300 kPa (3 bar) sind Stoffe der Klasse 2 [siehe Rn. 2201 Ziffer 4 bt)].

    c) *1,2-Dichlorbenzol, Methylenchlorid (Dichlormethan), Tetrabromkohlenstoff, Tetrachloräthylen (Perchloräthylen), Tribrommethan (Bromoform), 1,1,1-Trichloräthan, Trichloräthylen, Trichlorpropan.*

    Bem. Gemische von Methylchlorid mit Methylenchlorid mit einem Dampfdruck bei 50 °C von mehr als 300 kPa (3 bar) sind Stoffe der Klasse 2 [siehe Rn. 2201 Ziffer 4 bt)].

16. Andere halogenhaltige Stoffe mit einem Siedepunkt unter 200 °C, wie:

    a) *Chlorpikrin, Epibromhydrin, Perchlormethylmerkaptan, Trifluorchlorpyrimidin;*

    Bem. 1. Gemische von Chlorpikrin mit Methylbromid oder Methylchlorid mit einem Dampfdruck bei 50 °C von mehr als 300 kPa (3 bar) sind Stoffe der Klasse 2 [siehe Rn. 2201 Ziffer 4 at) bzw. 4 bt)].

            2. Symm. Dichlordimethyläther ist zur Beförderung nicht zugelassen.

    b) *Äthylbromacetat, Äthylchloracetat, Äthylenchlorhydrin (2-Chloräthanol), 2-Äthylhexylchlorformiat, 3-Aminobenzotrifluorid, Bromaceton, Chloracetaldehyd, Chloraceton, 1-Chlor-1-nitropropan, 1-Chlor-2-propanol, Cyclohexylchlorformiat, 1,2-Dibrombutanon-3, symm. Dichloraceton, 2,2´-Dichloräthyläther, alpha-Dichlorhydrin (1,3-Dichlorpropanol-2), Dichlorisopropyläther, 1,1-Dichlor-1-nitroäthan, Epichlorhydrin, Methylbromacetat, Methylchloracetat, Pentafluorbenzaldehyd, Phenylchlorformiat, Trichloracetaldehyd (Chloral), Trichlornitroäthan.*

    Bem. Chlorformiate mit überwiegend ätzenden Eigenschaften sind Stoffe der Klasse 8 (siehe Rn. 2801 Ziffer 64).

    c) *2-Chlorphenol, 3-Chlor-1-propanol, Methyldichloracetat, Methyltrichloracetat.*

17. Halogenhaltige Stoffe mit einem Siedepunkt von 200 °C oder darüber, wie:

    „a) *alpha-Brombenzylcyanid, Phenylcarbylaminchlorid; folgende polychlorierte Dibenzodioxine und -furane:*

    2,3,7,8-Tetrachlordibenzo-1,4-dioxin (2,3,7,8-TCDD), 2,3,7,8-Tetra-CDF 1,2,3,6,7,8-Hexa-CDD, 1,2,3,7,8,9-Hexa-CDD, 1,2,3,4,7,8-Hexa-CDD, 1,2,3,7,8-Penta-CDD, 1,2,3,6,7,8-Hexa-CDF, 2,3,4,7,8-Penta-CDF,".

    b) *Benzalchlorid (Benzylidenchlorid), Benzyljodid, omega-Bromacetophenon (Phenacylbromid), omega-Chloracetophenon (Phenacylchlorid), Hexafluoracetonhydrat, Natriumpentachlorphenolat, Nitrobenzylbromid, Trichlorbuten, Xylylbromid.*

    c) *Brombenzylchlorid, tert.-Butylcyclohexylchlorformiat, Chloranisidine, Chlorbenzaldehyd, Chlorbenzylchloride, Chlornitroaniline, Chlornitrotoluole, 3-Chlorphenol, 4-Chlorphenol, Chlortoluidine, Dichlorphenole, Dichlortoluidine, Hexachloraceton, Hexachloräthan, Hexachlorbenzol, Hexachlorbutadien, Natriummonochloracetat, 1,1,2,2-Tetrabromäthan (Acetylentetrabromid), Tetrachlorbenzole, Tetrachlorphenole, Trichlorbenzole, Trichlorphenole.*

    Bem. 1. Chlorformiate mit überwiegend ätzenden Eigenschaften sind Stoffe der Klasse 8 (siehe Rn. 2801 Ziffer 64).

    „**Bem.** 2. Polychlorierte Dibenzodioxine und -furane der Ziffer 17 a) dürfen nur in Lösungen und Gemischen mit einem Gehalt bis insgesamt 0,1 mg/kg (ppm), 2,3,7,8-Tetrachlordibenzo-1,4-dioxin (2,3,7,8-TCDD) der Ziffer 17 a) darf nur in Lösungen und Gemischen mit einem Gehalt bis höchstens 0,01 mg/kg (ppm) befördert werden.

    Lösungen und Gemische von polychlorierten Dibenzodioxinen und -furanen mit einem Gehalt insgesamt unter 0,005 mg/kg (ppm) und von 2,3,7,8 Tetrachlordibenzo-1,4-dioxin (2,3,7,8-TCDD) mit einem Gehalt unter 0,002 mg/kg (ppm) unterliegen nicht den Vorschriften dieser Verordnung."

    2. 2,3,7,8-Tetrachlordibenzo-1,4-dioxin (TCDD) in Konzentrationen, die nach den Kriterien der Fußnote 1) zu Rn. 2600 (1) als sehr giftig gelten, ist zur Beförderung nicht zugelassen.

18. Isocyanate mit einem Siedepunkt unter 200 °C, wie:

    a) ...;

    b) *Chloräthylisocyanat, Cyclohexylisocyanat, Phenylisocyanat, Tolylisocyanat,* Lösungen von Isocyanaten der Ziffern 18 b) und 19 b) mit einem Flammpunkt von 21 °C oder darüber;

    Bem. Lösungen von diesen Isocyanaten mit einem Flammpunkt unter 21 °C sind Stoffe der Klasse 3 [siehe Rn. 2301 Ziffer 14 b)].

    c) ...

Klasse 6.1

19. Isocyanate mit einem Siedepunkt von 200 °C oder darüber, wie:

   a) . . . ;

   b) *3-Chlor-4-methylphenylisocyanat, 3-Chlorphenylisocyanat, 4-Chlorphenylisocyanat, 3,4-Dichlorphenylisocyanat, Hexamethylendiisocyanat, alpha-Naphthylisocyanat, 2,4-Toluylendiisocyanat* und isomere Gemische, *Tosylisocyanat;*

   > Bem. 1. Lösungen von diesen Isocyanaten mit einem Flammpunkt unter 21 °C sind Stoffe der Klasse 3 [siehe Rn. 2301 Ziffer 14 b)]
   >   2. Lösungen von diesen Isocyanaten mit einem Flammpunkt von 21 °C oder darüber sind Stoffe der Ziffer 18 b).

   c) *Diphenylmethan-4,4′-diisocyanat, Isophorondiisocyanat (3-Isocyanatomethyl-3,5,5-trimethylcyclohexylisocyanat), 1,5-Naphthylendiisocyanat, Stearylisocyanat, Trimethylhexamethylendiisocyanat* und isomere Gemische, Lösungen von Isocyanaten der Ziffer 19 c) mit einem Flammpunkt von 21 °C oder darüber.

20. Schwefelhaltige Stoffe mit einem Siedepunkt unter 200 °C, wie:

   a) *Benzothiol (Thiophenol);*

   b) *Äthylisothiocyanat, 2-Äthylthiophen, Allylisothiocyanat, Furfurylmerkaptan, Merkaptoäthanol (Thioglykol), Thiophosgen,* Lösungen von Isothiocyanaten der Ziffer 20 b) mit einem Flammpunkt von 21 °C oder darüber;

   > Bem. Lösungen von diesen Isothiocyanaten mit einem Flammpunkt unter 21 °C sind Stoffe der Klasse 3 [siehe Rn. 2301, Ziffer 18 b)].

   c) *Methylisothiocyanat, Thia-4-pentanal.*

Klasse 6.1

21. Schwefelhaltige Stoffe mit einem Siedepunkt von 200 °C oder darüber, wie:

    a) ...;

    b) *2-Acetylthiophen, Aminothiophenol;*

    c) ...

22. Phosphorhaltige Stoffe mit einem Siedepunkt unter 200 °C, wie:

    a) ...;

    b) *Triäthylphosphin;*

    c) ...

23. Phosphorhaltige Stoffe mit einem Siedepunkt von 200 °C oder darüber, wie:

    a) ...;

    b) *Äthyldiphenylphosphin, Triäthylenphosphoramid, Trikresylphosphat* mit mehr als 3 % ortho-Isomer,

    | *Triphenylphosphinoxid;*

    c) ...

24. Organische Stoffe sowie Lösungen und Gemische von organischen Stoffen (wie Präparate, Zubereitungen und Abfälle), die nicht unter andere Sammelbezeichnungen fallen, wie:

    a) ...;

    b) *Benzoylcyanid;*

    c) *1,5,9-Cyclododecatrien.*

C. Metallorganische Verbindungen und Carbonyle

Bem. 1. Zur Schädlingsbekämpfung dienende giftige metallorganische Verbindungen sind Stoffe der Ziffern 78 bis 80.

2. Die selbstentzündlichen metallorganischen Verbindungen sind Stoffe der Klasse 4.2 (siehe Rn. 2431 Ziffer 3). Metallorganische Verbindungen, die in Berührung mit Wasser entzündliche Gase entwickeln, sind Stoffe der Klasse 4.3 [siehe Rn. 2471 Ziffer 2 e)].

31. Organische Bleiverbindungen, wie:

    a) *Mischungen von Bleialkylen mit organischen Halogenverbindungen,* wie:
    Äthylfluid (Antiklopfmittel für Motorentreibstoffe), *Tetraäthylblei, Tetramethylblei.*

32. Organische Zinnverbindungen, wie:

    a) ...;

    b) *Dibutylzinnchlorid, Dimethylzinnchlorid;*

    c) andere *Dibutylzinnverbindungen, Monoalkylzinnchloride.*

    Bem. Butylzinntrichlorid ist ein Stoff der Klasse 8 [siehe Rn. 2801 Ziffer 21 b)].

33. Organische Quecksilberverbindungen, wie:

    a) ...;

    b) ...;

    c) ...

34. Organische Arsenverbindungen, wie:

    a) ...;

    b) ...;

    c) ...

35. Sonstige metallorganische Verbindungen, wie:
    Organische Antimon-, Cadmium, Chrom-, Cobalt- und Thallium-Verbindungen.

    a) ...;

    b) ...;

    c) ...

36. Carbonyle, wie:

    a) ...;

    b) ...;

    c) *Chromcarbonyl, Cobaltcarbonyl.*

    Bem. Eisenpentacarbonyl und Nickeltetracarbonyl sind Stoffe der Ziffer 3.

2601
(Forts.)

Anlage A
Klasse 6.1

122.1

Klasse 6.1

D. Anorganische Stoffe, die mit Wasser (auch Luftfeuchtigkeit), wässerigen Lösungen oder Säuren giftige Gase bilden können

41. Anorganische Cyanide, wie:

a) feste Cyanide, wie: *Bariumcyanic*, *Calciumcyanid, Kaliumcyanid, Natriumcyanid*; Lösungen anorganischer Cyanide; Präparate anorganischer Cyanide; feste komplexe Cyanide, wie: *Natrium-Kupfercyanid, Quecksilber-Kaliumcyanid*; Lösungen komplexer Cyanide;

b) feste Cyanide, wie:

Quecksilbercyanid;

feste komplexe Cyanide, wie:

Kalium-Kupfercyanid;

c) . . .

Bem. Die Alkali- und Ammoniumthiocyanate (Rhodanide), Ferricyanide und Ferrocyanide unterliegen nicht den Vorschriften

dieser Verordnung.   **❙ des ADR.**

42. Azide, wie:

a) *Bariumazid* mit mindestens 50 % Wasser oder Alkohole;

b) *wässerige Lösungen von Bariumazid, Natriumazid*;

c) . . .

Bem. 1. Die Azide, die durch Flammenzündung zur Explosion gebracht werden können, oder die entweder gegen Stoß oder Reibung empfindlicher sind als Dinitrobenzol, sind von der Beförderung ausgeschlossen, sofern sie nicht ausdrücklich in der Klasse 1 a aufgeführt sind.

2. Bariumazid, trocken oder mit weniger als 50 % Wasser oder Alkoholen ist zur Beförderung nicht zugelassen.

43. Zubereitungen von Phosphiden mit selbstentzündungshemmenden Zusätzen, wie von:

a) *Aluminiumphosphid, Magnesiumphosphid*;

b) *Zinkphosphid*;

c) . . .

Bem. 1. Diese Zubereitungen sind zur Beförderung nur zugelassen, wenn sie feuerhemmende Zusätze enthalten.

2. Zubereitungen von Natriumphosphid, Calciumphosphid und Strontiumphosphid sind Stoffe der Klasse 4.2 (siehe Rn. 2431 Ziffer 2).

44. b) *Ferrosilicium* und *Mangansilicium* mit mehr als 30 % und weniger als 70 % Silicium, *Ferrosiliciumlegierungen mit Aluminium, Mangan, Calcium* oder mehreren dieser Metalle mit einem Gesamtgehalt an Silicium und anderen Elementen als Eisen und Mangan von mehr als 30 %, aber weniger als 70 %;

c) . . .

Die Stoffe der Ziffer 44 sind zur Beförderung nur zugelassen, wenn sie mindestens 3 Tage lang an der Luft trocken gelagert wurden.

Bem. 1. Ferrosilicium- und Mangansiliciumbriketts mit beliebigem Siliciumgehalt unterliegen nicht den Vorschriften

dieser Verordnung.   **❙ des ADR.**

2. Die Stoffe der Ziffer 44 unterliegen nicht den Vorschriften

dieser Verordnung,   **❙ des ADR,**

wenn sie während der Beförderung unter Feuchtigkeitseinfluß keine gefährlichen Gase entwickeln können und wenn der Absender dies im Beförderungspapier bescheinigt.

E. Andere anorganische Stoffe

51. Arsenverbindungen, wie:

a) *Arsensäure, flüssig, Arsentrichlorid, flüssige Arsenverbindungen*;

b) *Arsenbromid, Arsenpentoxid, Arsensäure, fest, Arsentrioxid, Calciumarsenat, Kaliumarsenat, Kaliumarsenit, Magnesiumarsenat, Natriumarsenat, Natriumarsenit.*

c) . . .

Bem. Zur Schädlingsbekämpfung dienende arsenhaltige Stoffe und Präparate sind Stoffe der Ziffer 84.

52. Quecksilberverbindungen, wie:

b) *Quecksilber-II-acetat, Quecksilber-II-chlorid*;

c) . . .

Bem. 1. Zur Schädlingsbekämpfung dienende quecksilberhaltige Stoffe und Präparate sind Stoffe der Ziffer 86.

2. Zinnober und Quecksilber-I-chlorid (Calomel) unterliegen nicht den Vorschriften

dieser Verordnung.   **❙ des ADR.**

3. Quecksilberfulminate sind zur Beförderung nicht zugelassen.

4. Quecksilber-Kaliumcyanid und Quecksilbercyanid sind Stoffe der Ziffer 41.

53. Thalliumverbindungen, wie:

b) . . . ;

c) . . .

Bem. Zur Schädlingsbekämpfung dienende thalliumhaltige Stoffe und Präparate sind Stoffe der Ziffer 88.

Klasse 6.1

2601
(Forts.)

54. Beryllium und Berylliumverbindungen, wie:

b) Pulverförmiges *Beryllium;*

c) ...

55. Selen und Selenverbindungen, wie:

a) *Selenate, Selenite;*

b) *Selendioxid, Selendisulfid;*

c) *Selenmetall.*

Bem. Selensäure ist ein Stoff der Klasse 8 [siehe Rn. 2801 Ziffer 11 a)].

56. Osmiumverbindungen, wie:

a) *Osmiumtetroxid.*

b) ...;

c) ...

57. Tellurverbindungen, wie:

b) *Aluminiumtellurid, Cadmiumtellurid, Tellurdioxid, Zinktellurid;*

c) ...

58. Vanadiumverbindungen, wie:

b) *Vanadate, Vanadiumpentoxid;*

c) ...

Bem. 1. Vanadiumoxytrichlorid, Vanadiumtetrachlorid und Vanadiumtrichlorid sind Stoffe der Klasse 8 (siehe Rn. 2801 Ziffern 21 und 22).
2. Vanadiumchlorat und Vanadiumperchlorat sind Stoffe der Klasse 5.1 (siehe Rn. 2501 Ziffer 4).

59. Antimonverbindungen, wie:

c) *Antimonoxide, Antimonsalze.*

Bem. 1. Antimonpentachlorid, Antimontrichlorid und Antimonpentafluorid sind Stoffe der Klasse 8 (siehe Rn. 2801 Ziffern 21, 22 und 26).
2. Antimonchlorat und Antimonperchlorat sind Stoffe der Klasse 5.1 (siehe Rn. 2501 Ziffer 4).
3. Antimonoxide mit einem Arsengehalt von nicht mehr als 0,5 %, bezogen auf die Gesamtmasse, sowie Antimonglanz (Grauspießglanz) unterliegen nicht den Vorschriften
dieser Verordnung.   des ADR.

60. Bariumverbindungen, wie:

c) *Bariumcarbonat, Bariumchlorid, Bariumfluorid, Bariumhydroxid, Bariumoxid, Bariumsulfid.*

Bem. 1. Bariumchlorat, Bariumperchlorat, Bariumnitrat, Bariumnitrit, Bariumperoxid und Bariumpermanganat sind Stoffe der Klasse 5.1 (siehe Rn. 2501 Ziffern 4, 7, 8 und 9).
2. Bariumazid ist ein Stoff der Ziffer 42.
3. Bariumsulfat, Bariumtitanat und Bariumstearat unterliegen nicht den Vorschriften
dieser Verordnung.   des ADR.

61. Cadmiumverbindungen, wie:

c) *Cadmiumacetat, Cadmiumcarbonat, Cadmiumnitrat, Cadmiumsulfat.*

Bem. Cadmiumpigmente, wie Cadmiumsulfide, Cadmiumsulfoselenide und Cadmiumsalze höherer Fettsäuren (wie Cadmiumstearat) unterliegen nicht den Vorschriften
dieser Verordnung.   des ADR.

62. Bleiverbindungen, wie:

c) *Bleioxide, Bleipigmente,* wie *Bleiweiß* und *Bleichromat, Bleisalze,* einschließlich *Bleiacetat (Bleizucker).*

Bem. 1. Bleichlorat, Bleiperchlorat und Bleinitrat sind Stoffe der Klasse 5.1 (siehe Rn. 2501 Ziffern 4 und 7).
2. Bleisalze und Bleipigmente, die in 0,1 n-Salzsäure nicht löslich sind, unterliegen nicht den Vorschriften
dieser Verordnung.   des ADR.

63. c) *Abfälle* und *Rückstände,* die Verbindungen von *Antimon* oder *Blei* oder von beiden enthalten, wie:
Aschen von Blei oder *Antimon* oder von *Blei* und *Antimon, Bleischlamm* mit weniger als 3 % freier Schwefelsäure.

Bem. Bleischlamm mit 3 % oder mehr freier Schwefelsäure ist ein Stoff der Klasse 8 [siehe Rn. 2801 Ziffer 1 b)].

64. Salze des Hydrazins, wie:

c) *Hydrazindihydrobromid, Hydrazindihydrochlorid, Hydrazinmonohydrobromid, Hydrazinmonohydrochlorid, Hydrazinsulfat.*

65. Wasserlösliche Fluoride, wie:

c) *Ammoniumfluorid, Kaliumfluorid, Natriumfluorid.*

Bem. Ätzende Fluoride sind Stoffe der Klasse 8 (siehe Rn. 2801 Ziffern 25 und 26).

66. Silicofluoride, wie:

c) *Ammoniumsilicofluorid.*

Klasse 6.1

67. c) Wasserlösliche *Oxalate*.

68. Anorganische Stoffe sowie Lösungen und Gemische von anorganischen Stoffen (wie Präparate, Zubereitungen und Abfälle), die nicht unter andere Sammelbezeichnungen fallen, wie:

a) ...;

b) ...;

c) *Kobaltchlorid, Kupfer-II-chlorid, Molybdäntrioxid.*

Bem. Zur Schädlingsbekämpfung dienende kupferhaltige Stoffe und Präparate sind Stoffe der Ziffer 87.

F. Mittel zur Schädlingsbekämpfung

Bem. 1. Die entzündbaren flüssigen, sehr giftigen, giftigen oder gesundheitsschädlichen Mittel zur Schädlingsbekämpfung mit einem Flammpunkt unter 21 °C sind Stoffe der Klasse 3 (siehe Rn. 2301 Ziffern 6 und 19).

2. Mit Mitteln zur Schädlingsbekämpfung der Ziffern 71 bis 88 imprägnierte Gegenstände, wie Pappteller, Papierstreifen, Wattekugeln, Kunststoffplatten usw., in luftdichten Umhüllungen, unterliegen nicht den Vorschriften

   dieser Verordnung. | des ADR.

71. bis 88. Nachstehend sind aufgeführt unter:

a) Sehr giftige Stoffe und Präparate.

b) Giftige Stoffe und Präparate.

c) Gesundheitsschädliche Stoffe und Präparate.

Bem. 1. Die Zuordnung aller Wirkstoffe und ihrer Präparate für die Schädlingsbekämpfung in die Ziffern 71 bis 88, Buchstaben a), b) und c), erfolgt auf Grund der Fußnote 1) zu Rn. 2600 (1).

2. Ist nur der LD_{50}-Wert des Wirkstoffs bekannt und nicht der LD_{50}-Wert jedes einzelnen Präparates dieses Wirkstoffs, kann die Einteilung der einzelnen Präparate in die Ziffern 71 bis 88, Buchstaben a), b) oder c), mit Hilfe der nachfolgenden Tabelle erfolgen, wobei die in den Spalten a), b) und c) der Ziffern 71 bis 88 angegebenen Zahlen dem prozentualen Anteil des Pestizidwirkstoffs in den einzelnen Präparaten entsprechen.

3. Die in der Liste nicht namentlich aufgeführten Stoffe, bei denen nur der LD_{50}-Wert des Wirkstoffs, nicht aber der LD_{50}-Wert der einzelnen Präparate bekannt ist, werden nach der Fußnote ') zu Rn. 2600 (1) eingereiht, unter Verwendung eines abgeleiteten LD_{50}-Wertes, der sich aus der Multiplikation des LD_{50}-Wertes des Wirkstoffs mit $\frac{100}{x}$ ergibt, wobei x den prozentualen Anteil des Wirkstoffs in Masse-% darstellt:

$$LD_{50}\text{-Wert des Präparates} = \frac{LD_{50}\text{-Wert des Wirkstoffs} \times 100}{\text{Gehalt an Wirkstoff im Präparat in Masse-\%}}$$

4. Sind in den Präparaten Zusatzstoffe vorhanden, die die Toxizität des Wirkstoffs beeinflussen oder sino mehrere Wirkstoffe in einem Präparat enthalten, so darf obige Einteilung nach Bem. 2 und 3 nicht angewendet werden. In diesen Fällen ist die Zuordnung nach dem LD_{50}-Wert des betreffenden Präparates nach den Kriterien der Fußnote ') zu Rn. 2600 (1) vorzunehmen.

Ist der LD_{50}-Wert nicht bekannt, so ist eine Zuordnung zu den Ziffern 71 bis 88 unter Buchstabe a) vorzunehmen.

„71. Organische Phosphorverbindungen, wie:	71 a)	71 b)	71 c)	
	%	%	fest %	flüssig %
Azinphos-äthyl	–	100–>25	25–6	25–2
Azinphos-methyl	–	100–>10	10–2	10–1
Bromophos-äthyl	–	–	100–35	100–14
Carbophenothion	–	100–>20	20–5	20–2
Chlorfenvinphos	–	100–>20	20–5	20–2
Chlormephos	–	100–>15	15–3	15–1
Chlorpyriphos	–	–	100–40	100–10
Chlorthiophos	–	100–>15	15–4	15–1
Crotoxyphos	–	–	100–35	100–15
Crufomat	–	–	–	100–90
Cyanophos	–	–	100–55	100–55
DEF	–	–	–	100–40
Demephion	100–>0	–	–	–
Demeton	100–>30	30–>3	3–0,5	3–>0
Demeton-O (Systox)	100–>34	34–>3,4	3,4–0,85	3,4–0,34
Demeton-O-methyl	–	–	100–90	100–35
Demeton-S-methyl	–	100–>80	80–30	80–10
Demeton-S-methyl-sulfon	–	100–>74	74–18,5	74–7,4
Dialifos	–	100–>10	10–2,5	10–1
Diazinon	–	–	100–38	100–15
Dichlofenthion	–	–	–	100–54
Dichlorvos	–	100–>35	35–7	35–7
Dicrotophos	–	100–>25	25–6	25–2
Dimefox	100–>20	20–>2	2–0,5	2–>0
Dimethoat	–	–	100–73	100–29
Dioxathion	–	100–>40	40–10	40–4
Disulfoton	100–>40	40–>4	4–1	4–>0

Klasse 6.1

2601
(Forts.)

	71 a)	71 b)	71 c)	
	%	%	fest %	flüssig %
Edifenphos	–	–	100–75	100–30
Endothion	–	100->45	45–10	45–4
EPN	100->62	62->12,5	12,5–2,5	12,5–2,5
Ethion	–	100->25	25–5	25–2
Ethoat-methyl	–	–	100–60	100–25
Ethoprophos	100->65	65->13	13–2	13–2
Fenaminphos	100->40	40->4	4–1	4->0
Fenitrothion	–	–	–	100–48
Fensulfothion	100->40	40->4	4–1	4->0
Fenthion	–	–	100–95	100–38
Fonofos	100->60	60->6	6–1	6–0,5
Formothion	–	–	–	100–65
Heptenophos	–	–	100–48	100–19
Isofenphos	–	100->60	60–15	60–6
Isothioat	–	–	100–25	100–25
Isoxathion	–	–	100–55	100–20
Mecarbam	–	100->30	30–7	30–3
Mephosfolan	100->25	25->5	5–0,5	5–0,5
Methamidophos	–	100->15	15–3	15–1,5
Methidathion	–	100->40	40–10	40–4
Methyltrithion	–	–	100–49	100–19
Mevinphos	100->60	60->5	5–1	5–0,5
Monocrothophos	–	100->25	25–7	25–2,5
Naled	–	–	–	100–50
Omethoat	–	–	100–25	100–10
Oxydemeton-methyl	–	100->93	93–23	93–9
Oxydisulfoton	100->70	70->5	5–1,5	5–0,5
Paraoxon	100->35	35->3	3–0,9	3–0,35
Parathion	100->40	40->4	4–1	4–0,4
Parathion-methyl	–	100->12	12–3	12–1,2
Phenkapton	–	–	100–25	100–10
Phenthoat	–	–	100–70	100–70
Phorat	100->20	20->2	2–0,5	2->0
Phosalon	–	–	100–60	100–24
Phosfolan	–	100->15	15–4	15–1
Phosmet (Phthalophos)	–	–	100–45	100–18
Phosphamidon	–	100->34	34–8	34–3
Pirimiphos-äthyl	–	–	100–70	100–28
Propaphos	–	100->75	75–15	75–15
Prothoat	–	100->15	15–4	15–1
Pyrazophos	–	–	–	100–45
Pyrazoxon	100->80	80->8	8–2	8–0,5
Salithion	–	–	100–60	100–25
Schradan	–	100->18	18–9	18–3,6
Sulfotep	–	100->10	10–2	10–1
Sulprofos	–	–	100–45	100–18
Temephos	–	–	100–90	100–90
TEPP	100->10	10->0	–	–
Terbufos	100->15	15->3	3–0,74	3–0,74
Thiometon	–	100->50	50–10	50–5
Thionazin	100->70	70->5	5–1	5–0,5
Triamiphos	–	100->20	20–5	20–1
Triazophos	–	–	100–33	100–13
Trichlorfon	–	–	100–70	100–23
Trichloronat	–	100->30	30–8	30–3
Vamidothion	–	–	100–30	100–10

Klasse 6.1

72. Chlorierte Kohlenwasserstoffe, wie:

	72 a) %	72 b) %	72 c) fest %	72 c) flüssig %
Aldrin	–	100–>75	75–19	75–7
Camphechlor	–	–	100–40	100–15
Chlordan	–	–	–	100–55
Chlordimeform	–	–	–	100–50
Chlordimeform-hydrochlorid	–	–	–	100–70
DDT	–	–	100–55	100–20
1,2-Dibrom-3-chlorpropan	–	–	100–85	100–34
Dieldrin	–	100–>75	75–19	75–7
Endosulfan	–	100–>80	80–20	80–8
Endrin	100–>60	60–>6	6–1	6–0,5
Heptachlor	–	100–>80	80–20	80–8
Isodrin	–	100–>14	14–3	14–1
Lindan (γ-HCH)	–	–	100–44	100–15
Pentachlorphenol	–	100–>54	54–13	54–5

73. Derivate der Chlorphenoxy-essigsäure, wie:

	73 a) %	73 b) %	73 c) fest %	73 c) flüssig %
2,4-D	–	–	–	100–75
2,4-DB	–	–	–	100–40
2,4,5-T	–	–	–	100–60
Triadimefon	–	–	–	100–70

74. Organische Halogenverbindungen, die nicht unter die Ziffer 72 oder 73 fallen, wie:

	74 a) %	74 b) %	74 c) fest %	74 c) flüssig %
Allidochlor	–	–	100–35	100–35
Bromoxynil	–	–	100–95	100–38
Ioxynil	–	–	100–20	100–20
Isobenzan	100–>10	10–>2	2–0,4	2–0,4
Mirex	–	–	–	100–60

75. Organische Stickstoffverbindungen, die nicht unter andere Ziffern fallen, wie:

	75 a) %	75 b) %	75 c) fest %	75 c) flüssig %
Bequinox	–	–	100–50	100–20
Binapacryl	–	–	100–65	100–25
Chinomethionat	–	–	100–50	100–50
Cyanazin	–	–	100–90	100–35
Cycloheximid	100–>40	40–>4	4–1	4–>0
Dinobuton	–	–	100–25	100–10
Dinoseb	–	100–>40	40–8	40–8
Dinoseb-acetat	–	–	100–30	100–10
Dinoterb	–	100–>50	50–10	50–5
Dinoterb-acetat	–	100–>50	50–10	50–5
DNOC	–	100–>50	50–12	50–5
Drazoxolon	–	–	100–63	100–25
Medinoterb	–	100–>80	80–20	80–8
Terbumeton	–	–	–	100–95

Klasse 6.1

2601
(Forts.)

76. Karbamate und Thiokarbamate, wie:

	76 a)	76 b)	76 c)	
	%	%	fest %	flüssig %
Aldicarb	100–>15	15–>1	1–>0	1–>0
Aminocarb	–	100–>60	60–15	60–6
Bendiocarb	–	100–>65	65–15	65–5
Butocarboxim	–	–	100–85	100–35
Carbaryl	–	–	100–30	100–10
Carbofuran	–	100–>10	10–2	10–1
Cartap HCl	–	–	100–40	100–40
Di-allat	–	–	–	100–75
Dimetan	–	–	100–60	100–24
Dimetilan	–	100–>50	50–12	50–5
Dioxacarb	–	–	100–30	100–10
Formetanat	–	100–>40	40–10	40–4
Isolan	–	100–>20	20–5	20–2
Isoprocarb	–	–	100–85	100–35
Mercapto-dimethur	–	100–>70	70–17	70–7
Metam-natrium	–	–	100–85	100–85
Methomyl	–	100–>34	34–8	34–3
Mexacarbat	–	100–>28	28–7	28–2
Mobam	–	–	100–35	100–14
Nabam	–	–	–	100–75
Oxamyl	–	100–>10	10–2,5	10–1
Pirimicarb	–	–	100–73	100–29
Promecarb	–	–	100–35	100–14
Promurit (Muritan)	100–>5,6	5,6–>0,56	0,56–0,14	0,56–>0
Propoxur	–	–	100–45	100–18

77. Alkaloide, wie:

	77 a)	77 b)	77 c)	
	%	%	fest %	flüssig %
Nicotinpräparate	–	100–>25	25–5	25–5
Strychnin	100–>20	20–>0	–	–

78. Organische Quecksilberverbindungen, wie:

	78 a)	78 b)	78 c)	
	%	%	fest %	flüssig %
Methoxyäthylquecksilberchlorid	–	100–>40	40–10	40–4
Phenylquecksilberacetat (PMA)	–	100–>60	60–15	60–6
Phenylquecksilberbrenzcatechin (PMB)	–	100–>60	60–15	60–6

79. Organische Zinnverbindungen, wie:

	79 a)	79 b)	79 c)	
	%	%	fest %	flüssig %
Cyhexatin (Tricyclohexylzinnhydroxid)	–	–	100–95	100–35
Fentin-acetat	–	–	100–62	100–25
Fentin-hydroxyd	–	–	100–54	100–20

80. Andere metallorganische Verbindungen,
die nicht unter Ziffer 78 oder 79 fallen,
wie:

	80 a)	80 b)	80 c)	
	%	%	fest %	flüssig %
...	...	...	...	...

Klasse 6.1

81. Rodenticide, wie:

	81 a)	81 b)	81 c)	
	%	%	fest %	flüssig %
Brodifacum	100–>5	5–>0,5	0,5–0,13	0,5–0,05
Chlorphacinon	100–>40	40–>4	4–1	4–0,4
Cumachlor	–	–	100–25	100–10
Cumafuryl	–	–	–	100–80
Cumaphos	–	100–>30	30–8	30–3
Cumatetralyl (Racumin)	–	100–>34	34–8,5	34–3,4
Crimidine	100–>25	25–>2	2–0,5	2–>0
Dicumarol	–	–	100–25	100–10
Difenacum	100–>35	35–>3,5	3,5–0,9	3,5–0,35
Diphacinon	100–>25	25–>3	3–0,7	3–0,2
Warfarin und Salze von	100–>60	60–>6	6–1,5	6–0,6

82. Bipyridyliumderivate, wie:

	82 a)	82 b)	82 c)	
	%	%	fest %	flüssig %
Diquat	–	–	–	100–45
Paraquat	–	100–>40	40–8	40–8

83. Organische Verbindungen,
die nicht unter eine Sammelbezeichnung
der Ziffern 71 bis 81 fallen, wie:

	83 a)	83 b)	83 c)	
	%	%	fest %	flüssig %
ANTU	100–>40	40–>4	4–1	4–0,8
Blasticidin-S-3	–	–	100–25	100–10
Dazomet	–	–	–	100–60
Difenzoquat	–	–	–	100–90
Dimexano	–	–	–	100–48
Endothal-natrium	–	100–>75	75–19	75–7
Fenaminosulph	–	100–>50	50–10	50–10
Fenpropathrin	–	–	100–30	100–10
Fluoracetamid	–	100–>25	25–6,7	25–2,5
Imazalil	–	–	–	100–64
Kelevan	–	–	–	100–48
Norbromid	100–>88	88–>8,8	8,8–2,2	8,8–0,8
Pindon und Salze von	–	–	–	100–55
Rotenon	–	–	100–65	100–25
Tricamba	–	–	–	100–60

84. Organische Arsenverbindungen,
wie:

	84 a)	84 b)	84 c)	
	%	%	fest %	flüssig %
Arsentrioxid	–	100–>40	40–10	40–4
Calciumarsenat	–	100–>40	40–10	40–4
Natriumarsenit	–	100–>20	20–5	20–2

85. Anorganische Fluorverbindungen,
wie:

	85 a)	85 b)	85 c)	
	%	%	fest %	flüssig %
Bariumsilicofluorid	–	–	100–88	100–35
Natriumsilicofluorid	–	–	100–62	100–25

86. Anorganische Quecksilberverbindungen, wie:

	86 a)	86 b)	86 c)	
	%	%	fest %	flüssig %
Quecksilberchlorid	–	100–>70	70–17	70–7
Quecksilberoxid	–	100–>35	35–8	35–3

Klasse 6.1

87. Anorganische Kupferverbindungen, wie:	87 a)	87 b)	87 c)	
	%	%	fest %	flüssig %
Kupfersulfat	–	–	100–50	100–20

88. Anorganische Thalliumverbindungen, wie:	88 a)	88 b)	88 c)	
	%	%	fest %	flüssig %
Thalliumsulfat	–	100–>30	30–8	30–3"

89. c) *Getreidekörner, gebeiztes Saatgut* und andere *pflanzliche Trägerstoffe*, die mit Mitteln zur Schädlingsbekämpfung oder anderen Stoffen der Klasse 6.1 *imprägniert* sind.

G. Wirkstoffe für Labor- und Versuchszwecke sowie zur Herstellung von Arzneimitteln, soweit sie nicht in anderen Ziffern dieser Klasse aufgeführt sind

90 Wirkstoffe, wie:

    a) *Colchicin, Digitoxin;*

    b) *Adrenalin;*

    c) *Phenobarbital.*

Bem. 1. Wirkstoffe sowie Verreibungen oder Mischungen der Stoffe der Ziffer 90 mit anderen Stoffen sind entsprechend ihrer Toxizität einzuordnen [siehe Fußnote 1) zu Rn. 2600 (1)].

2. Gebrauchsfertige Arzneimittel (Tabletten, Dragées, Ampullen, usw.), die Stoffe der Ziffer 90 enthalten, unterliegen nicht den Vorschriften dieser Verordnung.   **❙** des ADR.

H. Leere Verpackungen

Bem. Leere Verpackungen, denen außen Rückstände des früheren Inhalts anhaften, sind zur Beförderung nicht zugelassen.

91. Ungereinigte *leere Verpackungen, leere Tankfahrzeuge, leere Aufsetztanks, leere Tankcontainer* und *leere Kleincontainer für Güter in loser Schüttung*, die Stoffe der Klasse 6.1 enthalten haben.

2601 a   Stoffe der Ziffern 11 bis 24, 32 bis 36, 41 bis 44, 51 bis 68, 71 bis 88 und 90, die unter den nachstehenden Bedingungen befördert werden, unterliegen nicht den für diese Klasse in dieser

Verordnung   **❙** Anlage und der Anlage B

enthaltenen Vorschriften:

a) Diese Randnummer gilt nicht für Stoffe, die unter a) der einzelnen Ziffern fallen.

b) Stoffe, die unter b) der einzelnen Ziffern fallen:

    – Flüssige Stoffe: bis zu 500 ml je Innenverpackung und bis zu 2 Liter je Versandstück;

    – feste Stoffe: bis zu 1 kg je Innenverpackung und bis zu 4 kg je Versandstück.

c Stoffe, die unter c) der einzelnen Ziffern fallen:

    – Flüssige Stoffe: bis zu 3 Liter je Innenverpackung und bis zu 12 Liter je Versandstück;

    – feste Stoffe: bis zu 6 kg je Innenverpackung und bis zu 24 kg je Versandstück.

Diese Stoffmengen müssen in zusammengesetzten Verpackungen befördert werden, die mindestens den Bedingungen der Rn. 3538 entsprechen.

Die „Allgemeinen Verpackungsvorschriften" der Rn. 3500 (1) und (2) sowie (4) bis (7) sind zu beachten.

Klasse 6.1

2. Vorschriften

A. Versandstücke

1. Allgemeine Verpackungsvorschriften

(1) Die Verpackungen müssen den Bedingungen des Anhangs A.5 entsprechen, sofern nicht in den Rn. 2603 bis 2609 Sondervorschriften für die Verpackung bestimmter Stoffe vorgesehen sind.   **2602**

Bem. Es dürfen auch Verpackungen verwendet werden, die dem Anhang
V der Anlage der Gefahrgutverordnung Eisenbahn (GGVE) entsprechen.

(2) Nach den Bestimmungen der Rn. 2600 (1) und 3511 (2) sind für

- sehr giftige, in den einzelnen Ziffern unter a) fallende Stoffe Verpackungen der Verpackungsgruppe I, gekennzeichnet mit dem Buchstaben „X",

- giftige, in den einzelnen Ziffern unter b) fallende Stoffe Verpackungen der Verpackungsgruppe II oder I, gekennzeichnet mit dem Buchstaben „Y" oder „X",

- gesundheitsschädliche, in den einzelnen Ziffern unter c) fallende Stoffe Verpackungen der Verpackungsgruppe III, II oder I, gekennzeichnet mit dem Buchstaben „Z", „Y" oder „X",

zu verwenden.

2. Besondere Verpackungsvorschriften

(1) Blausäure der Ziffer 1 muß verpackt sein: **2603**

a) wenn sie durch eine inerte poröse Masse völlig aufgesaugt ist, in starken Metallgefäßen mit höchstens 7,5 Liter Fassungsraum, so in Holzkisten eingesetzt, daß sie einander nicht berühren können. Eine solche zusammengesetzte Verpackung muß folgende Bedingungen erfüllen:

1. Die Gefäße müssen mit einem Druck von 0,6 MPa (6 bar) (Überdruck) geprüft sein;

2. die Gefäße müssen von der porösen Masse vollständig ausgefüllt sein. Die poröse Masse darf auch bei längerem Gebrauch, bei Erschütterungen und selbst bei Temperaturen bis zu 50 °C nicht zusammensinken oder gefährliche Hohlräume bilden. Auf dem Deckel jedes Gefäßes ist das Fülldatum dauerhaft anzugeben;

3. die zusammengesetzte Verpackung muß nach Anhang A.5 für die Verpackungsgruppe I geprüft und zugelassen sein. Ein Versandstück darf nicht schwerer sein als 120 kg;

b) wenn sie flüssig, aber nicht durch eine poröse Masse aufgesaugt ist, in Druckflaschen aus Kohlenstoffstahl, die folgenden Bedingungen entsprechen müssen:

1. Die Druckflaschen sind vor ihrer erstmaligen Verwendung einer Flüssigkeitsdruckprüfung mit einem Druck von mindestens 10 MPa (100 bar) (Überdruck) zu unterziehen. Die Druckprüfung ist alle zwei Jahre zu wiederholen und mit einer genauen Besichtigung des Gefäßinneren sowie einer Überprüfung der Eigenmasse zu verbinden;

2. die Druckflaschen müssen den einschlägigen Vorschriften der Klasse 2 [siehe Rn. 2211, 2212 (1) a), 2213, 2215 und 2218] entsprechen;

3. zusätzlich zu den in Rn. 2218 (1) a), b), d), e) und g) geforderten Angaben muß das Datum der letzten Füllung (Monat/Jahr) angegeben sein;

4. die Höchstmasse der Füllung je Liter Fassungsraum beträgt 0,55 kg.

(2) Blausäurelösungen der Ziffer 2 sind in zugeschmolzenen Glasampullen mit höchstens 50 g Inhalt oder in dicht verschlossenen Glasflaschen mit höchstens 250 g Inhalt zu verpacken.

Die Ampullen und Flaschen müssen in zusammengesetzten Verpackungen befördert werden, die folgende Bedingungen erfüllen müssen:

a) Die Ampullen und Flaschen sind mit saugfähigen Stoffen in dichten Außenverpackungen aus Stahl oder Aluminium einzubetten; ein Versandstück darf nicht schwerer sein als 15 kg;

oder

b) die Ampullen und Flaschen sind mit saugfähigen Stoffen in Holzkisten mit dichter Weißblechauskleidung einzubetten; ein Versandstück darf nicht schwerer sein als 75 kg.

Die unter a) und b) genannten zusammengesetzten Verpackungen müssen nach Anhang A. 5 für die Verpackungsgruppe I geprüft und zugelassen sein.

Anlage A
Klasse 6.1

Klasse 6.1

Die Metallcarbonyle der Ziffer 3 müssen verpackt sein:

2604　　(1) In nahtlosen Flaschen aus Reinaluminium mit einem Fassungsraum von höchstens 1 Liter und einer Wanddicke von mindestens 1 mm, die mit einem Druck von mindestens 1 MPa (10 bar) (Überdruck) geprüft sein müssen. Die Flaschen sind mit einem Schraubstopfen aus Metall und einer inerten Dichtung zu verschließen, wobei der Schraubstopfen in den Flaschenhals so fest einzudrehen und erforderlichenfalls zu sichern ist, daß er sich unter normalen Beförderungsbedingungen nicht lockern kann.

Bis zu vier solcher Aluminiumflaschen sind mit nichtbrennbaren saugfähigen Füllstoffen in eine Außenverpackung aus Holz oder Pappe einzubetten. Eine solche zusammengesetzte Verpackung muß einer Bauart entsprechen, die nach Anhang A.5 für Verpackungsgruppe I geprüft und zugelassen ist.

Ein Versandstück darf nicht schwerer sein als 10 kg.

　　(2) In Metallgefäßen mit dichtschließenden Absperreinrichtungen, die, soweit erforderlich, durch Schutzkappen gegen mechanische Beschädigungen gesichert sind. Stahlgefäße bis zu 150 Liter müssen eine Mindestwanddicke von 3 mm haben, größere Gefäße und Gefäße aus anderen Werkstoffen eine Mindestwanddicke, welche die entsprechende mechanische Widerstandsfähigkeit gewährleistet. Der höchstzulässige Fassungsraum der Gefäße beträgt 250 Liter. Die höchstzulässige Masse der Füllung je Liter Fassungsraum beträgt 1 kg.

Die Gefäße sind vor ihrer erstmaligen Verwendung einer Flüssigkeitsdruckprüfung mit einem Druck von mindestens 1 MPa (10 bar) (Überdruck) zu unterziehen. Die Druckprüfung ist alle 5 Jahre zu wiederholen und mit einer genauen Besichtigung des Gefäßinnern sowie einer Überprüfung der Eigenmasse zu verbinden. Auf den Metallgefäßen müssen gut lesbar und dauerhaft vermerkt sein:

a) Die ungekürzte Benennung des Stoffes (wobei bei wechselweiser Verwendung beide Stoffe auch nebeneinander angegeben sein dürfen);

b) der Eigentümer des Gefäßes;

c) die Eigenmasse des Gefäßes einschließlich der Ausrüstungsteile, wie Ventile, Schutzkappen u. dgl.;

d) das Datum (Monat, Jahr) der erstmaligen und der zuletzt durchgeführten wiederkehrenden Prüfung sowie der Stempel des Sachverständigen, der die Prüfungen und Untersuchungen vorgenommen hat;

e) die höchstzulässige Masse der Füllung des Gefäßes in kg;

f) der bei der Flüssigkeitsdruckprüfung anzuwendende innere Druck (Prüfdruck).

2605　　(1) Die Stoffe, die unter a) der einzelnen Ziffern der Rn. 2601 fallen, müssen verpackt sein:

a) in Fässern aus Stahl mit nichtabnehmbarem Deckel nach Rn. 3520 oder

b) in Fässern aus Aluminium mit nichtabnehmbarem Deckel nach Rn. 3521 oder

c) in Kanistern aus Stahl mit nichtabnehmbarem Deckel nach Rn. 3522, oder

d) in Fässern aus Kunststoff mit nichtabnehmbarem Deckel, mit einem Fassungsraum von höchstens 60 l, oder in Kanistern aus Kunststoff mit nicht abnehmbarem Deckel nach Rn. 3526, oder

e) in Kombinationsverpackungen (Kunststoff) nach Rn. 3537 oder

f) in zusammengesetzten Verpackungen mit Innenverpackungen aus Glas, Kunststoff oder Metall nach Rn. 3538.

　　(2) Die festen Stoffe im Sinne der Rn. 2600 (2) dürfen außerdem verpackt sein:

a) in Fässern mit abnehmbarem Deckel aus Stahl nach Rn. 3520, aus Aluminium nach Rn. 3521, aus Sperrholz nach Rn. 3523, aus Pappe nach Rn. 3525 oder aus Kunststoff nach Rn. 3526, oder in Kanistern mit abnehmbarem Deckel aus Stahl nach Rn. 3522 oder aus Kunststoff nach Rn. 3526, falls nötig mit einem oder mehreren staubdichten Innensäcken,

b) in zusammengesetzten Verpackungen nach Rn. 3538, mit einem oder mehreren staubdichten Innensäcken.

2606　　(1) Die Stoffe, die unter b) der einzelnen Ziffern der Rn. 2601 fallen, müssen verpackt sein:

a) in Fässern aus Stahl nach Rn. 3520 oder

b) in Fässern aus Aluminium nach Rn. 3521 oder

c) in Kanistern aus Stahl nach Rn. 3522 oder

d) in Fässern und Kanistern aus Kunststoff nach Rn. 3526 oder

e) in Kombinationsverpackungen (Kunststoff) nach Rn. 3537 oder

f) in zusammengesetzten Verpackungen nach Rn. 3538.

„Bem. zu a), b), c) und d): Fässer oder Kanister mit abnehmbarem Deckel sind nur für dickflüssige Stoffe mit einer Viskosität bei 23 C von mehr als 200 mm²/s und für feste Stoffe zugelassen."

　　(2) Die unter Ziffer 15 b) eingereihten Stoffe dürfen auch in Kombinationsverpackungen (Glas, Porzellan oder Steinzeug) nach Rn. 3539 verpackt sein.

　　(3) Die festen Stoffe im Sinne der Rn. 2600 (2) dürfen außerdem verpackt sein:

a) in Fässern mit abnehmbarem Deckel aus Sperrholz nach Rn. 3523 oder aus Pappe nach Rn. 3525, wenn nötig mit einem oder mehreren staubdichten Innensäcken oder

132

Klasse 6.1

b) in feuchtigkeitsdichten Säcken aus Textilgewebe nach Rn. 3533, aus Kunststoffgewebe nach Rn. 3534, aus Kunststoffolie nach Rn. 3535 oder in wasserabweisenden Säcken aus Papier nach Rn. 3536, unter der Voraussetzung,
daß es sich um eine geschlossene Ladung oder um Säcke, die auf Paletten verladen sind, handelt.

(1) Die Stoffe, die unter c) der einzelnen Ziffern der Rn. 2601 fallen, müssen verpackt sein: **2607**

a) in Fässern aus Stahl nach Rn. 3520 oder

b) in Fässern aus Aluminium nach Rn. 3521 oder

c) in Kanistern aus Stahl nach Rn. 3522 oder

d) in Fässern und Kanistern aus Kunststoff nach Rn. 3526 oder

e) in Kombinationsverpackungen (Kunststoff) nach Rn. 3537 oder

f) in zusammengesetzten Verpackungen nach Rn. 3538 oder

g) in Kombinationsverpackungen (Glas, Porzellan oder Steinzeug) nach Rn. 3539 oder

h) in Feinstblechverpackungen nach Rn. 3540.

„**Bem. zu a), b), c), d) und h):** Fässer mit abnehmbarem Deckel nach a), b) und d), Kanister mit abnehmbarem Deckel nach c) und d) und Feinstblechverpackungen mit
abnehmbarem Deckel nach h) sind nur für dickflüssige Stoffe mit einer Viskosität bei 23 C von mehr als 200 mm²/s und für feste Stoffe zugelassen."

(2) Die festen Stoffe im Sinne der Rn. 2600 (2) dürfen außerdem verpackt sein:

a) in Fässern mit abnehmbarem Deckel aus Sperrholz nach Rn. 3523 oder aus Pappe nach Rn. 3525, wenn nötig mit
einem oder mehreren staubdichten Innensäcken oder

b) in feuchtigkeitsdichten Säcken aus Textilgewebe nach Rn. 3533, aus Kunststoff nach Rn. 3634, aus Kunststoffolie
nach Rn. 3535 oder in wasserabweisenden Säcken aus Papier nach Rn. 3536.

Die Öffnungen der Gefäße für die Beförderung von flüssigen Stoffen mit einer Viskosität bei 23 °C von weniger als   **2608**
200 mm²/s, ausgenommen Glasampullen und Druckflaschen, müssen mit zwei hintereinanderliegenden Einrichtungen, von denen eine verschraubt oder in gleichwertiger Weise befestigt sein muß, dicht verschlossen sein.

Gefäße, die Dimethylaminoboran der Ziffer 12 b) enthalten, müssen mit einer Lüftungseinrichtung nach Rn. 3500 (8)   **2609**
versehen sein.

2610

3. Zusammenpackung

(1) Die unter dieselbe Ziffer fallenden Stoffe dürfen miteinander zu einer zusammengesetzten Verpackung nach Rn.   **2611**
3538 vereinigt werden.

(2) Stoffe verschiedener Ziffern der Klasse 6.1 dürfen bis höchstens 3 Liter für flüssige Stoffe und/oder 5 kg für feste
Stoffe je Gefäß miteinander und/oder mit Gütern, die den Vorschriften

dieser Verordnung | des ADR

nicht unterliegen, zu einer zusammengesetzten Verpackung nach Rn. 3538 vereinigt werden, wenn sie nicht gefährlich
miteinander reagieren.

(3) Sofern nachstehend nicht besondere Bedingungen vorgesehen sind, dürfen Stoffe der Klasse 6.1 bis höchstens
3 Liter für flüssige Stoffe und/oder 5 kg für feste Stoffe je Gefäß mit Stoffen oder Gegenständen der übrigen Klassen
– soweit eine Zusammenpackung auch für Stoffe und Gegenstände dieser Klassen zugelassen ist – und/oder mit
Gütern, die den Vorschriften

dieser Verordnung | des ADR

nicht unterliegen, zu einer zusammengesetzten Verpackung nach Rn. 3538 vereinigt werden, wenn sie nicht gefährlich
miteinander reagieren.

(4) Gefährliche Reaktionen sind:

a) eine Verbrennung und/oder eine Entwicklung beträchtlicher Wärme;

b) die Entwicklung von entzündbaren und/oder giftigen Gasen;

c) die Bildung von ätzenden flüssigen Stoffen;

d) die Bildung instabiler Stoffe.

(5) Die Zusammenpackung eines Stoffes sauren Charakters mit einem Stoff basischen Charakters in einem Versandstück ist nicht zulässig, wenn beide Stoffe in zerbrechlichen Gefäßen verpackt sind.

(6) Die Vorschriften der Rn. 2001 (7), 2002 (6) und (7) und 2602 sind zu beachten.

(7) Ein Versandstück darf bei Verwendung einer Kiste aus Holz oder Pappe nicht schwerer sein als 100 kg.

Klasse 6.1

Besondere Bedingungen

Ziffer	Bezeichnung des Stoffes	Höchstmenge je Gefäß	je Versand-stück	Besondere Vorschriften
1	Blausäure			
3	Eisenpentacarbonyl und Nickeltetracarbonyl	Zusammenpackung nicht zugelassen		
2	Blausäurelösungen	0,5 Liter	1 Liter	
Für die in den Ziffern unter a) fallenden flüssigen Stoffe				Dürfen nicht zusammen gepackt werden mit Stoffen und Gegenständen der Klassen 1a, 1b, 1c, 5.2 und 7

4. Aufschriften und Gefahrzettel auf Versandstücken (siehe Anhang A.9)

2612   (1) Versandstücke mit Stoffen der Ziffern 1 bis 3 sowie Stoffen, die unter a) und b) der übrigen Ziffern fallen, sind mit einem Zettel nach Muster 6.1 zu versehen. Sind die Stoffe der Ziffer 15 b) in Kombinationsverpackungen (Glas, Porzellan oder Steinzeug) nach Rn. 3539 mit einem Fassungsraum von mehr als 5 Liter verpackt, so sind die Versandstücke jedoch mit zwei Zetteln nach Muster 6.1 zu versehen [siehe Rn. 3901 (2)].

(2) Versandstücke mit Stoffen, die unter c) der einzelnen Ziffern fallen, sind mit einem Zettel nach Muster 6.1 A zu versehen. Sind die flüssigen Stoffe in Kombinationsverpackungen (Glas, Porzellan oder Steinzeug) nach Rn. 3539 mit einem Fassungsraum von mehr als 5 Liter verpackt, so sind die Versandstücke jedoch mit zwei Zetteln nach Muster 6.1 A zu versehen [siehe Rn. 3901 (2)].

(3) Außerdem sind Versandstücke mit Stoffen, die einen Flammpunkt bis einschließlich 55 °C haben, mit einem Zettel nach Muster 3, Versandstücke mit Chlorformiaten der Ziffern 16 und 17 mit einem Zettel nach Muster 8 zu versehen.

(4) Versandstücke mit zerbrechlichen Gefäßen, die von außen nicht sichtbar sind, sind an zwei gegenüberliegenden Seiten mit einem Zettel nach Muster 12 zu versehen.

(5) Versandstücke mit flüssigen Stoffen in Gefäßen, deren Verschlüsse von außen nicht sichtbar sind, sowie Versandstücke mit Gefäßen mit Lüftungseinrichtungen oder Gefäße mit Lüftungseinrichtungen ohne Außenverpackung sind an zwei gegenüberliegenden Seiten mit einem Zettel nach Muster 11 zu versehen.

2613

B. Vermerke im Beförderungspapier

2614   (1) Die Bezeichnung des Gutes im Beförderungspapier muß gleich lauten wie eine der in Rn. 2601 durch *Kursivschrift* hervorgehobenen Benennungen. Falls der Stoffname nicht namentlich aufgeführt ist, muß die chemische Bezeichnung ¹) eingesetzt werden. Die Bezeichnung des Gutes ist

zu unterstreichen und

durch die *Angabe der Klasse, der Ziffer und gegebenenfalls des Buchstabens der Stoffaufzählung und die Abkürzung „ADR"* *(oder „RID")* zu ergänzen [z. B. *6.1 Ziffer 11 a) ADR*].

Bem. Für Zubereitungen und Gemische gilt auch die technische Benennung als chemische Bezeichnung.

Bei der Beförderung von Abfällen [siehe Rn. 2000 (4) muß die Bezeichnung des Gutes lauten: „Abfall enthält ...", wobei die für die Zuordnung des Abfalls nach Rn. 2002 (8) maßgebende(n) gefährliche(n) Komponenten(n) mit ihrer (ihren) chemischen Benennung(en) einzusetzen ist (sind), z.B. „Abfall, enthält Cadmiumverbindungen, 6.1, Ziffer 61 c), ADR". Im allgemeinen brauchen nicht mehr als zwei Komponenten, die maßgebend für die Gefahr(en) des Abfalls sind, angegeben zu werden.

(2) Für Blausäure der Ziffer 1 muß der Absender im Beförderungspapier bescheinigen: *„Beschaffenheit des Gutes und Verpackung entsprechen den Vorschriften des ADR"*.

(3) Für die Stoffe der Ziffer 44 muß der Absender im Beförderungspapier bescheinigen: *„Mindestens 3 Tage lang an der Luft trocken gelagert."*

(4) Beim Versenden von chemisch instabilen Stoffen muß der Absender im Beförderungspapier bescheinigen: *„Maßnahmen nach Rn. 2600 (3) wurden getroffen".*

2615-2621

134

Klasse 6.1

C. Leere Verpackungen

(1) Handelt es sich bei den ungereinigten leeren Verpackungen der Ziffer 91 um Säcke, so sind diese in Kisten oder in wasserdichte Säcke einzusetzen, die jedes Ausrinnen von Stoffen verhindern.   **2622**

(2) Andere ungereinigte leere Verpackungen der Ziffer 91 müssen ebenso verschlossen und undurchlässig sein wie in gefülltem Zustand.

(3) Ungereinigte leere Verpackungen der Ziffer 91 müssen mit den gleichen Gefahrzetteln versehen sein wie in gefülltem Zustand.

(4) Die Bezeichnung im Beförderungspapier muß gleich lauten wie eine der in Ziffer 91 durch *Kursivschrift* hervorgehobenen Benennungen (z. B. „*Leere Verpackung, 6.1 Ziffern 91, ADR*"

Dieser Text ist *zu unterstreichen*.

Bei ungereinigten leeren Tankfahrzeugen, leeren Aufsetztanks, leeren Tankcontainern und leeren Kleincontainern ist diese Bezeichnung durch die Angaben „Letztes Ladegut" sowie die Benennung und Ziffer des letzten Ladegutes [z. B. „*Letztes Ladegut Phenol, Ziffer 13 b)*"] zu ergänzen.

2623-2649

¹) Für die Bezeichnung der Pestizide ist, sofern aufgeführt, der Name gemäß ISO-Norm R 1750 – 1981 einzusetzen.

Klasse 6.2

Ekelerregende oder ansteckungsgefährliche Stoffe

1. Stoffaufzählung

2650　　Von den unter den Begriff der Klasse 6.2 fallenden Stoffen und Gegenständen sind nur die in Rn. 2651 genannten und auch diese nur zu den Vorschriften dieser

Verordnung　　　　　　|　　Anlage und denen der Anlage B

unter bestimmten Bedingungen zur Beförderung zugelassen und somit Stoffe und Gegenstände

dieser Verordnung.　　　　|　　des ADR.

„**Bem.** Für die Zuordnung von Lösungen und Gemischen (wie Präparate, Zubereitungen und Abfälle), die eine oder mehrere in Rn. 2651 aufgeführte Komponente(n) enthalten, siehe auch Rn. 2002 (8)."

2651　　1.　a)　Frische *Flechsen*, nicht gekalktes oder nicht gesalzenes frisches *Leimleder*; *Abfälle* von frischen *Flechsen* oder frischem *Leimleder*;

　　　　　　　Bem. Nasses frisches Leimleder, gekalkt oder gesalzen, unterliegt nicht den Vorschriften

　　　　　　　dieser Verordnung.　　　|　　des ADR.

　　　　　b)　von Knochen und anhaftenden Weichteilen nicht gereinigte *frische Hörner* und *Klauen* oder *Hufe*, von Fleisch- und sonstigen anhaftenden Weichteilen nicht gereinigte *frische Knochen;*

　　　　　c)　rohe *Schweinsborsten* und rohe *Schweinehaare.*

　　　2.　*Frische Häute*, ungesalzen oder angesalzen, wenn sie lästige Mengen von Blutflüssigkeit bzw. Lake abtropfen lassen.

　　　　　Bem. Ordnungsmäßig gesalzene Häute, die nur eine geringe Feuchtigkeitsmenge enthalten, unterliegen nicht den Vorschriften

　　　　　dieser Verordnung.　　　|　　des ADR.

　　　3.　Gereinigte oder *trockene Knochen*, sowie gereinigte oder *trockene Hörner* und *Klauen* oder *Hufe*.

　　　　　Bem. Entfettete trockene Knochen, die keinen Fäulnisgeruch verbreiten, unterliegen nicht den Vorschriften

　　　　　dieser Verordnung.　　　|　　des ADR.

　　　4.　Frische, von allen Speiseresten *gereinigte Kälbermägen.*

　　　　　Bem. Getrocknete Kälbermägen, die keinen üblen Geruch verbreiten, unterliegen nicht den Vorschriften

　　　　　dieser Verordnung.　　　|　　des ADR.

　　　5.　Ausgepreßte Kesselrückstände der Lederleimfabrikation *(Leimkalk, Leimkäse oder Leimdünger).*

　　　6.　Nicht ausgepreßte *Kesselrückstände der Lederleimfabrikation.*

　　　7.　Gegen Fäulnis geschützter nicht infizierter *Harn.*

　　　8.　*Anatomische Bestandteile, Eingeweide* und *Drüsen*

　　　　　sowie *Körper von verendeten Tieren:*　　|

　　　　　a)　*nicht infiziert,*

　　　　　b)　*infiziert.*

　　　9.　*Stalldünger.*

　　　10.　*Latrinenstoffe.*

　　　11.　Andere, vorstehend unter Ziffern 1 bis 10 nicht besonders aufgeführte ekelerregende

　　　　　Stoffe, die von Menschen oder Tieren herrühren　　|　　oder ansteckungsgefährliche *animalische Stoffe.*
　　　　　(z. B. *Harn, Kot, Auswurf, Blut, Eiter*).

　　　11A.　a)　*Organismen mit neukombinierten Nukleinsäuren;*

　　　　　b)　*Tierkörper, Tierkörperteile* sowie *von Tieren stammende Erzeugnisse*, die Organismen *mit neukombinierten Nukleinsäuren* enthalten.

　　　12.　*Leere Verpackungen* und *leere Säcke*, entleert von Stoffen der Ziffern 1 bis 8, 10 und 11

　　　　　sowie 11A.

　　　　　sowie *Planen*, die zur Bedeckung von Stoffen der Klasse 6.2 gedient haben.

　　　　　Bem. In ungereinigtem Zustand sind die Verpackungen, Säcke und Planen von der Beförderung ausgeschlossen.

Klasse 6.2

(1) Blut oder Milchproben der Ziffer 11 in Mengen bis zu 100 cm³ je Glasgefäß unterliegen nicht den für diese Klasse in dieser Verordnung enthaltenen Vorschriften, wenn die Glasgefäße mit saugfähigen Stoffen in Schutzverpackungen eingebettet sind.

(2) Wegen der Nichtanwendung dieser Verordnung bei bestimmten Beförderungen von Stoffen dieser Klasse siehe Rn. 62 010 Satz 3.

2651 a

2. Vorschriften

A. Versandstücke

1. Allgemeine Verpackungsvorschriften

(1) Die Verpackungen müssen so verschlossen und so dicht sein, daß vom Inhalt nichts nach außen gelangen kann.

2652

(2) Die Verpackungen und ihre Verschlüsse müssen in allen Teilen so fest und stark sein, daß sie sich unterwegs nicht lockern und der üblichen Beanspruchung während der Beförderung zuverlässig standhalten. Insbesondere müssen bei flüssigen oder leicht gärenden Stoffen und sofern im Abschnitt „Verpackung der einzelnen Stoffe" nichts anderes vorgeschrieben ist, die Gefäße und ihre Verschlüsse dem sich bei normalen Beförderungsverhältnissen etwa entwickelnden inneren Druck auch unter Berücksichtigung des Vorhandenseins von Luft Widerstand leisten können. Zu diesem Zweck muß ein füllungsfreier Raum gelassen werden, der unter Berücksichtigung des Unterschieds zwischen der Füllungstemperatur und dem Höchstwert der mittleren Flüssigkeitstemperatur, die der Stoff während der Beförderung erreichen kann, zu berechnen ist.

(3) Den Versandstücken dürfen außen keine Spuren des Inhalts anhaften.

2. Verpackung der einzelnen Stoffe

Die Stoffe der Ziffer 1 müssen verpackt sein:

2653

a) wenn sie nicht als geschlossene Ladung befördert werden:

1. in Metallgefäßen mit Sicherheitsverschluß, der einem inneren Druck nachgibt, oder in Fässern, Kübeln oder Kisten;

2. die Stoffe der Ziffer 1 c) dürfen in trockenem Zustand auch in Säcken verpackt sein, sofern sich der üble Geruch durch Desinfektion beseitigen läßt. Nicht trockene Stoffe dürfen nur vom 1. November bis 15. April in Säcken verpackt sein;

b) wenn sie als geschlossene Ladung befördert werden:

1. in die unter a) 1. angegebenen Verpackungen; oder

2. sofern sich der üble Geruch durch Desinfektion beseitigen läßt, in Säcken, die mit geeigneten Desinfektionsmitteln getränkt sind.

Die Stoffe der Ziffer 2 müssen verpackt sein:

2654

a) wenn sie nicht als geschlossene Ladung befördert werden:

1. in Fässern, Kübeln oder Kisten;

2. in den Monaten November bis Februar dürfen sie auch in Säcken verpackt sein, die mit geeigneten Desinfektionsmitteln getränkt sind, sofern sich der üble Geruch durch Desinfektion beseitigen läßt;

b) wenn sie als geschlossene Ladung befördert werden:

1. in den unter a) 1. angegebenen Verpackungen; oder

2. sofern sich der üble Geruch durch Desinfektion beseitigen läßt, in Säcken, die mit geeigneten Desinfektionsmitteln getränkt sind.

Die Stoffe der Ziffer 3 müssen in Fässern, Kübeln, Kisten, Metallgefäßen oder in Säcken verpackt sein.

2655

Die Stoffe der Ziffer 4 müssen verpackt sein:

2656

a) wenn sie nicht als geschlossene Ladung befördert werden: in Fässern, Kübeln, Kisten, Metallgefäßen oder in Säcken;

b) wenn sie als geschlossene Ladung befördert werden: in allen geeigneten Verpackungen.

Die Stoffe der Ziffern 5 und 6 müssen in Fässern, Kübeln, Kisten oder Metallgefäßen verpackt sein.

2657

Die Stoffe der Ziffer 7 müssen in luftdicht verschlossenen Gefäßen aus verzinktem Stahlblech verpackt sein.

2658

(1) Die Stoffe der Ziffer 8 müssen in Metallgefäßen mit Sicherheitsverschluß, der einem inneren Druck nachgibt, oder in Fässern oder Kübeln verpackt sein; die Stoffe der Ziffer 8 a) dürfen auch in Kisten verpackt sein.

2659

Klasse 6.2

(2) Die Stoffe der Ziffer 8 dürfen auch wie folgt verpackt sein:

a) die Stoffe der Ziffer 8 a) in Gefäßen aus Glas, Porzellan, Steinzeug, Metall oder geeignetem Kunststoff. Diese Gefäße sind einzeln oder zu mehreren in eine feste Holzkiste einzusetzen oder, wenn die Gefäße zerbrechlich sind, unter Verwendung von saugfähigen Stoffen einzubetten. Sind die betreffenden Stoffe in eine Konservierungs-flüssigkeit eingetaucht, dann muß eine solche Menge saugfähiger Stoffe verwendet werden, die genügt, um die gesamte Flüssigkeit aufzusaugen. Die Konservierungsflüssigkeit darf nicht entzündbar sein;

Versandstücke, die schwerer sind als 30 kg, sind mit Trageeinrichtungen zu versehen;

b) die Stoffe der Ziffer 8 b) in geeigneten Gefäßen, die in einer festen Kiste mit einer Metallauskleidung, die verlötet oder auf andere Weise dicht gemacht werden muß, eingebettet sind.

Versandstücke, die schwerer sind als 30 kg, sind mit Trageeinrichtungen zu versehen.

(3) Tierkörper oder Teile von Tierkörpern (Organe, Fleischproben) der Ziffer 8 dürfen auch in dichtver-schlossenem geeignetem Kunststoff ver-packt sein. Die Beutel sind mit saugfähigen Stoffen in eine Außenverpackung von ausreichender mechani-scher Festigkeit einzubetten.

2660   Die Stoffe der Ziffer 9 sind nur in loser Schüttung zu befördern.

2661   Die Stoffe der Ziffer 10 sind in Blechgefäße zu verpacken.

2662   Die Stoffe der Ziffer 11 sind in Metallgefäße mit Sicherheitsverschluß, der einem inneren Druck nachgibt, oder in Fässer, Kübel oder Kisten zu verpacken.

Trockener Hühnerdung (Ziffer 11) darf als geschlos-sene Ladung in Säcken aus Papier oder geeignetem Kunststoff von ausreichender mechanischer Festigkeit verpackt sein. Ein Versandstück darf nicht schwerer sein als 30 kg.

2662/1   (1) Die Stoffe der Ziffer 11A. a) sind in Gefäße aus einem wasserundurchlässigen Werkstoff zu verpacken. Die Gefäße dürfen in geschlossenem Zustand bei einem äußeren Unterdruck von 265 mbar und einem inneren Überdruck von 3410 mbar sowie im Temperaturbereich zwischen – 20 °C und + 60 °C weder bersten noch undicht werden.

(2) Die Stoffe der Ziffer 11A. b) sind in Gefäße aus einem wasserundurchlässigen Werkstoff zu verpacken.

(3) Die Gefäße nach den Absätzen 1 und 2 sind in wasserdichte Umhüllungen zu verpacken. Sind sie darin nicht unbeweglich festgelegt, so sind sie in flüssigkeitsaufsaugendes Material fest einzubetten.

(4) Die Verschlüsse der Gefäße nach den Absätzen 1 und 2 sowie die Umhüllungen müssen gegen unbeab-sichtigtes Öffnen gesichert sein.

(5) Die Gefäße mit ihren Umhüllungen sind in wider-standsfähige Versandverpackungen einzusetzen.

3. Zusammenpackung

2663   Die in einer Ziffer der Rn. 2651 bezeichneten Stoffe dürfen nur mit anderen Stoffen der gleichen Ziffer zu einem Versandstück vereinigt werden, und zwar nur in den in den Abschnitten A. 1. und 2. vorgesehenen Verpackungen.

4. Aufschriften und Gefahrzettel auf Versandstücken (siehe Anhang A. 9)

2664   Versandstücke mit zerbrechlichen Gefäßen, die von außen nicht sichtbar sind, sind mit Zetteln nach Muster 12 zu versehen. Enthalten die zerbrechlichen Gefäße Flüssigkeiten, so sind, wenn es sich nicht um zugeschmolzene Ampullen handelt, außerdem Zettel nach Muster 11 anzubringen; diese Zettel müssen, wenn eine Kiste verwendet wird, oben an zwei gegenüberliegenden Seiten und bei anderen Verpackungen in entsprechender Weise angebracht werden.

Klasse 6.2

Jedes nicht als geschlossene Ladung aufgelieferte Versandstück mit Stoffen der Ziffern 1 bis 8 und 11 sowie 11A. muß die deutliche und haltbare Aufschrift tragen: *„In den Güterhallen getrennt von Nahrungs- und Genußmitteln lagern und mit solchen nicht in dasselbe Fahrzeug verladen!"*

2665

B. Vermerke im Beförderungspapier

Die Bezeichnung des Gutes im Beförderungspapier muß gleich lauten wie eine der in Rn. 2651 durch *Kursivschrift* hervorgehobenen Benennungen. Falls diese den Stoffnamen nicht enthält, muß die handelsübliche Benennung eingesetzt werden. Die Bezeichnung des Gutes ist

2666

zu unterstreichen und

durch die *Angabe der Klasse, der Ziffer und gegebenenfalls des Buchstabens der Stoffaufzählung und die Abkürzung „ADR" oder „RID" zu ergänzen* [z. B. 6.2, *Ziffer 1 a), ADR*].

**2667-
2672**

C. Leere Verpackungen

(1) Die Gegenstände der Ziffer 12 müssen gereinigt und mit geeigneten Desinfektionsmitteln behandelt sein.

2673

(2) Die Bezeichnung im Beförderungspapier muß lauten: *„Leere Verpackung* (oder *leerer Sack* oder *Plane), 6.2, Ziffer 12, ADR* (oder *RID)"*.

Dieser Text ist *zu unterstreichen.*

**2674-
2699**

Anl.ge A
Klasse 6.2

Klasse 7

Radioaktive Stoffe

Einführung

2700

(1) Geltungsbereich

a) Von den Stoffen, deren spezifische Aktivität

0,002 µ Ci/g	je Gramm 0,002 Mikrocurie

übersteigt, und den Gegenständen, die solche Stoffe enthalten, sind nur die in den Blättern der Rn. 2703 genannten zur Beförderung zugelassen und diese auch nur zu den in den entsprechenden Blättern dieser Randnummer sowie zu den im Anhang A. 6 (Rn. 3600 bis 3699) enthaltenen Bedingungen.

Bem. Wegen der Maßeinheit „Curie" siehe Bemerkung zu Absatz 2.

b) Die unter a) fallenden Stoffe und Gegenstände sind Stoffe und Gegenstände

dieser Verordnung.	des ADR.

Bem. Herzschrittmacher mit radioaktiven Stoffen, die bei Kranken implantiert worden sind, und radioaktive Pharmazeutika, die einem Kranken während einer Behandlung verabreicht werden, unterliegen nicht den Vorschriften

dieser Verordnung.	des ADR.

(1 a) Im Interesse einer einfachen Handhabung der Vorschriften und der Wahrung des Zusammenhangs sind die für den grenzüberschreitenden Verkehr geltenden Vorschriften des ADR im wesentlichen unverändert in die Vorschriften für innerstaatliche Beförderungen übernommen worden.

Die nach den Vorschriften des ADR erteilten mehrseitigen Genehmigungen, an denen die Bundesrepublik Deutschland beteiligt ist, und die einseitigen Genehmigungen werden für innerstaatliche Beförderungen anerkannt.

(1 b) In der Bundesrepublik Deutschland sind für die in den Vorschriften der Klasse 7 und des Anhangs A. 6 vorgesehenen Genehmigungen zuständig:

a) die Bundesanstalt für Materialprüfung, Berlin, für die Genehmigung von radioaktiven Stoffen in besonderer Form nach Rn. 3671,

b) die Physikalisch-Technische Bundesanstalt, Braunschweig, in allen anderen Fällen.

(2) Begriffsbestimmungen und Erklärungen

A_1 und A_2

Bem. Ab 1. Januar 1986 sind folgende Maßeinheiten zu verwenden:
- für die Aktivität die Einheit Bequerel (Bq).
  Umrechnung: 1 Curie = $3,7 \times 10^{10}$ Bq;
- für die Dosisleistung die Einheit Millisievert pro Stunde (mS/h).
  Umrechnung: 1 mrem/h = 10^{-2} mSv/h.

Im Beförderungspapier, in den übrigen Begleitpapieren und auf den Gefahrzetteln ist neben der neuen auch die alte Maßeinheit in Klammern anzugeben.

Unter A_1 versteht man die höchstzulässige Aktivität von radioaktiven Stoffen in besonderer Form, die in einem Typ A-Versandstück zugelassen sind. Unter A_2 versteht man die höchstzulässige Aktivität von radioaktiven Stoffen, andere als radioaktive Stoffe in besonderer Form, die in einem Typ A-Versandstück zugelassen sind. Diese Werte sind entweder in der Tabelle XXI des Anhangs A. 6 enthalten oder sie können nach dem in den Rn. 3690 und 3691 des Anhangs A. 6 angegebenen Verfahren berechnet werden.

Zulässige Anzahl Versandstücke

Unter zulässiger Anzahl Versandstücke [1] versteht man die höchstzulässige Anzahl von Versandstücken der nuklearen Sicherheitsklassen II oder III, die während der Beförderung oder der Zwischenlagerung an einer Stelle zusammengefaßt werden dürfen.

---

[1] Besteht die Gruppe aus Versandstücken unterschiedlicher Muster, muß die Höchstzahl der Versandstücke folgender Formel entsprechen:

Die Summe $\frac{n_1}{N_1} + \frac{n_2}{N_2} + \frac{n_3}{N_3}$ ... darf nicht größer als 1 sein. In dieser Formel sind n_1, n_2, n_3 ... die Anzahl Versandstücke, für die die entsprechenden zulässigen Zahlen N_1, N_2, N_3 ... sind.

Klasse 7

Dichte Umschließung

Unter „dichter Umschließung" versteht man die Verpackungselemente, die nach den Baumusterspezifikationen ein Entweichen des radioaktiven Stoffes während der Beförderung verhindern sollen.

Muster

Unter „Muster" versteht man die Beschreibung von Material in besonderer Form, eines Versandstücks oder einer Verpackung einer bestimmten Art, die eine genaue Identifizierung ermöglicht. Zur Beschreibung können Spezifikationen, technische Zeichnungen, Berichte, aus denen die Übereinstimmung mit gesetzlichen Bestimmungen hervorgeht, und andere einschlägige Unterlagen gehören.

Spaltbare Stoffe

Unter „spaltbaren Stoffen" versteht man Plutonium-238, Plutonium-239, Plutonium-241, Uran-233, Uran-235 und alle Stoffe, in denen eines dieser Radionuklide enthalten ist. Unbestrahltes natürliches Uran und abgereichertes Uran fallen nicht unter diesen Begriff.

Feste Stoffe von geringer Aktivität

„Feste Stoffe von geringer Aktivität (LLS)" sind:

a) feste Stoffe (z. B. verfestigte Abfälle, aktivierte Stoffe), bei denen

　i) die Aktivität unter normalen Beförderungsbedingungen in einem Festkörper oder einer Sammlung fester Gegenstände verteilt ist und bleibt oder in einem festen kompakten Bindemittel gleichmäßig verteilt ist und bleibt (z. B. Beton, Bitumen, Keramik);

　ii) die Aktivität unlöslich ist und bleibt, so daß selbst bei Verlust der Verpackung der sich durch die Einwirkung von Wind, Regen usw. und durch vollständiges Eintauchen in Wasser ergebende Verlust an radioaktiven Stoffen je Versandstück auf höchstens $0,1 \cdot A_2$ im Verlauf einer Woche beschränkt und

　iii) die mittlere Aktivität des radioaktiven Stoffes

　　das $2 \cdot 10^{-3}$fache des A_2-Wertes je Gramm　|　$2 \cdot 10^{-3} A_2/g$

　nicht übersteigt.

b) Gegenstände aus nichtradioaktivem Material, die mit einem radioaktiven Stoff verunreinigt sind, sofern die radioaktive Kontamination sich nicht leicht ausbreitet und die mittlere Kontamination je m² (oder die gesamte Oberfläche, wenn sie kleiner als 1 m² ist) folgende Werte nicht übersteigt:

20 μ Ci/cm² für Beta- und Gammastrahler und für die Alphastrahler von geringer Toxizität nach Tabelle XIX des Anhangs A. 6.

2 μ Ci/cm² für die anderen Alphastrahler.

Stoffe von geringer spezifischer Aktivität (LSA) (I)

„Stoffe von geringer spezifischer Aktivität (LSA) (I)" sind:

a) Uran- oder Thoriumerze und physikalische oder chemische Konzentrate dieser Erze;

b) unbestrahltes natürliches Uran oder abgereichertes Uran und unbestrahltes natürliches Thorium;

c) Tritiumoxide in wässerigen Lösungen, sofern die Konzentration 10 Ci/l nicht übersteigt;

d) Stoffe, in denen die Aktivität gleichmäßig verteilt ist und die bei einer Volumenverkleinerung auf das kleinstmögliche Maß unter Bedingungen, wie sie bei der Beförderung auftreten können, z. B. Auflösung in Wasser mit anschließender Rekristallisation, Ausfällung, Verdampfung, Verbrennung, Abrieb usw., eine mittlere spezifische Aktivität von höchstens

dem 10^{-4}fachen des A_2-Wertes je Gramm　|　$10^{-4} A_2/g$

aufweisen;

e) Gegenstände aus nichtradioaktivem Material, die mit einem radioaktiven Stoff verunreinigt sind, sofern die an der Oberfläche nicht fixierte Kontamination das Zehnfache des in der Tabelle XIX des Anhangs A. 6 aufgeführten Wertes nicht übersteigt und der kontaminierte Gegenstand oder die Kontamination bei Volumenverkleinerung auf das kleinstmögliche Maß unter Bedingungen, wie sie bei der Beförderung auftreten können, z. B. Auflösung in Wasser mit anschließender Rekristallisation, Ausfällung, Verdampfung, Verbrennung, Abrieb usw., eine mittlere spezifische Aktivität von höchstens

dem 10^{-4}fachen des A_2-Wertes je Gramm　|　$10^{-4} A_2/g$

aufweist.

Stoffe von geringer spezifischer Aktivität (LSA) (II)

„Stoffe von geringer spezifischer Aktivität (LSA) (II)" sind:

a) Stoffe, in denen unter normalen Beförderungsbedingungen die Aktivität gleichmäßig verteilt ist und bleibt und die geschätzte

mittlere spezifische Aktivität

das 10^{-4}fache des A_2-Wertes in Gramm　|　$10^{-4} A_2/g$

nicht übersteigt;

Klasse 7

2700
(Forts.)

b) Gegenstände aus nichtradioaktivem Material, die mit einem radioaktiven Stoff verunreinigt sind, sofern die radioaktive Kontamination sich nicht leicht ausbreitet und die mittlere Kontamination je m² (oder die gesamte Oberfläche, wenn sie kleiner als 1 m² ist) folgende Werte nicht übersteigt:

1 µ Ci/cm² für Beta- und Gammastrahler und für die Alphastrahler von geringer Toxizität, nach Tabelle XIX des
Anhangs A. 6;

01 µ Ci/cm² für die anderen Alphastrahler.

Höchster normaler Betriebsdruck

Unter „höchstem normalen Betriebsdruck" versteht man den höchsten Druck über dem atmosphärischen Druck bei
mittlerer Meereshöhe, der sich in der dichten Umschließung im Verlauf eines Jahres unter den Temperatur- und
Sonneneinstrahlungsverhältnissen entwickeln würde, die ohne Entlüftung, ohne äußere Kühlung durch ein Hilfs-
system oder ohne Überwachungsmaßnahmen den Umweltbedingungen während der Beförderung entsprächen.

Mehrseitige Genehmigung

Unter „mehrseitiger Genehmigung" versteht man die Genehmigung, die durch die zuständige Behörde sowohl des
Ursprungslandes als auch jedes Landes, durch das oder in das die Sendung befördert werden soll, erteilt wird.

Versandstück

Unter „Typ A-Versandstück" versteht man eine Verpackung vom Typ A mit ihrem beschränkten radioaktiven Inhalt.
Ein Typ A-Versandstück erfordert keine Genehmigung der zuständigen Behörden, da sein Inhalt auf A_1 und A_2
beschränkt ist.

Unter „Typ B (U)-Versandstück" versteht man eine Verpackung vom Typ B mit ihrem radioaktiven Inhalt, deren Bauartmuster und dichte Umschließung den genau umschriebenen Spezifikationen entsprechen, und die deshalb nur eine
einseitige Genehmigung des Bauartmusters und etwaiger Verstauungsbedingungen für die Wärmeabfuhr erfordert.

Unter „Typ B (M)-Versandstück" versteht man eine Verpackung vom Typ B mit ihrem radioaktiven Inhalt, deren Bauartmuster einer oder mehreren der ergänzenden Zusatzvorschriften für Typ B (U)-Versandstücke (siehe Rn. 3603 des
Anhangs A. 6) nicht entspricht, und die deshalb eine mehrseitige Genehmigung des Bauartmusters des Versandstücks und – unter gewissen Umständen – der Versandbedingungen erfordert.

Verpackung

Unter „Verpackung" versteht man die Gesamtheit der notwendigen Elemente, die für die Einhaltung der Vorschriften
dieser Klasse in bezug auf die Verpackung notwendig sind. Die Verpackung kann insbesondere aus einem oder
mehreren Gefäßen bestehen und einen saugfähigen Stoff, Einrichtungen für die Einhaltung des Sicherheitsabstandes,
eine Strahlenabschirmung, eine Kühleinrichtung, Stoßdämpfer und eine Wärmeschutzeinrichtung enthalten. Diese
Einrichtungen können auch das Fahrzeug mit Befestigungsmitteln einschließen, wenn diese integrierender Bestandteil der Verpackung sind.

Unter „Typ A-Verpackung" versteht man eine Verpackung, die so beschaffen sein muß, daß unter normalen Beförderungsbedingungen der radioaktive Stoff nicht entweichen oder sich verstreuen kann und die abschirmende Wirkung
erhalten bleibt. Diese Bedingungen ergeben sich aus den in Rn. 3635 und 3636 des Anhangs A. 6 vorgesehenen
Prüfungen, bei welchen nachzuweisen ist, daß die Verpackung den Bedingungen entspricht.

Unter „Typ B-Verpackung" versteht man eine Verpackung, die nicht nur wie die Typ A-Verpackung den normalen
Beförderungsbedingungen standhalten, sondern auch einen Beförderungsunfall überstehen muß. Die Bedingungen
eines solchen Unfalls ergeben sich aus den in Rn. 3635 bis 3637 des Anhangs A. 6 vorgesehenen Prüfungen, bei
welchen nachzuweisen ist, daß die Verpackung ebenfalls den vorgesehenen Bedingungen entspricht.

Dosisleistung

Unter „Dosisleistung" versteht man die Äquivalent-Dosisleistung, ausgedrückt in mrem/h. Die Dosisleistung kann
mit geeigneten Instrumenten und gegebenenfalls unter Zuhilfenahme von Umrechnungstabellen bestimmt oder
berechnet werden. Gemessene oder berechnete Neutronenflußdichten können anhand der nachstehenden Tabelle in
Dosisleistung umgerechnet werden:

Neutronenflußdichten, die als Äquivalent einer Dosisleistung
von 1 mrem/h anzusehen sind:

Neutronenenergie	Äquivalente Flußdichte für 1 mrem/h (Neutronen/cm² · s)
Thermisch	268
5 keV	228
20 keV	112
100 keV	32
500 keV	12
1 MeV	7,2
5 MeV	7,2
10 MeV	6,8

Bem. Die Flußdichten für Energien zwischen den obengenannten Werten ergeben sich
durch lineare Interpolation.

Klasse 7

Radioaktiver Inhalt

2700
(Forts.)

Unter „radioaktivem Inhalt" versteht man den radioaktiven Stoff mit allen kontaminierten festen Stoffen, Flüssigkeiten oder Gasen im Versandstück.

Radioaktiver Stoff in besonderer Form

Unter „radioaktivem Stoff in besonderer Form" versteht man entweder einen nichtausbreitungsfähigen festen radioaktiven Stoff oder eine dichtverschlossene Kapsel, die einen radioaktiven Stoff enthält. Die dichtverschlossene Kapsel muß so beschaffen sein, daß sie nur durch ihre Zerstörung geöffnet werden kann. Radioaktiver Stoff in besonderer Form muß den folgenden Anforderungen entsprechen:

a) mindestens eine Abmessung darf nicht kleiner sein als 5 mm;

b) er muß den einschlägigen Prüfvorschriften nach Rn. 3640 bis 3642 des Anhangs A. 6 entsprechen.

Unter dem Begriff „besondere Form" lassen sich im allgemeinen auch höhere Aktivitäten in Typ A-Versandstücken unterbringen.

Spezifische Aktivität

Unter „spezifischer Aktivität" eines Radionuklids versteht man die Aktivität des Radionuklids pro Masseneinheit dieses Nuklids. Die spezifische Aktivität eines Stoffes, in dem die Radionuklide im wesentlichen gleichmäßig verteilt sind, ist die Aktivität pro Masseneinheit dieses Stoffes.

Transportkennzahl

Unter „Transportkennzahl" eines Versandstücks versteht man:

a) die Zahl, die die höchste Dosisleistung in mrem/h im Abstand von 1 m von der Außenfläche des Versandstücks ausdrückt, oder

b) für Versandstücke der nuklearen Sicherheitsklassen II und III die größere der folgenden Zahlen: die Zahl, die die höchste Dosisleistung nach a) ausdrückt; die Zahl, die sich ergibt, wenn 50 durch die zulässige Anzahl dieser Versandstücke geteilt wird.

Unter „Transportkennzahl" eines Containers versteht man:

entweder die Summe der Transportkennzahlen aller Versandstücke, die sich im Container befinden; dabei muß die Transportkennzahl bei Containern, die Versandstücke der nuklearen Sicherheitsklasse III enthalten, auf jeden Fall 50 betragen, es sei denn, die Summe der Transportkennzahlen der Versandstücke erfordere eine größere Zahl,

oder bei Containern, die keine Versandstücke der nuklearen Sicherheitsklassen II oder III enthalten und als geschlossene Ladung befördert werden, die Zahl, die sich aus der höchsten Dosisleistung in mrem/h in 1 m Abstand von der Außenfläche des Containers nach Maßgabe der Multiplikationsfaktoren der nachstehenden Tabelle entsprechend der größten Querschnittfläche des Containers ergibt.

Multiplikationsfaktoren

Abmessungen der Ladung	Multiplikationsfaktor
Querschnittfläche der Ladung senkrecht zur betrachteten Richtung bis 1 m²	
> 1 m² bis 5 m²	
> 5 m² bis 20 m²	
> 20 m² bis 100 m²	19

c) Die Transportkennzahl ist auf die erste Dezimalstelle aufzurunden.

Nicht verdichtetes Gas

Unter „nicht verdichtetem Gas" versteht man ein Gas mit einem Druck, der den atmosphärischen Druck der Umgebung zu dem Zeitpunkt nicht übersteigt, in dem die dichte Umschließung geschlossen wird.

Einseitige Genehmigung

Unter „einseitiger Genehmigung" versteht man die Genehmigung durch die zuständige Behörde nur des Ursprungslandes. Ist das Ursprungsland keine Vertragspartei des ADR, so muß die Genehmigung von der zuständigen Behörde der ersten von der Beförderung berührten Vertragspartei des ADR anerkannt werden.

Unbestrahltes Uran

Unter „unbestrahltem Uran" versteht man Uran, das höchstens 10^{-6} g Plutonium/g Uran-235 enthält und eine Spaltproduktaktivität von höchstens 0,25 mCi Spaltprodukte je Gramm Uran-235 aufweist.

Unbestrahltes Thorium

Unter „unbestrahltem Thorium" versteht man Thorium, das nicht mehr als 10^{-7} g Uran-233 je Gramm Thorium-232 enthält.

Klasse 7

Natürliches, abgereichertes, angereichertes Uran

Unter „natürlichem Uran" versteht man chemisch abgetrenntes Uran mit der natürlichen Verteilung der Uranisotope (ungefähr 99,28 % Uran-238, 0,72 % Uran-235). Unter „abgereichertem" Uran versteht man Uran mit einem Gehalt von weniger als 0,72 % Uran-235 und dem Rest Uran-238. Unter „angereichertem" Uran versteht man Uran mit einem Gehalt von mehr als 0,72 % Uran-235 und dem Rest Uran-238. In allen Fällen ist Uran-234 in sehr geringer Menge vorhanden.

(3) Zusammenladeverbot

Die Stoffe der Klasse 7 in Versandstücken, die mit einem Zettel nach Muster 7 A, 7 B oder 7 C versehen sind, dürfen nicht mit Stoffen und Gegenständen der Klasse 1 a (Rn. 2101), 1 b (Rn. 2131) oder 1 c (Rn. 2171) in Versandstücken, die mit einem oder zwei Zetteln nach Muster 1 versehen sind, zusammen in ein Fahrzeug verladen werden.

2701   Die Stoffe und Gegenstände dieser Klasse enthalten eines oder mehrere der in Abschnitt VI des Anhangs A. 6 (Rn. 3690 bis 3694) genannten Radionuklide.

2702   In der nachstehenden Liste sind die verschiedenen Arten von Sendungen aufgeführt:

1. Leere Verpackungen

2. Fabrikate aus natürlichem oder abgereichertem Uran oder natürlichem Thorium

3. Radioaktive Stoffe in kleinen Mengen

4. Instrumente und Fabrikate

5. Stoffe von geringer spezifischer Aktivität (LSA) (I)

6. Stoffe von geringer spezifischer Aktivität (LSA) (II)

7. Feste Stoffe von geringer Aktivität (LLS)

8. Radioaktive Stoffe in Typ A-Versandstücken

9. Radioaktive Stoffe in Typ B(U)-Versandstücken

10. Radioaktive Stoffe in Typ B(M)-Versandstücken

11. Spaltbare Stoffe

12. Aufgrund besonderer Vorkehrungen zu befördern- | Aufgrund besonderer Vereinbarungen zu befördernde
    de radioaktive Stoffe. | radioaktive Stoffe.

Klasse 7

Blatt 1

Gefahrzettel auf den Versandstücken 2703

Keine.

Bem. Alle Zettel, die auf eine Gefahr hinweisen, müssen entfernt oder überdeckt sein.

1. Stoffe

Leere Verpackungen, die radioaktive Stoffe enthalten haben.

2. Verpackung/Versandstück

a) Die Verpackungen müssen den Vorschriften der Rn. 3600 des Anhangs A. 6 entsprechen; sie müssen in gutem Zustand und sicher verschlossen sein.

b) Die höchstzulässigen inneren Kontaminationen dürfen die hundertfachen Werte nach Ziffer 5 nicht übersteigen.

c) Die Außenseite einer von radioaktiven Stoffen entleerten Verpackung, für deren Bau natürliches oder abgereichertes Uran oder natürliches Thorium verwendet wurde, muß von einer starken inaktiven Umhüllung aus Metall oder aus einem anderen widerstandsfähigen Werkstoff umgeben sein.

3. Höchstzulässige Dosisleistung an Versandstücken

0,5 mrem/h an der Außenseite des Versandstücks.

4. Zusammenpackung

Keine Bestimmungen.

5. Kontamination an der Außenseite der Versandstücke

Grenzwerte der nicht festhaftenden äußeren Kontamination:

Beta- oder Gammastrahler sowie Alphastrahler von geringer Toxizität	10^{-4} µ Ci/cm²
Natürliches oder abgereichertes Uran oder natürliches Thorium	10^{-3} µ Ci/cm²
Andere Alphastrahler	10^{-5} µ Ci/cm²

Siehe auch Rn. 3651 des Anhangs A. 6.

6. Aufschriften auf Versandstücken

a) Auf Versandstücken, die schwerer sind als 50 kg, muß deutlich und dauerhaft die Masse angegeben sein.

b) Vermerke, die auf eine radioaktive Gefahr hinweisen, dürfen nicht sichtbar sein.

7. Beförderungspapiere

Das Beförderungspapier muß folgende Eintragungen enthalten: *„Radioaktive Stoffe (leere Verpackung), 7, Blatt 1, GGVS"* oder *„GGVE"* | ADR", wobei die Bezeichnung des Gutes zu unterstreichen ist.

8. Lagerung und Versand

Keine Bestimmungen.

9. Verladung der Versandstücke in Fahrzeugen und Containern

Keine Bestimmungen.

10. Beförderung in loser Schüttung in Fahrzeugen und Containern

Gegenstandslos.

11. Beförderung in Tankfahrzeugen und Tankcontainern

Gegenstandslos.

12. Zettel an Fahrzeugen, Tankfahrzeugen, Tankcontainern und Containern

Keine.

13. Zusammenladeverbote

Keine Bestimmungen.

14. Dekontamination der Fahrzeuge, Tankfahrzeuge, Tankcontainer und Container

Keine Bestimmungen.

15. Sonstige Vorschriften

Keine.

145

Klasse 7

2703
(Forts.)   **Blatt 2**

Gefahrzettel auf den Versandstücken

Keine.

1. Stoffe

Fabrikate aus natürlichem oder abgereichertem Uran oder natürlichem Thorium.

Die Oberfläche des Urans oder des Thoriums muß von einer starken inaktiven Umhüllung aus Metall oder aus einem anderen widerstandsfähigen Werkstoff umgeben sein.

Bem. Es kann sich z. B. um neue Verpackungen handeln, die für die Beförderung von radioaktiven Stoffen bestimmt sind.

2. Verpackung/Versandstück

Die Verpackung muß den Vorschriften der Rn. 3600 des Anhangs A. 6 entsprechen.

3. Höchstzulässige Dosisleistung der Versandstücke

0,5 mrem/h an der Außenseite des Versandstücks.

4. Zusammenpackung

Keine Bestimmungen.

5. Kontamination an der Außenseite der Versandstücke

Grenzwerte der nicht festhaftenden äußeren Kontamination:

Beta- oder Gammastrahler sowie Alphastrahler von geringer Toxizität	10^{-4} µ Ci/cm²
Natürliches oder abgereichertes Uran oder natürliches Thorium	10^{-3} µ Ci/cm²
Andere Alphastrahler	10^{-5} µ Ci/cm²

Siehe auch Rn. 3651 des Anhangs A. 6.

6. Aufschriften auf Versandstücken

Keine.

7. Beförderungspapiere

Das Beförderungspapier muß folgende Eintragungen enthalten: „*Radioaktive Stoffe (Fabrikate)*, 7, Blatt 2, *GGVS*" oder „*GGVE*", | *ADR*", wobei die Bezeichnung des Gutes zu unterstreichen ist.

8. Lagerung und Versand

Keine Bestimmungen.

9. Verladung der Versandstücke in Fahrzeugen und Containern

Keine Bestimmungen.

10. Beförderung in loser Schüttung in Fahrzeugen und Containern

Gegenstandslos.

11. Beförderung in Tankfahrzeugen und Tankcontainern

Gegenstandslos.

12. Zettel an Fahrzeugen, Tankfahrzeugen, Tankcontainern und Containern

Keine.

13. Zusammenladeverbote

Keine Bestimmungen.

14. Dekontamination der Fahrzeuge, Tankfahrzeuge, Tankcontainer und Container

Keine Bestimmungen.

15. Sonstige Vorschriften

Keine.

Klasse 7

Blatt 3

Gefahrzettel auf den Versandstücken

Keine.

(Siehe auch die Vorschriften unter 15.)

1. Stoffe

Kleine Mengen von radioaktiven Stoffen, welche die in der nachstehenden Tabelle angegebenen Grenzwerte nicht übersteigen und

je Versandstück

höchstens 15 g Uran-233, 15 g Uran-235 oder 15 g eines Gemisches dieser Radionuklide enthalten.

Art der Stoffe	Grenzwerte je Versandstück
Feste und gasförmige Stoffe	
besondere Form	$10^{-3}\,A_1$
andere Formen	$10^{-3}\,A_2$
Tritium	20 Ci *)
Flüssige Stoffe	
Tritiumoxide in wässerigen Lösungen	
< 0,1 Ci/l	1000 Ci
von 0,1 Ci/l bis 1,0 Ci/l	100 Ci
> 1,0 Ci/l	1 Ci
Andere Flüssigkeiten	$10^{-4}\,A_2$

*) Dieser Wert gilt auch für Tritium in Form von aktivierter Leuchtfarbe und für Tritium, das auf festen Trägern adsorbiert ist.

Wegen der Gemische von Radionukliden siehe Rn. 3691 des Anhangs A.6.

2. Verpackung/Versandstück

a) Die Verpackung muß den Vorschriften der Rn. 3600 des Anhangs A. 6 entsprechen.

b) Während der Beförderung darf kein radioaktiver Stoff austreten.

3. Höchstzulässige Dosisleistung der Versandstücke

0,5 mrem/h an der Außenseite des Versandstücks.

4. Zusammenpackung

Keine Bestimmungen.

5. Kontamination an der Außenseite der Versandstücke

Grenzwerte der nicht festhaftenden äußeren Kontamination:

Beta- oder Gammastrahler sowie Alphastrahler von geringer Toxizität $10^{-4}\,\mu$ Ci/cm²

Natürliches oder abgereichertes Uran oder natürliches Thorium $10^{-3}\,\mu$ Ci/cm²

Andere Alphastrahler $10^{-5}\,\mu$ Ci/cm²

Siehe auch Rn. 3651 des Anhangs A. 6.

6. Aufschriften auf Versandstücken

Die äußere Oberfläche der dichten Umschließung muß mit dem Vermerk „RADIOAKTIV" versehen sein, um auf die Gefahr beim Öffnen des Versandstücks hinzuweisen.

7. Beförderungspapiere

Das Beförderungspapier muß folgende Eintragungen enthalten: *„Radioaktive Stoffe (kleine Mengen), 7, Blatt 3, GGVS"* oder *„GGVE".*   *ADR",* wobei die Bezeichnung des Gutes zu unterstreichen ist.

8. Lagerung und Versand

Keine Bestimmungen.

9. Verladung der Versandstücke in Fahrzeugen und Containern

Keine Bestimmungen.

147

Klasse 7

2703 10. **Beförderung in loser Schüttung in Fahrzeugen und Containern**
(Forts.)   Verboten.

11. **Beförderung in Tankfahrzeugen und Tankcontainern**
    Verboten.

12. **Zettel an Fahrzeugen, Tankfahrzeugen, Tankcontainern und Containern**
    Keine. Siehe jedoch 15. c).

13. **Zusammenladeverbote**
    Keine Bestimmungen.

14. **Dekontamination der Fahrzeuge, Tankfahrzeuge, Tankcontainer und Container**
    Siehe Rn. 3695 (3) des Anhangs A. 6.

15. **Sonstige Vorschriften**

    a) Vorschriften für das Verhalten bei Unfällen siehe Rn. 3695 (1) des Anhangs A. 6.

    b) Dekontamination während der Lagerung siehe Rn. 3695 (2) des Anhangs A. 6.

    c) Radioaktive Stoffe, die noch eine andere Gefahr aufweisen, unterliegen auch den entsprechenden Vorschriften der betreffenden Klasse.

Klasse 7

Blatt 4   **2703**
(Forts.)

Gefahrzettel auf den Versandstücken

Keine.

1. Stoffe

Instrumente und *Fabrikate*, wie Uhren, Elektronenröhren oder elektronische Instrumente, die radioaktive Stoffe enthalten, deren Aktivität die in der nachstehenden Tabelle angegebenen Grenzwerte nicht übersteigt. Außerdem darf die Gesamtmenge an Uran-233,

und Uran-235 | Uran-235, Plutonium-238, Plutonium-239,
                                                 | Plutonium-241

oder jedes Gemisches dieser Radionuklide 15 g je Versandstück nicht übersteigen.

Art der Stoffe	Grenzwerte je Einheit	Grenzwerte je Versandstück
Feste Stoffe		
besondere Form	$10^{-2} A_1$	A_1
andere Formen	$10^{-2} A_2$	A_2
Flüssige Stoffe	$10^{-3} A_2$	$10^{-1} A_2$
Gasförmige Stoffe		
Tritium	20 Ci *)	200 Ci *)
besondere Form	$10^{-3} A_1$	$10^{-2} A_1$
andere Formen	$10^{-3} A_2$	$10^{-2} A_2$

*) Diese Werte gelten auch für Tritium in Form von aktivierter Leuchtfarbe und für Tritium, das auf festen Trägern adsorbiert ist.

Wegen der Gemische von Radionukliden siehe Rn. 3691 des Anhangs A. 6.

2. Verpackung/Versandstück

a) Die Verpackung muß den Vorschriften der Rn. 3600 des Anhangs A. 6 entsprechen.

b) Die Instrumente und Fabrikate müssen sicher eingesetzt sein.

3. Höchstzulässige Dosisleistung der Versandstücke

0,5 mrem/h an der Außenseite des Versandstücks und 10 mrem/h in 10 cm Abstand von einer beliebigen Stelle der äußeren Oberfläche des noch nicht verpackten Instruments oder Rohfabrikats.

4. Zusammenpackung

Keine Bestimmungen.

5. Kontamination an der Außenseite der Versandstücke

Grenzwerte der nicht festhaftenden äußeren Kontamination:

Beta- oder Gammastrahler sowie Alphastrahler von geringer Toxizität $10^{-4} \mu$ Ci/cm²

                                    | Natürliches oder abgereichertes
                                    | Uran oder natürliches Thorium $10^{-3} \mu$ Ci/cm²

Andere Alphastrahler $10^{-5} \mu$ Ci/cm²

Siehe auch Rn. 3651 des Anhangs A. 6.

6. Aufschriften auf Versandstücken

Jedes Instrument oder Fabrikat (mit Ausnahme der Uhren mit Leuchtzahlen und Leuchtzeigern) muß mit dem Vermerk „RADIOAKTIV" versehen sein.

7. Beförderungspapiere

Das Beförderungspapier muß folgende Eintragungen enthalten: *„Radioaktive Stoffe (Instrumente* oder *Fabrikate), 7, Blatt 4,*

GGVS" oder *„GGVE",* | *ADR",* wobei die Bezeichnung des Gutes zu unterstreichen ist.

8. Lagerung und Versand

Keine Bestimmungen.

9. Verladung der Versandstücke in Fahrzeugen und Containern

Keine Bestimmungen.

Anlage A
Klasse 7

Klasse 7

2703
(Forts.)

10. Beförderung in loser Schüttung in Fahrzeugen und Containern

Gegenstandslos.

11. Beförderung in Tankfahrzeugen und Tankcontainern

Gegenstandslos.

12. Zettel an Fahrzeugen, Tankfahrzeugen, Tankcontainern und Containern

Keine.

13. Zusammenladeverbote

Keine Bestimmungen.

14. Dekontamination der Fahrzeuge, Tankfahrzeuge, Tankcontainer und Container

Siehe Rn. 3695 (3) des Anhangs A. 6.

15. Sonstige Vorschriften

a) Vorschriften für das Verhalten bei Unfällen siehe Rn. 3695 (1) des Anhangs A. 6.

b) Dekontamination während der Lagerung siehe Rn. 3695 (2) des Anhangs A. 6.

Klasse 7

Blatt 5   **2703**
'Forts.)

Gefahrzettel auf den Versandstücken

(Siehe Anhang A. 9)

Zettel nach Muster 7 A, 7 B oder 7 C – ausgenommen Versandstücke, die als geschlossene Ladung befördert werden –, die an zwei gegenüberliegenden Seiten anzubringen sind; wegen der Versandstück-Kategorien siehe Rn. 3653 bis 3655 des Anhangs A. 6. Der Inhalt ist auf dem Zettel mit der Bezeichnung „RADIOAKTIV LSA (I)" zu kennzeichnen.

Zusätzliche Zettel:

i)   für festes Thoriumnitrat und festes Uranylnitrat Zettel nach Muster 5;

ii) für Uranhexafluorid und Lösungen von Uranylnitrathexahydrat Zettel nach Muster 8.

1. Stoffe

Stoffe mit geringerer spezifischer Aktivität (LSA) (I), die zu einer der folgenden Gruppen gehören, welche in der Rn. 2700 (2) festgelegt worden sind:

i)   Uran- und Thoriumerze und -konzentrate [siehe Buchstabe a) der Begriffsbestimmungen];

ii) natürliches oder abgereichertes unbestrahltes Uran und natürliches unbestrahltes Thorium [siehe Buchstabe b) der Begriffsbestimmungen];

iii) Tritiumoxide in wässerigen Lösungen, in einer Konzentration, die nicht mehr als 10 Ci/l beträgt [siehe Buchstabe c) der Begriffsbestimmungen];

iv) Stoffe, die eine gleichmäßige Aktivität enthalten, welche

das 10^{-4}fache des A_2-Wertes je Gramm $10^{-4}\ A_2/g$

bei minimalem Volumen nicht übersteigt [siehe Buchstabe d) der Begriffsbestimmungen];

v)   nichtradioaktive Gegenstände, die höchstens mit dem zehnfachen Wert für Versandstücke nach der Tabelle unter Ziffer 5 kontaminiert sind und die somit eine spezifische Aktivität enthalten, welche

das 10^{-4}fache des A_2-Wertes je Gramm $10^{-4}\ A_2/g$

bei minimalem Volumen nicht übersteigt [siehe Buchstabe e) der Begriffsbestimmungen].

Wenn spaltbare Stoffe vorhanden sind, müssen außer den Bestimmungen dieses Blattes auch die des Blattes 11 beachtet werden.

2. Verpackung/Versandstück

a) Bei Versandstücken, die nicht als geschlossene Ladung befördert werden, muß die Verpackung den Vorschriften der Rn. 3600, 3650 bis 3655 und 3656 (1) bis (4) des Anhangs A. 6 entsprechen.

b) Die in Abs. 1. ii) aufgeführten Stoffe, die eine massive Form haben, müssen so verpackt sein, daß keine Schleifwirkung eintreten kann; haben sie eine andere feste Form, so müssen sie in eine starke Umhüllung eingesetzt sein.

3. Höchstzulässige Dosisleistung der Versandstücke

200 mrem/h an der Außenseite des Versandstücks,

10 mrem/h in 1 m Abstand von dieser Außenseite (siehe Rn. 3653 bis 3655 des Anhangs A. 6).

Bei geschlossener Ladung beträgt der Grenzwert 1000 mrem/h an der Außenseite des Versandstücks; er darf in 1 m Abstand von dieser Außenseite 10 mrem/h übersteigen [siehe Rn. 3659 (7) des Anhangs A. 6].

4. Zusammenpackung

Siehe Rn. 3650 des Anhangs A. 6.

5. Kontamination an der Außenseite der Versandstücke

a) Grenzwerte der nicht festhaftenden äußeren Kontamination an Versandstücken, die nicht als geschlossene Ladung befördert werden:

Beta- oder Gammastrahler sowie Alphastrahler von geringer Toxizität $10^{-4}\ \mu\ Ci/cm^2$

Natürliches oder abgereichertes
Uran oder natürliches Thorium $10^{-3}\ \mu\ Ci/cm^2$

Andere Alphastrahler $10^{-5}\ \mu\ Ci/cm^2$

Siehe auch Rn. 3651 des Anhangs A. 6.

b) Für Versandstücke, die als geschlossene Ladung befördert werden, keine Bestimmungen.

6. Aufschriften auf Versandstücken

Versandstücke, die als geschlossene Ladung befördert werden, müssen mit dem Vermerk „RADIOAKTIV (LSA)" versehen sein.

Auf Versandstücken, die nicht als geschlossene Ladung befördert werden, muß, wenn sie schwerer sind als 50 kg, deutlich und dauerhaft die Masse angegeben sein.

151

Klasse 7

2703
(Forts.)

7. Beförderungspapiere

Das Beförderungspapier muß folgende Eintragungen enthalten: „*Radioaktive Stoffe [mit geringer spezifischer Aktivität (LSA) (I)], 7, Blatt 5,*

GGVS" oder „*GGVE",*   ADR", wobei die Bezeichnung des Gutes zu unterstreichen ist,

sowie die Angaben nach Rn. 3680 und 3681 des Anhangs A. 6.

8. Lagerung und Versand

a) Lagerung und Trennung von anderen gefährlichen Gütern siehe Rn. 3658 (1) des Anhangs A. 6.

b) Lagerung und Trennung von den Versandstücken mit der Aufschrift „FOTO"; wegen der Sicherheitsabstände siehe Rn. 240 001 des Anhangs B. 4.

c) Beschränkung der Summe der Transportkennzahlen für die Lagerung: keine, außer bei Versandstücken der nuklearen Sicherheitsklassen II oder III; siehe Rn. 3658 (2) bis (5) des Anhangs A. 6.

9. Verladung der Versandstücke in Fahrzeugen und Containern

a) Trennung von den Versandstücken mit der Aufschrift „FOTO"; wegen der Sicherheitsabstände siehe Rn. 240 001 des Anhangs B. 4.

b) Beschränkung der Summe der Transportkennzahlen: 50. Diese Beschränkung gilt nicht für geschlossene Ladungen unter der Bedingung, daß beim Vorhandensein von Versandstücken der nuklearen Sicherheitsklassen II oder III die zulässige Anzahl nicht überschritten wird [siehe Rn. 3659 (5) des Anhangs A. 6].

c) Höchstzulässige Dosisleistung für Fahrzeuge und Großcontainer bei Beförderung als geschlossene Ladung:

200 mrem/h an der Außenseite,

10 mrem/h in 2 m Abstand von der Außenseite [siehe Rn. 3659 (7) des Anhangs A. 6].

Außerdem für Fahrzeuge: 2 mrem/h an jeder normalerweise besetzten Stelle des Fahrzeugs [siehe Rn. 3659 (8) des Anhangs A. 6].

d) Versandstücke, die den Vorschriften der Rn. 3600 nicht entsprechen, müssen als geschlossene Ladung befördert werden, wobei die Grenzwerte der nachstehenden Tabelle nicht überschritten werden dürfen.

Art der Stoffe	Aktivitätsgrenzwerte je Fahrzeug
Feste Stoffe Tritiumoxide in wässerigen Lösungen Andere Flüssigkeiten und Gase	Keine Begrenzung 50 000 Ci 100 · A_2

10. Beförderung in loser Schüttung in Fahrzeugen und Containern

Als geschlossene Ladung zugelassen unter der Bedingung, daß nach der Verladung die Außenseiten der Fahrzeuge durch den Absender sorgfältig gereinigt worden sind und unter normalen Beförderungsbedingungen vom Stoff nichts nach außen gelangen kann. Aktivitätsgrenzwerte wie in der Tabelle unter Ziffer 9.

11. Beförderung in Tankfahrzeugen und Tankcontainern

a) Beförderung in Tankfahrzeugen: Flüssige oder feste Stoffe – ausgenommen Uranhexafluorid und selbstentzündliche Stoffe – zugelassen (siehe Rn. 3660 des Anhangs A. 6);

b) Beförderung in Tankcontainern: Flüssige oder feste Stoffe – einschließlich natürliches und abgereichertes Uranhexafluorid – zugelassen (siehe Rn. 3661 des Anhangs A. 6).

Aktivitätsgrenzwerte siehe Tabelle unter Ziffer 9.

12. Zettel an Fahrzeugen, Tankfahrzeugen, Tankcontainern und Containern (siehe Anhänge A. 9 und B. 4)

Container: Zettel nach Muster 7 A, 7 B oder 7 C an den vier Seiten;

Fahrzeuge und Großcontainer: Zettel nach Anhang B.4 Rn. 240 010 Muster 7 D an beiden Längsseiten sowie an der Rückseite der Fahrzeuge [siehe Rn. 3659 (6) und 71 500].

Zusätzliche Zettel:

i) für festes Thoriumnitrat und festes Uranylnitrat Zettel nach Muster 5;

ii) für Uranhexafluorid und Lösungen von Uranylnitrathexahydrat Zettel nach Muster 8;

iii) für Stoffe mit anderen gefährlichen Eigenschaften, die als geschlossene Ladung befördert werden, entsprechender Gefahrzettel.

13. Zusammenladeverbote

Siehe Rn. 2700 (3).

Klasse 7

14. Dekontamination der Fahrzeuge, Tankfahrzeuge, Tankcontainer und Container	**2703** (Forts.)

  a) Bei Sendungen als geschlossene Ladung müssen die Fahrzeuge nach dem Entladen vom Empfänger bis zu dem in der Tabelle XIX des Anhangs A. 6 angegebenen Wert dekontaminiert werden, wenn sie nicht für die Beförderung der gleichen Stoffe bestimmt sind [siehe auch Rn. 3695 (4) des Anhangs A. 6];

  b) für Sendungen, die nicht als geschlossene Ladung befördert werden, siehe Rn. 3695 (3) des Anhangs A. 6.

15. Sonstige Vorschriften

  a) Vorschriften für das Verhalten bei Unfällen siehe Rn. 3695 (1) des Anhangs A. 6.

  b) Dekontamination während der Lagerung siehe Rn. 3695 (2) des Anhangs A. 6.

  c) Radioaktive Stoffe, die noch eine andere Gefahr aufweisen, unterliegen auch den Vorschriften der betreffenden Klasse.

  d) Versandstücke mit Uranhexafluorid unterliegen den in Rn. 3605 angegebenen Vorschriften.

Klasse 7

2703   **Blatt 6**
(Forts.)
    Gefahrzettel auf den Versandstücken

    Keine, außer wenn spaltbare Stoffe vorhanden sind.

1. Stoffe

Stoffe mit geringer spezifischer Aktivität (LSA) (II), die zu einer der folgenden in der Rn. 2700 (2) festgelegten Gruppen gehören:

i) Stoffe mit einer gleichmäßigen

    spezifischen

    Aktivität, die

    das 10^{-4}fache des A_2-Wertes je Gramm | den Wert von 10^{-4} A_2/g

    nicht übersteigt [siehe Buchstabe a) der Begriffsbestimmungen];

ii) kontaminierte nichtradioaktive Gegenstände in einer nicht verteilbaren Form und mit einem Grenzwert, der für Beta- oder Gammastrahler oder Alphastrahler von geringer Toxizität 1 µ Ci/m² oder für andere Alphastrahler 0,1 µ Ci/cm² nicht übersteigt [siehe Buchstabe b) der Begriffsbestimmungen].

Wenn spaltbare Stoffe vorhanden sind, müssen außer den Vorschriften dieses Blattes auch die des Blattes 11 beachtet werden.

2. Verpackung/Versandstück

Die Verpackung muß den Bestimmungen der Rn. 3600, 3650 und 3651 des Anhangs A. 6 entsprechen.

3. Höchstzulässige Dosisleistung der Versandstücke

Verschlossene Fahrzeuge nach Rn. 3659 (7) a) des Anhangs A. 6: 1000 mrem/h an der Außenseite des Versandstücks, die in 1 m Abstand von dieser Außenseite 10 mrem/h übersteigen dürfen.

Andere Fahrzeuge, die den Bedingungen der Rn. 3659 (7) a) des Anhangs A. 6 nicht entsprechen: 200 mrem/h an der Außenseite des Versandstücks und 10 mrem/h in 1 m Abstand von dieser Außenseite.

4. Zusammenpackung

Siehe Rn. 3650 des Anhangs A. 6.

5. Kontamination an der Außenseite der Versandstücke

Grenzwerte der nicht festhaftenden äußeren Kontamination:

Beta- oder Gammastrahler sowie Alphastrahler von geringer Toxizität 10^{-4} µ Ci/cm²

            | Natürliches oder abgereichertes Uran
            | oder natürliches Thorium 10^{-3} µ Ci/cm²

Andere Alphastrahler 10^{-5} µ Ci/cm²

Siehe auch Rn. 3651 des Anhangs A. 6.

6. Aufschriften auf Versandstücken

Die Versandstücke müssen mit dem Vermerk „RADIOAKTIV (LSA)" versehen sein.

7. Beförderungspapiere

Das Beförderungspapier muß folgende Eintragungen enthalten: *„Radioaktive Stoffe [mit geringer spezifischer Aktivität (LSA) (II)], 7, Blatt 6,*

GGVS" oder *„GGVE".* | *ADR",* wobei die Bezeichnung des Gutes zu unterstreichen ist,

sowie die Angaben nach Rn. 3680 und 3681 des Anhangs A. 6.

8. Lagerung und Versand

Nur als geschlossene Ladung.

9. Verladung der Versandstücke in Fahrzeugen und Containern

a) Beförderung nur als geschlossene Ladung.

b) Umfaßt die Sendung Versandstücke der nuklearen Sicherheitsklassen II oder III, so darf die zulässige Anzahl nicht überschritten werden (siehe Blatt 11).

c) Höchstzulässige Dosisleistung für Fahrzeuge und Großcontainer:
    200 mrem/h an der Außenseite,
     10 mrem/h in 2 m Abstand von der Außenseite
    [siehe Rn. 3659 (7) des Anhangs A. 6].

    Außerdem für Fahrzeuge: 2 mrem/h an jeder normalerweise besetzten Stelle des Fahrzeugs [siehe Rn. 3659 (8) des Anhangs A. 6].

154

Klasse 7

d) Die in der nachstehenden Tabelle angegebenen Grenzwerte dürfen nicht überschritten werden: **2703**
(Forts.)

Art des Stoffes	Aktivitätsgrenzwerte je Fahrzeug
Feste Stoffe Tritiumoxide	Keine Begrenzung
in wässerige Lösungen	50 000 Ci
Andere Flüssigkeiten	
und Gase	100 A_2

10. Beförderung in loser Schüttung in Fahrzeugen und Containern

Verboten.

11. Beförderung in Tankfahrzeugen und Tankcontainern

Verboten.

12. Zettel an Fahrzeugen, Tankfahrzeugen, Tankcontainern und Containern (siehe Anhang B. 4)

Container: Zettel nach Muster 7 A, 7 B oder 7 C an den vier Seiten.

Fahrzeuge und Großcontainer: Zettel nach Anhang B. 4 Rn. 240 010 Muster 7 D an den beiden Längsseiten sowie an der Rückseite der Fahrzeuge [siehe Rn. 3659 (6) und 71 500].

Zusätzliche Zettel: Für Stoffe mit anderen gefährlichen Eigenschaften, die als geschlossene Ladung befördert werden, entsprechender Gefahrzettel.

13. Zusammenladeverbote

Siehe Rn. 2700 (3).

14. Dekontamination der Fahrzeuge, Tankfahrzeuge, Tankcontainer und Container

Siehe Rn. 3695 (3) und (4) des Anhangs A. 6.

15. Sonstige Vorschriften

Vorschriften für das Verhalten bei Unfällen siehe Rn. 3695 (1) des Anhangs A. 6.

Radioaktive Stoffe, die noch eine andere Gefahr aufweisen, unterliegen auch den Vorschriften der betreffenden Klasse.

Versandstücke mit Uranhexafluorid unterliegen den in Rn. 3605 angegebenen Vorschriften.

155

Klasse 7

2703   **Blatt 7**
(Forts.)

Gefahrzettel auf den Versandstücken

Keine, außer wenn spaltbare Stoffe vorhanden sind (siehe Blatt 11).

1. Stoffe

Feste Stoffe von geringer Aktivität (LLS), die zu einer der folgenden in der Rn. 2700 (2) festgelegten Gruppen gehören:

i) Stoffe mit einer gleichmäßigen

spezifischen

Aktivität, die

das $2 \cdot 10^{-3}$fache des A_2-Wertes je Gramm | den Wert von $2 \cdot 10^{-3}$ A_2/g

nicht übersteigt [siehe Buchstabe a) der Begriffsbestimmungen];

ii) kontaminierte nichtradioaktive Gegenstände mit einem Grenzwert, der für Beta- oder Gammastrahler oder Alphastrahler von geringer Toxizität 20 µ Ci/cm² oder für andere Alphastrahler 2 µ Ci/cm² nicht übersteigt [siehe Buchstabe b) der Begriffsbestimmungen].

Wenn spaltbare Stoffe vorhanden sind, müssen außer den Vorschriften dieses Blattes auch die des Blattes 11 beachtet werden.

2. Verpackung/Versandstück

a) Die Verpackung muß den Vorschriften der Rn. 3600 und 3650 des Anhangs A. 6 entsprechen und den Prüfungen nach Rn. 3635 (4) und (5) des Anhangs A. 6 genügen.

b) Unter den Prüfbedingungen nach Buchstabe a) darf

i) weder Verlust oder Zerstäubung des radioaktiven Inhalts

ii) noch eine Zunahme der vor der Prüfung an der Außenseite gemessenen oder berechneten höchstzulässigen Dosisleistung

eintreten.

3. Höchstzulässige Dosisleistung der Versandstücke

Verschlossene Fahrzeuge nach Rn. 3659 (7) a) des Anhangs A. 6: 1000 mrem/h an der Außenseite des Versandstücks, die in 1 m Abstand von dieser Außenseite 10 mrem/h übersteigen dürfen.

Andere Fahrzeuge, die den Bedingungen der Rn. 3659 (7) a) des Anhangs A. 6 nicht entsprechen: 200 mrem/h an der Außenseite des Versandstücks und 10 mrem/h in 1 m Abstand von dieser Außenseite.

4. Zusammenpackung

Siehe Rn. 3650 des Anhangs A. 6.

5. Kontamination an der Außenseite der Versandstücke

Grenzwerte der nicht festhaftenden äußeren Kontamination:

Beta- oder Gammastrahler sowie Alphastrahler von geringer Toxizität 10^{-4} µ Ci/cm²

Natürliches oder abgereichertes Uran
oder natürliches Thorium 10^{-3} µ Ci/cm²
Andere Alphastrahler 10^{-5} µ Ci/cm²

Siehe auch Rn. 3651 des Anhangs A. 6.

6. Aufschriften auf Versandstücken

Die Versandstücke müssen mit dem Vermerk „RADIOAKTIV (LLS)" versehen sein.

7. Beförderungspapiere

Das Beförderungspapier muß folgende Eintragungen enthalten: *„Feste Stoffe von geringer Aktivität (LLS), 7, Blatt 7,*
GGVS" oder *„GGVE",* | *ADR"*, wobei die Bezeichnung des Gutes zu unterstreichen ist,

sowie die Angaben nach Rn. 3680 und 3681 des Anhangs A. 6.

8. Lagerung und Versand

Nur als geschlossene Ladung.

Klasse 7

9. **Verladung der Versandstücke in Fahrzeugen und Containern**

   a) Beförderung nur als geschlossene Ladung.

   b) Umfaßt die Sendung Versandstücke der nuklearen Sicherheitsklassen II oder III, so darf die zulässige Anzahl nicht überschritten werden (siehe Blatt 11).

   c) Höchstzulässige Dosisleistung für Fahrzeuge und Großcontainer:

   200 mrem/h an der Außenseite,

   10 mrem/h in 2 m Abstand von der Außenseite

   [siehe Rn. 3659 (7) des Anhangs A. 6].

   Außerdem für Fahrzeuge: 2 mrem/h an jeder normalerweise besetzten Stelle des Fahrzeugs [siehe Rn. 3659 (8) des Anhangs A. 6].

10. **Beförderung in loser Schüttung in Fahrzeugen und Containern**

    Verboten.

11. **Beförderung in Tankfahrzeugen und Tankcontainern**

    Gegenstandslos.

12. **Zettel an Fahrzeugen, Tankfahrzeugen, Tankcontainern und Containern** (siehe Anhänge A. 9 und B. 4)

    Container: Zettel nach Muster 7 A, 7 B oder 7 C an den vier Seiten.

    Fahrzeuge und Großcontainer: Zettel nach Anhang B. 4 Rn. 240 010 Muster 7 D an beiden Längsseiten sowie an der Rückseite der Fahrzeuge [siehe Rn. 3659 (6) und 71 500].

13. **Zusammenladeverbote**

    Siehe Rn. 2700 (3).

14. **Dekontamination der Fahrzeuge, Tankfahrzeuge, Tankcontainer und Container**

    Die Fahrzeuge müssen nach der Entladung vom Empfänger bis zu dem in der Tabelle XIX des Anhangs A. 6 angegebenen Wert dekontaminiert werden, sofern sie nicht für die Beförderung der gleichen Stoffe bestimmt sind [siehe auch Rn. 3695 (3) und (4) des Anhangs A. 6].

15. **Sonstige Vorschriften**

    Vorschriften für das Verhalten bei Unfällen siehe Rn. 3695 (1) des Anhangs A. 6.

    Radioaktive Stoffe, die noch eine andere Gefahr aufweisen, unterliegen auch den Vorschriften der betreffenden Klasse.

Klasse 7

2703   **Blatt 8**
(Forts.)

Gefahrzettel auf den Versandstücken

(Siehe Anhang A. 9)

Zettel nach Muster 7 A, 7 B oder 7 C, die an zwei gegenüberliegenden Seiten anzubringen sind; wegen der Versandstückkategorien siehe Rn. 3653 bis 3655 des Anhangs A. 6.

1. Stoffe

Radioaktive Stoffe in Typ A-Versandstücken, deren
Aktivität je Versandstück

die Aktivität A_2 oder wenn sie als radioaktive Stoffe in besonderer Form vorliegen, die Aktivität A_1, nicht übersteigt,	A_2 oder A_1, wenn sie in besonderer Form sind, nicht übersteigt.

Wenn spaltbare Stoffe vorhanden sind, müssen außer den Vorschriften dieses Blattes auch die des Blattes 11 beachtet werden.

2. Verpackung/Versandstück

Typ A entsprechend den Vorschriften der Rn. 3600 und 3601 des Anhangs A. 6.

3. Höchstzulässige Dosisleistung der Versandstücke

200 mrem/h an der Außenseite des Versandstücks,

10 mrem/h in 1 m Abstand von dieser Außenseite

(siehe Rn. 3653 bis 3655 des Anhangs A. 6).

Bei geschlossener Ladung beträgt der Grenzwert 1000 mrem/h an der Außenseite des Versandstücks; er darf in 1 m Abstand von dieser Außenseite 10 mrem/h übersteigen [siehe Rn. 3659 (7) des Anhangs A. 6].

4. Zusammenpackung

Siehe Rn. 3650 des Anhangs A. 6.

5. Kontamination an der Außenseite der Versandstücke

Grenzwerte der nicht festhaftenden äußeren Kontamination:

Beta- oder Gammastrahler sowie Alphastrahler von geringer Toxizität	10^{-4} µ Ci/cm²
Natürliches oder abgereichertes Uran oder natürliches Thorium	10^{-3} µ Ci/cm²
Andere Alphastrahler	10^{-5} µ Ci/cm²

Siehe auch Rn. 3651 des Anhangs A. 6.

6. Aufschriften auf Versandstücken

Die Versandstücke müssen an der Außenseite deutlich und dauerhaft mit folgenden Vermerken versehen sein:

i) „Typ A";

ii) Angabe der Masse, wenn das Versandstück schwerer ist als 50 kg.

7. Beförderungspapiere

a) Siehe die Vorschriften für die Genehmigungen und Benachrichtigungen in Rn. 2704.

b) Das Beförderungspapier muß folgende Eintragungen enthalten: *„Radioaktive Stoffe (in Typ A-Versandstücken), 7, Blatt 8,*

GGVS" oder „GGVE",	ADR", wobei die Bezeichnung des Gutes zu unterstreichen ist,

sowie die Angaben nach Rn. 3680 und 3681 des Anhangs A. 6.

c) Wird bei Stoffen in besonderer Form von der Möglichkeit Gebrauch gemacht, die Aktivität je Versandstück zu erhöhen, so muß der Absender vor dem ersten Versand im Besitz des einseitigen Genehmigungszeugnisses des Musters für diese Stoffe sein (siehe Rn. 3671 des Anhangs A. 6).

8. Lagerung und Versand

a) Lagerung und Trennung von anderen gefährlichen Gütern siehe Rn. 3658 (1) des Anhangs A. 6.

b) Lagerung und Trennung von Versandstücken mit der Aufschrift „FOTO"; wegen der Sicherheitsabstände siehe Rn. 240 001 des Anhangs B. 4.

c) Beschränkung der Summe der Transportkennzahlen für die Lagerung: 50 je Gruppe, mit einem Abstand von 6 m zwischen den Gruppen [siehe Rn. 3658 (2) bis (5) des Anhangs A. 6].

Klasse 7

9. Verladung der Versandstücke in Fahrzeugen und Containern

a) Trennung von den Versandstücken mit der Aufschrift „FOTO"; wegen der Sicherheitsabstände siehe Rn. 240 001 des Anhangs B. 4.

b) Beschränkung der Summe der Transportkennzahlen: 50. Diese Beschränkung gilt nicht für geschlossene Ladungen unter der Bedingung, daß beim Vorhandensein von Versandstücken der nuklearen Sicherheitsklassen II oder III die zulässige Anzahl nicht überschritten wird [siehe Rn. 3659 (5) des Anhangs A. 6].

c) Höchstzulässige Dosisleistung für Fahrzeuge und Großcontainer bei Beförderung als geschlossene Ladung:

200 mrem/h an der Außenseite,

10 mrem/h in 2 m Abstand von der Außenseite

[siehe Rn. 3659 (7) des Anhangs A. 6].

Außerdem für Fahrzeuge: 2 mrem/h an jeder normalerweise besetzten Stelle des Fahrzeugs [siehe Rn. 3659 (8) des Anhangs A. 6].

10. Beförderung in loser Schüttung in Fahrzeugen und Containern

Gegenstandslos.

11. Beförderung in Tankfahrzeugen und Tankcontainern

Gegenstandslos.

12. Zettel an Fahrzeugen, Tankfahrzeugen, Tankcontainern und Containern (siehe Anhänge A. 9 und B. 4)

Container: Zettel nach Muster 7 A, 7 B oder 7 C an den vier Seiten.

Fahrzeuge und Großcontainer: Zettel nach Anhang B. 4 Rn. 240 010 Muster 7 D an beiden Längsseiten sowie an der Rückseite der Fahrzeuge [siehe Rn. 3659 (6) und 71 500].

13. Zusammenladeverbote

Siehe Rn. 2700 (3).

14. Dekontamination der Fahrzeuge, Tankfahrzeuge, Tankcontainer und Container

Siehe Rn. 3695 (3) des Anhangs A. 6.

15. Sonstige Vorschriften

a) Vorschriften für das Verhalten bei Unfällen siehe Rn. 3695 (1) des Anhangs A. 6.

b) Dekontamination während der Lagerung siehe Rn. 3695 (2) des Anhangs A. 6.

c) Versandstücke mit Uranhexafluorid unterliegen den in Rn. 3605 angegebenen Vorschriften.

Anlage A
Klasse 7

159

Klasse 7

2703
(Forts.)
Blatt 9

Gefahrzettel auf den Versandstücken

(Siehe Anhang A. 9)

Zettel nach Muster 7 A, 7 B oder 7 C, die an zwei gegenüberliegenden Seiten anzubringen sind; wegen der Versandstückkategorien siehe Rn. 3653 bis 3655 des Anhangs A. 6.

1. Stoffe

Radioaktive Stoffe in Typ B(U)-Versandstücken. Die Stoffmenge je Versandstück ist nicht beschränkt, sofern die Vorschriften in den Genehmigungszeugnissen beachtet werden.

Wenn spaltbare Stoffe vorhanden sind, müssen außer den Vorschriften dieses Blattes auch die des Blattes 11 beachtet werden.

2. Verpackung/Versandstück

Typ B (U) entsprechend den Vorschriften der Rn. 3600 bis 3603 des Anhangs A. 6, der einer einseitigen Genehmigung durch die zuständige Behörde bedarf (siehe Rn. 3672 des Anhangs A. 6).

3. Höchstzulässige Dosisleistung der Versandstücke

200 mrem/h an der Außenseite des Versandstücks,

10 mrem/h in 1 m Abstand von dieser Außenseite

(siehe Rn. 3653 bis 3655 des Anhangs A. 6).

Bei geschlossener Ladung beträgt der Grenzwert 1000 mrem/h an der Außenseite des Versandstücks; er darf in 1 m Abstand von dieser Außenseite 10 mrem/h übersteigen [siehe Rn. 3659 (7) des Anhangs A. 6].

4. Zusammenpackung

Siehe Rn. 3650 des Anhangs A. 6.

5. Kontamination an der Außenseite der Versandstücke

Grenzwerte der nicht festhaftenden äußeren Kontamination:

Beta- oder Gammastrahler sowie Alphastrahler von geringer Toxizität	10^{-4} µ Ci/cm²
Natürliches oder abgereichertes Uran oder natürliches Thorium	10^{-3} µ Ci/cm²
Andere Alphastrahler	10^{-5} µ Ci/cm²

Siehe auch Rn. 3651 des Anhangs A. 6.

6. Aufschriften auf Versandstücken

Die Versandstücke müssen an der Außenseite deutlich und dauerhaft mit folgenden Vermerken versehen sein:

i) „Typ B (U)";

ii) Kennzeichen der zuständigen Behörde;

iii) Angabe der Masse, wenn das Versandstück schwerer ist als 50 kg;

iv) Strahlensymbol, das auf dem äußersten feuer- und wasserbeständigen Gefäß eingestanzt oder eingeprägt sein muß.

7. Beförderungspapiere

a) Siehe die Vorschriften für die Genehmigungen und Benachrichtigungen in Rn. 2704.

b) Das Beförderungspapier muß folgende Eintragungen enthalten: *„Radioaktive Stoffe [in Typ B(U)-Versandstücken], 7, Blatt 9,*

GGVS" oder „GGVE",   ADR", wobei die Bezeichnung des Gutes zu unterstreichen ist,

sowie die Angaben nach Rn. 3680 und 3681 des Anhangs A. 6.

c) Ein Zeugnis über die einseitige Genehmigung des Versandstückmusters ist erforderlich (siehe Rn. 3672 des Anhangs A. 6).

d) Vor der Beförderung eines Versandstücks muß der Absender im Besitz aller erforderlichen Zeugnisse sein.

e) Falls die Aktivität $3 \cdot 10^3$ A₂ oder $3 \cdot 10^3$ A₁ (je nach Fall) oder $3 \cdot 10^4$ Ci übersteigt, wobei von diesen Werten der niedrigste maßgebend ist, muß sich der Absender vor der ersten Beförderung vergewissern, daß Kopien der erforderlichen Genehmigungszeugnisse den zuständigen Behörden aller an der Beförderung beteiligten Staaten zugestellt worden sind [siehe Rn. 3682 (1) des Anhangs A. 6].

Klasse 7

f) Falls die Aktivität $3 \cdot 10^3 A_2$ oder $3 \cdot 10^3 A_1$ (je nach Fall) oder $3 \cdot 10^4$ Ci übersteigt, wobei von diesen Werten der niedrigste maßgebend ist, muß der Absender vor jeder Beförderung die zuständigen Behörden aller an der Beförderung beteiligten Staaten entsprechend der Rn. 3682 des Anhangs A. 6 möglichst 15 Tage im voraus benachrichtigen.

g) Wird bei Stoffen in besonderer Form von der Möglichkeit Gebrauch gemacht, die Aktivität je Versandstück zu erhöhen [siehe Buchstaben e) und f)], so ist ein einseitiges Genehmigungszeugnis des Versandstückmusters für diese Stoffe erforderlich (siehe Rn. 3671 des Anhangs A. 6).

8. Lagerung und Versand

a) Die im Genehmigungszeugnis enthaltenen Anweisungen der zuständigen Behörde müssen beachtet werden.

b) Lagerung und Trennung von anderen gefährlichen Gütern siehe Rn. 3658 (1) des Anhangs A. 6.

c) Lagerung und Trennung von Versandstücken mit der Aufschrift „FOTO"; wegen der Sicherheitsabstände siehe Rn. 240 001 des Anhangs B. 4.

d) Beschränkung der Summe der Transportkennzahlen für die Lagerung: 50 je Gruppe, mit einem Abstand von 6 m zwischen den Gruppen [siehe Rn. 3658 (2) bis (5) des Anhangs A. 6].

e) Der Absender muß vor der ersten Verwendung und vor jeder Aufgabe zur Beförderung die Vorschriften in Rn. 3643 und 3644 des Anhangs A. 6 beachten.

f) Die Temperatur an den berührbaren Außenseiten der Versandstücke darf im Schatten 50 °C nicht übersteigen, es sei denn, die Beförderung erfolgt als geschlossene Ladung; in diesem Fall beträgt der Grenzwert 82 °C im Schatten [siehe Rn. 3602 (3) b) und 3603 (8) des Anhangs A. 6].

g) Übersteigt der mittlere Wärmefluß an der Außenseite des Versandstücks 15 W/m², so muß dieses als geschlossene Ladung befördert werden.

9. Verladung der Versandstücke in Fahrzeugen und Containern

a) Trennung von den Versandstücken mit der Aufschrift „FOTO"; wegen der Sicherheitsabstände siehe Rn. 240 001 des Anhangs B. 4.

b) Beschränkung der Summe der Transportkennzahlen: 50. Diese Beschränkung gilt nicht für geschlossene Ladungen unter der Bedingung, daß bei Vorhandensein von Versandstücken der nuklearen Sicherheitsklassen II oder III die zulässige Anzahl nicht überschritten wird [siehe Rn. 3659 (5) b) des Anhangs A. 6].

c) Höchstzulässige Dosisleistung für Fahrzeuge und Großcontainer bei Beförderung als geschlossene Ladung:

200 mrem/h an der Außenseite

10 mrem/h in 2 m Abstand von der Außenseite

[siehe Rn. 3659 (7) des Anhangs A. 6].

Außerdem für Fahrzeuge: 2 mrem/h an jeder normalerweise besetzten Stelle des Fahrzeugs [siehe Rn. 3659 (8) des Anhangs A. 6].

10. Beförderung in loser Schüttung in Fahrzeugen und Containern

Gegenstandslos.

11. Beförderung in Tankfahrzeugen und Tankcontainern

Gegenstandslos.

12. Zettel an Fahrzeugen, Tankfahrzeugen, Tankcontainern und Containern (siehe Anhänge A. 9 und B. 4)

Container: Zettel nach Muster 7 A, 7 B oder 7 C an den vier Seiten.

Fahrzeuge und Großcontainer: Zettel nach Anhang B. 4 Rn. 240 010 Muster 7 D an beiden Längsseiten sowie an der Rückseite der Fahrzeuge [siehe Rn. 3659 (6) und 71 500].

13. Zusammenladeverbote

Siehe Rn. 2700 (3).

14. Dekontamination der Fahrzeuge, Tankfahrzeuge, Tankcontainer und Container

Siehe Rn. 3695 (3) des Anhangs A. 6.

15. Sonstige Vorschriften

a) Vorschriften für das Verhalten bei Unfällen siehe Rn. 3695 (1) des Anhangs A. 6.

b) Dekontamination während der Lagerung siehe Rn. 3695 (2) des Anhangs A. 6.

c) Versandstück mit Uranhexafluorid unterliegen den in Rn. 3605 angegebenen Vorschriften.

Klasse 7

2703
(Forts.)   **Blatt 10**

Gefahrzettel auf den Versandstücken

(Siehe Anhang A. 9)

Zettel nach Muster 7 A, 7 B oder 7 C, die an zwei gegenüberliegenden Seiten anzubringen sind; wegen der Versandstückkategorien siehe Rn. 3653 bis 3655 des Anhangs A. 6.

1. Stoffe

Radioaktive Stoffe in Typ B (M)-Versandstücken, d. h. ein Typ B-Versandstückmuster, das nicht einer oder mehreren ergänzenden Zusatzvorschriften für Typ B (U)-Versandstücke entspricht (siehe Rn. 3603 des Anhangs A. 6).

Die Stoffmenge je Versandstück ist nicht begrenzt, wenn die Vorschriften der Genehmigungszeugnisse beachtet werden.

Wenn spaltbare Stoffe vorhanden sind, müssen außer den Vorschriften dieses Blattes auch die des Blattes 11 beachtet werden.

2. Verpackung/Versandstück

Typ B (M), entsprechend den Vorschriften der Rn. 3604 des Anhangs A. 6, der einer mehrseitigen Genehmigung durch die zuständigen Behörden bedarf (siehe Rn. 3673 des Anhangs A. 6).

3. Höchstzulässige Dosisleistung der Versandstücke

200 mrem/h an der Außenseite des Versandstücks,

10 mrem/h in 1 m Abstand von dieser Außenseite

(siehe Rn. 3653 bis 3655 des Anhangs A. 6).

Bei geschlossener Ladung beträgt der Grenzwert 1000 mrem/h an der Außenseite des Versandstücks; er darf in 1 m Abstand von dieser Außenseite 10 mrem/h übersteigen [siehe Rn. 3659 (7) des Anhangs A. 6].

4. Zusammenpackung

Siehe Rn. 3650 des Anhangs A. 6.

5. Kontamination an der Außenseite der Versandstücke

Grenzwerte der nicht festhaftenden äußeren Kontamination:

Beta- oder Gammastrahler sowie Alphastrahler von geringer Toxizität	10^{-4} µ Ci/cm^2
Natürliches oder abgereichertes Uran oder natürliches Thorium	10^{-3} µ Ci/cm^2
Andere Alphastrahler	10^{-5} µ Ci/cm^2

Siehe auch Rn. 3651 des Anhangs A. 6.

6. Aufschriften auf Versandstücken

Die Versandstücke müssen an der Außenseite deutlich und dauerhaft mit folgenden Vermerken versehen sein:

i) „Typ B (M)",

ii) Kennzeichen der zuständigen Behörde,

iii) Angabe der Masse, wenn das Versandstück schwerer ist als 50 kg,

iv) Strahlensymbol, das auf dem äußersten feuer- und wasserbeständigen Gefäß eingestanzt oder eingeprägt sein muß.

7. Beförderungspapiere

a) Siehe die Vorschriften für die Genehmigungen und Benachrichtigungen in Rn. 2704.

b) Das Beförderungspapier muß folgende Eintragungen enthalten: *„Radioaktive Stoffe [in Typ B(M)-Versandstücken], 7, Blatt 10,*

GGVS" oder „GGVE", | ADR", wobei die Bezeichnung des Gutes zu unterstreichen ist,

sowie die Angaben nach Rn. 3680 und 3681 des Anhangs A. 6.

c) Zeugnisse über die mehrseitige Genehmigung des Versandstückmusters sind erforderlich (siehe Rn. 3673 des Anhangs A. 6).

d) Ist das Versandstück für eine ständige Gasabgabe gebaut oder übersteigt die gesamte Aktivität des Inhalts $3 \cdot 10^3 A_2$ oder $3 \cdot 10^3 A_1$ (je nach Fall) oder $3 \cdot 10^4$ Ci, wobei von diesen Werten der niedrigste maßgebend ist, sind mehrseitige Genehmigungszeugnisse erforderlich, es sei denn, eine zuständige Behörde genehmige die Beförderung aufgrund einer Sonderbestimmung im Genehmigungszeugnis des Versandstückmusters (siehe Rn. 3675 des Anhangs A. 6).

Klasse 7

e) Wird bei Stoffen in besonderer Form von der Möglichkeit Gebrauch gemacht, die Aktivität je Versandstück zu erhöhen [siehe Buchstabe d)], so ist ein einseitiges Genehmigungszeugnis des Musters für diese Stoffe erforderlich (siehe Rn. 3671 des Anhangs A. 6).

f) Vor jedem Versand muß der Absender die zuständigen Behörden aller an der Beförderung beteiligten Staaten entsprechend Rn. 3682 (2) bis (4) des Anhangs A. 6 möglichst 15 Tage im voraus benachrichtigen.

g) Vor dem Versand eines Versandstücks muß der Absender im Besitz aller erforderlichen Genehmigungszeugnisse sein.

8. Lagerung und Versand

a) Die im Genehmigungszeugnis enthaltenen Anweisungen der zuständigen Behörde müssen beachtet werden.

b) Lagerung und Trennung von anderen gefährlichen Gütern siehe Rn. 3658 (1) des Anhangs A. 6.

c) Lagerung und Trennung von Versandstücken mit der Aufschrift „FOTO''; wegen der Sicherheitsabstände siehe Rn. 240 001 des Anhangs B. 4.

d) Beschränkung der Summe der Transportkennzahlen für die Lagerung: 50 je Gruppe, mit einem Abstand von 6 m zwischen den Gruppen [siehe Rn. 3658 (2) bis (5) des Anhangs A. 6].

e) Der Absender muß vor der ersten Verwendung und vor der Aufgabe zur Beförderung die Vorschriften in den Rn. 3643 und 3644 des Anhangs A. 6 beachten.

f) Übersteigt die Temperatur an der Außenseite des Versandstücks 50 °C im Schatten, so muß dieses als geschlossene Ladung befördert werden [siehe Rn. 3602 (4) b) des Anhangs A. 6].

g) Übersteigt der mittlere Wärmefluß an der Außenseite des Versandstücks 15 W/m², so muß dieses als geschlossene Ladung befördert werden.

h) Die Versandstücke, welche besonders für eine ständige Gasabgabe gebaut wurden [siehe Rn. 3604 (2) des Anhangs A. 6], dürfen nur als geschlossene Ladung befördert werden.

9. Verladung der Versandstücke in Fahrzeugen und Containern

a) Trennung von den Versandstücken mit der Aufschrift „FOTO''; wegen der Sicherheitsabstände siehe Rn. 240 001 des Anhangs B. 4.

b) Beschränkung der Summe der Transportkennzahlen: 50. Diese Beschränkung gilt nicht für geschlossene Ladungen unter der Bedingung, daß bei Vorhandensein von Versandstücken mit nuklearen Sicherheitsklassen II oder III die zulässige Anzahl nicht überschritten wird [siehe Rn. 3659 (5) des Anhangs A. 6].

c) Höchstzulässige Dosisleistung für Fahrzeuge und Großcontainer bei Beförderung als geschlossene Ladung:

200 mrem/h an der Außenseite,

10 mrem/h in 2 m Abstand von der Außenseite

[siehe Rn. 3659 (7) des Anhangs A. 6].

Außerdem für Fahrzeuge: 2 mrem/h an jeder normalerweise besetzten Stelle des Fahrzeugs [siehe Rn. 3659 (8) des Anhangs A. 6].

10. Beförderung in loser Schüttung in Fahrzeugen und Containern

Gegenstandslos.

11. Beförderung in Tankfahrzeugen und Tankcontainern

Gegenstandslos.

12. Zettel an Fahrzeugen, Tankfahrzeugen, Tankcontainern und Containern (siehe Anhänge A. 9 und B. 4)

Container: Zettel nach Muster 7 A, 7 B oder 7 C an den vier Seiten.

Fahrzeuge und Großcontainer: Zettel nach Anhang B. 4 Rn. 240 010 Muster 7 D an beiden Längsseiten sowie an der Rückseite der Fahrzeuge [siehe Rn. 3659 (6) und 71 500].

13. Zusammenladeverbote

Siehe Rn. 2700 (3)

14. Dekontamination der Fahrzeuge, Tankfahrzeuge, Tankcontainer und Container

Siehe Rn. 3695 (3) des Anhangs A. 6.

15. Sonstige Vorschriften

a) Vorschriften über das Verhalten bei Unfällen siehe Rn. 3695 (1) des Anhangs A. 6.

b) Dekontamination während der Lagerung siehe Rn. 3695 (2) des Anhangs A. 6.

Klasse 7

2703 **Blatt 11**
(Forts.)

Gefahrzettel auf den Versandstücken

(Siehe Anhang A. 9)

Nukleare Sicherheitsklasse I: 7 A, 7 B oder 7 C.

Nukleare Sicherheitsklasse II: 7 B oder 7 C.

Nukleare Sicherheitsklasse III: nur 7 C.

Anzubringen an zwei gegenüberliegenden Seiten; wegen der Versandstückkategorien siehe Rn. 3653 bis 3655 des Anhangs A. 6.

1. Stoffe

Spaltbare Stoffe:

Uran-233, Uran-235, Plutonium-238, Plutonium-239, Plutonium-241 und alle Stoffe, die irgendeines dieser Radionuklide enthalten, ausgenommen unbestrahltes natürliches oder abgereichertes Uran.

Die spaltbaren Stoffe müssen je nach ihrer Radioaktivität auch den Vorschriften der anderen Blätter entsprechen.

2. Verpackung/Versandstück

a) Die folgenden in Rn. 3610 des Anhangs A. 6 näher bezeichneten Stoffe unterliegen nicht den besonderen Verpackungsvorschriften dieses Blattes:

   i) spaltbare Stoffe in Mengen von höchstens 15 g je Versandstück von Uran-233, Uran-235, Plutonium-238, Plutonium-239, Plutonium-241 oder von jedem Gemisch dieser Radionuklide;

   ii) in einem thermischen Reaktor bestrahltes natürliches oder abgereichertes Uran;

   iii) verdünnte wasserstoffhaltige Lösungen in begrenzten Konzentrationen und Mengen;

   iv) angereichertes Uran mit höchstens 1 % Uran-235, vorausgesetzt, daß dieser Stoff, wenn er als Metall oder Oxid vorliegt, nicht gitterartig angeordnet ist;

   v) Stoffe, verteilt im Verhältnis von nicht mehr als 5 g je 10 Liter Volumen;

   vi) Plutonium in Mengen von weniger als 1 kg je Versandstück und wenn dessen Masse höchstens 20 % Plutonium-239 oder -241 enthält;

   vii) Lösungen von angereichertem Uranylnitrat, die Uran mit höchstens 2 % Uran-235 enthalten.

b) Andernfalls müssen die Versandstücke den in den Rn. 3611 bis 3624 des Anhangs A. 6 aufgeführten Vorschriften für die nuklearen Sicherheitsklassen I, II oder III entsprechen und, wenn nötig, nach Rn. 3674 des Anhangs A. 6 von der zuständigen Behörde genehmigt sein.

3. Höchstzulässige Dosisleistung der Versandstücke

Siehe entsprechendes Blatt.

4. Zusammenpackung

Siehe Rn. 3650 des Anhangs A. 6.

5. Kontamination an der Außenseite der Versandstücke

Siehe entsprechendes Blatt.

6. Aufschriften auf Versandstücken

Siehe entsprechendes Blatt.

7. Beförderungspapiere

a) Siehe die Vorschriften für die Genehmigungen und Benachrichtigungen in Rn. 2704.

b) Das Beförderungspapier muß, je nach der Beschaffenheit des Inhalts, die im entsprechenden Blatt aufgeführten Angaben enthalten, wobei der Bezeichnung des Gutes,

   die zu unterstreichen ist,

das Wort „spaltbar" vorangestellt wird.

c) Zeugnisse über die einseitige oder mehrseitige Genehmigung des Versandstückmusters können erforderlich sein (siehe Rn. 3674 des Anhangs A. 6).

d) Für Versandstückmuster der nuklearen Sicherheitsklasse II nach Rn. 3620 des Anhangs A. 6 sind mehrseitige Genehmigungszeugnisse für die Beförderung erforderlich. Für ein solches Versandstückmuster bedarf es keiner vorherigen Benachrichtigung, es sei denn, eine solche sei im Genehmigungszeugnis für die Beförderung durch die zuständige Behörde vorgeschrieben.

e) Für Versandstückmuster der nuklearen Sicherheitsklasse III sind mehrseitige Genehmigungszeugnisse für den Versand erforderlich, es sei denn, eine zuständige Behörde genehmige die Beförderung aufgrund einer Sonderbestimmung im Genehmigungszeugnis des Versandstückmusters (siehe Rn. 3675 des Anhangs A. 6).

Klasse 7

f) Vor jeder Beförderung eines Versandstücks der nuklearen Sicherheitsklasse III, das die mehrseitige Genehmigung des Versandstückmusters erfordert (siehe Rn. 3674 des Anhangs A. 6), muß der Absender die zuständigen Behörden aller an der Beförderung beteiligten Staaten entsprechend den Vorschriften der Rn. 3682 (2) bis (4) des Anhangs A. 6 möglichst 15 Tage im voraus benachrichtigen.

2703
(Forts.)

g) Vor der Beförderung eines Versandstücks muß der Absender im Besitz aller erforderlichen Genehmigungszeugnisse sein.

8. Lagerung und Versand

a) Die in den Genehmigungszeugnissen enthaltenen Anweisungen der zuständigen Behörde müssen beachtet werden.

b) Beschränkung der Summe der Transportkennzahlen für die Lagerung: 50 je Gruppe, mit einem Abstand von 6 m zwischen den Gruppen [siehe Rn. 3658 (2) bis (5) des Anhangs A. 6].

c) Der Absender muß vor der ersten Verwendung die in der Rn. 3643 des Anhangs A. 6 aufgeführten Vorschriften beachten.

9. Verladung der Versandstücke in Fahrzeugen und Containern

a) Die in den Genehmigungszeugnissen enthaltenen Anweisungen der zuständigen Behörde müssen beachtet werden.

b) Beschränkung der Summe der Transportkennzahlen: 50. Diese Beschränkung gilt nicht für geschlossene Ladungen unter der Bedingung, daß bei Vorhandensein von Versandstücken der nuklearen Sicherheitsklassen II und III die zulässige Anzahl nicht überschritten wird [siehe Rn. 3659 (5) des Anhangs A. 6].

10. Beförderung in loser Schüttung in Fahrzeugen und Containern

a) Stoffe der nuklearen Sicherheitsklassen bis zu einer Masse von insgesamt 15 g und Lösungen, die bestimmte Konzentrationsgrenzwerte und Mengen nicht übersteigen, unterliegen keinen Beschränkungen; siehe Abs. 2.a), i), iii) und vii) sowie Rn. 3610 des Anhangs A. 6.

b) Gegenstandslos für Versandstücke der nuklearen Sicherheitsklassen I und II.

c) Für die nukleare Sicherheitsklasse III nur aufgrund einer Ermächtigung im Genehmigungszeugnis der zuständigen Behörde zugelassen.

11. Beförderung in Tankfahrzeugen und Tankcontainern

Gegenstandslos.

12. Zettel an Fahrzeugen, Tankfahrzeugen, Tankcontainern und Containern (siehe Anhänge A. 9 und B. 4)

Container: Zettel nach Muster 7 A, 7 B oder 7 C an den vier Seiten.

Fahrzeuge und Großcontainer: Zettel nach Anhang B. 4 Rn. 240 010 Muster 7 D an beiden Längsseiten sowie an der Rückseite der Fahrzeuge [siehe Rn. 3659 (6) und 71 500].

13. Zusammenladeverbote

Siehe Rn. 2700 (3).

14. Dekontamination der Fahrzeuge, Tankfahrzeuge, Tankcontainer und Container

Siehe entsprechendes Blatt.

15. Sonstige Vorschriften

Vorschriften für das Verhalten bei Unfällen siehe Rn. 3695 (1) des Anhangs A. 6.

Klasse 7

Blatt 12

Gefahrzettel auf den Versandstücken

(Siehe Anhang A. 9)

Zettel nach Muster 7 C an zwei gegenüberliegenden Seiten, ausgenommen anderslautende Vorschriften im Genehmigungszeugnis der zuständigen Behörde [siehe Rn. 3655 (1) des Anhangs A. 6].

1. Stoffe

Beförderung radioaktiver Stoffe aufgrund

besonderer Vorkehrungen: | *von Sondervereinbarungen:*

Falls die Vorschriften über das Versandstückmuster oder den Versand nicht eingehalten werden können, dürfen die Sendungen nur aufgrund

besonderer Vorkehrungen | einer Sondervereinbarung

befördert werden, die Gewähr dafür bieten muß, daß die Sicherheit insgesamt nicht geringer ist als bei Einhaltung aller einschlägigen Vorschriften (siehe Rn. 3676 des Anhangs A. 6).

Bem. Siehe die Vorschriften für die Genehmigungen und Benachrichtigungen in Rn. 2704.

Zusammenfassung der Vorschriften über die vorherigen Genehmigungen

| **und Benachrichtigungen**

2704   a) Genehmigung der Muster von Stoffen in besonderer Form und der Versandstückmuster

Zu genehmigende Muster	Zuständige Behörde, deren Genehmigung erforderlich ist [siehe auch Rn. 2700 (1 a) und 1 b)]	Zu genehmigende Muster	Zuständige Behörde, deren Genehmigung erforderlich ist
1. Stoffe in besonderer Form, mit Ausnahme der Stoffe, die in den Blättern 3 und 4 aufgeführt sind	Bundesanstalt für Materialprüfung, Berlin	1. Stoffe in besonderer Form, mit Ausnahme der Stoffe, die in den Blättern 3 und 4 aufgeführt sind	Ursprungsland
2. Typ A, LSA und LLS	Keine, ausgenommen der Inhalt ist spaltbar und unterliegt den Vorschriften für spaltbare Stoffe nach Rn. 3610 des Anhangs A. 6: Physikalisch-Technische Bundesanstalt, Braunschweig	2. Typ A, LSA und LLS	Keine, ausgenommen der Inhalt ist spaltbar und unterliegt den Vorschriften für spaltbare Stoffe nach Rn. 3610 des Anhangs A. 6: Ursprungsland
3. Typ B(U)	Physikalisch-Technische Bundesanstalt, Braunschweig	3. Typ B(U)	Ursprungsland
4. Typ B(M)	Physikalisch-Technische Bundesanstalt, Braunschweig	4. Typ B(M)	Ursprungsland und alle von der Beförderung berührten Staaten
5. Versandstücke mit spaltbaren Stoffen:		5. Versandstücke mit spaltbaren Stoffen:	
Versandstückmuster nach Rn. 3620, 3623 oder 3624 des Anhangs A. 6	Keine	Versandstückmuster nach Rn. 3620, 3623 oder 3624 des Anhangs A. 6	Keine
Versandstückmuster nach Rn. 3616 oder 3622 des Anhangs A. 6	Physikalisch-Technische Bundesanstalt, Braunschweig	Versandstückmuster nach Rn. 3616 oder 3622 des Anhangs A. 6	Ursprungsland
Alle anderen Versandstückmuster	Physikalisch-Technische Bundesanstalt, Braunschweig	Alle anderen Versandstückmuster	Ursprungsland und alle von der Beförderung berührten Staaten

Bem. Unter „Ursprungsland" versteht man den Staat, in dem das Muster entworfen worden ist.

Versandstücke mit spaltbaren Stoffen fallen ebenfalls unter eine der vorstehend unter 2., 3. oder 4. aufgeführten Versandstücktypen; die betreffenden Bestimmungen gelten auch für diese.

166

Klasse 7

b) Genehmigung der Beförderung und vorherige Benachrichtigung   **2704**
(Forts.)

Versandstück	Zuständige Behörde, deren Genehmigung erforderlich ist	Vorherige Benachrichtigung jeder Beförderung
1. Typ A, LSA und LLS	Keine	Keine
2. Typ B(U)	Keine	Physikalisch-Technische Bundesanstalt, Braunschweig, wenn die Aktivität des Inhalts $3 \cdot 10^3 \, A_1$ oder $3 \cdot 10^3 \, A_2$ (je nach Fall) oder $3 \cdot 10^4 \, Ci$, wobei von diesen Werten der niedrigste maßgebend ist, übersteigt
3. Typ B(M) für ständige Gasabgabe	Physikalisch-Technische Bundesanstalt, Braunschweig	Physikalisch-Technische Bundesanstalt, Braunschweig
4. Typ B(M) ohne ständige Gasabgabe	Physikalisch-Technische Bundesanstalt, Braunschweig, wenn die Aktivität des Inhalts $3 \cdot 10^3 \, A_1$ oder $3 \cdot 10^3 \, A_2$ (je nach Fall) oder $3 \cdot 10^4 \, Ci$, wobei von diesen Werten der niedrigste maßgebend ist, übersteigt	Physikalisch-Technische Bundesanstalt, Braunschweig
5. Versandstücke der nuklearen Sicherheitsklassen:		
Klasse I	Keine	Keine
Klasse II	Nur Versandstücke nach Rn. 3620 des Anhangs A.6: Physikalisch-Technische Bundesanstalt, Braunschweig, ausgestellte Beförderungsgenehmigung ist etwas anderes vorgesehen	Keine, ausgenommen in der von der Physikalisch-Technischen Bundesanstalt, Braunschweig, ausgestellten Beförderungsgenehmigung ist etwas anderes vorgesehen
Klasse III	Physikalisch-Technische Bundesanstalt, Braunschweig	Physikalisch-Technische Bundesanstalt, Braunschweig

Versandstück	Zuständige Behörde, deren Genehmigung erforderlich ist	Vorherige Benachrichtigung jeder Beförderung
1. Typ A, LSA und LLS	Keine	Keine
2. Typ B(U)	Keine	Ursprungsland und alle von der Beförderung berührten Staaten, wenn die Aktivität des Inhalts $3 \cdot 10^3 \, A_1$ oder $3 \cdot 10^3 \, A_2$ (je nach Fall) oder $3 \cdot 10^4 \, Ci$, wobei von diesen Werten der niedrigste maßgebend ist, übersteigt
3. Typ B(M) für ständige Gasabgabe	Ursprungsland und alle von der Beförderung berührten Staaten	Ursprungsland und alle von der Beförderung berührten Staaten
4. Typ B(M) ohne ständige Gasabgabe	Ursprungsland und alle von der Beförderung berührten Staaten, wenn die Aktivität des Inhalts $3 \cdot 10^3 \, A_1$ oder $3 \cdot 10^3 \, A_2$ (je nach Fall) oder $3 \cdot 10^4 \, Ci$, wobei von diesen Werten der niedrigste maßgebend ist, übersteigt	Ursprungsland und alle von der Beförderung berührten Staaten
5. Versandstücke der nuklearen Sicherheitsklassen:		
Klasse I	Keine	Keine
Klasse II	Nur Versandstücke nach Rn. 3620 des Anhangs A.6: Ursprungsland und alle von der Beförderung berührten Staaten	Keine, ausgenommen in der die von der zuständigen Behörde ausgestellten Beförderungsgenehmigung ist etwas anderes vorgesehen
Klasse III	Ursprungsland und alle von der Beförderung berührten Staaten	Ursprungsland und alle von der Beförderung berührten Staaten

167

Klasse 7

2704
(Forts.)

Versandstück	Zuständige Behörde, deren Genehmigung erforderlich ist	Vorherige Benachrichtigung jeder Beförderung
6. Aufgrund besonderer Vorkehrungen beförderte Versandstücke	Physikalisch-Technische Bundesanstalt, Braunschweig *)	Physikalisch-Technische Bundesanstalt, Braunschweig, ausgenommen, in der ausgestellten Beförderungsgenehmigung ist etwas anderes vorgesehen.

Bem. Die Versandstücke der nuklearen Sicherheitsklassen fallen ebenfalls unter die eine oder andere Rubrik dieser Tabelle; die betreffenden Bestimmungen gelten auch für diese.

*) Die Zuständigkeit der Physikalisch-Technischen Bundesanstalt, Braunschweig, ist nur für die Genehmigung radioaktiver Stoffe aufgrund besonderer Vorkehrungen bei Einhaltung der sich aus den einschlägigen Vorschriften ergebenden gleichwertigen Sicherheitsanforderungen, nicht aber für Erleichterungen gewährende Ausnahmegenehmigungen nach § 5 dieser Verordnung gegeben.

Versandstück	Zuständige Behörde, deren Genehmigung erforderlich ist	Vorherige Benachrichtigung jeder Beförderung
6. Aufgrund besonderer Vereinbarungen beförderte Versandstücke	Ursprungsland und alle von der Beförderung berührten Staaten	Ursprungsland und alle von der Beförderung berührten Staaten

Bem. Falls der Inhalt eines Versandstücks des Typs B (U) die Aktivität $3 \cdot 10^3$ A$_1$ oder $3 \cdot 10^3$ A$_2$ (je nach Fall) oder 3×10^4 Ci übersteigt, wobei von diesen Werten der niedrigste maßgebend ist, muß sich der Absender vor dem ersten Versand vergewissern, daß Kopien der erforderlichen Genehmigungszeugnisse den zuständigen Behörden aller an der Beförderung beteiligten Staaten zugestellt worden sind. Unter „Ursprungsland" versteht man den Staat, von dem der Versand erfolgt. Die Versandstücke der nuklearen Sicherheitsklassen fallen ebenfalls unter die eine oder andere Rubrik dieser Tabelle; die betreffenden Bestimmungen gelten auch für diese.

2705-
2799

Klasse 8

Ätzende Stoffe

1. Stoffaufzählung

(1) Von den unter den Begriff der Klasse 8 [1]) fallenden Stoffen und Gegenständen unterliegen die in Rn. 2801 genannten oder unter eine dort genannte Sammelbezeichnung fallenden Stoffe und Gegenstände den in Rn. 2800 (2) bis 2822 enthaltenen Bedingungen, den Vorschriften dieser Anlage und denen der Anlage B und sind somit Stoffe und Gegenstände | **2800**

dieser Verordnung [2]). | des ADR [2]).

Auf Grund des Grades ihrer Ätzwirkung sind die Stoffe der Klasse 8, mit Ausnahme der Stoffe der Ziffern 6, 24 und 25, in den einzelnen Ziffern der Rn. 2801 einer der folgenden durch die Buchstaben a), b) und c) bezeichneten Gruppen zuzuordnen:

a) stark ätzende Stoffe,

b) ätzende Stoffe,

c) schwach ätzende Stoffe.

Wenn Stoffe der Klasse 8 durch Beimengungen in andere Bereiche der Ätzwirkung fallen als die, zu denen die namentlich genannten Stoffe der Rn. 2801 gehören, sind diese Gemische oder Lösungen den Ziffern bzw. Buchstaben zuzuordnen, zu denen sie auf Grund ihrer tatsächlichen Ätzwirkung gehören.

Wenn Stoffe der Klasse 8 durch Beimengungen in den Flammpunktbereich unter 21 °C fallen, sind diese Gemische oder Lösungen unter Berücksichtigung ihrer Ätzwirkung den entsprechenden Ziffern und Buchstaben der Klasse 3 zuzuordnen.

Wenn Stoffe der Klasse 8 durch Beimengungen von Stoffen der Klasse 6.1 überwiegend giftige Eigenschaften erhalten, sind diese Gemische oder Lösungen den entsprechenden Ziffern und Buchstaben der Klasse 6.1 zuzuordnen.

Bem. Für die Zuordnung von Lösungen und Gemischen (wie Präparate, Zubereitungen und Abfälle) siehe auch Rn. 2002 (5).

(2) Als feste Stoffe im Sinne der Verpackungsvorschriften der Rn. 2805 (2), 2806 (2) und 2807 (2) gelten Stoffe bzw. Stoffgemische mit einem Schmelzpunkt über 45 °C.

(3) Die ätzenden entzündbaren flüssigen Stoffe mit einem Flammpunkt unter 21 °C, ausgenommen gewisse Säurehalogenide der Ziffer 36 b), sind Stoffe der Klasse 3 (siehe Rn. 2301, Ziffern 21 bis 26).

(4) Ätzende Stoffe, die nach der Fußnote [1]) zu Rn. 2600 (1) eine sehr hohe Giftigkeit beim Einatmen besitzen, sind Stoffe der Klasse 6.1 (siehe Rn. 2601).

(5) Die chemisch instabilen Stoffe der Klasse 8 sind zur Beförderung nur zugelassen, wenn die erforderlichen Maßnahmen zur Verhinderung einer gefährlichen Zerfalls- oder Polymerisationsreaktion während der Beförderung getroffen wurden. Zu diesem Zweck muß insbesondere dafür gesorgt werden, daß die Gefäße keine Stoffe enthalten, die diese Reaktion begünstigen.

(6) Der nachstehend genannte Flammpunkt ist nach den Vorschriften des Anhangs A.3 zu bestimmen.

Bem. Auch wenn unter den Buchstaben a), b) oder c) der einzelnen Ziffern dieser Randnummer keine Stoffe genannt sind, können zu diesen Buchstaben Stoffe, Lösungen, Mischungen und Zubereitungen entsprechend den Kriterien der Rn. 2800 assimiliert werden. | **2801**

A. Stoffe sauren Charakters

Anorganische Säuren

1. Schwefelsäure und ähnliche Stoffe, wie:

   a) *Chromschwefelsäure, Oleum (rauchende Schwefelsäure), Schwefelsäureanhydrid (Schwefeltrioxid);*

   b) *Abfallschwefelsäure, Alkyl- und Arylsulfonsäuren mit mehr als 5 % freier Schwefelsäure, wässerige Lösungen von Bisulfaten, schwefelsäurehaltiger Bleischlamm, Nitrosylschwefelsäure, Schwefelsäure;*

   c) . . .

   Bem. 1. Schwefelsäurehaltiger Bleischlamm mit weniger als 3 % freier Säure ist ein Stoff der Klasse 6.1 [siehe Rn. 2601, Ziffer 63 c)].
              2. Alkyl- und Arylsulfonsäuren mit 5 % oder weniger freier Schwefelsäure sind Stoffe der Ziffer 34.

---

[1]) Der Begriff der Klasse 8 umfaßt Stoffe, die durch ihre chemische Einwirkung die Epithelgewebe der Haut, der Schleimhäute oder der Augen, mit denen sie in Berührung kommen, angreifen oder im Falle eines Entweichens Schäden an anderen Gütern oder Transportmitteln verursachen oder sie zerstören können, und die auch andere Gefahren hervorrufen können. Unter den Begriff dieser Klasse fallen auch Stoffe, die erst unter Einwirkung von Wasser ätzende flüssige Stoffe bilden oder die unter der natürlichen Luftfeuchtigkeit ätzende Dämpfe oder Nebel entstehen lassen.
Beim Fehlen anderer Erfahrungen kann die Ätzwirkung durch Tierexperimente ermittelt werden.
Stoffe, die bei Versuchen auf der unverletzten Haut eines Versuchstieres nach einer Einwirkungszeit bis zu 4 Stunden eine sichtbare Nekrose des Hautgewebes an der Stelle verursachen, auf die man sie einwirken läßt, sind Stoffe der Gruppe c).
Ebenfalls Stoffe der Gruppe c) sind diejenigen Stoffe, die für epithele Gewebe nicht gefährlich sind, auf Stahl oder Aluminium aber ätzend wirken.
Stoffe, die bei Versuchen auf der unverletzten Haut eines Versuchstieres nach einer Einwirkungszeit von mehr als 3 Minuten bis zu 60 Minuten eine sichtbare Nekrose des Hautgewebes an der Stelle verursachen, auf die man sie einwirken läßt, sind Stoffe der Gruppe b).
Andere Stoffe, die unter den Begriff der Klasse 8 fallen, und die gleichzeitig ätzender sind als Stoffe der Gruppe b), sind Stoffe der Gruppe a).

[2]) Für Mengen der in Rn. 2801 aufgeführten Stoffe, die den in dieser Anlage oder in der Anlage B für diese Klasse enthaltenen Vorschriften nicht unterliegen, siehe Rn. 2801 a.

Anlage A
Klasse 8

Klasse 8

2801
(Forts.)

2. Salpetersäuren, wie:

a) *Salpetersäure mit mehr als 70 % reiner Säure; rotrauchende Salpetersäure;*

b) *Salpetersäure mit höchstens 70 % reiner Säure;*

c) ...

3. Mischungen anorganischer Säuren, ausgenommen mit Fluorwasserstoffsäure (Flußsäure), wie:

a) *Mischungen von Schwefelsäure mit mehr als 30 % reiner Salpetersäure;*

b) *Mischungen von Schwefelsäure mit höchstens 30 % reiner Salpetersäure, Mischungen von Schwefelsäure mit Salzsäure, Mischungen von Salpetersäure (höchstens 30 % HNO_3) mit Essigsäure und Phosphorsäure;*

c) ...

Bem. 1. Mischungen von Salpetersäure mit Salzsäure sind zur Beförderung nicht zugelassen.
2. Abfallmischsäuren, nicht denitrierte, sind zur Beförderung nicht zugelassen.

4. Lösungen von Perchlorsäure:

b) *Wässerige Lösungen von Perchlorsäure mit höchstens 50 % reiner Säure;*

c) ...

Bem. Wässerige Lösungen von Perchlorsäure mit mehr als 50 %, aber höchstens 72,5 % reiner Säure, sind Stoffe der Klasse 5.1 (siehe Rn. 2501, Ziffer 3). Lösungen mit mehr als 72,5 % reiner Säure sowie Mischungen von Perchlorsäure mit anderen flüssigen Stoffen als Wasser sind zur Beförderung nicht zugelassen.

5. Lösungen von Halogenwasserstoffen (ausgenommen Fluorwasserstoff), wie:

b) *Bromwasserstofflösungen, Jodwasserstofflösungen, Salzsäure (Chlorwasserstofflösungen),* wässerige Lösungen der Stoffe der Ziffern 21 und 22 b), mit Ausnahme von wässerigen Lösungen von Aluminiumchlorid und wässerigen Lösungen von Aluminiumbromid;

c) wässerige Lösungen der Stoffe der Ziffer 22 c), *wässerige Lösungen von Aluminiumbromid* und *wässerige Lösungen von Aluminiumchlorid.*

Bem. Bromwasserstoff und Chlorwasserstoff sind Stoffe der Klasse 2 (siehe Rn. 2201, Ziffern 3 at) und 5 at)].

6. *Fluorwasserstoff, Flußsäure mit mehr als 85 % Fluorwasserstoff.*

Bem. Für diese Stoffe bestehen Sondervorschriften für die Verpackung (siehe Rn. 2803).

7. a) *Wässerige Lösungen von Flußsäure mit mehr als 60 %, aber höchstens 85 % Fluorwasserstoff, Mischungen anorganischer Säuren mit Flußsäure (Fluorwasserstoffsäure);*

b) *Wässerige Lösungen von Flußsäure mit höchstens 60 % Fluorwasserstoff;*

c) ...

8. Lösungen von Fluorborsäure:

b) *Wässerige Lösungen von Fluorborsäure mit höchstens 78 % reiner Säure.*

c) ...

Bem. Lösungen von Fluorborsäure mit mehr als 78 % reiner Fluorborsäure sind zur Beförderung nicht zugelassen.

9. b) *Silicofluorwasserstoffsäure (Kieselfluorwasserstoffsäure) (H_2SiF_6);*

c) ...

10. Sonstige fluorhaltige Säuren, wie:

a) *Fluorsulfonsäure;*

b) *Difluorphosphorsäure, wasserfrei, Fluorphosphorsäure, wasserfrei, Hexafluorphosphorsäure.*

c) ...

11. Andere anorganische Säuren wie:

a) *Selensäure;*

b) *Lösungen von Chromsäure;*

Bem. Chromtrioxid ist ein Stoff der Klasse 5.1 (siehe Rn. 2501, Ziffer 10).

c) *Chlorplatinsäure (Hexachlorplatinsäure), Phosphorsäure.*

Anorganische Halogenide, saure Salze und andere halogenhaltige Stoffe

21. Flüssige Halogenide und andere flüssige halogenhaltige Stoffe, die in Berührung mit feuchter Luft oder Wasser saure Dämpfe abgeben, mit Ausnahme der Fluorverbindungen, wie:

a) *Bortribromid (Tribromboran) (BBr_3), Chlorsulfonsäure ($SO_2(OH)Cl$), Chromylchlorid (Chromoxychlorid) (CrO_2Cl_2), Schwefelchlorid (Chlorschwefel) (S_2Cl_2), Schwefeldichlorid (SCl_2), Sulfurylchlorid (SO_2Cl_2), Thionylchlorid ($SOCl_2$), Vanadiumtetrachlorid (VCl_4);*

Klasse 8

b) *Antimonpentachlorid* (SbCl$_5$) und *nicht wässerige Lösungen von Antimonpentachlorid, Butylzinntrichlorid* (C$_4$H$_9$SnCl$_3$), *Jodmonochlorid* (JCl), *Phosphoroxychlorid (Phosphorylchlorid)* (POCl$_3$), *Phosphortribromid* (PBr$_3$), *Phosphortrichlorid* (PCl$_3$), *Pyrosulfurylchlorid* (S$_2$O$_5$Cl$_2$), *Siliciumtetrachlorid* (SiCl$_4$), *Thiophosphorylchlorid* (PSCl$_3$), *Titantetrachlorid* (TiCl$_4$), *Vanadiumoxytrichlorid* (VOCl$_3$), *Zinntetrachlorid*, wasserfrei (SnCl$_4$);

2801
(Forts.)

c) . . .

Bem. 1. Zinntetrachloridpentahydrat ist ein Stoff der Ziffer 22 c).

2. Die wässerigen Lösungen der Stoffe der Ziffer 21 sind Stoffe der Ziffer 5 b).

22. Feste Halogenide und andere feste halogenhaltige Stoffe, die in Berührung mit feuchter Luft oder Wasser saure Dämpfe abgeben, mit Ausnahme der Fluorverbindungen, wie:

b) *Aluminiumbromid*, wasserfrei (AlBr$_3$), *Aluminiumchlorid*, wasserfrei (AlCl$_3$), *Antimontrichlorid* (SbCl$_3$), *Phosphoroxybromid* (POBr$_3$), *Phosphorpentachlorid* (PCl$_5$), *Gemische von Titantrichlorid* (TiCl$_3$) in nicht pyrophorer Form;

Bem. Aluminiumbromidhexahydrat, Aluminiumchloridhexahydrat und Aluminiumchloridmonohydrat unterliegen nicht den Vorschriften

dieser Verordnung.　　　　　❘　des ADR.

c) *Eisentrichlorid*, wasserfrei (FeCl$_3$), *Molybdänpentachlorid* (MoCl$_5$), *Vanadiumtrichlorid* (VCl$_3$), *Zinkchlorid* (ZnCl$_2$), *Zinntetrachloridpentahydrat* (SnCl$_4$ · 5H$_2$O), *Zirkoniumtetrachlorid* (ZrCl$_4$).

Bem. 1. Eisentrichloridhexahydrat unterliegt nicht den Vorschriften

dieser Verordnung.　　　　　❘　des ADR.

2. Die wässerigen Lösungen der Ziffer 22 sind Stoffe der Ziffer 5.

23. Bisulfate und schwefelsäurehaltige Sulfate, wie:

b) *Ammoniumbisulfat, Bleisulfat, Kaliumbisulfat* und *Natriumbisulfat*, alle mit 3 % und mehr freier Schwefelsäure.

c) *Ammoniumbisulfat, Kaliumbisulfat* und *Natriumbisulfat*, alle mit weniger als 3 % freier Schwefelsäure.

Bem. 1. Wässerige Lösungen von Bisulfaten sind Stoffe der Ziffer 1 b).

2. Bleisulfat mit weniger als 3 % freier Schwefelsäure ist ein Stoff der Klasse 6.1 [siehe Rn. 2601, Ziffer 63 c)].

24. *Brom*

Bem. Für diesen Stoff bestehen Sondervorschriften für die Verpackung (siehe Rn. 2804).

25. *Molybdänhexafluorid*

Bem. Für diesen Stoff bestehen Sondervorschriften für die Verpackung (siehe Rn. 2803).

26. Andere Fluorverbindungen, wie:

a) *Brompentafluorid, Bromtrifluorid;*

b) *Ammoniumbifluorid, Antimonpentafluorid, Chromfluorid, Kaliumbifluorid, Natriumbifluorid.*

c) . . .

Bem. Ammoniumfluorid, Kaliumfluorid, Natriumfluorid und die Silicofluoride sind Stoffe der Klasse 6.1 [siehe Rn. 2601 Ziffern 65 c) und 66 c)].

27. Saure anorganische Stoffe sowie saure Lösungen und Gemische von anorganischen Stoffen (wie Präparate, Zubereitungen und Abfälle), die nicht unter andere Sammelbezeichnungen fallen, wie:

a) . . . ;

b) *Phosphorsäureanhydrid (Phosphorpentoxid);*

c) *Cyanurchlorid, Hydroxylaminsulfat.*

Organische Stoffe

31. Feste Carbon-, Dicarbon- und Halogencarbonsäuren und ihre festen Anhydride, wie:

b) *Bromessigsäure, Chloressigsäure (Monochloressigsäure), Trichloressigsäure, Trichloressigsäureanhydrid;*

c) *Maleinsäureanhydrid, Phthalsäureanhydrid, Tetrahydrophthalsäureanhydrid.*

32. Flüssige Carbon- und Halogencarbonsäuren und ihre flüssigen Anhydride, wie:

a) *Trifluoressigsäure;*

b) *Acrylsäure, Ameisensäure* mit mehr als 70 % reiner Säure, *Lösungen von Bromessigsäure, Mischungen von Chloressigsäure, Dichloressigsäure, Essigsäure (Eisessig)* und ihre wässerigen Lösungen mit mehr als 80 % reiner Säure, *Essigsäureanhydrid, Lösungen von Chloressigsäure (Monochloressigsäure), Thioglykolsäure, Lösungen von Trichloressigsäure;*

c) *Ameisensäure* mit 50 % bis 70 % reiner Säure, *Buttersäureanhydrid, 2-Chlorpropionsäure, 5-Chlorvaleriansäure, Essigsäure* mit 50 % bis 80 % reiner Säure, *Heptafluorbuttersäure, Methacrylsäure, Propionsäure* mit 50 % oder mehr reiner Säure, *Propionsäureanhydrid.*

Bem. Ameisensäure, Essigsäure und Propionsäure mit weniger als 50 % reiner Säure unterliegen nicht den Vorschriften

dieser Verordnung.　　　　　❘　des ADR.

171

Klasse 8

2801
(Forts.)

33. Bortrifluoridkomplexe, wie:

a) ...;

b) *Bortrifluorid-Äther-Komplex, Bortrifluorid-Essigsäure-Komplex, Bortrifluorid-Phenol-Komplex, Bortrifluorid-Propionsäure-Komplex;*

c) ...

34. Alkyl- und Arylsulfonsäuren, wie:

b) *Nitrobenzolsulfonsäure, Phenolsulfonsäure;*

c) *Benzidin-3-Sulfonsäure, Methansulfonsäure, Toluolsulfonsäuren* und ihre Lösungen.

Bem. Alkyl- und Arylsulfonsäuren mit mehr als 5 % freier Schwefelsäure sind Stoffe der Ziffer 1 b).

35. Feste organische Säurehalogenide, wie:

b) *Anisoylchlorid, 2,4-Dichlorbenzoylchlorid, Dichlorchinoxalincarbonsäurechlorid, Isophthalsäuredichlorid, Nitrobenzolsulfonylchlorid, p-Nitrobenzoylchlorid.*

c) ...

36. Flüssige organische Säurehalogenide, wie:

a) ...;

b) *Acetylbromid, Acetyljodid, Benzoylchlorid, Bromacetylbromid, Chloracetylchlorid, Diäthylthiophosphorylchlorid, Fumarylchlorid, Pivaloylchlorid (Pivalinsäurechlorid), Trichloracetylchlorid, Valerylchlorid (Valeriansäurechlorid);*

c) *Benzolsulfonylchlorid, o-Chlorbenzoylchlorid, p-Chlorbenzoylchlorid, Dimethylthiophosphorylchlorid.*

37. Alkyl- und Arylchlorsilane mit einem Flammpunkt von 21 °C oder darüber, wie:

a) ...;

b) *Äthylphenyldichlorsilan, Allyltrichlorsilan, Amyltrichlorsilan, Butyltrichlorsilan, Chlorphenyltrichlorsilan, Cyclohexenyltrichlorsilan, Cyclohexyltrichlorsilan, Diäthyldichlorsilan, Dichlordiphenylsilan (Diphenyldichlorsilan), Dichlorphenyltrichlorsilan, Dodecyltrichlorsilan, Hexadecyltrichlorsilan, Hexyltrichlorsilan, Methylphenyldichlorsilan, Nonyltrichlorsilan, Octadecyltrichlorsilan, Phenyltrichlorsilan, Propyltrichlorsilan;*

c) ...

Bem. Chlorsilane, die mit Wasser oder an der feuchten Luft entzündliche Gase abgeben, sind Stoffe der Klasse 4.3 und sind zur Beförderung nur zugelassen, wenn sie dort namentlich aufgeführt sind.

38. Saure Ester der Phosphorsäure, wie:

b) ...;

c) *Phosphorsäuredibutylester, Phosphorsäuredipropylester, Phosphorsäuremonobutylester, Phosphorsäuremonoisooctylester, Phosphorsäuremonoisopropylester*

39. Saure organische Stoffe sowie saure Lösungen und Gemische von anorganischen Stoffen (wie Präparate, Zubereitungen und Abfälle), die nicht unter andere Sammelbezeichnungen fallen, wie:

b) *Acetopolysilane, Acetoxysilane, Äthyltriacetoxysilan;*

c) ...

B. Stoffe basischen Charakters

Anorganische Stoffe

41. Feste basische Verbindungen der Alkalimetalle, wie:

b) *Caesiumhydroxid, Kaliumhydroxid (Ätzkali), Kaliumoxid, Lithiumhydroxid, Natriumhydroxid (Ätznatron), Natriumoxid;*

c) *Natronkalk* (Gemische von Ätznatron und Ätzkalk).

42. Lösungen alkalischer Stoffe, wie:

b) *Lösungen von Natriumaluminat, Lösungen von Kaliumhydroxid (Kalilaugen), Lösungen von Natriumhydroxid (Natronlaugen), alkalische Lösungen von Kresolen, von Phenol und von Xylenolen, alkalische Rückstände* (z. B. aus der Ölraffination);

c) ...

43. Ammoniaklösungen.

c) *Ammoniaklösungen* mit mindestens 10 % und höchstens 35 % Ammoniak.

Bem. 1. Ammoniaklösungen mit mehr als 35 % Ammoniak (NH$_3$) sind Stoffe der Klasse 2 [siehe Rn. 2201 Ziffer 9 at)].

2. Ammoniaklösungen mit weniger als 10 % Ammoniak (NH$_3$) unterliegen nicht den Vorschriften

dieser Verordnung.   ▍ des ADR.

172

Klasse 8

44. Hydrazin und seine wässerigen Lösungen:

    a) *Hydrazin, wasserfrei, wässerige Lösungen von Hydrazin mit mehr als 64 % Hydrazin;*

    b) *Wässerige Lösungen von Hydrazin mit höchstens 64 % Hydrazin;*

    c) ...

2801
(Forts.)

45. Sulfide und Hydrogensulfide, wie:

    b) *Lösungen von Ammoniumpolysulfid, Lösungen von Ammoniumsulfid, Kaliumsulfid und Natriumsulfid mit mindestens 30 % Kristallwasser sowie Natriumhydrogensulfid mit mindestens 25 % Kristallwasser.*

       Bem. Wasserfreies Kaliumsulfid und wasserfreies Natriumsulfid sowie deren Hydrate mit weniger als 30 % Kristallwasser sowie Natriumhydrogensulfid mit weniger als 25 % Kristallwasser sind Stoffe der Klasse 4.2 [siehe Rn. 2431 Ziffer 6 c)].

    c) *wässerige Lösungen von Sulfiden* und *Hydrogensulfiden*, mit Ausnahme von Lösungen von Ammoniumsulfid und Lösungen von Ammoniumpolysulfid.

„46. Basische anorganische Stoffe sowie basische Lösungen und Gemische von anorganischen Stoffen (wie Präparate, Zubereitungen und Abfälle), die nicht unter andere Sammelbezeichnungen fallen, wie:

    a) ...

    b) ...

    c) ...".

Organische Stoffe

51. Tetraalkylammoniumhydroxide, wie:

    b) *Tetramethylammoniumhydroxid;*

    c) ...

52. Feste Alkyl-, Aryl- und Polyamine, wie:

    c) *Diäthylendiamin (Piperazin), Hexamethylendiamin.*

53. Flüssige Alkyl-, Aryl- und Polyamine, wie:

    b) *Äthylendiamin, Benzyldimethylamin, Cyclohexylamin, N,N-Diäthyläthylendiamin, Diäthylentriamin, n-Dibutylamin, N,N-Dimethylcyclohexylamin, Lösungen von Hexamethylendiamin, Lösungen von Kupferäthylendiamin, Triäthylentetramin,*

    c) *2-Äthylhexylamin, bis-Aminopropylamin (Dipropylentriamin, 3,3´-Imino-bis-propylamin), Benzylamin, Diäthylaminopropylamin, Dicyclohexylamin, Isophorondiamin, Pentaäthylenhexamin, Tetraäthylenpentamin, Tributylamin, Trimethylcyclohexylamin, Trimethylhexamethylendiamine.*

54. Alkanolamine, wie:

    c) *Äthanolamin und seine Lösungen.*

55. Basische organische Stoffe sowie basische Lösungen und Gemische von organischen Stoffen (wie Präparate, Zubereitungen und Abfälle), die nicht unter andere Sammelbezeichnungen fallen, wie:
    a) ...
    b) ...
    c) ...

C. Andere ätzende Stoffe

61. Hypochloritlösungen (Chlorbleichlaugen), wie:

    b) *Kaliumhypochloritlösungen* und *Natriumhypochloritlösungen mit 16 % oder mehr aktivem Chlor;*

    c) *Kaliumhypochloritlösungen* und *Natriumhypochloritlösungen mit mehr als 5 %, aber weniger als 16 % aktivem Chlor;*

    Bem. Hypochloritlösungen mit höchstens 5 % aktivem Chlor unterliegen nicht den Vorschriften

       dieser Verordnung.   **|** des ADR.

62. Lösungen von Wasserstoffperoxid

    b) *Wässerige Lösungen von Wasserstoffperoxid, mit mindestens 20 % bis höchstens 60 % Wasserstoffperoxid;*

    c) *Wässerige Lösungen von Wasserstoffperoxid, mit mindestens 8 % und weniger als 20 % Wasserstoffperoxid.*

    Bem. 1. Lösungen mit mehr als 60 % Wasserstoffperoxid sind Stoffe der Klasse 5.1 (siehe Rn. 2501, Ziffer 1).

       2. Lösungen mit weniger als 8 % Wasserstoffperoxid unterliegen nicht den Vorschriften

       dieser Verordnung.   **|** des ADR.

Klasse 8

63. Lösungen von Formaldehyd:

   c) *Wässerige Lösungen von Formaldehyd* (z. B. *Formalin*) mit mindestens 5 % Formaldehyd, auch mit höchstens 35 % Methanol.

   Bem. Wässerige Lösungen von Formaldehyd mit weniger als 5 % Formaldehyd unterliegen nicht den Vorschriften dieser Verordnung. | des ADR.

64. Ester anorganischer und organischer Säuren mit überwiegend ätzenden Eigenschaften, wie:

   a) Ester der Chlorameisensäure, wie:
   Allylchlorformiat, Benzylchlorformiat;

   b) . . .;

   c) . . .

   Bem. Ester anorganischer und organischer Säuren mit überwiegend giftigen Eigenschaften sind Stoffe der Klasse 6.1 (siehe Rn. 2601, Ziffern 16 und 17).

65. Feste ätzende Stoffe und Gemische (wie Präparate, Zubereitungen und Abfälle), die nicht unter andere Sammel-bezeichnungen fallen, wie:

   a) . . .

   b) *Diphenylmethylbromid:*

   c) . . .

66. Flüssige ätzende Stoffe, Lösungen und Gemische (wie Präparate, Zubereitungen und Abfälle), die nicht unter an-dere Sammelbezeichnungen fallen, wie:

   a) . . .

   b) *Benzotrichlorid (Trichlormethylbenzol), 1-Pentol (3-Methyl-2-penten-4-in-1-ol);*

   c) . . .

D. Leere Verpackungen

71. Ungereinigte *leere Verpackungen, leere Tankfahrzeuge, leere Aufsetztanks, leere Tankcontainer und leere Klein-container,* letztere für Güter in loser Schüttung, die Stoffe der Klasse 8 enthalten haben.

2801 a   Stoffe der Ziffern 1 bis 5, 7 bis 11, 21 bis 23, 26, 27, 31 bis 39, 41 bis 46, 51 bis 55 und 61 bis 66, die unter den nachstehenden Bedingungen befördert werden, unterliegen nicht den für diese Klasse in dieser

Verordnung | Anlage und der Anlage B

enthaltenen Vorschriften:

   (1) a) Stoffe, die unter a) der einzelnen Ziffern fallen:

      – Flüssige Stoffe: bis zu 100 ml je Innenverpackung und bis zu 400 ml je Versandstück;

      – feste Stoffe: bis zu 500 g je Innenverpackung und bis zu 2 kg je Versandstück;

   b) Stoffe, die unter b) der einzelnen Ziffern fallen:

      – Flüssige Stoffe: bis zu 1 Liter je Innenverpackung und bis zu 4 Liter je Versandstück;

      – feste Stoffe: bis zu 3 kg je Innenverpackung und bis zu 12 kg je Versandstück;

   c) Stoffe, die unter c) der einzelnen Ziffern fallen:

      – Flüssige Stoffe: bis zu 3 Liter je Innenverpackung und bis zu 12 Liter je Versandstück;

      – feste Stoffe: bis zu 6 kg je Innenverpackung und bis zu 24 kg je Versandstück.

Diese Stoffmengen müssen in zusammengesetzten Verpackungen befördert werden, die mindestens die Bedingun-gen der Rn. 3538 erfüllen.

Die Allgemeinen Verpackungsvorschriften der Rn. 3500 (1) und (2) sowie (4) bis (7) sind zu beachten.

(2) Alkalische Lösungen oder Säuren in Akkumulatoren mit Zellgehäusen aus Metall oder Kunststoff. Die Akku-mulatoren sind gegen Kurzschluß, Rutschen, Umfallen und Beschädigen zu sichern und mit Trageeinrichtungen zu versehen. Trageeinrichtungen sind jedoch nicht erforderlich, wenn die Akkumulatoren in geeigneter Weise, z. B. auf Paletten, gestapelt und gesichert sind. An den Versandstücken dürfen sich außen keine gefährlichen Spuren von Laugen oder Säuren befinden.

Klasse 8

2. Vorschriften

A. Versandstücke

1. Allgemeine Verpackungsvorschriften

2802 (1) Die Verpackungen müssen den Bedingungen des Anhangs A. 5 entsprechen, sofern nicht in den Rn. 2803 bis 2808 Sondervorschriften für die Verpackung bestimmter Stoffe vorgesehen sind.

(2) Nach den Bestimmungen der Rn. 2800 (1) und 3511 (2) sind für

– stark ätzende, in den einzelnen Ziffern unter a) fallende Stoffe, Verpackungen der Verpackungsgruppe I, gekennzeichnet mit dem Buchstaben „X",

– ätzende, in den einzelnen Ziffern unter b) fallende Stoffe, Verpackungen der Verpackungsgruppe II oder I, gekennzeichnet mit dem Buchstaben „Y" oder „X",

– schwach ätzende, in den einzelnen Ziffern unter c) fallende Stoffe, Verpackungen der Verpackungsgruppe III, II oder I, gekennzeichnet mit dem Buchstaben „Z", „Y" oder „X",

zu verwenden.

Bem. Wegen Beförderung von Stoffen der Klasse 8 in Tankfahrzeugen, Aufsetztanks und Tankcontainern sowie wegen Beförderung der festen Stoffe dieser Klasse in loser Schüttung siehe Anlage B.

2. Besondere Verpackungsvorschriften

2803 Fluorwasserstoff und Flußsäure mit mehr als 85 % Fluorwasserstoff der Ziffer 6 und Molybdänhexafluorid der Ziffer 25 müssen in Druckgefäßen aus Kohlenstoffstahl oder geeignetem legiertem Stahl verpackt sein. Folgende Druckgefäße sind zugelassen:

a) Flaschen mit einem Fassungsraum von höchstens 150 Liter;

b) Gefäße mit einem Fassungsraum von mindestens 100 Liter und höchstens 1 000 Liter (z. B. zylindrische Gefäße mit Rollreifen und Gefäße auf Gleiteinrichtungen).

Die Druckgefäße müssen den einschlägigen Vorschriften der Klasse 2 [siehe Rn. 2211, 2213 (1) und (2), 2215, 2216 und 2218] entsprechen.

Die Wanddicke der Druckgefäße darf nicht geringer sein als 3 mm.

Die Druckgefäße sind vor ihrer erstmaligen Verwendung einer Flüssigkeitsdruckprüfung mit einem Druck von mindestens 1 MPa (10 bar) (Überdruck) zu unterziehen. Die Druckprüfung ist alle 8 Jahre zu wiederholen und mit einer inneren Untersuchung der Druckgefäße sowie einer Überprüfung der Armaturen zu verbinden. Die Druckgefäße sind darüber hinaus alle 2 Jahre hinsichtlich Abzehrungen mit geeigneten Meßgeräten (z. B. Ultraschall) sowie hinsichtlich des Zustandes der Armaturen zu untersuchen.

Die Prüfungen und Untersuchungen sind unter Kontrolle eines von der zuständigen Behörde anerkannten Sachverständigen vorzunehmen.

Die Höchstmasse der Füllung je Liter Fassungsraum beträgt:

– für Fluorwasserstoff und Flußsäure 0,84 kg,

– für Molybdänhexafluorid 1,93 kg.

2804 (1) Brom der Ziffer 24 muß in Glasgefäßen, die höchstens 2,5 Liter Stoff enthalten dürfen, in zusammengesetzten Verpackungen nach Rn. 3538 verpackt sein. Die zusammengesetzten Verpackungen müssen nach Anhang A. 5 für die Verpackungsgruppe I geprüft und zugelassen werden.

(2) Brom mit einem Wassergehalt von weniger als 0,005 % oder von 0,005 % bis 0,2 %, wenn für das letztere Maßnahmen ergriffen worden sind, die eine Korrosion der Gefäßauskleidung verhindern, darf auch in Gefäßen befördert werden, die folgende Bedingungen erfüllen müssen:

a) Die Gefäße müssen aus Stahl hergestellt, mit Blei oder mit einem anderen Werkstoff, der den gleichen Schutz bietet, dicht ausgekleidet und mit einem luftdichten Verschluß versehen sein; Gefäße aus Monel-Legierungen, aus Nickel oder mit einer Auskleidung aus Nickel sind ebenfalls zugelassen;

b) der Fassungsraum der Gefäße darf 450 Liter nicht übersteigen;

c) die Gefäße dürfen höchstens zu 92 % ihres Fassungsraums oder mit höchstens 2,86 kg je Liter Fassungsraum gefüllt sein;

d) die Gefäße müssen geschweißt und für einen Berechnungsdruck von mindestens 2,1 MPa (21 bar) (Überdruck) bemessen sein. Werkstoff und Ausführung müssen im übrigen den einschlägigen Vorschriften der Klasse 2 [siehe Rn. 2211 (1)] entsprechen. Für die erstmalige Prüfung der nicht ausgekleideten Stahlgefäße gelten die einschlägigen Vorschriften der Klasse 2 [siehe Rn. 2215 (1) und 2216 (1)];

e) die Verschlußeinrichtungen sollen so wenig wie möglich über die Gefäßoberfläche hinausragen und müssen mit einer Schutzkappe versehen sein. Diese Einrichtungen und die Schutzkappe sind mit Dichtungen zu versehen, die gegen die Korrosionswirkungen des Broms unempfindlich sind. Die Verschlüsse müssen sich im oberen Teil des Gefäßes befinden, so daß sie auf keinen Fall mit der flüssigen Phase in ständige Berührung kommen können;

Anlage A Klasse 8

175

Klasse 8

f) die Gefäße müssen mit Einrichtungen versehen sein, die es ermöglichen, sie standsicher auf ihren Boden zu stellen. Sie müssen an ihrem oberen Teil mit Einrichtungen (Ringen, Flanschen usw.) versehen sein, die ihre Handhabung ermöglichen und die mit dem Doppelten der Nutzmasse geprüft sind.

(3) Die Gefäße nach Absatz 2 sind vor ihrer erstmaligen Verwendung einer Dichtheitsprüfung mit einem Druck von mindestens 0,2 MPa (2 bar) (Überdruck) zu unterziehen. Diese Prüfung ist alle zwei Jahre zu wiederholen und mit einer inneren Untersuchung der Gefäße und einer Nachprüfung der Eigenmasse zu verbinden. Die Dichtheitsprüfung und die innere Untersuchung sind unter Kontrolle eines von der zuständigen Behörde anerkannten Sachverständigen vorzunehmen.

(4) Auf den Gefäßen nach Absatz 2 müssen gut lesbar und dauerhaft angegeben sein:

a) der Name oder die Marke des Herstellers und die Nummer des Gefäßes,

b) die Bezeichnung „Brom",

c) die Eigenmasse des Gefäßes und die zulässige Höchstmasse des gefüllten Gefäßes,

d) das Datum (Monat, Jahr) der erstmaligen und der zuletzt durchgeführten wiederkehrenden Prüfung,

e) der Stempel des Sachverständigen, der die Prüfungen vorgenommen hat.

2805   (1) Die Stoffe, die unter a) der einzelnen Ziffern der Rn. 2801 fallen, müssen verpackt sein:

a) in Fässern aus Stahl mit nichtabnehmbarem Deckel nach Rn. 3520 oder

b) in Fässern aus Aluminium mit nichtabnehmbarem Deckel nach Rn. 3521 oder

c) in Kanistern aus Stahl mit nichtabnehmbarem Deckel nach Rn. 3522, oder

d) in Fässern aus Kunststoff mit nichtabnehmbarem Deckel, mit einem Fassungsraum von höchstens 60 l, oder in Kanistern aus Kunststoff mit nichtabnehmbarem Deckel nach Rn. 3526 oder

e) in Kombinationsverpackungen (Kunststoff) nach Rn. 3537, oder

f) in zusammengesetzten Verpackungen mit Innenverpackungen aus Glas, Kunststoff oder Metall nach Rn. 3538, oder

g) in Kombinationsverpackungen (Glas, Porzellan oder Steinzeug) nach Rn. 3539.

Bem. 1. zu d): Die zulässige Verwendungsdauer der Gefäße für die Beförderung von Salpetersäure der Ziffer 2 a) und von Flußsäure der Ziffer 7 a) beträgt 2 Jahre ab dem Datum der Herstellung.

    2. zu f) und g): Für fluorhaltige Stoffe der Ziffern 7 a), 10 a), 26 a) und 33 a) sind Innengefäße aus Glas nicht zugelassen.

(2) Die festen Stoffe im Sinne der Rn. 2800 (2) dürfen außerdem verpackt sein:

„a) in Fässern mit abnehmbarem Deckel aus Stahl nach Rn. 3520, aus Aluminium nach Rn. 3521, aus Sperrholz nach Rn. 3523, aus Pappe nach Rn. 3525 oder aus Kunststoff nach Rn. 3526, oder in Kanistern mit abnehmbarem Deckel aus Stahl nach Rn. 3522 oder aus Kunststoff nach Rn. 3526, falls nötig mit einem oder mehreren staubdichten Innensäcken, oder,"

b) in zusammengesetzten Verpackungen nach Rn. 3538 mit einem oder mehreren staubdichten Innensäcken.

2806   (1) Die Stoffe, die unter b) der einzelnen Ziffern der Rn. 2801 fallen, müssen verpackt sein:

a) in Fässern aus Stahl nach Rn. 3520, oder

b) in Fässern aus Aluminium nach Rn. 3521, oder

c) in Kanistern aus Stahl nach Rn. 3522, oder

d) in Fässern und Kanistern aus Kunststoff nach Rn. 3526, oder

e) in Kombinationsverpackungen (Kunststoff) nach Rn. 3537, oder

f) in zusammengesetzten Verpackungen nach Rn. 3538, oder

g) in Kombinationsverpackungen (Glas, Porzellan oder Steinzeug) nach Rn. 3539.

„**Bem.** 1 zu a), b), c) und d): Fässer oder Kanister mit abnehmbarem Deckel sind nur für dickflüssige Stoffe mit einer Viskosität bei 23 °C von mehr als 200 mm²/s und für feste Stoffe zugelassen."

    2. zu d): Die zulässige Verwendungsdauer der Gefäße für die Beförderung von Salpetersäure mit mehr als 55 % reiner Säure der Ziffer 2 b) und von Flußsäure der Ziffer 7 b) beträgt 2 Jahre ab dem Datum der Herstellung.

    3. zu f) und g): Für fluorhaltige Stoffe der Ziffern 7 b), 8 b), 9 b), 10 b), 26 b) und 33 b) sind Innengefäße aus Glas nicht zugelassen.

(2) Die festen Stoffe im Sinne der Rn. 2800 (2) dürfen außerdem verpackt sein:

a) in Fässern mit abnehmbarem Deckel aus Sperrholz nach Rn. 3523 oder aus Pappe nach Rn. 3525, wenn nötig mit einem oder mehreren staubdichten Innensäcken, oder

b) in feuchtigkeitsdichten Säcken aus Textilgewebe nach Rn. 3533, aus Kunststoffgewebe nach Rn. 3534, aus Kunststoffolie nach Rn. 3535 oder in wasserabweisenden Säcken aus Papier nach Rn. 3536, unter der Voraussetzung, daß es sich um eine geschlossene Ladung oder um Säcke, die auf Paletten verladen sind, handelt.

Klasse 8

(1) Die Stoffe, die unter c) der einzelnen Ziffern der Rn. 2801 fallen, müssen verpackt sein: **2807**

a) in Fässern aus Stahl nach Rn. 3520, oder

b) in Fässern aus Aluminium nach Rn. 3521, oder

c) in Kanistern aus Stahl nach Rn. 3522, oder

d) in Fässern und Kanistern aus Kunststoff nach Rn. 3526, oder

e) in Kombinationsverpackungen (Kunststoff) nach Rn. 3537, oder

f) in zusammengesetzten Verpackungen nach Rn. 3538, oder

g) in Kombinationsverpackungen (Glas, Prozellan oder Steinzeug) nach Rn. 3539, oder

h) in Feinstblechverpackungen nach Rn. 3540.

„**Bem. zu a), b), c), d) und h):** Fässer mit abnehmbarem Deckel nach a), b) und d), Kanister mit abnehmbarem Deckel nach c) und d) und Feinstblechpackungen mit abnehmbarem Deckel nach h) sind nur für dickflüssige Stoffe mit einer Viskosität bei 23 °C von mehr als 200 mm²/s und für feste Stoffe zugelassen."

(2) Die festen Stoffe im Sinne der Rn. 2800 (2) dürfen außerdem verpackt sein:

a) in Fässern mit abnehmbarem Deckel aus Sperrholz nach Rn. 3523 oder aus Pappe nach Rn. 3525, wenn nötig mit einem oder mehreren staubdichten Innensäcken, oder

b) in feuchtigkeitsdichten Säcken aus Textilgewebe nach Rn. 3533, aus Kunststoffgewebe nach Rn. 3534, aus Kunststoffolie nach Rn. 3535 oder in wasserabweisenden Säcken aus Papier nach Rn. 3536.

Die Gefäße, die Stoffe der Ziffern 61 oder 62 enthalten, müssen mit einer Lüftungseinrichtung nach Rn. 3500 (8) **2808** versehen sein.

2809-
2810

3. Zusammenpackung

(1) Die unter dieselbe Ziffer fallenden Stoffe dürfen miteinander zu einer zusammengesetzten Verpackung nach **2811** Rn. 3538 vereinigt werden.

(2) Stoffe verschiedener Ziffern der Klasse 8 dürfen bis höchstens 3 Liter für flüssige Stoffe und/oder 5 kg für feste Stoffe je Gefäß miteinander und/oder mit Gütern, die den Vorschriften

dieser Verordnung | des ADR

nicht unterliegen, zu einer zusammengesetzten Verpackung nach Rn. 3538 vereinigt werden, wenn sie nicht gefährlich miteinander reagieren.

(3) Sofern nachstehend nicht besondere Bedingungen vorgesehen sind, dürfen Stoffe der Klasse 8 bis höchstens 3 Liter für flüssige Stoffe und/oder 5 kg für feste Stoffe je Gefäß mit Stoffen und Gegenständen der übrigen Klassen – soweit eine Zusammenpackung auch für Stoffe und Gegenstände dieser Klassen zugelassen ist – und/oder mit Gütern, die den Vorschriften

dieser Verordnung | des ADR

nicht unterliegen, zu einer zusammengesetzten Verpackung nach Rn. 3538 vereinigt werden, wenn sie nicht gefährlich miteinander reagieren.

(4) Gefährliche Reaktionen sind:

a) eine Verbrennung und/oder eine Entwicklung beträchtlicher Wärme;

b) die Entwicklung von entzündbaren und/oder giftigen Gasen;

c) die Bildung von ätzenden flüssigen Stoffen;

d) die Bildung instabiler Stoffe.

(5) Die Zusammenpackung eines Stoffes sauren Charakters mit einem Stoff basischen Charakters in einem Versandstück ist nicht zulässig, wenn beide Stoffe in zerbrechlichen Gefäßen verpackt sind.

(6) Die Vorschriften der Rn. 2001 (7), 2002 (6) und (7) und 2802 sind zu beachten.

(7) Ein Versandstück darf bei Verwendung einer Kiste aus Holz oder Pappe nicht schwerer sein als 100 kg.

Klasse 8

Besondere Bedingungen

Ziffer	Bezeichnung des Stoffes	Höchstmenge je Gefäß	je Versandstück	Besondere Vorschriften
4	Perchlorsäure, mit höchstens 50 % reiner Säure	Zusammenpackung nicht zugelassen, außer mit Perchlorsäure der Klasse 5.1 (siehe Rn. 2501, Ziffer 3)		
6	Fluorwasserstoff, Flußsäure mit mehr als 85 % Fluorwasserstoff	Zusammenpackung nicht zugelassen		
24	Brom			
25	Molybdänhexafluorid			
	Für die in den Ziffern unter a) fallenden flüssigen Stoffe	0,5 Liter	1 Liter	Dürfen nicht zusammengepackt werden mit Stoffen und Gegenständen der Klassen 1 a, 1 b, 1 c, 5.2 und 7

4. Aufschriften und Gefahrzettel auf Versandstücken (siehe Anhang A. 9)

2812   (1) Versandstücke mit Stoffen dieser Klasse sind mit einem Zettel nach Muster 8 zu versehen.

(2) Sind die flüssigen Stoffe in Kombinationsverpackungen (Glas, Porzellan, Steinzeug) nach Rn. 3539 mit einem Fassungsraum von mehr als 5 Liter verpackt, so sind die Versandstücke jedoch mit zwei Zetteln nach Muster 8 zu versehen [siehe Anhang A. 9 Rn. 3901 (2)].

(3) Außerdem sind Versandstücke mit Stoffen, die einen Flammpunkt bis einschließlich 55 °C haben, mit einem Zettel nach Muster 3, Versandstücke mit Oleum (rauchende Schwefelsäure) der Ziffer 1 a), sowie mit Stoffen der Ziffern 6, 7, 24 bis 26 und 44 mit einem Zettel nach Muster 6.1, mit Stoffen der Ziffer 62 mit einem Zettel nach Muster 5 zu versehen.

(4) Versandstücke mit zerbrechlichen Gefäßen, die von außen nicht sichtbar sind, sind an zwei gegenüberliegenden Seiten mit einem Zettel nach Muster 12 zu versehen.

(5) Versandstücke mit flüssigen Stoffen in Gefäßen, deren Verschlüsse von außen nicht sichtbar sind, sowie Versandstücke mit Gefäßen mit Lüftungseinrichtungen oder Gefäße mit Lüftungseinrichtungen ohne Außenverpackung sind an zwei gegenüberliegenden Seiten mit einem Zettel nach Muster 11 zu versehen.

2813

B. Vermerke im Beförderungspapier

2814   (1) Die Bezeichnung des Gutes im Beförderungspapier muß gleich lauten wie eine der in Rn. 2801 durch *Kursivschrift* hervorgehobenen Benennungen. Falls der Stoffname nicht namentlich aufgeführt ist, muß die chemische Bezeichnung eingesetzt werden. Die Bezeichnung des Gutes ist

zu unterstreichen und

durch *Angabe der Klasse, der Ziffer und gegebenenfalls des Buchstabens der Stoffaufzählung und die Abkürzung „ADR"* (oder „RID") zu ergänzen [z. B. *8, Ziffer 1 a), ADR*].

Bem. Für Zubereitungen und Gemische gilt auch die technische Bezeichnung als chemische Benennung.

„Bei der Beförderung von Abfällen [siehe Rn. 2000 (4)], muß die Bezeichnung des Gutes lauten: „Abfall, enthält . . .", wobei die für die Zuordnung des Abfalls nach Rn. 2002 (8) maßgebende(n) gefährliche(n) Komponente(n) mit ihrer (ihren) chemischen Benennung(en) einzusetzen ist (sind), z. B. *„Abfall, enthält Natronlauge, 8, Ziffer 42 b), ADR".* Im allgemeinen brauchen nicht mehr als zwei Komponenten, die maßgebend für die Gefahr(en) des Abfalls sind, angegeben zu werden."

(2) Für Brom mit einem Wassergehalt von 0,005 bis 0,2 %, das in Gefäßen nach Rn. 2804 (2) befördert wird, muß der Absender im Beförderungspapier bescheinigen: *„Maßnahmen zur Verhinderung einer Korrosion der Gefäßauskleidung wurden getroffen".*

(3) Beim Versenden von chemisch instabilen Stoffen muß der Absender im Beförderungspapier bescheinigen: *„Maßnahmen nach Rn. 2800 (5) wurden getroffen".*

**2815-
2821**

C. Leere Verpackungen

2822　　(1) Ungereinigte leere Verpackungen der Ziffer 71 müssen ebenso verschlossen und undurchlässig sein wie in gefülltem Zustand.

　　　　　(2) Ungereinigte leere Verpackungen der Ziffer 71 müssen mit den gleichen Gefahrzetteln versehen sein wie in gefülltem Zustand.

　　　　　(3) Die Bezeichnung im Beförderungspapier muß gleich lauten wie eine der in Ziffer 71 durch *Kursivschrift* hervorgehobenen Benennungen (z. B. ,,*Leere Verpackung, 8, Ziffer 71, ADR*'').

　　　　　　　　　　　　　　　　｜　Dieser Text ist *zu unterstreichen.*

Bei ungereinigten leeren Tankfahrzeugen, leeren Aufsetztanks, leeren Tankcontainern und leeren Kleincontainern, letztere für Güter in loser Schüttung, ist diese Bezeichnung durch die Angabe ,,*Letztes Ladegut*'', sowie die Benennung und Ziffer des letzten Ladegutes [z. B. ,,*Letztes Ladegut Schwefelsäure, Ziffer 1 b)*''] zu ergänzen.

**2823-
2899**

Anlage A
Klasse 8

178.2

Klasse 9

**Sonstige gefährliche Stoffe
und Gegenstände**

1. Aufzählung der Güter

Von den unter den Begriff der Klasse 9 fallenden Stoffen und Gegenständen unterliegen die in Rn. 2901 genannten oder unter eine Sammelbezeichnung fallenden Stoffe und Gegenstände den Vorschriften dieser Verordnung. Diese Stoffe sind unter bestimmten Bedingungen zur Beförderung zugelassen und somit Stoffe und Gegenstände dieser Verordnung.

1. *Verflüssigte Metalle*

2900

2901

2. Vorschriften

A. Versandstücke

Verpackungsvorschriften

(1) Verflüssigte Metalle der Ziffer 1 dürfen nur in ausreichend widerstandsfähigen Gefäßen befördert werden, die die Eigenheiten des Gutes, wie hohe Temperatur, Gefahren beim Freiwerden, Schwallkraft, besonders berücksichtigen.

(2) Der Werkstoff der Gefäße und der Verschlüsse darf vom Inhalt nicht angegriffen werden und keine schädlichen Verbindungen mit ihm eingehen.

(3) Die Gefäße und ihre Verschlüsse müssen in allen Teilen so fest und stark sein, daß sie sich unterwegs nicht lockern und der üblichen Beanspruchung während der Beförderung zuverlässig standhalten.

(4) Die Gefäße dürfen nur als geschlossene Ladung befördert werden.

2902

**2903-
2913**

B. Vermerke im Beförderungspapier

Die Bezeichnung des Gutes im Beförderungspapier muß gleich lauten wie die in Rn. 2901 durch *Kursivschrift* hervorgehobene Benennung. Die Bezeichnung des Gutes ist durch *Angabe der Klasse und der Ziffer und der Abkürzung „GGVS"* zu ergänzen (z. B. *9, Ziffer 1, GGVS*).

2914

**2915-
2919**

C. Leere Verpackungen

Keine Vorschriften.

2920

**2921-
3099**

III. Teil

Anhänge

Anhang A.1

A. Beständigkeits- und Sicherheitsbedingungen für explosive Stoffe, entzündbare feste Stoffe, selbstentzündliche Stoffe ❘

und organische Peroxide

3100　Die nachstehenden Bedingungen sind Mindestbedingungen für die Bestimmung der Beständigkeit der zur Beförderung zugelassenen Stoffe. Diese Stoffe dürfen nur befördert werden, wenn sie den folgenden Vorschriften entsprechen.

3101　Zu Rn. 2101 Ziffer 1, Rn. 2171 Ziffer 4 und Rn. 2401 Ziffer 7 a):

Nitrozellulose darf während eines halbstündigen Erhitzens bei 132 °C keine sichtbaren gelbbraunen Dämpfe nitroser Gase abgeben. Die Entzündungstemperatur muß über 180 °C liegen. Zündgarn muß den gleichen Beständigkeitsbedingungen entsprechen wie Nitrozellulose. Siehe Rn. 3150, 3151 a) und 3153.

3102　Zu Rn. 2101 Ziffern 3, 4 und 5

sowie 5 A ❘

und Rn. 2401 Ziffer 7 b) und c):

1. Nitrozellulosepulver ohne Nitroglycerin; plastifizierte Nitrozellulose;

   Formteile aus Nitrozellulose-Zellulosemischungen: ❘

   3 g des Pulvers oder der plastifizierten Nitrozellulose dürfen während eines einstündigen Erhitzens bei 132 °C keine sichtbaren gelbbraunen Dämpfe nitroser Gase abgeben. Die Entzündungstemperatur muß über 170 °C liegen.

2. Nitroglycerinhaltige Nitrozellulosepulver:

   1 g des Pulvers darf während eines einstündigen Erhitzens bei 110 °C keine sichtbaren gelbbraunen Dämpfe nitroser Gase abspalten. Die Entzündungstemperatur muß über 160 °C liegen.

   Zu 1. und 2. siehe Rn. 3150, 3151 b) und 3153.

3102/1　Zu Rn. 2101 Ziffer 3 A:

Die Festtreibstoffe dürfen weder gegen Stoß noch gegen Reibung empfindlicher sein als Nitropenta. Siehe Rn. 3150, 3155 und 3156. Festtreibstoffe der Ziffer 3 Aa) müssen auch den Vorschriften der Rn. 3102 Ziffer 2. entsprechen.

3103　Zu Rn. 2101 Ziffern 6, 7, 8 a) und b) und 9 a), b) und c):

1. Organische explosive Nitrokörper (Ziffer 6) dürfen nach einer Lagerung von 48 Stunden bei 75 °C keinen Gewichtsverlust zeigen und weder gegen Stoß, noch gegen Reibung, noch gegen Flammenzündung empfindlicher sein als reine Pikrinsäure.

   1. Trinitrotoluol (Trotyl), Mischungen genannt flüssiges Trinitrotoluol und Trinitroanisol (Ziffer 6),

   Hexanitrodiphenylamin (Hexyl) und Pikrinsäure [Ziffer 7 a)], Mischungen von Pentaerythrittetranitrat und Trinitrotoluol (Pentolit) und Mischungen von Trimethylentrinitramin und Trinitrotoluol (Hexolit) [Ziffer 7 b)], phlegmatisiertes Pentaerythrittetranitrat und phlegmatisiertes Trimethylentrinitramin [Ziffer 7 c)], Trinitroresorzin [Ziffer 8 a)], Trinitrophenylmethylnitramin (Tetryl) [Ziffer 8 b)], Pentaerythrittetranitrat (Penthrit, Nitropenta) und Trimethylentrinitramin (Hexogen) [Ziffer 9 a)], Mischungen von Pentaerythrittetranitrat und Trinitrotoluol (Pentolit) und Mischungen von Trimethylentrinitramin und Trinitrotoluol (Hexolit) [Ziffer 9 b)] und Mischungen von Pentaerythrittetranitrat oder Trimethylentrinitramin mit Wachs, Paraffin oder dem Wachs oder dem Paraffin ähnlichen Stoffen [Ziffer 9 c)] dürfen während eines dreistündigen Erhitzens auf 90 °C keine sichtbaren gelbbraunen Dämpfe nitroser Gase abspalten. Siehe Rn. 3150 und 3152 a).

2. Andere organische Nitrokörper der Ziffer 8 als Trinitroresorzin und Trinitrophenylmethylnitramin (Tetryl) dürfen während eines 48stündigen Erhitzens auf 75 °C keine sichtbaren gelbbraunen Dämpfe nitroser Gase abgeben. Siehe Rn. 3150 und 3152 b).

3. Organische Nitrokörper der Ziffer 8 dürfen weder gegen Stoß, noch gegen Reibung, noch gegen Flammenzündung empfindlicher sein:

   als Trinitroresorzin, wenn sie wasserlöslich sind,
   als Trinitrophenylmethylnitramin (Tetryl), wenn sie wasserunlöslich sind.

Siehe Rn. 3150, 3152, 3154, 3155 und 3156.

Anhang A.1

Zu Rn. 2101 Ziffer 11 a) und b):   **3104**

1. Schwarzpulver [Ziffer 11 a)] darf weder gegen Stoß, noch gegen Reibung, noch gegen Flammenzündung empfindlicher sein als feinstes Jagdpulver von folgender Zusammensetzung: 75 % Kaliumnitrat, 10 % Schwefel und 15 % Faulbaumkohle. Siehe Rn. 3150, 3154, 3155 und 3156.

2. Schwarzpulverähnliche Sprengstoffe [Ziffer 11 b)] dürfen weder gegen Stoß, noch gegen Reibung, noch gegen Flammenzündung empfindlicher sein als der Vergleichssprengstoff von folgender Zusammensetzung: 75 % Kaliumnitrat, 10 % Schwefel und 15 % Braunkohle. Siehe Rn. 3150, 3154, 3155 und 3156.

Zu Rn. 2101 Ziffer 12 a) und b): | **Zu Rn. 2101 Ziffer 12:**   **3105**

Pulverförmige Nitratsprengstoffe [Ziffer 12 a)] und pulverförmige Sprengstoffe, frei von anorganischen Nitraten [Ziffer 12 b)] dürfen nach einer Lagerung von 48 Stunden bei 75 °C keine sichtbaren gelbbraunen Dämpfe nitroser Gase abgeben. Sie dürfen vor und nach der Lagerung weder gegen Stoß, noch gegen Reibung, noch gegen Flammenzündung empfindlicher sein als der Vergleichssprengstoff von folgender Zusammensetzung: 80 % Ammonnitrat, 12 % Trinitrotoluol, 6 % Nitroglycerin und 2 % Holzmehl. Siehe Rn. 3150, 3152 b),

3154 a) bis d), | 3154 a) und b),

3155 und 3156.

Ein Probemuster des vorstehenden Vergleichssprengstoffs wird den Vertragsstaaten in einem Sprengstofflaboratorium in Frankreich zur Verfügung gehalten [Adresse: Laboratoire des substances explosives, à Sevran (Seine-et-Oise), France.].

Zu Rn. 2101 Ziffer 12 c): Wasserhaltige gelierte   **3105/1**
Nitratsprengstoffe müssen, sofern sie als brennbare Bestandteile Metalle, Legierungen, intermetallische Verbindungen oder Ferro-Legierungen enthalten, bei einer Lagerung bei 50 °C genügend beständig sein [siehe Rn. 3152 c)]. Enthalten die Sprengstoffe Nitrozellulosepulver ohne Nitroglycerin als explosiven Bestandteil, so hat dieses den Vorschriften der Rn. 3102 Ziffer 1 zu genügen. Enthalten die Sprengstoffe nitroglycerinhaltige Nitrozellulosepulver als explosiven Bestandteil, so hat dieses den Vorschriften der Rn. 3102 Ziffer 2 zu genügen. Die Stoffe der Ziffer 12 c) dürfen bei der Prüfung durch Erhitzen unter Einschluß in einer Stahlhülse mit Düsenplatte [Rn. 3154 d)] unter Anwendung einer Düsenplatte mit einer Öffnung von 8 mm Durchmesser und mehr nicht zur Explosion kommen. Sie dürfen bei der Prüfung der Empfindlichkeit auf Stoß [Rn. 3155 b)] bei einer Schlagenergie von 10 J und weniger nicht explodieren und bei der Prüfung der Empfindlichkeit auf Reibung [Rn. 3156 b)] bei Anwendung einer Reibstiftbelastung von weniger als 240 N nicht entflammen, knistern oder explodieren.

Zu Rn. 2101 Ziffer 13: Chloratsprengstoffe und Perchloratsprengstoffe dürfen keine Ammonsalze enthalten. Sie   **3106**
dürfen weder gegen Stoß, noch gegen Reibung, noch gegen Flammenzündung empfindlicher sein als ein Chloratsprengstoff von folgender Zusammensetzung: 80 % Kaliumchlorat, 10 % Dinitrotoluol, 5 % Trinitrotoluol, 4 % Rizinusöl und 1 % Holzmehl. Siehe Rn. 3150, 3154, 3155 und 3156.

Zu Rn. 2101 Ziffer 14 a) und b) | **3107**

sowie 14 B:

Sprengstoffe der Ziffer 14 a und b)

sowie Proben von Sprengstoffen der Ziffer 14 B |

dürfen weder gegen Stoß, noch gegen Reibung, noch gegen Flammenzündung empfindlicher sein als Sprenggelatine mit 93 % Nitroglycerin

und 7 % Kollodiumwolle |

oder Gurdynamit,

bestehend aus 75 % Nitroglycerin und 25 % Kieselgur. | mit höchstens 75 % Nitroglycerin. Sie
Die Stoffe der Ziffer 14

müssen der in Rn. 3158 vorgesehenen Prüfung auf Ausschwitzen entsprechen. Siehe Rn. 3150, 3154 b)

und c), |

3155 und 3156.

Anhang A.1

Zu Rn. 2101 Ziffer 14 c): Sprengstoffe der Ziffer 14 c) dürfen nach einer Lagerung von 48 Stunden bei 75 °C keine sichtbaren gelbbraunen Dämpfe nitroser Gase abgeben. Sie dürfen vor und nach der Lagerung weder gegen Stoß, noch gegen Reibung, noch gegen Flammenzündung empfindlicher sein als der Vergleichssprengstoff von folgender Zusammensetzung: 37,7 % Nitroglykol oder Nitroglycerin oder eine Mischung beider, 1,8 % Kollodiumwolle, 4,0 % Trinitrotoluol, 52,5 % Ammoniumnitrat und 4,0 % Holzmehl. Siehe Rn. 3150, 3152 b), 3154 a), b), c) und d), 3155 und 3156.

3108   Zu Rn. 2131 Ziffer 1 b): Der explosive Stoff darf weder gegen Stoß, noch gegen Reibung, noch gegen Flammenzündung empfindlicher sein als Trinitrophenylmethylnitramin. Siehe Rn. 3150, 3154, 3155 und 3156.

3109   Zu Rn. 2131 Ziffer 1 c): Der explosive Stoff darf weder gegen Stoß, noch gegen Reibung, noch gegen Flammenzündung empfindlicher sein als Pentaerythrittetranitrat. Siehe Rn. 3150, 3154, 3155 und 3156.

3110   Zu Rn. 2131 Ziffer 5 d): Die Übertragungsladung darf weder gegen Stoß, noch gegen Reibung, noch gegen Flammenzündung empfindlicher sein als Trinitrophenylmethylnitramin. Siehe Rn. 3150, 3154, 3155 und 3156.

3111   Zu Rn. 2131 Ziffer 13 und Rn. 2170 (2) d):   Zu Rn. 2170 (2) d):

Die Gegenstände mit Explosivsatz dürfen   Der Explosivsatz darf

während einer vierwöchigen Lagerung bei 50 °C keine Veränderung aufweisen, die auf eine ungenügende Beständigkeit zurückzuführen ist. Siehe Rn. 3150 und 3157.

3112   Zu Rn. 2551 Ziffern 1 bis

98:   50:

Die Stoffe unterliegen den Prüfvorschriften nach

Rn. 3152/1, 3154 a) bis d), 3155, 3156 und 3159.   Rn. 3154, 3155 und 3156.

**3113-
3149**

B. Vorschriften für die Prüfverfahren

3150   (1) Die Prüfung der explosionsfähigen Stoffe im Sinne der Klasse 1 a dieser Verordnung bezweckt, ein Urteil über ihren Gefährlichkeitsgrad, d. h. den Grad der Empfindlichkeit gegen bestimmte Arten äußerer Beanspruchung zu gewinnen; sie erstreckt sich deshalb auf die Ermittlung der

Beständigkeit,
Entzündbarkeit,
Verbrennungsgeschwindigkeit und
Empfindlichkeit gegen mechanische Beanspruchung.

(2) Die Prüfung ist von einem von der Bundesanstalt für Materialprüfung anerkannten Chemiker durchzuführen und unter Angabe des Datums zu bescheinigen. Stoffe, die für eine militärische Verwendung bestimmt sind, werden vom Bundesinstitut für chemisch-technische Untersuchungen (BICT) geprüft.

(2 a) Das Prüfergebnis für Stoffe und Gegenstände der Rn. 2101 – ausgenommen für die Stoffe der Ziffern 12, 13 und 14 c) – ist vom Hersteller vor der erstmaligen Beförderung dieser Stoffe der Bundesanstalt für Materialprüfung in zweifacher Ausfertigung zu übersenden. Auf Anforderung sind Proben der Sprengstoffe zur Nachprüfung einzusenden. Diese Regelung gilt nicht für Stoffe und Gegenstände, die vom Bundesinstitut für chemisch-technische Untersuchungen (BICT) geprüft sind.

(2 b) Nitratsprengstoffe und nitratfreie Sprengstoffe der Rn. 2101 Ziffern 12 und 14 c), deren Zusammensetzung sich innerhalb des Rahmens der in der Stoffaufzählung aufgeführten Gemische halten muß, sind mit der Übersendung des Prüfergebnisses in zweifacher

(1) Die nachstehend angegebenen Prüfverfahren sind anzuwenden, wenn über die Zulässigkeit der Beförderung der Stoffe auf der Straße Meinungsverschiedenheiten entstehen.

(2) Wenn andere Verfahren zur Prüfung der Beständigkeitsbedingungen dieses Anhangs angewendet werden, müssen diese zu der gleichen Beurteilung führen wie die nachstehend angegebenen Verfahren.

Anhang A.1

Ausfertigung an die Bundesanstalt für Materialprüfung vorläufig zur Beförderung auf der Straße zugelassen. Die genaue Zusammensetzung der Sprengstoffe muß aus dem Prüfbericht ersichtlich sein. Die Sprengstoffe sind endgültig zur Beförderung zugelassen, nachdem die Bundesanstalt für Materialprüfung ihre Aufnahme in die Liste der zur Beförderung auf der Straße zugelassenen Sprengstoffe bestätigt hat.

(2 c) Chloratsprengstoffe der Rn. 2101 Ziffer 13 sind erst zur Beförderung zugelassen, nachdem der Hersteller unter Beifügung des Prüfergebnisses in zweifacher Ausfertigung und unter der Erklärung der Bereitwilligkeit zur Ausführung eines großen Brandversuchs mit 500 kg die Zulassung zum Versandstückversand bei der Bundesanstalt für Materialprüfung beantragt und erhalten hat.

(2 d) Für die Übersendung des Prüfergebnisses an die Bundesanstalt für Materialprüfung ist das am Schluß dieses Anhangs enthaltene Muster zu verwenden.

(2 e) Wegen der Beförderung von Proben an die Prüfstelle siehe Rn. 2101 Ziffer 14 B und Rn. 2114/2.

(2 f) Die Stoffe der Rn. 2101 Ziffern 12, 13 und 14 c) bedürfen, sofern sie ausdrücklich zur Ausfuhr aus dem Geltungsbereich dieser Verordnung bestimmt sind, für die Beförderung nach deutschen Seehäfen keiner besonderen Zulassung nach den Absätzen (2 b) oder (2 c).

(3) Bei der nachstehend beschriebenen Wärmebeständigkeitsprüfung darf die Temperatur im Trockenschrank, in der sich das Muster befindet, nicht mehr als 2 °C von der vorgeschriebenen Temperatur abweichen; die Prüfzeit muß bei einer Prüfdauer von 30 Minuten oder 60 Minuten mit einer Abweichung von höchstens 2 Minuten eingehalten werden, bei einer Prüfdauer von 48 Stunden mit einer Abweichung von höchstens 1 Stunde und bei einer Prüfdauer von 4 Wochen mit einer Abweichung von höchstens 24 Stunden.

Der Trockenschrank muß so beschaffen sein, daß nach Einsetzen des Musters die Temperatur die erforderliche Höhe in höchstens 5 Minuten erreicht.

(4) Vor den Prüfungen nach Rn. 3151, 3152, 3153, 3154, 3155 und 3156 müssen die Proben während mindestens 15 Stunden in einem mit geschmolzenem und gekörntem Chlorcalcium beschickten Vakuum-Exsikkator bei Raumtemperatur getrocknet werden, wobei die Probe in dünner Schicht ausgelegt wird; zu diesem Zweck müssen die Proben, die weder pulverförmig noch faserig sind, entweder zu Stücken von kleinen Abmessungen zerbrochen oder geraspelt oder geschnitten werden. Der Druck muß im Exsikkator unter 6,5 kPa (0,065 bar) gehalten werden.

(5) a) Vor der unter den Bedingungen des vorstehenden Absatzes 4 vorzunehmenden Trocknung müssen die Stoffe der Rn. 2101 Ziffern 1 (mit Ausnahme der Stoffe, die Paraffin oder einen ähnlichen Stoff enthalten), 2), 9 a) und b) und der Rn. 2401 Ziffer 7 b) einer Vortrocknung in einem Trockenschrank mit guter Durchlüftung, dessen Temperatur auf 70 °C eingestellt ist, so lange unterworfen werden, bis der Masseverlust innerhalb von 15 Minuten weniger als 0,3 % der Einwaage beträgt.

b) Für die Stoffe der Rn. 2101 Ziffern 1 (wenn sie Paraffin oder einen ähnlichen Stoff enthalten), 7 c) und 9 c) muß die Vortrocknung wie unter a) vorgenommen werden mit dem Unterschied, daß die Temperatur des Trockenschranks zwischen 40 °C und 45 °C gehalten wird.

(6) Schwachnitrierte Nitrozellulose der Rn. 2401 Ziffer 7 a) ist zunächst einer Vortrocknung nach den Bedingungen des Absatzes 5 a) zu unterwerfen; sodann muß sie für die Dauer von mindestens 15 Stunden in einem mit konzentrierter Schwefelsäure beschickten Exsikkator gehalten werden.

Prüfung der chemischen Beständigkeit bei Wärme

Zu Rn. 3101 und 3102 sowie 3102/1:   *Zu Rn. 3101 und 3102:*   **3151**

a) Prüfung der in Rn. 3101 genannten Stoffe

(1) In jedes der beiden Probiergläser, die eine Länge von .... 350 mm, einen inneren Durchmesser von .... 16 mm, eine Wanddicke von .... 1,5 mm

haben, wird 1 g des über Chlorcalcium getrockneten Stoffes eingefüllt; der Stoff ist für die Trocknung erforderlichenfalls in Stücke von nicht mehr als 0,05 g zu zerkleinern. Die beiden Probiergläser, die dicht, aber lose zu bedecken sind, werden dann in einen Trockenschrank gebracht, so daß sie wenigstens zu 4/5 ihrer Länge sichtbar und einer ständigen Temperatur von 132 °C während 30 Minuten ausgesetzt sind. Sodann wird beobachtet, ob sich während dieser Zeit gelbbraune Dämpfe nitroser Gase entwickeln, die besonders vor einem weißen Hintergrund erkennbar sind.

Anhang A.1

(2) Der Stoff gilt als beständig, wenn diese Dämpfe nicht auftreten.

b) Prüfung der in Rn. 3102 genannten Pulver und der in Rn. 3102/1 genannten Festtreibstoffe

(1) Nitrozellulosepulver ohne Nitroglycerin, gelatiniert oder nicht gelatiniert, und plastifizierte Nitrozellulose: Es werden 3 g Pulver in gleiche Probiergläser wie unter a) eingefüllt und diese dann in einen Trockenschrank mit einer ständigen Temperatur von 132 °C gebracht.

(2) Nitroglycerinhaltige Nitrozellulosepulver sowie mehrbasige Festtreibstoffe: | Nitroglycerinhaltige Nitrozellulosepulver:

Es wird 1 g Pulver in gleiche Probiergläser wie unter a) eingefüllt und diese dann in einen Trockenschrank mit einer ständigen Temperatur von 110 °C gebracht.

(3) Die Probiergläser mit den Pulvern der Absätze 1 und 2 bleiben eine Stunde im Trockenschrank. Während dieser Zeit dürfen keine nitrosen Gase sichtbar werden. Beobachtung und Beurteilung nach a).

3152 *Zu Rn. 3103 und 3105 sowie 3105/1:* | *Zu Rn. 3103 und 3105:*

a) Prüfung der in Rn. 3103, 1. genannten Stoffe

(1) Zwei Proben des explosiven Stoffes von je 10 g werden in zylindrische Wägegläser von 3 cm innerem Durchmesser, einer Höhe bis zum unteren Rand des Deckels von 5 cm und mit Deckeln gut verschlossen in einem Trockenschrank, in dem sie gut sichtbar sind, einer ständigen Temperatur von 90 °C während 3 Stunden ausgesetzt.

(2) Während dieser Zeit dürfen keine nitrosen Gase sichtbar werden. Beobachtung und Beurteilung nach Rn. 3151 a)

b) Prüfung der in Rn. 3103, 2. und Rn. 3105 genannten Stoffe

(1) Zwei Proben des explosiven Stoffes von je 10 g werden in zylindrische Wägegläser von 3 cm innerem Durchmesser, einer Höhe bis zum unteren Rand des Deckels von 5 cm und mit Deckeln gut verschlossen in einem Trockenschrank, in dem sie gut sichtbar sind, einer ständigen Temperatur von 75 °C während 48 Stunden ausgesetzt.

(2) Während dieser Zeit dürfen keine nitrosen Gase sichtbar werden. Beobachtung und Beurteilung nach Rn. 3151 a).

c) Prüfung der in Rn. 3105/1 genannten Stoffe, sofern sie Metalle, Legierungen, intermetallische Verbindungen oder Ferro-Legierungen enthalten

(1) Beschreibung der Prüfapparatur (Abb. 22 und 23):

Die Prüfapparatur besteht im wesentlichen aus einem Entwicklergefäß und einem offenen Quecksilbermanometer, die miteinander verbunden werden. Das Entwicklergefäß besteht aus mehreren Einzelteilen, die vor Ausführung der Prüfung wie folgt zusammenzusetzen sind: Auf eine am Rand mit wenig Silikon-Vakuumfett eingeriebene 3 mm dicke kreisrunde Glasplatte von 150 mm Durchmesser wird ein 1 mm dicker Dichtungsring aus Weich-PVC (150 mm Außendurchmesser, 120 mm Innendurchmesser) aufgelegt. Auf diesen wird ein am Planschliff mit wenig Silikon-Vakuumfett eingeriebener, handelsüblicher Exsikkatorendeckel (150 mm Außendurchmesser, 15 mm Breite des Planschliffs, 20 mm Tiefe, ca. 120 ml Inhalt) mit zentraler Schliffhülse (NS 24) aufgesetzt. Unter die Glasplatte und über den Exsikkatorendeckel wird jeweils ein 3 mm dicker Aluminiumring von 150 mm Außen- und 120 mm Innendurchmesser gelegt. Zur Vermeidung punktförmiger Druckbeanspruchungen empfiehlt es sich, zwischen die Aluminiumringe und die Glasplatte bzw. den planauslaufenden Deckelrand eine Überfangmanschette aus Gummi einzulegen. Um einen vakuumdichten Verschluß herbeizuführen, werden 5–6 Schraubzwingen aus nichtrostendem Stahl (10 mm Breite, 20 mm Maulweite) über die Aluminiumringe geschoben und die Schrauben über Kreuz angezogen. In die zentrale Schliffhülse paßt ein entsprechender Normalschliff-Kern, an dem im Winkel von 90° und im Abstand von ca. 100 mm ein Dreiwegehahn über ein Glasrohr von ca. 4 mm lichter Weite so

Anhang A.1

angeschmolzen ist, daß dieses Glasrohr in der Höhe des unteren Randes des Kerns endet. Zur Vermeidung eines Luftpuffers wird der Leerraum zwischen Glasrohr und Innenwand des Schliffkerns mit einem geeigneten Material, z. B. aushärtendem Kleber, ausgefüllt. Anstelle des Schliffkerns darf auch ein dichtschließender, das Glasrohr aufnehmender Gummipfropfen verwendet werden. Das Ende des Ableitungsrohres des Dreiwegehahns wird mit einem dichtschließenden Polyäthylenschlauch mit einem offenen Quecksilbermanometer (ca. 200 mm Schenkellänge) verbunden.

(2) Durchführung der Prüfung:

Das Entwicklergefäß wird mit 100 g des zu prüfenden Sprengstoffs beschickt und anschließend über den Schliffkern mit dem Dreiwegehahn-Quecksilbermanometer dichtschließend verbunden. Durch Verminderung des Druckes um 10 kPa (100 mbar) bis 20 kPa (200 mbar) wird die Apparatur auf Dichtheit geprüft. Die dichtverschlossene, geringfügig evakuierte Prüfapparatur wird anschließend in einen auf 50 °C konstant temperierten Raum gestellt und dort 14 Tage belassen. Während dieser Zeit wird der Stand des Quecksilbermanometers in der Regel einmal täglich abgelesen und unter Berücksichtigung des herrschenden äußeren Luftdrucks registriert. Ist eine Drucksteigerung vor dem vierzehnten Tag der Lagerung erkennbar, so ist die Lagerung auf jeden Fall fortzusetzen, bis der Druck in der Apparatur über 101,3 kPa (1013 mbar) hinausgeht.

(3) Auswertung der Prüfung:

Die bei der Prüfung erhaltenen Druck-Zeit-Wertepaare werden graphisch dargestellt. Steigt der Druck in der Prüfapparatur bei einer Lagerung des Sprengstoffs bei 50 °C während einer Lagerzeit von 14 Tagen über einen Wert von 101,3 kPa (1013 mbar) annähernd linear oder beschleunigt an und setzt sich der zeitliche Druckverlauf bis mindestens 103,3 kPa (1033 mbar) in gleicher Weise fort, so ist auf eine ungenügende Beständigkeit des untersuchten Sprengstoffs zu schließen.

Zu Rn. 2550, 3112 und 52 105

Prüfung der in Rn. 2551 genannten Stoffe auf chemische Beständigkeit durch wärmeisolierende Warmlagerung (Wärmestaulagerung)

(1) Beschreibung der Versuchseinrichtung:

Die Prüfung der chemischen Beständigkeit eines organischen Peroxids bei wärmeisolierender Warmlagerung wird mit Hilfe der nachfolgend beschriebenen Versuchseinrichtung durchgeführt.

Diese Einrichtung besteht aus einem handelsüblichen 500-ml-Dewargefäß, von dessen in Abb. 20 angegebenen Maßen möglichst wenig abgewichen werden soll.

Das Gefäß wird mit einem Glashohlstopfen nach Abb. 21 verschlossen. In diesem Stopfen ist als Durchführung für ein Thermoelementschutzrohr ein Glasrohr von 7 mm äußerem Durchmesser und 5 mm lichter Weite eingeschmolzen. Durch den engen Spalt zwischen diesem Glasrohr und dem Führungsrohr des Glasstopfens findet der Druckausgleich für den Stopfeninnenraum bei Erwärmung statt. Der Durchmesser des unteren in das Dewargefäß hineinragenden Teils des Stopfens wird so gewählt, daß der Stopfen dicht an der Wand des Gefäßes anliegt.

Zwischen Gefäß und Stopfen wird eine Dichtung aus einem elastischen und dem Stoff gegenüber inerten Material angebracht.

3152/1

Anhang A.1

3152/1
(Forts.)

Als Haltefedern zur Sicherung des Stopfens gegen Abwerfen werden Federn von 5 mm Durchmesser und 50 mm Länge verwendet, wie sie auch zur Sicherung von Schliffverbindungen an Glasapparaturen handelsüblich sind. Sie werden in die am Glasstopfen angeschmolzenen Häkchen sowie an die Haken der Halteeinrichtung für das Dewargefäß ein- bzw. angehängt.

Die Halteeinrichtung selbst besteht aus einem spiralig gewundenen Stahldraht von 3 mm Durchmesser, an den ein Fuß aus Stahlblech angeschweißt worden ist.

Das Dewargefäß ist so auszuwählen, daß der darin zu prüfende Stoff weitgehend der gleichen Wärmeisolierung unterliegt wie in dem größten zugelassenen Versandstück. Die Halbwertzeit der Abkühlung des verschlossenen und mit 400 ml Dimethylphthalat gefüllten Gefäßes soll nicht weniger als 5 Stunden betragen; d. h. nach 5 Stunden darf sich die Differenz zwischen der Anfangstemperatur des erhitzten Dimethylphthalats und der konstanten Raumtemperatur höchstens halbiert haben. Während der Abkühlung ist das Gefäß vor Zugluft zu schützen.

Zur Messung des Temperaturverlaufs in der Substanz während des Versuchs wird ein Chromel-Alumel-Miniatur-Mantel-Thermoelement mit einem Durchmesser von 1 mm verwendet. Die elektrisch und mechanisch durch eine Schutzkappe von 1,5 mm Durchmesser voll abgeschirmte Lötstelle befindet sich in einem Glasschutzrohr von 2 mm lichter Weite und 3,5 mm Außendurchmesser in einem Abstand von 60 mm axial über dem Boden des Dewargefäßes.

Zur Durchführung der Warmlagerung wird das Gefäß einzeln in einen handelsüblichen thermostatisierten Trockenschrank ohne Zwangsbelüftung mit einem Innenraum von mindestens 25 l eingesetzt. Zum Schutz gegen Beschädigung kann der Trockenschrank mit einem passenden Stahleinsatz von 10 mm Wanddicke ausgerüstet werden. Der Trockenschrank wird dann statt mit seiner Tür mit einer Asbestplatte verschlossen, die so durch einen federnden Blechstreifen gehalten wird, daß bei einer eventuell eintretenden heftigen Reaktion der Verschluß schon bei schwachem Überdruck abgeworfen wird. Der Trockenschrank ist weiter mit einem in den Innenraum hineinragenden Kontrollthermometer sowie mit einem Kontaktthermometer versehen, durch das die Stromversorgung abgeschaltet wird, sobald eine Überhitzung von 5 °C über den eingestellten Wert hinaus eintritt.

Sollen Lagerungen bei Temperaturen unterhalb des Temperaturregelbereichs des Trockenschranks vorgenommen werden, so wird das Dewargefäß in ein Doppelmantelgefäß genügender Größe aus einem geeigneten Werkstoff eingesetzt, das mit einer Kork- oder Asbestplatte lose verschlossen wird. Der Doppelmantel wird von einer nicht brennbaren Flüssigkeit (Sole) durchspült, deren Temperatur durch einen Umwälzthermostaten auf die gewünschte Höhe konstant geregelt wird.

(2) Durchführung der Versuche:

Das Gewicht der in das Dewargefäß eingefüllten 400 ml Substanz wird durch Wiegen bestimmt. Dann wird die Dichtung angebracht, das Gefäß mit dem Glasstopfen verschlossen, in die Halterung eingesetzt und durch Einhängen der Federn gesichert, das Thermoelementschutzrohr eingeführt und mit einem inerten Material in den Glasstopfen eingedichtet.

Das so verschlossene, auf Zimmertemperatur befindliche Dewargefäß wird nun in den auf die gewünschte konstante Temperatur vorgeheizten Trockenschrank eingesetzt, der in einem Schutzraum aufgestellt ist. Das

Anhang A.1

bereits vorher durch den Schornstein des Schrankes eingeführte Thermoelement wird rasch in das Glasschutzröhrchen bis zum Anschlag auf dessen Boden eingeführt und der Schrank verschlossen. Ein zweites Thermoelement, dessen Lötstelle sich außerhalb des Dewargefäßes im Trockenschrank in gleicher Höhe wie die Lötstelle innerhalb der Substanz befindet, dient zur Messung und Überwachung der Trockenschranktemperatur.

Sofort nach dem Verschließen des Trockenschrankes werden die registrierenden Meßgeräte eingeschaltet, an die die Thermoelemente bereits angeschlossen sind und die eine Ablesegenauigkeit von 0,5 °C haben sollen.

Die zur Temperaturmessung und -registrierung benötigten Geräte sind getrennt in einem geschützten Meßraum aufgestellt.

Die Versuchsdauer beträgt, nachdem die Probe die Lagertemperatur erreicht hat, 7 Tage, falls nicht schon vorher eine vollständige Zersetzung der Probe auftritt. Wird innerhalb der 7 Tage eine exotherme Reaktion registriert, die nicht zur völligen Zersetzung der Probe führt, ist die Lagerung bis zur Beendigung der Reaktion fortzusetzen.

Wenn keine exotherme Zersetzung beobachtet wird, ist das thermische Verhalten an jeweils einer neuen Probe durch Variation der Lagertemperatur in 10 °C-Schritten, im Bereich unter 50 °C jedoch in 5 °C-Schritten, zu ermitteln. Ziel der Versuche ist es, diejenige niedrigste Temperatur zu ermitteln, bei der eine exotherme Zersetzung mit Selbstbeschleunigung [SADT] *) abläuft.

Mit der im Absatz 1 beschriebenen Versuchseinrichtung werden SADT-Werte erzielt, die für ein Versandstück mit höchstens 50 kg eines organischen Peroxids aussagefähig sind. Sind Versandstücke mit mehr als 50 kg eines organischen Peroxids zu beurteilen, so sind für die Wärmestaulagerung ähnliche, ggf. größere Dewargefäße mit entsprechend längeren Halbwertzeiten der Abkühlung zu verwenden. Die Halbwertzeit der Abkühlung eines solchen mit Dimethylphthalat gefüllten Dewargefäßes muß dann mindestens die gleiche Dauer aufweisen wie die des mit Dimethylphthalat gefüllten Versandstücks.

(3) Beurteilung der Ergebnisse:

Folgende Ergebnisse können erhalten werden:

a) Innerhalb des Beobachtungszeitraums wird keine oder nur eine geringfügige exotherme Reaktion registriert, d. h. zwischen Substanztemperatur und Lagertemperatur wird keine oder eine geringere Temperaturdifferenz als 3 °C gemessen, die nach Erreichen eines Maximums wieder abklingt.

Das Produkt ist bei dieser Temperatur beständig.

b) Innerhalb des Beobachtungszeitraums wird eine exotherme Reaktion mit Selbstbeschleunigung der Zersetzung registriert, gekennzeichnet durch einen Wendepunkt in der Temperaturverlaufskurve vor dem Maximum.

Wenn eine solche Zersetzung stattfindet, wird der Grad der Heftigkeit beobachtet.

Milde Zersetzung:

Die Zersetzung verläuft langsam. Häufig bleibt ein großer Teil der zersetzten Substanz im Dewargefäß zurück.

---

*) SELF ACCELERATING DECOMPOSITION TEMPERATURE

187

Anhang A.1

Heftige Zersetzung, ggf. mit Selbstentzündung:

Die Zersetzung verläuft schnell. Nach der Reaktion werden keine oder nur geringe harzartige Rückstände im Dewargefäß gefunden. Oft ist die Tür des Trockenschranks aufgedrückt. Spuren eines Brandes sind erkennbar.

Sehr heftige Zersetzung (Verpuffung), ggf. mit Selbstentzündung:

Dewargefäß und Stopfen sind zersplittert. Spuren eines Brandes sind erkennbar.

Explosion:

Trockenschrank ist beschädigt oder zerborsten.

c) Innerhalb des Beobachtungszeitraums wird eine exotherme Reaktion registriert, die zu einer Erwärmung der Substanz um 3 °C oder mehr führt, ohne daß es zu einer Selbstbeschleunigung der Zersetzung kommt.

Das Produkt ist bei dieser Temperatur nicht beständig. Eine solche Zersetzung ist der Zersetzung mit Selbstbeschleunigung gleichgestellt.

(4) Zuordnung der organischen Peroxide:

Organische Peroxide, die sich bei der Wärmestaulagerung heftig zersetzen, verpuffen oder explodieren, sind, wenn sie eine SADT von 50 °C oder niedriger aufweisen, der Gruppe E der Rn. 2551 zuzuordnen.

Organische Peroxide, die sich bei der Wärmestaulagerung nur milde zersetzen und sich bei der Prüfung nach den anderen im Anhang A. 1 vorgeschriebenen Verfahren als nicht explosiv erweisen, sind der Gruppe E der Rn. 2551 dann zuzuordnen, wenn sie eine SADT von 45 °C oder niedriger aufweisen.

(5) Festlegung der höchstzulässigen Umgebungstemperatur:

Nachdem durch Variation der Lagertemperatur die exotherme Zersetzungstemperatur mit Selbstbeschleunigung der Zersetzung (SADT) ermittel worden ist, errechnet sich für organische Peroxide, die der Gruppe E der Rn 2551 zuzuordnen sind, die maximale Temperatur für die Umgebung des Versandstücks nach Rn. 52 105 Absatz 1 aus der SADT wie folgt:

SADT	Höchstzulässige Umgebungstemperatur
20 °C oder niedriger	SADT abzüglich 20 °C
über 20 °C bis 35 °C	SADT abzüglich 15 °C
über 35 °C	SADT abzüglich 10 °C

Entzündungstemperatur (siehe Rn. 3101 und 3102)

3153

(1) Zur Bestimmung der Entzündungstemperatur werden je 0,2 g des Stoffes in einem Probierglas erhitzt, das in ein Wood'sches Metallbad eintaucht. Die Probiergläser werden in das Bad eingesetzt, nachdem dieses 100 °C erreicht hat. Die Temperatur wird dann von Minute zu Minute um 5 °C gesteigert.

(2) Die Probiergläser müssen eine Länge von .... 125 mm,
einen inneren Durchmesser von .... 15 mm,
eine Wanddicke von .... 0,5 mm

haben und 20 mm tief eingetaucht sein.

(3) Bei dem dreimal zu wiederholenden Versuch ist jedesmal festzustellen, bei welcher Temperatur eine Entzündung des Stoffes eintritt, ob unter langsamer oder schneller Verbrennung, ob unter Verpuffung oder Explosion.

(4) Die bei den drei Versuchen festgestellte niedrigste Temperatur ist die Entzündungstemperatur.

Anhang A.1

Prüfung der Empfindlichkeit bei Rotgluttemperatur und Flammenzündung (siehe Rn. 3103 bis 3110)

a) Prüfung in einer rotglühenden Eisenschale (siehe Rn. 3103 bis 3106 und 3108 bis 3110) **3154**

(1) In eine zur Rotglut erhitzte eiserne Halbkugelschale von 1 mm Dicke und 120 mm Durchmesser werden Proben des zu prüfenden explosiven Stoffes, von etwa 0,5 g bis 10 g zunehmend, geworfen.

Die Versuchsergebnisse sind wie folgt zu unterscheiden:

1. Entzündung mit langsamer Verbrennung (Ammonnitratsprengstoff),

2. Entzündung mit schneller Verbrennung (Chloratsprengstoff),

3. Entzündung mit heftiger und explosionsartiger Verbrennung (Schwarzpulver),

4. Detonation (Fulminat).

(2) Dem Einfluß der verwendeten explosiven Stoffmenge auf den Ablauf der Erscheinungen ist Rechnung zu tragen.

(3) Der untersuchte explosive Stoff darf keine wesentlichen Unterschiede gegenüber dem explosiven Vergleichsstoff zeigen.

(4) Die Eisenschalen sind vor jedem Versuch sorgfältig zu reinigen und erforderlichenfalls durch neue Schalen zu ersetzen.

b) Prüfung der

Entzündbarkeit | Flammenzündung

(siehe Rn. 3103 bis 3110)

(1) Der zu prüfende explosive Stoff wird in einer flachen Eisenschale zu einem kleinen Haufen aufgeschüttet, und zwar nach Maßgabe des Ergebnisses unter a) in kleinen Mengen von 0,5 g bis zu höchtens 100 g zunehmend.

(2) Die Spitze des kleinen Haufens wird mit der Flamme eines Streichholzes in Berührung gebracht, dann wird beobachtet, ob der explosive Stoff sich entzündet und langsam abbrennt, verpufft oder explodiert, und ob er, wenn einmal entzündet, auch nach Wegnahme des Streichholzes noch weiterbrennt. Wenn keine Entzündung eintritt, wird ein ähnlicher Versuch angestellt, bei dem der explosive Stoff in Berührung mit einer Gasflamme gebracht wird und die gleichen Feststellungen getroffen werden.

(3) Die Versuchsergebnisse werden den am Vergleichssprengstoff erhaltenen Ergebnissen gegenübergestellt.

c) Brandversuch unter Einschluß im Stahlblechkästchen (siehe Rn. 3107)

(1) Der Brandversuch wird in einem Stahlblechkästchen von quadratischem Querschnitt und 8 cm Kantenlänge und 1 mm Wanddicke durchgeführt. Das Kästchen ist aus weichgeglühtem Stahlblech herzustellen und durch Umbördeln des Deckels möglichst dicht abzuschließen (Abb. 1).

(2) Bei reibungsempfindlichen Sprengstoffen ist durch Abdecken der oberen Schicht mit einem Blatt Papier zu verhindern, daß Sprengstoffteile zwischen die Fugen geraten und beim Umbördeln des Randes eingeklemmt werden. Das Kästchen wird mit dem Sprengstoff voll gefüllt, und zwar so, daß er möglichst dieselbe Dichte hat wie in den Patronen. Das Kästchen ist vorsichtig in das Feuer zu bringen; um eine sofortige Entzündung des Sprengstoffs zu vermeiden, ist das Kästchen vorher z. B. mit Packpapier mehrfach zu umhüllen.
Für das Feuer wird ein Holzstoß von 0,8 m Höhe hergerichtet. Auf den Erdboden werden zuerst eine dünne Schicht Holzwolle und dann einmal längs und quer je drei Stück Holz von etwa 0,5 m Länge und etwa 0,25 m Durchmesser gelegt. Darauf werden drei Lagen kleines gespaltenes Holz von etwa 0,2 m Länge gelegt. Zwischen die einzelnen Lagen wird Holzwolle gebracht. An den Holzstoß werden noch an jeder Seite drei bis vier etwa 0,5 m lange Holzstücke hochgestellt, die ein Auseinanderfallen des Holzstoßes während des Brennens verhindern sollen. Der Holzstoß wird mit Hilfe eines angezündeten Holzwollstranges in Brand gesetzt.

(3) Es ist festzustellen, ob der Sprengstoff verpufft, explodiert, wie lange die Verbrennung dauert und unter welchen Erscheinungen sie verläuft, ferner welche Veränderungen am Kästchen eingetreten sind.

(4) Der Versuch ist

zweimal | viermal

durchzuführen. Von den benutzten Stahlblechkästchen ist ein Lichtbild zu fertigen.

d) Prüfung durch Erhitzen unter Einschluß in einer Stahlhülse mit Düsenplatte (Stahlhülsenverfahren) (siehe Rn. 3103 bis 3110 und 3112)

(1) Die Prüfverfahren unter a) bis c)

müssen | können

durch das nachstehende Verfahren ergänzt werden.

Anhang A.1

3154
(Forts.)

(2) Beschreibung der Stahlhülse (Abb. 2):

Die Stahlhülse wird aus Tiefziehblech [1] im Ziehverfahren hergestellt. Sie hat folgende Abmessungen: innerer Durchmesser 24 mm, Wanddicke 0,5 mm, Länge 75 mm. Am offenen Ende ist die Hülse mit einem Bund versehen. Sie wird durch eine druckfeste, mit einer zentralen Bohrung versehene kreisrunde Düsenplatte verschlossen, welche mittels eines Gewinderinges und einer auf diesen Ring geschraubten Mutter fest angepreßt wird. Die Düsenplatte wird aus 6 mm dickem, warmfestem Chromstahl [2] hergestellt. Für das Abströmen der Zersetzungsgase werden Düsenplatten mit zylindrischer Öffnung von folgenden Durchmessern (a) verwendet: 1,0-1,5-2,0-2,5-3-4-5-6-8-10-12-14-16-18-20 mm; hinzu kommt der Durchmesser von 24 mm, wenn die Düse ohne Düsenplatte und Verschlußvorrichtung verwendet wird. Der Gewindering und die Mutter bestehen aus Chrom-Mangan-Stahl, der bis zu 800 °C zunderfest ist [3]. Bei Verwendung von Düsenplatten mit einer Öffnung von 1 mm bis 8 mm Durchmesser sind Muttern (b) mit einer zentralen Bohrung von 10 mm erforderlich; beträgt der Durchmesser mehr als 8 mm, so müssen Muttern mit einer Bohrung von 20 mm verwendet werden. Die Stahlhülsen werden jeweils nur für einen Versuch verwendet. Düsenplatten, Gewinderinge und Muttern können dagegen wiederholt benutzt werden, sofern sie nicht beschädigt sind. Die Bohrung der Düsenplatte ist nach jedem Versuch nachzumessen.

(3) Erhitzungs- und Schutzvorrichtung (Abb. 3):

Für die Erhitzung wird Stadtgas mit einem unteren Heizwert von 16,75 MJ/m³ (Normzustand) aus 4 Brennern verwendet, die bei einem Verbrauch von 0,6 l/s eine Wärmeleistung von 10 kW aufweisen.

Zum Schutz gegen die bei einer Zerstörung der Hülse auftretenden Splitter wird die Erhitzung in einem geschweißten Schutzkasten aus 10 mm dickem Stahl vorgenommen, der an einer Seite und nach oben hin offen ist. Die Hülse wird mit zwei Haltestäben von 4 mm Durchmesser aufgehängt, die durch Bohrungen in den gegenüberliegenden Wänden des Kastens geführt sind, und durch vier Teclubrenner (äußerer Rohrdurchmesser 19 mm) erwärmt, von denen der untere den Boden der Hülse, diejenigen rechts und links die Hülsenwand und der hintere den Verschluß erhitzen. Die Brennerrohre werden in Bohrungen von 20 mm Durchmesser, die sich in den Wänden des Schutzkastens befinden, eingeführt und gehalten. Die Brenner werden gleichzeitig durch eine Zündflamme entzündet und auf große Luftzufuhr so eingestellt, daß die Spitzen der inneren blauen Kegel der Flamme fast die Hülse berühren.

Die ganze Einrichtung steht in einem Versuchsstand, der durch eine starke Wand vom Beobachtungsraum getrennt ist. In dieser Wand befinden sich mit Panzerglas und geschlitzten Stahlplatten geschützte Durchblicke. Der Schutzkasten wird mit der offenen Seite zum Beobachtungsraum hin aufgestellt, wobei darauf zu achten ist, daß die Flammen nicht durch Luftzug beeinträchtigt werden. Im Versuchsraum ist eine Absaugeeinrichtung für die Zersetzungsgase bzw. Explosionsschwaden angebracht.

Steht kein Stadtgas zur Verfügung, so kann die Erhitzung der Stahlhülse mit Propangas vorgenommen werden. In diesem Fall wird aus einer handelsüblichen Stahlflasche, die mit einem Druckregler [5 kPa (0,05 bar)] versehen ist, Propan entnommen, durch eine Gasuhr [Balgengaszähler von 2 Liter Inhalt 5 kPa (0,05 bar)] geleitet und über einen Gasverteiler den vier Brennern zugeführt, deren Gasdüsen einen Durchmesser von 0,8 mm haben. Jeder Brenner verbraucht maximal etwa 1,7 Liter Propangas in der Minute. Gasflaschen und Gasuhr werden außerhalb des Versuchsstandes aufgestellt.

(4) Durchführung des Versuchs:

Der explosionsfähige Stoff wird 60 mm hoch, d. h. bis 15 mm unter den Rand, in die Hülse eingefüllt. Dabei werden pulverförmige Stoffe unter vorsichtigem, leichtem Aufstoßen der Hülse und anschließendem leichtem Andrücken mit einem Holzstab in die Hülse eingebracht. Gelatinöse Stoffe werden mit Hilfe eines Spatels in die Hülse eingefüllt; hierbei wird nach jeder Spatelmenge mit einem Holzstab leicht nachgedrückt, um Lufteinschlüsse zu vermeiden. Nach Bestimmung des Gewichts des eingefüllten Stoffes wird der Gewindering über die Hülse geschoben, die vorgesehene Düsenplatte aufgelegt und die Mutter von Hand festgeschraubt. Es ist darauf zu achten, daß sich keine Substanz zwischen Bund und Düsenplatte sowie in den Gewinden befindet. Die Hülse wird nun in eine fest montierte, gegen unbeabsichtigte Explosion schützende Halteeinrichtung eingesetzt und der Mutter mit Hilfe eines Knebelsteckschlüssels fest angezogen. Die versuchsfertige Hülse wird zwischen die beiden Haltestäbe des Schutzkastens eingehängt, die Zündflamme entzündet und nach Schließen des Versuchsstandes die Gaszufuhr für die vier Brenner geöffnet. Gleichzeitig wird eine Stoppuhr in Gang gesetzt, um die Zeit t_1 vom Entzünden der Brenner bis zur beginnenden Verbrennung der Substanz aus der Düsenöffnung und die Verbrennungszeit t_2 bis zur Explosion zu messen. Nach Beendigung des Versuchs wird die Gaszufuhr abgesperrt, die Absaugeeinrichtung im Versuchsraum eingeschaltet und dieser erst nach einer angemessenen Zeit betreten.

Um ein einwandfreies Arbeiten der Erhitzungseinrichtung zu gewährleisten, werden zuvor Blindversuche durchgeführt.

(5) Beurteilung der Versuchsergebnisse:

Das relative Maß für die Empfindlichkeit eines Stoffes beim Erhitzen in der Stahlhülse ist der Durchmesser der Bohrung (in Millimeter), bei dem im Verlaufe von drei Prüfungen die Hülse mindestens einmal zur Explosion kommt, d. h. in mindestens drei Splitter zerlegt wird. Die Wärmeempfindlichkeit steigt mit wachsendem Grenzdurchmesser und mit kleiner werdenden Zeiten t_1 und t_2.

Organische Peroxide, für welche der Grenzdurchmesser 2,0 mm oder mehr beträgt, sind als explosive Stoffe zu betrachten.	Organische Peroxide (ausgenommen jene, die mit flüchtigen Stoffen, wie Wasser, angefeuchtet oder verdünnt sind), für welche der Grenzdurchmesser 2,0 mm oder mehr beträgt, sind als explosive Stoffe der Klasse 1 a zu betrachten (siehe auch Bem. zu Rn. 2550).

[1] z. B. Werkstoffnummer 1.0336.505 g nach DIN 1623 Blatt 1.

[2] z. B. Werkstoffnummer 1.4873 nach Stahl-Eisen-Werkstoffblatt 490-52.

[3] z. B. Werkstoffnummer 1.3817 nach Stahl-Eisen-Werkstoffblatt 490-52.

Anhang A.1

e) Prüfung durch Erhitzen im Druckgefäß mit Düsenplatte mit zentraler Bohrung und Membran (Druckgefäßprüfung) (siehe Rn. 3112)

3154
(Forts.)

(1) Für die organischen Peroxide können die Prüfverfahren unter a), b) und d) durch das folgende Verfahren ergänzt werden.

(2) Beschreibung des Druckgefäßes (Abb. 4 bis 6):

Aus den Abbildungen 4 bis 6 und den dazugehörigen Zeichenerklärungen sind Einzelheiten des verwendeten Apparates sowie die Abmessungen und der Werkstoff der Bauteile ersichtlich.

Es können 24 Düsenplatten mit folgenden Düsendurchmessern verwendet werden: 1,0-1,2-1,5-2,0-2,5-3,0-3,5-4,0-4,5-5,0-5,5-6,0-7,0-8,0-9,0-10,0-11,0-12,0-14,0-16,0-18,0-20,0-22,0 und 24,0 mm. Die Düsenplatten müssen eine Dicke von 2,0 mm ± 0,2 mm haben.

Die Berstmembrane wird aus einem 0,05 mm dicken Messingblech ausgestanzt, das bei normaler Temperatur einem Berstdruck von 0,54 MPa ± 0,05 MPa (5,4 bar ± 0,5 bar) standhält. Messing mit 67 % Walzkupfer ist hierfür geeignet.

(3) Erhitzungsvorrichtung:

Das Druckgefäß wird mit technischem Butangas aus einer mit einem Druckminderventil versehenen Flasche erhitzt. Die Wärmeleistung muß ungefähr 3,1 kW betragen. Bei einem unteren Heizwert des Gases von 113 MJ/m³ [bei 100 kPa (1 bar) und 20 °C] muß die Gaszufuhr etwa 0,1 m³/h betragen. Es wird ein Teclubrenner für Butangas verwendet. Die Gasmenge wird mit einem Rotameter oder mit einer Gasuhr gemessen und mit dem Ventil des Brenners reguliert.

Statt Butangas kann auch Stadtgas oder Propangas mit einem geeigneten Brenner benutzt werden, vorausgesetzt, daß die Wärmeleistung des Gases auch ungefähr 3,1 kW beträgt (im Falle eines unteren Heizwertes des Stadtgases von 17 MJ/m³ müssen z. B. etwa 0,67 m³/h zugeführt werden).

Gasflasche, Rotamesser oder Gasuhr werden außerhalb des Versuchsraumes aufgestellt.

(4) Durchführung des Versuchs:

Für einen normalen Versuch werden 10 g des Stoffes in das Gefäß gebracht. Bei einem Stoff, dessen Empfindlichkeit nicht bekannt ist, wird mit kleineren Mengen begonnen: zuerst 1 g, danach, wenn möglich, 5 g und schließlich 10 g. Der Boden des Gefäßes soll gleichmäßig mit dem Stoff bedeckt sein. Danach werden die Berstmembrane, die Düsenplatte und der Dichtungsring angebracht. Die Flügelmutter wird mit der Hand und die Überwurfmutter mit einem Schlüssel festgedreht. Die Berstmembrane wird mit genügend Wasser zur Kühlung abgedeckt.

Das Druckgefäß wird auf einen Dreifuß mit einem Innendurchmesser des oberen Randes von 67 mm gestellt, der sich in einem Schutzzylinder befindet. Der Ring am unteren Ende des Druckgefäßes ruht auf dem Dreifuß.

Der Brenner wird angezündet und die erforderliche Zufuhr des Gases eingestellt. Die Luftzufuhr wird danach so eingestellt, daß die Flamme mit blauer Farbe und mit hellblauem Innenkegel brennt. Der Dreifuß muß so hoch sein, daß der Innenkegel den Boden des Gefäßes nicht berührt. Danach wird der Brenner durch eine Öffnung des Schutzzylinders mitten unter das Druckgefäß geschoben.

Der Raum, in dem der Versuch durchgeführt wird, muß gut entlüftet und darf während des Versuchs nicht

Anhang A. 1

betreten werden. Das Gefäß wird vorzugsweise außerhalb des Versuchsraumes mit Hilfe eines Spiegels oder durch einen Durchblick in der mit Panzerglas versehenen Wand beobachtet.

Die Zeit t_1 vom Anfang des Erhitzens bis zum Beginn einer Reaktion (Flamme, Rauchentwicklung, Abblasen) und t_2 bis zum Ende der Reaktion (Knall, Ende des Abblasens oder der Rauchentwicklung oder Erlöschen der Flamme) wird gemessen. Danach wird das Gefäß mit Wasser abgekühlt und gereinigt.

(5) Beurteilung der Versuchsergebnisse:

Das relative Maß für die Empfindlichkeit eines Stoffes beim Erhitzen im Druckgefäß ist der Durchmesser der Bohrung, in Millimetern, bei dem im Verlaufe von drei Prüfungen die Membrane mindestens einmal zerrissen wird, während sie bei drei Prüfungen mit der nächstgrößeren Bohrung erhalben bleibt.

Die Wärmeempfindlichkeit steigt mit wachsendem Grenzdurchmesser und mit kleiner werdenden Zeiten t_1 und t_2.

Organische Peroxide (ausgenommen jene, die mit flüchtigen Stoffen, wie Wasser, angefeuchtet oder verdünnt sind), für die der Grenzdurchmesser 9 mm oder mehr beträgt, sind als explosive Stoffe der Klasse 1 a zu betrachten (siehe auch Bem. zu Rn. 2550).

3155 **Prüfung der Empfindlichkeit auf Stoß**

(siehe Rn. 3102/1 bis 3110 und 3112)

a) —

(siehe Rn. 3103 bis 3110 und 3112)

a) Verfahren mit dem Fallhammerapparat I (Abb. 7 und 8) unter Verwendung eines Vergleichssprengstoffes

(1) Der nach den Bedingungen der Rn. 3150 getrocknete explosive Stoff ist in folgende Form zu bringen:

a) Die festen explosiven Stoffe werden so fein geraspelt, daß sie vollständig durch ein Maschensieb von 1 mm hindurchgehen; für die nachfolgende Prüfung wird nur der Teil verwendet, der als Rückstand auf dem Maschensieb von 0,5 mm verbleibt.

b) Die pulverförmigen explosiven Stoffe werden durch ein Maschensieb von 1 mm abgetrennt; für die Prüfung auf Empfindlichkeit gegen Stoß ist der gesamte Siebdurchgang zu verwenden.

c) Die plastischen und gelatinierten explosiven Stoffe sind möglichst zu Kügelchen von 25 bis 35 mg zu formen.

(2) Die Einrichtung zur Durchführung der Versuche besteht aus einer in Schienen geführten Masse, die auf eine bestimmte Fallhöhe eingestellt und leicht ausgelöst werden kann. Die Masse trifft nicht unmittelbar auf den explosiven Stoff, sondern auf einen Stempel, der aus einem Oberteil D und einem Unterteil E besteht, aus gehärtetem Stahl hergestellt und in dem Führungsring F leicht beweglich ist (Abb. 7). Zwischen Ober- und Unterteil des Stempels wird die Stoffprobe gelegt. Stempel und Führungsring befinden sich in einem Schutzzylinder C aus gehärtetem Stahl, der auf einem Stahlblock B (Amboß) ruht; dieser ist in einen Zementsockel A eingelassen (Abb. 8). Die Abmessungen der verschiedenen Teile sind aus der Abbildung zu entnehmen.

(3) Die Versuche werden abwechselnd mit dem zu prüfenden explosiven Stoff und dem Vergleichssprengstoff wie folgt ausgeführt:

a) Der explosive Stoff in Form von Kügelchen (wenn er plastisch ist) oder abgemessen mit Hilfe eines Lade-

Anhang A.1

löffelchens von 0,05 cm³ Fassungsraum (wenn er pulverförmig oder geraspelt ist) wird sorgfältig zwischen die beiden Stempelteile gebracht, deren Berührungsflächen nicht feucht sein dürfen. Die Raumtemperatur darf nicht über 30 °C und nicht unter 15 °C liegen. Jede Probe des explosiven Stoffes darf dem Stoß nur einmal ausgesetzt werden. Nach jedem Versuch sind der Stempel und der Führungsring sorgfältig zu reinigen; alle etwaigen Rückstände des explosiven Stoffes sind zu entfernen.

3155
(Forts.)

b) Die Versuche müssen mit einer Fallhöhe beginnen, bei der die beim Versuch verwendeten Mengen des explosiven Stoffes vollkommen explodieren. Nach und nach wird die Fallhöhe vermindert, bis nur eine unvollständige oder keine Explosion eintritt. Bei dieser Höhe werden vier Fallproben durchgeführt, und wenn sich bei nur einem dieser Versuche eine glatte Explosion ergibt, werden noch vier weitere Versuche bei einer etwas geringeren Fallhöhe usw. durchgeführt.

c) Als Empfindlichkeitsgrenze wird die niedrigste Fallhöhe angesehen, bei der sich unter mindestens vier bei dieser Höhe durchgeführten Versuchen eine glatte Explosion ergeben hat.

d) Die Fallhammerprobe wird gewöhnlich mit einem 2-kg-Fallhammer durchgeführt. Wenn jedoch die Stoßempfindlichkeit eine größere Fallhöhe als 60 cm bis 70 cm erfordert, muß der Versuch mit einem 5-kg-Fallhammer durchgeführt werden.

b) **Verfahren mit dem Fallhammerapparat II (Abb. 9 bis 13) unter Angabe der Schlagempfindlichkeit in Zahlenwerten (Schlagenergie)**

(1) Die Empfindlichkeit auf Stoß ist durch das folgende Verfahren zu prüfen:

(1) An Stelle des unter a) beschriebenen Verfahrens kann auch das folgende Verfahren zur Prüfung angewendet werden.

(2) Beschreibung des Fallhammerapparates:

Die wichtigsten Bestandteile des Apparates sind die Stempeleinrichtung (siehe Absatz 4), der gegossene Stahlblock mit Fuß und Amboß, die Säule, die Gleitschienen und der Fallhammer mit Auslösevorrichtung (Abb. 9). Auf dem Stahlblock (230 mm × 250 mm × 200 mm) mit angegossenem Fuß (450 mm × 450 mm × 60 mm) ist ein Stahlamboß (Durchmesser 100 mm, Höhe 70 mm) aufgeschraubt. An der Rückseite des Stahlblocks ist die Halterung angeschraubt, in der die Säule aus nahtlos gezogenem Stahlrohr (Außendurchmesser 90 mm, Innendurchmesser 75 mm) befestigt ist. Die beiden Gleitschienen sind mit Hilfe von drei Traversen an der Säule angebracht und tragen eine Zahnstange zum Anhalten des rückprallenden Fallhammers sowie ein verschiebbares Meßlineal zum Einstellen der Fallhöhe. Die Halte- und Auslösevorrichtung für den Fallhammer ist zwischen den Gleitschienen verstellbar und wird mit Hilfe eines Spannstücks durch die Hebelmutter festgelegt. Der Apparat wird auf einem Betonsockel (600 mm × 600 mm × 600 mm) mit vier darin verankerten Steinschrauben satt aufliegend so befestigt, daß die Gleitschienen genau senkrecht stehen. Der Apparat ist bis zur Höhe der unteren Traverse mit einer Splitterschutzkiste aus Holz umgeben, die mit einer 2 mm dicken Innenauskleidung aus Blei versehen ist und sich leicht öffnen läßt. Für die Beseitigung der Explosionsgase und des Substanzstaubes ist eine Absaugvorrichtung vorhanden.

(3) Beschreibung der Fallhämmer:

Jeder Fallhammer ist mit zwei Führungsnuten versehen, in denen er sich zwischen den Gleitschienen bewegt, ferner mit einem Haltestößel, einem zylinderförmigen Schlageinsatz und einer Halteeinrichtung, die mit dem Fallhammer verschraubt sind (Abb. 11). Der Schlageinsatz besteht aus gehärtetem Stahl (HRc 60 bis 63), hat einen Mindestdurchmesser von 25 mm und eine solche Schulterbreite, daß er beim Aufschlag nicht in den Fallhammer eindringen kann.

Es gibt drei verschieden schwere Fallhämmer. Der 1-kg-Fallhammer wird für sehr empfindliche Stoffe verwendet, der 5-kg-Fallhammer für Stoffe mittlerer Empfindlichkeit und der 10-kg-Fallhammer für wenig empfindliche Stoffe. Die 5-kg- und 10-kg-Fallhämmer bestehen aus kompaktem, massivem Stahl *). Der 1-kg-Fallhammer muß eine massive Seele aus Stahl haben, die den Schlageinsatz trägt und mit ihm zusammen die Hauptmasse des Fallhammers ausmacht.

Der 1-kg-Fallhammer wird für eine Fallhöhe von 10 cm bis 50 cm (Schlagenergie 1 J bis 5 J), der 5-kg-Fallhammer für eine Fallhöhe von 15 cm bis 60 cm (Schlagenergie 7,45 J bis 29,4 J) und der 10-kg-Fallhammer für eine solche von 35 cm bis 50 cm (Schlagenergie 35 J bis 50 J) verwendet.

---

*) Mindestens St 37-1 nach DIN 17 000.

Anlage A
Anhang A.1

Anhang A.1

(4) Beschreibung der Stempeleinrichtung:

Die zu untersuchende Probe wird in eine Stempeleinrichtung (Abb. 12) eingeschlossen, die aus zwei koaxial übereinanderstehenden Stahlzylindern (Stempeln) und einem ebenfalls aus Stahl bestehenden Hohlzylinder als Führungsring besteht. Die Stempel (Stahlrollen für Wälzlager) haben einen Durchmesser von 10 mm (Sorte mit einem mittleren Abmaß von –4 µm bei einer Toleranz von –2 µm, d. h. einem Durchmesser von $10^{-0,003}_{-0,005}$mm), eine Höhe von 10 mm, polierte Flächen, abgerundete Kanten (Krümmungsradius 0,5 mm) und eine Härte HRc 58 bis 65. Der Führungsring hat einen äußeren Durchmesser von 16 mm, eine geschliffene Bohrung von $10^{+0,005}_{+0,010}$mm und eine Höhe von 13 mm. Die Grenzmaße der Bohrung können mit einem Kontrollkaliberdorn nachgeprüft werden. Die Stempel und der Führungsring sind vor Gebrauch mit Aceton zu entfetten.

Die Stempeleinrichtung wird auf einen Zwischenamboß von 26 mm Durchmesser und 26 mm Höhe gestellt und durch einen Zentrierring mit einem Lochkranz zum Abströmen der Explosionsgase zentriert (Abb. 12 und 13). Jede Stirnfläche der Stempel darf nur einmal benutzt werden. Tritt eine Explosion ein, so darf auch der Führungsring nicht wieder verwendet werden.

(5) Vorbereitung der Proben:

Die explosionsfähigen Stoffe sind in getrocknetem Zustand zu prüfen. Stoffe der Rn. 2101, Ziffern 11 bis 14, werden in angeliefertem Zustand geprüft, sofern der Wassergehalt dem vom Hersteller angegebenen Sollwert entspricht. Ist der Wassergehalt größer, sind die Mischungen vor der Prüfung auf den angegebenen Feuchtigkeitsgehalt zu trocknen.

Für die festen Stoffe, ausgenommen die pastenförmigen, gilt außerdem folgendes:

a) pulverförmige Stoffe werden gesiebt (Maschenweite 0,5 mm); der gesamte Siebdurchgang wird zur Prüfung verwendet;

b) gepreßte, gegossene oder anderweitig verdichtete Stoffe werden zerkleinert und gesiebt; der Siebrückstand von 0,5 mm bis 1 mm Ø wird zur Prüfung verwendet.

(6) Durchführung der Prüfung:

Bei pulverförmigen Stoffen wird mit Hilfe eines zylindrischen Hohlmaßes von 40 mm³ Volumen (Bohrung 3,7 mm Ø · 3,7 mm) eine Probe abgemessen. Bei pastenförmigen Stoffen wird ein zylindrisches Rohrmaß gleichen Volumens verwendet, das in die Masse eingedrückt wird. Nach Abstreifen der überstehenden Menge wird die Probe mit einem Holzstäbchen herausgedrückt. Bei flüssigen explosionsfähigen Stoffen werden mit einer fein ausgezogenen Pipette 40 mm³ abgemessen.

Die Probe wird in die geöffnete Stempelvorrichtung eingefüllt, die auf dem Zwischenamboß mit Zentrierring steht, und bei pulverförmigen und pastenförmigen Stoffen der obere Stahlstempel vorsichtig mit dem Zeigefinger bis zum Anschlag leicht hineingedrückt, ohne die Probe dadurch flachzudrücken. Bei flüssigen Stoffen wird der obere Stahlstempel mit Hilfe eines Tiefenmaßes einer Schublehre bis zum Abstand 1 mm vom unteren Stempel hineingedrückt und durch einen Gummiring, der zuvor über ihn gezogen wurde, in dieser Lage gehalten (Abb. 13).

Die Einrichtung wird zentrisch auf den Amboß gestellt, der hölzerne Schutzkasten geschlossen, der auf die vorgesehene Fallhöhe eingestellte Fallhammer ausgelöst und danach die Absaugeeinrichtung betätigt. Der Versuch wird bei jeder Fallhöhe sechsmal ausgeführt.

(7) Beurteilung der Ergebnisse:

Bei der Beurteilung der Ergebnisse der Prüfung auf Schlagempfindlichkeit wird zwischen „keine Reaktion", „Zersetzung" (ohne Flamme oder Knall; erkennbar durch Verfärbung oder Geruch) und „Explosion" [mit schwachem bis starkem Knall *)] unterschieden. Als Maß der Schlagempfindlichkeit eines Stoffes wird die Masse in kg und die niedrigste Fallhöhe in cm, bei der unter sechs Versuchen mindestens einmal eine Explosion auftritt, sowie die sich daraus ergebende Schlagenergie in J (kg/m) ermittelt. Die Schlagempfindlichkeit eines Stoffes ist um so größer, je geringer die Schlagenergie in J (kg/m) ist.

Organische Peroxide, die eine Schlagempfindlichkeit von 40 J oder weniger aufweisen, sind als explosive Stoffe zu betrachten, wenn sie zugleich detonations- oder deflagrationsfähig sind (siehe Rn. 3159).

Prüfung der Empfindlichkeit auf Reibung

(siehe Rn. 3102/1 bis 3110 bis 3112)

3156   a) —

(siehe Rn. 3103 bis 3110 und 3112)

a) Reibversuch im Porzellanmörser

(1) Eine Probe des über Chlorcalcium getrockneten Stoffes wird in einem nicht glasierten Porzellanmörser mit einem ebenfalls nicht glasierten Stempel gedrückt und gequetscht. Die Temperatur des Mörsers und des Stempels muß etwa 10 °C über der Raumtemperatur (15 °C bis 30 °C) liegen.

---

*) Bei einigen Stoffen tritt „Entflammung ohne Knall" ein. Diese Reaktion wird als Explosion gewertet (mit besonderer Kennzeichnung), da die gesamte Probe erfaßt wird und auch unter gleichen Bedingungen „Explosion" eintreten kann.

(2) Die Versuchsergebnisse werden den am Vergleichssprengstoff erhaltenen gegenübergestellt und wie folgt unterschieden:

3156
(Forts.)

1. keine Erscheinung,

2. einzelnes schwaches Knistern,

3. häufiges Knistern oder einzelnes sehr starkes Knistern.

(3) Die explosiven Stoffe, die das Ergebnis unter 1. haben, werden praktisch als unempfindlich gegen Reibung angesehen; wenn sie das Ergebnis unter 2. haben, werden sie als mäßig empfindlich bezeichnet; bei dem Ergebnis unter 3. gelten sie als sehr empfindlich.

b) Prüfung mit dem Reibapparat (Abb. 14 und 15)

(1) Die Empfindlichkeit auf Reibung ist durch das folgende Verfahren zu prüfen:

(1) Anstelle des unter a) beschriebenen Verfahrens kann auch das folgende Verfahren zur Prüfung angewendet werden.

(2) Beschreibung des Apparates:

Der Reibapparat besteht aus einer gegossenen Stahlgrundplatte, auf der die eigentliche Reibvorrichtung aus feststehendem Porzellanstift und beweglichem Porzellanplättchen montiert ist (Abb. 14). Das Porzellanplättchen ist in einem Schlitten befestigt, der in zwei Gleitschienen geführt wird. Der Schlitten wird über eine Schubstange, Exzenterscheibe und ein Getriebe durch einen Elektromotor nach Betätigung des Druckknopfschalters so angetrieben, daß das Porzellanplättchen unter dem Porzellanstift eine einzige Hin- und Rückbewegung von je 10 mm Länge ausführt. Die Spanneinrichtung für den Porzellanstift ist zum Auswechseln des Stiftes um eine Achse schwenkbar und trägt den Belastungsarm, der mit sechs Kerben zum Anhängen eines Massestücks versehen ist. Der Ausgleich für die Nullstellung (ohne Belastung) wird durch die Ausgleichsmasse bewirkt. Beim Aufsetzen der Spannvorrichtung auf das Porzellanplättchen steht der Porzellanstift mit seiner Längsachse senkrecht auf dem Plättchen. Die verschiedenen Belastungsmassen werden mit Hilfe eines Halteringes mit Haken in die vorgesehene Kerbe eingehängt; die Stiftbelastung kann von 0,5 kg bis 36 kg variiert werden.

(3) Beschreibung der Porzellanplättchen und -stifte:

Die Porzellanplättchen sind aus rein weißem technischem Porzellan hergestellt und haben die Abmessungen 25 mm x 25 mm x 5 mm. Die beiden Reibflächen der Plättchen werden vor dem Brennen durch Streichen mit einem Schwamm stärker aufgerauht. Der Schwammstrich ist deutlich sichtbar.

Die zylindrischen Porzellanstifte sind ebenfalls aus weißem technischem Porzellan gefertigt; sie haben eine Länge von 15 mm, einen Durchmesser von 10 mm und rauhe kugelige Endflächen mit einem Krümmungsradius von 10 mm.

Muster von Porzellanstiften und -plättchen der vorstehend beschriebenen Qualität sind bei der Bundesanstalt für Materialprüfung in Berlin-Dahlem hinterlegt, bei der auch die Anschriften der Hersteller erfragt werden können.

Da die natürliche, unbeschädigte Rauheit von Plättchen und Stift wesentliche Voraussetzungen für das Reagieren des explosionsfähigen Stoffes sind, darf jeder Oberflächenbezirk nur einmal verwendet werden. Daher reichen die beiden Endflächen eines jeden Porzellanstiftes für zwei Versuche, die beiden Reibflächen eines Plättchens für je etwa drei bis sechs Versuche.

(4) Vorbereitung der Proben:

Die explosionsfähigen Stoffe sind in getrocknetem Zustand zu prüfen. Stoffe der Rn. 2101, Ziffern 11 bis 14, werden in angeliefertem Zustand geprüft, sofern der Wassergehalt dem vom Hersteller angegebenen Sollwert entspricht. Ist der Wassergehalt größer, sind die Mischungen vor der Prüfung auf den angegebenen Feuchtigkeitsgehalt zu trocknen.

Für die festen Stoffe, ausgenommen die pastenförmigen, gilt außerdem folgendes:

a) pulverförmige Stoffe werden gesiebt (Maschenweite 0,5 mm); der gesamte Siebdurchgang wird zur Prüfung verwendet;

b) gepreßte, gegossene oder anderweitig verdichtete Stoffe werden zerkleinert und gesiebt; der Durchgang bei einer Maschenweite von 0,5 mm wird zur Prüfung verwendet.

(5) Durchführung der Versuche:

Ein Porzellanplättchen wird so auf dem Schlitten des Reibapparates befestigt, daß der „Schwammstrich" quer zur Bewegungsrichtung liegt. Die Probemenge von etwa 10 mm³ wird bei pulverförmigen Stoffen mit Hilfe eines zylindrischen Hohlmaßes (2,3 mm Ø x 2,4 mm), bei pastenförmigen mit einem Rohrmaß abgemessen, wobei nach Eintauchen in den pastenförmigen Stoff und Abstreifen der überstehenden Menge die Probe durch Herausdrücken mit einem Holzstäbchen auf das Porzellanplättchen gebracht wird. Auf die gehäufte Porbemenge wird der fest eingespannte Porzellanstift in der aus Abb. 15 ersichtlichen Weise gesetzt, die Belastungsstange mit der vorgesehenen Masse belastet und der Knopfschalter betätigt. Es ist darauf zu achten, daß der Stift auf der Probe steht, aber auch noch genügend Probematerial vor dem Stift liegt und bei der Plättchenbewegung unter den Stift gelangt.

(6) Beurteilung der Ergebnisse:

Bei der Beurteilung der Versuchsergebnisse wird zwischen „keine Reaktion", „Zersetzung" (Verfärbung, Geruch), „Entflammung", „Knistern" und „Explosion" unterschieden.

Anhang A.1

Als relatives Maß der Reibempfindlichkeit eines Stoffes im Reibapparat der beschriebenen Bauart wird unter Nicht-beachtung des Reibungskoeffizienten die niedrigste Stiftbelastung in Newton (N) angegeben, bei der unter sechs Ver-suchen mindestens einmal Entflammung, Knistern oder Explosion auftritt. Es wird davon ausgegangen, daß Entflam-mung und Knistern schon gefährliche Reaktionen sind. Die Reibempfindlichkeit eines explosionsfähigen Stoffes ist um so größer, je kleiner der ermittelte Wert der Stiftbelastung (Belastungsmasse in Verbindung mit der Länge des Bela-stungsarmes) ist.

Explosionsfähige Flüssigkeiten und Stoffe von pastenförmiger Beschaffenheit sind unter den Bedingungen dieses Versuchs im allgemeinen nicht reibenofindlich, da die beim Reibvorgang erzeugte geringe Reibungswärme infolge Schmierwirkung nicht zur Entflammung ausreicht. Bei diesen Stoffen ist eine fehlende Reaktion noch kein Hinweis auf Ungefährlichkeit.

Organische Peroxide, die eine Reibempfindlichkeit bei 360 N oder weniger aufweisen, sind als explosive Stoffe zu betrachten, wenn sie zugleich detonations- oder deflagrationsfähig sind (siehe Rn. 3159).

3157 Die Beständigkeit der in Rn. 3111 genannten Stoffe wird nach den üblichen Laboratoriumsverfahren geprüft.

Prüfung der Dynamite auf Ausschwitzen (siehe Rn. 3107)

3158 (1) Der Apparat für die Prüfung der Dynamite auf Ausschwitzen (Abb. 16 bis 18) besteht aus einem hohlen Bronze-zylinder. Dieser Zylinder, der an einer Seite durch eine Platte aus dem gleichen Metall verschlossen ist, hat einen inne-ren Durchmesser von 15,7 mm und eine Tiefe von 40 mm. Er weist an der Wand 20 Löcher von 0,5 mm (4 Reihen zu 5 Löchern) auf. Ein auf einer Länge von 48 mm zylindrischer Bronzekolben, dessen Gesamtlänge 52 mm beträgt, gleitet in den senkrecht gestellten Zylinder hinein. Der Kolben, dessen Durchmesser 15,6 mm beträgt, wird mit einer Masse von 2220 g belastet, so daß ein Druck von 120 kPa (1,2 bar) auf den Zylinderboden ausgeübt wird.

(2) Aus 5 g bis 8 g Dynamit wird ein kleiner Wulst von 30 mm Länge und 15 mm Durchmesser gebildet, der mit ganz feiner Gaze umgeben ist und in den Zylinder gebracht wird; dann werden der Kolben und die Belastungsmasse darauf gesetzt, damit das Dynamit einem Druck von 120 kPa (1,2 bar) ausgesetzt wird.

Die Zeit, bis die ersten öligen Tröpfchen (Nitroglycerin) an der Außenseite der Löcher des Zylinders erscheinen, wird aufgeschrieben.

(3) Wenn bei einem bei einer Temperatur von 15 °C bis 25 °C durchgeführten Versuch die ersten Tröpfchen erst nach einem Zeitraum von mehr als 5 Minuten erscheinen, entspricht das Dynamit den Bedingungen.

Prüfung der organischen Peroxide auf Detonations- oder Deflagrationsfähigkeit (siehe Rn. 3112)

3159 (1) Beschreibung der Versuchseinrichtung (Abb. 19):

Zur Prüfung eines organischen Peroxids auf Detona-tions- oder Deflagrationsfähigkeit wird der Stoff unter Einschluß in einem 2''-Stahlrohr dem Detonationsstoß einer Übertragungsladung von 50 g Hexogen, phlegma-tisiert mit 5 % Wachs, ausgesetzt.

Für die Prüfung wird ein nahtlos gezogenes 2''-Stahl-rohr nach DIN 2448 aus St 00 mit einer Wanddicke von 5,0 mm und einer Länge von 500 mm mit angeschweiß-tem Boden verwendet.

Das offene Ende trägt ein Außengewinde, auf welches eine handelsübliche Verschlußkappe (Temperguß) auf-geschraubt wird. Die Kappe hat eine Bohrung von 7,5 mm Durchmesser zum Durchführen des elektrischen Zünders mit Sprengkapsel.

Als Verstärkungsladung dient ein zylindrischer Preß-körper von 50 g Hexogen mit 5 % Wachs, der in einer Preßform mit 150 MPa (1500 bar) Preßdruck hergestellt wird. Er hat einen Durchmesser von 30 mm, eine Höhe von 43 mm und eine axiale Aussparung von 7 mm Durchmesser und 20 mm Tiefe zur Aufnahme der Sprengkapsel. Zur Zündung dient eine Sprengkapsel Nr. 8.

(2) Durchführung der Versuche:

Nach dem Einfüllen von pulverförmigen Stoffen – unter häufigem, vorsichtigem Aufstoßen des Rohres auf die Unterlage – wird der Preßkörper zentral so eingesetzt, daß er mit dem Rohrende abschließt. Nach sorgfältiger Reinigung des Gewindes von Substanzresten wird in der Aussparung des Preßkörpers ein Holzstab von 6,8 mm Durchmesser eingesetzt, die Verschlußkappe über

Anhang A.1

den Holzstab geschoben und von Hand fest angeschraubt. Damit wird erreicht, daß nach Herausziehen
des Holzstabes kurz vor der Zündung die Sprengkapsel
leicht eingeführt werden kann.

Bei der Prüfung flüssiger Stoffe muß die Verstärkungsladung vor der Einwirkung der Flüssigkeit auf geeignete
Weise geschützt werden. Dies kann z. B. dadurch
erreicht werden, daß der Preßkörper in Zinn- oder Aluminiumfolie eingeschlagen wird. Der Preßkörper wird
dann mit Hilfe dünner Drähte, die durch zusätzliche
Bohrungen in der Verschlußkappe gezogen sind, an
dieser befestigt. Die Verträglichkeit von Folie, Draht,
Stahl und zu prüfendem Stoff muß, wenn nicht bekannt,
durch geeignete Vorversuche ermittelt werden.

Kurz vor dem Versuch wird die Sprengkapsel mit aufge-
schobenem elektrischem Zünder in die Bohrung der
Verschlußkappe bis zum Festsitzen eingeführt. Das
Rohr wird senkrecht stehend mit Sandverdämmung in
einer Sprenggrube gesprengt. Die Reste des Rohres
werden möglichst vollständig gesammelt, um Aufschluß
über das Verhalten des Stoffes zu erlangen, und foto-
grafiert.

   (3) Beurteilung der Ergebnisse:

a) Ist das Rohr vollständig in Streifen oder Splitter zerlegt oder bis zum Boden aufgerissen, so ist der Stoff
als detonations- oder deflagrationsfähig anzusehen.

b) Ist das Rohr durch die Wirkung der Verstärkungsladung nur in einer Länge aufgerissen, wie es bei
einem Versuch mit einem geeigneten Inertstoff der
Fall ist, und befinden sich im Rohr noch größere
Mengen nicht umgesetzten Stoffes, so ist der Stoff
nicht als detonations- oder deflagrationsfähig im
Sinne der Rn. 3155 b) (7) und 3156 b) (6) anzusehen.

c) In Fällen, in denen das Rohr in einer größeren Länge
als bei einem Versuch mit einem geeigneten Inertstoff aufgerissen ist, muß durch Wiederholung des
Versuchs sichergestellt werden, daß keine vollständige Umsetzung der Substanz eintritt. In diesem Fall
gilt der Stoff nicht als detonations- oder deflagrationsfähig im Sinne der Rn. 3155 b) (7) und 3156 b)
(6).

d) In Fällen, in denen das Rohr nur in einer Länge aufgerissen ist, wie es bei einem Versuch mit einem
geeigneten Inertstoff der Fall ist, die Substanz
jedoch rückstandslos umgesetzt worden ist, muß
durch Wiederholung des Versuchs unter kontinuier-
licher Messung der Umsetzungsgeschwindigkeit
oder durch andere geeignete Versuche eine Klärung
des Reaktionsverhaltens des Stoffes herbeigeführt
werden.

3159
(Forts.)

Anhang A.1

Brandversuch

zu Rn. 3154 c)

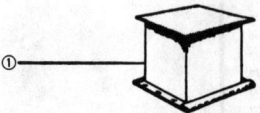

① ——————

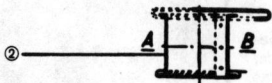

② —————— A   B

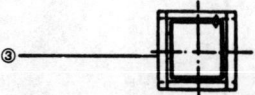

③ ——————

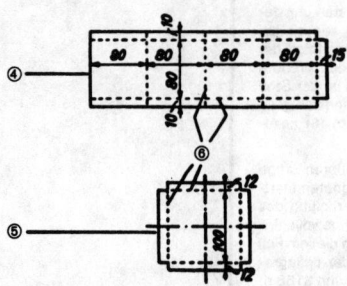

④ ——————

⑤ ——————

Abb. 1: Stahlblechkästchen

Wandstärke 1 mm
Maße in mm

(1)   allgemeine Ansicht
(2)   Aufriß
(3)   Schnitt A-B
(4)   Abwicklung der Wand
(5)   Abwicklung von Boden
       und Deckel
(6)   Bördelkanten

Anhang A.1

Erhitzungsprüfung nach dem Stahlhülsenverfahren

zu Rn. 3154 d)

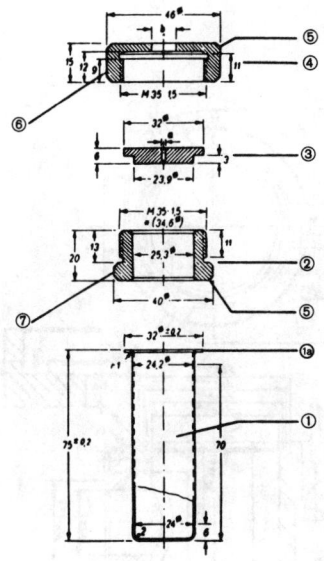

Abb. 2: Stahlhülse und Zubehörteile

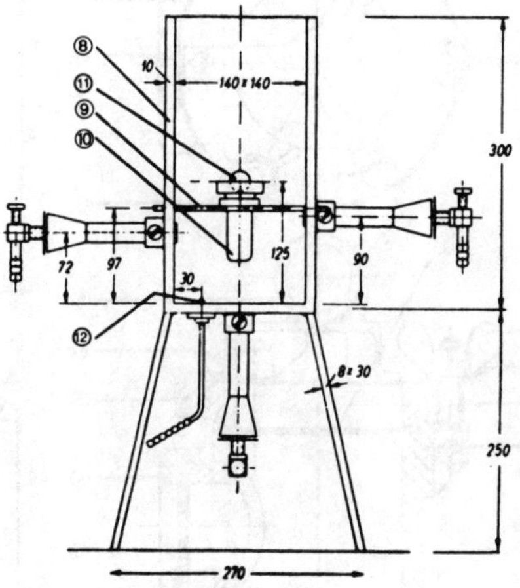

Abb. 3: Erhitzungs- und Schutzvorrichtung

Maße in mm; für die Werkstoffe
siehe Rn. 3154 d) (2) und (3)

(1)   Hülse (gezogen)
(1 a) Bund
(2)   Gewindering
(3)   Düsenplatte
      a = 1,0 . . . 20,0 ⌀
(4)   Mutter
      b = 10 bzw. 20 ⌀
(5)   stark abgefaßt
(6)   2 Flächen angefräst; Schlw. 41
(7)   2 Flächen angefräst; Schlw. 36
(8)   geschweißter Stahlschutzkasten
(9)   2 Haltestäbe für die Hülse
(10) Hülse, zusammengesetzt
(11) Stellung des rückseitigen Brenners;
      die anderen Brenner sind eingezeichnet
(12) Rohr für Zündflamme

199

Anhang A.1

Nur gültig für grenzüberschreitende Beförderungen

Erhitzungsprüfung im Druckgefäß mit Düsenplatte mit zentraler Bohrung und Membran
zu Rn. 3154 e)

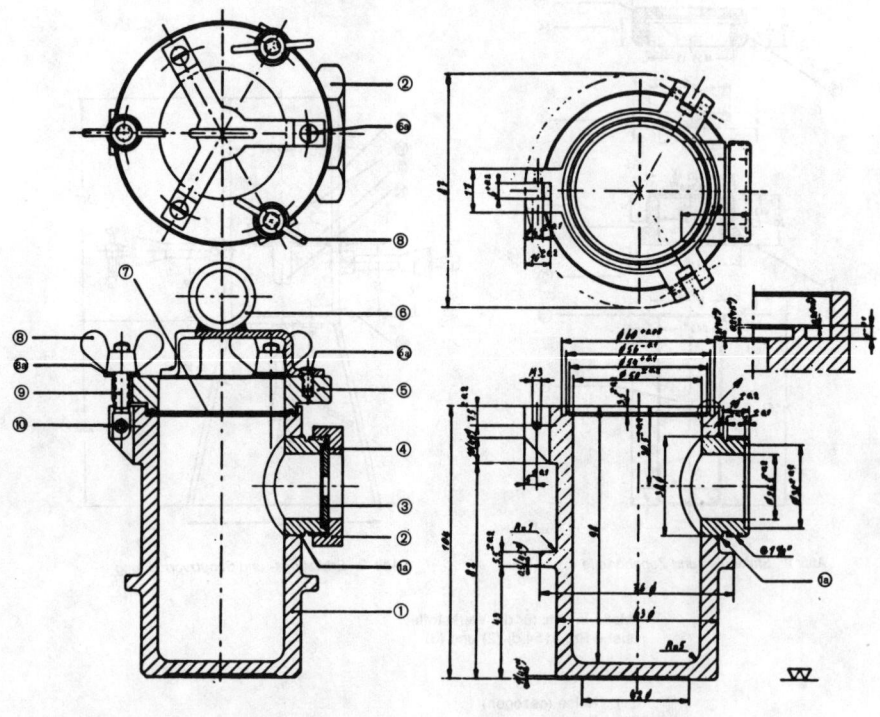

Abb. 4: Druckgefäß, zusammengesetzt   *Abb. 5: Druckgefäß*

Maße in mm

- (1) Druckgefäß, rostfreier Stahl
- (1 a) Schweißnaht
- (2) Überwurfmutter, beruhigter schweißbarer Stahl
- (3) Düsenplatte mit zentraler Bohrung, rostfreier Stahl
- (4) inerter Dichtungsring, Stärke 0,5
- (5) Druckscheibe, rostfreier Stahl
- (6) Griff, Messing
- (6 a) Schraube, Messing M 4 × 8, DIN 88
- (7) Berstmembran [für den Werkstoff siehe Rn. 3154 e) (2)]
- (8) Flügelmutter, Messing M 6 DIN 315
- (8 a) Scheibe, Messing M 6 DIN 125
- (9) Augenschraube, rostfreier Stahl
- (10) Achse für Flügelmutter, rostfreier Stahl

Bem. Ein rostfreier Stahl von nachstehender Zusammensetzung
ist als geeignet anzusehen:
Cr 18 %, Ni 9 %, Mn ≦ 2 %, Si ≦ 1 %, C ≦ 0,12 %

Anhang A.1

Nur gültig für grenzüberschreitende Beförderungen

Erhitzungsprüfung im Druckgefäß mit Düsenplatte mit zentraler Bohrung und Membran
zu Rn. 3154 e)

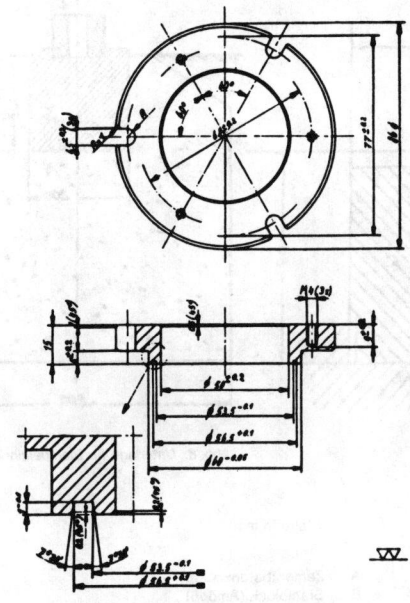

Abb. 6: Druckscheibe des Gefäßes;
Einzelheiten in Aufriß und Grundriß

Maße in mm

Anhang A.1

Nur gültig für grenzüberschreitende Beförderungen

Prüfung mit Fallhammerapparat I
zu Rn. 3155 a)

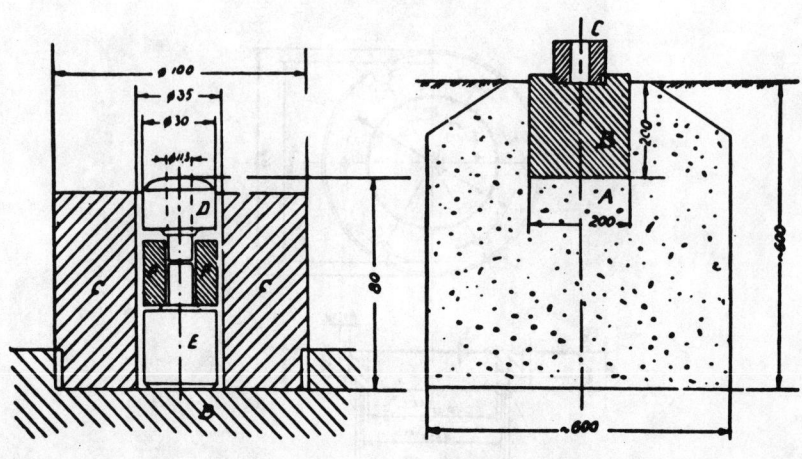

Abb. 7: Stempeleinrichtung, Aufriß　　　　　　Abb. 8: Unterlage für Stempeleinrichtung, Aufriß

Maße in mm

A　Zementbetonsockel
B　Stahlblock (Amboß)
C　Schutzzylinder
D　Stempel-Oberteil
E　Stempel-Unterteil
F　Führungsring

Anhang A.1

Prüfung mit Fallhammerapparat II

zu Rn. 3155 b)

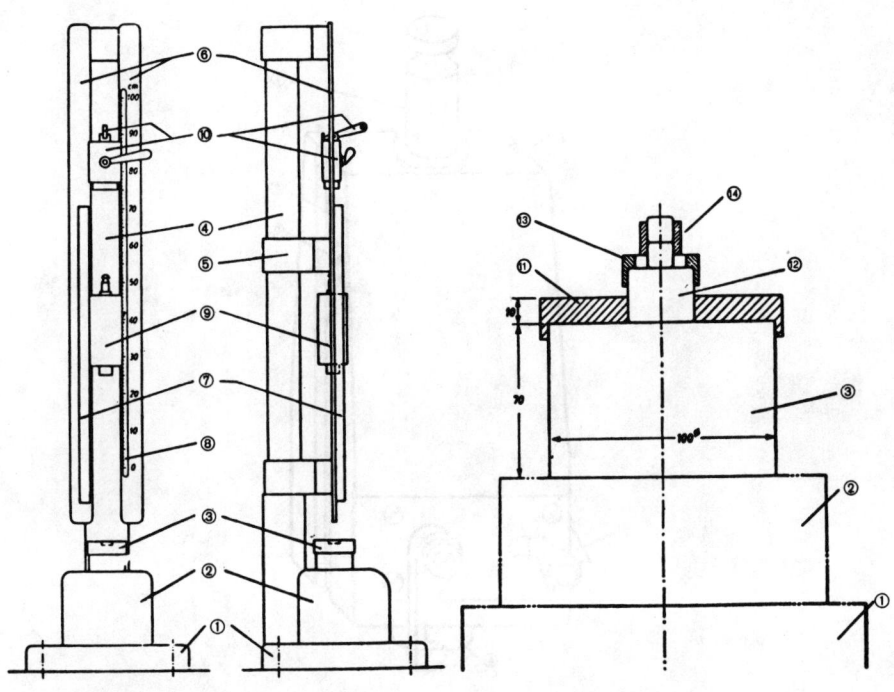

Abb. 9: Fallhammerapparat II, Gesamtansicht
von vorne und von der Seite

Abb. 10: Fallhammerapparat II, unterer Teil

Maße in mm

(1) Fuß, 450 × 450 × 60
(2) Stahlblock, 230 × 250 × 200
(3) Amboß, 100 ∅ × 70
(4) Säule
(5) mittlere Traverse
(6) 2 Gleitschienen
(7) Zahnstange
(8) Meßlineal
(9) Fallhammer
(10) Halte- und Auslöseeinrichtung
(11) Zentrierplatte
(12) Zwischenamboß (auswechselbar),
26 ∅ × 26
(13) Zentrierring mit Bohrungen
(14) Stempeleinrichtung

Anhang A.1

Prüfung mit Fallhammerapparat II
zu Rn. 3155 b)

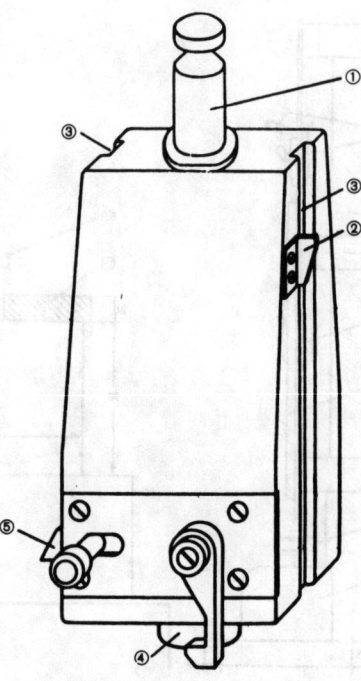

Abb. 11: 5-kg-Fallhammer

(1)   Haltestößel
(2)   Marke für Einstellung der Fallhöhe
(3)   Führungsnute
(4)   zylindrischer Schlageinsatz
(5)   Arretierungsklinke

Anhang A.1

Prüfung mit Fallhammerapparat II
zu Rn. 3155 b)

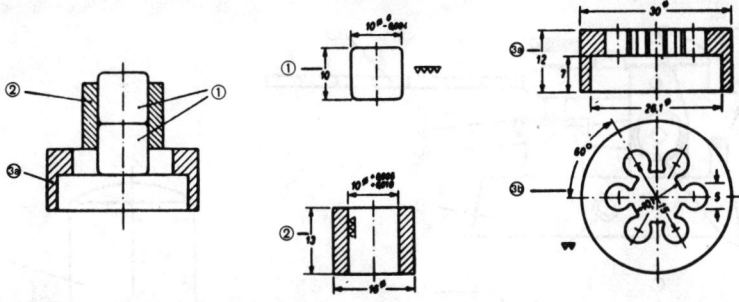

Abb. 12: Stempeleinrichtung für pulver- oder pastenförmige Stoffe

Maße in mm

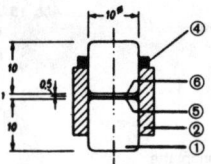

Abb. 13: Stempelvorrichtung für flüssige Stoffe

Maße in mm

(1) Stempel aus Stahl *)
(2) Führungsring, Hohlzylinder, aus Stahl *)
(3) Zentrierring mit Bohrungen;
     a) Vertikalschnitt
     b) Grundriß
(4) Gummiring
(5) flüssiger Stoff, 40 mm³
(6) flüssigkeitsfreier Raum

_____

*) Der Stahl kann folgende Zusammensetzung haben:
   Cr + 1,55 %, C ± 1,0 %, Si max. 0,25 %, Mn + 0,35 % – HRc 58 ... 65 (thermisch behandelter Stahl)

Anhang A. 1

Prüfung mit dem Reibapparat

zu Rn. 3156 b)

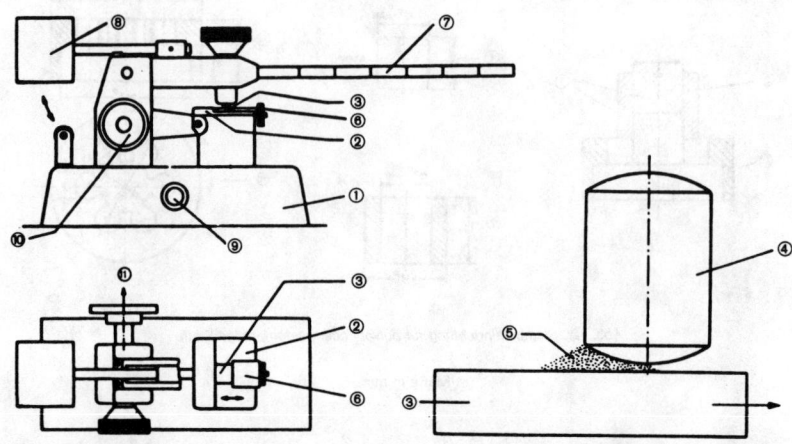

Abb. 14: Reibapparat;
schematischer Grundriß und Aufriß

Maße in mm

Abb. 15 Ausgangsstellung für Aufsetzen
des Stiftes auf das Probematerial

Maße in mm

(1)   Stahlgrundplatte
(2)   beweglicher Schlitten
(3)   Porzellanplättchen,
      25 × 25 × 5, auf Schlitten montiert
(4)   feststehender Porzellanstift,
      10 Ø × 15
(5)   Prüfmaterial, etwa 10 mm³
(6)   Spannvorrichtung für den Porzellanstift
(7)   Belastungsarm
(8)   Gegenmasse
(9)   Druckknopfschalter
(10) Handrad für Regulierung des
      Schlittens in Ausgangsstellung
(11) zum Elektromotor

Anhang A.1

Prüfung der Dynamite auf Ausschwitzen
zu Rn. 3158

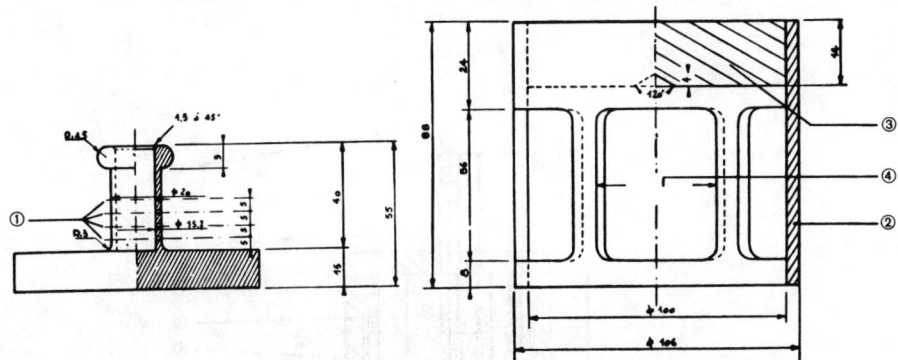

Abb. 17: Belastungskörper, glockenförmig;
Masse 2220 g; aufhängbar auf
Bronzekolben

Maße in mm

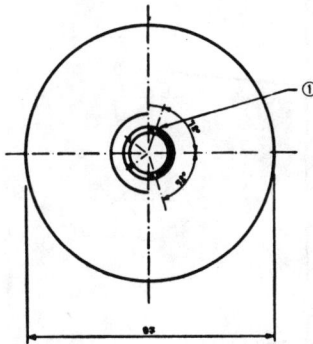

Abb. 16: hohler Bronzezylinder, einseitig
verschlossen; Aufriß und Grundriß

Maße in mm

Abb. 18: zylindrischer Bronzekolben

Maße in mm

(1) 4 Reihen zu 5 Löchern von 0,5 ∅
(2) Kupfer
(3) Bleiplatte mit zentrischem Konus
     an der Unterseite
(4) 4 Öffnungen, ca. 46 × 56,
     gleichmäßig auf Umfang verteilt

Anhang A.1

Nur gültig für innerstaatliche Beförderungen

Prüfung der organischen Peroxide auf Detonations- oder Deflagrationsfähigkeit
zu Rn. 3159

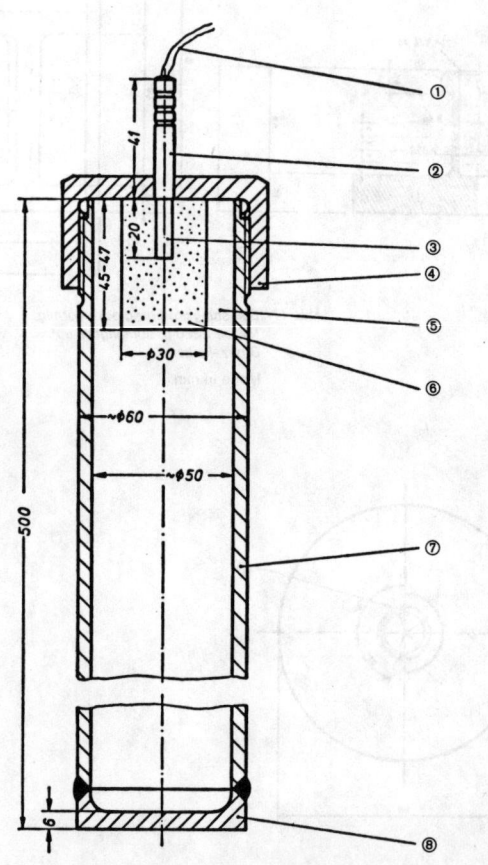

Abb. 19: 2″-Stahlrohr mit Verschlußkappe und angeschweißtem Boden
Maße in mm

(1)   Zündleitung
(2)   elektr. Zünder
(3)   Sprengkapsel Nr. 8
(4)   Verschlußkappe aus Temperguß
(5)   Füllung
(6)   Verstärkungsladung
      50 g Hexogen mit 5 % Wachs
(7)   Stahlrohr DIN 2448, Werkstoff St 00
(8)   Boden

Anhang A.1

Nur gültig für innerstaatliche Beförderungen

**Prüfung der organischen Peroxide auf chemische Beständigkeit
durch wärmeisolierende Warmlagerung
(Wärmestaulagerung)**
zu Rn. 3152/1

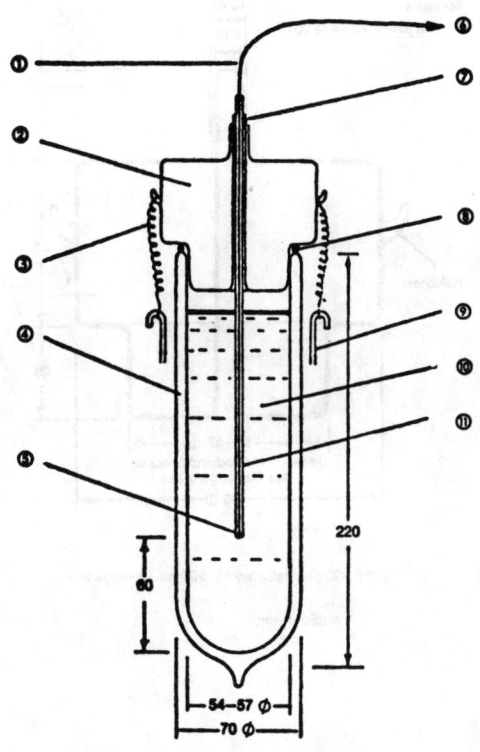

Abb. 20 Versuchsanordnung zur wärmeisolierenden Warmlagerung

Maße in mm

(1) Miniatur-Thermoelement
(2) Glashohlstopfen
(3) Feder
(4) Dewargefäß, 500 ml Inhalt
(5) Thermoelementlötstelle
(6) Zuleitung zum Registriergerät
(7) inerte Dichtung
(8) inerte elastische Dichtung
(9) Haken der Halteeinrichtung
(10) Substanz
(11) Glasschutzrohr für Thermoelement,
2 mm lichte Weite, 3,5 mm Außendurchmesser

209

Anhang A.1

Nur gültig für innerstaatliche Beförderungen

Fortsetzung zu Rn. 3152/1

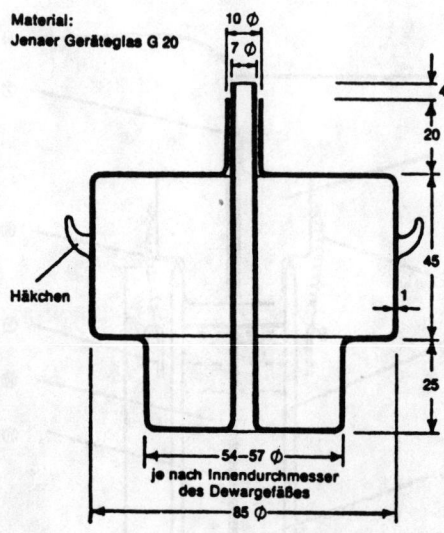

Abb. 21: Glashohlstopfen für 500-ml-Dewargefäße

Maße in mm

Anhang A.1

Nur gültig für innerstaatliche Beförderungen

Prüfung der chemischen Beständigkeit bei Wärme
zu Rn. 3152 c)

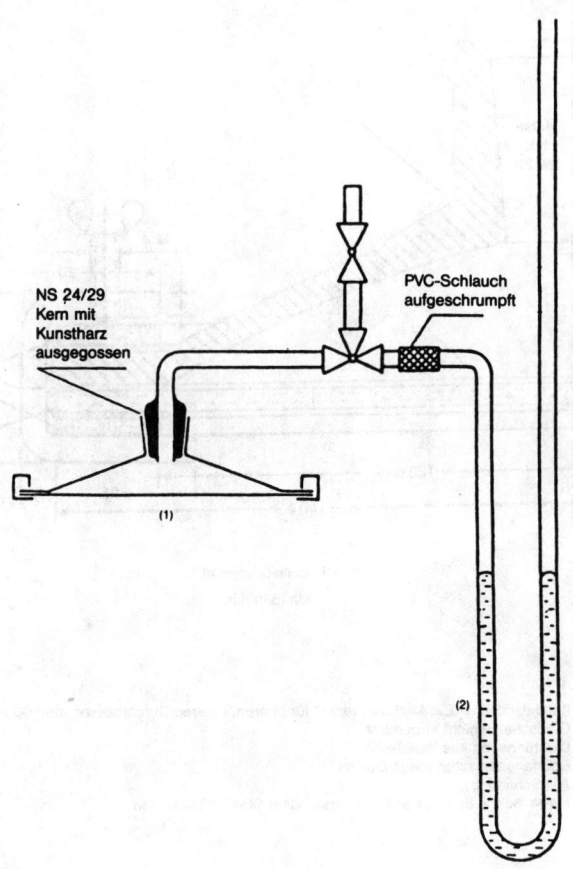

Abb. 22: Prüfapparatur

(1)   Entwicklergefäß
(2)   Quecksilbermanometer

Anhang A.1

Nur gültig für innerstaatliche Beförderungen

Prüfung auf chemische Beständigkeit bei Wärme

zu Rn. 3152 c)

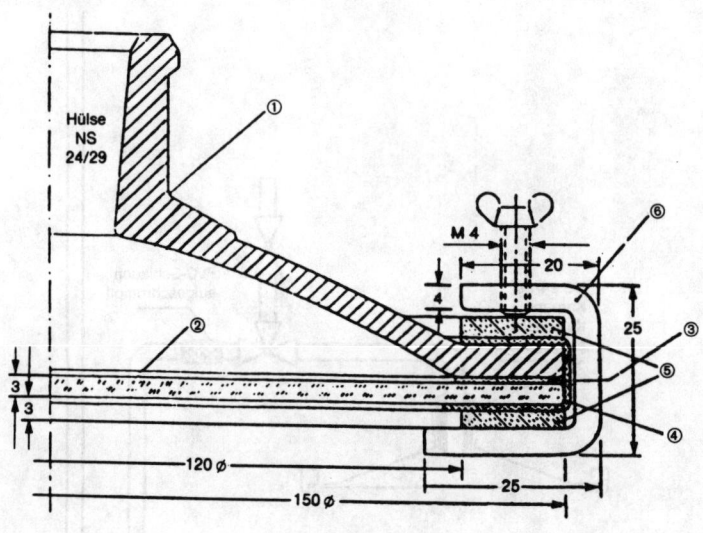

Hülse
NS
24/29

Abb. 23: Entwicklergefäß

Maße in mm

(1) handelsüblicher Exsikkatorendeckel für oberen, inneren Durchmesser von 100 mm
(2) Glasscheibe nicht angerauht
(3) Dichtungsring aus Weich-PVC
(4) Überfangmanschette aus Gummi
(5) Aluminiumring
(6) starre Schraubzwinge aus nichtrostendem Stahl, 10 mm breit

Anhang A.1

Zu Rn. 3150 Absätze (2a), (2b) und (2c) — Muster für die Übersendung eines Prüfergebnisses an die Bundesanstalt für Materialprüfung —*)

		Zusammensetzung in %		Aussehen und Beschaffenheit	Lagerung bei 75 °C (verschlossene Wägegläschen)	Verhalten						Empfindlichkeit unter einem Fallhammer								Empfindlichkeit gegen Reibung
	Bestandteile	nach Angabe	gefunden			beim Erhitzen im Wood'schen Metallbad	gegen Zündung durch Streichholz	gegen eine 10 mm hohe, 5 mm breite Gasflamme	beim Einwerfen in eine rotglühende Stahlschale (5 g)	eines mit dem Sprengstoff gefüllten Stahlblechkästchens im Holzfeuer	bei Erhitzen unter Einschluß in einer Stahlhülse mit einer Öffnung in der Düsenplatte von:	Zahl der Versuche	von 5 kg Masse bei einer Fallhöhe von cm						
													15	20	30	40	50	60	
Sprengstoff Donarit 1	Ammoniumnitrat	80	79,8	Hellgelbes feinkörniges Pulver, etwas zusammenbackend. Dichte in der Patrone 1,0 g/cm³	Gewichtsverlust nach 2 Tagen 0,2 %; keine nitrosen Gase	Bei 180 °C (rotbraune Dämpfe) 212 °C und 320 °C Zersetzung ohne Entzündung	5mal nicht entzündet	5mal nicht entzündet	Entzündet sich und brennt mit gleichmäßiger Flamme in 12 s, 14 s bzw. 10 s ab	Brennbeginn nach 64 s–78 s; Ende des Abbrandes nach 390 s bis 500 s; stark zischende Flamme; Kästchen allseitig aufgebeult	2,0 mm ø: Explosion t_1 = 16 s; t_2 = 20 s 2,5 mm ø: keine Explosion	ohne Reaktion	6	4	3	1	0	–	bei 360 kp Stiftbelastung keine Reaktion
	Trinitrotoluol	12	12,1									mit Zersetzung	0	0	0	0	0	–	
	Nitroglycerin	6	5,9									mit Explosion	0	2	3	5	6	–	
	Holzmehl	2	2,2																

*) Nur gültig für innerstaatliche Beförderungen

Anhang A. 1 a

Bestimmungen für Fibertrommeln
und Pappfässer
für bestimmte Gegenstände
und feste Stoffe
der Klassen 1 a und 1 b

nach Rn. 2111 (1) a) 5. und 2134 (1) b).

3160   Jede Bauart einer Fibertrommel oder eines Pappfasses zur Beförderung von Stoffen der Rn. 2101 Ziffer 11 a) und b) und Gegenständen der Rn. 2131 Ziffer 2 b) 1. muß von der Bundesanstalt für Materialprüfung geprüft und zugelassen werden. Die Zulassungsstelle darf Prüfergebnisse anderer Stellen anerkennen. Dem Antrag sind eine maßstäbliche Zeichnung und eine Beschreibung beizufügen, die genaue Angaben über den Aufbau der Trommel oder des Fasses und die verwendeten Werkstoffe enthalten.

3161   Jede Bauart einer Fibertrommel oder eines Pappfasses ist auf Kosten des Antragstellers einer praktischen Prüfung zu unterziehen. Der Antragsteller hat der Prüfstelle für diesen Zweck die erforderliche Anzahl von Trommeln oder Fässern zur Verfügung zu stellen, die mit einem Stoff von etwa gleichem spezifischem Gewicht wie der zu befördernde Stoff gefüllt sein müssen. Bei der Prüfung ist das Verhalten der gefüllten Trommeln oder Fässer beim Fallenlassen aus einer Höhe von 2,5 m auf ein Kopfsteinpflaster, und zwar beim Auftreffen auf die Mantelfläche, auf den Boden, den Deckel und je auf eine Kante des Bodens und des Deckels festzustellen. Die Prüfstelle erstellt über das Ergebnis der Prüfung ein Gutachten.

3162   Hat eine Bauart den Anforderungen der Prüfung genügt und verpflichtet sich der Hersteller schriftlich, nur solche Fibertrommeln oder Pappfässer zur Beförderung der in Rn. 3160 bezeichneten Stoffe und Gegenstände zu liefern, die der geprüften Bauart genau entsprechen, so wird die Bauart durch die Bundesanstalt für Materialprüfung zugelassen und eine Zulassungsnummer erteilt.

3163   Hersteller von Fibertrommeln oder Pappfässern, deren Bauart zugelassen worden ist, müssen auf den Mantel der von ihnen hergestellten, der zugelassenen Bauart entsprechenden Fässer einen deutlichen Aufdruck mit folgenden Angaben anbringen:

„Fibertrommel (oder Pappfaß) zugelassen. Zulassungsnummer der Bauart . . . /BAM."

3164   Mit der Verwendung einer so bezeichneten Fibertrommel oder eines so bezeichneten Pappfasses übernimmt der Absender die Gewähr für die bedingungsgemäße Gestaltung der Verpackung und trägt alle Folgen, die sich etwa daraus ergeben, daß die Verpackung den Bedingungen nicht entspricht.

3165   Anstelle der nach Rn. 3163 gekennzeichneten Fibertrommeln und Pappfässer dürfen auch solche verwendet werden, die nach den Vorschriften des Anhangs A. 5 für Stoffe der Verpackungsgruppe I geprüft, zugelassen und gekennzeichnet sind.

3166-
3199

Anhang A. 2

A. Vorschriften über die Beschaffenheit der Gefäße aus Aluminiumlegierungen für gewisse Gase der Klasse 2

I. Werkstoffqualität

(1) Die Werkstoffe der Gefäße aus Aluminiumlegierungen, welche für die in Rn. 2203 (2) b) aufgeführten Gase zugelassen sind, müssen folgenden Ansprüchen genügen:　　　**3200**

	A	B	C	D
Zugfestigkeit Rm in MPa (= N/mm²)	50–190	200–380	200–380	350–500
Streckgrenze Re in MPa (= N/mm²) (bleibende Dehnung $\lambda = 0{,}2$ %)	10–170	60–320	140–340	210–420
Dehnung nach Bruch (l = 5 d) in %	12–40	12–30	12–30	11–16
Faltbiegeprobe (Durchmesser des Biegestempels ... d = n × e, e = Probendicke)	n = 5 (Rm ≤ 100 N/mm²) n = 6 (Rm > 100 N/mm²)	n = 6 (Rm ≤ 330 N/mm²) n = 7 (Rm > 330 N/mm²)	n = 6 (Rm ≤ 330 N/mm²) n = 7 (Rm > 330 N/mm²)	n = 7 (Rm ≤ 400 N/mm²) n = 8 (Rm > 400 N/mm²)
American Association Seriennummer *)	1000	5000	6000	2000

*) Siehe „Aluminium Standards and Data", 5. Ausgabe, Januar 1976, veröffentlicht durch Aluminium Association, 750, 3rd Avenue, New York.

Die tatsächlichen Eigenschaften hängen von der Zusammensetzung der betreffenden Legierung und auch von der endgültigen Verarbeitung des Gefäßes ab; welche Legierung auch immer verwendet wird, die Wanddicke ist nach folgender Formel zu berechnen:

$$e = \frac{P_{MPa} \times D}{\frac{2 \times Re}{1{,}30} + P_{MPa}} \left(e = \frac{P_{bar} \times D}{\frac{20 \times Re}{1{,}30} + P_{bar}} \right)$$

wobei　　　　e = Mindestwanddicke des Gefäßes in mm,
　　　　　　P_{MPa} = Prüfdruck in MPa (P_{bar} = Prüfdruck in bar)
　　　　　　D = nomineller äußerer Durchmesser des Gefäßes in mm,
　　　　　　Re = garantierte minimale 0,2 %ige Streckgrenze in N/mm²

bedeuten.

Die in der Formel stehende garantierte minimale Streckgrenze (Re) darf nicht größer sein als das 0,85fache der garantierten minimalen Zugfestigkeit (Rm), welches auch immer die verwendete Legierung ist.

Bem. 1. Die vorstehenden Eigenschaften stützen sich auf die bisherigen Erfahrungen mit folgenden Gefäß-Werkstoffen:

　　　Kol. A: Aluminium, unlegiert, 99,5 % rein;

　　　Kol. B: Aluminium- und Magnesiumlegierungen;

　　　Kol. C: Aluminium-, Silicium- und Magnesiumlegierungen; z. B. ISO/R 209-Al-Si-Mg (Aluminium Association 6351);

　　　Kol. D: Aluminium-, Kupfer- und Magnesiumlegierungen.

　　2. Dehnung nach Bruch (l = 5 d) wird an Probestäben mit kreisrundem Querschnitt bestimmt, wobei die Meßlänge l zwischen den Meßmarken gleich dem 5fachen Stabdurchmesser d ist. Werden Probestäbe mit eckigem Querschnitt verwendet, so wird die Meßlänge l nach der Formel l = 5,65 √F₀ berechnet, wobei F₀ gleich dem ursprünglichen Querschnitt des Probestabes ist.

　　3. a) Die Faltbiegeprobe (siehe Abbildung) ist an Proben, die als Ring mit einer Breite von 3 e, jedoch nicht weniger als 25 mm, von dem Zylinder abgeschnitten und in zwei gleiche Teile geteilt werden, durchzuführen. Die Proben dürfen nur an den Rändern bearbeitet werden.

　　　b) Die Faltbiegeprobe e ist mit einem Biegestempel mit dem Durchmesser (d) und zwei Rundstützen, die durch eine Entfernung von (d + 3 e) voneinander getrennt sind, durchzuführen. Während der Probe sind die Innenflächen nicht weiter voneinander entfernt als der Durchmesser des Biegestempels.

　　　c) Die Probe darf nicht reißen, wenn sie um den Biegestempel gebogen wird, bis der Abstand zwischen deren Innenflächen nicht größer ist als der Durchmesser des Biegestempels.

　　　d) Das Verhältnis (n) zwischen dem Durchmesser des Biegestempels und der Dicke der Probe muß den Werten in der Tabelle entsprechen.

215

Anhang A. 2

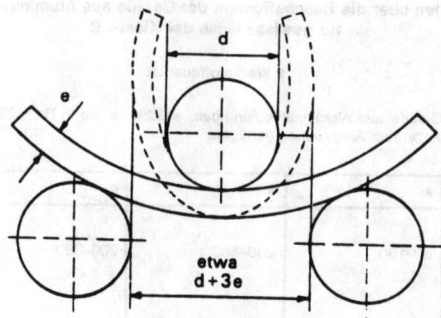

Abbildung der Faltbiegeprobe

(2) Ein geringerer Mindestwert der Dehnung ist unter der Voraussetzung zulässig, daß durch ein zusätzliches geeignetes Prüfverfahren, das von der

Bundesanstalt für Materialprüfung | zuständigen Behörde des Herstellungslandes

zugelassen wurde, nachgewiesen wird, daß die Gefäße die gleiche Sicherheit für die Beförderung gewährleisten wie Gefäße, die nach den Werten der Tabelle in Absatz 1 gefertigt sind.

(3) Die Mindestwanddicke der Gefäße hat an der schwächsten Stelle zu betragen:

bei einem Gefäßdurchmesser unter 50 mm mindestens 1,5 mm,

bei einem Gefäßdurchmesser von 50 mm bis 150 mm mindestens 2 mm,

bei einem Gefäßdurchmesser von über 150 mm mindestens 3 mm.

(4) Die Böden sind in Halbkugel-, elliptischer oder Korbbogenform auszuführen; sie müssen die gleiche Sicherheit gewährleisten wie der Gefäßkörper.

II. Ergänzende amtliche Prüfung der Aluminiumlegierungen

3201

(1) Außer den in Rn. 2215, 2216 und 2217 vorgeschriebenen Prüfungen muß noch die Kontrolle der Anfälligkeit der Gefäßinnenwand auf interkristalline Korrosion vorgenommen werden, sofern eine kupferhaltige Aluminiumlegierung oder eine magnesium- oder manganhaltige Aluminiumlegierung verwendet wird, deren Magnesiumgehalt mehr als 3,5 % oder deren Mangangehalt weniger als 0,5 % beträgt.

(2) Die Prüfung der Aluminium/Kupferlegierung ist vom Hersteller anläßlich der Genehmigung einer neuen Legierung durch die

Bundesanstalt für Materialprüfung | zuständige Behörde

und danach als Fabrikationsprüfung für jeden neuen Guß durchzuführen.

(3) Die Prüfung der Aluminium/Magnesiumlegierung ist vom Hersteller anläßlich der Genehmigung einer neuen Legierung und eines Fabrikationsprozesses durch die

Bundesanstalt für Materialprüfung | zuständige Behörde

durchzuführen. Im Falle einer Änderung in der Zusammensetzung der Legierung oder im Fabrikationsverfahren ist die Prüfung zu wiederholen.

(4) a) **Vorbereitung der Aluminium/Kupferlegierungen**

Vor der Korrosionsprüfung der Aluminium/Kupferlegierung sind die Muster in einer entsprechenden Lösung von ihrem Fett zu reinigen und zu trocknen.

b) **Vorbereitung der Aluminium/Magnesiumlegierungen**

Vor der Korrosionsprüfung der Aluminium/Magnesiumlegierung sind die Muster 7 Tage bei 100 °C zu erhitzen und anschließend mit einer entsprechenden Lösung von ihrem Fett zu reinigen und zu trocknen.

c) **Ausführung**

Die Innenseite eines Musters von 1000 mm² (33,3 mm × 30 mm) des Kupfer enthaltenden Werkstoffs ist während 24 Stunden mit 1000 ml einer wässerigen Lösung von 3 % NaCl und 0,5 % HCl bei Umgebungstemperatur zu behandeln.

d) **Prüfung**

Nachdem das Muster gewaschen und getrocknet wurde, wird ein 20 mm langes Stück davon – vorzugsweise nach elektrolytischem Polieren – mit einer 100- bis 500fachen Vergrößerung mikroskopisch untersucht.

Die Tiefe der Ätzung darf nicht weiter gehen als bis zur zweiten Kornreihe der auf Korrosion geprüften Oberfläche; ist die ganze erste Kornreihe geätzt, so sollte grundsätzlich nur ein Teil der zweiten Reihe erfaßt werden.

Anhang A. 2

Bei den Profilen sind die Untersuchungen im rechten Winkel zur Oberfläche vorzunehmen.

Falls es sich nach dem elektrolytischen Polieren als notwendig erweist, die Korngrenzen für die weitere Prüfung auszuätzen, so ist dies entsprechend einer Methode durchzuführen, die von der

Bundesanstalt für Materialprüfung | zuständigen Behörde

zugelassen wurde.

III. Schutz der Innenoberfläche

Die Innenoberfläche der Gefäße aus Aluminiumlegierungen muß, wenn die zuständigen Prüfstellen es als nötig erachten, mit einem geeigneten Korrosionsschutz versehen werden.   **3202**

    **3203-
3249**

B. Vorschriften für Werkstoffe und Bau von Gefäßen, für tiefgekühlte verflüssigte Gase der Klasse 2

(1) Die Gefäße müssen aus Stahl, Aluminium, Aluminiumlegierungen, Kupfer oder Kupferlegierungen, z. B. Messing, hergestellt sein. Kupfer oder Kupferlegierungen sind jedoch nur für die Gase zugelassen, die kein Acetylen enthalten.   **3250**

(2) Es dürfen nur Werkstoffe verwendet werden, die sich für die niedrigste Betriebstemperatur der Gefäße sowie deren Zubehörteile eignen.

Für die Herstellung der Gefäße sind folgende Werkstoffe zu verwenden: **3251**

a) Stähle, die bei der niedrigsten Betriebstemperatur dem Sprödbruch nicht unterworfen sind (siehe Rn. 3265).

   Verwendbar sind:

   1. unlegierte Feinkornstähle bis zu einer Temperatur von – 60 °C;

   2. legierte Nickelstähle (mit einem Gehalt von 0,5 % bis 9 % Nickel) bis zu einer Temperatur von – 196 °C, je nach dem Nickelgehalt;

   3. austenitische Chrom-Nickel-Stähle bis zu einer Temperatur von – 270 ° C;

b) Aluminium mit einem Gehalt von mindestens 99,5 % Al oder Aluminiumlegierungen (siehe Rn. 3266);

c) sauerstofffreies Kupfer mit einem Gehalt von mindestens 99,9 % Kupfer und Kupferlegierungen mit einem Kupfergehalt von mehr als 56 % (siehe Rn. 3267).

(1) Die Gefäße dürfen nur nahtlos oder geschweißt sein.   **3252**

(2) Die Gefäße nach Rn. 2207 aus austenitischem Stahl, Kupfer oder Kupferlegierungen dürfen auch hartgelötet sein.

Die Zubehörteile dürfen mit den Gefäßen durch Verschrauben oder wie folgt verbunden werden: **3253**

a) bei Gefäßen aus Stahl, Aluminium oder Aluminiumlegierungen durch Schweißen;

b) bei Gefäßen aus austenitischem Stahl, Kupfer oder Kupferlegierungen durch Schweißen oder Hartlöten.

Die Gefäße müssen so gebaut   **3254**

| und auf dem Fahrgestell oder im Containerrahmen befestigt

sein, daß eine Abkühlung tragender Teile, die ein Sprödwerden bewirken könnte, mit Sicherheit vermieden wird. Die zur Befestigung der Gefäße dienenden Teile müssen selbst so beschaffen sein, daß sie bei der Temperatur, die sie bei der niedrigsten für das Gefäß zulässigen Betriebstemperatur erreichen können, noch die erforderlichen mechanischen Gütewerte aufweisen.

    **3255-
3264**

Anhang A. 2

1. Werkstoffe sowie Gefäße

a) Gefäße und Tanks aus Stahl

3265

Die für die Herstellung der Gefäße verwendeten Werkstoffe und die Schweißverbindungen müssen bei ihrer niedrigsten Betriebstemperatur mindestens folgenden Bedingungen für die Kerbschlagzähigkeit entsprechen.

Dabei können die Prüfungen entweder mit Probestäben mit U-Kerbe oder mit Probestäben mit V-Kerbe durchgeführt werden.

Werkstoff	Kerbschlagzähigkeit [1], [2] der Bleche und Schweißverbindungen bei der niedrigsten Betriebstemperatur	
	J/cm² [3]	J/cm² [4]
unlegierter Stahl, beruhigt	35	28
legierter ferritischer Stahl Ni < 5 %	35	22
legierter ferritischer Stahl 5 % $\leq$ Ni $\leq$ 9 %	45	35
austenitischer Cr-Ni-Stahl	40	32

[1] Kerbschlagzähigkeitswerte, die mit verschiedenen Probestäben ermittelt wurden, sind nicht miteinander vergleichbar.
[2] Siehe Rn. 3275 bis 3277.
[3] Die Werte beziehen sich auf Probestäbe mit U-Kerbe nach nachstehender Skizze.
[4] Die Werte beziehen sich auf Probestäbe mit V-Kerbe nach ISO R 148.

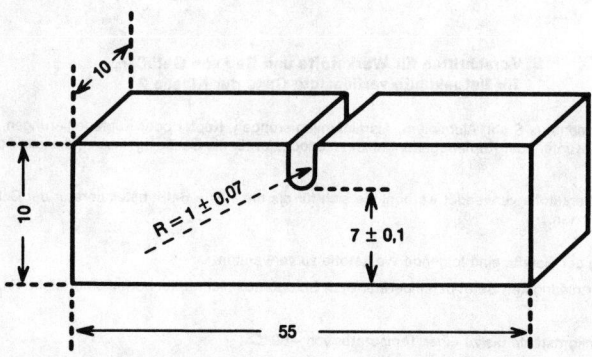

Bei austenitischen Stählen ist nur die Schweißverbindung einer Kerbschlagzähigkeitsprüfung zu unterziehen.

Bei Betriebstemperaturen unter – 196 °C wird die Kerbschlagzähigkeitsprüfung nicht bei der niedrigsten Betriebstemperatur, sondern bei – 196 °C durchgeführt.

b) Gefäße aus Aluminium und Aluminiumlegierungen

3266

Die Schweißverbindungen der Gefäße müssen bei Raumtemperatur folgenden Bedingungen für die Biegezahl entsprechen:

Blechdicke e in mm	Biegezahl k [1] für die Schweißnaht	
	Wurzel in Druckzone	Wurzel in Zugzone
$\leq$ 12	$\geq$ 15	$\geq$ 12
> 12 bis 20	$\geq$ 12	$\geq$ 10
> 20	$\geq$ 9	$\geq$ 8

[1] Siehe Rn. 3285.

c) Gefäße aus Kupfer oder Kupferlegierungen

3267

Prüfungen zum Nachweis ausreichender Kerbschlagzähigkeit sind nicht erforderlich.

3268-
3274

Anhang A. 2

2. Prüfverfahren

a) Bestimmung der Kerbschlagzähigkeit

Die in Rn. 3265 genannten Werte für die Kerbschlagzähigkeit beziehen sich auf Probestäbe von 10 mm × 10 mm mit U-Kerbe bzw. auf Probestäbe von 10 mm × 10 mm mit V-Kerbe.   **3275**

Bem. 1. Bezüglich der Probenform vgl. Fußnoten 3 und 4 der Rn. 3265 (Tabelle).

2. Bei Blechen mit einer Dicke von weniger als 10 mm aber mindestens 5 mm werden Probestäbe mit Querschnitt von 10 mm × e verwendet, wobei e = Blechdicke bedeutet. Bei diesen Kerbschlagzähigkeitsprüfungen ergeben sich im allgemeinen höhere Werte als bei den Normalstäben.

3. Bei Blechen mit einer Dicke von weniger als 5 mm und ihren Schweißverbindungen wird keine Kerbschlagzähigkeitsprüfung durchgeführt.

(1) Für die Prüfung der Bleche wird die Kerbschlagzähigkeit an 3 Probestäben bestimmt. Die Probenahme erfolgt quer zur Walzrichtung, wenn es sich um Probestäbe mit U-Kerbe handelt, und in Walzrichtung, wenn es sich um Probestäbe mit V-Kerbe handelt.   **3276**

(2) Für die Prüfung der Schweißnähte werden die Probestäbe wie folgt entnommen:

e ≤ 10 mm

3 Probestäbe aus der Mitte der Schweißnaht;

3 Probestäbe aus der wärmebeeinflußten Zone der Schweißung (die Kerbe befindet sich vollständig außerhalb der geschmolzenen Zone, aber so nah wie möglich an dieser);

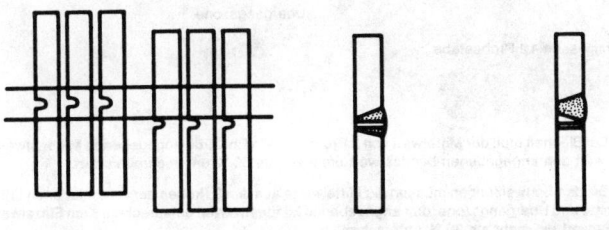

Schweißnahtmitte   Übergangszone

d. h. insgesamt 6 Probestäbe.

Die Probestäbe werden so bearbeitet, daß sie die größtmögliche Dicke aufweisen.

10 mm < e ≤ 20 mm

3 Probestäbe in der Mitte der Schweißnaht;

3 Probestäbe in der wärmebeeinflußten Zone.

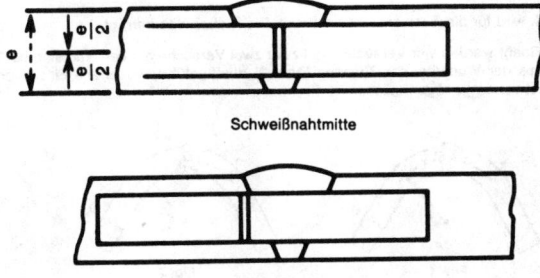

Schweißnahtmitte

Übergangszone

d. h. insgesamt 6 Probestäbe.

Anhang A. 2

e > 20 mm

Zwei Sätze von 3 Probestäben (1 Satz: Blechoberseite, 1 Satz: Blechunterseite) werden an den nachstehend angegebenen Stellen entnommen:

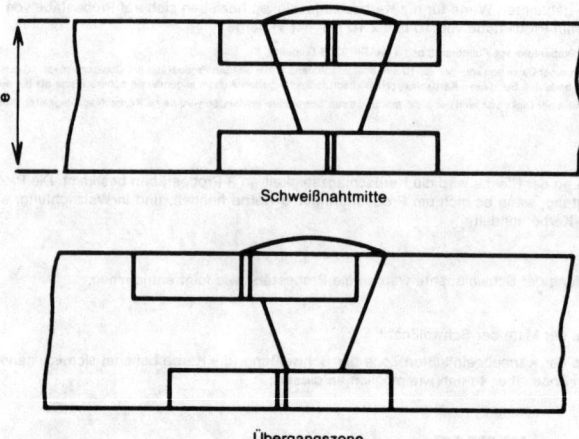

Schweißnahtmitte

Übergangszone

d. h. insgesamt 12 Probestäbe.

3277　　(1) Bei Blechen muß der Mittelwert von 3 Proben den in Rn. 3265 angegebenen Mindestwerten genügen, wobei kein Einzelwert den angegebenen Mindestwert um mehr als 30 % unterschreiten darf.

　　(2) Bei den Schweißungen müssen die Mittelwerte aus den 3 Proben der verschiedenen Entnahmestellen, Schweißnahtmitte und Übergangszone, den angegebenen Mindestwerten entsprechen. Kein Einzelwert darf den angegebenen Mindestwert um mehr als 30 % unterschreiten.

3278-
3284

b) Bestimmung der Biegezahl

3285　　(1) Die in Rn. 3266 genannte Biegezahl k ist wie folgt definiert:

$$k = 50 \frac{e}{r}$$

wobei　e = Blechdicke in mm,
　　　　r = mittlerer Krümmungsradius in mm des Probekörpers beim Auftreten des ersten Anrisses in der Zugzone

bedeuten.

　　(2) Die Biegezahl k wird für die Schweißnaht bestimmt. Die Probebreite beträgt 3 e.

　　(3) An der Schweißnaht werden vier Versuche, und zwar zwei Versuche mit der Wurzel in der Druckzone (Abb. 1) und zwei Versuche mit der Wurzel in der Zugzone (Abb. 2) durchgeführt, wobei alle Einzelwerte den in Rn. 3266 angegebenen Mindestwerten genügen müssen.

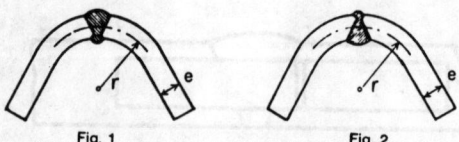

Fig. 1　　　　　　　　　　Fig. 2

3286-
3290

Anhang A. 2

C. Vorschriften für die Prüfung von Druckgaspackungen und Kartuschen der Ziffern 10 und 11 der Klasse 2

1. Druck- und Berstprüfungen am Baumuster

An mindestens 5 leeren Gefäßen jedes Baumusters sind Flüssigkeitsdruckproben durchzuführen: **3291**

a) bis zum festgelegten Prüfdruck, wobei weder Undichtheiten noch sichtbare bleibende Formänderungen auftreten dürfen;

b) bis zum Undichtwerden oder Bersten, wobei zunächst ein etwaiger konkaver Boden ausbuchten muß und das Gefäß erst bei einem Druck von 1,2mal den Prüfdruck undicht werden oder bersten darf.

2. Dichtheitsprüfungen an allen Gefäßen

(1) Bei der Prüfung der Druckgaspackungen der Ziffer 10 und der Kartuschen der Ziffer 11 in einem Heißwasserbad   **3292**
sind Badtemperatur und Durchlaufzeit so zu wählen, daß der Innendruck jedes Gefäßes mindestens 90 % des Druckes erreicht, den die Gefäße bei 55 °C haben würden.

Ist jedoch der Inhalt wärmeempfindlich oder sind die Gefäße aus Kunststoff hergestellt, der bei dieser Temperatur weich würde, so ist die Prüfung bei einer Wasserbadtemperatur von 20 °C bis 30 °C durchzuführen; eine von 2000 Druckgaspackungen ist außerdem bei der im ersten Unterabsatz vorgesehenen Temperatur zu prüfen.

(2) Bei diesen Prüfungen dürfen weder Undichtheiten noch bleibende Formänderungen auftreten. Die Vorschrift über bleibende Formänderungen gilt nicht für Kunststoffgefäße, die weich werden.

3293-
3299

221

Anhang A. 3

Prüfung der entzündbaren flüssigen Stoffe der Klasse 3, 6.1 und 8

Prüfung zur Bestimmung des Flammpunktes

3300

Der Flammpunkt ist nach einem der nachfolgend genannten Verfahren mit geschlossenem Tiegel unter Beachtung der jeweiligen Anwendungsbereiche zu bestimmen:

DIN 51 755 (1974)
DIN 51 755, Teil 2 (1978)
EN 57 (1984)
DIN 51 758 (1978)
ISO 1516 (1981)
ISO 3680 (1983)
ISO 1523 (1983)
ISO 3679 (1983)

In Ermangelung eines der vorstehend genannten Normverfahren kann der Flammpunkt nach jedem anderen Verfahren mit geschlossenem Tiegel bestimmt werden, dessen Ergebnisse um nicht mehr als 2 °C von denjenigen abweichen, die eines der vorstehenden Normverfahren am gleichen Ort liefern würde.

(1) Der Flammpunkt ist mit einem der nachstehenden Apparate zu bestimmen:

a) für Temperaturen von nicht mehr als 50 C: Apparat Abel, Apparat Abel-Pensky, Apparat Luchaire-Finances, Apparat Tag;

b) für Temperaturen von mehr als 50 C: Apparat Pensky-Martens, Apparat Luchaire-Finances;

c) oder mit jedem anderen Apparat mit geschlossenem Tiegel, dessen Ergebnisse um nicht mehr als 2 °C von denjenigen abweichen, die einer der vorstehend erwähnten Apparate am gleichen Ort geben würde.

(2) Für die Flammpunktbestimmung von Anstrichstoffen, Klebstoffen und ähnlichen viskosen lösemittelhaltigen Produkten dürfen nur Apparate und Prüfmethoden verwendet werden, die für die Flammpunktbestimmung viskoser Flüssigkeiten geeignet sind, wie, Methode A der Normvorschriften IP 170/59 oder späterer Ausgabe, Normvorschriften DIN 53 213 und TGL 14 301, Blatt 2.

3301

Für die Flammpunktbestimmung bzw. Klassifizierung von Anstrichstoffen, Klebstoffen u. ä. viskosen lösemittelhaltigen Produkten dürfen nur Apparate verwendet werden, die für die Flammpunktbestimmung viskoser Flüssigkeiten geeignet sind, wie nach den Normen

DIN 55 680 (1983)
DIN 53 213, Teil 1 (1978)
DIN 55 679 (1985)
ISO 1516 (1981)
ISO 3680 (1983)
ISO 1523 (1983)
ISO 3679 (1983)

Das Prüfverfahren ist vorzunehmen:

a) für den Apparat Abel nach den Normvorschriften 33/44 IP [1]); es darf auch der Apparat Abel-Pensky mit den gleichen Normvorschriften verwendet werden;

b) für den Apparat Pensky-Martens nach den Normvorschriften 34/47 IP [1]) oder D. 93-46 ASTM [2]);

c) für den Apparat Tag gemäß den Normvorschriften D. 53-46 ASTM [2]);

d) für den Apparat Luchaire nach der im Journal Officiel vom 29. Oktober 1925 veröffentlichten Anweisung zum Erlaß des französischen Ministeriums für Handel und Industrie vom 26. Oktober 1925.

Wird ein anderer Apparat verwendet, so sind beim Prüfverfahren folgende Vorschriften zu beachten:

1. Die Prüfung muß an einem zugfreien Ort durchgeführt werden.

2. Die zu prüfende Flüssigkeit darf sich um nicht mehr als 5 °C je Minute erwärmen.

3. Die Stichflamme muß eine Länge von 5 mm (± 0,5 mm) haben.

4. Die Stichflamme muß nach jeder Erhöhung der Temperatur der Flüssigkeit um 1 °C in die Öffnung des Gefäßes eingeführt werden.

3302

Ist die Einordnung einer entzündbaren Flüssigkeit umstritten, so gilt die vom Hersteller oder demjenigen, der die Flüssigkeit in den Verkehr bringt, vorgeschlagene Einordnung, wenn die Nachprüfung des Flammpunktes der betreffenden Flüssigkeit einen Wert ergibt, der um nicht mehr als 2 °C von den angegebenen Grenzwerten von 21 C bzw. 55 °C abweicht. Wenn die Nachprüfung einen Wert ergibt, der um mehr als 2 °C von diesen Grenzwerten abweicht, so ist eine zweite Nachprüfung vorzunehmen, und es ist dann der höchste der festgestellten Werte der Nachprüfung als maßgebend zu betrachten.

Ist die Einordnung einer entzündbaren Flüssigkeit umstritten, so gilt die vom Absender vorgeschlagene Ziffer der Stoffaufzählung, wenn die Nachprüfung des Flammpunktes der betreffenden Flüssigkeit um nicht mehr als 2 °C von den in Rn. 2301 angegebenen Grenzwerten von 21 °C bzw. 55 °C oder 100 °C abweicht Wenn die Nachprüfung einen Wert ergibt, der um mehr als 2 °C von diesen Grenzwerten abweicht, so ist eine zweite Nachprüfung vorzunehmen, und es ist die höchste der festgestellten Werte als maßgebend anzusehen.

---

[1]) The Institute of Petroleum, 61 New Cavendish Street, London W 1
[2]) American Society for Testing and Materials, 1916 Race Str., Philadelphia 3 (Pa).

Anhang A. 3

Prüfung zur Bestimmung des Gehalts an Peroxid

Zur Bestimmung des Gehaltes an Peroxid in einer Flüssigkeit ist folgendes Verfahren anzuwenden: **3303**

Es werden eine Menge p (etwa 5 g, auf 1 cg genau gewogen) der zu prüfenden Flüssigkeit in einen Erlenmeyerkolben gegossen, 20 cm³ Essigsäureanhydrid und ungefähr 1 g festes pulverisiertes Kaliumjodid beigefügt und umgerührt. Nach 10 Minuten wird die Flüssigkeit während 3 Minuten bis auf 60 °C erwärmt, dann läßt man sie 5 Minuten abkühlen und gibt 25 cm³ Wasser bei. Das freigewordene Jod wird nach einer halben Stunde mit einer zehntelnormalen Natriumthiosulfatlösung titriert, ohne Beigabe eines Indikators. Die vollständige Entfärbung zeigt das Ende der Reaktion an. Werden die erforderlichen cm³ der Thiosulfatlösung mit n bezeichnet, so läßt sich der Peroxidgehalt (in H_2O_2 berechnet) der Flüssigkeit nach der Formel $\frac{17\,n}{100\,p}$ berechnen.

3304-
3309

Prüfung zur Bestimmung des Fließverhaltens

Zur Bestimmung des Fließverhaltens von flüssigen und dickflüssigen Stoffen und Mischungen der Klasse 3 ist **3310**
folgendes Prüfverfahren anzuwenden:

a) Prüfgerät

Handelsübliches Penetrometer nach ISO-Norm 2137-1972 mit einer Führungsstange von 47,5 ± 0,5 g; Siebscheibe aus Duraluminium mit konischen Bohrungen und der Masse von 102,5 g ± 0,05 g (s. Abb.); Penetrationsgefäß mit einem Innendurchmesser von 72 mm bis 80 mm zur Aufnahme der Probe.

b) Prüfverfahren

Die Probe wird mindestens eine halbe Stunde vor der Messung in das Penetrationsgefäß gefüllt und dieses dicht verschlossen bis zur Messung ruhig gelagert. Die Probe wird in dem dicht verschlossenen Penetrationsgefäß auf 35 °C ± 0,5 K erwärmt und erst unmittelbar (höchstens 2 Minuten) vor der Messung auf den Tisch des Penetrometers gebracht. Sodann wird die Spitze S der Siebscheibe auf die Flüssigkeitsoberfläche aufgesetzt und die Eindringtiefe in Abhängigkeit von der Zeit gemessen.

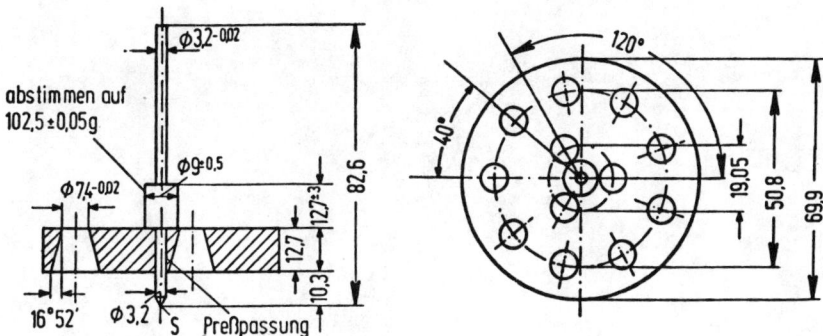

Für Maße ohne Toleranzangabe gilt ± 0,1 mm

Beurteilung der Prüfergebnisse

Ein Stoff unterliegt nicht den Bedingungen der Klasse 3, wenn nach Aufsetzen der Spitze S auf die Oberfläche der **3311**
Probe die auf dem Meßgerät abgelesene Penetration

a) nach einer Belastungszeit von 5 s ± 0,1 s weniger als 15,0 mm ± 0,3 mm beträgt oder

b) nach einer Belastungszeit von 5 s ± 0,1 s mehr als 15,0 mm ± 0,3 mm, jedoch die zusätzliche Penetration nach weiteren 55 s ± 0,5 s weniger als 5,0 mm ± 0,5 mm beträgt.

Bem. Bei Proben mit einer Fließgrenze ist es häufig nicht möglich, im Penetrationsgefäß eine ebene Oberfläche zu erreichen und somit beim Aufsetzen der Spitze S eindeutige Anfangsbedingungen der Messung festzulegen. Darüber hinaus kann bei manchen Proben eine elastische Verformung der Oberfläche beim Auftreffen der Siebscheibe auftreten und in den ersten Sekunden eine größere Penetration vortäuschen. In allen diesen Fällen kann eine Beurteilung nach b) zweckmäßig sein.

3312-
3399

Anhang A. 4

Bleibt offen

3400-
3499

Anhang A. 5

Allgemeine Verpackungsvorschriften, Verpackungsart, Anforderungen an die Verpackungen und Vorschriften über die Prüfung der Verpackungen

Bem.: Diese Vorschriften gelten für Verpackungen, die Stoffe der Klassen 3, 6.1 oder 8 enthalten.

Abschnitt I

Allgemeine Verpackungsvorschriften

(1) Die Verpackungen müssen so hergestellt und so verschlossen sein, daß unter normalen Beförderungsbedingungen das Austreten des Inhalts aus der versandfertigen Verpackung, insbesondere infolge Temperaturwechsels, Feuchtigkeits- oder Druckänderung, vermieden wird. Den Versandstücken dürfen außen keine gefährlichen Stoffe anhaften. Diese Vorschriften gelten für neue Verpackungen und für solche, die wiederverwendet werden. **3500**

(2) Die Teile der Verpackungen, die unmittelbar mit gefährlichen Stoffen in Berührung kommen, dürfen durch chemische oder sonstige Einwirkungen dieser Stoffe nicht beeinträchtigt werden; gegebenenfalls müssen sie mit einer geeigneten Innenauskleidung oder -behandlung versehen sein. Diese Teile der Verpackungen dürfen keine Bestandteile enthalten, die mit dem Inhalt gefährlich reagieren, gefährliche Stoffe bilden oder diese Teile erheblich schwächen können.

(3) Jede Verpackung mit Ausnahme der Innenverpackungen von zusammengesetzten Verpackungen muß einer Bauart entsprechen, die nach den Vorschriften in Abschnitt IV geprüft und zugelassen ist. Serienmäßig hergestellte Verpackungen müssen der zugelassenen Bauart entsprechen.

(4) Werden Verpackungen mit Flüssigkeiten gefüllt, so muß ein füllungsfreier Raum bleiben, um sicherzustellen, daß die Ausdehnung der Flüssigkeit infolge der Temperaturen, die bei der Beförderung erreicht werden können, weder das Austreten der Flüssigkeit noch eine dauernde Verformung der Verpackung bewirkt. Der Füllungsgrad, bezogen auf eine Abfülltemperatur von 15 °C, darf, sofern die einzelnen Klassen nichts anderes vorsehen, höchstens betragen:

entweder

a)

Siedepunkt (Siedebeginn) des Stoffes in °C	< 60	≥ 60 < 100	≥ 100 < 200	≥ 200 < 300	≥ 300
Füllungsgrad in % des Fassungsraums der Verpackung	90	92	94	96	98

oder

b) Füllungsgrad = $\dfrac{98}{1 + \alpha\,(50 - t_F)}$ % des Fassungsraums der Verpackung.

In dieser Formel bedeutet α den mittleren kubischen Ausdehnungskoeffizienten der Flüssigkeit zwischen 15 °C und 50 °C, d. h. für eine maximale Temperaturerhöhung von 35 °C.

α wird nach der Formel berechnet $\alpha = \dfrac{d_{15} - d_{50}}{35 \times d_{50}}$

Dabei bedeuten:

d_{15} und d_{50} die relativen Dichten *) der Flüssigkeit bei 15 °C bzw. 50 °C und t_F die mittlere Temperatur der Flüssigkeit während der Füllung.

(5) Innenverpackungen müssen in einer Außenverpackung so verpackt sein, daß sie unter normalen Beförderungsbedingungen nicht zerbrechen oder durchlöchert werden können oder deren Inhalt nicht in die Außenverpackung austreten kann. Zerbrechliche Innenverpackungen oder solche, die leicht durchlöchert werden können, wie diejenigen aus Glas, Porzellan oder Steinzeug, gewissen Kunststoffen usw. müssen mit geeigneten Polsterstoffen in die Außenverpackung eingebettet werden. Beim Austreten des Inhalts dürfen die schützenden Eigenschaften der Polsterstoffe und der Außenverpackung nicht wesentlich beeinträchtigt werden.

(6) Innenverpackungen mit verschiedenartigen Stoffen, die miteinander gefährlich reagieren können, dürfen nicht in die gleiche Außenverpackung eingesetzt werden (siehe auch die Vorschriften über die Zusammenpackung in den einzelnen Klassen).

(7) Der Verschluß von Verpackungen mit angefeuchteten oder verdünnten Stoffen muß so beschaffen sein, daß der prozentuale Anteil der Flüssigkeit (Wasser, Lösungs- oder Phlegmatisierungsmittel) während der Beförderung nicht unter die vorgeschriebenen Grenzwerte absinkt.

(8) Wenn in einer Verpackung das Füllgut Gas ausscheidet (durch Temperaturanstieg oder aus anderen Gründen) und dadurch ein Überdruck entstehen kann, darf die Verpackung mit einer Lüftungseinrichtung versehen sein, sofern das austretende Gas hinsichtlich seiner Giftigkeit, Entzündbarkeit, ausgeschiedenen Menge usw. keine Gefahr verursacht. Die Lüftungseinrichtung muß so beschaffen sein, daß das Austreten von Flüssigkeit sowie das Eindringen von Fremdstoffen in der für die Beförderung vorgesehenen Lage der Verpackung und unter normalen Beförderungsbedingungen vermieden werden. Ein Stoff darf jedoch in einer solchen Verpackung nur dann befördert werden, wenn eine Lüftungseinrichtung in den Beförderungsvorschriften der entsprechenden Klasse für diesen Stoff vorgeschrieben ist.

---

*) Statt Dichte [siehe Rn. 2001 (1)] wird in diesem Anhang relative Dichte (d) verwendet.

Anhang A. 5

(9) Neue, wiederverwendete oder rekonditionierte Verpackungen müssen den in Abschnitt IV vorgeschriebenen Prüfungen standhalten können. Vor der Befüllung und der Aufgabe zum Versand ist jede Verpackung auf Nicht-vorhandensein von Korrosion oder Kontamination oder von anderen Schäden zu untersuchen.

Jede Verpackung, die Anzeichen verminderter Widerstandsfähigkeit gegenüber der zugelassenen Bauart aufweist, darf nicht mehr verwendet oder sie muß so instand gesetzt werden, daß sie den Bauartprüfungen standhalten kann.

(10) Die für flüssige Stoffe verwendeten Verpackungen müssen in den in Rn 3560 vorgesehenen Fällen nach den dortigen Bedingungen einer Dichtheitsprüfung unterzogen werden

(11) Flüssigkeiten dürfen nur in Verpackungen gefüllt werden, die eine angemessene Widerstandsfähigkeit gegenüber dem Innendruck haben, der unter normalen Beförderungsbedingungen entstehen kann. Verpackungen, auf denen der Prüfdruck der Flüssigkeitsdruckprüfung nach Rn. 3512 (1) d) in der Kennzeichnung angegeben ist, dürfen nur mit einer Flüssigkeit gefüllt werden, deren Dampfdruck:

a) so groß ist, daß der Gesamtüberdruck in der Verpackung (d. h. Dampfdruck des Füllgutes plus Partialdruck von Luft oder sonstiger inerten Gasen, vermindert um 100 kPa) bei 55 °C, gemessen bei einem maximalen Füllungsgrad gemäß Absatz 4 und einer Fülltemperatur von 15 °C, 2/3 des in der Kennzeichnung angegebenen Prüfdruckes nicht überschreitet, oder

b) bei 50 C geringer ist als 4/7 der Summe aus dem in der Kennzeichnung angegebenen Prüfdruck und 100 kPa oder

c) bei 55 C geringer ist als 2/3 der Summe aus dem in der Kennzeichnung angegebenen Prüfdruck und 100 kPa.

3501-3509

Abschnitt II

Verpackungsarten

Begriffsbestimmungen

3510

(1) Vorbehaltlich der besonderen Bestimmungen jeder Klasse dürfen die nachstehend aufgeführten Verpackungen verwendet werden:

Fässer:	Zylindrische Verpackungen aus Metall, Pappe, Kunststoffen, Sperrholz oder anderen geeigneten Stoffen mit flachen oder gewölbten Böden. Unter diesen Begriff fallen auch Verpackungen anderer Form aus Metall oder Kunststoff, z. B. runde Verpackungen mit kegelförmigem Hals oder eimerförmige Verpackungen. Nicht unter diesen Begriff fallen Holzfässer und Kanister
Holzfässer	Verpackungen aus Naturholz mit rundem Querschnitt und bauchig geformten Wänden, die aus Dauben und Böden bestehen und mit Reifen versehen sind.
Kanister:	Verpackungen aus Metall oder Kunststoff von rechteckigem oder mehreckigem Querschnitt, mit einer oder mehreren Öffnungen.
Kisten:	Rechteckige oder mehreckige vollwandige Verpackungen ohne Öffnungen aus Metall, Holz, Sperrholz, Holzfaserwerkstoffen, Pappe, Kunststoffen oder anderen geeigneten Werkstoffen.
Säcke:	Flexible Verpackungen aus Papier, Kunststofffolien, Textilien, gewebten oder anderen geeigneten Werkstoffen.
Kombinations-verpackungen (Kunststoff):	Aus einem Kunststoffinnengefäß und einer Außenverpackung (aus Metall, Pappe, Sperrholz usw.) bestehende Verpackungen. Sind sie einmal zusammengebaut, so bilden sie eine untrennbare Einheit, die als solche gefüllt, befördert und entleert wird.
Kombinations-verpackungen (Glas, Porzellan, Steinzeug):	Aus einem Innengefäß aus Glas, Porzellan oder Steinzeug und einer Außenverpackung (aus Metall, Holz, Pappe, Kunststoff, Schaumstoff usw.) bestehende Verpackungen. Sind sie einmal zusammengebaut, so bilden sie eine untrennbare Einheit, die als solche gefüllt gelagert, befördert und entleert wird. Sie sind gemäß Rn. 3552 (1) a) oder b), 3553 und 3554 zu prüfen.
Zusammengesetzte Verpackungen:	Für die Beförderung zusammengesetzte Verpackungen, bestehend aus einer oder mehreren Innenverpackungen, die nach Rn. 3500 (5) in einer Außenverpackung eingesetzt sein müssen.

(2) Vorbehaltlich der besonderen Bestimmungen jeder Klasse dürfe zusätzlich die nachstehend aufgeführten Verpackungen verwendet werden:

Kombinations-verpackungen (Glas, Porzellan, Steinzeug):	Wenn gemäß Rn. 3552 (1) e) geprüft.
Feinstblechverpackungen:	Verpackungen mit rundem, elliptischem, rechteckigem oder mehreckigem Querschnitt (auch konische), sowie Verpackungen mit kegelförmigem Hals oder eimerförmige Verpackungen aus Feinstblech, mit einer Wanddicke unter 0,5 mm, mit flachen oder gewölbten Böden, mit einer oder mehreren Öffnungen, die keine Fässer oder Kanister im Sinne von Absatz 1 sind.

Anhang A. 5

(3) Folgende Begriffsbestimmungen gelten für die in Absatz 1 und 2 genannten Verpackungen:

Außenverpackung:	der äußere Schutz einer Kombinations- oder zusammengesetzten Verpackung einschließlich der Stoffe mit aufsaugenden Eigenschaften, der Polsterstoffe und aller anderen Bestandteile, die erforderlich sind, um Innengefäße oder Innenverpackungen zu umschließen und zu schützen;
Gefäß:	Behältnis, das Stoffe oder Gegenstände aufnehmen und enthalten kann, einschließlich aller Verschlußmittel;
Höchste Nettomasse:	die höchste Nettomasse des Inhalts einer einzelnen Verpackung oder die höchste Summe der Masse aus Innenverpackungen und ihrem Inhalt in Kilogramm ausgedrückt;
Höchster Fassungsraum:	(wie in Abschnitt III verwendet) das höchste Innenvolumen von Gefäßen oder Verpackungen in Litern ausgedrückt;
Innengefäß:	Gefäß, das einer Außenverpackung bedarf, um seine Behältnisfunktion zu erfüllen;
Innenverpackung:	Verpackung, für deren Beförderung eine Außenverpackung erforderlich ist;
Verpackung:	Gefäße und alle anderen Bestandteile und Werkstoffe, die notwendig sind, damit das Gefäß seine Behältnisfunktion erfüllen kann;
Versandstück:	das versandfertige Endprodukt des Verpackungsvorganges, bestehend aus der Verpackung und ihrem Inhalt;
Verschluß:	Einrichtung, welche die Öffnung eines Gefäßes verschließt;

Bem.: Der „Innenteil" der „zusammengesetzten Verpackungen" wird immer als „Innenverpackung", nicht als „Innengefäß" bezeichnet. Eine Glasflasche ist ein Beispiel einer solchen „Innenverpackung". Der „Innenteil" der „Kombinationsverpackungen" wird normalerweise als „Innengefäß" bezeichnet. So ist zum Beispiel der „Innenteil" einer 6HA1 Kombinationsverpackung (Kunststoff) ein solches „Innengefäß", da er normalerweise nicht dazu bestimmt ist, eine Behältnisfunktion ohne seine „Außenverpackung" auszuüben, daher ist es keine „Innenverpackung".

Codierung der Verpackungsbauarten nach Rn. 3510 (1) und (2)

3511

(1) Die Code-Nummer besteht aus:

- einer arabischen Ziffer für die Verpackungsart, z. B. Faß, Kanister usw.;
- einem oder mehreren lateinischen Großbuchstaben für die Art des Werkstoffes, z. B. Stahl, Holz usw.;
- gegebenenfalls einer arabischen Ziffer für den Typ der Verpackung innerhalb der Verpackungsart.

Für Kombinationsverpackungen sind zwei lateinische Großbuchstaben zu verwenden. Die erste bezeichnet den Werkstoff des Innengefäßes, der zweite den der Außenverpackung.

Für zusammengesetzte Verpackungen ist lediglich die Code-Nummer für die Außenverpackung zu verwenden.

Die folgenden Ziffern sind für die Verpackungsarten zu verwenden:

1 Faß,

2 Holzfaß,

3 Kanister,

4 Kiste,

5 Sack,

6 Kombinationsverpackung,

0 Feinstblechverpackung.

Die folgenden Großbuchstaben sind für die Werkstoffart zu verwenden:

A Stahl (alle Typen und alle Oberflächenbehandlungen),

B Aluminium,

C Naturholz,

D Sperrholz,

F Holzfaserwerkstoff,

G Pappe,

H Kunststoff, einschließlich Schaumstoffe,

L Textilgewebe,

M Papier, mehrlagig,

N Metall (außer Stahl und Aluminium),

P Glas, Porzellan oder Steinzeug.

(2) In den besonderen Vorschriften der einzelnen Klassen sind entsprechend der Gefährlichkeit der zu befördernden Stoffe drei Verpackungsgruppen vorgesehen:

- Verpackungsgruppe I: für Stoffe der Gruppe a),
- Verpackungsgruppe II: für Stoffe der Gruppe b),
- Verpackungsgruppe III: für Stoffe der Gruppe c) in den Ziffern der Stoffaufzählung.

Anhang A. 5

Auf die Verpackungs-Codenummer folgt in der Kennzeichnung ein Buchstabe, welcher die Stoffgruppen angibt, für welche die Verpackungsbauart zugelassen ist:

X für Verpackungen für Stoffe der Verpackungsgruppen I bis III;

Y für Verpackungen für Stoffe der Verpackungsgruppen II und III;

Z für Verpackungen für Stoffe der Verpackungsgruppe III.

Kennzeichnung

3512
(1) Jede Verpackung muß dauerhaft und gut sichtbar gekennzeichnet sein.

Die Kennzeichnung für die nach der zugelassenen Bauart hergestellten neuen Verpackungen besteht:

a) i) aus dem Symbol ⓤ für Verpackungen nach Rn. 3510 (1). Für Metallverpackungen, auf denen die Kennzeichnung durch Prägen angebracht wird, dürfen anstelle des Symbols ⓤ die Buchstaben UN angewendet werden;

   ii) aus dem Symbol „ADR" (oder „RID/ADR" für Verpackungen, die sowohl für die Beförderung mit der Eisenbahn oder auf der Straße zugelassen sind) anstelle des Symbols ⓤ für Verpackungen nach Rn. 3510 (2);

b) aus der Codenummer der Verpackung nach Rn. 3511 (1);

c) aus einem zweiteiligen Code:

   i) aus einer Kurzbezeichnung (X/Y/Z), welche die Verpackungsgruppe bzw. -gruppen angibt, für welche die Verpackungsbauart zugelassen ist;

   ii) für Verpackungen ohne Innenverpackungen, die für flüssige Stoffe mit einer Viskosität bei 23 °C von 200 mm²/s oder weniger Verwendung finden, aus der Angabe der relativen Dichte der Flüssigkeit (auf die erste Dezimalstelle abgerundet), mit welcher die Bauart geprüft worden ist, wenn diese größer ist als 1.2;

   für Verpackungen, die für flüssige Stoffe mit einer Viskosität bei 23 °C von mehr als 200 mm²/s, für feste Stoffe oder für Innenverpackungen Verwendung finden, aus der Angabe der Bruttohöchstmasse in kg;

d) entweder aus dem Buchstaben „S", wenn die Verpackung für flüssige Stoffe mit einer Viskosität bei 23 °C von mehr als 200 mm²/s, für feste Stoffe oder für Innenverpackungen Verwendung findet, oder wenn sie einer Flüssigkeitsdruckprüfung mit Erfolg unterzogen worden ist, aus der Angabe des Prüfdrucks in kPa, abgerundet auf die nächsten 10 kPa;

e) aus dem Jahr der Herstellung (die letzten beiden Ziffern). Für Verpackungen der Verpackungsarten 1H und 3H zusätzlich aus dem Monat der Herstellung; dieser Teil der Kennzeichnung kann auch an anderer Stelle als die übrigen Angaben angebracht sein. Eine geeignete Weise ist:

f) aus dem Kurzzeichen **) des Staates, in dem die Zulassung erteilt wurde;

g) entweder aus der Registriernummer und dem Namen oder Kurzzeichen des Herstellers oder aus einer anderen Kennzeichnung der Verpackung, wie sie von der zuständigen Behörde festgesetzt wurde.

(2) Jede wiederverwendbare Verpackung, die einer Rekonditionierung unterworfen werden kann, durch die die Kennzeichnung der Verpackung zerstört werden könnte, muß die unter a), b), c), d) und e) angegebenen Kennzeichen dauerhaft (z. B. durch Prägen) aufweisen, so daß diese einer Rekonditionierung standhalten.

(3) Die Registriernummer gilt nur für eine Bauart oder für eine Bauartreihe. Verschiedene Oberflächenbehandlungen sind in der gleichen Bauart eingeschlossen.

Bei einer Bauartreihe handelt es sich um Verpackungen gleicher Konstruktion, gleicher Wanddicke, gleichen Werkstoffs und gleichen Querschnitts, die sich nur durch geringere Bauhöhe von der zugelassenen Bauart unterscheiden.

Die Verschlüsse der Gefäße müssen anhand des Prüfberichts identifizierbar sein.

(4) Der Rekonditionierer von Verpackungen muß nach der Rekonditionierung auf den Verpackungen in der Nähe der dauerhaften Kennzeichnung nach a) bis e) folgende Zeichen in nachstehender Reihenfolge anbringen:

h) das Kurzzeichen **) des Staates, in dem die Rekonditionierung vorgenommen worden ist;

i) Name oder genehmigtes Symbol des Rekonditionierers;

j) das Jahr der Rekonditionierung, den Buchstaben „R" und für jede Verpackung, die der Dichtheitsprüfung nach Rn. 3500 (10) mit Erfolg unterzogen worden ist, den zusätzlichen Buchstaben „L".

(5) Verpackungen, deren Kennzeichnung dieser Randnummer entspricht, die aber in einem Staat zugelassen worden sind, der nicht Vertragspartei des ADR ist, dürfen ebenfalls für die Beförderung

nach dieser Verordnung | nach dem ADR

verwendet werden.

**) Das im Wiener Übereinkommen über den Straßenverkehr (1968) vorgesehene Unterscheidungszeichen für Kraftfahrzeuge im internationalen Verkehr.

Anhang A. 5

(6) Beispiele für die Kennzeichnung:

Für ein neues Stahlfaß:
(U N)/1A1/Y1.4/150/83, NL/VL123   a) i), b), c), d) und e), f) und g)

Für ein rekonditioniertes Stahlfaß:
(U N)/1A1/Y1.4/150/83,NL/RB/84 RL   a) i), b), c), d) und e), h), i) und j).

Für neue Feinstblechverpackungen:

RID/ADR/0A1/Y/75/83 NL/VL 123	a) ii), b), c), d) und e), f) und g)	mit nichtabnehmbarem Deckel
RID/ADR/0A2/Y/83 NL/VL 124	a) ii), b), c), und e), f) und g)	mit abnehmbarem Deckel, vorgesehen für flüssige Stoffe, deren Viskosität bei 23 °C über 200 mm²/s liegt.

Gewährleistung

Mit dem Anbringen der Kennzeichnung nach Rn. 3512 (1) gewährleistet der Hersteller, daß die serienmäßig gefertigten Verpackungen der zugelassenen Bauart entsprechen und daß die in der Zulassung genannten Bedingungen erfüllt sind.   **3513**

Verzeichnis der Verpackungen

Die den verschiedenen Verpackungsarten entsprechenden Codes sind die folgenden: **3514**

A. Verpackungen gemäß Rn. 3510 (1) mit Kennzeichnung

Verpackungsart	Werkstoff	Verpackungstyp	Code	Rn.
1. Fässer	A. Stahl	nichtabnehmbarer Deckel	1A1	3520
		abnehmbarer Deckel	1A2	
	B. Aluminium	nichtabnehmbarer Deckel	1B1	3521
		abnehmbarer Deckel	1B2	
	D. Sperrholz	—	1D	3523
	G. Pappe	—	1G	3525
	H. Kunststoff	nichtabnehmbarer Deckel	1H1	3526
		abnehmbarer Deckel	1H2	
2. Holzfässer	C. Naturholz	mit Spund	2C1	3524
		abnehmbarer Deckel	2C2	
3. Kanister	A. Stahl	nichtabnehmbarer Deckel	3A1	3522
		abnehmbarer Deckel	3A2	
	H. Kunststoff	nichtabnehmbarer Deckel	3H1	3526
		abnehmbarer Deckel	3H2	
4. Kisten	A. Stahl	—	4A1	3532 *)
		mit Innenauskleidung	4A2	
	B. Aluminium	—	4B1	3532 *)
		mit Innenauskleidung	4B2	
	C. Naturholz	einfach	4C1	3527 *)
		mit staubdichten Wänden	4C2	
	D. Sperrholz	—	4D	3528 *)
	F. Holzfaserwerkstoff	—	4F	3529 *)
	G. Pappe	—	4G	3530 *)
	H. Kunststoff	Schaumstoffe	4H1	3531 *)
		massive Kunststoffe	4H2	

*) Nach Rn. 3538 können diese Verpackungen als Außenverpackung der zusammengesetzten Verpackungen verwendet werden.

Anhang A. 5

3514
(Forts.)

Verpackungsart	Werkstoff	Verpackungstyp	Code	Rn.
5. Säcke	H. Kunststoffgewebe	ohne Innensack oder ohne Innenauskleidung	5H1	3534
		staubdicht	5H2	
		wasserbeständig	5H3	
	H. Kunststoffolie	—	5H4	3535
	L. Textilgewebe	ohne Innensack oder ohne Innenauskleidung	5L1	3533
		staubdicht	5L2	
		wasserbeständig	5L3	
	M. Papier	mehrlagig	5M1	3536
		mehrlagig, wasserbeständig	5M2	
6. Kombinations-verpackung	H. Kunststoffgefäß	mit faßförmiger Außenverpackung aus Stahl	6HA1	3537
		mit korb- oder kistenförmiger Außenverpackung aus Stahl	6HA2	
		mit faßförmiger Außenverpackung aus Aluminium	6HB1	
		mit korb- oder kistenförmiger Außenverpackung aus Aluminium	6HB2	
		mit Außenverpackung aus Naturholz in Kistenform	6HC	
		mit faßförmiger Außenverpackung aus Sperrholz	6HD1	
		mit Außenverpackung aus Sperrholz in Kistenform	6HD2	
		mit faßförmiger Außenverpackung aus Pappe	6HG1	
		mit Außenverpackung aus Pappe in Kistenform	6HG2	
		mit faßförmiger Außenverpackung aus Kunststoff	6HH	

B. Verpackungen, die den Rn. 3510 (1) oder 3510 (2) entsprechen können

Verpackungsart	Werkstoff	Verpackungstyp	Code	Rn.
6. Kombinations-verpackung	P. Gefäße aus Porzellan, Glas oder Steinzeug	mit faßförmiger Außenverpackung aus Stahl	6PA1	3539
		mit korb- oder kistenförmiger Außenverpackung aus Stahl	6PA2	
		mit faßförmiger Außenverpackung aus Aluminium	6PB1	
		mit korb- oder kistenförmiger Außenverpackung aus Aluminium	6PB2	
		mit Außenverpackung aus Naturholz in Kistenform	6PC	
		mit faßförmiger Außenverpackung aus Sperrholz	6PD1	

Anhang A. 5

Verpackungsart	Werkstoff	Verpackungstyp	Code	Rn.
		mit Außenverpackung bestehend aus einem Weidenkorb	6PD2	
		mit faßförmiger Außenverpackung aus Pappe	6PG1	
		mit Außenverpackung aus Pappe in Kistenform	6PG2	
		mit Außenverpackung aus Schaumstoff	6PH1	
		mit Außenverpackung aus massivem Kunststoff	6PH2	

C. Verpackungen, die nur Rn. 3510 (2) entsprechen, mit Kennzeichnung „ADR" (oder „RID/ADR")

O. Feinstblech-verpackungen	A. Stahl	nichtabnehmbarer Deckel	0A1	3540
		abnehmbarer Deckel	0A2	

3515-
3519

Abschnitt III

Anforderungen an die Verpackungen

A. Verpackungen gemäß Rn. 3510 (1)

Fässer aus Stahl　　　　　　　　　　　　　　　　　　　　　　　　3520

1A1 mit nichtabnehmbarem Deckel;

1A2 mit abnehmbarem Deckel.

a) Das Blech für den Mantel und die Böden muß aus geeignetem Stahl bestehen; seine Dicke muß dem Fassungsraum und dem Verwendungszweck des Fasses angepaßt sein.

b) Die Mantelnähte der Fässer, die zur Aufnahme von mehr als 40 l flüssigen Stoffen bestimmt sind, müssen geschweißt sein. Die Mantelnähte der Fässer, die für feste Stoffe und zur Aufnahme von höchstens 40 l flüssigen Stoffen bestimmt sind, müssen maschinell gefalzt oder geschweißt sein.

c) Die Verbindungen zwischen Böden und Mantel müssen maschinell gefalzt oder geschweißt sein.

d) Sind aufgepreßte Rollreifen vorhanden, so müssen sie dicht am Mantel anliegen und so befestigt werden, daß sie sich nicht verschieben können. Die Rollreifen dürfen nicht durch Punktschweißungen befestigt werden.

e) Die Innenauskleidungen aus Blei, Zink, Zinn, Lack usw. müssen widerstandsfähig, schmiegsam und überall, auch an den Verschlüssen, mit dem Stahl fest verbunden sein.

f) Der Durchmesser von Öffnungen zum Füllen, Entleeren und Belüften im Mantel oder Deckel der Fässer mit nicht-abnehmbarem Deckel (1A1) darf 7 cm nicht überschreiten. Fässer mit größeren Öffnungen gelten als Fässer mit abnehmbarem Deckel (1A2).

g) Die Verschlüsse müssen eine Dichtung haben, es sei denn, daß ein konisches Gewinde eine vergleichbare Dichtheit gewährleistet.

h) Die Verschlüsse der Fässer mit nichtabnehmbarem Deckel müssen entweder aus einem Schraubverschluß bestehen oder durch eine verschraubbare Einrichtung oder eine Einrichtung von mindestens gleicher Wirksamkeit gesichert werden können.

ı) Der Verschluß der Fässer 1A2 mit abnehmbarem Deckel muß so konstruiert und angebracht sein, daß er sich unter normalen Beförderungsbedingungen nicht lockert und das Faß dicht bleibt. Abnehmbare Deckel müssen mit Dichtungen oder anderen Abdichtungsmitteln versehen sein.

j) Höchster Fassungsraum der Fässer: 450 Liter

k) Höchste Nettomasse 400 kg

Anhang A. 5

3521 Fässer aus Aluminium

1B1 mit nichtabnehmbarem Deckel;

1B2 mit abnehmbarem Deckel.

a) Der Mantel und die Böden müssen aus Aluminium mit einem Reinheitsgrad von mindestens 99 % oder aus einer Aluminiumlegierung mit einer Korrosionsbeständigkeit und mit mechanischen Eigenschaften bestehen, die dem Fassungsraum und dem Verwendungszweck des Fasses angepaßt sind.

b) Der Durchmesser von Öffnungen zum Füllen, Entleeren und Belüften im Mantel oder Deckel der Fässer mit nicht-abnehmbarem Deckel (1B1) darf 7 cm nicht überschreiten. Fässer mit größeren Öffnungen gelten als Fässer mit abnehmbarem Deckel (1B2).

c) Fässer aus Aluminium 1B1:

Die Bodennähte müssen, falls solche vorhanden sind, zu ihrem Schutz genügend verstärkt sein. Die Nähte des Mantels und der Böden müssen, falls solche vorhanden sind, geschweißt sein. Der Verschluß muß entweder aus einem Schraubverschluß bestehen oder durch eine verschraubbare Einrichtung oder eine Einrichtung von minde-stens gleicher Wirksamkeit gesichert werden können. Die Verschlüsse müssen eine Dichtung haben, es sei denn, daß ein konisches Gewinde eine vergleichbare Dichtheit gewährleistet.

d) Fässer aus Aluminium 1B2:

Der Faßmantel muß entweder ohne Naht sein oder eine geschweißte Naht haben. Der Verschluß der Fässer mit abnehmbarem Deckel 1B2 muß so konstruiert und angebracht sein, daß er sich unter normalen Beförderungs-bedingungen nicht lockert und das Faß dicht bleibt. Abnehmbare Deckel müssen mit Dichtungen oder anderen Abdichtungsmitteln versehen sein.

e) Höchster Fassungsraum der Fässer: 450 Liter.

f) Höchste Nettomasse: 400 kg.

3522 Kanister aus Stahl

3A1 mit nichtabnehmbarem Deckel;

3A2 mit abnehmbarem Deckel.

a) Das Blech für den Mantel und die Böden muß aus geeignetem Stahl bestehen; seine Dicke muß dem Fassungsraum und dem Verwendungszweck der Kanister angepaßt sein.

b) Die Nähte aller Kanister müssen maschinell gefalzt oder geschweißt sein. Die Mantelnähte von Kanistern, die zur Aufnahme von mehr als 40 l flüssiger Stoffe bestimmt sind, müssen geschweißt sein. Die Mantelnähte der Kanister, die zur Aufnahme von höchstens 40 l flüssiger Stoffe bestimmt sind, müssen maschinell gefalzt oder geschweißt sein.

c) Der Durchmesser der Öffnungen der Kanister (3A1) darf 7 cm nicht überschreiten. Kanister mit größeren Öffnungen gelten als Kanister mit abnehmbarem Deckel (3A2).

d) Der Verschluß muß entweder aus einem Schraubverschluß bestehen oder durch eine verschraubbare Einrichtung oder eine Einrichtung von mindestens gleicher Wirksamkeit gesichert werden können.

e) Höchster Fassungsraum der Kanister: 60 Liter.

f) Höchste Nettomasse: 120 kg.

3523 Fässer aus Sperrholz

1D

a) Das verwendete Holz muß gut abgelagert, handelsüblich trocken und frei von Mängeln sein, die die Verwendbarkeit des Fasses für den beabsichtigten Verwendungszweck beeinträchtigen können. Falls ein anderer Werkstoff als Sperrholz für die Herstellung der Böden verwendet wird, muß dieser Werkstoff dem von Sperrholz gleichwertig sein.

b) Das für den Faßkörper verwendete Sperrholz muß mindestens aus zwei Lagen und das für die Böden mindestens aus drei Lagen bestehen; die einzelnen Lagen müssen kreuzweise zur Maserung mit wasserbeständigem Klebstoff fest zusammengeleimt sein.

c) Die Konstruktion der Faßkörper und Böden muß dem Fassungsraum und dem Verwendungszweck angepaßt sein.

d) Um ein Durchrieseln des Inhalts zu verhindern, sind die Deckel mit Kraftpapier oder einem gleichwertigen Material auszukleiden, das am Deckel sicher zu befestigen ist und rundum überstehen muß.

e) Höchster Fassungsraum der Fässer: 250 Liter.

f) Höchste Nettomasse: 400 kg.

3524 Fässer aus Naturholz

2C1 mit Spund;

2C2 mit abnehmbarem Deckel.

a) Das verwendete Holz muß von guter Qualität, längsgemasert, gut abgelagert, frei von Ästen, Baumschwarten, faulem Holz, Splintholz oder anderen Mängeln sein, die die Verwendbarkeit des Fasses für den beabsichtigten Zweck beeinträchtigen können.

Anhang A. 5

b) Die Konstruktion der Faßkörper und Böden muß dem Fassungsraum und dem Verwendungszweck angepaßt sein.

c) Die Faßdauben und Böden sind in der Faserrichtung zu sägen oder abzuspalten, so daß kein Jahresring über mehr als die Hälfte der Wanddicke von Faßdaube oder Boden verläuft.

d) Die Faßreifen müssen aus Stahl oder Eisen bestehen und von einer guten Qualität sein. Für Fässer mit abnehmbarem Deckel 2C2 sind auch Faßreifen aus geeignetem Hartholz zugelassen.

e) Fässer aus Naturholz 2C1:

Der Durchmesser des Spundlochs darf nicht größer sein als die halbe Breite der Daube, in der das Spundloch angebracht ist.

f) Fässer aus Naturholz 2C2:

Die Böden müssen gut in die Nut passen.

g) Höchster Fassungsraum der Fässer: 250 Liter.

h) Höchste Nettomasse: 400 kg.

Fässer aus Pappe   3525

1G

a) Der Faßkörper muß aus mehreren Lagen Kraftpapier oder Vollpappe (nicht gewellt), die fest zusammengeleimt oder -gepreßt sind, bestehen und kann eine oder mehrere Schutzlagen aus Bitumen, gewachstem Kraftpapier, Metallfolie, Kunststoff usw. enthalten.

b) Die Böden müssen aus Naturholz, Pappe, Metall, Sperrholz oder Kunststoff bestehen und können eine oder mehrere Schutzlagen aus Bitumen, gewachstem Kraftpapier, Metallfolie, Kunststoff usw. enthalten.

c) Die Konstruktion der Faßkörper und Böden und ihre Verbindungsstellen müssen dem Fassungsraum und dem Verwendungszweck angepaßt sein.

d) Die zusammengebaute Verpackung muß so wasserbeständig sein, daß sich die Schichten unter normalen Beförderungsbedingungen nicht abspalten.

e) Höchster Fassungsraum der Fässer: 450 Liter.

f) Höchste Nettomasse: 400 kg.

Fässer und Kanister aus Kunststoff   3526

1H1   Fässer mit nichtabnehmbarem Deckel;

1H2   Fässer mit abnehmbarem Deckel;

3H1   Kanister mit nichtabnehmbarem Deckel;

3H2   Kanister mit abnehmbarem Deckel.

a) Die Verpackungen müssen den bei der Beförderung zu erwartenden physikalischen (insbesondere mechanischen und thermischen) und chemischen Beanspruchungen standhalten können und dicht bleiben. Sie müssen gegen die gefährlichen Stoffe und deren Dämpfe beständig sein. Sie müssen ferner im erforderlichen Maße beständig sein gegenüber Alterung und ultravioletter Strahlung. Die Verpackungen müssen sicher zu handhaben sein.

b) Die zulässige Verwendungsdauer der Verpackungen für die Beförderung gefährlicher Güter beträgt 5 Jahre ab dem Datum der Herstellung, sofern in den Beförderungsvorschriften der einzelnen Klassen keine kürzere Verwendungsdauer vorgeschrieben ist.

c) Ist ein Schutz vor ultravioletten Strahlen erforderlich, so muß dieser durch Beimischung von Ruß oder anderen geeigneten Pigmenten oder Inhibitoren erfolgen. Diese Zusätze müssen mit dem Inhalt verträglich sein und ihre Wirkung während der zulässigen Verwendungsdauer der Verpackungen behalten. Bei Verwendung von Ruß, Pigmenten oder Inhibitoren, die verschieden sind von jenen, die für die Herstellung des geprüften Baumusters verwendet wurden, kann auf die Wiederholung der Prüfung verzichtet werden, wenn der Rußanteil 2 Masse-% oder der Pigmentanteil 3 Masse-% nicht überschreitet; der Inhibitorenanteil gegen ultraviolette Strahlen ist nicht beschränkt.

d) Zusätze für andere Zwecke als zum Schutz vor ultravioletten Strahlen dürfen dem Kunststoff unter der Voraussetzung beigemischt werden, daß sie die chemischen und physikalischen Eigenschaften des Verpackungswerkstoffs nicht beeinträchtigen. In diesem Falle kann auf die Wiederholung der Prüfung verzichtet werden.

e) Durch geeignete Maßnahmen ist sicherzustellen, daß der zur Herstellung von Verpackungen zu verwendende Kunststoff bezüglich seiner chemischen Verträglichkeit mit den vorgesehenen Füllgütern beständig ist [siehe Rn. 3551 (5)].

f) Die Verpackungen müssen aus einem geeigneten Kunststoff bekannter Herkunft und Spezifikation hergestellt sein, ihre Bauart muß kunststoffgerecht sein und dem Stand der Technik entsprechen. Für neue Verpackungen dürfen keine anderen gebrauchten Werkstoffe verwendet werden als Reste oder Abfälle aus demselben Produktionsverfahren.

g) Die Wanddicke muß an jeder Stelle der Verpackung dem Fassungsraum und dem Verwendungszweck angepaßt sein, wobei die Beanspruchung der einzelnen Stellen zu berücksichtigen ist.

h) Der Durchmesser von Öffnungen zum Füllen, Entleeren und Belüften im Mantel oder Deckel von Fässern mit nichtabnehmbarem Deckel (1H1) und Kanistern mit nichtabnehmbarem Deckel (3H1) darf 7 cm nicht überschreiten. Fässer und Kanister mit größeren Öffnungen gelten als Fässer und Kanister mit abnehmbarem Deckel (1H2, 3H2).

Anhang A. 5

i) Bei Fässern mit abnehmbarem Deckel (1H2) und Kanistern mit abnehmbarem Deckel (3H2), die für feste Stoffe verwendet werden, muß das gesamte Faß oder der gesamte Kanister dicht gegen das Füllgut sein.

Verschlußeinrichtungen von Fässern und Kanistern mit abnehmbarem Deckel müssen so konstruiert und angebracht sein, daß sie sich unter normalen Beförderungsbedingungen nicht lockern und dicht bleiben. Bei abnehmbaren Deckeln müssen Dichtungen verwendet werden, es sei denn, das Faß oder der Kanister ist so konstruiert, daß bei ordnungsgemäßer Sicherung des abnehmbaren Deckels das Faß oder der Kanister ohnehin dicht ist.

j) Bei entzündbaren flüssigen Stoffen beträgt die höchstzulässige Permeation 0,008 $\frac{g}{l \cdot h}$ bei 23 °C (siehe Rn. 3556).

k) Höchster Fassungsraum der Fässer und Kanister:
1H1 und 1H2: 450 Liter;
3H1 und 3H2: 60 Liter.

l) Höchste Nettomasse:
1H1 und 1H2: 400 kg;
3H1 und 3H2: 120 kg.

3527   Kisten aus Naturholz

4C1   einfach;

4C2   mit staubdichten Wänden.

Bem. Wegen Kisten aus Sperrholz siehe Rn. 3528; wegen Kisten aus Holzfaserwerkstoffen siehe Rn. 3529.

a) Das verwendete Holz muß gut abgelagert, handelsüblich trocken und frei von Mängeln sein, damit eine wesentliche Verminderung der Widerstandsfähigkeit jedes einzelnen Teils der Kiste verhindert wird. Die Widerstandsfähigkeit des verwendeten Werkstoffes und die Konstruktion der Kisten müssen dem Fassungsraum und dem Verwendungszweck der Kisten angepaßt sein. Ober- und Unterteile können aus wasserbeständigen Holzfaserwerkstoffen, wie Spanplatten oder Holzfaserplatten, oder anderen geeigneten Werkstoffen bestehen.

b) Kisten aus Naturholz mit staubdichten Wänden 4C2:
Jeder Teil der Kiste muß aus einem Stück bestehen oder diesem gleichwertig sein. Teile sind als einem Stück gleichwertig anzusehen, wenn folgende Arten von Leimverbindungen angewendet werden:
Lindermann-Verbindung (Schwalbenschwanz-Verbindung), Nut- und Federverbindung, überlappende Verbindung oder Stoßverbindung mit mindestens zwei gewellten Metallbefestigungselementen an jeder Verbindung.

c) Höchste Nettomasse: 400 kg.

3528   Kisten aus Sperrholz

4D

a) Das verwendete Sperrholz muß mindestens aus 3 Lagen bestehen. Es muß aus gut abgelagertem Schälfurnier, Schnittfurnier oder Sägefurnier hergestellt, handelsüblich trocken und frei von Mängeln sein, die die Festigkeit der Kiste beeinträchtigen können. Die einzelnen Lagen müssen mit einem wasserfesten Klebstoff miteinander verleimt sein. Bei der Herstellung der Kisten können auch andere geeignete Werkstoffe zusammen mit Sperrholz verwendet werden. Die Kisten müssen an den Eckleisten oder Stirnflächen fest vernagelt oder auf andere geeignete Weise gleichwertig zusammengefügt sein.

b) Höchste Nettomasse: 400 kg.

3529   Kisten aus Holzfaserwerkstoff

4F

a) Die Kistenwände müssen aus wasserbeständigem Holzfaserwerkstoff, wie Spanplatten oder Holzfaserplatten, oder anderen geeigneten Werkstoffen bestehen. Die Festigkeit des Werkstoffes und die Konstruktion der Kisten müssen dem Fassungsraum und dem Verwendungszweck der Kisten angepaßt sein.

b) Die anderen Teile der Kisten können aus anderen geeigneten Werkstoffen bestehen.

c) Die Kisten müssen mit geeigneten Mitteln sicher zusammengefügt sein.

d) Höchste Nettomasse: 400 kg.

3530   Kisten aus Pappe

4G

a) Die Kisten müssen aus Vollpappe oder zweiseitiger Wellpappe (ein- oder mehrwellig) von guter Qualität hergestellt sowie dem Fassungsraum und dem Verwendungszweck angepaßt sein. Die Wasserbeständigkeit der Außenfläche muß so sein, daß die Erhöhung der Masse während der 30 Minuten dauernden Prüfung auf Wasseraufnahme nach der Cobb-Methode nicht mehr als 155 g/m² ergibt (nach ISO-Norm 535-1976). Die Pappe muß eine geeignete Biegefestigkeit haben. Die Pappe muß so zugeschnitten, ohne Ritzen gerillt und geschlitzt sein, daß sie beim Zusammenbau nicht knickt, ihre Oberfläche nicht einreißt, und daß sie nicht zu stark ausbaucht. Die Wellen der Wellpappe müssen fest mit der Außenschicht verklebt sein.

b) Die Stirnseiten der Kisten können einen Holzrahmen haben oder vollkommen aus Holz bestehen. Zur Verstärkung dürfen Holzleisten verwendet werden.

Anhang A. 5

c) Die Verbindungen an den Kisten müssen mit Klebstreifen geklebt, überlappt und geklebt oder überlappt und mit Metallklammern geheftet sein. Bei überlappten Verbindungen muß die Überlappung entsprechend groß sein. Wenn der Verschluß durch Verleimung oder mit einem Klebstreifen erfolgt, muß der Klebstoff wasserfest sein.

Die Abmessungen der Kisten müssen dem Inhalt angepaßt sein.

d) Höchste Nettomasse: 400 kg.

Kisten aus Kunststoffen   **3531**

4H1 Kisten aus Schaumstoffen;

4H2 Kisten aus massiven Kunststoffen.

a) Die Kisten müssen aus geeigneten Kunststoffen hergestellt sein und ihre Festigkeit muß dem Fassungsraum und dem Verwendungszweck angepaßt sein. Die Kisten müssen entsprechend widerstandsfähig sein gegenüber Alterung und Abbau, die entweder durch das Füllgut oder durch ultraviolette Strahlen hervorgerufen werden.

b) Die Schaumstoffkisten (4H1) müssen aus zwei geformten Schaumstoffteilen bestehen, einem unteren Teil mit Aussparungen zur Aufnahme der Innenverpackungen und einem oberen Teil, der ineinandergreifend den unteren Teil abdeckt. Ober- und Unterteil müssen so konstruiert sein, daß die Innenverpackungen festsitzen. Die Verschlußkappen der Innenverpackungen dürfen nicht mit der Innenseite des Oberteils der Kiste in Berührung kommen.

c) Für die Beförderung sind die Kisten aus Schaumstoff (4H1) mit selbstklebendem Band zu verschließen, das so reißfest sein muß, daß ein Öffnen der Kiste verhindert wird. Das selbstklebende Band muß wetterfest und der Klebstoff muß mit dem Schaumstoff der Kiste verträglich sein. Es dürfen ebenso wirkungsvolle andere Verschlußarten verwendet werden.

d) Bei Kisten aus massiven Kunststoffen (4H2) muß der Schutz gegen ultraviolette Strahlen, falls erforderlich, durch Beimischung von Ruß oder anderen geeigneten Pigmenten oder Inhibitoren erfolgen. Diese Zusätze müssen mit dem Inhalt verträglich sein und während der gesamten Lebensdauer der Kiste ihre Wirkung behalten. Bei Verwendung von Ruß, Pigmenten oder Inhibitoren, die sich von jenen unterscheiden, die bei der Herstellung des geprüften Baumusters verwendet wurden, kann auf die Wiederholung der Prüfung verzichtet werden, wenn der Rußanteil 2 Masse-% oder der Pigmentanteil 3 Masse-% nicht überschreitet; der Inhibitorenanteil gegen ultravioletten Strahlen ist nicht beschränkt.

e) Kisten aus massiven Kunststoffen (4H2) müssen Verschlußeinrichtungen aus einem geeigneten Werkstoff von ausreichender Festigkeit haben, und sie müssen so konstruiert sein, daß ein unbeabsichtigtes Öffnen verhindert wird.

f) Zusätze für andere Zwecke als zum Schutz vor ultravioletten Strahlen dürfen dem Kunststoff unter der Voraussetzung beigemischt werden, daß sie die chemischen und physikalischen Eigenschaften des Werkstoffes der Kiste (4H1 und 4H2) nicht beeinträchtigen. In diesem Fall kann auf die Wiederholung der Prüfung verzichtet werden.

g) Höchste Nettomasse: 4H1 60 kg; 4H2 400 kg.

Kisten aus Stahl oder Aluminium   **3532**

4A1   aus Stahl;

4A2   aus Stahl, mit Innenauskleidung;

4B1   aus Aluminium;

4B2   aus Aluminium, mit Innenauskleidung.

a) Die Widerstandsfähigkeit des Metalls und die Konstruktion der Kisten müssen dem Fassungsraum und dem Verwendungszweck der Kisten angepaßt sein.

b) Die Kisten 4A2 und 4B2 müssen, soweit erforderlich, mit Pappe oder Filzpolstern ausgelegt oder mit einer Innenauskleidung aus geeignetem Material versehen sein. Wird eine doppelt gefalzte Metallauskleidung verwendet, so muß verhindert werden, daß Stoffe in die Nischen der Nähte eindringen.

c) Verschlüsse jedes geeigneten Typs sind zulässig; sie dürfen sich unter normalen Beförderungsbedingungen nicht lockern.

d) Höchste Nettomasse: 400 kg.

Säcke aus Textilgewebe   **3533**

5L1   ohne Innensack oder ohne Innenauskleidung;

5L2   staubdicht;

5L3   wasserbeständig.

a) Die verwendeten Textilien müssen von guter Qualität sein. Die Festigkeit des Gewebes und die Ausführung des Sackes müssen dem Fassungsraum und dem Verwendungszweck angepaßt sein.

b) Säcke, staubdicht, 5L2:

Die Staubdichtheit des Sackes muß erreicht werden z. B. durch:

– Papier, das mit einem wasserfesten Klebemittel, wie Bitumen, an die Innenseite des Sackes geklebt wird;

– Kunststofffolie, die an die Innenseite des Sackes geklebt wird;

– Innensack oder -säcke aus Papier oder Kunststoff.

235

c) Säcke, wasserbeständig, 5L3:

Die Dichtheit des Sackes gegen Eindringen von Feuchtigkeit muß erreicht werden z. B. durch:

- getrennte Innenauskleidungen aus wasserbeständigem Papier (z. B. gewachstem Kraftpapier, Bitumenpapier oder mit Kunststoff beschichtetem Kraftpapier);
- Kunststofffolie, die an die Innenseite des Sackes geklebt wird;
- Innensack oder -säcke aus Kunststoff.

d) Höchste Nettomasse: 50 kg.

Anlage A
Anhang A.5

3534   Säcke aus Kunststoffgewebe

5H1   ohne Innensack oder ohne Innenauskleidung;

5H2   staubdicht;

5H3   wasserbeständig.

a) Die Säcke müssen entweder aus gereckten Bändern oder gereckten Einzelfäden aus geeignetem Kunststoff hergestellt sein. Die Festigkeit des verwendeten Materials und die Ausführung des Sackes müssen dem Fassungsraum und dem Verwendungszweck angepaßt sein.

b) Die Säcke dürfen mit einem Innensack aus Kunststofffolie oder mit einer dünnen Kunststoffinnenbeschichtung versehen sein.

c) Bei Verwendung von flachen Gewebebahnen müssen die Säcke so hergestellt sein, daß der Boden und eine Seite entweder vernäht oder auf andere Weise verbunden werden. Ist das Gewebe als Schlauch hergestellt, so ist der Boden des Sackes durch Vernähen, Verweben oder auf eine andere Art mit gleichwertiger Widerstandsfähigkeit zu verschließen.

d) Säcke, staubdicht, 5H2:

Die Staubdichtheit des Sackes muß erreicht werden z. B. durch:

- Papier oder Kunststofffolie, die auf die Innenseite des Sackes geklebt werden oder
- getrennten Innensack oder getrennte Innensäcke aus Papier oder Kunststoff.

e) Säcke, wasserbeständig, 5H3:

Die Dichtheit des Sackes gegen Eindringen der Feuchtigkeit muß erreicht werden z. B. durch:

- getrennte Innensäcke aus wasserbeständigem Papier (z. B. gewachstem Kraftpapier, beidseitigem Bitumenpapier oder mit Kunststoff beschichtetem Kraftpapier),
- Kunststofffolie, die an die Innen- oder Außenseite des Sackes geklebt wird,
  oder
- Innensack oder -säcke aus Kunststoff.

f) Höchste Nettomasse: 50 kg.

3535   Säcke aus Kunststofffolie

5H4

a) Die Säcke müssen aus geeignetem Kunststoff hergestellt sein. Die Festigkeit des verwendeten Materials und die Ausführung des Sackes müssen dem Fassungsraum und dem Verwendungszweck angepaßt sein. Die Nähte müssen den unter normalen Beförderungsbedingungen auftretenden Druck- und Stoßbeanspruchungen standhalten.

b) Höchste Nettomasse: 50 kg.

3536   Säcke aus Papier

5M1   mehrlagig;

5M2   mehrlagig, wasserbeständig.

a) Die Säcke müssen aus geeignetem Kraftpapier oder einem gleichwertigen Papier aus mindestens 3 Lagen hergestellt sein. Die Festigkeit des Papiers und die Ausführung der Säcke müssen dem Fassungsraum und dem Verwendungszweck angepaßt sein. Die Nähte und Verschlüsse müssen staubdicht sein.

b) Säcke aus Papier 5M2:

Für die äußere bzw. die nächste Lage muß wasserbeständiges Papier verwendet werden. Wenn die Gefahr einer Reaktion des vorgesehenen Inhalts mit Feuchtigkeit besteht oder das Füllgut in feuchtem Zustand verpackt wird, muß auch die innere Lage wasserbeständig sein. Die Seitennähte sowie die Verschlüsse am unteren und oberen Sackende müssen staubdicht und wasserbeständig sein.

c) Höchste Nettomasse: 50 kg.

Anhang A. 5

Kombinationsverpackung (Kunststoff)   **3537**

6HA1 Kunststoffgefäß mit einer faßförmigen Außenverpackung aus Stahl;

6HA2 Kunststoffgefäß mit einer korb- *) oder kistenförmigen Außenverpackung aus Stahl;

6HB1 Kunststoffgefäß mit einer faßförmigen Außenverpackung aus Aluminium;

6HB2 Kunststoffgefäß mit einer korb- *) oder kistenförmigen Außenverpackung aus Aluminium;

6HC Kunststoffgefäß mit einer Außenverpackung aus Naturholz in Kistenform;

6HD1 Kunststoffgefäß mit einer faßförmigen Außenverpackung aus Sperrholz;

6HD2 Kunststoffgefäß mit einer Außenverpackung aus Sperrholz in Kistenform;

6HG1 Kunststoffgefäß mit einer faßförmigen Außenverpackung aus Pappe;

6HG2 Kunststoffgefäß mit einer Außenverpackung aus Pappe in Kistenform;

6HH Kunststoffgefäß mit einer faßförmigen Außenverpackung aus Kunststoff.

a) Innengefäß

(1) Für das Kunststoffinnengefäß gelten die Bestimmungen der Rn. 3526 a) und c) bis h).

(2) Das Kunststoffinnengefäß muß ohne Spielraum in die Außenverpackung eingepaßt sein, die keine hervorspringenden Teile aufweisen darf, die den Kunststoff abscheuern können.

(3) Höchster Fassungsraum des Innengefäßes:

6HA1, 6HB1, 6HD1, 6HG1, 6HH: 250 Liter;
6HA2, 6HB2, 6HC, 6HD2, 6HG2:   60 Liter.

(4) Höchste Nettomasse:

6HA1, 6HB1, 6HD1, 6HG1, 6HH: 400 kg;
6HA2, 6HB2, 6HC, 6HD2, 6HG2:   75 kg.

b) Außenverpackung

(1) Kunststoffgefäß mit einer faßförmigen Außenverpackung aus Stahl 6HA1 oder aus Aluminium 6HB1:

Für die Ausführung der Außenverpackung gelten die Bestimmungen der Rn. 3520 a) bis i) bzw. 3521 a) bis d).

(2) Kunststoffgefäß mit einer korb- oder kistenförmigen Außenverpackung aus Stahl 6HA2 oder aus Aluminium 6HB2:

Für die Ausführung der Außenverpackung gelten die entsprechenden Bestimmungen der Rn. 3532.

(3) Kunststoffgefäß mit einer Außenverpackung aus Naturholz in Kistenform 6HC:

Für die Ausführung der Außenverpackung gelten die entsprechenden Bestimmungen der Rn. 3527.

(4) Kunststoffgefäß mit einer faßförmigen Außenverpackung aus Sperrholz 6HD1:

Für die Ausführung der Außenverpackung gelten die entsprechenden Bestimmungen der Rn. 3523.

(5) Kunststoffgefäß mit einer Außenverpackung aus Sperrholz in Kistenform 6HD2:

Für die Ausführung der Außenverpackung gelten die entsprechenden Bestimmungen der Rn. 3528.

(6) Kunststoffgefäß mit einer faßförmigen Außenverpackung aus Pappe 6HG1:

Für die Ausführung der Außenverpackung gelten die entsprechenden Bestimmungen der Rn. 3525 a) bis d).

(7) Kunststoffgefäß mit einer Außenverpackung aus Pappe in Kistenform 6HG2:

Für die Ausführung der Außenverpackung gelten die entsprechenden Bestimmungen der Rn. 3530 a) bis c).

(8) Kunststoffgefäß mit einer faßförmigen Außenverpackung aus Kunststoff 6HH:

Für die Ausführung der Außenverpackung gelten die entsprechenden Bestimmungen der Rn. 3526 a) und c) bis h).

Zusammengesetzte Verpackungen   **3538**

a) Innenverpackungen

Es dürfen verwendet werden:

Verpackungen aus Glas, Porzellan oder Steinzeug, mit einer höchstzulässigen Füllmenge von 5 Liter für flüssige Stoffe oder 5 kg für feste Stoffe;

Verpackungen aus Kunststoff mit einer höchstzulässigen Füllmenge von 30 Liter für flüssige Stoffe oder 30 kg für feste Stoffe;

Verpackungen aus Metall mit einer höchstzulässigen Füllmenge von 40 Liter für flüssige Stoffe oder 40 kg für feste Stoffe;

---

*) Korbförmig bedeutet, daß die Außenverpackung eine durchbrochene Oberfläche aufweist.

Beutel und Säcke aus Papier, Textil- oder Kunststoffasergewebe oder Kunststoffolie mit einer höchstzulässigen Füllmenge von 5 kg für feste Stoffe in Beuteln und 50 kg in Säcken;

Dosen, Faltschachteln und Kisten aus Pappe oder Kunststoff mit einer höchstzulässigen Füllmenge von 10 kg für feste Stoffe;

Kleine Verpackungen anderer Art, wie Tuben, mit einer höchstzulässigen Füllmenge von 1 Liter für flüssige Stoffe oder 1 kg für feste Stoffe.

b) Außenverpackung

Es dürfen verwendet werden:

Außenverpackungen aus Stahl oder Aluminium (Rn. 3532), Sperrholz (Rn. 3528), Naturholz (Rn. 3527), Pappe (Rn. 3530), Holzfaserwerkstoffen (Rn. 3529) und Kunststoffen (Rn. 3531).

B. Verpackungen nach Rn. 3510 (1) oder 3510 (2)

3539 Kombinationsverpackungen (Glas, Porzellan oder Steinzeug)

6PA1 Gefäß mit einer faßförmigen Außenverpackung aus Stahl;

6PA2 Gefäß mit einer korb- *) oder kistenförmigen Außenverpackung aus Stahl;

6PB1 Gefäß mit einer faßförmigen Außenverpackung aus Aluminium;

6PB2 Gefäß mit einer korb- *) oder kistenförmigen Außenverpackung aus Aluminium;

6PC   Gefäß mit einer Außenverpackung aus Naturholz in Kistenform;

6PD1 Gefäß mit einer faßförmigen Außenverpackung aus Sperrholz;

6PD2 Gefäß mit einer Außenverpackung aus einem Weidenkorb;

6PG1 Gefäß mit einer faßförmigen Außenverpackung aus Pappe;

6PG2 Gefäß mit einer Außenverpackung aus Pappe in Kistenform;

6PH1 Gefäß mit einer Außenverpackung aus Schaumstoff;

6PH2 Gefäß mit einer Außenverpackung aus massivem Kunststoff.

a) Innengefäß

(1) Die Gefäße müssen in geeigneter Weise geformt (zylinder- oder birnenförmig) sowie aus einem Material guter Qualität und frei von Mängeln hergestellt sein, die ihre Widerstandskraft verringern können. Die Wände müssen an allen Stellen ausreichend dick und frei von inneren Spannungen sein.

(2) Als Verschlüsse der Gefäße sind Schraubverschlüsse aus Kunststoff, eingeschliffene Stopfen oder Verschlüsse gleicher Wirksamkeit zu verwenden. Jeder Teil des Verschlusses, der mit dem Inhalt des Gefäßes in Berührung kommen kann, muß diesem gegenüber widerstandsfähig sein.

Bei den Verschlüssen ist auf dichten Sitz zu achten; sie sind durch geeignete Maßnahmen so zu sichern, daß jede Lockerung während der Beförderung verhindert wird.

Sind Verschlüsse mit Lüftungseinrichtungen erforderlich, so müssen diese flüssigkeitsdicht sein.

(3) Das Innengefäß muß unter Verwendung von Polsterstoffen mit stoßverzehrenden und/oder aufsaugenden Eigenschaften festsitzend in die Außenverpackung eingebettet sein.

(4) Höchster Fassungsraum der Gefäße: 60 Liter.

(5) Höchste Nettomasse: 75 kg.

b) Außenverpackung

(1) Gefäß mit faßförmiger Außenverpackung aus Stahl 6PA1:

Für die Ausführung der Außenverpackung gelten die entsprechenden Bestimmungen der Rn. 3520 a) bis i). Der bei dieser Verpackungsart notwendige abnehmbare Deckel kann jedoch die Form einer Haube haben.

(2) Gefäß mit einer korb- oder kistenförmigen Außenverpackung aus Stahl 6PA2:

Für die Ausführung der Außenverpackung gelten die entsprechenden Bestimmungen der Rn. 3532 a) bis c). Bei zylinderförmiger Ausführung muß die Außenverpackung in vertikaler Richtung über das Gefäß und dessen Verschluß hinausragen. Umschließt die Außenverpackung in Korbform ein birnenförmiges Gefäß und ist sie an dessen Form angepaßt, so ist die Außenverpackung mit einer schützenden Abdeckung (Haube) zu versehen.

(3) Gefäß mit einer faßförmigen Außenverpackung aus Aluminium 6PB1:

Für die Ausführung der Außenverpackung gelten die entsprechenden Bestimmungen der Rn. 3521 a) bis d).

(4) Gefäß mit einer korb- oder kistenförmigen Außenverpackung aus Aluminium 6PB2:

Für die Ausführung der Außenverpackung gelten die entsprechenden Bestimmungen der Rn. 3532.

---

*) Siehe Fußnote zu Rn. 3537

Anhang A. 5

(5) Gefäß mit einer Außenverpackung aus Naturholz in Kistenform 6PC:

Für die Ausführung der Außenverpackung gelten die entsprechenden Bestimmungen der Rn. 3527.

(6) Gefäß mit einer faßförmigen Außenverpackung aus Sperrholz 6PD1:

Für die Ausführung der Außenverpackung gelten die entsprechenden Bestimmungen der Rn. 3523.

(7) Gefäß mit einer Außenverpackung bestehend aus einem Weidenkorb 6PD2:

Die Weidenkörbe müssen aus gutem Material hergestellt und von guter Qualität sein. Sie sind mit einer schützenden Abdeckung (Haube) zu versehen, damit Beschädigungen der Gefäße vermieden werden.

(8) Gefäß mit einer faßförmigen Außenverpackung aus Pappe 6PG1:

Für die Ausführung der Außenverpackung gelten die entsprechenden Bestimmungen der Rn. 3525 a) bis d).

(9) Gefäß mit einer Außenverpackung aus Pappe in Kistenform 6PG2:

Für die Ausführung der Außenverpackung gelten die entsprechenden Bestimmungen der Rn. 3530 a) bis c).

(10) Gefäß mit einer Außenverpackung aus Schaumstoff oder massivem Kunststoff (6PH1 oder 6PH2):

Für die Werkstoffe dieser beiden Außenverpackungen gelten die entsprechenden Bestimmungen der Rn. 3531 a) bis f). Außenverpackungen aus massivem Kunststoff sind aus Polyäthylen hoher Dichte oder einem anderen vergleichbaren Kunststoff herzustellen. Der abnehmbare Deckel dieser Verpackungsart kann jedoch die Form einer Haube haben.

C. Verpackungen, die nur Rn. 3510 (2) entsprechen   **3540**

Feinstblechverpackungen

0A1 mit nichtabnehmbarem Deckel;

0A2 mit abnehmbarem Deckel.

a) Das Blech für den Mantel und die Böden muß aus geeignetem Stahl bestehen; seine Dicke muß dem Fassungsraum und dem Verwendungszweck der Verpackungen angepaßt sein.

b) Alle Nähte müssen geschweißt, mindestens doppelt gefalzt oder nach einer anderen Methode ausgeführt sein, die die gleiche Festigkeit und Dichtheit gewährleistet.

c) Innenauskleidungen aus Zink, Zinn, Lack usw. müssen widerstandsfähig und überall, auch an den Verschlüssen, mit dem Stahl fest verbunden sein.

d) Der Durchmesser von Öffnungen zum Füllen, Entleeren und Belüften im Mantel oder Deckel der Verpackungen mit nichtabnehmbarem Deckel (0A1) darf 7 cm nicht überschreiten. Verpackungen mit größeren Öffnungen gelten als Verpackungen mit abnehmbarem Deckel (0A2).

e) Die Verschlüsse der Verpackungen mit nichtabnehmbarem Deckel müssen entweder aus einem Schraubverschluß bestehen oder durch eine verschraubbare Einrichtung oder eine Einrichtung von gleicher Wirksamkeit gesichert werden können.

f) Höchster Fassungsraum der Verpackungen: 40 Liter.

g) Höchste Nettomasse: 50 kg.

3541-
3549

Abschnitt IV

Vorschriften für die Prüfungen der Verpackungen

A. Bauartprüfungen

Durchführung und Wiederholung der Prüfungen   **3550**

(1) Die Bauart jeder Verpackung muß von der zuständigen Behörde

(siehe § 9 Abs. 3 Nr. 5) |

oder einer von ihr beauftragten Stelle geprüft und zugelassen werden.

(2) Die Prüfungen nach Absatz 1 sind nach jeder Änderung der Bauart neu durchzuführen, es sei denn, die Prüfstelle hat der Änderung der Bauart zugestimmt. Im letzteren Fall ist eine neue Zulassung der Bauart nicht erforderlich.

(3) Die zuständige Behörde

(siehe § 9 Abs. 3 Nr. 5) |

kann jederzeit verlangen, daß durch Prüfungen nach diesem Abschnitt nachgewiesen wird, daß die Verpackungen aus der Serienherstellung die Anforderungen der Bauartprüfung erfüllen.

Anhang A. 5

(4) Für Kontrollzwecke muß die Prüfstelle die verwendeten Werkstoffe durch Materialprüfung oder Aufbewahrung von Mustern oder Werkstoffteilen erfassen.

(5) Wenn aus Sicherheitsgründen eine Innenauskleidung erforderlich ist, muß sie ihre schützenden Eigenschaften auch nach den Prüfungen beibehalten.

3551   Vorbereitung der Verpackungen und der Versandstücke für die Prüfungen

(1) Die Prüfungen sind an Verpackungen und Versandstücken durchzuführen, die versandfertig ausgerüstet sind und im Falle von zusammengesetzten Verpackungen Innenverpackungen enthalten. Die Innenverpackungen oder -gefäße bzw. Einzelpackungen oder -gefäße müssen bei festen Stoffen zu mindestens 95 % ihres Fassungsraums, bei flüssigen Stoffen zu mindestens 98 % ihres Fassungsraums gefüllt sein. Die in Versandstücken zu befördernden Stoffe können durch andere Stoffe ersetzt werden, sofern dadurch die Prüfergebnisse nicht verfälscht werden. Werden feste Stoffe durch andere Stoffe ersetzt, müssen diese die gleichen physikalischen Eigenschaften (Masse, Korngröße usw.) haben wie die zu befördernden Stoffe. Es ist zulässig, Zusätze wie Beutel mit Bleischrot zu verwenden, um die erforderliche Gesamtmasse des Versandstückes zu erhalten, sofern diese so eingebracht werden, daß sie das Prüfungsergebnis nicht beeinträchtigen. Als Ersatzfüllung für Stoffe mit einer Viskosität von mehr als 2680 mm²/s bei 23 °C dürfen entsprechende Mischungen von pulverigen festen Stoffen, wie Polyäthylen oder PVC-Pulver mit Holzmehl, feinem Sand usw. verwendet werden.

(2) Wird bei der Fallprüfung für flüssige Stoffe ein anderer Stoff verwendet, so muß dieser eine vergleichbare relative Dichte und Viskosität haben wie der zu befördernde Stoff. Unter den Bedingungen der Rn. 3552 (4) kann auch Wasser für die Fallprüfung verwendet werden.

(3) Verpackungen aus Pappe oder Papier müssen mindestens 24 Stunden in einem Klima konditioniert werden, dessen Temperatur und relative Luftfeuchtigkeit gesteuert sind. Es gibt drei Möglichkeiten, von denen eine gewählt werden muß. Das bevorzugte Prüfklima ist 23 °C ± 2 °C und 50 % ± 2 % relativer Luftfeuchtigkeit. Die beiden anderen Möglichkeiten sind 20 °C ± 2 °C und 65 % ± 2 % relative Luftfeuchtigkeit oder 27 °C ± 2 °C und 65 % ± 2 % relative Luftfeuchtigkeit.

(4) Fässer aus Naturholz mit Spund müssen mindestens 24 Stunden vor den Prüfungen ununterbrochen mit Wasser gefüllt sein.

(5) Fässer und Kanister aus Kunststoff nach Rn. 3526 und, soweit notwendig, Kombinationsverpackungen (Kunststoff) nach Rn. 3537 müssen zum Nachweis der ausreichenden chemischen Verträglichkeit gegenüber flüssigen Stoffen während 6 Monaten einer Lagerung mit den für sie vorgesehenen Transportgütern gefüllt bleiben. Während der ersten und der letzten 24 Stunden der Lagerzeit sind die Prüfmuster mit dem Verschluß nach unten aufzustellen. Dies wird jedoch bei Verpackungen mit Lüftungseinrichtungen jeweils nur für eine Dauer von 5 Minuten durchgeführt. Nach dieser Lagerung müssen die Prüfmuster den in Rn. 3552 bis 3556 vorgesehenen Prüfungen unterzogen werden.

Bei Innengefäßen von Kombinationsverpackungen (Kunststoff) ist der Nachweis der ausreichenden chemischen Verträglichkeit nicht erforderlich, wenn bekannt ist, daß sich die Festigkeitseigenschaften des Kunststoffs unter Füllguteinwirkung nicht wesentlich verändern. Als wesentliche Veränderung der Festigkeitseigenschaften sind anzusehen:

a) eine deutliche Versprödung;

b) eine erhebliche Minderung der Streckspannung; es sei denn, sie ist mit einer mindestens proportionalen Erhöhung der Streckdehnung verbunden.

Bem. Für Fässer und Kanister aus Kunststoff und Kombinationsverpackungen (Kunststoff) aus hochmolekularem Polyäthylen siehe auch Absatz 6.

(6) Für Fässer und Kanister nach Rn. 3526 und – soweit notwendig – für Kombinationsverpackungen nach Rn. 3537 aus hochmolekularem Polyäthylen, welches den folgenden Spezifikationen entspricht:

– relative Dichte bei 23 °C nach einstündiger Temperung bei 100 °C

$\geq$ 0,940 kg/l, gemessen nach ISO-Norm 1183;

– Schmelzindex bei 190 °C/21,6 kg Last

$\leq$ 12 g/10 min., gemessen nach ISO-Norm 1133,

kann die chemische Verträglichkeit gegenüber den in der Stoffliste in Abschnitt II der Beilage zu diesem Anhang aufgeführten flüssigen Stoffen mit Standardflüssigkeiten (siehe Anhang I der Beilage zu diesem Anhang) wie folgt nachgewiesen werden:

Die ausreichende chemische Verträglichkeit dieser Verpackungen kann durch eine dreiwöchige Lagerung bei 40 °C mit der betreffenden Standardflüssigkeit nachgewiesen werden; wenn als Standardflüssigkeit Wasser angegeben ist, ist der Nachweis der chemischen Verträglichkeit nicht erforderlich.

Während der ersten und der letzten 24 Stunden der Lagerzeit sind die Prüfmuster mit dem Verschluß nach unten aufzustellen. Dies wird jedoch bei Verpackungen mit Lüftungseinrichtungen jeweils nur für eine Dauer von 5 Minuten durchgeführt. Nach dieser Lagerung müssen die Prüfmuster der in Rn. 3552 bis 3556 vorgesehenen Prüfungen unterzogen werden.

Wenn eine Verpackungsbauart den Zulassungsprüfungen mit einer Standardflüssigkeit genügt hat, können die ihr im Abschnitt II der Beilage zum Anhang zugeordneten Füllgüter ohne weitere Prüfung unter folgenden Voraussetzungen zur Beförderung zugelassen werden:

– Die relativen Dichten der Füllgüter dürfen diejenigen, die bei der Ermittlung der Fallhöhe für die Fallprüfung und der Masse für die Stapeldruckprüfung verwendet wurde, nicht überschreiten,

Anhang A. 5

– die Dampfdrücke der Füllgüter bei 50 °C bzw. 55 °C dürfen denjenigen, der bei der Ermittlung des Druckes für die Innendruckprüfung verwendet wurde, nicht überschreiten.

(7) Wenn Fässer und Kanister nach Rn. 3526 und, soweit notwendig, Kombinationsverpackungen nach Rn. 3537 aus hochmolekularem Polyäthylen die Prüfung nach Absatz 6 bestanden haben, dann können zusätzliche als die in Abschnitt II der Beilage aufgeführten Füllgüter zugelassen werden. Die Zulassung erfolgt auf Grund von Laborversuchen, bei denen nachzuweisen ist, daß die Wirkung dieser Füllgüter auf Probekörper geringer ist als die Wirkung der Standardflüssigkeiten. Die dabei zu berücksichtigenden Schädigungsmechanismen sind: Weichmachung durch Anquellung, Spannungsrißauslösung und molekularabbauende Reaktionen. Dabei gelten für die relativen Dichten und Dampfdrücke die gleichen Voraussetzungen, wie in Absatz 6 dieser Randnummer festgehalten.

Fallprüfung [1]　　　　　　　　　　　　　　　　　　　　　　　　　　　　　　**3552**

(1) Anzahl der Prüfmuster (je Bauart und Hersteller) und Fallausrichtung. Bei anderen Versuchen als einem flachen Fall muß sich der Schwerpunkt senkrecht über der Aufprallstelle befinden.

Verpackung	Anzahl der Prüfmuster	Fallausrichtung
a) Fässer aus Stahl, Fässer aus Aluminium, Kanister aus Stahl, Fässer aus Sperrholz, Fässer aus Naturholz, Fässer aus Pappe, Fässer und Kanister aus Kunststoff, faßförmige Kombinationsverpackungen (Kunststoff), faßförmige Kombinationsverpackungen (Glas, Porzellan oder Steinzeug) nach Rn. 3510 (1). Feinstblechverpackungen	sechs (drei je Fallversuch)	1. Fallversuch (an drei Prüfmustern): Die Verpackung muß diagonal zur Aufprallstelle auf den Bodenfalz oder, wenn sie keinen hat, auf eine Rundnaht oder Kante fallen.　2. Fallversuch (an den drei anderen Prüfmustern): Die Verpackung muß auf die schwächste Stelle auftreffen, die beim ersten Fall nicht geprüft wurde, z. B. einen Verschluß oder, bei einigen zylindrischen Fässern, die geschweißte Längsnaht des Faßmantels.
b) Kisten aus Naturholz, Kisten aus Sperrholz, Kisten aus Holzfaserwerkstoffen, Kisten aus Pappe, Kisten aus Kunststoff, Kisten aus Stahl oder Aluminium, Kombinationsverpackungen (Kunststoff) in Form einer Kiste, Kombinationsverpackungen (Glas, Porzellan oder Steinzeug) nach Rn. 3510 (1) und in Form einer Kiste	fünf (eines je Fallversuch)	1. Fallversuch: flach auf den Boden.　2. Fallversuch: flach auf den Oberteil.　3. Fallversuch: flach auf eine Längsseite.　4. Fallversuch: flach auf eine Querseite.　5. Fallversuch: auf eine Ecke.
c) Säcke aus Textilgewebe, Säcke aus Papier	drei (zwei Fallversuche je Sack)	1. Fallversuch: flach auf eine Seite des Sackes.　2. Fallversuch: auf den Sackboden.
d) Säcke aus Kunststoffgewebe, Säcke aus Kunststoffolie	drei (drei Fallversuche je Sack)	1. Fallversuch: flach auf eine Breitseite des Sackes.　2. Fallversuch: flach auf eine Schmalseite des Sackes.　3. Fallversuch: auf den Sackboden.
e) Kombinationsverpackungen (Glas Porzellan oder Steinzeug) nach Rn 3510 (2) und in Form eines Fasses oder einer Kiste	drei (eines je Fallversuch)	Diagonal zur Aufprallplatte auf den Bodenfalz oder, wenn nicht vorhanden, auf eine Rundnaht oder die Bodenkante.

(2) Besondere Vorbereitung der Prüfmuster für die Fallprüfung:

Die Prüfung von

Fässern, Kanistern und Kisten aus Kunststoff nach Rn. 3526 und 3531,

---

[1] Siehe ISO-Norm 2248

Anlage A Anhang A. 5

Anhang A. 5

3552
(Forts.)

Kombinationsverpackungen (Kunststoff) nach Rn. 3537 und

zusammengesetzten Verpackungen mit Innenverpackungen aus Kunststoff – mit Ausnahme der Säcke und der Kisten aus Kunststoff – nach Rn. 3538

ist nach einer Temperierung des Prüfmusters und seines Inhalts auf –18 °C oder tiefer durchzuführen.

Werden Prüfmuster mit einer Außenverpackung aus Pappe auf diese Weise vorbereitet, kann auf die Konditionierung nach Rn. 3551 (3) verzichtet werden.

Prüfflüssigkeiten müssen, wenn notwendig, durch Zusatz von Frostschutzmitteln flüssig bleiben.

(3) Aufprallplatte

Die Aufprallplatte muß eine starre, nicht federnde, ebene und horizontale Oberfläche besitzen.

(4) Fallhöhe
Für feste Stoffe:

Verpackungsgruppe I	Verpackungsgruppe II	Verpackungsgruppe III
1,8 m	1,2 m	0,8 m

Für flüssige Stoffe:
– wenn die Prüfung mit Wasser vorgenommen wird:
a) für zu befördernde Stoffe, deren relative Dichte 1,2 nicht überschreitet:

Verpackungsgruppe I	Verpackungsgruppe II	Verpackungsgruppe III
1,8 m	1,2 m	0,8 m

b) für zu befördernde Stoffe, deren relative Dichte 1,2 überschreitet, ist die Fallhöhe auf Grund der relativen Dichte des zu befördernden Stoffes, aufgerundet auf die erste Dezimalstelle, wie folgt zu berechnen:

Verpackungsgruppe I	Verpackungsgruppe II	Verpackungsgruppe III
relative Dichte × 1,5 (m)	relative Dichte × 1,0 (m)	relative Dichte × 0,67 (m)

c) für Feinstblechverpackungen zur Beförderung von Stoffen mit einer Viskosität bei 23 °C von mehr als 200 mm²/s (dies entspricht einer Auslaufzeit von 30 Sekunden aus einem Normbecher mit einer Auslaufdüse von 6 mm Bohrung nach ISO-Norm 2431 – 1980),
i) deren relative Dichte 1,2 nicht überschreitet:

Verpackungsgruppe II	Verpackungsgruppe III
0,6 m	0,4 m

ii) für zu befördernde Stoffe, deren relative Dichte 1,2 überschreitet, ist die Fallhöhe auf Grund der relativen Dichte des zu befördernden Stoffes, aufgerundet auf die erste Dezimalstelle, wie folgt zu berechnen:

Verpackungsgruppe II	Verpackungsgruppe III
relative Dichte × 0,5 (m)	relative Dichte × 0,33 (m)

– wenn die Prüfung mit dem zu befördernden Stoff oder einem flüssigen Stoff, der mindestens die gleiche relative Dichte hat, vorgenommen wird:

Verpackungsgruppe I	Verpackungsgruppe II	Verpackungsgruppe III
1,8 m	1,2 m	0,8 m

(5) Kriterien für das Bestehen der Prüfung
a) Jedes Gefäß mit flüssigem Inhalt muß dicht sein, nachdem der Ausgleich zwischen dem inneren und dem äußeren Druck hergestellt worden ist; für Innenverpackungen von zusammengesetzten Verpackungen und Kombinationsverpackungen (Glas, Porzellan, Steinzeug) ist jedoch dieser Druckausgleich nicht notwendig.

242

Anhang A. 5

b) Wenn Fässer mit abnehmbarem Deckel für feste Stoffe einer Fallprüfung unterzogen wurden und dabei mit dem Oberteil auf die Aufprallplatte aufgetroffen sind, hat das Prüfmuster die Prüfung bestanden, wenn der Inhalt durch eine innere Verpackung (z. B. Kunststoffsack) vollkommen zurückgehalten wird, auch wenn der Verschluß des Fasses am Oberteil nicht mehr staubdicht ist.

c) Die äußere Lage von Säcken darf keine Beschädigungen aufweisen, die die Sicherheit der Beförderung beeinträchtigen.

d) Die Außenverpackungen von Kombinations- und zusammengesetzten Verpackungen dürfen keine Beschädigungen aufweisen, die die Sicherheit der Beförderung beeinträchtigen. Aus den Innenverpackungen darf kein Füllgut austreten.

e) Ein geringfügiges Austreten des Füllgutes aus dem Verschluß (den Verschlüssen) beim Aufprall gilt nicht als Versagen der Verpackung, vorausgesetzt, daß danach kein weiteres Füllgut austritt.

Dichtheitsprüfung   **3553**

(1) Die Dichtheitsprüfung ist bei allen Verpackungsarten durchzuführen, die zur Aufnahme von flüssigen Stoffen bestimmt sind; sie ist jedoch nicht erforderlich für

– Innenverpackungen von zusammengesetzten Verpackungen;

– Innengefäße von Kombinationsverpackungen (Glas, Porzellan oder Steinzeug) gemäß Rn. 3510 (2);

– Verpackungen mit abnehmbarem Deckel, die zur Aufnahme von Stoffen bestimmt sind, deren Viskosität bei 23 °C mehr als 200 mm²/s beträgt.

(2) Zahl der Prüfmuster:

Drei Prüfmuster je Bauart und Hersteller.

(3) Besondere Vorbereitung der Prüfmuster für die Prüfung:

Für die Einleitung der Druckluft sind die Prüfmuster an einer neutralen Stelle anzubohren, damit auch die Dichtheit des Verschlusses geprüft werden kann. Verschlüsse von Verpackungen mit einer Lüftungseinrichtung müssen gegen solche ohne Lüftungseinrichtung ausgetauscht werden.

(4) Prüfverfahren:

Die Prüfmuster müssen unter Wasser getaucht werden; die Art, wie sie unter Wasser gehalten werden, darf das Prüfergebnis nicht verfälschen. Wahlweise dürfen die Prüfmuster an den Naht- oder anderen Stellen, die undicht sein könnten, auch mit Seifenschaum, Schweröl oder einer anderen geeigneten Flüssigkeit benetzt werden. Andere Prüfverfahren, die mindestens gleichwertig sind, dürfen angewendet werden.

(5) Anzuwendender Druck:

Verpackungsgruppe I	Verpackungsgruppe II	Verpackungsgruppe III
mindestens 30 kPa	mindestens 20 kPa	mindestens 20 kPa

(6) Kriterium für das Bestehen der Prüfung:

Kein Prüfmuster darf undicht werden.

Innendruckprüfung (hydraulisch)   **3554**

(1) Die Flüssigkeitsprüfung ist bei allen Verpackungsarten aus Stahl, Aluminium, Kunststoff und Kombinationsverpackungen, die zur Aufnahme von flüssigen Stoffen bestimmt sind, durchzuführen. Sie ist jedoch nicht erforderlich für

– Innenverpackungen von zusammengesetzten Verpackungen;

– Innengefäße von Kombinationsverpackungen (Glas, Porzellan oder Steinzeug) gemäß Rn. 3510 (2);

– Verpackungen mit abnehmbarem Deckel, die zur Aufnahme von Stoffen bestimmt sind, deren Viskosität bei 23 °C mehr als 200 mm²/s beträgt.

(2) Zahl der Prüfmuster:

Drei Prüfmuster je Bauart und Hersteller.

(3) Besondere Vorbereitung der Verpackungen für die Prüfung:

Für die Einleitung des Drucks sind die Prüfmuster an einer neutralen Stelle anzubohren, damit auch die Dichtheit des Verschlusses geprüft werden kann. Verschlüsse von Verpackungen mit einer Lüftungseinrichtung müssen gegen solche ohne Lüftungseinrichtung umgetauscht werden.

(4) Prüfverfahren und anzuwendender Druck:

Die Verpackungen werden 5 Minuten (bei Kunststoffgefäßen 30 Minuten) lang einem Flüssigkeitsüberdruck ausgesetzt, der nicht weniger beträgt als:

a) der gemessene Gesamtüberdruck in der Verpackung (d. h. Dampfdruck des Füllgutes und Partialdruck von Luft oder sonstigen inerten Gasen, vermindert um 100 kPa) bei 55 °C, multipliziert mit einem Sicherheitsfaktor von 1,5;

dieser Gesamtüberdruck ist für einen zugelassenen maximalen Füllungsgrad nach Rn. 3500 (4) und eine Fülltemperatur von 15 C zu bestimmen,

oder

b) das um 100 kPa verminderte, 1,75fache des Dampfdruckes des Füllgutes bei 50 °C, mindestens jedoch 100 kPa Überdruck,

oder

c) das um 100 kPa verminderte, 1,5fache des Dampfdruckes des Füllgutes bei 55 C, mindestens jedoch 100 kPa Überdruck.

Die Art des Abstützens der Verpackung darf die Ergebnisse der Prüfung nicht verfälschen. Der Druck ist stoßfrei und stetig zu erhöhen. Der Prüfdruck muß während der Prüfzeit konstant gehalten werden.

Der Mindestprüfdruck für Verpackungen der Verpackungsgruppe I beträgt 250 kPa.

(5) Kriterium für das Bestehen der Prüfung:

Keine Verpackung darf undicht werden.

3555   Stapeldruckprüfung

(1) Die Stapeldruckprüfung ist bei allen Verpackungsarten mit Ausnahme der Säcke und nichtstapelbaren Kombinationsverpackungen (Glas, Porzellan oder Steinzeug) nach Rn. 3510 (2) durchzuführen.

(2) Zahl der Prüfmuster:

Drei Prüfmuster je Bauart und Hersteller.

(3) Prüfverfahren:

Die Prüfmuster müssen einer geführten Masse standhalten, die auf einer flachen Unterlage auf das Prüfmuster gestellt wird und der Gesamtmasse gleicher Versandstücke entspricht, die während der Beförderung darauf gestapelt werden können.

Die Prüfzeit beträgt 24 Stunden, ausgenommen für Fässer und Kanister aus Kunststoff nach Rn. 3526 oder Kombinationsverpackungen aus Kunststoff 6HH für flüssige Stoffe. Es ist eine Stapelhöhe von mindestens 3 m zu berücksichtigen.

Die höchste relative Dichte der zuzulassenden Füllgüter ist bei der Stapeldruckprüfung zu berücksichtigen.

Die Stapeldruckprüfung ist bei Fässern und Kanistern aus Kunststoff nach Rn. 3526 oder Kombinationsverpackungen aus Kunststoff 6HH für flüssige Stoffe 28 Tage lang mit Originalfüllgut bei einer Temperatur von 40 °C durchzuführen. Die zu berücksichtigende Stapelhöhe beträgt mindestens 3 m. Bei der Prüfung nach Rn. 3551 (6) wird auch die Stapeldruckprüfung mit Standardflüssigkeit durchgeführt. Die geführte Masse ist als Stapelbelastung in Abhängigkeit von der höchsten relativen Dichte der zuzulassenden Füllgüter zu bestimmen.

(4) Kriterien für das Bestehen der Prüfung:

Kein Prüfmuster darf undicht werden. Bei Kombinations- und zusammengesetzten Verpackungen darf aus den Innengefäßen oder -verpackungen kein Füllgut austreten.

Kein Prüfmuster darf Beschädigungen aufweisen, die die Sicherheit der Beförderung beeinträchtigen können oder Verformungen zeigen, die seine Widerstandsfähigkeit mindern oder Instabilität verursachen können, wenn die Verpackungen gestapelt *) werden.

3556   **Zusatzprüfung auf Permeation für Fässer und Kanister aus Kunststoff nach Rn. 3526 sowie für Kombinationsverpackungen (Kunststoff) – mit Ausnahme von Verpackungen 6HA1 – nach Rn. 3537 zur Beförderung von flüssigen Stoffen mit Flammpunkt ≤ 55 °C**

(1) Bei Verpackungen aus Polyäthylen ist diese Prüfung nur dann durchzuführen, wenn sie für Benzol, Toluol, Xylol sowie Mischungen und Zubereitungen mit diesen Stoffen zugelassen werden sollen.

(2) Zahl der Prüfmuster: 3 Verpackungen.

(3) Besondere Vorbereitung der Prüfmuster für die Prüfung:

Die Prüfmuster sind mit dem Originalfüllgut nach Rn. 3551 (5) vorzulagern oder bei Verpackungen aus hochmolekularem Polyäthylen nach Rn. 3551 (6) mit der Standardflüssigkeit Kohlenwasserstoffgemisch (White spirit).

(4) Prüfverfahren:

Die mit dem Stoff, für den die Verpackungen zugelassen werden soll, gefüllten Prüfmuster werden vor und nach einer weiteren 28tägigen Lagerzeit bei 23 °C und 50 % relativer Luftfeuchtigkeit gewogen. Bei Verpackungen aus hochmolekularem Polyäthylen darf die Prüfung anstelle von Benzol, Toluol, Xylol mit der Standardflüssigkeit Kohlenwasserstoffgemisch (White spirit) durchgeführt werden.

(5) Kriterium für das Bestehen der Prüfung:

Die Permeation darf $\frac{0{,}008 \text{ g}}{l \cdot h}$ nicht überschreiten.

---

*) Eine ausreichende Stapelstandsicherheit ist gegeben, wenn nach der Stapeldruckprüfung – bei Kunststoffverpackungen nach dem Abkühlen auf Raumtemperatur – zwei auf das Prüfmuster aufgesetzte gefüllte Verpackungen des gleichen Typs ihre Lage beibehalten.

Anhang A. 5

Zusatzprüfung für Fässer aus Naturholz (mit Spund) **3557**

(1) Zahl der Prüfmuster:

Ein Faß.

(2) Prüfverfahren:

Alle oberhalb des Faßbauches angebrachten Reifen des leeren Fasses, das mindestens 2 Tage vorher zusammengefügt sein muß, sind abzunehmen.

(3) Kriterium für das Bestehen der Prüfung:

Der Querschnittsdurchmesser des oberen Faßteils darf um nicht mehr als 10 % größer werden.

Zulassung von zusammengesetzten Verpackungen **3558**

Bem. Zusammengesetzte Verpackungen sind nach den Bestimmungen für die verwendeten Außenverpackungen zu prüfen.

(1) Bei der Bauartprüfung von zusammengesetzten Verpackungen können gleichzeitig Verpackungen zugelassen werden:

a) mit Innenverpackungen kleineren Volumens;

b) mit geringeren Nettomassen als die der geprüften Bauart.

(2) Sind mehrere Arten von zusammengesetzten Verpackungen mit verschiedenen Typen von Innenverpackungen zugelassen, so dürfen die verschiedenen Innenverpackungen auch zusammen in einer einzigen Außenverpackung vereinigt werden, wenn der Versender gewährleistet, daß dieses Versandstück die Prüfanforderungen erfüllt.

(3) Soweit sich die Festigkeitseigenschaften der Innenverpackungen aus Kunststoff von zusammengesetzten Verpackungen unter Füllguteinwirkung nicht wesentlich verändern, ist der Nachweis der ausreichenden chemischen Verträglichkeit nicht erforderlich. Als wesentliche Veränderung der Festigkeitseigenschaften sind anzusehen:

a) eine deutliche Versprödung;

b) eine erhebliche Minderung der Streckspannung, es sei denn, sie ist mit einer mindestens proportionalen Erhöhung der Streckdehnung verbunden.

Prüfbericht **3559**

Über die Prüfung ist ein Prüfbericht zu erstellen, der mindestens folgende Angaben enthalten muß:

1. Prüfstelle;
2. Antragsteller;
3. Hersteller der Verpackung;
4. Beschreibung der Verpackung (z. B. kennzeichnende Merkmale wie Werkstoff, Innenauskleidung, Abmessungen, Wanddicken, Maße, Verschlüsse, Einfärbungen bei Kunststoffen);
5. Konstruktionszeichnung der Verpackung und der Verschlüsse (gegebenenfalls Fotos);
6. Herstellungsverfahren;
7. Tatsächlicher Fassungsraum;
8. Zugelassene Füllgüter (insbesondere mit Angaben der relativen Dichten und der Dampfdrücke bei 50 °C bzw. 55 °C);
9. Fallhöhe;
10. Prüfdruck bei der Dichtheitsprüfung nach Rn. 3553;
11. Prüfdruck bei der Innendruckprüfung nach Rn. 3554;
12. Stapelhöhe;
13. Prüfergebnisse;
14. Kennzeichnung der Verpackungen und Angaben zur Identifizierung der Verschlüsse.

Eine Ausfertigung des Prüfberichtes ist bei der zuständigen Behörde

(siehe § 9 Abs. 3 Nr. 5)

aufzubewahren.

B. Dichtheitsprüfung für alle neuen Verpackungen und für Verpackungen nach Rekonditionierung, die für flüssige Stoffe Verwendung finden

(1) Durchführung der Prüfung: **3560**

Jede einzelne Verpackung, die für flüssige Stoffe verwendet wird, ist

– vor der erstmaligen Verwendung zur Beförderung,

– nach Rekonditionierung vor Wiederverwendung zur Beförderung

auf Dichtheit zu prüfen.

Anlage A
Anhang A. 5

245

Anhang A. 5

Diese Prüfung ist nicht erforderlich für

- Innenverpackungen von zusammengesetzten Verpackungen;
- Innengefäße von Kombinationsverpackungen (Glas, Porzellan oder Steinzeug) gemäß Rn. 3510 (2);
- Verpackungen mit abnehmbarem Deckel, die zur Aufnahme von Stoffen bestimmt sind, deren Viskosität bei 23 °C mehr als 200 mm²/s beträgt;
- Feinstblechverpackungen gemäß Rn. 3510 (2).

(2) Prüfverfahren:

Bei jeder Verpackung wird die Druckluft über die Füllöffnung eingeleitet. Die Verpackungen müssen unter Wasser getaucht werden; die Art, wie sie unter Wasser gehalten werden, darf das Prüfergebnis nicht verfälschen. Wahlweise dürfen die Verpackungen an den Naht- oder anderen Stellen, die undicht sein könnten, auch mit Seifenschaum, Schweröl oder einer anderen geeigneten Flüssigkeit benetzt werden. Andere Prüfverfahren, die mindestens gleichwertig sind, dürfen angewendet werden. Die Verpackungen brauchen nicht mit ihren eigenen Verschlüssen ausgestattet zu sein.

(3) Anzuwendender Luftdruck:

Verpackungsgruppe I	Verpackungsgruppe II	Verpackungsgruppe III
mindestens 30 kPa	mindestens 20 kPa	mindestens 20 kPa

(4) Kriterium für das Bestehen der Prüfung:

Keine Verpackung darf undicht werden.

**3561-
3569**

Abschnitt V

3570   Übergangsfristen

Verpackungen, die den Vorschriften dieses Anhangs nicht entsprechen, jedoch für die jeweiligen Stoffe in den Klassen 3, 6.1 und 8 nach den am 30. April 1985 geltenden Vorschriften

| dieser Verordnung | des ADR |

verwendet werden durften, dürfen während einer Übergangszeit von 5 Jahren bis zum 30. April 1990 für die Beförderung dieser Stoffe weiter verwendet werden.

Verpackungen, die den Vorschriften dieses Anhangs nicht entsprechen, jedoch für die Stoffe verwendet wurden, die bis zum 30. April 1985

| dieser Verordnung nicht unterstellt waren, aber ab Inkrafttreten dieser Verordnung | dem ADR nicht unterstellt waren, aber ab 1. Mai 1985 |

den Vorschriften der Klassen 3, 6.1 und 8 unterliegen, dürfen während einer Übergangszeit von 5 Jahren bis zum 30. April 1990 für die Beförderung dieser Stoffe unter der Voraussetzung weiter verwendet werden, daß sie den Vorschriften der Rn. 3500 Abs. 1, 2, 4, 5, 6 und 7 dieses Anhangs entsprechen.

**3571-
3599**

Beilage zum Anhang A. 5

I. Standardflüssigkeiten zum Nachweis der chemischen Verträglichkeit der Verpackungen aus hochmolekularem Polyäthylen nach Rn. 3551 (6).

Folgende Standardflüssigkeiten werden für diesen Kunststoff verwendet:

a) Netzmittellösung für auf Polyäthylen stark spannungsrißauslösend wirkende Stoffe, insbesondere für alle netzmittelhaltigen Lösungen und Zubereitungen.

Verwendet wird eine 1–10 %ige wässerige Lösung eines Netzmittels. Die Oberflächenspannung dieser Lösung muß bei 23 °C 31 bis 35 mN/m betragen.

Der Stapeldruckprüfung wird eine relative Dichte von mindestens 1,2 zugrunde gelegt.

Ist die ausreichende chemische Verträglichkeit mit Netzmittellösung nachgewiesen, so ist keine Verträglichkeitsprüfung mit Essigsäure erforderlich.

b) Essigsäure für auf Polyäthylen spannungsrißauslösend wirkende Stoffe und Zubereitungen, insbesondere für Monocarbonsäuren und einwertige Alkohole.

Verwendet wird Essigsäure in Konzentrationen von 98 % bis 100 %.

Anhang A. 5

Relative Dichte = 1,05.

Der Stapeldruckprüfung wird eine relative Dichte von mindestens 1,1 zugrunde gelegt.

Für Füllgüter, die Polyäthylen mehr als Essigsäure und bis höchstens zu 4 % Masseaufnahme anquellen, darf die ausreichende chemische Verträglichkeit nach einer dreiwöchigen Vorlagerung bei 40 °C nach Rn. 3551 (6), aber mit Originalfüllgut, nachgewiesen werden.

c) n-Butylacetat/mit n-Butylacetat gesättigte Netzmittellösung für Stoffe und Zubereitungen, welche Polyäthylen bis zu etwa 4 % anquellen und gleichzeitig spannungsrißauslösende Wirkung zeigen, insbesondere für Pflanzenschutzmittel, Flüssigfarben und gewisse Ester.

Verwendet wird n-Butylacetat in einer Konzentrationen von 98 % bis 100 % für die Vorlagerung nach Rn. 3551 (6).

Verwendet wird für die Stapeldruckprüfung nach Rn. 3555 eine Prüfflüssigkeit aus mit 2 % n-Butylacetat versetzter 1 bis 10 %iger wässeriger Netzmittellösung nach vorstehendem Buchstaben a).

Der Stapeldruckprüfung wird eine relative Dichte von mindestens 1,0 zugrunde gelegt.

Für Füllgüter, die Polyäthylen mehr als n-Butylacetat und bis höchstens 7,5 % Masseaufnahme anquellen, darf die ausreichende chemische Verträglichkeit nach einer dreiwöchigen Vorlagerung bei 40 °C nach Rn. 3551 (6), aber mit Originalfüllgut, nachgewiesen werden.

d) Kohlenwasserstoffgemisch (White spirit) für auf Polyäthylen quellend wirkende Stoffe und Zubereitungen, insbesondere für Kohlenwasserstoffe, gewisse Ester und Ketone.

Verwendet wird ein Kohlenwasserstoffgemisch mit einem Siedebereich von 180 °C bis 200 °C, einer relativen Dichte von 0,79, einem Flammpunkt von mehr als 61 °C und einem Aromatengehalt von 16 % bis 18 % (nur C9 – und höhere Aromate).

Der Stapeldruckprüfung wird eine relative Dichte von mindestens 1,0 zugrunde gelegt.

Für Füllgüter, die Polyäthylen um mehr als 7,5 % Masseaufnahme anquellen, darf die ausreichende chemische Verträglichkeit nach einer dreiwöchigen Vorlagerung bei 40 °C nach Rn. 3551 (6), aber mit Originalfüllgut, nachgewiesen werden.

e) Salpetersäure für alle Stoffe und Zubereitungen, die auf Polyäthylen gleich oder geringer oxidierend einwirken oder die molare Masse abbauen als eine 55%ige Salpetersäure.

Verwendet wird Salpetersäure in einer Konzentration von 55 %.

Der Stapeldruckprüfung wird eine relative Dichte von mindestens 1,4 zugrunde gelegt.

Für Füllgüter, die stärker als 55%ige Salpetersäure oxidieren oder die molare Masse abbauen, muß nach Rn. 3551 (5) verfahren werden.

f) Wasser für Stoffe, die Polyäthylen nicht wie in den unter a) bis e) genannten Fällen angreifen, insbesondere für anorganische Säuren und Laugen, wässerige Salzlösungen, mehrwertige Alkohole und organische Stoffe in wässeriger Lösung.

Der Stapeldruckprüfung wird eine relative Dichte von mindestens 1,2 zugrunde gelegt.

II. Liste der Stoffe, die den Standardflüssigkeiten nach Rn. 3551 (6) zugeordnet werden können.

Klasse 3

Ziffer	Bezeichnung des Stoffes	Standardflüssigkeit
A.	Nicht giftige und nicht ätzende Stoffe mit einem Flammpunkt unter 21 °C	
3. b)	Stoffe, deren Dampfdruck bei 50 °C 110 kPa (1,10 bar) nicht übersteigt:	
	– Roherdöle und andere Rohöle	Kohlenwasserstoffgemisch
	– Kohlenwasserstoffe	Kohlenwasserstoffgemisch
	– halogenhaltige Stoffe	Kohlenwasserstoffgemisch
	– Alkohole	Essigsäure
	– Äther	Kohlenwasserstoffgemisch
	– Aldehyde	Kohlenwasserstoffgemisch
	– Ketone	Kohlenwasserstoffgemisch
	– Ester	n-Butylacetat bei Anquellung bis zu 4 Masse-%, sonst Kohlenwasserstoffgemisch
5.	Viskose Stoffe: gewisse Tiefdruck- und Lederfarben	Kohlenwasserstoffgemisch
B.	Giftige Stoffe mit einem Flammpunkt unter 21 °C	
17. b)	Methylalkohol (Methanol)	Essigsäure

Anhang A. 5

Ziffer	Bezeichnung des Stoffes	Standardflüssigkeit

D. Nicht giftige und nicht ätzende Stoffe mit einem Flammpunkt von 21 °C bis 100 °C (die Grenzwerte inbegriffen)

31. c) Stoffe mit einem Flammpunkt von 21 °C bis 55 °C
(die Grenzwere inbegriffen):
   - Petroleum, Solventnaphtha .... Kohlenwasserstoffgemisch
   - Mineralterpentin (White spirit) .... Kohlenwasserstoffgemisch
   - Kohlenwasserstoffe .... Kohlenwasserstoffgemisch
   - halogenhaltige Stoffe .... Kohlenwasserstoffgemisch
   - Alkohole .... Essigsäure
   - Äther .... Kohlenwasserstoffgemisch
   - Aldehyde .... Kohlenwasserstoffgemisch
   - Ketone .... Kohlenwasserstoffgemisch
   - Ester .... n-Butylacetat bei Anquellung bis zu 4 Masse-%, sonst Kohlenwasserstoffgemisch
   - stickstoffhaltige Stoffe .... Kohlenwasserstoffgemisch

32 c) Stoffe mit einem Flammpunkt über 55 °C bis höchstens 100 °C:
   - schwere Destillationsprodukte aus Erdöl .... Kohlenwasserstoffgemisch
   - Heizöle, Dieselöle .... Kohlenwasserstoffgemisch
   - Kohlenwasserstoffe .... Kohlenwasserstoffgemisch
   - sauerstoffhaltige Stoffe .... Kohlenwasserstoffgemisch
   - halogenhaltige Stoffe .... Kohlenwasserstoffgemisch
   - stickstoffhaltige Stoffe .... Kohlenwasserstoffgemisch

Klasse 6.1

Ziffer	Bezeichnung des Stoffes	Standardflüssigkeit

B. Organische Stoffe mit einem Flammpunkt von 21 °C oder darüber und nicht entzündbar organische Stoffe

11. Stickstoffhaltige Stoffe mit einem Siedepunkt unter 200 °C:
   b) Anilin .... Essigsäure

13. Sauerstoffhaltige Stoffe mit einem Siedepunkt unter 200 °C:
   b) Phenol .... Essigsäure
   c) Äthylenglykolmonobutyläther .... Essigsäure
       Furfurylalkohol .... Essigsäure

14. Sauerstoffhaltige Stoffe mit einem Siedepunkt von 200 °C oder darüber:
   b) Kresole .... Essigsäure
   c) alkylierte Phenole .... Essigsäure

Klasse 8

Ziffer	Bezeichnung des Stoffes	Standardflüssigkeit

A. Stoffe sauren Charakters

Anorganische Säuren

1. b) Schwefelsäure .... Wasser
        Abfallschwefelsäure .... Wasser

2. b) Salpetersäure mit höchstens 55 % reiner Säure (HNO_3) ... Salpetersäure

4. b) Wässerige Lösungen von Perchlorsäure mit höchstens 50 % reiner Säure ($HClO_4$) .... Salpetersäure

5. b) Salzsäure mit höchstens 36 % reiner Säure, Bromwasserstofflösungen, Jodwasserstofflösungen .... Wasser

7 b) Flußsäure mit höchstens 60 % Fluorwasserstoff [1]) .... Wasser

8 b) Fluorborsäure mit höchstens 50 % reiner Säure (HBF_4) ... Wasser

9. b) Silicofluorwasserstoffsäure (Kieselfluorwasserstoffsäure) .... Wasser

11. b) Lösungen von Chromsäure mit höchstens 30 % reiner Säure .... Salpetersäure
    c) Phosphorsäure .... Wasser

Anhang A. 5

Ziffer	Bezeichnung des Stoffes	Standardflüssigkeit
	Organische Stoffe	
32.	Flüssige Carbon- und Halogencarbonsäuren und ihre flüssigen Anhydride:	
	b) Acrylsäure, Ameisensäure, Essigsäure, Thioglykolsäure	Essigsäure
	c) Methacrylsäure, Propionsäure	Essigsäure
B.	Stoffe basischen Charakters	
	Anorganische Stoffe	
42.	Lösungen alkalischer Stoffe:	
	b) Natronlaugen, Kalilaugen, Ätzlaugen	Wasser
43.	c) Ammoniaklösungen	Wasser
44.	Hydrazin und seine wässerigen Lösungen:	
	b) Wässerige Lösungen von Hydrazin mit höchstens 64 % Hydrazin (N_2H_4)	Wasser
C.	Andere ätzende Stoffe	
61.	Hypochloritlösungen [2])	Salpetersäure
62.	Lösungen von Wasserstoffperoxid [3]):	
	b), c) wässerige Lösungen von Wasserstoffperoxid mit mindestens 8 % bis höchstens 60 % Wasserstoffperoxid	Wasser
63.	Lösungen von Formaldehyd:	
	c) wässerige Lösung von Formaldehyd mit mindestens 5 % Formaldehyd, auch mit höchstens 35 % Methanol	Wasser

[1]) Höchstens 60 Liter, zugelassene Verwendungsdauer: 2 Jahre.

[2]) Prüfung nur mit Lüftungseinrichtung. Bei der Prüfung mit der Standardflüssigkeit Salpetersäure muß eine säurebeständige Lüftungseinrichtung eingesetzt werden. Wenn mit Hypochloritlösungen selbst geprüft wird, sind auch Lüftungseinrichtungen der gleichen Bauart zulässig, die gegen Hypochlorit beständig sind (wie z. B. aus Siliconkautschuk), die aber gegenüber Salpetersäure versagen.

[3]) Prüfung nur mit Lüftungseinrichtung.

Anlage A
Anhang A. 5

249

Anhang A. 6

Vorschriften für die radioaktiven Stoffe der Klasse 7

Abschnitt I

Vorschriften für Verpackungs- und Versandstückmuster

A. Allgemeine Vorschriften für Verpackung und Versandstücke

3600

(1) Die Verpackung muß so beschaffen sein, daß das Versandstück während der Beförderung leicht gehandhabt und in geeigneter Weise verstaut werden kann.

(2) Versandstücke mit einer Bruttomasse von 10 kg bis 50 kg müssen mit Trageeinrichtungen versehen sein, die eine Handhabung ermöglichen.

(3) Versandstücke mit einer Bruttomasse von mehr als 50 kg müssen so beschaffen sein, daß eine sichere Handhabung mit mechanischen Mitteln möglich ist.

(4) Das Muster muß so beschaffen sein, daß keine der Hebeeinrichtungen am Versandstück es bei seiner vorgesehenen Verwendung in seiner Beschaffenheit gefährdet; es muß genügend Sicherheit bestehen, damit ihm auch beim ruckweisen Anheben nichts geschieht.

(5) Hebeeinrichtungen und jede andere Einrichtung an der Außenseite der Verpackung, die zum Heben des Versandstücks verwendet werden könnten, müssen während der Beförderung entfernt oder auf andere Weise unbenutzbar oder so beschaffen sein, daß sie die Masse des Versandstücks nach den Vorschriften von Absatz 4 aufnehmen können.

(6) Die äußere Verpackung muß so beschaffen sein, daß möglichst wenig Regenwasser aufgenommen und festgehalten wird.

(7) Die Außenseiten der Verpackung müssen möglichst so beschaffen und behandelt sein, daß sie leicht dekontaminiert werden können.

(8) Alle Einrichtungen, die dem Versandstück für die Beförderung beigefügt werden, aber kein Teil des Versandstücks selbst sind, dürfen dessen Sicherheit nicht beeinträchtigen.

(9) Die kleinste äußere Gesamtabmessung der Verpackung darf nicht weniger als 10 cm betragen.

(10) Stoffe, die eine kritische Temperatur von weniger als 50 °C oder bei dieser Temperatur einen Dampfdruck von mehr als 300 kPa (3 bar) haben, müssen in Gefäßen enthalten sein, die auch den Vorschriften der Rn. 2202 und 2211 bis 2218 entsprechen.

B. Zusätzliche Vorschriften für Typ A-Versandstücke

3601

(1) An der Außenseite eines jeden Versandstücks muß eine Einrichtung wie ein Siegel angebracht sein, die nicht leicht zerbrechen kann und ein unrechtmäßiges Öffnen des Versandstücks feststellen läßt.

(2) An der Außenseite der Verpackung sollen sich möglichst keine vorstehenden Teile befinden.

(3) Beim Entwurf der Verpackung müssen die Temperaturschwankungen, denen die Verpackung während der Beförderung oder Lagerung gegebenenfalls ausgesetzt sein könnte, berücksichtigt werden. In diesem Sinne gelten – 40 °C und + 70 °C als ausreichende Grenzwerte, die bei der Werkstoffwahl zu berücksichtigen sind; dabei ist dem Sprödbruch in diesem Temperaturbereich besondere Aufmerksamkeit zu schenken.

(4) Die geschweißten, hartgelöteten oder auf andere Weise hergestellten Schmelzverbindungen müssen nationalen oder internationalen Normen oder solchen Normen entsprechen, die für die zuständige Behörde annehmbar sind.

(5) Das Versandstück muß so beschaffen sein, daß durch Beschleunigung, Erschütterung oder Schwingung während der normalen Beförderung das Versandstück nicht beschädigt und die Wirksamkeit der Verschlußeinrichtungen der verschiedenen Gefäße nicht beeinträchtigt werden kann. Insbesondere müssen Schrauben, Bolzen und sonstige Verschlußeinrichtungen so konstruiert sein, daß sie sich auch nach mehrmaligem Gebrauch weder lockern noch unbeabsichtigt lösen können.

(6) Die radioaktiven Stoffe in besonderer Form können als Bestandteil der dichten Umschließung angesehen werden.

(7) Das Muster muß eine dichte Umschließung mit einer sicheren Verschlußeinrichtung aufweisen, der sich nicht von selbst öffnet, nicht unabsichtlich geöffnet werden kann und einem etwaigen Druckanstieg im Innern der Verpackung standhält.

(8) Wenn die dichte Umschließung einen gesonderten Bestandteil der Verpackung bildet, muß sie mit einer sicheren, von der übrigen Verpackung vollkommen unabhängigen Verschlußeinrichtung versehen sein.

Anhang A. 6

(9) Die Werkstoffe der Verpackung sowie alle sonstigen Bestandteile müssen physikalisch und chemisch miteinander und mit dem Inhalt des Versandstücks verträglich sein; ihr Verhalten unter Strahlungseinfluß ist zu berücksichtigen.

(10) Beim Entwurf aller Bestandteile der dichten Umschließung ist erforderlichenfalls die radiolytische Zersetzung von Flüssigkeiten und anderen empfindlichen Werkstoffen sowie die Gasbildung durch chemische Reaktionen und Radiolyse zu berücksichtigen.

(11) Die dichte Umschließung muß ihren radioaktiven Inhalt auch bei einer Senkung des Umgebungsdrucks bis auf 25 kPa (0,25 bar) eingeschlossen halten.

(12) Mit Ausnahme der Druckverminderungsventile müssen alle Ventile, durch die der radioaktive Inhalt entweichen könnte, vor der Betätigung durch Unbefugte geschützt und mit einer Umhüllung versehen sein, die jedes Entweichen des Inhalts aus dem Ventil auffängt.

(13) Ist ein Teil der Verpackung, der ausdrücklich Bestandteil der dichten Umschließung ist, von einer Strahlenabschirmung umgeben, muß diese so beschaffen sein, daß der Teil nicht unbeabsichtigt nach außen gelangen kann. Wenn die Strahlenabschirmung und der darin enthaltene Bauteil einen gesonderten Bestandteil der Verpackung bilden, muß die Strahlenabschirmung mit einer sicheren, von der übrigen Verpackung vollkommen unabhängigen Verschlußeinrichtung versehen sein.

(14) Alle am Versandstück angebrachten Festhalteeinrichtungen müssen so beschaffen sein, daß sie trotz der darin sowohl bei normalen Bedingungen als auch bei Unfällen auftretenden Beanspruchungen des Versandstücks den Vorschriften dieses Anhangs entsprechen.

(15) Eine Typ A-Verpackung muß so beschaffen sein, daß sie die Prüfbedingungen nach Rn. 3635 erfüllt und verhindert:

a) ein Entweichen oder Verstreuen des radioaktiven Inhalts;

b) jede Erhöhung der an der Außenfläche unter den vor der Prüfung bestehenden Bedingungen festgestellten oder berechneten höchsten Dosisleistung.

(16) Typ A-Verpackungen für Flüssigkeiten müssen außerdem

a) die in Abs. 15 genannten Bedingungen auch dann erfüllen, wenn das Versandstück den in Rn. 3636 genannten Prüfungen unterworfen wird;

b) bei Versandstücken mit höchstens 50 cm³ Flüssigkeitsinhalt mit ausreichenden Saugstoffen versehen sein, die die doppelte Flüssigkeitsmenge aufnehmen können; diese Saugstoffe müssen das Innengefäß so umgeben, daß sie bei einem Auslaufen die Flüssigkeit aufnehmen können;

c) bei Versandstücken über 50 cm³ Flüssigkeitsinhalt entweder

   i) mit ausreichenden Saugstoffen wie nach b) versehen sein oder

   ii) mit einer dichten Umschließung ausgerüstet sein, die aus einer primären inneren und einer sekundären äußeren Umschließung besteht, und in der Lage ist, die Flüssigkeit innerhalb der äußeren Umschließung zurückzuhalten, auch wenn die innere Umschließung undicht wird.

(16) Eine für die Beförderung von flüssigen Stoffen bestimmte Typ A-Verpackung muß außerdem den Bestimmungen des Absatzes 15 entsprechen und die Prüfbedingungen nach Rn. 3636 erfüllen.

Diese Prüfungen sind jedoch nicht notwendig, wenn soviel Saugstoff innerhalb der dichten Umschließung vorhanden ist, daß das Doppelte des Volumens des flüssigen Inhalts aufgesaugt werden kann und

a) der Saugstoff sich innerhalb der Strahlungsabschirmung befindet, oder

b) wenn bei außerhalb der Strahlungsabschirmung befindlichem Saugstoff der Nachweis erbracht wird, daß die Dosisleistung an der Außenseite des Versandstücks, falls der flüssige Inhalt vom Saugstoff aufgesaugt wird, 200 mrem/h nicht übersteigt.

(17) Eine für die Beförderung eines verdichteten oder drucklosen Gases bestimmte Typ A-Verpackung muß außerdem so beschaffen sein, daß sie die Prüfbedingungen nach Rn. 3636 erfüllt und ein Entweichen oder Verstreuen des Inhalts verhindert. Die Verpackungen für die Beförderung von Tritium und Argon-37 als Gas und in Aktivitäten bis zu 200 Ci unterliegen nicht dieser Vorschrift.

C. Zusätzliche grundlegende Vorschriften für Versandstücke vom Typ B(U) und B(M)

3602

(1) Mit Ausnahme der in den Rn. 3603 (1) a) und 3604 (2) vorgesehenen Fällen müssen die Versandstücke vom Typ B(U) und B(M) allen zusätzlichen Vorschriften für Versandstücke vom Typ A in Rn. 3601 (1) bis (15) entsprechen.

(2) Die Verpackung muß so beschaffen sein, daß sie die Prüfbedingungen nach Rn. 3637 erfüllt und ihre strahlenabschirmende Wirkung so bewahrt, daß die Dosisleistung 1 rem/h in 1 m Entfernung von der Außenseite des Versandstücks nicht übersteigt, wenn das Versandstück soviel Iridium-192 enthält, daß es vor den Prüfungen in 1 m Entfernung von der Außenseite eine Strahlung von 10 mrem/h abgab. Ist die Verpackung ausschließlich für bestimmte Radionuklide vorgesehen, können diese als Bezugsquelle an Stelle von Iridium-192 dienen. Wird die Verpackung außerdem für Neutronenstrahler verwendet, ist auch eine entsprechende Neutronenbezugsquelle zu verwenden. Es ist nicht unbedingt erforderlich, eine Messung mit einer Prüfquelle durchzuführen; es genügt, für die Strahlungsquelle, die als Bezug gedient hat, entsprechende Berechnungen anzustellen.

Anhang A. 6

(3) Die Versandstücke vom Typ B(U) und B(M) müssen so entworfen, gebaut und für die Beförderung vorbereitet sein, daß unter den Umgebungsverhältnissen nach Absatz 4 die nachstehend unter a) und b) beschriebenen Bedingungen erfüllt werden:

a) innerhalb des Versandstücks durch den radioaktiven Inhalt erzeugte Wärme darf unter normalen Beförderungsbedingungen (wie durch die Prüfung nach Rn. 3635 nachgewiesen) keinen nachteiligen Einfluß auf das Versandstück in dem Sinne ausüben, daß die einschlägigen Bedingungen für die Umschließung und die Abschirmung nicht mehr erfüllt werden, falls es eine Woche lang unüberwacht bleibt. Es ist besonders auf die Folgen der Wärmeeinwirkung zu achten, unter deren Einfluß:

     i) die Anordnung, die geometrische Form oder der physikalische Zustand des radioaktiven Inhalts sich verändern können oder, falls der Stoff in einer Metallhülle oder in einem Gefäß eingeschlossen ist (z. B. umhüllte Brennelemente), die Metallhülle, das Gefäß oder der Stoff schmelzen können;

     ii) die Verpackung ihre Wirksamkeit einbüßen kann, weil sie wegen unterschiedlicher Wärmebeanspruchung rissig wird oder weil die Strahlenabschirmung schmilzt;

     iii) bei Feuchtigkeit die Korrosion beschleunigt werden kann;

b) die Temperatur an den berührbaren Außenseiten eines Versandstücks vom Typ B(U) oder B(M) darf im Schatten höchstens 50 °C betragen, es sei denn, das Versandstück wird als geschlossene Ladung befördert.

(4) Bei der Anwendung von Absatz 3 a) wird angenommen, daß die nachstehenden Umgebungsverhältnisse vorliegen:

a) Temperatur 38 °C;

b) Kennwerte für Sonneneinstrahlung nach Tabelle I.

Bei der Anwendung von Absatz 3 b) wird angenommen, daß nachstehende Umgebungsverhältnisse vorliegen:

Temperatur: 38 °C.

> Für Versandstücke vom Typ B(M), die ausschließlich zwischen bestimmten Staaten befördert werden, kann jedoch mit Zustimmung der zuständigen Behörden von anderen Voraussetzungen ausgegangen werden.

Tabelle I

Kennwerte für Sonneneinstrahlung

Form und Lage der Oberfläche	Sonneneinstrahlung in MJ/m² für 12 Std./Tag
Waagerechte ebene Flächen der Versandstücke während der Beförderung:	
– Grundfläche	keine
– sonstige Oberflächen	32
nicht waagerechte ebene Flächen der Versandstücke während der Beförderung:	
– jede Oberfläche	8 *)
– gekrümmte Flächen der Versandstücke	16 *)

*) Statt dessen kann auch eine Sinusfunktion verwendet werden, bei der ein Absorptionskoeffizient gewählt und die Auswirkungen einer möglichen Reflexion von benachbarten Gegenständen außer acht gelassen werden.

(5) Eine Verpackung mit Wärmeschutz, der bewirken soll, daß sie den Vorschriften für die Wärmeprüfungen nach Rn. 3637 (3) entspricht, muß so beschaffen sein, daß sie die Prüfbedingungen nach Rn. 3635 und 3637 (2) erfüllt und der Wärmeschutz wirksam bleibt. Die Schutzwirkung an der Außenseite des Versandstücks darf nicht durch Verhältnisse unwirksam gemacht werden, die bei normaler Handhabung oder bei Unfällen üblicherweise auftreten und in den oben vorgesehenen Prüfungen nicht simuliert werden, z. B. durch Aufreißen, Schneiden, Abschaben, Abreiben oder grobe Behandlung.

D. Besondere zusätzliche Vorschriften für Versandstücke vom Typ B(U)

3603

(1) Das Versandstück muß so beschaffen sein, daß es,

a) falls es den Prüfungen nach Rn. 3635 unterworfen worden wäre, den Verlust des radioaktiven Inhalts auf höchstens das 10^{-6}fache des A_2-Wertes je Stunde $A_2 \times 10^{-6}/h$

beschränkt;

b) falls es den Prüfungen nach Rn. 3637 unterworfen worden wäre, den akkumulierten Verlust des radioaktiven Inhalts auf höchstens $A_2 \times 10^{-3}$ im Verlauf einer Woche beschränkt.

Bei Gemischen von verschiedenen Radionukliden gelten die Vorschriften der Rn. 3691.

Für a) sind bei der Bestimmung die Grenzwerte für die äußere Kontamination nach Rn. 3651 zu berücksichtigen; für a) und b) beziehen sich die A_2-Werte für Edelgase auf den drucklosen Zustand.

Anhang A. 6

(2) Die Einhaltung der zulässigen Grenzwerte für die Aktivitätsfreisetzung darf weder von Filtern noch durch ein mechanisches Kühlsystem gewährleistet werden.

(3) Das Versandstück darf keine Einrichtung enthalten, die einen ständigen Druckabfall während der Beförderung zuläßt.

(4) Das Versandstück darf in der dichten Umschließung keine Druckminderungseinrichtung enthalten, durch die entsprechend den Prüfbedingungen nach Rn. 3635 und 3637 radioaktive Stoffe in die Umgebung entweichen könnten.

(5) Falls der höchste normale Betriebsdruck [s. Rn. 2700 (2)] in der dichten Umschließung zusammen mit dem Betrag eines Unterdrucks (gegenüber dem atmosphärischen Druck auf mittlerer Meereshöhe), dem irgendein Bestandteil der Verpackung, der ausdrücklich ein Teil der dichten Umschließung ist, unterworfen sein könnte, 35 kPa (0,35 bar) übersteigt, muß dieser Teil einem Druck von mindestens dem 1,5fachen der Summe dieser Drücke standhalten; die Beanspruchung bei diesem letzteren Druck darf nicht mehr als 75 % der Mindeststreckgrenze und nicht mehr als 40 % der Bruchfestigkeit des für diesen Bestandteil verwendeten Werkstoffs bei der höchsten zu erwartenden Betriebstemperatur betragen.

(6) Falls das Versandstück beim höchsten normalen Betriebsdruck [s. Rn. 2700 (2)] der Erhitzungsprüfung nach Rn. 3637 (3) unterworfen worden wäre, darf der Druck in irgendeinem Bestandteil der Verpackung, der ausdrücklich ein Teil der dichten Umschließung ist, nicht höher sein als der Druck, der der Mindeststreckgrenze des Werkstoffs dieses Bestandteils bei der höchsten Temperatur, die dieser Bestandteil während der Prüfung erreichen kann, entspricht.

(7) Der höchste normale Betriebsdruck [s. Rn. 2700 (2)] des Versandstücks darf nicht mehr als 0,7 MPa (7 bar) (Überdruck) betragen.

(8) Die höchste Temperatur jeder bei der Beförderung leicht berührbaren Außenseite des Versandstücks darf 82 °C im Schatten unter normalen Beförderungsbedingungen nicht übersteigen [s. auch Rn. 3602 (3) b)].

(9) Die dichte Umschließung eines einen flüssigen radioaktiven Stoff enthaltenden Versandstücks muß unversehrt bleiben, wenn das Versandstück unter normalen Beförderungsbedingungen einer Temperatur von – 40 °C ausgesetzt wird.

E. Zusätzliche Vorschriften für Versandstücke vom Typ B(M)

(1) Außer den Vorschriften der Rn. 3602 müssen die Versandstücke vom Typ B(M) möglichst auch den besonderen zusätzlichen Vorschriften der Rn. 3603 für Versandstücke vom Typ B(U) entsprechen.   **3604**

(2) Ein Versandstück vom Typ B(M) muß so beschaffen sein, daß es den Prüfbedingungen nach Tabelle II entspricht und der Verlust des radioaktiven Inhalts die Aktivitätsgrenzwerte dieser Tabelle nicht übersteigt. Die Beurteilung im Hinblick auf die in Rn. 3635 vorgesehenen Prüfungen hat auch die Grenzwerte für die äußere Kontamination nach Rn. 3651 zu berücksichtigen.

Tabelle II
Aktivitätsgrenzwerte für den Verlust des radioaktiven Inhalts aus Versandstücken vom Typ B (M)

Bedingungen	Nicht für ständige Gasabgabe vorgesehene Versandstücke vom Typ B (M)	Für ständige Gasabgabe vorgesehene Versandstücke vom Typ B (M)	Bedingungen	Nicht für ständige Gasabgabe vorgesehene Versandstücke vom Typ B (M)	Für ständige Gasabgabe vorgesehene Versandstücke vom Typ B (M)
Nach den Prüfungen nach Rn. 3635	das 10^{-6}fache des A_2-Wertes je Stunde	das 5×10^{-5}fache des A_2-Wertes je Stunde	Nach den Prüfungen nach Rn. 3635	$A_2 \times 10^{-6}$/h	$A_2 \times 5 \times 10^{-5}$/h
Nach den Prüfungen nach Rn. 3637	Krypton 85: 10 000 Ci in einer Woche sonstige Radionuklide: A_2 in einer Woche	Krypton 85: 10 000 Ci in einer Woche sonstige Radionuklide: A_2 in einer Woche	Nach den Prüfungen nach Rn. 3637	Krypton 85: 10 000 Ci in einer Woche sonstige Radionuklide: A_2 in einer Woche	Krypton 85: 10 000 Ci in einer Woche sonstige Radionuklide: A_2 in einer Woche

Die für Edelgase aufgeführten Werte von A_2 beziehen sich auf den drucklosen Zustand. Bei Gemischen von Radionukliden gelten die Vorschriften der Rn. 3691.

(3) Falls der Druck in der dichten Umschließung eines Versandstücks vom Typ B(M) zu einer Beanspruchung führen würde, die unter den Prüfbedingungen nach Rn. 3635 und 3637 die Mindeststreckgrenze eines Werkstoffs der dichten Umschließung bei der Temperatur überschreitet, die bei der Prüfung wahrscheinlich erreicht werden würde, muß die Verpackung mit einem Druckminderungssystem ausgerüstet sein, um sicherzustellen, daß diese Mindeststreckgrenze nicht überschritten wird.

Für Verpackungen für Uranhexafluorid (UF₆) gelten die Vorschriften der Gefahrgutverordnung Eisenbahn, Anlage, Rn. 1605.   **3605**

3606-
3609

Anhang A. 6

Abschnitt II

Spaltbare Stoffe

A. Spaltbare Stoffe, die den Vorschriften für Versandstücke der nuklearen Sicherheitsklassen nicht unterliegen

3610   Versandstücke mit radioaktiven Stoffen, die auch spaltbar sind, müssen mit Ausnahme der in Buchstaben a) bis g) aufgeführten Fälle so beschaffen sein, daß sie den Vorschriften dieses Abschnitts genügen:

a) Versandstücke, die höchstens je 15 g Uran-233, Uran-235, Plutonium-238, Plutonium-239, Plutonium-241 oder 15 g irgendeiner Mischung dieser Radionuklide enthalten, sofern die kleinste äußere Abmessung des Versandstücks nicht unter 10 cm liegt. Falls die Stoffe in loser Schüttung befördert werden, gelten die Mengenbeschränkungen für das Fahrzeug;

b) Versandstücke, die nur natürliches oder abgereichertes Uran enthalten, das nur in thermischen Reaktoren bestrahlt worden ist;

c) Versandstücke, die homogene wasserstoffhaltige Lösungen oder Mischungen enthalten, die den in Tabelle III aufgeführten Bedingungen entsprechen. Falls die Stoffe in loser Schüttung befördert werden, gelten die Mengenbeschränkungen für das Fahrzeug;

Tabelle III

Grenzwerte für homogene, wasserstoffhaltige Lösungen oder Mischungen

Parameter	Jeder andere spaltbare Stoff (einschl. Mischungen)	Nur ^{235}U
H/X *) mindestens	5200	5200
Höchste Konzentration des spaltbaren Nuklids in g/l	5	5
Höchste Masse des spaltbaren Nuklids (je Versandstück in g)	500	800 **)

*) H/X ist das Verhältnis zwischen der Zahl der Wasserstoffatome und der Anzahl der Atome des spaltbaren Nuklids.
**) Mit einer Toleranz für Plutonium und ^{233}U von höchstens 1 % der Masse an ^{235}U.

d) Versandstücke, die auf einen Massegehalt von höchstens 1 % Uran-235 angereichertes Uran enthalten und insgesamt einen Gehalt an Plutonium und Uran-233

d) Versandstücke, die Uran mit angereichertem Uran-235-Gehalt von höchstens 1 Masse-% enthalten und insgesamt einen Plutonium-Uran-233-Gehalt von

bis zu 1 % der Uran-235-Masse aufweisen, sofern die spaltbaren Stoffe homogen im Material verteilt sind. Falls außerdem Uran-235 als Metall oder Oxid vorhanden ist, darf es innerhalb des Versandstücks nicht in eine Gitteranordnung gebracht werden;

e) Versandstücke, die irgendwelche spaltbaren Stoffe enthalten, sofern sie nicht mehr als 5 g spaltbare Stoffe je 10 l Volumen enthalten. Die Stoffe müssen mindestens in Versandstücke verpackt sein, welche die Einhaltung der Grenzwerte für die Verteilung der spaltbaren Stoffe bei normalen Beförderungsbedingungen ermöglichen;

f) Versandstücke, die je höchstens 1 kg Gesamtplutonium enthalten, wovon höchstens 20 % der Masse aus Plutonium-239, Plutonium-241 oder einer beliebigen Kombination dieser Radionuklide bestehen können;

g) Versandstücke, die flüssige Lösungen von Uranylnitrat mit Uran-235-Anreicherung von höchstens 2 Masse-% enthalten, mit einer Toleranz für Plutonium und Uran-233 von höchstens 0,1 % der Uran-235-Masse.

Die Versandstücke müssen auch den Bestimmungen der anderen anwendbaren Teile dieses Anhangs entsprechen.

B. Allgemeine Vorschriften für die nukleare Sicherheit

3611   (1) Alle spaltbaren Stoffe müssen so verpackt und versandt werden, daß unter allen voraussehbaren Umständen während der Beförderung kein kritischer Zustand [1]) entstehen kann. Es müssen vor allem folgende Möglichkeiten in Betracht gezogen werden:

a) Eindringen von Wasser in die Versandstücke oder Ausfließen von Wasser aus diesen;

b) Verlust der Wirksamkeit der eingebauten Neutronenabsorber oder -bremsmittel;

c) Entstehen einer größeren Reaktivität durch Veränderung der Anordnung des Inhalts im Innern des Versandstücks oder durch Verlust des Inhalts aus dem Versandstück;

d) Verringerung der Abstände zwischen den Versandstücken und deren Inhalt;

[1]) Bei der Anwendung von berechneten oder experimentell ermittelten Kritikalitätsdaten für die Kritikalitätsfreigabe von Versandstücken für die Beförderung sind außerdem etwaige Ungenauigkeiten der Daten oder Ungewißheiten im Hinblick auf ihre Gültigkeit zu berücksichtigen.

Anhang A. 6

e) die Versandstücke geraten ins Wasser oder unter den Schnee;

f) mögliche Reaktivitätserhöhung durch Temperaturveränderungen.

(2) Falls es sich um bestrahlte Kernbrennstoffe oder um nicht genau bezeichnete spaltbare Stoffe handelt, ist außerdem von folgenden Annahmen auszugehen:

a) Ein bestrahlter Kernbrennstoff, dessen Bestrahlungsgrad nicht bekannt ist und dessen Reaktivität mit dem Abbrand abnimmt, muß in bezug auf die Feststellung des kritischen Zustandes als nicht bestrahlt angesehen werden. Wenn seine Reaktivität mit dem Abbrand zunimmt, muß er als bestrahlter Brennstoff im Zustand höchster Reaktivität angesehen werden. Falls der Bestrahlungsgrad bekannt ist, kann die Reaktivität des Brennstoffs entsprechend ermittelt werden.

b) Im Falle von nicht genau bezeichneten spaltbaren Stoffen, wie Rückstände oder Abfälle, deren Anreicherung, Masse, Konzentration,

Moderator-Spaltstoff-Verhältnis | Bremsverhältnis

oder Dichte nicht bekannt sind oder nicht ermittelt werden können, muß angenommen werden, daß jeder unbekannte Parameter den Wert besitzt, der unter voraussehbaren Bedingungen die größte Reaktivität bewirkt.

(3) Soweit es sich nicht um Versandstücke nach Rn. 3610 handelt, müssen diese einer der folgenden Klassen zugeordnet werden:

a) Nukleare Sicherheitsklasse I: Versandstücke, die in irgendeiner Zahl und Anordnung unter allen voraussehbaren Umständen die nukleare Sicherheit während der Beförderung gewährleisten;

b) Nukleare Sicherheitsklasse II: Versandstücke, die in beschränkter Zahl in irgendeiner Anordnung unter allen voraussehbaren Umständen die nukleare Sicherheit während der Beförderung gewährleisten;

c) Nukleare Sicherheitsklasse III: Versandstücke, bei denen die nukleare Sicherheit unter allen voraussehbaren Umständen durch besondere Vorsichtsmaßnahmen oder besondere administrative oder betriebliche Überwachung während der Beförderung gewährleistet ist.

C. Sonderbestimmungen für Versandstücke der nuklearen Sicherheitsklasse I

(1) Jedes Versandstück der nuklearen Sicherheitsklasse I muß so beschaffen sein, daß es den Prüfbedingungen nach Rn. 3635 entspricht und   **3612**

a) kein Wasser in irgendeinen Teil des Versandstücks eindringen oder daraus ausfließen kann, sofern nicht das Eindringen oder Ausfließen von Wasser bei diesem Teil im größten vorsehbaren Umfang für die Zwecke nach Rn. 3614 (1) zugelassen worden ist;

b) die Anordnung des Inhalts und die geometrische Form der dichten Umschließung sich nicht so verändern dürfen, daß die Reaktivität dadurch merklich ansteigt.

(2) Versandstücke der nuklearen Sicherheitsklasse I müssen den in den Rn. 3613 und 3614 genannten Kriterien für die nukleare Sicherheit entsprechen.

1. Für das einzelne Versandstück

(1) Die folgenden Bedingungen sind anzunehmen: **3613**

a) das Versandstück ist „beschädigt"; hier bedeutet „beschädigt" den geprüften oder nachgewiesenen Zustand des Versandstücks nach Vornahme entweder der Prüfungen nach Rn. 3635 und 3637 (1) bis (3) und anschließend der Prüfung nach Rn. 3638 oder der Prüfungen nach Rn. 3635 und 3637 (4), je nachdem, welche Kombination die am meisten einschränkende ist;

b) das Wasser kann in alle Hohlräume des Versandstücks eindringen oder daraus ausfließen, auch bei jenen innerhalb der dichten Umschließung; falls jedoch das Versandstückmuster besondere Einrichtungen besitzt, die das Eindringen von Wasser oder das Ausfließen aus diesen auch bei menschlichem Versagen verhindern können, kann angenommen werden, daß es sich weder um Eindringen noch um Ausfließen von Wasser handelt. Diese besonderen Einrichtungen können bestehen aus:

   i) mehreren Lagen sehr wirksamer Wassersperren, von denen jede leckdicht bleiben würde, wenn das Versandstück der in Absatz 1 a) beschriebenen Kombination von Prüfungen ausgesetzt werden würde;

   oder

   ii) einer strengen Qualitätsüberwachung bei der Herstellung und Wartung der Verpackung, zusammen mit Spezialprüfungen, um den dichten Verschluß jedes Versandstücks vor dem Versand nachzuweisen.

(2) Das Versandstück muß unter den in Absatz 1 genannten Bedingungen ausreichend [2] unterkritisch sein, wobei die chemischen und physikalischen Merkmale zu berücksichtigen sind, und zwar einschließlich jeglicher Änderung dieser Merkmale, die sich unter den in Absatz 1 genannten Bedingungen und unter den folgenden Moderations- und Reflexionsbedingungen ergeben könnten:

a) mit dem Stoff im Innern der dichten Umschließung:

   i) die unter den Bedingungen nach Absatz 1 vorhersehbare, reaktivste Anordnung und Moderation;

---

[2] Falls z. B. die Menge der spaltbaren Stoffe ein geeigneter Überwachungsparameter ist, kann eine ausreichende Unterkritikalität dadurch erzielt werden, daß die Menge auf 80 % jener beschränkt wird, die in einem ähnlichen System kritisch werden würde.

Anhang A. 6

ii) die vollständige Reflexion durch das die dichte Umschließung umgebende Wasser oder eine zusätzliche durch den Werkstoff der Verpackung selbst um diese Umschließung herum bewirkte größere Reflexion;

und ferner

b) wenn irgendein Teil des Stoffes unter den in Absatz 1 genannten Bedingungen aus der dichten Umschließung austritt:

i) die für möglich gehaltene reaktivste Anordnung und Moderation;

ii) die vollständige Reflexion durch das diesen Stoff umgebende Wasser.

2. Für Sendungen aus einem oder mehreren Versandstücken

3614
(1) Eine beliebige Zahl unbeschädigter Versandstücke vom gleichen Muster, die in beliebiger Anordnung zusammengestellt sind, müssen unterkritisch bleiben. „Unbeschädigt" ist hier gleichbedeutend mit dem Zustand, in dem sich die Versandstücke bei der Aufgabe zur Beförderung befinden müssen.

(2) 250 solcher Versandstücke in „beschädigtem" Zustand müssen unterkritisch bleiben, falls sie in irgendeiner Weise aufeinander gestapelt sind und diese Gruppe auf allen Seiten von einem dem Wasser gleichwertigen Reflektor unmittelbar umgeben ist. „Beschädigt" ist hier gleichbedeutend mit dem Zustand, in dem sich jedes Versandstück nach Abschätzung oder Nachweis befindet, wenn es entweder den in den Rn. 3635 und 3637 (1) bis (3) und anschlie-ßend der in Rn. 3638 oder den in den Rn. 3635 und 3637 (4) vorgesehenen Prüfungen unterworfen worden wäre, je nachdem, welche Kombination die am meisten einschränkende ist. Es ist ferner vorauszusetzen, daß eine so starke, durch eine wasserstoffhaltige Substanz bewirkte Moderation [3]) zwischen den Versandstücken eintritt und eine solche mit den Prüfergebnissen zu vereinbarende Menge Wasser in das Versandstück eindringt, oder aus diesem ausfließt, daß sich dadurch die höchste Reaktivität ergibt.

3. Versandstückmuster, für die eine | mehrseitige

Genehmigung erforderlich ist

Beispiel I

3615
Die Berechnung ist auf Grund folgender Anforderungen vorzunehmen:

a) Jedes Versandstück muß den Kriterien nach Rn. 3612 und 3613 (1) entsprechen.

b) Jedes Versandstück muß sowohl in unbeschädigtem als auch in beschädigtem Zustand so beschaffen sein, daß die in ihm enthaltenen spaltbaren Stoffe vor thermischen Neutronen geschützt sind.

c) Falls ein paralleles Neutronenstrahlenbündel mit dem in der Tabelle IV angegebenen Energiespektrum das unbe-schädigte Versandstück unter irgendeinem Einfallswinkel erreicht, muß der Multiplikationsfaktor der epithermi-schen Neutronen an der Oberfläche weniger als 1 betragen; der Multiplikationsfaktor ist das Verhältnis zwischen der Zahl der vom Versandstück abgegebenen und der in das Versandstück eindringenden epithermischen Neu-tronen. Das Spektrum der Neutronen, die von diesem Versandstück abgegeben werden – von dem angenommen wird, daß es sich unter einer unbeschränkten Zahl solcher Versandstücke befindet –, darf nicht härter sein als das der einfallenden Neutronen.

d) Das Versandstückmuster muß den Kriterien nach Rn. 3614 (2) entsprechen.

Tabelle IV

Neutronenenergiespektrum *)

Neutronenenergie E	Prozentsatz der Neutronen mit einer Energie von weniger als E
11 MeV	1,000
2,4 MeV	0,802
1,1 MeV	0,590
0,55 MeV	0,460
0,26 MeV	0,373
0,13 MeV	0,319
43 keV	0,263
10 keV	0,210
1,6 keV	0,156
0,26 keV	0,111
42 · eV	0,072
5,5 eV	0,036
0,4 eV	0

*) Dieses Spektrum entspricht dem epithermischen Teil des Gleichgewichtsspektrums, das von einem mit einer 5 cm dicken Holzabschirmung versehenen Versandstück abgegeben wird, das sich unter mehreren solcher Versandstücke in kritischer Anordnung befindet.

---

[3]) Moderation mit wasserstoffhaltiger Substanz kann entweder durch Wasser in flüssiger Form um jedes Versandstück oder durch Wasser in geeigneter Dichte (Eis oder Dampf) hervorgerufen werden, das homogen zwischen den Versandstücken verteilt ist.

Anhang A. 6

4. Versandstückmuster, für die eine einseitige Genehmigung erforderlich ist

Beispiel I

(1) Die Verpackung muß so beschaffen sein, daß die spaltbaren Stoffe von einer Werkstoffschicht umgeben sind [4]), die alle darauf einfallenden thermischen Neutronen absorbieren kann, und dieser Neutronenabsorber selbst von einer mindestens 10,2 cm dicken Umschließung aus Holz umgeben ist, dessen Wasserstoffgehalt mindestens 6,5 Masse-% beträgt, wobei die kleinste äußere Abmessung dieser Umschließung nicht geringer sein darf als 30,5 cm.

3616

(2) Die Verpackung muß so beschaffen sein, daß bei „Beschädigung" [„Beschädigung" bedeutet hier dasselbe wie in Rn. 3613 (1)] der spaltbare Stoff weiterhin vom Neutronenabsorber umgeben ist, dieser Neutronenabsorber vom Holz umgeben bleibt, und dieses Holz nicht in dem Maße angegriffen wird, daß die verbleibende Dicke weniger als 9,2 cm oder die kleinste äußere Abmessung des verbleibenden Holzes weniger als 28,5 cm beträgt.

(3) Der Inhalt darf die in den Tabellen V bis XIII angegebenen zulässigen Mengen an spaltbaren Stoffen nicht überschreiten; diese Mengen richten sich

a) nach der Natur des Stoffes,

b) nach der maximalen Moderation,

c) nach dem Höchstdurchmesser oder -volumen,

die sich ergäben, wenn das Versandstück „beschädigt" wäre [hier bedeutet „beschädigt" dasselbe wie in Rn. 3613 (1)].

Bem. Eine ins einzelne gehende Berechnung für irgendein Versandstückmuster nach dem in Rn. 3615 angegebenen Verfahren kann jedoch weniger einschränkende Werte ergeben als die in den Tabellen V bis XIII angegebenen.

---

[4]) Diese Schicht kann aus einem mindestens 0,38 mm dicken Cadmiumbelag von 0,325 g/cm² bestehen.

Tabelle V

Wässerige Lösungen von Uranylfluorid *) oder Uranylnitrat *)

Zulässige Masse Uran je Versandstück in Abhängigkeit von der Dichte des für die Verpackung verwendeten Holzes

1. Begrenzung durch den größten inneren Durchmesser des Innenbehälters

Höchst-durchmesser des Innen-behälters (cm)	Dichte des Holzes höchstens 1,25 g/cm³ und mindestens													
	0,6	0,65	0,7	0,75	0,8	0,85	0,9	0,95	1,0	1,05	1,1	1,15	1,2	1,25
	kg Uran je Versandstück													
10,16 unbegrenzt	0,084	0,120	0,157	0,193	0,231	0,267	0,301	0,335	0,370	0,400	0,429	0,456	0,478	0,498

(◄———————————— Keine Beschränkung ————————————►)

2. Begrenzung durch das größte innere Volumen des Innenbehälters

Höchst-volumen des Innen-behälters (Liter)	Dichte des Holzes höchstens 1,25 g/cm³ und mindestens													
	0,6	0,65	0,7	0,75	0,8	0,85	0,9	0,95	1,0	1,05	1,1	1,15	1,2	1,25
	kg Uran je Versandstück													
2	0,152	0,380	0,66	1,01	1,47	2,00	2,66	3,50	4,64	6,04	7,62	9,39	11,3	13,3
3	0,084	0,223	0,416	0,65	0,93	1,25	1,58	1,96	2,34	2,74	3,16	3,57	3,99	4,42
4	0,084	0,120	0,157	0,193	0,231	0,274	0,356	0,498	0,73	1,05	1,47	2,02	2,70	3,55
5	0,084	0,120	0,157	0,193	0,231	0,267	0,301	0,495	0,57	0,66	0,74	0,84	0,92	1,02
7	0,084	0,120	0,157	0,193	0,231	0,267	0,301	0,347	0,406	0,467	0,53	0,60	0,66	0,73
unbegrenzt	0,084	0,120	0,157	0,193	0,231	0,267	0,301	0,335	0,370	0,400	0,429	0,456	0,478	0,498

*) Aus Uran, das kein U-233 und nicht mehr als 93,5 Masse-% U-235 enthält.

Anhang A. 6

3616
(Forts.)

Tabelle VI

**Nicht wasserstoffhaltige Uranverbindungen oder -gemische *), deren Uran-235-Konzentration
nicht mehr beträgt als 4,8 g/cm³ **)**
(einschließlich nicht moderierten Uranmetalls,
das zu nicht mehr als 25 Masse-% mit Uran-235 angereichert ist)

Zulässige Masse Uran je Versandstück in Abhängigkeit von der Dichte des für die Verpackung
verwendeten Holzes

1. Begrenzung durch den größten inneren Durchmesser des Innenbehälters	
Höchst-durchmesser des Innenbehälters (cm)	Dichte des Holzes höchstens 1,25 g/cm³ und mindestens 0,6 g/cm³
	kg Uran je Versandstück
10,16 unbegrenzt	Keine Beschränkung 0,69

2. Begrenzung durch das größte innere Volumen des Innenbehälters						
Höchst-volumen des Innenbehälters (Liter)	Dichte des Holzes höchstens 1,25 g/cm³ und mindestens					
	0,65	0,7	0,75	0,8	0,85	0,9
	kg Uran je Versandstück					
3	7,0	10,0	12,2	14,5	14,5	14,5
4	4,8	7,8	7,8	7,8	7,8	7,8
5	3,63	3,63	3,63	3,63	3,63	3,63
7	1,41	1,41	1,41	1,41	1,41	1,41
unbegrenzt	0,69	0,69	0,69	0,69	0,69	0,69

*) Aus Uran, das kein U-233 und nicht mehr als 93,5 Masse-% U-235 enthält.
**) Gemische, die Beryllium oder Deuterium enthalten, sind nicht zugelassen; die Kohlenstoffmasse darf nicht mehr als das 5fache der zulässigen Masse Uran betragen.

Tabelle VII

**Nicht wasserstoffhaltige Uranverbindungen oder -gemische *), deren Uran-235-Konzentration
nicht mehr beträgt als 9,6 g/cm³ **)**
(einschließlich nicht moderierten Uranmetalls,
das zu nicht mehr als 50 Masse-% mit Uran-235 angereichert ist)

Zulässige Masse Uran je Versandstück in Abhängigkeit von der Dichte des für die Verpackung
verwendeten Holzes

1. Begrenzung durch den größten inneren Durchmesser des Innenbehälters														
Höchst-durchmesser des Innenbehälters (cm)	Dichte des Holzes höchstens 1,25 g/cm³ und mindestens													
	0,6	0,65	0,7	0,75	0,8	0,85	0,9	0,95	1,0	1,05	1,1	1,15	1,2	1,25
	kg Uran je Versandstück													
7,5	←————————————————— Keine Beschränkung ————————————————→													
8	6	←—————————————— Keine Beschränkung ————————————————→												
8,5	6	7	8	←——————————— Keine Beschränkung ———————————→										
9	6	7	8	9,2	10	11	←————————— Keine Beschränkung ————————→							
9,5	6	7	8	9,2	10	11	12	14	15	←———— Keine Beschränkung ———→				
10	6	7	8	9,2	10	11	12	14	15	16	17	17	17	19
unbegrenzt	0,69	0,69	0,69	0,69	0,69	0,69	0,69	0,69	0,69	0,69	0,69	0,69	0,69	0,69

2. Begrenzung durch das größte innere Volumen des Innenbehälters								
Höchst-volumen des Innenbehälters (Liter)	Dichte des Holzes höchstens 1,25 g/cm³ und mindestens							
	0,65	0,7	0,75	0,8	0,85	0,9	0,95	1,0
	kg Uran je Versandstück							
3	7	8	9,2	10	11	12	14	14,5
4	4,8	7,8	7,8	7,8	7,8	7,8	7,8	7,8
5	3,63	3,63	3,63	3,63	3,63	3,63	3,63	3,63
7	1,41	1,41	1,41	1,41	1,41	1,41	1,41	1,41
unbegrenzt	0,69	0,69	0,69	0,69	0,69	0,69	0,69	0,69

*) Aus Uran, das kein U-233 und nicht mehr als 93,5 Masse-% U-235 enthält.
**) Gemische, die Beryllium oder Deuterium enthalten, sind nicht zugelassen; die Kohlenstoffmasse darf nicht mehr als das 5fache der zulässigen Masse Uran betragen.

Anlage A
Anhang A.6

Anhang A. 6

Tabelle VIII

Uranmetall ohne Moderator *)

Zulässige Masse Uran je Versandstück in Abhängigkeit von der Dichte des für die Verpackung
verwendeten Holzes

1. Begrenzung durch den größten inneren Durchmesser des Innenbehälters

Dichte des Holzes höchstens 1,25 g/cm³ und mindestens

Höchst-durchmesser des Innen-behälters (cm)	0,6	0,65	0,7	0,75	0,8	0,85	0,9	0,95	1,0	1,05	1,1	1,15	1,2	1,25
kg Uran je Versandstück														
6	◄──────────────── Keine Beschränkung ────────────────►													
6,5	6	7	◄──────────── Keine Beschränkung ────────────►											
7	6	7	8	9,2	10	◄────── Keine Beschränkung ──────►								
7,5	6	7	8	9,2	10	11	12	14	15	16	17	17	17	19
10	6	7	8	9,2	10	11	12	14	15	16	17	17	17	19
unbegrenzt	0,69	0,69	0,69	0,69	0,69	0,69	0,69	0,69	0,69	0,69	0,69	0,69	0,69	0,69
unbegrenzt **)	6	7	8	9,2	10	11	12	14	15	16	17	17	17	19

2. Begrenzung durch das größte innere Volumen des Innenbehälters

Dichte des Holzes höchstens 1,25 g/cm³ und mindestens

Höchst-volumen des Innen-behälters (Liter)	0,6	0,65	0,7	0,75	0,8	0,85	0,9	0,95	1,0	1,05	1,1	1,15	1,2	1,25
kg Uran je Versandstück														
2	6	7	8	9,2	10	11	12	14	15	16	17	17	17	19
3	6	7	8	9,2	10	11	12	14	14,5	14,5	14,5	14,5	14,5	14,5
4	6	7	7,8	7,8	7,8	7,8	7,8	7,8	7,8	7,8	7,8	7,8	7,8	7,8
5	3,63	3,63	3,63	3,63	3,63	3,63	3,63	3,63	3,63	3,63	3,63	3,63	3,63	3,63
7	1,41	1,41	1,41	1,41	1,41	1,41	1,41	1,41	1,41	1,41	1,41	1,41	1,41	1,41
unbegrenzt	0,69	0,69	0,69	0,69	0,69	0,69	0,69	0,69	0,69	0,69	0,69	0,69	0,69	0,69
unbegrenzt **)	6	7	8	9,2	10	11	12	14	15	16	17	17	17	19

*) Aus Uran, das kein U-233 und nicht mehr als 93,5 Masse-% U-235 enthält.
**) Diese größeren Massen gelten für spaltbare Stoffe in Form massiver Metallstücke von mindestens 2 kg, die keine eingebuchteten Oberflächen haben.

Tabelle IX

Uranverbindungen oder -gemische *), deren Uran-Konzentration nicht mehr beträgt als $\dfrac{26,44}{H/U + 1,41}$ g/cm³

Zulässige Masse Uran je Versandstück in Abhängigkeit von der Dichte des für die Verpackung
verwendeten Holzes

1. Begrenzung durch den größten inneren Durchmesser des Innenbehälters

Dichte des Holzes höchstens 1,25 g/cm³ und mindestens

Höchst-durchmesser des Innen-behälters (cm)	0,6	0,65	0,7	0,75	0,8	0,85	0,9	0,95	1,0	1,05	1,1	1,15	1,2	1,25
kg Uran je Versandstück														
6	2,80	6,0	◄──────────── Keine Beschränkung ────────────►											
6,5	2,80	6,0	6,0	6,0	6,0	◄──────── Keine Beschränkung ────────►								
7	2,80	6,0	6,0	6,0	6,0	6,0	6,0	◄──── Keine Beschränkung ────►						
7,5	2,80	6,0	6,0	6,0	6,0	6,0	6,0	14	15	15,2	15,2	15,2	15,2	15,2
10	0,330	0,87	1,10	1,80	2,50	3,50	4,6	7,1	7,7	9,6	11,6	13,8	16,1	18,3
unbegrenzt	0,084	0,120	0,157	0,193	0,231	0,267	0,301	0,335	0,370	0,400	0,429	0,456	0,478	0,498

2. Begrenzung durch das größte innere Volumen des Innenbehälters

Dichte des Holzes höchstens 1,25 g/cm³ und mindestens

Höchst-volumen des Innen-behälters (Liter)	0,6	0,65	0,7	0,75	0,8	0,85	0,9	0,95	1,0	1,05	1,1	1,15	1,2	1,25
kg Uran je Versandstück														
2	0,152	0,380	0,66	1,01	1,47	2,00	2,66	3,50	4,64	6,04	7,62	9,39	11,3	13,3
3	0,084	0,223	0,416	0,65	0,93	1,25	1,58	1,96	2,34	2,74	3,16	3,57	3,99	4,42
4	0,084	0,120	0,157	0,193	0,231	0,274	0,356	0,498	0,73	1,05	1,47	2,02	2,70	3,55
5	0,084	0,120	0,157	0,193	0,231	0,267	0,301	0,495	0,57	0,66	0,74	0,84	0,92	1,02
7	0,084	0,120	0,157	0,193	0,231	0,267	0,301	0,347	0,406	0,467	0,53	0,60	0,66	0,73
unbegrenzt	0,084	0,120	0,157	0,193	0,231	0,267	0,301	0,335	0,370	0,400	0,429	0,456	0,478	0,498

*) Aus Uran, das kein U-233 und nicht mehr als 93,5 Masse-% U-235 enthält.

Anhang A. 6

3616
(Forts.)

Tabelle X

Nicht wasserstoffhaltige Plutoniumverbindungen oder -gemische, deren Plutonium-239-Konzentration nicht mehr beträgt als 10 g/cm³ *)

Zulässige Masse Plutonium je Versandstück in Abhängigkeit von der Dichte des für die Verpackung verwendeten Holzes

1. Begrenzung durch den größten inneren Durchmesser des Innenbehälters

Höchstdurchmesser des Innenbehälters (cm)	Dichte des Holzes höchstens 1,25 g/cm³ und mindestens									
	0,6	0,65	0,7	0,75	0,8	0,95	1,05	1,1	1,15	1,25
	kg Plutonium je Versandstück									
6	◄———————————— Keine Beschränkung ————————————►									
6,5	3,60	4,2	◄————— Keine Beschränkung —————►							
7	3,60	4,2	4,7	5,3	◄——— Keine Beschränkung ———►					
7,5	3,60	4,2	4,7	5,3	5,9	7,1	◄—— Keine Beschränkung ——►			
10	3,60	4,2	4,7	5,3	5,9	7,1	8,1	8,3	8,6	8,9
unbegrenzt	0,405	0,405	0,405	0,405	0,405	0,405	0,405	0,405	0,405	0,405

2. Begrenzung durch das größte innere Volumen des Innenbehälters

Höchstvolumen des Innenbehälters (Liter)	Dichte des Holzes höchstens 1,25 g/cm³ und mindestens				
	0,6	0,65	0,7	0,75	0,8
	kg Plutonium je Versandstück				
3	3,60	4,2	4,7	5,3	5,9
4	3,60	3,84	3,84	3,84	3,84
5	2,44	2,44	2,44	2,44	2,44
7	1,20	1,20	1,20	1,20	1,20
unbegrenzt	0,405	0,405	0,405	0,405	0,405

*) Gemische, die Beryllium oder Deuterium enthalten, sind nicht zugelassen; die Kohlenstoffmasse darf nicht mehr als 1/10 der zulässigen Masse Plutonium betragen.

Tabelle XI

Plutoniummetall ohne Moderator

Zulässige Masse Plutonium je Versandstück in Abhängigkeit von der Dichte des für die Verpackung verwendeten Holzes

1. Begrenzung durch den größten inneren Durchmesser des Innenbehälters

Höchstdurchmesser des Innenbehälters (cm)	Dichte des Holzes höchstens 1,25 g/cm³ und mindestens					
	0,6	0,65	0,7	0,75	0,8	0,85
	kg Plutonium je Versandstück					
4	3,20	◄—————— Keine Beschränkung ——————►				
10	3,20	3,60	3,90	4,2	4,4	4,5
unbegrenzt	0,405	0,405	0,405	0,405	0,405	0,405
unbegrenzt *)	3,20	3,60	3,90	4,2	4,4	4,5

2. Begrenzung durch das größte innere Volumen des Innenbehälters

Höchstvolumen des Innenbehälters (Liter)	Dichte des Holzes höchstens 1,25 g/cm³ und mindestens					
	0,6	0,65	0,7	0,75	0,8	0,85
	kg Plutonium je Versandstück					
3	3,20	3,60	3,90	4,2	4,4	4,5
4	3,20	3,60	3,84	3,84	3,84	3,84
5	2,44	2,44	2,44	2,44	2,44	2,44
7	1,20	1,20	1,20	1,20	1,20	1,20
unbegrenzt	0,405	0,405	0,405	0,405	0,405	0,405
unbegrenzt *)	3,20	3,60	3,90	4,2	4,4	4,5

*) Diese größeren Massen gelten für spaltbare Stoffe in Form massiver Metallstücke von mindestens 2 kg, die keine eingebuchteten Oberflächen haben.

Anhang A. 6

Tabelle XII

Plutoniumverbindungen oder -gemische, deren Plutonium-Konzentration nicht mehr beträgt als

$$\frac{26,56}{H/Pu + 1,35} \ g/cm^3$$

Zulässige Masse Plutonium je Versandstück in Abhängigkeit von der Dichte des für die Verpackung verwendeten Holzes

1. Begrenzung durch den größten inneren Durchmesser des Innenbehälters

Höchst-durchmesser des Innen-behälters (cm)	Dichte des Holzes höchstens 1,25 g/cm³ und mindestens													
	0,6	0,65	0,7	0,75	0,8	0,85	0,9	0,95	1,0	1,05	1,1	1,15	1,2	1,25
	kg Plutonium je Versandstück													
4	◄———————————— Keine Beschränkung ————————————►													
5	3,2	3,60	3,90	4,2	4,4	◄——————— Keine Beschränkung ———————►								
6	2,80	3,60	3,90	4,2	4,4	4,5	4,5	4,5	4,5	4,5	4,5	4,5	4,5	4,5
6,5	2,50	3,40	3,80	4,2	4,4	4,5	4,5	4,5	4,5	4,5	4,5	4,5	4,5	4,5
7	2,20	3,10	3,70	4,2	4,4	4,5	4,5	4,5	4,5	4,5	4,5	4,5	4,5	4,5
7,5	1,90	2,70	3,40	4,1	4,4	4,5	4,5	4,5	4,5	4,5	4,5	4,5	4,5	4,5
8	1,60	2,30	3,0	3,80	4,4	4,5	4,5	4,5	4,5	4,5	4,5	4,5	4,5	4,5
8,5	1,30	1,80	2,40	3,20	3,80	4,3	4,5	4,5	4,5	4,5	4,5	4,5	4,5	4,5
9	0,97	1,30	1,80	2,40	3,00	3,40	3,60	3,80	4,0	4,2	4,4	4,4	4,4	4,4
9,5	0,65	0,88	1,20	1,50	1,90	2,20	2,40	2,60	2,80	3,10	3,60	4,4	4,4	4,4
10	0,330	0,42	0,50	0,58	0,70	0,83	0,99	1,20	1,50	1,90	2,70	3,90	4,5	4,5
unbegrenzt	0,022	0,053	0,084	0,114	0,143	0,171	0,199	0,226	0,250	0,274	0,294	0,311	0,327	0,339

2. Begrenzung durch das größte innere Volumen des Innenbehälters

Höchst-volumen des Innen-behälters (Liter)	Dichte des Holzes höchstens 1,25 g/cm³ und mindestens													
	0,6	0,65	0,7	0,75	0,8	0,85	0,9	0,95	1,0	1,05	1,1	1,15	1,2	1,25
	kg Plutonium je Versandstück													
2	0,152	0,309	0,52	0,80	1,16	1,59	4,5	4,5	4,5	4,5	4,5	4,5	4,5	4,5
3	0,047	0,133	0,247	0,380	0,700	0,76	4,5	4,5	4,5	4,5	4,5	4,5	4,5	4,5
4	0,022	0,076	0,095	0,133	0,700	0,700	0,700	0,700	0,700	0,700	0,89	1,19	1,55	1,98	2,47
5	0,022	0,053	0,085	0,118	0,700	0,700	0,700	0,700	0,700	0,700	0,700	0,700	0,700	0,700
7	0,022	0,053	0,084	0,114	0,700	0,700	0,700	0,700	0,700	0,700	0,700	0,700	0,700	0,700
unbegrenzt	0,022	0,053	0,084	0,114	0,143	0,171	0,199	0,226	0,250	0,274	0,294	0,311	0,327	0,339

Tabelle XIII

Wässerige Lösungen von Uran-233-Nitrat und Uran-233-Fluorid

Zulässige Masse Uran je Versandstück in Abhängigkeit von der Dichte des für die Verpackung verwendeten Holzes

1. Begrenzung durch den größten inneren Durchmesser des Innenbehälters

Höchst-durchmesser des Innen-behälters (cm)	Dichte des Holzes höchstens 1,25 g/cm³ und mindestens													
	0,6	0,65	0,7	0,75	0,8	0,85	0,9	0,95	1,0	1,05	1,1	1,15	1,2	1,25
	kg Uran je Versandstück													
9	◄———————————— Keine Beschränkung ————————————►													
9,5	0,035	0,067	◄——————— Keine Beschränkung ———————►											
10	0,035	0,067	0,100	◄——————— Keine Beschränkung ———————►										
unbegrenzt	0,035	0,067	0,100	0,134	0,169	0,200	0,231	0,261	0,289	0,316	0,340	0,361	0,371	0,391

2. Begrenzung durch das größte innere Volumen des Innenbehälters

Höchst-volumen des Innen-behälters (Liter)	Dichte des Holzes höchstens 1,25 g/cm³ und mindestens													
	0,6	0,65	0,7	0,75	0,8	0,85	0,9	0,95	1,0	1,05	1,1	1,15	1,2	1,25
	kg Uran je Versandstück													
2	0,152	0,309	0,475	0,71	0,99	1,33	1,71	2,11	2,54	2,99	3,44	3,94	4,41	4,8
3	0,085	0,133	0,180	0,228	0,285	0,332	0,389	0,446	0,50	0,56	0,60	0,67	0,73	0,78
4	0,085	0,109	0,133	0,175	0,213	0,256	0,304	0,356	0,408	0,460	0,51	0,57	0,63	0,69
5	0,035	0,076	0,114	0,152	0,190	0,223	0,256	0,292	0,323	0,356	0,389	0,422	0,451	0,484
7	0,035	0,073	0,109	0,142	0,175	0,204	0,235	0,263	0,289	0,318	0,342	0,368	0,394	0,420
unbegrenzt	0,035	0,067	0,100	0,134	0,169	0,200	0,231	0,261	0,289	0,316	0,340	0,361	0,377	0,391

Anhang A. 6

D. Sonderbestimmungen für Versandstücke der nuklearen Sicherheitsklasse II

3617   (1) Jedes Versandstück der nuklearen Sicherheitsklasse II muß so beschaffen sein, daß es den Prüfbedingungen nach Rn. 3635 entspricht und

a) das Volumen und alle Zwischenräume, die für die Berechnung der nuklearen Sicherheit im Sinne von Rn. 3619 a) maßgebend sind, sich um höchstens 5 % verringern können, und die Bauart des Versandstücks das Eindringen eines Würfels von 10 cm Kantenlänge verhindert;

b) kein Wasser in irgendeinen Teil des Versandstücks eindringen oder daraus ausfließen kann, sofern nicht bei der Festlegung der zulässigen Anzahl im Sinne von Rn. 3619 a) das Eindringen oder Ausfließen von Wasser bei diesem Teil im größten vorhersehbaren Umfang bereits einbezogen wurde;

c) die Anordnung des Inhalts und die geometrische Form der dichten Umschließung sich nicht so verändern dürfen, daß die Reaktivität dadurch merklich ansteigt.

(2) Versandstücke der nuklearen Sicherheitsklasse II müssen den in den Rn. 3618 und 3619 genannten Kriterien für die nukleare Sicherheit entsprechen.

1. Für das einzelne Versandstück

3618   (1) Die folgenden Bedingungen sind anzunehmen:

a) das Versandstück ist „beschädigt"; hier bedeutet „beschädigt" den geprüften oder nachgewiesenen Zustand des Versandstücks nach Vornahme entweder der Prüfungen nach Rn. 3635 und 3637 (1) bis (3) und anschließend der Prüfung nach Rn. 3638 oder der Prüfungen nach Rn. 3635 und 3637 (4), je nachdem welche Kombination die am meisten einschränkende ist;

b) das Wasser kann in alle Hohlräume des Versandstücks eindringen oder daraus ausfließen, auch bei jenen innerhalb der dichten Umschließung; falls jedoch das Versandstückmuster besondere Einrichtungen besitzt, die das Eindringen von Wasser in bestimmte Hohlräume oder das Ausfließen aus diesen auch bei menschlichem Versagen verhindern können, kann angenommen werden, daß es sich weder um Eindringen noch um Ausfließen von Wasser handelt. Diese besonderen Einrichtungen können bestehen aus:

i) mehreren Lagen sehr wirksamer Wassersperren, von denen jede leckdicht bleiben würde, wenn das Versandstück der in Absatz 1 a) beschriebenen Kombination von Prüfungen ausgesetzt werden würde; oder

ii) einer strengen Qualitätsüberwachung bei der Herstellung und Wartung der Verpackung, zusammen mit Spezialprüfungen, um den dichten Verschluß jedes Versandstücks vor dem Versand nachzuweisen.

(2) Das Versandstück muß unter den in Absatz 1 genannten Bedingungen ausreichend [s. Fußnote [2]] unterkritisch sein, wobei die chemischen und physikalischen Merkmale zu berücksichtigen sind, und zwar einschließlich jeglicher Änderung dieser Merkmale, die sich unter den in Absatz 1 genannten Bedingungen und unter den folgenden Moderations- und Reflexionsbedingungen ergeben könnten:

a) mit dem Stoff im Innern der dichten Umschließung:

i) die unter den Bedingungen nach Absatz 1 voraussehbare reaktivste Anordnung und Moderation;

ii) die vollständige Reflexion durch das die dichte Umschließung umgebende Wasser oder eine zusätzlich durch den Werkstoff der Verpackung selbst um diese Umschließung herum bewirkte größere Reflexion;

und ferner

b) wenn irgendein Teil des Stoffes unter den in Absatz 1 genannten Bedingungen aus der dichten Umschließung austritt:

i) die für möglich gehaltene reaktivste Anordnung und Moderation;

ii) die vollständige Reflexion durch das diesen Stoff umgebende Wasser.

2. Für Sendungen aus einem oder mehreren Versandstücken

3619   Für jedes Versandstückmuster der nuklearen Sicherheitsklasse II ist die „zulässige Anzahl" wie folgt zu ermitteln:

a) eine Gruppe von unbeschädigten Versandstücken, die fünfmal mehr als die zulässige Anzahl Versandstücke umfaßt, muß unterkritisch bleiben, falls die Versandstücke in irgendeiner Weise aufeinander gestapelt sind und diese Gruppe auf allen Seiten von einem dem Wasser gleichwertigen Reflektor unmittelbar umgeben ist. „Unbeschädigt" ist hier gleichbedeutend mit dem Zustand, in dem sich das Versandstück bei der Aufgabe zur Beförderung befinden muß;

b) eine Gruppe von beschädigten Versandstücken, die das Doppelte der zulässigen Anzahl Versandstücke umfaßt, muß unterkritisch bleiben, falls die Versandstücke in irgendeiner Weise aufeinandergestapelt sind und diese Gruppe auf allen Seiten von einem dem Wasser gleichwertigen Reflektor unmittelbar umgeben ist. „Beschädigt" ist hier gleichbedeutend mit dem Zustand, in dem sich jedes Versandstück nach Abschätzung oder Nachweis befindet, falls es entweder den in Rn. 3635 und 3637 (1) bis (3) und anschließend den in Rn. 3638 oder 3635 und 3637 (4) vorgesehenen Prüfungen unterworfen worden wäre, je nachdem, welche Kombination die am meisten einschränkende ist. Es ist ferner vorauszusetzen, daß eine so starke, durch eine wasserstoffhaltige Substanz bewirkte Moderation [s. Fußnote [3]] zwischen den Versandstücken eintritt und eine solche mit den Prüfergebnissen zu vereinbarende Menge Wasser in das Versandstück eindringt oder aus diesem ausfließt, daß sich dadurch die höchste Reaktivität ergibt.

Anhang A. 6

3. Versandstückmuster, für die keine Genehmigung durch eine zuständige Behörde erforderlich ist

Beispiel I (mehrseitige Genehmigung für die Beförderung erforderlich)

Versandstücke der nuklearen Sicherheitsklasse II benötigen keine Genehmigung des Versandstückmusters durch die zuständige Behörde, falls die folgenden Bedingungen erfüllt sind: **3620**

a) Verpackung: Die Kritikalitätssicherheit dieser Sendungen hängt nicht von der Unversehrtheit der Verpackung ab. Jede Verpackung, die den Vorschriften der Klasse 7 bezüglich der radioaktiven Eigenschaften von nicht spaltbaren Stoffen entspricht, kann deshalb verwendet werden.

b) Inhalt: metallisches Uran, Uranverbindungen oder -gemische: Der Inhalt jeder Sendung, die die „zulässige Anzahl" von Versandstücken umfaßt, darf die zulässige Uran-235-Menge nach Tabelle XIV in Abhängigkeit von der Anreicherung bei Stoffen nicht überschreiten, die folgende Bedingungen erfüllen:

   i) es darf kein Uran-233 vorhanden sein;

   ii) es dürfen weder Beryllium noch in Deuterium angereicherte wasserstoffhaltige Stoffe vorhanden sein;

   iii) die vorhandene Gesamtmasse an Graphit darf das 150fache der Gesamtmasse an Uran-235 nicht überschreiten;

   iv) Gemische von spaltbaren Stoffen mit Stoffen einer höheren Wasserstoffdichte als Wasser, z. B. gewisse Kohlenwasserstoffe, dürfen nicht vorhanden sein. Die Verwendung von Polyäthylen für die Verpackung ist zugelassen.

Tabelle XIV
Zulässige Masse an Uran-235 je Sendung

Urananreicherung in Masse-% Uran-235 höchstens	Zulässige Masse an Uran-235 je Sendung in Gramm
93	160
75	168
60	176
40	184
30	192
20	208
15	224
11	240
10	256
9,5	262
9	270
8,5	276
8	284
7,5	294
7	300
6,5	312
6	324
5,5	340
5	360
4,5	380
4	400
3,5	440
3	500
2,5	600
2	820
1,5	1360
1,35	1600
1	3400
0,92	6000

c) Inhalt: metallisches Uran, Uranverbindungen oder -gemische, die kein Gitter bilden: der Inhalt jeder Sendung, die die „zulässige Anzahl" von Versandstücken umfaßt, darf die zulässige Masse an Uran-235 nach Tabelle XV in Abhängigkeit von der Anreicherung bei Stoffen nicht überschreiten, die folgende Bedingungen erfüllen:

   i) es darf kein Uran-233 vorhanden sein;

   ii) es dürfen weder Beryllium noch in Deuterium angereicherte wasserstoffhaltige Stoffe vorhanden sein;

   iii) die vorhandene Gesamtmasse an Graphit darf das 150fache der Gesamtmasse an Uran-235 nicht überschreiten;

   iv) Gemische von spaltbaren Stoffen mit Stoffen einer höheren Wasserstoffdichte als Wasser, z. B. gewisse Kohlenwasserstoffe, dürfen nicht vorhanden sein. Die Verwendung von Polyäthylen für die Verpackung ist zugelassen;

   v) die spaltbaren Stoffe müssen homogen im Stoff verteilt sein. Außerdem dürfen die Stoffe im Versandstück nicht gitterförmig angeordnet sein.

Anlage A
Anhang A.6

263

Anhang A. 6

Tabelle XV

Zulässige Masse an Uran-235 je Sendung

Urananreicherung in Masse-% Uran-235 höchstens	Zulässige Masse an Uran-235 je Sendung in Gramm
4	420
3,5	460
3	560
2,5	740
2	1200
1,5	2800
1,35	4000

d) Inhalt: Uran oder Plutonium als Metalle, Verbindungen oder Gemische: Die Stoffe müssen folgenden Bedingungen entsprechen:

  i) es dürfen weder Beryllium noch in Deuterium angereicherte wasserstoffhaltige Stoffe vorhanden sein;

  ii) die vorhandene Gesamtmasse an Graphit darf das 150fache der Gesamtmasse an Uran und Plutonium nicht überschreiten;

  iii) Gemische von spaltbaren Stoffen mit Stoffen einer höheren Wasserstoffdichte als Wasser, z. B. gewisse Kohlenwasserstoffe, dürfen nicht vorhanden sein. Die Verwendung von Polyäthylen für die Verpackung ist zugelassen.

Die Gesamtmasse an spaltbaren Stoffen je Sendung muß so sein, daß

$$\frac{m^{235}U}{160} + \frac{m Pu}{90} + \frac{m^{233}U}{100}$$

nicht größer als 1 ist,

wobei $m^{235}U$, $m^{233}U$, und $m Pu$ die im Versandstück enthaltenen Massen von ^{235}U, ^{233}U und Pu in Gramm sind.

$$\frac{^{235}U \ (Gramm)}{160} + \frac{Pu \ (Gramm)}{90} + \frac{^{233}U \ (Gramm)}{100}$$

e) Zulässige Anzahl: Die zulässige Anzahl für ein bestimmtes dieser Spezifikation entsprechendes Versandstück hängt vom tatsächlichen Inhalt ab und ist gleich der Begrenzung der Masse an Spaltstoff je Sendung, dividiert durch die im Versandstück tatsächlich vorhandene Masse an Spaltstoff. Bei Nuklidgemischen nach d) beträgt die zulässige Anzahl

$$\frac{160}{m^{235}U + 1,6 \ m^{233}U + 1,778 \ m Pu}$$

$$\frac{160}{^{235}U + 1,6 \ ^{233}U + 1,778 \ Pu}$$

wobei ^{235}U, ^{233}U und Pu die Angaben des im Versandstück enthaltenen ^{235}U, ^{233}U und Pu in Gramm darstellen.

Gehört das Versandstück zu einer Sendung von Versandstücken unterschiedlicher Bauart, so müssen die Vorschriften nach Fußnote 1) zu Rn. 2700 (2) beachtet werden.

f) Die Beförderung unterliegt einer mehrseitigen Genehmigung.

E. Sonderbestimmungen für Versandstücke der nuklearen Sicherheitsklasse III

3621   Die Versandstücke der nuklearen Sicherheitsklasse III müssen den allgemeinen Vorschriften der Rn. 3611 entsprechen und sind nach Rn. 3674 und 3675 zu genehmigen.

1. Versandstückmuster, für die eine einseitige Genehmigung.erforderlich ist

Beispiel I (mehrseitige Genehmigung für die Beförderung erforderlich)

3622   Versandstücke, die den nachstehenden Bestimmungen entsprechen, erfordern nur eine einseitige Genehmigung des Versandstückmusters, sofern folgende Bedingungen erfüllt sind:

a) Die Anzahl der Versandstücke in jeder Sendung ist so zu begrenzen, daß

  i) die doppelte Anzahl dieser unbeschädigten Versandstücke unterkritisch sein muß, falls sie in einer beliebigen Anordnung zusammengestellt werden, ohne daß sich irgend etwas zwischen den Versandstücken befindet und sie auf allen Seiten des Stapels von einem dem Wasser gleichwertigen Reflektor unmittelbar umgeben sind. „Unbeschädigt" ist hier gleichbedeutend mit dem Zustand, in dem sich die Versandstücke bei der Aufgabe zur Beförderung befinden müssen;

Anhang A. 6

ii) eine Anzahl von Versandstücken in beschädigtem Zustand unterkritisch sein muß, falls sie in einer beliebigen Anordnung zusammengestellt und auf allen Seiten des Stapels von einem dem Wasser gleichwertigen Reflektor unmittelbar umgeben sind; „Beschädigt" ist hier gleichbedeutend mit dem Zustand, in dem sich jedes Versandstück nach Abschätzung oder Nachweis befindet, falls es entweder den in Rn. 3635 und 3637 (1) bis (3) und anschließend den in Rn. 3638 oder den in Rn. 3635 und 3637 (4) vorgesehenen Prüfungen unterworfen worden wäre, je nachdem, welche Kombination die am meisten einschränkende ist. Es ist ferner vorauszusetzen, daß eine so starke, durch eine wasserstoffhaltige Substanz bewirkte Moderation [s. Fußnote ³)] zwischen den Versandstücken eintritt und eine solche mit den Prüfergebnissen übereinstimmende Menge Wasser in das Versandstück eindringt oder aus diesem ausströmt, daß sich dadurch die höchste Reaktivität ergibt.

b) Der Versand dieser Versandstücke erfolgt nur auf Grund der von den zuständigen Behörden nach Rn. 3675 getroffenen Vorkehrungen, um der Verladung, Beförderung oder Lagerung dieser Versandstücke mit anderen bezettelten Versandstücken radioaktiver Stoffe vorzubeugen.

2. Versandstückmuster mit spaltbaren Stoffen, für die eine Genehmigung durch eine zuständige Behörde nicht erforderlich ist

Beispiel I (mehrseitige Genehmigung für die Beförderung erforderlich)

Versandstücke der nuklearen Sicherheitsklasse III benötigen keine Genehmigung des Versandstückmusters, falls die folgenden Bedingungen erfüllt sind:

3623

a) das Versandstück ist als Versandstück der nuklearen Sicherheitsklasse II genehmigt, und die je Sendung beförderte Zahl übersteigt nicht das Doppelte der zulässigen Anzahl, an welche die Genehmigung für die nukleare Sicherheitsklasse II gebunden ist;

b) der Versand dieser Versandstücke erfolgt nur auf Grund von Vorkehrungen, die die zuständige Behörde nach Rn. 3675 getroffen hat, um der Verladung, Beförderung oder Lagerung dieser Versandstücke mit anderen Versandstücken der nuklearen Sicherheitsklassen II oder III vorzubeugen. Beispiele für derartige Vorkehrungen:

i) es darf kein anderes als radioaktiver Stoff bezetteltes Versandstück mit der Sendung in demselben Fahrzeug befördert werden;

ii) die Sendung muß ohne Zwischenlagerung unmittelbar an den Bestimmungsort befördert werden oder durch Begleitpersonal ist dafür zu sorgen, daß die Versandstücke der Sendung nicht mit oder neben anderen Versandstücken mit radioaktiven Stoffen nach einem Unfall oder wann auch immer gestapelt werden.

Das Begleitpersonal muß sich in einem anderen Fahrzeug befinden.

Beispiel II (mehrseitige Genehmigung für die Beförderung erforderlich)

Versandstücke der nuklearen Sicherheitsklasse III benötigen keine Genehmigung des Versandstückmusters, falls die folgenden Bedingungen erfüllt sind:

3624

a) Verpackung: Die Kritikalitätssicherheit dieser Sendungen hängt nicht von der Unversehrtheit der Verpackung ab. Jede Verpackung, die den anderen einschlägigen Vorschriften dieses Anhangs entspricht, kann daher verwendet werden, sofern sie nicht eine Abschirmung aus Blei, die dicker als 5 cm ist, Wolfram oder Uran enthält.

b) Inhalt: Metallisches Uran, Uranverbindungen oder -gemische: Der Inhalt jeder Sendung darf die zulässige Masse an Uran-235 nach Tabelle XVI bei Stoffen nicht überschreiten, die folgende Bedingungen erfüllen:

i) es darf kein Uran-233 vorhanden sein;

ii) es dürfen weder Beryllium noch in Deuterium angereicherte wasserstoffhaltige Stoffe vorhanden sein;

iii) die vorhandene Gesamtmasse an Graphit darf das 150fache der Gesamtmasse an Uran-235 nicht überschreiten;

iv) Gemische von spaltbaren Stoffen mit Stoffen einer höheren Wasserstoffdichte als Wasser, z. B. gewisse Kohlenwasserstoffe, dürfen nicht vorhanden sein. Die Verwendung von Polyäthylen für die Verpackung ist zugelassen.

Anhang A. 6

3624
(Forts.)

Tabelle XVI

Zulässige Masse an Uran-235 je Sendung

Urananreicherung in Masse-% Uran-235 höchstens	Zulässige Masse an Uran-235 je Sendung in Gramm
93	400
75	420
60	440
40	460
30	480
20	520
15	560
11	600
10	640
9,5	655
9	675
8,5	690
8	710
7,5	730
7	750
6,5	780
6	810
5,5	850
5	900
4,5	950
4	1000
3,5	1100
3	1250
2,5	1500
2	2050
1,5	3400
1,35	4000
1	8500
0,92	15000

c) Inhalt: Metallisches Uran, Uranverbindungen oder -gemische, die kein Gitter bilden: Tabelle XVII gibt die zulässige Masse an Uran-235 je Sendung in Abhängigkeit von der Anreicherung bei Stoffen an, die folgende Bedingungen erfüllen:

i)   es darf kein Uran-233 vorhanden sein;

ii) es dürfen weder Beryllium noch in Deuterium angereicherte wasserstoffhaltige Stoffe vorhanden sein;

iii) die vorhandene Gesamtmasse an Graphit darf das 150fache der Gesamtmasse an Uran-235 nicht überschreiten;

iv) Gemische von spaltbaren Stoffen mit Stoffen einer höheren Wasserstoffdichte als Wasser, z. B. gewisse Kohlenwasserstoffe, dürfen nicht vorhanden sein. Die Verwendung von Polyäthylen für die Verpackung ist zugelassen;

v)   die spaltbaren Stoffe müssen homogen im Stoff verteilt sein. Außerdem dürfen die Stoffe im Versandstück nicht gitterförmig angeordnet sein.

Tabelle XVII

Zulässige Masse an Uran-235 je Sendung

Urananreicherung in Masse-% Uran-235 höchstens	Zulässige Masse an Uran-235 je Sendung in Kilogramm
4	1,05
3,5	1,15
3	1,4
2,5	1,8
2	3
1,5	7
1,35	10

d) Inhalt: Uran oder Plutonium als Metalle, Verbindungen oder Gemische: Die Stoffe müssen folgenden Bedingungen entsprechen:

i)   es dürfen weder Beryllium noch in Deuterium angereicherte wasserstoffhaltige Stoffe vorhanden sein;

ii) die vorhandene Gesamtmasse an Graphit darf das 150fache der Gesamtmasse an Uran und Plutonium nicht überschreiten;

Anhang A. 6

iii) Gemische von spaltbaren Stoffen mit Stoffen einer höheren Wasserstoffdichte als Wasser, z. B. gewisse Kohlenwasserstoffe, dürfen nicht vorhanden sein. Die Verwendung von Polyäthylen für die Verpackung ist zugelassen.

Die Gesamtmasse an spaltbaren Stoffen je Sendung muß so sein, daß

$$\frac{m^{235}U}{400} + \frac{m^{Pu}}{225} + \frac{m^{233}U}{250} \qquad \left| \qquad \frac{^{235}U\ (Gramm)}{400} + \frac{Pu\ (Gramm)}{225} + \frac{^{233}U\ (Gramm)}{250} \right.$$

nicht größer als 1 ist,

wobei $m^{235}U$, $m^{233}U$ und m^{Pu} die im Versandstück enthaltenen Massen von ^{235}U, ^{233}U und Pu in Gramm sind.

e) Beförderungsbedingungen: Während der gesamten Beförderung der Sendung müssen die folgenden administrativen Kontrollen vorgenommen werden:

i) die Masse an Stoff in einer Sendung darf die in b), c) und d) angegebene Masse nicht überschreiten;

ii) die Sendung muß ohne Zwischenlagerung unmittelbar zum Bestimmungsort befördert werden.

f) Der Beförderung unterliegt einer mehrseitigen Genehmigung.

3625-3629

Abschnitt III

Prüfmethoden und Kontrollen

A. Nachweis der Übereinstimmung mit den Vorschriften

(1) Der Nachweis der Übereinstimmung mit den Vorschriften für die nach diesem Abschnitt vorgesehenen Prüfungen kann durch eines oder mehrere der nachstehend genannten Verfahren erbracht werden: **3630**

a) Durchführung von Prüfungen an Serienmustern oder Prototypen der Verpackung, wie sie üblicherweise zur Beförderung aufgegeben werden; in diesem Fall muß der Inhalt der Verpackung möglichst genau dem zu erwartenden radioaktiven Inhalt entsprechen;

b) Bezugnahme auf frühere zufriedenstellende und annähernd vergleichbare Nachweise;

c) Durchführung von Prüfungen an Modellen eines geeigneten Maßstabes, die alle für den zu prüfenden Gegenstand wesentlichen Merkmale enthalten, da aus der technischen Erfahrung bekannt ist, daß die Ergebnisse derartiger Prüfungen für die Gestaltung der Verpackung geeignet sind. Bei Verwendung eines Modells dieser Art ist die Notwendigkeit zu berücksichtigen, daß bestimmte Prüfparameter, wie z. B. der Durchmesser der Prüfspitze oder die Drucklast, angepaßt werden müssen;

d) Berechnung oder begründete Darstellung, wenn die Berechnungsverfahren und Parameter nach allgemeiner Übereinstimmung zuverlässig sind.

(2) Im Hinblick auf die Ausgangsbedingungen für die in diesem Abschnitt beschriebenen Prüfungen, mit Ausnahme der in den Rn. 3637 (4) bis 3639 beschriebenen, beruht der Nachweis der Übereinstimmung vor und während der Prüfung auf der Annahme, daß das Versandstück sich bei einer Umgebungstemperatur von 38 °C im Gleichgewicht befindet. Hinsichtlich der Wärmeprüfung kann die Einwirkung von Sonnenstrahlen außer acht gelassen werden; sie ist jedoch bei der Beurteilung der Ergebnisse zu berücksichtigen.

B. Verpackungsprüfungen

1. Anzahl der zu prüfenden Probestücke

Die Anzahl der tatsächlich zu prüfenden Probestücke hängt von der Zahl der Verpackungen des vorgesehenen Typs, die hergestellt werden, sowie von der Verwendungshäufigkeit und von den Gestehungskosten ab. Um den Anforderungen der Prüfverfahren im Hinblick auf die größtmögliche Beschädigung zu genügen, kann auf Grund der Prüfungsergebnisse die Zahl der Probestücke erhöht werden. **3631**

2. Vorbereitung eines Probestücks auf die Prüfung

(1) Bevor ein Probestück geprüft wird, muß es untersucht werden, um Mängel oder Schäden festzustellen und zu vermerken, insbesondere: **3632**

a) Abweichungen von den Beschreibungen und Zeichnungen;

b) Konstruktionsfehler;

c) Korrosion oder andere Beschädigungen;

d) Verformung einzelner Teile.

(2) Die dichte Umschließung der Verpackung muß eindeutig feststellbar sein.

Anlage A
Anhang A.6

267

Anhang A. 6

(3) Die äußeren Teile der Verpackung müssen eindeutig feststellbar sein, damit leicht und zweifelsfrei auf jeden Teil dieses Probestücks Bezug genommen werden kann.

3. Prüfung der Unversehrtheit der dichten Umschließung und der Strahlenabschirmung

3633   Nachdem das Probestück irgendeiner der nach Rn. 3635 bis 3637 vorgesehenen Prüfungen unterworfen wurde, muß auch noch nachgewiesen werden, daß die Umschließung und die Wirkung der Strahlenabschirmung in dem nach Rn. 3601 (15) bis (17), 3602 (2), 3603 (1) und 3604 (2) für die betreffende Verpackung erforderlichen Maße erhalten geblieben sind.

4. Aufprallplatte für die Fallprüfungen nach Rn. 3635 (4), 3636 (2), 3637 (2) und 3641 (1)

3634   Die Aufprallplatte muß eine ebene, horizontale Oberfläche haben, die so beschaffen sein muß, daß ihr beim Aufprall wachsender Widerstand gegen eine Verschiebung oder Verformung den am Probestück auftretenden Schaden nicht merklich vergrößert.

5. Prüfungen zum Nachweis der Fähigkeit, normale Beförderungsbedingungen auszuhalten	**Prüfungen über die Widerstandsfähigkeit bei normalen Beförderungsbedingungen**

3635   (1) Bei diesen Prüfungen handelt es sich um die Wassersprühprüfung, die Freifallprüfung, die Druckprüfung und die Durchstoßprüfung. Prototypen der Versandstücke müssen der Freifallprüfung, der Druckprüfung und der Durchstoßprüfung unterzogen werden; in jedem Fall muß vorher die Wassersprühprüfung durchgeführt werden. Für alle diese Prüfungen kann ein einziger Prototyp verwendet werden, sofern die Bedingungen nach Absatz 2 erfüllt sind.

(2) Die Zeitspanne zwischen der Beendigung der Wassersprühprüfung und der anschließenden Prüfung muß so sein, daß das Wasser in größtmöglicher Menge eindringen kann, die Außenseiten des Probestücks jedoch nicht merklich abtrocknen. Sofern nichts dagegen spricht, beträgt diese Zeitspanne, falls das Sprühwasser gleichzeitig aus vier Richtungen einwirkt, etwa 2 Stunden. Keine Zeitspanne ist jedoch vorzusehen, wenn das Sprühwasser aus jeder der vier Richtungen nacheinander einwirkt.

(3) Wassersprühprüfung: Jede Wassersprühprüfung gilt als zufriedenstellend, wenn

a) die Wassermenge je Flächeneinheit etwa einer Regenmenge von 5 cm je Stunde entspricht;

b) das Wasser in einem Winkel von etwa 45° zur Horizontalen auf das Probestück auftritt;

c) das Wasser, wie bei Regen, etwa gleichmäßig über die ganze Oberfläche des Probestücks in Richtung des Strahls verteilt wird;

d) die Dauer des Sprühens mindestens eine Stunde beträgt;

e) die Verpackung so ausgerichtet ist, daß es möglichst die geprüften Teile sind, die am stärksten beansprucht werden und das Probestück so aufgestützt ist, daß es sich nicht in einer Wasserlache befindet.

(4) Freifallprüfung: Das Probestück muß so auf die Aufprallplatte fallen, daß es hinsichtlich der zu prüfenden Sicherheitsfaktoren den größtmöglichen Schaden erleidet.

a) Die Fallhöhe, gemessen vom untersten Punkt des Versandstücks bis zur Oberfläche der Aufprallfläche, muß den Vorschriften der nachstehenden Tabelle XVIII entsprechen:

Tabelle XVIII

Freifallhöhe für Versandstücke

Masse des Versandstücks (kg)	Freifallhöhe (m)
weniger als 5 000	1,2
5 000 bis < 10 000	0,9
10 000 bis < 15 000	0,6
15 000 und mehr	0,3

b) Bei Versandstücken der nuklearen Sicherheitsklasse II muß vor dem oben angegebenen freien Fall ein solcher aus einer Höhe von 0,3 m auf jede Ecke oder, bei zylinderförmigen Versandstücken, auf jedes Viertel der beiden Ränder erfolgen.

c) Bei rechteckigen Versandstücken aus Pappe oder Holz mit einer Masse von nicht mehr als 50 kg muß überdies an einem besonderen Probestück eine Prüfung im freien Fall aus einer Höhe von 0,3 m auf jede Ecke vorgenommen werden.

d) Bei zylinderförmigen Versandstücken aus Pappe mit einer Masse von nicht mehr als 100 kg muß überdies an einem besonderen Probestück eine Prüfung im freien Fall aus einer Höhe von 0,3 m auf jedes Viertel der beiden Ränder vorgenommen werden.

(5) Druckprüfung: Das Probestück ist während mindestens 24 Stunden der Einwirkung einer Last auszusetzen, die dem größeren der beiden nachstehenden Werte entspricht:

a) dem Äquivalent der fünffachen Masse des eigentlichen Versandstücks;

Anhang A. 6

b) dem Äquivalent von

13 kN/m² | 1 300 kg/m²

multipliziert mit der senkrecht projizierten Fläche des Versandstücks.

Diese Kraft muß gleichmäßig auf zwei gegenüberliegende Seiten des Probstücks einwirken, von denen eine die üblicherweise als Boden benützte Seite des Versandstücks ist.

(6) Durchstoßprüfung: Das Probestück wird auf eine harte, flache, horizontale Unterlage gestellt, die sich während des Versuchs nicht merklich verschieben darf.

a) Eine Stange von 3,2 cm Durchmesser, mit einem halbkugelförmigen Ende und einer Masse von 6 kg, fällt mit senkrechtstehender Längsachse so auf die Mitte der schwächsten Stelle des Probestücks, daß sie bei genügend weitem Eindringen die dichte Umschließung trifft. Durch die Prüfung darf die Stange nicht merklich verformt werden.

b) Die Fallhöhe, vom unteren Ende der Stange bis zur Oberfläche des Probestücks gemessen, muß 1 m betragen.

6. Zusätzliche Prüfungen für Verpackungen des Typs A, die für Flüssigkeiten und Gase bestimmt sind

(1) Einzelne Probestücke müssen jeder der folgenden Prüfungen unterzogen werden, es sei denn, eine der Prüfungen ist nachweisbar strenger für das Probestück als die andere; in diesem Fall wird ein Probestück der strengeren Prüfung unterzogen. **3636**

(2) Freifallprüfung: Das Probestück muß so auf die Aufprallplatte fallen, daß die dichte Umschließung den größtmöglichen Schaden erleidet. Die Fallhöhe, vom unteren Teil des Probestücks bis zur Oberfläche der Aufprallplatte gemessen, muß 9 m betragen.

(3) Durchstoßprüfung: Das Probestück muß der in Rn. 3635 (6) beschriebenen Prüfung unterzogen werden, jedoch beträgt die Fallhöhe hier 1,7 m und nicht 1 m wie nach Rn. 3635 (6) b).

7. Prüfungen über die Widerstandsfähigkeit bei Unfällen während der Beförderung

(1) Das Probestück wird den kumulativen Einwirkungen der mechanischen Prüfungen nach Absatz 2 und der Erhitzungsprüfung nach Absatz 3 in der hier angegebenen Reihenfolge ausgesetzt. Ein anderes Probestück muß der Wassertauchprüfung nach Absatz 4 unterworfen werden. **3637**

(2) Mechanische Prüfung: Die Prüfung besteht aus zwei Fallversuchen auf eine Aufprallplatte. Die Reihenfolge der beiden Fallversuche ist so zu wählen, daß nach Beendigung der mechanischen Prüfung die Schäden, die das Probestück erlitten hat, bei der nachfolgenden Erhitzungsprüfung das größtmögliche Ausmaß erreichen.

a) Fallversuch I: Das Probestück muß so auf die Aufprallplatte fallen, daß es den größtmöglichen Schaden erleidet. Die Fallhöhe, vom untersten Teil des Probestücks bis zur Oberfläche der Aufprallplatte gemessen, muß 9 m betragen.

b) Fallversuch II: Das Probestück muß so auf die Aufprallplatte fallen, daß es den größtmöglichen Schaden erleidet. Die Fallhöhe, von der vorgesehenen Aufschlagstelle des Probestücks bis zur Oberfläche der Aufprallplatte gemessen, muß 1 m betragen. Die Aufprallfläche muß die Stirnfläche eines massiven Flußstahlzylinders von 15 cm ± 0,5 cm Durchmesser sein. Die Stirnfläche muß flach sein und horizontal liegen, die Abrundung der Kante darf höchstens einen Radius von 6 mm haben. Der Zylinder muß senkrecht und fest auf der in Rn. 3634 beschriebenen Aufprallplatte montiert und 20 cm lang sein, sofern nicht ein längerer Zylinder einen größeren Schaden verursachen würde; in diesem Fall muß er so lang sein, daß er den größtmöglichen Schaden verursacht.

(3) Erhitzungsprüfung: Eine Erhitzungsprüfung gilt als zufriedenstellend, wenn der auf das Probestück einwirkende Wärmefluß nicht geringer ist als jener, der entstünde, wenn das | ganze

Probestück während 30 Minuten einer Umgebungstemperatur von 800 °C und einem Strahlungskoeffizienten von mindestens 0,9 ausgesetzt wäre. Für die Berechnung wird das Absorptionsvermögen der Oberfläche entweder als der Wert angenommen, den das Versandstück wahrscheinlich aufweist, wenn es einem Brand ausgesetzt ist, oder 0,8, je nachdem, welcher der beiden Werte höher ist. Außerdem ist die Konvektionswärmezufuhr | – falls bedeutsam –

unter Annahme unbewegter Umgebungsluft von 800 °C in diesen 30 Minuten zu berücksichtigen. Nach Beendigung der Wärmezufuhr von außen auf das Probestück

a) darf das Probestück erst nach Ablauf von weiteren 3 Stunden künstlich gekühlt werden oder dann, wenn nachgewiesen ist, daß die Innentemperatur zu sinken begonnen hat, je nachdem, was zuerst eintritt;

b) kann die Verbrennung von Material des Probestücks noch 3 Stunden nach Beendigung der äußeren Wärmezufuhr zum Probestück fortdauern, es sei denn, sie hört von selbst früher auf.

(4) Wassertauchprüfung: Das Probestück wird mindestens 8 Stunden lang mindestens 15 m tief in Wasser eingetaucht. Zu Prüfzwecken gelten diese Bedingungen als erfüllt, wenn ein äußerer Wasserdruck von 150 kPa (1,5 bar) (Überdruck) vorhanden ist.

Anhang A. 6

8. Wassereindringprüfung für Versandstücke mit spaltbaren Stoffen

3638

(1) Versandstücke außer jenen der nuklearen Sicherheitsklasse I oder II und alle anderen Versandstücke, für die ein Eindringen oder Ausfließen von Wasser in einem Umfang, der zur höchsten Reaktivität führt, zu Beurteilungszwecken nach Rn. 3614 (2) und 3619 b) angenommen wird, fallen nicht unter diese Prüfung.

(2) Bevor das Probestück der nachstehend beschriebenen Wassereindringprüfung unterzogen wird, muß es den in Rn. 3637 (2) und (3) beschriebenen Prüfungen unterworfen werden.

(3) Das Probestück wird mindestens 8 Stunden lang mindestens 0,9 m tief in einer solchen Lage in Wasser eingetaucht, daß die größte Leckage zu erwarten ist. Bei dieser Prüfung ist es nicht notwendig, daß die Umgebungstemperatur 38 °C beträgt.

9. Prüfungen der Unversehrtheit der dichten Umschließung und der Strahlenabschirmung

3639

Jedes beliebige Prüf- oder Kontrollverfahren kann zur Bestimmung herangezogen werden, ob die Bedingungen nach diesem Abschnitt erfüllt sind, nachdem das Probestück den in den Rn. 3635 bis 3637 beschriebenen Prüfungen unterworfen worden ist, sofern das Verfahren nachweisbar den einschlägigen Vorschriften nach Rn. 3601 bis 3604 genügt.

C. Prüfungen für radioaktive Stoffe in besonderer Form

1. Allgemeines

3640

(1) Bei diesen Prüfungen handelt es sich um die Stoßempfindlichkeitsprüfung, die Schlagprüfung, die Biegeprüfung und die Erhitzungsprüfung.

(2) Probestücke (feste radioaktive Stoffe oder Kapseln) werden so hergestellt, wie sie üblicherweise zur Beförderung aufgegeben werden. Der radioaktive Stoff ist möglichst genau nachzubilden.

(3) Für jede Prüfung kann ein anderes Probestück verwendet werden.

(4) Das Probestück darf bei Stoßempfindlichkeits-, Schlag- oder Biegeprüfung weder zerbrechen noch zersplittern.

(5) Das Probestück darf während der Erhitzungsprüfung weder schmelzen noch sich auflösen.

(6) Nach jeder Prüfung wird das Probestück nach einem Verfahren, das nicht weniger empfindlich ist als die in Rn. 3642 beschriebenen Verfahren, einer Auslaugungsprüfung unterzogen.

2. Prüfverfahren

3641

(1) Stoßempfindlichkeitsprüfung: Das Probestück muß aus 9 m Höhe auf eine Aufprallplatte fallen. Die Aufprallplatte muß der Beschreibung in Rn. 3634 entsprechen.

(2) Schlagprüfung: Das Probestück wird auf eine Bleiplatte gelegt, die auf einer glatten, festen Unterlage aufliegt; dann wird ihm mit dem flachen Ende eines Stahlstabes ein Schlag versetzt, dessen Wirkung dem freien Fall von 1,4 kg aus 1 m Höhe entspricht. Das flache Ende des Stabes muß einen Durchmesser von 25 mm haben und seine Kanten müssen abgerundet sein, wobei die Rundung einen Radius von mindestens 3 mm ± 0,3 mm haben muß. Das Blei muß eine Vickershärte von 3,5 bis 4,5 haben und höchstens 25 mm dick sein; es muß eine größere Fläche als das Probestück überdecken. Für jeden Versuch ist eine neue Platte zu verwenden. Der Stab muß das Probestück so treffen, daß die größtmögliche Beschädigung eintritt.

(3) Biegeprüfung: Diese Prüfung gilt nur für lange, dünne Quellen mit einer Mindestlänge von 10 cm und einem Verhältnis der Länge zur Mindestbreite von mindestens 10. Das Probestück wird starr waagerecht eingespannt, so daß eine Hälfte seiner Länge aus der Einspannung herausragt. Das Probestück wird so ausgerichtet, daß es die größtmögliche Beschädigung erleidet, wenn sein freies Ende mit der flachen Seite eines Stahlstabes geschlagen wird. Der Stab muß das Probestück so treffen, daß ein Aufprall entsteht, der dem bei einem freien senkrechten Fall von 1,4 kg aus 1 m Höhe entspricht. Die flache Seite des Stabes muß einen Durchmesser von 25 mm haben; die Kanten sind auf einen Radius von 3 mm ± 0,3 mm abgerundet.

(4) Erhitzungsprüfung: Das Probestück ist an der Luft auf 800 °C zu erhitzen und 10 Minuten auf dieser Temperatur zu belassen; sodann läßt man es abkühlen.

3. Verfahren der Auslaugungsprüfung

3642

(1) Bei nichtdispergierbaren festen Stoffen:

a) Das Probestück muß 7 Tage im Wasser von Umgebungstemperatur eingetaucht sein. Das Wasser muß einen pH-Wert von 6 bis 8 und eine maximale Leitfähigkeit von 10 μ S/cm bei 20 °C haben;

b) das Wasser mit dem Probestück muß sodann auf eine Temperatur von 50 °C ± 5 °C erhitzt und 4 Stunden lang auf dieser Temperatur gehalten werden;

c) sodann muß die Aktivität des Wassers bestimmt werden;

d) anschließend muß das Probestück mindestens 7 Tage lang in unbewegter Luft mit einem Feuchtigkeitsgehalt von mindestens 90 % bei 30 °C gelagert werden;

e) danach muß das Probestück in Wasser von derselben Beschaffenheit wie in a) eingetaucht, das Wasser mit dem Probestück auf 50 °C ± 5 °C erhitzt und 4 Stunden lang auf dieser Temperatur gehalten werden;

Anhang A. 6

f) dann muß die Aktivität des Wassers bestimmt werden.

Die nach c) und f) bestimmten Aktivitäten dürfen 0,05 µ Ci nicht übersteigen.

(2) Bei Stoffen in Kapseln:

a) Das Probestück muß in Wasser von Umgebungstemperatur eingetaucht werden. Das Wasser muß einen pH-Wert von 6 bis 8 bei einer maximalen Leitfähigkeit von 10 µ S/cm haben. Wasser und Probestück müssen auf eine Temperatur von 50 °C ± 5 °C erhitzt und 4 Stunden lang auf dieser Temperatur gehalten werden.

b) sodann muß die Aktivität des Wassers bestimmt werden;

c) anschließend muß das Probestück mindestens 7 Tage lang in unbewegter Luft bei einer Temperatur von mindestens 30 °C gelagert werden;

d) die unter a) beschriebene Prüfung muß wiederholt werden;

e) dann muß die Aktivität des Wassers bestimmt werden.

Die nach b) und e) bestimmten Aktivitäten dürfen 0,05 µ Ci nicht übersteigen.

D. Vorschriften für die Überprüfung bestimmter Versandstücktypen vor ihrer ersten Verwendung und vor jeder Übergabe zur Beförderung

1. Vor der ersten Verwendung

Vor der ersten Verwendung eines Versandstücks muß der Absender folgende Vorschriften beachten: **3643**

a) Bei jedem Versandstück vom Typ B(U) und B(M) ist sicherzustellen, daß die Wirksamkeit der Strahlenabschirmung und der dichten Umschließung und – erforderlichenfalls – die Wärmeübertragung innerhalb der für das genehmigte Baumuster anwendbaren oder spezifizierten Grenzen liegen;

b) wenn der Berechnungsdruck der dichten Umschließung 35 kPa (0,35 bar) (Überdruck) übersteigt, ist sicherzustellen, daß die dichte Umschließung jedes Versandstücks den Anforderungen des genehmigten Bauartmusters im Hinblick auf die Fähigkeit dieser Umschließung, unter Druck dicht zu bleiben, entspricht;

c) wenn zur Erfüllung der nuklearen Sicherheitskriterien Neutronengifte als Bestandteile der Verpackung hauptsächlich zu diesem Zweck zugefügt werden, ist durch Versuche das Vorhandensein und die Verteilung dieser Gifte festzustellen.

2. Vor jeder Aufgabe zur Beförderung

Vor jeder Übergabe eines Versandstücks zur Beförderung muß der Absender folgende Vorschriften beachten: **3644**

a) Versandstücke vom Typ B(U) und B(M) müssen so lange gelagert werden, bis sich ein stationärer Temperaturzustand eingestellt hat und die für die Beförderung vorgeschriebenen Temperatur- und Druckbedingungen nachweisbar erfüllt sind, außer wenn durch eine einseitige Genehmigung eine Ausnahme von diesen Vorschriften zugestanden wurde;

b) es ist sicherzustellen, daß alle in den Genehmigungszeugnissen genannten Vorschriften beachtet werden;

c) durch Prüfung bzw. geeignete Untersuchungen ist sicherzustellen, daß alle Verschlüsse, Ventile und sonstigen Öffnungen der dichten Umschließung, durch die radioaktiver Inhalt entweichen könnte, ordnungsgemäß verschlossen und gegebenenfalls so versiegelt sind, wie es nach Rn. 3603 (1) und 3604 (2) vorgesehen ist;

d) es ist sicherzustellen, daß die Vorschriften für Hebeeinrichtungen nach Rn. 3600 (5) beachtet werden.

**3645-
3649**

Abschnitt IV

Überwachung der Beförderung und der Zwischenlagerung

A. Zusammenpackung

Ein Versandstück mit radioaktiven Stoffen darf außer den für die Verwendung dieser Stoffe notwendigen Gegenständen und Anweisungen nichts anderes enthalten. Derartige Gegenstände dürfen beigefügt werden, sofern keine Wechselwirkungen zwischen ihnen und der Verpackung oder dem Inhalt stattfinden kann, die die Sicherheit des Versandstücks verringern würde.   **3650**

B. Nicht festhaftende Kontamination

Auf allen Außenflächen des Versandstücks muß die nicht festhaftende Kontamination so niedrig wie möglich gehalten werden und darf bei normalen Beförderungsbedingungen die in Tabelle XIX angegebenen Werte nicht übersteigen. Der Wert der nicht festhaftenden Kontamination kann dadurch bestimmt werden, indem eine Fläche von 300 cm^2 der betreffenden Oberfläche mit einem trockenen Filterpapier, einem trockenen, wasseraufsaugenden Wattebausch oder ähnlichem Material mit der Hand abgewischt wird.   **3651**

Anhang A. 6

Bei Versandstücken für die Beförderung von radioaktiven Stoffen, wie bestrahlte Kernbrennstoffe, muß geklärt werden, ob die Aktivität sich von der Oberfläche ablösen läßt, z. B. durch Regen. Die Häufigkeit einer solchen Klärung richtet sich nach der möglichen Absorption der radioaktiven Kontamination durch die äußere Schicht, insbesondere durch die Farbschicht. Falls die Aktivität sich von der Oberfläche des Versandstücks ablösen läßt, darf ein solches Versandstück nur unter der Bedingung weiterverwendet werden, daß die Klärung über die Sicherheit hinsichtlich der Strahlung durch einen Sachverständigen vorgenommen wurde.

Tabelle XIX
Zulässige Höchstwerte für die nicht festhaftende radioaktive Kontamination

Kontaminierend	Höchstzulässige Kontamination [s. Bem. a)] (μ Ci/cm²)
Nur natürliches und abgereichertes Uran sowie natürliches Thorium *)	10^{-3} *)
Beta- und Gammastrahler und die in Bem. b) genannten Alphastrahler von geringer Toxizität	10^{-4}
Alle anderen Alphastrahler	10^{-5}

*) Nur gültig für grenzüberschreitende Beförderungen.

Bem. a) Die obengenannten Werte sind die zulässigen Mittelwerte für 300 cm² Oberfläche.

b) Alphastrahler von niedriger Toxizität: Uran-235 oder Uran-238; Thorium-232; Thorium-228 und Thorium-230 bei Verdünnung auf eine spezifische Aktivität derselben Größenordnung wie des natürlichen Urans und natürlichen Thoriums; Radionuklide mit einer Halbwertszeit von weniger als 10 Tagen.

C. Kategorien

3652   Die Versandstücke und Container (große und kleine) müssen einer der folgenden drei Kategorien zugeordnet werden:

1. Kategorie I – WEISS

3653   (1) Versandstücke: Wenn die Dosisleistung des Versandstücks unter normalen Beförderungsbedingungen zu keinem Zeitpunkt den Wert von 0,5 mrem/h an einer beliebigen Stelle an der Außenfläche des Versandstücks übersteigt und das Versandstück weder zur nuklearen Sicherheitsklasse II noch III gehört.

(2) Container: Wenn der Container Versandstücke mit radioaktiven Stoffen enthält, von denen keines zu einer höheren Kategorie als Kategorie I-WEISS gehört.

2. Kategorie II-GELB

3654   (1) Versandstücke: Wenn die Dosisleistung nach Rn. 3653 (1) überschritten wird oder das Versandstück zur nuklearen Sicherheitsklasse II gehört, sofern

a) die Dosisleistung des Versandstücks unter normalen Beförderungsbedingungen zu keinem Zeitpunkt den Wert von 50 mrem/h an einer beliebigen Stelle der Außenfläche des Versandstücks übersteigt und

b) die Transportkennzahl unter normalen Beförderungsbedingungen zu keinem Zeitpunkt 1,0 übersteigt.

(2) Container: Wenn die Transportkennzahl des Containers unter normalen Beförderungsbedingungen zu keinem Zeitpunkt 1,0 übersteigt und der Container keine Versandstücke der nuklearen Sicherheitsklasse III enthält.

3. Kategorie III-GELB

3655   (1) Versandstücke: Wenn der eine oder andere der in Rn. 3654 (1) aufgeführten Werte der Dosisleistung überschritten wird oder das Versandstück zur nuklearen Sicherheitsklasse II oder III gehört

oder auf Grund einer Sondervereinbarung befördert wird,

sofern

a) die am Versandstück unter normalen Beförderungsbedingungen zu einem beliebigen Zeitpunkt vorhandene Dosisleistung höchstens 200 mrem/h an jeder beliebigen Stelle der Außenfläche des Versandstücks beträgt, außer, die Beförderung erfolgt als geschlossene Ladung nach den in Rn. 3659 (7) genannten Bedingungen; in diesem Fall beträgt die höchstzulässige Dosisleistung 1000 mrem/h;

b) die Transportkennzahl unter normalen Beförderungsbedingungen zu keinem Zeitpunkt 10 übersteigt, sofern das Versandstück nicht als geschlossene Ladung befördert wird.

Anhang A. 6

(2) Container: Wenn die Transportkennzahl des Containers unter normalen Beförderungsbedingungen zu irgendeinem Zeitpunkt 1,0 übersteigt oder der Container Versandstücke der nuklearen Sicherheitsklasse III enthält, oder auf Grund

besonderer Vorkehrungen | einer Sondervereinbarung

befördert wird.

D. Bezettelung und Kennzeichnung (siehe Anhang A. 9)

(1) Jedes Versandstück und jeder Container (große und kleine) muß mit mindestens zwei Zetteln nach Muster 7 A, 7 B oder 7 C, je nach Kategorie (siehe Rn. 3652 bis 3655), zu der das Versandstück oder der Container gehört, versehen sein.   **3656**

(2) Die Zettel sind an zwei gegenüberliegenden Seiten der Außenfläche des Versandstücks oder an allen vier seitlichen Wänden des Containers anzubringen.

(3) Die Angaben auf den Zetteln sind in gut lesbarer und unauslöschbarer Schrift wie folgt zu ergänzen:

a) bei „Inhalt" ist das Radionuklid oder der Stoff einzutragen, das oder der bei einer Beschädigung des Versandstücks die größte Gefahr darstellt (z. B. Strontium-90; bestrahltes Uran, RADIOAKTIV LSA);

b) die „Aktivität" ist in Curie anzugeben;

Bem.: Diese Aktivität darf auch in Mikro-, Milli- oder Kilocurie angegeben werden, sofern diese Vorsilben ausgeschrieben werden.

c) auf den Zetteln nach Muster 7 B und 7 C ist außerdem in möglichst großen Ziffern an der dafür vorgesehenen Stelle die Transportkennzahl einzutragen.

(4) Auf jedem Versandstück, das schwerer ist als 50 kg, muß an der Außenseite der Verpackung deutlich und dauerhaft die Bruttomasse angegeben sein.

(5) Auf jedem Versandstück vom Typ A muß an der Außenseite deutlich und dauerhaft der Vermerk „Typ A" angebracht sein.

(6) Auf jedem Versandstück eines nach Rn. 3672 bis 3674 genehmigten Bauartmusters muß auf der Außenseite deutlich und dauerhaft das von der zuständigen Behörde diesem Bauartmuster erteilte Kennzeichen angebracht sein; bei Versandstückmustern des Typs B (U) oder B (M) ist der Vermerk „Typ B (U)" oder "Typ B (M)" anzugeben.

(7) Auf jedem Versandstück vom Typ B(U) oder B(M) muß an der Außenseite des äußersten feuerfesten und wasserdichten Gefäßes das auf den Gefahrzetteln wiedergegebene Strahlensymbol nach Muster 7 A bis 7 C gut sichtbar eingestanzt, eingeprägt oder nach einem anderen feuer- und wasserbeständigen Verfahren angebracht sein.

E. Trennung der radioaktiven Stoffe

Versandstücke der Kategorien II-GELB oder III-GELB müssen bei der Beförderung oder Lagerung von den Versandstücken, die einen Zettel mit der Aufschrift „FOTO" aufweisen, entsprechend den Mindestabständen nach Rn. 240 001 des Anhangs B. 4 getrennt aufgestellt werden.   **3657**

F. Zwischenlagerung

(1) Versandstücke mit radioaktiven Stoffen dürfen nicht an der gleichen Stelle mit gefährlichen Gütern gelagert werden, mit denen sie nicht zusammengeladen werden dürfen [s. Rn. 2700 (3)].   **3658**

(2) Die Anzahl der gleichzeitig an einem Ort, z. B. Transitgelände, Güterhalle (Magazin) oder in einem Lagerraum abgestellten Versandstücke und Container der Kategorie II-GELB oder III-GELB ist in der Weise zu beschränken, daß die Summe der Transportkennzahlen einer gleichen Gruppe dieser Versandstücke oder Container 50 nicht übersteigt. Gruppen derartiger Versandstücke und Container müssen so gelagert werden, daß ein Abstand von mindestens 6 m von anderen Gruppen solcher Versandstücke oder Container gewährleistet ist.

(3) Wenn das Überwachen der Anhäufung von Versandstücken nach den roten Streifen auf den Gefahrzetteln erfolgt, dürfen sich in einer Versandstückgruppe höchstens 50 Versandstücke der Kategorie II-GELB oder 5 Versandstücke der Kategorie III-GELB befinden. Sind beide Kategorien vorhanden, entspricht ein Versandstück der Kategorie III-GELB 10 Versandstücken der Kategorie II-GELB.

(4) Mit Ausnahme der Versandstücke der nuklearen Sicherheitsklasse II oder III gelten die Beschränkungen nach Rn. 3658 (2) weder für Versandstücke mit dem Vermerk „RADIOAKTIV LSA", die Stoffe geringer spezifischer Aktivität enthalten, noch für Versandstücke mit dem Vermerk „RADIOAKTIV LLS", die feste Stoffe mit geringer Aktivität enthalten und sich in einem kompakten Versandstückstapel oder in Containern befinden.

(5) Versandstücke verschiedener Typen, namentlich Versandstücke der nuklearen Sicherheitsklasse I mit solchen der nuklearen Sicherheitsklasse II, dürfen zusammen gelagert werden.

G. Beförderung

1. Versandstücke

(1) Die Versandstücke sind in den Wagen so zu verladen, daß sie sich nicht in gefährlicher Weise bewegen, nicht umkippen oder herabfallen können.   **3659**

Anhang A. 6

(2) Unter der Bedingung, daß der mittlere Wärmefluß an der Oberfläche 15 W/m² nicht übersteigt und die Güter, die das Versandstück umgeben, nicht in Säcken enthalten sind, darf ein Versandstück mit anderen verpackten Gütern befördert werden, ohne daß besondere Staubedingungen mit Ausnahme jener beachtet werden müssen, welche die zuständige Behörde in einem entsprechenden Zeugnis fordert. Übersteigt der Wärmefluß 15 W/m², muß das Versandstück als geschlossene Ladung befördert werden.

(3) Versandstücke der Kategorien I-WEISS, II-GELB oder III-GELB dürfen nicht in Abteilen befördert werden, in denen sich Personen befinden, mit Ausnahme der Abteile, die besonders für Personen reserviert sind, welche die Genehmigung haben, diese Versandstücke zu begleiten.

(4) Versandstücke verschiedener Arten, namentlich Versandstücke der nuklearen Sicherheitsklasse I und solche der nuklearen Sicherheitsklasse II, dürfen zusammen befördert werden.

(5) Die Anhäufung von Versandstücken und Containern muß folgendermaßen überwacht werden:

a) Die Anzahl der Versandstücke und Container, die in demselben Fahrzeug verladen werden, muß so begrenzt werden, daß die Summe der Transportkennzahlen 50 nicht überschreitet. Erfolgt die Überwachung der Anhäufung der Versandstücke nach den roten Streifen auf den Gefahrzetteln, siehe Rn. 3658 (3);

b) bei geschlossenen Ladungen darf die vorgenannte Grenze überschritten werden, wenn die Dosisleistung bei normalen Beförderungsbedingungen an keiner Stelle der Außenseite des Containers oder Fahrzeugs 200 mrem/h bzw. in 2 m Entfernung von dieser Außenseite 10 mrem/h übersteigt. Im Falle von Versandstücken der nuklearen Sicherheitsklasse II oder III, oder Mischungen davon, darf die Anzahl der in demselben Fahrzeug verladenen Versandstücke die zulässige Anzahl nicht überschreiten (siehe Bemerkung zu Rn. 2700).

(6) Fahrzeuge und Großcontainer, die Versandstücke oder Container mit Zetteln nach Muster 7 A, 7 B oder 7 C oder radioaktive Stoffe als geschlossene Ladung befördern, müssen an beiden Längsseiten sowie an der Rückseite der Fahrzeuge mit Zetteln nach Anhang B. 4 Rn. 240 010 Muster 7 D versehen sein.

(7) Bei Beförderung als geschlossene Ladung darf die Dosisleistung folgende Werte nicht überschreiten:

a) 1000 mrem/h an jeder Stelle der Außenfläche eines beliebigen Versandstücks, sofern

   i) das Fahrzeug mit einem Verschluß versehen ist, der unter normalen Beförderungsbedingungen den Zugang Unbefugter zum Innern des Wagens verhindert;

   ii) dafür Sorge getragen ist, daß die Versandstücke im Fahrzeug so verstaut sind, daß sie sich unter normalen Beförderungsbedingungen nicht bewegen können;

   iii) während der gesamten Beförderung keine Be- oder Entladungen stattfindet.

   Sind diese Bedingungen nicht erfüllt, so darf die Dosisleistung an keiner Stelle der Außenfläche eines beliebigen Versandstücks 200 mrem/h übersteigen;

b) 200 mrem/h an keiner Stelle der Außenfläche des Fahrzeugs oder Großcontainers, einschließlich der Ober- und Unterseiten und, bei einem offenen Fahrzeug, an keiner Stelle der von den äußeren Kanten des Fahrzeugs aus verlängerten senkrechten Flächen, der Oberfläche der Ladung und der unteren Außenfläche des Fahrzeugs;

c) 10 mrem/h an keiner Stelle 2 m von den senkrechten Flächen entfernt, die durch die äußeren Seitenflächen des Fahrzeugs gebildet werden oder, falls die Ladung in einem offenen Fahrzeug befördert wird, an keiner Stelle 2 m von den senkrechten Ebenen entfernt, die durch die Außenkanten des Fahrzeugs hindurchgehen.

(8) a) Die Dosisleistung darf an jeder Stelle des Fahrzeugs bei normaler Besetzung während der Beförderung 2 mrem/h nicht übersteigen. Der Beförderer muß unter diesen Bedingungen sicherstellen, daß der Fahrzeugführer und das Begleitpersonal während der Zeit von 12 Monaten nicht mehr als 0,5 rem aufnehmen. Bei Einhaltung der Mindestabstände nach der Tabelle der Rn. 240 000 des Anhangs B. 4 muß, auch wenn keine Strahlenabschirmung vorhanden ist, der Grenzwert von 2 mrem/h beachtet werden.

b) An Stelle der unter a) genannten Vorschriften kann der Beförderer ein von der zuständigen Behörde anerkanntes Verzeichnis über die Zeiten führen, in denen sich das Begleitpersonal im Fahrzeug befindet, sowie über die Dosisleistung, der es ausgesetzt ist, damit niemand während einer Zeit innerhalb von 3 Monaten eine Dosis von mehr als 375 mrem aufnimmt.

2. Tankfahrzeuge

3660 Stoffe von geringer spezifischer Aktivität (LSA) (I) der Rn. 2703, Blatt 5, ausgenommen Uranhexafluorid und selbstentzündliche Stoffe, dürfen in Tankfahrzeugen befördert werden, sofern diese den Bedingungen des Anhangs B. 1 a entsprechen.

3. Tankcontainer

3661 Stoffe von geringer spezifischer Aktivität (LSA) (I) der Rn. 2703, Blatt 5, einschließlich natürliches oder abgereichertes Uranhexafluorid, dürfen in Tankcontainern befördert werden, sofern diese den Bedingungen des Anhangs B. 1 b entsprechen.

3662-3669

Anhang A. 6

Abschnitt V

Verwaltungsvorschriften

Die Genehmigung durch die zuständige Behörde ist nicht erforderlich für Versandstückmuster, die für den Versand der Stoffe nach den Blättern 1 bis 4 bestimmt sind, und auch nicht für Stoffe nach den Blättern 5 bis 8, sofern ihr Inhalt nicht aus spaltbaren Stoffen besteht, für die eine Genehmigung nach Rn. 3674 erforderlich ist. **3670**

A. Genehmigung für radioaktive Stoffe in besonderer Form

(1) Jedes Bauartmuster für Stoffe in besonderer Form bedarf einer einseitigen Genehmigung, mit Ausnahme jener **3671** Stoffe, die in den Blättern 3 und 4 genannt sind. Das Genehmigungsgesuch muß enthalten:

a) eine genaue Beschreibung der Stoffe oder – wenn es sich um eine Kapsel handelt – des Inhalts, insbesondere mit Angaben ihres physikalischen und chemischen Zustandes;

b) eine genaue Beschreibung des Bauartmusters der zu verwendenden Kapsel, einschließlich vollständiger Zeichnungen, Angaben über den Werkstoff und die

anzuwendenden Herstellungsverfahren; | Bauart;

c) einen Bericht über die vorgenommenen Prüfungen und deren Ergebnisse oder Berechnungen, die nachweisen, daß die Stoffe die Prüfungen aushalten können oder sonstige Nachweise, daß die radioaktiven Stoffe in besonderer Form den Vorschriften dieses Anhangs entsprechen.

(2) Die zuständige Behörde stellt ein Zeugnis aus, in dem bescheinigt wird, daß das genehmigte Bauartmuster der Begriffsbestimmung der radioaktiven Stoffe in besonderer Form nach Rn. 2700 (2) entspricht; sie teilt diesem Bauartmuster ein Kennzeichen zu. Im Zeugnis werden die Einzelheiten der radioaktiven Stoffe genau genannt.

B. Genehmigung der Versandstückmuster

1. Genehmigung der Versandstückmuster des Typs B (U) (einschließlich der ebenfalls unter die Rn. 3674 fallenden Versandstücke der nuklearen Sicherheitsklassen I, II und III)

(1) Jedes Bauartmuster von Typ B (U)-Versandstücken, das in einem Staat entworfen wurde, der Vertragspartei des **3672** ADR ist, muß von der zuständigen Behörde dieses Staates genehmigt werden. Wenn der Staat, in dem das Versandstück entworfen wurde, nicht Vertragspartei ist, ist die Beförderung zulässig, sofern

a) dieser Staat eine Bescheinigung ausstellt, wonach das Versandstück den technischen Vorschriften des ADR entspricht und diese Bescheinigung von der zuständigen Behörde des ersten von der Sendung berührten ADR-Vertragsstaates anerkannt wird;

b) wenn keine Bescheinigung beigebracht wird, das Bauartmuster des Versandstücks von der zuständigen Behörde des ersten von der Sendung berührten ADR-Vertragsstaates genehmigt wird.

(2) Der Antrag auf Genehmigung muß enthalten:

a) eine genaue Beschreibung des vorgesehenen Inhalts, insbesondere mit Angabe des physikalischen und chemischen Zustands und die Art der ausgesandten Strahlung;

b) eine genaue Beschreibung des Bauartmusters, einschließlich aller Zeichnungen, Angaben über den Werkstoff und die

anzuwendenden Herstellungsverfahren; | Bauart;

c) einen Bericht über die vorgenommenen Prüfungen und deren Ergebnisse oder Angaben über Rechenverfahren, oder sonstige Nachweise, daß das Versandstückmuster den Vorschriften der Rn. 3602 und 3603 entspricht;

d) insbesondere die Benutzungs- und Wartungsanweisungen für das Versandstück, sofern es sich um ein Versandstück handelt, das in kontaminiertes Wasser eingetaucht werden kann, die getroffenen Maßnahmen, die gewährleisten, daß die Kontamination an der Außenfläche des Versandstücks den zulässigen Wert nicht übersteigt;

e) wenn das Versandstück für einen höchsten normalen Betriebsdruck von mehr als 100 kPa (1 bar) (Überdruck) vorgesehen ist, muß das Gesuch insbesondere die Angaben über die für eine dichte Umschließung verwendeten Werkstoffe, die zu prüfenden Musterstücke und die Art der Prüfungen enthalten;

f) wenn als Inhalt bestrahlter Brennstoff vorgesehen ist, muß der Antragsteller im Gesuch über alle im Sicherheitsbericht getroffenen Annahmen, die sich auf die Eigenschaften des Brennstoffs beziehen, Auskunft geben und sie begründen;

g) alle besonderen Verstauungsbedingungen, die für die sichere Wärmeableitung aus dem Versandstück notwendig sind; hierbei ist der verwendete Fahrzeug- oder Containertyp zu berücksichtigen [s. Rn. 3681 (1) a)];

h) eine vervielfältigungsfähige Abbildung des Versandstücks von höchstens 21 cm × 30 cm.

(3) Die zuständige Behörde stellt ein Zeugnis aus, in dem bescheinigt wird, daß das genehmigte Muster den Vorschriften für Versandstücke vom Typ B (U) entspricht (s. Rn. 3677 und 3678).

275

Anhang A. 6

2. Genehmigung der Versandstückmuster des Typs B (M) (einschließlich der ebenfalls unter die Rn. 3674 fallenden Versandstücke der nuklearen Sicherheitsklassen I, II und III)

3673   (1) Jedes Versandstückmuster vom Typ B (M) bedarf einer

Genehmigung durch die Physikalisch-Technische Bundesanstalt, Braunschweig. | mehrseitigen Genehmigung.

(2) Ein Antrag auf Genehmigung für ein Versandstückmuster vom Typ B (M) muß zusätzlich zu den in Rn. 3672 (2) für Versandstücke vom Typ B (U) geforderten Angaben enthalten:

a) eine Liste der ergänzenden zusätzlichen Anforderungen an Versandstücke vom Typ B (U) nach Rn. 3603, denen das Versandstück nicht entspricht;

b) die zusätzlich während der Beförderung vorgesehenen Maßnahmen [5]), um die unter a) aufgeführten Mängel auszugleichen;

c) ausführliche Angaben über besondere Lade-, Beförderungs-, Entlade- und Handhabungsverfahren;

d) die Höchst- und Tiefstwerte der Umgebungsverhältnisse (Temperatur, Sonnenbestrahlung), die während der Beförderung zu erwarten sind und von denen beim Entwurf des Musters ausgegangen wurde.

(3) Die zuständige Behörde stellt ein Zeugnis aus, in dem bescheinigt wird, daß das genehmigte Muster den Vorschriften für Versandstücke vom Typ B (M) entspricht (s. Rn. 3677 bis 3679).

3. Genehmigung der Versandstückmuster der nuklearen Sicherheitsklassen I, II und III

3674   (1) Für die Versandstückmuster nach den Beispielen in Rn. 3620, 3623 oder 3624 ist keine weitere Genehmigung durch die zuständige Behörde erforderlich.

(2) Die Versandstückmuster nach den Beispielen in Rn. 3616 und 3622 bedürfen

der Genehmigung eines ADR-Vertragsstaates. | einer einseitigen Genehmigung.

(3) Alle übrigen Versandstückmuster bedürfen einer

Genehmigung durch die Physikalisch-Technische Bundesanstalt, Braunschweig. | mehrseitigen Genehmigung.

(4) Ein Antrag auf Genehmigung muß alle notwendigen Angaben enthalten, welche die zuständige Behörde überzeugen, daß das Muster den Vorschriften der Rn. 3610 bis 3624 entspricht.

(5) Die zuständige Behörde stellt ein Zeugnis aus (siehe Rn. 3677 bis 3679), in dem bescheinigt wird, daß das genehmigte Muster den Vorschriften der Rn. 3610 bis 3624 entspricht.

C. Beförderungsgenehmigungen | **C. Genehmigung der Sendungen**

3675   (1) Beförderungsgenehmigungen | (1) Mehrseitige Genehmigungen von Sendungen

sind für folgende Versandstücke erforderlich:

a) Versandstücke vom Typ B (M) für ständige Gasabgabe;

b) Versandstücke vom Typ B (M) mit radioaktiven Stoffen von einer Aktivität von mehr als $3 \times 10^3 A_1$ oder $3 \times 10^3 A_2$ (je nach Fall) oder 3×10^4 Ci, je nachdem, welcher dieser Werte der niedrigste ist;

c) Versandstücke der nuklearen Sicherheitsklasse II nach Rn. 3620;

d) Versandstücke der nuklearen Sicherheitsklasse III.

Eine zuständige Behörde kann jedoch die Beförderung auf ihrem Gebiet ohne vorherige Genehmigung zulassen, und zwar auf Grund einer besonderen Angabe in ihrem Genehmigungszeugnis.

(2) Das Gesuch um Genehmigung der

Beförderung | Sendung

muß enthalten:

a) die Zeitdauer, für welche die Genehmigung beantragt wird;

b) den tatsächlichen Inhalt, die Fahrzeugart sowie den voraussichtlichen oder den vorgesehenen Beförderungsweg;

c) Angaben darüber, wie die Vorsichtsmaßnahmen während der Beförderung sowie die besonderen, in den Genehmigungszeugnissen des Versandstückmusters vorgesehenen und in den Rn. 3673 und 3674 genannten administrativen Kontrollen durchgeführt werden können.

---

[5]) D. h. Maßnahmen während der Beförderung, die in diesem Anhang nicht vorgesehen sind, aber im Hinblick auf die sichere Beförderung der Versandstücke als notwendig erachtet werden, wie manuell vorzunehmende Temperatur- oder Druckmessung oder periodische Entgasung. Hierzu gehören auch Maßnahmen im Falle einer unvorhergesehenen Verzögerung.

Anhang A. 6

(3) Wenn die zuständige Behörde eine
Beförderung | Sendung

genehmigt, stellt sie ein Zeugnis aus (siehe Rn. 3677 bis 3679).

(4) Die Zeugnisse für Versandstücke und
Beförderungen | Sendungen

können auch in einem einzigen Zeugnis zusammengefaßt werden.

D. Beförderungsgenehmigung

aufgrund besonderer Vorkehrungen | **durch Sondervereinbarungen**

3676

(1) Eine Sendung mit radioaktiven Stoffen, die nicht allen
anwendbaren

einschlägigen Vorschriften dieses Anhangs entspricht, darf nur

aufgrund besonderer Vorkehrungen | durch Sondervereinbarung

befördert werden,

| wozu immer eine mehrseitige Genehmigung erforderlich ist.

Diese besonderen Vorkehrungen müssen | Diese Sondervereinbarung muß

sicherstellen, daß die allgemeine Sicherheit während der Beförderung nicht geringer ist als die Sicherheit, die gegeben wäre, wenn alle einschlägigen Vorschriften dieses Anhangs erfüllt worden wären.

(2) Ein Antrag auf Genehmigung muß die nach Rn. 3672 und 3675 erforderlichen Angaben enthalten und außerdem:

a) eine Erklärung darüber, in welcher Hinsicht und aus welchen Gründen die Sendung nicht ganz in Übereinstimmung mit den einschlägigen Vorschriften dieses Anhangs erfolgen kann;

b) Angaben über die Vorsichtsmaßnahmen und Sondermaßnahmen, die ergriffen werden müssen, oder über die besonderen administrativen Kontrollen, die während der Beförderung durchgeführt werden müssen, um die Nichterfüllung der einschlägigen Vorschriften dieses Anhangs auszugleichen.

(3) Wenn die zuständige Behörde
die Genehmigung aufgrund besonderer Vorkehrungen | die Sondervereinbarung genehmigt,
erteilt,

stellt sie ein Zeugnis aus (siehe Rn. 3677 bis 3679).

E. Genehmigungszeugnis der zuständigen Behörde

1. Von der zuständigen Behörde erteilte Kennzeichen

(1) Jedem von einer zuständigen Behörde erteilten Genehmigungszeugnis wird ein Kennzeichen zugeordnet. Dieses Kennzeichen muß im allgemeinen folgende Form haben:

3677

Kurzzeichen „D"/Nummer/Code | Kurzzeichen des Staates *)/Nummer/Code.

a) Die Nummer wird von der zuständigen Behörde erteilt; sie bezieht sich nur auf ein bestimmtes Muster oder eine bestimmte

Beförderung. | Sendung.

Das bei der Genehmigung der

Beförderung | Sendung

erteilte Kennzeichen muß mit dem bei der Genehmigung des Versandstückmusters erteilten Kennzeichen leicht zu identifizieren sein.

b) Die folgenden Codes sind in nachstehender Reihenfolge zu verwenden, um die Arten von Genehmigungszeugnissen zu bezeichnen:

A	Versandstückmuster vom Typ A (auch wenn es sich um ein Versandstück einer nuklearen Sicherheitsklasse handelt)
B (U)	Versandstückmuster vom Typ B (U)
B (M)	Versandstückmuster vom Typ B (M)
F	Versandstückmuster von nuklearen Sicherheitsklassen
S	Genehmigung von Stoffen in besonderer Form
T	Beförderung.

| Sendung
X | Sondervereinbarung.

---

*) Das im Wiener Übereinkommen über den Straßenverkehr (1968) vorgesehene Unterscheidungszeichen für Kraftfahrzeuge im internationalen Verkehr

Anlage A
Anhang A.6

Anhang A. 6

(2) Diese Codes sind folgendermaßen anzuwenden:

a) Jedes Zeugnis und jedes Versandstück muß mit dem entsprechenden Kennzeichen nach den in Absatz 1 vorgeschriebenen Angaben versehen sein, außer wenn für Versandstücke nur der Code des Versandstückmusters nach dem zweiten Schrägstrich eingetragen werden muß, d. h.

„S" oder „T" | „S", „T" und „X"

erscheinen nicht im Kennzeichen des Versandstücks. Falls die Genehmigung des Versandstückmusters und die der

Beförderung | Sendung

Gegenstand ein und desselben Zeugnisses bildet, ist eine Wiederholung der Codes nicht notwendig, z. B.:

A/132/B (M) F: Versandstück einer nuklearen Sicherheitsklasse vom Typ B (M) für das Versandstückmuster Nr. 132, ausgestellt durch Österreich (muß gleichzeitig auf dem Versandstück selbst und im Genehmigungszeugnis des Versandstückmusters erscheinen)

A/132/B (M) FT: Kennzeichen des Genehmigungszeugnisses der

Beförderung, | Sendung,

ausgestellt für dieses Versandstückmuster (muß nur im Zeugnis erscheinen);

A/137/X: Kennzeichen des Genehmigungszeugnisses der Sendung, ausgestellt für das Versandstückmuster Nr. 137, genehmigt durch Österreich für eine Sendung auf Grund einer Sondervereinbarung (muß nur im Zeugnis erscheinen);

b) wenn eine mehrseitige Genehmigung durch eine Gültigkeitserklärung erteilt wird, werden nur die vom Ursprungsland des Musters oder der

Beförderung | Sendung

erteilten Kennzeichen verwendet. Erfolgt eine mehrseitige Genehmigung durch die Ausstellung von Zeugnissen in verschiedenen Staaten nacheinander, so trägt jedes Zeugnis das entsprechende Kennzeichen; das Versandstück, dessen Muster auf diese Art und Weise genehmigt wird, trägt alle entsprechenden Kennzeichen; z. B. wäre

[A/132/B (M) F]
[CH/28/B (M) F]

das Kennzeichen für ein Versandstück, das ursprünglich in Österreich und anschließend mit einem neuen Zeugnis in der Schweiz genehmigt worden wäre. Weitere Kennzeichen würden dann auf dem Versandstück in gleicher Weise aufgeführt werden;

c) die Überprüfung einer Zeugnisnummer muß durch einen Klammerausdruck hinter dem Kennzeichen im Zeugnis eingetragen werden. So würde A/132/B (U) F (Rev. 2) die Prüfung Nr. 2 des von Österreich genehmigten Zeugnisses des Versandstückmusters und A/132/B (U) F (Rev. 0) das ursprüngliche Zeugnis des von Österreich genehmigten Versandstückmusters bezeichnen. Für die ursprünglichen Zeugnisnummern ist der Klammerausdruck fakultativ; an Stelle von „(Rev. 0)" kann ein anderer Ausdruck wie „(ursprüngliche Nummer)" verwendet werden. Die überprüfte Zeugnisnummer darf nur von dem Staat ausgegeben werden, welcher die ursprüngliche Nummer zugeteilt hat. Wird diese Überprüfung nicht von diesem Staat vorgenommen, so ist ein neues Zeugnis auszustellen und eine neue Kennzeichennummer zuzuteilen;

d) weitere Buchstaben und Zahlen (welche ein Staat vorschreiben kann) dürfen in Klammern an das Ende des Kennzeichens angehängt werden; z. B. A/132/B (U) F (SP 503);

e) es ist nicht erforderlich, das Kennzeichen auf dem Versandstück bei jeder Überprüfung des Genehmigungszeugnisses zu ändern. Eine solche Berichtigung ist nur dann vorzunehmen, wenn die Überprüfung des Genehmigungszeugnisses des Versandstückmusters im Code nach dem zweiten Schrägstrich eine Änderung des Versandstückmusters nach sich zieht.

2. Angaben in den Genehmigungszeugnissen

3678   Jedes von einer zuständigen Behörde erteilte Genehmigungszeugnis muß Angaben über folgende Punkte enthalten:

a) das von der zuständigen Behörde erteilte Kennzeichen;

b) eine kurze Beschreibung der Verpackung mit Angabe der Werkstoffe, der Bruttomasse und der Außenmaße sowie des Aussehens; dazu gehört eine vervielfältigungsfähige Abbildung des Versandstücks von höchstens 21 cm × 30 cm Größe;

c) eine kurze Angabe über den zulässigen Inhalt einschließlich aller etwaigen Einschränkungen bezüglich des Inhalts, die sich aus der Art der Verpackung nicht ohne weiteres ergeben. Dazu gehören insbesondere der physikalische und chemische Zustand, die Aktivität in Curie (einschließlich Aktivität der einzelnen Isotope, wenn nötig) und die Masse in Gramm für spaltbare Stoffe; es ist genau anzugeben, ob es sich um Stoffe in besonderer Form handelt;

d) außerdem für Versandstücke einer nuklearen Sicherheitsklasse:

i) nukleare Sicherheitsklasse I: eine genaue Beschreibung des zulässigen Inhalts und aller besonderen Merkmale, auf Grund derer bei der Kritikalitätsbeurteilung das Nichtvorhandensein von Wasser in bestimmten Hohlräumen angenommen wurde [s. Rn. 3613 b)];

Anhang A. 6

ii) nukleare Sicherheitsklasse II: eine genaue Beschreibung des zulässigen Inhalts, die entsprechende zulässige Anzahl (oder der Transportkennzahlen) und alle besonderen Merkmale, auf Grund derer bei der Kritikalitäts-beurteilung das Nichtvorhandensein von Wasser in bestimmten Hohlräumen angenommen wurde [s. Rn. 3618 b)];

iii) nukleare Sicherheitsklasse III: eine genaue Beschreibung der einzelnen Sendungen einschließlich des zulässigen Inhalts und der entsprechenden zulässigen Anzahl (oder der Transportkennzahlen) sowie alle während der Beförderung etwa zu ergreifenden besonderen Maßnahmen;

e) Angaben über die dem Entwurf des Musters zugrunde gelegten Umgebungsverhältnisse [s. Rn. 3602 (4)];

f) bei Versandstücken vom Typ B (M) die Angabe der Vorschriften nach Rn. 3603, denen das Versandstück nicht entspricht sowie alle ergänzenden Angaben, die für andere zuständige Behörden nützlich sein könnnen;

g) Hinweis auf folgende vom Antragsteller gemachten Angaben:

   i)   Anweisungen über die Verwendung und Wartung der Verpackung;

   ii) vom Absender vor der Beförderung zu ergreifende Maßnahmen, z. B. besondere Dekontamination;

h) eine genaue Aufstellung aller zusätzlich erforderlichen Maßnahmen [s. Fußnote [5])] bezüglich der Vorbereitung des Versandstücks, die Verladung, die Beförderung, die Verstauung, die Entladung und die Handhabung sowie alle besonderen Vorschriften für das Verstauen im Hinblick auf die sichere Wärmeableitung vom Versandstück oder eine Erklärung, daß derartige Maßnahmen nicht notwendig sind;

i) eine Beförderungsgenehmigung, falls die Genehmigung der

Beförderung | Sendung

nach Rn. 3675 notwendig ist;

k) die Einschränkungen über die Fahrzeugarten und Container sowie die notwendigen Angaben über den Beförde-rungsweg;

l) die besonderen für das genehmigte Muster bei Unfällen zu treffenden Maßnahmen;

m) – | folgenden Hinweis: „Dieses Genehmigungszeugnis entbindet den Absender nicht davon, Vorschriften zu beachten, welche von einer Behörde des Staates erlas-sen wurden, auf dessen Gebiet die Beförderung eines Versandstücks erfolgt";

n) Daten der Ausstellung und gegebenenfalls der Geltungsdauer des Genehmigungszeugnisses;

o) Unterschrift und Stellung der Person, die das Genehmigungszeugnis ausstellt;

p) Anhänge, in denen Genehmigungszeugnisse für andere Inhalte, Gültigkeitserklärungen, die durch andere zustän-dige Behörden erteilt wurden, oder zusätzliche technische Daten oder Angaben enthalten sind.

3. Gültigkeitserklärung der Genehmigungszeugnisse

Mehrseitige Genehmigungen können durch die Gültigkeitserklärung des von der zuständigen Behörde des   **3679**
Ursprungslands des Musters oder der

Beförderung | Sendung

erteilten Genehmigungszeugnisses erfolgen.

F. Pflichten des Absenders

1. Einzelheiten der

   Beförderung | Sendung

                                                       3680

   Der Absender muß für jede

Beförderung | Sendung

von radioaktiven Stoffen im Beförderungpapier außer den Angaben, die im entsprechenden Blatt enthalten sind, folgendes angeben:

a) den Vermerk: „Beschaffenheit des Gutes und der Verpackung entsprechen den Vorschriften

   der GGVS"; | des ADR";

b) das Kennzeichen jedes von der zuständigen Behörde ausgestellten Genehmigungszeugnisses (Stoffe in beson-derer Form, Versandstückmuster,

   Beförderung); | Sendung);

c) die Namen der radioaktiven Stoffe oder des Nuklids;

d) die Beschreibung des physikalischen und chemischen Zustandes des Stoffes oder die Angabe, ob es sich um einen Stoff in besonderer Form handelt;

e) die Aktivität der radioaktiven Stoffe in Curie;

f) die Kategorie des Versandstücks: I-WEISS, II-GELB, III-GELB;

Anlage A
Anhang A. 6

279

Anhang A. 6

g) die Transportkennzahl (nur für die Kategorien II-GELB und III-GELB);

h) für

| Beförderungen | Sendungen |

von spaltbaren Stoffen:

  i) in den in Rn. 3610 vorgesehenen Ausnahmefällen den Vermerk „Spaltbare Stoffe ausgenommen";

  ii) in den anderen Fällen die nukleare Sicherheitsklasse des Versandstücks (oder der Versandstücke).

2. Hinweise und Angaben für die Beförderer

3681

(1) Der Absender muß im Beförderungspapier die Maßnahmen angeben, die vom Beförderer gegebenenfalls zu ergreifen sind. Diese Angaben

| müssen mindestens folgendes enthalten: | müssen in den Sprachen erfolgen, die dem Beförderer oder den beteiligten Behörden als notwendig erscheinen, und müssen mindestens umfassen: |

a) die zusätzlich vorzunehmenden Maßnahmen bei der Verladung, der Beförderung, der Lagerung, der Entladung, der Handhabung und der Verstauung, um die Wärmeableitung außerhalb des Versandstücks zu gewährleisten oder einen Hinweis, daß keine zusätzlichen Maßnahmen erforderlich sind [siehe Rn. 3678 h)];

b) die notwendigen Angaben über den Beförderungsweg [siehe Rn. 3678 k)];

c) die besonderen für das genehmigte Muster bei Unfällen zu treffenden Maßnahmen [siehe Rn. 3678 l)].

(2) In allen Fällen, bei denen eine Beförderungsgenehmigung oder eine vorherige Benachrichtigung der zuständigen Behörde erforderlich ist, sind alle Beförderer im voraus zu benachrichtigen, damit sie rechtzeitig die erforderlichen Maßnahmen für die Beförderung ergreifen können.

3. Benachrichtigung der

| Physikalisch-Technischen Bundesanstalt, Braunschweig | zuständigen Behörden |

3682

(1) Vor dem ersten Versand eines Versandstücks vom Typ B (U) mit radioaktiven Stoffen von einer Aktivität von über $3 \cdot 10^3 \, A_1$ oder $3 \cdot 10^3 \, A_2$ (je nach Fall) oder $3 \cdot 10^4$ Ci, wobei von diesen Werten der niedrigste maßgebend ist, muß der Absender dafür sorgen, daß Kopien aller einschlägigen Genehmigungszeugnisse

| der Physikalisch-Technischen Bundesanstalt, Braunschweig | den zuständigen Behörden eines jeden Staates |

zugestellt worden sind,

| | auf dessen Gebiet das Versandstück befördert wird. |

Der Absender braucht nicht auf eine Bestätigung

| der Physikalisch-Technischen Bundesanstalt, Braunschweig | dieser zuständigen Behörden |

zu warten;

| diese Behörde ist auch | die zuständigen Behörden sind ebenfalls |

nicht verpflichtet, eine Empfangsbestätigung auszustellen.

(2) Bei jeder unter a) bis d) genannten Sendung muß der Absender die

| Physikalisch-Technische Bundesanstalt, Braunschweig, | zuständigen Behörden eines jeden Staates, auf dessen Gebiet das Versandstück befördert wird, |

benachrichtigen. Diese Benachrichtigung muß

| 24 Stunden vor Beginn der Beförderung der Physikalisch-Technischen Bundesanstalt vorliegen, wobei arbeitsfreie Tage dieser Frist hinzuzurechnen sind: | vor der Beförderung – möglichst 15 Tage vorher – im Besitz dieser zuständigen Behörden sein: |

a) Versandtücke vom Typ B (U) mit radioaktiven Stoffen einer Aktivität von über $3 \cdot 10^3 \, A_1$ oder $3 \cdot 10^3 \, A_2$ (je nach Fall) oder $3 \cdot 10^4$ Ci, je nachdem welcher Wert der niedrigste ist;

b) Versandstücke vom Typ B (M);

c) Versandstücke der nuklearen Sicherheitsklasse III nach Rn. 3674 (3);

d) Beförderung nach

| besonderen Vorkehrungen. | Sondervereinbarung. |

(3) Die Versandbenachrichtigung muß enthalten:

a) ausreichende Angaben, die eine Identifizierung des Versandstücks ermöglichen, einschließlich der notwendigen Zeugnisnummern und Kennzeichen;

b) Angaben über das Versanddatum, das vorgesehene Ankunftsdatum und den vorgesehenen Beförderungsweg.

Anhang A. 6

(4) Der Absender braucht keine getrennte Benachrichtigung zuzustellen, wenn die erforderlichen Angaben im Antrag auf Erteilung einer Genehmigung der

Beförderung | Sendung

gemacht worden sind [s. Rn. 3675 (2)].

4. Besitz von Genehmigungszeugnissen

Der Absender muß je eine Kopie eines jeden nach diesem Anhang erforderlichen Genehmigungszeugnisses, der   **3683**
Anweisungen zum Verschließen des Versandstücks und der sonstigen Maßnahmen zur Versandvorbereitung in seinem Besitz haben, bevor er den Versand entsprechend den Bedingungen der Genehmigungszeugnisse in die Wege leitet.

G. Qualitätsüberwachung bei der Herstellung und Wartung der Verpackungen

Der Hersteller, der Absender oder der Verwender eines genehmigten Versandstückmusters muß jeder zuständigen   **3684**
Behörde nachweisen können, daß

a) die bei der Herstellung der Verpackung angewendeten Methoden und verwendeten Werkstoffe den für das Bauartmuster genehmigten Normen entsprechen. Die zuständige Behörde darf die Verpackung auch während ihrer Herstellung kontrollieren;

b) alle nach einem genehmigten Muster hergestellten Verpackungen in gutem Zustand erhalten werden, so daß sie auch weiterhin alle einschlägigen Kriterien der Vorschriften, auch nach wiederholter Verwendung, erfüllen.

                                                             3685-
                                                             3689

Abschnitt VI

Aktivitätsgrenzen

Bestimmung von A_1 und A_2

1. Einzelne Radionuklide

(1) Für einzelne Radionuklide, deren Identität bekannt ist, sind die Werte von A_1 und A_2 in Tabelle XX aufgeführt.   **3690**
Die Werte für A_1 und A_2 gelten auch für Radionuklide, die in Neutronenquellen enthalten sind (α, n) oder (γ, n).

Tabelle XX

A_1- und A_2-Werte für Radionuklide

Symbol des Radionuklids	Element und Ordnungszahl	A_1 (Ci)	A_2 (Ci)	Spezifische Aktivität (Ci/g)
^{227}Ac	Actinium (89)	1000	0,003	$7,2 \times 10$
^{228}Ac		10	4	$2,2 \times 10^6$
^{105}Ag	Silber (47)	40	40	$3,1 \times 10^4$
^{110}Agm		7	7	$4,7 \times 10^3$
^{111}Ag		100	100	$1,6 \times 10^5$
^{241}Am	Americium (95)	8	0,008	3,2
^{243}Am		8	0,008	$1,9 \times 10^{-1}$
^{37}Ar (unter Druck oder drucklos)	Argon (18)	1000	1000	$1,0 \times 10^5$
^{41}Ar (drucklos)		20	20	$4,3 \times 10^7$
^{41}Ar (unter Druck)		1	1	$4,3 \times 10^7$
^{73}As	Arsen (33)	1000	400	$2,4 \times 10^4$
^{74}As		20	20	$1,0 \times 10^5$
^{76}As		10	10	$1,6 \times 10^6$
^{77}As		300	300	$1,1 \times 10^6$
^{211}At	Astatin (85)	200	7	$2,1 \times 10^6$
^{193}Au	Gold (79)	200	200	$9,3 \times 10^5$
^{196}Au		30	30	$1,2 \times 10^5$
^{198}Au		40	40	$2,5 \times 10^5$
^{199}Au		200	200	$2,1 \times 10^5$
^{131}Ba	Barium (56)	40	40	$8,7 \times 10^4$
^{133}Ba		40	10	$4,0 \times 10^2$
^{133}Ba [1])		300	300	$6,1 \times 10^5$
^{140}Ba		20	20	$7,3 \times 10^4$

[1]) Nur gültig für innerstaatliche Beförderungen.

Anhang A. 6

3690
(Forts.)

Symbol des Radionuklids	Element und Ordnungszahl	A_1 (Ci)	A_2 (Ci)	Spezifische Aktivität (Ci/g)
^{7}Be	Beryllium (4)	300	300	$3,5 \times 10^5$
^{206}Bi	Wismut (83)	5	5	$9,9 \times 10^4$
^{207}Bi		10	10	$2,16 \times 10^2$
^{210}Bi (RaE)		100	4	$1,2 \times 10^5$
^{212}Bi		6	6	$1,5 \times 10^7$
^{249}Bk	Berkelium (97)	1000	1	$1,8 \times 10^3$
^{82}Br	Brom (35)	6	6	$1,1 \times 10^6$
^{14}C	Kohlenstoff (6)	1000	100	4,6
^{45}Ca	Calcium (20)	1000	40	$1,9 \times 10^4$
^{47}Ca		20	20	$5,9 \times 10^5$
^{109}Cd	Cadmium (48)	1000	70	$2,6 \times 10^3$
^{115}Cdm		30	30	$2,6 \times 10^4$
^{115}Cd		80	80	$5,1 \times 10^5$
^{139}Ce	Zerium (58)	100	100	$6,5 \times 10^3$
^{141}Ce		300	200	$2,8 \times 10^4$
^{143}Ce		60	60	$6,6 \times 10^5$
^{144}Ce		10	7	$3,2 \times 10^3$
^{249}Cf	Californium (98)	2	0,002	3,1
^{250}Cf		7	0,007	$1,3 \times 10^2$
^{252}Cf		2	0,009	$6,5 \times 10^2$
^{36}Cl	Chlor (17)	300	30	$3,2 \times 10^{-2}$
^{38}Cl		10	10	$1,3 \times 10^8$
^{242}Cm	Curium (96)	200	0,2	$3,3 \times 10^3$
^{243}Cm		9	0,009	$4,2 \times 10$
^{244}Cm		10	0,01	$8,2 \times 10$
^{245}Cm		6	0,006	$1,0 \times 10^{-1}$
^{246}Cm		6	0,006	$3,6 \times 10^{-1}$
^{56}Co	Kobalt (27)	5	5	$3,0 \times 10^4$
^{57}Co		90	90	$8,5 \times 10^3$
^{58}Com		1000	1000	$5,9 \times 10^6$
^{58}Co		20	20	$3,1 \times 10^4$
^{60}Co		7	7	$1,1 \times 10^3$
^{51}Cr	Chrom (24)	600	600	$9,2 \times 10^4$
^{131}Cs	Caesium (55)	1000	1000	$1,0 \times 10^5$
^{132}Cs ¹)		20	20	$1,5 \times 10^5$
^{134}Csm		1000	1000	$7,4 \times 10^6$
^{134}Cs		10	10	$1,2 \times 10^3$
^{135}Cs		1000	100	$8,8 \times 10^{-4}$
^{136}Cs		7	7	$7,4 \times 10^4$
^{137}Cs		30	20	$9,8 \times 10$
^{64}Cu	Kupfer (29)	80	80	$3,8 \times 10^6$
^{165}Dy	Dyprosium (66)	100	100	$8,2 \times 10^6$
^{166}Dy		1000	200	$2,3 \times 10^6$
^{169}Er	Erbium (68)	1000	300	$8,2 \times 10^4$
^{171}Er		50	50	$2,4 \times 10^5$
^{152}Eum	Europium (63)	30	30	$2,2 \times 10^6$
^{152}Eu		20	20	$1,9 \times 10^2$
^{154}Eu		10	5	$1,5 \times 10^2$
^{155}Eu		400	90	$1,4 \times 10^3$
^{18}F	Fluor (9)	20	20	$9,3 \times 10^7$
^{52}Fe	Eisen (26)	6	6	$7,3 \times 10^6$
^{55}Fe		1000	1000	$2,2 \times 10^3$
^{59}Fe		10	10	$4,9 \times 10^4$
^{72}Ga	Gallium (31)	7	7	$3,1 \times 10^6$
^{153}Gd	Gadolinium (64)	200	100	$3,6 \times 10^3$
^{159}Gd		300	300	$1,1 \times 10^6$
^{71}Ge	Germanium (32)	1000	1000	$1,6 \times 10^5$
^{77}Ge ¹)		20	20	$3,6 \times 10^6$
^{3}H	Wasserstoff (1) siehe T-Tritium			
^{175}Hf ¹)	Hafnium (72)	50	50	$1,1 \times 10^4$
^{181}Hf		30	30	$1,6 \times 10^4$
^{197}Hgm	Quecksilber (80)	200	200	$6,6 \times 10^5$
^{197}Hg		200	200	$2,5 \times 10^5$
^{203}Hg		80	80	$1,4 \times 10^4$
^{166}Ho	Holmium (67)	30	30	$6,9 \times 10^5$
^{125}J	Jod (53)	1000	70	$1,7 \times 10^4$
^{126}J		40	10	$7,8 \times 10^4$

¹) Nur gültig für innerstaatliche Beförderungen.

Anlage A
Anhang A.6

282

Anhang A. 6

Symbol des Radionuklids	Element und Ordnungszahl	A_1 (Ci)	A_2 (Ci)	Spezifische Aktivität (Ci/g)
^{129}J		1000	2	$1{,}62 \times 10^{-4}$
^{131}J		40	10	$1{,}2 \times 10^{5}$
^{132}J		7	7	$1{,}1 \times 10^{7}$
^{133}J		30	30	$1{,}1 \times 10^{6}$
^{134}J		8	8	$2{,}7 \times 10^{7}$
^{135}J		10	10	$3{,}5 \times 10^{6}$
$^{113}In^{m}$	Indium (49)	60	60	$1{,}6 \times 10^{7}$
$^{114}In^{m}$		30	20	$2{,}3 \times 10^{4}$
$^{115}In^{m}$		100	100	$6{,}1 \times 10^{6}$
^{190}Ir	Iridium (77)	10	10	$6{,}2 \times 10^{4}$
^{192}Ir		20	20	$9{,}1 \times 10^{3}$
^{194}Ir		10	10	$8{,}5 \times 10^{5}$
^{42}K	Kalium (19)	10	10	$6{,}0 \times 10^{6}$
$^{85}Kr^{m}$ (drucklos)	Krypton (36)	100	100	$8{,}4 \times 10^{6}$
$^{85}Kr^{m}$ (unter Druck)		3	3	$8{,}4 \times 10^{6}$
^{85}Kr (drucklos)		1000	1000	$4{,}0 \times 10^{2}$
^{85}Kr (unter Druck)		5	5	$4{,}0 \times 10^{2}$
^{87}Kr (drucklos)		20	20	$2{,}8 \times 10^{7}$
^{87}Kr (unter Druck)		0,6	0,6	$2{,}8 \times 10^{7}$
^{140}La	Lanthan (57)	30	30	$5{,}6 \times 10^{5}$
LLS	schwach radioaktive feste Stoffe, siehe Rn. 2700 (2)			
LSA	Stoffe von geringer spezifischer Aktivität, siehe Rn. 2700 (2)			
^{177}Lu	Lutetium (71)	300	300	$1{,}1 \times 10^{5}$
^{28}Mg	Magnesium (12)	6	6	$5{,}2 \times 10^{6}$
^{52}Mn	Mangan (25)	5	5	$4{,}4 \times 10^{5}$
^{54}Mn		20	20	$8{,}3 \times 10^{3}$
^{56}Mn		5	5	$2{,}2 \times 10^{7}$
^{99}Mo	Molybdän (42)	100	100	$4{,}7 \times 10^{5}$
MPF	Spaltproduktgemisch	10	0,4	
^{22}Na	Natrium (11)	8	8	$6{,}3 \times 10^{3}$
^{24}Na		5	5	$8{,}7 \times 10^{6}$
$^{93}Nb^{m}$	Niobium (41)	1000	200	$1{,}1 \times 10^{3}$
^{95}Nb		20	20	$3{,}9 \times 10^{4}$
^{97}Nb		20	20	$2{,}6 \times 10^{7}$
^{147}Nd	Neodym (60)	100	100	$8{,}0 \times 10^{4}$
^{149}Nd		30	30	$1{,}1 \times 10^{7}$
^{59}Ni	Nickel (28)	1000	900	$8{,}1 \times 10^{-2}$
^{63}Ni		1000	100	$0{,}4 \times 10^{2}$
^{65}Ni		10	10	$1{,}9 \times 10^{7}$
^{237}Np	Neptunium (93)	5	0,005	$6{,}9 \times 10^{-4}$
^{239}Np		200	200	$2{,}3 \times 10^{5}$
^{185}Os	Osmium (76)	20	20	$7{,}3 \times 10^{3}$
^{191}Os		600	400	$4{,}6 \times 10^{4}$
$^{191}Os^{m}$		200	200	$1{,}2 \times 10^{6}$
^{193}Os		100	100	$5{,}3 \times 10^{5}$
^{32}P	Phosphor (15)	30	30	$2{,}9 \times 10^{5}$
^{230}Pa	Protactinium (91)	20	0,8	$3{,}2 \times 10^{4}$
^{231}Pa		2	0,002	$4{,}5 \times 10^{-2}$
^{233}Pa		100	100	$2{,}1 \times 10^{4}$
^{201}Pb [1]	Blei (82)	20	20	$1{,}7 \times 10^{6}$
^{210}Pb		100	0,2	$8{,}8 \times 10$
^{212}Pb		6	5	$1{,}4 \times 10^{6}$
^{103}Pd	Palladium (46)	1000	700	$7{,}5 \times 10^{4}$
^{109}Pd		100	100	$2{,}1 \times 10^{6}$
^{147}Pm	Promethium (61)	1000	80	$9{,}4 \times 10^{2}$
^{149}Pm		100	100	$4{,}2 \times 10^{5}$
^{151}Pm [1]		70	70	$7{,}3 \times 10^{5}$
^{210}Po	Polonium (84)	200	0,2	$4{,}5 \times 10^{3}$
^{142}Pr	Praseodym (59)	10	10	$1{,}2 \times 10^{6}$
^{143}Pr		300	200	$6{,}6 \times 10^{4}$
^{191}Pt	Platin (78)	100	100	$2{,}3 \times 10^{5}$
^{193}Pt		200	200	
$^{195}Pt^{m}$ [1]		1000	1000	$1{,}7 \times 10^{5}$
$^{197}Pt^{m}$		300	300	$1{,}2 \times 10^{7}$
^{197}Pt		300	300	$8{,}8 \times 10^{5}$
^{238}Pu	Plutonium (94)	3	0,003	$1{,}7 \times 10$
^{239}Pu		2	0,002	$6{,}2 \times 10^{-2}$

[1] Nur gültig für innerstaatliche Beförderungen.

Anhang A. 6

3690
(Forts.)

Symbol des Radionuklids	Element und Ordnungszahl	A_1 (Ci)	A_2 (Ci)	Spezifische Aktivität (Ci/g)
^{240}Pu		2	0,002	$2,3 \times 10^{-1}$
^{241}Pu		1000	0,1	$1,1 \times 10^2$
^{242}Pu		3	0,003	$3,9 \times 10^{-3}$
^{223}Ra	Radium (88)	50	0,2	$5,0 \times 10^4$
^{224}Ra		6	0,5	$1,6 \times 10^5$
^{226}Ra		10	0,05	1,0
^{228}Ra		10	0,05	$2,3 \times 10^2$
^{86}Rb	Rubidium (37)	30	30	$8,1 \times 10^4$
^{87}Rb		unbegrenzt	unbegrenzt	$6,6 \times 10^{-8}$
Rb (natürlich)		unbegrenzt	unbegrenzt	$1,8 \times 10^{-8}$
^{186}Re	Rhenium (75)	100	100	$1,9 \times 10^5$
^{187}Re		unbegrenzt	unbegrenzt	$3,8 \times 10^{-8}$
^{188}Re		10	10	$1,0 \times 10^6$
Re (natürlich)		unbegrenzt	.unbegrenzt	$2,4 \times 10^{-8}$
^{103}Rh^m	Rhodium (45)	1000	1000	$3,2 \times 10^7$
^{105}Rh		200	200	$8,2 \times 10^5$
^{222}Rn	Radon (86)	10	2	$1,5 \times 10^5$
^{97}Ru	Ruthenium (44)	80	80	$5,5 \times 10^5$
^{103}Ru		30	30	$3,2 \times 10^4$
^{105}Ru		20	20	$6,6 \times 10^6$
^{106}Ru		10	7	$3,4 \times 10^3$
^{35}S	Schwefel (16)	1000	300	$4,3 \times 10^4$
^{122}Sb	Antimon (51)	30	30	$3,9 \times 10^5$
^{124}Sb		5	5	$1,8 \times 10^4$
^{125}Sb		40	30	$1,4 \times 10^3$
^{46}Sc	Scandium (21)	8	8	$3,4 \times 10^4$
^{47}Sc		200	200	$8,2 \times 10^5$
^{48}Sc		5	5	$1,5 \times 10^6$
^{75}Se	Selen (34)	40	40	$1,4 \times 10^4$
^{31}Si	Silicium (14)	100	100	$3,9 \times 10^7$
^{47}Sm	Samarium (62)	unbegrenzt	unbegrenzt	$2,0 \times 10^{-8}$
^{51}Sm		1000	90	$2,6 \times 10$
^{53}Sm		300	300	$4,4 \times 10^5$
^{13}Sn	Zinn (50)	60	60	$1,0 \times 10^4$
^{25}Sn		10	10	$1,1 \times 10^5$
^{85}Sr^m	Strontium (38)	80	80	$3,2 \times 10^7$
^{85}Sr		30	30	$2,4 \times 10^4$
^{87}Sr^m		50	50	$1,2 \times 10^7$
^{89}Sr		100	40	$2,9 \times 10^4$
^{90}Sr		10	0,4	$1,5 \times 10^2$
^{91}Sr		10	10	$3,6 \times 10^6$
^{92}Sr		10	10	$1,3 \times 10^7$
T (drucklos)	Tritium (1)	1000	1000	$9,7 \times 10^3$
T (unter Druck)		1000	1000	
T (aktivierte Leuchtfarbe)		1000	1000	
T (auf festem Träger adsorbiert)		1000	1000	
T (tritiiertes Wasser)		1000	1000	
T (sonstige Formen)		20	20	
^{182}Ta	Tantal (73)	20	20	$6,2 \times 10^3$
^{160}Tb	Terbium (65)	20	20	$1,1 \times 10^4$
^{96}Tc^m	Technetium (43)	1000	1000	$3,8 \times 10^7$
^{96}Tc		6	6	$3,2 \times 10^5$
^{97}Tc^m		1000	200	$1,5 \times 10^4$
^{97}Tc		1000	400	$1,4 \times 10^{-3}$
^{99}Tc^m		100	100	$5,2 \times 10^6$
^{99}Tc		1000	80	$1,7 \times 10^{-2}$
^{123}Te^m [1]	Tellur (52)	100	100	$8,9 \times 10^3$
^{125}Te^m		1000	100	$1,8 \times 10^4$
^{127}Te^m		300	40	$4,0 \times 10^4$
^{127}Te		300	300	$2,6 \times 10^6$
^{129}Te^m		30	30	$2,5 \times 10^4$
^{129}Te		100	100	$2,0 \times 10^7$
^{131}Te^m		10	10	$8,0 \times 10^5$
^{132}Te		7	7	$3,1 \times 10^5$

[1]) Nur gültig für innerstaatliche Beförderungen.

Anhang A. 6

Symbol des Radionuklids	Element und Ordnungszahl	A_1 (Ci)	A_2 (Ci)	Spezifische Aktivität (Ci/g)
^{227}Th	Thorium (90)	200	0,2	$3,2 \times 10^4$
^{228}Th		6	0,008	$8,3 \times 10^2$
^{230}Th		3	0,003	$1,9 \times 10^{-2}$
^{231}Th		1000	1000	$5,3 \times 10^5$
^{232}Th		unbegrenzt	unbegrenzt	$1,1 \times 10^{-7}$
^{234}Th		10	10	$2,3 \times 10^4$
Th (natürlich)		unbegrenzt	unbegrenzt	(s. Tab. XXI)
Th (bestrahlt)		[2]	[2]	
^{44}Ti [1]	Titan (22)	8	5	$1,7 \times 10^2$
^{200}Tl	Thallium (81)	20	20	$5,8 \times 10^5$
^{201}Tl		200	200	$2,2 \times 10^5$
^{202}Tl		40	40	$5,4 \times 10^4$
^{294}Tl		300	30	$4,3 \times 10^2$
^{170}Tm	Thulium (69)	300	40	$6,0 \times 10^3$
^{171}Tm		1000	100	$1,1 \times 10^3$
^{230}U	Uran (92)	100	0,1	$2,7 \times 10^4$
^{232}U		30	0,03	$2,1 \times 10$
^{233}U		100	0,1	$9,5 \times 10^{-3}$
^{234}U		100	0,1	$6,2 \times 10^{-3}$
^{235}U		100	0,2	$2,1 \times 10^{-6}$
^{236}U		200	0,2	$6,3 \times 10^{-5}$
^{238}U		unbegrenzt	unbegrenzt	$3,3 \times 10^{-7}$
U (natürliches Uran)		unbegrenzt	unbegrenzt	(s. Tab. XXI)
U (angereichert)	< 20 %	unbegrenzt	unbegrenzt	(s. Tab. XXI)
	20 % oder mehr	100	0,1	
U (abgereichert)		unbegrenzt	unbegrenzt	(s. Tab. XXI)
U (bestrahlt)		[3]	[3]	
^{48}V	Vanadium (23)	6	6	$1,7 \times 10^5$
^{181}W	Wolfram (74)	200	100	$5,0 \times 10^3$
^{185}W		1000	100	$9,7 \times 10^{-3}$
^{187}W		40	40	$7,0 \times 10^5$
^{131}Xe^m (unter Druck)	Xenon (54)	10	10	$1,0 \times 10^5$
^{131}Xe^m (drucklos)		100	100	$1,0 \times 10^5$
^{133}Xe (drucklos)		1000	1000	$1,9 \times 10^5$
^{133}Xe (unter Druck)		5	5	$1,9 \times 10^5$
^{135}Xe (drucklos)		70	70	$2,5 \times 10^6$
^{135}Xe (unter Druck)		2	2	$2,5 \times 10^6$
^{90}Y	Yttrium (39)	10	10	$5,3 \times 10^5$
^{91}Ym		30	30	$4,1 \times 10^7$
^{91}Y		30	30	$2,5 \times 10^4$
^{92}Y		10	10	$9,5 \times 10^6$
^{93}Y		10	10	$3,2 \times 10^6$
^{175}Yb	Ytterbium (70)	400	400	$1,8 \times 10^5$
^{65}Zn	Zink (30)	30	30	$8,0 \times 10^3$
^{69}Znm		40	40	$3,3 \times 10^6$
^{69}Zn		300	300	$5,3 \times 10^7$
^{93}Zr	Zirkon (40)	1000	200	$3,5 \times 10^{-3}$
^{95}Zr		20	20	$2,1 \times 10^4$
^{97}Zr		20	20	$2,0 \times 10^6$

[1] Nur gültig für innerstaatliche Beförderungen.

[2] Die Werte für A_1 und A_2 müssen nach den Vorschriften der Rn. 3691 (3) berechnet werden, wobei außer der Aktivität von Thorium noch jene der Spaltprodukte und von Uran-233 zu berücksichtigen ist.

[3] Die Werte für A_1 und A_2 müssen nach den Vorschriften der Rn. 3691 (3) berechnet werden, wobei außer der Aktivität von Uran noch jene der Spaltprodukte und der Isotopen von Plutonium zu berücksichtigen ist.

3690
(Forts.)

Anlage A
Anhang A. 6

285

Anhang A. 6

3690
(Forts.)

Tabelle XXI

Aktivitäts-Massen-Verhältnis für Uran und natürliches Thorium [1]

(Auf diese Tabelle wird in Tabelle XX Bezug genommen)

Radioaktiver Stoff	Ci/g	g/Ci
Uran		
(Masse-% ^{235}U-Gehalt)		
0,45	$5,0 \times 10^{-7}$	$2,0 \times 10^{6}$
0,72 (natürliches Uran)	$7,06 \times 10^{-7}$	$1,42 \times 10^{6}$
1,0	$7,6 \times 10^{-7}$	$1,3 \times 10^{6}$
1,5	$1,0 \times 10^{-6}$	$1,0 \times 10^{6}$
5,0	$2,7 \times 10^{-6}$	$3,7 \times 10^{5}$
10,0	$4,8 \times 10^{-6}$	$2,1 \times 10^{5}$
20,0	$1,0 \times 10^{-5}$	$1,0 \times 10^{5}$
35,0	$2,0 \times 10^{-5}$	$5,0 \times 10^{4}$
50,0	$2,5 \times 10^{-5}$	$4,0 \times 10^{4}$
90,0	$5,8 \times 10^{-5}$	$1,7 \times 10^{4}$
93,0	$7,0 \times 10^{-5}$	$1,4 \times 10^{4}$
95,0	$9,1 \times 10^{-5}$	$1,1 \times 10^{4}$
natürliches Thorium	$2,2 \times 10^{-7}$	$4,6 \times 10^{6}$

[1] Die Zahlen für Uran enthalten auch die Aktivität des Urans-234, das beim Anreicherungsprozeß konzentriert wird. Die Aktivität für Thorium schließt auch die Gleichgewichtskonzentration von Thorium-228 ein.

(2) Für jedes einzelne Radionuklid, dessen Indentität bekannt ist, das jedoch nicht in Tabelle XX aufgeführt ist, werden die Werte für A_1 und A_2 durch die nachstehend beschriebenen Verfahren bestimmt:

a) Bei einem Radionuklid mit nur einer Strahlungsart wird A_1 nach den nachfolgenden Regeln in i), ii), iii) und iv) bestimmt. Bei Radionukliden mit verschiedenen Strahlungsarten gilt A_1 als der restriktivste der für jede einzelne Strahlung bestimmten Werte. Allerdings ist in beiden Fällen A_1 auf höchstens 1000 Ci beschränkt. Wenn ein Ausgangsnuklid in ein kurzlebigeres Zerfallsprodukt zerfällt, dessen Halbwertszeit höchstens 10 Tage beträgt, wird A_1 sowohl für das Ausgangsnuklid wie auch für das Zerfallsnuklid berechnet, und der restriktivste der beiden Werte wird dem Ausgangsnuklid zugeteilt:

i) für Gammastrahler wird A_1 durch die Formel

$$A_1 = \frac{9}{\Gamma} \qquad\qquad A_1 = \frac{9}{\Gamma} \text{ Curie}$$

bestimmt, wobei

A_1 die Aktivität in Curie ist und

Γ die Gammastrahlungskonstante entsprechend der Dosis in R/h im Abstand von 1 m je Curie ist; die Zahl 9 ergibt sich aus der Wahl von 1 rem/h in einem Abstand von 3 m als Bezugsäquivalentdosisleistung;

ii) bei Röntgenstrahlern wird A_1 nach der Ordnungszahl

Z

des Nuklids bestimmt: für $Z \leq 55$; $A_1 = 1000$ Ci

                           für $Z > 55$; $A_1 = 200$ Ci;

iii) für Betastrahler bestimmt sich A_1 nach der maximalen Betaenergie (E_{max}) nach Tabelle XXII;

iv) für Alphastrahler wird A_1 durch die Formel

$$A_1 = 1000 \, A_3 \text{ bestimmt,}$$

wobei A_3 der in Tabelle XXIII aufgeführte Wert ist.

b) A_2 ist der restriktivste der beiden folgenden Werte:

1) des entsprechenden A_1-Wertes und

2) des Wertes A_3 nach Tabelle XXIII.

Tabelle XXII

Beziehung zwischen A_1 und E_{max} für Betastrahler

E_{max} (MeV)	A_1 (Ci)
< 0,5	1000
0,5 – < 1,0	300
1,0 – < 1,5	100
1,5 – < 2,0	30
> 2,0	10

Anhang A. 6

Tabelle XXIII

Beziehung zwischen A_3 und der Ordnungszahl des Radionuklids

Ordnungszahl			A_3
	Halbwertszeit unter 1000 Tagen	Halbwertszeit zwischen 1000 Tagen und 10^6 Jahren	Halbwertszeit länger als 10^6 Jahre
1 bis 81	3 Ci	50 mCi	3 Ci
82 und darüber	2 mCi	2 mCi	3 Ci

(3) Für jedes einzelne Radionuklid, dessen Identität unbekannt ist, wird der Wert von A_1 auf 2 Ci und der von A_2 auf 0,002 Ci festgelegt. Falls jedoch bekannt ist, daß die Ordnungszahl des Radionuklids unter 82 liegt, wird der Wert für A_1 auf 10 Ci und der für A_2 auf 0,4 Ci festgelegt.

2. Radionuklidgemische einschließlich radioaktive Zerfallsreihen

(1) Bei Spaltproduktgemischen können, falls eine genaue Analyse des Gemisches nicht durchgeführt wird, die folgenden Aktivitätsgrenzen angenommen werden: 3691

$$A_1 = 10 \text{ Ci}$$
$$A_2 = 0,4 \text{ Ci.}$$

(2) Eine einzelne radioaktive Zerfallsreihe, in der die Radionuklide in ihren natürlich auftretenden Anteilen vorhanden sind und in denen kein Tochternuklid eine Halbwertszeit von entweder mehr als 10 Tagen oder mehr als die Halbwertszeit des Ausgangsnuklids aufweist, gilt als einzelnes Radionuklid. Die hier zu berücksichtigende Aktivität und der einzusetzende Wert für A_1 oder A_2 sind die entsprechenden Werte, die für das Ausgangsnuklid der Reihe gelten. Bei radioaktiven Zerfallsreihen, in denen irgendein Tochternuklid eine Halbwertszeit von entweder mehr als 10 Tagen oder mehr als der Halbwertszeit des Ausgangsnuklids aufweist, müssen das Ausgangsnuklid und das oder die Tochternuklide als Gemische unterschiedlicher Nuklide betrachtet werden.

(3) Bei einem Gemisch aus verschiedenen Radionukliden, bei dem Identität und Aktivität eines jeden Radionuklids bekannt sind, ist die zulässige Aktivität eines jeden Radionuklids $R_1, R_2 \ldots R_n$ so festzulegen, daß die Summe von $F_1 + F_2 + \ldots F_n$ nicht größer als 1 ist, wobei

$$F_1 = \frac{\text{Gesamtaktivität von } R_1}{A_i (R_1)}$$

$$F_2 = \frac{\text{Gesamtaktivität von } R_2}{A_i (R_2)}$$

$$F_n = \frac{\text{Gesamtaktivität von } R_n}{A_i (R_n)}$$

bedeuten.

$A_i (R_1, R_2 \ldots R_n)$ ist, je nach Fall der für das Nuklid $R_1, R_2 \ldots R_n$ zutreffende Wert von A_1 oder A_2.

(4) Wenn die Identität eines jeden Radionuklids bekannt ist, jedoch die einzelnen Aktivitäten einiger Radionuklide nicht bekannt sind, muß die in Absatz 3 aufgeführte Formel angewandt werden, um die entsprechenden Werte für A_1 oder A_2 festzustellen. Alle Radionuklide, deren Aktivitäten im einzelnen nicht bekannt sind (deren Gesamtaktivität jedoch bekannt ist), sind in einer einzelnen Gruppe zusammenzufassen, und der restriktivste Wert für A_1 und A_2, der auf ein einzelnes Radionuklid anzuwenden ist, ist als Wert für A_1 und A_2 im Nenner des Bruchs einzusetzen.

(5) Falls die Identität eines jeden Radionuklids bekannt ist, jedoch die einzelne Aktivität bei keinem Radionuklid bekannt ist, muß als entsprechender Wert der restriktivste Wert für A_1 oder A_2 genommen werden, der für jedes der vorhandenen Radionuklide gilt.

(6) Falls die Identität keines der Radionuklide oder nur einzelner bekannt ist, wird als Wert für A_1 2 Ci und als Wert für A_2 0,002 Ci angenommen. Ist jedoch bekannt, daß keine Alphastrahler vorhanden sind, wird als Wert für A_2 0,4 Ci festgelegt.

3692-
3694

Anhang A. 6

Abschnitt VII

Dekontamination, undichte Verpackungen und Unfälle

3695

(1) Wird ein Versandstück mit radioaktiven Stoffen undicht oder zerbricht es oder wird es während der Beförderung an einem Unfall beteiligt, so muß das Fahrzeug oder das betroffene Gebiet möglichst durch Kennzeichnung oder Absperrung abgegrenzt werden, damit niemand mit den radioaktiven Stoffen in Berührung kommt. Solange keine Sachkundigen zur Stelle sind, welche die Aufräumungs- und Rettungsarbeiten leiten können, darf sich niemand in der abgegrenzten Zone aufhalten. Der Absender und die zuständigen Behörden sind unverzüglich zu benachrichtigen. Ungeachtet dieser Bestimmungen darf das Vorhandensein von radioaktiven Stoffen aber nicht daran hindern, Menschen zu retten und Brände zu löschen.

(2) Falls radioaktive Stoffe nach außen gelangt sind und in einem Fahrzeug, einem Raum oder auf einem Gelände verschüttet, oder über Güter, über für die Lagerung verwendete Geräte, oder auf eine andere Art verstreut wurden, müssen so rasch wie möglich Sachkundige zur Leitung der Dekontaminationsarbeiten zugezogen werden. Die auf diese Weise dekontaminierten Fahrzeuge, Räume, Gelände oder Geräte dürfen erst wieder benutzt werden, wenn dies nach der Erklärung eines Sachkundigen ohne Gefahr möglich ist.

(3) Unter Vorbehalt der Bestimmungen in Absatz 4 müssen Fahrzeuge, deren Ausrüstung oder Teile davon, die bei der Beförderung mit radioaktiven Stoffen kontaminiert worden sind, möglichst schnell und fachmännisch dekontaminiert werden; sie dürfen erst dann wieder verwendet werden, wenn die nicht festhaftende radioaktive Kontamination unter den in Tabelle XIX genannten Werten liegt, und die Fahrzeuge, Ausrüstungen oder Teile davon von einem Sachkundigen im Hinblick auf die noch verbleibende Dosisleistung als sicher erklärt worden sind.

(4) Die Fahrzeuge oder Abteile von Fahrzeugen, die zur Beförderung von Stoffen geringer spezifischer Aktivität in loser Schüttung oder in Tankfahrzeugen oder zur Beförderung von Versandstücken mit Stoffen geringer spezifischer Aktivität oder von festen Stoffen geringer Aktivität als geschlossene Ladung verwendet werden, dürfen für andere Güter erst wieder verwendet werden, wenn sie nach den Bestimmungen des Absatzes 3 dekontaminiert worden sind.

**3696-
3699**

Anhang A. 7

Bleibt offen

**3700-
3799**

Anhang A. 8

Bleibt offen

3800-
3899

Anhang A. 9

1. Vorschriften für die Gefahrzettel

(1) Die Zettel 1, 3, 4.1, 4.2, 4.3, 5, 6.1, 6.1 A, 7 A, 7 B, 7 C und 8 müssen die Form eines auf die Spitze gestellten Quadrats mit einer Seitenlänge von 10 cm haben. Sie sind mit einem ununterbrochenen schwarzen Strich zu versehen, der in 5 mm Abstand vom Rand entlangläuft. Die für das Anbringen an festverbundenen Tanks und Aufsetztanks bestimmten Gefahrzettel müssen eine Seitenlänge von mindestens 30 cm haben. **3900**

(2) Die Zettel 10, 11 und 12 müssen die Form eines Rechtecks im Normalformat A5 (148 × 210 mm) haben. Zettel auf Versandstücken dürfen bis zum Normalformat A7 (74 × 105 mm) verkleinert sein.

(3) In der unteren Hälfte der Gefahrzettel darf sich eine Aufschrift in Zahlen oder Buchstaben befinden, die auf die Art der Gefahr hinweisen.

(1) Die Gefahrzettel, die nach den Vorschriften dieser Anlage erforderlich sind, sind auf Versandstücke und festverbundene Tanks aufzukleben oder in einer anderen geeigneten Weise zu befestigen. Nur wenn die äußere Beschaffenheit eines Versandstücks dies nicht zuläßt, dürfen sie auf Pappe oder Täfelchen aufgeklebt werden, die aber an dem Versandstück fest angebracht sein müssen. Statt Zetteln dürfen an den Versandverpackungen und an den festverbundenen Tanks auch dauerhafte Gefahrzeichen angebracht werden, die den vorgeschriebenen Mustern genau entsprechen. **3901**

(2) Soweit Versandstücke mit zwei Gefahrzetteln des gleichen Musters zu versehen sind, müssen sie wie nachstehend angegeben angebracht sein:

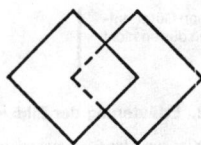

(3) Verantwortliche Personen für das Anbringen, Verdecken und Entfernen von Gefahrzetteln an Fahrzeugen, Tanks und Containern

(3) Der Absender hat die vorgeschriebenen Gefahrzettel auf den Versandstücken und erforderlichenfalls an den festverbundenen Tanks und an den Containern anzubringen.

Beförderungsmittel	Anbringen der Gefahrzettel	
	Vorgeschrieben in Rn.	Verantwortlich ist
Tankfahrzeug	10 500 (6)	bei innerstaatlichen Beförderungen: Fahrzeugführer, bei grenzüberschreitenden Beförderungen: Absender
Fahrzeug mit radioaktiven Stoffen	71 500 (2)	Verlader oder Fahrzeugführer
Aufsetztank	10 500 (6)	Fahrzeugführer
Gefäßbatterie (nicht festverbunden)	10 130 (1)	Verlader
Tankcontainer	10 130 (1)	Verlader
Container	10 118 (5)	bei innerstaatlichen Beförderungen: Verlader, bei grenzüberschreitenden Beförderungen: Absender

Anhang A.9

Beförderungsmittel	Verdecken oder Entfernen der Gefahrzettel	
	Vorgeschrieben in Rn.	Verantwortlich ist
Tankfahrzeug	10 500 (8)	Fahrzeugführer
Fahrzeug mit radio- aktiven Stoffen	71 500 (2)	Fahrzeugführer
Aufsetztank	10 500 (8)	Fahrzeugführer
Gefäßbatterie (nicht festverbunden)	10 130 (1)	Empfänger
Tankcontainer	10 130 (1)	Empfänger
Container	10 118 (5)	Empfänger

(4) Neben den

in dieser Verordnung　　　　　　　　｜　im ADR

vorgeschriebenen Gefahrzetteln dürfen auf Versandstücken, Containern, Tankcontainern und Gefäßbatterien mit gefährlichen Gütern Gefahrzettel angebracht werden, die den Vorschriften für andere Beförderungsarten entsprechen, wenn diese Beförderungen teilweise auf der Straße erfolgen; die Bezettelung muß den Bestimmungen nach diesen Vorschriften entsprechen.

(5) Versandstücke, die keine gefährlichen Güter ent- halten, und gereinigte leere Verpackungen dürfen nicht mit Gefahrzetteln versehen sein.

2. Erläuterung der Bildzeichen

3902　Die für die Stoffe und Gegenstände der Klassen 1 bis 8 vorgeschriebenen Gefahrzettel (siehe die folgende Bildtafel) bedeuten:

Nr. 1　(Bombe, schwarz, auf orangefarbenen Grund):　　　Explosionsgefährlich
　　　　vorgeschrieben in Rn. 2117 (1), 2145, 2182 (1)
　　　　und 2563

Nr. 2　Diese Nummer ist im Falle der zukünftigen Verwendung für das international vereinbarte Zeichen vorgese- hen, das eine Gasflasche auf grünem Grund darstellt. Für die Stoffe der Klasse 2 ist derzeit kein Gefahrzettel mit diesem Zeichen vorgeschrieben.

Nr. 3　(Flamme, schwarz oder weiß auf rotem Grund):　　Feuergefährlich (entzündbare flüssige Stoffe)
　　　　vorgeschrieben in Rn. 2225, 2312 (1), 2479 (2),
　　　　2612 (3) und 2812 (3)

Nr. 4.1　(Flamme, schwarz, Grund aus gleich breiten senk-　Feuergefährlich (entzündbare feste Stoffe)
　　　　rechten roten und weißen Streifen):
　　　　vorgeschrieben in Rn. 2414 (1)

Nr. 4.2　(Flamme, schwarz auf weißem Grund; untere Hälfte　Selbstentzündlich
　　　　des Zettels rot):
　　　　vorgeschrieben in Rn. 2443 (1)

Nr. 4.3　(Flamme, schwarz oder weiß auf blauem Grund):　Entzündliche Gase bei Berührung mit Wasser
　　　　vorgeschrieben in Rn. 2479 (1)

Nr. 5　(Flamme über einem Kreis, schwarz auf gelbem　Entzündend wirkende Stoffe oder organische
　　　　Grund):　　　　　　　　　　　　　　　　　　Peroxide
　　　　vorgeschrieben in Rn. 2511 (1), 2563 (1), 2703
　　　　(Blatt 5) und 2812 (3)

Nr. 6.1　(Totenkopf mit gekreuzten Gebeinen, schwarz auf　Giftig:
　　　　weißem Grund):　　　　　　　　　　　　　　in den Fahrzeugen und an Belade-, Entlade-
　　　　vorgeschrieben in Rn. 2312 (2), 2612 (1) und　oder Umladestellen getrennt von Nahrungs-
　　　　2812 (3)　　　　　　　　　　　　　　　　　oder anderen Genußmitteln zu halten

Nr. 6.1 A　(Andreaskreuz auf einer Ähre, schwarz auf weißem　Gesundheitsschädlich:
　　　　Grund):　　　　　　　　　　　　　　　　　in den Fahrzeugen und an den Belade-, Ent-
　　　　vorgeschrieben in Rn. 2312 (1) und 2612 (2)　lade- oder Umladestellen getrennt von Nah-
　　　　　　　　　　　　　　　　　　　　　　　rungsmitteln zu halten.

Nr. 6.2　Diese Nummer ist im Falle der zukünftigen Verwendung für das international vereinbarte Zeichen vor- gesehen, das einen Kreis mit drei darüber angeordneten halbmondförmigen Zeichen darstellt. Für die Stoffe der Klasse 6.2 ist derzeit kein Gefahrzettel mit diesem Zeichen vorgeschrieben.

Nr. 7 A	(Strahlensymbol, Aufschrift: ,,RADIOACTIVE'' auf der unteren Hälfte, gefolgt von einem senkrechten Streifen, mit folgendem Text: Inhalt. . . Aktivität . . . Symbol und Aufschrift schwarz auf weißem Grund, senkrechter Streifen rot): vorgeschrieben in Rn. 2703 Blätter 5 bis 12 je nach Fall und in Rn. 3656 (1), (2) und (3)	Radioaktiver Stoff in Versandstücken der Kategorie I – WEISS; bei Beschädigung der Versandstücke gesundheitsgefährdende Wirkung bei Aufnahme in den Körper, beim Einatmen und beim Berühren des freigewordenen Stoffes
Nr. 7 B	(wie Zettel 7 A, aber mit zwei senkrechten Streifen und folgendem Text: Inhalt . . . Aktivität . . . Transportkennzahl . . . (in schwarz eingerahmten rechteckigem Feld) Symbol und Aufschriften schwarz; Grund: obere Hälfte gelb; untere Hälfte weiß; senkrechte Streifen rot): vorgeschrieben in Rn. 2703 Blätter 5 bis 12 je nach Fall und in Rn. 3656 (1), (2) und (3)	Radioaktiver Stoff in Versandstücken der Kategorie II – GELB; von Versandstücken mit nichtentwickelten radiographischen oder photographischen Platten oder Filmen fernhalten; bei Beschädigung der Versandstücke gesundheitsgefährdende Wirkung bei Aufnahme in den Körper, beim Einatmen und beim Berühren freigewordenen Stoffes sowie Gefahr der Strahlenwirkung auf Entfernung
Nr. 7 C	(wie Zettel 7 B, aber mit drei senkrechten Streifen: vorgeschrieben in Rn. 2703 Blätter 5 bis 12 je nach Fall und in Rn. 3656 (1), (2) und (3)	Radioaktiver Stoff in Versandstücken der Kategorie III – GELB; von Versandstücken mit nichtentwickelten radiographischen oder photographischen Platten oder Filmen fernhalten; bei Beschädigung der Versandstücke gesundheitsgefährdende Wirkung bei Aufnahme in den Körper, beim Einatmen und beim Berühren freigewordener Stoffe sowie Gefahr der Strahlenwirkung auf Entfernung

Nr. 7D   Diese Nummer bezieht sich auf den im Anhang B.4 Rn. 240 010 vorgeschriebenen Gefahrzettel.

Nr. 8	(Reagenzgläser, aus denen Tropfen auf den Querschnitt einer Platte und auf eine Hand herabfallen; schwarz auf weißem Grund, untere Hälfte des Zettels schwarz mit weißem Rand): vorgeschrieben in Rn. 2312 (2), 2479 (2), 2511 (1), 2612 (3), 2703 (Blatt 5) und 2812 (1)	Ätzend

Nr. 9   Diese Nummer ist für eine in das ADR aufzunehmende Klasse 9 reserviert.

Nr. 10	(offener Regenschirm, schwarz, mit sechs schwarzen Wassertropfen, auf weißem oder geeignetem kontrastierenden Grund): vorgeschrieben in Rn. 2479 (1)	Vor Nässe schützen
Nr. 11	(zwei Pfeile schwarz, auf weißem oder geeignetem kontrastierenden Grund): vorgeschrieben in Rn. 2117 (2), 2224 (2), 2312 (4), 2414 (2), 2443 (2) und (3), 2479 (3), 2511 (2), 2563 (2), 2612 (5), 2664 und 2812 (5)	Oben; der Zettel ist mit den Pfeilspitzen nach oben anzubringen;
Nr. 12	(Kelchglas, schwarz, auf weißem oder geeignetem kontrastierenden Grund): vorgeschrieben in Rn. 2117 (2), 2182 (2), 2224 (1) und (2), 2312 (3), 2414 (2), 2443 (3), 2479 (3), 2511 (2), 2563 (2), 2612 (4), 2664 und 2812 (4)	Zerbrechlich, oder: vorsichtig behandeln

3903-3999

Nr. 13   Diese Nummer wird ausschließlich bei der Beförderung gefährlicher Güter mit der Eisenbahn verwendet.

,,Übergangsvorschriften

Noch vorhandene Gefahrzettel, die den bis zum 31. Dezember 1987 vorgeschriebenen Muster Nr. 7 A, 7 B, 7 C, 10, 11 und 12 entsprechen, dürfen aufgebraucht werden.''

3904-3999

Anlage A
Anhang A.9

Anhang A. 9

Gefahrzettel
(Siehe Rn. 3902)
Verkleinerte Darstellung

Nr. 1   Nr. 3   Nr. 4.1   Nr. 4.2

Nr. 4.3   Nr. 5   Nr. 6.1   Nr. 6.1 A

Nr. 7 A   Nr. 7 B   Nr. 7 C

Nr. 8   Nr. 10   Nr. 11   Nr. 12

294

Anlage B

Vorschriften für die Beförderungsmittel und die Beförderung

Inhaltsverzeichnis

Anlage B
Inhalts-
verzeichnis

Anlage B

II. Teil

Sondervorschriften für die Beförderung gefährlicher Güter der Klassen 1 bis 8

Anlage B

Anlage B Inhaltsverzeichnis

297

Anlage B

Aufbau der Anlage

10 000 (1) Diese Anlage umfaßt:

a) Allgemeine Vorschriften für die Beförderung gefährlicher Güter aller Klassen (I. Teil),

b) Sondervorschriften für die Beförderung gefährlicher Güter

| der Klassen 1 bis 9 (II. Teil), | der Klassen 1 bis 8 (II. Teil), |

c) Anhänge

Anhang B.1 a: Vorschriften für festverbundene Tanks (Tankfahrzeuge), Aufsetztanks und Gefäßbatterien,

Anhang B.1 b: Vorschriften für Tankcontainer,

Anhang B.1 c: | Vorschriften für festverbundene Tanks und Aufsetztanks aus verstärkten Kunststoffen,

Anhang B.1 d Vorschriften für Werkstoffe und Bau von geschweißten festverbundenen Tanks, geschweißten Aufsetztanks und geschweißten Tanks von Tankcontainern, für die ein Prüfdruck von mindestens 1 MPa (10 bar) vorgeschrieben ist, sowie für geschweißte festverbundene Tanks, geschweißte Aufsetztanks und geschweißte Tanks von Tankcontainern für tiefgekühlte verflüssigte Gase der Klasse 2,

Anhang B.2: Vorschriften für die elektrische Ausrüstung,

Anhang B.3: | Muster einer Bescheinigung der besonderen Zulassung von Fahrzeugen,

Anhang B.3 a Prüfbescheinigung nach § 6 für Tankfahrzeuge, Aufsetztanks, Zugfahrzeuge, die zum Betrieb von Tankfahrzeugen bestimmt sind, und Trägerfahrzeuge von Aufsetztanks,

Anhang B.3 b Prüfbescheinigung nach § 6 für Beförderungseinheiten der Fahrzeugklasse B.III

Anhang B.3 c Erklärung für gefährliche Güter, die zusätzlich zu den in der Baumusterzulassung für Tankcontainer oder in der Prüfbescheinigung nach Anhang B.3 a genannten gefährlichen Gütern befördert werden dürfen

Anhang B.4: Tabellen für die Beförderung von Stoffen der Klasse 7 und Muster eines Zettels, der an den Fahrzeugen anzubringen ist, die diese Stoffe befördern,

Anhang B.5: Verzeichnis der in Randnummer 10 500 (2) aufgezählten Stoffe,

Anhang B.6: | Muster einer Bescheinigung über die Schulung der Fahrzeugführer

Anhang B.8: Listen I und II der nach § 7 GGVS erlaubnispflichtigen gefährlichen Güter.

(2) Die allgemeinen Vorschriften des I. Teils und die Sondervorschriften des II. Teils sind in Abschnitte mit folgenden Überschriften unterteilt:

Allgemeines: Anwendungsbereich (einschließlich der Vorschriften für zulässige Ausnahmen) und Begriffsbestimmungen.

Abschnitt 1: Beförderungsart des Gutes (dieser Abschnitt umfaßt die Vorschriften über die Versandarten, die Versandbeschränkungen, die Beförderung in geschlossener Ladung und die Möglichkeit der Güterbeförderung in loser Schüttung, in Containern oder in Tanks).

Abschnitt 2: Besondere Anforderungen an die Fahrzeuge und ihre Ausrüstung.

Abschnitt 3: Allgemeine Betriebsvorschriften.

Abschnitt 4: Besondere Vorschriften für das Beladen, Entladen und für die Handhabung (dieser Abschnitt enthält auch die Zusammenladeverbote).

Abschnitt 5: Besondere Vorschriften für den Verkehr der Fahrzeuge.

Abschnitt 6: Übergangsbestimmungen, Abweichungen und Sondervorschriften für bestimmte Staaten.

Anwendung anderer nationaler oder internationaler Vorschriften

10 001 (1) Wenn das Fahrzeug, das für eine den Vorschriften

| dieser Verordnung | des ADR |

unterliegende Beförderung verwendet wird, einen Teil der Beförderungsstrecke nicht auf der Straße zurücklegt, sind für diesen Teil der Beförderungsstrecke nur jene nationalen

| | oder internationalen |

Anlage B

Vorschriften anzuwenden, die hier gegebenenfalls für die Beförderung gefährlicher Güter mit dem Verkehrsmittel gelten, mit dem das Straßenfahrzeug befördet wird.

(2) Falls eine Beförderung, die den Vorschriften des ADR unterliegt, auf ihrer gesamten oder einem Teil ihrer Straßenstrecke auch den Vorschriften eines internationalen Übereinkommens unterliegt, das die Beförderung gefährlicher Güter durch einen anderen Verkehrsträger als die Straße regelt – und zwar aufgrund von Vorschriften, die dessen Anwendungsbereich auf bestimmte Kraftfahrzeugdienste ausdehnen –, so gelten die Vorschriften des internationalen Übereinkommens für diesen Streckenabschnitt gleichzeitig mit denen des ADR, soweit sie mit ihnen vereinbar sind; die übrigen Vorschriften des ADR gelten nicht für den betreffenden Streckenabschnitt.

Anwendung der Vorschriften des I. Teils dieser Anlage

Falls Vorschriften des II. Teils oder der Anhänge zu dieser Anlage denen des I. Teils widersprechen, sind die Vorschriften des I. Teils nicht anzuwenden. **10 002**

Jedoch gehen vor:

a) dem II. Teil die Vorschriften der Randnummer 10 010 bis 10 013;

b) den Zusammenladeverboten der Abschnitte 4 des II. Teils die Vorschriften der Randnummer 10 403.

Übersicht der nach § 4 Abs. 6 und 7 zu beachtenden Vorschriften

Soweit in § 1 Abs. 4 nichts anderes bestimmt ist, gelten die in den Übersichten der Absätze 1 bis 4 angegebenen Randnummern bei innerstaatlichen und grenzüberschreitenden Beförderungen in der nach § 1 Abs. 3 für diese Beförderungen jeweils anzuwendenden Fassung. **10 003**

Bem. Wegen der Klasseneinteilung siehe Anlage A Rn. 2002 (1) und (2).

(1) Welche gefährlichen Güter in loser Schüttung, in Containern oder in Tanks befördert werden dürfen, bestimmt sich für die einzelnen Klassen nach den in den nachstehend aufgeführten Randnummern enthaltenen Vorschriften.

Klasse	Beförderung		
	in loser Schüttung Rn.	in Containern Rn.	in Tanks Rn.
alle	10 111	10 118	10 121, 211 171 (1) Satz 1 u. 2 [1]), 212 171 (1) Satz 1 u. 2
1 a, 1 b, 1 c	—	11 118	—
2	—	21 118	211 210, 212 210
3	—	—	211 310, 212 310
4.1	41 111	41 118	211 410, 212 410
4.2	42 111	—	211 410, 212 410
4.3	43 111	43 118	211 410, 212 410
5.1	51 111	51 118	211 510, 212 510
5.2	—	52 118	211 510, 212 510

[1]) Bei grenzüberschreitenden Beförderungen: Rn. 211 171 Satz 1.

Anlage B

10 003
(Forts.)

Klasse	Beförderung		
	in loser Schüttung Rn.	in Containern Rn.	in Tanks Rn.
6.1	61 111	—	211 610 212 610
6.2	62 111	62 118	62 010
7	2703 (Bl. 1–11, Abs. 10)	2703 (Bl. 1–11, Abs. 10)	2703 (Bl. 1–11 Abs. 11)
8	81 111	81 118	211 810 212 810
9			91 121

(2) Für den Bau und die Ausrüstung der Fahrzeuge gelten für die einzelnen Klassen die in den nachstehend aufgeführten Randnummern enthaltenen Vorschriften.

Klasse	Vorschriften über den Bau und die Ausrüstung der Fahrzeuge Rn.
alle	10 220, 10 240, 10 251, 10 260 (1) [1])
1 a, 1 b, 1 c	11 205, 11 210, 11 216, 11 225, 11 231, 11 240, 11 251, 11 260
2	21 212, 21 240
3	—
4.1	41 248
4.2	—
4.3	—
5.1	51 220 (1) bis (3)
5.2	52 220, 52 248
6.1	61 240
6.2	62 010
7	71 240
8	81 111, 81 240
9	—

(3) Für das Zusammenladen, die Durchführung der Beförderung und die Überwachung beim Parken gelten für die einzelnen Klassen die in den nachstehend aufgeführten Randnummern enthaltenen Vorschriften.

„Klasse	Vorschriften über		
	das Zusammenladen Rn.	die Durchführung der Beförderung Rn.	die Überwachung beim Parken Rn.
alle	10 403, 10 404, 10 405	10 325, 10 378, 10 431, 10 507, 211 171 (2), 211 172– 211 178 [2]), 212 170, 212 176, 212 177	10 321

[1]) Bei grenzüberschreitenden Beförderungen: Rn 10 260.
[2]) Rn 211 174 gilt nicht für grenzüberschreitende Beförderungen.

Anlage B

Klasse	Vorschriften über		
	das Zusammen-laden Rn.	die Durch-führung der Beförde-rung Rn.	die Über-wachung beim Parken Rn.
1a, 1b, 1c	11 403, 11 405	11 206, 11 401, 11 509, 11 520	11 321
2	21 403	21 105, 21 378, 211 274 bis 211 279	21 321
3	31 403	211 370, 211 372	31 321
4.1	41 403	41 105, 41 401, 211 470	41 321
4.2	42 403	42 378, 211 471, 211 474	42 321
4.3	43 403	211 472, 211 473	43 321
5.1	51 403	211 570– 211 572	51 321
5.2	52 403, 52 406	52 105, 52 401, 52 509	52 321
6.1	61 403	61 302, 61 303, 61 509, 61 515, 211 670– 211 672	61 321
6.2	62 010	62 010, 62 303	62 010
7	2703, Bl. 1–11, Abs. 13	2703, Bl. 1–11, Abs. 8 u. 9, 71 507, 211 770	71 321
8	81 403	211 870	81 321
9	91 403	91 105	91 321

(4) Für das Beladen, Entladen und für die Handhabung gelten für die einzelnen Klassen die in den nachstehend aufgeführten Randnummern enthaltenen Vorschriften.

Klasse	Vorschriften über		
	das Beladen Rn.	das Entladen Rn.	die Hand-hanbung Rn.
alle	10 204 (3), 10 413, 10 417, 10 419, 212 171– 212 175, 212 178	10 415, 10 417, 10 419	10 414

Anlage B

„Klasse	Vorschriften über		
	das Beladen Rn.	das Entladen Rn.	die Hand-hanbung Rn.
alle	10 204 (3), 10 413, 10 417, 10 419, 211 171 (1)¹) 212 171– 212 175,	10 415, 10 417, 10 419	10 414
1a, 1b, 1c	11 105, 11 407, 11 413	11 407	11 414
2	21 105, 21 407, 212 270– 212 278	21 407	21 414
3	211 372, 212 370– 212 373	31 415	31 414
4.1	41 105, 41 204, 41 413, 212 470	–	41 414
4.2	42 204, 212 471, 212 474	–	42 414
4.3	43 204, 212 472, 212 473	–	43 414
5.1	212 570, 212 571	51 415	51 414
5.2	52 105, 52 204, 52 413, 212 571	–	52 414
6.1	212 670, 212 671	61 407, 61 415	–
6.2	62 010	62 415	62 010
7	2703, Bl. 1–11, Abs 8 u. 9, 212 770	2703, Bl. 1–11, Abs. 14	2703, Bl. 1–11, Abs. 8 u. 9
8	81 413, 212 870	–	81 414
9	–	–	–

¹) Bei grenzüberschreitenden Beförderungen: Rn. 211 171."

10 004-
10 009

Anlage B

I. Teil

Allgemeine Vorschriften
für die Beförderung Gefährlicher Güter aller Klassen

(Siehe jedoch Rn. 10 002)

Allgemeines

Anwendungsbereich dieser Anlage

Die Anlage A befreit die Beförderungen, die unter den Verpackungs-, Masse- und anderen Bedingungen der Rn. 2201 a, 2301 a, 2401 a, 2431 a, 2471 a, 2501 a, 2601 a und 2801 a

sowie 2551 a und 2651 a

durchgeführt werden, von den Vorschriften dieser Anlage.

10 010

Die Vorschriften dieser Anlage über

Tabelle der begrenzten Mengen gefährlicher Güter in Versandstücken, die in einer Beförderungseinheit befördert werden können, ohne daß die Vorschriften dieser Anlage anzuwenden sind, die sich beziehen auf:

10 011

– die besonderen Anforderungen an die Fahrzeuge und ihre Ausrüstung (alle Abschnitte 2 des I. und II. Teils); die Vorschriften der Rn. 21 212 sind jedoch anzuwenden,

– die Fahrzeugbesatzung (Rn. XX 311 des I. und II. Teils),

– die besondere Schulung der Fahrzeugführer (Rn. 10 315),

– die Überwachung des Fahrzeugs (Rn. XX 321 des I. und II. Teils),

– die Personenbeförderung (Rn. 10 325),

– die schriftlichen Weisungen (Rn. XX 385 des I. und II. Teils),

– die Belade- und Entladestellen (Rn. XX 407 des II. Teils);

– die besonderen Bedingungen hinsichtlich des Verkehrs der Fahrzeuge (alle Abschnitte 5 des I. und II. Teils).

sind bei der Beförderung gefährlicher Güter in Versandstücken nur anzuwenden, wenn die Beförderung nach § 7 erlaubnispflichtig ist, es sich um gefährliche Güter der Klasse 7 handelt oder in einer Beförderungseinheit folgende Nettomasse von gefährlichen Stoffen oder Gegenständen in Versandstücken oder folgender Rauminhalt der verwendeten Gefäße überschritten werden:

1. 50 kg bei gefährlichen Gütern der Klassen 1 a, 1 b, 1 c, 5.2 und 6.1;

2. 200 Liter bei gefährlichen Gütern der Klasse 2;

3. 250 kg bei gefährlichen Gütern der Klassen 4.2 und 4.3;

4. 500 kg bei gefährlichen Gütern der Klassen 3, 4.1, 5.1 und 8.

Zusätzlich zu den unter den Nummern 1 bis 4 aufgezählten Mengen bleiben in unbegrenzter Menge unberechnet: Sicherheitszündhölzer der Klasse 1 c Ziffer 1 a), gefährliche Güter der Klasse 4.1 Ziffern 9 und 10 und die leeren Verpackungen der verschiedenen Klassen mit Ausnahme derjenigen der Klasse 7; leere Gefäße, die zuletzt mit Stoffen der Klasse 2 Buchstaben a und b gefüllt waren, bleiben ebenfalls in unbegrenzter Menge unberechnet.

I. Teil

10 011
(Forts.)

Nur gültig für grenzüberschreitende Beförderungen

Klassen	Multiplikations-/Divisionsfaktor, mit dem die befreiten Gesamtmengen einer Ladung mit mehreren, verschiedenen Massenbegrenzungen unterworfenen Gütern berechnet werden können (siehe nachstehende Bem. 1) — STOFFE	A 200 / 5 kg	B 50 / 20 kg	C 20 / 50 kg	D 10 / 100 kg	E 3 / 333 kg	F 2 / 500 kg	G 1000 kg	unbegrenzt
1 a, 2 [nur unter „a)" oder „b)" aufgeführte Gase], 3, 4.2, 4.3, 5.1, 5.2, 6.1 und 8	Leere Verpackungen (einschließlich Gefäße, ausschließlich Tanks)								X
1 a	Ziffern 1 bis 14	X							
1 b	Ziffern 2 b), 4				X				
	Sonstige Gegenstände		X						
1 c	Ziffer 1 a)								X
	Ziffer 3				X				
	Sonstige Gegenstände		X						
2	Chlorcyan der Ziffer 3 ct)	X							
	Chlorkohlenoxid (Phosgen) der Ziffer 3 at), Fluor der Ziffer 1 at)			X					
	Ziffern 1 a) und b), 2 a) und b)						X		
	Sonstige Stoffe und leere Gefäße, die eines der unter „at)", „bt)", „c)" oder „ct)" aufgeführten Gase enthalten haben				X				
3	Ziffern 12, 13 und die unter „a)" der Ziffern 11 und 14 bis 26 aufgeführten Stoffe	X							
	Unter „b)" der Ziffern 11 und 14 bis 26 aufgeführten Stoffe				X				
	Ziffern 1 a), 2 a) und b), 3 b), 4 a) und b), 5 a), 6 a) und b)					X			
	Ziffern 32 c) und 34 c)						X		
	Sonstige Stoffe					X			
4.1	Ziffern 9 und 10								X
	Ziffern 2 a), 11 b)					X			
	Sonstige Stoffe			X					
4.2	Ziffern 5 bis 13					X			
4.3	Calciumcarbid der Ziffer 2 a), Calciumsilicid oder Calciummangansilicid und Calcium der Ziffer 2 d)						X		
	Sonstige Stoffe			X					
5.1	Ziffer 2			X					
	Ziffer 1, 3 und 10				X				
	Sonstige Stoffe					X			
5.2	Ziffern 45 b), 46 a), 47 a) und b) verpackt gemäß Rn. 2559	X*)							
	Ziffern 1 bis 22, 30 und 31, verpackt gemäß Rn. 2561		X						
	Ziffern 1 bis 22, 30, 31 und 40, verpackt gemäß Rn. 2553, 2556 und 2558			X					
6.1	Unter „c)" aufgeführte Stoffe			X					
	Unter „b)" aufgeführte Stoffe			X					
	Sonstige Stoffe außer Ziffern 1 und 2	X							
8	Natriumsulfid der Ziffer 45 b)								X
	Ziffern 1 a), 2 a), 6, 8 b), 21 a), 22 b), 24, 25, 26 a), 36 a), 37 a), 44 a), 53 b)		X						
	Ziffern 52 c), 53 c), und sonstige unter „a)" und „b)" aufgeführte Stoffe			X					
	Sonstige Stoffe					X			

*) Gegebenenfalls ohne Masse des Kühlsystems

I. Teil

Nur gültig für grenzüberschreitende Beförderungen

Bem. 1. Die in der vorstehenden Tabelle aufgeführten höchstzulässigen Gesamtmengen stellen einen Gefährlichkeitsgrad dar, der im Rahmen eines stark vereinfachten Systems für jedes aufgeführte Gut gleichwertig betrachtet werden kann. Dieser Gefährlichkeitsgrad darf nicht überschritten werden, selbst dann nicht, wenn eine nicht unter das Zusammenladeverbot fallende Ladung mehrere verschiedene gefährliche Güter umfaßt.

Sind Güter der gleichen Freigrenze unterstellt, muß ihre entsprechende Masse addiert werden, wobei die Freigrenze nicht überschritten werden darf.

Sind sie jedoch verschiedenen Freigrenzen unterstellt, sind die für jedes Gut höchstzulässigen Gesamtmengen wie folgt zu berechnen:

a) Jede tatsächliche Gesamtmenge eines unter die gleiche Spalte der Tabelle fallenden Gutes muß mit dem für diese Spalte geltenden Faktor multipliziert werden;

b) die so erhaltenen Produkte sind zu addieren, wobei ihre Summe die Zahl 1 000 nicht überschreiten darf.

Wird die Zahl 1 000 nicht erreicht, ergibt die durch den entsprechenden Faktor eines anderen Gutes der Ladung dividierte Differenz die noch verfügbare Freigrenze der Zuladung.

Beispiele verschiedener Berechnungsvorgänge

Klasse	Güter	höchstzulässige Mengen						
		5 kg	20 kg	50 kg	100 kg	333 kg	500 kg	1000 kg
2	2 a)							100
3	31						50	
4.1	7 a)			2				
6.1	6 b)			3				
6.1	6 c)				25			
Summen der beförderten Mengen				5	25		50	100
Multiplikationsfaktoren		200	50	20	10	3	2	1
Produkte (Faktor × tatsächliche Masse)				100	250		100	100
Summe der Produkte				100	+ 250		+ 100	+ 100 = 550

Da die Summe der Produkte die Zahl 1 000 nicht erreicht, verbleibt im vorliegenden Fall eine verfügbare Freigrenze von 1 000−550 = 450 kg, die zur Ergänzung der Ladung ausgenützt werden kann, z. B. mit Gaskartuschen der Ziffer 11 a) der Klasse 2 (Mengengrenze: 333 kg) in einer Masse von 450 : 3 = 150 kg).

Die Multiplikations- oder Divisionsvorgänge erübrigen sich bei Verwendung der nachstehenden Masse-Tabellen.

Die jeweilige höchstzulässige Masse (in kg) von zwei verschiedenen Stoffen, die in den Reihen A bis G der nachstehenden Tabelle aufgeführt sind und in derselben Beförderungseinheit ohne Überschreitung der Freigrenzen verladen werden dürfen.

Reihe A und folgende

A	A		A und B		A und C		A und D		A und E		A und F		A und G	
1	4		1	16	1	40	1	80	1	266	1	400	1	800
2	3		2	12	2	30	2	60	2	200	2	300	2	600
3	2		3	8	3	20	3	40	3	133	3	200	3	400
4	1		4	4	4	10	4	20	4	66	4	100	4	200
5	0		5	0	5	0	5	0	5	0	5	0	5	0

Reihe B und folgende

B	B		B und C		B und D		B und E		B und F		B und G	
2	18		2	45	2	90	2	300	2	450	2	900
4	16		4	40	4	80	4	266	4	400	4	800
6	14		6	35	6	70	6	233	6	350	6	700
8	12		8	30	8	60	8	200	8	300	8	600
10	10		10	25	10	50	10	166	10	250	10	500
12	8		12	20	12	40	12	133	12	200	12	400
14	6		14	15	14	30	14	100	14	150	14	300
16	4		16	10	16	20	16	66	16	100	16	200
18	2		18	5	18	10	18	33	18	50	18	100
20	0		20	0	20	0	20	0	20	0	20	0

Reihe C und folgende

C	C		C und D		C und E		C und F		C und G	
5	45		5	90	5	300	5	450	5	900
10	40		10	80	10	266	10	400	10	800
15	35		15	70	15	233	15	350	15	700
20	30		20	60	20	200	20	300	20	600
25	25		25	50	25	166	25	250	25	500
30	20		30	40	30	133	30	200	30	400
35	15		35	30	35	100	35	150	35	300
40	10		40	20	40	66	40	100	40	200
45	5		45	10	45	33	45	50	45	100
50	0		50	0	50	0	50	0	50	0

I. Teil

Text der Rn. 10 011 nur gültig für grenzüberschreitende Beförderungen

Reihe D und folgende

D	D		D und E		D und F		D und G	
10	90		10	300	10	450	10	900
20	80		20	266	20	400	20	800
30	70		30	233	30	350	30	700
40	60		40	200	40	300	40	600
50	50		50	166	50	250	50	500
60	40		60	133	60	200	60	400
70	30		70	100	70	150	70	300
80	20		80	66	80	100	80	200
90	10		90	33	90	50	90	100
100	0		100	0	100	0	100	0

Reihe E und folgende

E	E		E und F		E und G	
25	308		25	462	25	925
50	283		50	425	50	850
75	258		75	387	75	775
100	233		100	350	100	700
125	208		125	312	125	625
150	183		150	271	150	550
175	158		175	237	175	475
200	133		200	200	200	400
225	108		225	162	225	323
250	83		250	125	250	250
275	58		275	87	275	175
300	33		300	50	300	100
325	8		325	12	325	25
333	0		333	0	333	0

Reihe F und G

50	450		50	900
100	400		100	800
150	350		150	700
200	300		200	600
250	250		250	500
300	200		300	400
350	150		350	300
400	100		400	200
450	50		450	100
500	0		500	0

Wenn unter Berücksichtigung der Masse des ersten zu verladenden Stoffes (in einer der Reihen einer Tabelle) die höchstzulässige Masse des zweiten Stoffes nicht erreicht wird (in der anderen Reihe derselben Tabelle), so kann die noch verfügbare Masse für einen dritten Stoff verwendet werden. Zur Ermittlung der zulässigen Masse dieses letzten Stoffes genügt es, in der Tabelle mit den Buchstaben für die dem zweiten und dritten Stoff entsprechenden Reihe nachzusehen. Wenn die höchstzulässige Masse für den dritten Stoff immer noch nicht erreicht ist, kann in derselben Weise vorgegangen werden, um noch einen oder mehrere weitere Stoffe zu verladen.

In der linken Reihe jeder Tabelle dürfen die tatsächlich beförderten größten Masse-Zwischenwerte (z. B. 9 für 8 bis 10, Tabelle B und D) auf den dort angegebenen unteren Wert abgerundet werden (8 für 9). Demgegenüber sind in der rechten Reihe die Zwischenwerte der tatsächlich beförderten Masse (z. B. 55 für 60 derselben Tabelle) auf den dort angegebenen oberen Wert aufzurunden (60 für 55).

Bem.: 2. Bei der Anwendung dieser Randnummer mit Tabelle ist die Masse der Flüssigkeiten oder Gase nicht zu berücksichtigen, die in den üblichen – in den Fahrzeugen fest eingebauten – Behältern zum Betrieb der Fahrzeuge oder ihrer besonderen Einrichtungen (z. B. Kühleinrichtungen) und aus Sicherheitsgründen mitgeführt werden.

10 012

Im Falle der nach Randnummer 10 011 vorgesehenen Befreiungen ist in das nach Rn. 2002 (3) vorgeschriebene Beförderungspapier zusätzlich zu den in Kapitel B der besonderen Vorschriften der Anlage A für die jeweilige Klasse aufgeführten Vermerke folgende Angabe aufzunehmen:

„Beförderung ohne Überschreitung der nach Rn. 10 011 festgesetzten Freigrenzen."

10 013   (1) Vorschriften dieser Anlage über die Beförderung gefährlicher Güter der Klasse 6.2 gelten nur, wenn Vorschriften des II. Teils der Klasse 6.2 bestimmen, daß Randnummern des I. Teils anzuwenden sind.

(2) Von den Vorschriften dieser Anlage darf bei dringenden Beförderungen zur Rettung von Menschenleben abgewichen werden.

Begriffsbestimmungen

10 014   (1) Im Sinne dieser Anlage bedeutet:

„zuständige Behörde" die Dienststelle, die in jedem Staat und in jedem Einzelfall von der Regierung als solche bestimmt wird;

I. Teil

„zerbrechliche Versandstücke" Versandstücke mit zerbrechlichen Gefäßen (d. h. aus Glas, Porzellan, Steinzeug oder dgl.), die nicht von einer vollwandigen Verpackung umgeben sind, die sie wirksam gegen Stöße schützt [siehe auch Rn. 2001 (7) der Anlage A];

10 014
(Forts.)

„Gase" Gase und Dämpfe;

„gefährliche Güter", wenn der Ausdruck allein verwendet wird, die Stoffe und Gegenstände, die als Stoffe und Gegenstände

| dieser Verordnung | des ADR |

bezeichnet sind;

„RID" Ordnung für die internationale Eisenbahnbeförderung gefährlicher Güter [Anlage I zu den Einheitlichen Rechtsvorschriften für den Vertrag über die internationale Eisenbahnbeförderung von Gütern (CIM)];

„ADR" Europäisches Übereinkommen über die internationale Beförderung gefährlicher Güter auf der Straße;

„GGVE" Verordnung über die Beförderung gefährlicher Güter mit Eisenbahnen;

„Beförderung in loser Schüttung" die Beförderung eines festen Stoffes ohne Verpackung;

„Container" ein Beförderungsgerät (Behältnis, umladbarer Tank oder ähnliches Gerät),

– das zu dauernder Verwendung bestimmt und deshalb für den wiederholten Gebrauch genügend widerstandsfähig ist,

– das nach seiner besonderen Bauart dazu bestimmt ist, die Beförderung von Gütern durch ein oder mehrere Beförderungsmittel ohne Veränderung der Ladung zu erleichtern,

– das zur leichteren Handhabung mit Einrichtungen versehen ist, besonders beim Übergang von einem Beförderungsmittel auf ein anderes,

– das so gebaut ist, daß es leicht gefüllt und entleert werden kann und einen Fassungsraum von mindestens 1 m³ besitzt;

der Begriff „Container" schließt weder die üblichen Verpackungen noch die Fahrzeuge noch die Tankcontainer ein;

„Großcontainer" ein Container mit einem Fassungsraum von mehr als 3 m³;

„Kleincontainer" ein Container mit einem Fassungsraum von mindestens 1 m³ und höchstens 3 m³;

„Tankcontainer" ein Beförderungsgerät, das der vorstehend angegebenen Begriffsbestimmung der Container entspricht, so gebaut ist, daß es flüssige, gasförmige, pulverförmige oder körnige Stoffe aufnehmen kann und einen Fassungsraum von mehr als 0,45 m³ hat;

„ „Gefäßbatterie" oder „Tankbatterie" eine Einheit aus mehreren Gefäßen nach Rn. 2212 (1) b) oder Tanks nach Rn. 2212 (1) c), die miteinander durch ein Sammelrohr verbunden und dauerhaft in einem Rahmen befestigt sind;"

„Aufsetztank" ein Tank mit einem Fassungsraum von mehr als 1 000 Litern – ausgenommen festverbundene Tanks, Tankcontainer und Gefäßbatterien –, der nach seiner Bauart nicht dazu bestimmt ist, Güter ohne Umschlag zu befördern und der gewöhnlich nur in leerem Zustand abgenommen werden kann;

„Festverbundener Tank" ein Tank, der durch seine Bauart dauerhaft auf einem Fahrzeug (das damit zum Tankfahrzeug wird) befestigt ist oder einen wesentlichen Bestandteil des Fahrgestells eines solchen Fahrzeugs bildet;

„Tank", wenn das Wort allein verwendet wird, ein Tankcontainer oder ein Tank mit einem Fassungsraum von mehr als 1 m³, ein festverbundener Tank, ein Aufsetztank oder eine Gefäßbatterie sein kann. [siehe jedoch die Einschränkung der Bedeutung des Begriffs „Tank" in Rn. 200 000 (2) der gemeinsamen Vorschriften zu den Anhängen B.1];

| „Beförderungseinheit" ein Sattelkraftfahrzeug oder ein Kraftfahrzeug (ausgenommen Sattelzugmaschinen) ohne Anhänger oder eine Einheit aus einem Kraftfahrzeug mit Anhänger; | „Beförderungseinheit" ein Kraftfahrzeug ohne Anhänger oder eine Einheit aus einem Kraftfahrzeug mit Anhänger; |

„gedecktes Fahrzeug" ein Fahrzeug, dessen Aufbau geschlossen werden kann;

„offenes Fahrzeug" ein Fahrzeug, dessen Ladefläche offen oder nur mit Seitenwänden und einer Rückwand versehen ist;

„bedecktes Fahrzeug" ein offenes Fahrzeug, das zum Schutz der Ladung mit einer Plane versehen ist;

„Tankfahrzeug" ein Fahrzeug mit einem oder mehreren festverbundenen Tanks zur Beförderung von Flüssigkeiten, Gasen, pulverförmigen oder körnigen Stoffen;

„Gefäßbatterie-Fahrzeug" ein Fahrzeug mit einer Gefäßbatterie oder einer Tankbatterie, das unter den Begriff „Tankfahrzeug" fällt."

(2) Im Sinne dieser Anlage gelten Tanks [siehe Begriffsbestimmung unter Absatz (1)] nicht ohne weiteres als Gefäße, da der Begriff „Gefäß" in einem einschränkenden Sinne verwendet wird. Die Vorschriften über die Gefäße sind auf die festverbundenen Tanks, die Gefäßbatterien, die Aufsetztanks und die Tankcontainer nur in den Fällen anzuwenden, in denen dies ausdrücklich bestimmt ist.

(3) Der Begriff „Geschlossene Ladung" bezeichnet jede Ladung, die von einem einzigen Absender kommt, dem der ausschließliche Gebrauch eines Fahrzeugs oder eines Großcontainers vorbehalten ist, wobei alle Ladevorgänge nach den Anweisungen des Absenders oder des Empfängers durchgeführt werden (siehe Rn. 10 108).

„(4) Abfälle sind Stoffe, Lösungen, Gemische oder Gegenstände, für die keine unmittelbare Verwendung vorgesehen ist, die aber befördert werden zur Aufarbeitung, zur Deponie oder zur Beseitigung durch Verbrennung oder durch sonstige Entsorgungsverfahren.

Bem. Siehe 2. Bem. zu Rn. 2100 (1)."

307

I. Teil

10 015   (1) Sofern nicht ausdrücklich etwas anderes bestimmt ist, bedeutet das Zeichen „%" in dieser Anlage:

a) bei Mischungen von festen oder flüssigen Stoffen, bei Lösungen oder bei festen, von einer Flüssigkeit getränkten Stoffen den in Prozent angegebenen Masseanteil, bezogen auf die Gesamtmasse der Mischung, der Lösung oder des getränkten Stoffes;

„b) bei verdichteten Gasgemischen den in Prozent angegebenen Volumenanteil, bezogen auf das Gesamtvolumen der Gasmischung; bei verflüssigten Gasgemischen sowie unter Druck gelösten Gasen den in Prozent angegebenen Massenanteil, bezogen auf die Gesamtmasse der Mischung."

(2) Ist in dieser Anlage die Masse der Versandstücke angegeben, so handelt es sich, sofern nichts anderes bestimmt ist, um die Bruttomasse. Die Masse der für die Beförderung benutzten Container und Tanks ist in der Bruttomasse nicht enthalten.

(3) Drücke jeder Art bei Tanks (z. B. Prüfdruck, Betriebsdruck, Öffnungsdruck von Sicherheitsventilen) werden immer als Überdruck (über dem atmosphärischen Druck liegender Druck) angegeben; der Dampfdruck von Stoffen wird dagegen immer als absoluter Druck angegeben.

(4) Sieht diese Anlage einen Füllungsgrad für Tanks vor, so bezieht sich dieser stets auf eine Temperatur von 15 C der Stoffe, sofern nicht eine andere Temperatur genannt ist.

10 016-
10 099

Abschnitt 1
Beförderungsart des Gutes

10 100-
10 104

Versandart, Versandbeschränkungen

10 105   Die Beförderung bestimmter gefährlicher Güter erfordert die Verwendung eines bestimmten Beförderungsmittels oder einer bestimmten Beförderungsart. Diese besonderen Vorschriften sind in der Rn. XX 105 des II. Teils dieser Anlage enthalten.

10 106-
10 107

Geschlossene Ladung

10 108   Wenn die Vorschriften über die Beförderung als „geschlossene Ladung" anzuwenden sind, können die zuständigen Behörden verlangen, daß das für die Beförderung verwendete Fahrzeug oder der verwendete Großcontainer nur an einer Stelle beladen und nur an einer Stelle entladen wird.

10 109-
10 110

Beförderung in loser Schüttung

10 111   (1) Feste Stoffe dürfen in loser Schüttung nur befördert werden, wenn diese Beförderungsart für diese Stoffe durch die Vorschriften des II. Teils dieser Anlage ausdrücklich zugelassen ist und nur unter den durch diese Vorschriften vorgesehenen Bedingungen. Abgesehen hiervon dürfen ungereinigte leere Verpackungen in loser Schüttung befördert werden, sofern diese Beförderungsart durch die Vorschriften des II. Teils der Anlage A nicht ausdrücklich untersagt ist.

(2) Wegen der Beförderung in loser Schüttung in Containern siehe Rn. 10 118 (2) und (5).

(3) Werden Stoffe, die zur Beförderung in loser Schüttung zugelassen sind, in Tankfahrzeugen oder Tankcontainern befördert, sind die Vorschriften für Tanks nicht anzuwenden.

10 112-
10 117

Beförderung in Containern

Bem. Die Vorschriften für die Beförderung in Tankcontainern sind in den Randnummern über die „Beförderung in Tanks" enthalten.

10 118   (1) Die Beförderung von Versandstücken in Containern ist zulässig.

(2) Stoffe in loser Schüttung dürfen in Containern nur befördert werden, wenn die Beförderung dieser Stoffe in loser Schüttung ausdrücklich zugelassen ist (siehe Rn. 10 111); Kleincontainer müssen geschlossen und vollwandig sein.

(3) Die Großcontainer müssen den Vorschriften über den Fahrzeugaufbau genügen, die durch diese Anlage für die jeweilige Beförderung vorgesehen sind; der Fahrzeugaufbau braucht dann diesen Vorschriften nicht zu entsprechen.

(4) Vorbehaltlich der Vorschriften des Absatzes (3), letzter Satzteil, werden die Vorschriften, die für das Fahrzeug wegen der Art und der Menge der beförderten gefährlichen Güter gelten, dadurch nicht berührt, daß sie in einem Container oder in mehreren Containern enthalten sind.

I. Teil

(5) Werden in einem Container gefährliche Güter befördert und schreibt die Anlage A für Versandstücke mit diesen Gütern einen oder mehrere Gefahrzettel vor, sind der gleiche oder die gleichen Gefahrzettel an der Außenseite des Containers anzubringen, der diese Güter in Versandstücken oder in loser Schüttung enthält. Der Zettel Nr. 11 braucht nicht angebracht zu werden, wenn der Container eine Ausrüstung oder eine Aufschrift hat, aus der eindeutig hervorgeht, in welcher Lage er sich befinden muß.

Container mit gefährlichen Gütern, die innerhalb der Seehafenstädte sowie von und nach einem deutschen Seehafen – auch nach einer vorausgegangenen oder nachfolgenden Beförderung auf der Eisenbahn oder auf einer Binnenwasserstraße – befördert werden, dürfen nach den Vorschriften der GefahrgutVSee oder nach den durch die GefahrgutVSee zugelassenen Bestimmungen gekennzeichnet sein. Die Gefahrzettel sind vom Verlader anzubringen und vom Empfänger nach Entleerung und – falls notwendig – Reinigung des Containers zu verdecken oder zu entfernen.

10 119-
10 120

Beförderung in Tanks

(1) Gefährliche Stoffe dürfen in Tanks nur befördert werden, wenn diese Beförderungsart für diese Stoffe nach den Vorschriften für die Verwendung der festverbundenen Tanks, der Aufsetztanks und der Gefäßbatterien, wie sie im jeweiligen Abschnitt 1 des II. Teils des Anhangs B.1 a sowie in den Vorschriften für die Verwendung der Tankcontainer, wie sie im jeweiligen Abschnitt 1 des II. Teils des Anhangs B.1 b aufgeführt sind, ausdrücklich zugelassen sind.

10 121

(2) –

(2) Tanks aus verstärkten Kunststoffen dürfen nur verwendet werden, wenn dies nach Rn. 213 010 (Verwendung) des Anhangs B.1 c ausdrücklich zugelassen ist. Die Temperatur des zu befördernden Stoffes darf zur Zeit des Einfüllens 50 °C nicht übersteigen.

Bem. Wegen der Kennzeichnung und Bezettelung der Fahrzeuge mit festverbundenen Tanks oder Aufsetztanks siehe Rn. 10 500.

10 122-
10 129

Bezettelung der Tankcontainer und Gefäßbatterien

(1) Tankcontainer und Gefäßbatterien müssen an beiden Seiten mit den nach Rn. XX 130 der jeweiligen Klasse vorgesehenen Gefahrzetteln versehen sein. Wenn diese Gefahrzettel nicht von außen sichtbar sind, müssen dieselben Gefahrzettel außerdem an den Seitenwänden und hinten am Fahrzeug angebracht sein.

10 130

Die Gefahrzettel sind nach Entleerung und Reinigung der Tanks zu verdecken oder zu entfernen. Anzubringen sind die Gefahrzettel vom Verlader. Zu verdecken oder zu entfernen sind die Gefahrzettel vom Empfänger.

(2) Die vorstehenden Vorschriften gelten ebenfalls für leere ungereinigte und nicht entgaste Tankcontainer und Gefäßbatterien

(3) Tankcontainer mit gefährlichen Gütern, die innerhalb der Seehafenstädte sowie von und nach einem deutschen Seehafen – auch nach einer vorausgegangenen oder nachfolgenden Beförderung auf der Eisenbahn oder auf einer Binnenwasserstraße – befördert werden, dürfen nach den Vorschriften der GefahrgutVSee oder nach den durch die GefahrgutVSee zugelassenen Bestimmungen gekennzeichnet sein.

Bem. Wegen der Kennzeichnung der Trägerfahrzeuge für Tankcontainer und Gefäßbatterien siehe Rn. 10 500.

10 131-
10 199

Abschnitt 2
Besondere Anforderungen an die Beförderungsmittel und ihre Ausrüstung

10 200-
10 203

Fahrzeugarten

(1) Eine mit gefährlichen Gütern beladene Beförderungseinheit darf in keinem Falle mehr als einen Anhänger oder Sattelanhänger umfassen.

10 204

Kraftfahrzeuge und Anhänger, ausgenommen Sattelanhänger, müssen mindestens zwei Achsen haben.*)

---

*) Die Forderung ist als erfüllt anzusehen, wenn die Fahrzeuge den Anforderungen der TRS 001 entsprechen.

I. Teil

(2) Die besonderen Vorschriften für Fahrzeugarten, die für die Beförderung bestimmter gefährlicher Güter verwendet werden müssen, sind jeweils im II. Teil dieser Anlage enthalten (siehe auch die Randnummern über die Beförderung in Containern, die Beförderung von festen Stoffen in loser Schüttung, die Beförderung in Tanks sowie die Tanks).

(3) Versandstücke mit nässeempfindlichen Verpackungen müssen in gedeckte oder bedeckte Fahrzeuge verladen werden.

(4) Die Vorschriften über die Fahrzeugarten hat der Beförderer zu beachten.

10 205-
10 219

„Fahrzeuge für die Beförderung gefährlicher Güter in festverbundenen Tanks oder Aufsetztanks, Gefäßbatterien oder Tankcontainer mit einem Fassungsraum von mehr als

1000 l   3000 l".

Bem. a) Die Vorschriften für den Bau, die Prüfungen, das Befüllen, die Verwendung usw. von festverbundenen Tanks, Aufsetztanks und Gefäßbatterien, sowie verschiedene Vorschriften für die Tankfahrzeuge und ihre Verwendung sind in Anhang B.1 a und die Vorschriften für den Bau der festverbundenen Tanks, der Aufsetztanks und der Gefäßbatterien zur Beförderung tiefgekühlter verflüssigter Gase der Klasse 2 sind in Anhang B.1 d aufgeführt (wegen der Zulassung der Tankfahrzeuge siehe

§ 6).   Rn. 10 282).

b) Die Vorschriften für den Bau, die Ausrüstung, die Zulassung des Baumusters, die Prüfungen, die Kennzeichnung usw. der Tankcontainer sind in Anhang B.1 b und die Vorschriften für den Bau der Tankcontainer zur Beförderung tiefgekühlter verflüssigter Gase der Klasse 2 sind in Anhang B.1 d aufgeführt.

c) Die Vorschriften für den Bau festverbundener Tanks und Aufsetztanks aus verstärkten Kunststoffen sind in Anhang B.1 c aufgeführt.

d) Die gemeinsamen Vorschriften zu den Anhängen B.1 sind in Rn. 200 000 aufgeführt.

e) Wegen der Gefäße siehe Anlage A.

10 220   (1) Hinterer Schutz der Fahrzeuge

Die Rückseite des Fahrzeugs muß über die gesamte Breite des Tanks durch eine ausreichend feste Stoßstange gegen Auffahren geschützt sein. Der Abstand zwischen der Rückwand des Tanks und der Rückseite der Stoßstange muß mindestens 100 mm betragen (wobei dieser Abstand von dem am weitesten nach hinten liegenden Punkt der Tankwand oder den mit dem beförderten Stoff in Verbindung stehenden überragenden Zubehörteilen aus gemessen wird).

Bem. 1. Diese Vorschrift gilt nicht für Fahrzeuge zur Beförderung gefährlicher Güter in Tankcontainern.

2. Wegen des Schutzes der Tanks gegen Beschädigung durch seitliches Anfahren oder Überschlagen siehe Rn. 211 127 (4) und Bem. dazu.

(2) Fahrzeuge mit festverbundenen Tanks, mit Aufsetztanks, mit Gefäßbatterien oder mit Tankcontainern einschließlich der Sattelzugmaschinen solcher Fahrzeuge,

(2) Fahrzeuge,

die Flüssigkeiten mit einem Flammpunkt bis höchstens 55 °C oder die nach Rn. 2200 (3) als brennbar bezeichneten Stoffe der Klasse 2 befördern, müssen außerdem folgenden zusätzlichen Anforderungen genügen:

a) Nichtexplosionsgeschützte Fahrzeugmotoren und andere nichtexplosionsgeschützte Verbrennungskraftmaschinen, die Auspuffanlagen und das Führerhaus müssen vom Tank und von den Fördereinrichtungen durch eine Schutzwand getrennt sein. Sie muß die nichtexplosionsgeschützten Anlagen des Fahrzeugs von den übrigen Anlagenteilen, an die zur Vermeidung von Zündgefahren besondere Anforderungen gestellt werden, trennen und das Führerhaus gegen Flammeneinwirkung abschirmen.

a) Motore und Auspuffanlagen

Die Motore von Fahrzeugen und gegebenenfalls die Ladepumpe müssen so beschaffen und angeordnet und die Auspuffrohre so angebracht oder geschützt sein, daß jede Gefahr für die Ladung infolge Erhitzung oder Entzündung vermieden wird.

b) Kraftstoffbehälter

Kraftstoffbehälter zur Versorgung des Motors von Fahrzeugen sind so anzuordnen, daß sie soweit wie möglich bei einem Aufprall geschützt sind und daß beim Entweichen von Kraftstoff dieser direkt auf den Boden abfließen kann. Kraftstoffbehälter dürfen sich nicht unmittelbar über der Auspuffanlage befinden.

Behälter, die Benzin enthalten, sind mit einer wirksamen, der Einfüllöffnung angepaßten Einrichtung gegen Flammendurchschlag oder mit einer Einrichtung zu versehen, die die Einfüllöffnung luftdicht verschlossen hält.

c) Können Verbrennungskraftmaschinen, Auspuffanlagen und sonstige Fahrzeugteile nur hinter der Schutzwand angeordnet werden, müssen sie so angeordnet und ausgeführt sein, daß explosionsfähige Atmosphäre betriebsmäßig nicht gezündet werden kann.

I. Teil

e) Die Schutzwand darf nur Fenster und Öffnungen haben, die den Schutzzweck der Wand nicht beeinträchtigen. Die Fenster in der Schutzwand dürfen nicht geöffnet werden können.

f) Fördereinrichtungen müssen so beschaffen sein und nur so betrieben werden können, daß explosionsfähige Atmosphäre betriebsmäßig nicht gezündet werden kann. Heizungen für die zu befördernden Stoffe müssen explosionsgeschützt sein.

10 221-
10 239

Feuerlöschmittel

(1) Jede Beförderungseinheit mit gefährlichen Gütern muß ausgerüstet sein

10 240

a) mit mindestens einem tragbaren Feuerlöschgerät von genügendem Gesamtfassungsvermögen, das geeignet ist, einen Brand des Motors oder jedes anderen Teils der Beförderungseinheit zu bekämpfen, und das so beschaffen ist, daß es einen Brand der Ladung nicht vergrößert, sondern möglichst eindämmt; wenn jedoch das Fahrzeug mit einer festen, automatischen oder leicht auszulösenden Einrichtung gegen Motorbrand ausgerüstet ist, muß das Gerät nicht zur Bekämpfung eines Motorbrandes geeignet sein;

b) zusätzlich zu a) mit mindestens einem tragbaren Feuerlöschgerät von genügendem Gesamtfassungsvermögen, das geeignet ist, einen Brand der Ladung zu bekämpfen, und das so beschaffen ist, daß es einen Brand des Motors oder jedes anderen Teils der Beförderungseinheit nicht vergrößert, sondern möglichst eindämmt.

(2) Die Feuerlöschstoffe, die in den auf den Beförderungseinheiten mitgeführten Löschgeräten enthalten sind, müssen so beschaffen sein, daß sie keine giftigen Gase entwickeln, weder im Führerhaus noch unter Einwirkung der Hitze eines Brandes.

(3) Der Anhänger einer Beförderungseinheit, der vom Zugfahrzeug abgehängt und entfernt von diesem beladen auf der öffentlichen Straße abgestellt wird, muß mit mindestens einem Feuerlöschgerät ausgerüstet sein, das den Vorschriften in Absatz 1 b) dieser Randnummer entspricht.

(4) Wegen der Wartung der Feuerlöscher und der Ausbildung des Fahrpersonals über die Handhabung der Feuerlöscher gelten die Vorschriften des § 35 g der Straßenverkehrs-Zulassungs-Ordnung (StVZO) in der jeweils geltenden Fassung.

(5) Die Feuerlöschgeräte sind vom Fahrzeugführer und Beifahrer in der Beförderungseinheit mitzuführen und auf Verlangen zuständigen Personen zur Prüfung vorzuzeigen oder auszuhändigen.

10 241-
10 250

Elektrische Ausrüstung

Die Vorschriften des Anhangs B.2 über die elektrische Ausrüstung von Fahrzeugen gelten nur für folgende Fahrzeuge:

10 251

a) Tankfahrzeuge, Fahrzeuge mit Aufsetztanks oder Gefäßbatterien,

einschließlich der Sattelzugmaschinen solcher Fahrzeuge,

die entweder Flüssigkeiten mit einem Flammpunkt bis höchstens 55 °C oder die in Rn. 220 002 aufgezählten entzündbaren Gase befördern;

b) Fahrzeuge zur Beförderung von

gefährlichen Gütern der Klassen 1 a, 1 b und 1 c,   Sprengstoffen,

die den für Beförderungseinheiten der Kategorie B.III in Rn. 11 205 (2) c) festgelegten Anforderungen entsprechen müssen.

10 252-
10 259

Sonstige Ausrüstung

(1) Abweichend von den Vorschriften des § 53 a Abs. 2 StVZO sind in einem Kraftfahrzeug zwei Warnleuchten mitzuführen, die so beschaffen sein müssen, daß ihre Verwendung nicht die Entzündung der beförderten Güter verursachen kann.*) Warnleuchten, die

Jede Beförderungseinheit mit gefährlichen Gütern muß ausgerüstet sein mit:

10 260

a) einem Werkzeugkasten für Notreparaturen am Fahrzeug;

---

*) Die Forderung ist als erfüllt anzusehen, wenn die Warnleuchten der den Vorschriften des Anhangs B.2 unterliegenden Fahrzeugen den Anforderungen der TRS 002 entsprechen.

I. Teil

Sonstige Ausrüstung

10 260 (1) Abweichend von den Vorschriften des § 53 a Abs. 2 StVZO sind in einem Kraftfahrzeug zwei Warnleuchten mitzuführen, die so beschaffen sein müssen, daß ihre Verwendung nicht die Entzündung der beförderten Güter verursachen kann.*) Warnleuchten, die

der Schutzart IP 54 entsprechen und deren Gehäuse einschließlich Lichtaustritt bruchsicher ist, müssen außer dem Prüfzeichen nach § 22 a der Straßenverkehrs-Zulassungs-Ordnung mit dem von der Prüfstelle zugeteilten Prüfzeichen dauerhaft gekennzeichnet sein.

(2) Bei der Beförderung

a) besonders gefährlicher Güter des Anhangs B.8 in erlaubnispflichtigen Mengen,

b) sonstiger gefährlicher Güter in Mengen über 3 000 kg

müssen der Fahrzeugführer und gegebenenfalls auch der Beifahrer eine dichtschließende Schutzbrille, geeignete Schutzhandschuhe und eine Augenspülflasche mit reinem Wasser mitführen. Der Beförderer muß die Schutzausrüstung dem Fahrzeugführer und ggf. dem Beifahrer mitgeben.

(3) Die Ausrüstungsgegenstände sind vom Fahrzeugführer und Beifahrer im Kraftfahrzeug mitzuführen und auf Verlangen zuständigen Personen zur Prüfung vorzuzeigen oder auszuhändigen.

(4) Absatz 3 auch hinsichtlich der Schutzausrüstung.

10 261-
10 281

10 282 **Zulassung der Fahrzeuge**

Siehe § 6.

Jede Beförderungseinheit mit gefährlichen Gütern muß ausgerüstet sein mit:

a) einem Werkzeugkasten für Notreparaturen am Fahrzeug;

b) mindestens einem Unterlegkeil je Fahrzeug, wobei die Größe des Unterlegkeils der Fahrzeugmasse und dem Raddurchmesser entsprechen muß;

c) zwei orangefarbenen Leuchten. Diese Leuchten für Dauerlicht oder Blinklicht müssen von der elektrischen Anlage des Fahrzeugs unabhängig und so beschaffen sein, daß ihre Verwendung nicht die Entzündung der beförderten Güter verursachen kann.

(1) Die Tankfahrzeuge, die Trägerfahrzeuge für Aufsetztanks oder Gefäßbatterien und, wenn die Vorschriften des II. Teils dieser Anlage es erfordern, die anderen Fahrzeuge sind in ihrem Zulassungsstaat technischen Untersuchungen zu unterziehen, um festzustellen, ob sie den Vorschriften dieser Anlage einschließlich ihrer Anhänge und den im Zulassungsstaat geltenden allgemeinen Sicherheitsvorschriften (für Bremsen, Beleuchtung usw.) entsprechen; handelt es sich bei diesen Fahrzeugen um Anhänger oder Sattelanhänger, die mit einem Zugfahrzeug verbunden sind, so unterliegt das Zugfahrzeug der gleichen technischen Untersuchung.

(2) Von der zuständigen Behörde des Zulassungsstaates wird für jedes Fahrzeug, dessen Untersuchungsergebnis befriedigend ist, eine Bescheinigung der besonderen Zulassung ausgestellt. Sie ist in der Sprache oder in einer der Sprachen des Staates abzufassen, der sie ausstellt, und, wenn diese Sprache nicht Deutsch, Englisch oder Französisch ist, außerdem in einer dieser Sprachen, wenn nicht Abkommen zwischen den von der Beförderung berührten Staaten etwas anderes vorsehen. Sie muß dem Muster des Anhangs B.3 entsprechen.

(3) Jede von den zuständigen Behörden einer Vertragspartei ausgestellte Bescheinigung der besonderen Zulassung für ein im Gebiet dieser Vertragspartei zugelassenes Fahrzeug wird während ihrer Geltungsdauer von den zuständigen Behörden der übrigen Vertragsparteien anerkannt.

---

*) Die Forderung ist als erfüllt anzusehen, wenn die Warnleuchten der den Vorschriften des Anhangs B 2 unterliegenden Fahrzeugen den Anforderungen der TRS 002 entsprechen.

I. Teil

(4) Die Gültigkeit der Bescheinigung der besonderen Zulassung endet spätestens ein Jahr nach dem Tage der technischen Untersuchung des Fahrzeugs, die der Ausstellung der Bescheinigung vorausging. Bei Tanks, für die eine regelmäßig wiederkehrende technische Untersuchung vorgeschrieben ist, sind jedoch Dichtheitsprüfungen, Flüssigkeitsdruckproben oder innere Untersuchungen in kürzeren Abständen als in den Anhängen B.1 a und B. 1c vorgesehen, nicht erforderlich.

Beförderungseinheiten für die Beförderung von Tankcontainern mit einem Fassungsraum von mehr als 3 000 l sind in ihrem Zulassungsstaat einer jährlichen technischen Untersuchung zu unterziehen, um festzustellen, ob sie den in diesem Staat geltenden allgemeinen Sicherheitsvorschriften für Bremsen, Beleuchtung usw. entsprechen. Von der zuständigen Behörde des Zulassungsstaates wird für jedes Teil der Beförderungseinheit, dessen Untersuchungsergebnis befriedigend ist, eine Bescheinigung der besonderen Zulassung ausgestellt. Das Datum der letzten technischen Untersuchung ist anzugeben. Für diese Bescheinigung kann das in Anhang B.3 dargestellte Muster verwendet werden.   **10 283**

**10 284-
10 299**

Abschnitt 3

Allgemeine Betriebsvorschriften   **10 300-
10 310**

Fahrzeugbesatzung

Die Begleitung des Fahrzeugführers durch einen Beifahrer richtet sich bei erlaubnispflichtigen Beförderungen nach den in der Erlaubnis enthaltenen Nebenbestimmungen. Bei anderen Beförderungen ist der Fahrzeugführer von einem Beifahrer zu begleiten, wenn es im II. Teil dieser Anlage vorgeschrieben ist. Falls der Beifahrer in der Lage sein muß, den Fahrer ablösen zu können, so ist dies besonders angegeben. Auf die Begleitung durch einen Beifahrer wird verzichtet, wenn das beförderte Fahrzeug für den Funksprechverkehr mit dem öffentlichen beweglichen Landfunkdienst der Deutschen Bundespost (Autotelefon) eingerichtet ist und der Fahrzeugführer damit nötigenfalls die Polizei verständigen kann. Dies gilt nicht für Beförderungen solcher gefährlicher Güter, die beim Freiwerden durch die Betätigung des Autotelefons entzündet werden können, falls kein Autotelefon mit eigensicherem Stromkreis verwendet wird. Die Vorschriften der Verordnung (EWG) Nr. 3820/85 bleiben unberührt. Der Beförderer ist für die Einhaltung der vorstehenden Vorschriften verantwortlich.

Sehen die Vorschriften des II. Teils dieser Anlage vor, daß der Fahrzeugführer von einem Beifahrer begleitet sein muß, so muß der Beifahrer den Fahrzeugführer ablösen können.   **10 311**

**10 312-
10 314**

Besondere Schulung der Fahrzeugführer

(1) Die Führer von Tankfahrzeugen oder Beförderungseinheiten zur Beförderung von Tanks oder   **10 315**

von Tankcontainern mit einem Gesamtfassungsraum von mehr als 3 000 Liter

müssen im Besitz einer von der zuständigen Behörde oder einer von dieser Behörde anerkannten Stelle

ausgestellten Bescheinigung sein, durch die nachgewiesen wird, daß diese an einer Schulung über die besonderen Anforderungen, die bei der Beförderung gefährlicher Güter zu erfüllen sind, erfolgreich teilgenommen haben.

Anlage B
Allgemeine
Vorschriften

313

I. Teil

10 315
(Forts.)

(2) Jeweils nach fünf Jahren muß der Fahrzeugführer die erfolgreiche Teilnahme an einem Fortbildungslehrgang durch eine entsprechende Eintragung der

zuständigen Behörde oder der von dieser Behörde anerkannten Stelle

in seiner Bescheinigung nachweisen können.

> Die zuständige Behörde oder die von dieser Behörde anerkannte Stelle kann jedoch bei Vorliegen eines Antrags auf Verlängerung der Bescheinigung den Antragsteller von der Teilnahme an einem Fortbildungslehrgang befreien, wenn dieser nachweisen kann, daß er seit Ausstellung der Bescheinigung oder seit der letzten Verlängerung der Bescheinigung seine Tätigkeit ohne Unterbrechung ausgeübt hat.

(3) Die Schulung erfolgt im Rahmen eines von der zuständigen Behörde amtlich

anerkannten Lehrgangs. Hauptziele der Schulung sind, den Fahrzeugführern die Gefahren bewußtzumachen, die sich aus der Beförderung gefährlicher Güter ergeben, und ihnen grundlegende Kenntnisse zu vermitteln, die erforderlich sind, um die Wahrscheinlichkeit eines Unfalls auf ein Mindestmaß zu beschränken und bei einem Unfall sicherzustellen, daß die Sicherheitsmaßnahmen getroffen werden, die sich für die Fahrzeugführer selbst, für die Umwelt und die Begrenzung der Unfallfolgen als erforderlich erweisen könnten. Diese Schulung, die gegebenenfalls eine persönliche praktische Übung beinhaltet, soll umfassen:

a) die für die Beförderung gefährlicher Güter maßgebenden allgemeinen Vorschriften,

b) die wesentlichsten Arten der Gefahren,

c) die für die verschiedenen Arten der Gefahren geeigneten Verhütungs- und Sicherheitsmaßnahmen,

d) das Verhalten nach einem Unfall (Erste Hilfe, Sicherheit des Verkehrs, Grundkenntnisse über den Einsatz von Schutzausrüstungen usw.),

e) die Bezettelung und Gefahrenkennzeichnung,

f) was der Fahrzeugführer bei der Beförderung gefährlicher Güter tun und nicht tun darf,

g) den Zweck und die Funktionsweise der technischen Ausrüstung der Fahrzeuge,

h) das Fahrverhalten der Tankfahrzeuge einschließlich Bewegungen der Ladungen.

Es wird eine gemeinsame Anerkennung für Lehrgänge nach Absatz 3 Satz 1 für innerstaatliche und grenzüberschreitende Beförderungen erteilt. In dem Fortbildungslehrgang sind Kenntnisse zu vermitteln, die der Entwicklung in diesen Schulungsbereichen Rechnung tragen.

„(4) Jede Bescheinigung über die Schulung nach den Absätzen 1, 2 und 3 dieser Randnummer, die nach dem in Anhang B. 6 dargestellten Muster von den zuständigen Behörden einer Vertragspartei oder von einer anderen von diesen Behörden anerkannten Stelle ausgestellt

wird [1]), muß auf Seite 4 den Vermerk haben: „gilt auch als Bescheinigung nach Rn. 10 315 GGVS für innerstaatliche Beförderungen".

wurde, wird während ihrer Geltungsdauer von den zuständigen Behörden der anderen Vertragsparteien anerkannt."

(5) Die Schulung kann auf Antrag darauf beschränkt werden, daß nur Kenntnisse für die Beförderung der Güter einer Klasse oder mehrerer Klassen vermittelt werden. In diesem Falle ist die Bescheinigung entsprechend zu beschränken.

(6) Für eine abhanden gekommene oder unbrauchbar gewordene Teilnahmebescheinigung ist auf Antrag eine neue Bescheinigung auszufertigen; zuständig ist die Industrie- und Handelskammer, die die in Verlust geratene Bescheinigung ausgestellt hat. Auf Verlangen der Industrie- und Handelskammer ist eine Versicherung an Eides Statt über den Verlust der Bescheinigung abzugeben.

---

[1]) Nach Artikel 4 Abs. 3 Nr. 2 der 1. Straßen-Gefahrgut-Änderungsverordnung vom 20. 6. 1983 (BGBl. I S. 853) darf für innerstaatliche Beförderungen bis 31. März 1988 ein anderes Bescheinigungsmuster verwendet werden.

I. Teil

(7) Der Beförderer hat dafür zu sorgen, daß nur geschulte Fahrzeugführer eingesetzt werden. Der Einsatz geschulter Fahrzeugführer entbindet den Beförderer nicht von seiner Verpflichtung, nur zuverlässige Fahrzeugführer mit Gefahrguttransporten mit Fahrzeugen nach Absatz 1 Satz 1 zu betrauen.

**10 316-
10 320**

Überwachung der Fahrzeuge

Beförderungseinheiten mit gefährlichen Gütern und ihre in den entsprechenden Randnummern des II. Teils angegebenen Mengen sind zu überwachen; ohne Überwachung dürfen sie im Freien, in einem Lager oder im Werksbereich abgesondert parken, wenn dabei ausreichende Sicherheit gewährleistet ist. Wenn solche Parkmöglichkeiten nicht vorhanden sind, darf die Beförderungseinheit unter geeigneten Sicherheitsmaßnahmen auf einem Platz abgestellt werden, der den Bedingungen der nachstehenden Absätze i), ii) oder iii) entspricht. Die Parkplätze nach Absatz ii) dürfen nur benutzt werden, wenn solche nach Absatz i) nicht vorhanden sind; die nach Absatz iii) dürfen nur benutzt werden, wenn solche nach Absatz i) und ii) fehlen.

10 321

i)   Parkplatz mit einem Parkwächter, der über die Gefährlichkeit der Ladung und den Aufenthaltsort des Fahrzeugführers unterrichtet sein muß.

ii)   Öffentlicher oder privater Parkplatz, auf dem die Beförderungseinheit aller Voraussicht nach keine Gefahr läuft, durch andere Fahrzeuge beschädigt zu werden, oder

iii) von der Öffentlichkeit gewöhnlich wenig benutzte geeignete freie Flächen abseits von Hauptverkehrsstraßen und Wohngebieten.

**10 322-
10 324**

Personenbeförderung

Außer der Fahrzeugbesatzung dürfen Personen in Beförderungseinheiten, in denen gefährliche Güter befördert werden, nicht mitgenommen werden.

10 325

**10 326-
10 339**

Gebrauch der Feuerlöschmittel

Die Fahrzeugbesatzung muß mit der Bedienung der Feuerlöschgeräte vertraut sein.

10 340

**10 341-
10 352**

Tragbare Beleuchtungsgeräte

(1) Das Betreten eines Fahrzeugs mit Beleuchtungsgeräten mit offener Flamme ist untersagt. Außerdem dürfen diese Beleuchtungsgeräte keine metallische Oberfläche haben, die Funken erzeugen könnte.

10 353

(2) Gedeckte Fahrzeuge, die Flüssigkeiten mit einem Flammpunkt bis höchstens 55 °C oder die in Rn. 2200 (3) als brennbar bezeichneten Stoffe und Gegenstände der Klasse 2 befördern, dürfen nur mit solchen tragbaren Beleuchtungsgeräten betreten werden, die so beschaffen sind, daß sie entzündbare Dämpfe oder Gase, die sich im Inneren des Fahrzeugs ausgebreitet haben, nicht entzünden können.

(3) Der Fahrzeugführer hat für die Einhaltung der Vorschriften der Absätze 1 und 2 zu sorgen."

**10 354-
10 373**

Rauchverbot

Das Rauchen ist bei Ladearbeiten, in der Nähe von Versandstücken und haltenden Fahrzeugen sowie in den Fahrzeugen untersagt.

10 374

**10 375-
10 377**

Leere Tanks

(1) Wegen festverbundener Tanks (Tankfahrzeuge), Aufsetztanks und Gefäßbatterien siehe Rn. 211 177.

10 378

(2) Wegen Tankcontainer siehe Rn. 212 177.

**10 379-
10 380**

Begleitpapiere

(1) Vom Fahrzeugführer

(1) Außer den nach anderen Vorschriften erforderlichen Papieren

10 381

muß das in Rn. 2002 (3) und (4) der Anlage A vorgesehene Beförderungspapier für alle beförderten gefährlichen Stoffe in der Beförderungseinheit mitgeführt werden.

Anlage B
Allgemeine
Vorschriften

I. Teil

(2) Falls es die Vorschriften dieser

Verordnung

vorsehen, müssen in der Beförderungseinheit

vom Fahrzeugführer

auch mitgeführt werden:

a) die gültige Prüfbescheinigung (§ 6), soweit nach Rn. 211 171 Abs. 1 Satz 2 erforderlich mit der Erklärung nach Anlage B Anhang B.3 c;

b) die Bescheinigung über die Schulung des Fahrzeugführers nach Rn. 10 315 in der in Anhang B.6 dargestellten Form;

c) die in Rn. 10 385 vorgesehenen schriftlichen Weisungen für alle beförderten gefährlichen Stoffe;

d) die Beförderungsgenehmigung;

e) der Bescheid über die Ausnahmegenehmigung (§ 5);

f) der Erlaubnisbescheid für die Beförderung der in Anlage B Anhang B.8 aufgeführten gefährlichen Güter (§ 7).

Die Verpflichtung zur Mitführung von Papieren nach anderen Vorschriften bleibt unberührt.

(3) Die Begleitpapiere sind vom Fahrzeugführer zuständigen Personen auf Verlangen zur Prüfung vorzuzeigen oder auszuhändigen.

Anlage

a) die in Rn. 10 282 oder 10 283 genannte Bescheinigung der besonderen Zulassung jeder Beförderungseinheit oder jedes ihrer Teile;

---

10 382-
10 384

Schriftliche Weisungen

10 385

(1) Für das Verhalten bei Unfällen oder Zwischenfällen, die sich während der Beförderung ereignen können, hat der Fahrzeugführer schriftliche Weisungen (Unfallmerkblätter) mitzuführen. Sie müssen für ein einzelnes gefährliches Gut oder eine Gruppe von gefährlichen Gütern aufgestellt sein. In den Unfallmerkblättern ist in knapper Form anzugeben

1. die Bezeichnung der beförderten gefährlichen Güter und die Art der Gefahr, die sie in sich bergen, sowie die erforderlichen Sicherheitsmaßnahmen, um ihr zu begegnen;

2. die zu ergreifenden Maßnahmen und Hilfeleistungen, falls Personen mit den beförderten Gütern oder entweichenden Stoffen in Berührung kommen;

3. die im Brandfall zu ergreifenden Maßnahmen, insbesondere die Mittel oder Gruppen von Mitteln, die zur Brandbekämpfung verwendet oder nicht verwendet werden dürfen;

4. die bei Bruch oder sonstiger Beschädigung der Verpackung oder der beförderten gefährlichen Güter zu ergreifenden Maßnahmen, insbesondere, wenn sich diese Güter auf der Straße ausgebreitet haben;

5. die mögliche Gefährdung von Gewässern beim Freiwerden der beförderten Güter (z. B. Mischbarkeit mit Wasser) und die für diesen Fall zu ergreifenden Sofortmaßnahmen und.

6. Name und Anschrift der natürlichen oder juristischen Person, die sie aufgestellt hat und die für den Inhalt verantwortlich ist.

(2) Sind getrennte Tanks eines Fahrzeugs oder ist ein durch Trennwände in mehrere Abteilungen unterteilter Tank mit verschiedenen gefährlichen oder mit gefährlichen und nicht gefährlichen Gütern gefüllt, so muß aus den Unfallmerkblättern oder einem Beiblatt ersichtlich

---

(1) Für das Verhalten bei Unfällen oder Zwischenfällen aller Art, die sich während der Beförderung ereignen können, sind dem Fahrzeugführer schriftliche Weisungen mitzugeben, die in knapper Form angeben:

a) die Art der Gefahr, die die gefährlichen Güter in sich bergen, sowie die erforderlichen Sicherheitsmaßnahmen, um ihr zu begegnen;

b) die zu ergreifenden Maßnahmen und Hilfeleistungen, falls Personen mit den beförderten Gütern oder entweichenden Stoffen in Berührung kommen;

c) die im Brandfalle zu ergreifenden Maßnahmen, insbesondere die Mittel oder Ausrüstungen, die zur Feuerbekämpfung nicht verwendet werden dürfen;

d) die bei Bruch oder sonstiger Beschädigung der Verpackungen oder der beförderten gefährlichen Güter zu ergreifenden Maßnahmen, insbesondere, wenn sich diese Güter auf der Straße ausgebreitet haben;

e) bei Tankfahrzeugen oder Beförderungseinheiten mit einem oder mehreren Tanks, die jeweils einen Fassungsraum von mehr als 3 000 Liter haben und in denen einer oder mehrere der in Anhang B.5 aufgezählten Stoffe befördert werden, die Bezeichnung der oder des beförderten Stoffe(s), die Klasse(n), die Ziffer(n) und Buchstabe(n) der Stoffaufzählung und die Nummern zur Kennzeichnung der Gefahr und des Stoffes gemäß Anhang B.5.

(2) Diese Weisungen müssen vom Hersteller oder vom Absender für jedes gefährliche Gut oder jede Klasse von gefährlichen Gütern erstellt werden; sie müssen in einer der Sprachen des Ursprungslandes abgefaßt sein; wenn diese Sprache nicht diejenige der

---

I. Teil

sein, welches gefährliche Gut sich in den einzelnen Tanks oder in den einzelnen Abteilungen befindet. Die zusätzlichen Angaben über den Inhalt der einzelnen Tanks oder der einzelnen Abteilungen sind nicht erforderlich, wenn sie mit in Anlage B, Anhang B.5 aufgezählten gefährlichen Gütern gefüllt und die nach Rn. 10 500 Abs. 2 an den Seiten angebrachten Warntafeln mit den dazugehörigen Kennzeichnungsnummern versehen sind.

(3) Wenn der Fahrzeugführer die Unfallmerkblätter nicht besitzt, so hat der Verlader dafür zu sorgen, daß sie vor Beförderungsbeginn in dessen Besitz gelangen.

„Wenn die Mengengrenzen nach Absatz 6 unterwegs durch Zuladung überschritten werden und der Fahrzeugführer die Unfallmerkblätter nicht besitzt, dann hat der Verlader der Zuladung dafür zu sorgen, daß sie in dessen Besitz gelangen."

(4) Fahrzeugführer und Beifahrer sind verpflichtet, vom Inhalt der Unfallmerkblätter vor Beförderungsbeginn Kenntnis zu nehmen und bei Gefahr die nach den Unfallmerkblättern erforderlichen Maßnahmen zu treffen.

(5) Die für die tatsächliche Beförderung erforderlichen Unfallmerkblätter sind im Führerhaus und, sofern nach Rn. 10 500 Warntafeln erforderlich sind, in dem Behältnis an der Rückseite der Warntafeln mitzuführen. Sind für die Warntafeln besondere Kennzeichnungsnummern vorgeschrieben, brauchen Unfallmerkblätter in dem Behältnis an der Rückseite der Warntafeln nicht mitgeführt zu werden.

(6) Die Absätze 1 bis 5 sind anzuwenden, wenn

1. die Nettomasse bei Gütern der Anlage A

   a) Klassen 1 a, 1 b, 1 c und 6.2 insgesamt mehr als 50 Kilogramm oder

   b) Klassen 2, 3, 4.1, 4.2, 4.3, 5.1, 5.2, 6.1, 8 und 9 insgesamt mehr als 1 000 Kilogramm beträgt,

2. die Beförderung nach § 7 Abs. 1 erlaubnispflichtig ist oder

3. es sich

   a) um Stoffe der Anlage A Klasse 7 Rn. 2703 Blätter 5 bis 11 oder

   b) um gefährliche Güter in Tanks oder um ungereinigte Tanks

   handelt.

„Den Absätzen 1 bis 5 unterliegen ohne Rücksicht auf die Masse nicht Sicherheitszündhölzer der Klasse 1 c Ziffer 1 a), gefährliche Güter der Klasse 4.1 Ziffern 9 und 10 sowie ekelerregende Stoffe der Klasse 6.2."

„(6 a) Für gefährliche Güter der Klassen 2 bis 5.1, 6.1 und 8 in Versandstücken darf anstelle des in Absatz 1 Satz 2 vorgeschriebenen Unfallmerkblattes ein Unfallmerkblatt für Sammelladungen gefährlicher Güter mehrerer Klassen (Sammelunfallmerkblatt) verwendet werden. Der Beförderer hat das Sammelunfallmerkblatt dem Fahrzeugführer zu übergeben. Der Fahrzeugführer hat es an den in Absatz 5 genannten Stellen mitzuführen. Wenn die Nettomasse eines einzelnen gefährlichen Gutes 1000 Kilogramm überschreitet oder die Beförderung eines Gutes erlaubnispflichtig ist, muß außer den Sammelunfallmerkblättern für dieses Gut ein Unfallmerkblatt nach Absatz 1 im Führerhaus mitgeführt werden."

Durchgangs- oder Bestimmungsstaaten ist, müssen sie auch in deren Sprachen *) abgefaßt sein. Eine Ausfertigung dieser Weisungen muß sich im Führerhaus befinden.

(3) Diese Weisungen sind dem Beförderer spätestens bei Erteilung des Beförderungsauftrags zu übergeben, damit er sicherstellen kann, daß das beteiligte Personal von diesen Weisungen Kenntnis nimmt und in der Lage ist, sie wirksam anzuwenden.

---

*) Für nicht dem ADR-Abkommen unterliegende grenzüberschreitende Beförderungen genügt es, wenn die Weisungen in Deutsch und ggf. in einer anderen Sprache, die der Fahrzeugführer oder Beifahrer versteht, abgefaßt sind.

I. Teil

(7) Ein Unfallmerkblatt darf auch mitgeführt werden, wenn die in Absatz 6 Satz 1 Nr. 1 angegebenen Massegrenzen nicht erreicht sind oder im Verlauf der Beförderung unterschritten werden. Bei der Beförderung ungereinigter leerer Tanks des Absatzes 6 Satz 1 Nr. 3 Buchstabe b darf anstelle des auf den ungereinigten leeren Tank bezogenen Unfallmerkblatts das Unfallmerkblatt des zuletzt beförderten Gutes verwendet werden.

(8) An den in Absatz 5 genannten Stellen dürfen nur die für die tatsächliche Beförderung erforderlichen Unfallmerkblätter mitgeführt werden. Andere Unfallmerkblätter muß der Fahrzeugführer getrennt von den Begleitpapieren der Ladung in einem Umschlag oder sonstigen Behältnis mit der Aufschrift „Ungültige Unfallmerkblätter" im Führerhaus des Fahrzeugs aufbewahren.

10 386-
10 399

Fortsetzung aus redaktionellen Gründen auf S. 318

I. Teil

Abschnitt 4

Besondere Vorschriften für das Beladen, Entladen und für die Handhabung

10 400

Begrenzung der beförderten Mengen

10 401   Die Tatsache, daß gefährliche Güter in einem oder in mehreren Containern enthalten sind, berührt die Massebegrenzungen nicht, die in dieser Anlage bei Beförderung in demselben Fahrzeug oder in derselben Beförderungseinheit vorgeschrieben sind.

10 402

Zusammenladeverbot in einem Fahrzeug

10 403   Die Zusammenladeverbote in einem Fahrzeug gelten für Sendungen von Gütern, die nach den Vorschriften der Anlage A zusammengepackt sind, nur, wenn die Vorschriften der Abschnitte 4 des II. Teils es ausdrücklich vorsehen. Die Beachtung der Zusammenladeverbote richtet sich nach den auf den Versandstücken entsprechend den Vorschriften der Anlage A für die jeweiligen Klassen anzubringenden Gefahrzetteln des Anhangs A.9.

Wegen der Zusammenladeverbote für Gefahrgut-Proben siehe Rn. 2020 (6).

Bem. Nach Rn. 2002 (4) sind für Sendungen, die nicht in ein Fahrzeug zusammengeladen werden dürfen, getrennte Beförderungspapiere auszufertigen.

Zusammenladeverbot in einem Container

10 404   Die Zusammenladeverbote für Güter in einem Fahrzeug gelten auch für Container.

Zusammenladeverbot mit Gütern in einem Container

10 405   Bei Zusammenladeverboten in einem Fahrzeug sind die in geschlossenen und vollwandigen Containern enthaltenen Güter nicht zu berücksichtigen.

10 406-
10 412

Reinigen vor dem Beladen

10 413   Alle Vorschriften dieser Anlage für das Reinigen der Fahrzeuge vor dem Beladen gelten auch für Container.

Handhabung und Verstauung

10 414   (1) Die einzelnen Teile eine: Ladung von gefährlichen Gütern müssen auf dem Fahrzeug so verstaut und durch geeignete Mittel so gesichert werden, daß sie ihre Lage zueinander und zu den Wänden des Fahrzeugs nicht verändern können.

(2) Enthält die Ladung verschiedene Arten von Gütern, so müssen die Versandstücke mit gefährlichen Gütern von den übrigen Versandstücken getrennt gehalten werden.

(3) Alle Vorschriften dieser Anlage über das Beladen und Entladen der Fahrzeuge, die Verstauung und die Handhabung der gefährlichen Güter gelten auch für Container.

(4) Auf zerbrechliche Versandstücke darf nichts geladen werden.

(5) Das Fahr- oder Begleitpersonal darf Versandstücke mit gefährlichen Gütern nicht öffnen.

Reinigung nach dem Entladen

10 415   (1) Wird nach dem Entladen eines Fahrzeugs, in dem sich verpackte gefährliche Güter befanden, festgestellt, daß ein Teil ihres Inhalts ausgetreten ist, so ist das Fahrzeug so bald wie möglich, auf jeden Fall aber vor erneutem Beladen, zu reinigen.

(2) Fahrzeuge, in denen sich gefährliche Güter in loser Schüttung befanden, sind vor erneutem Beladen in geeigneter Weise zu reinigen, wenn nicht die neue Ladung aus dem gleichen Gut besteht wie die vorhergehende.

(3) Alle Vorschriften dieser Anlage für die Reinigung oder Dekontaminierung der Fahrzeuge gelten auch für Container.

10 416

Maßnahmen zur Vermeidung elektrostatischer Aufladungen

10 417   Bei Stoffen mit einem Flammpunkt bis höchstens 55 °C ist vor der Befüllung oder Entleerung der Tanks eine elektrisch gut leitende Verbindung zwischen dem Aufbau des Fahrzeugs und der Erde herzustellen. Außerdem ist die Füllgeschwindigkeit zu begrenzen.

10 418

I. Teil

Beladen und Entladen der Container mit gefährlichen Gütern

Die Vorschriften dieser Anlage über das Beladen und Entladen der Fahrzeuge sowie die Verstauung und Handhabung der gefährlichen Güter gelten auch für das Beladen und Entladen der Container.   **10 419**

10 420-
10 430

Betrieb des Motors während des Beladens oder Entladens

Während des Beladens oder Entladens muß der Motor abgestellt sein, wenn er nicht zum Betrieb von Pumpen oder   **10 431**
anderen Einrichtungen zum Beladen oder Entladen des Fahrzeugs benötigt wird

| oder es zur Kühlung des Laderaums erforderlich ist. | und die Gesetze des Staates, in dem sich das Fahrzeug befindet, eine solche Verwendung gestatten. |

10 432-
10 499

Abschnitt 5

Besondere Vorschriften für den Verkehr der Fahrzeuge

Kennzeichnung und Bezettelung der Fahrzeuge

(1) Beförderungseinheiten, in denen gefährliche Stoffe befördert werden, müssen mit zwei rechteckigen rück-   **10 500**
strahlenden, senkrecht angebrachten orangefarbenen Tafeln, deren Grundlinie 40 cm und deren Höhe mindestens
30 cm beträgt, versehen sein. Diese Tafeln müssen einen schwarzen Rand von höchstens 15 mm Breite aufweisen.
Sie sind vorn und hinten an der Beförderungseinheit senkrecht zu deren Längsachse anzubringen. Sie müssen deutlich sichtbar sein.

Warntafeln sind erforderlich, wenn

1. die Nettomasse bei Gütern der Anlage A, Teil II,

    a) Klassen 1 a, 1 b, 1 c und 6.2 insgesamt mehr als
       50 Kilogramm oder

    b) Klassen 2, 3, 4.1, 4.2, 4.3, 5.1, 5.2, 6.1, 8 und 9
       insgesamt mehr als 1 000 Kilogramm beträgt;

2. die Beförderung nach § 7 Abs. 1 erlaubnispflichtig ist
   oder

3. es sich um gefährliche Güter – ausgenommen Stoffe
   der Klasse 7 – in Tanks oder um ungereinigte leere
   Tanks handelt.

„Warntafeln sind nicht erforderlich bei der Beförderung von
Sicherheitszündhölzern der Klasse 1 c Ziffer 1 a), gefährlichen Gütern der Klasse 4.1 Ziffern 9 und 10 sowie ekelerregenden Stoffen der Klasse 6.2."

Die Anforderungen an die Warntafeln gelten unbeschadet des Absatzes 6 als erfüllt, wenn die Warntafeln
dem Europäischen Übereinkommen vom 30. September
1957 über die internationale Beförderung gefährlicher
Güter auf der Straße (ADR-Regeln) entsprechen.

Bem. Die Farbe der orangefarbenen Warntafeln muß RAL 840 HR
Nr. RAL 2006 entsprechen.

Bem. Der Farbton der orangefarbenen Tafeln sollte im normalen
Gebrauchszustand in dem Bereich des trichromatischen Normvalenzsystems liegen, der durch die mit Geraden verbundenen
Punkten folgende Normfarbwertanteile beschrieben ist:

Trichromatische Farbwertpunkte im Winkelbereich des trichromatischen Normvalenzsystems

X	0,52	0,52	0,578	0,618
Y	0,38	0,40	0,422	0,38

Leuchtdichtefaktor bei rückstrahlender Farbe: $\beta \geqq 0,12$. Mittelpunktvalenz E, Normlichtart C, Meßgeometrie 45°/0°. Rückstrahlwert unter einem Anleuchtungswinkel von 5° und einem Beobachtungswinkel von 0,2°: mindestens 20 cd/lx · m².

(2) Bei Tankfahrzeugen oder Beförderungseinheiten mit einem oder mehreren Tanks, die jeweils einen Fassungsraum von mehr als

| 1000 Litern | 3000 Litern |

haben und in denen im Anhang B.5 aufgezählte Stoffe befördert werden, müssen außerdem an den Seiten jedes Tanks
oder Tankabteils parallel zur Längsachse des Fahrzeugs orangefarbene Tafeln deutlich sichtbar angebracht sein, die
mit den nach Absatz 1 vorgeschriebenen übstimmen. Diese orangefarbenen Tafeln müssen mit den Kennzeichnungsnummern versehen sein, die in Anhang B.5 für jeden in Tanks oder Tankabteilen beförderten Stoff vorgeschrieben sind.

Anlage B
Allgemeine
Vorschriften

I. Teil

(3) Wenn diese Tanks Container (Tankcontainer) sind, können die nach Absatz 2 vorgesehenen Tafeln durch eine Selbstklebefolie, einen Farbanstrich oder jedes andere gleichwertige Verfahren ersetzt werden, sofern der verwendete Werkstoff wetterfest ist und eine dauerhafte Kennzeichnung gewährleistet. In diesem Fall gelten die Vorschriften über die Feuerfestigkeit in Absatz 5, letzter Satz, nicht.

(4) An Beförderungseinheiten mit festverbundenen Tanks oder Aufsetztanks, die nur einen der in Anhang B.5 aufgezählten Stoffe befördern, sind die nach Absatz 2 vorgeschriebenen orangefarbenen Tafeln nicht erforderlich, wenn diese vorn und hinten gemäß Absatz 1 angebrachten Tafeln mit den nach Anhang B.5 vorgeschriebenen Kennzeichnungsnummern versehen sind.

(5) Die Kennzeichnungsnummern setzen sich aus schwarzen Ziffern von 100 mm Höhe und 15 mm Strichbreite zusammen. Die Nummer zur Kennzeichnung der Gefahr muß im oberen Teil der Tafel und diejenige zur Kennzeichnung des Stoffes im unteren Teil der Tafel angebracht sein; sie müssen durch eine waagerechte schwarze Linie von 15 mm Breite in der Mitte der Tafel getrennt sein (siehe Anhang B.5). Die Kennzeichnungsnummern müssen unauslöschbar und nach einem Brand von 15 Minuten Dauer noch lesbar sein.

(6) Fahrzeuge mit festverbundenen Tanks oder die Aufsetztanks müssen außerdem auf den beiden Längsseiten und hinten mit den in Rn. XX 500 einer jeden Klasse vorgeschriebenen Gefahrzetteln versehen sein.

Bem. Wegen Bezettelung der Tankcontainer und Gefäßbatterien siehe Rn. 10 130.

(7) Die vorstehenden Vorschriften gelten ebenfalls für leere ungereinigte und nicht entgaste Tanks.

(8) Wenn die gefährlichen Stoffe entladen und

– bei Beförderungseinheiten mit Tanks –

die Tanks gereinigt und entgast sind, dürfen die orangefarbenen Tafeln und die Gefahrzettel nicht mehr sichtbar sein.

(9) Die Warntafeln ohne Kennzeichnungsnummern müssen an ihrer Rückseite mit einem wasserdichten, unverschlossenen Behältnis zur Aufbewahrung der Unfallmerkblätter nach Rn. 10 385 versehen sein. Die Warntafeln und die Behältnisse an ihrer Rückseite müssen aus schwer entflammbarem Werkstoff bestehen. Satz 1 gilt nicht in den Fällen des Absatzes 2.

(10) Für die Ausrüstung des Fahrzeugs mit Warntafelhalterung und Warntafeln einschließlich der im Anhang B.5 Rn. 250 000 vorgeschriebenen Kennzeichnungsnummern sowie der in den Absätzen 6 und 7 sowie der in der Rn. 71 500 (2) vorgeschriebenen Zettel hat der Halter zu sorgen.

(11) Der Fahrzeugführer hat für das Anbringen oder Sichtbarmachen, das Verdecken oder Entfernen der Warntafeln einschließlich der in Anhang B.5 Rn. 250 000 vorgeschriebenen Kennzeichnungsnummern an den Beförderungseinheiten zu sorgen. Bei Tankcontainern ist für das Anbringen der Warntafeln der Verlader, für das Entfernen der Empfänger verantwortlich. Der Fahrzeugführer hat ferner für das Anbringen oder Sichtbarmachen, das Verdecken oder Entfernen der Gefahrzettel an festverbundenen Tanks und Aufsetztanks zu sorgen.

10 501-
10 502

10 503

Halten und Parken im allgemeinen

Beförderungseinheiten mit gefährlichen Gütern dürfen nur mit angezogener Feststellbremse halten oder parken.

10 504

Halten und Parken bei Nacht oder bei schlechter Sicht

10 505

(1) Wenn bei Nacht oder schlechter Sicht ohne Fahrzeugbeleuchtung gehalten oder geparkt wird, sind die in Rn. 10 260 c) genannten orangefarbenen Leuchten auf die Straße zu stellen, und zwar:

– die eine etwa 10 m vor das Fahrzeug, und

– die andere etwa 10 m hinter das Fahrzeug.

(2) Die Vorschriften dieser Randnummern gelten nicht im Vereinigten Königreich.

10 506

320

I. Teil

Halten und Parken eines Fahrzeugs, das eine besondere Gefahr darstellt

Unbeschadet der Maßnahmen nach Rn. 10 505 muß der Fahrzeugführer die nächsten zuständigen Behörden unverzüglich benachrichtigen oder benachrichtigen lassen, wenn die in dem haltenden oder parkenden Fahrzeug beförderten gefährlichen Güter eine besondere Gefahr für die Straßenbenutzer bilden (zum Beispiel wenn Güter, die für Fußgänger, Tiere oder Fahrzeuge gefährlich sind, auf der Straße verschüttet sind) und die Fahrzeugbesatzung die Gefahr nicht rasch beseitigen kann. Außerdem hat der Fahrzeugführer nötigenfalls die Maßnahmen zu treffen, die in den Weisungen nach Rn. 10 385 vorgeschrieben sind.

10 507

**10 508-
10 598**

Sonstige Bestimmungen

Soweit Bestimmungen über den Verkehr von Fahrzeugen, die gefährliche Güter befördern, nicht in diesem Teil oder in dem II. Teil dieser Anlage enthalten sind, gelten für die internationale Beförderung innerhalb des Staatsgebietes einer Vertragspartei die innerstaatlichen Rechtsvorschriften.

10 599

Abschnitt 6

Übergangsbestimmungen, Abweichungen und Sondervorschriften für bestimmte Staaten

**10 600-
10 601**

Hat die Bundesrepublik Deutschland Vereinbarungen nach dem Europäischen Übereinkommen vom 30. September 1957 über die internationale Beförderung gefährlicher Güter auf der Straße (ADR) Anlage B Rn. 10 602 über Abweichungen von der Anlage B zu diesem Übereinkommen abgeschlossen, dürfen, soweit nicht ausdrücklich etwas anderes bestimmt ist, vom Zeitpunkt ihrer Verkündung im Bundesgesetzblatt bis zu ihrer Aufhebung Beförderungen innerhalb des Geltungsbereichs dieser Verordnung unter denselben Voraussetzungen und nach denselben Bestimmungen durchgeführt werden, wie es in diesen Vereinbarungen für den grenzüberschreitenden Verkehr vorgesehen ist. In diesem Falle hat der Absender im Beförderungspapier zusätzlich die Nummer der Vereinbarung wie folgt anzugeben: ,,ADR-Vereinbarung Nr. . . . . D''.

Beschleunigte Verfahren bei der Genehmigung von Abweichungen für Versuche

Um die Vorschriften dieser Anlage der technischen und industriellen Entwicklung anzupassen, können die zuständigen Behörden der Vertragsparteien unmittelbar untereinander vereinbaren, bestimmte Beförderungen auf ihren Gebieten in zeitweiliger Abweichung von den Vorschriften dieser Anlage zu genehmigen. Die Behörde, die die so vereinbarte zeitweilige Abweichung angeregt hat, veranlaßt, daß diese Abweichung der zuständigen Stelle des Sekretariats der Vereinten Nationen mitgeteilt wird; diese unterrichtet die Vertragsparteien.

10 602

**10 603-
10 999**

Anlage B
Allgemeine
Vorschriften

II. Teil

Sondervorschriften für die beförderung gefährlicher Güter der Klassen 1 bis 8, durch die die Vorschriften des I. Teils ergänzt oder geändert werden

Klasse 1 a

Explosive Stoffe und Gegenstände

Klasse 1 b

Mit explosiven Stoffen geladene Gegenstände

Klasse 1 c

Zündwaren, Feuerwerkskörper und ähnliche Güter

Allgemeines

(Es gelten nur die allgemeinen Vorschriften des I. Teils)

11 000-
11 099

Abschnitt 1

Beförderungsart des Gutes

11 100-
11 104

Versandart, Versandbeschränkungen

11 105   Die Stoffe der Ziffern 13, 14 a) und b) der Klasse 1 a dürfen nur als geschlossene Ladung befördert werden. Jedoch dürfen Versandstücke von höchstens 10 kg in Mengen bis zu 100 kg anders als in geschlossener Ladung befördert werden.

    Das gilt auch für die nach Rn. 2111 (1) a) 5. verpackten Stoffe der Ziffer 11 a) und b).

11 106-
11 117

Beförderung in Containern

11 118   Die Kleincontainer müssen den Vorschriften für den Fahrzeugaufbau genügen, die für die jeweilige Beförderung vorgesehen sind; der Fahrzeugaufbau braucht dann diesen Vorschriften nicht zu entsprechen.

11 119-
11 199

Abschnitt 2

Besondere Anforderungen an die Beförderungsmittel und ihre Ausrüstung

11 200-
11 203

Fahrzeugarten

(Siehe auch Rn. 11 205 und 11 206)

11 204   Die gefährlichen Stoffe und Gegenstände der Klassen 1 a, 1 b und 1 c dürfen nur in gedeckten Fahrzeugen oder in bedeckten Fahrzeugen befördert werden, die mit Seitenwänden und einer Rückwand versehen sind. Bei bedeckten Fahrzeugen muß die Plane aus wasserdichtem und schwer entzündbarem Werkstoff bestehen; sie muß so über das Fahrzeug gespannt sein, daß sie es auf allen Seiten abschließt und mindestens 20 cm über die Fahrzeugwände übergreift. Sie muß ferner durch Metallstangen oder durch Ketten festgehalten werden, die sich verriegeln lassen.

Klassen 1 a, 1 b und 1 c

Fahrzeugklassen

Im Sinne dieser Anlage werden die Beförderungseinheiten, die gefährliche Stoffe und Gegenstände der Klassen 1 a, 1 b und 1 c befördern dürfen, wie folgt eingeteilt:　　　　**11 205**

(1) Beförderungseinheiten A sind solche, deren Motor durch flüssigen Kraftstoff mit einem Flammpunkt unter 55° C angetrieben wird.

(2) Beförderungseinheiten B sind solche, deren Motor durch flüssigen Kraftstoff mit einem Flammpunkt von 55° C oder mehr angetrieben wird; in dieser Klasse B unterscheidet man folgende Unterklassen:

a) Beförderungseinheiten B.I

ohne Anhänger oder mit Anhänger, die den folgenden Anforderungen entsprechen:

i) Ihre Anhängevorrichtung muß schnell lösbar und betriebssicher sein.

ii) Die Beförderungseinheit muß mit einer wirksamen Allradbremse ausgestattet sein, die durch die Bedienung der Betriebsbremse des Zugfahrzeugs betätigt wird und beim Abreißen der Verbindung den Anhänger selbsttätig zum Stehen bringen.

b) Beförderungseinheiten B.II

mit allen Merkmalen der Unterklasse B.I und folgenden Besonderheiten:

i) Motor und Auspuffanlage

Der Motor und die Auspuffanlage müssen vor der Vorderwand des Aufbaus angebracht sein. Die Mündung des Auspuffrohrs muß nach der Außenseite des Fahrzeugs gerichtet sein.

ii) Kraftstoffbehälter

Der Kraftstoffbehälter muß vom Motor, von den elektrischen Leitungen und von der Auspuffleitung entfernt angebracht sein, und zwar so, daß der Kraftstoff beim Auslaufen aus dem undicht gewordenen Behälter unmittelbar auf den Boden fließt und das explosive Gut nicht erreichen kann. Der Kraftstoffbehälter muß von der Batterie entfernt oder mindestens durch eine dichte Wand von ihr getrennt sein. Er muß durch seine Lage gegen einen Zusammenstoß soweit wie möglich geschützt sein. Der Kraftstoff darf dem Motor nicht durch Schwerkraft zugeführt werden.

iii) Führerhaus

Zum Bau des Führerhauses darf mit Ausnahme der Sitzausstattung kein entzündbarer Werkstoff verwendet werden.

c) Beförderungseinheiten B.III

mit allen Merkmalen der Unterklasse B.II, deren Aufbau außerdem die folgenden Besonderheiten aufweist:

i) Er muß geschlossen und vollwandig sein, durch einen Abstand von mindestens 15 cm vom Führerhaus getrennt und aus geeigneten Werkstoffen so widerstandsfähig gebaut sein, daß er die beförderten Güter ausreichend schützt; die Werkstoffe für die Innenverkleidung dürfen keine Funken erzeugen können; die Isolierfähigkeit und die Hitzebeständigkeit des Aufbaus müssen an allen Punkten mindestens denen einer Wand entsprechen, die entweder aus einer 5 mm dicken Asbestschicht zwischen zwei Metallwänden oder aus einer äußeren Metallwand bestehen, die mit einer 10 mm dicken Schicht von schwer brennbarem Holz verkleidet ist.

ii) Die Tür(en) müssen mit verschließbaren Riegeln versehen sein; alle Verbindungen und Verschlußeinrichtungen müssen überlappen. Die Bauart der Tür(en) darf die Widerstandsfähigkeit des Aufbaus möglichst wenig verringern.

Beschränkte Verwendung von Fahrzeugen verschiedener Klassen

(1) Die Beförderungseinheiten A dürfen nur Gegenstände der Klasse 1 b Ziffern 2 b), 4 a), b) und e)　　**11 206**

sowie 4.A

und der Klasse 1 c Ziffern 1 a) und 3 befördern.

Für diese Beförderungen besteht keine besondere Massebegrenzung.

Beförderungseinheiten A dürfen außerdem bis zu 200 kg andere pyrotechnische Gegenstände der Klasse 1 c befördern.

(2) Die Beförderungseinheiten B.I dürfen befördern:

a) ohne besondere Massebegrenzung Gegenstände der Klasse 1 b

Ziffern 2 a) und b), 4, 4.A und 8 und der Klasse 1 c ⎪ Ziffern 2 b) und 4 der Klasse 1 c Ziffern 1 a) und 3;
Ziffern 1 a), 3, 9 bis 20, 24, 25 und 27;

b) mit den in Rn. 11 401 vorgeschriebenen Massebegrenzungen die in dieser Randnummer aufgezählten gefährlichen Güter.

(3) Die Vorschriften über die nach Masse und Art der Ladung beschränkte Verwendung der Beförderungseinheiten B.II und B.III sind in Rn. 11 401 enthalten.

(4) Für die Abfuhr vom nächsten geeigneten Bahnhof oder Binnenhafen dürfen an Stelle von Beförderungseinheiten B.III auch Beförderungseinheiten B.I und B.II

323

Klassen 1 a, 1 b und 1 c

verwendet werden, wenn das Fahrzeug mit einer ver-
zurrten Plane versehen ist und von einem Beifahre.
begleitet wird. Diese Erleichterung gilt nicht für Beförderungen von Gütern der Listen I und II des Anhangs B.8
dieser Anlage.

11 207-
11 209

Werkstoffe für den Fahrzeugaufbau

11 210   Für den Aufbau dürfen keine Werkstoffe verwendet werden, die mit den beförderten Sprengstoffen gefährliche
Verbindungen eingehen können (zum Beispiel Blei bei Beförderung von Hexyl, Pikrinsäure, Pikraten, organischen
explosiven wasserlöslichen Nitroverbindungen oder sauren Sprengstoffen) [siehe auch Rn. 11 205 (2) c)].

11 211-
11 215

Führerhaus

11 216   [Siehe Rn. 11 205 (2) b), iii)]

11 217-
11 224

Kraftfahrzeug mit Anhänger

11 225   [Siehe Rn. 11 205 (2) a)]

11 226-
11 230

Motor und Auspuffanlage

11 231   [Siehe Rn. 11 205 (2) b) i]

11 232-
11 239

Feuerlöschmittel

11 240   Die Vorschriften der Rn. 10 240 (1) b) und (3) gelten nicht für Beförderungen gefährlicher Güter der Klasse 1 c
Ziffern 1 bis 3, 5 bis 20, 24, 25 und 27.

11 241-
11 250

Elektrische Ausrüstung

11 251   (1) Die Nennspannung der elektrischen Beleuchtung darf 24 Volt nicht überschreiten.

(2) Im Innern des Fahrzeugaufbaus der Beförderungseinheiten B.II und B.III darf keine elektrische Leitung
angebracht sein.

11 252-
11 259

Sonstige Ausrüstung

11 260   Die Vorschriften der Rn. 10 260 (2) über die Schutzausrüstung gelten nicht für die Beförderung von Gütern
der Klassen 1 a, 1 b und 1 c.

11 261-
11 281

Zulassung der Fahrzeuge

11 282   Siehe § 6.   Die Vorschriften der Rn. 10 282 gelten für Beförderungseinheiten B.III.

11283-
11299

Klassen 1 a, 1 b und 1 c

Abschnitt 3

Allgemeine Betriebsvorschriften

	11 300- 11 310

Fahrzeugbesatzung

Auf jeder Beförderungseinheit muß sich ein Beifahrer befinden.	11 311

Für die Mitgabe des Beifahrers ist der Beförderer verantwortlich.	Die zuständige Behörde eines Vertragsstaates kann auf Kosten des Beförderers die Anwesenheit eines Beauftragten auf dem Fahrzeug verlangen, wenn nationale Vorschriften dies vorsehen.

	11 312- 11 320

Überwachung der Fahrzeuge

Die Vorschriften der Rn. 10 321 sind bei den nachstehend aufgeführten gefährlichen Gütern anzuwenden, wenn deren Menge folgende Masse überschreitet:　　**11 321**

Klasse 1 a – Stoffe und Gegenstände der Ziffer 1 bis 14:

　　50 kg　　　　　　　　　　　5 kg

Klasse 1 b – Gegenstände der Ziffern 1 b), c) und d), 5 bis 7 und 9 bis 11:　　　　50 kg

Klasse 1 c – Gegenstände der Ziffer 21 bis 23:　　　　50 kg

Außerdem müssen diese Güter stets überwacht werden, um jede böswillige Handlung zu verhindern und den Fahrzeugführer sowie die zuständigen Behörden bei Verlust oder Feuer zu alarmieren.

	11 322- 11 353

Verbot von Feuer und offenem Licht

Auf Fahrzeugen, die Stoffe und Gegenstände der Klassen 1 a, 1 b und 1 c befördern, in ihrer Nähe sowie beim Einpacken, Einladen und Ausladen sowie beim Auspacken dieser Stoffe und Gegenstände ist der Umgang mit Feuer und offenem Licht verboten. Zündhölzer und Feuerzeuge dürfen nicht auf diese Fahrzeuge und an die Pack- und Ladestellen mitgenommen werden.	11 354

	11 355- 11 399

Abschnitt 4

Besondere Vorschriften für das Beladen, Entladen und für die Handhabung

	11 400

Begrenzung der beförderten Menge

Die Menge der gefährlichen Stoffe und Gegenstände der Klassen 1 a, 1 b und 1 c, die in einer Beförderungseinheit befördert werden darf, ist wie folgt begrenzt (siehe auch Rn. 11 403 über die Zusammenladeverbote):	11 401

(1) In einer Beförderungseinheit B.I darf nur befördert werden

a) entweder eine der nach Rn. 11 206 (1) und (2) a) zugelassenen Ladungen oder

b) höchstens 500 kg der Gegenstände der Klasse 1 c Ziffer 1 b) oder

c) höchstens 300 kg der Stoffe der Klasse 1 a Ziffer 12

　　und 14 c)

　　oder

d) höchstens 100 kg der Stoffe der Klasse 1 a Ziffern 11, 13

　　und 14 a) und b) oder　　　　und 14.

e) von den unter den Buchstaben a bis d genannten Stoffen und Gegenständen bis zu einer Gesamtmasse, die sich nach dem auf der Beförderungseinheit verladenen Gut mit der nach den Buchstaben b bis d niedrigsten Höchstmasse richtet.

325

Klassen 1 a, 1 b und 1 c

(2) In einer Beförderungseinheit B.II darf nur befördert werden

a) entweder eine der vorstehend unter Absatz 1 für die Beförderungseinheiten B.I zugelassenen Ladungen oder

b) höchstens 500 kg der Stoffe der

Klasse 1 a Ziffern 1 bis 9, 12 und 14 c) oder Gegenständen der Klasse 1 b Ziffern 1, 2 c) und d), 3, 6, 7 und 9 bis 13 oder der nicht in Rn. 11 206 genannten Ziffern der Klasse 1 c.	Klasse 1 a Ziffern 1 bis 10 und 12, der Gegenstände der Klasse 1 b Ziffern 1, 2 a), c) und d), 3 und 6 bis 11 oder der gefährlichen Güter der Klasse 1 c.

Die Stoffe der Klasse 1 a Ziffern 3, 4 und 5 müssen jedoch nach den Vorschriften für Sendungen verpackt sein, die nicht als geschlossene Ladung befördert werden.

(3) In einer Beförderungseinheit B.III darf nur befördert werden

a) entweder eine der Ladungen, die nach Absatz 2 für die Beförderungseinheiten B. II zugelassen ist, oder

b) sofern die Masse der Ladung an gefährlichen Gütern 90 % der Lademasse nicht überschreitet, die von der zuständigen Behörde des Zulassungsstaates des Fahrzeugs für die Beförderung gewöhnlicher Güter erlaubt ist, je Sattelkraftfahrzeug oder Fahrzeug ohne Anhänger höchstens 9 000 kg oder je andere Beförderungseinheit höchstens 15 000 kg gefährliche Stoffe und Gegenstände der Klassen 1 a, 1 b oder 1 c. Enthält die Ladung jedoch einen oder mehrere Stoffe der Klasse 1 a Ziffern 11, 13

und 14 a) und b) | und 14

oder einen Gegenstand oder mehrere Gegenstände der Klasse 1 b Ziffern 5, 6 und 11, werden diese Grenzen auf 6 000 kg bzw. 10 000 kg herabgesetzt.

(4) Für die Einhaltung der Mengengrenzen sind Beförderer und Fahrzeugführer (§ 4 Abs. 7 Nr. 3) verantwortlich.

11 402

Zusammenladeverbot in einem Fahrzeug

11 403

(1) Die Stoffe und Gegenstände der Klasse 1 a dürfen nicht zusammen in einem Fahrzeug verladen werden:

a) mit Gegenständen der Klasse 1 b in Versandstücken, die mit zwei Zetteln nach Muster 1 versehen sind;

b) mit Versandstücken, die mit einem Zettel nach den Mustern 4.3, 7 A, 7 B oder 7 C versehen sind;

c) mit Versandstücken, die mit einem oder zwei Zetteln nach den Mustern 3, 4.1, 4.2, 5, 6.1, 6.1 A oder 8 versehen sind.

(2) Die Gegenstände der Klasse 1 b in Versandstücken, die mit einem Zettel nach Muster 1 versehen sind, dürfen nicht zusammen in ein Fahrzeug verladen werden:

a) mit Gegenständen der Klasse 1 b in Versandstücken, die mit zwei Zetteln nach Muster 1 versehen sind;

b) mit Versandstücken, die mit einem Zettel nach den Mustern 4.3, 7 A, 7 B oder 7 C versehen sind;

c) mit Versandstücken, die mit einem oder zwei Zetteln nach den Mustern 3, 4.1, 4.2, 5, 6.1, 6.1 A oder 8 versehen sind.

(3) Die Gegenstände der Klasse 1 b in Versandstücken, die mit zwei Zetteln nach Muster 1 versehen sind, dürfen nicht zusammen in ein Fahrzeug verladen werden:

a) mit Stoffen und Gegenständen der Klassen 1 a, 1 b oder 1 c in Versandstücken, die mit einem Zettel nach Muster 1 versehen sind;

b) mit den im vorstehenden Absatz 2 b) und c) genannten Versandstücken.

(4) Die Gegenstände der Klasse 1 c in Versandstücken, die mit einem Zettel nach Muster 1 versehen sind, dürfen nicht zusammen in ein Fahrzeug verladen werden:

a) mit Gegenständen der Klasse 1 b in Versandstücken, die mit zwei Zetteln nach Muster 1 versehen sind;

b) mit Versandstücken, die mit einem Zettel nach den Mustern 4.3, 7 A, 7 B oder 7 C versehen sind;

c) mit Versandstücken, die mit einem oder zwei Zetteln nach den Mustern 3, 4.1, 4.2, 5, 6.1, 6.1 A oder 8 versehen sind.

(5) Abweichend von den Absätzen 1 und 3 dürfen bei Beförderungen von Explosivstoffen der Klasse 1 a – ausgenommen die der Ziffer 9.B – in Mengen von nicht mehr als 50 kg noch auf dem gleichen Fahrzeug befördert werden

a) bis zu 200 sprengkräftige Zünder der Klasse 1 b Ziffer 5 unter Beachtung der nach Rn. 2137/1 zugelassenen Verpackungen,

b) bis zu 250 m detonierende, schmiegsame Zündschnüre der Klasse 1 b Ziffer 1 c) und

c) bis zu 160 m Schwarzpulverzündschnüre der Klasse 1 c Ziffer 3.

Klassen 1 a, 1 b und 1 c

(6) In den Fällen des Absatzes 5 sind die Verpackungen mit sprengkräftigen Zündern möglichst weit entfernt auf dem Fahrzeug getrennt von den Verpackungen mit Explosivstoffen und detnierenden, schmiegsamen Zündschnüren zu verstauen.

Zusammenladeverbot in einem Container

Die Zusammenladeverbote mit Gütern nach Rn. 11 403 gelten auch für Container.   **11 404**

Zusammenladeverbot mit Gütern in einem Container

Die Vorschriften der Rn. 11 403 gelten auch für die in einem Container enthaltenen gefährlichen Güter und die anderen in demselben Fahrzeug verladenen gefährlichen Güter, unabhängig davon, ob sie in einem oder in mehreren anderen Containern enthalten sind.   **11 405**

11 406

Belade- und Entladestellen   **11 407**

(1) Es ist untersagt,

a) an einer der Öffentlichkeit zugänglichen Stelle innerhalb von Ortschaften gefährliche Stoffe und Gegenstände der Klassen 1 a, 1 b oder 1 c ohne besondere Erlaubnis der zuständigen Behörden zu beladen oder zu entladen;

b) an einer der Öffentlichkeit zugänglichen Stelle außerhalb von Ortschaften gefährliche Stoffe und Gegenstände derselben Klassen zu beladen oder zu entladen, ohne die zuständigen Behörden davon benachrichtigt zu haben, es sei denn, daß dies aus Sicherheitsgründen dringend erforderlich ist.

(2) Sind aus irgendeinem Grund Ladearbeiten an einer der Öffentlichkeit zugänglichen Stelle auszuführen, so müssen

– Stoffe und Gegenstände verschiedener Art entsprechend den Gefahrzetteln getrennt werden,

– die mit Tragevorrichtungen versehenen Versandstücke flach getragen und flach abgestellt werden.

(3) Absatz 1 gilt nicht, wenn das Ein- oder Ausladen vor oder in einer Herstellungsstätte oder an einer Verwendungsstelle oder vor einem Lagerraum erfolgt.

**11 408-
11 412**

Reinigung vor dem Beladen   **11 413**

Vor dem Beladen der gefährlichen Stoffe und Gegenstände der Klassen 1 a, 1 b und 1 c sind alle Strohreste, Lappen, Papier und ähnliche Stoffe sowie alle Gegenstände aus Eisen (Nägel, Schrauben usw.), die nicht zum Fahrzeugaufbau gehören, zu entfernen.

Handhabung und Verstauung   **11 414**

(1) Es ist untersagt, leicht entzündbare Werkstoffe für die Verstauung der Versandstücke in den Fahrzeugen zu verwenden.

(2) Versandstücke mit gefährlichen Stoffen und Gegenständen der Klassen 1 a, 1 b und 1 c sind so zu verladen, daß sie am Bestimmungsort einzeln abgeladen werden können, ohne daß die Ladung umgeschichtet werden muß.

(3) Die Versandstücke müssen in den Fahrzeugen so verstaut werden, daß sie sich nicht verschieben können. Sie müssen gegen jedes Scheuern oder Anstoßen geschützt sein. Werden Fässer liegend befördert, so muß ihre Längsachse in der Längsrichtung des Fahrzeugs liegen; Holzkeile müssen jede seitliche Bewegung verhindern.

(4) Tonnen, Fässer und ähnliche Verpackungen ohne Mantelspunde mit gefährlichen Gütern der Klasse 1 a dürfen auch stehend verladen werden, wenn sie die gesamte Ladefläche ausfüllen oder durch geeignete Einrichtungen so festgelegt werden, daß ein Verschieben der einzelnen Versandstücke oder der gesamten Ladung in Längs- oder Querrichtung ausgeschlossen ist.

(5) Für geschlossene Ladungen mit gefährlichen Gütern der Klassen 1 a und 1 b gelten zusätzlich folgende Vorschriften:

a) Das Be- und Entladen der Fahrzeuge haben der Verlader und Empfänger unter sachkundiger Aufsicht zu besorgen. Unberufene sind von dem Ladeplatz fernzuhalten. Wenn ausnahmsweise bei Dunkelheit be- und entladen werden muß, ist für eine ausreichende Beleuchtung zu sorgen.

327

Klassen 1 a, 1 b und 1 c

b) Der voraussichtliche Zeitpunkt des Eintreffens der Sendung muß dem Empfänger bekannt sein. Der Empfänger ist verpflichtet, die Entladung unverzüglich vorzunehmen.

11 415-
11 499

Abschnitt 5

Besondere Vorschriften für den Verkehr der Fahrzeuge

11 500   Bei Beförderungen von gefährlichen Gütern der Anlage A Klassen 1 a, 1 b und 1 c Ziffern 16 und 21 bis 23 muß jede Warntafel mit einem Gefahrzettel nach Muster 1 der Anlage A Anhang A.9 mit der zusätzlichen Aufschrift „EXPLOSIV" versehen sein. Der Gefahrzettel mit einer Seitenlänge von 200 Millimeter muß mitten auf der Warntafel mit der Spitze nach oben angebracht sein. Die Aufschrift muß schwarz sein. Die Buchstabenhöhe muß 35 Millimeter, die Schriftstärke 5 Millimeter betragen. Anstelle des Gefahrzettels dürfen das Bildzeichen und die Aufschrift auch auf der Warntafel in gleicher Größe aufgemalt sein.

„Der Halter hat dafür zu sorgen, daß das Fahrzeug mit Warntafeln ausgerüstet ist, die den Sätzen 1 bis 5 entsprechen."

11 501-
11 507

11 508

Aufenthalt für die Zollabfertigung

Muß eine Beförderungseinheit oder Fahrzeugkolonne mit gefährlichen Stoffen und Gegenständen der Klassen 1 a, 1 b und 1 c eine Grenze überschreiten, so ist mindestens 50 m vor der Zollstelle anzuhalten. Der Beifahrer hat sich zur Zollstelle zu begeben, um diese von der Ankunft der Beförderungseinheit (oder der Kolonne) mit gefährlichen Gütern zu benachrichtigen.

Vorübergehendes Halten aus Betriebsgründen

11 509   Nach Möglichkeit soll aus Betriebsgründen nicht in der Nähe von bewohnten Orten oder Menschenansammlungen gehalten werden. Ein längeres Halten in der Nähe solcher Stellen ist nur mit Zustimmung der zuständigen Behörden zulässig.

11 510-
11 519

Fahrzeugkolonnen

11 520   (1) Fahren Fahrzeuge mit gefährlichen Stoffen und Gegenständen der Klassen 1 a, 1 b und 1 c in Kolonnen, so muß der Abstand zwischen den Beförderungseinheiten mindestens 80 m betragen.

(2) Wenn die Kolonne aus irgendeinem Grunde zum Halten gezwungen ist, insbesondere wenn an einer der Öffentlichkeit zugänglichen Stelle be- oder entladen werden muß, so muß der Abstand zwischen den haltenden Fahrzeugen mindestens 50 m betragen.

(3) Die zuständigen Behörden können die Reihenfolge oder die Zusammensetzung der Kolonne bestimmen.

11 521-
11 599

Abschnitt 6

Übergangsbestimmungen, Abweichungen und Sondervorschriften für bestimmte Staaten

11 600-
11 609

Sondervorschriften für bestimmte Staaten

11 610   Im Vereinigten Königreich gilt für die Beförderung der gefährlichen Stoffe und Gegenstände der Klassen 1 a, 1 b und 1 c die dort zum Zeitpunkt der Beförderung geltende Regelung.

11 611-
20 999

Klasse 2

Verdichtete, verflüssigte oder unter Druck gelöste Gase

Allgemeines

(Es gelten nur die allgemeinen Vorschriften des I. Teils)

21 000-
21 099

Abschnitt 1

Beförderungsart des Gutes

21 100-
21 104

Versandart, Versandbeschränkungen

Distickstoffoxid und Kohlendioxid der Ziffer 7 a), Gemische mit Distickstoffoxid und Kohlendioxid der Ziffer 8 a) und die Gase der Ziffern 7 b) und 8 b) dürfen nur in festverbundenen Tanks, Aufsetztanks, Gefäßbatterien oder in Tankcontainern befördert werden.

21 105

21 106-
21 117

Beförderung in Containern

In Kleincontainern dürfen Versandstücke mit Gasen der Ziffern 7 a) und 8 a) nicht befördert werden.

21 118

21 119-
21 129

Bezettelung der Tankcontainer und Gefäßbatterien

(1) Tankcontainer und Gefäßbatterien mit Stoffen der Ziffern 1 b), 2 b), 3 b), Äthylchlorid der Ziffer 3 bt), Stoffen der Ziffer 3 c), Stoffen der Ziffern 4 b) und c), 5 b) und c), 6 c), 7 b) und 8 b) müssen an beiden Seiten mit einem Zettel nach Muster 3 versehen sein.

(2) Tankcontainer und Gefäßbatterien mit Sauerstoff der Ziffer 1 a), Gemischen mit über 20 Vol-% Sauerstoff der Ziffer 2 a), Distickstoffoxid der Ziffer 5 a), Distickstoffoxid und Sauerstoff der Ziffer 7 a), flüssiger Luft und Gemischen mit mehr als 20 Masse-% Sauerstoff der Ziffer 8 a) müssen an beiden Seiten mit einem Zettel nach Muster 5 versehen sein.

(3) Tankcontainer und Gefäßbatterien mit Bortrifluorid der Ziffer 1 at), Ammoniak, Chlor, Methylbromid und Schwefeldioxid der Ziffer 3 at) müssen an beiden Seiten mit einem Zettel nach Muster 6.1 versehen sein.

(4) Tankcontainer und Gefäßbatterien mit Gasen der Ziffern 1 bt) und 2 bt), Äthylamin, Dimethylamin, Methylamin, Methylchlorid, Methylmercaptan, Schwefelwasserstoff und Trimethylamin der Ziffer 3 bt), Vinylbromid oder Vinylmethyläther der Ziffer 3 ct) oder Stoffen der Ziffer 4 ct) müssen an beiden Seiten mit Zetteln nach Muster 3 und 6.1 versehen sein.

(5) Tankcontainer und Gefäßbatterien mit Chlorkohlenoxid und Stickstoffdioxid der Ziffer 3 at) müssen an beiden Seiten mit je einem Zettel nach Muster 5 und 6.1 versehen sein.

(6) Tankcontainer und Gefäßbatterien mit Bromwasserstoff der Ziffer 3 at) und Chlorwasserstoff der Ziffer 5 at) müssen an beiden Seiten mit je einem Zettel nach Muster 6.1 und 8 versehen sein.

21 130

21 131-
21 199

Abschnitt 2

Besondere Anforderungen an die Beförderungsmittel und ihre Ausrüstung

21 200-
21 211

Belüftung

Werden Versandstücke mit Gasen der Ziffern 1 bis 6 und 9 c) in gedeckten Fahrzeugen befördert, so müssen diese Fahrzeuge eine ausreichende Belüftung haben.

21 212

21 213-
21 239

Klasse 2

Feuerlöschmittel

21 240 Die Bestimmungen der Rn. 10 240 (1) b) und (3) gelten nur für Beförderungen von den in Rn. 2200 (3) als brennbar bezeichneten Stoffen und Gegenständen der Klasse 2 oder für leere Verpackungen der Ziffer 14, die solche Stoffe enthalten haben."

21 241-
21 259

Sonstige Ausrüstung

21 260 Werden verdichtete Gase oder verflüssigte Gase befördert, die eine Gefahr für die Atmungsorgane oder eine Vergiftungsgefahr darstellen und die durch den Buchstaben „t" in der Stoffaufzählung gekennzeichnet sind, so muß die Fahrzeugbesatzung mit geeigneten Gasmasken ausgerüstet sein, die für das beförderte Gas geeignet sind.

Bei der Beförderung von Gasen, die nicht ätzend sind oder die in der Stoffaufzählung nicht durch den Buchstaben „t" gekennzeichnet sind, braucht keine Augenspülflasche mit reinem Wasser mitgegeben und mitgeführt zu werden. Der Beförderer muß die Schutzausrüstung dem Fahrzeugführer und gegebenenfalls dem Beifahrer mitgeben.

21 261-
21 299

Abschnitt 3

Allgemeine Betriebsvorschriften

21 300-
21 320

Überwachung der Fahrzeuge

21 321 Die Vorschriften der Rn. 10 321 sind bei den nachstehend aufgeführten gefährlichen Gütern anzuwenden, wenn deren Menge folgende Masse überschreitet:

– Bortrifluorid und Fluor der Ziffer 1 at); Stoffe der Ziffer 3 at, 3 bt) ausgenommen Äthylchlorid, der Ziffer 3 ct); Chlorwasserstoff der Ziffer 5 at) und tiefgekühlte verflüssigte Gase der Ziffern

7 b) und 8 b):   7 a) und 8 a):

1 000 kg;

– Stoffe der Ziffer 3 b), Äthylchlorid der Ziffer 3 bt), Vinylchlorid der Ziffer 3 c), Stoffe der Ziffer 4 b) sowie die tiefgekühlten verflüssigten

Gase der Ziffern 7 a) und 8 a), ausgenommen Kohlendioxid (Kohlensäure) der Ziffer 7 a);   Gase der Ziffern 7 b) und 8 b):

10 000 kg.

21 322
21 373

Rauchverbot

21 374 Die Vorschriften der Rn. 10 374 gelten nicht für die Beförderung von tiefgekühltem verflüssigtem Kohlendioxid (Kohlensäure) der Ziffer 7 a)

21 375-
21 377

Leere Tanks

21 378 Wegen festverbundener Tanks (Tankfahrzeuge), Aufsetztanks, Gefäßbatterien und Tankcontainern siehe auch Bem. 1 unter Rn. 2201, Ziffer 14 der Anlage A.

21 379-
21 399

Klasse 2

Abschnitt 4

Besondere Vorschriften für das Beladen, Entladen und für die Handhabung

21 400-
21 402

Zusammenladeverbot in einem Fahrzeug

Die Gegenstände der Klasse 2 in Versandstücken, die mit einem Zettel nach Muster 3 versehen sind, dürfen nicht mit Stoffen und Gegenständen der Klassen 1 a, 1 b oder 1 c in Versandstücken, die mit einem oder zwei Zetteln nach Muster 1 versehen sind, zusammen in ein Fahrzeug verladen werden.   21 403

21 404-
21 406

Belade- und Entladestellen

(1) Es ist untersagt   21 407

a) an einer der Öffentlichkeit zugänglichen Stelle innerhalb von Ortschaften folgende Stoffe ohne besondere Erlaubnis der zuständigen Behörden zu beladen oder zu entladen: Bromwasserstoff, Chlor, Chlorkohlenoxid, Schwefeldioxid oder Stickstoffdioxid der Ziffer 3 at), Schwefelwasserstoff der Ziffer 3 bt) und Chlorwasserstoff der Ziffer 5 at);

b) an einer der Öffentlichkeit zugänglichen Stelle außerhalb von Ortschaften die unter a) genannten Stoffe zu beladen oder zu entladen, ohne die zuständigen Behörden davon benachrichtigt zu haben, es sei denn, daß dies aus Sicherheitsgründen dringend erforderlich ist.

(2) Sind aus irgendeinem Grunde Ladearbeiten an einer der Öffentlichkeit zugänglichen Stelle erforderlich, so müssen

– Stoffe und Gegenstände verschiedener Art entsprechend den Gefahrzetteln getrennt werden,

– die mit Trageeinrichtungen versehenen Versandstücke flach getragen und flach abgestellt werden.

21 408-
21 413

Handhabung und Verstauung

(1) Die Versandstücke dürfen weder geworfen noch Stößen ausgesetzt werden.   21 414

(2) Die Gefäße müssen in den Fahrzeugen so verstaut werden, daß sie nicht umkippen oder herabfallen können. Dabei sind folgende Vorschriften zu beachten:

a) Die Flaschen nach Rn. 2212 (1) a) müssen liegend parallel oder quer zur Längsrichtung des Fahrzeugs, in der Nähe der Stirnwand jedoch quer verladen werden.

Kurze Flaschen mit großem Durchmesser (etwa 30 cm und mehr) dürfen auch längs gelagert werden; die Schutzeinrichtungen der Ventile müssen dann zur Fahrzeugmitte zeigen.

Ausreichend standfeste Flaschen oder solche, die in entsprechenden Einrichtungen befördert werden, die sie gegen Umfallen schützen, dürfen aufrecht verladen werden.

Liegende Flaschen müssen so verkeilt oder festgebunden werden, daß sie sich nicht verschieben können.

b) Die Gefäße mit Gasen der Ziffern 7 a) und 8 a) müssen immer in der Lage verladen werden, für die sie gebaut sind, und sie müssen gegen jede mögliche Beschädigung durch andere Versandstücke geschützt sein.

21 415-
21 499

Abschnitt 5

Besondere Vorschriften für den Verkehr der Fahrzeuge

Kennzeichnung und Bezettelung der Fahrzeuge

Fahrzeuge mit festverbundenen Tanks oder die Aufsetztanks, die Stoffe enthalten oder enthalten haben (ungereinigte leere Tanks), die in Anhang B.5 aufgezählt sind, müssen außerdem an ihren beiden Längsseiten und hinten mit Zetteln nach folgenden Mustern versehen sein: 21 500

Äthan	3
Äthan, tiefgekühlt verflüssigt	3
Äthylamin, wasserfrei	3 + 6.1
Äthylchlorid	3 + 6.1
Äthylen	3
Äthylen, tiefgekühlt verflüssigt	3
Äthylenoxid mit Kohlendioxid	3 + 6.1
Äthylenoxid mit Stickstoff	3 + 6.1

Anlage B
Klasse 2

331

Klasse 2

Ammoniak	6.1 + 8
Ammoniak, gelöst in Wasser	6.1 + 8
Bromwasserstoff	6.1 + 8
Butadiene	3
Butan	3
iso-Butan	3
Buten-1	3
cis-Buten-2	3
trans-Buten-2	3
iso-Buten	3
Chlor	6.1 + 8
Chlordifluoräthan (R 142 b)	3
Chlorkohlenoxid (Phosgen) 6.1 + 8	5 + 6.1
Chlortrifluoräthylen (R 1113)	3 + 6.1
Chlorwasserstoff	6.1 + 8
Cyclopropan	3
Dichlordifluormethan mit 12 Masse-% Äthylenoxid	3 + 6.1
1,1-Difluoräthan (R 152 a)	3
1,1-Difluoräthylen (Vinylidenfluorid)	3
Difluormonochloräthan (R 142)	3
Dimethyläther	3
Dimethylamin	3 + 6.1
Distickstoffoxid	5
Distickstoffoxid (N_2O), tiefgekühlt, verflüssigt	5
Erdgas (Naturgas), tiefgekühlt verflüssigt	3
Gemische von Butadien-1,3 und Kohlenwasserstoffen	3
Gemische von Kohlenwasserstoffen (Gemische A, A0, A1, B und C)	3
Gemische von Methylacetylen und Propadien mit Kohlenwasserstoffen	
(Gemische P1 und P2)	3
Gemische von Methylbromid und Chlorpikrin	6.1
Gemische von Methylchlorid und Chlorpikrin	3 + 6.1
Gemische von Methylchlorid und Methylenchlorid	3 + 6.1
Hexafluorpropylen (R 1216)	6.1
Luft, tiefgekühlt, verflüssigt	5
Methan, tiefgekühlt, verflüssigt	3
Methylamin, wasserfrei	3 + 6.1
Methylbromid	6.1
Methylchlorid	3 + 6.1
Methylmercaptan	3 + 6.1
Propan	3
Propen	3
Sauerstoff, tiefgekühlt verflüssigt	5
Schwefeldioxid	6.1 + 8
Schwefelwasserstoff	3 + 6.1
Stickstoffdioxid (NO_2) (Stickstoffperoxid, Stickstofftetroxid N_2O_4)	5 + 6.1
1,1,1-Trifluoräthan	3
Trimethylamin, wasserfrei	3 + 6.1
Vinylbromid	3 + 6.1
Vinylchlorid	3
Vinylfluorid	3
Vinylmethyläther	3 + 6.1
Wasserstoff, tiefgekühlt verflüssigt	3

**21 501-
21 508**

21 509

Vorübergehendes Halten aus Betriebsgründen

Während der Beförderung von gefährlichen Gütern der Klasse 2, ausgenommen denen der Ziffern 1 a) und at), 2 a), 7 a), 8 a) und 10, soll aus Betriebsgründen möglichst nicht in der Nähe von bewohnten Orten oder Menschenansammlungen gehalten werden. Ein längeres Halten in der Nähe solcher Stellen ist nur mit Zustimmung der zuständigen Behörden zulässig.

**21 510-
21 599**

Klasse 2

Abschnitt 6

Übergangsbestimmungen, Abweichungen und Sondervorschriften für bestimmte Staaten

(Es gelten nur die allgemeinen Vorschriften des I. Teils)

**21 600-
30 999**

Klasse 3

Entzündbare flüssige Stoffe

Allgemeines

(Es gelten nur die allgemeinen Vorschriften des I. Teils)

**31 000-
31 099**

Abschnitt 1

Beförderungsart des Gutes

**31 100-
31 129**

Bezettelung der Tankcontainer

31 130   Tankcontainer, die Stoffe der Ziffern 1 bis 6, 11 bis 26, 31 und 33 enthalten oder enthalten haben, müssen an beiden Seiten mit einem Zettel nach Muster 3 versehen sein.

Tankcontainer, die Stoffe der Ziffer 6 enthalten oder enthalten haben, müssen außerdem mit Zetteln nach Muster 6.1 A versehen sein.

Tankcontainer, die Stoffe der Ziffern 11 bis 20 enthalten oder enthalten haben, müssen außerdem mit Zetteln nach Muster 6.1 versehen sein.

Tankcontainer, die Stoffe der Ziffern 21 bis 26 enthalten oder enthalten haben, müssen außerdem mit Zetteln nach Muster 8 versehen sein.

**31 131-
31 199**

Abschnitt 2

Besondere Anforderungen an die Beförderungsmittel und ihre Ausrüstung

(Es gelten nur die allgemeinen Vorschriften des I. Teils)

**31 200-
31 299**

Abschnitt 3

Allgemeine Betriebsvorschriften

**31 300-
31 320**

Überwachung der Fahrzeuge

31 321   Die Vorschriften der Rn. 10 321 sind nur bei den nachstehend aufgeführten gefährlichen Gütern anzuwenden, wenn deren Menge folgende Masse überschreitet:

– Stoffe der Ziffern 1 bis 5 a) und b), 6 a) und b), 21 bis 26:   10 000 kg;

– Stoffe der Ziffern 11 bis 20:   5 000 kg.

**31 322
31 399**

Anlage B
Klasse 3

Klasse 3

Abschnitt 4

Besondere Vorschriften für das Beladen, Entladen und für die Handhabung

31 400-
31 402

Zusammenladeverbot in einem Fahrzeug

(1) Stoffe der Klasse 3 in Versandstücken, die mit einem oder zwei Zetteln nach Muster 3 versehen sind, dürfen nicht mit Stoffen und Gegenständen der Klassen 1 a, 1 b oder 1 c in Versandstücken, die mit einem oder zwei Zetteln nach Muster 1 versehen sind, zusammen in ein Fahrzeug verladen werden.

31 403

(2) Stoffe der Klasse 3 in Versandstücken, die mit zwei Zetteln nach Muster 3 versehen sind, dürfen nicht zusammen in ein Fahrzeug verladen werden:

a) mit Stoffen der Klassen 5.1 oder 5.2 in Versandstücken, die mit zwei Zetteln nach Muster 5 versehen sind;

b) mit Stoffen der Klassen 6.1 oder 8 in Versandstücken, die mit zwei Zetteln nach Muster 6.1, 6.1 A oder 8 versehen sind.

31 404-
31 409

Vorsichtsmaßnahmen bei Nahrungs- und Genußmitteln

(1) Versandstücke mit Zetteln nach Muster 6.1 oder 6.1 A sind in Fahrzeugen und an Belade-, Entlade- und Umladestellen getrennt von Nahrungs-, Genuß- und Futtermitteln zu halten.

31 410

(2) Leere ungereinigte Gefäße mit Zetteln nach Muster 6.1 oder 6.1 A sind in Fahrzeugen und an Belade-, Entlade- und Umladestellen getrennt von Nahrungs-, Genuß- und Futtermitteln zu halten.

31 411-
31 413

Handhabung und Verstauung

Es ist untersagt, leicht entzündbare Stoffe für die Verstauung der Versandstücke in den Fahrzeugen zu verwenden.

31 414

Reinigung nach dem Entladen

Wenn Stoffe der Ziffern 6 und 11 bis 20 frei geworden sind und ein Fahrzeug verunreinigt haben, darf dieses Fahrzeug erst nach gründlicher Reinigung, gegebenenfalls Entgiftung, wieder verwendet werden. Alle mit diesem Fahrzeug beförderten Stoffe und Gegenstände sind auf eine mögliche Verunreinigung zu überprüfen.

31 415

31 416-
31 499

Abschnitt 5

Besondere Vorschriften für den Verkehr der Fahrzeuge

Kennzeichnung und Bezettelung der Fahrzeuge

Fahrzeuge mit festverbundenen Tanks oder die Aufsetztanks, die Stoffe der Ziffern 1 bis 6, 11 bis 26, 31 und 33 enthalten oder enthalten haben, müssen an ihren beiden Längsseiten und hinten mit einem Zettel nach Muster 3 versehen sein.

31 500

Fahrzeuge, deren Tanks Stoffe der Ziffer 6 enthalten oder enthalten haben, müssen außerdem mit Zetteln nach Muster 6.1 A versehen sein.

„Fahrzeuge, deren Tanks

Benzol der Ziffer 3 b) oder

Stoffe der Ziffern 11 bis 20 enthalten oder enthalten haben, müssen außerdem mit Zetteln nach Muster 6.1 versehen sein."

Fahrzeuge, deren Tanks Stoffe der Ziffern 21 bis 26 enthalten oder enthalten haben, müssen außerdem mit Zetteln nach Muster 8 versehen sein.

31 501-
31 599

Abschnitt 6

Übergangsbestimmungen, Abweichungen und Sondervorschriften für bestimmte Staaten

(Es gelten nur die allgemeinen Vorschriften des I. Teils)

31 600-
40 999

Klasse 4.1

Entzündbare feste Stoffe

Allgemeines

(Es gelten nur die allgemeinen Vorschriften des I. Teils)

**41 000-
41 099**

Abschnitt 1

Beförderungsart des Gutes

**41 100-
41 104**

Versandart, Versandbeschränkungen

41 105   Schwefel in geschmolzenem Zustand der Ziffer 2 b) und Naphthalin in geschmolzenem Zustand der Ziffer 11 c) dürfen nur in Tankfahrzeugen und in Tankcontainern befördert werden.

Die Stoffe der Ziffer 16 sind so zu versenden, daß die Umgebungstemperatur von +10 °C nicht überschritten wird. Werden diese Stoffe nicht in Kühlfahrzeugen befördert, muß die Kühlmittelmenge in der Schutzverpackung so dosiert sein, daß die Temperatur von +10 °C während der gesamten Beförderungsdauer einschließlich des Beladens und Entladens nicht überschritten wird. Die Verwendung flüssiger Luft oder flüssigen Sauerstoffs als Kühlmittel ist untersagt.

**41 106-
41 110**

Beförderung in loser Schüttung

41 111   (1) Schwefel der Ziffer 2 a) darf in loser Schüttung befördert werden.

(2) Naphthalin der Ziffer 11 a) und b) darf in loser Schüttung in gedeckten Fahrzeugen mit Metallaufbau oder in einem mit einer nicht entzündbaren Plane bedeckten Fahrzeug befördert werden, dessen Aufbau aus Metall besteht oder auf dessen Boden eine Plane aus dichtem Gewebe ausgebreitet ist. Bei Beförderung von Naphthalin der Ziffer 11 a) muß der Boden des Fahrzeugs durch eine ölundurchlässige Schutzschicht geschützt sein.

„(3) Stoffe der Ziffer 1 b) und schäumbare Polystyrole der Ziffer 12 dürfen in loser Schüttung in offenen, jedoch mit einer Plane bedeckten Fahrzeugen mit ausreichender Belüftung befördert werden. Bei den Stoffen der Ziffer 1 b) ist durch geeignete Maßnahmen sicherzustellen, daß vom Inhalt, insbesondere den Flüssigkeiten, nichts nach außen gelangen kann."

**41 112-
41 117**

Beförderung in Containern

41 118   (1) Bei Beförderung von Naphthalin der Ziffer 11 a) und b) müssen Kleincontainer aus Holz innen mit einer ölundurchlässigen Schutzschicht ausgekleidet sein.

(2) Schäumbare Polystyrole der Ziffer 12 dürfen auch ohne Innenverpackung in vollwandigen Kleincontainern geschlossener Bauart verpackt sein. Die Kleincontainer mit schäumbaren Polystyrolen müssen folgende Aufschrift tragen: „Von Zündquellen fernhalten".

Diese Aufschrift ist in einer amtlichen Sprache des Ursprungslandes abzufassen und, wenn diese Sprache nicht Englisch, Französisch oder Deutsch ist, außerdem in einer dieser Sprachen, wenn nicht Abkommen zwischen den von der Beförderung berührten Staaten etwas anderes vorsehen.

**41 119-
41 129**

Bezettelung der Tankcontainer

41 130   Tankcontainer, die Schwefel der Ziffer 2 a) oder b), Naphthalin der Ziffer 11 c), Phosphorsesquisulfid oder Phosphorpentasulfid der Ziffer 8 enthalten oder enthalten haben, müssen an beiden Seiten mit einem Zettel nach Muster 4.1 versehen sein.

**41 131-
41 199**

Klasse 4.1

Abschnitt 2

Besondere Anforderungen an die Beförderungsmittel und ihre Ausrüstung

41 200-
41 203

Fahrzeugarten

Versandstücke mit Stoffen der Ziffern 4 bis 8 sind in gedeckte oder bedeckte Fahrzeuge zu verladen.   **41 204**

41 205-
41 247

Fahrzeuge mit Wärmedämmung, Kältespeicher oder Kältemaschine

Bei der Beförderung von Stoffen der Ziffer 16 gelten die Vorschriften der Rn. 52 248.   **41 248**

41 249-
41 299

Abschnitt 3

Allgemeine Betriebsvorschriften

41 300-
41 320

Überwachung der Fahrzeuge

Die Vorschriften der Rn. 10 321 sind bei den nachstehend aufgeführten gefährlichen Gütern anzuwenden, wenn deren Menge folgende Masse überschreitet: **41 321**

- Stoffe der Ziffer 7 a), b) und c):   1 000 kg

- Stoffe der Ziffer 16:   4 000 kg.

41 322-
41 399

Abschnitt 4

Besondere Vorschriften für das Beladen, Entladen und für die Handhabung

41 400

Begrenzung der beförderten Mengen

In einer Beförderungseinheit dürfen nicht mehr als 10 000 kg der Stoffe der Ziffer 16 befördert werden. Für die Einhaltung der Mengengrenze sind Beförderer und Fahrzeugführer (§ 4 Abs. 7 Nr. 3) verantwortlich.   **41 401**

41 402

Zusammenladeverbot in einem Fahrzeug

(1) Die Stoffe der Klasse 4.1 in Versandstücken, die mit einem oder zwei Zetteln nach Muster 4.1 versehen sind, dürfen nicht mit Stoffen und Gegenständen der Klassen 1 a, 1 b oder 1 c in Versandstücken, die mit einem oder zwei Zetteln nach Muster 1 versehen sind, zusammen in ein Fahrzeug verladen werden.   **41 403**

(2) Die Stoffe der Klasse 4.1 in Versandstücken, die mit zwei Zetteln nach Muster 4.1 versehen sind, dürfen nicht zusammen in ein Fahrzeug verladen werden:

a) mit Stoffen der Klassen 5.1 und 5.2 in Versandstücken, die mit zwei Zetteln nach Muster 5 versehen sind;

b) mit Stoffen der Klasse 6.1 in Versandstücken, die mit zwei Zetteln nach Muster 6.1 oder 6.1 A versehen sind;

c) mit Stoffen der Klasse 8 in Versandstücken, die mit zwei Zetteln nach Muster 8 versehen sind.

41 404-
41 412

Reinigung vor dem Beladen

Fahrzeuge, in die Versandstücke mit Stoffen der Ziffer 16 verladen werden sollen, sind sorgfältig zu reinigen.   **41 413**

Klasse 4.1

Handhabung und Verstauung

41 414   Für Versandstücke mit Stoffen der Ziffer 16 gilt Rn. 52 414 sinngemäß.

41 415-
41 499

Abschnitt 5

Besondere Vorschriften für den Verkehr der Fahrzeuge

Kennzeichnung und Bezettelung der Fahrzeuge

41 500   Fahrzeuge mit festverbundenen Tanks oder die Aufsetztanks (ungereinigte leere Tanks), die Stoffe enthalten oder enthalten haben, die in Anhang B.5 aufgezählt sind, müssen an ihren beiden Längsseiten und hinten mit Zetteln nach Muster 4.1 versehen sein.

41 501-
41 599

Abschnitt 6

Übergangsbestimmungen, Abweichungen und Sondervorschriften für bestimmte Staaten

(Es gelten nur die allgemeinen Vorschriften des I. Teils)

41 600-
41 999

Klasse 4.2

Selbstentzündliche Stoffe

Allgemeines

(Es gelten nur die allgemeinen Vorschriften des I. Teils)

42 000-
42 099

Abschnitt 1

Beförderungsart des Gutes

42 100-
42 110

Beförderung in loser Schüttung

Stoffe der Ziffer 5, Hochofenfilterstaub der Ziffer 6 a) und Stoffe der Ziffer 10 dürfen in loser Schüttung befördert wer-   **42 111**
den. Die Stoffe der Ziffern 5 und 10 müssen jedoch in gedeckten Fahrzeugen mit Metallaufbau und Hochofenfilterstaub
muß in gedeckten Fahrzeugen mit Metallaufbau oder in bedeckten Fahrzeugen mit Metallaufbau befördert werden.

Natriumdithionit der Ziffer 6 b) darf auch ohne Innenverpackung in luftdicht verschlossenen, durch Stahl-
rahmen geschützten Containern aus Stahlblech mit
einer Wanddicke von mindestens 2 mm und einem
Fassungsraum von höchstens 1 m³ befördert werden.

42 112-
42 117

Beförderung in Containern

Kleincontainer, in denen die in Rn. 42 111 genannten Stoffe in loser Schüttung befördert werden, müssen den Vor-   **42 118**
schriften für Fahrzeuge dieser Randnummer entsprechen.''

42 119
42 129

Bezettelung der Tankcontainer

Tankcontainer, die Stoffe der Ziffern 1 und 3 enthalten oder enthalten haben, müssen an beiden Seiten mit einem   **42 130**
Zettel nach Muster 4.2 versehen sein. Tankcontainer, die Stoffe der Ziffer 3 enthalten oder enthalten haben, müssen
außerdem mit Zetteln nach Muster 4.3 versehen sein.

42 131-
42 199

Abschnitt 2

Besondere Anforderungen an die Beförderungsmittel und ihre Ausrüstung

42 200-
42 203

Fahrzeugarten

Versandstücke mit Stoffen der Ziffern 4 und 10 sind in gedeckte oder bedeckte Fahrzeuge zu verladen.   **42 204**

42 205-
42 299

Abschnitt 3

Allgemeine Betriebsvorschriften

42 300-
42 320

Überwachung der Fahrzeuge

Die Vorschriften der Rn. 10 321 sind bei den nachstehend aufgeführten gefährlichen Gütern anzuwenden, wenn   **42 321**
deren Menge folgende Masse überschreitet:

– Stoffe der Ziffern 1 bis 3 und 6 a):   10 000 kg.

42 322-
42 377

Klasse 4.2

Leere Tanks

42 378

    Wegen Tanks, die

Stoffe | Phosphor

der Ziffer 1 enthalten haben, siehe auch Rn. 211 474 und 212 474.

**42 379-
42 399**

Abschnitt 4

Besondere Vorschriften für das Beladen, Entladen und für die Handhabung

**42 400-
42 402**

Zusammenladeverbot in einem Fahrzeug

42 403

    (1) Die Stoffe der Klasse 4.2 in Versandstücken, die mit einem oder zwei Zetteln nach Muster 4.2 versehen sind, dürfen nicht mit Stoffen und Gegenständen der Klassen 1 a, 1 b oder 1 c in Versandstücken, die mit einem oder zwei Zetteln nach Muster 1 versehen sind, zusammen in ein Fahrzeug verladen werden.

    (2) Die Stoffe der Ziffer 4 in Versandstücken, die mit zwei Zetteln nach Muster 4.2 versehen sind, dürfen nicht zusammen in ein Fahrzeug verladen werden:

a) mit Stoffen der Klassen 5.1 oder 5.2 in Versandstücken, die mit zwei Zetteln nach Muster 5 versehen sind;

b) mit Stoffen der Klasse 6.1 in Versandstücken, die mit zwei Zetteln nach Muster 6.1 oder 6.1 A versehen sind,

c) mit Stoffen der Klasse 8 in Versandstücken, die mit zwei Zetteln nach Muster 8 versehen sind.

**42 404-
42 413**

Handhabung und Verstauung

42 414

    (1) Gefäße und Versandstücke mit Stoffen der Ziffern 1 und 3 dürfen keinen Stößen ausgesetzt werden. Sie müssen in den Fahrzeugen so verstaut werden, daß sie weder umkippen, herabfallen noch sich irgendwie bewegen können.

    (2) Es ist untersagt, leicht entzündbare Werkstoffe für die Verstauung der Versandstücke in den Fahrzeugen zu verwenden.

**42 415-
42 499**

Abschnitt 5

Besondere Vorschriften für den Verkehr der Fahrzeuge

Kennzeichnung und Bezettelung der Fahrzeuge

42 500

    Fahrzeuge mit festverbundenen Tanks oder die Aufsetztanks, die Stoffe enthalten oder enthalten haben (ungereinigte leere Tanks), die in Anhang B.5 aufgezählt sind, müssen an ihren beiden Längsseiten und hinten mit Zetteln nach Muster 4.2 versehen sein. Solche Fahrzeuge, deren Tanks Stoffe der Ziffer 3 enthalten oder enthalten haben, müssen außerdem mit Zetteln nach Muster 4.3 versehen sein.

**42 501-
42 599**

Abschnitt 6

Übergangsbestimmungen, Abweichungen und Sondervorschriften für bestimmte Staaten

(Es gelten nur die allgemeinen Vorschriften des I. Teils)

**42 600-
42 999**

Klasse 4.3

Stoffe die in Berührung mit Wasser entzündliche Gase entwickeln

Allgemeines

(Es gelten nur die allgemeinen Vorschriften des I. Teils)

43 000-
43 099

Abschnitt 1

Beförderungsart des Gutes

43 100-
43 110

Beförderung in loser Schüttung

Magnesiumkörner, überzogen, der Ziffer 1 d), Calciumcarbid der Ziffer 2 a) und Calciumsilicid in Stücken der Ziffer 2 d) dürfen in loser Schüttung in besonders eingerichteten Fahrzeugen befördert werden. Die zum Beladen und Entladen dienenden Öffnungen müssen luftdicht verschlossen werden können.

43 111

43 112-
43 117

Beförderung in Containern

Kleincontainer, in denen Stoffe der Rn. 43 111 befördert werden, müssen den Vorschriften dieser Randnummer für Fahrzeuge und Fahrzeuggefäße entsprechen.

43 118

43 119-
43 129

Bezettelung der Tankcontainer

Tankcontainer, die Stoffe dieser Klasse enthalten oder enthalten haben, müssen an beiden Seiten mit einem Zettel nach Muster 4.3 versehen sein. Tankcontainer, die Stoffe der Ziffer 4 enthalten oder enthalten haben, müssen außerdem mit Zetteln nach Muster 3 und 8 versehen sein,

43 130

43 131-
43 199

Abschnitt 2

Besondere Anforderungen an die Beförderungsmittel und ihre Ausrüstung

43 200-
43 203

Fahrzeugarten

Die gefährlichen Güter der Klasse 4.3 in Versandstücken sind in gedeckte oder bedeckte Fahrzeuge zu verladen. Gefäße, die Calciumcarbid der Ziffer 2 a) enthalten, dürfen jedoch in offene Fahrzeuge verladen werden.

43 204

43 205-
43 299

Abschnitt 3

Allgemeine Betriebsvorschriften

43 300-
43 320

Überwachung der Fahrzeuge

Die Vorschriften der Rn. 10 321 sind bei den nachstehend aufgeführten gefährlichen Gütern anzuwenden, wenn deren Menge folgende Masse überschreitet:

43 321

– Alkalimetalle und Stoffe, die Alkalimetalle der Ziffer 1 enthalten, Hydride der Alkalimetalle der Ziffer 2 b) und Stoffe der Ziffer 4:   10 000 kg.

43 322-
43 399

Klasse 4.3

Abschnitt 4

Besondere Vorschriften für das Beladen, Entladen und für die Handhabung

43 400-
43 402

Zusammenladeverbot in einem Fahrzeug

43 403   Die Stoffe der Klasse 4.3 dürfen nicht mit Stoffen und Gegenständen der Klassen 1 a, 1 b oder 1 c in Versandstücken, die mit einem oder zwei Zetteln nach Muster 1 versehen sind, zusammen in ein Fahrzeug verladen werden.

43 404-
43 413

Handhabung und Verstauung

43 414   Die Versandstücke müssen in den Fahrzeugen so verstaut werden, daß sie sich nicht verschieben können und gegen jedes Scheuern oder Anstoßen geschützt sind. Während der Handhabung der Versandstücke sind besondere Maßnahmen zu treffen, damit sie nicht mit Wasser in Berührung kommen.

43 415-
43 499

Abschnitt 5

Besondere Vorschriften für den Verkehr der Fahrzeuge

Kennzeichnung und Bezettelung der Fahrzeuge

43 500   Fahrzeuge mit festverbundenen Tanks oder die Aufsetztanks, die Stoffe dieser Klasse enthalten oder enthalten haben (ungereinigte leere Tanks), die im Anhang B.5 aufgeführt sind, müssen an beiden Seiten und hinten mit Zetteln nach Muster 4.3 versehen sein. Fahrzeuge, deren Tanks Stoffe der Ziffer 4 enthalten oder enthalten haben, müssen außerdem mit Zetteln nach Muster 3 und 8 versehen sein.

43 501-
43 599

Abschnitt 6

Übergangsbestimmungen, Abweichungen und Sondervorschriften für bestimmte Staaten

(Es gelten nur die allgemeinen Vorschriften des I. Teils)

43 600-
50 999

Klasse 5.1

Entzündend (oxydierend) wirkende Stoffe

Allgemeines

(Es gelten nur die allgemeinen Vorschriften des I. Teils)

51 000-
51 099

Abschnitt 1

Beförderungsart des Gutes

51 100-
51 110

Beförderung in loser Schüttung

(1) Stoffe der Ziffern 4 bis 6, 7 a) und b) dürfen als geschlossene Ladung in loser Schüttung befördert werden.   **51 111**

(2) Stoffe der Ziffern 4 und 5 müssen in Fahrzeugen mit Metallwanne, die mit einer undurchlässigen und nicht entzündbaren Plane bedeckt sind, oder in Containern aus Metall befördert werden [siehe Rn. 51 118 (2)].

(3) Stoffe der Ziffern 6, 7 a) und b) müssen in gedeckten oder mit einer undurchlässigen und nicht entzündbaren Plane bedeckten Fahrzeugen befördert werden, die so gebaut sind, daß das Gut nicht mit Holz oder einem anderen brennbaren Stoff in Berührung kommen kann, oder deren brennbare Böden und Wände entweder durchgehend mit einer undurchlässigen und nicht brennbaren Auskleidung versehen oder mit Mitteln behandelt worden sind, die das Holz feuersicher machen.

51 112-
51 117

Beförderung in Containern

(1) Zerbrechliche Versandstücke im Sinne der Rn. 10 014 (1) und solche, die Wasserstoffperoxid oder Lösungen   **51 118**
von Wasserstoffperoxid der Ziffer 1 oder Tetranitromethan der Ziffer 2 enthalten, dürfen nicht in Kleincontainern befördert werden.

(2) Die für die Beförderung von Stoffen der Ziffern 4 und 5 bestimmten Container müssen aus Metall, dicht und mit einem Deckel oder einer undurchlässigen, schwer brennbaren Plane bedeckt und so gebaut sein, daß die in den Containern enthaltenen Stoffe nicht mit Holz oder einem anderen brennbaren Stoff in Berührung kommen können.

(3) Die für die Beförderung von Stoffen der Ziffern 6, 7 a) und b) bestimmten Container müssen mit einem Deckel oder einer undurchlässigen, schwer brennbaren Plane bedeckt und so gebaut sein, daß die in den Containern enthaltenen Stoffe nicht mit Holz oder einem anderen brennbaren Stoff in Berührung kommen können; Böden und Wände aus Holz müssen jedoch durchgehend mit einer undurchlässigen, schwer brennbaren Auskleidung versehen oder mit Natriumsilikat oder einem gleichartigen Mittel behandelt worden sein.

51 119-
51 129

Bezettelung der Tankcontainer

Tankcontainer, die Stoffe dieser Klasse enthalten oder enthalten haben, müssen an beiden Seiten mit einem Zettel   **51 130**
nach Muster 5 versehen sein. Tankcontainer, die Lösungen von Perchlorsäure der Ziffer 3 enthalten oder enthalten haben, müssen außerdem mit Zetteln nach Muster 8 versehen sein.

51 131-
51 199

Abschnitt 2

Besondere Anforderungen an die Beförderungsmittel und ihre Ausrüstung

„Fahrzeuge für die Beförderung gefährlicher Güter in festverbundenen Tanks oder Aufsetztanks oder Tankcontainern   51 200-
mit einem Fassungsraum von mehr als   51 219

1000 l   I   3000 l"

Für die Beförderung von Flüssigkeiten der Ziffer 1 gelten folgende Vorschriften: **51 220**

(1) Führerhaus

a) Sofern das Führerhaus nicht aus feuerfesten Werkstoffen besteht, ist auf der Rückseite des Führerhauses eine Abschirmung, aus Metall, deren Breite der des Tanks entspricht, anzubringen.

343

Klasse 5.1

b) Alle hinteren Fenster des Führerhauses oder der Abschirmung aus Metall müssen luftdicht verschlossen sein.

Die Fenster müssen aus Sicherheitsglas bestehen und die Rahmen der Fenster müssen feuerfest sein.

c) Zwischen dem Tank und dem Führerhaus oder der Abschirmung muß ein Abstand von mindestens 15 cm vorhanden sein.

(2) Fahrzeugaufbau

Für die Herstellung eines hinter der in Absatz 1 beschriebenen Abschirmung gelegenen Fahrzeugteils darf für den Fahrzeugaufbau kein Holz verwendet werden (es sei denn, es handelt sich um metallummanteltes Holz oder um einen geeigneten synthetischen Werkstoff).

(3) Motor

Der Motor und der Kraftstoffbehälter müssen – ausgenommen das Fahrzeug wird durch einen Dieselmotor angetrieben – vor der Rückwand des Führerhauses oder der Abschirmung angeordnet sein; andernfalls müssen sie besonders geschützt sein.

(4) Besondere Ausrüstung

Der Fahrzeugführer muß | Die Fahrzeuge müssen

Wasser in einem Behälter mit etwa 30 Liter Fassungsraum mitführen. Dieser Wasserbehälter ist möglichst sicher anzubringen. Dem Wasser ist ein Frostschutzmittel beizumischen, das weder die Haut noch die Schleimhäute angreift und keine chemische Reaktion mit der Ladung eingeht.

51 221-
51 299

Abschnitt 3

Allgemeine Betriebsvorschriften

51 300-
51 320

Überwachung der Fahrzeuge

51 321   Die Vorschriften der Rn. 10 321 sind bei den nachstehend aufgeführten gefährlichen Güter anzuwenden, wenn deren Menge folgende Masse überschreitet:

– Stoffe der Ziffern 1 bis 3 und 9 a):   10 000 kg.

51 322-
51 399

Abschnitt 4

Besondere Vorschriften für das Beladen, Entladen und für die Handhabung

51 400-
51 402

Zusammenladeverbot in einem Fahrzeug

51 403   (1) Die Stoffe der Klasse 5.1 in Versandstücken, die mit einem oder zwei Zetteln nach Muster 5 versehen sind, dürfen nicht mit Stoffen oder Gegenständen der Klassen 1 a, 1 b oder 1 c in Versandstücken, die mit einem oder zwei Zetteln nach Muster 1 versehen sind, zusammen in ein Fahrzeug verladen werden.

(2) Die Stoffe der Klasse 5.1 in Versandstücken, die mit zwei Zetteln nach Muster 5 versehen sind, dürfen nicht zusammen in ein Fahrzeug verladen werden:

a) mit Stoffen der Klassen 3, 4.1 oder 4.2 in Versandstücken, die mit zwei Zetteln nach Muster 3, 4.1 oder 4.2 versehen sind;

b) mit Stoffen der Klasse 6.1 in Versandstücken, die mit zwei Zetteln nach Muster 6.1 oder 6.1 A versehen sind;

c) mit Stoffen der Klasse 8 in Versandstücken, die mit zwei Zetteln nach Muster 8 versehen sind.

51 404-
51 409

Vorsichtsmaßnahmen bei Nahrungs- und Genußmitteln

51 410   Tetranitromethan der Ziffer 2, Bariumchlorat der Ziffer 4 a), Bariumperchlorat der Ziffer 4 b), Bariumnitrat und Bleinitrat der Ziffer 7 c), anorganische Nitrite oder Ziffer 8, Bariumbioxid der Ziffer 9 b) und Bariumpermanganat der Ziffer 9 c) sind in den Fahrzeugen und an den Belade-, Entlade- und Umladestellen getrennt von Nahrungs-, Genuß- und Futtermitteln zu halten.

51 411-
51 413

Klasse 5.1

Handhabung und Verstauung

(1) Versandstücke mit Stoffen der Klasse 5.1 müssen mit dem Boden nach unten flach abgestellt werden. Außerdem sind Gefäße mit Flüssigkeiten der Klasse 5.1 so zu verkeilen, daß sie nicht umkippen können.   **51 414**

(2) Es ist untersagt, leicht entzündbare Werkstoffe für die Verstauung der Versandstücke in den Fahrzeugen zu verwenden.

Reinigung nach dem Entladen

Nach dem Entladen sind die Fahrzeuge, die Stoffe   **51 415**

der Ziffern 4 und 5 | der Ziffern 4 bis 6, 7 a) und 7 b)

in loser Schüttung befördert haben, unter fließendem Wasser zu reinigen.

Fahrzeuge, in denen Stoffe der Ziffern 6, 7 a) und 7 b) in loser Schüttung befördert wurden, müssen sorgfältig von Resten des Ladegutes gereinigt werden. Für Fahrzeuge mit hölzernem Aufbau, dessen Boden und Wände nicht durchgehend mit einer undurchlässigen und nicht brennbaren Auskleidung versehen sind, gilt Satz 1.

**51 416-
51 499**

Abschnitt 5

Besondere Vorschriften für den Verkehr der Fahrzeuge

Kennzeichnung und Bezettelung der Fahrzeuge

Fahrzeuge mit festverbundenen Tanks oder die Aufsetztanks, die Stoffe enthalten oder enthalten haben (ungereinigte leere Tanks), die im Anhang B.5 aufgezählt sind, müssen auf ihren beiden Längsseiten und hinten mit Zetteln nach Muster 5 versehen sein. Fahrzeuge, deren Tanks Lösungen von Perchlorsäure der Ziffer 3 oder warme, wässerige Lösungen von Ammoniumnitrat der Ziffer 6 enthalten oder enthalten haben, müssen außerdem mit Zetteln nach Muster 8 versehen sein.   **51 500**

**51 501-
51 599**

Anlage B
Klasse 5.1

Abschnitt 6

Übergangsbestimmungen, Abweichungen und Sondervorschriften für bestimmte Staaten

(Es gelten nur die allgemeinen Vorschriften des I. Teils)

**51 600-
51 999**

Klasse 5.2

Organische Peroxide

Allgemeines

(Es gelten nur die allgemeinen Vorschriften des I. Teils)

52 000-
52 099

Abschnitt 1

Beförderungsart des Gutes

52 100-
52 104

Versandart, Versandbeschränkungen

52 105   (1) Die Stoffe der Gruppe E sind so zu versenden, daß die nachstehenden Umgebungstemperaturen nicht über-schritten werden:

Stoffe der Ziffer 45:	Höchsttemperatur + 10 °C	
Stoffe der Ziffer 46 a):	Höchsttemperatur – 10 °C	
Stoffe der Ziffer 46 b) und c):	Höchsttemperatur – 10 °C	
Stoffe der Ziffer 47 a):	Höchsttemperatur – 15 °C	– 10 °C
Stoffe der Ziffer 47 b):	Höchsttemperatur – 10 °C	
Stoffe der Ziffer 48:	Höchsttemperatur + 15 °C	+ 2 °C
Stoffe der Ziffer 49 a):	Höchsttemperatur – 10 °C	

Stoffe der Ziffer 49 b):
  mit Phlegmatisierungsmitteln: Höchsttemperatur

	0 °C	+ 2 °C
mit Lösemitteln:	Höchsttemperatur 0 °C	– 5 °C
Stoffe der Ziffer 50:	Höchsttemperatur 0 °C	
Stoffe der Ziffer 51:	Höchsttemperatur 0 °C	

			Stoffe der Ziffer 52:	Höchsttemperatur + 20 °C
Stoffe der Ziffer 52 a):	Höchsttemperatur + 20 °C			
Stoffe der Ziffer 52 b):	Höchsttemperatur + 35 °C			
			Stoffe der Ziffer 53:	Höchsttemperatur – 10 °C
Stoffe der Ziffer 53 a):	Höchsttemperatur – 20 °C			
Stoffe der Ziffer 53 b):	Höchsttemperatur – 15 °C			
Stoffe der Ziffer 53 c):	Höchsttemperatur – 15 °C			
Stoffe der Ziffer 54:	Höchsttemperatur + 15 °C	+ 20 °C		
Stoffe der Ziffer 55:	Höchsttemperatur + 15 °C	+ 20 °C		
Stoffe der Ziffer 56 a):	Höchsttemperatur + 5 °C			
Stoffe der Ziffer 56 b):	Höchsttemperatur + 5 °C			
Stoffe der Ziffer 57:	Höchsttemperatur + 30 °C			
Stoffe der Ziffer 58:	Höchsttemperatur + 30 °C			
Stoffe der Ziffer 59:	Höchsttemperatur + 20 °C			
Stoffe der Ziffer 60:	Höchsttemperatur – 15 °C			
Stoffe der Ziffer 61:	Höchsttemperatur – 15 °C			
Stoffe der Ziffer 62:	Höchsttemperatur – 10 °C			
Stoffe der Ziffer 63:	Höchsttemperatur + 20 °C			
Stoffe der Ziffer 64:	Höchsttemperatur + 30 °C			
Stoffe der Ziffer 65:	Höchsttemperatur + 25 °C			
Stoffe der Ziffer 66:	Höchsttemperatur + 30 °C			
Stoffe der Ziffer 67 a):	Höchsttemperatur + 20 °C			

Straßenverkehr

Anlage B zur GGVS/zum ADR

Klasse 5.2

Stoffe der Ziffer 67 b):	Höchsttemperatur + 20 °C
Stoffe der Ziffer 68 a):	Höchsttemperatur – 5 °C
Stoffe der Ziffer 68 b):	Höchsttemperatur 0 °C
Stoffe der Ziffer 69:	Höchsttemperatur 0 °C
Stoffe der Ziffer 70:	Höchsttemperatur + 35 °C
Stoffe der Ziffer 71:	Höchsttemperatur + 35 °C
Stoffe der Ziffer 72:	Höchsttemperatur + 20 °C
Stoffe der Ziffer 73:	Höchsttemperatur – 10 °C
Stoffe der Ziffer 74:	Höchsttemperatur – 10 °C
Stoffe der Ziffer 75:	Höchsttemperatur + 10 °C
Stoffe der Ziffer 76:	Höchsttemperatur – 10 °C
Stoffe der Ziffer 77:	Höchsttemperatur + 35 °C

Für die Stoffe der Ziffer 98 gelten die für den jeweils unbeständigsten Mischungspartner festgesetzten Höchsttemperaturen.

(2) Werden die Stoffe der Gruppe E nicht in Kühlfahrzeugen befördert, muß die Kühlmittelmenge in der Schutzverpackung so dosiert sein, daß die in Absatz 1 angegebenen Temperaturen während der gesamten Beförderungsdauer, einschließlich des Beladens und Entladens, nicht überschritten werden.

Stoffe der Gruppe E, deren höchste zulässige Umgebungstemperatur auf + 20 °C oder höher festgelegt ist, dürfen auch ohne Kühlung oder Kühlmittel befördert werden, wenn durch eine entsprechend niedrige, jahreszeitlich bedingte Temperatur gewährleistet ist, daß die angegebene Höchsttemperatur der Umgebung während der gesamten Beförderungsdauer einschließlich des Beladens und Entladens nicht überschritten wird.

(3) Die Verwendung flüssiger Luft oder flüssigen Sauerstoffs als Kühlmittel ist untersagt.

(4) Die Kühltemperatur ist so zu wählen, daß

keine gefährliche Phasentrennung eintritt. | sich aus der Trennung der Phasen keine Gefahr ergibt.

52 106-
52 117

Beförderung in Containern

Zerbrechliche Versandstücke im Sinne der Rn. 10 014 (1) dürfen nicht in Kleincontainern befördert werden. **52 118**

52 119-
52 129

Bezettelung der Tankcontainer

Tankcontainer, die Stoffe der Ziffern 10, 14 und 15 enthalten oder enthalten haben, müssen auf beiden Seiten mit einem Zettel nach Muster 5 versehen sein. **52 130**

52 131-
52 199

Abschnitt 2

Besondere Anforderungen an die Beförderungsmittel und ihre Ausrüstung

52 200-
52 203

Fahrzeugarten

(1) Stoffe der Ziffern 1 bis **52 204**

34 G, 35, 40 und 97 | 22, 30 und 31

sind in gedeckte oder bedeckte Fahrzeuge zu verladen. Stoffe der Ziffern 45

bis 77, 96 und 98 | bis 55

347

Klasse 5.2

in Schutzverpackungen mit Kühlmitteln sind in gedeckte oder bedeckte Fahrzeuge zu verladen. Bei der Verwendung von gedeckten Fahrzeugen muß eine ausreichende Belüftung sichergestellt sein. Bedeckte Fahrzeuge müssen mit Seitenwänden und einer Rückwand versehen sein. Die Plane dieser Fahrzeuge muß aus einem undurchlässigen und schwer brennbaren Gewebe bestehen.

(2) Wenn nach den Vorschriften der Rn. 52 105 Stoffe in Fahrzeugen mit Wärmedämmung, Kältespeicher oder Kältemaschine zu befördern sind, müssen diese Fahrzeuge den Vorschriften der Rn. 52 248 entsprechen.

52 205-
52 219

52 220   Die Vorschriften der Rn. 10 220 (2) gelten nur für die Beförderung von organischen Peroxiden der Stoffgruppe A, die einen Flammpunkt von kleiner oder gleich 55 °C haben oder mit Lösemitteln versetzt sind, die einen Flammpunkt von kleiner oder gleich 55 °C haben.

52 221-
52 247

Fahrzeuge mit Wärmedämmung, Kältespeicher oder Kältemaschine

52 248   Die nach den Vorschriften der Rn. 52 105 verwendeten Fahrzeuge mit Wärmedämmung, Kältespeicher oder Kältemaschine müssen folgenden Anforderungen entsprechen:

a) Das verwendete Fahrzeug muß hinsichtlich seiner Isolierung und der Kältequelle so beschaffen und ausgerüstet sein, daß die in Rn. 52 105 vorgesehene Höchsttemperatur ungeachtet der Witterungsverhältnisse nicht überschritten wird;

b) das Fahrzeug muß so eingerichtet sein, daß die Dämpfe der beförderten Stoffe nicht in das Führerhaus eindringen können;

c) die Temperatur im Laderaum muß jederzeit durch eine geeignete Einrichtung vom Führerhaus aus festgestellt werden können;

d) der Laderaum muß mit Lüftungsschlitzen oder -klappen versehen sein, wenn die Möglichkeit der Bildung eines gefährlichen Überdrucks in diesem Raum besteht. Es müssen Vorkehrungen getroffen werden, um erforderlichenfalls sicherzustellen, daß die Kühlung durch die Lüftungsschlitze oder -klappen nicht beeinträchtigt wird;

e) das verwendete Kühlmittel darf nicht brennbar sein;

f) das Kühlaggregat von Fahrzeugen mit Kältemaschinen muß unabhängig vom Motor des Fahrzeuges betrieben werden können.

52 249-
52 299

Abschnitt 3

Allgemeine Betriebsvorschriften

52 300-
52 320

Überwachung der Fahrzeuge

52321   Die Vorschriften der Rn. 10 321 sind bei den nachstehend aufgeführten gefährlichen Gütern anzuwenden, wenn deren Menge folgende Masse überschreitet.

Gruppe A: Stoffe der Ziffern 4 a), 8 a), 9 a), 13 a), 17 a), 24 a), 32 a), 34 b), 34 D.a) und 34 E: 1 000 kg.

Stoffe der Ziffern 8 b), 13 b) und 17 b): 2 000 kg.

Die angegebenen Gewichte erhöhen sich auf das Doppelte, wenn die Versandstücke der Anforderung in Rn. 2563 (2), zweiter Satz, genügen.

Gruppe C: Stoffe der Ziffer 35: 1 000 kg.

Gruppe E: Stoffe der Ziffern 46 a), 47 a), 49 a) und 65: 100 kg.

Gruppe A: Stoffe der Ziffern 4, 8 a), 9 a), 13 a) und 17 a): 1 000 kg.

Gruppe C: Stoffe der Ziffer 35: 1 000 kg.

Gruppe E: Stoffe der Ziffern 46 a), 47 a) und 49 a): 100 kg.

Stoffe der Ziffern 45, 46 b) und c), 47 b), 48, 49 b), 50 bis 55: 2 000 kg.

Außerdem sind Fahrzeuge, die Stoffe der Ziffern 46 a), 47 a) und 49 a) befördern, stets besonders zu überwachen, um jede böswillige Handlung zu verhindern und den Fahrzeugführer sowie die zuständigen Behörden bei Verlust oder Feuer zu alarmieren.

Klasse 5.2

Stoffe der Ziffern 52 a), 55, 56 a), 63, 64 und 66:	1 000 kg,
Stoffe der Ziffern 45, 46 b) und c), 47 b), 48, 49 b), 50, 51, 52 b), 53, 54, 56 b), 57 bis 62, 67 a), 68 bis 77:	4 000 kg.

Gruppe G: Für Stoffe der Ziffern 97 und 98 gelten die Vorschriften für den Mischungspartner mit der jeweils niedrigsten festgesetzten Masse.

**52 322-
52 399**

Abschnitt 4

Besondere Vorschriften für das Beladen, Entladen und für die Handhabung

52 400

Begrenzung der beförderten Mengen

In einer Beförderungseinheit dürfen nicht mehr als

52 401

1 200 kg der Stoffe der Ziffern 46 a), 47 a), 49 a) und 65, 5 000 kg der Stoffe der Ziffern 52 a), 55, 56 a), 63, 64 und 66,

10 000 kg der Stoffe der Ziffern 45, 46 b) und c), 47 b), 48, 49 b), 50, 51, 52 b), 53, 54, 56 b), 57 bis 62, 67 a), 68 bis 77 befördert werden.

750 kg Stoffe der Ziffern 46 a), 47 a) und 49 a), nicht mehr als 5 000 kg Stoffe der Ziffern 45, 46 b) und c), 47 b), 48, 49 b), 50 bis 53 und 55 und nicht mehr als 10 000 kg Stoffe der Ziffer 54 befördert werden.

Für die Stoffe der Ziffer 98 gelten die für die Mischungspartner jeweils festgesetzten niedrigsten Höchstmengen.

Für die Einhaltung der Mengengrenzen sind Beförderer und Fahrzeugführer (§ 4 Abs. 7 Nr. 3) verantwortlich.

52 402

Zusammenladeverbot in einem Fahrzeug

Die Stoffe der Klasse 5.2 dürfen nicht zusammen in ein Fahrzeug verladen werden:

52 403

a) mit Stoffen und Gegenständen der Klassen 1 a, 1 b oder 1 c in Versandstücken, die mit einem oder zwei Zetteln nach Muster 1 versehen sind;

b) mit Stoffen der Klassen 3, 4.1 oder 4.2 in Versandstücken, die mit zwei Zetteln nach Muster 3, 4.1 oder 4.2 versehen sind,

c) mit Stoffen der Klasse 6.1 in Versandstücken, die mit zwei Zetteln nach Muster 6.1 oder 6.1 A versehen sind;

d) mit Stoffen der Ziffern 9 und 10 der Klasse 6.2;

e) mit Stoffen der Klasse 8 in Versandstücken, die mit zwei Zetteln nach Muster 8 versehen sind.

**52 404-
52 405**

Zusammenladeverbote für Fahrzeuge mit Tanks

Die Abteile eines Tanks und die auf einem Fahrzeug befindlichen Tanks dürfen nur Stoffe der Klasse 5.2 Ziffern 1, 10, 14, 15 und 18 enthalten.

52 406

**52 407-
52 412**

Reinigung vor dem Beladen

Fahrzeuge, in die Versandstücke mit Stoffen der Klasse 5.2 verladen werden sollen, sind sorgfältig zu reinigen.

52 413

Handhabung und Verstauung

(1) Versandstücke mit Stoffen der Klasse 5.2 sind so zu verladen, daß sie am Bestimmungsort einzeln abgeladen werden können, ohne daß die Ladung umgeschichtet werden muß.

52 414

(2) Versandstücke mit Stoffen der Klasse 5.2 müssen aufrecht stehen und so gestellt oder befestigt werden, daß sie nicht umfallen oder anstoßen können. Sie müssen gegen Beschädigung durch andere Versandstücke geschützt sein.

Anlage B
Klasse 5.2

Klasse 5.2

Fässer mit einem Mantelspund dürfen auch liegend verladen werden, wenn der Mantelspund nach oben zeigt
und die Fässer so festgelegt sind, daß sie nicht rollen
können.

(3) Es ist untersagt, leicht entzündbare Werkstoffe für die Verstauung der Versandstücke in den Fahrzeugen zu
verwenden.

(4) Versandstücke mit Stoffen der Gruppe E dürfen nicht auf andere Güter gestellt werden; außerdem müssen sie
so verstaut sein, daß sie leicht zugänglich sind.

(5) Stoffe der Gruppe E sind ohne Zwischenlagerung zu verladen und zu entladen; beim Umladen müssen die Stoffe
unmittelbar von einem Fahrzeug in ein anderes verladen werden.

> Die vorgeschriebenen Höchsttemperaturen dürfen
> während dieses Vorgangs nicht überschritten werden
> [siehe Rn. 52 105 (1)].

52 415-
52 499

Abschnitt 5

Besondere Vorschriften für den Verkehr der Fahrzeuge

Kennzeichnung und Bezettelung der Fahrzeuge

52 500   Fahrzeuge mit festverbundenen Tanks oder die Aufsetztanks, die Stoffe enthalten oder enthalten haben (ungereinigte leere Tanks), die in Anhang B.5 aufgezählt sind, müssen an ihren beiden Längsseiten und hinten mit Zetteln nach
Muster 5 versehen sein.

52 501-
52 508

Vorübergehendes Halten aus Betriebsgründen

52 509   Während der Beförderung der Stoffe der Ziffern 46 a), 47 a) und 49 a) soll nach Möglichkeit aus Betriebsgründen
nicht in der Nähe von bewohnten Orten oder Menschenansammlungen gehalten werden. Ein längeres Halten in der
Nähe solcher Stellen ist nur mit Zustimmung der zuständigen Behörden zulässig. Das gleiche gilt für Beförderungseinheiten, die mit mehr als 2 000 kg der Stoffe der Ziffern 45, 46 b) und c), 48, 49 b)

und 52 a), 55, 56 a), 65 und 66 | und 50 bis 55

beladen sind.

52 510-
52 599

Abschnitt 6

Übergangsbestimmungen, Abweichungen und Sondervorschriften für bestimmte Staaten

(Es gelten nur die allgemeinen Vorschriften des I. Teils)

52 600-
60 999

Klasse 6.1

Giftige Stoffe

Allgemeines

(Es gelten nur die allgemeinen Vorschriften des I. Teils)

61 000-
61 099

Abschnitt 1

Beförderungsart des Gutes

61 100-
61 110

Beförderung in loser Schüttung

(1) Stoffe der Ziffern 44 b), 60 c) und 63 c) dürfen als geschlossene Ladung in loser Schüttung befördert werden.　　61 111

(2) Stoffe der Ziffer 44 b) sind in gedeckten oder bedeckten Fahrzeugen und die der Ziffern 60 c) und 63 c) in bedeckten Fahrzeugen zu befördern.

„(3) Feste Abfälle, die Stoffe der Ziffern 44 b), 60 c) und 63 c) enthalten, dürfen unter denselben Bedingungen wie diese Stoffe selbst befördert werden. Andere feste Abfälle, die unter c) der einzelnen Ziffern fallen, dürfen in loser Schüttung nur unter den Bedingungen der Rn. 61 118 befördert werden."

61 112-
61 117

Beförderung in Containern

Container für die Beförderung fester Abfälle, die unter c) der einzelnen Ziffern fallen, müssen vollwandig und mit　　61 118
einem Deckel oder einer Plane bedeckt sein.''

61 119-
61 129

Bezettelung der Tankcontainer

Tankcontainer, die Stoffe der Ziffern 2 oder 3 sowie Stoffe enthalten oder enthalten haben, die unter die Buchstaben　　61 130
a) und b) der anderen Ziffern fallen, müssen auf beiden Seiten mit einem Zettel nach Muster 6.1 versehen sein.

Tankcontainer, die Stoffe enthalten oder enthalten haben, die unter den Buchstaben c) der einzelnen Ziffern fallen, müssen mit Zetteln nach Muster 6.1 A versehen sein.

Tankcontainer, die Stoffe mit einem Flammpunkt bis höchstens 55 °C enthalten oder enthalten haben, müssen außerdem mit Zetteln nach Muster 3 versehen sein.

Tankcontainer, die Chlorformiate der Ziffern 16 und 17 enthalten oder enthalten haben, müssen außerdem mit Zetteln nach Muster 8 versehen sein.

61 131-
61 199

Abschnitt 2

Besondere Anforderungen an die Beförderungsmittel und ihre Ausrüstung

61 200-
61 239

Feuerlöschmittel

Die Vorschriften der Rn. 10 240 (1) b) und (3) sind nur für Beförderungen von Flüssigkeiten mit einem Flammpunkt　　61 240
bis höchstens 55 °C anzuwenden.

61 241-
61 259

Sonstige Ausrüstung

Bei Beförderungen von Bleialkylen der Ziffer 31 a) sowie von Gefäßen, die diese Stoffe enthalten haben, ist dem　　61 260
Fahrzeugführer zusammen mit dem Beförderungspapier ein mit Handgriff versehener Kasten mit folgendem Inhalt zu übergeben:

- drei Ausfertigungen der schriftlichen Weisungen über das Verhalten bei Unfällen oder Zwischenfällen während der Fahrt (siehe Rn. 61 385);
- zwei Paar Handschuhe und zwei Paar Stiefel aus Gummi oder geeignetem Kunststoff;
- zwei Gasmasken mit Aktivkohlepatronen von 500 cm³ Inhalt;
- eine Flasche (z. B. aus Bakelit) mit 2 kg Kaliumpermanganat und mit der Aufschrift: „Vor Gebrauch in Wasser auflösen'';

Klasse 6.1

– sechs Pappschilder mit der Aufschrift: „GEFAHR! Flüchtiges Gift ausgelaufen. Nicht ohne Gasmaske nähertreten!",

in der Sprache oder den Sprachen jedes Staates, auf dessen Gebiet das Gut befördert wird.

Dieser Kasten muß im Führerhaus an einer von der Rettungsmannschaft leicht zu findenden Stelle aufbewahrt werden.

Der Beförderer muß die Schutzausrüstung dem Fahrzeugführer und gegebenenfalls dem Beifahrer mitgeben.

**61 261-
61 299**

Abschnitt 3
Allgemeine Betriebsvorschriften

**61 300-
61 301**

Maßnahmen bei Unfällen

61 302   (siehe Rn. 61 385)

Vorsichtsmaßnahmen bei Nahrungs- und Genußmitteln

61 303   (siehe Rn. 61 410)

**61 304-
61 320**

Überwachung der Fahrzeuge

61 321   Die Vorschriften der Rn. 10 321 sind nur bei den nachstehend aufgeführten gefährlichen Gütern anzuwenden, wenn deren Menge folgende Masse überschreitet:

– Stoffe der Ziffern 1 bis 3 und Stoffe, die unter den Buchstaben a) der einzelnen Ziffern fallen: 1 000 kg

– Stoffe, die unter den Buchstaben b) der einzelnen Ziffern fallen: 5 000 kg

**61 322-
61 384**

Schriftliche Weisungen

61 385   Bei der Beförderung von Bleialkylen der Ziffer 31 a) sowie von Gefäßen, die diese Stoffe enthalten haben, müssen die schriftlichen Weisungen insbesondere die folgenden Hinweise enthalten:

„A. Vorsichtsmaßnahmen

Der beförderte Stoff ist sehr giftig. Entweicht er aus einem Gefäß, sind folgende Vorsichtsmaßregeln zu beachten:

1. Es ist zu vermeiden, daß

   a) der Stoff die Haut berührt,

   b) die Dämpfe eingeatmet werden,

   c) die Flüssigkeit in den Mund gelangt;

Klasse 6.1

2. bei der Handhabung von aufgerissenen, beschädigten oder von der Flüssigkeit befeuchteten Gefäßen sind zu verwenden:

    a) Gasmasken,

    b) Handschuhe aus Gummi oder geeignetem Kunststoff,

    c) Stiefel aus Gummi oder geeignetem Kunststoff.

Bei einem schweren Unfall, durch den die Straße gesperrt wird, müssen alle Personen, die das Hindernis beseitigen wollen, vor der Gefahr gewarnt werden.

B. Verhalten

Es sind alle geeigneten Maßnahmen zu treffen, damit sich alle Personen in einer Entfernung von mindestens 15 m von der Unfallstelle befinden; hierzu sind die in Rn. 61 260 vorgesehenen Schilder zu verwenden.

Mit Gasmasken, Handschuhen und Stiefeln ist es möglich, an die Ladung heranzugehen und ihren Zustand zu prüfen.

Sind Gefäße aufgerissen, so sind

    a) sofort weitere Gasmasken, Handschuhe und Stiefel für die Arbeiter zu beschaffen,

    b) unbeschädigte Gefäße auszusondern,

    c) die auf dem Fahrzeug oder außerhalb befindliche Flüssigkeit durch reichliches Begießen mit wässeriger Kaliumpermanganatlösung (eine Flasche dieses Neutralisierungsmittels befindet sich im Kasten) zu neutralisieren. Die Lösung läßt sich leicht herstellen, indem 0,5 kg Permanganat in einem Eimer mit 15 Liter Wasser gemischt werden. Das Begießen ist mehrfach zu wiederholen, da 2 kg Kaliumpermanganat erforderlich sind, um 1 kg des beförderten Stoffes vollständig zu vernichten.

Wenn die Umstände es erlauben, ist es angebracht, die Unfallstelle dadurch zu entgiften, daß Benzin über die verschüttete Flüssigkeit gegossen und angezündet wird.

C. Wichtiger Hinweis

Bei einem Unfall sind durch Fernschreiben oder Fernsprecher vordringlich zu benachrichtigen: . . . . . . (hier sind die Anschriften und Fernsprechnummern der Werke einzusetzen, die

> in jedem Staat, auf dessen Gebiet das Gut befördert wird,

zu benachrichtigen sind).

Jedes durch den beförderten Stoff verunreinigte Fahrzeug darf erst wieder verwendet werden, nachdem es unter Aufsicht eines Sachverständigen entgiftet worden ist. Die Holzteile des Fahrzeugs, die mit dem beförderten Stoff in Berührung gekommen sind, müssen entfernt und verbrannt werden."

Bei der Beförderung von 2,3,7,8-Tetrachlordibenzo-1,4-dioxin (2,3,7,8-TCDD) der Ziffer 17 a) oder von Stoffen, die mehr als 0,002 mg/kg (0,002 ppm) 2,3,7,8-TCDD enthalten, müssen die schriftlichen Weisungen (Unfallmerkblätter) folgende zusätzliche Hinweise enthalten:

„Stoff enthält Dioxin, im Brandfall kann es zur Bildung weiteren Dioxins kommen.

Unverzüglich Straßengelände sichern, andere Personen warnen und Unbefugte fernhalten. Unverzüglich die zuständige Umweltschutzbehörde über den Unfall oder Zwischenfall verständigen (falls diese Behörde nicht bekannt ist, muß Polizei oder Feuerwehr gebeten werden, diese Behörde zu informieren).

Falls der Stoff nach einem Unfall in das Erdreich eindringt, muß er restlos mit dem verunreinigten Boden entfernt werden."

Anlage B
Klasse 6.1

61 386-
61 399

Abschnitt 4

Besondere Vorschriften für das Beladen, Entladen und für die Handhabung

61 400-
61 402

Zusammenladeverbot in einem Fahrzeug

(1) Stoffe der Klasse 6.1 in Versandstücken, die mit einem oder zwei Zetteln nach Muster 6.1 oder 6.1 A versehen sind, dürfen nicht mit Stoffen und Gegenständen der Klassen 1 a, 1 b oder 1 c in Versandstücken, die mit einem oder zwei Zetteln nach Muster 1 versehen sind, zusammen in ein Fahrzeug verladen werden.

61 403

Klasse 6.1

(2) Stoffe der Klasse 6.1 in Versandstücken, die mit zwei Zetteln nach Muster 6.1 oder 6.1 A versehen sind, dürfen nicht zusammen in ein Fahrzeug verladen werden:

a) mit Stoffen der Klassen 3, 4.1 oder 4.2 in Versandstücken, die mit zwei Zetteln nach Muster 3, 4.1 oder 4.2 versehen sind;

b) mit Stoffen der Klassen 5.1 oder 5.2 in Versandstücken, die mit zwei Zetteln nach Muster 5 versehen sind;

c) mit Stoffen der Klasse 8 in Versandstücken, die mit zwei Zetteln nach Muster 8 versehen sind.

61 404-
61 406

Belade- und Entladestellen

61 407

(1) Es ist untersagt

a) an einer der Öffentlichkeit zugänglichen Stelle innerhalb von Ortschaften Stoffe der Ziffern 1 bis 3 und Stoffe, die unter den Buchstaben a) der übrigen Ziffern fallen, ohne besondere Erlaubnis der zuständigen Behörden auf- oder abzuladen;

b) an einer der Öffentlichkeit zugänglichen Stelle außerhalb von Ortschaften die gleichen Stoffe auf- oder abzuladen, ohne die zuständigen Behörden davon benachrichtigt zu haben, es sei denn, daß diese Maßnahmen aus Sicherheitsgründen dringend erforderlich sind.

(2) Sind aus irgendeinem Grund Ladearbeiten an einer der Öffentlichkeit zugänglichen Stelle auszuführen, so müssen Stoffe und Gegenstände verschiedener Art entsprechend den Gefahrzetteln getrennt werden.

61 408-
61 409

Vorsichtsmaßnahmen bei Nahrungs- und Genußmitteln

61 410

Stoffe der Klasse 6.1 sind in Fahrzeugen und an Belade-, Entlade- und Umladestellen getrennt von Nahrungs-, Genuß- und Futtermitteln zu halten.

61 411-
61 414

Reinigung nach dem Entladen

61 415

(1) Nach dem Entladen sind Fahrzeuge und Container, in denen Stoffe der Ziffern 44 b), 60 c) und 63 c) sowie feste Abfälle, die unter c) der einzelnen Ziffern fallen in loser Schüttung befördert wurden, unter fließendem Wasser zu reinigen.

(2) Jedes durch Stoffe der Ziffer 31 a) oder eine ihrer Mischungen verunreinigte Fahrzeug darf erst wieder verwendet werden, nachdem es unter Aufsicht eines Sachverständigen entgiftet worden ist. Die Holzteile des Fahrzeugs, die mit Stoffen der Ziffer 31 a) in Berührung gekommen sind, müssen entfernt und verbrannt werden.

(3) Wenn Stoffe dieser Klasse frei geworden sind und ein Fahrzeug verunreinigt haben, darf dieses Fahrzeug erst nach gründlicher Reinigung, gegebenenfalls Entgiftung, wieder verwendet werden. Alle mit diesem Fahrzeug beförderten Güter und Gegenstände sind auf eine mögliche Verunreinigung zu überprüfen.

61 416-
61 499

Abschnitt 5

Besondere Vorschriften für den Verkehr der Fahrzeuge

Kennzeichnung und Bezettelung der Fahrzeuge

61 500

(1) Bei allen Beförderungen von Stoffen der Ziffer 31 a) muß das Fahrzeug an jeder Seite den Hinweis tragen, daß beim Auslaufen der Flüssigkeit größte Vorsicht geboten ist und sich niemand dem Fahrzeug ohne Gasmaske, Handschuhe und Stiefel aus Gummi oder geeignetem Kunststoff nähern darf.

(2) Fahrzeuge mit festverbundenen Tanks oder die Aufsetztanks, die Stoffe der Ziffern 2 oder 3 sowie Stoffe enthalten oder enthalten haben, die unter die Buchstaben a) und b) der anderen Ziffern fallen, müssen an ihren beiden Längsseiten und hinten mit Zetteln nach Muster 6.1 versehen sein.

Fahrzeuge, deren Tanks Stoffe enthalten oder enthalten haben, die unter den Buchstaben c) einer jeden Ziffer fallen, müssen mit Zetteln nach Muster 6.1 A versehen sein.

Fahrzeuge, deren Tanks Stoffe mit einem Flammpunkt bis höchstens 55 °C enthalten oder enthalten haben, müssen außerdem mit Zetteln nach Muster 3 versehen sein.

Fahrzeuge, deren Tanks Chlorformiate der Ziffern 16 und 17 enthalten oder enthalten haben, müssen außerdem mit Zetteln nach Muster 8 versehen sein.

61 501-
61 508

Klasse 6.1

Vorübergehendes Halten aus Betriebsgründen

Nach Möglichkeit soll aus Betriebsgründen nicht in der Nähe von Ortschaften oder Menschenansammlungen **61 509**
gehalten werden. Ein längeres Halten in der Nähe solcher Stellen ist nur mit Zustimmung der zuständigen Behörden
zulässig.

61 510-
61 514

Schutz gegen Sonneneinwirkung

Wenn es die Vorschriften   **61 515**

| des Aufenthaltsstaates

vorsehen, müssen Versandstücke mit Blausäure (Cyanwasserstoff) der Ziffer 1 während der Monate April bis Oktober
bei einem Halten und Parken des sie befördernden Fahrzeugs gegen die Einwirkung der Sonne wirksam geschützt
sein, zum Beispiel durch Planen, die mindestens 20 cm über der Ladung angebracht sind.

61 516-
61 599

Abschnitt 6

Übergangsbestimmungen, Abweichungen und Sondervorschriften für bestimmte Staaten

(Es gelten nur die allgemeinen Vorschriften des I. Teils)

61 600-
61 999

Klasse 6.2

Ekelerregende oder ansteckungsgefährliche Stoffe

Allgemeines

**62 000-
62 009**

Anwendung des I. Teils dieser Anlage

62 010   Für die Beförderung gefährlicher Stoffe der Klasse 6.2. gelten außer den nachstehenden Vorschriften der Abschnitte 1 bis 6 nur die der Rn. 10 001, 10 010 bis 10 014, 10 111, 10 118, 10 381 (1), 10 404, 10 405, 10 413 bis 10 415 und 10 419.

Bei der Beförderung infizierter oder ansteckungsgefährlicher Stoffe der Klasse 6.2 sind auch die Vorschriften der Rn. 10 385 und 10 500 anzuwenden.

Auf Tierärzte in Ausübung ihrer Praxis, tierärztliche Institute, Tierkörperbeseitigungsanstalten und Unternehmen der Fäkalienabfuhr im Rahmen ihrer Tätigkeit sowie land- und forstwirtschaftliche Betriebe und für sie tätige Lohnunternehmer bei der Beförderung von Stalldüngern und Latrinenstoffen im Rahmen ihrer land- und forstwirtschaftlichen Tätigkeit sind die Vorschriften dieser Verordnung nicht anzuwenden.

**62 011-
62 099**

Abschnitt 1

Beförderungsart des Gutes

**62 100-
62 110**

Beförderung in loser Schüttung

62 111   (1) Stoffe der Ziffern 1, 2, 3 und 5 dürfen in loser Schüttung befördert werden. Stoffe der Ziffer 9 dürfen nur in loser Schüttung befördert werden.

(2) In loser Schüttung sind zu verladen:

a) Stoffe der Ziffern 1 a) und c) und 2 in besonders eingerichtete, gedeckte Fahrzeuge mit Belüftungseinrichtung; während der Monate November bis Februar dürfen diese Stoffe auch in offene Fahrzeuge verladen werden, wenn sie mit geeigneten Desinfektionsmitteln besprengt sind, die ihren üblen Geruch beseitigen;

b) in offene Fahrzeuge

- Stoffe der Ziffer 1 b), wenn sie mit geeigneten Desinfektionsmitteln besprengt sind, die ihren üblen Geruch beseitigen;
- Stoffe der Ziffer 3;
- Stoffe der Ziffer 5, wenn sie mit Kalkmilch so besprengt sind, daß kein Fäulnisgeruch wahrnehmbar ist;
- Stoffe der Ziffer 9.

(3) Außerdem müssen bei Verladung in offene Fahrzeuge zugedeckt werden:

a) Stoffe der Ziffern 1 a) und c) und 2) mit einer Plane, die mit geeigneten Desinfektionsmitteln getränkt ist und über die eine zweite Plane zu breiten ist;

b) mit geeigneten Desinfektionsmitteln besprengte frische Hörner, Klauen, Hufe oder Knochen der Ziffer 1 b) mit einer Plane oder mit Pappe, die mit Teer oder Bitumen imprägniert ist;

c) Stoffe der Ziffer 3 mit einer Plane, sofern diese Stoffe nicht mit geeigneten Desinfektionsmitteln so besprengt sind, daß kein übler Geruch wahrnehmbar ist;

d) Stoffe der Ziffer 9 mit einer Plane.

**62 112-
62 117**

Beförderung in Containern

62 118   Stoffe der Ziffer 9 dürfen nicht in Kleincontainern befördert werden.

**62 119-
62 199**

Klasse 6.2

Abschnitt 2

Besondere Anforderungen an die Beförderungsmittel und ihre Ausrüstung

(Keine allgemeinen oder besonderen Vorschriften)

	62 200- 62 299

Abschnitt 3

Allgemeine Betriebsvorschriften

	62 300- 62 302

Vorsichtsmaßnahmen bei Nahrungs- und Genußmitteln

(Siehe Rn. 62 410)

	62 303
	62 304- 62 399

Abschnitt 4

Besondere Vorschriften für das Beladen, Entladen und für die Handhabung

	62 400- 62 402

Zusammenladeverbot in einem Fahrzeug

Stoffe der Ziffern 9 und 10 dürfen nicht mit gefährlichen Gütern der Klasse 5.2 in ein Fahrzeug verladen werden.   **62 403**

	62 404- 62 409

Vorsichtsmaßnahmen bei Nahrungs- und Genußmitteln

Die gefährlichen Güter der Klasse 6.2 sind mit Ausnahme der Stoffe der Ziffer 7 und der nach den Vorschriften der Rn. 2659 (2) a) oder b) der Anlage A verpackten Stoffe der Ziffer 8 in Fahrzeugen und an Belade-, Entlade- und Umladestellen getrennt von Nahrungs-, Genuß- und Futtermitteln zu halten.   **62 410**

	62 411- 62 414

Reinigung nach dem Entladen

Fahrzeuge, in denen Stoffe der Klasse 6.2 in loser Schüttung befördert wurden, sind nach dem Entladen unter fließendem Wasser zu reinigen und mit geeigneten Desinfektionsmitteln zu behandeln.   **62 415**

	62 416- 62 499

Abschnitt 5

Besondere Vorschriften für den Verkehr der Fahrzeuge

(Keine allgemeinen oder besonderen Vorschriften)

	62 500- 62 599

Abschnitt 6

Übergangsbestimmungen, Abweichungen und Sondervorschriften für bestimmte Staaten

(Keine allgemeinen oder besonderen Vorschriften)

	62 600- 70 999

Anlage B
Klasse 6.2

357

Klasse 7
Radioaktive Stoffe

Allgemeines

Beförderung

71 000   Wegen Einzelheiten siehe entsprechendes Blatt der Rn. 2703.

71 001-
71 099

Abschnitt 1
Beförderungsart des Gutes

Vorschriften

71 100   Wegen Einzelheiten siehe entsprechendes Blatt der Rn. 2703.

71 101-
71 199

Abschnitt 2
Besondere Anforderungen an die Beförderungsmittel und ihre Ausrüstung

Vorschriften

71 200   Wegen Einzelheiten siehe entsprechendes Blatt der Rn. 2703.

71 201-
71 239

Feuerlöschmittel

71 240   Die Vorschriften der Rn. 10 240 gelten nicht für die
Beförderung von Stoffen der Klasse 7 mit dem Personenkraftwagen. Bei der Beförderung von Stoffen der
Klasse 7 Blätter 5 bis 11 mit dem Personenkraftwagen
ist mindestens ein Feuerlöscher nach Rn. 10 240 (1) a)
mitzuführen.

71 241-
71 299

Abschnitt 3
Allgemeine Betriebsvorschriften

Vorschriften

71 300   Wegen Einzelheiten siehe entsprechendes Blatt der Rn. 2703.

71 301-
71 320

Überwachung der Fahrzeuge

71 321   Die Bestimmungen der Rn. 10 321 sind für alle Stoffe unabhängig von der Masse anzuwenden. Ihre Anwendung ist
jedoch im folgenden Fall nicht erforderlich:

a) wenn der Laderaum verriegelt ist und die beförderten Versandstücke gegen jedes unrechtmäßige Abladen
gesichert sind und

b) wenn die Dosisleistung an jeder erreichbaren Stelle der Außenfläche des Fahrzeugs 0,5 mrem/h nicht überschreitet.

Außerdem müssen diese Güter stets überwacht werden, um jede böswillige Handlung zu verhindern und den
Fahrzeugführer sowie die zuständigen Behörden bei Verlust oder Feuer zu alarmieren.

71 322-
71 352

Klasse 7

Tragbare Beleuchtungsgeräte

Die Vorschriften der Rn. 10 353 gelten nicht für die Beförderung von Stoffen der Klasse 7.

71 353

71 354-
71 399

Abschnitt 4

Besondere Vorschriften für das Beladen, Entladen und für die Handhabung

Vorschriften

Wegen Einzelheiten siehe entsprechendes Blatt der Rn. 2703.

71 400

71 401-
71 499

Abschnitt 5

Besondere Vorschriften für den Verkehr der Fahrzeuge

Kennzeichnung und Bezettelung der Fahrzeuge

(1) Rn. 10 500 ist nicht anzuwenden.

71 500

(2) Jedes Fahrzeug, mit dem radioaktive Stoffe befördert werden, muß auf jeder äußeren Seitenwand und auf der hinteren Außenwand mit einem Zettel nach dem in Rn. 240 010 des Anhangs B.4 dargestellten Muster 7 D versehen sein. Erfolgt die Beladung durch den

Verlader,   Absender,

so hat dieser die Zettel am Fahrzeug anzubringen;

in anderen Fällen ist der Fahrzeugführer dafür verantwortlich. Der Fahrzeugführer hat die Zettel zu verdekken oder zu entfernen, wenn keine Stoffe nach Satz 1 geladen sind.

Diese Vorschrift findet jedoch keine Anwendung auf Fahrzeuge, die Versandstücke nach Rn. 2703 Blätter 1 bis 4 befördern.

71 501-
71 506

Halten und Parken eines Fahrzeugs, das eine besondere Gefahr darstellt

(Außer Rn. 10 507 siehe auch Rn. 3695 des Anhangs A.6)

71 507

71 508-
71 599

Abschnitt 6

Übergangsbestimmungen, Abweichungen und Sondervorschriften für bestimmte Staaten

(Es gelten nur die allgemeinen Vorschriften des I. Teils)

71 600-
80 999

Anlage B
Klasse 7

Klasse 8

Ätzende Stoffe

Allgemeines

(Es gelten nur die allgemeinen Vorschriften des I. Teils)

81 000-
81 099

Abschnitt 1

Beförderungsart des Gutes

81 100-
81 110

Beförderung in loser Schüttung

81 111   (1) Stoffe der Ziffer 23 und schwefelsäurehaltiger Bleischlamm der Ziffer 1 b) dürfen als geschlossene Ladung in loser Schüttung befördert werden. Der Aufbau des Fahrzeugs muß mit einer ausreichend festen, geeigneten Innenauskleidung versehen sein. Bei bedeckten Fahrzeugen muß die Plane so angebracht sein, daß sie die Ladung nicht berühren kann.

     (2) Feste Abfälle, die Stoffe der Ziffer 23 enthalten, dürfen unter denselben Bedingungen wie diese Stoffe selbst befördert werden. Andere feste Abfälle, die unter c) der einzelnen Ziffern fallen, dürfen in loser Schüttung nur unter den Bedingungen der Rn. 81 118 befördert werden.

81 118   **Beförderung in Containern**

     Container für die Beförderung von Stoffen der Ziffer 23 und schwefelsäurehaltigem Bleischlamm der Ziffer 1 b) sowie festen Abfällen, die unter c) der einzelnen Ziffern fallen, müssen vollwandig und mit einer geeigneten Innenauskleidung versehen sowie mit einem Deckel oder einer Plane bedeckt sein.

81 119-
81 129

Bezettelung der Tankcontainer

81 130   Tankcontainer, die Stoffe dieser Klasse enthalten oder enthalten haben, müssen an beiden Seiten mit einem Zettel nach Muster 8 versehen sein.

     Tankcontainer, die Stoffe dieser Klasse mit einem Flammpunkt bis höchstens 55 °C enthalten oder enthalten haben, müssen außerdem mit Zetteln nach Muster 3 versehen sein.

     Tankcontainer, die Oleum (rauchende Schwefelsäure) der Ziffer 1 a) sowie Stoffe der Ziffern 6, 7, 24, 26 und 44 enthalten oder enthalten haben, müssen außerdem mit Zetteln nach Muster 6.1 versehen sein.

     Tankcontainer, die Stoffe der Ziffer 62 enthalten oder enthalten haben, müssen außerdem mit Zetteln nach Muster 5 versehen sein.

81 131-
81 199

Abschnitt 2

Besondere Anforderungen an die Beförderungsmittel und ihre Ausrüstung

81 200-
81 239

Feuerlöschmittel

81 240   Die Vorschriften der Rn. 10 240 (1) b) und (3) sind nur für Beförderungen von Flüssigkeiten mit einem Flammpunkt bis höchstens 55 °C sowie auf die Stoffe der Ziffern 2 a) und 3 a) anzuwenden.

81 241-
81 299

Klasse 8

Abschnitt 3

Allgemeine Betriebsvorschriften

81 300-
81 320

Überwachung der Fahrzeuge

Die Vorschriften der Rn. 10 321 sind nur bei den nachstehend aufgeführten gefährlichen Gütern anzuwenden, wenn **81 321** deren Menge folgende Masse überschreitet:

Stoffe, die unter den Buchstaben a) der einzelnen Ziffern fallen: 10 000 kg;

Brom der Ziffer 24: 1 000 kg;

81 322-
81 399

Abschnitt 4

Besondere Vorschriften für das Beladen, Entladen und für die Handhabung

81 400-
81 402

Zusammenladeverbot in einem Fahrzeug

(1) Stoffe der Klasse 8 in Versandstücken, die mit einem oder zwei Zetteln nach Muster 8 versehen sind, dürfen nicht **81 403** mit Stoffen und Gegenständen der Klassen 1a, 1b oder 1c in Versandstücken, die mit einem oder zwei Zetteln nach Muster 1 versehen sind, zusammen in ein Fahrzeug verladen werden.

(2) Stoffe der Klasse 8 in Versandstücken, die mit zwei Zetteln nach Muster 8 versehen sind, dürfen nicht zusammen in ein Fahrzeug verladen werden:

a) mit Stoffen der Klassen 3, 4.1 oder 4.2 in Versandstücken, die mit zwei Zetteln nach Muster 3, 4.1 oder 4.2 versehen sind;

b) mit Stoffen der Klassen 5.1 oder 5.2 in Versandstücken, die mit zwei Zetteln nach Muster 5 versehen sind;

c) mit Stoffen der Klasse 6.1 in Versandstücken, die mit zwei Zetteln nach Muster 6.1 oder 6.1 A versehen sind.

81 404-
81 412

Reinigung vor dem Verladen

Fahrzeuge, in die Versandstücke mit Stoffen der Ziffern 2 a) und 3 a) verladen werden sollen, sind gründlich zu **81 413** reinigen und insbesondere von allen brennbaren Resten (Stroh, Heu, Papier usw.) zu säubern.

Handhabung und Verstauung

Versandstücke mit Stoffen der Ziffern 2 a), 3 a), 61 und 62 müssen auf festem Boden stehen und mit den Öffnungen **81 414** nach oben verladen werden. Es ist untersagt, leicht entzündbare Werkstoffe (z. B. Stroh) für die Verstauung der Versandstücke zu verwenden.

81 415-
81 499

Anlage B
Klasse 8

Klasse 8

Abschnitt 5

Besondere Vorschriften für den Verkehr der Fahrzeuge

Kennzeichnung und Bezettelung der Fahrzeuge

81 500   Fahrzeuge mit festverbundenen Tanks oder die Aufsetztanks, die Stoffe dieser Klasse enthalten oder enthalten haben, müssen auf ihren beiden Längsseiten und hinten mit einem Zettel nach Muster 8 versehen sein.

Fahrzeuge, deren Tanks Stoffe dieser Klasse mit einem Flammpunkt bis höchstens 55 °C enthalten oder enthalten haben, müssen außerdem mit Zetteln nach Muster 3 versehen sein.

Fahrzeuge, deren Tanks Oleum (rauchende Schwefelsäure) der Ziffer 1 a) sowie Stoffe der Ziffern 6, 7, 24, 26 und 44 enthalten oder enthalten haben, müssen außerdem mit Zetteln nach Muster 6.1 versehen sein.

Fahrzeuge, deren Tanks Stoffe der Ziffer 62 enthalten oder enthalten haben, müssen außerdem mit Zetteln nach Muster 5 versehen sein.

81 501-
81 599

Abschnitt 6

Übergangsbestimmungen, Abweichungen und Sondervorschriften für bestimmte Staaten

(Es gelten nur die allgemeinen Vorschriften des I. Teils)

81 600-
90 999

Klasse 9

Sonstige gefährliche Stoffe und Gegenstände

Abschnitt 1

Beförderungsart des Gutes

91 000-
91 104

Versandart, Versandbeschränkungen

Verflüssigte Metalle (Ziffer 1) dürfen nur als geschlossene Ladung befördert werden.

91 105

91 106-
91 120

Beförderung in Behältern

Verflüssigte Metalle (Ziffer 1) dürfen nur in besonders für diesen Zweck gebauten Behältern befördert werden. Die Behälter müssen den Vorschriften der Rn. 2902 entsprechen.

91 121

91 122-
91 199

Abschnitt 2

Besondere Anforderungen an die Beförderungsmittel und ihre Ausrüstung

91 200-
91 299

Keine besonderen Vorschriften.

Abschnitt 3

Allgemeine Betriebsvorschriften

91 300-
91 320

Überwachung der Fahrzeuge

Die Vorschriften der Rn. 10 321 sind nicht anzuwenden.

91 321

91 322-
91 352

Tragbare Beleuchtungsgeräte

Die Vorschriften der Rn. 10 353 sind nicht anzuwenden.

91 353

91 354-
91 373

Rauchverbot

Die Vorschriften der Rn. 10 374 sind nicht anzuwenden.

91 374

91 375-
91 399

Anlage B
Klasse 9

Klasse 9

Abschnitt 4

**Besondere Vorschriften
für das Beladen, Entladen
und für die Handhabung**

91 400-
91 402

Zusammenladeverbot in einem Fahrzeug

91 403   Verflüssigte Metalle (Ziffer 1) dürfen nicht zusammen
mit gefährlichen Gütern der Klassen 1 a bis 8 in ein
Fahrzeug verladen werden.

91 404-
91 499

91 500-
91 599

Abschnitt 5

**Besondere Vorschriften für
den Verkehr der Fahrzeuge**

Keine besonderen Vorschriften

91 600-
199 999

Anhänge B.1

Vorschriften für Tanks

Gemeinsame Vorschriften zu den Anhängen B.1

(1) Geltungsbereich der verschiedenen Anhänge B.1:   **200 000**

a) **Der Anhang B.1 a** gilt für Tanks mit Ausnahme der Tankcontainer;

b) **der Anhang B.1b** gilt für Tankcontainer;

c) bleibt offen;

c) **der Anhang B.1c** gilt für Tanks aus verstärkten Kunststoffen, mit Ausnahme der Gefäßbatterien und der Tankcontainer;

d) **der Anhang B.1d** bezieht sich auf die Werkstoffe und den Bau von geschweißten festverbundenen Tanks, geschweißten Aufsetztanks und geschweißten Tanks von Tankcontainern, für die ein Prüfdruck von mindestens 1 MPa (10 bar) vorgeschrieben ist, sowie für geschweißte Tanks für tiefgekühlte verflüssigte Gase der Klasse 2.

Bem.: Wegen der Gefäße siehe die sie betreffenden Vorschriften in der Anlage A (Versandstücke).

(2) Abweichend von der Begriffsbestimmung in Rn. 10 014 (1) umfaßt das Wort „Tank", wenn es in

dem Anhang B.1a   den Anhängen B.1a und B.1c

allein verwendet wird, nicht die Tankcontainer, Anlage B und Anhang B.1b können jedoch die Anwendung bestimmter Vorschriften des Anhangs B.1a für Tankcontainer vorsehen.

(3) Es wird darauf hingewiesen, daß Rn. 10 121 (1) die Beförderung gefährlicher Güter in Tanks untersagt, sofern dies nicht ausdrücklich im jeweiligen Abschnitt 1 des II. Teils der Anhänge B.1a oder B.1b

oder in Abschnitt 1 des Anhangs B.1c

zugelassen ist.

200 001-
210 999

„Anhang B.1a

Vorschriften für festverbundene Tanks (Tankfahrzeuge), Aufsetztanks und Gefäßbatterien

Bem. Der I. Teil enthält Vorschriften für festverbundene Tanks (Tankfahrzeuge), Aufsetztanks und Gefäßbatterien zur Beförderung von Stoffen aller Klassen. Der II. Teil enthält Sondervorschriften, welche die Vorschriften des I. Teils ergänzen oder ändern.

I. Teil

Vorschriften für alle Klassen

**211 000-
211 099**

Abschnitt 1

Allgemeines, Anwendungsbereich (Verwendung der Tanks), Begriffsbestimmungen

Bem. Nach den Vorschriften der Rn. 10 121 (1) ist die Beförderung gefährlicher Güter in Tanks (festverbundenen Tanks oder Aufsetztanks und Gefäßbatterien) nur zulässig, sofern diese Beförderungsart für diese Stoffe im jeweiligen Abschnitt 1 des II. Teils dieses Anhangs ausdrücklich zugelassen ist.

211 100 Diese Vorschriften gelten für festverbundene Tanks (Tankfahrzeuge), Aufsetztanks und Gefäßbatterien zur Beförderung flüssiger, gas- und pulverförmiger sowie körniger Stoffe.

211 101 (1) Ein Tankfahrzeug besteht – außer dem eigentlichen Fahrzeug oder einem Fahrgestell – aus einem oder mehreren Tanks, deren Ausrüstungsteilen und den Verbindungsteilen zum Fahrzeug oder zum Fahrgestell.

(2) Aufsetztanks oder Gefäßbatterien müssen, wenn sie auf ein Trägerfahrzeug aufgesetzt sind, den Vorschriften für Tankfahrzeuge entsprechen.

211 102 In den nachfolgenden Vorschriften versteht man unter:

(1) a) „Tank" den Tankmantel und die Tankböden (einschließlich der Öffnungen und ihrer Deckel);

b) „Bedienungsausrüstung des Tanks" die Füll- und Entleerungseinrichtungen, die Lüftungseinrichtungen, die Sicherheits-, Heizungs- und Wärmeschutzeinrichtungen sowie die Meßinstrumente;

c) „baulicher Ausrüstung" die außen oder innen am Tank angebrachten Versteifungselemente, Elemente für die Befestigung und den Schutz.

(2) a) „Berechnungsdruck" einen fiktiven Druck, der je nach dem Gefahrgrad des beförderten Stoffes mehr oder weniger stark nach oben vom Betriebsdruck abweichen kann, jedoch mindestens so hoch sein muß wie der Prüfdruck. Er dient nur zur Bestimmung der Wanddicke des Tanks, wobei die äußeren oder inneren Verstärkungseinrichtungen unberücksichtigt bleiben;

b) „Prüfdruck" den höchstens effektiven Druck, der während der Druckprüfung im Tank entsteht;

c) „Fülldruck" den höchsten Druck, der sich bei Druckfüllung im Tank tatsächlich entwickelt;

d) „Entleerungsdruck" den höchsten Druck, der sich bei Druckentleerung im Tank tatsächlich entwickelt;

e) „höchsten Betriebsdruck (Überdruck)" den größten der drei folgenden Werte:

i. höchster effektiver Druck, der im Tank während des Füllens zugelassen ist (höchstzulässiger Fülldruck);

ii. höchster effektiver Druck, der im Tank während des Entleerens zugelassen ist (höchstzulässiger Entleerungsdruck);

iii. durch das Füllgut (einschließlich eventuell vorhandener Gase) bewirkter effektiver Überdruck im Tank bei der höchsten Betriebstemperatur.

Wenn in den Sondervorschriften für die einzelnen Klassen nichts anderes vorgeschrieben ist, darf der Zahlenwert dieses Betriebsdrucks (Überdruck) nicht geringer sein als der Dampfdruck des Füllgutes bei 50 °C (absolut).

Bei Tanks mit Sicherheitsventilen (mit oder ohne Berstscheibe) ist der höchste Betriebsdruck (Überdruck) jedoch gleich dem vorgeschriebenen Ansprechdruck dieser Sicherheitsventile.

(3) „Dichtheitsprüfung" eine Prüfung, bei der der Tank nach einer von der zuständigen Behörde anerkannten Methode einem effektiven inneren Druck unterworfen wird, der gleich hoch ist wie der höchste Betriebsdruck, aber mindestens 20 kPa (0,2 bar) (Überdruck) betragen muß.

Bei Tanks mit Lüftungseinrichtungen und einer Sicherung gegen Auslaufen des Tankinhalts beim Umstürzen ist der Druck bei der Dichtheitsprüfung gleich dem statischen Druck des Füllgutes.

**211 103-
211 119**

Anhang B.1 a

Abschnitt 2

Bau

Die Tanks müssen den folgenden Anforderungen entsprechen.

Bem. Die Anforderungen können in technischen Richtlinien, die sich auf diese Vorschriften beziehen und die vom Bundesminister für Verkehr nach Anhörung der zuständigen obersten Landesbehörden im Verkehrsblatt bekanntgegeben werden, erläutert werden. Diese technischen Richtlinien gelten auch als technisches Regelwerk im Sinne der ADR-Regeln.

Die Tanks müssen nach den Bestimmungen eines technischen Regelwerks entworfen und gebaut sein, das von der zuständigen Behörde anerkannt ist, jedoch müssen die folgenden Mindestanforderungen eingehalten werden:

211 120

(1) Die Tanks müssen aus geeigneten metallischen Werkstoffen hergestellt sein, die, sofern in den einzelnen Klassen nicht andere Temperaturbereiche vorgesehen sind, bei einer Temperatur zwischen –20 °C und +50 °C trennbruchsicher und unempfindlich gegen Spannungsrißkorrosion sein müssen.

(2) Für geschweißte Tanks darf nur ein Werkstoff verwendet werden, dessen Schweißbarkeit einwandfrei feststeht und für den ein ausreichender Wert der Kerbschlagzähigkeit bei einer Umgebungstemperatur von –20 °C besonders in den Schweißnähten und in der Schweißeinflußzone gewährleistet werden kann.

Für geschweißte Tanks aus Stahl darf kein wasservergüteter Stahl verwendet werden. Bei Verwendung von Feinkornstahl darf nur ein Werkstoff verwendet werden, bei dem weder der garantierte Wert der Streckgrenze Re nach Werkstoffspezifikation von 460 N/mm² noch der Wert für die obere Grenze der garantierten Zugfestigkeit von 725 N/mm² überschritten wird.

(3) Die Schweißverbindungen müssen nach den Regeln der Technik ausgeführt sein und volle Sicherheit bieten. Hinsichtlich der Herstellung und Prüfung von Schweißverbindungen siehe auch Rn. 211 127 (7). Tanks, deren Mindestwanddicken nach Rn. 211 127 (3) bis (6) bemessen werden, sind entsprechend dem Schweißnahtfaktor 0,8 zu prüfen.

(4) Der Werkstoff der Tanks oder ihre Schutzauskleidungen, die mit dem Inhalt in Berührung kommen, dürfen keine Stoffe enthalten, die mit dem Inhalt gefährlich reagieren, gefährliche Stoffe erzeugen oder den Werkstoff merklich schwächen.

(5) Die Schutzauskleidung muß so beschaffen sein, daß ihre Dichtheit gewahrt bleibt, wie immer auch die Verformungen sein können, die unter normalen Beförderungsbedingungen [Rn. 211 127 (1)] eintreten können.

(6) Zieht die Berührung zwischen dem beförderten Stoff und dem für den Bau des Tanks verwendeten Werkstoff eine fortschreitende Verminderung der Wanddicken nach sich, so müssen diese bei der Herstellung durch einen geeigneten Wert erhöht werden. Dieser Abzehrungszuschlag darf bei der Berechnung der Wanddicke nicht berücksichtigt werden.

(1) Die Tanks, ihre Befestigungseinrichtungen, ihre Bedienungsausrüstungen und ihre bauliche Ausrüstung müssen so beschaffen sein, daß sie ohne Verlust des Inhalts (ausgenommen Gasmengen, die aus etwa vorhandenen Entgasungsöffnungen austreten)

211 121

– unter normalen Beförderungsbedingungen den statischen und dynamischen Beanspruchungen standhalten;
– den in den nachstehenden Rn. 211 125 und 211 127 vorgeschriebenen Mindestbeanspruchungen standhalten.

(2) Bei Fahrzeugen, bei denen der Tank selbsttragend ist, muß der Tank so berechnet werden, daß er den dadurch entstehenden Beanspruchungen neben anderen auftretenden Beanspruchungen standhalten kann.

Der für die Bestimmung der Wanddicke des Tanks maßgebliche Druck darf nicht geringer sein als der Berechnungsdruck, doch müssen dabei auch die in Rn. 211 121 erwähnten Beanspruchungen berücksichtigt werden.

211 122

Vorbehaltlich der Sondervorschriften für die einzelnen Klassen sind bei der Bemessung der Tanks die nachstehenden Angaben zu berücksichtigen:

211 123

(1) Tanks mit Entleerung durch Schwerkraft, die für Stoffe bestimmt sind, die bei 50 °C einen Dampfdruck von höchstens 110 kPa (1,1 bar) (absolut) haben, sind nach einem Druck zu bemessen, der dem doppelten statischen Druck des zu befördernden Stoffes, mindestens jedoch dem doppelten statischen Druck von Wasser entspricht.

(2) Tanks mit Druckfüllung oder -entleerung für Stoffe, die bei 50 °C einen Dampfdruck von höchstens 110 kPa (1,1 bar) (absolut) haben, sind nach einem Druck zu bemessen, der das 1,3fache des Füll- oder Entleerungsdrucks beträgt.

Anhang B.1 a

(3) Tanks mit irgendeinem Füll- oder Entleerungssystem, die für Stoffe bestimmt sind, die bei 50 °C einen Dampfdruck von mehr als 100 kPa (1,1 bar), jedoch höchstens 175 kPa (1,75 bar) (absolut) haben, sind nach einem Druck zu bemessen, der mindestens 150 kPa (1,5 bar) (Überdruck) beträgt oder dem 1,3fachen des Füll- oder Entleerungsdrucks, wenn dieser höher ist, entspricht.

(4) Tanks mit irgendeinem Füll- oder Entleerungssystem, die für Stoffe bestimmt sind, die bei 50 °C einem Dampfdruck von mehr als 175 kPa (1,75 bar) (absolut) haben, sind nach einem Druck zu bemessen, der dem 1,3fachen des Füll- oder Entleerungsdrucks entspricht, mindestens jedoch 0,4 MPa (4 bar) (Überdruck) beträgt.

211 124   Tanks für bestimmte gefährliche Stoffe müssen einen besonderen Schutz haben. Dieser kann durch eine erhöhte Wanddicke des Tanks gewährleistet sein (diese erhöhte Wanddicke wird auf Grund der Art der Gefahren, die der betreffende Stoff aufweist, bestimmt – siehe die einzelnen Klassen) oder aus einer Schutzeinrichtung bestehen.

211 125   Beim Prüfdruck muß die Spannung σ (Sigma) an der am stärksten beanspruchten Stelle des Tanks kleiner oder gleich den nachstehend im Verhältnis zu den Werkstoffen festgesetzten Grenzen sein. Dabei ist eine etwaige Schwächung durch die Schweißnähte zu berücksichtigen. Ferner sind die höchsten oder tiefsten Füll- und Betriebstemperaturen bei der Wahl des Werkstoffs und der Bemessung der Wanddicke zu berücksichtigen.

(1) Für Metalle und Legierungen mit einer ausgeprägten Streckgrenze oder solchen, die eine vereinbarte Streckgrenze Re haben (gewöhnlich 0,2 % der remanenten Dehnung, für austenitische Stähle die 1 %-Dehn-grenze),

a) wenn das Verhältnis Re/Rm nicht größer als 0,66 ist,

   (Re = garantierte Streckgrenze oder 0,2 %-Grenze oder die 1 %-Dehngrenze für austenitische Stähle,

   Rm = Mindestwert der garantierten Zugfestigkeit)

   muß σ ≤ 0,75 Re sein;

b) wenn das Verhältnis Re/Rm größer als 0,66 ist, muß σ ≤ 0,5 Rm sein;

   von dieser Bestimmung darf unter der Voraussetzung abgewichen werden, daß Re/Rm größer als 0,66 und kleiner als 0,85 ist. Dann muß σ ≤ 0,75 Re sein.

c) Das Verhältnis Re/Rm des Stahls für geschweißte Tanks darf nicht größer sein als 0,85.

(2) Für Metalle und Legierungen, die keine festgestellte Streckgrenze und die eine garantierte Mindestzugfestigkeit Rm haben, muß σ ≤ 0,43 Rm sein.

(3) Die Bruchdehnung in % bei Stahl muß mindestens dem Zahlenwert

$$\frac{10\,000}{\text{ermittelte Zugfestigkeit in N/mm}^2}$$

entsprechen und darf bei Feinkornstählen nicht weniger als 16 % und bei anderen Stählen nicht weniger als 20 % betragen. Bei Aluminiumlegierungen darf die Bruchdehnung nicht weniger als 12 % betragen [1].

211 126   Tanks zur Beförderung flüssiger Stoffe mit einem Flammpunkt bis 55 °C und brennbarer Gase müssen mit allen Teilen des Fahrzeuges so verbunden sein, daß ein Potentialausgleich besteht, und elektrisch geerdet werden können. Jeder Metallkontakt, der zu elektrochemischer Korrosion führen kann, muß vermieden werden.

211 127   Die Tanks und ihre Befestigungseinrichtungen müssen den Beanspruchungen nach Absatz (1) standhalten und die Tankwände müssen mindestens die in den Absätzen (2) bis (5) festgelegten Dicken haben.

(1) Die Tanks einschließlich ihrer Befestigungseinrichtungen müssen bei der höchstzulässigen Masse der Füllung folgende Kräfte aufnehmen können:

– 2fache Gesamtmasse in Fahrtrichtung;

– 1fache Gesamtmasse horizontal seitwärts zur Fahrtrichtung;

– 1fache Gesamtmasse vertikal aufwärts und

– 2fache Gesamtmasse vertikal abwärts.

Unter Wirkung jeder dieser Beanspruchungen darf die Spannung an dem am stärksten beanspruchten Punkt des Tanks und seiner Befestigungseinrichtungen den in Rn. 211 125 festgelegten Wert σ nicht übersteigen.

---

[1] Für Bleche ist die Zugprobe quer zur Walzrichtung zu entnehmen.

Die Dehnung nach Bruch (l = 5 d) wird an Probestäben mit kreisrundem Querschnitt bestimmt, wobei die Meßlänge l zwischen den Meßmarken gleich dem 5fachen Stabdurchmesser d ist. Werden Probestäbe mit eckigem Querschnitt verwendet, so wird die Meßlänge l nach der Formel l = 5,65 $\sqrt{F_0}$ berechnet, wobei F_0 gleich dem ursprünglichen Querschnitt des Probestabes ist.

Anhang B.1 a

(2) Die Mindestwanddicke des zylindrischen Teils des Tanks sowie der Böden und Deckel muß mindestens der Dicke entsprechen, die sich nach folgender Formel ergibt.

$$e = \frac{P_{MPa} \times D}{2 \times \sigma \times \lambda} \ mm \qquad \left(e = \frac{P_{bar} \times D}{20 \times \sigma \times \lambda} \ mm \right)$$

wobei

P_{MPa} = Berechnungsdruck in MPa,

P_{bar} = Berechnungsdruck in bar,

D = innerer Durchmesser des Tanks in mm,

σ = zulässige Spannung in N/mm², festgelegt in Rn. 211 125 (1) und (2),

λ = Koeffizient 1 oder weniger als 1, welcher der Schweißnahtgüte Rechnung trägt,

bedeutet.

In keinem Fall darf die Dicke aber geringer sein als die in den Absätzen (3) bis (5) festgelegten Werte.

Anhang B.1 a

(3) Die Wände, Böden und Deckel von Tanks, mit Ausnahme der in Absatz (5) genannten, mit kreisrundem Querschnitt und einem Durchmesser von nicht mehr als 1,80 m [2]), müssen eine Dicke von mindestens 5 mm haben, wenn sie aus Baustahl [3]) bestehen, oder eine gleichwertige Dicke, wenn sie aus einem anderen Metall hergestellt sind. Ist der Durchmesser größer als 1,80 m [2]), ist die Dicke für Tanks aus Baustahl [3]) (entsprechend den Vorschriften der Rn. 211 125) auf 6 mm oder eine gleichwertige Dicke bei Verwendung eines anderen Metalls zu erhöhen. Unter gleichwertiger Dicke versteht man diejenige, die durch die nachstehende Formel bestimmt wird:

$$e_1 = \frac{21,4 \cdot e_o \; ^{1)}}{\sqrt[3]{Rm_1 \cdot A_1}} \qquad\qquad\qquad e_1 = \frac{21,4 \times e_o \; ^{4)}}{\sqrt[3]{Rm_1 \times A_1}}$$

(4) Wenn der Tank einen Schutz gegen Beschädigung durch seitliches Anfahren oder Überschlagen aufweist, kann die zuständige Behörde zulassen, daß diese Mindestdicken im Verhältnis zu diesem Schutz verringert werden; für Tanks mit einem Durchmesser von nicht mehr als 1,80 m [2]) dürfen diese Dicken jedoch nicht weniger als 3 mm bei Verwendung von Baustahl [3]) oder eine gleichwertige Dicke bei Verwendung anderer Metalle betragen [2]). Für Tanks mit einem Durchmesser von mehr als 1,80 m [2]) ist diese Dicke bei Verwendung von Baustahl [3]) auf 4 mm zu erhöhen oder auf eine gleichwertige Dicke bei Verwendung eines anderen Metalls. Unter gleichwertiger Dicke versteht man diejenige, die durch die

im Absatz 3 erläuterte Formel bestimmt wird: nachstehende Formel bestimmt wird:

$$e_1 = \frac{21,4 \cdot e_o \; ^{4)}}{\sqrt[3]{Rm_1 \cdot A_1}}$$

Bem. Als Schutz gegen Beschädigungen von Tanks können folgende oder gleichwertige Maßnahmen ergriffen werden:

a) — — —

a) Der Tank kann an beiden Seiten in der unteren Tankhälfte mit einem seitlichen Anfahrschutz versehen sein, der aus einem über alles, mindestens aber 25 mm über den Tank hinausreichenden Profil besteht. Der Querschnitt dieses Profils muß so sein, daß bei Verwendung von Baustahl [3]) oder von Werkstoffen höherer Festigkeit ein Widerstandsmoment gegen Biegung von mindestens 5 cm³ vorhanden ist, wobei die waagrechte Kraft senkrecht zur Fahrtrichtung geleitet wird. Bei Verwendung von Werkstoffen geringerer Festigkeit ist das Widerstandsmoment im Verhältnis der Streckgrenzen zu erhöhen. Der Schutz gegen das Überschlagen kann aus Überrollbügeln, Schutzkappen oder Teilen eines Profils bestehen, die quer oder längs so angeordnet sind, daß bei einem Überschlag die auf der Oberseite des Tanks befindlichen Armaturen nicht beschädigt werden.

b) — — —

b) Ein Schutz liegt auch vor:

1. wenn die Tanks als Doppelwandtank mit Vakuum-Isolierung gebaut sind. Die Summe der Dicken der metallischen Außenwand und der des Tanks muß der nach Absatz (3) festgelegten Mindestwanddicke entsprechen, die Dicke der Tankwand selbst darf dabei die in Absatz (4) festgelegte Mindestwanddicke nicht unterschreiten;

2. wenn der Tank als Doppelwandtank mit einer Feststoffzwischenschicht von mindestens 50 mm Dicke gebaut ist, muß die Außenwand eine Dicke von mindestens 0,5 mm haben, wenn sie aus Baustahl [3]) und eine solche von mindestens 2 mm, wenn sie aus glasfaserverstärktem Kunststoff besteht. Als Feststoffzwischenschicht kann Hartschaum verwendet werden, der ein Schlagabsorptionsvermögen hat wie beispielsweise Polyurethanschaum.

c) Wegen des hinteren Schutzes der Fahrzeuge mit festverbundenen Tanks, Aufsetztanks oder Gefäßbatterien, siehe Rn. 10 220.

---

[1]) Für Bleche ist die Zugprobe quer zur Walzrichtung zu entnehmen.

Die Dehnung nach Bruch (l = 5 d) wird an Probestäben mit kreisrundem Querschnitt bestimmt, wobei die Meßlänge l zwischen den Meßmarken gleich dem 5fachen Stabdurchmesser d ist. Werden Probestäbe mit eckigem Querschnitt verwendet, so wird die Meßlänge l nach der Formel $l = 5,65 \sqrt{F_o}$ berechnet, wobei F_o gleich dem ursprünglichen Querschnitt des Probestabes ist.

[2]) Bei anderen als kreisrunden Tanks, z. B. Koffertanks oder elliptischen Tanks, entsprechen die angegebenen Durchmesser denjenigen, die sich aus einem flächengleichen Kreisquerschnitt errechnen. Bei diesen Querschnittsformen dürfen die Wölbungsradien der Tankmäntel seitlich nicht größer als 2 000 mm, oben und unten nicht größer als 3 000 mm sein.

[3]) Unter Baustahl versteht man einen Stahl, dessen Mindestzugfestigkeit zwischen 360 N/mm² und 440 N/mm² liegt.

[4]) Diese Formel ergibt sich aus der allgemeinen Formel

$$e_1 = e_o \sqrt[3]{\frac{Rm_o \cdot A_o}{Rm_1 \cdot A_1}}$$

In dieser Formel bedeutet:

Rm_o = 360,

A_o = 27 für Bezugsbaustahl,

Rm_1 = Mindestzugfestigkeit des gewählten Metalls in N/mm²,

A_1 = Mindestbruchdehnung des gewählten Metalls in %,

Anhang B.1 a

(4a) Ein Schutz gegen Beschädigungen im Sinne des Absatzes 4 liegt vor, wenn folgende oder gleichwertige Maßnahmen ergriffen sind:

a) Bei Tanks zur Beförderung pulverförmiger oder körniger Stoffe muß der Schutz gegen Beschädigungen den Anforderungen der zuständigen Behörde genügen;

b) Bei Tanks zur Beförderung anderer Stoffe wird der Schutz gegen Beschädigungen wie folgt erzielt:

1. Bei Tanks, die als Doppelwandtank mit Vakuum-Isolierung gebaut sind, muß die Summe der Dicke der metallischen Außenwand und der des Tanks der in Absatz 3 festgelegten Wanddicke entsprechen; die Wanddicke des Tanks selbst darf nicht geringer sein als die in Absatz 4 festgelegte Mindestwanddicke.

2. Bei Tanks, die als Doppelwandtanks mit einer Feststoffzwischenschicht von mindestens 50 mm Dicke gebaut sind, muß die Außenwand eine Dicke von mindestens 0,5 mm haben, wenn sie aus Baustahl [3]) und mindestens 2 mm, wenn sie aus glasfaserverstärktem Kunststoff besteht. Als Feststoffzwischenschicht darf Hartschaum verwendet werden, der ein Schlagabsorptionsvermögen hat wie Polyurethanschaum.

3. Andere Tanks als die nach Nummer 1 und 2 müssen rundum in der Mitte ihrer Höhe über mindestens 30 % der Höhe mit einem zusätzlichen Schutz versehen sein, der für diesen Bereich der Tankwand mindestens zu einem spezifischen Arbeitsaufnahmevermögen führt, das dem eines Tanks aus Baustahl mit einer Wanddicke von 5 mm (bei einem Durchmesser des Tanks von nicht mehr als 1,80 m) oder von 6 mm (bei einem Durchmesser des Tanks von mehr als 1,80 m) entspricht. Der zusätzliche Schutz muß am Tank dauerhaft angebracht sein.

Diese Forderung gilt ohne Nachweis als erfüllt, wenn der Tank in dem zu verstärkenden Bereich die Mindestwanddicke nach Rn. 211 127 Abs. 3 erreicht; die Verstärkung muß aus dem gleichen Werkstoff wie der Tank bestehen und geschweißt sein. Wenn die Tanks eine Wanddicke haben, die ohne zusätzlichen Schutz das Arbeitsaufnahmevermögen nach Satz 1 erbringt, müssen die Tanks einen Schutz gegen Beschädigung durch seitliches Anfahren oder Überschlagen aufweisen; über die Ausführung entscheidet die nach Landesrecht zuständige Behörde nach § 9 Abs. 3 Nr. 1.

4. Bei Aufsetztanks kann auf den Schutz nach Nummer 3 verzichtet werden, wenn sie während der Beförderung allseits durch die Bordwände der Pritsche des Trägerfahrzeugs geschützt und mit folgender Aufschrift versehen sind: „Darf nur auf Trägerfahrzeugen mit Pritsche und hochgeklappten Bordwänden befördert werden." Der vorstehende Wortlaut ist vom Sachverständigen in die Prüfbescheinigung nach § 6 Abs. 2 einzutragen.

(5) Die nach Rn. 211 123 (1) bemessene Wanddicke der Tanks, deren Fassungsraum nicht mehr als 5 000 Liter beträgt oder die in dichte Abteile mit einem Fassungsraum von nicht mehr als 5 000 Liter unterteilt sind, darf auf einen Wert verringert werden, der nicht kleiner sein darf, als der entsprechende, in der folgenden Tabelle angegebene Wert, vorausgesetzt, daß für die einzelnen Klassen nichts anderes vorgeschrieben ist:

Anhang B.1 a

Maximaler Krümmungsradius (m)	Fassungsraum des Tanks oder Tankabteils (m³)	Mindestdicke (mm) Baustahl
≤ 2	≤ 5,0	3
2–3	≤ 3,5	3
	> 3,5 aber ≤ 5,0	4

Bei Verwendung eines anderen Metalls als Baustahl muß die Dicke nach der im Absatz (3) vorgesehenen Gleichwertigkeitsformel bestimmt werden. Die Dicke der Trennwände und Schwallbleche darf in keinem Fall geringer sein als die des Tanks.

(6) Schwallbleche und Trennwände müssen bis zu einer Tiefe von nicht weniger als 10 cm gewölbt oder gerillt, gerollt oder auf andere Weise verstärkt sein, um eine gleichwertige Widerstandsfähigkeit zu erhalten. Die Fläche der Schwallwand muß mindestens 70 % der Querschnittsfläche des Tanks betragen, in dem sich die Schwallwand befindet.

(7) Die Befähigung des Herstellers zur Ausführung von Schweißarbeiten muß durch die nach Landesrecht zuständige Behörden anerkannt sein. Die Schweißarbeiten sind von geprüften Schweißern nach einem Schweißverfahren durchzuführen, dessen Eignung (einschließlich etwa erforderlicher Wärmebehandlungen) durch eine Verfahrensprüfung nachgewiesen wurde. Die zerstörungsfreien Prüfungen sind durch Ultraschall oder Durchstrahlung vorzunehmen und müssen die beanspruchungsgerechte Ausführung der Schweißnähte bestätigen.

Bei der Bemessung der Wanddicken nach Absatz (2) sind hinsichtlich der Schweißnähte folgende Werte für den Koeffizienten λ (lambda) zu wählen:

0,8: wenn die Schweißnähte auf beiden Seiten soweit wie möglich visuell geprüft und stichprobenweise einer zerstörungsfreien Prüfung, unter besonderer Berücksichtigung der Stoßstellen, unterzogen werden;

0,9: wenn alle Längsnähte über ihre gesamte Länge, die Rundnähte in einem Ausmaß von 25 % sowie die Schweißnähte von größeren Ausschnitten zerstörungsfrei geprüft werden, wobei alle Stoßstellen erfaßt sein müssen. Die Schweißnähte sind auf beiden Seiten soweit wie möglich visuell zu prüfen;

1,0: wenn alle Schweißnähte zerstörungsfrei und soweit wie möglich auf beiden Seiten visuell geprüft werden. Ein Schweißprobestück ist zu entnehmen.

Wenn die zuständige Behörde hinsichtlich der Qualität der Schweißnähte Bedenken hat, kann sie zusätzliche Prüfungen anordnen.

(8) Es müssen Maßnahmen getroffen werden, um die Tanks gegen die Gefahren der Verformung infolge eines inneren Unterdrucks zu schützen.

(9) Die wärmeisolierende Schutzeinrichtung muß so angebracht sein, daß sie weder den leichten Zugang zu den Füll- und Entleerungseinrichtungen sowie zu den Sicherheitsventilen behindert, noch deren Funktion beeinträchtigt.

Stabilität

Die Breite über alles der Aufstandsfläche am Boden (Entfernung zwischen den äußeren Berührungspunkten des rechten und des linken Reifens einer Achse mit dem Boden) muß mindestens 90 % der Höhe des Schwerpunkts des beladenen Tankfahrzeugs betragen. Bei Sattelkraftfahrzeugen darf die höchstzulässige Achslast des Sattelanhängers 60 % der zulässigen Gesamtmasse des Sattelkraftfahrzeugs nicht übersteigen.   **211 128**

Schutz der Einrichtungen an der Oberseite   **211 129**

Die an der Oberseite des Tanks angebrachten Einrichtungen und Zubehörteile müssen gegen Beschädigungen beim Überschlagen geschützt sein. Dieser Schutz kann aus Verstärkungsreifen oder Schutzkappen oder Teilen eines quer oder längs angeordneten Profils bestehen, die einen wirksamen Schutz gewährleisten.

Abschnitt 3

Ausrüstung

Die Ausrüstungsteile sind so anzubringen, daß sie während der Beförderung und Handhabung gegen Losreißen oder Beschädigung gesichert sind. Sie müssen die gleiche Sicherheit gewährleisten wie die Tanks und müssen   **211 130**

– mit den beförderten Gütern verträglich sein,

– den Bestimmungen der Rn. 211 121 entsprechen.

371

Anhang B.1 a

Um eine möglichst geringe Zahl von Öffnungen in der Tankwand sind möglichst viele Einrichtungen anzuordnen.

Die Dichtheit der Bedienungsausrüstung muß auch beim Umkippen des Tankfahrzeugs gewährleistet sein. Die Dichtungen müssen aus einem Werkstoff gefertigt sein, der sich mit dem beförderten Gut verträgt; sie müssen ersetzt werden, sobald ihre Wirksamkeit, z. B. durch Alterung, beeinträchtigt ist. Die Dichtungen, welche die Dichtheit der Einrichtungen, die bei normaler Verwendung des Tanks (Tankfahrzeug, Aufsetztank oder Gefäßbatterie) betätigt werden, gewährleisten, müssen so beschaffen und angeordnet sein, daß sie durch die Betätigung der Einrichtung, zu der sie gehören, in keiner Weise beschädigt werden.

211 131   Jeder Tank mit Untenentleerung und jedes Abteil von unterteilten Tanks mit Untenentleerung der Tanks müssen mit zwei hintereinanderliegenden, voneinander unabhängigen Verschlüssen versehen sein, wobei der erste der beiden Verschlüsse aus einer mit dem Tank verbundenen inneren Absperreinrichtung [5]) und der zweite aus einem Ventil oder einer ähnlichen, an jedem Ende des Entleerungsstutzens angebrachten Einrichtung bestehen muß. Darüber hinaus müssen die Öffnungen der Tanks durch Schraubkappen, Blindflansche oder andere gleich wirksame Einrichtungen verschließbar sein. Die innere Absperreinrichtung kann von oben oder von unten her betätigt werden. In beiden Fällen muß die Stellung – offen oder geschlossen – der inneren Absperreinrichtung, wenn möglich vom Boden aus, kontrollierbar sein. Die Betätigungselemente der inneren Absperreinrichtung müssen so beschaffen sein, daß jedes ungewollte Öffnen infolge eines Stoßes oder einer unabsichtlichen Handlung ausgeschlossen ist. Bei Beschädigung des äußeren Betätigungselementes muß der innere Verschluß wirksam bleiben.

Die Stellung und/oder die Schließrichtung der Ventile muß klar ersichtlich sein.

Um jeden Verlust des Inhalts bei Beschädigung der äußeren Füll- und Entleerungseinrichtungen (Rohrstutzen, seitliche Verschlußeinrichtungen) zu vermeiden, müssen die innere Absperreinrichtung und ihr Sitz so beschaffen oder geschützt sein, daß sie unter dem Einfluß äußerer Beanspruchungen nicht abgerissen werden können. Die Füll- und Entleerungseinrichtungen (einschließlich Flansche und Schraubverschlüsse) sowie eventuelle Schutzkappen müssen gegen ungewolltes Öffnen gesichert sein.

Der Tank oder jedes seiner Abteile muß mit einer Öffnung versehen sein, die groß genug ist, um die innere Untersuchung zu ermöglichen.

211 132   Tanks zur Beförderung von Stoffen, bei denen sich alle Öffnungen oberhalb des Flüssigkeitsspiegels befinden müssen, dürfen im unteren Teil des Tankmantels mit einer Reinigungsöffnung (Handloch) versehen sein. Diese Öffnung muß durch einen dicht schließenden Flansch verschlossen werden können, dessen Bauart von der zuständigen Behörde oder einer von ihr bestimmten Stelle zugelassen sein muß.

211 133   Tanks zur Beförderung flüssiger Stoffe mit einem Dampfdruck bei 50 °C bis 110 kPa (1,1 bar) (absolut) müssen entweder eine Lüftungseinrichtung und eine Sicherung gegen Auslaufen des Tankinhalts beim Umstürzen haben oder den Bestimmungen der Rn. 211 134 oder 211 135 entsprechen.

211 134   Tanks zur Beförderung flüssiger Stoffe mit einem Dampfdruck bei 50 °C von mehr als 110 kPa (1,1 bar) bis 175 kPa (1,75 bar) (absolut) müssen entweder ein Sicherheitsventil haben, das auf mindestens 150 kPa (1,5 bar) (Überdruck) eingestellt ist und sich spätestens bei einem Druck, der dem Prüfdruck entspricht, vollständig öffnet oder den Bestimmungen der Rn. 211 135 entsprechen.

211 135   Tanks zur Beförderung flüssiger Stoffe mit einem Dampfdruck bei 50 °C von mehr als 175 kPa (1,75 bar) bis 0,3 MPa (3 bar) (absolut) müssen entweder ein Sicherheitsventil haben, das auf mindestens 0,3 MPa (3 bar) (Überdruck) eingestellt ist und sich spätestens bei einem Druck, der dem Prüfdruck entspricht, vollständig öffnet oder luftdicht [6]) verschlossen sein.

211 136   Sind die Tanks für entzündbare flüssige Stoffe mit einem Flammpunkt bis höchstens 55 °C und für brennbare Gase aus Aluminium, so dürfen keine beweglichen Teile, die mit den für diese Stoffe bestimmten Aluminiumtanks in schlagende oder reibende Berührung kommen können, z. B. Deckel, Verschlußteile, usw., aus ungeschütztem rostendem Stahl gefertigt sein.

211 137   (1) Sind Tanks für flüssige Stoffe mit einem Flammpunkt bis 55 °C mit einer Gasrückführungseinrichtung ausgerüstet, muß diese flammendurchschlagsicher sein, wenn die Tanks nicht nachweisbar explosionsdruckstoßfest sind.

---

[5]) Ausgenommen sind Tanks zur Beförderung bestimmter kristallisierbarer oder sehr dickflüssiger Stoffe, tiefgekühlter verflüssigter Gase und pulverförmiger und körniger Stoffe.

[6]) Tanks gelten als luftdicht verschlossen, wenn sie dichtverschlossene Öffnungen und keine Sicherheitsventile, Berstscheiben oder ähnliche Sicherheitseinrichtungen besitzen. Tanks mit Sicherheitsventilen, bei denen zwischen dem Sicherheitsventil und dem Tankinnern eine Berstscheibe angebracht ist, gelten als luftdicht verschlossen.

Anhang B.1 a

(2) Tanks für flüssige Stoffe mit Flammpunkt bis 55 °C mit nicht absperrbarer Lüftungseinrichtung, die sich bei einem Überdruck unter 150 kPa (1,5 bar) öffnet, müssen in der Lüftungseinrichtung eine flammendurchschlagsichere Armatur haben, wenn die Tanks nicht nachweisbar explosionsdruckstoßfest sind.

(3) Tanks mit innerem Überdruck müssen gefahrlos entspannt werden können. Bei Tanks zur Beförderung von flüssigen Stoffen mit Flammpunkt bis 55 °C muß nachweisbar sichergestellt sein, daß sie explosionsdruckstoßfest gebaut sind oder daß beim Entspannen Flammen nicht in den Tank hineinschlagen können.

211 138

(1) Fördereinrichtungen von Tanks für Flüssigkeiten mit Flammpunkten bis 55 °C müssen mit einer Flammendurchschlagsicherung ausgerüstet sein, wenn die Tanks nicht nachweisbar explosionsdruckstoßfest sind. Dies gilt nicht, wenn die Fördereinrichtungen nur betrieben werden können, wenn sie mit Flüssigkeit gefüllt sind.

(2) Sofern Tanks für Flüssigkeiten mit Flammpunkten bis 55 °C mit Einrichtungen zur Beheizung des Ladegutes ausgerüstet sind, müssen diese Einrichtungen explosionsgeschützt ausgeführt sein.

(3) Sofern Tanks für Flüssigkeiten mit Flammpunkten bis 55 °C mit nichtmetallischen Innenbeschichtungen ausgerüstet sind, müssen diese so ausgeführt sein, daß Zündgefahren infolge elektrostatischer Aufladungen nicht auftreten können.

211 139

Abschnitt 4

Zulassung des Baumusters

Für jedes neue Baumuster eines Tanks ist durch die nach Landesrecht

211 140

zuständige Behörde oder eine von ihr bestimmte Stelle eine Bescheinigung darüber auszustellen, daß das von ihr geprüfte Baumuster des Tanks einschließlich seiner Befestigungseinrichtungen für den beabsichtigten Zweck geeignet ist und daß die Bauvorschriften des Abschnitts 2, die Ausrüstungsvorschriften des Abschnitts 3 und die Sondervorschriften für die Klassen der beförderten Stoffe eingehalten sind.

In einem Prüfbericht sind die Prüfergebnisse, die Stoffe und/oder die Gruppen von Stoffen, für die der Tank zugelassen ist, und seine Zulassungsnummer als Baumuster anzugeben. Die Stoffe einer Gruppe von Stoffen müssen von ähnlicher Beschaffenheit und in gleicher Weise verträglich mit den Eigenschaften des Tanks sein. Die zugelassenen Stoffe oder Gruppen von Stoffen müssen im Prüfbericht mit ihrer chemischen Bezeichnung oder der entsprechenden Sammelbezeichnung der Stoffaufzählung sowie mit der Klasse und Ziffer angegeben werden.

Diese Zulassung gilt für die ohne Änderung nachgebauten Tanks.

**211 141-
211 149**

Abschnitt 5

Prüfungen

Die Tanks und ihre Ausrüstungsteile sind entweder zusammen oder getrennt erstmalig vor Inbetriebnahme zu prüfen. Diese Prüfung umfaßt die Übereinstimmung mit dem zugelassenen Baumuster, eine Bauprüfung [7]),

211 150

---

[7]) Bei Tanks mit einem Mindestprüfdruck von 1 MPa (10 bar) umfaßt die Bauprüfung auch eine Prüfung von Schweißprobestücken – Arbeitsproben – nach Anhang B.1d.

Anhang B.1 a

eine Prüfung des inneren und äußeren Zustandes, eine Wasserdruckprüfung [6]) mit dem auf dem Tankschild angegebenen Prüfdruck und eine Funktionsprüfung der Ausrüstungsteile. Die Wasserdruckprüfung ist vor dem Anbringen einer eventuell notwendigen wärmeisolierenden Schutzeinrichtung durchzuführen. Wenn die Tanks und ihre Ausrüstungsteile getrennt geprüft werden, müssen sie zusammen einer Dichtheitsprüfung nach Rn. 211 102 (3) unterzogen werden.

211 151 Die Tanks und ihre Ausrüstungsteile sind innerhalb vorgesehener Fristen wiederkehrenden Prüfungen zu unterziehen. Die wiederkehrenden Prüfungen umfassen die Prüfung des inneren und äußeren Zustandes und im allgemeinen eine Wasserdruckprüfung [6]). Ummantelungen zur Wärmeisolierung oder andere Isolierungen sind nur soweit zu entfernen, wie es für die sichere Beurteilung des Tanks erforderlich ist.

Bei Tanks zur Beförderung pulverförmiger oder körniger Stoffe dürfen mit Zustimmung des behördlich anerkannten Sachverständigen die wiederkehrenden Wasserdruckprüfungen entfallen und durch Dichtheitsprüfungen nach Rn. 211 102 (3) ersetzt werden.

Die maximalen Fristen für die Prüfungen betragen 6 Jahre.

Ungereinigte leere Tankfahrzeuge, Aufsetztanks und Gefäßbatterien dürfen auch nach Ablauf dieser Fristen zum Ort der Prüfung befördert werden.

211 152 Zusätzlich ist spätestens alle 3 Jahre eine Dichtheitsprüfung des Tanks mit der Ausrüstung und eine Funktionsprüfung sämtlicher Ausrüstungsteile vorzunehmen.

211 153 Der Halter hat dafür zu sorgen, daß der Tank auch zwischen den Prüfterminen den Bau-, Ausrüstungs- und Kennzeichnungsvorschriften der Abschnitte 2, 3 und 6 entspricht.

Wenn die Sicherheit des Tanks oder seiner Ausrüstung durch Ausbesserung, Umbau oder Unfall beeinträchtigt

ist, so hat der Halter eine außerordentliche Prüfung durchführen zu lassen. | sein könnte, so ist eine außerordentliche Prüfung durchzuführen.

211 154 Die Prüfungen nach Rn. 211 150 bis 211 153 sind durch den behördlich anerkannten Sachverständigen durchzuführen. Über die Prüfungen sind Bescheinigungen auszustellen.

**211 155-
211 159**

Abschnitt 6

Kennzeichnung

211 160 An jedem Tank muß ein Schild aus nicht korrodierendem Metall dauerhaft und an einer für die Kontrolle leicht zugänglichen Stelle angebracht sein. Auf diesem Schild müssen mindestens die nachstehend aufgeführten Angaben eingestanzt oder in einem ähnlichen Verfahren angebracht sein. Diese Angaben dürfen unmittelbar auf den Tankwänden angebracht sein, wenn diese so verstärkt sind, daß die Widerstandsfähigkeit des Tanks nicht beeinträchtigt wird:

– Zulassungsnummer;

– Hersteller oder Herstellerzeichen;

– Herstellungsnummer;

– Baujahr;

– Prüfdruck *) (Überdruck);

– Fassungsraum *) – bei unterteilten Tanks Fassungsraum jedes Tankabteils;

– Berechnungstemperatur *) (nur erforderlich bei Berechnungstemperaturen über + 50 °C oder unter – 20 °C);

– Datum (Monat, Jahr) der erstmaligen und der zuletzt durchgeführten wiederkehrenden Prüfung nach den Rn. 211 150 und 211 151;

– Stempel des Sachverständigen, der die Prüfung vorgenommen hat;

– Tankwerkstoff und gegebenenfalls Werkstoff der Schutzauskleidung.

---

[6]) In Sonderfällen darf die Wasserdruckprüfung mit Zustimmung des behördlich anerkannten Sachverständigen durch eine Prüfung mit einer anderen Flüssigkeit oder mit einem Gas ersetzt werden, wenn dieses Vorgehen nicht gefährlich ist.

*) Nach den Zahlenwerten sind jeweils die Maßeinheiten hinzuzufügen.

Anhang B.1 a

An Tanks, die mit Druck gefüllt oder entleert werden, ist außerdem der höchstzulässige Betriebsdruck ¹¹) anzugeben.

Folgende Angaben müssen auf dem Tankfahrzeug selbst oder auf einer Tafel angegeben sein (diese Angaben sind nicht erforderlich bei einem Trägerfahrzeug für Aufsetztanks):   **211 161**

– Name des Fahrzeughalters oder Betreibers

– Leermasse

– höchstzulässige Gesamtmasse.

**211 162-
211 169**

Abschnitt 7

Betrieb

Die Dicke der Tankwände muß während der gesamten Verwendungsdauer des Tanks größer als der oder   **211 170**
gleich dem Mindestwert sein, der in Rn. 211 127 gefordert wird.

Der Halter darf nur solche Tanks verwenden.

(1) Tanks dürfen nur mit denjenigen gefährlichen Gütern gefüllt werden, für deren Beförderung sie nach der Baumusterzulassung zugelassen und die in der Prüfbescheinigung nach Anhang B.3 a aufgeführt sind. Die Beförderung weiterer gefährlicher Güter derselben Klasse(n) ist zulässig, wenn diese Güter nach Rn. 10 121 zur Beförderung in Tanks zugelassen sind und die Baumusterzulassungsstelle oder ein Sachverständiger nach § 9 Abs. 3 Nr. 2 in einer Erklärung nach Anhang B.3 c bescheinigt, daß das Tankfahrzeug, der Aufsetztank oder die Gefäßbatterie den Vorschriften dieses Anhangs und der Anlage B für die Beförderung der Güter entspricht. Die Erklärung nach Anhang B.3 c ist mit der Prüfbescheinigung nach Anhang B.3 a zu verbinden. Der Sachverständige hat eine Ausfertigung der Erklärung unverzüglich an die Baumusterzulassungsstelle zu übersenden.

Nahrungsmittel dürfen in solchen Tanks nur befördert werden, wenn die erforderlichen Maßnahmen zur Verhütung von Gesundheitsschäden getroffen wurden.

(2) In leere ungereinigte Tanks dürfen nur solche Stoffe gefüllt werden, die mit dem Restinhalt nicht gefährlich reagieren können oder deren gefährliche Eigenschaften durch den Restinhalt nicht wesentlich erhöht werden können; das gilt besonders für flüssige Stoffe mit Flammpunkt über 55 °C, die in leere ungereinigte Tanks gefüllt werden, die zuletzt Flüssigkeiten mit Flammpunkt bis 55 °C enthielten.

Tanks dürfen nur mit denjenigen gefährlichen Gütern gefüllt werden, für deren Beförderung sie zugelassen sind und die mit dem Werkstoff des Tanks, den Dichtungen, den Ausrüstungsteilen sowie den Schutzauskleidungen, mit denen sie in Berührung kommen, nicht gefährlich reagieren, gefährliche Stoffe erzeugen oder den Werkstoff merklich schwächen. Nahrungsmittel dürfen in solchen Tanks nur befördert werden, wenn die erforderlichen Maßnahmen zur Verhütung von Gesundheitsschäden getroffen wurden.   **211 171**

(1) Folgende Füllungsgrade der Tanks zur Beförderung flüssiger Stoffe bei Umgebungstemperatur dürfen nicht   **211 172**
überschritten werden:

a) für entzündbare Stoffe ohne zusätzliche Gefahren (z. B. giftig, ätzend) in Tanks mit Lüftungseinrichtungen oder mit Sicherheitsventilen (auch wenn eine Berstscheibe dem Sicherheitsventil vorgeschaltet ist):

$$\text{Füllungsgrad} = \frac{100}{1 + \alpha\,(50 - t_F)}\ \%$$

des Fassungsraums;

---

¹¹) i)   Die vorgeschriebenen Prüfdrücke sind:

      a) bei Tanks mit wärmeisolierender Schutzeinrichtung mindestens gleich den Dampfdrücken der Flüssigkeiten bei 60 °C, vermindert um 100 kPa (1 bar), mindestens aber 1 MPa (10 bar);

      b) bei den Tanks ohne wärmeisolierende Schutzeinrichtung mindestens gleich den Dampfdrücken der Flüssigkeiten bei 65 °C, vermindert um 100 kPa (1 bar), mindestens aber 1 MPa (10 bar).

   ii)   Für Chlorkohlenoxid der Ziffer 3 at) wurde mit Rücksicht auf die hohe Giftigkeit des Gases der Mindestprüfdruck für Tanks mit wärmeisolierender Schutzeinrichtung auf 1,5 MPa (15 bar) und für Tanks ohne wärmeisolierende Schutzeinrichtung auf 1,7 MPa (17 bar) festgesetzt.

  iii)   Die vorgeschriebenen Höchstwerte für die Füllung in kg/Liter sind wie folgt berechnet worden: höchstzulässige Masse der Füllung je Liter Fassungsraum = 0,95 × Dichte der flüssigen Phase bei 50 °C.

Anhang B.1 a

b) für giftige oder ätzende Stoffe (entzündbar oder nicht entzündbar) in Tanks mit Lüftungseinrichtungen oder mit Sicherheitsventilen (auch wenn eine Berstscheibe den Sicherheitsventilen vorgeschaltet ist):

$$\text{Füllungsgrad} = \frac{98}{1 + \alpha\,(50 - t_F)}\ \%$$

des Fassungsraums;

c) für entzündbare, gesundheitsschädliche oder schwach ätzende Stoffe (entzündbar oder nicht entzündbar) in luftdicht [6]) verschlossenen Tanks ohne Sicherheitseinrichtung:

$$\text{Füllungsgrad} = \frac{97}{1 + \alpha\,(50 - t_F)}\ \%$$

des Fassungsraums;

d) für sehr giftige, giftige, stark ätzende oder ätzende Stoffe (entzündbar oder nicht entzündbar) in luftdicht [6]) verschlossenen Tanks ohne Sicherheitseinrichtung:

$$\text{Füllungsgrad} = \frac{95}{1 + \alpha\,(50 - t_F)}\ \%$$

des Fassungsraums.

(2) In diesen Formeln bedeutet α den mittleren kubischen Ausdehnungskoeffizienten der Flüssigkeit zwischen 15 °C und 50 °C, d. h. für eine maximale Temperaturerhöhung von 35 °C. α wird nach der Formel berechnet:

$$\alpha = \frac{d_{15} - d_{50}}{35 \times d_{50}}$$

Dabei bedeuten d_{15} und d_{50} die relativen Dichten der Flüssigkeit bei 15 °C bzw. 50 °C und t_F die mittlere Temperatur der Flüssigkeit während der Füllung.

(3) Die Bestimmungen des Absatzes (1) gelten nicht für Tanks, deren Inhalt während der Beförderung durch eine Heizeinrichtung auf einer Temperatur von über 50 °C gehalten wird. In diesem Fall muß der Füllungsgrad bei Beförderungsbeginn so bemessen sein und die Temperatur so geregelt werden, daß der Tank während der Beförderung zu höchstens 95 % gefüllt ist und die Fülltemperatur nicht überschritten wird.

(4) Im Falle der Beladung von warmen Stoffen darf die Temperatur an der Außenseite der Tanks oder der wärmeisolierenden Schutzeinrichtung während der Beförderung 70 °C nicht übersteigen.

(5) Zur Druckentleerung der Tanks dürfen nur Gase verwendet werden, die mit dem Füllgut nicht gefährlich reagieren können.

(6) Der Verlader hat, wenn er den Tank nicht selbst befüllt, den höchstzulässigen Füllungsgrad oder die höchstzulässige Masse der Füllung je Liter Fassungsraum dem Fahrzeugführer anzugeben. Wenn der Verlader den Tank selbst befüllt sowie bei Gütern des Anhangs B.8 Rn. 280 001 muß der Verlader die Einhaltung des höchstzulässigen Füllungsgrades oder der höchstzulässigen Masse der Füllung je Liter Fassungsraum feststellen. Stellt der Verlader eine Überschreitung des höchstzulässigen Füllungsgrades oder der höchstzulässigen Masse der Füllung fest, hat er dafür zu sorgen, daß nicht befördert wird. Kann der Verlader den höchstzulässigen Füllungsgrad für flüssige Stoffe in begründeten Ausnahmefällen nicht angeben, so darf der Füllungsgrad höchstens 90 % betragen.

211 173 Soweit Tanks zur Beförderung flüssiger Stoffe [9]) nicht durch Trenn- oder Schwallwände in Abteile von höchstens 7 500 l Fassungsraum unterteilt sind, muß der Füllungsgrad, wenn sie nicht praktisch leer sind, mindestens 80 % betragen.

211 174 Die Tanks müssen so verschlossen sein, daß vom Inhalt nichts unkontrolliert nach außen gelangen kann. Die Öffnungen der Tanks mit Untenentleerung müssen mit Schraubkappen, Blindflanschen oder gleich wirksamen Einrichtungen verschlossen sein. Die Tanks müssen nach dem Befüllen auf Dichtheit der Verschlußeinrichtungen, besonders oben am Steigrohr, vom

Fahrzeugführer   ▮ Absender

geprüft werden.

[6]) Tanks gelten als luftdicht verschlossen, wenn sie dichtverschlossene Öffnungen und keine Sicherheitsventile, Berstscheiben oder ähnliche Sicherheitseinrichtungen besitzen. Tanks mit Sicherheitsventilen, bei denen zwischen dem Sicherheitsventil und dem Tankinnern eine Berstscheibe angebracht ist, gelten als luftdicht verschlossen.

[9]) Als flüssig im Sinne dieser Bestimmung sind Stoffe anzusehen, deren Auslaufzeit aus einem DIN-Becher mit 4 mm Bohrung bei 20 °C weniger als 10 Minuten (entsprechend einer Auslaufzeit von weniger als 96 s bei 20 °C in einem Ford-Becher 4 oder weniger als 2680 mm²/s) beträgt.

[9]) Als flüssig im Sinne dieser Bestimmung sind Stoffe anzusehen, deren kinematische Viskosität bei 20 °C weniger als 2680 mm²/s beträgt.

Anhang B.1 a

Falls mehrere Absperreinrichtungen hintereinander liegen, ist zuerst die dem Füllgut zunächst liegende Einrichtung zu schließen. **211 175**

Während der Beförderung dürfen den beladenen oder leeren Tanks außen keine gefährlichen Füllgutreste anhaften. **211 176**

Ungereinigte leere Tanks müssen während der Beförderung ebenso verschlossen und dicht sein wie in gefülltem Zustand. **211 177**

Verbindungsleitungen zwischen untereinander unabhängigen Tanks einer Beförderungseinheit müssen während der Beförderung leer sein. **211 178**

Die nicht dauernd am Tank befindlichen Füll- und Entleerrohre müssen während der Beförderung leer sein.

211 179

Abschnitt 8

Übergangsvorschriften

Festverbundene Tanks (Tankfahrzeuge), Aufsetztanks und Gefäßbatterien, die vor dem **211 180**

1. September 1981 | 1. Oktober 1978

gebaut wurden, die den Vorschriften dieses Anhangs nicht entsprechen, jedoch nach den Bestimmungen

der Gefahrgutverordnung Straße in der Fassung der Bekanntmachung vom 28. September 1976 (BGBl. I S. 2888) oder den Regelvorschriften |

des ADR gebaut wurden, dürfen während einer Übergangszeit von 6 Jahren, vom

1. September 1979 | 1. Oktober 1978

an gerechnet, weiterverwendet werden. Festverbundene Tanks (Tankfahrzeuge), Aufsetztanks und Gefäßbatterien für die Beförderung von Gasen der Klasse 2 dürfen jedoch unter Beachtung der wiederkehrenden Prüfungen für die Dauer von 12 Jahren vom gleichen Zeitpunkt an gerechnet weiterverwendet werden.

Nach Ablauf dieser Frist ist die Weiterverwendung zulässig, wenn die Ausrüstung der Tanks den Vorschriften **211 181** dieses Anhangs entspricht. Die Wanddicke der Tanks, mit Ausnahme jener der Tanks für Stoffe der Ziffern 7 und 8 der Klasse 2, muß mindestens einem Berechnungsdruck von 0,4 MPa (4 bar) (Überdruck) bei Baustahl oder 200 kPa (2 bar) (Überdruck) bei Aluminium und Aluminiumlegierungen entsprechen.

Für die Tankquerschnitte, die nicht kreisförmig sind, wird der für die Berechnung dienende Durchmesser auf der Grundlage eines Kreises festgelegt, dessen Fläche dem tatsächlichen Querschnitt des Tanks entspricht.

Die wiederkehrenden Prüfungen an den nach den Übergangsvorschriften weiterverwendeten festverbundenen **211 182** Tanks (Tankfahrzeuge), Aufsetztanks und Gefäßbatterien sind nach Abschnitt 5 und den entsprechenden Sondervorschriften der einzelnen Klassen durchzuführen. Soweit nach den bisherigen Vorschriften kein höherer Prüfdruck vorgeschrieben war, genügt bei Tanks aus Aluminium und Aluminiumlegierungen ein Prüfdruck von 200 kPa (2 bar) (Überdruck).

Festverbundene Tanks (Tankfahrzeuge), Aufsetztanks und Gefäßbatterien, die diese Übergangsvorschriften **211 183** erfüllen, dürfen während einer Übergangszeit von 15 Jahren, vom

1. September 1979 | 1. Oktober 1978

an gerechnet, für die Beförderung von gefährlichen Gütern, für die sie zugelassen sind, verwendet werden. Diese Übergangszeit gilt weder für festverbundene Tanks (Tankfahrzeuge) noch Aufsetztanks und Gefäßbatterien für Stoffe der Klasse 2, noch für festverbundene Tanks (Tankfahrzeuge), Aufsetztanks und Gefäßbatterien, die hinsichtlich Wanddicke und Ausrüstung den Vorschriften dieses Anhangs entsprechen.

Festverbundene Tanks (Tankfahrzeuge), Aufsetztanks und Gefäßbatterien, die vor dem **211 184**

1. August 1985 | 1. Mai 1985

nach den Bestimmungen

der Gefahrgutverordnung Straße | des ADR,

die zwischen dem

1. September 1979 und dem 30. Juni 1985 | 1. Oktober 1978 und dem 30. April 1985

in Kraft waren, gebaut wurden, jedoch nicht den ab

1. August 1985 | 1. Mai 1985

geltenden Vorschriften entsprechen, dürfen auch nach diesem Zeitpunkt weiterverwendet werden.

Anhang B.1 a

211 185 Festverbundene Tanks (Tankfahrzeuge), Aufsetztanks und Gefäßbatterien, die zwischen dem

1. August 1985 ❙ 1. Mai 1985

und dem Inkrafttreten der ab 1. Januar 1988 anzuwendenden Vorschriften gebaut wurden und die diesen nicht entsprechen, jedoch nach den Vorschriften

dieser Verordnung ❙ des ADR

gebaut wurden, die bis zu diesem Zeitpunkt in Kraft waren, dürfen weiterverwendet werden.

Tanks für Stoffe der Klassen 3 bis 8, die vor dem 1. Juli 1987 gebaut und in Betrieb genommen worden sind (einschließlich der Tanks, die nach Rn. 211 181 bis 211 184 weiterverwendet werden), bei denen die Mindestwanddicke nach Rn. 211 127 (4) Satz 1 verringert ist, die aber nicht den ab 1. Januar 1988 geltenden Vorschriften der Rn. 211 127 (4a) entsprechen, dürfen nach der nächsten nach dem 31. Dezember 1987 liegenden wiederkehrenden Prüfung nach Rn. 211 151 oder Dichtheitsprüfung nach Rn. 211 152 nur weiterverwendet werden, wenn sie mit einem den Vorschriften der Rn. 211 127 (4a) Buchstabe b Nr. 3 oder 4 entsprechenden zusätzlichen Schutz gegen Beschädigungen versehen sind.

211 186-
211 199

II. Teil

Sondervorschriften, welche die Vorschriften des I. Teils ergänzen oder ändern

Klasse 2

Verdichtete, verflüssigte oder unter Druck gelöste Gase

211 200-
211 209

Abschnitt 1

Allgemeines, Anwendungsbereich (Verwendung von Tanks), Begriffsbestimmungen

Verwendung

211 210 Gase der Rn. 2201, mit Ausnahme der nachstehend aufgeführten, dürfen in festverbundenen Tanks, Aufsetztanks oder Gefäßbatterien befördert werden:

Fluor und Siliciumtetrafluorid der Ziffer 1 at); Stickstoffoxid der Ziffer 1 ct); Gemische von Wasserstoff mit höchstens 10 Vol-% Selenwasserstoff, Phosphorwasserstoff, Siliciumwasserstoff, Germaniumwasserstoff oder mit höchstens 15 Vol-% Arsenwasserstoff; Gemische von Stickstoff oder Edelgasen (mit höchstens 10 Vol-% Xenon) mit höchstens 10 Vol-% Selenwasserstoff, Phosphorwasserstoff, Siliciumwasserstoff, Germaniumwasserstoff oder mit höchstens 15 Vol-% Arsenwasserstoff der Ziffer 2 bt); Gemische von Wasserstoff mit höchstens 10 Vol-% Diboran; Gemische von Stickstoff oder Edelgasen (mit höchstens 10 Vol-% Xenon) mit höchstens 10 Vol-% Diboran der Ziffer 2 ct);

❙ Bortrichlorid,

Chlortrifluorid, Nitrosylchlorid, Sulfurylfluorid und Wolframhexafluorid der Ziffer 3 at); Methylsilan der Ziffer 3 b); Arsenwasserstoff, Dichlorsilan, Dimethylsilan, Selenwasserstoff und Trimethylsilan der Ziffer 3 bt); Äthylenoxid, Chlorcyan und Dicyan der Ziffer 3 ct); Gemische von Methylsilanen der Ziffer 4 ct); Äthylenoxid mit höchstens 50 Masse-% Methylformiat der Ziffer 4 ct); Siliciumwasserstoff der Ziffer 5 b); Stoffe der Ziffer 5 bt) und ct); Acetylen, gelöst, der Ziffer 9 c); Gase der Ziffern 12 und 13.

211 211-
211 219

Abschnitt 2

Bau

211 220 Tanks für Stoffe der Ziffern 1 bis 6 und 9 müssen aus Stahl hergestellt sein. Bei nahtlosen Tanks darf in Abweichung von Rn. 211 125 (3) die Mindestbruchdehnung 14 % betragen und die Spannung σ (Sigma) darf die nachstehend im Verhältnis zum Werkstoff festgesetzten Grenzen nicht überschreiten:

Anhang B.1 a

a) Wenn das Verhältnis Re/Rm (garantierte Mindestwerte nach der Wärmebehandlung) größer als 0,66 und höchstens 0,85 ist:

σ ≤ 0,75 Re.

b) Wenn das Verhältnis Re/Rm (garantierte Mindestwerte nach der Wärmebehandlung) größer als 0,85 ist:

σ ≤ 0,5 Rm.

Die Vorschriften des Anhangs B.1 d gelten für die Werkstoffe und den Bau geschweißter Tanks.   **211 221**

Tanks für Chlor oder Chlorkohlenoxid der Ziffer 3 a) müssen für einen Berechnungsdruck [siehe Rn. 211 127 (2)]   **211 222**
von mindestens 2,2 MPa (22 bar) (Überdruck) bemessen sein.

                                                                                                       211 223-
                                                                                                       211 229

Abschnitt 3

Ausrüstung

Die Auslaufrohre der Tanks müssen durch Blindflansche oder gleich wirksame Einrichtungen verschlossen   **211 230**
werden können.

Beiderseits absperrbare Rohrabschnitte, in denen ein
Flüssigkeitsdruck entstehen kann, müssen gegen
unzulässigen Druckanstieg gesichert sein. Für diese
Rohrabschnitte muß bei brennbaren und/oder giftigen
Druckgasen ein selbsttätiger Druckausgleich mit dem
Innern des Tanks gewährleistet sein.

Tanks für verflüssigte Gase dürfen außer mit Öffnungen nach Rn. 211 131 gegebenenfalls mit Öffnungen für   **211 231**
Flüssigkeitsstandanzeiger, Thermometer, Manometer und Entlüftungsbohrungen, die für den Betrieb und die
Sicherheit notwendig sind, versehen sein.

Die Sicherungseinrichtungen müssen den folgenden Bestimmungen entsprechen: **211 232**

(1) Die Öffnungen für das Füllen und Entleeren der Tanks für verflüssigt brennbare und/oder giftige Gase
müssen mit einer innenliegenden schnellschließenden Absperreinrichtung versehen sein, die bei einer ungewollten Verschiebung des Tanks

oder bei einem Brand

automatisch schließt. Das Schließen dieser Einrichtung muß auch aus sicherer Entfernung ausgelöst werden
können.

(2) Mit Ausnahme der Öffnungen für die Sicherheitsventile und der verschlossenen Entlüftungsbohrungen
müssen alle anderen Öffnungen der Tanks für verflüssigte brennbare und/oder giftige Gase mit einem Nenndurchmesser von mehr als 1,5 mm mit einer inneren Absperreinrichtung versehen sein.

(3) Abweichend von den Vorschriften der Absätze 1 und 2 dürfen Tanks für tiefgekühlte verflüssigte brennbare
und/oder giftige Gase mit äußeren anstatt innenliegenden Absperreinrichtungen versehen sein, wenn diese durch
einen Schutz, der mindestens dieselbe Sicherheit wie die Tankwand bietet, gesichert ist.

(4) a) Sind die Tanks mit Flüssigkeitsstandanzeigern ausgerüstet, die mit dem beförderten Gut direkt in
       Berührung stehen, so dürfen diese nicht aus durchsichtigen Werkstoffen bestehen. Sind Thermometer
       vorhanden, so dürfen diese nicht unmittelbar durch die Tankwand in das Gas oder die Flüssigkeit
       eingeführt werden.

    b) Peilrohre sind an Tanks für giftige Gase nicht
       zulässig.

    c) Für die Füllkontrolle von Tanks für ungiftige
       Druckgase mit $t_k \geq 70\,°C$ nach Volumen und
       für deren volumetrische Kontrolle der höchst-
       zulässigen Füllmenge sind nur entsprechend
       eingestellte Überlaufrohre oder fest einge-
       stellte Peilrohre zulässig.

    d) Drehpeilrohre sind nur für das betriebsmä-
       ßige Bestimmen des Flüssigkeitsstandes
       zulässig. Der lichte Durchmesser eines Peil-
       rohres darf am Durchbruch durch den Tank
       nicht größer sein als 1,5 mm; bei Gasen der
       Ziffern 7 und 8 darf der lichte Durchmesser
       der Öffnung so bemessen sein, daß beim
       Ausströmen gerade noch die flüssige Phase
       erkennbar ist.

Anhang B.1 a

e) Manometer zur Kontrolle des Druckes in Tanks müssen an die gasförmige Phase angeschlossen sein.

f) Tanks für tiefgekühlte verflüssigte brennbare Gase müssen mit einem Manometer ausgerüstet sein, das vom Fahrerhaus abgelesen werden kann.

(5) Tanks für Chlor, Chlorkohlenoxid, Schwefeldioxid der Ziffer 3 at), Methylmercaptan und Schwefelwasserstoff der Ziffer 3 bt) dürfen keine Öffnungen haben, die unterhalb des Flüssigkeitsspiegels liegen. Ferner sind die in Rn. 211 132 vorgesehenen Reinigungsöffnungen (Handloch) nicht zulässig.

(6) Die obenliegenden Öffnungen für das Füllen und Entleeren der Tanks müssen zusätzlich zu den Bestimmungen des Absatzes 1 mit einer zweiten, äußeren Absperreinrichtung versehen sein. Diese muß durch einen Blindflansch oder eine gleich wirksame Einrichtung verschlossen werden können.

211 233   Sicherheitsventile müssen nachfolgenden Bestimmungen entsprechen:

(1) Tanks für Gase der Ziffern 1 bis 6 und 9 dürfen mit höchstens zwei Sicherheitsventilen versehen sein, deren freie Durchgangsquerschnitte am Ventilsitz oder an den Ventilsitzen mindestens 20 cm² für je 30 m³ oder Teile von 30 m³ Fassungsraum betragen müssen. Diese Ventile müssen sich bei einem Druck, der das 0,9fache bis 1,0fache des Prüfdrucks des Tanks beträgt, automatisch öffnen. Sie müssen ferner so gebaut sein, daß sie der dynamischen Beanspruchung, einschließlich dem Anprall der Flüssigkeit, standhalten. Die Verwendung von massebelasteten Ventilen ist untersagt.

Tanks für Gase der Ziffern 1 bis 9, die für die Atmungsorgane gefährlich sind oder die eine Vergiftungsgefahr darstellen [10]), dürfen keine Sicherheitsventile haben, es sei denn, vor diesen ist eine Berstscheibe angebracht. In diesem Fall muß die Anordnung der Berstscheibe und des Sicherheitsventils den Anforderungen der zuständigen Behörde entsprechen.

Die Vorschriften dieses Absatzes verbieten nicht das Anbringen von Sicherheitsventilen an Tankfahrzeugen, die für die Seebeförderung bestimmt sind und den für diese Beförderungsart geltenden Vorschriften entsprechen.

(2) Tanks für Gase der Ziffern 7 und 8 müssen mit zwei voneinander unabhängigen Sicherheitsventilen versehen sein, von denen jedes so bemessen ist, daß die im normalen Betrieb durch Verdampfung entstehenden Gase austreten können, ohne daß der Druck den auf dem Tank angegebenen Betriebsdruck um mehr als 10 % übersteigt. Eines der beiden Sicherheitsventile darf durch eine Berstscheibe ersetzt werden, die beim Prüfdruck aufreißen muß. Sicherheitsventil und Berstscheibe müssen beim Zusammenbruch des Vakuums bei Doppelmantelteltanks oder bei einer Beschädigung von 20 % der Isolierung von einwandigen Tanks einen Ausströmungsquerschnitt freigeben, der eine Drucksteigerung im Tank über den Prüfdruck hinaus verhindert.

(3) Die Sicherheitsventile der Tanks für Gase der Ziffern 7 und 8 müssen sich bei dem auf dem Tank angegebenen Betriebsdruck öffnen. Sie müssen so gebaut sein, daß sie auch bei ihrer tiefsten Betriebstemperatur einwandfrei arbeiten. Die sichere Arbeitsweise bei dieser tiefsten Temperatur ist durch die Prüfung des einzelnen Ventils oder durch eine Baumusterprüfung festzustellen und nachzuweisen.

Wärmeisolierende Schutzeinrichtungen

211 234   (1) Wenn Tanks für verflüssigte Gase der Ziffern 3 und 4 eine wärmeisolierende Schutzeinrichtung haben, so muß diese

– entweder aus einem Sonnenschutz, der mindestens das obere Drittel, aber höchstens die obere Hälfte der Tankoberfläche bedeckt und von dieser durch eine Luftschicht von mindestens 4 cm getrennt ist,

– oder aus einer vollständigen Umhüllung von genügender Dicke aus isolierenden Stoffen

bestehen.

Tanks für die Beförderung von Butadien-1,3 und Butadien-1,2 [Ziffer 3 c)], Chlortrifluoräthylen [Ziffer 3 ct)] und Äthylenoxid mit Stickstoff bis zu einem max. Gesamtdruck von 1 MPa (10 bar) bei 50 °C [Ziffer 4 ct)] müssen mit einem Sonnenschutz, wie vorstehend beschrieben, versehen sein.

(2) Tanks für Gase der Ziffern 7 und 8 müssen wärmeisoliert sein. Die wärmeisolierende Schutzeinrichtung muß durch eine vollständige Umhüllung gesichert sein. Ist der Raum zwischen Tank und Umhüllung luftleer (Vakuum-Isolierung), so muß rechnerisch nachgewiesen werden, daß die Schutzumhüllung einem äußeren Druck von mindestens 100 kPa (1 bar) (Überdruck) ohne Verformung standhält. Abweichend von Rn. 211 102 (2) a) dürfen bei dieser Berechnung äußere und innere Verstärkungen berücksichtigt werden. Wenn die Umhüllung gasdicht schließt, muß durch eine Einrichtung verhindert werden, daß in der Isolierschicht bei undichten Tanks oder Ausrüstungsteilen ein gefährlicher Druck entsteht. Diese Einrichtung muß das Eindringen von Feuchtigkeit in die Isolierschicht verhindern.

---

[10]) Als Gase, die für die Atmungsorgane gefährlich sind oder die eine Vergiftungsgefahr darstellen, gelten die Gase, die in der Stoffaufzählung mit dem Buchstaben „t" versehen sind.

Anhang B.1 a

(3) Bei Tanks für verflüssigte Gase mit einer Siedetemperatur unter – 182 °C bei Atmosphärendruck dürfen weder die wärmeisolierende Schutzeinrichtung noch die Einrichtungen zur Befestigung am Fahrgestell brennbare Stoffe enthalten.

Bei Tanks für Argon, Helium, Neon, Stickstoff der Ziffer 7 a) und Wasserstoff der Ziffer 7 b) dürfen mit Zustimmung der

nach Landesrecht   I

zuständigen Behörde die Befestigungselemente zwischen Tank und Umhüllung Kunststoffe enthalten.

(1) Als Elemente eines Gefäßbatterie-Fahrzeuges gelten: **211 235**

– entweder Gefäße nach Rn. 2212 (1) b),

– oder Tanks nach Rn. 2212 (1) c).

Die Vorschriften dieses Anhangs gelten nicht für Flaschenbündel nach Rn. 2212 (1) d).

(2) Für Gefäßbatterie-Fahrzeuge sind folgende Bestimmungen zu beachten:

a) Hat ein Element einer Gefäßbatterie ein Sicherheitsventil und befinden sich zwischen den Elementen Absperreinrichtungen, so muß jedes Element mit einem solchen versehen sein.

b) Die Füll- und Entleerungseinrichtungen dürfen an einem Sammelrohr angebracht sein.

c) Jedes Element einer Gefäßbatterie für verdichtete Gase der Ziffern 1 und 2, die für die Atmungsorgane gefährlich sind oder die eine Vergiftungsgefahr darstellen [10]), muß durch ein Ventil von den anderen getrennt werden können.

d) Elemente einer Gefäßbatterie für verflüssigte Gase der Ziffern 3 bis 6 müssen so gebaut sein, daß jedes einzeln gefüllt und durch ein plombierbares Ventil getrennt werden kann.

(3) Für Aufsetztanks gelten folgende Vorschriften:

a) Sie dürfen nicht durch ein Sammelrohr miteinander verbunden sein, und

b) wenn sie gerollt werden können, müssen die Ventile mit Schutzkappen versehen sein.

Abweichend von Rn. 211 131 müssen Tanks zur Beförderung tiefgekühlter verflüssigter Gase nicht mit einer   **211 236**
Besichtigungsöffnung versehen sein.

**211 237-
211 239**

Abschnitt 4

Zulassung des Baumusters

Keine besonderen Vorschriften.

**211 240-
211 249**

Abschnitt 5

Prüfungen

Die Werkstoffe für jeden geschweißten Tank müssen nach dem im Anhang B.1d beschriebenen Prüfverfahren   **211 250**
geprüft werden.

Es gelten folgende Prüfdrücke: **211 251**

(1) Für Tanks für Gase der Ziffern 1 und 2: die in Rn. 2219 (1) und (3) angegebenen Werte;

(2) Für Tanks für Gase der Ziffern 3 und 4:

a) wenn der Durchmesser der Tanks höchstens 1,5 m beträgt, die in Rn. 2220 (2) angegebenen Werte;

---

[10]) Als Gase, die für die Atmungsorgane gefährlich sind oder die eine Vergiftungsgefahr darstellen, gelten die Gase, die in der Stoffaufzählung mit dem Buchstaben „t" versehen sind.

Anhang B.1 a

b) wenn der Durchmesser der Tanks mehr als 1,5 m beträgt, die nachstehend angegebenen Werte [1]):

Bezeichnung des Stoffes	Ziffer	Mindestprüfdruck für Gefäße		Höchstzulässige Masse der Füllung je Liter Fassungsraum
		mit wärmeisolierender Schutzeinrichtung	ohne	
		MPa	MPa	kg
Bromchlordifluormethan (R 12 B 1)	3 a)	1	1	1,61
Chlordifluormethan (R 22)	3 a)	2,4	2,6	1,03
Chlorpentafluoräthan (R 115)	3 a)	2	2,3	1,08
Chlortrifluoräthan (R 133 a)	3 a)	1	1	1,18
Dichlordifluormethan (R 12)	3 a)	1,5	1,6	1,15
Dichlorfluormethan (R 21)	3 a)	1	1	1,23
Dichlortetrafluoräthan (R 114)	3 a)	1	1	1,30
Octafluorcyclobutan (RC 318)	3 a)	1	1	1,34
Ammoniak	3 at)	2,6	2,9	0,53
Bromwasserstoff	3 at)	5	5,5	1,54
Chlor	3 at)	1,7	1,9	1,25
Chlorkohlenoxid	3 at)	1,5	1,7	1,23
Hexafluorpropylen (R 1216)	3 at)	1,7	1,9	1,11
Methylbromid	3 at)	1	1	1,51
Schwefeldioxid	3 at)	1	1,2	1,23
Stickstoffdioxid NO_2	3 at)	1	1	1,30
Butan	3 b)	1	1	0,51
iso-Butan	3 b)	1	1	0,49
Buten-1	3 b)	1	1	0,53
cis-Buten-2	3 b)	1	1	0,55
iso-Buten	3 b)	1	1	0,52
trans-Buten-2	3 b)	1	1	0,54
Chlordifluoräthan (R 142 b)	3 b)	1	1	0,99
Cyclopropan	3 b)	1,6	1,8	0,53
1,1-Difluoräthan (R 152 a)	3 b)	1,4	1,6	0,79
Dimethyläther	3 b)	1,4	1,6	0,58
Propan	3 b)	2,1	2,3	0,42
Propen	3 b)	2,5	2,7	0,43
1,1,1-Trifluoräthan	3 b)	2,8	3,2	0,79
Äthylamin	3 bt)	1	1	0,61
Äthylchlorid	3 bt)	1	1	0,80
Dimethylamin	3 bt)	1	1	0,59
Methylamin	3 bt)	1	1,1	0,58
Methylchlorid	3 bt)	1,3	1,5	0,81
Methylmercaptan	3 bt)	1	1	0,78
Schwefelwasserstoff	3 bt)	4,5	5	0,67
Trimethylamin	3 bt)	1	1	0,56
Butadien-1,2	3 c)	1	1	0,59
Butadien-1,3	3 c)	1	1	0,55
Vinylchlorid	3 c)	1	1,1	0,81
Chlortrifluoräthylen (R 1113)	3 ct)	1,5	1,7	1,13
Vinylbromid	3 ct)	1	1	1,37
Vinylmethyläther	3 ct)	1	1	0,67
Gemisch F 1	4 a)	1	1,1	1,23
Gemisch F 2	4 a)	1,5	1,6	1,15
Gemisch F 3	4 a)	2,4	2,7	1,03
Gasgemisch R 500	4 a)	1,8	2	1,01
Gasgemisch R 502	4 a)	2,5	2,8	1,05
Gasgemisch von 19 bis 21 Masse-% Dichlordifluormethan (R 12) mit 79 bis 81 Masse-% Bromchlordifluormethan (R 12 B 1)	4 a)	1	1,1	1,50

[1]) i) Die vorgeschriebenen Prüfdrücke sind:

a) bei Tanks mit wärmeisolierender Schutzeinrichtung mindestens gleich den Dampfdrücken der Flüssigkeiten bei 60 C, vermindert um 100 kPa (1 bar), mindestens aber 1 MPa (10 bar);

b) bei den Tanks ohne wärmeisolierende Schutzeinrichtung mindestens gleich den Dampfdrücken der Flüssigkeiten bei 65 C, vermindert um 100 kPa (1 bar), mindestens aber 1 MPa (10 bar).

ii) Für Chlorkohlenoxid der Ziffer 3 at) wurde mit Rücksicht auf die hohe Giftigkeit des Gases der Mindestprüfdruck für Tanks mit wärmeisolierender Schutzeinrichtung auf 1,5 MPa (15 bar) und für Tanks ohne wärmeisolierende Schutzeinrichtung auf 1,7 MPa (17 bar) festgesetzt.

iii) Die vorgeschriebenen Höchstwerte für die Füllung in kg/l sind wie folgt berechnet worden: höchstzulässige Masse der Füllung je Liter Fassungsraum = 0,95 · Dichte der flüssigen Phase bei 50 C.

382

Anhang B.1 a

Bezeichnung des Stoffes	Ziffer	Mindestprüfdruck für Gefäße mit wärmeisolierender Schutzeinrichtung	ohne	Höchstzulässige Masse der Füllung je Liter Fassungsraum
		MPa	MPa	kg
Gemisch von Methylbromid und Chlorpikrin	4 at)	1	1	1,51
Gemisch A (Handelsname: Butan)	4 b)	1	1	0,50
Gemisch A 0 (Handelsname: Butan)	4 b)	1,2	1,4	0,47
Gemisch A 1	4 b)	1,6	1,8	0,46
Gemisch B	4 b)	2	2,3	0,43
Gemisch C (Handelsname: Propan)	4 b)	2,5	2,7	0,42
Gemische von Kohlenwasserstoffen und Methan .	4 b)	–	22,5	0,187
		–	30	0,244
Gemisch Butan *)	4 b)	1	1	0,49
Gemisch Buten (Butylen) *)	4 b)	1	1	0,51
Gemisch Propan *)	4 b)	2,5	2,8	0,425
Gemisch Propen (Propylen) *)	4 b)	2,5	2,8	0,43
Gemische von Methylchlorid und Methylenchlorid	4 bt)	1,3	1,5	0,81
Gemische von Methylchlorid und Chlorpikrin	4 bt)	1,3	1,5	0,81
Gemische von Methylbromid und Äthylenbromid .	4 bt)	1	1	1,51
Gemische von Butadien-1,3 und Kohlenwasserstoffen der Ziffer 3 b)	4 c)	1	1	0,50
Gemische von Methylacetylen/Propadien und Kohlenwasserstoffen:				
Gemisch P1	4 c)	2,5	2,8	0,49
Gemisch P2	4 c)	2,2	2,3	0,47
Methylacetylen/Propadien-Gemisch I *)	4 c)	2,1	2,3	0,49
Methylacetylen/Propadien-Gemisch III *)	4 c)	2,1	2,3	0,46
Methylacetylen/Propadien-Gemisch IV *)	4 c)	2,1	2,3	0,45
Methylacetylen/Propadien-Gemisch V und VI *)	4 c)	2,5	2,7	0,43
Äthylenoxid mit höchstens 10 Masse-% Kohlendioxid	4 ct)	2,4	2,6	0,73
Äthylenoxid mit Stickstoff bis zu einem maximalen Gesamtdruck von 1 MPa (10 bar) bei 50 °C	4 ct)	1,5	1,5	0,78
Dichlordifluormethan mit 12 Masse-% Äthylenoxid	4 ct)	1,5	1,6	1,09

(3) Für Tanks für Gase der Ziffern 5 und 6:

a) wenn die Tanks nicht mit einer wärmeisolierenden Schutzeinrichtung versehen sind, die in Rn. 2220 (3) und (4) angegebenen Werte;

b) wenn die Tanks mit einer wärmeisolierenden Schutzeinrichtung nach Rn. 211 234 (1) versehen sind, die nachstehend angegebenen Werte:

Bezeichnung des Stoffes	Ziffer	Mindestprüfdruck	Höchstzulässige Masse der Füllung je Liter Fassungsraum
		MPa	kg
Bromtrifluormethan (R 13 B1)	5 a)	12	1,50
Chlortrifluormethan (R 13)	5 a)	12	0,96
		22,5	1,12
Distickstoffoxid N$_2$O	5 a)	22,5	0,78
Hexafluoräthan (R 116)	5 a)	16	1,28
		20	1,34
Kohlendioxid	5 a)	19	0,73
		22,5	0,78
Schwefelhexafluorid	5 a)	12	1,34
Trifluormethan (R 23)	5 a)	19	0,92
		25	0,99
Xenon	5 a)	12	1,30
Chlorwasserstoff	5 at)	12	0,69
Äthan	5 b)	12	0,32

---

*) Nur gültig für innerstaatliche Beförderungen.

Anhang B.1 a

Bezeichnung des Stoffes	Ziffer	Mindest-prüfdruck MPa	Höchstzulässige Masse der Füllung je Liter Fassungsraum kg
Äthylen	5 b)	12	0,25
		22,5	0,36
1,1-Difluoräthylen	5 c)	12	0,66
		22,5	0,78
Vinylfluorid	5 c)	12	0,58
		22,5	0,65
Gasgemisch R 503	6 a)	3,1	0,11
		4,2	0,21
		10	0,76
		19 *)	0,97 *)
		22,5 *)	1,02 *)
Kohlendioxid mit höchstens 35 Masse-% Äthylenoxid	6 c)	19	0,73
		22,5	0,78
Äthylenoxid mit mehr als 10 Masse-% aber höchstens 50 Masse-% Kohlendioxid	6 ct)	19	0,66
		25	0,75

Wenn zur Beförderung Tanks mit wärmeisolierender Schutzeinrichtung mit niedrigeren Prüfdrücken als den in der Tabelle aufgeführten verwendet werden, ist die höchstzulässige Masse der Füllung je Liter Fassungsraum so festzulegen, daß der innere Druck des betreffenden Stoffes bei 55 °C den auf dem Tank eingestempelten Prüfdruck nicht übersteigt. Die höchstzulässige Masse der Füllung muß in diesem Fall vom behördlich anerkannten Sachverständigen festgesetzt werden.

(4) Für Tanks für unter Druck gelöstes Ammoniak der Ziffer 9 at):

Bezeichnung des Stoffes	Ziffer	Mindest-prüfdruck MPa	Höchstzulässige Masse der Füllung je Liter Fassungsraum kg
Für in Wasser unter Druck gelöstes Ammoniak			
mit über 35 bis höchstens 40 Masse-% Ammoniak	9 at)	1	0,80
mit über 40 bis höchstens 50 Masse-% Ammoniak	9 at)	1,2	0,77

(5) Für Tanks für Gase der Ziffern 7 und 8: mindestens das 1,3fache des auf dem Tank angegebenen höchstzulässigen Betriebsdrucks, mindestens jedoch 0,3 MPa (3 bar) (Überdruck); wenn die Tanks mit Vakuum-Isolierung versehen sind, mindestens das 1,3fache des um 100 kPa (1 bar) erhöhten höchstzulässigen Betriebsdrucks.

211 252 Die erste Wasserdruckprüfung ist vor dem Anbringen der wärmeisolierenden Schutzeinrichtung durchzuführen.

211 253 Der Fassungsraum jedes Tanks für Gase der Ziffern 3 bis 6 und 9 muß unter Aufsicht eines behördlich anerkannten Sachverständigen durch Wiegen oder durch Auslitern mit Wasser bestimmt werden; der Meßfehler, bezogen auf den Fassungsraum des Tanks, muß weniger als 1 % betragen. Eine rechnerische Bestimmung aus den Abmessungen des Tanks ist nicht zulässig. Die höchstzulässigen Massen der Füllungen nach Rn. 2220 (4) und Rn. 211 251 (3) sind durch einen behördlich anerkannten Sachverständigen festzulegen.

211 254 Die Schweißnähte sind entsprechend einem Schweißnahtfaktor λ (Lambda) 1,0 nach Rn. 211 127 (7) zu prüfen.

Ist die Schutzumhüllung der wärmeisolierenden Schutzeinrichtung ein selbsttragender Außenbehälter, sind 15 % der Längsnähte sowie Stoßstellen von Rund- und Längsnähten dieses Behälters zerstörungs-frei zu prüfen. Montagenähte sind nach dem Farbein-dringverfahren zu prüfen.

211 255 Abweichend von den Vorschriften der Rn. 211 151 sind die wiederkehrenden Prüfungen durchzuführen:

(1) Alle 3 Jahre an Tanks für Bortrifluorid der Ziffer 1 at), Stadtgas der Ziffer 2 bt), Bromwasserstoff, Chlor, Chlorkohlenoxid, Schwefeldioxid, Stickstoffdioxid der Ziffer 3 at), Schwefelwasserstoff der Ziffer 3 bt) und Chlorwasserstoff der Ziffer 5 at);

(2) Sechs Jahre nach der Inbetriebnahme und danach alle zwölf Jahre an Tanks für Gase der Ziffern 7 und 8. Sechs Jahre nach jeder wiederkehrenden Prüfung ist vom behördlich anerkannten Sachverständigen eine Dichtheitsprüfung durchzuführen.

*) Nur gültig für innerstaatliche Beförderungen.

Anhang B.1 a

Bei Tanks mit Vakuumisolierung können die Wasserdruckprüfung und die Feststellung des inneren Zustandes im Einvernehmen mit dem behördlich anerkannten Sachverständigen durch eine Dichtheitsprüfung und eine Vakuummessung ersetzt werden.   **211 256**

Wenn bei wiederkehrenden Besichtigungen Öffnungen in die zur Beförderung der Gase der Ziffern 7 und 8 bestimmte Tanks geschnitten werden, ist vor Wiederinbetriebnahme das zum dichten Verschließen des Tanks angewandte Verfahren, welches die einwandfreie Beschaffenheit des Tanks gewährleisten muß, von einem behördlich anerkannten Sachverständigen zu genehmigen.   **211 257**

Dichtheitsprüfungen an Tanks für die Beförderung von Gasen der Ziffern 1 bis 6 und 9 sind bei einem Druck von mindestens 0,4 MPa (4 bar), jedoch höchstens 0,8 MPa (8 bar) (Überdruck), durchzuführen.   **211 258**

211 259

Abschnitt 6

Kennzeichnung

Auf dem in Rn. 211 160 vorgesehenen Schild müssen nachstehende Angaben zusätzlich eingestanzt oder in einem ähnlichen Verfahren angebracht sein oder diese Angaben dürfen unmittelbar auf den Tankwänden angebracht sein, wenn diese so verstärkt sind, daß die Widerstandsfähigkeit des Tanks nicht beeinträchtigt wird: **211 260**

(1) An Tanks für einen einzigen Stoff:

– die ungekürzte Benennung des Gases.

Diese Angabe ist für die Tanks für verdichtete Gase der Ziffern 1 und 2 durch den für den Tank höchstzulässigen Füllungsdruck bei 15 °C und für Tanks für verflüssigte Gase der Ziffern 3 bis 8 sowie für unter Druck gelöstes Ammoniak der Ziffer 9 at) durch die höchstzulässige Masse der Füllung in kg und durch die Füllungstemperatur, wenn diese niedriger als – 20 °C ist, zu ergänzen.

(2) An Tanks für wechselweise Verwendung:

– die ungekürzte Benennung der Gase, für die der Tank zugelassen ist.

Diese Angabe ist durch die höchstzulässige Masse der Füllung für jedes Gas in kg zu ergänzen.

(3) An Tanks für Gase der Ziffern 7 und 8:

– der Betriebsdruck;

(4) An Tanks mit wärmeisolierender Schutzeinrichtung:

– die Angabe „wärmeisoliert" oder „vakuumisoliert".

Auf einer in der Nähe der Einfüllstelle angebrachten Tafel am Rahmen von Gefäßbatterie-Fahrzeugen müssen angegeben sein: **211 261**

– Prüfdruck der Elemente *);

– höchstzulässiger Füllungsdruck *) bei 15 °C der Elemente für verdichtete Gase;

– Zahl der Elemente;

– gesamter Fassungsraum *) der Elemente;

– ungekürzte Benennung des Gases;

sowie für verflüssigte Gase:

– höchstzulässige Masse *) der Füllung eines jeden Elements.

Zusätzlich zu den in Rn. 211 161 vorgesehenen Angaben muß auf dem Tank selbst oder auf einer Tafel angegeben sein: **211 262**

a) – entweder „Niedrigste zugelassene Füllungstemperatur: – 20 °C"

– oder „Niedrigste zugelassene Füllungstemperatur: . . .";

b) bei Tanks zur Beförderung eines einzigen bestimmten Stoffes:

– die ungekürzte Benennung des Gases;

– für verflüssigte Gase der Ziffern 3 bis 8 und für in Wasser unter Druck gelöstes Ammoniak der Ziffer 9 at) die höchstzulässige Masse der Füllung in kg;

c) bei Tanks für wechselweise Verwendung:

– die ungekürzte Benennung aller Gase, zu deren Beförderung die Tanks verwendet werden, mit Angabe der höchstzulässigen Masse der Füllung für jedes Gas in kg;

---

*) Nach den Zahlenwerten sind jeweils die Maßeinheiten hinzuzufügen.

Anhang B.1 a

d) bei Tanks mit wärmeisolierender Schutzeinrichtung:
   – die Angabe „wärmeisoliert" oder „vakuumisoliert".

> in einer amtlichen Sprache des Zulassungslandes und außerdem, wenn diese Sprache nicht Deutsch, Englisch oder Französisch ist, in einer dieser Sprachen, sofern nicht internationale Vereinbarungen zwischen den an der Beförderung beteiligten Staaten etwas anderes vorsehen.

211 263   Diese Angaben sind nicht erforderlich bei einem Trägerfahrzeug für Aufsetztanks.

211 264-
211 269

Abschnitt 7

Betrieb

211 270   In Tanks für wechselweise Beförderung mehrerer verflüssigter Gase der Ziffern 3 bis 8 darf nur eines der in derselben Gruppe genannten Gase befördert werden. Diese Gruppen sind:

Gruppe 1: Halogenkohlenwasserstoffe der Ziffern 3 a) und 4 a);

Gruppe 2: Kohlenwasserstoffe der Ziffern 3 b) und 4 b), Butadiene der Ziffer 3 c) und Gemische von Butadien-1,3 und Kohlenwasserstoffen der Ziffer 4 c);

Gruppe 3: Ammoniak der Ziffer 3 at), Dimethyläther der Ziffer 3 b), Äthylamin, Dimethylamin, Methylamin und Trimethylamin der Ziffer 3 bt) und Vinylchlorid der Ziffer 3 c);

> Kohlenwasserstoffe der Ziffern 3 b) und 4 b);
>
> Gemische von Kohlenwasserstoffen und Butadien-1,3 der Ziffer 4 c);

Gruppe 4: Methylbromid der Ziffer 3 at), Äthylchlorid und Methylchlorid der Ziffer 3 bt);

> Chlordifluoräthan (R 142 b) der Ziffer 3 b), Kohlenwasserstoffe der Ziffern 3 b) und 4 b);

Gruppe 5: Gemische von Äthylenoxid und Kohlendioxid, Äthylenoxid mit Stickstoff der Ziffer 4 ct);

Gruppe 6: Distickstoffoxid (N_2O), Edelgase, Kohlendioxid, Sauerstoff, Stickstoff der Ziffer 7 a), Luft und Gemische von Stickstoff mit Edelgasen, Gemische von Sauerstoff und Stickstoff, auch solche, die Edelgase enthalten, der Ziffer 8 a);

Gruppe 7: Äthan, Äthylen, Methan

> Wasserstoff
>
> der Ziffer 7 b), Gemische von Methan und Äthan, auch mit Zusatz von Propan und Butan der Ziffer 8 b).

> Für die Einhaltung der Vorschriften der Rn. 211 270 bis 211 273 ist der Beförderer verantwortlich.

211 271   Tanks, die mit einem Stoff der Gruppe 1 oder 2 gefüllt waren, müssen vor der Füllung mit einem anderen, derselben Gruppe angehörenden Stoff, von verflüssigtem Gas entleert werden. Tanks, die mit einem Stoff der Gruppen 3 bis 7 gefüllt waren, müssen vor der Füllung mit einem anderen, derselben Gruppe angehörenden Stoff, von verflüssigtem Gas vollkommen entleert und danach entspannt werden.

> Tanks, die mit Ammoniak oder mit Gemischen von Kohlenwasserstoffen und Butadien-1,3 der Gruppe 3 gefüllt waren, müssen vor der Füllung mit einem anderen, derselben Gruppe angehörenden Gas außerdem gereinigt werden. Durch eine sachkundige Person ist zu bescheinigen, daß der Tank keine Spuren von Ammoniak mehr enthält. Eine Reinigung ist jedoch nicht erforderlich bei einer wechselweisen Verwendung von Kohlenwasserstoffen der Ziffern 3 b) und 4 b) einerseits und Gemischen von Kohlenwasserstoffen und Butadien-1,3 der Ziffer 4 c) andererseits.

211 272   Die wechselweise Verwendung von Tanks für verflüssigte Gase derselben Gruppe ist zulässig, sofern alle Bedingungen für die im gleichen Tank zu befördernden Gase eingehalten sind. Der wechselweisen Verwendung muß ein behördlich anerkannter Sachverständiger zustimmen.

Anhang B.1 a

Wenn der behördlich anerkannte Sachverständige zustimmt, dürfen die Tanks für Gase verschiedener Gruppen verwendet werden.   **211 273**

Werden die Tanks für Gase einer Gruppe für eine andere Gruppe verwendet, so müssen diese von verflüssigten Gasen vollkommen entleert sein; sie müssen danach entspannt und entgast werden. Die Entgasung der Tanks muß durch

eine sachkundige Person   **|**   einen behördlich anerkannten Sachverständigen

überprüft und bescheinigt werden.

Bei der Übergabe zur Beförderung von gefüllten oder ungereinigten leeren Tanks dürfen nur die für das tatsächlich oder – wenn entleert – für das zuletzt eingefüllte Gas geltenden Angaben nach Rn. 211 262 sichtbar sein; alle Angaben für die anderen Gase müssen verdeckt sein.   **211 274**

Elemente eines Gefäßbatterie-Fahrzeugs dürfen nur ein und dasselbe Gas enthalten. Elemente eines Gefäß-batterie-Fahrzeugs für verflüssigte Gase der Ziffern 3 bis 6 müssen jedes einzeln gefüllt werden und durch ein plombiertes Ventil getrennt bleiben.   **211 275**

Der höchste Fülldruck für verdichtete Gase der Ziffern 1 und 2, außer Bortrifluorid der Ziffer 1 at), darf die Werte nach Rn. 2219 (2) nicht übersteigen.   **211 276**

Die höchstzulässige Masse der Füllung je Liter Fassungsraum für Bortrifluorid der Ziffer 1 at) darf 0,86 kg nicht übersteigen.

Die höchstzulässige Masse der Füllung je Liter Fassungsraum nach Rn. 2220 (2), (3) und (4) und Rn. 211 251 (2), (3) und (4) ist einzuhalten.

Bei Tanks für Gase der Ziffern 7 b) und 8 b) muß der Füllungsgrad so bemessen sein, daß bei Erwärmung des Inhalts auf die Temperatur, bei der der Dampfdruck dem Öffnungsdruck der Sicherheitsventile gleichkommt, das Volumen der Flüssigkeit 95 % des Fassungsraums des Tanks bei dieser Temperatur nicht überschreitet. Tanks für Gase der Ziffern 7 a) und 8 a) dürfen bei der Fülltemperatur und beim Einfülldruck zu 98 % gefüllt werden.   **211 277**

Die Verwendung von fett- oder ölhaltigen Stoffen zum Abdichten von Fugen oder zum Schmieren der Verschlußeinrichtungen der Tanks für Distickstoffoxid und Sauerstoff der Ziffer 7 a), Luft und Gemische mit Sauerstoff der Ziffer 8 a) ist untersagt.   **211 278**

Die Vorschrift der Rn. 211 175 gilt nicht für Gase der Ziffern 7 und 8.   **211 279**

211 280-
211 299

Klasse 3
Entzündbare flüssige Stoffe

211 300-
211 309

Abschnitt 1
Allgemeines, Anwendungsbereich (Verwendung von Tanks), Begriffsbestimmungen

Verwendung

Die folgenden Stoffe der Rn. 2301 dürfen in festverbundenen Tanks oder Aufsetztanks befördert werden: **211 310**

a) die namentlich aufgeführten Stoffe der Ziffer 12;

b) die unter Buchstabe a) der Ziffern 11, 14 bis 23, 25 und 26 aufgeführten Stoffe sowie die diesen Ziffern unter Buchstabe a) zu assimilierenden Stoffe, ausgenommen Isopropylchlorformiat der Ziffer 25 a);

c) die unter Buchstabe b) der Ziffern 11, 14 bis 20, 22 und 24 bis 26 aufgeführten Stoffe sowie die diesen Ziffern unter Buchstabe b) zu assimilierenden Stoffe;

d) die Stoffe der Ziffern 1 bis 6 und 31 bis 34 sowie die diesen Ziffern zu assimilierenden Stoffe, ausgenommen Nitromethan der Ziffer 31 c).

211 311-
211 319

Abschnitt 2
Bau

Tanks für die namentlich in der Ziffer 12 aufgeführten Stoffe müssen nach einem Berechnungsdruck [siehe Rn. 211 127 (2)] von mindestens 1,5 MPa (15 bar) (Überdruck) bemessen sein.   **211 320**

Anlage B
Anhang B.1.a

Anhang B.1 a

211 321   Tanks für Stoffe nach Rn. 211 310 b) müssen nach einem Berechnungsdruck [siehe Rn. 211 127 (2)] von mindestens 1 MPa (10 bar) (Überdruck) bemessen sein.

211 322   Tanks für Stoffe nach Rn. 211 310 c) müssen nach einem Berechnungsdruck [siehe Rn. 211 127 (2)] von mindestens 0,4 MPa (4 bar) (Überdruck) bemessen sein.

211 323   Tanks für Stoffe nach Rn. 211 310 d) müssen nach den Vorschriften des I. Teils dieses Anhangs bemessen sein.

Tanks mit einem Prüfdruck von weniger als 0,4 MPa (4 bar) müssen so unterteilt sein, daß der Rauminhalt jedes dichten Tankabteils 7 500 l nicht übersteigt.

211 324-
211 329

Abschnitt 3
Ausrüstung

211 330   Alle Öffnungen der Tanks für Stoffe nach Rn. 211 310 a) und b) müssen sich oberhalb des Flüssigkeitsspiegels befinden. Die Tankwände dürfen unterhalb des Flüssigkeitsspiegels weder Rohrdurchgänge noch Rohransätze aufweisen. Die Tanks müssen luftdicht [6]) verschlossen und die Verschlüsse durch eine verriegelbare Kappe geschützt werden können.

211 331   Tanks für Stoffe nach Rn. 211 310 c) und d) dürfen auch Untenentleerung haben. Tanks für Stoffe nach Rn. 211 310 c) müssen luftdicht [6]) verschlossen werden können.

211 332   Wenn Tanks für Stoffe nach Rn. 211 310 a), b) und c) mit Sicherheitsventilen ausgerüstet sind, muß eine Berstscheibe vor den Ventilen angebracht sein. Die Anordnung der Berstscheibe und des Sicherheitsventils muß den Anforderungen der zuständigen Behörde entsprechen. Wenn Tanks für Stoffe nach Rn. 211 310 d) mit Sicherheitsventilen oder Lüftungseinrichtungen ausgerüstet sind, müssen diese den Vorschriften der Rn. 211 133 bis 211 135

und 211 137 (1) und (2)

entsprechen.

Tanks für Stoffe nach Rn. 211 310 d) mit einem Flammpunkt bis höchstens 55 °C, mit nicht absperrbarer Lüftungseinrichtung, müssen in der Lüftungseinrichtung eine Flammendurchschlagsicherung haben.

211 333-
211 339

Abschnitt 4
Zulassung des Baumusters

211 340-
211 349

Keine besonderen Vorschriften.

Abschnitt 5
Prüfungen

211 350   Tanks für Stoffe nach Rn. 211 310 a), b) und c) müssen bei der Wasserdruckprüfung erstmalig und wiederkehrend mit einem Druck von mindestens 0,4 MPa (4 bar) (Überdruck) geprüft werden.

211 351   Tanks für Stoffe nach Rn. 211 310 d) müssen bei der Wasserdruckprüfung erstmalig und wiederkehrend mit dem Druck geprüft werden, der für die Bemessung der Tanks in Rn. 211 123 festgelegt ist.

211 352-
211 359

---

[6]) Tanks gelten als luftdicht verschlossen, wenn sie dichtverschlossene Öffnungen und keine Sicherheitsventile, Berstscheiben oder ähnliche Sicherheitseinrichtungen besitzen. Tanks mit Sicherheitsventilen, bei denen zwischen dem Sicherheitsventil und dem Tankinnern eine Berstscheibe angebracht ist, gelten als luftdicht verschlossen.

Anhang B.1 a

Abschnitt 6

Kennzeichnung

211 360-
211 369

Keine besonderen Vorschriften.

Abschnitt 7

Betrieb

Tanks für Stoffe nach Rn. 211 310 a), b) und c) müssen während der Beförderung luftdicht [6]) verschlossen sein. Die Verschlüsse der Tanks für Stoffe der Rn. 211 310 a) und b) müssen durch eine verriegelte Kappe geschützt sein.

211 370

Festverbundene Tanks (Tankfahrzeuge) und Aufsetztanks, die für die Beförderung von Stoffen der Ziffern 6,

211 371

11 bis 13 und 14   ❘ 11, 12 und 14

bis 20 zugelassen sind, dürfen nicht zur Beförderung von Nahrungs-, Genuß- und Futtermitteln verwendet werden.

Für die Einhaltung dieser Vorschriften ist der Beförde- ❘
rer verantwortlich.

Acetaldehyd der Ziffer 1 a) darf nur dann in Tanks aus Aluminiumlegierung befördert werden, wenn sie ausschließlich für diesen Stoff verwendet werden und das Acetaldehyd säurefrei ist.

211 372

In der Bem. zu Rn. 2301 Ziffer 3 b) genanntes Benzin darf auch in Tanks befördert werden, die nach Rn. 211 123 (1) bemessen sind und deren Ausrüstung Rn. 211 133 entspricht.

211 373

211 374-
211 399

Klasse 4.1

Entzündbare feste Stoffe

Klasse 4.2

Selbstentzündliche Stoffe

Klasse 4.3

Stoffe, die in Berührung mit Wasser entzündliche Gase entwickeln

211 400-
211 409

Abschnitt 1

Allgemeines, Anwendungsbereich (Verwendung von Tanks), Begriffsbestimmungen

Verwendung

Stoffe der Rn. 2401 Ziffern 2, 8 und 11, Stoffe der Rn. 2431 Ziffern 1, 3 und 8, Stoffe der Rn. 2471 Ziffern 2 e) und 4 sowie Natrium, Kalium, Legierungen von Natrium und Kalium der Ziffer 1 a) dürfen in festverbundenen Tanks oder Aufsetztanks befördert werden.

211 410

Bem. Wegen Beförderung in loser Schüttung von Schwefel der Ziffer 2 a), Naphthalin der Ziffer 11 a) und b), schäumbaren Polystyrolen der Ziffer 12) der Rn. 2401, Stoffen der Ziffer 5, Hochofenfilterstaub der Ziffer 6 a) und Stoffen der Ziffer 10 der Rn. 2431 und Magnesiumkörner, überzogen, der Ziffer 1 d), Calciumcarbid der Ziffer 2 a) und Calciumsilicid in Stücken der Ziffer 2 d) der Rn. 2471 siehe Rn. 41 111, 42 111 und 43 111.

211 411-
211 419

---

[6]) Tanks gelten als luftdicht verschlossen, wenn sie dichtverschlossene Öffnungen und keine Sicherheitsventile, Berstscheiben oder ähnliche Sicherheitseinrichtungen besitzen. Tanks mit Sicherheitsventilen, bei denen zwischen dem Sicherheitsventil und dem Tankinnern eine Berstscheibe angebracht ist, gelten als luftdicht verschlossen.

Anhang B.1 a

Abschnitt 2

Bau

211 420   Tanks für

Stoffe der Rn. 2431 Ziffer 1 ┃ weißen oder gelben Phosphor der Rn. 2431, Ziffer 1 oder Stoffe der Rn. 2471 Ziffern 2 e) und 4 müssen für einen Berechnungsdruck [siehe Rn. 211 127 (2)] von mindestens 1 MPa (10 bar) (Überdruck) bemessen sein.

211 421   Tanks für Stoffe der Rn. 2431 Ziffer 3 müssen für einen Berechnungsdruck [siehe Rn. 211 127 (2)] von mindestens 2,1 MPa (21 bar) (Überdruck) bemessen sein. Die Vorschriften des Anhangs B.1 d gelten für die Werkstoffe und den Bau dieser Tanks.

211 422-
211 429

Abschnitt 3

Ausrüstung

211 430   Tanks für Schwefel der Rn. 2401 Ziffer 2 b) und Naphthalin der Rn. 2401 Ziffer 11 c) müssen mit einer wärmeisolierenden Schutzeinrichtung aus schwer entflammbarem Material versehen sein. Sie dürfen mit Ventilen versehen sein, die sich bei einem Druckunterschied zwischen 20 kPa (0,2 bar) und 30 kPa (0,3 bar) von selbst nach innen oder nach außen öffnen.

211 431   Tanks für weißen oder gelben Phosphor

und 9-Phosphabicyclononan (Cyclooktadienphosphin) ┃

der Rn. 2431 Ziffer 1 müssen folgenden Vorschriften entsprechen:

(1) Die Heizeinrichtung darf nicht bis ins Innere des Tanks führen, sondern muß außen angebracht sein; jedoch kann ein Rohr, das zur Entleerung des

Füllgutes ┃ Phosphors

dient, mit einem Wärmemantel versehen werden. Die Heizeinrichtung dieses Mantels muß so eingestellt sein, daß ein Überschreiten der Temperatur des

Füllgutes ┃ Phosphors

über die Temperatur bei der Beladung des Tanks hinaus verhindert wird. Die anderen Rohre müssen in den oberen Teil des Tanks führen; die Öffnungen müssen sich in dem Teil des Tanks befinden, der oberhalb des höchstzulässigen

Füllungsstandes der Stoffe der Ziffer 1 ┃ Standes des Phosphors

liegt, und müssen unter verriegelbaren Kappen vollständig verschließbar sein. Ferner sind die in Rn. 211 132 vorgesehenen Reinigungsöffnungen (Handloch) nicht zulässig.

(2) Der Tank muß mit einer Meßeinrichtung zum Nachprüfen des

Füllungsstandes der Stoffe der Ziffer 1 ┃ Phosphorstandes

und, wenn Wasser als Schutzmittel verwendet wird, mit einer den höchstzulässigen Wasserstand anzeigenden festen Einrichtung versehen sein.

211 432   Tanks für Stoffe der Rn. 2431 Ziffer 3 und der Rn. 2471 Ziffer 2 e) dürfen unterhalb des Flüssigkeitsspiegels keine Öffnungen oder Anschlüsse haben, auch dann nicht, wenn diese Öffnungen oder Anschlüsse verschließbar sind. Außerdem sind die in Rn. 211 132 vorgesehenen Reinigungsöffnungen (Handloch) nicht zulässig. Die auf der Oberseite des Tanks angeordneten Öffnungen einschließlich ihrer Armaturen müssen durch eine Schutzkappe geschützt werden können.

211 433   Tanks für Stoffe der Rn. 2471 Ziffer 1 a) müssen an ihren Öffnungen (Hähne, Mannlöcher usw.) durch luftdicht schließende, verriegelbare Kappen geschützt und mit einer wärmeisolierenden Schutzeinrichtung aus schwer entflammbarem Material versehen sein.

211 434-
211 439

Abschnitt 4

Zulassung des Baumusters

211 440-
211 449

Keine besonderen Vorschriften.

Anhang B.1 a

Abschnitt 5

Prüfungen

Tanks für Schwefel in geschmolzenem Zustand der Rn. 2401 Ziffer 2 b), Naphthalin in geschmolzenem Zustand der Rn. 2401 Ziffer 11 c), **211 450**

Stoffe der Rn. 2431 Ziffer 1, ▎ weißen oder gelben Phosphor der Rn. 2431 Ziffer 1,

Natrium, Kalium oder Legierungen von Natrium oder Kalium der Rn. 2471 Ziffer 1 a), Stoffe der Rn. 2471, Ziffern 2 e) und 4, müssen bei der Wasserdruckprüfung erstmalig und wiederkehrend mit einem Druck von mindestens 0,4 MPa (4 bar) (Überdruck) geprüft werden.

Tanks für Stoffe der Rn. 2431 Ziffer 3 müssen erstmalig und wiederkehrend mit einer mit dem Ladegut nicht reagierenden Flüssigkeit und einem Prüfdruck von mindestens 1 MPa (10 bar) (Überdruck) geprüft werden. **211 451**

Die Werkstoffe jedes einzelnen dieser zur Beförderung von Stoffen der Rn. 2431 Ziffer 3 vorgesehenen Tanks müssen nach dem im Anhang B.1 d beschriebenen Verfahren geprüft werden.

Tanks für Schwefel (auch Schwefelblume) der Rn. 2401 Ziffer 2 a), Stoffe der Rn. 2401 Ziffer 8, Rohnaphthalin oder Reinnaphthalin der Ziffer 11 a) und b) der Rn. 2401 und frisch gelöschte Holzkohle der Rn. 2431 Ziffer 8 müssen bei der Wasserdruckprüfung erstmalig und wiederkehrend mit dem Druck geprüft werden, der für die Bemessung des Tanks in Rn. 211 123 festgelegt ist. **211 452**

**211 453-
211 459**

Abschnitt 6

Kennzeichnung

Tanks für Stoffe der Rn. 2431 Ziffer 3 sind zusätzlich zu den nach Rn. 211 161 vorgeschriebenen Angaben mit folgender Aufschrift zu versehen: **211 460**

„Nicht öffnen während der Beförderung. Selbstentzündlich."

Tanks für Stoffe der Rn. 2471 Ziffer 2 e) sind zusätzlich zu den nach Rn. 211 161 vorgeschriebenen Angaben mit folgender Aufschrift zu versehen:

„Nicht öffnen während der Beförderung. Bildet in Berührung mit Wasser entzündliche Gase."

> Diese Aufschriften müssen in einer amtlichen Sprache des Zulassungslandes und außerdem, wenn diese Sprache nicht Deutsch, Englisch oder Französisch ist, in einer dieser Sprachen abgefaßt sein, sofern nicht Vereinbarungen zwischen den an der Beförderung beteiligten Staaten etwas anderes vorsehen.

An Tanks für Stoffe der Rn. 2471 Ziffer 4 muß auf dem in Rn. 211 160 vorgesehenen Schild zusätzlich die höchstzulässige Masse der Füllung in kg angegeben sein. **211 461**

**211 462-
211 469**

Abschnitt 7

Betrieb

Tanks für Schwefel der Rn. 2401 Ziffer 2 b) und Naphthalin der Rn. 2401 Ziffer 11 c) dürfen nur bis zu einem Füllungsgrad von 98 % gefüllt sein. **211 470**

Weißer oder gelber Phosphor **211 471**

und 9-Phosphabicyclononan (Cyclooktadienphosphin) ▎

der Rn. 2431 Ziffer 1

müssen ▎ muß

bei Verwendung von Wasser als Schutzmittel beim Einfüllen mit einer Wasserschicht von mindestens 12 cm bedeckt sein; dabei darf der Füllungsgrad bei einer Temperatur von 60 °C höchstens 98 % betragen. Bei Verwendung von Stickstoff als Schutzmittel darf der Füllungsgrad bei einer Temperatur von 60 °C höchstens 96 % betragen. Der freibleibende Raum muß derart mit Stickstoff gefüllt sein, daß nach dem Erkalten der Stickstoffdruck nicht niedriger als der atmosphärische Druck ist. Der Tank ist luftdicht [6]) so zu verschließen, daß kein Gas entweichen kann.

---

[6]) Tanks gelten als luftdicht verschlossen, wenn sie dichtverschlossene Öffnungen und keine Sicherheitsventile, Berstscheiben oder ähnliche Sicherheitseinrichtungen besitzen. Tanks mit Sicherheitsventilen, bei denen zwischen dem Sicherheitsventil und dem Tankinnern eine Berstscheibe angebracht ist, gelten als luftdicht verschlossen.

Anhang B.1 a

211 472   Bei Beförderung von Stoffen der Rn. 2471 Ziffer 1 a) müssen die Kappen nach Rn. 211 433 verriegelt sein.

211 473   Der Füllungsgrad darf je Liter Fassungsraum 1,14 kg für Trichlorsilan (Siliciumchloroform) der Rn. 2471 Ziffer 4 a), höchstens 0,95 kg für Methyldichlorsilan und höchstens 0,93 kg für Äthyldichlorsilan der Rn. 2471 Ziffer 4 b) betragen, wenn nach Masse gefüllt wird; wird volumetrisch gefüllt, darf der Füllungsgrad höchstens 85 % betragen.

211 474   Tanks, die

Stoffe der Rn. 2431 Ziffer 1   ▌ Phosphor der Rn. 2431 Ziffer 1

enthalten haben, müssen bei der Aufgabe zur Beförderung

- entweder mit Stickstoff gefüllt sein; der Absender muß im Beförderungspapier bescheinigen, daß der Tank nach Verschluß gasdicht ist;

- oder zu mindestens 96 % und höchstens 98 % ihres Fassungsraumes mit Wasser gefüllt sein; in der Zeit vom 1. Oktober bis 31. März muß das Wasser so viel Frostschutzmittel enthalten, daß es während der Beförderung nicht gefrieren kann; das Frostschutzmittel darf keine korrodierende Wirkung haben und mit

    dem Füllgut   ▌ Phosphor

    nicht reagieren.

Tanks, die Stoffe der Rn. 2431 Ziffer 1 enthalten   ▌ Tanks, die Phosphor der Rn. 2431 Ziffer 1 ent-
                                          ▌ halten

haben, gelten hinsichtlich der Anwendung der Vorschriften der Rn. 42 500 als „ungereinigte leere Tanks".

211 475   Der Füllungsgrad für Tanks mit Stoffen der Rn. 2431 Ziffer 3 und der Rn. 2471 Ziffer 2 e) darf höchstens 90 % betragen; bei einer mittleren Flüssigkeitstemperatur von 50 °C muß jedoch zur Sicherheit ein füllungsfreier Raum von 5 % verbleiben. Während der Beförderung müssen diese Stoffe durch ein inertes Gas abgedeckt sein, dessen Überdruck 50 kPa (0,5 bar) nicht übersteigt. Die Tanks müssen luftdicht [6]) verschlossen, und die Schutzkappen nach Rn. 211 433 müssen verriegelt sein. Ungereinigte leere Tanks müssen bei der Übergabe zur Beförderung mit einem inerten Gas mit einem Überdruck bis zu 50 kPa (0,5 bar) gefüllt sein.

**211 476-
211 499**

Klasse 5.1

Entzündend (oxydierend) wirkende Stoffe

Klasse 5.2

Organische Peroxide

**211 500-
211 509**

Abschnitt 1

Allgemeines, Anwendungsbereich (Verwendung von Tanks), Begriffsbestimmungen

Verwendung

211 510   Die folgenden Stoffe der Rn. 2501 dürfen in festverbundenen Tanks oder Aufsetztanks befördert werden: Stoffe der Ziffern 1 bis 3, Lösungen der Ziffer 4 (auch pulverförmiges Natriumchlorat in feuchtem oder trockenem Zustand) und wässerige Lösungen, konzentriert und warm, von Ammoniumnitrat der Ziffer 6 a) mit einer Konzentration von mehr als 80 % aber höchstens 93 %, vorausgesetzt:

a) der in einer zehnprozentigen wässerigen Lösung des zu befördernden Stoffes gemessene pH-Wert liegt zwischen 5 und 7,

b) die Lösungen enthalten nicht mehr als 0,2 % brennbare Stoffe und keine Chlorverbindungen in einer Menge, in der der Chlorgehalt 0,02 % übersteigt.

   Bem. Wegen der Beförderung in loser Schüttung von Stoffen der Rn. 2501 Ziffern 4 bis 6, 7 a) und b), siehe Rn. 51 111.

Stoffe der Rn. 2551 Ziffern 1, 10, 14, 15 und 18 dürfen in festverbundenen Tanks oder Aufsetztanks befördert werden.

**211 511-
211 519**

---

[6]) Tanks gelten als luftdicht verschlossen, wenn sie dichtverschlossene Öffnungen und keine Sicherheitsventile, Berstscheiben oder ähnliche Sicherheitseinrichtungen besitzen. Tanks mit Sicherheitsventilen, bei denen zwischen dem Sicherheitsventil und dem Tankinnern eine Berstscheibe angebracht ist, gelten als luftdicht verschlossen.

Anhang B.1 a

Abschnitt 2

Bau

Tanks für Stoffe der Rn. 211 510 in flüssigem Zustand müssen nach einem Berechnungsdruck [siehe Rn. 211 127 (2)] von mindestens 0,4 MPa (4 bar) (Überdruck) bemessen sein.

211 520

Tanks für wässerige Lösungen von Wasserstoffperoxid und für Wasserstoffperoxid der Rn. 2501 Ziffer 1 sowie für flüssige organische Peroxide der Rn. 2551 Ziffern 1, 10, 14, 15 und 18 müssen einschließlich ihrer Ausrüstung aus Aluminium mit einem Reinheitsgrad von mindestens 99,5 % oder einem geeigneten Stahl gefertigt sein, der keine Zersetzung des Wasserstoffperoxids oder der organischen Peroxide bewirkt. Wenn die Tanks aus Reinaluminium mit einem Reinheitsgrad von mindestens 99,5 % hergestellt sind, braucht die Wanddicke nicht mehr als 15 mm zu betragen, auch wenn die Berechnung nach Rn. 211 127 (2) einen höheren Wert ergibt.

211 521

Tanks für wässerige Lösungen, konzentriert und warm, von Ammoniumnitrat der Rn. 2501 Ziffer 6 a) müssen aus austenitischem Stahl gefertigt sein.

211 522

**211 523-
211 529**

Abschnitt 3

Ausrüstung

Öffnungen der Tanks für wässerige Lösungen von Wasserstoffperoxid mit mehr als 70 % Wasserstoffperoxid und für Wasserstoffperoxid der Rn. 2501 Ziffer 1 müssen sich oberhalb des Flüssigkeitsspiegels befinden. Außerdem sind die in Rn. 211 132 vorgesehenen Reinigungsöffnungen (Handloch) nicht zulässig. Tanks für wässerige Lösungen von Wasserstoffperoxid mit mehr als 60 %, aber höchstens 70 % Wasserstoffperoxid dürfen unterhalb des Flüssigkeitsspiegels Öffnungen haben. In diesem Fall müssen die Entleerungseinrichtungen der Tanks mit zwei hintereinander liegenden, voneinander unabhängigen Verschlüssen versehen sein, von denen der erste aus einer inneren Absperreinrichtung mit einem Schnellschlußventil einer genehmigten Bauart und der zweite aus einer Absperreinrichtung an jedem Ende des Entleerungsstutzens besteht. Am Ausgang jedes äußeren Ventils ist je ein Blindflansch oder eine gleichwirksame Einrichtung anzubringen. Wenn die Schlauchanschlüsse weggerissen werden, muß die innere Absperreinrichtung mit dem Tank verbunden und geschlossen bleiben. Die außenliegenden Schlauchanschlüsse der Tanks müssen aus Werkstoffen hergestellt sein, die keine Zersetzung des Wasserstoffperoxids verursachen.

211 530

211 531

Tanks für wässerige Lösungen von Wasserstoffperoxid und für Wasserstoffperoxid der Rn. 2501 Ziffer 1 sowie für wässerige Lösungen, konzentriert und warm, von Ammoniumnitrat der Rn. 2501 Ziffer 6 a) sind oben mit einer Verschlußeinrichtung zu versehen, die so beschaffen sein muß, daß sich im Tank kein Überdruck bilden kann, und die das Ausfließen von Flüssigkeit und das Eindringen fremder Substanzen in den Tank verhindert.

211 532

Die Verschlußeinrichtungen der Tanks für wässerige Lösungen, konzentriert und warm, von Ammoniumnitrat der Rn. 2501 Ziffer 6 a) müssen so hergestellt sein, daß während der Beförderung keine Verstopfung der Einrichtungen durch das festgewordene Ammoniumnitrat möglich ist.

Sind Tanks für wässerige Lösungen, konzentriert und warm, von Ammoniumnitrat der Rn. 2501 Ziffer 6 a) von einem wärmeisolierenden Stoff umgeben, so muß dieser aus anorganischem Material bestehen und vollständig frei von brennbaren Stoffen sein.

211 533

Tanks für flüssige organische Peroxide der Rn. 2551 Ziffern 1, 10, 14, 15 und 18 müssen mit einer Lüftungseinrichtung versehen sein, die eine flammendurchschlagsichere Armatur enthält und der ein Sicherheitsventil nachgeschaltet ist, das sich bei einem Druck zwischen 180 kPa (1,8 bar) und 220 kPa (2,2 bar) (Überdruck) öffnet.

211 534

Tanks für flüssige organische Peroxide der Rn. 2551 Ziffern 1, 10, 14, 15 und 18 müssen mit einer wärmeisolierenden Schutzeinrichtung nach Rn. 211 234 (1) versehen sein. Der Sonnenschutz und jeder von ihm nicht bedeckte Teil des Tanks oder die äußere Umhüllung einer vollständigen Isolierung müssen einen weißen Anstrich haben, der vor jeder Beförderung zu säubern und bei Vergilbung oder Beschädigung zu erneuern ist. Die wärmeisolierende Schutzeinrichtung darf kein brennbares Material enthalten.

211 535

**211 536-
211 539**

Abschnitt 4

Zulassung des Baumusters

**211 540-
211 549**

Keine besonderen Vorschriften.

393

Anhang B.1 a

Abschnitt 5

Prüfungen

211 550   Tanks für Stoffe nach Rn. 211 510 in flüssigem Zustand müssen bei der Wasserdruckprüfung erstmalig und wiederkehrend mit einem Druck von mindestens 0,4 MPa (4 bar) (Überdruck) geprüft werden. Tanks für die übrigen Stoffe nach Rn. 211 510 müssen bei der Wasserdruckprüfung erstmalig und wiederkehrend mit dem Druck geprüft werden, der für die Bemessung des Tanks in Rn. 211 123 festgelegt ist.

Tanks aus Reinaluminium für wässerige Lösungen von Wasserstoffperoxid sowie für Wasserstoffperoxid der Rn. 2501 Ziffer 1 und für flüssige organische Peroxide der Rn. 2551 Ziffern 1, 10, 14, 15 und 18 müssen bei der Wasserdruckprüfung erstmalig und wiederkehrend nur mit einem Druck von 250 kPa (2,5 bar) (Überdruck) geprüft werden.

**211 551-
211 559**

Abschnitt 6

Kennzeichnung

**211 560-
211 569**

Keine besonderen Vorschriften.

Abschnitt 7

Betrieb

211 570   Das Innere der Tanks und alle Teile, die mit den Stoffen nach Rn. 211 510 in Berührung kommen können, müssen saubergehalten werden. Für Pumpen, Ventile oder andere Einrichtungen dürfen nur Schmiermittel verwendet werden, die mit dem Stoff nicht gefährlich reagieren können.

211 571   Tanks für Stoffe der Rn. 2501 Ziffern 1 bis 3 dürfen bei einer Bezugstemperatur von 15 °C nur bis zu 95 % ihres Fassungsraumes gefüllt werden. Tanks für wässerige Lösungen, konzentriert und warm, von Ammoniumnitrat der Rn. 2501 Ziffer 6 a) dürfen nur bis zu 97 % ihres Fassungsraumes gefüllt werden und die höchste Temperatur nach der Füllung darf 140 °C nicht überschreiten. Tanks, die zur Beförderung von wässerigen Lösungen, konzentriert und warm, von Ammoniumnitrat zugelassen sind, dürfen nicht zur Beförderung anderer Stoffe verwendet werden.

211 572   Tanks für flüssige organische Peroxide der Rn. 2551 Ziffern 1, 10, 14, 15 und 18 dürfen nur bis zu 80 % ihres Fassungsraumes gefüllt werden. Die Tanks müssen bei der Füllung frei von Verunreinigung sein.

**211 573-
211 599**

Klasse 6.1

Giftige Stoffe

**211 600-
211 609**

Abschnitt 1

Allgemeines, Anwendungsbereich (Verwendung von Tanks), Begriffsbestimmungen

Verwendung

211 610   Die folgenden Stoffe der Rn. 2601 dürfen in festverbundenen Tanks oder Aufsetztanks befördert werden:

a) die namentlich aufgeführten Stoffe der Ziffern 2 und 3;

b) die sehr giftigen Stoffe, die unter Buchstabe a) der Ziffern 11 bis 24, 31, 41, 51, 55, 68 und 71 bis 88 aufgeführt sind und in flüssigem Zustand befördert werden, sowie die diesen Ziffern unter Buchstabe a) zu assimilieren- den Stoffe und Lösungen;

c) die giftigen und gesundheitsschädlichen Stoffe, die unter den Buchstaben b) oder c) der Ziffern 11 bis 24, 51 bis 55, 57 bis 68 und 71 bis 88 aufgeführt sind und in flüssigem Zustand befördert werden, sowie die diesen Ziffern unter den Buchstaben b) oder c) zu assimilierenden Stoffe und Lösungen;

Anhang B.1 a

d) die giftigen und gesundheitsschädlichen pulverförmigen oder körnigen Stoffe, die unter den Buchstaben b) oder c) der Ziffern 12, 14, 17, 19, 21, 23, 24, 51 bis 55, 57 bis 68 und 71 bis 88 aufgeführt sind, sowie die diesen Ziffern unter den Buchstaben b) oder c) zu assimilierenden pulverförmigen oder körnigen Stoffe.

Bem. Wegen Beförderung in loser Schüttung von Stoffen der Ziffern 44 b), 60 c) und 63 c) sowie fester Abfälle, die unter den Buchstaben d) der einzelnen Ziffern fallen, siehe Rn. 61 111.

211 611-
211 619

Abschnitt 2

Bau

Tanks für die namentlich in den Ziffern 2 und 3 aufgeführten Stoffe müssen nach einem Berechnungsdruck [siehe Rn. 211 127 (2)] von mindestens 1,5 MPa (15 bar) (Überdruck) bemessen sein.   **211 620**

Tanks für Stoffe nach Rn. 211 610 b) müssen nach einem Berechnungsdruck [siehe Rn. 211 127 (2)] von mindestens 1,0 MPa (10 bar) (Überdruck) bemessen sein.   **211 621**

Tanks für Stoffe nach Rn. 211 610 c) müssen nach einem Berechnungsdruck [siehe Rn. 211 127 (2)] von mindestens 0,4 MPa (4 bar) (Überdruck) bemessen sein.   **211 622**

Tanks für pulverförmige oder körnige Stoffe nach Rn. 211 610 d) müssen nach den Vorschriften des I. Teils dieses Anhangs bemessen sein.   **211 623**

211 624-
211 629

Abschnitt 3

Ausrüstung

Alle Öffnungen der Tanks für Stoffe nach Rn. 211 610 a) und b) müssen sich oberhalb des Flüssigkeitsspiegels befinden. Die Tankwände dürfen unterhalb des Flüssigkeitsspiegels weder Rohrdurchgänge noch Rohransätze haben. Die Tanks müssen luftdicht [6]) verschlossen und die Verschlüsse durch eine verriegelbare Kappe geschützt werden können. Jedoch sind die in Rn. 211 132 vorgesehenen Reinigungsöffnungen (Handloch) für Tanks für Blausäurelösungen der Ziffer 2 nicht zulässig.   **211 630**

Tanks für Stoffe nach Rn. 211 610 c) und d) dürfen auch Untenentleerung haben. Die Tanks müssen luftdicht [6]) verschlossen werden können.   **211 631**

Wenn die Tanks mit Sicherheitsventilen ausgerüstet sind, muß eine Berstscheibe vor dem Sicherheitsventil angebracht sein. Die Anordnung der Berstscheibe und des Sicherheitsventils muß den Anforderungen der zuständigen Behörde entsprechen.   **211 632**

Schutz der Ausrüstung

(1) Einrichtungen am oberen Teil des Tanks: **211 633**

Diese Einrichtungen müssen entweder

– in einen eingelassenen Dom eingebaut sein oder

– mit einem innenliegenden Sicherheitsventil versehen sein oder

– durch eine Schutzkappe oder durch quer- und/oder längsgerichtete Konstruktionselemente oder durch gleich wirksame Einrichtungen geschützt sein, die so angebracht sein müssen, daß beim Umkippen des Fahrzeugs keine Beschädigung der Ausrüstungsteile möglich ist.

(2) Einrichtungen am unteren Teil des Tanks:

Die Rohrstutzen und die seitlichen Verschlußeinrichtungen sowie alle Entleerungseinrichtungen müssen entweder von der äußersten Begrenzung des Tanks um 200 mm zurückversetzt oder durch ein schützendes Profil mit einem Widerstandsmoment von mindestens 20 cm^3 quer zur Fahrtrichtung geschützt sein. Der Bodenabstand muß bei vollem Tank mindestens 300 mm betragen.

(3) Einrichtungen an der Rückseite des Tanks:

Alle Einrichtungen an der Rückseite müssen durch eine Stoßstange nach Rn. 10 220 geschützt sein. Diese Einrichtungen müssen so hoch über dem Boden angebracht sein, daß sie durch die Stoßstange ausreichend geschützt sind.

211 634-
211 639

---

[6]) Tanks gelten als luftdicht verschlossen, wenn sie dichtverschlossene Öffnungen und keine Sicherheitsventile, Berstscheiben oder ähnliche Sicherheitseinrichtungen besitzen. Tanks mit Sicherheitsventilen, bei denen zwischen dem Sicherheitsventil und dem Tankinnern eine Berstscheibe angebracht ist, gelten als luftdicht verschlossen.

Anhang B.1 a

Abschnitt 4

Zulassung des Baumusters

211 640-
211 649

Keine besonderen Vorschriften.

Abschnitt 5

Prüfungen

211 650   Tanks für Stoffe nach Rn. 211 610 a), b) und c) müssen bei der Wasserdruckprüfung erstmalig und wiederkehrend mit einem Druck von mindestens 0,4 MPa (4 bar) (Überdruck) geprüft werden.

211 651   Tanks für Stoffe nach Rn. 211 610 d) müssen bei der Wasserdruckprüfung erstmalig und wiederkehrend mit dem Druck geprüft werden, der für die Bemessung der Tanks nach Rn. 211 123 festgelegt ist.

211 652-
211 659

Abschnitt 6

Kennzeichnung

211 660-
211 669

Keine besonderen Vorschriften.

Abschnitt 7

Betrieb

211 670   Tanks für Stoffe der Ziffer 3 dürfen höchstens mit 1 kg je Liter Fassungsraum gefüllt werden.

211 671   Die Tanks müssen während der Beförderung luftdicht [6] verschlossen sein. Die Verschlüsse der Tanks für Stoffe nach Rn. 211 610 a) und b) müssen durch eine verriegelte Kappe geschützt sein.

211 672   Festverbundene Tanks (Tankfahrzeuge) und Aufsetztanks, die zur Beförderung von Stoffen nach Rn. 211 610 zugelassen sind, dürfen nicht zur Beförderung von Nahrungs-, Genuß- und Futtermitteln verwendet werden.

Für die Einhaltung dieser Vorschrift ist der Beförderer
verantwortlich.

211 673-
211 699

Klasse 7

Radioaktive Stoffe

211 700-
211 709

Abschnitt 1

Allgemeines, Anwendungsbereich (Verwendung von Tanks), Begriffsbestimmungen

Verwendung

211 710   Es gelten die Vorschriften des entsprechenden Blattes der Rn. 2703.

Bem. Flüssige oder feste Stoffe mit geringer spezifischer Aktivität, LSA (I) der Rn. 2703 Blatt 5, mit Ausnahme von Uranhexafluorid und selbstentzündlichen Stoffen, dürfen in festverbundenen Tanks oder Aufsetztanks befördert werden.

211 711-
211 719

---

[6] Tanks gelten als luftdicht verschlossen, wenn sie dichtverschlossene Öffnungen und keine Sicherheitsventile, Berstscheiben oder ähnliche Sicherheitseinrichtungen besitzen. Tanks mit Sicherheitsventilen, bei denen zwischen dem Sicherheitsventil und dem Tankinnern eine Berstscheibe angebracht ist, gelten als luftdicht verschlossen.

Anhang B.1 a

Abschnitt 2

Bau

Tanks für die Stoffe der Rn. 2703 Blatt 5 Absatz 11 müssen für einen Druck von mindestens 0,4 MPa (4 bar) (Überdruck) bemessen sein.
211 720

Wenn die radioaktiven Stoffe in Stoffen anderer Klassen gelöst oder suspendiert sind, und wenn für die Tanks für diese Stoffe höhere Berechnungsdrücke festgelegt sind, so sind diese anzuwenden.

**211 721-
211 729**

Abschnitt 3

Ausrüstung

Die Öffnungen der Tanks zur Beförderung flüssiger radioaktiver Stoffe [9]) müssen sich oberhalb des Flüssigkeitsspiegels befinden. Die Tankwände dürfen unterhalb des Flüssigkeitsspiegels weder Rohrdurchgänge noch Rohransätze aufweisen.
211 730

**211 731-
211 739**

Abschnitt 4

Zulassung des Baumusters

Tanks, die zur Beförderung radioaktiver Stoffe zugelassen sind, dürfen zur Beförderung anderer Stoffe nicht zugelassen werden.
211 740

**211 741-
211 749**

Abschnitt 5

Prüfungen

Die Tanks sind erstmalig und wiederkehrend einer Wasserdruckprüfung mit einem Druck von 0,4 MPa (4 bar) (Überdruck) zu unterziehen. Abweichend von Rn. 211 151 darf die wiederkehrende innere Prüfung durch eine Wanddickenmessung mit Ultraschall ersetzt werden, die alle drei Jahre durchzuführen ist.
211 750

**211 751-
211 759**

Abschnitt 6

Kennzeichnung

**211 760-
211 769**

Keine besonderen Vorschriften.

Abschnitt 7

Betrieb

Der Füllungsgrad darf bei der Bezugstemperatur von 15 °C 93 % des Fassungsraums des Tanks nicht übersteigen.
211 770

Tanks, in denen radioaktive Stoffe befördert wurden, dürfen nicht zur Beförderung anderer Stoffe verwendet werden.
211 771

Für die Einhaltung dieser Vorschrift ist der Beförderer verantwortlich.

**211 772-
211 799**

---

[9]) Als flüssig im Sinne dieser Bestimmung sind Stoffe anzusehen, deren Auslaufzeit aus einem DIN-Becher mit 4 mm Bohrung bei 20 °C weniger als 10 Minuten (entsprechend einer Auslaufzeit von weniger als 96 s bei 20 °C in einem Ford-Becher 4 oder weniger als 2680 mm²/s) beträgt.

[9]) Als flüssig im Sinne dieser Bestimmung sind Stoffe anzusehen, deren kinematische Viskosität bei 20 °C weniger als 2680 mm²/s beträgt.

Anhang B.1 a

Klasse 8

Ätzende Stoffe

211 800-
211 809

Abschnitt 1

Allgemeines, Anwendungsbereich (Verwendung von Tanks), Begriffsbestimmungen

Verwendung

211 810
Die folgenden Stoffe der Rn. 2801 dürfen in festverbundenen Tanks oder Aufsetztanks befördert werden:

a) die namentlich aufgeführten Stoffe der Ziffern 6, 7 und 24 sowie die der Ziffer 7 zu assimilierenden Stoffe;

b) die stark ätzenden Stoffe, die unter Buchstabe a) der Ziffern 1, 2, 3, 10, 11, 21, 26, 27, 32, 33, 36, 37, 39, 46, 55, 64, 65 und 66 aufgeführt sind und in flüssigem Zustand befördert werden, sowie die diesen Ziffern unter Buchstabe a) zu assimilierenden Stoffe und Lösungen;

c) die ätzenden oder schwach ätzenden Stoffe, die unter den Buchstaben b) oder c) der Ziffern 1 bis 5, 8 bis 11, 21, 26, 27, 31 bis 39, 42 bis 46, 51 bis 55 und 61 bis 66 aufgeführt sind und in flüssigem Zustand befördert werden, sowie die diesen Ziffern unter den Buchstaben b) oder c) zu assimilierenden Stoffe und Lösungen;

d) die ätzenden oder schwach ätzenden pulverförmigen oder körnigen Stoffe, die unter den Buchstaben b) oder c) der Ziffern 22, 23, 26, 27, 31, 35, 39, 41, 45, 46, 52, 55 und 65 aufgeführt sind, sowie die diesen Ziffern unter den Buchstaben b) oder c) zu assimilierenden pulverförmigen oder körnigen Stoffe.

Bem. Wegen Beförderung in loser Schüttung von Stoffen der Ziffer 23 und schwefelsäurehaltigem Bleischlamm der Ziffer 1 b) sowie festen Abfällen, die unter den Buchstaben c) der einzelnen Ziffern fallen, siehe Rn. 81 111.

211 811-
211 819

Abschnitt 2

Bau

211 820
Tanks für die namentlich in den Ziffern 6 und 24 aufgeführten Stoffe müssen nach einem Berechnungsdruck [siehe Rn. 211 127 (2)] von mindestens 2,1 MPa (21 bar) (Überdruck) bemessen sein. Tanks für Brom der Ziffer 24 müssen mit einer Bleiauskleidung von mindestens 5 mm Dicke oder einer gleichwertigen Auskleidung versehen sein.

Tanks für Stoffe der Ziffer 7 a) müssen nach einem Berechnungsdruck [siehe Rn. 211 127 (2)] von mindestens 1,0 MPa (10 bar) (Überdruck), Tanks für Stoffe der Ziffer 7 b) und c) nach einem Berechnungsdruck [siehe Rn. 211 127 (2)] von mindestens 0,4 MPa (4 bar) (Überdruck) bemessen sein.

Die Vorschriften des Anhangs B.1d gelten für die Werkstoffe und den Bau von geschweißten Tanks für Fluorwasserstoff und von Flußsäure der Ziffer 6.

211 821
Tanks für die Stoffe nach Rn. 211 810 b) müssen nach einem Berechnungsdruck [siehe Rn. 211 127 (2)] von mindestens 1,0 MPa (10 bar) (Überdruck) bemessen sein.

Wenn die Verwendung von Aluminium für Tanks für die Beförderung von Salpetersäure der Ziffer 2 a) erforderlich ist, müssen diese Tanks aus Aluminium mit einem Reinheitsgrad von mindestens 99,5 % hergestellt sein; in diesem Fall braucht, abweichend von den Bestimmungen des vorstehenden Unterabsatzes, die Wanddicke nicht mehr als 15 mm zu betragen.

211 822
Tanks für Stoffe nach Rn. 211 810 c) müssen nach einem Berechnungsdruck [siehe Rn. 211 127 (2)] von mindestens 0,4 MPa (4 bar) (Überdruck) bemessen sein.

Tanks für Monochloressigsäure der Ziffer 31 b) müssen mit einer Emailauskleidung oder einer gleichwertigen Auskleidung versehen sein, wenn der Werkstoff des Tanks von dieser Säure angegriffen wird.

Tanks für wässerige Lösungen von Wasserstoffperoxid der Ziffer 62 müssen einschließlich ihrer Ausrüstung aus Aluminium mit einem Reinheitsgrad von mindestens 99,5 % oder einem geeigneten Stahl hergestellt sein, der keine Zersetzung des Wasserstoffperoxids bewirkt.

Abweichend von den Bestimmungen des ersten Unterabsatzes braucht die Wanddicke nicht mehr als 15 mm zu betragen, wenn die Tanks aus Reinaluminium hergestellt sind.

211 823
Tanks für pulverförmige oder körnige Stoffe nach Rn. 211 810 d) müssen nach den Vorschriften des I. Teils dieses Anhangs bemessen sein.

211 824-
211 829

398

Anhang B.1 a

Abschnitt 3

Ausrüstung

Alle Öffnungen der Tanks für Stoffe der Ziffern 6, 7 und 24 müssen sich oberhalb des Flüssigkeitsspiegels   **211 830**
befinden. Die Tankwände dürfen unterhalb des Flüssigkeitsspiegels weder Rohrdurchgänge noch Rohransätze
aufweisen. Die Tanks müssen luftdicht [6]) verschlossen und die Verschlüsse durch eine verriegelbare Kappe
geschützt werden können. Außerdem sind die in Rn. 211 132 vorgesehenen Reinigungsöffnungen nicht zulässig.

Tanks für Stoffe nach Rn. 211 810 b), c) und d) dürfen auch Untenentleerung haben.   **211 831**

Wenn Tanks für Stoffe nach Rn. 211 810 b) mit Sicherheitsventilen ausgerüstet sind, muß vor dem Sicherheits-   **211 832**
ventil eine Berstscheibe angebracht sein. Die Anordnung der Berstscheibe und des Sicherheitsventils muß den
Anforderungen der zuständigen Behörde entsprechen.

Tanks für Schwefelsäureanhydrid (Schwefeltrioxid) der Ziffer 1 a) müssen wärmeisoliert und mit einer außen   **211 833**
angebrachten Heizeinrichtung versehen sein.

Tanks für Hypochloritlösungen der Ziffer 61 und für wässerige Lösungen von Wasserstoffperoxid der Ziffer 62   **211 834**
sowie ihre Bedienungsausrüstung müssen so beschaffen sein, daß keine fremden Stoffe in den Tank gelangen
können, kein Ladegut austreten und sich im Tank kein gefährlicher Überdruck bilden kann.

**211 835-
211 839**

Abschnitt 4

Zulassung des Baumusters

**211 840-
211 849**

Keine besonderen Vorschriften.

Abschnitt 5

Prüfungen

Tanks für Fluorwasserstoff und Flußsäure der Ziffer 6 müssen bei der Wasserdruckprüfung erstmalig und   **211 850**
wiederkehrend mit einem Druck von mindestens 1,0 MPa (10 bar) (Überdruck) und Tanks für Stoffe der Ziffer 7
müssen bei der Wasserdruckprüfung erstmalig und wiederkehrend mit einem Druck von mindestens 0,4 MPa (4
bar) (Überdruck) geprüft werden.

Tanks für Stoffe der Ziffern 6 und 7 sind alle drei Jahre mit geeigneten Geräten (z. B. Ultraschall) auf
Korrosionsbeständigkeit zu untersuchen.

Die Werkstoffe jedes geschweißten Tanks für Fluorwasserstoff und Flußsäure der Ziffer 6 müssen nach dem im
Anhang B.1d beschriebenen Verfahren geprüft werden.

Tanks für Brom der Ziffer 24 oder für Stoffe nach Rn. 211 810 b) und c) müssen bei der Wasserdruckprüfung   **211 851**
erstmalig und wiederkehrend mit einem Druck von mindestens 0,4 MPa (4 bar) (Überdruck) geprüft werden. Die
Wasserdruckprüfung an Tanks für Schwefelsäureanhydrid (Schwefeltrioxid) der Ziffer 1 a) ist alle drei Jahre zu
wiederholen.

Tanks aus Reinaluminium für Salpetersäure der Ziffer 2 a) und für wässerige Lösungen von Wasserstoffperoxid
der Ziffer 62 sind bei der Wasserdruckprüfung erstmalig und wiederkehrend nur mit einem Druck von 250 kPa
(2,5 bar) (Überdruck) zu prüfen.

Der Zustand der Auskleidung der Tanks für Brom der Ziffer 24 ist von einem behördlich anerkannten Sachverständigen jährlich durch eine innere Untersuchung des Tanks zu prüfen.

Tanks für Stoffe nach Rn. 211 810 d) müssen bei der Wasserdruckprüfung erstmalig und wiederkehrend mit   **211 852**
dem Druck geprüft werden, der für die Bemessung der Tanks in Rn. 211 123 festgelegt ist.

**211 853-
211 859**

---

[6]) Tanks gelten als luftdicht verschlossen, wenn sie dichtverschlossene Öffnungen und keine Sicherheitsventile, Berstscheiben oder ähnliche
Sicherheitseinrichtungen besitzen. Tanks mit Sicherheitsventilen, bei denen zwischen dem Sicherheitsventil und dem Tankinnern eine Berstscheibe
angebracht ist, gelten als luftdicht verschlossen.

Anhang B.1 a

Abschnitt 6

Kennzeichnung

211 860   An den Tanks für Fluorwasserstoff und Flußsäure der Ziffer 6 sowie für Brom der Ziffer 24 sind außer den in Rn. 211 160 vorgesehenen Angaben die höchstzulässige Masse der Füllung in kg und das Datum (Monat, Jahr) der letzten inneren Untersuchung des Tanks anzugeben.

211 861-
211 869

Abschnitt 7

Betrieb

211 870   Tanks für Schwefelsäureanhydrid (Schwefeltrioxid) der Ziffer 1 a), dürfen nur bis zu 88 %, Tanks für Brom der Ziffer 24 müssen mindestens zu 88 % und dürfen höchstens bis zu 92 % ihres Fassungsraumes oder mit 2,86 kg je Liter Fassungsraum gefüllt werden.

Tanks für Fluorwasserstoff und Flußsäure der Ziffer 6 dürfen nur bis zu 0,84 kg je Liter Fassungsraum gefüllt werden.

211 871   Tanks für Stoffe der Ziffern 6, 7 und 24 müssen während der Beförderung luftdicht [6]) verschlossen und die Verschlüsse durch eine verriegelte Kappe geschützt sein.

211 872-
211 999

Anhang B.1 b

„Anhang B.1 b
Vorschriften für Tankcontainer

Bem. Der I. Teil enthält Vorschriften für Tankcontainer zur Beförderung von Stoffen aller Klassen. Der II. Teil enthält Sondervorschriften, welche die Vorschriften des I. Teils ergänzen oder ändern.

I. Teil
Vorschriften für alle Klassen

**212 000-
212 099**

Abschnitt 1
Allgemeines, Anwendungsbereich (Verwendung der Tankcontainer), Begriffsbestimmungen

Bem. Nach den Vorschriften der Rn. 10 121 (1) ist die Beförderung gefährlicher Güter in Tankcontainern nur zulässig, sofern diese Beförderungsart für diese Stoffe im jeweiligen Abschnitt 1 des II. Teils dieses Anhangs ausdrücklich zugelassen ist.

Diese Vorschriften gelten für Tankcontainer zur Beförderung flüssiger, gas- und pulverförmiger sowie körniger Stoffe mit mehr als 0,45 m³ Inhalt sowie für deren Ausrüstungsteile. **212 100**

Ein Tankcontainer besteht aus einem Tank und den Ausrüstungsteilen, einschließlich der Einrichtungen, die das Umsetzen des Tankcontainers ohne wesentliche Veränderung der Gleichgewichtslage erlauben. **212 101**

In den nachfolgenden Vorschriften versteht man unter **212 102**

(1) a) „Tank" den Tankmantel und die Tankböden (einschließlich der Öffnungen und ihrer Deckel);

   b) „Bedienungsausrüstung des Tanks" die Füll- und Entleerungseinrichtungen, die Lüftungseinrichtungen, die Sicherheits-, Heizungs- und Wärmeschutzeinrichtungen sowie die Meßinstrumente;

   c) „baulicher Ausrüstung" die außen oder innen am Tank angebrachten Versteifungselemente, Elemente für die Befestigung, den Schutz oder die Stabilisierung;

(2) a) „Berechnungsdruck" einen fiktiven Druck, der je nach dem Gefahrengrad des beförderten Stoffes mehr oder weniger stark nach oben vom Betriebsdruck abweichen kann, jedoch mindestens so hoch sein muß wie der Prüfdruck. Er dient nur zur Bestimmung der Wanddicke des Tanks, wobei die äußeren oder inneren Verstärkungseinrichtungen unberücksichtigt bleiben;

   b) „Prüfdruck" den höchsten effektiven Druck, der während der Druckprüfung im Tank entsteht;

---

[6] Tanks gelten als luftdicht verschlossen, wenn sie dichtverschlossene Öffnungen und keine Sicherheitsventile, Berstscheiben oder ähnliche Sicherheitseinrichtungen besitzen. Tanks mit Sicherheitsventilen, bei denen zwischen dem Sicherheitsventil und dem Tankinnern eine Berstscheibe angebracht ist, gelten als luftdicht verschlossen.

Anhang B.1 b

c) „Fülldruck" den höchsten Druck, der sich bei Druckfüllung im Tank tatsächlich entwickelt;

d) „Entleerungsdruck" den höchsten Druck, der sich bei Druckentleerung im Tank tatsächlich entwickelt;

e) „höchsten Betriebsdruck (Überdruck)" den größten der drei folgenden Werte:

   i) höchster effektiver Druck, der im Tank während des Füllens zugelassen ist (höchstzulässiger Fülldruck);

   ii) höchster effektiver Druck, der im Tank während des Entleerens zugelassen ist (höchstzulässiger Entleerungsdruck);

   iii) durch das Füllgut (einschließlich eventuell vorhandener Gase) bewirkter effektiver Überdruck im Tank bei der höchsten Betriebstemperatur.

Wenn in den Sondervorschriften für die einzelnen Klassen nichts anderes vorgeschrieben ist, darf der Zahlenwert dieses Betriebsdrucks (Überdruck) nicht geringer sein als der Dampfdruck des Füllgutes bei 50 °C (absolut). Bei Tanks mit Sicherheitsventilen (mit oder ohne Berstscheibe) ist der höchste Betriebsdruck (Überdruck) jedoch gleich dem vorgeschriebenen Ansprechdruck dieser Sicherheitsventile.

(3) „Dichtheitsprüfung" eine Prüfung, bei der der Tank nach einer von der zuständigen Behörde anerkannten Methode einem effektiven inneren Druck unterworfen wird, der gleich hoch ist wie der höchste Betriebsdruck, aber mindestens 20 kPa (0,2 bar) (Überdruck) betragen muß.

Bei Tanks mit Lüftungseinrichtungen und einer Sicherung gegen Auslaufen des Tankinhalts beim Umstürzen ist der Druck bei der Dichtheitsprüfung gleich dem statischen Druck des Füllgutes.

**212 103-
212 119**

Abschnitt 2
Bau

212 120
Die Tanks müssen den folgenden Anforderungen entsprechen.

Bem. Die Anforderungen können in technischen Richtlinien, die sich auf diese Vorschriften beziehen und die vom Bundesminister für Verkehr nach Anhörung der zuständigen obersten Landesbehörden im Verkehrsblatt bekanntgegeben werden, erläutert werden. Diese technischen Richtlinien gelten auch als technisches Regelwerk im Sinne der ADR-Regeln.

Die Tanks müssen nach den Bestimmungen eines technischen Regelwerks entworfen und gebaut sein, das von der zuständigen Behörde anerkannt ist, jedoch müssen die folgenden Mindestanforderungen eingehalten werden:

(1) Die Tanks müssen aus geeigneten metallischen Werkstoffen hergestellt sein, die, sofern in den einzelnen Klassen nicht andere Temperaturbereiche vorgesehen sind, bei einer Temperatur zwischen − 20 °C und + 50 °C trennbruchsicher und unempfindlich gegen Spannungsrißkorrosion sein müssen.

(2) Für geschweißte Tanks darf nur ein Werkstoff verwendet werden, dessen Schweißbarkeit einwandfrei feststeht und für den ein ausreichender Wert der Kerbschlagzähigkeit bei einer Umgebungstemperatur von − 20 °C besonders in den Schweißnähten und in der Schweißeinflußzone gewährleistet werden kann.

(3) Die Schweißverbindungen müssen nach den Regeln der Technik ausgeführt sein und volle Sicherheit bieten. Hinsichtlich der Herstellung und Prüfung von Schweißverbindungen siehe auch Rn. 212 127 (6). Tanks, deren Mindestwanddicken nach Rn. 212 127 (3) und (4) bemessen werden, sind entsprechend dem Schweißnahtfaktor 0,8 zu prüfen.

(4) Der Werkstoff der Tanks oder ihre Schutzauskleidungen, die mit dem Inhalt in Berührung kommen, dürfen keine Stoffe enthalten, die mit dem Inhalt gefährlich reagieren, gefährliche Stoffe erzeugen oder den Werkstoff merklich schwächen.

(5) Die Schutzauskleidung muß so beschaffen sein, daß ihre Dichtheit gewahrt bleibt, wie immer auch die Verformungen sein können, die unter normalen Beförderungsbedingungen [Rn. 212 127 (1)] eintreten können.

(6) Zieht die Berührung zwischen dem beförderten Stoff und dem für den Bau des Tanks verwendeten Werkstoff eine fortschreitende Verminderung der Wanddicken nach sich, so müssen diese bei der Herstellung durch einen geeigneten Wert erhöht werden. Dieser Abzehrungszuschlag darf bei der Berechnung der Wanddicke nicht berücksichtigt werden.

212 121
Die Tanks, ihre Befestigungseinrichtungen, ihre Bedienungsausrüstung und ihre bauliche Ausrüstung müssen so beschaffen sein, daß sie ohne Verlust des Inhalts (ausgenommen Gasmengen, die aus etwa vorhandenen Entgasungsöffnungen austreten)

– unter normalen Beförderungsbedingungen den statischen und dynamischen Beanspruchungen standhalten;

– den in den nachstehenden Rn. 212 125 und 212 127 vorgeschriebenen Mindestbeanspruchungen standhalten.

212 122
Der für die Bestimmung der Wanddicke des Tanks maßgebliche Druck darf nicht geringer sein als der Berechnungsdruck, doch müssen dabei auch die in Rn. 212 121 erwähnten Beanspruchungen berücksichtigt werden.

Anhang B.1 b

Vorbehaltlich der Sondervorschriften für die einzelnen Klassen sind bei der Bemessung der Tanks die nachstehenden Angaben zu berücksichtigen: **212 123**

(1) Tanks mit Entleerung durch Schwerkraft, die für Stoffe bestimmt sind, die bei 50 °C einen Dampfdruck von höchstens 110 kPa (1,1 bar) (absolut) haben, sind nach einem Druck zu bemessen, der dem doppelten statischen Druck des zu befördernden Stoffes, mindestens jedoch dem doppelten statischen Druck von Wasser entspricht.

(2) Tanks mit Druckfüllung oder -entleerung für Stoffe, die bei 50 °C einen Dampfdruck von höchstens 110 kPa (1,1 bar) (absolut) haben, sind nach einem Druck zu bemessen, der das 1,3fache des Füll- oder Entleerungsdrucks beträgt.

(3) Tanks mit irgendeinem Füll- und Entleerungssystem, die für Stoffe bestimmt sind, die bei 50 °C einen Dampfdruck von mehr als 100 kPa (1,1 bar), jedoch höchstens 175 kPa (1,75 bar) (absolut) haben, sind nach einem Druck zu bemessen, der mindestens 150 kPa (1,5 bar) (Überdruck) beträgt oder dem 1,3fachen des Füll- oder Entleerungsdrucks, wenn dieser höher ist, entspricht.

(4) Tanks mit irgendeinem Füll- oder Entleerungssystem, die für Stoffe bestimmt sind, die bei 50 °C einen Dampfdruck von mehr als 175 kPa (1,75 bar) (absolut) haben, sind nach einem Druck zu bemessen, der dem 1,3fachen des Füll- oder Entleerungsdrucks entspricht, mindestens jedoch 0,4 MPa (4 bar) (Überdruck) beträgt.

Tankcontainer für bestimmte gefährliche Stoffe müssen einen zusätzlichen Schutz haben. Dieser kann durch eine erhöhte Wanddicke des Tanks gewährleistet sein (diese erhöhte Wanddicke wird auf Grund der Art der Gefahren, die der betreffende Stoff aufweist, bestimmt – siehe die einzelnen Klassen) oder aus einer Schutzeinrichtung bestehen. **212 124**

Beim Prüfdruck muß die Spannung σ (Sigma) an der am stärksten beanspruchten Stelle des Tanks kleiner oder gleich den nachstehend im Verhältnis zu den Werkstoffen festgesetzten Grenzen sein. Dabei ist eine etwaige Schwächung durch die Schweißnähte zu berücksichtigen. Ferner sind die höchsten oder tiefsten Füll- und Betriebstemperaturen bei der Wahl des Werkstoffs und der Bemessung der Wanddicke zu berücksichtigen. **212 125**

(1) Für Metalle und Legierungen mit einer ausgeprägten Streckgrenze oder solchen, die eine vereinbarte Streckgrenze Re haben (gewöhnlich 0,2 % der remanenten Dehnung, für austenitische Stähle die 1 %-Dehngrenze),

a) wenn das Verhältnis Re/Rm nicht größer als 0,66 ist,

(Re = garantierte Streckgrenze oder 0,2 %-Grenze oder die 1 %-Dehngrenze für austenitische Stähle,

Rm = Mindestwert der garantierten Zugfestigkeit)

muß σ ≤ 0,75 Re sein;

b) wenn das Verhältnis Re/Rm größer als 0,66 ist, muß σ ≤ 0,5 Rm sein;

Von dieser Bestimmung darf unter der Voraussetzung abgewichen werden, daß Re/Rm größer als 0,66 und kleiner als 0,85 ist. Dann muß σ ≤ 0,75 Re sein.

c) Das Verhältnis Re/Rm des Stahls für geschweißte Tanks darf nicht größer sein als 0,85.

(2) Für Metalle und Legierungen, die keine festgestellte Streckgrenze und die eine garantierte Mindestzugfestigkeit Rm haben, muß σ ≤ 0,43 Rm sein.

(3) Die Bruchdehnung in % bei Stahl muß mindestens dem Zahlenwert

$$\frac{10\ 000}{\text{ermittelte Zugfestigkeit in N/mm}^2}$$

entsprechen und darf bei Feinkornstählen nicht weniger als 16 % und bei anderen Stählen nicht weniger als 20 % betragen. Bei Aluminiumlegierungen darf die Bruchdehnung nicht weniger als 12 % betragen [1].

Alle Teile von Tankcontainern zur Beförderung flüssiger Stoffe mit einem Flammpunkt bis 55 °C und brennbarer Gase müssen elektrisch geerdet werden können. Jeder Metallkontakt, der zu elektrochemischer Korrosion führen kann, muß vermieden werden. **212 126**

Tankcontainer müssen die nachfolgend in Absatz 1 genannten Kräfte aufnehmen können und die Tanks müssen mindestens die nachfolgend in den Absätzen 2 bis 5 festgelegten Wanddicken haben. **212 127**

(1) Die Tankcontainer einschließlich ihrer Befestigungseinrichtungen müssen bei der höchstzulässigen Masse der Füllung folgende Kräfte aufnehmen können:

– 2fache Gesamtmasse in Fahrtrichtung;

– 1fache Gesamtmasse horizontal seitwärts zur Fahrtrichtung (wenn die Fahrtrichtung nicht eindeutig bestimmt ist, gilt die 2fache Gesamtmasse in jeder Richtung;

---

[1] Für Bleche ist die Zugprobe quer zur Walzrichtung zu entnehmen. Die Dehnung nach Bruch (l = 5 d) wird an Probestäben mit kreisrundem Querschnitt bestimmt, wobei die Meßlänge l zwischen den Meßmarken gleich dem 5fachen Stabdurchmesser d ist. Werden Probestäbe mit eckigem Querschnitt verwendet, so wird die Meßlänge l nach der Formel l = 5,65 $\sqrt{F_o}$ berechnet, wobei F_o gleich dem ursprünglichen Querschnitt des Probestabes ist.

Anhang B.1 b

– 1fache Gesamtmasse vertikal aufwärts und
– 2fache Gesamtmasse vertikal abwärts.

Unter Wirkung jeder dieser Kräfte müssen folgende Sicherheitskoeffizienten eingehalten werden:
– bei metallischen Werkstoffen mit ausgeprägter Streckgrenze ein Sicherheitskoeffizient von 1,5 bezogen auf die festgestellte Streckgrenze;
– bei metallischen Werkstoffen ohne ausgeprägte Streckgrenze ein Sicherheitskoeffizient von 1,5 bezogen auf die festgestellte 0,2 %-Streckgrenze und bei austenitischen Stählen auf die 1 %-Dehngrenze.

(2) Die Mindestwanddicke des zylindrischen Teils des Tanks sowie der Böden und Deckel muß mindestens der Dicke entsprechen, die sich nach folgender Formel ergibt:

$$e = \frac{P_{MPa} \times D}{2 \times \sigma \times \lambda} \text{ mm} \qquad \left(e = \frac{P_{bar} \times D}{20 \times \sigma \times \lambda} \text{ mm} \right)$$

wobei
P_{MPa} = Berechnungsdruck in MPa,
P_{bar} = Berechnungsdruck in bar,
D = innerer Durchmesser des Tanks in mm,
σ = zulässige Spannung in N/mm², festgelegt in Rn. 212 125 (1) und (2),
λ = Koeffizient 1 oder weniger als 1, welcher der Schweißnahtgüte Rechnung trägt,
bedeutet.

In keinem Fall darf die Dicke aber geringer sein als die in den Absätzen 3 und 4 festgelegten Werte.

(3) Die Wände, Böden und Deckel von Tanks mit einem Durchmesser von nicht mehr als 1,80 m [2]), müssen eine Dicke von mindestens 5 mm haben, wenn sie aus Baustahl [3]) (entsprechend den Vorschriften der Rn. 212 125) bestehen, oder eine gleichwertige Dicke, wenn sie aus einem anderen Metall hergestellt sind. Ist der Durchmesser größer als 1,80 m [2]), ist die Dicke für Tanks aus Baustahl [3]) (entsprechend den Vorschriften der Rn. 212 125) auf 6 mm oder eine gleichwertige Dicke bei Verwendung eines anderen Metalls zu erhöhen. Welches Metall auch verwendet wird, die Mindestdicke der Tankwände darf nie weniger als 3 mm betragen. Unter gleichwertiger Dicke versteht man diejenige, die durch die nachstehende Formel [4]) bestimmt wird:

$$e_1 = \frac{21,4 \times e_o \text{ }^{4)}}{\sqrt[3]{Rm_1 \times A_1}}$$

(4) Wenn der Tank einen Schutz gegen Beschädigung aufweist, kann die
Bundesanstalt für Materialforschung und -prüfung   ▌ zuständige Behörde
zulassen, daß diese Mindestdicken im Verhältnis zu diesem Schutz verringert werden; für Tanks mit einem Durchmesser von nicht mehr als 1,80 m [2]) dürfen diese Dicken jedoch nicht weniger als 3 mm bei Verwendung von Baustahl [3]) oder eine gleichwertige Dicke bei Verwendung anderer Metalle betragen. Für Tanks mit einem Durchmesser von mehr als 1,80 m [2]) ist diese Dicke bei Verwendung von Baustahl [3]) auf 4 mm zu erhöhen oder auf eine gleichwertige Dicke bei Verwendung eines anderen Metalls. Unter gleichwertiger Dicke versteht man diejenige, die durch die nachstehende Formel bestimmt wird:

$$e_1 = \frac{21,4 \times e_o \text{ }^{4)}}{\sqrt[3]{Rm_1 \times A_1}}$$

(5) Der Schutz, auf den in Absatz (4) Bezug genommen wird, kann aus einem völlig umschließenden baulichen Schutz, wie einer geeigneten „Sandwich-Konstruktion", bei der der äußere Schutz am Tank befestigt ist, oder aus einem den Tank völlig umschließenden Rahmenwerk mit Längs- und Querträgern gehalten sein oder aus einem Doppelwandtank bestehen. Wenn die Tanks als Doppelwandtank mit Vakuum-Isolierung gebaut sind, muß die Summe der Wanddicken der metallischen Außenwand und der des Tanks der in Absatz (3) festgelegten Mindestwanddicke entsprechen. Die Wanddicke des Tanks selbst darf dabei die in Absatz (4) festgelegte Mindestwanddicke nicht unterschreiten.

Wenn der Tank als Doppelwandtank mit einer Feststoffzwischenschicht von mindestens 50 mm Dicke gebaut ist, muß die Außenwand eine Dicke von mindestens 0,5 mm haben, wenn sie aus Baustahl [3]) und eine solche von mindestens 2 mm, wenn sie aus glasfaserverstärktem Kunststoff besteht. Als Feststoffzwischenschicht darf Hartschaum verwendet werden, der ein Schlagabsorptionsvermögen hat wie beispielsweise Polyurethanschaum.

---

[2]) Bei anderen als kreisrunden Tanks, z. B. Koffertanks oder elliptischen Tanks, entsprechen die angegebenen Durchmesser denjenigen, die sich aus einem flächengleichen Kreisquerschnitt errechnen. Bei diesen Querschnittsformen dürfen die Dicken jedoch nicht weniger als 3 mm bei Verwendung von Baustahl [3]) oder eine Wölbungsradien der Tankmäntel seitlich nicht größer als 2 000 mm, oben und unten nicht größer als 3 000 mm sein.

[3]) Unter Baustahl versteht man einen Stahl, dessen Mindestzugfestigkeit zwischen 360 N/mm² und 440 N/mm² liegt.

[4]) Diese Formel ergibt sich aus der allgemeinen Formel

$$e_1 = e_o \sqrt[3]{\frac{Rm_o \cdot A_o}{Rm_1 \cdot A_1}}$$

In dieser Formel bedeutet:
Rm_o = 360,
A_o = 27 für Bezugsbaustahl,
Rm_1 = Mindestzugfestigkeit des gewählten Metalls in N/mm²,
A_1 = Mindestbruchdehnung des gewählten Metalls in %.

Anhang B.1 b

(6) Die Befähigung des Herstellers zur Ausführung von Schweißarbeiten muß durch die zuständige Behörde anerkannt sein. Die Schweißarbeiten sind von geprüften Schweißern nach einem Schweißverfahren durchzuführen, dessen Eignung (einschließlich etwa erforderlicher Wärmebehandlungen) durch eine Verfahrensprüfung nachgewiesen wurde. Die zerstörungsfreien Prüfungen sind durch Ultraschall oder Durchstrahlung vorzunehmen und müssen die beanspruchungsgerechte Ausführung der Schweißnähte bestätigen.

Bei der Bemessung der Wanddicken nach Absatz 2 sind hinsichtlich der Schweißnähte folgende Werte für den Koeffizienten λ (Lambda) zu wählen:

0,8: wenn die Schweißnähte auf beiden Seiten soweit wie möglich visuell geprüft und stichprobenweise einer zerstörungsfreien Prüfung, unter besonderer Berücksichtigung der Stoßstellen, unterzogen werden;

0,9: wenn alle Längsnähte über ihre gesamte Länge, die Rundnähte in einem Ausmaß von 25 % sowie die Schweißnähte von größeren Ausschnitten zerstörungsfrei geprüft werden, wobei alle Stoßstellen erfaßt sein müssen. Die Schweißnähte sind auf beiden Seiten soweit wie möglich visuell zu prüfen;

1,0: wenn alle Schweißnähte zerstörungsfrei und soweit wie möglich auf beiden Seiten visuell geprüft werden. Ein Schweißprobestück ist zu entnehmen.

Wenn die zuständige Behörde hinsichtlich der Qualität der Schweißnähte Bedenken hat, kann sie zusätzliche Prüfungen anordnen.

(7) Es müssen Maßnahmen getroffen werden, um die Tanks gegen die Gefahren der Verformung infolge eines inneren Unterdrucks zu schützen.

(8) Die wärmeisolierende Schutzeinrichtung muß so angebracht sein, daß sie weder den leichten Zugang zu den Füll- und Entleerungseinrichtungen sowie zu den Sicherheitsventilen behindert, noch deren Funktionieren beeinträchtigen.

**212 128-
212 129**

Abschnitt 3

Ausrüstung

Die Ausrüstungsteile sind so anzubringen, daß sie während der Beförderung und Handhabung gegen Losreißen oder Beschädigung gesichert sind. Sie müssen die gleiche Sicherheit gewährleisten wie die Tanks und müssen **212 130**

– mit den beförderten Gütern verträglich sein,

– den Bestimmungen der Rn. 212 121 entsprechen.

Die Dichtheit der Bedienungsausrüstung muß auch beim Umkippen des Tankcontainers gewährleistet sein. Die Dichtungen müssen aus einem Werkstoff gefertigt sein, der sich mit dem beförderten Gut verträgt; sie müssen ersetzt werden, sobald ihre Wirksamkeit, z. B. durch Alterung, beeinträchtigt ist. Die Dichtungen, welche die Dichtheit der Einrichtungen, die bei normaler Verwendung des Tankcontainers betätigt werden, gewährleisten, müssen so beschaffen und angeordnet sein, daß sie durch die Betätigung der Einrichtung, zu der sie gehören, in keiner Weise beschädigt werden.

Jeder Tankcontainer mit Untentleerung und jedes Abteil von unterteilten Tanks mit Untentleerung der Tankcontainer müssen mit zwei hintereinanderliegenden, voneinander unabhängigen Verschlüssen versehen sein, wobei der erste der beiden Verschlüsse aus einer mit dem Tank verbundenen inneren Absperreinrichtung [5] und der zweite aus einem Ventil oder einer ähnlichen, an jedem Ende des Entleerungsstutzens angebrachten Einrichtung [6] bestehen muß. Darüber hinaus müssen die Öffnungen der Tanks durch Schraubkappen, Blindflansche oder andere gleich wirksame Einrichtungen verschließbar sein. Die innere Absperreinrichtung kann von oben oder von unten her betätigt werden. In beiden Fällen muß die Stellung – offen oder geschlossen – der inneren Absperreinrichtung, wenn möglich vom Boden aus, kontrollierbar sein. Die Betätigungselemente der inneren Absperreinrichtung müssen so beschaffen sein, daß jedes ungewollte Öffnen infolge eines Stoßes oder einer unabsichtlichen Handlung ausgeschlossen ist. **212 131**

Bei Beschädigung des äußeren Betätigungselementes muß der innere Verschluß wirksam bleiben. Um jeden Verlust des Inhalts bei Beschädigung der äußeren Füll- und Entleerungseinrichtungen (Rohrstutzen, seitliche Verschlußeinrichtungen) zu vermeiden, müssen die innere Absperreinrichtung und ihr Sitz so beschaffen oder geschützt sein, daß sie unter dem Einfluß äußerer Beanspruchungen nicht abgerissen werden können. Die Füll- und Entleerungseinrichtungen (einschließlich Flansche und Schraubverschlüsse) sowie eventuelle Schutzkappen müssen gegen ungewolltes Öffnen gesichert sein.

Die Stellung und/oder die Schließrichtung der Ventile muß klar ersichtlich sein.

Der Tank oder jedes seiner Abteile muß mit einer Öffnung versehen sein, die groß genug ist, um die innere Untersuchung zu ermöglichen.

---

[5] Ausgenommen sind Tanks zur Beförderung bestimmter kristallisierbarer oder sehr dickflüssiger Stoffe, tiefgekühlter verflüssigter Gase und pulverförmiger und körniger Stoffe.

[6] Bei Tankcontainern mit einem Fassungsraum von weniger als 1 m³ kann dieses Ventil oder diese andere gleichwertige Einrichtung durch einen Blindflansch ersetzt werden.

Anhang B.1 b

212 132 Tanks zur Beförderung von Stoffen, bei denen sich alle Öffnungen oberhalb des Flüssigkeitsspiegels befinden müssen, dürfen im unteren Teil des Tankmantels mit einer Reinigungsöffnung (Handloch) versehen sein. Diese Öffnung muß durch einen dicht schließenden Flansch verschlossen werden können, dessen Bauart von der zuständigen Behörde oder einer von ihr bestimmten Stelle zugelassen sein muß.

212 133 Tankcontainer zur Beförderung flüssiger Stoffe mit einem Dampfdruck bei 50 °C bis 110 kPa (1,1 bar) (absolut) müssen entweder eine Lüftungseinrichtung und eine Sicherung gegen Auslaufen des Tankinhalts beim Umstürzen haben oder den Bestimmungen der Rn. 212 134 oder 212 135 entsprechen.

212 134 Tankcontainer zur Beförderung flüssiger Stoffe mit einem Dampfdruck bei 50 °C von mehr als 110 kPa (1,1 bar) bis 175 kPa (1,75 bar) (absolut) müssen entweder ein Sicherheitsventil haben, das auf mindestens 150 kPa (1,5 bar) (Überdruck) eingestellt ist und sich spätestens bei einem Druck, der dem Prüfdruck entspricht, vollständig öffnet oder den Bestimmungen der Rn. 212 135 entsprechen.

212 135 Tankcontainer zur Beförderung flüssiger Stoffe mit einem Dampfdruck bei 50 °C von mehr als 175 kPa (1,75 bar) bis 300 kPa (3 bar) (absolut) müssen entweder ein Sicherheitsventil haben, das auf mindestens 0,3 MPa (3 bar) (Überdruck) eingestellt ist und sich spätestens bei einem Druck, der dem Prüfdruck entspricht, vollständig öffnet oder luftdicht [7]) verschlossen sein.

212 136 Sind die Tanks für entzündbare flüssige Stoffe mit einem Flammpunkt bis höchstens 55 °C und für brennbare Gase aus Aluminium, so dürfen keine beweglichen Teile, die mit den für diese Stoffe bestimmten Aluminiumtanks in schlagende oder reibende Berührung kommen können, z. B. Deckel, Verschlußteile, usw., aus ungeschütztem rostenden Stahl gefertigt sein.

212 137 (1) Sind Tanks für flüssige Stoffe mit einem Flammpunkt bis 55 °C mit einer Gasrückführungseinrichtung ausgerüstet, muß diese flammendurchschlagsicher sein, wenn die Tanks nicht nachweisbar explosionsdruckstoßfest sind.

(2) Tanks für flüssige Stoffe mit Flammpunkt bis 55 °C mit nichtabsperrbarer Lüftungseinrichtung, die bei einem Überdruck unter 150 kPa (1,5 bar) öffnet, müssen in der Lüftungseinrichtung eine flammendurchschlagsichere Armatur haben, wenn die Tanks nicht nachweisbar explosionsdruckstoßfest sind.

(3) Tanks mit innerem Überdruck müssen gefahrlos entspannt werden können. Bei Tanks zur Beförderung von flüssigen Stoffen mit Flammpunkt bis 55 °C muß nachweisbar sichergestellt sein, daß sie explosionsdruckstoßfest gebaut sind oder daß beim Entspannen Flammen nicht in den Tank hineinschlagen können.

212 138 (1) Sofern Tanks für Flüssigkeiten mit Flammpunkten bis 55 °C mit Einrichtungen zur Beheizung des Ladegutes ausgerüstet sind, müssen diese Einrichtungen explosionsgeschützt ausgeführt sein.

(2) Sofern Tanks für Flüssigkeiten mit Flammpunkten bis 55 °C mit nichtmetallischen Innenbeschichtungen ausgerüstet sind, müssen diese so ausgeführt sein, daß Zündgefahren infolge elektrostatischer Aufladungen nicht auftreten können.

212 139

Abschnitt 4
Zulassung des Baumusters

212 140 Für jedes neue Baumuster eines Tankcontainers ist durch die

Bundesanstalt für Materialforschung und -prüfung | zuständige Behörde oder eine von ihr bestimmte Stelle

---

[7]) Tanks gelten als luftdicht verschlossen, wenn sie dichtverschlossene Öffnungen und keine Sicherheitsventile, Berstscheiben oder ähnliche Sicherheitseinrichtungen besitzen. Tanks mit Sicherheitsventilen, bei denen zwischen dem Sicherheitsventil und dem Tankinnern eine Berstscheibe angebracht ist, gelten als luftdicht verschlossen.

Anhang B.1 b

eine Bescheinigung darüber auszustellen, daß das von ihr geprüfte Baumuster des Tankcontainers einschließlich seiner Befestigungseinrichtungen für den beabsichtigten Zweck geeignet ist und daß die Bauvorschriften des Abschnitts 2, die Ausrüstungsvorschriften des Abschnitts 3 und die Sondervorschriften für die Klassen der beförderten Stoffe eingehalten sind. Werden die Tankcontainer ohne Änderung in Serie gefertigt, gilt diese Zulassung für die ganze Serie. In einem Prüfbericht sind die Prüfergebnisse, die Stoffe und/oder die Gruppen von Stoffen, für die der Tankcontainer zugelassen ist, und seine Zulassungsnummer als Baumuster anzugeben. Die Stoffe einer Gruppe von Stoffen müssen von ähnlicher Beschaffenheit und in gleicher Weise verträglich mit den Eigenschaften des Tanks sein. Die zugelassenen Stoffe oder Gruppen von Stoffen müssen im Prüfbericht mit ihrer chemischen Bezeichnung oder der entsprechenden Sammelbezeichnung der Stoffaufzählung sowie mit der Klasse und Ziffer angegeben werden. Die Zulassungsnummer besteht aus dem Unterscheidungszeichen [8]) des Staates, in dem die Zulassung erfolgte, und einer Registriernummer.

212 141-
212 149

Abschnitt 5

Prüfungen

Die Tanks und ihre Ausrüstungsteile sind entweder zusammen oder getrennt erstmalig vor Inbetriebnahme zu prüfen. Diese Prüfung umfaßt: **212 150**

– Übereinstimmung mit dem zugelassenen Baumuster,

– eine Bauprüfung [9]),

– eine Prüfung des inneren und äußeren Zustandes,

– eine Wasserdruckprüfung [10]) mit dem auf dem Tankschild angegebenen Prüfdruck und

– eine Funktionsprüfung der Ausrüstungsteile.

Die Wasserdruckprüfung ist vor dem Anbringen einer eventuell notwendigen wärmeisolierenden Schutzeinrichtung durchzuführen. Wenn die Tanks und ihre Ausrüstungsteile getrennt geprüft werden, müssen sie zusammen einer Dichtheitsprüfung nach Rn. 212 102 (3) unterzogen werden.

Die Tanks und ihre Ausrüstungsteile sind innerhalb vorgesehener Fristen wiederkehrenden Prüfungen zu unterziehen. Die wiederkehrenden Prüfungen umfassen die Prüfung des inneren und äußeren Zustandes und im allgemeinen eine Wasserdruckprüfung [10]). Ummantelungen zur Wärmeisolierung oder andere Isolierungen sind nur soweit zu entfernen, wie es für die sichere Beurteilung des Tanks erforderlich ist.   **212 151**

Bei Tanks zur Beförderung pulverförmiger oder körniger Stoffe dürfen mit Zustimmung des behördlich anerkannten Sachverständigen die wiederkehrenden Wasserdruckprüfungen entfallen und durch Dichtheitsprüfungen nach Rn. 212 102 (3) ersetzt werden.

Die maximalen Fristen für die Prüfungen betragen fünf Jahre. Ungereinigte leere Tankcontainer dürfen auch nach Ablauf dieser Fristen zum Ort der Prüfung befördert werden.

Zusätzlich ist spätestens alle zweieinhalb Jahre eine Dichtheitsprüfung nach Rn. 212 102 (3) des Tanks mit der Ausrüstung und eine Funktionsprüfung sämtlicher Ausrüstungsteile vorzunehmen.   **212 152**

Der Eigentümer hat dafür zu sorgen, daß der Tankcontainer auch zwischen den Prüfterminen den Bau-, Ausrüstungs- und Kennzeichnungsvorschriften der Abschnitte 2, 3 und 6 entspricht.   **212 153**

Wenn die Sicherheit des Tanks oder seiner Ausrüstung durch Ausbesserung, Umbau oder Unfall beeinträchtigt

ist, so hat der Halter eine außerordentliche Prüfung durchführen zu lassen.   sein könnte, so ist eine außerordentliche Prüfung durchzuführen.

Die Prüfungen nach Rn. 212 150 bis 212 153 sind durch den behördlich anerkannten Sachverständigen durchzuführen. Über die Prüfungen sind Bescheinigungen auszustellen.   **212 154**

211 155-
211 159

---

[8]) Das im Wiener Übereinkommen über den Straßenverkehr (1968) vorgesehene Unterscheidungszeichen für Kraftfahrzeuge im internationalen Verkehr.

[9]) Bei Tanks mit einem Mindestprüfdruck von 1 MPa (10 bar) umfaßt die Bauprüfung auch eine Prüfung von Schweißprobestücken – Arbeitsproben – nach Anhang B.1 d.

[10]) In Sonderfällen darf die Wasserdruckprüfung mit Zustimmung des behördlich anerkannten Sachverständigen durch eine Prüfung mit einer anderen Flüssigkeit oder mit einem Gas ersetzt werden, wenn dieses Vorgehen nicht gefährlich ist.

Anhang B.1 b

Abschnitt 6

Kennzeichnung

212 160   An jedem Tankcontainer muß ein Schild aus nicht korrodierendem Metall dauerhaft und an einer für die Kontrolle leicht zugänglichen Stelle angebracht sein. Auf diesem Schild müssen mindestens die nachstehend aufgeführten Angaben eingestanzt oder in einem ähnlichen Verfahren angebracht sein. Diese Angaben dürfen unmittelbar auf den Tankwänden angebracht sein, wenn diese so verstärkt sind, daß die Widerstandsfähigkeit des Tanks nicht beeinträchtigt wird:

- Zulassungsnummer;
- Hersteller oder Herstellerzeichen;
- Herstellungsnummer;
- Baujahr;
- Prüfdruck *) (Überdruck);
- Fassungsraum *) – bei unterteilten Tankcontainern Fassungsraum jedes Tankabteils;
- Berechnungstemperatur *) (nur erforderlich bei Berechnungstemperaturen über + 50 °C oder unter – 20 °C);
- Datum (Monat, Jahr) der erstmaligen und der zuletzt durchgeführten wiederkehrenden Prüfung nach den Rn. 212 150 und 212 151;
- Stempel des Sachverständigen, der die Prüfung vorgenommen hat;
- Tankwerkstoff und gegebenenfalls Werkstoff der Schutzauskleidung.

An Tanks, die mit Druck gefüllt oder entleert werden, ist außerdem der höchstzulässige Betriebsdruck [11]) anzugeben.

212 161   Folgende Angaben müssen auf dem Tankcontainer selbst oder auf einer Tafel angegeben sein:

- Name des Eigentümers oder Betreibers;
- Fassungsraum *) des Tanks;
- Eigenmasse *);
- höchstzulässige Gesamtmasse *);
- Angabe des beförderten Ladeguts [11]).

212 162-
212 169

Abschnitt 7

Betrieb

212 170   Die Tankcontainer müssen während der Beförderung so auf dem Trägerfahrzeug befestigt sein, daß sie durch Einrichtungen des Trägerfahrzeuges oder des Tankcontainers ausreichend gegen seitliche und rückwärtige Stöße sowie gegen Überrollen geschützt sind [12]). Wenn die Tanks, einschließlich der Betriebsausrüstungen, so gebaut sind, daß sie Stößen oder einem Überrollen standhalten können, ist es nicht nötig, sie auf diese Weise zu schützen. Die Dicke der Tankwände muß während der gesamten Verwendungsdauer des Tanks größer als der oder gleich dem Mindestwert sein, der in Rn. 212 127 (2) gefordert wird.

212 171   (1) Tankcontainer dürfen nur mit denjenigen gefährlichen Gütern gefüllt werden, für deren Beförderung sie nach der Baumusterzulassung zugelassen sind. Die Beförderung weiterer gefährlicher Güter derselben Klasse(n) ist zulässig, wenn diese Güter nach Rn. 10 121 zur Beförderung in Tankcontainern zugelassen sind und die Bundesanstalt für Materialforschung und -prüfung oder ein Sachverständiger nach § 9 Abs. 3 Nr. 2 in einer Erklärung nach Anhang B.3 c bescheinigt, daß der Tankcontainer, den Vorschriften dieses Anhangs für die Beförderung der Güter entspricht. Der Sachverständige hat eine Ausfertigung der Erklärung unverzüglich an die Bundesanstalt für Materialforschung und -prüfung zu übersenden.

Tanks dürfen nur mit denjenigen gefährlichen Gütern gefüllt werden, für deren Beförderung sie zugelassen sind und die mit dem Werkstoff der Tanks, den Dichtungen, den Ausrüstungsteilen sowie den Schutzauskleidungen, mit denen sie in Berührung kommen, nicht gefährlich reagieren, gefährliche Stoffe erzeugen oder den Werkstoff merklich schwächen. Nahrungsmittel dürfen in solchen Tanks nur befördert werden, wenn die erforderlichen Maßnahmen zur Verhütung von Gesundheitsschäden getroffen wurden.

---

*) Nach den Zahlenwerten sind jeweils die Maßeinheiten hinzuzufügen.

[11]) Die Benennung darf durch eine Sammelbezeichnung ersetzt werden, die die Stoffe gruppiert, die wesensverwandt sind, und die in gleicher Weise verträglich sind mit den Eigenschaften des Tanks.

[12]) Beispiele für Schutz der Tanks:

    1. Der Schutz gegen seitliches Anfahren kann z. B. aus Längsträgern bestehen, die den Tank auf beiden Längsseiten in Höhe der Tankmittellinie schützen.

    2. Der Schutz gegen Überrollen kann z. B. aus Verstärkungsringen oder aus Rahmenquerträgern bestehen.

    3. Der Schutz gegen Anfahren von rückwärts kann z. B. aus einer Stoßstange oder aus einem Rahmen bestehen.

406

Anhang B.1 b

Nahrungsmittel dürfen in solchen Tanks nur befördert werden, wenn die erforderlichen Maßnahmen zur Verhütung von Gesundheitsschäden getroffen wurden.

(2) In leere ungereinigte Tankcontainer dürfen nur solche Stoffe gefüllt werden, die mit dem Restinhalt nicht gefährlich reagieren können oder deren gefährliche Eigenschaften durch den Restinhalt nicht wesentlich erhöht werden können; das gilt besonders für flüssige Stoffe mit Flammpunkt über 55 °C, die in leere ungereinigte Tankcontainer gefüllt werden, die zuletzt Flüssigkeiten mit Flammpunkt bis 55 °C enthielten.

(1) Folgende Füllungsgrade der Tankcontainer zur Beförderung flüssiger Stoffe bei Umgebungstemperatur dürfen nicht überschritten werden: **212 172**

a) für entzündbare Stoffe ohne zusätzliche Gefahren (z. B. giftig, ätzend) in Tankcontainern mit Lüftungseinrichtungen oder mit Sicherheitsventilen (auch wenn eine Berstscheibe den Sicherheitsventilen vorgeschaltet ist):

$$\text{Füllungsgrad} = \frac{100}{1 + \alpha\,(50 - t_F)}\ \%$$

des Fassungsraums;

b) für giftige oder ätzende Stoffe (entzündbar oder nicht entzündbar) in Tankcontainern mit Lüftungseinrichtungen oder mit Sicherheitsventilen (auch wenn eine Berstscheibe den Sicherheitsventilen vorgeschaltet ist):

$$\text{Füllungsgrad} = \frac{98}{1 + \alpha\,(50 - t_F)}\ \%$$

des Fassungsraums;

c) für entzündbare, gesundheitsschädliche oder schwach ätzende Stoffe (entzündbar oder nicht entzündbar) in luftdicht verschlossenen Tanks ohne Sicherheitseinrichtung:

$$\text{Füllungsgrad} = \frac{97}{1 + \alpha\,(50 - t_F)}\ \%$$

des Fassungsraums;

d) für sehr giftige, giftige, stark ätzende oder ätzende Stoffe (entzündbar oder nicht entzündbar) in luftdicht verschlossenen Tanks ohne Sicherheitseinrichtung:

$$\text{Füllungsgrad} = \frac{95}{1 + \alpha\,(50 - t_F)}\ \%$$

des Fassungsraums.

(2) In diesen Formeln bedeutet α den mittleren kubischen Ausdehnungskoeffizienten der Flüssigkeit zwischen 15 °C und 50 °C, d. h. für eine maximale Temperaturerhöhung von 35 °C. α wird nach der Formel berechnet:

$$\alpha = \frac{d_{15} - d_{50}}{35 \times d_{50}}$$

Dabei bedeuten d_{15} und d_{50} die relativen Dichten der Flüssigkeit bei 15 °C bzw. 50 °C und t_F die mittlere Temperatur der Flüssigkeit während der Füllung.

(3) Die Bestimmungen des Absatzes 1 gelten nicht für Tanks, deren Inhalt während der Beförderung durch eine Heizeinrichtung auf einer Temperatur von über 50 °C gehalten wird. In diesem Fall muß der Füllungsgrad bei Beförderungsbeginn so bemessen sein und die Temperatur so geregelt werden, daß der Tank während der Beförderung zu höchstens 95 % gefüllt ist und die Fülltemperatur nicht überschritten wird.

(4) Im Falle der Beladung von warmen Stoffen darf die Temperatur an der Außenseite der Tanks oder der wärmeisolierenden Schutzeinrichtung während der Beförderung 70 °C nicht übersteigen.

(5) Zur Druckentleerung der Tanks dürfen nur Gase verwendet werden, die mit dem Füllgut nicht gefährlich reagieren können.

Soweit Tanks von Tankcontainern zur Beförderung flüssiger Stoffe [13]) nicht durch Trenn- oder Schwallwände in Abteile von höchstens 7 500 l Fassungsraum unterteilt sind, muß der Füllungsgrad, wenn sie nicht praktisch leer sind, mindestens 80 % betragen.   **212 173**

Die Tankcontainer müssen so verschlossen sein, daß vom Inhalt nichts unkontrolliert nach außen gelangen kann. Die Öffnungen der Tanks mit Untenentleerung müssen mit Schraubkappen, Blindflanschen oder gleich wirksamen Einrichtungen verschlossen sein. Die Tanks müssen nach dem Befüllen auf Dichtheit der Verschlußeinrichtungen, besonders oben am Steigrohr, vom Absender geprüft werden.   **212 174**

---

[13]) Als flüssig im Sinne dieser Bestimmung sind Stoffe anzusehen, deren kinematische Viskosität bei 20 °C weniger als 2680 mm²/s beträgt.

407

Anhang B.1 b

212 175   Falls mehrere Absperreinrichtungen hintereinander liegen, ist zuerst die dem Füllgut zunächst liegende Einrichtung zu schließen.

212 176   Während der Beförderung dürfen den beladenen oder leeren Tankcontainern außen keine gefährlichen Füllgutreste anhaften.

212 177   Ungereinigte leere Tankcontainer müssen während der Beförderung ebenso verschlossen und dicht sein wie in gefülltem Zustand.

212 178-
212 179

Abschnitt 8

Übergangsvorschriften

212 180   Tankcontainer, die vor Inkrafttreten der ab 1. Januar 1988 geltenden Vorschriften dieses Anhangs gebaut wurden, ohne ihnen zu entsprechen, jedoch nach den bisherigen Bestimmungen

dieser Verordnung   **❙** des ADR

gebaut sind, dürfen weiter verwendet werden.

212 181-
212 189

Abschnitt 9

Verwendung der für den Seeverkehr zugelassenen Tankcontainer

212 190   Tankcontainer, die nicht vollständig den Vorschriften dieses Anhangs entsprechen, die jedoch nach den Vorschriften für den Seeverkehr [14]) zugelassen sind, dürfen für die Beförderung verwendet werden. Zusätzlich zu den vorgeschriebenen Angaben ist im Beförderungspapier zu vermerken: „Beförderung nach Rn. 212 190". In diesen Tankcontainern dürfen nur die nach Rn. 10 121 (1) zugelassenen Stoffe befördert werden.

212 191-
212 199

II. Teil

Sondervorschriften, welche die Vorschriften des I. Teils ergänzen oder ändern

Klasse 2

Verdichtete, verflüssigte oder unter Druck gelöste Gase

212 200-
212 209

Abschnitt 1

Allgemeines, Anwendungsbereich (Verwendung von Tankcontainern), Begriffsbestimmungen

Verwendung

212 210   Gase der Rn. 2201, mit Ausnahme der nachstehend aufgeführten, dürfen in Tankcontainern befördert werden:

Fluor und Siliciumtetrafluorid der Ziffer 1 at); Stickstoffoxid der Ziffer 1 ct); Gemische von Wasserstoff mit höchstens 10 Vol-% Selenwasserstoff, Phosphorwasserstoff, Siliciumwasserstoff, Germaniumwasserstoff oder mit höchstens 15 Vol-% Arsenwasserstoff; Gemische von Stickstoff oder Edelgasen (mit höchstens 10 Vol-% Xenon) mit höchstens 10 Vol-% Selenwasserstoff, Phosphorwasserstoff, Siliciumwasserstoff, Germaniumwasserstoff oder mit höchstens 15 Vol-% Arsenwasserstoff der Ziffer 2bt); Gemische von Wasserstoff mit höchstens

---

[14]) Diese Vorschriften sind in Abschnitt 13 der Allgemeinen Einleitung zum International Maritime Dangerous Goods (IMDG) Code, herausgegeben von der International Maritime Organization, London,

und in der Gefahrgutverordnung See sowie im IMDG-Code deutsch   **❙**

enthalten.

Anhang B.1 b

10 Vol-% Diboran; Gemische von Stickstoff oder Edelgasen (mit höchstens 10 Vol-% Xenon) mit höchstens 10 Vol-% Diboran der Ziffer 2 ct);

❙   Bortrichlorid,

Chlortrifluorid, Nitrosylchlorid, Sulfurylfluorid und Wolframhexafluorid der Ziffer 3 at); Methylsilan der Ziffer 3 b); Arsenwasserstoff, Dichlorsilan, Dimethylsilan, Selenwasserstoff und Trimethylsilan der Ziffer 3 bt); Äthylenoxid, Chlorcyan und Dicyan der Ziffer 3 ct); Gemische von Methylsilanen der Ziffer 4 bt); Äthylenoxid mit höchstens 50 Masse-% Methylformiat der Ziffer 4 ct); Siliciumwasserstoff der Ziffer 5 b); Stoffe der Ziffer 5 bt) und ct); Acetylen, gelöst, der Ziffer 9 c); Gase der Ziffern 12 und 13.

**212 211-
212 219**

Abschnitt 2

Bau

Tanks für Stoffe der Ziffern 1 bis 6 und 9 müssen aus Stahl hergestellt sein.   **212 220**

Bei nahtlosen Tanks darf in Abweichung von Rn. 212 125 (3) die Mindestbruchdehnung 14 % betragen und die Spannung σ (Sigma) darf die nachstehend im Verhältnis zum Werkstoff festgesetzten Grenzen nicht überschreiten:

a) Wenn das Verhältnis Re/Rm (garantierte Mindestwerte nach der Wärmebehandlung) größer als 0,66 und höchstens 0,85 ist:

$\sigma \leq 0,75$ Re;

b) wenn das Verhältnis Re/Rm (garantierte Mindestwerte nach der Wärmebehandlung) größer als 0,85 ist:

$\sigma \leq 0,5$ Rm.

Die Vorschriften des Anhangs B.1 d gelten für die Werkstoffe und den Bau geschweißter Tanks.   **212 221**

Wenn die Tanks für Gase der Ziffern 7 und 8 als Doppelwandtanks mit Vakuumisolierung gebaut sind, darf die Mindestwanddicke weniger als 3 mm betragen, wenn sie nach den Bestimmungen über die gleichwertige Wanddicke nach Rn. 212 127 (3) ermittelt wird. Hierbei muß die Summe der Wanddicken der metallischen Außenwand und der Tanks den in Rn. 212 127 (3) festgelegten Mindestwanddicken entsprechen.

Tanks für Chlor und Chlorkohlenoxid der Ziffer 3 at) müssen für einen Berechnungsdruck [siehe Rn. 212 127 (2)] von mindestens 2,2 MPa (22 bar) (Überdruck) bemessen sein.   **212 222**

**212 223-
212 229**

Abschnitt 3

Ausrüstung

Die Auslaufrohre der Tanks müssen durch Blindflansche oder gleich wirksame Einrichtungen verschlossen werden können.   **212 230**

Beiderseits absperrbare Rohrabschnitte, in denen ein Flüssigkeitsdruck entstehen kann, müssen gegen unzulässigen Druckanstieg gesichert sein. Für diese Rohrabschnitte muß bei brennbaren und/oder giftigen Druckgasen ein selbständiger Druckausgleich mit dem Inneren des Tanks gewährleistet sein.

Tanks für verflüssigte Gase dürfen außer mit Öffnungen nach Rn. 212 131 und 212 132 gegebenenfalls mit Öffnungen für Flüssigkeitsstandanzeiger, Thermometer, Manometer und Entlüftungsbohrungen, die für den Betrieb und die Sicherheit notwendig sind, versehen sein.   **212 231**

Die Sicherungseinrichtungen müssen den folgenden Bestimmungen entsprechen: **212 232**

(1) Die Öffnungen für das Füllen und Entleeren der Tanks mit einem Fassungsraum über 1 m³ für verflüssigte brennbare und/oder giftige Gase müssen mit einer innenliegenden schnellschließenden Absperreinrichtung versehen sein, die bei einer ungewollten Verschiebung des Tankcontainers oder einem Brand automatisch schließt. Das Schließen dieser Einrichtung muß auch aus sicherer Entfernung ausgelöst werden können.

(2) Mit Ausnahme der Öffnungen für die Sicherheitsventile und der verschlossenen Entlüftungsbohrungen müssen alle anderen Öffnungen der Tanks für verflüssigte brennbare und/oder giftige Gase mit einem Nenndurchmesser von mehr als 1,5 mm mit einer inneren Absperreinrichtung versehen sein.

409

Anhang B.1 b

(3) Abweichend von den Vorschriften der Absätze (1) und (2) dürfen Tanks für tiefgekühlte verflüssigte brennbare und/oder giftige Gase mit äußeren anstatt innenliegenden Absperreinrichtungen versehen sein, wenn diese durch einen Schutz, der mindestens dieselbe Sicherheit wie die Tankwand bietet, gesichert ist.

(4) Sind die Tanks mit Flüssigkeitsstandanzeigern ausgerüstet, die mit dem beförderten Gut direkt in Berührung stehen, so dürfen diese nicht aus durchsichtigen Werkstoffen bestehen. Sind Thermometer vorhanden, so dürfen diese nicht unmittelbar durch die Tankwand in das Gas oder die Flüssigkeit eingeführt werden.

a) —

b) Peilrohre sind an Tanks für giftige Gase nicht zulässig

c) Für die Füllkontrolle von Tanks für ungiftige Druckgase mit t_k – 70° C nach Volumen und für deren volumetrische Kontrolle der höchstzulässigen Füllmenge sind nur entsprechend eingestellte Überlaufrohre oder fest eingestellte Peilrohre zulässig.

d) Drehpeilrohre sind nur für das betriebsmäßige Bestimmen des Flüssigkeitsstandes zulässig. Der lichte Durchmesser eines Peilrohres darf am Durchbruch durch den Tank nicht größer sein als 1,5 mm; bei Gasen der Ziffern 7 und 8 darf der lichte Durchmesser der Öffnung so bemessen sein, daß beim Ausströmen gerade noch die flüssige Phase erkennbar ist.

e) Manometer zur Kontrolle des Druckes in Tanks müssen an die gasförmige Phase angeschlossen sein.

(5) Tanks für Chlor, Chlorkohlenoxid, Schwefeldioxid der Ziffer 3 at), Methylmercaptan und Schwefelwasserstoff der Ziffer 3 bt) dürfen keine Öffnungen haben, die unterhalb des Flüssigkeitsspiegels liegen. Ferner sind die in Rn. 212 132 vorgesehenen Reinigungsöffnungen (Handloch) nicht zulässig.

(6) Die obenliegenden Öffnungen für das Füllen und Entleeren der Tanks müssen zusätzlich zu den Bestimmungen des Absatzes (1) mit einer zweiten, äußeren Absperreinrichtung versehen sein. Diese muß durch einen Blindflansch oder eine gleich wirksame Einrichtung verschlossen werden können.

212 233   Sicherheitsventile müssen den nachfolgend in den Absätzen (1) bis (3) angeführten Bestimmungen entsprechen:

(1) Tanks für Gase der Ziffern 1 bis 6 und 9 dürfen mit höchstens zwei Sicherheitsventilen versehen sein, deren freie Durchgangsquerschnitte am Ventilsitz oder an den Ventilsitzen mindestens 20 cm² für je 30 m³ oder Teile von 30 m³ Fassungsraum betragen müssen. Diese Ventile müssen sich bei einem Druck, der das 0,9fache bis 1,0fache des Prüfdrucks des Tanks beträgt, automatisch öffnen. Sie müssen ferner so gebaut sein, daß sie der dynamischen Beanspruchung, einschließlich dem Anprall der Flüssigkeit, standhalten. Die Verwendung von massebelasteten Ventilen ist untersagt.

Tanks für Gase der Ziffern 1 bis 9, die für die Atmungsorgane gefährlich sind oder die eine Vergiftungsgefahr darstellen [15]), dürfen keine Sicherheitsventile haben, es sei denn, vor diesen ist eine Berstscheibe angebracht. In diesem Fall muß die Anordnung der Berstscheibe und des Sicherheitsventils den Anforderungen der

Bundesanstalt für Materialforschung und -prüfung ▎ zuständigen Behörde

entsprechen.

Die Vorschriften dieses Absatzes verbieten nicht das Anbringen von Sicherheitsventilen an Tankcontainern, die für die Seebeförderung bestimmt sind und den für diese Beförderungsart geltenden Vorschriften entsprechen.

(2) Tanks für Gase der Ziffern 7 und 8 müssen mit zwei voneinander unabhängigen Sicherheitsventilen versehen sein, von denen jedes so zu bemessen ist, daß die im normalen Betrieb durch Verdampfung entstehenden Gase austreten können, ohne daß der Druck den auf dem Tank angegebenen Betriebsdruck um mehr als 10 % übersteigt. Eines der beiden Sicherheitsventile darf durch eine Berstscheibe ersetzt werden, die beim Prüfdruck aufreißen muß.

Sicherheitsventil und Berstscheibe müssen beim Zusammenbruch des Vakuums bei Doppelmanteltanks oder bei einer Beschädigung von 20 % der Isolierung von einwandigen Tanks einen Ausströmungsquerschnitt freigeben, der eine Drucksteigerung im Tank über den Prüfdruck hinaus verhindert.

(3) Die Sicherheitsventile der Tanks für Gase der Ziffern 7 und 8 müssen sich bei dem auf dem Tank angegebenen Betriebsdruck öffnen. Sie müssen so gebaut sein, daß sie auch bei ihrer tiefsten Betriebstemperatur einwandfrei arbeiten. Die sichere Arbeitsweise bei dieser tiefsten Temperatur ist durch die Prüfung des einzelnen Ventils oder durch eine Baumusterprüfung festzustellen und nachzuweisen.

---

[15]) Als Gase, die für die Atmungsorgane gefährlich sind oder die eine Vergiftungsgefahr darstellen, gelten die Gase, die in der Stoffaufzählung mit dem Buchstaben „t" versehen sind.

Anhang B.1 b

Wärmeisolierende Schutzeinrichtungen

(1) Wenn Tanks für verflüssigte Gase der Ziffern 3 und 4 eine wärmeisolierende Schutzeinrichtung haben, so muß diese   **212 234**

– entweder aus einem Sonnenschutz, der mindestens das obere Drittel, aber höchstens die obere Hälfte der Tankoberfläche bedeckt und von dieser durch eine Luftschicht von mindestens 4 cm getrennt ist,

– oder aus einer vollständigen Umhüllung von genügender Dicke aus isolierenden Stoffen

bestehen.

Tanks für die Beförderung von Butadien-1,3 [Ziffer 3 c)], Chlortrifluoräthylen [Ziffer 3 ct)] und Äthylenoxid mit Butadien-1,2 [Ziffer 3 c)], Stickstoff bis zu einem max. Gesamtdruck von 1 MPa (10 bar) bei 50 °C [Ziffer 4 bt)], müssen mit einem Sonnenschutz, wie vorstehend beschrieben, versehen sein.

(2) Tanks für Gase der Ziffern 7 und 8 müssen wärmeisoliert sein. Die wärmeisolierende Schutzeinrichtung muß durch eine vollständige Umhüllung gesichert sein. Ist der Raum zwischen Tank und Umhüllung luftleer (Vakuum-Isolierung), so muß rechnerisch nachgewiesen werden, daß die Schutzumhüllung einem äußeren Druck von mindestens 100 kPa (1 bar) (Überdruck) ohne Verformung standhält. Abweichend von Rn. 212 102 (2) a) dürfen bei dieser Berechnung äußere und innere Verstärkungen berücksichtigt werden. Wenn die Umhüllung gasdicht schließt, muß durch eine Einrichtung verhindert werden, daß in der Isolierschicht bei undichten Tanks oder Ausrüstungsteilen ein gefährlicher Druck entsteht. Diese Einrichtung muß das Eindringen von Feuchtigkeit in die Isolierschicht verhindern.

(3) Bei Tanks für verflüssigte Gase mit einer Siedetemperatur unter − 182 °C bei Atmosphärendruck dürfen weder die wärmeisolierende Schutzeinrichtung noch die Einrichtungen zur Befestigung am Fahrgestell brennbare Stoffe enthalten.

Bei Tanks für Argon, Helium, Neon, Stickstoff der Ziffer 7 a) und Wasserstoff der Ziffer 7 b) dürfen mit Zustimmung der

Bundesanstalt für Materialforschung und -prüfung   ▮   zuständigen Behörde

die Befestigungselemente zwischen Tank und Umhüllung Kunststoffe enthalten.

(1) Als Elemente eines Tankcontainers mit mehreren Elementen gelten: **212 235**

– entweder Gefäße nach Rn. 2212 (1) b),

– oder Tanks nach Rn. 2212 (1) c).

Die Vorschriften dieses Anhangs gelten nicht für Flaschenbündel nach Rn. 2212 (1) d).

(2) Für Tankcontainer mit mehreren Elementen sind folgende Bestimmungen zu beachten:

a) Hat ein Element eines Tankcontainers mit mehreren Elementen ein Sicherheitsventil und befinden sich zwischen den Elementen Absperreinrichtungen, so muß jedes Element mit einem solchen versehen sein.

b) Die Füll- und Entleerungseinrichtungen dürfen an einem Sammelrohr angebracht sein.

c) Jedes Element eines Tankcontainers mit mehreren Elementen für verdichtete Gase der Ziffern 1 und 2, die für die Atmungsorgane gefährlich sind oder die eine Vergiftungsgefahr darstellen [15]), muß durch ein Ventil von den anderen getrennt werden können.

d) Elemente eines Tankcontainers mit mehreren Elementen für verflüssigte Gase der Ziffern 3 bis 6 müssen so gebaut sein, daß jedes einzeln gefüllt und durch ein plombierbares Ventil getrennt werden kann.

Die Buchstaben c und d gelten auch für Elemente eines Tankcontainers mit mehreren Elementen für brennbare Gase.

Abweichend von Rn. 212 131 müssen Tanks zur Beförderung tiefgekühlter verflüssigter Gase nicht mit einer Besichtigungsöffnung versehen sein.   **212 236**

Abschnitt 4   **212 237-**
Zulassung des Baumusters   **212 239**

Keine besonderen Vorschriften.

212 240-
212 249

---

[15]) Als Gase, die für die Atmungsorgane gefährlich sind oder die eine Vergiftungsgefahr darstellen, gelten die Gase, die in der Stoffaufzählung mit dem Buchstaben „t" versehen sind.

Anhang B.1 b

Abschnitt 5

Prüfungen

212 250 Die Werkstoffe für jeden geschweißten Tank müssen nach dem im Anhang B.1 d beschriebenen Prüfverfahren geprüft werden.

212 251 Es gelten folgende Prüfdrücke:

(1) Für Tanks für Gase der Ziffern 1 und 2:

die in Rn. 2219 (1) und (3) angegebenen Werte;

(2) Für Tanks für Gase der Ziffern 3 und 4:

a) wenn der Durchmesser der Tanks höchstens 1,5 m beträgt, die in Rn. 2220 (2) angegebenen Werte;

b) wenn der Durchmesser der Tanks mehr als 1,5 m beträgt, die nachstehend angegebenen Werte [16]):

Bezeichnung des Stoffes	Ziffer	Mindestprüfdruck für Tanks mit wärmeisolierender Schutzeinrichtung MPa	ohne Schutzeinrichtung MPa	Höchstzulässige Masse der Füllung je Liter Fassungsraum kg
Bromchlordifluormethan (R 12 B 1)	3 a)	1	1	1,61
Chlordifluormethan (R 22)	3 a)	2,4	2,6	1,03
Chlorpentafluoräthan (R 115)	3 a)	2	2,3	1,08
Chlortrifluoräthan (R 133 a)	3 a)	1	1	1,18
Dichlordifluormethan (R 12)	3 a)	1,5	1,6	1,15
Dichlorfluormethan (R 21)	3 a)	1	1	1,23
Dichlortetrafluoräthan (R 114)	3 a)	1	1	1,30
Octafluorcyclobutan (RC 318)	3 a)	1	1	1,34
Ammoniak	3 at)	2,6	2,9	0,53
Bromwasserstoff	3 at)	5	5,5	1,54
Chlor	3 at)	1,7	1,9	1,25
Chlorkohlenoxid	3 at)	1,5	1,7	1,23
Hexafluorpropylen (R 1216)	3 at)	1,7	1,9	1,11
Methylbromid	3 at)	1	1	1,51
Schwefeldioxid	3 at)	1	1,2	1,23
Stickstoffdioxid NO_2	3 at)	1	1	1,30
Butan	3 b)	1	1	0,51
iso-Butan	3 b)	1	1	0,49
Buten-1	3 b)	1	1	0,53
cis-Buten-2	3 b)	1	1	0,55
iso-Buten	3 b)	1	1	0,52
trans-Buten-2	3 b)	1	1	0,54
Chlordifluoräthan (R 142 b)	3 b)	1	1	0,99
Cyclopropan	3 b)	1,6	1,8	0,53
1,1-Difluoräthan (R 152 a)	3 b)	1,4	1,6	0,79
Dimethyläther	3 b)	1,4	1,6	0,58
Propan	3 b)	2,1	2,3	0,42
Propen	3 b)	2,5	2,7	0,43
1,1,1-Trifluoräthan	3 b)	2,8	3,2	0,79
Äthylamin	3 bt)	1	1	0,61
Äthylchlorid	3 bt)	1	1	0,80
Dimethylamin	3 bt)	1	1	0,59
Methylamin	3 bt)	1	1,1	0,58
Methylchlorid	3 bt)	1,3	1,5	0,81

---

[16]) i) Die vorgeschriebenen Prüfdrücke sind:

    a) bei Tanks mit wärmeisolierender Schutzeinrichtung mindestens gleich den Dampfdrücken der Flüssigkeiten bei 60°C, vermindert um 100 kPa (1 bar), mindestens aber 1 MPa (10 bar);

    b) bei Tanks ohne wärmeisolierende Schutzeinrichtung mindestens gleich den Dampfdrücken der Flüssigkeiten bei 65°C, vermindert um 100 kPa (1 bar), mindestens aber 1 MPa (10 bar).

  ii) Für Chlorkohlenoxid der Ziffer 3 at) wurde mit Rücksicht auf die hohe Giftigkeit des Gases der Mindestprüfdruck für Tanks mit wärmeisolierender Schutzeinrichtung auf 1,5 MPa (15 bar) und für Tanks ohne wärmeisolierende Schutzeinrichtung auf 1,7 MPa (17 bar) festgesetzt.

  iii) Die vorgeschriebenen Höchstwerte für die Füllung in kg/Liter sind wie folgt berechnet worden: höchstzulässige Masse der Füllung je Liter Fassungsraum = 0,95 × Dichte der flüssigen Phase bei 50°C.

Anhang B.1 b

Bezeichnung des Stoffes	Ziffer	Mindestprüfdruck für Gefäße mit wärmeisolierender Schutzeinrichtung MPa	ohne MPa	Höchstzulässige Masse der Füllung je Liter Fassungsraum kg
Methylmercaptan	3 bt)	1	1	0,78
Schwefelwasserstoff	3 bt)	4,5	5	0,67
Trimethylamin	3 bt)	1	1	0,56
Butadien-1,2	3 c)	1	1	0,59
Butadien-1,3	3 c)	1	1	0,55
Vinylchlorid	3 c)	1	1,1	0,81
Chlortrifluoräthylen (R 1113)	3 ct)	1,5	1,7	1,13
Vinylbromid	3 ct)	1	1	1,37
Vinylmethyläther	3 ct)	1	1	0,67
Gemisch F 1	4 a)	1	1,1	1,23
Gemisch F 2	4 a)	1,5	1,6	1,15
Gemisch F 3	4 a)	2,4	2,7	1,03
Gasgemisch R 500	4 a)	1,8	2	1,01
Gasgemisch R 502	4 a)	2,5	2,8	1,05
Gasgemisch von 19 bis 21 Masse-% Dichlordifluormethan (R 12) mit 79 bis 81 Masse-% Bromchlordifluormethan (R 12 B 1)	4 a)	1	1,1	1,50
Gemisch von Methylbromid und Chlorpikrin	4 at)	1	1	1,51
Gemisch A (Handelsname: Butan)	4 b)	1	1	0,50
Gemisch A 0 (Handelsname: Butan)	4 b)	1,2	1,4	0,47
Gemisch A 1	4 b)	1,6	1,8	0,46
Gemisch B	4 b)	2	2,3	0,43
Gemisch C (Handelsname: Propan)	4 b)	2,5	2,7	0,42
Gemische von Kohlenwasserstoffen und Methan	4 b)		22,5	0,187
			30	0,244
Gemisch Butan *)	4 b)	1	1	0,49
Gemisch Buten (Butylen) *)	4 b)	1	1	0,51
Gemisch Propan *)	4 b)	2,5	2,8	0,425
Gemisch Propen (Propylen) *)	4 b)	2,5	2,8	0,43
Gemische von Methylchlorid und Methylenchlorid	4 bt)	1,3	1,5	0,81
Gemische von Methylchlorid und Chlorpikrin	4 bt)	1,3	1,5	0,81
Gemische von Methylbromid und Äthylenbromid	4 bt)	1	1	1,51
Gemische von Butadien-1,3 und Kohlenwasserstoffen der Ziffer 3 b)	4 c)	1	1	0,50
Gemische von Methylacetylen/Propadien und Kohlenwasserstoffen:				
Gemisch P 1	4 c)	2,5	2,8	0,49
Gemisch P 2	4 c)	2,2	2,3	0,47
Methylacetylen/Propadien-Gemisch I *)	4 c)	2,1	2,3	0,49
Methylacetylen/Propadien-Gemisch III *)	4 c)	2,1	2,3	0,46
Methylacetylen/Propadien-Gemisch IV *)	4 c)	2,1	2,3	0,45
Methylacetylen/Propadien-Gemisch V und VI *)	4 c)	2,5	2,7	0,43
Äthylenoxid mit höchstens 10 Masse-% Kohlendioxid	4 ct)	2,4	2,6	0,73
Äthylenoxid mit Stickstoff bis zu einem maximalen Gesamtdruck von 1 MPa (10 bar) bei 50 °C	4 ct)	1,5	1,5	0,78
Dichlordifluormethan mit 12 Masse-% Äthylenoxid	4 ct)	1,5	1,6	1,09

(3) Für Tanks für Gase der Ziffern 5 und 6:

a) wenn die Tanks nicht mit einer wärmeisolierenden Schutzeinrichtung versehen sind, die in Rn. 2220 (3) und (4) angegebenen Werte;

---

*) Nur gültig für innerstaatliche Beförderungen.

Anhang B.1 b

b) wenn die Tanks mit einer wärmeisolierenden Schutzeinrichtung versehen sind, die nachstehend angegebenen Werte:

Bezeichnung des Stoffes	Ziffer	Mindest-prüfdruck MPa	Höchstzulässige Masse der Füllung je Liter Fassungsraum kg
Bromtrifluormethan (R 13 B1)	5 a)	12	1,50
Chlortrifluormethan (R 13)	5 a)	12	0,96
		22,5	1,12
Distickstoffoxid N$_2$O	5 a)	22,5	0,78
Hexafluoräthan (R 116)	5 a)	16	1,28
		20	1,34
Kohlendioxid	5 a)	19	0,73
		22,5	0,78
Schwefelhexafluorid	5 a)	12	1,34
Trifluormethan (R 23)	5 a)	19	0,92
		25	0,99
Xenon	5 a)	12	1,30
Chlorwasserstoff	5 at)	12	0,69
Äthan	5 b)	12	0,32
Äthylen	5 b)	12	0,25
		22,5	0,36
1,1-Difluoräthylen	5 c)	12	0,66
		22,5	0,78
Vinylfluorid	5 c)	12	0,58
		22,5	0,65
Gasgemisch R 503	6 a)	3,1	0,11
		4,2	0,21
		10	0,76
		19 *)	0,97 *)
		22,5 *)	1,02 *)
Kohlendioxid mit höchstens 35 Masse-% Äthylenoxid	6 c)	19	0,73
		22,5	0,78
Äthylenoxid mit mehr als 10 Masse-% aber höchstens 50 Masse-% Kohlendioxid	6 ct)	19	0,66
		25,0	0,75

Wenn zur Beförderung Tanks mit wärmeisolierender Schutzeinrichtung mit niedrigeren Prüfdrücken als den in der Tabelle aufgeführten verwendet werden, ist die höchstzulässige Masse der Füllung je Liter Fassungsraum so festzulegen, daß der innere Druck des betreffenden Stoffes bei 55 °C den auf dem Tank eingestempelten Prüfdruck nicht übersteigt. Die höchstzulässige Masse der Füllung muß in diesem Fall vom behördlich anerkannten Sachverständigen festgesetzt werden.

(4) Für Tanks für unter Druck gelöstes Ammoniak der Ziffer 9 at) die nachstehend angegebenen Werte:

Bezeichnung des Stoffes	Ziffer	Mindest-prüfdruck MPa	Höchstzulässige Masse der Füllung je Liter Fassungsraum kg
Für in Wasser unter Druck gelöstes Ammoniak			
mit über 35 bis höchstens 40 Masse-% Ammoniak	9 at)	1	0,80
mit über 40 bis höchstens 50 Masse-% Ammoniak	9 at)	1,2	0,77

(5) Für Tanks für Gase der Ziffern 7 und 8: mindestens das 1,3fache des auf dem Tank angegebenen höchstzulässigen Betriebsdrucks, mindestens jedoch 0,3 MPa (3 bar) (Überdruck); wenn die Tanks mit Vakuum-Isolierung versehen sind, mindestens das 1,3fache des um 100 kPa (1 bar) erhöhten höchstzulässigen Betriebsdrucks.

212 252   Die erste Wasserdruckprüfung ist vor dem Anbringen der wärmeisolierenden Schutzeinrichtung durchzuführen.

212 253   Der Fassungsraum jedes Tanks für Gase der Ziffern 3 bis 6 und 9 muß unter Aufsicht eines behördlich anerkannten Sachverständigen durch Wiegen oder durch Auslitern mit Wasser bestimmt werden; der Meßfehler, bezogen auf den Fassungsraum der Tanks muß weniger als 1 % betragen. Eine rechnerische Bestimmung aus den Abmessungen des Tanks ist nicht zulässig. Die höchstzulässigen Massen der Füllungen nach Rn. 2220 (4) und Rn. 212 251 (3) sind durch einen behördlich anerkannten Sachverständigen festzulegen.

---

*) Nur gültig für innerstaatliche Beförderungen.

Anhang B.1 b

Die Schweißnähte sind entsprechend einem Schweißnahtfaktor λ (Lambda) 1,0 nach Rn. 212 127 (6) zu prüfen.   **212 254**

Abweichend von den Vorschriften des Abschnittes 5 des I. Teils dieses Anhangs sind die wiederkehrenden   **212 255**
Prüfungen durchzuführen:

(1) Alle zweieinhalb Jahre an Tankcontainern für Bortrifluorid der Ziffer 1 at), Stadtgas der Ziffer 2 bt),
Bromwasserstoff, Chlor, Chlorkohlenoxid, Schwefeldioxid, Stickstoffdioxid der Ziffer 3 at), Schwefelwasserstoff
der Ziffer 3 bt) und Chlorwasserstoff der Ziffer 5 at);

(2) Acht Jahre nach der Inbetriebnahme und danach alle zwölf Jahre an Tankcontainern für Gase der Ziffern 7
und 8. Zwischen zwei wiederkehrenden Prüfungen kann die zuständige Behörde eine Dichtheitsprüfung verlangen.

Bei Tanks mit Vakuumisolierung können die Wasserdruckprüfung und die Feststellung des inneren Zustandes   **212 256**
im Einvernehmen mit dem behördlich anerkannten Sachverständigen durch eine Dichtheitsprüfung und eine
Vakuummessung ersetzt werden.

Wenn bei wiederkehrenden Besichtigungen Öffnungen in die zur Beförderung der Gase der Ziffern 7 und 8   **212 257**
bestimmten Tanks geschnitten werden, ist vor Wiederinbetriebnahme das zum dichten Verschließen des Tanks
angewandte Verfahren, welches die einwandfreie Beschaffenheit des Tanks gewährleisten muß, von einem
behördlich anerkannten Sachverständigen zu genehmigen.

Dichtheitsprüfungen an Tanks zur Beförderung von Gasen der Ziffern 1 bis 6 und 9 sind bei einem Druck von   **212 258**
mindestens 0,4 MPa (4 bar), jedoch höchstens 0,8 MPa (8 bar) (Überdruck) durchzuführen.

   212 259

Abschnitt 6

Kennzeichnung

Auf dem in Rn. 211 160 vorgesehenen Schild müssen nachstehende Angaben zusätzlich eingestanzt oder in   **212 260**
einem ähnlichen Verfahren angebracht sein oder diese Angaben dürfen unmittelbar auf den Tankwänden
angebracht sein, wenn diese so verstärkt sind, daß die Widerstandsfähigkeit des Tanks nicht beeinträchtigt wird:

(1) An Tanks für einen einzigen Stoff:
– die ungekürzte Benennung des Gases.

Diese Angabe ist für die Tanks für verdichtete Gase der Ziffern 1 und 2 durch den für den Tank höchstzulässigen Füllungsdruck bei 15 °C und für Tanks für verflüssigte Gase der Ziffern 3 bis 8 sowie für unter Druck gelöstes
Ammoniak der Ziffer 9 at) durch die höchstzulässige Masse der Füllung in kg und durch die Füllungstemperatur,
wenn diese niedriger als – 20 °C ist, zu ergänzen.

(2) An Tanks für wechselweise Verwendung:
– die ungekürzte Benennung der Gase, für die der Tank zugelassen ist.

Diese Angabe ist durch die höchstzulässige Masse der Füllung für jedes Gas in kg zu ergänzen.

(3) An Tanks für Gase der Ziffern 7 und 8:
– der Betriebsdruck.

(4) An Tanks mit wärmeisolierender Schutzeinrichtung:
– die Angabe „wärmeisoliert" oder „vakuumisoliert".

Auf einer in der Nähe der Einfüllstelle angebrachten Tafel am Rahmen von Tankcontainern mit mehreren   **212 261**
Elementen müssen angegeben sein:
– Prüfdruck der Elemente *);
– höchstzulässiger Füllungsdruck *) bei 15 °C der Elemente für verdichtete Gase;
– Zahl der Elemente;
– gesamter Fassungsraum *) der Elemente;
– ungekürzte Benennung des Gases;
sowie für verflüssigte Gase:
– höchstzulässige Masse *) der Füllung eines jeden Elements.

Zusätzlich zu den in Rn. 212 161 vorgesehenen Angaben muß auf dem Tankcontainer selbst oder auf einer   **212 262**
Tafel angegeben sein:
a) – entweder „Niedrigste zugelassene Füllungstemperatur: –20 °C"
   – oder „Niedrigste zugelassene Füllungstemperatur: . . .";

---

*) Nach den Zahlenwerten sind jeweils die Maßeinheiten hinzuzufügen.

Anhang B.1 b

b) bei Tanks zur Beförderung eines einzigen bestimmten Stoffes:

- die ungekürzte Benennung des Gases;

- für verflüssigte Gase der Ziffern 3 bis 8 und für in Wasser unter Druck gelöstes Ammoniak der Ziffer 9 at) die höchstzulässige Masse der Füllung in kg;

c) bei Tanks für wechselweise Verwendung:

- die ungekürzte Benennung aller Gase, zu deren Beförderung die Tanks verwendet werden, mit Angabe der höchstzulässigen Masse der Füllung für jedes Gas in kg;

d) bei Tanks mit wärmeisolierender Schutzeinrichtung:

- die Angabe „wärmeisoliert" oder „vakuumisoliert"

> in einer amtlichen Sprache des Zulassungslandes und außerdem, wenn diese Sprache nicht Deutsch, Englisch oder Französisch ist, in einer dieser Sprachen, sofern nicht internationale Vereinbarungen zwischen den an der Beförderung beteiligten Staaten etwas anderes vorsehen.

212 263-
212 269

Abschnitt 7

Betrieb

212 270   In Tanks für wechselweise Beförderung mehrerer verflüssigter Gase der Ziffern 3 bis 8 darf nur eines der in derselben Gruppe genannten Gase befördert werden. Diese Gruppen sind:

Gruppe 1: Halogenkohlenwasserstoffe der Ziffern 3a) und 4a);

Gruppe 2: Kohlenwasserstoffe der Ziffern 3b) und 4b), Butadiene der Ziffer 3c) und Gemische von Butadien-1,3 und Kohlenwasserstoffen der Ziffer 4 c);

Gruppe 3: Ammoniak der Ziffer 3at), Dimethyläther der Ziffer 3b), Äthylamin, Dimethylamin, Methylamin und Trimethylamin der Ziffer 3bt) und Vinylchlorid der Ziffer 3c);

            Kohlenwasserstoffe der Ziffern 3 b) und 4 b); Gemisch von Butadien-1,3 und Kohlenwasserstoffen der Ziffer 4 c);

Gruppe 4: Methylbromid der Ziffer 3at), Äthylchlorid und Methylchlorid der Ziffer 3bt);

            Chlordifluoräthan (R 142 b) Ziffer 3 b), Kohlenwasserstoffe der Ziffern 3 b) und 4 b);

Gruppe 5: Gemische von Äthylenoxid mit Kohlendioxid, Äthylenoxid mit Stickstoff der Ziffer 4ct);

Gruppe 6: Distickstoffoxid (N_2O), Edelgase, Kohlendioxid, Sauerstoff, Stickstoff der Ziffer 7 a), Luft und Gemische von Stickstoff mit Edelgasen, Gemische von Sauerstoff und Stickstoff, auch solche, die Edelgase enthalten, der Ziffer 8 a);

Gruppe 7: Äthan, Äthylen, Methan

            Wasserstoff

            der Ziffer 7b), Gemische von Methan und Äthan, auch mit Zusatz von Propan oder Butan der Ziffer 8b).

212 271   Tanks, die mit einem Stoff der Gruppe 1 oder 2 gefüllt waren, müssen vor der Füllung mit einem anderen, derselben Gruppe angehörenden Stoff, von verflüssigtem Gas entleert werden. Tanks, die mit einem Stoff der Gruppen 3 bis 7 gefüllt waren, müssen vor der Füllung mit einem anderen, derselben Gruppe angehörenden Stoff, von verflüssigtem Gas vollkommen entleert und danach entspannt werden.

212 272   Die wechselweise Verwendung von Tanks für verflüssigte Gase derselben Gruppe ist zulässig, sofern alle Bedingungen für die im gleichen Tank zu befördernden Gase eingehalten sind. Der wechselweisen Verwendung muß ein behördlich anerkannter Sachverständiger zustimmen.

212 273   Wenn der behördlich anerkannte Sachverständige zustimmt, dürfen die Tanks für Gase verschiedener Gruppen verwendet werden.

    Werden die Tanks für Gase einer Gruppe für eine andere Gruppe verwendet, so müssen diese von verflüssigten Gasen vollkommen entleert sein; sie müssen danach entspannt und entgast werden. Die Entgasung der Tanks muß durch

eine sachkundige Person   einen behördlich anerkannten Sachverständigen

überprüft und bescheinigt werden.

Anhang B.1 b

Bei der Übergabe zur Beförderung von gefüllten oder ungereinigten leeren Tankcontainern dürfen nur die für das tatsächlich oder – wenn entleert – für das zuletzt eingefüllte Gas geltenden Angaben nach Rn. 212 262 sichtbar sein; alle Angaben für die anderen Gase müssen verdeckt sein.   **212 274**

Elemente eines Tankcontainers mit mehreren Elementen dürfen nur ein und dasselbe Gas enthalten. Elemente eines Tankcontainers mit mehreren Elementen für verflüssigte Gase der Ziffern 3 bis 6 müssen jedes einzeln gefüllt werden und durch ein plombiertes Ventil getrennt bleiben.   **212 275**

Der höchste Fülldruck für verdichtete Gase der Ziffern 1 und 2, außer Bortrifluorid der Ziffer 1 at), darf die Werte nach Rn. 2219 (2) nicht übersteigen.   **212 276**

Die höchstzulässige Masse der Füllung je Liter Fassungsraum für Bortrifluorid der Ziffer 1 at) darf 0,86 kg nicht übersteigen.

Die höchstzulässige Masse der Füllung je Liter Fassungsraum nach Rn. 2220 (2), (3) und (4) und Rn. 212 251 (2), (3) und (4) ist einzuhalten.

Bei Tanks für Gase der Ziffern 7 b) und 8 b) muß der Füllungsgrad so bemessen sein, daß bei Erwärmung des Inhalts auf die Temperatur, bei der der Dampfdruck dem Öffnungsdruck der Sicherheitsventile gleichkommt, das Volumen der Flüssigkeit 95 % des Fassungsraums des Tanks bei dieser Temperatur nicht überschreitet. Tanks für Gase der Ziffern 7 a) und 8 a) dürfen bei der Fülltemperatur und beim Fülldruck zu 98 % gefüllt werden.   **212 277**

Die Verwendung von fett- oder ölhaltigen Stoffen zum Abdichten von Fugen oder zum Schmieren der Verschlußeinrichtungen der Tanks für Distickstoffoxid und Sauerstoff der Ziffer 7 a), Luft und Gemische mit Sauerstoff der Ziffer 8 a) ist untersagt.   **212 278**

Die Vorschrift der Rn. 212 175 gilt nicht für Gase der Ziffern 7 und 8.   **212 279**

**212 280-
212 299**

Klasse 3

Entzündbare flüssige Stoffe

**212 300-
212 309**

Abschnitt 1

Allgemeines, Anwendungsbereich (Verwendung von Tankcontainern), Begriffsbestimmungen

Verwendung

Die folgenden Stoffe der Rn. 2301 dürfen in Tankcontainern befördert werden: **212 310**

a) die namentlich aufgeführten Stoffe der Ziffer 12;

b) die unter Buchstabe a) der Ziffern 11, 14 bis 23, 25 und 26 aufgeführten Stoffe sowie die diesen Ziffern unter Buchstabe a) zu assimilierenden Stoffe, ausgenommen Isopropylchlorformiat der Ziffer 25 a);

c) die unter Buchstabe b) der Ziffern 11, 14 bis 20, 22 und 24 bis 26 aufgeführten Stoffe sowie die diesen Ziffern unter Buchstabe b) zu assimilierenden Stoffe;

d) die Stoffe der Ziffern 1 bis 6 und 31 bis 34 sowie die diesen Ziffern zu assimilierenden Stoffe, ausgenommen Nitromethan der Ziffer 31 c).

**212 311-
212 319**

Abschnitt 2

Bau

Tanks für die namentlich in der Ziffer 12 aufgeführten Stoffe müssen nach einem Berechnungsdruck [siehe Rn. 212 127 (2)] von mindestens 1,5 MPa (15 bar) (Überdruck) bemessen sein.   **212 320**

Tanks für Stoffe nach Rn. 212 310 b) müssen nach einem Berechnungsdruck [siehe Rn. 212 127 (2)] von mindestens 1 MPa (10 bar) (Überdruck) bemessen sein.   **212 321**

Anhang B.1 b

212 322   Tanks für Stoffe nach Rn. 212 310 c) müssen nach einem Berechnungsdruck [siehe Rn. 212 127 (2)] von mindestens 0,4 MPa (4 bar) (Überdruck) bemessen sein.

212 323   Tanks für Stoffe nach Rn. 212 310 d) müssen nach den Vorschriften des I. Teils dieses Anhangs bemessen sein.

**212 324-
212 329**

Abschnitt 3

Ausrüstung

212 330   Alle Öffnungen der Tanks für Stoffe nach Rn. 212 310 a) und b) müssen sich oberhalb des Flüssigkeitsspiegels befinden. Die Tankwände dürfen unterhalb des Flüssigkeitsspiegels weder Rohrdurchgänge noch Rohransätze aufweisen. Die Tanks müssen luftdicht [7]) verschlossen und die Verschlüsse durch eine verriegelbare Kappe geschützt werden können.

212 331   Tanks für Stoffe nach Rn. 212 310 c) und d) dürfen auch Untenentleerung haben. Tanks für Stoffe nach Rn. 212 310 c) müssen luftdicht [7]) verschlossen werden können.

212 332   Wenn Tanks für Stoffe nach Rn. 212 310 a), b) und c) mit Sicherheitsventilen ausgerüstet sind, muß eine Berstscheibe vor den Ventilen angebracht sein. Die Anordnung der Berstscheibe und des Sicherheitsventils muß den Anforderungen der zuständigen Behörde entsprechen. Wenn Tanks für Stoffe nach Rn. 212 310 d) mit Sicherheitsventilen oder Lüftungseinrichtungen ausgerüstet sind, müssen diese den Vorschriften der Rn. 212 133 bis 212 135

und 212 137 (1)   **I**

entsprechen. Tanks für Stoffe nach Rn. 212 310 d), mit einem Flammpunkt bis höchstens 55 °C, mit nicht absperrbarer Lüftungseinrichtung, müssen in der Lüftungseinrichtung eine Flammendurchschlagssicherung haben.

**212 333-
212 339**

Abschnitt 4

Zulassung des Baumusters

**212 340-
212 349**

Keine besonderen Vorschriften.

Abschnitt 5

Prüfungen

212 350   Tanks für Stoffe nach Rn. 212 310 a), b) und c) müssen bei der Wasserdruckprüfung erstmalig und wiederkehrend mit einem Druck von mindestens 0,4 MPa (4 bar) (Überdruck) geprüft werden.

212 351   Tanks für Stoffe nach Rn. 212 310 d) müssen bei der Wasserdruckprüfung erstmalig und wiederkehrend mit dem Druck geprüft werden, der für die Bemessung der Tanks in Rn. 212 123 festgelegt ist.

**212 352-
212 359**

Abschnitt 6

Kennzeichnung

**212 360-
212 369**

Keine besonderen Vorschriften.

---

[7]) Tanks gelten als luftdicht verschlossen, wenn sie dichtverschlossene Öffnungen und keine Sicherheitsventile, Berstscheiben oder ähnliche Sicherheitseinrichtungen besitzen. Tanks mit Sicherheitsventilen, bei denen zwischen dem Sicherheitsventil und dem Tankinnern eine Berstscheibe angebracht ist, gelten als luftdicht verschlossen.

Anhang B.1 b

Abschnitt 7

Betrieb

Tanks für Stoffe nach Rn. 212 310 a), b) und c) müssen während der Beförderung luftdicht [7]) verschlossen sein. Die Verschlüsse der Tanks für Stoffe der Rn. 212 310 a) und b) müssen durch eine verriegelte Kappe geschützt sein.   **212 370**

Tankcontainer, die für die Beförderung von Stoffen der Ziffern 6, 11, 12 und 14 bis 20 zugelassen sind, dürfen nicht zur Beförderung von Nahrungs-, Genuß- und Futtermitteln verwendet werden.   **212 371**

Acetaldehyd der Ziffer 1 a) darf nur dann in Tanks aus Aluminiumlegierung befördert werden, wenn sie ausschließlich für diesen Stoff verwendet werden und das Acetaldehyd säurefrei ist.   **212 372**

In der Bem. zu Rn. 2301 Ziffer 3 b) genanntes Benzin darf auch in Tanks befördert werden, die nach Rn. 212 123 (1) bemessen sind und deren Ausrüstung Rn. 212 133 entspricht.   **212 373**

212 374-
212 399

Klasse 4.1

Entzündbare feste Stoffe

Klasse 4.2

Selbstentzündliche Stoffe

Klasse 4.3

Stoffe, die in Berührung mit Wasser entzündliche Gase entwickeln

212 400-
212 409

Abschnitt 1

Allgemeines, Anwendungsbereich (Verwendung von Tankcontainern), Begriffsbestimmungen

Verwendung

Stoffe der Rn. 2401 Ziffern 2, 8 und 11, Stoffe der Rn. 2431 Ziffern 1, 3 und 8, Stoffe der Rn. 2471 Ziffern 2 e) und 4 sowie Natrium, Kalium, Legierungen von Natrium und Kalium der Ziffer 1 a) dürfen in Tankcontainern befördert werden.   **212 410**

Bem. Wegen Beförderung in loser Schüttung von Schwefel der Ziffer 2 a), Naphthalin der Ziffer 11 a) und b), schäumbaren Polystyrolen der Ziffer 12) der Rn. 2401, Stoffen der Ziffer 5, Hochofenfilterstaub der Ziffer 6 a) und Stoffen der Ziffer 10 der Rn. 2431 und Magnesiumkörner, überzogen, der Ziffer 1 d), Calciumcarbid der Ziffer 2 a) und Calciumsilicid in Stücken der Ziffer 2 d) der Rn. 2471 siehe Rn. 41 111, 42 111 und 43 111.

212 411-
212 419

Abschnitt 2

Bau

Tanks für   **212 420**

Stoffe   ▌ weißen oder gelben Phosphor

der Rn. 2431 Ziffer 1 oder Stoffe der Rn. 2471 Ziffern 2 e) und 4 müssen für einen Berechnungsdruck [siehe Rn. 212 127 (2)] von mindestens 1 MPa (10 bar) (Überdruck) bemessen sein.

Tanks für Stoffe der Rn. 2431 Ziffer 3 müssen für einen Berechnungsdruck [siehe Rn. 212 127 (2)] von mindestens 2,1 MPa (21 bar) (Überdruck) bemessen sein. Die Vorschriften des Anhangs B.1 d gelten für die Werkstoffe und den Bau dieser Tanks.   **212 421**

212 422-
212 429

---

[7]) Tanks gelten als luftdicht verschlossen, wenn sie dichtverschlossene Öffnungen und keine Sicherheitsventile, Berstscheiben oder ähnliche Sicherheitseinrichtungen besitzen. Tanks mit Sicherheitsventilen, bei denen zwischen dem Sicherheitsventil und dem Tankinnern eine Berstscheibe angebracht ist, gelten als luftdicht verschlossen.

Anhang B.1 b

Abschnitt 3

Ausrüstung

212 430　　Tanks für Schwefel der Rn. 2401 Ziffer 2 b) und Naphthalin der Rn. 2401 Ziffer 11 c) müssen mit einer wärmeisolierenden Schutzeinrichtung aus schwer entflammbarem Material versehen sein. Sie dürfen mit Ventilen versehen sein, die sich bei einem Druckunterschied zwischen 20 kPa (0,2 bar) und 30 kPa (0,3 bar) von selbst nach innen oder außen öffnen.

212 431　　Tanks für die Beförderung von weißem oder gelbem Phosphor

und 9-Phosphabicyclononan (Cyclooktadienphosphin) **|**

der Rn. 2431 Ziffer 1 müssen folgenden Vorschriften entsprechen:

(1) Die Heizeinrichtung darf nicht bis ins Innere des Tanks führen, sondern muß außen angebracht sein; jedoch kann ein Rohr, das zur Entleerung

der Stoffe　　　　　　　　　　　　　　　**|**　　des Phosphors

dient, mit einem Wärmemantel versehen werden. Die Heizeinrichtung dieses Mantels muß so eingestellt sein, daß ein Überschreiten der Temperatur

der Stoffe　　　　　　　　　　　　　　　**|**　　des Phosphors

über die Temperatur bei der Beladung des Tanks hinaus verhindert wird. Die anderen Rohre müssen in den oberen Teil des Tanks führen; die Öffnungen müssen sich in dem Teil des Tanks befinden, der oberhalb des höchstzulässigen Standes

der Stoffe　　　　　　　　　　　　　　　**|**　　des Phosphors

liegt, und müssen unter verriegelbaren Kappen vollständig verschließbar sein. Ferner sind die in Rn. 212 132 vorgesehenen Reinigungsöffnungen (Handloch) nicht zulässig.

(2) Der Tank muß mit einer Meßeinrichtung zum Nachprüfen des

Füllungsstandes der Stoffe der Ziffer 1　　　　**|**　　Phosphorstandes

und, wenn Wasser als Schutzmittel verwendet wird, mit einer den höchstzulässigen Wasserstand anzeigenden festen Einrichtung versehen sein.

212 432　　Tanks für Stoffe der Rn. 2431 Ziffer 3 und der Rn. 2471 Ziffer 2 e) dürfen unterhalb des Flüssigkeitsspiegels keine Öffnungen oder Anschlüsse haben, auch dann nicht, wenn diese Öffnungen oder Anschlüsse verschließbar sind. Außerdem sind die in Rn. 212 132 vorgesehenen Reinigungsöffnungen (Handloch) nicht zulässig. Die auf der Oberseite des Tanks angeordneten Öffnungen einschließlich ihrer Armaturen müssen durch eine Schutz- kappe geschützt werden können.

212 433　　Tanks für Stoffe der Rn. 2471 Ziffer 1 a) müssen an ihren Öffnungen (Hähne, Mannlöcher, usw.) durch luftdicht schließende, verriegelbare Kappen geschützt und mit einer wärmeisolierenden Schutzeinrichtung aus schwer entflammbarem Material versehen sein.

212 434-
212 439

Abschnitt 4

Zulassung des Baumusters

212 440-
212 449

Keine besonderen Vorschriften.

Abschnitt 5

Prüfungen

212 450　　Tanks für Schwefel in geschmolzenem Zustand der Rn. 2401 Ziffer 2 b), Naphthalin in geschmolzenem Zustand der Rn. 2401 Ziffer 11 c), weißen oder gelben Phosphor

sowie 9-Phosphorbicyclononan (Cyclooktadienphosphin) **|**

der Rn. 2431 Ziffer 1, Natrium, Kalium oder Legierungen von Natrium oder Kalium der Rn. 2471 Ziffer 1 a), Stoffe der Rn. 2471 Ziffern 2 e) und 4 müssen bei der Wasserdruckprüfung erstmalig und wiederkehrend mit einem Druck von mindestens 0,4 MPa (4 bar) (Überdruck) geprüft werden.

Anhang B.1 b

Tanks für Stoffe der Rn. 2431 Ziffer 3 müssen erstmalig und wiederkehrend mit einer mit dem Ladegut nicht reagierenden Flüssigkeit und einem Prüfdruck von mindestens 1 MPa (10 bar) (Überdruck) geprüft werden.   **212 451**

Die Werkstoffe jedes einzelnen dieser zur Beförderung von Stoffen der Rn. 2431 Ziffer 3 vorgesehenen Tanks müssen nach dem im Anhang B.1 d beschriebenen Verfahren geprüft werden.

Tanks für Schwefel (auch Schwefelblume) der Rn. 2401 Ziffer 2 a), Stoffe der Rn. 2401 Ziffer 8, Rohnaphthalin oder Reinnaphthalin der Ziffer 11 a) und b) der Rn. 2401 und frisch gelöschte Holzkohle der Rn. 2431 Ziffer 8 müssen bei der Wasserdruckprüfung erstmalig und wiederkehrend mit dem Druck geprüft werden, der für die Bemessung des Tanks in Rn. 212 123 festgelegt ist.   **212 452**

212 453-
212 459

Abschnitt 6

Kennzeichnung

Tanks für Stoffe der Rn. 2431 Ziffer 3 sind zusätzlich zu den nach Rn. 212 161 vorgeschriebenen Angaben mit folgender Aufschrift zu versehen: **212 460**

„Nicht öffnen während der Beförderung. Selbstentzündlich."

Tanks für Stoffe der Rn. 2471 Ziffer 2 e) sind zusätzlich zu den nach Rn. 212 161 vorgeschriebenen Angaben mit folgender Aufschrift zu versehen:

„Nicht öffnen während der Beförderung. Bildet in Berührung mit Wasser entzündliche Gase."

> Diese Aufschriften müssen in einer amtlichen Sprache des Zulassungslandes und außerdem, wenn diese Sprache nicht Deutsch, Englisch oder Französisch ist, in einer dieser Sprachen abgefaßt sein, sofern nicht Vereinbarungen zwischen den an der Beförderung beteiligten Staaten etwas anderes vorsehen.

An Tanks für Stoffe der Rn. 2471 Ziffer 4 muß auf dem in Rn. 212 160 vorgesehenen Schild zusätzlich die höchstzulässige Masse der Füllung in kg angegeben sein.   **212 461**

212 462-
212 469

Abschnitt 7

Betrieb

Tanks für Schwefel der Rn. 2401 Ziffer 2 b) und Naphthalin der Rn. 2401 Ziffer 11 c) dürfen nur bis zu einem Füllungsgrad von 98% gefüllt sein.   **212 470**

Weißer oder gelber Phosphor   **212 471**

und 9-Phosphabicyclononan (Cyclooktadienphosphin) ❙

der Rn. 2431 Ziffer 1

müssen   ❙ muß

bei Verwendung von Wasser als Schutzmittel beim Einfüllen mit einer Wasserschicht von mindestens 12 cm bedeckt sein; dabei darf der Füllungsgrad bei einer Temperatur von 60 °C höchstens 98 % betragen. Bei Verwendung von Stickstoff als Schutzmittel darf der Füllungsgrad bei einer Temperatur von 60 °C höchstens 96 % betragen. Der freibleibende Raum muß derart mit Stickstoff gefüllt sein, daß nach dem Erkalten der Stickstoffdruck nicht niedriger als der atmosphärische Druck ist. Der Tank ist luftdicht [7] so zu verschließen, daß kein Gas entweichen kann.

Bei Beförderung von Stoffen der Rn. 2471 Ziffer 1 a) müssen die Kappen nach Rn. 211 433 verriegelt sein.   **212 472**

Der Füllungsgrad darf je Liter Fassungsraum höchstens 1,14 kg für Trichlorsilan (Siliciumchloroform) der Rn. 2471 Ziffer 4 a), höchstens 0,95 kg für Methyldichlorsilan und höchstens 0,93 kg für Äthyldichlorsilan der Rn. 2471 Ziffer 4 b) betragen, wenn nach Masse gefüllt wird; wird volumetrisch gefüllt, darf der Füllungsgrad höchstens 85 % betragen.   **212 473**

---

[7] Tanks gelten als luftdicht verschlossen, wenn sie dichtverschlossene Öffnungen und keine Sicherheitsventile, Berstscheiben oder ähnliche Sicherheitseinrichtungen besitzen. Tanks mit Sicherheitsventilen, bei denen zwischen dem Sicherheitsventil und dem Tankinnern eine Berstscheibe angebracht ist, gelten als luftdicht verschlossen.

Anhang B.1 b

212 474   Tanks, die

Stoffe   ▌ Phosphor

der Rn. 2431 Ziffer 1 enthalten haben, müssen bei der Aufgabe zur Beförderung

– entweder mit Stickstoff gefüllt sein; der Absender muß im Beförderungspapier bescheinigen, daß der Tank nach Verschluß gasdicht ist;

– oder zu mindestens 96 % und höchstens 98% ihres Fassungsraums mit Wasser gefüllt sein; in der Zeit vom 1. Oktober bis 31. März muß das Wasser soviel Frostschutzmittel enthalten, daß es während der Beförderung nicht gefrieren kann; das Frostschutzmittel darf keine korrodierende Wirkung haben und mit

dem Füllgut   ▌ Phosphor

nicht reagieren.

Tankcontainer, die

Stoffe   ▌ Phosphor

der Rn. 2431 Ziffer 1 enthalten haben, gelten hinsichtlich der Anwendung der Vorschriften der Rn. 42 500 als „ungereinigte leere Tankcontainer".

212 475   Der Füllungsgrad für Tanks mit Stoffen der Rn. 2431 Ziffer 3 und der Rn. 2471 Ziffer 2e) darf höchstens 90 % betragen; bei einer mittleren Flüssigkeitstemperatur von 50°C muß jedoch ein füllungsfreier Raum von 5 % verbleiben. Während der Beförderung müssen diese Stoffe durch ein inertes Gas abgedeckt sein, dessen Überdruck 50 kPa (0,5 bar) nicht übersteigt. Die Tanks müssen luftdicht [7]) verschlossen, und die Schutzkappen nach Rn. 212 433 müssen verriegelt sein. Ungereinigte leere Tanks müssen bei der Übergabe zur Beförderung mit einem inerten Gas mit einem Überdruck bis zu 50 kPa (0,5 bar) gefüllt sein.

212 476-
212 499

Klasse 5.1

Entzündend (oxydierend) wirkende Stoffe

Klasse 5.2

Organische Peroxide

212 500-
212 509

Abschnitt 1

Allgemeines, Anwendungsbereich (Verwendung von Tankcontainern), Begriffsbestimmungen

Verwendung

212 510   Die folgenden Stoffe der Rn. 2501 dürfen in Tankcontainern befördert werden: Stoffe der Ziffern 1 bis 3, Lösungen der Ziffer 4 (auch pulverförmiges Natriumchlorat in feuchtem oder trockenem Zustand) und wässerige Lösungen, konzentriert und warm, von Ammoniumnitrat der Ziffer 6a) mit einer Konzentration von mehr als 80 % aber höchstens 93 %, vorausgesetzt:

a) der in einer zehnprozentigen wässerigen Lösung des zu befördernden Stoffes gemessene pH-Wert liegt zwischen 5 und 7,

b) die Lösungen enthalten nicht mehr als 0,2 % brennbare Stoffe und keine Chlorverbindungen in einer Menge, in der der Chlorgehalt 0,02 % übersteigt.

Bem. Wegen der Beförderung in loser Schüttung von Stoffen der Rn. 2501 Ziffern 4 bis 6, 7a) und b), siehe Rn. 51 111.

Stoffe der Rn. 2551 Ziffern 1, 10, 14, 15 und 18 dürfen in Tankcontainern befördert werden.

212 511-
212 519

Abschnitt 2

Bau

212 520   Tanks für Stoffe nach Rn. 212 510 in flüssigem Zustand müssen nach einem Berechnungsdruck [siehe Rn. 212 127 (2)] von mindestens 0,4 MPa (4 bar) (Überdruck) bemessen sein.

---

[7]) Tanks gelten als luftdicht verschlossen, wenn sie dichtverschlossene Öffnungen und keine Sicherheitsventile, Berstscheiben oder ähnliche Sicherheitseinrichtungen besitzen. Tanks mit Sicherheitsventilen, bei denen zwischen dem Sicherheitsventil und dem Tankinnern eine Berstscheibe angebracht ist, gelten als luftdicht verschlossen.

Anhang B.1 b

Tanks für wässerige Lösungen von Wasserstoffperoxid und für Wasserstoffperoxid der Rn. 2501 Ziffer 1 sowie für flüssige organische Peroxide der Rn. 2551 Ziffern 1, 10, 14, 15 und 18 müssen einschließlich ihrer Ausrüstung aus Aluminium mit einem Reinheitsgrad von mindestens 99,5 % oder einem geeigneten Stahl gefertigt sein, der keine Zersetzung des Wasserstoffperoxids oder der organischen Peroxide bewirkt.
212 521

Wenn die Tanks aus Reinaluminium mit einem Reinheitsgrad von mindestens 99,5 % hergestellt sind, braucht die Wanddicke nicht mehr als 15 mm zu betragen, auch wenn die Berechnung nach Rn. 212 127 (2) einen höheren Wert ergibt.

Tanks für wässerige Lösungen, konzentriert und warm, von Ammoniumnitrat der Rn. 2501 Ziffer 6a) müssen aus austenitischem Stahl gefertigt sein.
212 522

**212 523-
212 529**

Abschnitt 3

Ausrüstung

Öffnungen der Tanks für wässerige Lösungen von Wasserstoffperoxid mit mehr als 70 % Wasserstoffperoxid und für Wasserstoffperoxid der Rn. 2501 Ziffer 1 müssen sich oberhalb des Flüssigkeitsspiegels befinden. Außerdem sind die in Rn. 212 132 vorgesehenen Reinigungsöffnungen (Handloch) nicht zulässig. Tanks für wässerige Lösungen von Wasserstoffperoxid mit mehr als 60 %, aber höchstens 70 % Wasserstoffperoxid dürfen unterhalb des Flüssigkeitsspiegels Öffnungen haben. In diesem Fall müssen die Entleerungseinrichtungen der Tanks mit zwei hintereinander liegenden, voneinander unabhängigen Verschlüssen versehen sein, von denen der erste aus einer inneren Absperreinrichtung mit einem Schnellschlußventil einer genehmigten Bauart und der zweite aus einer Absperreinrichtung an jedem Ende des Entleerungsstutzens besteht. Am Ausgang jedes äußeren Ventils ist je ein Blindflansch oder eine gleichwirksame Einrichtung anzubringen. Wenn die Schlauchanschlüsse weggerissen werden, muß die innere Absperreinrichtung mit dem Tank verbunden und geschlossen bleiben. Die außenliegenden Schlauchanschlüsse der Tanks müssen aus Werkstoffen hergestellt sein, die keine Zersetzung des Wasserstoffperoxids verursachen.
212 530

212 531

Tanks für wässerige Lösungen von Wasserstoffperoxid und für Wasserstoffperoxid der Rn. 2501 Ziffer 1 sowie für wässerige Lösungen, konzentriert und warm, von Ammoniumnitrat der Rn. 2501 Ziffer 6a) sind oben mit einer Verschlußeinrichtung zu versehen, die so beschaffen sein muß, daß sich im Tank kein Überdruck bilden kann, und die das Ausfließen von Flüssigkeit und das Eindringen fremder Substanzen in den Tank verhindert.
212 532

Die Verschlußeinrichtungen der Tanks für wässerige Lösungen, konzentriert und warm, von Ammoniumnitrat der Rn. 2501 Ziffer 6a) müssen so hergestellt sein, daß während der Beförderung keine Verstopfung der Einrichtungen durch das festgewordene Ammoniumnitrat möglich ist.

Sind Tanks für wässerige Lösungen, konzentriert und warm, von Ammoniumnitrat der Rn. 2501 Ziffer 6a) von einem wärmeisolierenden Stoff umgeben, so muß dieser aus anorganischem Material bestehen und vollständig frei von brennbaren Stoffen sein.
212 533

Tanks für flüssige organische Peroxide der Rn. 2551 Ziffern 1, 10, 14, 15 und 18 müssen mit einer Lüftungseinrichtung versehen sein, die eine flammendurchschlagsichere Armatur enthält und der ein Sicherheitsventil nachgeschaltet ist, das sich bei einem Druck zwischen 180 kPa (1,8 bar) und 220 kPa (2,2 bar) (Überdruck) öffnet.
212 534

Tanks für flüssige organische Peroxide der Rn. 2551 Ziffern 1, 10, 14, 15 und 18 müssen mit einer wärmeisolierenden Schutzeinrichtung nach Rn. 212 234 (1) versehen sein. Der Sonnenschutz und jeder von nicht bedeckte Teil des Tanks oder die äußere Umhüllung einer vollständigen Isolierung müssen einen weißen Anstrich haben, der vor jeder Beförderung zu säubern und bei Vergilbung oder Beschädigung zu erneuern ist. Die wärmeisolierende Schutzeinrichtung darf kein brennbares Material enthalten.
212 535

**212 536-
212 539**

Abschnitt 4

Zulassung des Baumusters

Tankcontainer, die zur Beförderung von wässerigen Lösungen, konzentriert und warm, von Ammoniumnitrat der Rn. 2501 Ziffer 6a) zugelassen sind, dürfen nicht zur Beförderung anderer Stoffe zugelassen werden.
212 540

**212 541-
212 549**

423

Anhang B.1 b

Abschnitt 5

Prüfungen

212 550   Tanks für Stoffe nach Rn. 212 510 in flüssigem Zustand müssen bei der Wasserdruckprüfung erstmalig und wiederkehrend mit einem Druck von mindestens 0,4 MPa (4 bar) (Überdruck) geprüft werden.

Tanks für die übrigen Stoffe nach Rn. 212 510 müssen bei der Wasserdruckprüfung erstmalig und wiederkehrend mit dem Druck geprüft werden, der für die Bemessung des Tanks in Rn. 212 123 festgelegt ist.

Tanks aus Reinaluminium für wässerige Lösungen von Wasserstoffperoxid sowie für Wasserstoffperoxid der Rn. 2501 Ziffer 1 und für flüssige organische Peroxide der Rn. 2551 Ziffern 1, 10, 14, 15 und 18 müssen bei der Wasserdruckprüfung erstmalig und wiederkehrend nur mit einem Druck von 250 kPa (2,5 bar) (Überdruck) geprüft werden.

212 551-
212 559

Abschnitt 6

Kennzeichnung

212 560-
212 569

Keine besonderen Vorschriften.

Abschnitt 7

Betrieb

212 570   Das Innere der Tanks und alle Teile, die mit den Stoffen nach Rn. 212 510 in Berührung kommen können, müssen saubergehalten werden. Für Pumpen, Ventile oder andere Einrichtungen dürfen nur Schmiermittel verwendet werden, die mit dem Stoff nicht gefährlich reagieren können.

212 571   Tanks für Stoffe der Rn. 2501 Ziffern 1 bis 3 dürfen bei einer Bezugstemperatur von 15 °C nur bis zu 95 % ihres Fassungsraumes gefüllt werden. Tanks für wässerige Lösungen, konzentriert und warm, von Ammoniumnitrat der Rn. 2501 Ziffer 6 a) dürfen nur bis zu 97 % ihres Fassungsraumes gefüllt werden und die höchste Temperatur nach der Füllung darf 140 °C nicht überschreiten. Tankcontainer, die zur Beförderung von wässerigen Lösungen, konzentriert und warm, von Ammoniumnitrat zugelassen sind, dürfen nicht zur Beförderung anderer Stoffe verwendet werden.

212 572   Tanks für flüssige organische Peroxide der Rn. 2551 Ziffern 1, 10, 14, 15 und 18 dürfen nur bis zu 80 % ihres Fassungsraumes gefüllt werden. Die Tanks müssen bei der Füllung frei von Verunreinigungen sein.

212 573-
212 599

Klasse 6.1

Giftige Stoffe

212 600-
212 609

Abschnitt 1

Allgemeines, Anwendungsbereich (Verwendung von Tankcontainern), Begriffsbestimmungen

Verwendung

212 610   Die folgenden Stoffe der Rn. 2601 dürfen in Tankcontainern befördert werden:

a)   die namentlich aufgeführten Stoffe der Ziffern 2 und 3;

b)   die sehr giftigen Stoffe, die unter Buchstabe a) der Ziffern 11 bis 24, 31, 41, 51, 55, 68 und 71 bis 88 aufgeführt sind und in flüssigem Zustand befördert werden, sowie die diesen Ziffern unter Buchstabe a) zu assimilieren-den Stoffe und Lösungen;

c)   die giftigen und gesundheitsschädlichen Stoffe, die unter den Buchstaben b) oder c) der Ziffern 11 bis 24, 51 bis 55, 57 bis 68 und 71 bis 88 aufgeführt sind und in flüssigem Zustand befördert werden, sowie die diesen Ziffern unter den Buchstaben b) oder c) zu assimilierenden Stoffe und Lösungen;

Anhang B.1 b

d) die giftigen und gesundheitsschädlichen pulverförmigen oder körnigen Stoffe, die unter den Buchstaben b) oder c) der Ziffern 12, 14, 17, 19, 21, 23, 24, 51 bis 55, 57 bis 68 und 71 bis 88 aufgeführt sind, sowie die diesen Ziffern unter den Buchstaben b) oder c) zu assimilierenden pulverförmigen oder körnigen Stoffe.

Bem. Wegen Beförderung in loser Schüttung von Stoffen der Ziffern 44 b), 60 c) und 63 c) sowie fester Abfälle, die unter den Buchstaben c) der einzelnen Ziffern fallen, siehe Rn. 61111.

212 611-
212 619

Abschnitt 2

Bau

Tanks für die namentlich in den Ziffern 2 und 3 aufgeführten Stoffe müssen nach einem Berechnungsdruck [siehe Rn. 212 127 (2)] von mindestens 1,5 MPa (15 bar) (Überdruck) bemessen sein.   **212 620**

Tanks für Stoffe nach Rn. 212 610 b) müssen nach einem Berechnungsdruck [siehe Rn. 212 127 (2)] von mindestens 1,0 MPa (10 bar) (Überdruck) bemessen sein.   **212 621**

Tanks für Stoffe nach Rn. 212 610 c) müssen nach einem Berechnungsdruck [siehe Rn. 212 127 (2)] von mindestens 0,4 MPa (4 bar) (Überdruck) bemessen sein.   **212 622**

Tanks für pulverförmige oder körnige Stoffe nach Rn. 212 610 d) müssen nach den Vorschriften des I. Teils dieses Anhangs bemessen sein.   **212 623**

212 624-
212 629

Abschnitt 3

Ausrüstung

Alle Öffnungen der Tanks für Stoffe nach Rn. 212 610 a) und b) müssen sich oberhalb des Flüssigkeitsspiegels befinden. Die Tankwände dürfen unterhalb des Flüssigkeitsspiegels weder Rohrdurchgänge noch Rohransätze haben. Die Tanks müssen luftdicht [7] verschlossen und die Verschlüsse durch eine verriegelbare Kappe geschützt werden können. Jedoch sind die in Rn. 212 132 vorgesehenen Reinigungsöffnungen (Handloch) für Tanks für Blausäurelösungen der Ziffer 2 nicht zulässig.   **212 630**

Tanks für Stoffe nach Rn. 212 610 c) und d) dürfen auch Untenentleerung haben. Die Tanks müssen luftdicht [7] verschlossen werden können.   **212 631**

Wenn die Tanks mit Sicherheitsventilen ausgerüstet sind, muß eine Berstscheibe vor dem Sicherheitsventil angebracht sein. Die Anordnung der Berstscheibe und des Sicherheitsventils muß den Anforderungen der zuständigen Behörde entsprechen.   **212 632**

212 633-
212 639

Abschnitt 4

Zulassung des Baumusters

212 640-
212 649

Keine besonderen Vorschriften.

Abschnitt 5

Prüfungen

Tanks für Stoffe nach Rn. 212 610 a), b) und c) müssen bei der Wasserdruckprüfung erstmalig und wiederkehrend mit einem Druck von mindestens 0,4 MPa (4 bar) (Überdruck) geprüft werden.   **212 650**

Tanks für Stoffe nach Rn. 212 610 d) müssen bei der Wasserdruckprüfung erstmalig und wiederkehrend mit dem Druck geprüft werden, der für die Bemessung der Tanks nach Rn. 212 123 festgelegt ist.   **212 651**

212 652-
212 659

---

[7] Tanks gelten als luftdicht verschlossen, wenn sie dichtverschlossene Öffnungen und keine Sicherheitsventile, Berstscheiben oder ähnliche Sicherheitseinrichtungen besitzen. Tanks mit Sicherheitsventilen, bei denen zwischen dem Sicherheitsventil und dem Tankinnern eine Berstscheibe angebracht ist, gelten als luftdicht verschlossen.

Anhang B.1 b

Abschnitt 6

Kennzeichnung

**212 660-
212 669**

Keine besonderen Vorschriften.

Abschnitt 7

Betrieb

212 670   Tanks für Stoffe der Ziffer 3 dürfen höchstens mit 1 kg je Liter Fassungsraum gefüllt werden.

212 671   Die Tanks müssen während der Beförderung luftdicht [7]) verschlossen sein. Die Verschlüsse der Tanks für
Stoffe nach Rn. 212 610a) und b) müssen durch eine verriegelte Kappe geschützt sein.

212 672   Tankcontainer, die zur Beförderung von Stoffen nach Rn. 212 610 zugelassen sind, dürfen nicht zur Beförderung von Nahrungs-, Genuß- und Futtermitteln verwendet werden.

**212 673-
212 699**

Klasse 7

Radioaktive Stoffe

**212 700-
212 709**

Abschnitt 1

Allgemeines, Anwendungsbereich (Verwendung von Tankcontainern), Begriffsbestimmungen

Verwendung

212 710   Es gelten die Vorschriften des entsprechenden Blattes der Rn. 2703.

Bem. Nur Stoffe von geringer spezifischer Aktivität in flüssiger oder fester Form, einschließlich natürliches oder abgereichertes [17]) Uranhexafluorid.
LSA (I) der Rn. 2703 Blatt 5 dürfen abweichend von den Vorschriften der Rn. 212 100 in Tankcontainern befördert werden.

**212 711-
212 719**

Abschnitt 2

Bau

212 720   Tankcontainer für die Stoffe des Blattes 5, mit Ausnahme von Uranhexafluorid, müssen nach einem Berechnungsdruck von mindestens 0,4 MPa (4 bar) (Überdruck) bemessen sein. Tanks für Uranhexafluorid müssen
nach einem Berechnungsdruck von mindestens 1 MPa (10 bar) (Überdruck) bemessen sein. Wenn die radioaktiven Stoffe in gefährlichen Stoffen anderer Klassen gelöst oder suspendiert sind und wenn für die Tankcontainer
für diese Stoffe höhere Berechnungsdrücke festgelegt sind, so sind diese anzuwenden.

**212 721-
212 729**

Abschnitt 3

Ausrüstung

212 730   Die Öffnungen der Tankcontainer zur Beförderung flüssiger radioaktiver Stoffe [13]) müssen sich oberhalb des
Flüssigkeitsspiegels befinden; die Tankwände dürfen unterhalb des Flüssigkeitsspiegels weder Rohrdurchgänge
noch Rohransätze aufweisen.

**212 731-
212 739**

---

[17]) Wegen angereichertem Uranhexafluorid siehe Rn. 2703 Blatt 11.

Anhang B.1 b

Abschnitt 4

Zulassung des Baumusters

Tankcontainer, die zur Beförderung radioaktiver Stoffe zugelassen sind, dürfen zur Beförderung eines anderen Stoffes nicht zugelassen werden.   **212 740**

**212 741-
212 749**

Abschnitt 5

Prüfungen

Die Tanks sind erstmalig und wiederkehrend einer Wasserdruckprüfung mit einem Druck von 0,4 MPa (4 bar) (Überdruck) zu unterziehen. Abweichend von Rn. 212 151 darf die wiederkehrende innere Prüfung durch eine Wanddickenmessung mit Ultraschall ersetzt werden, die alle zweieinhalb Jahre durchzuführen ist.   **212 750**

**212 751-
212 759**

Abschnitt 6

Kennzeichnung

**212 760-
212 769**

Keine besonderen Vorschriften.

Abschnitt 7

Betrieb

Der Füllungsgrad darf bei der Bezugstemperatur von 15°C 93% des Fassungsraums des Tanks nicht übersteigen.   **212 770**

Tankcontainer, in denen radioaktive Stoffe befördert wurden, dürfen nicht zur Beförderung anderer Stoffe verwendet werden.   **212 771**

**212 772-
212 799**

Klasse 8

Ätzende Stoffe

**212 800-
212 809**

Abschnitt 1

Allgemeines, Anwendungsbereich (Verwendung von Tankcontainern), Begriffsbestimmungen

Verwendung

Die folgenden Stoffe der Rn. 2801 dürfen in Tankcontainern befördert werden: **212 810**

a) die namentlich aufgeführten Stoffe der Ziffern 6, 7 und 24 sowie die der Ziffer 7 zu assimilierenden Stoffe;

b) die stark ätzenden Stoffe, die unter Buchstabe a) der Ziffern 1, 2, 3, 10, 11, 21, 26, 27, 32, 33, 36, 37, 39, 46, 55, 64, 65 und 66 aufgeführt sind und in flüssigem Zustand befördert werden, sowie die diesen Ziffern unter Buchstabe a) zu assimilierenden Stoffe und Lösungen;

c) die ätzenden oder schwach ätzenden Stoffe, die unter den Buchstaben b) oder c) der Ziffern 1 bis 5, 8 bis 11, 21, 26, 27, 31 bis 39, 42 bis 46, 51 bis 55 und 61 bis 66 aufgeführt sind und in flüssigem Zustand befördert werden, sowie die diesen Ziffern unter den Buchstaben b) oder c) zu assimilierenden Stoffe und Lösungen;

d) die ätzenden oder schwach ätzenden pulverförmigen oder körnigen Stoffe, die unter den Buchstaben b) oder c) der Ziffern 22, 23, 26, 27, 31, 35, 39, 41, 45, 46, 52, 55 und 65 aufgeführt sind, sowie die diesen Ziffern unter den Buchstaben b) oder c) zu assimilierenden pulverförmigen oder körnigen Stoffe.

Bem. Wegen Beförderung in loser Schüttung von Stoffen der Ziffer 23 und schwefelsäurehaltigem Bleischlamm der Ziffer 1 b) sowie festen Abfällen, die unter den Buchstaben c) der einzelnen Ziffern fallen, siehe Rn. 81 111.

**212 811-
212 819**

Anhang B.1 b

Abschnitt 2

Bau

212 820   Tanks für die namentlich in den Ziffern 6 und 24 aufgeführten Stoffe müssen nach einem Berechnungsdruck [siehe Rn. 212 127 (2)] von mindestens 2,1 MPa (21 bar) (Überdruck) bemessen sein. Tanks für Brom der Ziffer 24 müssen mit einer Bleiauskleidung von mindestens 5 mm Dicke oder einer gleichwertigen Auskleidung versehen sein.

Tanks für Stoffe der Ziffer 7 a) müssen nach einem Berechnungsdruck [siehe Rn. 212 127 (2)] von mindestens 1,0 MPa (10 bar) (Überdruck), Tanks für Stoffe der Ziffer 7 b) und c) nach einem Berechnungsdruck [siehe von Rn. 212 127 (2)] von mindestens 0,4 MPa (4 bar) (Überdruck) bemessen sein.

Die Vorschriften des Anhangs B.1 d gelten für die Werkstoffe und den Bau von geschweißten Tanks für Fluorwasserstoff und von Flußsäure der Ziffer 6.

212 821   Tanks für die Stoffe nach Rn. 212 810 b) müssen nach einem Berechnungsdruck [siehe Rn. 212 127 (2)] von mindestens 1,0 MPa (10 bar) (Überdruck) bemessen sein.

Wenn die Verwendung von Aluminium für Tanks für die Beförderung von Salpetersäure der Ziffer 2 a) erforderlich ist, müssen diese Tanks aus Aluminium mit einem Reinheitsgrad von mindestens 99,5% hergestellt sein; auch wenn die Berechnung nach Rn. 212 127 (2) einen höheren Wert ergibt, braucht die Wanddicke nicht mehr als 15 mm zu betragen.

212 822   Tanks für Stoffe nach Rn. 212 810 c) müssen nach einem Berechnungsdruck [siehe Rn. 212 217 (2)] von mindestens 0,4 MPa (4 bar) (Überdruck) bemessen sein.

Tanks für Monochloressigsäure der Ziffer 31 b) müssen mit einer Emailauskleidung oder einer gleichwertigen Auskleidung versehen sein, wenn der Werkstoff des Tanks von dieser Säure angegriffen wird.

Tanks für wässerige Lösungen von Wasserstoffperoxid der Ziffer 62 müssen einschließlich ihrer Ausrüstung aus Aluminium mit einem Reinheitsgrad von mindestens 99,5% oder einem geeigneten Stahl hergestellt sein, der keine Zersetzung des Wasserstoffperoxids bewirkt.

Wenn die Tanks aus Reinaluminium hergestellt sind, braucht die Wanddicke nicht mehr als 15 mm zu betragen, auch wenn die Berechnung nach Rn. 212 127 (2) einen höheren Wert ergibt.

212 823   Tanks für pulverförmige oder körnige Stoffe nach Rn. 212 810 d) müssen nach den Vorschriften des I. Teils dieses Anhangs bemessen sein.

212 824-
212 829

Abschnitt 3

Ausrüstung

212 830   Alle Öffnungen der Tanks für Stoffe der Ziffern 6, 7 und 24 müssen sich oberhalb des Flüssigkeitsspiegels befinden. Die Tankwände dürfen unterhalb des Flüssigkeitsspiegels weder Rohrdurchgänge noch Rohransätze aufweisen. Außerdem sind die in Rn. 212 132 vorgesehenen Reinigungsöffnungen (Handloch) nicht zulässig. Die Tanks müssen luftdicht [7]) verschlossen und die Verschlüsse durch eine verriegelbare Kappe geschützt werden können.

212 831   Tanks für Stoffe nach Rn. 212 810 b), c) und d) dürfen auch Untenentleerung haben.

212 832   Wenn Tanks für Stoffe nach Rn. 212 810 b) mit Sicherheitsventilen ausgerüstet sind, muß vor dem Sicherheitsventil eine Berstscheibe angebracht sein. Die Anordnung der Berstscheibe und des Sicherheitsventils muß den Anforderungen der zuständigen Behörde entsprechen.

212 833   Tanks für Schwefelsäureanhydrid (Schwefeltrioxid) der Ziffer 1 a) müssen wärmeisoliert und mit einer außen angebrachten Heizeinrichtung versehen sein.

212 834   Tanks für Hypochloritlösungen der Ziffer 61 und für wässerige Lösungen von Wasserstoffperoxid der Ziffer 62 sowie ihre Bedienungsausrüstung müssen so beschaffen sein, daß keine fremden Stoffe in den Tank gelangen können, kein Ladegut austreten und sich im Tank kein gefährlicher Überdruck bilden kann.

212 835-
212 839

Anhang B.1 b

Abschnitt 4

Zulassung des Baumusters

212 840-
212 849

Keine besonderen Vorschriften.

Abschnitt 5

Prüfungen

Tanks für Fluorwasserstoff und Flußsäure der Ziffer 6 müssen bei der Wasserdruckprüfung erstmalig und **212 850**
wiederkehrend mit einem Druck von mindestens 1,0 MPa (10 bar) (Überdruck) und Tanks für Stoffe der Ziffer 7
müssen bei der Wasserdruckprüfung erstmalig und wiederkehrend mit einem Druck von mindestens 0,4 MPa
(4 bar) (Überdruck) geprüft werden.

Tanks für Stoffe der Ziffern 6 und 7 sind alle zweieinhalb Jahre mit geeigneten Geräten (z. B. Ultraschall) auf
Korrosionsbeständigkeit zu untersuchen.

Die Werkstoffe jedes geschweißten Tanks für Fluorwasserstoff und Flußsäure der Ziffer 6 müssen nach dem im
Anhang B.1d beschriebenen Verfahren geprüft werden.

Tanks für Brom der Ziffer 24 oder für Stoffe nach Rn. 212 810b) und c) müssen bei der Wasserdruckprüfung **212 851**
erstmalig und wiederkehrend mit einem Druck von mindestens 0,4 MPa (4 bar) (Überdruck) geprüft werden. Die
Wasserdruckprüfung an Tanks für Schwefelsäureanhydrid (Schwefeltrioxid) der Ziffer 1 a) ist alle zweieinhalb
Jahre zu wiederholen.

Tanks aus Reinaluminium für Salpetersäure der Ziffer 2a) und für wässerige Lösungen von Wasserstoffperoxid
der Ziffer 62 sind bei der Wasserdruckprüfung erstmalig und wiederkehrend nur mit einem Druck von 250 kPa
(2,5 bar) (Überdruck) zu prüfen.

Der Zustand der Auskleidung der Tanks für Brom der Ziffer 24 ist von einem behördlich anerkannten
Sachverständigen jährlich durch eine innere Untersuchung des Tanks zu prüfen.

Tanks für Stoffe nach Rn. 211 810d) müssen bei der Wasserdruckprüfung erstmalig und wiederkehrend mit **212 852**
dem Druck geprüft werden, der für die Bemessung der Tanks in Rn. 212 123 festgelegt ist.

212 853-
212 859

Abschnitt 6

Kennzeichnung

An den Tanks für Fluorwasserstoff und Flußsäure der Ziffer 6 sowie für Brom der Ziffer 24 sind außer den in **212 860**
Rn. 212 160 vorgesehenen Angaben die höchstzulässige Masse der Füllung in kg und das Datum (Monat, Jahr)
der letzten inneren Untersuchung des Tanks anzugeben.

212 861-
212 869

Abschnitt 7

Betrieb

Tanks für Schwefelsäureanhydrid (Schwefeltrioxid) der Ziffer 1 a) dürfen nur bis zu 88 %, Tanks für Brom der **212 870**
Ziffer 24 müssen mindestens zu 88 % und dürfen höchstens bis zu 92 % ihres Fassungsraumes oder mit 2,86 kg
je Liter Fassungsraum gefüllt werden.

Tanks für Fluorwasserstoff und Flußsäure der Ziffer 6 dürfen nur bis zu 0,84 kg je Liter Fassungsraum gefüllt
werden.

Tanks für Stoffe der Ziffern 6, 7 und 24 müssen während der Beförderung luftdicht [7] verschlossen und die **212 871**
Verschlüsse durch eine verriegelte Kappe geschützt sein.

212 872-
212 999"

---

[7] Tanks gelten als luftdicht verschlossen, wenn sie dichtverschlossene Öffnungen und keine Sicherheitsventile, Berstscheiben oder ähnliche
Sicherheitseinrichtungen besitzen. Tanks mit Sicherheitsventilen, bei denen zwischen dem Sicherheitsventil und dem Tankinnern eine Berstscheibe
angebracht ist, gelten als luftdicht verschlossen.

Anhang B.1c

Vorschriften für festverbundene Tanks und Aufsetztanks aus verstärkten Kunststoffen

Bem.: 1. Dieser Anhang gilt für festverbundene Tanks und Aufsetztanks, jedoch nicht für Gefäßbatterien, Tankcontainer und Gefäße.

2. Wegen der Gefäße siehe die betreffenden Vorschriften in Anlage A (Versandstücke).

213 000-
213 009

Abschnitt 1

Allgemeine Vorschriften für die Verwendung und den Bau von festverbundenen Tanks und Aufsetztanks

Bem. Nach den Vorschriften der Rn. 10 121 (2) ist die Beförderung von gefährlichen Gütern in festverbundenen Tanks oder in Aufsetztanks aus verstärkten Kunststoffen, die den Anforderungen dieses Anhangs entsprechen, nur zulässig, wenn die Verwendung dieser Tanks für diese Stoffe nach Rn. 213 010 ausdrücklich zugelassen ist.

Verwendung

213 010   Die nachstehend aufgeführten Stoffe dürfen in Tanks aus verstärkten Kunststoffen befördert werden, die den Vorschriften dieses Anhangs entsprechen:

a) Roherdöle und andere Rohöle sowie leicht flüchtige Destillationsprodukte aus Erdöl oder aus anderen Rohölen der Klasse 3 Ziffer 3 b),

b) halbschwere Destillationsprodukte aus Erdöl und aus anderen Rohölen der Klasse 3 Ziffer 31 c),

c) Heizöle und Dieselöle der Klasse 3 Ziffer 32 c),

d) Lösungen der Klasse 5.1 Ziffer 4 a),

e) Stoffe der Klasse 8 Ziffern 1 b) und c), 2 b) und c) sowie Chlorwasserstofflösungen der Ziffer 5 b) Phosphorsäure der Ziffer 11 c) und Stoffe der Ziffern 42, 61 und 62.

213 011-
213 099

Bau

213 100   Die Tanks müssen nachstehenden Anforderungen des Anhangs B.1 a entsprechen:

(1) Allgemeine Vorschriften für Tanks zur Beförderung von Stoffen aller Klassen:

Rn. 211 120 (4), (5) und (6), 211 121, 211 122, 211 124, 211 126, 211 127 (6), 211 128, 211 130, 211 132, 211 140, 211 150 bis 211 154, 211 160 und 211 161, 211 171, 211 172 (1) und (2), 211 173 bis 211 178.

(2) Vorschriften für Tanks zur Beförderung von Stoffen der Klasse 3: Tanks zur Beförderung entzündbarer flüssiger Stoffe mit einem Flammpunkt bis höchstens 55 °C und mit nicht absperrbarer Lüftungseinrichtung müssen in der Lüftungseinrichtung eine flammendurchschlagsichere Schutzeinrichtung haben.

Die Dichtheitsprüfung und die Innenbesichtigung sind alle drei Jahre vorzunehmen.

(3) Sondervorschriften für Tanks zur Beförderung von Stoffen der Klasse 8: Rn. 211 834.

213 101   Die Tankwände dürfen keinen Materialfehler aufweisen, der die Sicherheit herabsetzt.

Anhang B.1 c

Die Tankwände müssen den mechanischen, thermischen und chemischen Beanspruchungen dauerhaft widerstehen.

213 102

Tanköffnungen

(1) Hat der Tank unterhalb des Flüssigkeitsspiegels eine oder mehrere Entleeröffnungen, müssen die mit einem Ventil oder einer Rohrleitung versehenen Öffnungen entweder durch vertieften Einbau in die Tankwand oder durch andere Mittel geschützt sein, die von der zuständigen Behörde genehmigt sind und gleichwertigen Schutz bieten.

213 103

(2) Die Verwendung von Schraubstöpseln ist ausdrücklich untersagt. Ventile müssen einem von der zuständigen Behörde genehmigten Baumuster entsprechen.

(3) Die Einfüllöffnungen müssen durch eine Einrichtung hermetisch verschlossen sein. Steht diese Einrichtung von der Tankwand ab, muß sie durch eine Kappe gegen das Abreißen bei einem Unfall durch Umkippen des Tanks geschützt sein.

213 104-
213 119

Abschnitt 2

Werkstoffe der Tankwände

Zur Herstellung der Tankwände dürfen folgende Werkstoffe verwendet werden:

213 120

(1) Kunstharz

– Ungesättigte Polyesterharze

– Epoxid-Harze

– andere Harze mit ähnlichen Eigenschaften, sofern die Sicherheit der Tankwände nachgewiesen ist.

(2) Faserverstärkungen

Glasfasern (Glas der Typen E und C) [1]) mit geeigneter Oberflächenbehandlung, z. B. mit Silanverbindungen oder ähnlichen Stoffen. Die Glasfasern dürfen in Form geschnittener oder ungeschnittener „Rovings", einschließlich vorgespannter endloser „Rovings" oder Fasern, Matten, Oberflächenmatten oder Gewebe verwendet werden.

(3) Zusatzstoffe

a) Zur Verarbeitung der Harze erforderliche Zusatzstoffe, z. B. Katalysatoren, Beschleuniger, Monomere, Härtungsmittel, Thyxotropierstoffe, entsprechend den Angaben des Kunstharzherstellers.

b) Füllmittel, Pigmente, Farbstoffe oder andere Stoffe zur Erzielung der gewünschten Eigenschaften, z. B. Erhöhung der Feuerfestigkeit, sofern durch sie die Betriebssicherheit der Tankwände nicht herabgesetzt wird.

213 121-
213 129

Abschnitt 3

Aufbau der Tankwände

Die äußere Oberflächenschicht der Tankwände muß gegen Witterungseinflüsse sowie gegen kurzzeitige Berührung mit dem Füllgut widerstandsfähig sein.

213 130

---

[1]) Die Glastypen E und C sind in Tabelle 1 aufgeführt.

Anhang B.1 c

213 131

Die Tankwand und die Klebeverbindungen müssen den Anforderungen an die mechanische Widerstandsfähigkeit nach Abschnitt 4 entsprechen.

213 132

Die innere Oberflächenschicht der Tankwände muß gegen langzeitige Einwirkungen des Füllguts widerstandsfähig sein. Sie muß aus verstärktem Kunstharz bestehen und eine Mindestdicke von 1 mm aufweisen. Die verwendeten Fasern dürfen die chemische Widerstandsfähigkeit der Schicht nicht verringern. Der innere Teil der Schicht muß harzreich sein und eine Mindestdicke von 0,2 mm haben.

Den Anforderungen nach Rn. 213 140 (6) und 213 142 (2) des Abschnitts 4 muß entsprochen werden.

213 133

Die fertigen Tankwände müssen den Anforderungen nach Rn. 213 140 (3) des Abschnitts 4 entsprechen.

213 134

Die Mindestwanddicke muß betragen:

– 3,5 mm, wenn der Fassungsraum des Tanks 3 000 l nicht übersteigt;

– 5,0 mm, wenn der Fassungsraum des Tanks 3 000 l übersteigt.

**213 135-
213 139**

Abschnitt 4

Prüfverfahren und Güteanforderungen

Werkstoffe für das Tankbaumuster: Prüfungen und Güteanforderungen

213 140

(1) Entnahme der Prüfstücke

Die zur Prüfung benötigten Prüfstücke sind möglichst der Tankwand zu entnehmen. Bei der Fertigung anfallende Ausschnitte von Öffnungen usw. dürfen zu diesem Zweck verwendet werden.

(2) Glasfaseranteil

Die Prüfung ist nach der ISO-Empfehlung R 1172 von 1970 durchzuführen. Der Glasfaseranteil des Prüfstücks muß über 25 und unter 75 Masse-% betragen.

(3) Polymerisationsgrad

a) Wand aus Polyesterharzen:

Der Gehalt an überschüssigem Styrol darf, bezogen auf die Gesamtharzmenge, nicht größer sein als 2 %. Die Prüfung ist nach einer geeigneten Methode durchzuführen [2]).

b) Wand aus Epoxidharzen:

Der Aceton-Extrakt darf, bezogen auf die Gesamtharzmenge, nicht größer sein als 2 %. Die Prüfung ist nach einer geeigneten Methode durchzuführen [1]).

(4) Biege- und Zugfestigkeit

Die mechanischen Eigenschaften sind zu bestimmen

– für den Tankmantel: in der Achsrichtung und in der Umfangsrichtung;

– für die Böden und die Zwischenwände in beliebiger Richtung.

---

[1]) Die Methode nach DIN Norm 16 945 vom Juni 1969, Absatz 6.4.2, wird als geeignet angesehen.

[2]) Die Methode nach DIN Norm 16 945 vom Juni 1969, Absatz 6.4.3, wird als geeignet angesehen.

Anhang B.1 c

Wenn die Hauptrichtungen der Verstärkung sich nicht mit der Achsrichtung oder der Umfangsrichtung decken (z. B. bei biaxialer Wicklung), sind die Festigkeiten in den Hauptrichtungen der Verstärkung zu ermitteln und für die Achsrichtung und die Umfangsrichtung nach folgenden Formeln zu berechnen:

213 140
(Forts.)

Zug	Biegung
$\sigma T, c = 2 \sigma T, H^{\sin^2\alpha}$	$\sigma F, c = 2 \sigma F, H^{\sin^2\alpha}$
$\sigma T, a = 2 \sigma T, H^{\cos^2\alpha}$	$\sigma F, a = 2 \sigma F, H^{\cos^2\alpha}$

T = Zug
c = tangential
a = axial
H = Wickelrichtung
F = Biegung
α = Hauptwickelwinkel

Die Zugfestigkeit ist nach dem Prüfverfahren des ISO-Dokuments TC 61/WG 2/TG „Kunststoffprüfung-Glasfasern" Nr. 4, Februar 1971, zu prüfen.

Die Biegefestigkeit ist nach dem Prüfverfahren der ISO-Empfehlung TC 61 Nr. 1540, April 1970, zu prüfen.

Anforderungen

Neue Tanks müssen folgenden Sicherheitsfaktoren gegen Bruch genügen:
Sicherheitsfaktor für statische Belastung – 7,5
Sicherheitsfaktor für dynamische Belastung – 5,5

Bei Berechnung der dynamischen Belastung sind folgende Beschleunigungswerte anzuwenden:

2 g in Fahrtrichtung
1 g rechtwinklig zur Fahrtrichtung
1 g senkrecht nach oben
2 g senkrecht nach unten

Da die Eigenschaften eines Schichtstoffes aus verstärktem Kunststoff je nach seinem Aufbau verschieden sein können, werden für die Biegefestigkeit und die Zugfestigkeit keine, für die Prüflasten jedoch folgende Mindestwerte vorgeschrieben:

$A = e \ \sigma_T$, wobei σ_T die Zugfestigkeit bei Bruch,

$B = e^2 \sigma_F$, wobei σ_F die Biegefestigkeit bei Bruch, und e die Wanddicke ist.

Die Mindestwerte für die Kräfte A und B sind folgende:

Bei Biegung:

Fassungsraum des Tanks ≤ 3 000 Liter
– Umfangsrichtung: B = 600 daN
– Achsrichtung: B = 300 daN

Fassungsraum des Tanks > 3 000 Liter
– Umfangsrichtung: B = 600 daN
– Achsrichtung: B = 600 daN

Bei Zug:
– Umfangsrichtung: A = 100 daN/mm
– Achsrichtung: A = 70 daN/mm

Der E-Modul bei Biegung wird bei –40° C und bei +60° C ermittelt. Beide Werte dürfen höchstens um 30 % von dem bei 20° C ermittelten Wert abweichen.

Verhalten des Wandmaterials bei einer Dauer-Zugprüfung von mehr als 1 000 Stunden:

Prüfspannung: $\dfrac{\sigma_T}{7,5}$

Bei der Prüfung darf der Faktor $K = \dfrac{\varepsilon\ 1\,000}{\varepsilon_0}$

nicht größer sein als 1,6.

433

Anhang B.1 c

ε_0 = Dehnung des belasteten Prüfstücks am Anfang der Prüfung

$\varepsilon_{1\,000}$ = Dehnung des belasteten Prüfstücks am Ende der Prüfung

(5) Verhalten bei Stoßbeanspruchung:

a) Art der Prüfung

Die Stoßfestigkeit wird an einer Schichtstoffprobe ermittelt, die dem für den Bau des Tanks verwendeten Werkstoff entspricht. Die Prüfung wird durch Fallenlassen einer Stahlmasse von 5 kg auf diejenige Fläche des Schichtstoffs durchgeführt, welche der Außenfläche des Tanks entspricht.

b) Prüfgerät

Das Prüfgerät besteht aus einer Stahlmasse von 5 kg, einer Führung für diese Masse und einem Rahmen zum Tragen des Prüfstücks. Die Abbildung 1 zeigt eine schematische Darstellung des Geräts. Die Masse hat die Form eines Stahlzylinders mit zwei Führungsnuten und einem halbkugelförmigen Unterteil von 90 mm Durchmesser. Die Führung ist senkrecht in einer Wand verankert.

Der Prüfstückträger besteht aus zwei Winkelschienen 100 × 100 × 25 mm von je 300 mm Länge, die auf einen Metallrahmen von 400 × 400 mm aufgeschweißt sind. Die lichte Weite zwischen den beiden Winkelschienen beträgt 175 mm. Der im Boden verankerte Prüfstückträger hat eine Aussparung von 50 mm Tiefe, die ein Durchbiegen des Prüfstücks gestattet.

c) Vorbereitung der Prüfstücke

Dem zu prüfenden Muster werden drei Prüfstücke von je 200 × 200 mm × der Dicke des Musters entnommen.

d) Durchführung der Prüfung

Das Prüfstück wird symmetrisch auf den Prüfstückträger aufgelegt; seine Auflage auf dem Träger soll möglichst zwei Hauptgeraden der Oberfläche folgen, so daß die Fallmasse den Mittelpunkt der Fläche des Prüfstücks trifft, die der Außenwand des Tanks entspricht. Die Masse wird aus einer bestimmten Höhe fallengelassen, wobei zu vermeiden ist, daß das Prüfstück durch Rückprall ein zweites Mal getroffen wird.

Die Prüfung ist bei Raumtemperatur vorzunehmen.

Die Höhe, bis zu der die Fallmasse in seiner Führung hochgehoben wird, ist festzuhalten.

In gleicher Weise wird mit den beiden anderen Prüfstücken verfahren.

e) Anforderungen

Die Fallhöhe der 5-kg-Masse muß 1 Meter betragen. Dem Prüfstück wird eine 1 m hohe Wassersäule aufgesetzt; es darf nicht mehr als 1 Liter je 24 Stunden durchlassen.

(6) Beständigkeit gegen Chemikalien

Im Laboratorium vorbereitete ebene Prüfplatten aus verstärkten Kunststoffen werden 30 Tage lang bei 50° C der Einwirkung des gefährlichen Stoffes nach folgendem Verfahren unterworfen:

a) Beschreibung des Prüfgeräts (siehe Abbildung 2)

Das Prüfgerät besteht aus einem Glaszylinder von 140 × 150 mm Durchmesser und 150 mm Höhe, mit zwei in einem Winkel von 135 ° angebrachten Stutzen, davon einer mit einem NS 29-Anschluß, zur Aufnahme eines Zwischenrohres für einen Rückflußkühler (1), der andere mit einem Anschluß NS 14,5 zur Aufnahme eines Thermometers (2), einem Zwi-

Anhang B.1 c

schenrohr für den Rückflußkühler-Anschluß und einem Rückflußkühler, der in der Abbildung nicht eingezeichnet ist. Für die Glasteile des Geräts ist temperaturwechselbeständiges Glas zu verwenden.

Die den Prüfplatten entnommenen Prüfstücke bilden den Boden und die Decke des Glaszylinders. Sie werden gegen die Zylinderränder mit Teflon-Ringen abgedichtet. Der Zylinder mit den beiden Prüfstücken wird zwischen zwei Anpreßflanschen aus korrosionsbeständigem Stahl mit Hilfe von sechs Gewindebolzen mit Flügelmuttern eingespannt. Zwischen den Anpreßflanschen und den Prüfstücken muß je ein Asbestring eingelegt sein. Diese Ringe sind in der Abbildung 2 nicht eingezeichnet.

Die Heizung erfolgt von außen mit einer automatisch geregelten Bandagenheizung. Die Temperatur wird im Flüssigkeitsraum gemessen.

b) Arbeitsweise des Prüfgeräts

Das Prüfgerät läßt nur die Prüfung ebener Platten von gleichmäßiger Dicke zu. Die zu prüfenden Platten sollen möglichst eine Dicke von 4 mm aufweisen. Falls die Platten mit einer Feinschicht versehen sind, müssen sie in der Anordnung geprüft werden, die den Betriebsbedingungen entspricht. Aus der zu prüfenden Platte werden sechs sechseckige Prüfplatten mit 100 mm Kantenlänge zugeschnitten. Für jede Prüfung sind je Prüfgerät drei Prüfstücke vorzubereiten. Eines dieser Prüfstücke dient als Vergleichsprüfstück, die beiden anderen werden zur Prüfung in der Flüssigkeitsphase bzw. in der Dampfphase des Geräts verwendet.

c) Prüfverfahren

Die Prüfstücke werden auf das Prüfgerät – gegebenenfalls mit der Feinschicht nach innen – aufgesetzt. In den Glaszylinder werden 1 200 ml Prüfflüssigkeit gegossen. Danach wird das Gerät auf die Prüftemperatur aufgeheizt. Diese ist während der Prüfdauer konstant zu halten. Nach der Prüfung wird auf Raumtemperatur abgekühlt und die Prüfflüssigkeit entfernt. Die geprüften Stücke werden sofort mit destilliertem Wasser abgespült. Mit Wasser nicht mischbare Flüssigkeiten werden mit einem Lösungsmittel entfernt, das die Prüfstücke nicht angreift. Wegen der Gefahr einer Beschädigung der Oberfläche dürfen die Platten nicht mechanisch gereinigt werden.

d) Auswertung

Es wird eine visuelle Prüfung vorgenommen:

– Werden bei dieser Prüfung übermäßige Schäden (Risse, Blasen, Poren, Ablösung, Quellung, Rauheit) festgestellt, so gilt die Prüfung als nicht bestanden;

– ergibt die visuelle Prüfung keine Unregelmäßigkeiten, wird eine Prüfung der Biegefestigkeit nach den in Rn. 213 140 (4) beschriebenen Verfahren an den zwei der chemischen Beständigkeitsprüfung unterworfenen Prüfstücken vorgenommen.

Die Biegefestigkeit muß dann mindestens 20 % des für die Prüfplatte festgelegten Wertes betragen, ohne daß diese irgendeiner Kraft ausgesetzt wurde.

Prüfungen und Güteanforderungen für das Tankbaumuster

Das Tankbaumuster wird durch einen von den zuständigen Behörden einer Vertragspartei anerkannten Sachverständigen einer Flüssigkeitsdruckprobe unterzogen.   **213 141**

Anhang B.1 c

Ist das Tankinnere durch Zwischenwände oder Schwallwände unterteilt, so wird die Prüfung an einer besonders für diesen Zweck hergestellten Einheit durchgeführt, die die gleichen Böden besitzt wie der ganze Tank und dem Teil des Tanks entspricht, der unter normalen Betriebsbedingungen den größten Beanspruchungen ausgesetzt ist.

Diese Prüfung ist nicht erforderlich, wenn sie mit Erfolg bereits an einer anderen Baumustereinheit von gleichem oder größerem Querschnitt durchgeführt wurde, die der betreffenden Baumustereinheit geometrisch ähnlich ist, auch wenn diese Einheit eine andere innere Oberflächenschicht besitzt.

Die Prüfung muß ergeben, daß die Baumustereinheit unter normalen Betriebsbedingungen einen Faktor von mindestens 7,5 gegen Bruch aufweist.

Es muß, z. B. rechnerisch, nachgewiesen werden, daß die in Rn. 213 140 (4) angegebenen Sicherheitsfaktoren gegen Bruch für jeden Abschnitt des Tanks eingehalten sind.

Ein Bruch liegt vor, wenn die Prüfflüssigkeit in einem Strahl aus dem Tank entweicht. Demnach sind ein Aufblättern der Schichten und das tropfenförmige Austreten der Flüssigkeit durch diese Aufblätterungen vor dem Bruch zulässig. Die Baumustereinheit ist mit folgendem Flüssigkeitsdruck zu prüfen:

$$H = 7,5 \times d \times h,$$

wobei H die Höhe der Wassersäule

h die Höhe des Tanks

d die Dichte des Füllguts ist.

Erfolgt ein Bruch bei einer Höhe der Wassersäule H_1, die kleiner ist als H, so muß trotzdem folgende Bedingung erfüllt sein:

$$H_1 \geq 7,5 \times d \times (h - h_1),$$

wobei h_1 die Höhe des höchsten Punktes ist, an dem der erste Flüssigkeitsstrahl entweicht.

Tritt am Punkt h_1 eine zu große Flüssigkeitsmenge aus, so ist unbedingt eine Reparatur vorzunehmen und an diesem Punkt vorübergehend eine Verstärkung anzubringen, damit die Prüfung bis zur Höhe H fortgesetzt werden kann.

Kontrolle der Übereinstimmung der in Serien gefertigten Tanks mit dem Baumuster

213 142

(1) Die Kontrolle der Übereinstimmung der in Serien gefertigten Tanks mit dem Baumuster erfolgt in der Weise, daß eine oder mehrere der in Rn. 213 140 genannten Prüfungen durchgeführt werden.

Die Messung des Polymerisationsgrades wird jedoch ersetzt durch die Messung der Barcolhärte.

(2) Barcolhärte:

Die Prüfung muß nach geeigneten Verfahren [4] durchgeführt werden. Die an der Innenseite des fertigen Tanks gemessene Barcolhärte darf nicht geringer sein als 75 % des im Laboratorium an reinem gehärtetem Kunstharz ermittelten Wertes.

(3) Der Glasfaseranteil muß innerhalb der nach Rn. 213 140 (2) vorgeschriebenen Grenzen liegen und darf außerdem um nicht mehr als 10 % von dem für das Tankbaumuster festgelegten Anteil abweichen.

---

[1] Die Verfahren nach der Norm ASTM-D-2583-67 werden als geeignet angesehen.

Anhang B.1 c

Prüfungen und Güteanforderungen für alle Tanks vor deren Inbetriebnahme

Dichtheitsprüfung   **213 143**

Die Dichtheitsprüfung ist nach den Vorschriften der Rn. 211 150, 211 151 und 211 152 durchzuführen; der Stempel des Sachverständigen ist am Tank anzubringen.

213 144
213 149

Abschnitt 5

Besondere Vorschriften für Tanks zur Beförderung von Stoffen mit einem Flammpunkt von 55° C und darunter

Der Tank muß so gebaut sein, daß durch Ableitung statischer Elektrizität von den einzelnen Bauteilen elektrostatische Aufladungen verhindert werden.   **213 150**

Alle metallischen Teile des Tanks und des Fahrzeugs sowie die stromleitenden Wandschichten müssen miteinander verbunden sein.   **213 151**

Der Widerstand zwischen jedem leitenden Teil und dem Fahrgestell darf nicht größer als 10^6 Ohm sein.   **213 152**

Verhinderung von Gefahren durch Aufladungen infolge Reibung

Der Oberflächenwiderstand und der Entladungswiderstand der gesamten Tankoberfläche zur Erde müssen den Bestimmungen der Rn. 213 154 entsprechen.   **213 153**

Der Oberflächenwiderstand und der Entladungswiderstand zur Erde müssen entsprechend Rn. 213 155 den folgenden Vorschriften genügen: **213 154**

(1) Wände ohne elektrisch leitende Teile:

a) Begehbare Oberflächen:

Der Entladungswiderstand darf 10^8 Ohm nicht übersteigen.

b) Andere Oberflächen:

Der Oberflächenwiderstand darf 10^9 Ohm nicht übersteigen.

(2) Wände mit elektrisch leitenden Teilen:

a) Begehbare Oberflächen:

Der Entladungswiderstand zur Erde darf 10^8 Ohm nicht übersteigen.

b) Andere Oberflächen:

Die Leitfähigkeit wird als ausreichend angesehen, wenn die größte Dicke der nichtleitenden Schichten über den leitenden Teilen, z. B. leitendes Blech, Metallnetz oder anderes geeignetes Material, die mit der Erdung verbunden sind, nicht mehr als 2 mm und bei Metallnetzen die Maschenfläche nicht mehr als 64 cm² beträgt.

(3) Alle Messungen des Oberflächenwiderstandes und des Entladungswiderstandes zur Erde sind am Tank selbst vorzunehmen; sie müssen spätestens nach einem Jahr wiederholt werden, um sicherzustellen, daß die vorgeschriebenen Widerstände nicht überschritten werden.

Anhang B.1 c

213 155

Prüfverfahren

1. Oberflächenwiderstand (R_{100}) – (Isolationswiderstand) in Ohm – Elektroden mit leitender Farbe nach Abbildung 3 der CEI-Empfehlung 167 von 1964, gemessen bei Normalatmosphäre 23/50 nach der ISO-Empfehlung R 291 Ziffer 3.1 von 1963.

2. Der Entladungswiderstand zur Erde in Ohm ist das zwischen der nachstehend beschriebenen mit der Oberfläche des Fahrzeugtanks verbundenen Elektrode und dem geerdeten Fahrgestell des Fahrzeugs gemessene Verhältnis von Gleichspannung zum Gesamtstrom. Die Prüfstücke müssen den Bedingungen der Ziffer 1 entsprechen. Die Elektrode ist eine Scheibe mit einer Oberfläche von 20 cm² und einem Durchmesser von 50 mm. Ihre enge Verbindung mit der Oberfläche des Tanks ist z. B. durch feuchtes Papier, durch einen feuchten Schwamm oder durch anderes geeignetes Material sicherzustellen. Das geerdete Fahrgestell des Fahrzeugs wird als die andere Elektrode verwendet. Ein Gleichstrom mit einer Spannung von 100 bis etwa 500 V ist anzulegen. Die Messung ist eine Minute nach dem Anlegen der Prüfspannung vorzunehmen. Die Elektrode darf an jedem beliebigen Punkt der Innen- oder Außenfläche des Tanks angebracht sein.

Falls eine Messung am Tank nicht möglich ist, kann diese auch unter den gleichen Bedingungen an einem Prüfstück im Laboratorium vorgenommen werden.

Verhinderung von Gefahren durch Aufladungen beim Füllen

213 156

Geerdete Metallteile sind so zu verwenden und anzuordnen, daß jederzeit während des Füllens oder Entleerens die mit dem Stoff in Verbindung stehende geerdete Metallfläche mindestens 0,04 m² je Kubikmeter des im Tank zum jeweiligen Zeitpunkt enthaltenen Stoffes beträgt, und daß sich kein Teil des Stoffes mehr als 2,0 m vom nächstgelegenen geerdeten Metallteil befindet. Ein solches Metallteil kann sein:

a) eine Bodenklappe, eine Rohröffnung oder eine Metallplatte, vorausgesetzt, daß die gesamte Oberfläche des mit der Flüssigkeit in Berührung kommenden Metalls nicht kleiner ist, als die vorgeschriebene Oberfläche, oder

b) ein Metallgewebe, dessen Drähte mindestens 1 mm dick sind und dessen größte Maschenfläche 4 cm² beträgt, vorausgesetzt, daß die Gesamtfläche des mit der Flüssigkeit in Berührung kommenden Gewebes nicht kleiner ist als die vorgeschriebene Oberfläche.

213 157

Die Rn. 213 156 gilt nicht für solche Tanks aus verstärktem Kunststoff, die mit einer anderen Einrichtung zur Verhinderung von Aufladungen des Füllens versehen sind, es sei denn, daß durch eine nach Rn. 213 158 durchgeführte Vergleichsprüfung nachgewiesen wurde, daß die Relaxationszeit der während des Füllens im Tank entstandenen Aufladung dieselbe ist, wie die bei einem Metalltank mit vergleichbaren Abmessungen.

Vergleichsprüfung

213 158

(1) Eine Vergleichsprüfung der Relaxationszeit der elektrostatischen Aufladung unter den in Absatz 2 beschriebenen Prüfbedingungen ist an einem Baumuster eines Tanks aus verstärktem Kunststoff und eines Stahltanks wie folgt durchzuführen (siehe Abbildung 3):

Anhang B.1 c

a) Der Tank aus verstärktem Kunststoff ist seiner übli-chen Verwendung entsprechend auf einem ein Fahr-zeugfahrgestell simulierenden Stahluntersatz zu befestigen; er ist mindestens zu 75 % mit Dieselöl zu füllen, von dem ein Teil so durch einen geeigneten Mikrofilter zu leiten ist, daß die Aufladungsdichte der Gesamtdurchflußmenge etwa 100 µC/m³ beträgt.

213 158
(Forts.)

b) Die Feldstärke in dem von Dämpfen ausgefüllten Tankraum ist mit einem geeigneten Feldstärkemes-ser zu messen, der ein ständiges Ablesen ermög-licht und so angebracht ist, daß seine Achse vertikal liegt und er sich in einem Abstand von mindestens 20 cm vom vertikalen Füllrohr befindet.

c) Ein gleicher Versuch ist an einem Stahltank vorzu-nehmen, dessen Länge, Breite und Rauminhalt höchstens 15 % von den Werten eines Tanks aus verstärktem Kunststoff abweichen, oder aber an einem Tank aus verstärktem Kunststoff mit gleichen Abmessungen, der innen mit einer dünnen geerde-ten Metallschicht ausgekleidet ist.

(2) Folgende Prüfbedingungen sind einzuhalten:

a) Die Prüfung ist unter einem Schutzdach bei einer relativen Luftfeuchtigkeit von weniger als 80 % durchzuführen.

b) Das für die Prüfung verwendete Dieselöl muß bei der Meßtemperatur eine Restleitfähigkeit zwischen 3 und 5 pS/m haben. Diese wird in einer Zelle gemes-sen, in der

$$\frac{VT}{d^2} \text{ kleiner oder gleich } 2,5 \times 10^6 \text{ ist;}$$

wobei V = die angelegte Spannung
d = der Abstand zwischen den Elektroden in Metern
T = die Dauer der Messung in Sekunden

ist.

Die Restleitfähigkeit, gemessen an den Stoffproben, die aus dem Prüftank nach dessen Füllung entnom-men wurden, darf bei den aufeinanderfolgenden Prüfungen der Tanks aus verstärktem Kunststoff und aus Metall um nicht mehr als 0,5 pS/m abwei-chen.

c) Die Füllung ist mit gleichbleibender Geschwindigkeit zwischen 1 und 2 m³/min. vorzunehmen; sie muß für den Tank aus verstärktem Kunststoff und für den Stahltank gleich sein. Bei der Füllung ist der Durch-fluß in einer kürzeren Zeit als der Relaxationszeit der Aufladung eines Stahltanks anzuhalten.

d) Die Feldstärke ist mit einem Feldstärkemesser (z. B. des Typs „field mill") zu messen, der ein ständiges Ablesen ermöglicht, in den Stoff eingetaucht ist und sich möglichst nahe bei dem Füllrohr befindet.

e) Die Zuleitungsrohre und das vertikale Füllrohr müs-sen einen Innendurchmesser von 10 cm und die Öff-nung des Füllrohrs die Form eines „T" haben.

f) Ein geeigneter Mikrofilter *) mit einer Umgehungslei-tung (by-pass) zur Regelung des durch diese laufen-den Teils der Durchflußmenge ist höchstens 5 m von der Öffnung des Füllrohrs anzubringen.

g) Der Flüssigkeitsspiegel darf weder das Ende des Füllrohrs noch den Feldstärkemesser erreichen.

---

*) Ein Rellumit 5 wird als geeignet angesehen.

Anhang B.1 c

Vergleich der Relaxationszeiten

(3) Der Anfangswert der Feldstärke ist der unmittelbar nach dem Anhalten des Brennstoffdurchflusses festgestellte Wert, wenn ein gleichmäßiger Abfall der Feldstärke einsetzt. Die Relaxationszeit bei beiden Versuchen ist die Zeit, welche die Feldstärke benötigt, um auf 37 % ihres Anfangswertes abzufallen.

(4) Die Relaxationszeit für den Tank aus verstärktem Kunststoff darf nicht größer sein als die für den Stahltank.

Tabelle 1

Glaszusammensetzung

Glas E: Zusammensetzung in Masseprozent

Siliziumoxid	(SiO_2)	52 bis 55 %
Aluminiumoxid	(Al_2O_3)	14 bis 15,5 %
Kalk	(CaO)	16,5 bis 18 %
Magnesia	(MgO)	4 bis 5,5 %
Boroxid	(B_2O_3)	6,5 bis 21 %
Fluor	(F)	0,2 bis 0,6 %
Eisenoxid	(Fe_2O_3)	< 1 %
Titanoxid	(TiO_2)	
alkalische Oxide	($Na_2O + K_2O$)	< 1 %

Glas C: Zusammensetzung in Masseprozent

Siliziumoxid	(SiO_2)	63,5 bis 65 %
Aluminiumoxid	(Al_2O_3)	4 bis 45 %
Kalk	(CaO)	14 bis 14,5 %
Magnesia	(MgO)	2,5 bis 3 %
Boroxid	(B_2O_3)	5 bis 6,5 %
Eisen	(Fe_2O_3)	0,3 %
Natriumoxid	(Na_2O)	7 bis 9 %
Kaliumoxid	(K_2O)	0,7 bis 1 %

213 159-
213 999

Anhang B.1 c

Abbildung 1 *)

**Einrichtung zur Messung der Stoß- und Schlagfestigkeit
nach dem Kugelfallverfahren**

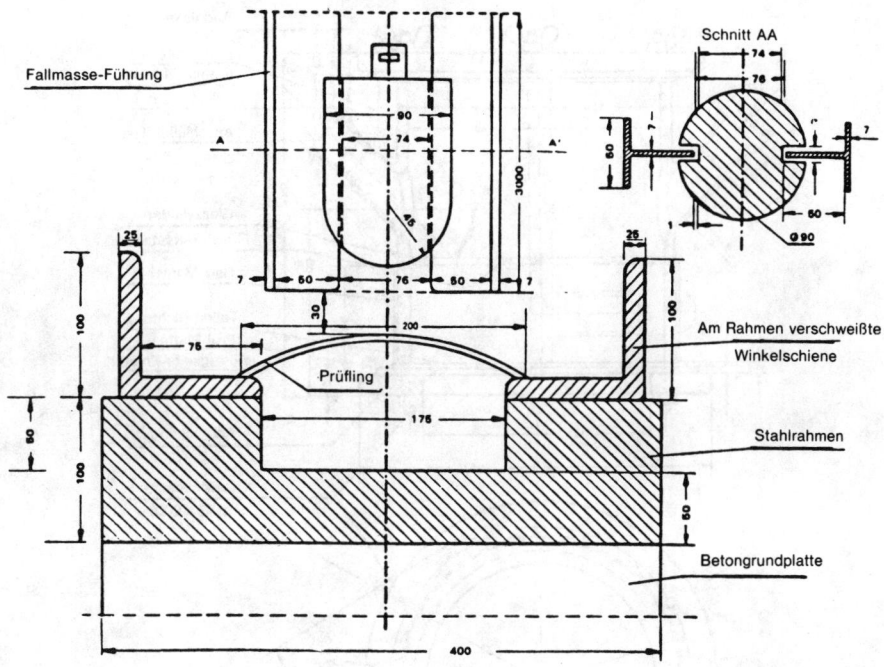

*) Nur gültig für grenzüberschreitende Beförderungen.

Anhang B.1 c

Abbildung 2 *)

Gerät zur Prüfung der Chemikalienbeständigkeit

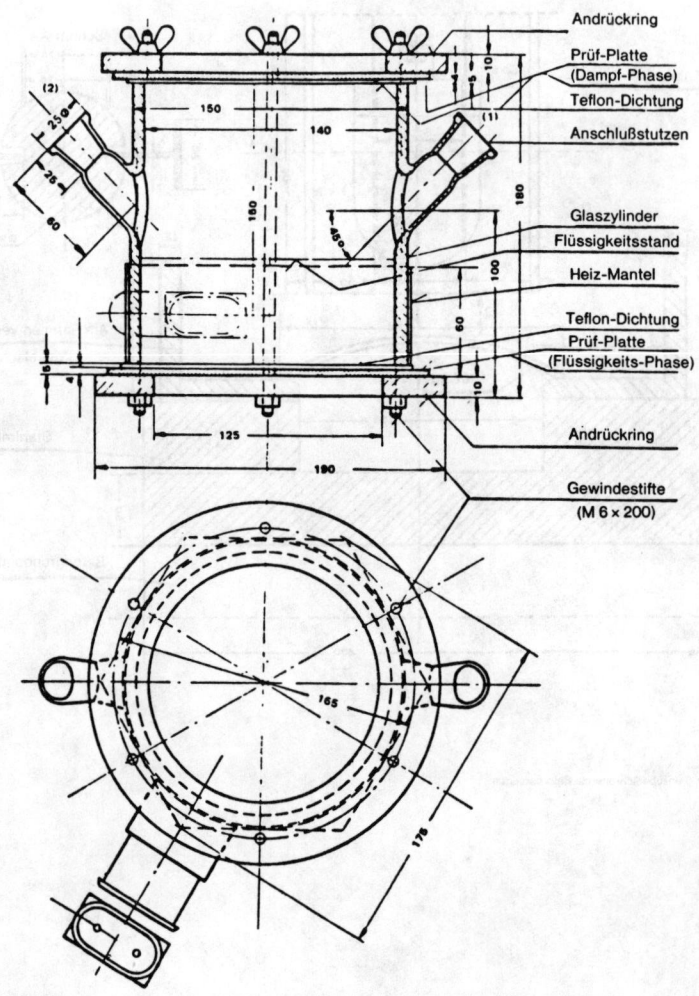

Andrückring
Prüf-Platte
(Dampf-Phase)
Teflon-Dichtung
Anschlußstutzen

Glaszylinder
Flüssigkeitsstand
Heiz-Mantel
Teflon-Dichtung
Prüf-Platte
(Flüssigkeits-Phase)

Andrückring

Gewindestifte
(M 6 x 200)

*) Nur gültig für grenzüberschreitende Beförderungen.

Anhang B.1 c

Abbildung 3 *)
Schematische Darstellung der Versuchseinrichtung für Vergleichsprüfungen

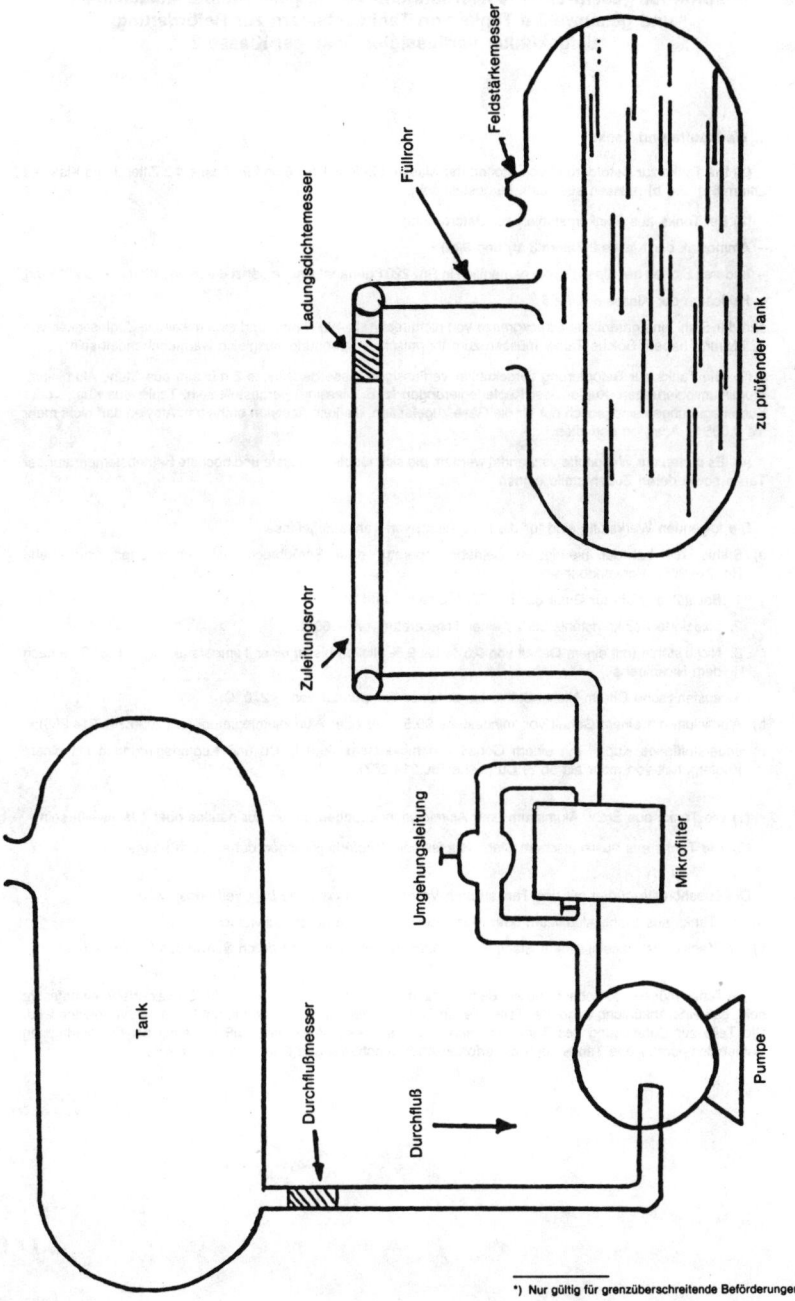

Feldstärkemesser

Füllrohr

Ladungsdichtemesser

zu prüfender Tank

Zuleitungsrohr

Umgehungsleitung

Mikrofilter

Tank

Durchflußmesser

Durchfluß

Pumpe

*) Nur gültig für grenzüberschreitende Beförderungen.

„Anhang B.1 d

Vorschriften für Werkstoffe und Bau von geschweißten festverbundenen Tanks, geschweißten Aufsetztanks und geschweißten Tanks von Tankcontainern, für die ein Prüfdruck von mindestens 1 MPa (10 bar) vorgeschrieben ist, sowie für geschweißte festverbundene Tanks, geschweißte Aufsetztanks und geschweißte Tanks von Tankcontainern zur Beförderung tiefgekühlter verflüssigter Gase der Klasse 2

**214 000-
214 249**

1. Werkstoffe und Tanks

214 250   (1) Die Tanks zur Beförderung von Stoffen der Klasse 2 Ziffern 1 bis 6 und 9, Klasse 4.2 Ziffer 3 und Klasse 8 Ziffern 6 a) und b) müssen aus Stahl hergestellt sein.

(2) Bei Tanks aus Feinkornstählen zur Beförderung von

– Ammoniak der Klasse 2 Ziffern 3 at) und 9 at),

– anderen Stoffen der Klasse 2, die namentlich in Rn. 2201 genannt sind, ergänzt durch das Wort „(ätzend)", und

– Flußsäure der Klasse 8 Ziffer 6

darf der Stahl eine garantierte Streckgrenze von nicht mehr als 460 N/mm² und eine maximale Zugfestigkeit von 725 N/mm² haben. Solche Tanks müssen zum thermischen Spannungsausgleich wärmebehandelt sein.

(3) Die Tanks zur Beförderung tiefgekühlter verflüssigter Gase der Klasse 2 müssen aus Stahl, Aluminium, Aluminiumlegierungen, Kupfer oder Kupferlegierungen (z. B. Messing) hergestellt sein. Tanks aus Kupfer oder Kupferlegierungen sind jedoch nur für die Gase zugelassen, die kein Acetylen enthalten; Äthylen darf nicht mehr als 0,005 % Acetylen enthalten.

(4) Es dürfen nur Werkstoffe verwendet werden, die sich für die niedrigste und höchste Betriebstemperatur der Tanks sowie deren Zubehörteile eignen.

214 251   Die folgenden Werkstoffe sind für die Herstellung von Tanks zugelassen:

a) Stähle, die bei der niedrigsten Betriebstemperatur dem Sprödbruch nicht unterworfen sind (siehe Rn. 214 265). Verwendbar sind:

1. Baustähle (nicht für Gase der Rn. 2201 Ziffern 7 und 8);

2. unlegierte Feinkornstähle bis zu einer Temperatur von – 60°C;

3. Nickelstähle (mit einem Gehalt von 0,5 % bis 9 % Nickel) bis zu einer Temperatur von – 196°C, je nach dem Nickelgehalt;

4. austenitische Chrom-Nickel-Stähle bis zu einer Temperatur von – 270°C;

b) Aluminium mit einem Gehalt von mindestens 99,5 % Al oder Aluminiumlegierungen (siehe Rn. 214 266);

c) sauerstofffreies Kupfer mit einem Gehalt von mindestens 99,9 % Cu und Kupferlegierungen mit einem Kupfergehalt von mehr als 56 % Cu (siehe Rn. 214 267).

214 252   (1) Die Tanks aus Stahl, Aluminium oder Aluminiumlegierungen dürfen nur nahtlos oder geschweißt sein.

(2) Die Tanks aus austenitischem Stahl, Kupfer oder Kupferlegierungen dürfen auch hartgelötet sein.

214 253   Die Zubehörteile dürfen mit den Tanks durch Verschrauben oder wie folgt verbunden werden:

a) bei Tanks aus Stahl, Aluminium oder Aluminiumlegierungen durch Schweißen;

b) bei Tanks aus austenitischem Stahl, Kupfer oder Kupferlegierungen durch Schweißen oder Hartlöten.

214 254   Die Tanks müssen so gebaut und auf dem Fahrzeug, auf dem Fahrgestell oder im Containerrahmen befestigt sein, daß eine Abkühlung tragender Teile, die ein Sprödwerden bewirken könnte, mit Sicherheit vermieden wird. Die Teile zur Befestigung des Tanks müssen selbst so beschaffen sein, daß sie auch bei der niedrigsten Betriebstemperatur des Tanks noch die erforderlichen mechanischen Gütewerte aufweisen.

**214 255-
214 264**

Anhang B.1 d

2. Prüfvorschriften

a) Tanks aus Stahl

Die für die Herstellung der Tanks verwendeten Werkstoffe und die Schweißverbindungen müssen bei ihrer niedrigsten Betriebstemperatur, wenigstens aber bei einer Temperatur von − 20 °C, mindestens folgenden Bedingungen für die Kerbschlagzähigkeit genügen: **214 265**

Die Prüfungen müssen mit Probestäben mit V-Kerbe durchgeführt werden.

Die Mindestkerbschlagzähigkeit (siehe Rn. 214 275 bis 214 277) für Probestäbe mit senkrecht zur Walzrichtung verlaufender Längsachse und einer V-Kerbe (nach ISO R 148) senkrecht zur Plattenoberfläche muß 34 J/cm² für Baustahl (diese Prüfungen können auf Grund bestehender ISO-Normen mit Probestäben, deren Längsachse in Walzrichtung verläuft, ausgeführt werden), Feinkornstahl, legierten ferritischen Stahl Ni < 5 %, legierten ferritischen Stahl 5 % ≤ Ni ≤ 9 % oder austenitischen Cr-Ni-Stahl betragen.

Bei austenitischen Stählen ist nur die Schweißverbindung einer Kerbschlagzähigkeitsprüfung zu unterziehen.

Für Betriebstemperaturen unter − 196 °C wird die Kerbschlagzähigkeitsprüfung nicht bei der niedrigsten Betriebstemperatur, sondern bei − 196 °C durchgeführt.

b) Tanks aus Aluminium oder Aluminiumlegierungen

Die Schweißverbindungen der Tanks müssen den durch die zuständige Behörde festgelegten Bedingungen genügen.   **214 266**

c) Tanks aus Kupfer oder Kupferlegierungen

Prüfungen zum Nachweis ausreichender Kerbschlagzähigkeit sind nicht erforderlich.   **214 267**

                    214 268-
                    214 274

3. Prüfverfahren

a) Bestimmung der Kerbschlagzähigkeit

Bei Blechen mit einer Dicke von weniger als 10 mm, aber mindestens 5 mm, sind Probestäbe mit einem Querschnitt von 10 mm × e mm, wobei „e" die Blechdicke ist, zu verwenden. Eine Bearbeitung auf 7,5 mm oder 5 mm ist, falls erforderlich, zulässig. Ein Mindestwert von 34 J/cm² ist in jedem Fall einzuhalten.   **214 275**

Bem. Bei Blechen mit einer Dicke von weniger als 5 mm und ihren Schweißverbindungen wird keine Kerbschlagzähigkeitsprüfung durchgeführt.

(1) Bei der Prüfung der Bleche wird die Kerbschlagzähigkeit an drei Probestäben bestimmt. Die Probestäbe müssen quer zur Walzrichtung entnommen werden; bei Baustahl dürfen sie jedoch in Walzrichtung entnommen werden.   **214 276**

(2) Für die Prüfung der Schweißverbindungen werden die Probestäbe wie folgt entnommen:

wenn e ≤ 10 mm:

drei Probestäbe aus der Mitte der Schweißverbindung;

drei Probestäbe mit der Kerbe in der Mitte der wärmebeeinflußten Zone (die V-Kerbe schneidet die Verschmelzungsgrenze in der Mitte des Musters);

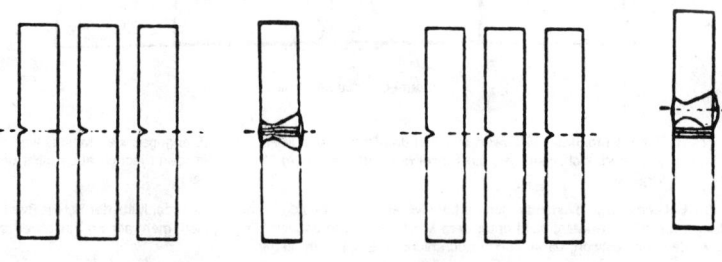

Mitte der Schweißverbindung   wärmebeeinflußte Zone

Anhang B.1 d

wenn 10 mm < e ≤ 20 mm:

drei Probestäbe aus der Mitte der Schweißverbindung;

drei Probestäbe aus der wärmebeeinflußten Zone (die V-Kerbe schneidet die Verschmelzungsgrenze in der Mitte des Musters);

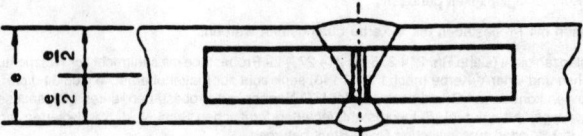

Mitte der Schweißverbindung

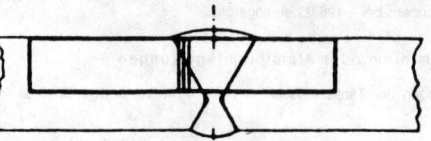

wärmebeeinflußte Zone

wenn e > 20 mm:

zwei Sätze von drei Probestäben (ein Satz von der Oberseite, ein Satz von der Unterseite) an den unten dargestellten Stellen entnommen (die V-Kerbe schneidet die Verschmelzungsgrenze in der Mitte des Musters, das aus der wärmebeeinflußten Zone entnommen ist);

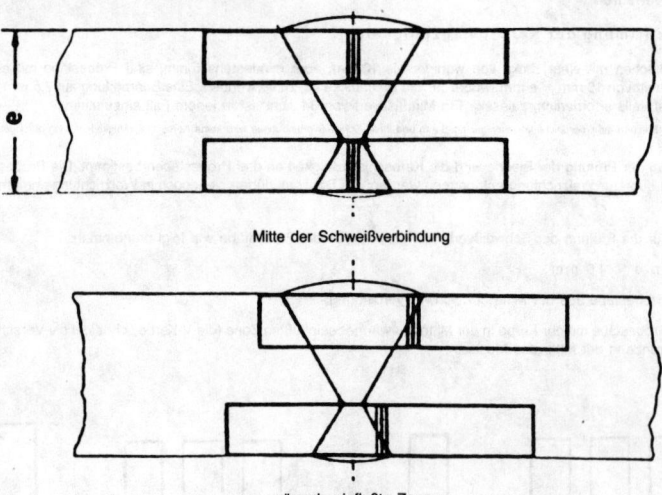

Mitte der Schweißverbindung

wärmebeeinflußte Zone

214 277   (1) Bei Blechen muß der Mittelwert aus den drei Proben den in Rn. 214 265 angegebenen Mindestwert von 34 J/cm² erreichen; nicht mehr als ein Einzelwert darf unter dem Mindestwert, dann jedoch auch nicht unter 24 J/cm² liegen.

(2) Bei den Schweißverbindungen darf der Mittelwert aus den drei Proben, die in der Mitte der Schweißverbindung entnommen wurden, nicht unter dem Mindestwert von 34 J/cm² liegen; nicht mehr als ein Einzelwert darf unter dem Mindestwert, dann jedoch auch nicht unter 24 J/cm² liegen.

(3) Bei der wärmebeeinflußten Zone (die V-Kerbe schneidet die Verschmelzungsgrenze in der Mitte des Musters) darf der Wert von nicht mehr als einem der drei Probstäbe unter dem Mindestwert von 34 J/cm², jedoch nicht unter 24 J/cm² liegen.

Anhang B.1 d

Werden die Forderungen nach Rn. 214 277 nicht erfüllt, so ist eine Wiederholungsprüfung nur zulässig, wenn   **214 278**

a) der Mittelwert der ersten drei Prüfungen unter dem Mindestwert von 34 J/cm² oder

b) mehr als einer der Einzelwerte unter dem Mindestwert von 34 J/cm², aber nicht unter 24 J/cm² liegt.

Bei einer wiederholten Kerbschlagzähigkeitsprüfung an Blechen oder Schweißverbindungen darf kein Einzel-   **214 279**
wert unter 34 J/cm² liegen. Der Mittelwert sämtlicher Ergebnisse der ursprünglichen Prüfung und der Wiederholungsprüfung muß gleich dem oder größer als der Mindestwert von 34 J/cm² sein.

Bei einer wiederholten Kerbschlagzähigkeitsprüfung an der wärmebeeinflußten Zone darf kein Einzelwert unter
34 J/cm² liegen.

                                                                    **214 280-
214 999"**

Anhang B. 2

Vorschriften für die elektrische Ausrüstung

220 000   Die elektrische Ausrüstung der Fahrzeuge muß folgenden Vorschriften entsprechen:

Vorschriften für die gesamte elektrische Anlage

a) Leitungen

Die Leiter müssen ausreichend bemessen sein, damit Überhitzungen vermieden werden. Sie müssen in geeigneter Weise isoliert sein. Die Stromkreise sind gegen Überlastungen durch Sicherungen oder selbsttätige Stromunterbrecher zu schützen. Die elektrischen Leitungen müssen fest verlegt und gegen Stöße, Steinschlag und Hitze des Auspuffs geschützt sein.

b) Batterien

Ein Schalter, der sowohl die Unterbrechung als auch die Wiedereinschaltung aller Stromkreise ermöglicht, muß unmittelbar an der Batterie (Sammler, Akkumulatoren) angebracht sein.

Das Bedienungsorgan muß sich im Führerhaus befinden. Es muß sich von den übrigen Bedienungsknöpfen und -hebeln eindeutig unterscheiden und muß an einer gut sichtbaren und leicht zugänglichen Stelle angebracht sein.

Es muß gewährleistet sein, daß die Stromkreise auch bei weiterlaufendem Motor nach Betätigen des Trennschalters nicht von der Lichtmaschine gespeist werden und durch den Schaltvorgang keine gefährlichen Spannungsspitzen entstehen. Stromkreise, die nach dem Betätigen des Trennschalters in Betrieb bleiben sollen, müssen eigensicher sein (im Sinne VDE 0171). Batterien (Sammler, Akkumulatoren), die hinter der Führerhausrückwand angeordnet sind, müssen in einem Kasten aus Metall oder aus einem gleichwertigen Werkstoff mit Lüftungsöffnungen untergebracht sein. Deckel und Seitenwände müssen ausreichend und dauerhaft elektrisch isoliert sein.

b) 1. Batterietrennschalter

Bei Fahrzeugen zur Beförderung gefährlicher entzündbarer Güter in Tanks (festverbundene Tanks oder Aufsetztanks) oder in Gefäßbatterien muß ein Schalter möglichst nahe an der Batterie angebracht sein, der es ermöglicht, alle Stromkreise zu unterbrechen. Eine Betätigungseinrichtung, direkt oder durch Fernbedienung, muß im Führerhaus und außen am Fahrzeug angebracht sein. Diese Einrichtung muß leicht zugänglich und deutlich gekennzeichnet sein. Die Betätigung des Schalters muß bei laufendem Motor vorgenommen werden können, ohne daß ein gefährlicher Spannungsimpuls entsteht. Die Stromversorgung des Fahrtschreibers kann jedoch durch eine direkt mit der Batterie verbundene Leitung sichergestellt sein. Außer bei Fahrzeugen zur Beförderung von Wasserstoff der Klasse 2 Ziffer 1 b) und 7 b) oder Schwefelkohlenstoff der Klasse 3 Ziffer 18 a), muß der Batterietrennschalter, der Fahrtschreiber und ihre jeweiligen Stromkreise eigensicher nach Klasse Ex ib für die Gruppe II B T4 (Gemisch aus 7,8 % Äthylen und Luft) ausgeführt sein. Bei Wasserstoff oder Schwefelkohlenstoff müssen diese Ausrüstung und die zugehörigen Stromkreise eigensicher nach Klasse Ex ib für die Gruppe II C (Gemisch aus 20 % Wasserstoff und Luft) ausgeführt sein. *)

2. Akkumulatoren

Befinden sich die Akkumulatoren an anderer Stelle als unter der Motorhaube, müssen sie in einem belüfteten Gehäuse mit elektrisch isolierenden Innenwänden aus Metall oder einem anderen Werkstoff gleichwertiger Festigkeit befestigt sein.

---

*) Siehe Europäische Normen EN 50 014 und 50 020

Vorschriften für den hinter dem Führerhaus angebrachten Teil der elektrischen Anlage

c) Diese Anlage muß insgesamt so beschaffen, eingebaut und geschützt sein, daß durch sie bei normalem Betrieb der Fahrzeuge weder ein Brand noch ein Kurzschluß hervorgerufen werden kann und bei Stößen oder Verformungen diese Gefahren auf ein Mindestmaß herabgesetzt werden.

Hierfür gilt insbesondere:

1. Leitungen

Die Leiter [siehe a)] müssen aus Kabeln bestehen, die durch einen nahtlosen und rostsicheren Mantel geschützt sind.

2. Beleuchtung

Glühlampen mit Schraubsockel dürfen nicht verwendet werden. Wenn die im Laderaum des Fahrzeugs angebrachten Leuchten nicht durch ihren Einbau in Wände oder Decke gegen mechanische Beschädigungen geschützt sind, müssen sie mit einem starken Schutzkorb oder Schutzgitter umgeben sein.

**220 001-
229 999**

Anlage B
Anhang B.2

Anhang B. 2

weggefallen

Anhang B. 3 *)

(s. Rn. 10 282)

**Bescheinigung der besonderen Zulassung von Fahrzeugen
zur Beförderung bestimmter gefährlicher Güter**

230 000 1. Bescheinigung Nr. ....

2. Es wird bestätigt, daß das nachstehend bezeichnete Fahrzeug die Bedingungen erfüllt, die das Europäische Übereinkommen über die internationale Beförderung gefährlicher Güter auf der Straße (ADR) für die Zulassung zur
   Beförderung von gefährlichen Gütern im internationalen Straßenverkehr vorsieht.

3. Gültig bis ....

4. Diese Bescheinigung ist der Ausgabestelle zurückzugeben, wenn das Fahrzeug aus dem Verkehr gezogen wird,
   ferner bei Eigentumswechsel, bei Ablauf der Geltungsdauer und bei wichtigen Änderungen wesentlicher Merkmale des Fahrzeugs.

5. Fahrzeugart:
   Gedecktes / offenes Fahrzeug / Tankfahrzeug mit / ohne gedecktem / offenem Anhänger / Sattelanhänger
   (Nichtzutreffendes streichen)

   ....

6. Name und Betriebssitz des Beförderers (Eigentümers)

   ....

7. Amtliche(s) Kennzeichen (wenn nicht vorhanden, Fahrgestellnummer)

   ....

8. Das vorstehend beschriebene Fahrzeug ist in .... nach Rn. 10 282 der Anlage B zum
   ADR untersucht worden und erfüllt die Bedingungen für die Zulassung zur internationalen Beförderung auf der
   Straße von gefährlichen Gütern der Klasse(n) .... Ziffer(n) ....

9. Bemerkungen ....
   ....

10. .... 19 ....
    (Datum)

11. Unterschrift und Stempel der Ausgabestelle in ....

12. Die Gültigkeit dieser Bescheinigung wird verlängert bis ....

13. Unterschrift und Stempel der Ausgabestelle in ....

14. Die Gültigkeit dieser Bescheinigung wird verlängert bis ....

15. Unterschrift und Stempel der Ausgabestelle in ....

16. Die Gültigkeit dieser Bescheinigung wird verlängert bis ....

17. Unterschrift und Stempel der Ausgabestelle in ....

Bem. 1. Die Größe der Bescheinigung muß 210 x 297 mm (Format A 4) betragen. Es sind Vorder- und Rückseite zu benutzen. Die Farbe muß weiß sein mit
         rosafarbenem Schrägstrich.

      2. Für jeden Anhänger ist eine besondere Bescheinigung erforderlich, wenn er nicht in der Bescheinigung für das Zugfahrzeug aufgeführt ist.

      3. Für den Fall, daß nach Artikel 4 Abs. 2 des Übereinkommens für ein Fahrzeug, dessen Bau nicht völlig den Bestimmungen der Anlage B entspricht,
         eine Bescheinigung ausgestellt wird, darf die Gültigkeitsdauer die nach Artikel 4 erlaubte Dauer der Abweichung nicht überschreiten. Der Text der
         Ziffer 8 der Bescheinigung ist dann zu ersetzen durch: „Das vorstehend beschriebene Fahrzeug erfüllt die Bedingungen der Anlage B nicht ganz,
         fällt aber unter die Vorschriften des Artikels 4, Abs. 2 des Übereinkommens."

---

*) Nur gültig für grenzüberschreitende Beförderungen.

Anhang B. 3 a *)

Vorbemerkungen:

Breite 105 mm, Höhe 148 mm; Typendruck. Aus glattem Leinwandpapier oder papierartigen Stoffen, die hinsichtlich der Gebrauchsfähigkeit, insbesondere der Reißlänge, der Bruchdehnung, der Naßfestigkeit, der Abriebfestigkeit und der Doppelfalzzahl mindestens dem Leinwandpapier entsprechen und gut bedruckt und beschriftet werden können. – Orangefarben; sechsseitig.

230 000

(Titelblatt – Seite 1)

....
(Ausgabestelle)

Prüfbescheinigung nach § 6 Gefahrgutverordnung Straße – GGVS –

A. Amtliche Kennzeichen ....

Fahrzeughalter/Tankhalter (Name und Anschrift) ....
....

Standort des Fahrzeugs ....

(1. Innenseite – Seite 2)

B. Angaben zum Fahrzeug

Tankfahrzeug – Sattelzugmaschine für Tankfahrzeuge – Trägerfahrzeug für Aufsetztanks

Hersteller ....

Fahrgestell-Nr. ....

Baujahr ....

Fahrzeugart (Anhänger – Sattelanhänger) ....

C. Angaben zu dem/den Tank(s)

Festverbundene(r) Tank(s) – Aufsetztank – Gefäßbatterie – Tankcontainer –

Bauart (z. B. zylindrisch, kofferförmig, selbsttragend) ....

Tank- und Ausrüstungswerkstoff(e) ....

Hersteller ....

Herstellungs-Nr. ....

Baujahr ....

Rauminhalt (insgesamt) .... Liter, unterteilt in ....

.... Abteile/Tanks mit .... Liter, ... Liter,

.... Liter, ... Liter, ... Liter

.... Liter, ... Liter, ... Liter.

---

*) Nur gültig für innerstaatliche Beförderungen.

Anhang B. 3 a

230 000
(Forts.)

D. Prüfergebnis

Der/Die/Das vorstehend bezeichnete Tankfahrzeug – Sattelzugmaschine für Tankfahrzeuge – Trägerfahrzeug für Aufsetztanks – Gefäßbatterie – Aufsetztank ist

am .... in ....
nach § 6 GGVS untersucht worden und erfüllt die Bedingungen für die Beförderung gefährlicher Güter der Klasse(n), Ziffer(n), ggf. Stoffbezeichnung:

....

....

Weitere gefährliche Güter dürfen befördert werden, wenn sie in einer Erklärung nach Anhang B.3 c aufgeführt sind und die Erklärung mit dieser Prüfbescheinigung verbunden ist.

Die Prüfbescheinigung ist bis zum .... / unbefristet gültig.

Diese Bescheinigung gilt bei erlaubnispflichtigen Beförderungen von Gütern der Listen I und II des Anhangs B.8 der Anlage B der GGVS nur in Verbindung mit der Erlaubnis der Straßenverkehrsbehörde nach § 7 GGVS.

Bemerkungen: ....

....

Durchgeführte Prüfung: ☐ HP   ☐ ZP   ☐ PEL

.... , den .... 19.......

(Stempel)

....
(Unterschrift)

Die Geltungsdauer der Prüfbescheinigung wird verlängert bis zum ....

Durchgeführte Prüfung: ☐ HP   ☐ ZP   ☐ PEL

.... , den ....

....
(Unterschrift, Stempel)

Die Geltungsdauer der Prüfbescheinigung wird verlängert bis zum ....

Durchgeführte Prüfung: ☐ HP   ☐ ZP   ☐ PEL

.... , den ....

....
(Unterschrift, Stempel)

Die Geltungsdauer der Prüfbescheinigung wird verlängert bis zum ....

Durchgeführte Prüfung: ☐ HP   ☐ ZP   ☐ PEL

.... , den ....

....
(Unterschrift, Stempel)

HP = Tankprüfung nach Rn. 211 151 („Hauptprüfung")
ZP = Tankprüfung nach Rn. 211 152 („Zwischenprüfung")
PEL = Prüfung der elektrischen Ausrüstung nach § 6 Abs. 5 GGVS

„**Hinweis:** Der auf Seite 2 beschriebene Tank unterliegt – nicht – der Verordnung über brennbare Flüssigkeiten – der Druckbehälterverordnung. Beim Be- und Entladen sind diese und andere gewerberechtliche Vorschriften zu beachten. *)

*) Nichtzutreffendes streichen."

Ergänzungen und Änderungen:

Anhang B. 3 b *)

Vorbemerkungen:

Es gelten die Vorbemerkungen zur Prüfbescheinigung nach Anhang B. 3 a mit der Maßgabe, daß die nachstehende Bescheinigung vierseitig ist.   **230 001**

(Titelblatt – Seite 1)

....
(Ausgabestelle)

Prüfbescheinigung nach § 6 Gefahrgutverordnung Straße – GGVS – für Beförderungseinheiten der Fahrzeugklasse B. III

A. Amtliches Kennzeichen ....

Fahrzeughalter (Name und Anschrift) ....

....

Standort des Fahrzeugs ....

(1. Innenseite – Seite 2)

B. Angaben zum Fahrzeug

Kraftfahrzeug – Anhänger – Sattelzugmaschine – Sattelanhänger ....

Hersteller ....

Fahrgestell-Nr. ....

Baujahr ....

C. Das vorstehend bezeichnete Fahrzeug ist am .... in ....
nach § 6 Abs. 4 der GGVS untersucht worden und erfüllt die Bedingungen für die Zulassung zur Beförderung von gefährlichen Gütern der Klassen 1 a, 1 b und 1 c. Wegen der Beschränkung der höchsten zur Beförderung zugelassenen Bruttomassen siehe Randnummer 11 401 Abs. 3 der Anlage B zur GGVS.

(2. Innenseite – Seite 3)

Die Prüfbescheinigung ist bis zum .... gültig.

Diese Bescheinigung gilt bei erlaubnispflichtigen Beförderungen von Gütern der Listen I und II des Anhangs B. 8 der Anlage B der GGVS nur in Verbindung mit einer Erlaubnis der Straßenverkehrsbehörde nach § 7 GGVS.

Bemerkungen: ....

....

....

....

.... , den .... 19 ....

(Stempel)

....
(Unterschrift)

---

*) Nur gültig für innerstaatliche Beförderungen.

Anhang B. 3 b

230 001
(Forts.)

Die Geltungsdauer der Prüfbescheinigung wird verlängert bis zum ....

....

....

....

...., den ....
(Unterschrift und Stempel)

Die Geltungsdauer der Prüfbescheinigung wird verlängert bis zum ....

....

....

....

....

...., den ....
(Unterschrift und Stempel)

Die Geltungsdauer der Prüfbescheinigung wird verlängert bis zum ....

....

....

....

...., den ....
(Unterschrift und Stempel)

Anhang B. 3 c *)

Vorbemerkungen: **230 002**

Es gelten die Vorbemerkungen zur Prüfbescheinigung nach Anhang B.3 a mit der Maßgabe, daß die nachstehende Bescheinigung zweiseitig ist.

**Erklärung für gefährliche Güter,
die zusätzlich zu den in der Baumusterzulassung für Tankcontainer
oder in der Prüfbescheinigung nach Anhang B.3 a genannten gefährlichen Gütern
befördert werden dürfen**

Die Erklärung gehört zur Prüfbescheinigung nach § 6 Gefahrgutverordnung Straße – GGVS – Baumusterzulassung

der ....
                                    (Ausgabestelle)

vom .... für den festverbundenen Tank – Aufsetztank – Gefäßbatterie – Tankcontainer –

mit Baumusterkennzeichen .... – Herstellungs-Nr. ....

Hiermit wird bestätigt, daß der Tank/das Tankfahrzeug **) den Vorschriften des Anhangs B.1 a/B.1 b und der Anlage B der GGVS *) für die Beförderung folgender zusätzlicher gefährlicher Güter entspricht:

....

....

....
                (Bezeichnung, Klasse, Ziffer, gegebenenfalls Buchstaben der Stoffaufzählung)

....
         (Ort, Datum)   (Unterschrift des Sachverständigen nach § 9 Abs. 3 Nr. 2
                                                bzw. des Beauftragten der Baumusterzulassungsstelle)

*) Nur gültig für innerstaatliche Beförderungen.
**) Nichtzutreffendes streichen

**230 003-
239 999**

**Anlage B
Anhang B.3c**

Anhang B. 4

Tabellen für die Beförderung von Stoffen der Klasse 7;
Zettel, der an den Fahrzeugen anzubringen ist, die diese Stoffe befördern

240 000　Die in der nachstehenden Tabelle angegebenen Mindestabstände zwischen den radioaktiven Stoffen und den für die Fahrzeugbesatzung im Fahrzeug vorgesehenen Plätzen entsprechen den Vorschriften der Rn. 3 659 (8).

Summe der Transportkennzahlen	Mindestabstand in Meter, wenn kein Schutzschild die radioaktiven Stoffe von den für die Fahrzeugbesatzung vorgesehenen Plätzen trennt.
	Angaben für den Fall, daß die Besatzung höchstens 250 Stunden im Jahr den Strahlungen ausgesetzt wird
weniger als 2	1,0
von　　2 bis　4	1,5
von über　4 bis　8	2,5
von über　8 bis 12	3,0
von über 12 bis 20	4,0
von über 20 bis 30	5,0
von über 30 bis 40	5,5
von über 40 bis 50	6,5

240 001　Die Mindestsicherheitsabstände nach Rn. 3 657 für die Zusammenladung und -lagerung von Versandstücken mit der Aufschrift „FOTO", die unentwickelte radiographische oder photographische Platten oder Filme enthalten, mit Versandstücken der Kategorien II-GELB und III-GELB betragen:

Mindestsicherheitsabstände für die Zusammenladung und -lagerung für Versandstücke mit der Aufschrift „FOTO" der Kategorien II-GELB und III-GELB.

Summe der Versandstücke der Kategorie		Summe der Transportkennzahlen	Dauer der Beförderung oder der Lagerung in Stunden							
III-GELB	II-GELB		1	2	4	10	24	48	120	240
			Mindestabstand in Meter							
		0,2	0,5	0,5	0,5	0,5	1	1	2	3
		0,5	0,5	0,5	0,5	1	1	2	3	5
	1	1	0,5	0,5	1	1	2	3	5	7
	2	2	0,5	1	1	1,5	3	4	7	9
	4	4	1	1	1,5	3	4	6	9	13
	8	8	1	1,5	2	4	6	8	13	18
1	10	10	1	2	3	4	7	9	14	20
2	20	20	1,5	3	4	6	9	13	20	30
3	30	30	2	3	5	7	11	16	25	35
4	40	4C	3	4	5	8	13	18	30	40
5	50	50	3	4	6	9	14	20	32	45

240 002-
240 009

240 010　Der nach Rn. 71 500 an den Fahrzeugwänden anzubringende Zettel muß dem nachstehenden Muster 7 D entsprechen:

(Länge der Seite mindestens 15 cm. Symbol und Aufschrift schwarz auf weißem Grund)

240 011-
249 999

Anhang B. 5

Verzeichnis der in Rn. 10 500 aufgezählten Stoffe

Verzeichnis der Stoffe und der Kennzeichnungsnummern

(1) Die Nummer zur Kennzeichnung der Gefahr besteht aus zwei oder drei Ziffern. Die Ziffern weisen im allgemeinen **250 000**
auf folgende Gefahren hin:

2 Entweichen von Gas durch Druck oder durch chemische Reaktion

·3 Entzündbarkeit von Flüssigkeiten (Dämpfen) und Gasen

4 Entzündbarkeit fester Stoffe

5 Oxydierende (brandfördernde) Wirkung

6 Giftigkeit

8 Ätzwirkung

9 Gefahr einer spontanen heftigen Reaktion

Die Verdoppelung einer Ziffer weist auf die Zunahme der entsprechenden Gefahr hin.

Wenn die Gefahr eines Stoffes ausreichend von einer einzigen Ziffer angegeben werden kann, wird dieser Ziffer eine Null angefügt.

Folgende Ziffernkombinationen haben jedoch eine besondere Bedeutung: 22, 323, 333, 423, 44 und 539 (siehe Absatz 2).

Wenn der Nummer zur Kennzeichnung der Gefahr der Buchstabe „X" vorangestellt ist, reagiert der Stoff in gefährlicher Weise mit Wasser.

(2) Die in Absatz 3 aufgeführten Nummern zur Kennzeichnung der Gefahr haben folgende Bedeutung:

    20 inertes Gas
    22 tiefgekühltes Gas
  223 tiefgekühltes brennbares Gas
  225 tiefgekühltes oxydierendes (brandförderndes) Gas
    23 brennbares Gas
  236 brennbares Gas, giftig
  239 brennbares Gas, das spontan zu einer heftigen Reaktion führen kann
    25 oxydierendes (brandförderndes) Gas
    26 giftiges Gas
  265 giftiges Gas, oxydierend (brandfördernd)
  266 sehr giftiges Gas
  268 giftiges Gas, ätzend
  286 ätzendes Gas, giftig
    30 entzündbare Flüssigkeit (Flammpunkt von 21 °C bis 100 °C)
X323 entzündbarer flüssiger Stoff, der mit Wasser gefährlich reagiert, wobei entzündbare Gase entweichen;
    33 leicht entzündbare Flüssigkeit (Flammpunkt unter 21 °C)
X333 selbstentzündliche Flüssigkeit, die mit Wasser gefährlich reagiert
  336 leicht entzündbare Flüssigkeit, giftig
  338 leicht entzündbare Flüssigkeit, ätzend
X338 leicht entzündbarer Flüssigkeit, ätzend, die mit Wasser gefährlich reagiert
  339 leicht entzündbare Flüssigkeit, die spontan zu einer heftigen Reaktion führen kann
    39 entzündbare Flüssigkeit, die spontan zu einer heftigen Reaktion führen kann
    40 entzündbarer fester Stoff
X423 entzündbarer fester Stoff, der mit Wasser gefährlich reagiert, wobei brennbare Gase entweichen;
    44 entzündbarer fester Stoff, der sich bei erhöhter Temperatur in geschmolzenem Zustand befindet
  446 entzündbarer fester Stoff, giftig, der sich bei erhöhter Temperatur in geschmolzenem Zustand befindet
    46 entzündbarer fester Stoff, giftig
    50 oxydierender (brandfördernder) Stoff
  539 entzündbares organisches Peroxid
  558 stark oxydierender (brandfördernder) Stoff, ätzend
  559 stark oxydierender (brandfördernder) Stoff, der spontan zu einer heftigen Reaktion führen kann
  589 oxydierender (brandfördernder) Stoff, ätzend, der spontan zu einer heftigen Reaktion führen kann
    60 giftiger oder gesundheitsschädlicher Stoff
    63 giftiger oder gesundheitsschädlicher Stoff, entzündbar (Flammpunkt von 21 °C bis 55 °C)
  638 giftiger oder gesundheitsschädlicher Stoff, entzündbar (Flammpunkt von 21 °C bis 55 °C), ätzend
  639 giftiger oder gesundheitsschädlicher Stoff, entzündbar (Flammpunkt von 21 °C bis 55 °C), der spontan zu einer
       heftigen Reaktion führen kann;
    66 sehr giftiger Stoff
  663 sehr giftiger Stoff, entzündbar (Flammpunkt nicht über 55 °C)
    68 giftiger oder gesundheitsschädlicher Stoff, ätzend
    69 giftiger oder gesundheitsschädlicher Stoff, der spontan zu einer heftigen Reaktion führen kann
    80 ätzender oder schwach ätzender Stoff
  X80 ätzender oder schwach ätzender Stoff, der mit Wasser gefährlich reagiert
    83 ätzender oder schwach ätzender Stoff, entzündbar (Flammpunkt von 21 °C bis 55 °C)
  X83 ätzender oder schwach ätzender Stoff, entzündbar (Flammpunkt von 21 °C bis 55 °C, der mit Wasser gefähr-
       lich reagiert;
  839 ätzender oder schwach ätzender Stoff, entzündbar (Flammpunkt von 21 °C bis 55 °C), der spontan zu einer hefti-
       gen Reaktion führen kann
X839 ätzender oder schwach ätzender Stoff, entzündbar (Flammpunkt von 21 °C bis 55 °C), der spontan zu einer
       heftigen Reaktion führen kann und mit Wasser gefährlich reagiert;

Anlage B
Anhang B.5

Anhang B. 5

250 000
(Forts.)

85   ätzender oder schwach ätzender Stoff, oxydierend (brandfördernd)

856 ätzender oder schwach ätzender Stoff, oxydierend (brandfördernd) und giftig

86   ätzender oder schwach ätzender Stoff, giftig

88   stark ätzender Stoff

X88 stark ätzender Stoff, der mit Wasser gefährlich reagiert

883 stark ätzender Stoff, entzündbar (Flammpunkt von 21 °C bis 55 °C)

885 stark ätzender Stoff, oxydierend (brandfördernd)

886 stark ätzender Stoff, giftig

X886 stark ätzender Stoff, giftig, der mit Wasser gefährlich reagiert

89   ätzender oder schwach ätzender Stoff, der spontan zu einer heftigen Reaktion führen kann

(3) Die Kennzeichnungsnummern nach Rn. 10 500 sind in den nachstehenden Verzeichnissen I und II aufgeführt.

Bem. 1: Die Kennzeichnungsnummern für die orangefarbenen Tafeln sind zuerst im Verzeichnis I zu suchen. Wenn für Stoffe der Klassen 3, 6.1 und 8 der Name des zu befördernden Stoffes oder die Sammelbezeichnung, unter die er fällt, im Verzeichnis I nicht aufgeführt ist, so sind die Kennzeichnungsnummern dem Verzeichnis II zu entnehmen.

Bem. 2: Die nach den Rn. 10 130 und 10 500 (6) vorgeschriebene Bezettelung geht der vorgeschriebenen Bezettelung in der Spalte e der Verzeichnisse I und II vor.

Verzeichnis I

**Verzeichnis der mit ihrem chemischen Namen bezeichneten Stoffe oder der Sammelbezeichnungen,
denen eine besondere „Nummer zur Kennzeichnung des Stoffes" (Spalte d) zugeteilt ist
[wegen Lösungen und Gemischen von Stoffen (wie Präparate, Zubereitungen
und Abfälle) siehe auch Rn. 2002 (8)].**

Dieses Verzeichnis enthält auch Stoffe, die in den Stoffaufzählungen der Klassen nicht aufgezählt sind, aber unter die in Spalte (b) genannten Klassen und Ziffern fallen. Für in diesem Verzeichnis nicht aufgeführte Stoffe der Klassen 3, 6.1 und 8, siehe Verzeichnis II. Die Stoffe sind in alphabetischer Reihenfolge aufgeführt, wobei weder Ziffern, griechische Buchstaben, Pluralformen noch Präpositionen berücksichtigt sind.

Das Zeichen „++" in Spalte e bedeutet:

Bezettelung der Tankcontainer und Gefäßbatterien nach den Vorschriften der Rn. 21 130. Bezettelung der Fahrzeuge mit festverbundenen Tanks oder der Aufsetztanks nach den Vorschriften der Rn. 21 500.

Das Zeichen „–" in Spalte e bedeutet:

Keine Bezettelung vorgeschrieben.

Bezeichnung des Stoffes	Klasse und Ziffer der Stoffaufzählung	Nummer zur Kennzeichnung der Gefahr (obere Hälfte)	Nummer zur Kennzeichnung des Stoffes (untere Hälfte)	Gefahrzettel
(a)	(b)	(c)	(d)	(e)
Abfallnitriersäuregemische	8, 3 b)	80	1826	8
Abfallschwefelsäure	8, 1 b)	80	1832	8
Acetal (1,1-Diäthoxyäthan)	3, 3 b)	33	1088	3
Acetaldehyd (Äthanal)	3, 1a)	33	1089	3
Acetoin (Acetylmethylcarbinol)	3, 31 c)	30	2621	3
Aceton	3, 3 b)	33	1090	3
Acetoncyanhydrin	6.1, 11 a)	66	1541	6.1
Acetonitril (Methylcyanid)	3, 11 b)	336	1648	3+6.1
Acetylaceton: siehe 2,4-Pentandion				
Acetylbromid	8, 36 b)	80	1716	8
Acetylchlorid	3, 25 b)	X338	1717	3+8
Acetylendichlorid: siehe 1,2-Dichloräthylen				
Acetylentetrabromid: siehe 1,1,2,2-Tetrabromäthan				
Acetylentetrachlorid: siehe 1,1,2,2-Tetrachloräthan				
Acetylmethylcarbinol: siehe Acetoin				
Acrolein	3, 17 a)	336	1092	3+6.1
Acrylamid	6.1, 12 c)	60	2074	6.1 A
Acrylamid, Lösungen von	6.1, 12 c)	60	2074	6.1 A
Acrylnitril (Vinylcyanid)	3, 11 a)	336	1093	3+6.1
Acrylsäure	8, 32 b)	89	2218	8+3
Acrylsäureäthylester: siehe Äthylacrylat				
Acrylsäuremethylester: siehe Methylacrylat				
Adiponitril	6.1, 12 c)	60	2205	6.1 A
Äthan	2, 5 b)	23	1035	3
Äthan, tiefgekühlt, verflüssigt	2, 7 b)	223	1961	3
Äthanal: siehe Acetaldehyd				
Äthanol: siehe Äthylalkohol				
Äthanolamin und seine Lösungen	8, 54 c)	80	2491	8
Äthylacetat	3, 3 b)	33	1173	3
Äthylacrylat	3, 3 b)	339	1917	3
Äthyläther	3, 2 a)	33	1155	3
Äthylalkohol (Äthanol) und seine wässerigen Lösungen mit mehr als 70 % Alkohol	3, 3 b)	33	1170	3

Anhang B. 5

250 000
(Forts.)

Bezeichnung des Stoffes	Klasse und Ziffer der Stoffaufzählung	Nummer zur Kennzeichnung der Gefahr (obere Hälfte)	Nummer zur Kennzeichnung des Stoffes (untere Hälfte)	Gefahrzettel
(a)	(b)	(c)	(d)	(e)
Äthylalkohol (Äthanol), wässerige Lösungen von, mit einer Konzentration von mehr als 24 %, jedoch nicht mehr als 70 %	3, 31 c)	30	1170	3
Äthylamin, wasserfrei	2, 3 bt)	236	1036	3+6.1
Äthylamin, wässerige Lösungen von				
– mit einem Siedepunkt von höchstens 35 °C	3, 22 a)	338	2270	3+8
– mit einem Siedepunkt über 35 °C	3, 22 b)	338	2270	3+8
Äthylamylketon	3, 31 c)	30	2271	3
2-Äthylanilin	6.1, 12 c)	60	2273	6.1 A
N-Äthylanilin	6.1, 12 c)	60	2272	6.1 A
Äthylbenzol, technisch	3, 3 b)	33	1175	3
N-Äthyl-N-benzylanilin	6.1, 12 c)	60	2274	6.1 A
Äthylbromacetat	6.1, 16 b)	63	1603	6.1+3
Äthylbromid	6.1, 15 b)	60	1891	6.1
2-Äthylbutanol	3, 32 c)	30	2275	–
2-Äthylbutylacetat	3, 31 c)	30	1177	3
Äthylbutyläther	3, 3 b)	33	1179	3
Äthylbutyrat	3, 31 c)	30	1180	3
Äthylcarbonat: siehe Diäthylcarbonat				
Äthylchloracetat	6.1, 16 b)	.63	1181	6.1+3
Äthylchlorformiat	3, 16 a)	336	1182	3+6.1
Äthylchlorid	2, 3 bt)	236	1037	++
Äthylcrotonat	3, 3 b)	33	1862	3
Äthylcyanacetat	6.1, 12 c)	60	2666	6.1 A
Äthyldichlorsilan	4.3, 4 b)	X338	1183	4.3+3+8
Äthylen	2, 5 b)	23	1962	3
Äthylen, tiefgekühlt, verflüssigt	2, 7 b)	223	1038	3
Äthylenchlorhydrin (2-Chloräthanol)	6.1, 16 b)	60	1135	6.1
Äthylendiamin	8, 53 b)	83	1604	8+3
Äthylendibromid: siehe 1,2-Dibromäthan				
Äthylendichlorid: siehe 1,2-Dichloräthan				
Äthylenglykoldiäthyläther: siehe 1,2-Diäthoxyäthan				
Äthylenglykolmonoäthyltheracetat: siehe Äthylglykolacetat				
Äthylenglykolmonobutyläther	6.1, 13 c)	60	2369	6.1 A
Äthylenglykolmonomethyltheracetat: siehe Methylglykolacetat				
Äthylenimin	3, 12	336	1185	3+6.1
Äthylenoxid mit höchstens 10 Masse-% Kohlendioxid	2, 4 ct)	236	1041	3+6.1
Äthylenoxid mit mehr als 10 % aber höchstens 50 Masse-% Kohlendioxid	2, 6 ct)	236	1041	3+6.1
Äthylenoxid mit Kohlendioxid: siehe auch Kohlendioxid mit Äthylenoxid				
Äthylenoxid mit Stickstoff	2, 4 ct)	236	1040	3+6.1
Äthylfluid	6.1, 31 a)	66	1649	6.1
Äthylformiat	3, 3 b)	33	1190	3
Äthylglykol (Glykolmonoäthyläther)	3, 31 c)	30	1171	3
Äthylglykolacetat (Äthylenglykolmonoäthyltheracetat)	3, 31 c)	30	1172	3
2-Äthylhexanal	3, 31 c)	30	1191	3
2-Äthylhexylamin	8, 53 c)	83	2276	8+3
2-Äthylhexylchlorformiat	6.1, 16 b)	68	2748	6.1+8
Äthylidenchlorid: siehe 1,1-Dichloräthan				
Äthylisobutyrat	3, 3 b)	33	2385	3
Äthyllactat	3, 31 c)	30	1192	3
Äthylmerkaptan	3, 18 b)	336	2363	3+6.1
Äthylmethacrylat	3, 3 b)	339	2277	3
Äthylorthoformiat (Triäthylorthoformiat)	3, 31 c)	30	2524	3
Äthyloxalat	6.1, 13 c)	60	2525	6.1 A
Äthylphenyldichlorsilan	8, 37 b)	83	2435	8+3
1-Äthylpiperidin	3, 3 b)	33	2386	3
Äthylpropionat	3, 3 b)	33	1195	3
Äthylpropyläther	3, 3 b)	33	2615	3
Äthylschwefelsäure	8, 34 b)	80	2571	8
Äthylsiliciumdichlorid: siehe Äthyldichlorsilan				
Äthylsilikat	3, 31 c)	30	1292	3

459

Anhang B. 5

Bezeichnung des Stoffes	Klasse und Ziffer der Stoff-aufzählung	Nummer zur Kenn-zeichnung der Gefahr (obere Hälfte)	Nummer zur Kenn-zeichnung des Stoffes (untere Hälfte)	Gefahrzettel
(a)	(b)	(c)	(d)	(e)
Äthyltoluidine	6.1, 12 b)	60	2754	6.1
Äthyltrichlorsilan	3, 21 a)	X338	1196	3+8
Ätzkali: siehe Kaliumhydroxid				
Ätznatron: siehe Natriumhydroxid				
Aldol (beta-Hydroxybutyraldehyd)	6.1, 13 b)	60	2839	6.1
Aldehyde, soweit in diesem Anhang nicht namentlich genannt				
– mit einem Flammpunkt unter 21 °C	3, 3 b)	33	1989	3
– mit einem Flammpunkt von 21 °C bis 55 °C (die Grenzwerte inbegriffen)	3, 31 c)	30	1989	3
– mit einem Flammpunkt über 55 °C	3, 32 c)	30	1989	–
Alkalische anorganische Stoffe, Lösungen von, soweit in diesem Anhang nicht namentlich genannt				
– ätzend	8, 42 b)	80	1719	8
– schwach ätzend	8, 42 c)	80	1719	8
Alkohole, flüssig, nicht giftig, rein oder in Gemischen, soweit in diesem Anhang nicht namentlich genannt				
– mit einem Flammpunkt von 21 °C bis 55 °C (die Grenzwerte inbegriffen)	3, 31 c)	30	1987	3
– mit einem Flammpunkt über 55 °C	3, 32 c)	30	1987	–
Alkylierte Phenole, C_2–C_8 Homologe, soweit in diesem Anhang nicht namentlich genannt	6.1, 14 c)	60	2430	6.1 A
Alkylsulfonsäuren, soweit in diesem Anhang nicht namentlich genannt				
– mit mehr als 5 % freier Schwefelsäure	8, 1b)	80	2584	8
– mit höchstens 5 % freier Schwefelsäure, ätzend	8, 34 b)	80	2586	8
– mit höchstens 5 % freier Schwefelsäure, schwach ätzend	8, 34 c)	80	2586	8
Allylacetat	3, 17 b)	336	2333	3+6.1
Allyläthyläther	3, 17 b)	336	2335	3+6.1
Allylalkohol	6.1, 13 a)	663	1098	6.1+3
Allylamin	3, 15 a)	336	2334	3+6.1
Allylbromid	3, 16 a)	336	1099	3+6.1
Allylchlorformiat	8, 64 a)	88	1722	8
Allylchlorid	3, 16 a)	336	1100	3+6.1
Allylformiat	3, 17 a)	336	2336	3+6.1
Allylglycidyläther	3, 31 c)	30	2219	3
Allylisothiocyanat	6.1, 20 b)	69	1545	6.1+3
Allyltrichlorsilan	8, 37 b)	X839	1724	8+3
Aluminiumalkyle, selbstentzündlich	4.2, 3	X333	3051	4.2+4.3
Aluminiumalkyle, die in Berührung mit Wasser entzündliche Gase entwickeln	4.3, 2 e)	X323	2813	4.3
Aluminiumalkylhalogenide, die in Berührung mit Wasser entzündliche Gase entwickeln	4.3, 2 e)	X323	2813	4.3
Aluminiumalkylhalogenide, selbstentzündlich	4.2, 3	X333	3052	4.2+4.3
Aluminiumalkylhydride, die in Berührung mit Wasser entzündliche Gase entwickeln	4.3, 2 e)	X323	2813	4.3
Aluminiumalkylhydride, selbstentzündlich	4.2, 3	X333	3050	4.2+4.3
Aluminiumbromid, wasserfrei	8, 22 b)	80	1725	8
Aluminiumbromid, wässerige Lösungen von	8, 5 c)	80	2580	8
Aluminiumchlorid, wasserfrei	8, 22 b)	80	1726	8
Aluminiumchlorid, wässerige Lösungen von	8, 5 c)	80	2581	8
Ameisensäure mit mehr als 70 % reiner Säure	8, 32 b)	80	1779	8
Ameisensäure mit 50 bis 70 % reiner Säure	8, 32 c)	80	1779	8
Ameisensäureäthylester: siehe Äthylformiat				
Ameisensäuremethylester: siehe Methylformiat				
Ameisensäurepropylester: siehe Propylformiat				
2-(2-Aminoäthoxy) äthanol	8, 54 c)	80	3055	8
N-Aminoäthylpiperazin	8, 53 c)	80	2815	8
Aminophenole	6.1, 12 c)	60	2512	6.1 A
1-Aminopropan: siehe n-Propylamin				
2-Aminopropan: siehe Isopropylamin				
bis-Aminopropylamin (Dipropylentriamin, 3,3′-Imino-bis-propylamin)	8, 53 c)	80	2269	8

Anhang B. 5

Bezeichnung des Stoffes	Klasse und Ziffer der Stoff- aufzählung	Nummer zur Kenn- zeichnung der Gefahr (obere Hälfte)	Nummer zur Kenn- zeichnung des Stoffes (untere Hälfte)	Gefahrzettel
(a)	(b)	(c)	(d)	(e)
Ammoniak	2, 3 at)	268	1005	++
Ammoniak in Wasser gelöst, mit über 40 % bis höchstens 50 Masse-% Ammoniak (NH₃)	2, 9 at)	268	2073	++
Ammoniak in Wasser gelöst, mit über 35 % bis höchstens 40 Masse-% Ammoniak (NH₃)	2, 9 at)	268	2073	++
Ammoniaklösungen mit mindestens 10 % und höchstens 35 % Ammoniak (NH₃)	8, 43 c)	80	2672	8
Ammoniumbifluorid	8, 26 b)	80	1727	8+6.1
Ammoniumbifluorid, Lösungen von	8, 26 b)	80	2817	8+6.1
Ammoniumbisulfat mit 3 % und mehr freier Schwefelsäure	8, 23 b)	80	2506	8
Ammoniumfluorid	6.1, 65 c)	60	2505	6.1 A
Ammoniumnitrat, wässerige Lösungen von, konzentriert und aufgeheizt	5.1, 6 a)	589	2426	5+8
Ammoniumpolysulfid, Lösungen von	8, 45 b)	86	2818	8
Ammoniumsilicofluorid	6.1, 66 c)	60	2854	6.1 A
Ammoniumsulfid, Lösungen von	8, 45 b)	86	2683	8
Amylacetate	3, 31 c)	30	1104	3
n-Amylalkohol	3, 31 c)	30	1105	3
sec-Amylalkohol	3, 31 c)	30	1105	3
tert-Amylalkohol	3, 3 b)	33	1105	3
n-Amylamin	3, 22 b)	338	1106	3+8
Amylbutyrate	3, 31 c)	30	2620	3
Amylchlorid (1-Chlorpentan)	3, 3 b)	33	1107	3
Amylmerkaptan	3, 3 b)	33	1111	3
Amylmethylketon	3, 31 c)	30	1110	3
Amylnitrat	3, 31 c)	30	1112	3
Amyltrichlorsilan	8, 37 b)	X80	1728	8
Anilin	6.1, 11 b)	60	1547	6.1
Anisidine	6.1, 12 c)	60	2431	6.1 A
Anisol: siehe Phenylmethyläther				
Anisoylchlorid	8, 35 b)	80	1729	8
Antimonpentachlorid (SbCl₅)	8, 21 b)	80	1730	8
Antimonpentachlorid, nicht wässerige Lösungen von	8, 21 b)	80	1731	8
Antimonpentafluorid	8, 26 b)	86	1732	8+6.1
Antimontrichlorid (SbCl₃)	8, 22 b)	80	1733	8
Argon, tiefgekühlt, verflüssigt	2, 7 a)	22	1951	–
Arsenbromid	6.1, 51 b)	60	1555	6.1
Arsenpentoxid	6.1, 51 b)	60	1559	6.1
Arsensäure, fest	6.1, 51 b)	60	1554	6.1
Arsensäure, flüssig	6.1, 51 a)	66	1553	6.1
Arsentrichlorid	6.1, 51 a)	66	1560	6.1
Arsentrioxid	6.1, 51 b)	60	1561	6.1
Arsenverbindungen, flüssige anorganische, soweit in diesem Anhang nicht namentlich genannt	6.1, 51 a)	66	1556	6.1
Arylsulfonsäuren, soweit in diesem Anhang nicht namentlich genannt				
– mit mehr als 5 % freier Schwefelsäure	8, 1 b)	80	2584	8
– mit höchstens 5 % freier Schwefelsäure, ätzend ...	8, 34 b)	80	2586	8
– mit höchstens 5 % freier Schwefelsäure, schwach ätzend	8, 34 c)	80	2586	8
Bariumcarbonat	6.1, 60 c)	60	1564	6.1 A
Bariumoxid	6.1, 60 c)	60	1884	6.1 A
Benzalchlorid (Benzylidenchlorid)	6.1, 17 b)	68	1886	6.1
Benzine: siehe Kohlenwasserstoffe, flüssig				
Benzochinon	6.1, 14 b)	60	2587	6.1
Benzol	3, 3 b)	33	1114	3
Benzolsulfonylchlorid	8, 36 c)	80	2225	8
Benzonitril	6.1, 11 b)	60	2224	6.1
Benzothiol (Thiophenol)	6.1, 20 a)	663	2337	6.1+3
Benzotrichlorid (Trichlormethylbenzol)	8, 66 b)	80	2226	8
Benzotrifluorid	3, 3 b)	33	2338	3
Benzoylchlorid	8, 36 b)	80	1736	8
Benzylbromid	6.1, 15 b)	60	1737	6.1
Benzylchlorformiat	8, 64 a)	88	1739	8
Benzylchlorid	6.1, 15 b)	68	1738	6.1

461

Anhang B. 5

250 000 (Forts.) Bezeichnung des Stoffes	Klasse und Ziffer der Stoff- aufzählung	Nummer zur Kenn- zeichnung der Gefahr (obere Hälfte)	Nummer zur Kenn- zeichnung des Stoffes (untere Hälfte)	Gefahrzettel
(a)	(b)	(c)	(d)	(e)
Benzylcyanid (Phenylacetonitril)	6.1, 12 c)	60	2470	6.1 A
Benzyldimethylamin	8, 53 b)	83	2619	8+3
Benzylidenchlorid: siehe Benzalchlorid				
Bicycloheptadien	3, 3 b)	33	2251	3
1,2-Bis-(dimethylamino)äthan (Tetramethyläthylendiamin)	3, 31 c)	30	2372	3
Blausäurelösungen, wässerige, mit höchstens 20 % reiner Säure	6.1, 2	663	1613	6.1+3
Bleiacetat (Bleizucker)	6.1, 62 c)	60	1616	6.1 A
Bleialkyle mit organischen Halogenverbindungen, Mischungen von	6.1, 31 a)	66	1649	6.1
Bleisulfat mit 3 % und mehr freier Schwefelsäure	8, 23 b)	80	1794	8
Bleiverbindungen, soweit in diesem Anhang nicht namentlich genannt	6.1, 62 c)	60	2291	6.1 A
Bleizucker: siehe Bleiacetat				
Boralkyle, selbstentzündlich	4.2, 3	X333	2003	4.2+4.3
Boralkyle, die in Berührung mit Wasser entzündliche Ga- se entwickeln	4.3, 2 e)	X323	2813	4.3
Bortribromid (Tribromboran) (BBr₃)	8, 21 a)	X88	2692	8
Bortrifluorid-Äther-Komplex	8, 33 b)	83	2604	8+3
Bortrifluorid Dihydrat	8, 33 b)	80	2851	8
Bortrifluorid-Essigsäure-Komplex	8, 33 b)	80	1742	8
Bortrifluorid-Propionsäure-Komplex	8, 33 b)	80	1743	8
Brom	8, 24	886	1744	8+6.1
Bromaceton	6.1, 16 b)	60	1569	6.1
omega-Bromacetophenon (Phenacylbromid)	6.1, 17 b)	60	2645	6.1
Bromacetylbromid	8, 36 b)	X80	2513	8
2-Bromäthyläthyläther	3, 3 b)	33	2340	3
Brombenzol	3, 31 c)	30	2514	3
Alpha-Brombenzylcyanid	6.1, 17 a)	66	1694	6.1
1-Brombutan: siehe n-Butylbromid				
2-Brombutan	3, 3 b)	33	2339	3
Bromchlordifluormethan (R 12B1)	2, 3 a)	20	1974	–
Bromchlormethan	6.1, 15 b)	60	1887	6.1
1-Brom-3-chlorpropan	6.1, 15 c)	60	2688	6.1 A
Bromessigsäure	8, 31 b)	80	1938	8
Bromessigsäuremethylester: siehe Methylbromacetat				
1-Brom-3-methylbutan	3, 3 b)	33	2341	3
Brommethylpropane	3, 3 b)	33	2342	3
Bromoform: siehe Tribrommethan				
Brompentafluorid	8, 26 a)	856	1745	8+6.1
2-Brompentan	3, 3 b)	33	2343	3
2-Brompropan	3, 3 b)	33	2344	3
Bromtrifluorid	8, 26 a)	856	1746	8+6.1
Bromtrifluormethan (R 13B1)	2, 5 a)	20	1009	–
Bromwasserstoff	2, 3 at)	286	1048	6.1+8
Bromwasserstofflösungen	8, 5 b)	80	1788	8
Butadiene	2, 3 c)	239	1010	3
Butan, technisch rein	2, 3 b)	23	1011	3
Butan, Gasgemisch: siehe Gemische von Kohlenwasser- stoffen (verflüssigtes Gas) Gemisch A, AO).				
Butandion (Diacetyl)	3, 3 b)	33	2346	3
Butanol: siehe n-Butylalkohol				
n-Butanol-2: siehe sec-Butylalkohol				
tert-Butanol: siehe tert-Butylalkohol				
Butanon: siehe Methyläthylketon				
Buten-1	2, 3 b)	23	1012	3
cis-Buten-2	2, 3 b)	23	1012	3
trans-Buten-2	2, 3 b)	23	1012	3
Butin-2(Dimethylacetylen, Crotonylen)	3, 1 a)	339	1144	3
Butoxyl (Methoxybutylacetat)	3, 31 c)	30	2708	3
n-Buttersäure	8, 32 c)	80	2820	8
Buttersäureäthylester: siehe Äthylbutyrat				
Buttersäureanhydrid	8, 32 c)	80	2739	8
Buttersäurechlorid: siehe Butyrylchlorid				
n-Buttersäuremethylester: siehe Methylbutyrat				
Buttersäurenitril: siehe Butyronitril				

Anhang B. 5

Bezeichnung des Stoffes	Klasse und Ziffer der Stoff- aufzählung	Nummer zur Kenn- zeichnung der Gefahr (obere Hälfte)	Nummer zur Kenn- zeichnung des Stoffes (untere Hälfte)	Gefahrzettel
(a)	(b)	(c)	(d)	(e)
n-Butylacetat	3, 31 c)	30	1123	3
sec-Butylacetat	3, 3 b)	33	1123	3
n-Butylacrylat	3, 31 c)	39	2348	3
n-Butyläther: siehe n-Dibutyläther				
n-Butylalkohol (Butanol)	3, 31 c)	30	1120	3
sec-Butylalkohol (n-Butanol-2)	3, 31 c)	30	1120	3
tert-Butylalkohol (tert-Butanol)	3, 3 b)	33	1120	3
n-Butylamin	3, 22 b)	338	1125	3+8
N-Butylaniline	6.1, 12 b)	60	2738	6.1
Butylbenzole	3, 31 c)	30	2709	3
n-Butylbromid(1-Brombutan)	3, 3 b)	33	1126	3
n-Butylchlorformiat	6.1, 16 b)	638	2743	6.1+3+8
Butylchloride	3, 3 b)	33	1127	3
tert-Butylcyclohexylchlorformiat	6.1, 17 c)	68	2747	6.1 A+8
Butylen: siehe Buten				
1,2-Butylenoxid	3, 3 b)	339	3022	3
n-Butylformiat	3, 3 b)	33	1128	3
N,n-Butylimidazol	6.1, 12 b)	60	2690	6.1
n-Butylisocyanat	3, 14 b)	336	2485	3+6.1
tert-Butylisocyanat	3, 14 a)	336	2484	3+6.1
Butylmerkaptan	3, 3 b)	33	2347	3
n-Butylmethacrylat	3, 31 c)	39	2227	3
Butylmethyläther	3, 3 b)	33	2350	3
Butylphenole, in geschmolzenem Zustand	6.1, 14 c)	60	2229	6.1 A
Butylphenole, flüssig	6.1, 14 c)	60	2228	6.1 A
Butylpropionat	3, 31 c)	30	1914	3
Butyltoluole	3, 32 c)	30	2667	–
Butyltrichlorsilan	8, 37 b)	X83	1747	8+3
Butylvinyläther	3, 3 b)	339	2352	3
Butyraldehyd	3, 3 b)	33	1129	3
Butyraldoxim	3, 32 c)	30	2840	–
Butyronitril (Buttersäurenitril)	3, 11 b)	336	2411	3+6.1
Butyrylchlorid (Buttersäurechlorid)	3, 25 b)	338	2353	3+8
Cäsiumhydroxid	8, 41 b)	80	2682	8
Cäsiumhydroxid, wässerige Lösung von	8, 42 b)	80	2681	8
Calciumarsenat	6.1, 51 b)	60	1573	6.1
Calciumchlorat, Lösungen von	5.1, 4 a)	50	2429	5
Capronsäure	8, 32 c)	80	2829	8
Chinolin	6.1, 12 c)	60	2656	6.1 A
Chlor	2, 3 at)	266	1017	++
Chloracetaldehyd	6.1, 16 b)	60	2232	6.1
Chloraceton	6.1, 16 b)	60	1695	6.1
omega-Chloracetophenon (Phenacylchlorid)	6.1, 17 b)	60	1697	6.1
Chloracetylchlorid	8, 36 b)	X80	1752	8
2-Chloräthanol: siehe Äthylenchlorhydrin				
Chloral: siehe Trichloracetaldehyd				
Chlorameisensäureäthylester: siehe Äthylchlorformiat,				
Chlorameisensäure-2-äthylhexylester: siehe 2-Äthylhexyl- chlorformiat				
Chlorameisensäure-tert-Butylcyclohexylester: siehe tert-Butylcyclohexylchlorformiat				
Chlorameisensäuremethylester: siehe Methylchlorformiat				
Chlorameisensäurephenylester: siehe Phenylchlorformiat				
Chloranisidine	6.1, 17 c)	60	2233	6.1 A
Chlorbenzol (Phenylchlorid)	3, 31 c)	30	1134	3
Chlorbenzotrifluoride	3, 31 c)	30	2234	3
Chlorbenzylchloride	6.1, 17 c)	60	2235	6.1 A
Chlorbleichlaugen: siehe Hypochloritlösungen				
1-Chlor-1,1-difluoräthan (R 142b)	2, 3 b)	23	2517	++
Chlordifluormethan (R 22)	2, 3 a)	20	1018	–
Chlordinitrobenzol	6.1, 12 b)	60	1577	6.1
Chloressigsäure (Monochloressigsäure), fest	8, 31 b)	80	1751	8
Chloressigsäure (Monochloressigsäure), in geschmolzenem Zustand	8, 31 b)	80	1750	8

[1] Gilt nur für grenzüberschreitende Beförderungen
[2] Gilt nur für innerstaatliche Beförderungen

Anhang B. 5

250 000
(Forts.)

Bezeichnung des Stoffes	Klasse und Ziffer der Stoffaufzählung	Nummer zur Kennzeichnung der Gefahr (obere Hälfte)	Nummer zur Kennzeichnung des Stoffes (untere Hälfte)	Gefahrzettel
(a)	(b)	(c)	(d)	(e)
Chloressigsäure (Monochloressigsäure), Lösungen von	8, 32 b)	80	1750	8
Chloressigsäureäthylester: siehe Äthylchloracetat				
Chloressigsäuremethylester: siehe Methylchloracetat				
Chloressigsäuremischungen (Monochloressigsäuremischungen)	8, 32 b)	80	1750	8
Chlorkohlenoxid (Phosgen)	2, 3 at)	266	1076	5+6.1 ¹) 6.1+8 ²)
Chlorkresole	6.1, 14 b)	60	2669	6.1
Chlormethoxymethan: siehe Methylchlormethyläther				
Chlormethyläthyläther	3, 16 b)	336	2354	3+6.1
Chlormethylchlorformiat	6.1, 16 b)	638	2745	6.1+3+8
3-Chlor-4-methylphenylisocyanat	6.1, 19 b)	60	2236	6.1
Chlornitroaniline	6.1, 17 c)	60	2237	6.1 A
Chlornitrobenzole	6.1, 12 b)	60	1578	6.1
Chlornitrotoluole	6.1, 17 c)	60	2433	6.1
Chloroform	6.1, 15 b)	60	1888	6.1
Chloropren	3, 16 a)	336	1991	3+6.1
Chlorpentafluoräthan (R 115)	2, 3 a)	20	1020	–
1-Chlorpentan: siehe Amylchlorid				
2-Chlorphenol	6.1, 16 c)	68	2021	6.1 A
3-Chlorphenol	6.1, 17 c)	60	2020	6.1 A
4-Chlorphenol	6.1, 17 c)	60	2020	6.1 A
Chlorphenyltrichlorsilan	8, 37 b)	X80	1753	8
Chlorpikrin	6.1, 16 a)	66	1580	6.1
1-Chlorpropan (Propylchlorid)	3, 2 b)	33	1278	3
2-Chlorpropan (Isopropylchlorid)	3, 2 b)	33	2356	3
3-Chlorpropandiol-1,2: siehe Glycerol-alpha-monochlorhydrin				
3-Chlor-1-propanol	6.1, 16 c)	60	2849	6.1 A
1-Chlor-2-propanol	6.1, 16 b)	63	2611	6.1+3
2-Chlorpropen	3, 1 a)	33	2456	3
2-Chlorpropionsäure	8, 32 c)	80	2511	8
2-Chlorpyridin	6.1, 11 b)	60	2822	6.1
Chlorschwefel: siehe Schwefelchlorid				
Chlorsilane, die in Berührung mit Wasser keine brennbaren Gase entwickeln, soweit in diesem Anhang nicht namentlich genannt				
– mit einem Flammpunkt unter 21 °C	3, 21 a)	X338	2985	3+8
– mit einem Flammpunkt von 21 °C bis 55 °C (die Grenzwerte inbegriffen)	8, 37 b)	X83	2986	8+3
– mit einem Flammpunkt über 55 °C	8, 37 b)	X80	2987	8
Chlorsulfonsäure [SO₂(OH)Cl]	8, 21 a)	88	1754	8
Chlortoluidine	6.1, 17 c)	60	2239	6.1 A
Chlortoluole	3, 31 c)	30	2238	3
1-Chlor-2,2,2-trifluoräthan (R 133 a)	2, 3 a)	20	1983	–
Chlortrifluoräthylen (R 1113)	2, 3 ct)	236	1082	++
Chlortrifluormethan (R 13)	2, 5 a)	20	1022	–
Chlorwasserstoff	2, 5 at)	286	1050	6.1+8
Chlorwasserstofflösungen: siehe Salzsäure				
Chromfluorid	8, 26 b)	80	1756	8+6.1
Chromfluorid, Lösungen von	8, 26 b)	80	1757	8+6.1
Chromoxychlorid: siehe Chromylchlorid				
Chromsäure, Lösungen von	8, 11 b)	80	1755	8
Chromschwefelsäure	8, 1 a)	88	2240	8
Chromylchlorid (Chromoxychlorid) (CrO₂Cl₂)	8, 21 a)	88	1758	8
Crotonaldehyd	3, 3 b)	33	1143	3
Crotonylen: siehe Butin-2				
Cumol (Isopropylbenzol)	3, 31 c)	30	1918	3
Cumolhydroperoxid mit einem Peroxidgehalt von höchstens 95 %	5.2, 10	539	2116	5
Cyanide, Lösungen anorganischer	6.1, 41 a)	66	1935	6.1
Cyanurchlorid	8, 27 c)	80	2670	8
Cyclobutylchlorformiat	6.1, 16 b)	638	2744	6.1+3+8
1,5,9-Cyclododecatrien	6.1, 24 c)	60	2518	6.1 A
Cycloheptan	3, 3 b)	33	2241	3
Cyclohepten	3, 3 b)	33	2242	3
Cyclohexan	3, 3 b)	33	1145	3

Anhang B. 5

Bezeichnung des Stoffes	Klasse und Ziffer der Stoff- aufzählung	Nummer zur Kenn- zeichnung der Gefahr (obere Hälfte)	Nummer zur Kenn- zeichnung des Stoffes (untere Hälfte)	Gefahrzettel
(a)	(b)	(c)	(d)	(e)
Cyclohexanon	3, 31 c)	30	1915	3
Cyclohexen	3, 3 b)	33	2256	3
Cyclohexenyltrichlorsilan	8, 37 b)	X80	1762	8
Cyclohexylacetat	3, 32 c)	30	2243	3
Cyclohexylamin	8, 53 b)	83	2357	8+3
Cyclohexylisocyanat	6.1, 18 b)	63	2488	6.1+3
Cyclohexylmercaptan	3, 31 c)	30	3054	3
Cyclohexyltrichlorsilan	8, 37 b)	X80	1763	8
Cyclooctadien	3, 31 c)	30	2520	3
Cyclooctatetraen	3, 31 c)	30	2358	3
Cyclopentan	3, 3 b)	33	1146	3
Cyclopentanol	3, 31 c)	30	2244	3
Cyclopentanon	3, 31 c)	30	2245	3
Cyclopenten	3, 2 b)	33	2246	3
Cyclopropan	2, 3 b)	23	1027	3
Cymole (Methylisopropylbenzole)	3, 31 c)	30	2046	3
Decahydronaphthalin (Decalin)	3, 32 c)	30	1147	–
n-Decan	3, 31 c)	30	2247	3
Diacétonalkohol, technisch	3, 3 b)	33	1148	3
Diacetyl: siehe Butandion				
1,1-Diäthoxyäthan: siehe Acetal				
1,2-Diäthoxyäthan (Äthylenglykoldiäthyläther)	3, 31 c)	30	1153	3
Diäthoxymethan	3, 3 b)	33	2373	3
3,3-Diäthoxypropen	3, 3 b)	33	2374	3
N,N-Diäthyläthanolamin: siehe Diäthylaminoäthanol				
N,N-Diäthylendiamim	8, 53 b)	83	2685	8+3
Diäthylamin	3, 22 b)	338	1154	3+8
Diäthylaminoäthanol (N,N-Diäthyläthanolamin)	3, 32 c)	30	2686	–
Diäthylaminopropylamin	8, 53 c)	80	2684	8
N,N-Diäthylanilin	6.1, 12 c)	60	2432	6.1 A
Diäthylbenzole	3, 32 c)	30	2049	–
Diäthylcarbonat (Äthylcarbonat)	3, 31 c)	30	2366	3
Diäthyldichlorsilan	8, 37 b)	X83	1767	8+3
Diäthylendiamin (Piperazin)	8, 52 c)	80	2579	8
1,4-Diäthylendioxid: siehe Dioxan				
Diäthylentriamin	8, 53 b)	80	2079	8
Diäthylketon	3, 3 b)	33	1156	3
Diäthylschwefel: siehe Diäthylsulfid				
Diäthylsulfat	6.1, 14 b)	60	1594	6.1
Diäthylsulfid (Diäthylschwefel)	3, 18 b)	336	2375	3+6.1
Diäthylthiophosphorylchlorid	8, 36 b)	80	2751	8
Diallyläther	3, 17 b)	336	2360	3+6.1
Diallylamin	3, 22 b)	338	2359	3+8
Diaminodiphenylmethan, in geschmolzenem Zustand ...	6.1, 12 c)	60	2651	6.1 A
n-Diamylamin	6.1, 12 c)	60	2841	6.1 A
Dibenzyldichlorsilan	8, 37 b)	X80	2434	8
1,2-Dibromäthan (Äthylendibromid)	6.1, 15 b)	60	1605	6.1
Dibrombenzole	3, 32 c)	30	2711	–
1,2-Dibrombutanon-3	6.1, 16 b)	60	2648	6.1
1,2-Dibrom-3-chlorpropan	6.1, 15 c)	60	2872	6.1 A
Dibrommethan: siehe Methylenbromid				
Dibutyläthanolamin	6.1, 12 c)	60	2873	6.1 A
n-Dibutyläther (n-Butyläther)	3, 31 c)	30	1149	3
n-Dibutylamin	8, 53 b)	83	2248	8+3
symm. Dichloraceton	6.1, 16 b)	63	2649	6.1+3
Dichloracetylchlorid	8, 36 b)	X80	1765	8
1,1-Dichloräthan (Äthylidenchlorid)	3, 3 b)	33	2362	3
1,2-Dichloräthan (Äthylendichlorid)	3, 16 b)	336	1184	3+6.1
2,2'-Dichloräthyläther	6.1, 16 b)	63	1916	6.1+3
1,1-Dichloräthylen: siehe Vinylidenchlorid				
1,2-Dichloräthylen	3,3 b)	33	1150	3
Dichloraniline	6.1, 12 b)	60	1590	6.1
1,2-Dichlorbenzol	6.1, 15 c)	60	1591	6.1 A
Dichlordifluormethan (R 12)	2, 3 a)	20	1028	–
Dichlordifluormethan mit 12 Masse-% Äthylenoxid	2, 4 ct)	236	1028	++

250 000
(Forts.)

Anlage B
Anhang B.5

465

Anhang B. 5

250 000 (Forts.) Bezeichnung des Stoffes (a)	Klasse und Ziffer der Stoff-aufzählung (b)	Nummer zur Kenn-zeichnung der Gefahr (obere Hälfte) (c)	Nummer zur Kenn-zeichnung des Stoffes (untere Hälfte) (d)	Gefahrzettel (e)
Dichlordiphenylsilan (Diphenyldichlorsilan)	8, 37 b)	X80	1769	8
Dichloressigsäure	8, 32 b)	80	1764	8
Dichloressigsäuremethylester: siehe Methyldichloracetat				
Dichlorfluormethan (R 21)	2, 3 a)	20	1029	–
alpha-Dichlorhydrin (1,3-Dichlorpropanol-2)	6.1, 16 b)	60	2750	6.1
Dichlorisopropyläther	6.1, 16 b)	60	2490	6.1
Dichlormethan: siehe Methylenchlorid				
1,1-Dichlor-1-nitroäthan	6.1, 16 b)	60	2650	6.1
Dichlorpentane	3, 31 c)	30	1152	3
Dichlorphenole	6.1, 17 c)	60	2021	6.1 A
3,4-Dichlorphenylisocyanat	6.1, 19 b)	60	2250	6.1
Dichlorphenyltrichlorsilan	8, 37 b)	X80	1766	8
1,3-Dichlorpropanol-2: siehe alpha-Dichlorhydrin				
1,3-Dichlorpropen	3, 31 c)	30	2047	3
1,2-Dichlor-1,1,2,2-tetrafluoräthan (R 114)	2, 3 a)	20	1958	–
Dicyclohexylamin	8, 53 c)	80	2565	8
Dicyclopentadien	3, 31 c)	30	2048	3
Dieselöle: siehe Kohlenwasserstoffe, flüssig				
1,1-Difluoräthan (R 152 a)	2, 3 b)	23	1030	++
1,1-Difluoräthylen (Vinylidenfluorid)	2, 5 c)	239	1959	3
Difluorphosphorsäure, wasserfrei	8, 10 b)	80	1768	8
2,3-Dihydropyran	3, 3 b)	33	2376	3
Diisobutylamin	3, 31 c)	30	2361	3
Diisobutylene	3, 3 b)	33	2050	3
Diisobutylketon	3, 31 c)	30	1157	3
Diisooctylphosphat	8, 38 c)	80	1902	8
N,N-Diisopropyläthanolamin	8, 53 c)	80	2825	8
Diisopropyläther	3, 3 b)	33	1159	3
Diisopropylamin	3, 22 b)	338	1158	3+8
Diisopropylbenzolhydroperoxid (Isopropylcumylhydroper-oxid) mit 45 % eines Gemisches aus Alkoholen und Ketonen	5.2, 18	539	2171	5
Diketen	3, 31 c)	39	2521	3
1,1-Dimethoxyäthan	3, 3 b)	33	2377	3
1,2-Dimethoxyäthan	3, 3 b)	33	2252	3
Dimethoxymethan (Methylal)	3, 2 b)	33	1234	3
Dimethylacetylen: siehe Butin-2				
Dimethyläthanolamin (Dimethylaminoäthanol)	3, 31 c)	30	2051	3
Dimethyläther	2, 3 b)	23	1033	3
Dimethylamin, wasserfrei	2, 3 bt)	236	1032	3+6.1
Dimethylamin, wässerige Lösungen von				
– mit einem Siedepunkt von höchstens 35 °C	3, 22 a)	338	1160	3+8
– mit einem Siedepunkt über 35 °C	3, 22 b)	338	1160	3+8
Dimethylaminoacetonitril	6.1, 11 b)	63	2378	6.1+3
Dimethylaminoäthanol: siehe Dimethyläthanolamin				
Dimethylaminoäthylmethacrylat	6.1, 11 b)	69	2522	6.1
N,N-Dimethylanilin	6.1, 11 b)	60	2253	6.1
Dimethylbenzole: siehe Xylole				
1,3-Dimethylbutylamin	3, 3 b)	33	2379	3
N,N-Dimethylcarbamoylchlorid	8, 36 b)	80	2262	8
Dimethylcarbonat	3, 3 b)	33	1161	3
Dimethylcyclohexane	3, 3 b)	33	2263	3
N,N-Dimethylcyclohexylamin	8, 53 b)	83	2264	8+3
Dimethyldiäthoxysilan	3, 3 b)	33	2380	3
Dimethyldichlorsilan	3, 21 a)	X338	1162	3+8
Dimethyldioxane				
– mit einem Flammpunkt unter 21 °C	3, 3 b)	33	2707	3
– mit einem Flammpunkt von 21 °C bis 55 °C (die Grenz-werte inbegriffen)	3, 31 c)	30	2707	3
– mit einem Flammpunkt über 55 °C	3, 32 c)	30	2707	–
Dimethyldisulfid	3, 3 b)	33	2381	3
N,N-Dimethylformamid	3, 32 c)	30	2265	–
1,1-Dimethylhydrazin	3, 23 a)	338	1163	3+8
1,2-Dimethylhydrazin	3, 15 a)	336	2382	3+6.1
Dimethylpropylamin	3, 22 b)	338	2266	3+8
Dimethylsulfat	6.1, 13 a)	66	1595	6.1
Dimethylsulfid	3, 2 b)	33	1164	3

Anhang B. 5

Bezeichnung des Stoffes	Klasse und Ziffer der Stoff- aufzählung	Nummer zur Kenn- zeichnung der Gefahr (obere Hälfte)	Nummer zur Kenn- zeichnung des Stoffes (untere Hälfte)	Gefahrzettel
(a)	(b)	(c)	(d)	(e)
Dimethylthiophosphorylchlorid	8, 36 c)	80	2267	8
Dinitroaniline	6.1, 12 b)	60	1596	6.1
Dinitrobenzole	6.1, 12 b)	60	1597	6.1
Dinitro-ortho-kresol (DNOC)	6.1, 75 b)	60	1598	6.1
Dinitrotoluole, fest	6.1, 12 b)	60	2038	6.1
Dinitrotoluole, geschmolzen	6.1, 12 b)	60	1600	6.1
Dioxan (1,4-Diäthylendioxid)	3, 3 b)	33	1165	3
Dioxolan	3, 3 b)	33	1166	3
Dipenten	3, 31 c)	30	2052	3
Diphenyldichlorsilan: siehe Dichlordiphenylsilan				
Diphenylmethan-4,4 -diisocyanat	6.1, 19 c)	60	2489	6.1 A
Diphenylmethylbromid	8, 65 b)	80	1770	8
Dipropyläther	3, 3 b)	33	2384	3
Dipropylamin	3, 22 b)	338	2383	3+8
Dipropylentriamin: siehe bis-Aminopropylamin				
Dipropylketon	3, 31 c)	30	2710	3
Distickstoffoxid (N2O)	2, 5 a)	25	1070	5
Distickstoffoxid (N2O), tiefgekühlt	2, 7 a)	225	2201	5
Ditertiäres Butylperoxid	5.2, 1	539	2102	5
DNOC: siehe Dinitro-ortho-kresol				
Dodecyltrichlorsilan	8, 37 b)	X80	1771	8
Druckfarben				
– mit einem Flammpunkt unter 21 °C	3, 5	33	1210	3
– mit einem Flammpunkt von 21°C bis 55 °C (die Grenz- werte inbegriffen)	3, 31 c) *)	30	1210	3
– mit einem Flammpunkt über 55 °C	3, 32 c) *)	30	1210	–
Eisenpentacarbonyl	6.1, 3	663	1994	6.1+3
Eisentrichlorid, wasserfrei (FeCl3)	8, 22 c)	80	1773	8
Eisentrichlorid, wässerige Lösungen von	8, 5 c)	80	2582	8
Eisessig: siehe Essigsäure				
Epibromhydrin	6.1, 16 a)	66	2558	6.1
Epichlorhydrin	6.1, 16 b)	63	2023	6.1+3
1,2-Epoxy-3-äthoxy-propan	3, 31 c)	30	2752	3
Erdgas (Naturgas), tiefgekühlt, verflüssigt	2, 8 b)	223	1972	3
Erdgaskondensationsprodukte: siehe Kohlenwasserstoffe, flüssige				
Essigsäure (Eisessig) und ihre wässerigen Lösungen mit mehr als 80 % reiner Säure	8, 32 b)	83	2789	8+3
Essigsäure mit 50 bis 80 % reiner Säure	8, 32 c)	80	2790	8
Essigsäureamylester: siehe Amylacetate				
Essigsäureanhydrid	8, 32 b)	83	1715	8+3
Essigsäure-n-butylester: siehe n-Butylacetat				
Farbstoffe:				
– mit einem Flammpunkt unter 21 °C	3, 5	33	1263	3
– mit einem Flammpunkt von 21 °C bis 55 °C (die Grenz- werte inbegriffen)	3, 31 c) *)	30	1263	3
– mit einem Flammpunkt über 55 °C	3, 32 c) *)	30	1263	–
Fluoraniline	6.1, 11 c)	60	2941	6.1A
Fluorbenzol	3, 3 b)	33	2387	3
Fluorborsäure, wässerige Lösungen von, mit höchstens 78 % reiner Säure (HBF4)	8, 8 b)	80	1775	8
Fluorphosphorsäure, wasserfrei	8, 10 b)	80	1776	8
Fluorsulfonsäure	8, 10 a)	88	1777	8
Fluortoluole	3, 3 b)	33	2388	3
Fluorwasserstoff, wasserfrei	8, 6	886	1052	8+6.1
Flußsäure, wässerige Lösungen von, mit mehr als 85 % Fluorwasserstoff	8, 6	886	1790	8+6.1
Flußsäure, wässerige Lösungen von, mit mehr als 60 % aber höchstens 85 % Fluorwasserstoff	8, 7 a)	886	1790	8+6.1
Flußsäure, wässerige Lösungen von, mit höchstens 60 % Fluorwasserstoff	8, 7 b)	886	1790	8+6.1
Formaldehyd, wässerige Lösungen von, (z. B. Formalin) mit mindestens 5 % Formaldehyd, auch mit höchstens 35 % Methanol				
– mit einem Flammpunkt von 21 °C bis 55 °C (die Grenz- werte inbegriffen)	8, 63 c)	83	1198	8+3

*) Siehe jedoch die Bemerkung unter Abschnitt D der Rn. 2301

Anlage B
Anhang B.5

467

Anhang B. 5

250 000
(Forts.)

Bezeichnung des Stoffes (a)	Klasse und Ziffer der Stoffaufzählung (b)	Nummer zur Kennzeichnung der Gefahr (obere Hälfte) (c)	Nummer zur Kennzeichnung des Stoffes (untere Hälfte) (d)	Gefahrzettel (e)
– mit einem Flammpunkt über 55 °C	8, 63 c)	80	2209	8
Fumarylchlorid	8, 36 b)	80	1780	8
Furan	3, 1 a)	33	2389	3
Furfural (Furfuraldehyd)	3, 32 c)	30	1199	–
Furfurylalkohol	6.1, 13 c)	60	2874	6.1 A
Furfurylamin	8, 53 c)	83	2526	8+3
Galliumalkyle, die in Berührung mit Wasser entzündliche Gase entwickeln	4.3, 2 e)	X323	2813	4.3
Galliumalkyle, selbstentzündlich	4.2, 3	X333	2003	4.2 + 4.3
Gasöl für Heizzwecke und Dieselmotoren: siehe Kohlenwasserstoffe, flüssige				
Gemisch R 500	2, 4 a)	20	2602	–
Gemisch R 502	2, 4 a)	20	1973	–
Gemisch R 503	2, 6 a)	20	2599	–
Gemische F 1, F 2 und F 3	2, 4 a)	20	1078	–
Gemische von Ätznatron und Ätzkalk: siehe Natronkalk				
Gemische von Butadien-1,3 und Kohlenwasserstoffen ..	2, 4 c)	239	1010	++
Gemische von Kohlenwasserstoffen (verflüssigte Gase) (Gemische A, A 0, A 1, B und C)	2, 4 b)	23	1965	3
Gemische von Methylacetylen und Propadien mit Kohlenwasserstoffen (Gemische P 1 und P 2)	2, 4 c)	239	1060	3
Gemische von Methylbromid und Chlorpikrin (verflüssigtes Gas)	2, 4 at)	26	1581	++
Gemische von Methylchlorid und Chlorpikrin (verflüssigtes Gas)	2, 4 bt)	236	1582	++
Gemische von Methylchlorid und Methylenchlorid (verflüssigtes Gas)	2, 4 bt)	236	1912	++
Glycerol-alpha-monochlorhydrin (3-Chlorpropandiol-1,2)	6.1, 17 c)	60	2689	6.1 A
Glycidylaldehyd	6.1, 13 b)	63	2622	6.1+3
Glykolmonoäthyläther: siehe Äthylglykol				
Harze, gelöst in entzündbaren flüssigen Stoffen				
– mit einem Flammpunkt unter 21 °C	3, 5	33	1866	3
– mit einem Flammpunkt von 21 °C bis 55 °C (die Grenzwerte inbegriffen)	3, 31 c) *)	30	1866	3
– mit einem Flammpunkt über 55 °C	3, 32 c) *)	30	1866	–
Heizöle: siehe Kohlenwasserstoffe, flüssige				
Helium, tiefgekühlt, verflüssigt	2, 7 a)	22	1963	–
Heptane	3, 3 b)	33	1206	3
Heptene	3, 3 b)	33	2278	3
Hexachloraceton	6.1, 17 c)	60	2661	6.1 A
Hexachlorbenzol	6.1, 17 c)	60	2729	6.1 A
Hexachlorbutadien	6.1, 17 c)	60	2279	6.1 A
Hexachlorcyclopentadien	6.1, 17 a)	66	2646	6.1
Hexadecyltrichlorsilan	8, 37 b)	X80	1781	8
Hexadiene	3, 3 b)	33	2458	3
Hexafluoracetonhydrat	6.1, 17 b)	60	2552	6.1
Hexafluoräthan (R 116)	2, 5 a)	20	2193	–
Hexafluorphosphorsäure	8, 10 b)	80	1782	8
Hexafluorpropylen (R 1216)	2, 3 at)	26	1858	++
Hexaldehyd	3, 31 b)	30	1207	3
Hexamethylendiamin	8, 52 c)	80	2280	8
Hexamethylendiamin, Lösungen von	8, 53 c)	80	1783	8
Hexamethylendiisocyanat	6.1, 19 b)	60	2281	6.1
Hexamethylenimin	3, 22 b)	338	2493	3+8
Hexane	3, 3 b)	33	1208	3
Hexansäure: siehe Capronsäure				
Hexen-1	3, 3 b)	33	2370	3
Hexyltrichlorsilan	8, 37 b)	X80	1784	8
Hydrazin, wässerige Lösungen von, mit höchstens 64 % Hydrazin	8, 44 b)	86	2030	8+6.1
Hydrochinon	6.1, 14 c)	60	2662	6.1 A
Hydrogensulfide, wässerige Lösungen von, soweit in diesem Anhang nicht namentlich genannt	8, 45 c)	80	1719	8
beta-Hydroxybutyraldehyd: siehe Aldol				

*) Siehe jedoch die Bemerkung unter Abschnitt B der Rn 2301.

Anhang B. 5

Bezeichnung des Stoffes	Klasse und Ziffer der Stoff-aufzählung	Nummer zur Kenn-zeichnung der Gefahr (obere Hälfte)	Nummer zur Kenn-zeichnung des Stoffes (untere Hälfte)	Gefahrzettel
(a)	(b)	(c)	(d)	(e)
Hydroxylaminsulfat	8, 27 c)	80	2865	8
Hypochloritlösungen (Chlorbleichlaugen) mit 16 % oder mehr aktivem Chlor	8, 61 b)	85	1791	8
Hypochloritlösungen (Chlorbleichlaugen) mit mehr als 5 % aber weniger als 16 % aktivem Chlor	8, 61 c)	85	1791	8
3,3´-Imino-bis-propylamin: siehe bis-Aminopropylamin				
Isoamylformiat	3, 31 c)	30	1109	3
Isobutan	2, 3 b)	23	1969	3
Isobutanol: siehe Isobutylalkohol				
Isobuten	2, 3 b)	23	1055	3
Isobuttersäure	8, 32 c)	80	2529	8
Isobuttersäureanhydrid	8, 32 c)	80	2530	8
Isobuttersäurenitril: siehe Isobutyronitril				
Isobutylacetat	3, 3 b)	33	1213	3
Isobutylacrylat	3, 31 c)	39	2527	3
Isobutylalkohol (Isobutanol)	3, 31 c)	30	1212	3
Isobutylamin	3, 22 b)	338	1214	3+8
Isobutylentrimer: siehe Triisobutylen				
Isobutylformiat	3, 3 b)	33	2393	3
Isobutylisobutyrat	3, 31 c)	30	2528	3
Isobutylisocyanat	3, 14 b)	336	2486	3+6.1
Isobutylmethacrylat	3, 31 c)	39	2283	3
Isobutylpropionat	3, 31 c)	30	2394	3
Isobutylvinyläther	3, 3 b)	339	1304	3
Isobutyraldehyd	3, 3 b)	33	2045	3
Isobutyronitril (Isobuttersäurenitril)	3, 11 b)	336	2284	3+6.1
Isobutyrylchlorid	3, 25 b)	338	2395	3+8
Isocyanate, Lösungen von, mit einem Flammpunkt unter 21 ℃	3, 14 b)	336	2478	3+6.1
Isocyanatbenzotrifluoride	6.1, 18 b)	60	2285	6.1
3-Isocyanatmethyl-3,5,5-trimethylcyclohexylisocyanat: siehe Isophorondiisocyanat				
Isododecan (Pentamethylheptan)	3, 31 c)	30	2286	3
Isopentan	3, 1 a)	33	1265	3
Isophorondiamin	8, 53 c)	80	2289	8
Isophorondiisocyanat (3-Isocyanatomethyl-3,5,5-trimethyl-cyclohexylisocyanat)	6.1, 19 c)	60	2290	6.1 A
Isopren	3, 2 a)	339	1218	3
Isopropenylacetat	3, 3 b)	33	2403	3
Isopropylacetat	3, 3 b)	33	1220	3
Isopropyläthylen: siehe 3-Methylbuten-1				
Isopropylalkohol: siehe Propanol-2				
Isopropylamin (2-Aminopropan)	3, 22 a)	338	1221	3+8
Isopropylbenzol: siehe Cumol				
Isopropylbutyrat	3, 3 b)	33	2405	3
Isopropylchlorid: siehe 2-Chlorpropan				
Isopropylcumylhydroperoxid: siehe Di-isopropylbenzol-hydroperoxid				
Isopropylisobutyrat	3, 3 b)	33	2406	3
Isopropylisocyanat	3, 14 a)	336	2483	3+6.1
Isopropylnitrat	3, 3 b)	33	1222	3
Isopropylpropionat	3, 3 b)	33	2409	3
Jodwasserstofflösungen	8, 5 b)	80	1787	8
Kalilaugen: siehe Kaliumhydroxid, Lösungen von				
Kalium	4 3, 1 a)	X423	2257	4.3
Kaliumarsenat	6 1, 51 b)	60	1677	6.1
Kaliumarsenit	6.1, 51 b)	60	1678	6.1
Kaliumbifluorid	8, 26 b)	80	1811	8+6.1
Kaliumbisulfat mit 3 % und mehr freier Schwefelsäure	8, 23 b)	80	2509	8
Kaliumchlorat, Lösungen von	5.1, 4 a)	50	2427	5
Kaliumfluorid	6.1, 65 c)	60	1812	6.1 A
Kaliumhydroxid (Ätzkali)	8, 41 b)	80	1813	8

250 000
(Forts.)

Anhang B. 5

250 000
(Forts.)

Bezeichnung des Stoffes	Klasse und Ziffer der Stoff-aufzählung	Nummer zur Kenn-zeichnung der Gefahr (obere Hälfte)	Nummer zur Kenn-zeichnung des Stoffes (untere Hälfte)	Gefahrzettel
(a)	(b)	(c)	(d)	(e)
Kaliumhydroxid, Lösungen von (Kalilaugen)	8, 42 b)	80	1814	8
Kaliumoxid	8, 41 b)	80	2033	8
Kaliumsulfid mit mindestens 30 % Kristallwasser	8, 45 b)	80	1847	8
Kaliumsulfid, wässerige Lösungen von	8, 45 c)	80	1847	8
Kerosin: siehe Kohlenwasserstoffe, flüssige				
Kieselfluorwasserstoffsäure: siehe Silicofluorwasserstoff-säure				
Kohlendioxid	2, 5 a)	20	1013	–
Kohlendioxid, tiefgekühlt, verflüssigt	2, 7 a)	22	2187	–
Kohlendioxid mit höchstens 6 Masse-% Äthylenoxid	2, 6 c)	239	1952	++
Kohlendioxid mit mehr als 6 bis höchstens 35 Masse-% Äthylenoxid	2, 6 c)	239	1041	++
Kohlendioxid mit mehr als 1 und nicht mehr als 10 Masse-% Sauerstoff	2, 6 a)	20	1014	–
Kohlenwasserstoffe, flüssige, rein oder als Mischung, soweit nicht namentlich genannt				
– mit einem Flammpunkt unter 21 °C	3, 1 bis 3	33	1203	3
– mit einem Flammpunkt von 21 °C bis 55 °C (die Grenz-werte inbegriffen)	3, 31 c)	30	1223	3
– mit einem Flammpunkt über 55 °C	3, 32 c)	30	1202	–
Kollodium, Semikollodium und andere Nitrozellulose-lösungen, Lösungen von				
– mit einem Flammpunkt unter 21 °C und einem Siede-punkt von höchstens 35 °C	3, 4 a)	33	2059	3
– mit einem Flammpunkt unter 21 °C und einem Siede-punkt über 35 °C	3, 4 b)	33	2059	3
– mit einem Flammpunkt von 21 °C bis 55 °C (die Grenz-werte inbegriffen)	3, 33 c)	30	2060	3
– mit einem Flammpunkt über 55 °C	3, 34 c)	30	2060	–
Kresole	6.1, 14 b)	60	2076	6.1
Kresylsäure	6.1, 14 b)	60	2022	6.1
Krypton, tiefgekühlt, verflüssigt	2, 7 a)	22	1970	–
Kupferäthylendiamin, Lösungen von	8, 53 b)	86	1761	8
Lacke und Lackfarben				
– mit einem Flammpunkt unter 21 °C	3, 5	33	1263	3
– mit einem Flammpunkt von 21 °C bis 55 °C (die Grenz-werte inbegriffen)	3, 31 c) *)	30	1263	3
– mit einem Flammpunkt über 55 °C	3, 32 c) *)	30	1263	–
Legierungen von Natrium und Kalium	4.3, 1 a)	X423	1422	4.3
Lithiumalkyle, die in Berührung mit Wasser entzündliche Gase entwickeln	4.3, 2 e)	X323	2813	4.3
Lithiumalkyle, selbstentzündlich	4.2, 3	X333	2445	4.2 + 4.3
Lithiumhydroxid	8, 41 b)	80	2680	8
LPG: siehe Gemische von Kohlenwasserstoffen (verflüs-sigtes Gas) (Gemische A, A0, A1, B und C).				
Luft, tiefgekühlt, verflüssigt	2, 8 a)	225	1003	5
Magnesiumalkyle, die in Berührung mit Wasser entzünd-liche Gase entwickeln	4.3, 2 e)	X323	2813	4.3
Magnesiumalkyle, selbstentzündlich	4.2, 3	X333	3053	4.2 + 4.3
Magnesiumarsenat	6.1, 51 b)	60	1622	6.1
Maleinsäureanhydrid	8, 31 c)	80	2215	8
Malonsäuredinitril	6.1, 12 b)	60	2647	6.1
p-Menthanhydroperoxid mit einem Peroxidgehalt von höchstens 95 %	5.2, 14	539	2125	5
Merkaptoäthanol (Thioglykol)	6.1, 20 b)	60	2966	6.1
Mesitylen (1,3,5-Trimethylbenzol)	3, 31 c)	30	2325	3
Mesityloxid	3, 31 c)	30	1229	3
Methacrylaldehyd	3, 17 b)	336	2396	3+6.1
Methacrylsäure	8, 32 c)	89	2531	8
Methallylalkohol	3, 31 c)	30	2614	3
Methan, tiefgekühlt, verflüssigt	2, 7 b)	223	1972	3
Methanol: siehe Methylalkohol				
Methoxyäthanol	3, 31 c)	30	1188	3

*) Siehe jedoch die Bemerkung unter Abschnitt D der Rn. 2301.

Anhang B. 5

Bezeichnung des Stoffes	Klasse und Ziffer der Stoff- aufzählung	Nummer zur Kenn- zeichnung der Gefahr (obere Hälfte)	Nummer zur Kenn- zeichnung des Stoffes (untere Hälfte)	Gefahrzettel
(a)	(b)	(c)	(d)	(e)
Methoxybutylacetat: siehe Butoxyl				
Methoxymethylisocyanat	3, 14 a)	336	2605	3+6.1
4-Methoxy-4-methylpentan-2-on	3, 31 c)	30	2293	3
Methylacetat	3, 3 b)	33	1231	3
Methylacrylat	3, 3 b)	339	1919	3
Methyläthylketon (Butanon)	3, 3 b)	33	1193	3
2-Methyl-5-äthylpyridin	6.1, 11 c)	60	2300	6.1 A
Methylal: siehe Dimethoxymethan				
Methylalkohol (Methanol)	3, 17 b)	336	1230	3+6.1
Methylallylchlorid	3, 3 b)	33	2554	3
Methylamin, wasserfrei	2, 3 bt)	236	1061	++
Methylamin, wässerige Lösungen von				
– mit einem Siedepunkt von höchstens 35 °C	3, 22 a)	338	1235	3+8
– mit einem Siedepunkt über 35 °C	3, 22 b)	338	1235	3+8
Methylamylacetat	3, 31 c)	30	1233	3
Methylamylalkohol (Methylisobutylcarbinol)	3, 31 c)	30	2053	3
N-Methylanilin	6.1, 11 c)	60	2294	6.1 A
Methylbromacetat	6.1, 16 b)	63	2643	6.1+3
Methylbromid	2, 3 at)	26	1062	6.1
3-Methylbutan-2-on	3, 3 b)	33	2397	3
2-Methylbuten-1	3, 1 a)	33	2459	3
3-Methylbuten-1 (Isopropyläthylen)	3, 1 a)	33	2561	3
2-Methylbuten-2	3, 2 b)	33	2460	3
Methyl-tert-butyläther	3, 3 b)	33	2398	3
Methylbutyrat	3, 3 b)	33	1237	3
Methylchloracetat	6.1, 16 b)	63	2295	6.1+3
Methylchlorformiat	3, 16 a)	336	1238	3+6.1
Methylchlorid	2, 3 bt)	236	1063	3+6.1
Methylchlormethyläther (Chlormethoxymethan)	3, 16 b)	336	1239	3+6.1
Methylcyanid: siehe Acetonitril				
Methylcyclohexan	3, 3 b)	33	2296	3
Methylcyclohexanon	3, 31 c)	30	2297	3
Methylcyclopentan	3, 3 b)	33	2298	3
Methyldichloracetat	6.1, 16 c)	60	2299	6.1 A
Methyldichlorsilan	4.3, 4 b)	X338	1242	4.3+3+8
Methylenbromid (Dibrommethan)	6.1, 15 c)	60	2664	6.1 A
Methylenchlorid (Dichlormethan)	6.1, 15 c)	60	1593	6.1 A
Methylformiat	3, 1 a)	33	1243	3
Methylfuran	3, 3 b)	33	2301	3
Methylglykolacetat (Äthylenglykolmonomethylätherace- tat)	3, 31 c)	30	1189	3
5-Methylhexan-2-on	3, 31 c)	30	2302	3
Methylhydrazin	3, 23 a)	338	1244	3+8
Methylisobutylcarbinol: siehe Methylamylalkohol				
Methylisobutylketon	3, 3 b)	33	1245	3
Methylisopropylbenzole: siehe Cymole				
Methylisothiocyanat	6.1, 20 c)	63	2477	6.1 A+3
Methylisovalerat	3, 3 b)	33	2400	3
Methyljodid	6.1, 15 b)	60	2644	6.1
Methylmerkaptan	2, 3 bt)	236	1064	3+6.1
Methylmethacrylat	3, 3 b)	339	1247	3
Methylmorpholine				
– mit einem Flammpunkt unter 21 °C	3, 22 b)	338	2535	3+8
– mit einem Flammpunkt von 21 °C oder mehr	8, 53 b	83	2535	8+3
Methylpentadiene	3, 3 b)	33	2461	3
3-Methyl-2-penten-4-in-1-ol: siehe 1-Pentol				
Methylphenyldichlorsilan	8, 37 b)	X83	2437	8+3
1-Methylpiperidin	3, 3 b)	33	2399	3
Methylpropionat	3, 3 b)	33	1248	3
Methylpropyläther	3, 2 b)	33	2612	3
Methylpropylketon	3, 3 b)	33	1249	3
Methylpyridine: siehe Picoline				
alpha-Methylstyrol	3, 31 c)	30	2303	3
Methyltetrahydrofuran	3, 3 b)	33	2536	3
Methyltrichloracetat	6.1, 16 c)	60	2533	6.1 A
Methyltrichlorsilan	3, 21 a)	X338	1250	3+8

Anlage B
Anhang B.5

471

Anhang B. 5

250 000
(Forts.)

Bezeichnung des Stoffes	Klasse und Ziffer der Stoff- aufzählung	Nummer zur Kenn- zeichnung der Gefahr (obere Hälfte)	Nummer zur Kenn- zeichnung des Stoffes (untere Hälfte)	Gefahrzettel
(a)	(b)	(c)	(d)	(e)
2-Methylvaleraldehyd	3, 3 b)	33	2367	3
Methylvinylketon	3, 3 b)	339	1251	3
Milchsäureäthylester: siehe Äthylacetat				
Mischungen von Schwefelsäure mit mehr als 30 % reiner Salpetersäure	8, 3 a)	885	1796	8
Mischungen von Schwefelsäure mit höchstens 30 % reiner Salpetersäure	8, 3 b)	88	1796	8
Molybdänpentachlorid (MoCl$_5$)	8, 22 c)	80	2508	8
Monochloracetonitril	6.1, 11 b)	60	2668	6.1
Monochloraniline, fest	6.1, 12 b)	60	2018	6.1
Monochloraniline, flüssig............................	6.1, 12 b)	60	2019	6.1
Monochloressigsäure, fest: siehe Chloressigsäure				
Monochloressigsäure, in geschmolzenem Zustand: siehe Chloressigsäure, in geschmolzenem Zustand				
Monochloressigsäure, Lösungen von: siehe Chloressig- säure, Lösungen von				
Mononitroaniline	6.1, 12 b)	60	1661	6.1
Mononitrobenzol	6.1, 12 b)	60	1662	6.1
Mononitrotoluole	6.1, 12 b)	60	1664	6.1
Morpholin	3, 31 c)	30	2054	3
Naphthalin in geschmolzenem Zustand	4.1, 11 c)	44	2304	4.1
beta-Naphthylamin	6.1, 12 b)	60	1650	6.1
Natrium..................................	4.3, 1 a)	X423	1428	4.3
Natriumaluminat, Lösungen von	8, 42 b)	80	1819	8
Natriumarsenat	6.1, 51 b)	60	1685	6.1
Natriumarsenit, fest	6.1, 51 b)	60	2027	6.1
Natriumarsenit, wässerige Lösungen von				
– giftig	6.1, 51 b)	60	1686	6.1
– gesundheitsschädlich	6.1, 51 c)	60	1686	6.1 A
Natriumbifluorid	8, 26 b)	80	2439	8+6.1
Natriumbisulfat mit 3 % und mehr freier Schwefelsäure .	8, 23 b)	80	1821	8
Natriumbisulfat, wässerige Lösungen von	8, 1 b)	80	2837	8
Natriumchlorat, fest	5.1, 4 a)	50	1495	5
Natriumchlorat, Lösungen von	5.1, 4 a)	50	2428	5
Natriumchlorit, Lösungen von	5.1, 4 c)	50	1908	5
Natriumfluorid	6.1, 65 c)	60	1690	6.1 A
Natriumhydrogensulfud, wässerige Lösung von	8, 45 c)	80	2949	8
Natriumhydrogensulfid mit mindestens 25 % Kristall- wasser	8, 45 b)	80	2949	8
Natriumhydroxid (Ätznatron)	8, 41 b)	80	1823	8
Natriumhydroxid, Lösungen von (Natronlaugen)	8, 42 b)	80	1824	8
Natriummethylat, alkoholische Lösungen von	3, 24 b)	338	1289	3+8
Natriumoxid	8, 41 b)	80	1825	8
Natriumpentachlorphenolat	6.1, 17 b)	60	2567	6.1
Natriumsulfid mit mindestens 30 % Kristallwasser	8, 45 b)	80	1849	8
Natriumsulfid, wässerige Lösungen von	8, 45 c)	80	1849	8
Natronkalk (Gemische von Ätznatron und Ätzkalk)	8, 41 c)	80	1907	8
Natronlaugen: siehe Natriumhydroxid, Lösungen von				
Naturgas: siehe Erdgas				
Neon, tiefgekühlt, verflüssigt	2, 7 a)	22	1913	–
Nickeltetracarbonyl	6.1, 3	663	1259	6.1+3
Nikotinsulfat	6.1, 77 b)	60	1658	6.1
Nitroäthan	3, 31 c)	30	2842	3
Nitroanisole..	6.1, 12 c)	60	2730	6.1 A
Nitrobenzolsulfonsäure	8, 34 b)	80	2305	8
Nitrobenzotrifluoride	6.1, 12 b)	60	2306	6.1
Nitrobrombenzole	6.1, 12 c)	60	2732	6.1 A
3-Nitro-4-chlorbenzotrifluorid	6.1, 12 b)	60	2307	6.1
Nitrokresole	6.1, 12 c)	60	2446	6.1 A
Nitrophenole	6.1, 12 c)	60	1663	6.1 A
Nitropropane	3, 31 c)	30	2608	3
Nitrosylschwefelsäure	8, 1 b)	88	2308	8
Nitroxylole	6.1, 12 b)	60	1665	6.1
Nitrozelluloselösungen: siehe Kollodiumlösungen				
Nonan	3, 31 c)	30	1920	3
Nonyltrichlorsilan...................................	8, 37 b)	X80	1799	8

Anhang B. 5

Bezeichnung des Stoffes	Klasse und Ziffer der Stoff-aufzählung	Nummer zur Kenn-zeichnung der Gefahr (obere Hälfte)	Nummer zur Kenn-zeichnung des Stoffes (untere Hälfte)	Gefahrzettel
(a)	(b)	(c)	(d)	(e)
Octadecyltrichlorsilan	8, 37 b)	X80	1800	8
Octadiene				
– mit einem Flammpunkt unter 21 °C	3, 3 b)	33	2309	3
– mit einem Flammpunkt von 21 °C bis 55 °C (die Grenz-werte inbegriffen)	3, 31 c)	30	2309	3
Octafluorcyclobutan (RC 318)	2, 3 a)	20	1976	–
Octane	3, 3 b)	33	1262	3
tert-Octylmercaptan	6.1, 20 b)	63	3023	6.1 + 3
Octyltrichlorsilan	8, 37 b)	X83	1801	8+3
Oleum (rauchende Schwefelsäure)	8, 1 a)	X886	1831	8+6.1
Oxalate, wasserlöslich	6.1, 67 c)	60	2449	6.1 A
Paraldehyd	3, 31 c)	30	1264	3
Pentachloräthan	6.1, 15 b)	60	1669	6.1
Pentamethylheptan: siehe Isododecan				
n-Pentan	3, 2 b)	33	1265	3
2,4-Pentandion (Acetylaceton)	3, 31 c)	30	2310	3
Penten-1 (Propyläthylen)	3, 1 a)	33	1108	3
1-Pentol (3-Methyl-2-penten-4-in-1-ol)	8, 66 b)	80	2705	8
Perchloräthylen: siehe Tetrachloräthylen				
Perchlormethylmerkaptan	6.1, 16 a)	66	1670	6.1
Perchlorsäure, wässerige Lösungen von, mit höchstens 50 % reiner Säure (HClO₄)	8, 4 b)	85	1802	8
Perchlorsäure, wässerige Lösungen von, mit mehr als 50 % aber höchstens 72,5 % reiner Säure (HClO₄)	5.1, 3	558	1873	5
Pestizide, organische Phosphorverbindungen				
– fest	6.1,			
	71 b)	60	2783	6.1
	71 c)	60	2783	6.1 A
– flüssig, mit einem Flammpunkt unter 21 °C	3, 19	336	2784	3+6.1
	6	33	2784	3+6.1 A
– flüssig, mit einem Flammpunkt von 21 °C bis 55 °C .	6.1, 71 a)	663	3017	6.1+3
	71 b)	63	3017	6.1+3
	71 c)	63	3017	6.1 A+3
– flüssig, nicht entzündbar oder mit einem Flammpunkt über 55 °C	6.1, 71 a)	66	3018	6.1
	71 b)	60	3018	6.1
	71 c)	60	3018	6.1 A
Pestizide, chlorierte Kohlenwasserstoffe				
– fest	6.1,			
	72 b)	60	2761	6.1
	72 c)	60	2761	6.1 A
– flüssig, mit einem Flammpunkt unter 21 °C	3, 19	336	2762	3+6.1
	6	33	2762	3+6.1 A
– flüssig, mit einem Flammpunkt von 21 °C bis 55 °C .	6.1, 72 a)	663	2995	6.1+3
	72 b)	63	2995	6.1+3
	72 c)	63	2995	6.1 A+3
– flüssig, nicht entzündbar oder mit einem Flammpunkt über 55 °C	6.1, 72 a)	66	2996	6.1
	72 b)	60	2996	6.1
	72 c)	60	2996	6.1 A
Pestizide, Derivate der Chlorphenoxyessigsäure				
– fest	6.1,			
	73 b)	60	2765	6.1
	73 c)	60	2765	6.1 A
– flüssig, mit einem Flammpunkt unter 21 °C	3, 19	336	2766	3+6.1
	6	33	2766	3+6.1 A
– flüssig, mit einem Flammpunkt von 21 °C bis 55 °C .	6.1, 73 a)	663	2999	6.1+3
	73 b)	63	2999	6.1+3
	73 c)	63	2999	6.1 A+3
– flüssig, nicht entzündbar oder mit einem Flammpunkt über 55 °C	6.1, 73 a)	66	3000	6.1
	73 b)	60	3000	6.1
	73 c)	60	3000	6.1 A

Anhang B. 5

250 000
(Forts.)

Bezeichnung des Stoffes	Klasse und Ziffer der Stoff-aufzählung	Nummer zur Kenn-zeichnung der Gefahr (obere Hälfte)	Nummer zur Kenn-zeichnung des Stoffes (untere Hälfte)	Gefahrzettel
(a)	(b)	(c)	(d)	(e)
Pestizide, Karbamate	6.1,			
– fest	76 b)	60	2757	6.1
	76 c)	60	2757	6.1 A
– flüssig, mit einem Flammpunkt unter 21 °C	3, 19	336	2758	3+6.1
	6	33	2758	3+6.1 A
– flüssig, mit einem Flammpunkt von 21 °C bis 55 °C	6.1, 76 a)	663	2991	6.1+3
	76 b)	63	2991	6.1+3
	76 c)	63	2991	6.1 A+3
– flüssig, nicht entzündbar oder mit einem Flammpunkt über 55 °C	6.1, 76 a)	66	2992	6.1
	76 b)	60	2992	6.1
	76 c)	60	2992	6.1 A
Pestizide, Thiokarbamate	6.1,			
– fest	76 b)	60	2771	6.1
	76 c)	60	2771	6.1 A
– flüssig, mit einem Flammpunkt unter 21 °C	3, 19	336	2772	3+6.1
	6	33	2772	3+6.1 A
– flüssig, mit einem Flammpunkt von 21 °C bis 55 °C	6.1, 76 a)	663	3005	6.1+3
	76 b)	63	3005	6.1+3
	76 c)	63	3005	6.1 A+3
– flüssig, nicht entzündbar oder mit einem Flammpunkt über 55 °C	6.1, 76 a)	66	3006	6.1
	76 b)	60	3006	6.1
	76 c)	60	3006	6.1 A
Pestizide, Organozinnverbindungen	6.1,			
– fest	79 b)	60	2786	6.1
	79 c)	60	2786	6.1 A
– flüssig, mit einem Flammpunkt unter 21 °C	3, 19	336	2787	3+6.1
	6	33	2787	3+6.1 A
– flüssig, mit einem Flammpunkt von 21 °C bis 55 °C	6.1, 79 a)	663	3019	6.1+3
	79 b)	63	3019	6.1+3
	79 c)	63	3019	6.1 A+3
– flüssig, nicht entzündbar oder mit einem Flammpunkt über 55 °C	6.1, 79 a)	66	3020	6.1
	79 b)	60	3020	6.1
	79 c)	60	3020	6.1 A
Pestizide, Bipyridylium Derivate	6.1,			
– fest	82 b)	60	2781	6.1
	82 c)	60	2781	6.1 A
– flüssig, mit einem Flammpunkt unter 21 ° C	3, 19	336	2782	3+6.1
	6	33	2782	3+6.1 A
– flüssig, mit einem Flammpunkt von 21 °C bis 55 °C .	6.1, 82 a)	663	3015	6.1+3
	82 b)	63	3015	6.1+3
	82 c)	63	3015	6.1 A+3
– flüssig, nicht entzündbar oder mit einem Flammpunkt über 55 °C	6.1, 82 a)	66	3016	6.1
	82 b)	60	3016	6.1
	82 c)	60	3016	6.1 A .
Pestizide, anorganische Arsenverbindungen	6.1,			
– fest	84 b)	60	2759	6.1
	84 c)	60	2759	6.1 A
– flüssig, mit einen Flammpunkt unter 21 °C	3, 19	336	2760	3+6.1
	6	33	2760	3+6.1 A
– flüssig, mit einem Flammpunkt von 21 °C bis 55 °C	6.1, 84 a)	663	2993	6.1+3
	84 b)	63	2993	6.1+3
	84 c)	63	2993	6.1 A+3
– flüssig, nicht entzündbar oder mit einem Flammpunkt über 55 °C	6.1, 84 a)	66	2994	6.1
	84 b)	60	2994	6.1
	84 c)	60	2994	6.1 A

Anhang B. 5

250 000
(Forts.)

Bezeichnung des Stoffes	Klasse und Ziffer der Stoff- aufzählung	Nummer zur Kenn- zeichnung der Gefahr (obere Hälfte)	Nummer zur Kenn- zeichnung des Stoffes (untere Hälfte)	Gefahrzettel
(a)	(b)	(c)	(d)	(e)
Pestizide, anorganische Quecksilberverbindungen	6.1,			
– fest				
	86 b)	60	2777	6.1
	86 c)	60	2777	6.1 A
– flüssig, mit einem Flammpunkt unter 21 °C	3, 19	336	2778	3+6.1
	6	33	2778	3+6.1 A
– flüssig, mit einem Flammpunkt von 21 °C bis 55 °C .	6.1, 86 a)	663	3011	6.1+3
	86 b)	63	3011	6.1+3
	86 c)	63	3011	6.1 A+3
– flüssig, nicht entzündbar oder mit einem Flammpunkt über 55 °C	6.1, 86 a)	66	3012	6.1
	86 b)	60	3012	6.1
	86 c)	60	3012	6.1 A
Pestizide, anorganische Kupferverbindungen	6.1,			
– fest				
	87 b)	60	2775	6.1
	87 c)	60	2775	6.1 A
– flüssig, mit einem Flammpunkt unter 21 °C	3, 19	336	2776	3+6.1
	6	33	2776	3+6.1 A
– flüssig, mit einem Flammpunkt von 21 °C bis 55 °C .	6.1, 87 a)	663	3009	6.1+3
	87 b)	63	3009	6.1+3
	87 c)	63	3009	6.1 A+3
– flüssig, nicht entzündbar oder mit einem Flammpunkt über 55 °C	6.1, 87 a)	66	3010	6.1
	87 b)	60	3010	6.1
	87 c)	60	3010	6.1 A
Petroläther: siehe Kohlenwasserstoffe, flüssige				
Petroleum: siehe Kohlenwasserstoffe, flüssige				
Phenacylbromid: siehe omega-Bromacetophenon				
Phenacylchlorid: siehe omega-Chloracetophenon				
Phenetidine	6.1, 12 c)	60	2311	6.1 A
Phenol, geschmolzen	6.1, 13 b)	68	2312	6.1
Phenol, Lösungen von	6.1, 13 b)	68	2821	6.1
Phenolsulfonsäure, flüssig	8, 34 b)	80	1803	8
Phenylacetonitril: siehe Benzylcyanid				
Phenylacetylchlorid	8, 36 b)	80	2577	8
Phenylcarbylaminchlorid	6.1, 17 a)	66	1672	6.1
Phenylchlorformiat	6.1, 16 b)	68	2746	6.1+8
Phenylchlorid: siehe Chlorbenzol				
Phenylendiamine	6.1, 12 c)	60	1673	6.1 A
Phenylhydrazin	6.1, 12 b)	60	2572	6.1
Phenylisocyanat	6.1, 18 b)	63	2487	6.1+3
Phenylmethyläther (Anisol)	3, 31 c)	30	2222	3
Phenylphosphordichlorid	8, 36 b)	80	2798	8
Phenylthiophosphoryldichlorid	8, 36 b)	80	2799	8
Phenyltrichlorsilan	8, 37 b)	X80	1804	8
Phosgen: siehe Chlorkohlenoxid				
Phosphor, weiß oder gelb				
in geschmolzenem Zustand	4.2, 1	446	2447	4.2
fest	4.2, 1	46	1381	4.2
Phosphoroxybromid (POBr$_3$)	8, 22 b)	80	1939	8
Phosphoroxybromid (POBr$_3$), geschmolzen	8, 22 b)	80	2576	8
Phosphoroxychlorid (Phosphorylchlorid) (POCl$_3$)	8, 21 b)	80	1810	8
Phosphorpentachlorid (PCl$_5$)	8, 22 b)	80	1806	8
Phosphorpentasulfid	4.1, 8	40	1340	4.1
Phosphorpentoxid: siehe Phosphorsäureanhydrid				
Phosphorsäure	8, 11 c)	80	1805	8
Phosphorsäureanhydrid (Phosphorpentoxid)	8, 27 b)	80	1807	8
Phosphorsäuremonobutylester	8, 38 c)	80	1718	8
Phosphrosäuremonoisopropylester	8, 38 c)	80	1793	8
Phosphorsesquisulfid	4.1, 8	40	1341	4.1
Phosphortribromid (PBr$_3$)	8, 21 b)	80	1808	8
Phosphortrichlorid (PCl$_3$)	8, 21 b)	80	1809	8
Phosphorylchlorid: siehe Phosphoroxychlorid				
Phthalsäureanhydrid	8, 31 c)	80	2214	8

Anhang B. 5

250 000
(Forts.)

Bezeichnung des Stoffes	Klasse und Ziffer der Stoff-aufzählung	Nummer zur Kenn-zeichnung der Gefahr (obere Hälfte)	Nummer zur Kenn-zeichnung des Stoffes (untere Hälfte)	Gefahrzettel
(a)	(b)	(c)	(d)	(e)
Picoline (Methylpyridine)	3, 31 c)	30	2313	3
Pinanhydroperoxid mit einem Peroxidgehalt von höchstens 95 %	5.2, 15	539	2162	5
alpha-Pinen	3, 31 c)	30	2368	3
Piperazin: siehe Diäthylendiamin				
Piperidin	3, 22 b)	338	2401	3+8
Pivaloylchlorid (Pivalinsäurechlorid)	8, 36 b)	83	2438	8+3
Propan, Gasgemisch: siehe Gemische von Kohlenwas-serstoffen (verflüssigtes Gas) (Gemisch C).				
Propan, technisch rein	2, 3 b)	23	1978	3
n-Propanol, technisch	3, 3 b)	33	1274	3
Propanol-2 (Isopropylalkohol)	3, 3 b)	33	1219	3
Propen	2, 3 b)	23	1077	3
Propionaldehyd	3, 3 b)	33	1275	3
Propionitril	3, 11 b)	336	2404	3+6.1
Propionsäure mit 50 % oder mehr reiner Säure	8, 32 c)	80	1848	8
Propionsäureanhydrid	8, 32 c)	80	2496	8
Propionylchlorid (Propionsäurechlorid)	3, 25 b)	338	1815	3+8
n-Propylacetat	3, 3 b)	33	1276	3
Propyläthylen: siehe Penten-1				
n-Propylamin (1-Aminopropan)	3, 22 b)	338	1277	3+8
n-Propylbenzol	3, 31 c)	30	2364	3
Propylchlorid: siehe 1-Chlorpropan				
Propylen: siehe Propen				
Propylendiamin	8, 53 b)	83	2258	8+3
Propylendichlorid	3, 3 b)	33	1279	3
Propylenimin	3, 12	336	1921	3+6.1
Propylenoxid	3, 2 a)	33	1280	3
Propylentetramer: siehe Tetrapropylen				
Propylentrimer: siehe Tripropylen				
Propylformiate	3, 3 b)	33	1281	3
n-Propylisocyanat	3, 14 a)	336	2482	3+6.1
Propylmerkaptan	3, 3 b)	33	2402	3
Propyltrichlorsilan	8, 37 b)	X83	1816	8+3
Pyridin	3, 15 b)	336	1282	3+6.1
Pyrosulfurylchlorid ($S_2O_5Cl_2$)	8, 21 b)	80	1817	8
Pyrrolidin	3, 22 b)	338	1922	3+8
Quecksilber-II-acetat	6.1, 52 b)	60	1629	6.1
Quecksilber-II-chlorid	6.1 52 b)	60	1624	6.1
R 12: siehe Dichlordifluormethan				
R 12B1: siehe Bromchlordifluormethan				
R 13: siehe Chlortrifluormethan				
R 13B1: siehe Bromtrifluormethan				
R 21: siehe Dichlorfluormethan				
R 22: siehe Chlordifluormethan				
R 23: siehe Trifluormethan				
R 114: siehe 1,2-Dichlor-1,1,2,2-tetrafluoräthan				
R 115: siehe Chlorpentafluoräthan				
R 116: siehe Hexafluoräthan				
R 133 a: siehe 1-Chlor-2,2,2-trifluoräthan				
R 142 b: siehe 1-Chlor-1,1-difluoräthan				
R 152 a: siehe 1,1-Difluoräthan				
R 500: siehe Gemisch R 500				
R 502: siehe Gemisch R 502				
R 503: siehe Gemisch R 503				
R 1113: siehe Chlortrifluoräthylen				
R 1216: siehe Hexafluorpropylen				
RC 318: siehe Octafluorcyclobutan				
Resorcin	6.1, 14 c)	60	2876	6.1 A
Roherdöl: siehe Kohlenwasserstoffe, flüssige				

Anhang B. 5

Bezeichnung des Stoffes	Klasse und Ziffer der Stoff- aufzählung	Nummer zur Kenn- zeichnung der Gefahr (obere Hälfte)	Nummer zur Kenn- zeichnung . des Stoffes (untere Hälfte)	Gefahrzettel
(a)	(b)	(c)	(d)	(e)
Säuremischungen von Schwefelsäure und Fluorwasser- stoffsäure	8, 7 a)	886	1786	8+6.1
Salpetersäure, rotrauchende	8, 2 a)	856	2032	8
Salpetersäure mit mehr als 70 % reiner Säure	8, 2 a)	885	2032	8
Salpetersäure mit höchstens 70 % reiner Säure	8, 2 b)	80	2031	8
Salpetersäure, Mischungen mit Schwefelsäure: siehe Mischungen von Schwefelsäure, mit Salpetersäure				
Salzsäure (Chlorwasserstofflösungen)	8, 5 b)	80	1789	8
Sauerstoff, tiefgekühlt, verflüssigt	2, 7 a)	225	1073	5
Schwefel	4.1, 2 a)	40	1350	4.1
Schwefel, in geschmolzenem Zustand	4.1, 2 b)	44	2448	4.1
Schwefelchlorid (Chlorschwefel) (S_2Cl_2)	8, 21 a)	88	1828	8
Schwefeldichlorid (SCl_2)	8, 21 a)	X88	1828	8
Schwefeldioxid	2, 3 at)	26	1079	++
Schwefelhexafluorid	2, 5 a)	20	1080	–
Schwefelkohlenstoff	3, 18 a)	336	1131	3+6.1
Schwefelsäure	8, 1 b)	80	1830	8
Schwefelsäureanhydrid (Schwefeltrioxid)	8, 1 a)	X88	1829	8
Schwefelsäure, Mischungen mit Salpetersäure: siehe Mischungen von Schwefelsäure mit Salpetersäure				
Schwefelsäure, rauchende: siehe Oleum				
Schwefeltrioxid: siehe Schwefelsäureanhydrid				
Schwefelwasserstoff	2, 3 bt)	236	1053	3+6.1
Selenate, Lösungen von	6.1, 55 a)	66	2630	6.1
Selendisulfid	6.1, 55 b)	60	2657	6.1
Selenite, Lösungen von	6.1, 55 a)	66	2630	6.1
Selenmetall	6.1, 55 c)	60	2658	6.1 A
Selensäure, Lösungen von	8, 11 a)	88	1905	8
Siliciumchloroform: siehe Trichlorsilan				
Siliciumtetrachlorid ($SiCl_4$)	8, 21 b)	80	1818	8
Silicofluorwasserstoffsäure (Kieselfluorwasserstoffsäure) (H_2SiF_6)	8, 9 b)	80	1778	8
Solventnaphta: siehe Kohlenwasserstoffe, flüssige				
Stickstoff, tiefgekühlt, verflüssigt	2, 7 a)	22	1977	–
Stickstoffdioxid (NO_2) (Stickstoffperoxid, Stickstofftetro- xid) (N_2O_4)	2, 3 at)	265	1067	6.1+5
Styrol (Vinylbenzol)	3, 31 c)	39	2055	3
Sulfide, wässerige Lösungen von, soweit in diesem Anhang nicht namentlich genannt	8, 45 c)	80	1719	8
Sulfurylchlorid (SO_2Cl_2)	8, 21 a)	X88	1834	8
Teere, flüssig	3, 32 c)	30	1999	–
Terpen-Kohlenwasserstoffe, soweit in diesem Anhang nicht namentlich genannt				
– mit einem Flammpunkt von 21 °C bis 55 °C (die Grenz- werte inbegriffen)	3, 31 c)	30	2319	3
– mit einem Flammpunkt über 55 °C	3, 32 c)	30	2319	–
Terpentin	3, 31 c)	30	1299	3
Terpentinersatz: siehe Kohlenwasserstoffe, flüssige				
Terpinolen	3, 31 c)	30	2541	3
Tetraäthylblei	6.1, 31 a)	66	1649	6.1
Tetraäthylenpentamin	8, 53 c)	80	2320	8
1,1,2,2-Tetrabromäthan (Acetylentetrabromid)	6.1, 17 c)	60	2504	6.1 A
Tetrabromkohlenstoff	6.1, 15 c)	60	2516	6.1 A
1,1,2,2-Tetrachloräthan (Acetylentetrachlorid)	6.1, 15 b)	60	1702	6.1
Tetrachloräthylen (Perchloräthylen)	6.1, 15 c)	60	1897	6.1 A
Tetrachlorkohlenstoff	6.1, 15 b)	60	1846	6.1
Tetrachlorphenole	6.1, 17 c)	60	2020	6.1 A
1,2,3,6-Tetrahydrobenzaldehyd	3, 32 c)	30	2498	–
Tetrahydrofuran	3, 3 b)	33	2056	3
Tetrahydrophthalsäureanhydrid	8, 31 c)	80	2698	8
1,2,3,6-Tetrahydropyridin	3, 3 b)	33	2410	3
Tetrahydrothiophen (Thiophan)	3, 3 b)	33	2412	3
Tetramethoxysilan: siehe Tetramethylorthosilikat				
Tetramethyläthylendiamin: siehe 1,2-Bisdimethylamino- äthan				

250 000
(Forts.)

Anlage B
Anhang B.5

477

Anhang B. 5

250 000
(Forts.)

Bezeichnung des Stoffes	Klasse und Ziffer der Stoff-aufzählung	Nummer zur Kenn-zeichnung der Gefahr (obere Hälfte)	Nummer zur Kenn-zeichnung des Stoffes (untere Hälfte)	Gefahrzettel
(a)	(b)	(c)	(d)	(e)
Tetramethylammoniumhydroxid	8, 51 b)	80	1835	8
Tetramethylblei	6.1, 31 a)	663	1649	6.1+3
Tetramethylorthosilikat (Tetramethoxysilan)	3, 17 a)	336	2606	3+6.1
Tetramethylsilan	3, 1 a)	33	2749	3
Tetranitromethan, frei von brennbaren Verunreinigungen	5.1, 2	559	1510	5
Tetrapropylen (Propylentetramer)	3, 32 c)	30	2850	–
Tetrapropyl-ortho-titanat	3, 31 c)	30	2413	3
Thia-4-pentanal	6.1, 20 c)	60	2785	6.1 A
Thioessigsäure	3, 3 b)	33	2436	3
Thioglykol: siehe Merkaptoäthanol				
Thioglykolsäure	8, 32 b)	80	1940	8
Thionylchlorid (SOCl$_2$)	8, 21 a)	X88	1836	8
Thiophan: siehe Tetrahydrothiophen				
Thiophen	3, 3 b)	33	2414	3
Thiophenol: siehe Benzothiol				
Thiophosgen	6.1, 20 b)	60	2474	6.1
Thiophosphorylchlorid (PSCl$_3$)	8, 21 b)	80	1837	8
Titantetrachlorid (TiCl$_4$)	8, 21 b)	80	1838	8
Titantrichlorid, Gemische von, in nicht pyrophorer Form	8, 22 b)	80	2869	8
Toluidine	6.1, 12 b)	60	1708	6.1
Toluol	3, 3 b)	33	1294	3
Toluolsulfonsäuren, fest	8, 34 c)	80	2585	8
Toluolsulfonsäuren, Lösungen von	8, 34 c)	80	2586	8
2,4-Toluylendiamin	6.1, 12 c)	60	1709	6.1 A
2,4-Toluylendiisocyanat und isomere Gemische	6.1, 19 b)	60	2078	6.1
Triäthylamin	3, 22 b)	338	1296	3+8
Triäthylborat	3, 3 b)	33	1176	3
Triäthylentetramin	8, 53 b)	80	2259	8
Triäthylorthoformiat: siehe Äthylorthorformiat				
Triäthylphosphit	3, 31 c)	30	2323	3
Triallylamin	3, 31 c)	30	2610	3
Triallylborat	6.1, 13 c)	60	2609	6.1 A
Tribromboran: siehe Bortribromid				
Tribrommethan (Bromoform)	6.1, 15 c)	60	2515	6.1 A
Tributylamin	8, 53 c)	80	2542	8
Trichloracetaldehyd (Chloral)	6.1, 16 b)	60	2075	6.1
Trichloracetylchlorid	8, 36 b)	X80	2442	8
1,1,1-Trichloräthan	6.1, 15 c)	60	2831	6.1 A
Trichloräthylen	6.1, 15 c)	60	1710	6.1 A
Trichlorbenzole	6.1, 17 c)	60	2321	6.1 A
Trichlorbuten	6.1, 17 c)	60	2322	6.1
Trichloressigsäure	8, 31 b)	80	1839	8
Trichloressigsäure, Lösungen von	8, 32 b)	80	2564	8
Trichloressigsäuremethylester: siehe Methyltrichloracetat				
Trichlormethylbenzol: siehe Benzotrichlorid				
Trichlorphenole	6.1, 17 c)	60	2020	6.1 A
Trichlorsilan (Siliciumchloroform)	4.3, 4 a)	X338	1295	4.3+3+8
1,1,1-Trifluoräthan	2, 3 b)	23	2035	++
Trifluoressigsäure	8, 32 a)	88	2699	8
Trifluormethan (R 23)	2, 5 a)	20	1984	–
Triisobutylen (Isobutylentrimer)	3, 31 c)	30	2324	3
Trikresylphosphat, mit mehr als 3 % ortho-Isomer	6.1, 23 b)	60	2574	6.1
Trimethylamin, wasserfrei	2, 3 bt)	236	1083	3+6.1
Trimethylamin, wässerige Lösungen von				
– mit einem Siedepunkt von höchstens 35 °C	3, 22 a)	338	1297	3+8
– mit einem Siedepunkt über 35 °C	3, 22 b)	338	1297	3+8
1,3,5-Trimethylbenzol: siehe Mesitylen				
Trimethylborat	3, 3 b)	33	2416	3
Trimethylchlorsilan	3, 21 a)	X338	1298	3+8
Trimethylcyclohexylamin	8, 53 c)	80	2326	8
Trimethylhexamethylendiamine	8, 53 c)	80	2327	8
Trimethylhexamethylendiisocyanat und isomere Gemische	6.1, 19 c)	60	2328	6.1 A
Trimethylphosphit	3, 31 c)	30	2329	3
Tripropylamin	8, 53 b)	83	2260	8+3
Tripropylen (Propylentrimer)	3, 31 c)	30	2057	3

Anhang B. 5

Bezeichnung des Stoffes	Klasse und Ziffer der Stoffaufzählung	Nummer zur Kennzeichnung der Gefahr (obere Hälfte)	Nummer zur Kennzeichnung des Stoffes (untere Hälfte)	Gefahrzettel
(a)	(b)	(c)	(d)	(e)
Undecan	3, 32 c)	30	2330	–
Valeraldehyd	3, 3 b)	33	2058	3
Valerylchlorid (Valeriansäurechlorid)	8, 36 b)	80	2502	8
Vanadiumoxytrichlorid (VOCl$_3$)	8, 21 b)	80	2443	8
Vanadiumoxytrichlorid (VOCl$_3$), wässerige Lösungen von	8, 5 b)	80	2443	8
Vanadiumpentoxid	6.1, 58 b)	60	2862	6.1
Vanadiumtetrachlorid (VCl$_4$)	8, 21 a)	88	2444	8
Vanadiumtrichlorid (VCl$_3$)	8, 22 c)	80	2475	8
Vinylacetat	3, 3 b)	339	1301	3
Vinyläthyläther	3, 2 b)	339	1302	3
Vinylbenzol: siehe Styrol				
Vinylbromid	2, 3 ct)	236	1085	++
Vinylbutyrat	3, 3 b)	339	2838	3
Vinylchloracetat	6.1, 16 b)	60	2589	6.1
Vinylchlorid	2, 3 c)	239	1086	3
Vinylcyanid: siehe Acrylnitril				
Vinylfluorid	2, 5 c)	239	1860	++
Vinylidenchlorid (1,1-Dichloräthylen)	3, 1 a)	339	1303	3
Vinylidenfluorid: siehe 1,1-Difluoräthylen				
Vinyl-Isobutyläther	3, 3 b)	339	1304	3
Vinylmethyläther	2, 3 ct)	236	1087	++
Vinylpyridine	6.1, 11 b)	639	3073	6.1 + 3
Vinyltoluole, isomere Gemische	3, 31 c)	39	2618	3
Vinyltrichlorsilan	3, 21 a)	X338	1305	3+8
Wasserstoff, tiefgekühlt, verflüssigt	2, 7 b)	223	1966	++
Wasserstoffperoxid, stabilisiert und in wässerigen Lösungen mit mehr als 60 % Wasserstoffperoxid, stabilisiert	5.1, 1	559	2015	5
Wasserstoffperoxid, wässerige Lösungen von, mit mindestens 20 % bis höchstens 60 % Wasserstoffperoxid	8, 62 b)	85	2014	8+5
Wasserstoffperoxid, wässerige Lösungen von, mit mindestens 8 % und weniger als 20 % Wasserstoffperoxid	8, 62 c)	85	2984	8+5
White Spirit: siehe Kohlenwasserstoffe, flüssige				
Xenon	2, 5 a)	20	2036	–
Xenon, tiefgekühlt, verflüssigt	2, 7 a)	22	2591	–
Xylenole	6.1, 14 b)	60	2261	6.1
Xylidine	6.1, 12 b)	60	1711	6.1
Xylole (Dimethylbenzole)	3, 31 c)	30	1307	3
Xylylbromid	6.1, 17 b)	60	1701	6.1
Zinkalkyle, die in Berührung mit Wasser entzündliche Gase entwickeln	4.3, 2 e)	X323	2813	4.3''
Zinkalkyle, in diesem Anhang nicht anderweitig genannt, selbstentzündlich	4.2, 3	X333	2003	4.2 + 4.3
Zinkchlorid (ZnCl$_2$)	8, 22 c)	80	2331	8
Zinkchlorid (ZnCl$_2$), wässerige Lösungen von	8, 5 c)	80	1840	8
Zinkdiäthyl, selbstentzündlich	4.2, 3	X333	1366	4.2 + 4.3
Zinkdimethyl, selbstentzündlich	4.2, 3	X333	1370	4.2 + 4.3
Zinntetrachlorid, wasserfrei (SnCl$_4$)	8, 21 b)	80	1827	8
Zinntetrachloridpentahydrat (SnCl$_4$ · 5H$_2$O)	8, 22 c)	80	2440	8
Zirkoniumtetrachlorid (ZrCl$_4$)	8, 22 c)	80	2503	8

Anhang B. 5

250 000
(Forts.)

Verzeichnis II

Verzeichnis der Stoffe der Klassen 3, 6.1 und 8, die im Verzeichnis I nicht namentlich aufgeführt sind oder nicht unter eine dort aufgeführte Sammelbezeichnung fallen, jedoch diesen Klassen zuzuordnen sind, und denen keine besondere „Nummer zur Kennzeichnung des Stoffes" zugeteilt ist.

Die Stoffe sind entsprechend den von ihnen während der Beförderung ausgehenden Gefahren nach Klassen und Ziffern der Stoffaufzählung zu Gruppen zusammengefaßt.

Bem. Dieses Verzeichnis gilt nur für Stoffe der Klassen 3, 6.1 und 8, die nicht im Verzeichnis I aufgeführt sind.

Gruppe der Stoffe	Klasse und Ziffer der Stoff-aufzählung	Nummer zur Kenn-zeichnung der Gefahr (obere Hälfte)	Nummer zur Kenn-zeichnung des Stoffes (untere Hälfte)	Gefahr-zettel
(a)	(b)	(c)	(d)	(e)
Nicht giftige und nicht ätzende flüssige Stoffe, mit einem Flammpunkt unter 21 °C	3, 1 bis 5	33	1993	3
Stoffe und Präparate zur Schädlingsbekämpfung mit gesundheitsschädlicher Wirkung, mit einem Flammpunkt unter 21 °C	3, 6	33	3021	3+6.1 A
Entzündbare giftige flüssige Stoffe, mit einem Flammpunkt unter 21 °C	3, 11, 14 bis 18, 20	336	1992	3+6.1
Stoffe und Präparate zur Schädlingsbekämpfung mit sehr giftiger oder giftiger Wirkung, mit einem Flammpunkt unter 21 °C	3, 19	336	3021	3+6.1
Entzündbare ätzende flüssige Stoffe, mit einem Flammpunkt unter 21 °C	3, 21 bis 26	338	2924	3+8
Nicht giftige und nicht ätzende entzündbare flüssige Stoffe, mit einem Flammpunkt von 21 °C bis 100 °C	3, 31	30	1993	3
	32	30	1993	–
Sehr giftige flüssige Stoffe, entzündbar, mit einem Flammpunkt von 21 °C bis 55 °C	6.1, Buchstabe a) der Ziffern 11, 13, 15, 16, 18, 20, 22, 24 und 68	663	2929	6.1+3
Giftige flüssige Stoffe, entzündbar, mit einem Flammpunkt von 21 °C bis 55 °C	6.1, Buchstabe b) der Ziffern 11, 13, 15, 16, 18, 20, 22, 24 und 68	63	2929	6.1+3
Gesundheitsschädliche, flüssige Stoffe, entzünd-bar, mit einem Flammpunkt von 21 °C bis 55 °C	6.1, Buchstabe c) der Ziffern 11, 13, 15, 16, 18, 20, 22, 24 und 68	63	2929	6.1 A+3
Sehr giftige flüssige Stoffe, nicht entzündbar oder mit einem Flammpunkt über 55 °C	6.1, Buchstabe a) der Ziffern 11 bis 24, 51, 55 und 68	66	2810	6.1
Giftige flüssige Stoffe, nicht entzündbar oder mit einem Flammpunkt über 55 °C	6.1, Buchstabe b) der Ziffern 11 bis 24, 51 bis 55, 57 bis 68	60	2810	6.1
Gesundheitsschädliche, flüssige Stoffe, nicht ent-zündbar oder mit einem Flammpunkt über 55 °C	6.1, Buchstabe c) der Ziffern 11 bis 24, 51 bis 55, 57 bis 68	60	2810	6.1 A
Giftige feste Stoffe, entzündbar	6.1, Buchstabe b) der Ziffern 11 bis 24 und 68	60	2930	6.1
Gesundheitsschädliche feste Stoffe, entzündbar	6.1, Buchstabe c) der Ziffern 11 bis 24 und 68	60	2930	6.1 A
Giftige feste Stoffe, nicht entzündbar	6.1, Buchstabe b) der Ziffern 24, 51 bis 55, 57 bis 68	60	2811	6.1

Anhang B. 5

250 000
(Forts.)

Gruppe der Stoffe	Klasse und Ziffer der Stoff- aufzählung	Nummer zur Kenn- zeichnung der Gefahr (obere Hälfte)	Nummer zur Kenn- zeichnung des Stoffes (untere Hälfte)	Gefahr- zettel
(a)	(b)	(c)	(d)	(e)
Gesundheitsschädliche feste Stoffe, nicht entzünd- bar	6.1, Buchstabe c) der Ziffern 24, 51 bis 55, 57 bis 68	60	2811	6.1 A
Flüssige Stoffe und Präparate zur Schädlingsbe- kämpfung, mit sehr giftiger Wirkung, entzündbar, mit einem Flammpunkt von 21 °C bis 55 °C	6.1, Buchstabe a) der Ziffern 74, 75, 77, 78, 80, 81, 83, 85 und 88	663	2903	6.1+3
Flüssige Stoffe und Präparate zur Schädlings- bekämpfung mit giftiger Wirkung, entzündbar, mit einem Flammpunkt von 21 °C bis 55 °C	6.1, Buchstabe b) der Ziffern 74, 75, 77, 78, 80, 81, 83, 85 und 88	63	2903	6.1+3
Flüssige Stoffe und Präparate zur Schädlings- bekämpfung mit gesundheitsschädlicher Wir- kung, entzündbar, mit einem Flammpunkt von 21 °C bis 55 °C	6.1, Buchstabe c) der Ziffern 74, 75, 77, 78, 80, 81, 83, 85 und 88	63	2903	6.1 A+3
Flüssige Stoffe und Präparate zur Schädlings- bekämpfung mit sehr giftiger Wirkung, nicht ent- zündbar oder mit einem Flammpunkt über 55 °C	6.1, Buchstabe a) der Ziffern 74, 75, 77, 78, 80, 81, 83, 85 und 88	66	2902	6.1
Flüssige Stoffe und Präparate zur Schädlings- bekämpfung mit giftiger Wirkung, nicht entzünd- bar oder mit einem Flammpunkt über 55 °C	6.1, Buchstabe b) der Ziffern 74, 75, 77, 78, 80, 81, 83, 85 und 88	60	2902	6.1
Flüssige Stoffe und Präparate zur Schädlings- bekämfung mit gesundheitsschädlicher Wirkung, nicht entzündbar oder mit einem Flammpunkt über 55 °C	6.1, Buchstabe c) der Ziffern 74, 75, 77, 78, 80, 81, 83, 85 und 88	60	2902	6.1 A
Feste Stoffe und Präparate zur Schädlingsbekämp- fung mit giftiger Wirkung	6.1, Buchstabe b) der Ziffern 74, 75, 77, 78, 80, 81, 83, 85 und 88	60	2588	6.1
Feste Stoffe und Präparate zur Schädlingsbekämp- fung mit gesundheitsschädlicher Wirkung	6.1, Buchstabe c) der Ziffern 74, 75, 77, 78, 80, 81, 83, 85 und 88	60	2588	6.1 A
Stark ätzende flüssige Stoffe, entzündbar, mit einem Flammpunkt von 21 °C bis 55 °C	8, Buchstabe a) der Ziffern 27, 32, 33, 36, 37, 39, 46, 55, 64 und 66	883	2920	8+3
Ätzende flüssige Stoffe, entzündbar, mit einem Flammpunkt von 21 °C bis 55 °C	8, Buchstabe b) der Ziffern 27, 32 bis 34, 36 bis 39, 46 51, 53, 54, 55, 65 und 66	83	2920	8+3

481

Anhang B. 5

Gruppe der Stoffe (a)	Klasse und Ziffer der Stoff- aufzählung (b)	Nummer zur Kenn- zeichnung der Gefahr (obere Hälfte) (c)	Nummer zur Kenn- zeichnung des Stoffes (untere Hälfte) (d)	Gefahr- zettel (e)
Schwach ätzende flüssige Stoffe, entzündbar, mit einem Flammpunkt von 21 °C bis 55 °C	8, Buchstabe c) der Ziffern 27, 32 bis 34, 36 bis 39, 46 51, 53, 54, 55, 64 und 66	83	2920	8+3
Stark ätzende flüssige Stoffe, nicht entzündbar oder mit einem Flammpunkt über 55 °C	8, Buchstabe a) der Ziffern 1, 3, 10, 11, 21, 27, 32 33, 36, 37, 39, 46 55, 64 und 66	88	1760	8
Stark ätzende flüssige Stoffe, nicht entzündbar oder mit einem Flammpunkt über 55 °C	8,26 a)	88	1760	8+6.1
Ätzende flüssige Stoffe, nicht entzündbar oder mit einem Flammpunkt über 55 °C	8, Buchstabe b) der Ziffern 1, 3, 5, 10, 11, 21, 23, 27, 32 bis 34, 36 bis 39, 46, 51, 53, 54 55, 64 und 66	80	1760	8
Ätzende flüssige Stoffe, nicht entzündbar oder mit einem Flammpunkt über 55 °C	8,26 b)	80	1760	8
Schwach ätzende flüssige Stoffe, nicht entzündbar oder mit einem Flammpunkt über 55 °C	8, Buchstabe c) der Ziffern 1, 3, 5, 10, 11, 21, 23, 27, 32 bis 34, 36 bis 39, 46, 51, 53, 54, 55, 64 und 66	80	1760	8+6.1
Schwach ätzende flüssige Stoffe, nicht entzündbar oder mit einem Flammpunkt über 55 °C	8,26 c	80	1760	8+6.1
Ätzende feste Stoffe, entzündbar	8, Buchstabe b) der Ziffern 27, 31, 33 bis 35, 37 bis 39, 46, 51, 52, 54, 55 64 und 65	80	2921	8
Schwach ätzende feste Stoffe, entzündbar	8, Buchstabe c) der Ziffern 27, 31, 33 bis 35, 37 bis 39, 46, 51, 52, 54, 55, 64 und 65	80	2921	8
Stark ätzende feste Stoffe, nicht entzündbar	8, 26 a)	88	1759	8+6.1
Ätzende feste Stoffe, nicht entzündbar	8, Buchstabe b) der Ziffern 11, 22, 27, 31, 33 bis 35, 37 bis 39, 41 45, 46, 55 und 65	80	1759	8
Ätzende feste Stoffe, nicht entzündbar	8, 26 b)	80	1759	8
Schwach ätzende feste Stoffe, nicht entzündbar	8, Buchstabe c) der Ziffern 11, 22, 27, 31, 33 bis 35, 37 bis 39, 41, 45, 46, 55 und 65	80	1759	8
Schwach ätzende feste Stoffe, nicht entzündbar	8, 26 c)	80	1759	8+6.1

Die Kennzeichnungsnummern müssen auf der Tafel wie folgt dargestellt sein: **250 001**

Min. 30 cm

40 cm

Nummer
zur Kennzeichnung
der Gefahr
(2 oder 3 Ziffern)

Nummer
zur Kennzeichnung
des Stoffes
(4 Ziffern)

Untergrund: orangefarben.
Rand, Querstrich und Ziffern schwarz mit 15 mm Strichbreite.

**250 002-
259 999**

Anhang B.6

(siehe Rn. 10 381)

Die nach Rn. 10 315 aufgestellte Bescheinigung über die Schulung der Führer von Fahrzeugen zur Beförderung gefährlicher Güter muß dem nachstehend dargestellten Muster entsprechen. Für dieses Dokument wird als Format das des europäischen nationalen Führerscheins (A7 – 105 mm × 74 mm) oder ein auf dieses Format faltbares Doppelblatt empfohlen.

260 000

1	2

1

**ADR-Bescheinigung
über die Schulung der Führer von
Kraftfahrzeugen
zur Beförderung gefährlicher Güter**

Nr. der Bescheinigung...

Kennzeichen des die Bescheinigung ausstellenden Staates

Gültig für Klasse(n) [1]) [2])

　　　1 a, 1 b, 1 c
　　　2
　　　3
　　　4.1, 4.2, 4.3
　　　5.1, 5.2
　　　6.1, 6.2
　　　7
　　　8

bis zum [3]) ....

2

Name ....

Vorname(n)...

geboren am...

Staatsangehörigkeit ....

Unterschrift des Fahrers......................

Ausgestellt durch.................................

Datum ....

Unterschrift [4]) ....

Verlängert bis......................................

durch ....

Datum ....

Unterschrift [4]) ....

---

[1]) Nichtzutreffendes streichen.
[2]) Erweiterung der Gültigkeit auf andere Klassen siehe Seite 3.
[3]) Verlängerung der Gültigkeit siehe Seite 2.

[4]) und/oder Stempel der die Bescheinigung ausstellenden Behörde.

3

Gültigkeit erweitert auf Klasse(n) [5])

1 a, 1 b, 1 c, 2,　　Datum ....
3, 4.1, 4.2,
4.3, 5.1, 5.2　　　Unterschrift und/oder Stempel
6.1, 6.2, 7, 8
　　　　　　　　　...

1 a, 1 b, 1 c, 2,　　Datum ....
3, 4.1, 4.2,
4.3, 5.1, 5.2,　　　Unterschrift und/oder Stempel
6.1, 6.2, 7, 8
　　　　　　　　　...

1 a, 1 b, 1 c, 2,　　Datum ....
3, 4.1, 4.2,
4.3, 5.1, 5.2,　　　Unterschrift und/oder Stempel
6.1, 6.2, 7, 8
　　　　　　　　　...

[5]) Nichtzutreffendes streichen.

4

Nur für nationale Vorschriften

**260 001-
269 999**

Anhang B.7

Bleibt offen.

270 000-
279 999

„Anhang B.8

Listen I und II

**der gefährlichen Güter,
deren Beförderung auf der Straße
nach § 7 dieser Verordnung
erlaubnispflichtig ist**

280 000

Bemerkungen:

1. Überschreitet die beförderte Menge je Beförderungseinheit die in Spalte 4 genannte Masse, so ist die Beförderung erlaubnispflichtig.

2. Werden verschiedene der nachstehend aufgeführten gefährlichen Güter in geringeren Mengen als den in Spalte 4 der Listen I und II angegebenen in einer Beförderungseinheit befördert, so ist zunächst die tatsächliche Masse jedes Gutes mit dem für dieses Gut in Spalte 5 angegebenen Faktor zu multiplizieren. Ist die Summe der so ermittelten Produkte größer als 10 000, so ist die Beförderung erlaubnispflichtig.

3. Die Beförderung von Gasen der Klasse 2 dieser Listen – ausgenommen Fluor [Rn. 2201 Ziff. 1 at)] und tiefgekühlte, verflüssigte Gase [Rn. 2201 Ziff. 7 b) und 8 b)] – ist nicht erlaubnispflichtig, wenn diese Gase in vorgeschriebenen Stahlflaschen mit einem Fassungsraum von höchstens 150 Liter oder Gefäßen mit einem Fassungsraum von mindestens 100 Liter bis höchstens 1 000 Liter enthalten sind.

280 001

Liste I *)

Stoffaufzählung nach Anlage A		Bezeichnung der Stoffe und Gegenstände	Menge in kg (Nettomasse des Stoffes oder Gegenstandes)	Faktor
Klasse und Rn.	Ziffer			
1	2	3	4	5
1 a Rn. 2101	3 a)	Nitroglycerinpulver, nicht porös und nicht staubförmig	2 000	5
	3 b)	Nitroglycerinpulver, porös	100	100
	5	Nitrozellulosepulver		
	6 a)	Trinitrobenzoesäure, Trinitrokresol		
	b)	Dinitrophenylglykoläthernitrat, flüssiges Trinitrotoluol – ausgenommen in Holzgefäßen –; Trinitrobenzol; Trinitrochlorbenzol (Pikrylchlorid); Trinitroanilin; Trinitroanisol; Tetranitroacridon; Tetranitrocarbazol; Tetranitrodiphenylaminsulfon; Tetranitronaphthalin; Hexanitrodiphenylsulfid		
	c)	die Stoffe unter a) und b) auch in Gemischen miteinander oder mit anderen aromatischen Nitroverbindungen, ausgenommen Mischungen aus Trinitrotoluol und Trinitroxylol		
	d)	Sprengstoffgemische, die aus den unter a), b) und c) bezeichneten organischen explosiven Nitroverbindungen auch ohne andere Zusätze bestehen, ausgenommen Mischungen aus Trinitrotoluol und Trinitroxylol		
	7 a)	Hexanitrodiphenylamin (Hexyl) und Pikrinsäure	500	20
	b)	Mischungen von Pentaerythrittetranitrat und Trinitrotoluol (Pentolit) und Mischungen von Trimethylentrinitramin und Trinitrotoluol (Hexolit)		

*) Nur gültig für innerstaatliche Beförderungen.
Siehe jedoch § 7 Abs. 6 dieser Verordnung.

Anlage B
Anhang B.8

487

Anhang B. 8

280 001
(Forts.)

Stoffaufzählung nach Anlage A		Bezeichnung der Stoffe und Gegenstände	Menge in kg (Nettomasse des Stoffes oder Gegenstandes)	Faktor
Klasse und Rn.	Ziffer			
1	2	3	4	5
1 a Rn. 2101	7 c)	Pentaerythrittetranitrat (Penthrit, Nitropenta) und Trimethylentrinitramin (Hexogen), beide phlegmatisiert		
	8	Nitroverbindungen		
	a)	wasserlösliche, wie Trinitroresorzin (Trizin), soweit in Metallfässern verpackt		
	b)	wasserunlösliche, wie Trinitrophenylmethylnitramin (Tetryl)		
	c)	Tetrylkörper	500	20
	9 a)	Pentaerythrittetranitrat (Penthrit, Nitropenta) und Trimethylentrinitramin (Hexogen); Cyclotetramethylentetranitramin (Oktogen)		
	b)	Mischungen von Pentaerythrittetranitrat und Trinitrotoluol (Pentolit) und Mischungen von Trimethylentrinitramin und Trinitrotoluol (Hexolit)		
	c)	feuchte Mischungen von Pentaerythrittetranitrat oder Trimethylentrinitramin mit Wachs, Paraffin oder dem Wachs oder dem Paraffin ähnlichen Stoffen		
	d)	Penthritkörper		
	11 a)	Schwarzpulver		
	b)	schwarzpulverähnliche Sprengstoffe	1 000	10
	c)	Preßkörper aus Schwarzpulver oder schwarzpulverähnlichen Sprengstoffen		
	13	Chloratsprengstoffe und Perchloratsprengstoffe		
	14 a)	Dynamite und Sprengstoffe, die den Dynamiten ähnlich sind	500	20
	b)	Sprenggelatine und Gelatinedynamite		
	14 A.	Ammoniumperchlorat, trocken		
1 b Rn. 2131	3	Knallkapseln der Eisenbahn	200	50
	5 a)	Sprengkapseln; Verbindungsstücke für Zündschnüre	2 000	5
	5 c)	Sprengkapseln in Verbindung mit Schwarzpulverzündschnur	5 000	2
	5 d)	Zündladungen (Detonatoren)	500	20
	5 e)	Zünder mit Sprengkapseln	2 000	5
	5 f)	Sprengkapseln mit Zündhütchen		
	7	Gegenstände mit Treibladung, Gegenstände mit Sprengladung, Gegenstände mit Treib- und Sprengladung, alle, soweit es sich um Gegenstände handelt, die der Gefahrklasse 1.1 der Vorschriften der Bundeswehr zuzuordnen sind	2 000	5
	10	Brunnentorpedos; Geräte mit Hohlladung	500	20

Anhang B. 8

280 001
(Forts.)

Stoffaufzählung nach Anlage A		Bezeichnung der Stoffe und Gegenstände	Menge in kg (Nettomasse des Stoffes oder Gegenstandes)	Faktor
Klasse und Rn.	Ziffer			
1	2	3	4	5
1b zu 2131	11	Gegenstände mit Sprengladung, Gegenstände mit Treib- und Sprengladung, alle, soweit es sich um Gegenstände handelt, die der Gefahrklasse 1.1 der Vorschriften der Bundeswehr zuzuordnen sind	2 000	5
	12 a) und b)	Zündverstärker	500	20
	13	Gegenstände mit pyrotechnischen Knall- oder Blitzsätzen, soweit es sich um Gegenstände handelt, die der Gefahrklasse 1.1 der Vorschriften der Bundeswehr zuzuordnen sind	200	50
2 Rn. 2201	1 at)	Fluor	100	100
	3 at)	Chlorkohlenoxid (Phosgen), Methylbromid, Stickstoffdioxid (NO$_2$) [Stickstofftetroxid (N$_2$O$_4$)]	500	20
		Ammoniak, Bortrichlorid, Bromwasserstoff, Chlor, Hexafluorpropylen (R 216), Schwefeldioxid	1 000	10
	3 b)	Chlordifluoräthen (R 142 b), 1,1-Difluoräthan (R 152 a), Dimethyläther	1 000	10
		Butan, iso-Butan, Buten-1, cis-Buten-2, iso-Buten, trans-Buten-2, Cyclopropan, Propan, Propen, 1,1,1-Trifluoräthan	6 000	1,5
	3 bt)	Äthylamin, Äthylchlorid, Dimethylamin, Methylamin, Methylchlorid, Methylmerkaptan, Schwefelwasserstoff, Trimethylamin		
	3 c)	Butadien-1,3; Vinylchlorid	1 000	10
	3 ct)	Chlortrifluoräthylen (R 1113), Vinylbromid, Vinylmethyläther		
	4 at)	Gemische von Methylbromid	500	20
	4 b)	Alle Gemische	6 000	1,5
	4 bt)	Gemische von Methylchlorid und Methylenchlorid und Chlorpikrin, Gemische von Methylbromid und Äthylenbromid	1 000	10
	4 c)	Alle Gemische	1 000	10
	4 ct)	Äthylenoxid mit höchstens 10 Masse-%, Kohlendioxyd, Äthylenoxid mit Stickstoff bis zu einem max. Gesamtdruck von 1 MPa (10 bar) bei 50 °C, Dichlordifluormethan mit 12 Masse-% Äthylenoxid	500	20
	5 at)	Chlorwasserstoff	1 000	10
	5 b)	Äthan, Äthylen	1 000	10
	5 c)	1,1-Difluoräthylen, Vinylfluorid	1 000	10
	6 c) und 6 ct)	Gemische von Kohlendioxid und Äthylenoxid bzw. Äthylenoxid mit Kohlendioxid	1 000	10

Anlage B
Anhang B.8

489

Anhang B. 8

280 001
(Forts.)

Stoffaufzählung nach Anlage A		Bezeichnung der Stoffe und Gegenstände	Menge in kg (Nettomasse des Stoffes oder Gegenstandes)	Faktor
Klasse und Rn.	Ziffer			
1	2	3	4	5
	7 b) und 8 b)	Äthan; Methan; Gemische von Äthan und Methan, auch mit Zusatz von Propan oder Butan; Erdgas (Naturgas); Äthylen; alles tiefgekühlt, verflüssigt	100	100
3 Rn. 2301	11 a)	Acrylnitril		
	11 b)	Butyronitril (Buttersäurenitril), Isobutyronitril (Isobuttersäurenitril), Methacrylnitril, Propionitril		
	12	Äthylenimin, Propylenimin		
	13	Äthylisocyanat, Methylisocyanat		
	15 a)	Allylamin, 1,2-Dimethylhydrazin	1 000	10
	16 a)	Äthylchlorformiat, Allylbromid, Allylchlorid, Methylchlorformiat		
	17 a)	Acrolein, Tetramethylorthosilikat		
	18 a)	Schwefelkohlenstoff		
4.2 Rn. 2431	3	Selbstentzündliche metallorganische Verbindungen		
4.3 Rn. 2471	2 e)	Metallorganische Verbindungen, die in Berührung mit Wasser entzündliche Gase entwickeln		
5.1 Rn. 2501	1	Lösungen von Wasserstoffperoxid, Wasserstoffperoxid	1 000	10
	2	Tetranitromethan		
	3	Perchlorsäure in wässerigen Lösungen		
6.1 Rn. 2601	1	Blausäure (Cyanwasserstoff) mit höchstens 3 % Wasser	100	100
	2	Wässerige Blausäurelösungen mit höchstens 20 % reiner Säure (HCN)		
	3	Eisenpentacarbonyl, Nickeltetracarbonyl	1 000	10
	11 a)	Acetoncyanhydrin		
	13 a)	Allylalkohol		
	13 a)	Dimethylsulfat	500	20
	16 a)	Chlorpikrin, Epibromhydrin, Perchlormethylmerkaptan		
	16 b)	Äthylenchlorhydrin, Bromaceton, Epichlorhydrin	1 000	10
	17 a)	alpha-Brombenzylbromid, Phenylcarbylaminchlorid		
	17 a)	Alle namentlich genannten polychlorierten Chlordibenzodioxine und -furane	0	
	20 a)	Benzothiol (Thiophenol)	1 000	10

Anhang B. 8

Stoffaufzählung nach Anlage A		Bezeichnung der Stoffe und Gegenstände	Menge in kg (Nettomasse des Stoffes oder Gegenstandes)	Faktor
Klasse und Rn.	Ziffer			
1	2	3	4	5
	31 a)	Organische Bleiverbindungen, wie Tetraäthylblei, Tetramethylblei, Mischungen von Bleialkylen mit organischen Halogenverbindungen (z. B. Äthylfluid)		
	41 a)	Lösungen anorganischer Cyanide	1 000	10
	51 a)	Arsensäure, flüssig, Arsentrichlorid, flüssige Arsenverbindungen		
	71 a)	Organische Phosphorverbindungen		
8 Rn. 2801	1 a)	Schwefelsäureanhydrid, stabilisiert		
	6	Fluorwasserstoff, Flußsäure		
	7 a)	Wässerige Lösungen von Flußsäure		
	8 b)	Fluorborsäure (wässerige Lösungen von)		
	10 a)	Fluorsulfonsäure	1 000	10
	24	Brom		
	26 a)	Brompentafluorid, Bromtrifluorid		
	32 a)	Trifluoressigsäure		
	44 a)	Hydrazin, wasserfrei, wässerige Lösungen von Hydrazin mit mehr als 64 % Hydrazin		
	64 a)	Allylchlorformiat, Benzylchlorformiat		
3 Rn. 2301, 6.1 Rn. 2601, 8 Rn. 2801	alle	alle Stoffe mit einem Gehalt von mehr als 0,002 mg/kg 2,3,7,8-TCDD (Rn. 2601 Ziffer 17 a) oder mit einem Gehalt von insgesamt mehr als 0,005 mg/kg polychlorierten Dibenzodioxinen und -furanen (Rn. 2601 Ziffer 17 a) [siehe Rn. 2002 (12 a)]	0	

Anhang B. 8

Liste II

280 001
(Forts.)

Stoffaufzählung nach Anlage A		Bezeichnung der Stoffe und Gegenstände	Menge in kg (Nettomasse des Stoffes oder Gegenstandes)	Faktor
Klasse und Rn.	Ziffer			
1	2	3	4	5
2 Rn. 2201	7 b)	Wasserstoff	100	100
	9 at)	Ammoniak, in Wasser gelöst mit über 35 % bis höchstens 50 % NH$_3$	1 000	10
5.2 Rn. 2551	46 a)	Acetylcyclohexansulfonylperoxid mit 78 % bis 82 % Acetylcyclohexansulfonylperoxid und 12 % bis 16 % Wasser	5	2 000
	47 a)	Diisopropylperoxidicarbonat, technisch rein	10	1 000
	49 a)	Tertiäres Butylperpivalat, technisch rein	10	1 000
8 Rn. 2801	1 a)	Oleum (rauchende Schwefelsäure), Chromschwefelsäure	10 000	1
	1 b)	Schwefelsäure in Konzentrationen über 85 %		
	2 a)	Salpetersäure mit mehr als 70 % reiner Säure		
	3 a)	Mischungen von Schwefelsäure mit mehr als 30 % reiner Salpetersäure		
	7 b)	Wässerige Lösungen von Flußsäure mit höchstens 60 % Fluorwasserstoff	1 000	10
	44 b)	Wässerige Lösungen von Hydrazin mit höchstens 64 % Hydrazin		
9 Rn. 2901	1	Verflüssigte Metalle	100	100")

280 002-
299 999

") Nur gültig für innerstaatliche Beförderungen.
Siehe jedoch § 7 Abs. 6 dieser Verordnung.

Materialien

Inhalt

Amtliche Begründung zur Neufassung der GGVS

Amtliche Begründung
zur Neufassung der GGVS

GGVS-
Begründung

Amtliche Begründung zur GGVS

Begründung zur GGVS 1988

Allgemeines

Die Beförderung gefährlicher Güter auf Schiene, Straße, mit Binnenschiffen und Seeschiffen sowie im Luftverkehr hat in den vergangenen Jahren erheblich zugenommen. Zur Zeit werden jährlich etwa 230 Millionen Tonnen gefährliche Güter im Sinne der Gefahrgutvorschriften befördert. Hiervon entfallen auf den Straßenverkehr etwa 120 Millionen Tonnen jährlich. Im Hinblick auf das der Beförderung dieser Güter innewohnende Gefahrenpotential müssen die zum Schutze der Allgemeinheit erforderlichen Sicherheitsvorschriften erlassen werden.

Das sich die Sicherheitstechnik und die Herstellung gefährlicher Güter ständig weiterentwickelt, ist es natürlich, daß dabei auch für das Gebiet des Gefahrguttransports immer wieder neue Erkenntnisse gewonnen werden. Deshalb wird für den Transport gefährlicher Güter letztlich auch nie der Zustand einer für alle Zeiten abgeschlossenen bestmöglichen Regelung erreicht sein. Eine wesentliche Aufgabe der Rechtsetzung besteht deshalb darin, die geltenden Vorschriften nach Möglichkeit dem jeweiligen Stand von Wissenschaft und Technik anzupassen. Wesentliche Teile der durch diese Verordnung bewirkten Rechtsänderungen berücksichtigen diese sicherheitstechnische Entwicklung.

Die vorliegende Verordnung verfolgt im wesentlichen folgende Ziele:

1. Inkraftsetzung von Rechtsänderungen für grenzüberschreitende Beförderungen; die Rechtsänderungen beziehen sich insbesondere auf die Beförderung von entzündbaren flüssigen Stoffen, von giftigen Stoffen und von ätzenden Stoffen.
2. Anpassung der Rechtsvorschriften für die innerstaatliche Beförderung gefährlicher Güter auf der Straße an das internationale Recht.
3. Zusammenfassende Darstellung der Rechtsvorschriften für innerstaatliche und für grenzüberschreitende Beförderungen.
4. Verkehrsträgerübergreifende Harmonisierung von Rechtsvorschriften.

Zu 1.

Inkraftsetzung von Rechtsänderungen für grenzüberschreitende Beförderungen.

Das Europäische Übereinkommen über die internationale Beförderung gefährlicher Güter auf der Straße (ADR) enthält in den Anlagen A und B Vorschriften über die gefährlichen Stoffe und Gegenstände sowie über deren Beförderung und über die einzusetzenden Beförderungsmittel. Zum 1. 5. 1985 traten umfangreiche Rechtsänderungen dieser Anlagen völkerrechtlich in Kraft. Inhaltlich neu gestaltet sind die Vorschriften betreffend

– Klasse 3:	Entzündbare flüssige Stoffe,
– Klasse 6.1:	Giftige Stoffe,
– Klasse 8:	Ätzende Stoffe,
– Anhang A.5:	Allgemeine Verpackungsvorschriften, Art, Anforderungen und Vorschriften über die Prüfung von Verpackungen.

Die Kriterien für die Zuordnung der Stoffe zu den Klassen 3, 6.1 und 8 wurden neu festgelegt (vgl. Randnummern 2300, 2600 und 2800). Im Grundsatz werden giftige und ätzende flüssige Stoffe mit einem Flammpunkt unter 21 Grad C der Klasse 3 zugewiesen (vgl. aber auch Randnummer 2601 Ziffern 1 bis 3). Die Stoffaufzählungen für die Klassen 3, 6.1 und 8 werden unter Berücksichtigung

der technischen und wirtschaftlichen Entwicklung erweitert und neu gefaßt. Hierbei werden die Stoffe jeweils entsprechend dem mit ihnen verbundenen Gefahrenpotential in die Gruppen a, b und c aufgegliedert. Wesentliche Grundsätze ergeben sich aus folgender Tabelle:

Die Vorschriften für Verpackungen der Stoffe der Klassen 3, 6.1 und 8 werden neu gestaltet; hierbei werden die Verpackungen standardisiert und die Vorschriften den Empfehlungen der Vereinten Nationen angepaßt (vgl. Kapitel 9 der im sogenannten „Orange Book" enthaltenen Empfehlungen).

Durch die Anpassung der Verpackungsvorschriften für den Straßenverkehr an die Empfehlungen der Vereinten Nationen ist die grundsätzliche verkehrsträgerübergreifende Verwendung der Verpackungen gewährleistet. In diesem Zusammenhang ist zu bemerken, daß die von den Vereinten Nationen für Verpackungen empfohlenen Kriterien

– für den Schienenverkehr ebenfalls übernommen werden,

– für den Seeverkehr schon früher eingeführt wurden und

– für den Binnenschiffsverkehr ebenfalls zum Tragen kommen, da die Gefahrgutverordnung Binnenschiffahrt keine eigenen Verpackungsvorschriften enthält, vielmehr auf die diesbezüglichen Vorschriften für andere Verkehrsträger verweist.

Die verkehrsträgerübergreifende Verwendung der Verpackungen ist zulässig bei den mit dem UN-Symbol gekennzeichneten Verpackungen. Daneben gibt es allerdings auch bestimmte Verpackungen, die nur im Landverkehr verwendet werden dürfen und mit dem Symbol „RID" bzw. „ADR" gekennzeichnet sind.

Hinsichtlich der Verpackungen für Stoffe der Klassen 3, 6.1 und 8 im Straßenverkehr sind künftig zu beachten:

– Jeweils die Abschnitte 2, Buchstabe A und C der Beförderungsvorschriften für die Klassen 3, 6.1 und 8 (vgl. Randnummern 2302 bis 2312, 2322, 2602 bis 2612, 2622, 2802 bis 2812, 2822) und

– die „Allgemeinen Verpackungsvorschriften, Art, Anforderungen und Vorschriften über die Prüfung der Verpackungen" (vgl. Anhang A.5 Randnummern 3500 bis 3599).

Zu 2.

Anpassung der Rechtsvorschriften für innerstaatliche Beförderungen gefährlicher Güter auf der Straße an das internationale Recht

Das derzeit bestehende Recht für die Beförderung gefährlicher Güter auf der Straße – wie auch auf der Schiene – ist gekennzeichnet durch unterschiedliche Rechtsvorschriften für den innerstaatlichen und den grenzüberschreitenden Verkehr. Die Unterschiede beruhen sowohl auf unterschiedlichen Sicherheitsanforderungen als auch auf unterschiedlicher Darstellung der Rechtsvorschriften.

Diese materiellrechtlichen und formalrechtlichen Unterschiede müssen systematisch abgebaut werden. Eine Voraussetzung hierfür ist die grundsätzlich unveränderte Übernahme beschlossener und wegen der Ratifizierung des Europäischen Übereinkommens über die internationale Beförderung gefährlicher Güter auf der Straße (ADR) für die Bundesrepublik Deutschland verbindlichen internationalen Regelungen in das für den innerstaatlichen Verkehr maßgebliche Recht.

Insgesamt wird langfristig das Ziel verfolgt, für innerstaatliche Beförderungen nach entsprechender Übergangsphase nur noch den international festgelegten Sicherheitsstandard zur Anwendung kommen zu lassen. Lediglich bei gravierenden Unterschieden in den Sicherheitsvorstellungen wird noch eine Notwendigkeit für abweichende nationale Sonderregelungen gesehen. Das gleiche gilt für die Zulassung zusätzlicher gefährlicher Güter zur innerstaatlichen Beförderung, für die ein allgemeines Verkehrsbedürfnis besteht.

Quelle: Verkehrsblatt 1985, S. 558 und Bundesratsdrucksache 87

1

Gruppe (= Buchstabe der Ziffer der Stoffaufzählung)	Klasse 3	Klasse 6.1	Klasse 8	zu verwendende Verpackungs-gruppe	Kennzeichnung der Verpackung u. a. mit
a)	sehr gefährlicher Stoff (Siedepunkt $\leq$ 35° C; Flammpunkt < 21° C) und sehr giftig oder stark ätzend	sehr giftig	stark ätzend	I	X
b)	gefährlicher Stoff (Flammpunkt < 21° C), soweit nicht unter a) fallend	giftig	ätzend	II oder I	Y oder X
c)	weniger gefähr-licher Stoff (Flammpunkt 21° C–100° C)	gesundheits-schädlich	schwach ätzend	III, II oder I	Z, Y oder X

Die zum 1. 5. 1985 völkerrechtlich in Kraft getretenen neuen internationalen Vorschriften für die Beförderung entzündbarer flüssiger Stoffe, giftiger Stoffe und ätzender Stoffe sowie für die Verpackungen der erwähnten Stoffe eröffnen die Möglichkeit, für innerstaatliche Beförderungen weitestgehend übereinstimmende Vorschriften einzuführen. Dieses Ziel wird für die genannten Stoffe und Verpackungen mit dieser Verordnung verwirklicht. Unterschiede sind bis auf wenige Abweichungen beseitigt.

Eine weitere künftige Anpassung – auch unter Berücksichtigung von Beschlüssen zuständiger internationaler Gremien für den grenzüberschreitenden Verkehr – ist vorgesehen.

Zu 3.

Zusammenfassende Darstellung der Rechtsvorschriften für innerstaatliche und für grenzüberschreitende Beförderungen

Die Rechtsvorschriften für die Beförderung gefährlicher Güter im Straßenverkehr waren bislang in zwei getrennten Regelungswerken niedergelegt: Die Vorschriften für grenzüberschreitende Beförderungen zwischen den Vertragsstaaten des Europäischen Übereinkommens über die internationale Beförderung gefährlicher Güter auf der Straße (ADR), die durch Zustimmungsgesetz vom 18. August 1969 (BGBl. II S. 1469) und – soweit es sich um Änderungen, insbesondere der Anlagen zum ADR handelt – durch Verordnungen für die Bundesrepublik Deutschland in Kraft gesetzt wurden, befanden sich im Bundesgesetzblatt Teil II. Im Teil I befanden sich demgegenüber die auf Grundlage der §§ 3 und 5 des Gesetzes über die Beförderung gefährlicher Güter erlassenen Verordnungen betreffend die innerstaatliche Beförderung gefährlicher Güter im Straßenverkehr.

Die Rechtsanwendung der Straßenverkehrsvorschriften wurde sowohl durch die unterschiedlichen materiellrechtlichen Regelungen wie auch durch den unterschiedlichen Standort erschwert. Das neue Recht bringt wesentliche Erleichterungen für die Rechtsanwendung, da

– das für grenzüberschreitende und innerstaatliche Beförderung geltende Recht im Bundesgesetzblatt Teil I zusammengefaßt und hinsichtlich der Anlagen in synoptischer Darstellung bekanntgegeben wird und außerdem
– eine Rechtsvereinheitlichung in wichtigen Teilbereichen verwirklicht wird (vgl. die Ausführungen oben zu 1. und 2.).

Die französische Fassung des ADR befindet sich allerdings weiterhin im Bundesgesetzblatt Teil II.

Die in den Anlagen A und B dieser Verordnung über die ganze Seite gedruckten Vorschriften gelten für innerstaatliche und grenzüberschreitende Beförderungen. Die links vom mittleren senkrechten Trennungsstrich gedruckten Vorschriften gelten jeweils nur für innerstaatliche Beförderungen. Die rechts vom mittleren senkrechten Trennungsstrich gedruckten Vorschriften gelten demgegenüber jeweils nur für grenzüberschreitende Beförderungen. Die für grenzüberschreitende Beförderungen geltenden

Vorschriften der Anlagen A und B sind der Wortlaut der Anlagen A und B des Europäischen Übereinkommens vom 30. September 1957 über die internationale Beförderung gefährlicher Güter auf der Straße (ADR). Die Anlagen A und B zum ADR sind also für alle grenzüberschreitenden und nicht nur für die dem ADR unterliegenden Transporte verbindlich. Dies berührt gegenwärtig vor allem Beförderungen zwischen der Tschechoslowakei und der Bundesrepublik Deutschland.

Die synoptische Darstellung des für grenzüberschreitende und innerstaatliche Gefahrgutbeförderungen geltenden Rechts verfolgt noch weitere Zielsetzungen: Die erwähnte Darstellung

– verringert die umfangreichen, bisher getrennten Regelungswerke und
– erleichtert die künftige Arbeit an einer weiteren Harmonisierung des nationalen und des internationalen Rechts.

Damit sind die für die innerstaatlichen und grenzüberschreitenden Gefahrguttransporte geltenden Rechtsvorschriften in der gleichen Verordnung, nämlich der Gefahrgutverordnung Straße, enthalten.

Zu 4.

Verkehrsträgerübergreifende Harmonisierung der Gefahrgutvorschriften

Das gegenwärtige Gefahrgutrecht ist gekennzeichnet durch ein Nebeneinander verkehrsträgerbezogener Rechtsvorschriften, die trotz in den vergangenen Jahren erzielter Fortschritte noch nicht ausreichend harmonisiert sind. Dies gilt für die internationalen Regelungswerke und ihnen folgend auch für die nationalen Rechtsvorschriften.

Im Hinblick auf grundsätzliche unterschiedliche Konzeptionen ist die verkehrsträgerübergreifende Harmonisierung der Gefahrgutvorschriften eine langfristige Aufgabe. Die vorliegende Verordnung bringt hier einen wichtigen Fortschritt, da künftig Verpackungen weitestgehend multimodal eingesetzt werden können.

Neben den langfristigen Bemühungen um verkehrsträgerübergreifend einheitliche Vorschriften müssen jedoch auch Teilziele verfolgt werden. Ein solches Teilziel ist wegen der engen Verknüpfung dieser beiden Verkehrsträger die Harmonisierung der Gefahrgutvorschriften für den Schienen- und Straßenverkehr. Die Mitgliedsstaaten der Wirtschaftskommission für Europa (ECE) und die CIM-Vertragsstaaten sind bemüht, im Rahmen der zuständigen Gremien die Vorschriften einander anzupassen. Ein sichtbares Ergebnis wurde mit dem am 1. 5. 1985 völkerrechtlich in Kraft getretenen Recht erzielt. Seit diesem Zeitpunkt gelten für den grenzüberschreitenden Schienen- und Straßenverkehr weitestgehend vereinheitlichte Rechtsvorschriften für die wichtigen Gefahrgutklassen 3, 6.1 und 8 (entzündbare flüssige Stoffe, giftige Stoffe und ätzende Stoffe) und für die Verpackungen, die für die Stoffe der genannten Klassen verwendet werden.

Die Bemühungen auf internationaler und nationaler Ebene sind darauf ausgerichtet, die Harmonisierung der Gefahrgutvorschriften für Schiene und Straße fortzusetzen. Die nächsten Schritte der Harmonisierung werden sich auf die Klassen 1 und 5.2 und auf die Vorschriften für Tankcontainer beziehen.

Die teilweise Vereinheitlichung des Gefahrgutrechts für Schiene und Straße im Bereich der Klassen 3, 6.1 und 8 wird für den innerstaatlichen Verkehr übernommen.

Im Ergebnis bestehen somit weitestgehend harmonisierte Vorschriften für grenzüberschreitende und innerstaatliche Beförderungen von entzündbaren flüssigen Stoffen, giftigen Stoffen und ätzenden Stoffen auf Schiene und Straße.

Die Maßnahmen zur Anpassung der gefahrgutrechtlichen Vorschriften für den innerstaatlichen Straßenverkehr an das Recht für den grenzüberschreitenden Straßenverkehr wie auch die Harmonisierung der rahmenrechtlichen Vorschriften für den Schienen- und Straßenverkehr haben eine grundlegende Umgestaltung der Rahmenverordnung zur Folge. Die nachfolgende Gegenüberstellung zeigt auf, wo sich die bisherigen rahmenrechtlichen Vorschriften der Gefahrgutverordnung Straße (in der Fassung der

Bekanntmachung vom 29. Juni 1983, BGBl. I S. 905), allerdings inhaltlich zum Teil verändert, in der künftigen Verordnung wiederfinden:

Bund, Länder und Gemeinden werden durch diese Verordnung nicht mit zusätzlichen Kosten belastet. Einzelne Rechtsänderungen können den Betroffenen Kosten verursachen; sie führen jedoch zu keiner Erhöhung des allgemeinen Preisniveaus.

Noch in einem weiteren Bereich erfolgt eine Anpassung der Vorschriften für Schiene und Straße: Die Rahmenvorschriften der Gefahrgutverordnung Eisenbahn und der Gefahrgutverordnung Straße unterscheiden sich bislang wesentlich sowohl im Aufbau als auch im Inhalt. Durch die vorliegende Verordnung sowie durch die gleichzeitig in Kraft tretende neue Gefahrgutverordnung Eisenbahn wird der Aufbau der Rahmenverordnungen weitgehend vereinheitlicht, wohingegen der inhaltlichen Vereinheitlichung infolge zu berücksichtigender Besonderheiten der Verkehrsträger engere Grenzen gesetzt sind.

Die systematische Vereinheitlichung der künftigen Rahmenverordnungen für Schiene und Straße ergibt sich aus folgender Tabelle:

Inhalt der Rahmenverordnungen

§	GGVS	GGVE
1		Grundregel
2		Begriffsbestimmungen
3		Zulassung zur Beförderung
4		Sicherheitspflichten
5		Ausnahmen
6	Baumusterzulassungen, Prüfbescheinigungen	Baumusterzulassung von TC und Kesselwagen
7	Beförderungserlaubnis	Zeitweiliger Aufenthalt von Versandstücken
8	Sonderrechte	Überwachung
9		Zuständigkeiten
10		Ordnungswidrigkeiten
11		Übergangsvorschriften
12		Anwendung anderer Vorschriften
13		Berlin-Klausel
14		Inkrafttreten, Außerkrafttreten

Begründung zur Ersten Verordnung zur Änderung der Gefahrgutverordnung Straße 1987/88

Allgemeines

Die vorliegende Verordnung verfolgt im wesentlichen folgende Ziele:

1. Veröffentlichung von Rechtsänderungen für grenzüberschreitende Beförderungen,

2. Anpassung der Rechtsvorschriften für innerstaatliche Beförderungen an das internationale Recht und

3. Inkraftsetzung von Maßnahmen, die für die Erhöhung der Sicherheit von großer Bedeutung sind.

Zu 1. und 2.:

Zum 1. Januar 1988 treten umfangreiche Änderungen der Anlagen A und B zum Europäischen Übereinkommen über die internationale Beförderung gefährlicher Güter auf der Straße (ADR) in Kraft. Dabei handelt es sich insbesondere um

– Vorschriften für die Beförderung gefährlicher Abfälle, Lösungen, Gemische,

– die Angleichung der Bau-, Ausrüstungs- und Betriebsvorschriften für Tankcontainer an die neueren Bestimmungen für Tanks (Anhänge B.1 a und B.1 b),

– Verbesserung des Anhangs B.1 d (Werkstoffe und Bau von geschweißten Tanks).

Aus Gründen der Hamonisierung werden diese Änderungen für grenzüberschreitende Beförderungen grundsätzlich auch für innerstaatliche Beförderungen in Kraft gesetzt.

Zu 3.:

Die Gefahrgutvorschriften in der Bundesrepublik Deutschland entsprechen einem anerkannt hohen Sicherheitsstandard.

Sie werden aufgrund neuer Erfahrungen und Erkenntnisse in Wissenschaft und Technik sowie unter Berücksichtigung von Beschlüssen und Empfehlungen der Vereinten Nationen und anderer zuständiger internationaler Gremien laufend überprüft und fortentwickelt. Für die Fortentwicklung der Vorschriften ist auch die Analyse von Unfällen von Wichtigkeit. Aufgrund der Analyse von Unfällen, die sich insbesondere mit Tankfahrzeugen in den Jahren 1982 bis 1984 ereigneten, sind wichtige Maßnahmen zu verwirklichen, die eine wesentliche Steigerung der Sicherheit der Gefahrguttransporte auf der Straße bewirken sollen. Diese Maßnahmen sind auch in einer Entschließung des Bundesrates angesprochen, die dieser am 5. Juli 1985 bei der Zustimmung zur Gefahrgutverordnung Straße verabschiedet hat. Zu dieser Entschließung hat der Bundesminister für Verkehr am 14. April 1986 Stellung genommen (vgl. Bundesrats-Drucksache 190/86).

Im einzelnen handelt es sich um folgende Sicherheitsmaßnahmen:

– Verbesserung des hinteren und seitlichen Schutzes von Tankfahrzeugen und Fahrzeugen mit Aufsetztanks,

– Ergänzung der Listen I und II des Anhangs B.8 um weitere extrem gefährliche Güter, deren Beförderung ab einer bestimmten Menge erlaubnispflichtig ist und

– Verlagerung weiterer Gefahrguttransporte von der Straße auf die Schiene und die Wasserstraße, insbesondere in Form des kombinierten Verkehrs.

Eine Verbesserung des Schutzes von Tankfahrzeugen wurde auf Antrag der Bundesrepublik Deutschland auch von der ECE-Sachverständigengruppe GE.15 die für die Weiterentwicklung des Europäischen Übereinkommens über die internationale Beförderung gefährlicher Güter auf der Straße (ADR) zuständig ist, beschlossen; sie wird am 1. Januar 1990 für den grenzüberschreitenden Verkehr wirksam werden.

Der Bund wird durch diese Verordnung mit zusätzlichen Kosten belastet. Für die Nachrüstung von Tankfahrzeugen mit dem verbesserten Schutz des Tanks entstehen Mehraufwendungen bei der Bundeswehr von voraussichtlich 14,5 Mio DM und beim Bundesgrenzschutz von 0,4 Mio DM. Für die Neuanschaffung verbesserter Tankfahrzeuge entstehen der Bundeswehr bis 1989 voraussichtlich rd. 0,97 Mio DM, dem Bundesgrenzschutz 0,1 Mio DM zusätzliche Kosten.

Länder und Gemeinden werden durch diese Verordnung nicht mit zusätzlichen Kosten belastet.

Im zivilen Bereich ist mit Mehrkosten für die Umrüstung der Tankfahrzeuge von je 12 000, – DM, für die Anschaffung neuer Tankfahrzeuge mit verbessertem seitlichen Schutz von je 3 000 DM zu rechnen. Hierdurch können sich Einzelpreise erhöhen. Tendenziell können davon auch direkte oder indirekte Auswirkungen auf das Verbraucherpreisniveau ausgehen. Der Umfang läßt sich im einzelnen nicht genau voraussagen.

Begründung zur Änderung der Rahmenverordnung

Gegenüberstellung
der GGVS 1983 und der GGVS 1985

GGVS 1983		GGVS 1985	
§	Absatz	§ oder Randnummer	Absatz
1		2	1
		3	1
1a		2	1
1b		4	1
2		4	3 bis 7
3	1	Rn. 10 381	
	2	Rn. 10 240	5
		Rn. 10 260	3 u. 4
4		Rn. 2002	3 u. 4
5		Rn. 10 385	
6		6	
7		7	
8		Rn. 10 500	
9	1	Rn. 10 507	
	2	4	2
10		9	
10a	1	Rn. 62 010	
	2	Rn. 2010, 10 602	
11		5	
12		Rn. 10 315	
13		10	
14		11	
15		8	
16		1	
17		–	
18		12	
19		–	
20		13	
21		14	

Begründung

Zu § 1: im Rahmen der Neufassung 1985

Durch die neue Fassung des § 1 werden die Vorschriften über den Anwendungsbereich wesentlich umgestaltet. Dies ist vor allem dadurch bedingt, daß, wie im allgemeinen Teil der Begründung unter 3, ausgeführt wird, die Verordnung die Vorschriften über innerstaatliche und grenzüberschreitende Beförderungen gefährlicher Güter erstmals in einer Rechtsvorschrift zusammenfaßt.

Die Beförderungsvorschriften im einzelnen sind in den Anlagen A und B zur Rahmenverordnung enthalten. Die synoptische Darstellung des Rechts für innerstaatliche und grenzüberschreitende Beförderungen in den Anlagen, verbunden mit einer teilweisen Harmonisierung der Rechtsvorschriften, sollen insbesondere die Rechtsanwendung erleichtern und den Gesamtumfang der Rechtsvorschriften verringern.

Absatz 2 legt fest, welche Vorschriften der Anlagen A und B zur Verordnung für den innerstaatlichen Verkehr gelten. Die Absätze 3 und 4 regeln, welche Rechtsvorschriften der Anlagen für grenzüberschreitende Beförderungen gelten. Nähere Ausführungen hierzu finden sich im allgemeinen Teil der Begründung unter 3. In Absatz 4 sind für innerstaatliche Beförderungen geltende Randnummern der Anlagen A und B aufgeführt, in denen verantwortliche Personen bestimmt sind. Da derartige Bestimmungen im ADR fehlen, soll die nationale Regelung auch für grenzüberschreitende Beförderungen gelten.

Begründung zur Änderung des § 1 im Rahmen der 1. GGVS-Änderungsverordnung 1987/88

Die neu eingefügten Vorschriften in Rn. 211 153 Satz 1 und 212 153 Satz 1 werden auch für grenzüberschreitende Beförderungen für anwendbar erklärt.

Begründung zu § 2 im Rahmen der Neufassung 1985

§ 2 stimmt inhaltlich weitgehend mit den bisherigen Vorschriften des § 1 Satz 1 und des § 1 a überein. Neu aufgenommen ist die Begriffsbestimmung der behördlich anerkannten Sachverständigen i. S. der Anlagen A und B und dort insbesondere in den Anhängen B.1 a und B.1 b.

Durch Absatz 2 werden die Begriffsbestimmungen auch auf den grenzüberschreitenden Verkehr für anwendbar erklärt.

Begründung zu § 3 und 4 im Rahmen der Neufassung 1985

Die Vorschriften über die Zulassung zur Beförderung und über die Sicherheitspflichten werden neu gegliedert und inhaltlich umgestaltet. Die bisher in § 1 Satz 2, §§ 1 b, 2 und 9 Abs. 2 enthaltenen Sicherheitspflichten sind nunmehr in §§ 3 und 4 zusammengefaßt.

Entsprechend dem Auftrag aus § 3 Abs. 4 des Gesetzes über die Beförderung gefährlicher Güter, die Beförderung mit allen Verkehrsmitteln möglichst einheitlich, d. h. auch mit einheitlichem Inhalt zu regeln, wurden die Vorschriften über die Zulassung zur Beförderung im Straßenverkehr und im Eisenbahnverkehr einheitlich gefaßt.

Gefährliche Güter dürfen auf der Straße nur befördert werden, wenn sie nach der Anlage A zur Beförderung zugelassen sind (§ 3 Abs. 1 Satz 1). Die Einhaltung dieses zur Gewährleistung eines sicheren Gefahrguttransports festgelegten Grundsatzes fällt insbesondere in die Verantwortungsbereiche des Absenders, Verladers und Beförderers. Sie müssen prüfen, ob der gefährliche Stoff oder Gegenstand überhaupt transportiert werden darf; das geschieht unter Beachtung der Randnummer 2002 und der Stoffaufzählungen der Gefahrklassen in der Anlage A. Für den Verlader bestand die in § 3 Abs. 1 Satz 2 niedergelegte Pflicht bislang nicht ausdrücklich; sie ist jedoch inhaltlich nicht völlig neu, vielmehr schon jetzt Ausfluß der allgemeinen Sicherheitspflichten gemäß § 1 b der bisherigen GGVS. Sind in einen Beförderungsvorgang mehrere Verlader eingeschaltet, so beschränkt sich für den 2. und die folgenden Verlader die Prüfmöglichkeit – ebenso wie beim Beförderer – auf die in den Begleitpapieren enthaltenen Angaben.

Mit der in § 3 Abs. 1 Satz 3 enthaltenen Pflicht des Beförderers, nur solche gefährlichen Güter zu befördern, die zur Beförderung zugelassen sind, wird insoweit geltendes Recht übernommen; vgl. § 1 Abs. 2 und § 13 Nr. 3 Buchstabe a der GGVS 1983.

Auf die Einhaltung der Einzelbedingungen der Anlagen A und B muß in § 3 nicht mehr ausdrücklich hingewiesen werden, da sich die Pflichten insoweit schon aus der Verordnung, z. B. § 4, und aus den Anlagen ergeben.

Durch die Vorschrift des Absatzes 1 Satz 3 wird dem Beförderer eine inhaltlich begrenzte Prüfpflicht auferlegt. Die Vorschrift bedeutet nicht, daß der Beförderer verpflichtet wäre, die stofflichen Angaben naturwissenschaftlich zu überprüfen oder Assimilierungen bei freien Klassen nachzuvollziehen. Im Hinblick auf die unterschiedlichen Aufgaben- und Verantwortungsbereiche von Hersteller, Verpacker, Absender und Beförderer geht es bei der Vorschrift des Absatzes 1 Satz 3 darum, daß der Beförderer anhand der ihm vorgelegten Begleitpapiere, insbesondere des Beförderungspapiers, nachprüft, ob die bezeichneten gefährlichen Güter nach Anlage A zur Beförderung zugelassen sind. Dies ergibt sich bei den sogenannten Nur-Klassen vor allem aus einem Vergleich der Angaben im Beförderungspapier mit der Stoffbenennung in der Anlage A; bei den sogenannten freien Klassen ist ein solcher Vergleich – ausgenommen bei den assimilierten Stoffen – ebenfalls möglich.

§ 4 Abs. 1 enthält den allgemeinen Grundsatz, wonach die Beteiligten alle erforderlichen Vorkehrungen im Interesse von Sicherheit und Ordnung zu treffen haben; die Vorschrift entspricht dem bisherigen § 1 b. Durch die Absätze 2 bis 7 wird im wesentlichen bestehendes Recht übernommen.

Die Vorschriften des §§ 3 und 4 regeln grundsätzliche Verantwortlichkeiten und Verpflichtungen. Sie bestehen aus Gründen der Sicherheit und Ordnung. Sie werden durch § 3 Abs. 2 und § 4 Abs. 8 auch auf grenzüberschreitende Beförderungen erstreckt.

Begründung zur Änderung des § 4 im Rahmen der 1. GGVS-Änderungsverordnung 1987/88

Die für grenzüberschreitende Beförderungen eingefügte Regelung entspricht § 6 Abs. 7 Sätze 1 und 4 für den innerstaatlichen Bereich.

Begründung zu § 5 im Rahmen der Neufassung 1985

§ 5 ist inhaltsgleich mit der bisherigen Vorschrift des § 11 der Gefahrgutverordnung Straße 1983. Insbesondere entspricht auch § 5 Abs. 5 dem § 11 Abs. 5 der Gefahrgutverordnung Straße 1983; letztere Vorschrift tritt nach § 14 Abs. 2 Nr. 1 nicht außer Kraft, da für die Festlegung dieser Zuständigkeiten nach § 5 des Gesetzes über die Beförderung gefährlicher Güter die Bundesregierung ermächtigt ist und diese Ermächtigung nicht auf den Bundesminister für Verkehr übertragen ist. Der in § 5 Abs. 5 verwendete Begriff „Verteidigung" schließt den Schutz der Zivilbevölkerung ein (vgl. Artikel 73 Nr. 1 GG).

Begründung zur Änderung des § 5 im Rahmen der GGVS-Änderungsverordnung 1987/88

Von einer Streichung der Sonderregelung des § 5 Abs. 4 Satz 1 – gleiches betrifft § 7 Abs. 1 Satz 4 – wurde nach Erörterungen mit Bundes- und Länderressorts abgesehen. Es handelt sich hier um einen sicherheitsrelevanten Bereich, für den eine eindeutige Regelung erforderlich ist. Die Widerspruchsgründe können sehr verschieden strukturiert sein. Im Hinblick auf die sehr allgemeine Fassung des § 49 Abs. 2 Nr. 2 f des Verwaltungsverfahrensgesetzes ist die Beibehaltung der Sonderregelung notwendig.

Durch die Änderung des § 5 Abs. 5 wird die Ausnahmeregelung für die dort genannten Behörden an die des § 5 Abs. 1 angeglichen.

Begründung zu § 6 im Rahmen der Neufassung 1985

In die Regelung des Absatzes 4 werden auch die Sattelzugmaschinen von Trägerfahrzeugen von Aufsetztanks einbezogen. Dies entspricht der Regelung für Sattelzugmaschinen, die zum Betrieb von Tankfahrzeugen erforderlich sind. Im Absatz 7 ist jetzt festgelegt, daß der Verlader auch sicherzustellen hat, daß gefährliche Güter nur zur Beförderung übergeben werden, wenn die Prüfbescheinigungen für die Tanks und die Fahrzeuge (einschl. Sattelzugmaschinen) vorliegen. Die Verpflichtung in Absatz 9 wurde vom Verlader auf den Befüller der Tankcontainer übertragen, da nur der erste Verlader in der Lage ist, die Einhaltung der Vorschrift ohne unvertretbaren Aufwand festzustellen.

Begründung zu § 7 im Rahmen der Neufassung 1985

Unveränderte Übernahme der bisherigen Vorschriften in § 7 über die Beförderungserlaubnis für sog. Listengüter.

Begründung zur Änderung des § 7 im Rahmen der 1. GGVS-Änderungsverordnung 1987/88

Siehe Allgemeines, zu 3.

Begründung zu § 8 im Rahmen der Neufassung 1985

§ 8 berücksichtigt in Übereinstimmung mit dem derzeit geltenden Gefahrguttransportrecht, daß die nichtdeutschen Streitkräfte auf Grund des NATO-Truppenstatus und des Zusatzabkommens, insbesondere nach den Art. 42 und 57, eine rechtliche Sonderstellung einnehmen. Durch Absatz 3 wird ausdrücklich klargestellt, daß diese Sonderstellung auch bei Durchführung grenzüberschreitender Beförderungen durch die nichtdeutschen Streitkräfte gilt.

Begründung zu § 9 im Rahmen der Neufassung 1985

Die Zuständigkeitsvorschriften des bisherigen § 10 und – teilweise – der bisherigen Randnummer 2002 Abs. 13 wurden unter Berücksichtigung folgender Änderungen übernommen.

– Ist für eine Beförderung sowohl eine Erlaubnis nach § 7 als auch eine Ausnahmezulassung nach § 5 erforderlich, kann künftig aus Gründen der Verwaltungsvereinfachung die für die Ausnahmezulassung zuständige Behörde auch die Erlaubnis erteilen (Absatz 1 Satz 3).

– in Angleichung an das ADR (Randnummer 211 140) bezieht sich künftig die Baumusterzulassung auch für den innerstaatlichen Verkehr auf den festverbundenen Tank, nicht auf das Tankfahrzeug (§ 6 Abs. 1 Satz 1). Die Zuständigkeitsvorschrift des § 9 Abs. 3 Nr. 1 wurde dieser Änderung angepaßt. Die Zuständigkeit der nach Landesrecht zuständigen Behörden bezieht sich künftig auf die Baumusterzulassung von festverbundenen Tanks (und von Aufsetztanks sowie Gefäßbatterien).

– Durch die Änderung des § 9 Abs. 3 Nr. 2 wird ausdrücklich klargestellt, daß die in dieser Vorschrift genannten Sachverständigen auch für die Prüfung von Druckgefäßen (z. B. nach Randnummern 2215, 2435, 2603 Abs. 1 Buchstabe b) zuständig sind.

– Für die Bauartprüfung und -zulassung von Verpackungen nach der Anlage A Anhang A.4 und für die Baumusterprüfung nach Anlage A Randnummer 2002 Abs. 13 wird die Zuständigkeit der Bundesanstalt für Materialprüfung begründet (§ 9 Abs. 3 Nr. 5).

– Die Zuständigkeitsvorschriften werden durch § 9 Abs. 5 teilweise auf grenzüberschreitende Beförderungen erstreckt. Damit wird die Verwendung von Verpackungen, die dem Anhang A.5 entsprechen und für die eine Bauartzulassung einer ausländischen Behörde vorliegt, nicht eingeschränkt.

5

Begründung zur Änderung des § 9 im Rahmen der GGVS-Änderungsverordnung 1987/88

Übernahme der Zuständigkeitsregeln aus Artikel 4 des Gesetzes zu dem Europäischen Übereinkommen vom 30. September 1957 über die internationale Beförderung gefährlicher Güter auf der Straße (ADR) vom 18. 8. 1969 (BGBl. II S. 1969) und Festlegen der Zuständigkeit der Industrie- und Handelskammern für die Ausstellung von Schulungsbescheinigungen auch für grenzüberschreitende Beförderungen. Damit tritt nach § 13 Abs. 8 des Gesetzes über die Beförderung gefährlicher Güter Artikel 4 des ADR-Vertragsgesetzes außer Kraft.

Begründung zu § 10 im Rahmen der Neufassung 1985

§ 10 enthält die Vorschriften über Ordnungswidrigkeiten. Die Vorschriften sind gegenüber dem bisherigen § 13 GGVS 1983 wesentlich umgestaltet. Die Änderungen sind erforderlich, weil

– Verstöße gegen Vorschriften für grenzüberschreitende und für innerstaatliche Vorschriften grundsätzlich in gleicher Weise bußgeldbewehrt werden sollen und

– die Rahmenverordnung und die Anlagen zur Verordnung wesentlich abgeändert werden.

Wie oben im allgemeinen Teil der Begründung ausgeführt ist, verfolgt die Verordnung im wesentlichen auch das Ziel einer möglichst weitgehenden Harmonisierung der Gefahrgutvorschriften. Erhebliche Unterschiede bestehen bislang u. a. auch in den Bußgeldvorschriften. Zuwiderhandlungen gegen die Vorschriften der Anlagen A und B zum Europäischen Übereinkommen über die internationale Beförderung gefährlicher Güter auf der Straße werden nach der ADR-Bußgeldverordnung vom 7. Mai 1979 (BGBl. I S. 524) geahndet, Verstöße gegen Vorschriften der GGVS 1983, einschließlich der Anlagen A und B, nach § 13 GGVS. Die bestehenden sachlichen und formalen Unterschiede sind nicht gerechtfertigt. Die wachsende Bedeutung der grenzüberschreitenden Beförderungen macht dies besonders deutlich. Der grenzüberschreitende Verkehr bildet mittlerweile ein Viertel des gesamten Verkehrsaufkommens an gefährlichen Gütern im Straßengüterfernverkehr. Eine grundsätzliche Gleichbehandlung der Betroffenen bei Verstößen gegen Vorschriften für innerstaatliche und grenzüberschreitende Beförderungen ist geboten. Inwieweit § 10 auch auf Ausländer anwendbar ist, richtet sich nach den allgemeinen Vorschriften des Ordnungswidrigkeitengesetzes, insbesondere nach den §§ 5 und 7 OWiG.

Die Vorschriften über Ordnungswidrigkeiten mußten aber auch wegen Änderungen der Rahmenverordnung und der Anlagen A und B überarbeitet werden. Im allgemeinen Teil der Begründung wird ausgeführt, daß sowohl die Rahmenvorschriften der Gefahrgutverordnung Eisenbahn und der Gefahrgutverordnung Straße wie auch die Vorschriften in den Anlagen A und B für innerstaatliche und grenzüberschreitende Beförderungen möglichst weitgehend vereinheitlicht werden. Die damit zusammenhängenden Veränderungen im Aufbau der materiellrechtlichen und verfahrensrechtlichen Vorschriften machen entsprechende Änderungen in der Bußgeldvorschrift notwendig.

§ 10 ist wie folgt gegliedert:

– Absatz 1 enthält die Verstöße gegen Vorschriften, die im wesentlichen mit gleichem Inhalt und an der gleichen Stelle für innerstaatliche und für grenzüberschreitende Beförderungen geregelt sind.

– Absatz 2 gilt nur für Verstöße bei innerstaatlichen Beförderungen.

– Absatz 3 gilt nur für Verstöße bei grenzüberschreitenden Beförderungen.

Hierbei beruhen die Unterschiede zwischen den Vorschriften in Absatz 2 und Absatz 3 zum Teil darauf, daß die Vorschriften für innerstaatliche und für grenzüberschreitende Beförderungen noch nicht vollständig harmonisiert sind oder daß bestimmte Verantwortlichkeiten für innerstaatliche Beförderun-

gen klarer festgelegt werden können, als dies bei multilateralen Übereinkommen möglich ist.

Die Vorschrift des Absatzes 3 bedeutet nicht, daß im Ergebnis Verstöße gegen Bestimmungen für grenzüberschreitende Beförderungen zusätzlich geahndet werden können; wie erwähnt, gibt es im Hinblick auf den derzeitigen Harmonisierungsstand zwar noch sachliche Unterschiede zwischen den Regelwerken für innerstaatliche und grenzüberschreitende Beförderungen. Jedoch zeigt nachfolgende Tabelle, daß Verstöße gegen Vorschriften für grenzüberschreitende Beförderungen grundsätzlich Ordnungswidrigkeiten bei innerstaatlichen Beförderungen entsprechen.

Tatbestand der Ordnungswidrigkeit für grenzüberschreitende Beförderungen	Entsprechende Ordnungswidrigkeit für innerstaatliche Beförderungen
§ 10 Abs. 3 Nr. 1 Buchstabe a	vergleichbar mit § 10 Abs. 2 Nr. 1 Buchstabe a
Buchstabe b	entspricht § 10 Abs. 2 Nr. 7
Buchstabe c	entspricht § 10 Abs. 2 Nr. 2 Buchstabe b
Nr. 2 Buchstabe a	vergleichbar mit § 10 Abs. 2 Nr. 4 Buchstabe e und Nr. 5 Buchstabe b
Buchstabe b	entspricht § 10 Abs. 2 Nr. 3 Buchstabe c
Buchstabe c	entspricht § 10 Abs. 2 Nr. 3 Buchstabe d
Nr. 3	entspricht § 10 Abs. 2 Nr. 4 Buchstabe d

Begründung zur Änderung des § 10 im Rahmen der 1. GGVS-Änderungsverordnung 1987/1988

Die Änderungen des § 10 ergeben sich vor allem durch Änderungen der Sachvorschriften. Darüber hinaus wurden zwei neue Bußgeldtatbestände eingefügt (Absatz 2 Nr. 4 d und Nr. 6 a).

Begründung zu § 11 im Rahmen der Neufassung 1985

Das neue Recht für den Gefahrguttransport bringt umfangreiche Änderungen, insbesondere im Bereich der Beförderung entzündbarer flüssiger Stoffe, giftiger Stoffe und ätzender Stoffe sowie der Verpackungsvorschriften. Dies erfordert angemessene Übergangsvorschriften, damit die Betroffenen die Möglichkeit haben, sich auf die Neuerungen einzustellen.

Für grenzüberschreitende Beförderungen kann dies nicht durch diese Verordnung geschehen, insoweit finden sich Übergangsvorschriften im internationalen Regelungswerk (vgl. Randnummer 3570 ADR).

Für innerstaatliche Beförderungen sind Übergangsvorschriften notwendig wegen

a) der Änderung von Klasse, Ziffer und Buchstaben bei Gütern der Klassen 3, 6.1 und 8;

b) der Einbeziehung weiterer Stoffe in die Klassen 3, 6.1 und 8;

c) der Änderung der Verpackungsvorschriften für Stoffe der Klassen 3, 6.1 und 8.

Zunächst wird für den innerstaatlichen Verkehr zur Erleichterung der Umstellung durch Absatz 1 Nr. 1 festgelegt, daß gefährliche Güter bis zum 31. Dezember 1985 auch noch nach der GGVS 1983 befördert werden dürfen. Dies muß der Absender dann allerdings im Beförderungspapier vermerken. Im übrigen wird zu vorstehenden Buchstaben a) bis c) folgendes bemerkt.

Zu a):

Die bisherigen Bezeichnungen für Stoffe der Klassen 3, 6.1 und 8 dürfen

– in Baumusterzulassungen nach § 6 Abs. 1, Beförderungspapieren, Ausnahmezulassungen, Erlaubnisbescheiden und Unfallmerkblättern bis 30. Juni 1986.
– in Prüfbescheinigungen nach § 6 Abs. 2 und 4 und in Erklärungen nach Anhang B.3 c bis zur nächsten nach dem 30. Juni 1986 stattfindenden wiederkehrenden Prüfung.
– in Baumusterzulassungen für Verpackungen bis 31. Dezember 1986

weiterverwendet werden (§ 11 Abs. 1).

Die vor dem Inkrafttreten dieser Verordnung ausgestellten Schulungsbescheinigungen nach Randnummer 10 315 für die Klassen 3, 6.1 oder 8 gelten bis zum nächsten Fortbildungslehrgang jeweils für Beförderungen von Stoffen dieser drei genannten Klassen (§ 11 Abs. 3).

Zu b):

Da § 11 für die erstmals unter die Gefahrgutvorschriften fallenden Stoffe keine Übergangsregelung enthält, dürfen solche Stoffe unter den Voraussetzungen der Anlage B Anhang B.1 a Randnummer 211 171 Abs. 1 Satz 2 und Anhang B.1 b Randnummer 212 171 Abs. 1 Satz 2 und nach dem dort angegebenen Verfahren zur Beförderung in Tanks einschließlich Tankcontainern zugelassen werden. Andere Fälle können ggf. mit Ausnahmen im Rahmen des § 5 geregelt werden.

Die Übergangsvorschriften für Verpackungen sind in Anlage A Anhang A.5 Randnummer 3570 Satz 2 enthalten.

Zu c):

Die Übergangsvorschriften sind in Anlage A Anhang A.5 Randnummer 3570 Satz 1 enthalten.

Begründung zur Änderung des § 5 im Rahmen der GGVS-Änderungsverordnung 1987/88

Durch Zeitablauf überflüssig gewordene Übergangsvorschriften werden gestrichen.

Übergangsvorschriften für Tanks und Tankcontainer werden entsprechend der Systematik der ADR-Regelung in Rn. 211 180 ff. und 212 180 aufgenommen.

Begründung zu § 12 im Rahmen der Neufassung 1985

Die Vorschrift über die Anwendung anderer Gesetze und Verordnungen entspricht im wesentlichen der bisherigen Regelung des § 18. Die Vorschrift weist darauf hin, daß bestimmte andere Gesetze (z. B. Atomgesetz, Abfallbeseitigungsgesetz, Chemikaliengesetz) und Verordnungen, die Vorschriften über Genehmigungen und Erlaubnisse für Beförderungen oder Abgrenzungsvorschriften gegenüber dem Verkehrsrecht enthalten, ebenfalls einschlägig sind. Durch die Einfügung des Wortes „insbesondere" in Absatz 2 wird klargestellt, daß die Aufzählung nicht abschließend ist.

Begründung zur Änderung des § 12 im Rahmen der GGVS-Änderungsverordnung 1987/88

Änderung von Fundstellen.

Begründung zu § 13 im Rahmen der Neufassung 1985

§ 13 enthält die übliche Berlin-Klausel.

Begründung zu § 14 im Rahmen der Neufassung 1985

§ 14 Abs. 1 enthält einen einheitlichen Termin für das Inkrafttreten der Verordnung hinsichtlich innerstaatlicher und grenzüberschreitender Beförderungen. Die völkerrechtliche Verbindlichkeit der Änderungen der Anlagen A und B zum Europäischen Übereinkommen über die internationale Beförderung gefährlicher Güter auf der Straße (ADR) zum 1. Mai 1985 bleibt hiervon unberührt. Die erforderlichen Übergangsvorschriften für innerstaatliche Beförderungen sind in § 11 der Verordnung enthalten.

Mit dem Inkrafttreten der neuen Rechtsvorschriften können die Verordnung über die Beförderung gefährlicher Güter auf der Straße vom 23. August 1979 in der Fassung der Bekanntmachung vom 29. Juni 1983 und die ADR-Bußgeldverordnung vom 7. Mai 1979 außer Kraft treten (vgl. § 14 Abs. 2). Dies gilt allerdings nicht für § 10 Abs. 4, § 11 Abs. 5, § 17 und § 20. Die vorliegende Verordnung ist eine Verordnung des Bundesministers für Verkehr. Deshalb müssen die Regelungen des § 10 Abs. 4 und des § 11 Abs. 5, die jetzt in § 9 Abs. 4 und § 5 Abs. 5 wiedergegeben sind und für die Güter eine Rechtsverordnung des Bundesregierung erforderlich ist, und die Vorschriften betreffend die Übertragung der Ermächtigung zum Erlaß von Rechtsverordnungen auf den Bundesminister für Verkehr erhalten bleiben.

Begründungen zur Änderung der Anlage A

Begründung zur Änderung der Randnummer 2002 Abs. 12 a und Randnummer 2601 Ziffer 17 a): im Rahmen der Neufassung 1985

Auf Grund der Bemerkungen zu Randnummer 2601 Ziffern 21 und 23 besteht zur Zeit ein Transportverbot für 2,3,7,8-Tetrachlordibenzo-1,4-dioxin (nachstehend als „TCDD" bezeichnet) in jeglicher Konzentration – ausgenommen für zugelassene Pflanzen- und Holzschutzmittel.

Dies bedeutet, daß Stoffe mit einem Gehalt von TCDD nur in besonderen Fällen durch Ausnahmen unter bestimmten Sicherheitsanforderungen befördert werden dürfen.

Die Umweltminister und -senatoren des Bundes und der Länder hielten bei ihrer Konferenz am 29./30. Mai 1984 eine Prüfung für erforderlich, inwieweit die Gefahrgutverordnung Straße bezüglich 2,3,7,8-TCDD-haltiger Rückstände aus Müllverbrennungsanlagen einer Änderung bedarf.

Die verkehrsrechtlichen Regelungen bezüglich TCDD-haltiger Stoffe stimmen für den Schienenverkehr und für den Straßenverkehr überein. Der Prüfungsauftrag der Umweltministerkonferenz konnte sich daher nicht nur auf den Straßenverkehr beziehen, sondern mußte sich auch auf den Bereich des Schienenverkehrs erstrecken. Die Überprüfung der mit der Beförderung TCDD-haltiger Stoffe zusammenhängenden Fragen hat ergeben, daß eine stärker differenzierende Regelung als im derzeit gültigen Recht sicherheitstechnisch vertretbar ist.

Für den grenzüberschreitenden Verkehr richtet sich die Beförderung TCDD-haltiger Stoffe künftig nach Randnummer 2601 Ziffer 17. Die Beförderungsmöglichkeit wird allerdings durch nachfolgende Vorschrift eingeschränkt.

„2,3,7,8-Tetrachlordibenzo-1,4-dioxin (TCDD) ist in Konzentrationen, die nach den Kriterien in der Fußnote 1) zu Randnummer 2600 (1) als sehr giftig, zur Beförderung nicht zugelassen."

Die Bundesrepublik Deutschland hat sich in den internationalen Gremien gegen diese Regelung ausgesprochen. Unter anderem bereitet diese Vorschrift in der praktischen Umsetzung erhebliche Schwierigkeiten. Die Bundesrepublik Deutschland hat sich daher vorbehalten, für den innerstaatlichen Verkehr eine abweichende Regelung einzuführen. Dieser Weg wurde über den neuen Absatz 12 a der Randnummer 2002 und die Randnummer 2601 Ziffer 17 a) zur GGVS beschritten. Das Recht für die innerstaatlichen Beförderungen unterscheidet mehrere Fälle, die nachfolgend erläutert werden. Im Ergebnis bedeutet die Regelung für die innerstaatlichen Beförderungen eine erhöhte Transportsicherheit. Die bisherige Sonderregelung für zugelassene Pflanzen- und Holzschutzmittel entfällt.

Die Regelung für den innerstaatlichen Verkehr geht davon aus, daß Verunreinigungen mit TCDD – soweit zur Zeit bekannt – nur in gefährlichen Gütern der Klassen 3, 6.1 und 8 zu finden sind, daß andererseits aber nicht völlig ausgeschlossen werden kann, daß sich entsprechende Verunreinigungen auch in Stoffen anderer Klassen befinden. Es ist daher notwendig, die Beförderung von TCDD nicht nur in Randnummer 2601 Ziffer 17 zur GGVS zu regeln, sondern darüber hinaus in einer allgemeinen Vorschrift. Randnummer 2002 wird deshalb um eine Regelung für die Beförderung von Stoffen aller Klassen mit TCDD-Verunreinigungen ergänzt.

Bei sehr niedrigen Konzentrationswerten, nämlich bei Lösungen und Gemischen mit einem Gehalt von TCDD bis höchstens 0,002 ppm, sind nach durchgeführten Tierversuchen und nach anerkannter wissenschaftlicher Meinung, selbst bei einem Austritt der Lösung oder des Gemischs in die Umwelt, aufgrund des äußerst geringen Gehalts an TCDD keine Schäden zu erwarten.

Im Konzentrationsbereich zwischen 0,002 ppm und 0,01 ppm dürfen mit TCDD verunreinigte Stoffe der Klassen 3, 6.1 und 8 nur unter den strengen Sicherheitsbedingungen der Verpackungsgruppe I befördert werden. Eine stärkere Unterteilung des erwähnten Konzentrationsbereichs in die Verpackungsgruppen I (sehr gefährlich), II (gefährlich) und III (weniger gefährlich) ist unter Berücksichtigung von systemanalytischen Toleranzbreiten und des zusätzlichen unvertretbaren Aufwandes nicht sinnvoll. Für Stoffe der Klassen 3, 6.1 und 8 mit Verunreinigungen mit TCDD von mehr als 0,01 ppm wird im Hinblick auf die von ihnen ausgehenden Gefahren das Transportverbot grundsätzlich beibehalten. Dies bedeutet, daß Stoffe mit entsprechenden Verunreinigungen nur in besonderen Fällen durch Ausnahmen unter besonderen Sicherheitsanforderungen befördert werden dürfen.

Mit dem erwähnten unteren Grenzwert von 0,002 ppm und dem oberen Grenzwert von 0,01 ppm befindet sich die GGVS in Übereinstimmung mit den Grenzwerten, die durch die in Vorbereitung befindliche neue Gefahrstoffverordnung eingeführt werden sollen

– für das Inverkehrbringen

und

– für die Anzeigepflicht

Verunreinigungen von Stoffen mit TCDD in anderen Klassen als den Klassen 3, 6.1 und 8 können allerdings nicht völlig ausgeschlossen werden. Hier besteht – jedenfalls derzeit – kein Bedürfnis für eine stärkere Differenzierung der Regelungen. Eine stärker differenzierende Regelung mußte sich zudem an anderen Unterscheidungskriterien orientieren: Im Straßenverkehr – wie auch im Schienenverkehr – gibt es zur Zeit für diese anderen Klassen keine Differenzierung der Stoffe nach ihrer Gefährlichkeit, die der Unterteilung in den Klassen 3, 6.1 und 8 vergleichbar wäre. Dementsprechend gibt es auch keine Differenzierung nach standardisierten Verpackungsgruppen. Dem Sicherheitsbedürfnis wird für die anderen Klassen in der Weise Rechnung getragen, daß oberhalb des erwähnten Schwellenwertes von 0,002 ppm ein Transportverbot eingeführt wird. Für 2,3,7,8-Tetrachlordibenzo-1,4-dioxin, rein oder in Lösungen und Gemischen mit ungefährlichen Stoffen, enthält die Bemerkung in Randnummer 2601 Ziffern 17 eine gleiche Regelung.

Begründung zur Änderung der Randnummern 2002 Abs. 12 a und 2601 Ziffer 17 a im Rahmen der 1. GGVS-Änderungsverordnung

Die neuen Vorschriften enthalten besondere Vorschriften für die innerstaatliche Beförderung dioxin- und furanhaltiger Stoffe. Diese Vorschriften berücksichtigen § 9 der Gefahrstoffverordnung.

Begründung zur Änderung der Randnummer 2001 und 2700 im Rahmen der Neufassung 1985

Zu den Randnummern 2001 und 2700:

Die Maßeinheiten werden dem neuesten Stand angepaßt; insbesondere wird die Einheit bar durch Pascal ersetzt. Randnummer 2700 Abs. 2 schreibt für die innerstaatliche Beförderung von Gütern der Klasse 7 vor, daß ab 1. Januar 1986 für die Aktivität die Einheit Bequerel und für die Dosisleistung die Einheit Millisievert pro Stunde zu verwenden ist.

Begründung zur Änderung der Randnummern 2019 und 2007 im Rahmen der 1. GGVS-Änderungsverordnung

Durch die neue Vorschrift wird die für innerstaatliche Beförderungen geltende Rn. 2019 in Rn. 2007 übernommen. Die innerstaatliche Regelung läßt künftig die Anwendung der für den See- und Luftverkehr geltenden Gefahrgutvorschriften auch für folgende Bereiche im Zu- und Ablauf zu:

a) Beförderung von gefährlichen Gütern, die zwar nach den See- und Luftvorschriften, nicht aber nach der Gefahrgutverordnung Straße transportiert werden dürfen.

b) Klassifizierung gefährlicher Güter nach den See- und Luftvorschriften.

In diesen beiden Fällen fehlen vor allem dem Beförderer und dem Fahrzeugführer die Angaben von Klasse, Ziffer und Buchstaben der Stoffaufzählungen (die strengsten Vorschriften der Anlage B der Gefahrgutverordnung Straße nicht möglich ist. Deshalb sind in Absatz 6 für die einzelnen Klassen die strengsten Vorschriften zusammengestellt. Beförderungen nach vorstehendem Buchstabe a in Mengen von mehr als 500 kg sind wie Güter des Anhangs B. 8 Liste II nach § 7 erlaubnispflichtig.

Die Zusammenladeverbote werden im übrigen mit der für grenzüberschreitende Beförderungen eingeführten Regelung harmonisiert.

Begründung zur Änderung der Randnummer 2301 a im Rahmen der Neufassung 1985

Die internationalen Regelungswerke enthalten hinsichtlich der gefahrgutrechtlichen Behandlung von Äthylalkohol unterschiedliche Bestimmungen. Im Luftverkehr sind, den UN-Empfehlungen folgend Trinkalkohole mit 24 bis 70 Vol.-% Alkohol in Gefäßen bis 5 Liter von den Gefahrgutvorschriften freigestellt, ohne daß hierbei die Zahl der Gefäße begrenzt wäre. Die internationalen Regelungswerke für Schiene und Straße stellen die Beförderung von Trinkalkoholen nur frei, wenn bestimmte allgemeine Verpackungsvorschriften eingehalten werden und bestimmte Mengenbegrenzungen je Versandstück nicht überschritten werden (vgl. Randnummer 2301 a ADR). Nach erfolgter sicherheitstechnischer Überprüfung werden durch diese Verordnung, den UN-Empfehlungen folgend, innerstaatliche Beförderungen von wässerigen Lösungen von Äthylalkohol und von mit Wasser beliebig mischbaren Stoffen in handelsüblichen Gefäßen von den Vorschriften der GGVS freigestellt. Eine entsprechende Regelung ist für innerstaatliche Beförderungen im Eisenbahnverkehr vorgesehen.

Begründung zur Änderung der Randnummern 2300 ff, 2600 ff und 2800 ff im Rahmen der Neufassung 1985

Auf die Neugestaltung der Klassen 3, 6.1 und 8 und die damit zusammenhängende Neufassung der Verpackungsvorschriften in Anhang A.5 wurde bereits im allgemeinen Teil der Begründung hingewiesen.

Vgl. auch obige Ausführungen zu den Randnummern 2002 Abs. 12 a 2601 und zu Randnummer 2301 a.

Begründung der Änderung des Anhangs A.5 im Rahmen der Neufassung 1985

Zu Anhang A.5:

Auf die neuen Verpackungsvorschriften für Stoffe der Klassen 3, 6.1 und 8 wurde bereits im allgemeinen Teil der Begründung hingewiesen.

Begründung zur Änderung des Anhangs A.9 im Rahmen der Neufassung 1985

Zu Anhang A.9:

Die Gefahrzettel werden umnumeriert. Die Nummernbezeichnung 1 – 8 stimmt künftig mit der Klassenbezeichnung (Gefahr der jeweiligen Klasse) überein.

Begründungen zur Änderung der Anlage B

Allgemeine Begründung zur Änderung der Anlage B im Rahmen der Neufassung 1985

Auch in der Anlage B werden die Maßeinheiten dem neuen Stand angepaßt; insbesondere wird die Einheit bar durch Pascal ersetzt.

Im I. Teil, Abschnitt 1 und 2, ändert sich die Randnummerngliederung. So sind beispielsweise im I. Teil der Anlage B die Vorschriften über die Fahrzeugbesatzung nicht mehr in Randnummer XX 171, sondern in Randnummer XX 311 zu finden. Einzelheiten können der nachstehenden Gegenüberstellung der Randnummern aus Abschnitt 1 und 2 des bisherigen Kapitels I entnommen werden.

Alte	Neue
Randnummern	
10 000	10 000
10 001	10 001
10 002	10 002
10 100	10 010, 10 011
10 102	10 014
10 104	10 204
10 108	10 108
10 111	10 111
10 118	10 118
10 121	10 121
10 127	10 130 (teilweise)
10 170	10 315
10 171	10 311, 10 321
10 172	10 325
10 181	10 381
10 182	10 282, 10 283
10 185	10 385
10 205	10 220
10 216	10 220
10 240	10 240
10 251	10 251
10 260	10 260

Die für grenzüberschreitende Beförderungen geltenden Vorschriften über die Anwendung der Anlage B (bisher Randnummer 10 1000, künftig Randnummer 10 011) wurden vollständig überarbeitet.

In Randnummer 10 311 werden die Übergangsvorschriften für das Autotelefon aus § 14 Abs. 3 GGVS zu Randnummer 10 171 Abs. 1 Satz 4 eingefügt.

Der in Randnummer 10 315 (besondere Schulung der Fahrzeugführer, bisher § 12 GGVS, Randnummer 10 170 ADR) in Abs. 1 angegebene Gesamtfassungsraum von mehr als 3000 Liter bezieht sich nach der internationalen Entstehungsgeschichte dieser Vorschrift nur auf Beförderungseinheiten mit Tankcontainern. Die Übergangsvorschrift für das Bescheinigungsmuster nach Art. 4 Abs. 3 Nr. 2 der 1. Straßen-Gefahrgut-Änderungsverordnung wird in Randnummer 10 315 weitergegeben.

Auf Grund eines entsprechenden Beschlusses des Bundesrates wurden in Randnummer 10 385 Abs. 6 Satz 1 Nr. 1 Buchstabe b und in Randnummer 10 500 Abs. 1 Satz 5 Nr. 1 Buchstabe b die Gewichtsgrenzen für die Mitgabe des Unfallmerkblattes und für die Kennzeichnung der Fahrzeuge bei innerstaatlichen Gefahrgutbeförderungen von 3 000 kg auf 1 000 kg herabgesetzt. Dazu wurde vom Bundesrat folgende Begründung gegeben:

„Gemäß Randnummer 10 500 Abs. 1 Satz 5 Nr. 1 Buchstabe b tritt die Kennzeichnungspflicht von Fahrzeugen, mit denen gefährliche Güter in Versandstücken befördert werden, bei den Klassen 2, 3, 4.1, 4.2, 4.3, 5.1, 5.2, 6.1, 8 und 9 erst bei einer beförderten Menge von mehr als 3 000 kg ein.

Diese Grenze ist in Anbetracht des Gefährdungspotentials, das von solchen Mengen ausgeht, nicht vertretbar. Die hohe Kennzeichnungsgrenze bedeutet, daß die Überwachungsorgane bei vielen Unfällen erst durch Einsichtnahme in die Beförderungspapiere einen Gefahrguttransport feststellen können. Die derzeitige Freigrenze für die Kennzeichnung liegt außerdem so hoch, daß die kleineren Speditionsfahrzeuge, mit denen in zunehmendem Maße gefährliche Güter befördert werden, von der Kennzeichnungspflicht überhaupt nicht erfaßt werden.

Für den ADR-Verkehr wurden die Grenzen für die Kennzeichnung in Randnummer 10 011 in Abhängigkeit von der Gefährdung, die von einzelnen Stoffen oder Stoffgruppen ausgeht, festgelegt. Sie liegt dort bei maximal 1 000 kg, für die gefährlicheren Stoffe jedoch zum Teil weitaus niedriger (zwischen 5 kg und 500 kg).

Die nunmehr neu festzulegende Grenze von 1 000 kg trägt einerseits dem Gefährdungspotential, das von solchen Beförderungen ausgeht, Rechnung; andererseits werden die nach Randnummer 10 011 ADR relativ komplizierten Berechnungen der Grenzen für eine Kennzeichnung vermieden.

Die Gewichtsgrenzen für die Mitgabe eines Unfallmerkblattes werden an die geänderten Grenzen für die Kennzeichnung der Fahrzeuge in Randnumer 10 500 angepaßt."

Nach Randnummer 10 500 Abs. 2 müssen Warntafeln mit Kennzeichnungsnummern künftig an fest verbundenen Tanks (Tankfahrzeuge), Aufsetztanks und Tankcontainern angebracht sein. Dies ist jedoch nur dann erforderlich, wenn der Fassungsraum der Tanks bei innerstaatlichen Beförderungen mehr als 1 000 Liter, bei grenzüberschreitenden Beförderungen mehr als 3 000 Liter beträgt.

In Randnummer 62 010 wird die Sonderregelung für bestimmte Stoffe der Klasse 6.2 aus § 10 a Abs. 2 übernommen. Randnummer 2651 a enthält einen Hinweis auf Randnummer 62 010.

Begründung zur Änderung der Randnummer 10 385 im Rahmen der 1. GGVS-Änderungsverordnung 1987/88

Mit der Neuen Vorschrift wird eine Regelung für die Verwendung von Sammelunfallmerkblättern bei innerstaatlichen Transporten eingeführt.

9

GGVS-
Begründung

Begründung zur Änderung der Randnummern 211 127 Abs. 4 im Rahmen der 1. GGVS-Änderungsverordnung 1987/88

In der Bundesrepublik Deutschland ist aufgrund verschiedener Unfälle vom Gefahrgut-Verkehrs-Beirat untersucht worden, ob die derzeit für den Transport gefährlicher Güter im Einsatz befindlichen Tankfahrzeuge ausreichend sicher sind. Der Beirat sieht eine ausreichende Sicherheit für die Beförderung in Tanks dann als gegeben an, wenn die Tanks je nach Durchmesser bei Herstellung aus Flußstahl eine Wanddicke von mindestens 5 bzw. 6 mm haben. Das gilt auch für Tanks aus anderen Metallen mit einer gleichwertigen Wanddicke.

Tankfahrzeuge und Aufsetztanks entsprechen nach Auffassung des Beirats nicht den sicherheitstechnischen Anforderungen, wenn die Basiswanddicke nach der Bemerkung zu Rn. 211 127 Buchstabe a) reduziert wurde. Aus der Auswertung entsprechender Unfallanalysen und Schadensbilder geht hervor, daß gewisse Bereiche des Tanks eine besondere hohe Festigkeit aufweisen müssen, da sie großflächig beansprucht werden. Dies gilt insbesondere für die Seiten des Tanks beim Umkippen von Tankfahrzeugen und von Fahrzeugen mit Aufsetztanks, bei denen die Seiten durch Pritschenbordwände des Trägerfahrzeugs nicht allseitig geschützt sind.

Der Gefahrgut-Verkehrs-Beirat ist daher der Ansicht, daß die Sicherheit von Tankfahrzeugen und Aufsetztanks, deren Tanks aus Flußstahl hergestellt sind und die eine Wanddicke von weniger als 5 bzw. 6 mm – bei Verwendung anderer Metalle eine gleichwertige Dicke – haben, nur durch das Anbringen eines besonderen flächigen Schutzes am Tank erhöht werden kann. Die für die Reduzierung der Wanddicke derzeit zulässige Schutzleistung mit einem Widerstandsmoment von 5 cm² stellt – wie die Auswertung der Unfälle zeigt – kein ausreichendes Sicherheitsäquivalent dar.

Der Gefahrgut-Verkehrs-Beirat hat sich auch mit den Maßnahmen befaßt, die bei wanddickenreduzierten Tankfahrzeugen zur Erhöhung der Sicherheit führen. Seiner Ansicht nach ist es beim heutigen Stand der Technik durchaus möglich, Tankfahrzeuge, die in der Wanddicke reduziert sind, gegen die häufigsten Unfallbeanspruchungen durch einen mittig angebrachten ausreichenden flächigen Schutz zu sichern. Im Hinblick auf die Bedeutung für die Sicherheit wurde der besondere Schutz für neue Tanks mit der Verordnung über Sofortmaßnahmen zur Einführung eines zusätzlichen Schutzes für wanddickenreduzierte Tanks vom 21. April 1987 (BGBl. I S. 1289) eingeführt.

Um den im Verkehr befindlichen Fahrzeugen die Umrüstung zu ermöglichen, wird in Rn. 211 185 Satz 2 eine entsprechende Übergangsregelung eingefügt. Sie entspricht der Verordnung über Sofortmaßnahmen zur Umrüstung wanddickenreduzierter Tanks vom 24. August 1987 (BGBl. I S. 2094).

Die eingefügten Regelungen lösen die beiden vorstehend genannten Sofortmaßnahmenverordnungen ab.

Begründung zur Änderung des Anhangs B.1 b im Rahmen der Neufassung 1985

Die Regelung für den Transport von Tankcontainern von und nach deutschen Seehäfen wird aus Randnummer 10 121 Abs. 2 der GGVS 1983 in Anhang B. 1 b Randnummer 212 190 neben die entsprechende Vorschrift für grenzüberschreitende Beförderungen übernommen.

Begründung zur Änderung des Anhangs B. 5 im Rahmen der Neufassung 1985

wird wesentlich erweitert. Er enthält im neuen Verzeichnis II Kennzeichnungsziffern auch für solche Stoffe der Klasse 3, 6.1 und 8, die im Verzeichnis I nicht namentlich aufgeführt sind oder nicht unter eine dort aufgeführte Sammelbezeichnung fallen.

Begründung zur Änderung der Randnummern 211 153 und 212 153 im Rahmen der 1. GGVS-Änderungsverordnung 1987/88

Im Hinblick auf die Gefahren, die bei der Verwendung von Tanks und Tankcontainern entstehen können, bei denen grobe Mängel hinsichtlich Bau, Ausrüstung und Kennzeichnung im laufenden Betrieb zwischen den vorgeschriebenen Prüfterminen aufgetreten sind, wird eine entsprechende Handlungsverpflichtung für den Halter bzw. Eigentümer eingeführt.

Begründung zur Änderung des Anhangs B. 8 im Rahmen der 1. GGVS-Änderungsverordnung 1987/88

Die Änderungen berücksichtigen Empfehlungen des Ausschusses Stoffe/Verpackungen des Gefahrgut-Verkehrs-Beirats. Sie betreffen den Anhang B. 8. Es handelt sich um

– die Aufnahme neuer Stoffe in die Liste I, die aufgrund neuer Erkenntnisse und bei einem Vergleich zu bisher erfaßten Stoffen ein Gefährdungspotential haben, welches eine Sonderbehandlung rechtfertigt, und

– die Umstufung von Wasserstoffperoxid, Perchlorsäure und Hydrazin aus der Liste II in die Liste I. Maßgebend für die Umstufung von Wasserstoffperoxid ist der Gesichtspunkt der ubiquitär auftretenden Gefahren, bei Perchlorsäure die Bildung explosiver gefährlicher Gemische beim Zusammenkommen mit brennbaren Stoffen und bei Hydrazin die Gefahr der Selbstentzündung bei Berührung mit Verunreinigungen, z. B. Rost.

GGVS-Durchführungsrichtlinien
(RS 002)

GGVS-Durchführungsrichtlinien – RS 002

Richtlinien zur Durchführung der Gefahrgutverordnung Straße
(GGVS-Durchführungsrichtlinien)
– RS 002 –

Vom 29. Juni 1988

1.   **Zu § 1**

1.1   **Anlage A: Vorschriften über die gefährlichen Stoffe und Gegenstände**

1.1.1   Die Anlage A ist in drei Teile gegliedert:

  – Der I. Teil (Rn. 2000 – 2099) enthält Begriffsbestimmungen (Rn. 2000 und 2001) und allgemeine Vorschriften. Zu den allgemeinen Vorschriften zählen u. a. die über die Grundsätze der Einteilung der gefährlichen Güter in Klassen (Rn. 2002 Abs. 1 und 2), das Beförderungspapier (Rn. 2002 Abs. 3, 4, 7 und 10), die Einordnung von Lösungen und Gemischen (auch Abfällen) (Rn. 2000 Abs. 4 und 2002 Abs. 8) sowie die Beförderung gefährlicher Güter im Versand von und zu Seehäfen oder Flugplätzen (Rn. 2007).

  – Der II. Teil (Rn. 2100 – 3099) enthält die Stoffaufzählungen der einzelnen Klassen sowie Vorschriften über Versandstücke (verpackte gefährliche Güter) und Vermerke im Beförderungspapier.

  – Der III. Teil (Rn. 3100 – 3999) besteht aus den Anhängen A.1 bis A.9.

1.1.2   **Übersicht über den II. Teil**

	1 a	1 b	1 c	2	3	4.1	4.2	4.3	5.1	5.2	6.1	6.2	7	8	9
II. Teil Stoffaufzählung und besondere Vorschriften für die einzelnen Klassen															
1. Aufzählung der Stoffe und Gegenstände	2100 2101	2130 2131	2170 2171	2200 2201 2201a*)	2300 2301 2301a*)	2400 2401 2401a*)	2430 2431 2431a*)	2470 2471 2471a*)	2500 2501 2501a*)	2550 2551 2551a*)	2600 2601 2601a*)	2650 2651 2651a*)	siehe jeweiliges Blatt der Rn. 2703	2800 2801 2801a*)	2900 2901
2. Vorschriften															
A. Versandstücke															
1. Allgemeine Verpackungsvorschriften	2102	2132	2172	2202	2302	2402	2432	2472	2502	2552	2602	2652		2802	2902
2. Verpackung der einzelnen Stoffe oder Arten von Gegenständen	2103 bis 2114/2	2133 bis 2143/2	2173 bis 2180/3	2203 bis 2221	2303 2310 2412/5	2403 bis 2477	2433 bis 2442	2473 bis 2478	2503 bis 2510	2553 bis 2561	2603 bis 2609	2653 bis 2662/1		2803 bis 2808	
3. Zusammenpackung	2115	2144	2181	2222	2311	2413	2442	2478	2510	2562	2611	2663		2811	
4. Aufschriften und Gefahrzettel auf Versandstücken	2116 bis 2118	2145	2182	2223 bis 2225	2312	2414	2443	2479	2511	2563	2612	2664		2812	
B. Vermerke im Beförderungspapier	2119 2126	2147	2184	2226	2314	2416	2445	2481	2513	2565	2614	2666		2814	2914
C. Leere Verpackungen				2237	2322		2453	2499	2521	2570	2622	2673		2822	
D. Sonstige Vorschriften				2238 2239											

*) Die Randnummer zählt solche gefährlichen Güter auf, die nicht den Vorschriften der betreffenden Klasse unterliegen, sofern sie unter bestimmten Bedingungen befördert werden.

Quelle: VKBl 15/1988, S. 558 – 575

1.2 **Anlage B: Vorschriften für die Beförderungsmittel und die Beförderung**
1.2.1 Die Anlage B ist in vier Teile gegliedert:
  – Eingangsvorschriften (Rn. 10 000 – 10 009)
  – I. Teil (Rn. 10 010 – 10 999) – Allgemeine Vorschriften für die Beförderung gefährlicher Güter aller Klassen –
  – II. Teil (Rn. 11 000 – 199 999) – Sondervorschriften für die Beförderung gefährlicher Güter der jeweiligen Klassen –
  – Anhänge B.1 bis B.8 (Rn. 200 000 – 299 999).
1.2.2 Der I. Teil und der II. Teil sind nach der gleichen Systematik, die das Auffinden der einschlägigen Vorschriften erleichtern soll, angelegt. Die Randnummern des I. Teils und des II. Teils setzen sich aus fünf Ziffern zusammen. Die Randnummern des I. Teils beginnen immer mit der Zahl 10, die des II. Teils mit den Zahlen 21, 31, 41, 42 usw., die jeweils den Klassen 2, 3, 4.1, 4.2 usw. entsprechen. Die drei letzten Ziffern der auf den gleichen Gegenstand bezogenen Randnummern sind im I. und im II. Teil identisch (vgl. dazu Nr. 1.2.4 „Übersicht über die Gliederung der Anlage B der GGVS").
1.2.3 Sofern die Vorschriften des II. Teils und der Anhänge zur Anlage B denen des I. Teils widersprechen, sind nach Rn. 10 002 die Vorschriften des I. Teils nicht anzuwenden (Ausnahme: Rn. 10 010 bis 10 013 und 10 403).

1.2.4　Übersicht über die Gliederung der Anlage B

	Eingangsvorschriften	I. Teil	1a, 1b, 1c	2	3	4.1	4.2	4.3	5.1	5.2	6.1	6.2	7	8	9
Aufbau der Anlage	10000														
Anwendung der Vorschriften des I. Teils dieser Anlage	10002														
Übersicht der nach § 4 Abs. 6 u. 7 zu beachtenden Vorschriften	10003														
Anwendungsbereich dieser Anlage	10010 bis 10013														
Begriffsbestimmungen	10014 10015														
Abschnitt 1															
Beförderungsart des Gutes															
Versandart, Versandbeschränkungen	10105	11105	21105			41105				52105					
Geschlossene Ladung	10108														
Beförderung in loser Schüttung	10111					41111	42111	43111	51111		61111	62111		81111	
Beförderung in Containern	10118	11118	21118			41118	42118	43118	51118	52118	61118	62118		81118	
Beförderung in Tanks	10121														91121
Bezettelung der Tankcontainer und Gefäßbatterien	10130		21130	31130		41130	42130	43130	51130	52130	61130			81130	
Abschnitt 2															
Besondere Anforderungen an die Beförderungsmittel und ihre Ausrüstung															
Fahrzeugarten	10204	11204				41204	42204	43204		52204					
Fahrzeugklassen		11205													
Beschränkte Verwendung von Fahrzeugen verschiedener Klassen		11206													
Werkstoffe für Fahrzeugaufbau		11210													
Belüftung			21212												
Fahrzeuge mit festverbundenen Tanks, Aufsetztanks oder Gefäßbatterien	10220								51220	52220					
Feuerlöschmittel	10240	11240	21240								61240		71240	81240	
Fahrzeuge mit Wärmedämmung, Kältespeicher oder Kältemaschine						41248				52248					
Elektrische Ausrüstung	10251	11251													
Sonstige Ausrüstung	10260	11260	21260								61260				
Zulassung der Fahrzeuge	10282 10283	11282													
Abschnitt 3															
Allgemeine Betriebsvorschriften															
Fahrzeugbesatzung	10311	11311													
Besondere Schulung der Fahrzeugführer	10315														
Überwachung der Fahrzeuge	10321	11321	21321	31321		41321	42321	43321	51321	52321	61321		71321	81321	91321
Personenbeförderung	10325														
Gebrauch der Feuerlöschmittel	10340														
Tragbare Beleuchtungsgeräte	10353												71353		91353
Verbot von Feuer und offenem Licht		11354													
Rauchverbot	10374		21374												91374
Leere Tanks	10378		21378			42378									
Begleitpapiere	10381														
Schriftliche Weisungen	10385										61385				

Hinweis in Spalten 6.1/6.2/7: siehe jeweiliges Blatt der Rn. 2703 der Anlage A

2

RS 002

	I. Teil	1a, 1b, 1c	2	3	4.1	4.2	4.3	5.1	5.2	6.1	6.2	7	8	9
							II. Teil							
Abschnitt 4														
Besondere Vorschriften für das Beladen, Entladen und für die Handhabung														
Begrenzung der befördernden Mengen	10401	11401			41401				52401					
Zusammenladeverbot in einem Fahrzeug	10403	11403	21403	31403	41403	42403	43403	51403	52403	61403	62403	siehe jeweiliges Blatt der Rn. 2703 der Anlage A	81403	91403
Zusammenladeverbot in einem Container	10404	11404												
Zusammenladeverbot mit Gütern in einem Container	10405	11405												
Zusammenladeverbot für Fahrzeuge mit Tanks									52406					
Belade- und Entladestellen		11407	21407							61407				
Vorsichtsmaßnahmen bei Nahrungs- und Genußmitteln				31410				51410		61410	62410			
Reinigung vor dem Beladen	10413	11413			41413				52413			siehe jeweiliges Blatt der Rn. 2703 der Anlage A	81413	
Handhabung und Verstauung	10414	11414	21414	31414	41414	42414	43414	51414	52414				81414	
Reinigung nach dem Entladen	10415			31415				51415		61415	62415			
Maßnahmen zur Vermeidung elektrostatischer Aufladungen	10417													
Beladen und Entladen der Container	10419													
Betrieb des Motors während des Beladens	10431													
Abschnitt 5														
Besondere Vorschriften für den Verkehr der Fahrzeuge														
Kennzeichnung und Bezettelung der Fahrzeuge	10500	11500	21500	31500	41500	42500	43500	51500	52500	61500		71500	81500	
Halten und Parken im allgemeinen	10503													
Halten und Parken bei Nacht oder schlechter Sicht	10505													
Halten und Parken eines Fahrzeugs, das eine besondere Gefahr darstellt	10507											71507		
Aufenthalt für die Zollabfertigung		11508												
Vorübergehendes Halten aus Betriebsgründen		11509	21509						52509	61509				
Schutz gegen Sonneneinwirkung										61515				
Fahrzeugkolonnen		11520												
Sonstige Bestimmungen	10599													
Abschnitt 6														
Beschleunigtes Verfahren bei der Genehmigung von Abweichungen für Versuche	10602													
Sondervorschriften für bestimmte Staaten		11610												

	I. Teil der Anhänge	1a,1b,1c	2	3	4.1	4.2	4.3	5.1	5.2	6.1	6.2	7	8	9
							II. Teil der Anhänge							
Anhänge														
Anhang B.1a														
Vorschriften für festverbundene Tanks (Tankfahrzeuge), Aufsetztanks und Gefäßbatterien														
Allgemeines	211100 bis 211102													
Verwendung			211210	211310		211410			211510	211610		211710	211810	
Bau	211120 bis 211129		211220 bis 211222	211320 bis 211323		211420 und 211421			211520 bis 211522	211620 bis 211623		211720	211820 bis 211823	
Ausrüstung	211130 bis 211138		211230 bis 211236	211330 bis 211332		211430 bis 211433			211530 bis 211535	211630 bis 211633		211730	211830 bis 211834	
Zulassung des Baumusters	211140											211740		

Anhang B.1a

	I. Teil der Anhänge	II. Teil der Anhänge												
		1a 1b 1c	2	3	4.1	4.2	4.3	5.1	5.2	6.1	6.2	7	8	9
Prüfungen	211150 bis 211154		211250 bis 211258	211350 und 211351	211450 bis 211452			211550		211650 und 211651		211750	211850 bis 211852	
Kennzeichnung	211160 und 211161		211260 bis 211263		211460 und 211461								211860	
Betrieb	211170 bis 211178		211270 bis 211279	211370 bis 211373	211470 bis 211475			211570 bis 211572		211670 bis 211672		211770 und 211771	211870 und 211871	
Übergangsvorschriften	211180 bis 211185													

Anhang B.1b
Vorschriften für den Bau, die Prüfung und die Verwendung von Tankcontainern

	I. Teil der Anhänge	1a 1b 1c	2	3	4.1	4.2	4.3	5.1	5.2	6.1	6.2	7	8	9
Allgemeines	212100 bis 212102													
Verwendung			212210	212310	212410			212510		212610		212710	212810	
Bau	212120 bis 212127		212220 bis 212222	212320 bis 212323	212420 und 212421			212520 bis 212522		212620 bis 212623		212720	212820 bis 212823	
Ausrüstung	212130 bis 212138		212230 bis 212236	212330 bis 212332	212430 bis 212433			212530 bis 212535		212630 bis 212632		212730	212830 bis 212834	
Zulassung eines Baumusters	212140							212540				212740		
Prüfungen	212150 bis 212154		212250 bis 212258	212350 und 212351	212450 bis 212452			212550		212650 und 212651		212770	212850 bis 212852	
Kennzeichnung	212160 und 212161		212260 bis 212262		212460 und 212461								212860	
Betrieb	212170 bis 212177		212270 bis 212279	212370 bis 212373	212470 bis 212475			212570 bis 212572		212670 bis 212672		212770 und 212771	212870 und 212871	
Übergangsvorschriften		212180												
Verwendung der für den Seeverkehr zugelassenen Tankcontainer	212190													

Anhang B.1c
Vorschriften für festverbundene Tanks und Aufsetztanks aus verstärkten Kunststoffen

		1a,b,c	2	3	4.1	4.2	4.3	5.1	5.2	6.1	6.2	7	8	9
Verwendung				213010				213010					213010	
Bau				213100 bis 213103				213100 bis 213103					213100 bis 213103	
Werkstoffe der Tankwände				213120				213120					213120	
Aufbau der Tankwände				213130 bis 213134				213130 bis 213134					213130 bis 213134	
Prüfverfahren und Güteanforderungen				213140 bis 213143				213140 bis 213143					213140 bis 213143	
Besondere Vorschriften für Tanks zur Beförderung von Stoffen mit FP < 55° C				213150 bis 213158				213150 bis 213158					213150 bis 213158	

Anhang B.1d
Vorschriften für Werkstoffe und Bau von geschweißten festverbundenen Tanks, geschweißten Aufsetztanks und geschweißten Tanks von Tankcontainern, für die ein Prüfdruck von mindestens 1 MPa (10 bar) vorgeschrieben ist, sowie für geschweißte festverbundene Tanks, geschweißte Aufsetztanks und geschweißte Tanks von Tankcontainern für tiefgekühlte verflüssigte Gase der Klasse 2

	2
	214250 bis 214279

	1a, 1b, 1c	2	3	4.1	4.2	4.3	5.1	5.2	6.1	6.2	7	8	9
Anhang B.2 Elektrische Ausrüstung	220000	220000	220000				220000	220000	220000		220000	220000	
Anhang B.3 Bescheinigung der besonderen Zulassung von Fahrzeugen zur Beförderung bestimmter gefährlicher Güter		230000	230000	230000	230000	230000	230000	230000	230000	230000	230000	230000	
Anhänge B.3a und B.3b Prüfbescheinigungen nach § 6 GGVS	230001	230000	230000	230000	230000	230000	230000	230000	230000	230000	230000	230000	
Anhang B.3c Erklärung für gefährliche Güter, die zusätzlich zu den in der Baumusterzulassung für Tankcontainer oder in der Prüfbescheinigung nach Anhang B.3a genannten gefährlichen Gütern befördert werden dürfen		230002	230002	230002	230002	230002	230002	230002	230002	230002	230002	230002	
Anhang B.4 Tabellen für die Beförderung von Stoffen der Klasse 7, Zettel, der an den Fahrzeugen anzubringen ist, die diese Stoffe befördern											240000 und 240001 240010		
Anhang B.5 Verzeichnis der in Rn. 10500 aufgezählten Stoffe		250000 250001	250000 250001	250000 250001	250000 250001	250000 250001	250000 250001	250000 250001	250000 250001		250000 250001		
Anhang B.6 ADR-Bescheinigung über die Schulung der Führer von Kraftfahrzeugen zur Beförderung gefährlicher Güter		260000	260000	260000	260000	260000	260000	260000	260000	260000	260000	260000	
Anhang B.8 Listen I und II der gefährlichen Güter, deren Beförderung nach § 7 erlaubnispflichtig ist	280001	28001	280001		280001	280001	280001	280001	280001		280001	280001	280001

1.3 ADR-Vertragsstaaten sind Belgien, Dänemark, die Bundesrepublik Deutschland, DDR, Finnland, Frankreich, Italien, Jugoslawien, Luxemburg, die Niederlande, Norwegen, Österreich, Polen, Portugal, Schweden, die Schweiz, Spanien, die Tschechoslowakei, Ungarn und das Vereinigte Königreich.

1.4.1 Nach dem am 17. Oktober 1972 in Kraft gesetzten Vertrag zwischen der Bundesrepublik Deutschland und der DDR über Fragen des Verkehrs – Verkehrsvertrag – (BGBl. II S. 1449, 1468) gilt nach Artikel 28 für Straßengütertransporte zwischen der Bundesrepublik und der DDR neben dem Zollübereinkommen vom 15. Januar 1969 über den internationalen Warentransport mit Carnets TIR auch das Europäische Übereinkommen über die internationale Beförderung gefährlicher Güter auf der Straße (ADR).

1.4.2 Im Verkehr von und nach Berlin (West) durch die DDR sind die Vorschriften der „Information über die Bedingungen für das Mitführen und den Transport bestimmter Gegenstände sowie lebender Tiere im Transitverkehr" (Beilage zum Bundesanzeiger Nr. 174 vom 15. September 1972 S. 14, geändert durch Bundesanzeiger vom 16. 3. 1983), die die Zollverwaltung der DDR nach Abschnitt 3 der Anlage zum Transitabkommen vom 17. 12. 1971 dem Bundesminister für Wirtschaft und Finanzen übermittelt hat, zu beachten. Gefährliche Güter müssen hiernach hinsichtlich der Transportart, Verpackung, Transportanforderungen sowie der Kennzeichnung der Transportmittel, Packstücke und Begleitdokumente beim Grenzübertritt den jeweiligen internationalen Vorschriften – hier also dem ADR – entsprechen.

Zu § 3

3.1 Die Anlage A der GGVS teilt die gefährlichen Güter in folgende Klassen ein (Rn. 2002 Abs. 1 und 2):

Klasse 1a	Explosive Stoffe und Gegenstände	Nur-Klasse
Klasse 1b	Mit explosiven Stoffen geladene Gegenstände	Nur-Klasse
Klasse 1c	Zündwaren, Feuerwerkskörper und ähnliche Güter	Nur-Klasse
Klasse 2	Verdichtete, verflüssigte oder unter Druck gelöste Gase	Nur-Klasse
Klasse 3	Entzündbare flüssige Stoffe	freie Klasse
Klasse 4.1	Entzündbare feste Stoffe	freie Klasse
Klasse 4.2	Selbstentzündliche Stoffe	Nur-Klasse
Klasse 4.3	Stoffe, die in Berührung mit Wasser entzündliche Gase entwickeln	Nur-Klasse
Klasse 5.1	Entzündend (oxydierend) wirkende Stoffe	freie Klasse
Klasse 5.2	Organische Peroxide	Nur-Klasse
Klasse 6.1	Giftige Stoffe	freie Klasse
Klasse 6.2	Ekelerregende oder ansteckungsgefährliche Stoffe	Nur-Klasse
Klasse 7	Radioaktive Stoffe	Nur-Klasse
Klasse 8	Ätzende Stoffe	freie Klasse
Klasse 9	Sonstige gefährliche Stoffe und Gegenstände	freie Klasse

3.2 Um festzustellen, ob ein gefährliches Gut zur Beförderung zugelassen ist, ist zunächst zu prüfen, unter welchen Begriff der 15 Klassen ein Gut einzuordnen ist. Sodann ist die Bezeichnung des Gutes mit der Stoffaufzählung der entsprechenden Klasse zu vergleichen. Es können sich folgende Möglichkeiten ergeben:

3.2.1 Das Gut ist unter bestimmten Bedingungen zur Beförderung zugelassen und somit ein Gut der GGVS, wenn es

a) in der Stoffaufzählung namentlich aufgeführt ist oder

b) in der Stoffaufzählung zwar nicht namentlich aufgeführt ist, jedoch unter eine in der Stoffaufzählung enthaltene Sammelbezeichnung fällt.

Wegen Lösungen und Gemischen, auch Abfällen, siehe Rn. 2002 Abs. 8.

3.2.2 Das Gut kann nicht nach 3.2.1 eingeordnet werden. In diesem Falle ist festzustellen, ob es sich bei der Klasse, in die das Gut einzureihen wäre, um eine Nur-Klasse oder um eine freie Klasse handelt.

a) Güter, die unter den Begriff einer der neun Nur-Klassen einzureihen sind und die in der Stoffaufzählung nicht aufgeführt sind, sind von der Beförderung ausgeschlossen (vgl. Rn. 2002 Abs. 1).

b) Güter, die unter den Begriff einer der sechs freien Klassen einzureihen sind und die weder in der Stoffaufzählung namentlich aufgeführt sind noch unter eine der dort genannten Sammelbezeichnungen fallen, unterstehen nicht den Vorschriften der GGVS und sind ohne besondere Bedingungen zugelassen (vgl. Rn. 2002 Abs. 1). Dies gilt nicht für Güter, die in der Stoffaufzählung durch Bemerkungen („Bem.") ausdrücklich von der Beförderung ausgeschlossen sind (z. B. Bem. zu Rn. 2601 Ziffern 1, 2 und 3).

3.3 Bei der Einordnung von Lösungen und Gemischen von bestimmten Stoffen sowie von Stoffen bestimmter spezifischer Radioaktivität sind zusätzlich die allgemeinen Vorschriften der Rn. 2002 Abs. 8, 9, 11, 12 und 12a zu beachten.

3.4 In Einzelfällen kann entgegen der Anlage A ein bestimmtes gefährliches Gut auf Grund

a) einer Vereinbarung nach Rn. 2010 und 10 602,

b) einer Ausnahmeverordnung des Bundesministers für Verkehr (§ 6 des Gesetzes über die Beförderung gefährlicher Güter) oder

c) einer Ausnahmezulassung der nach Landesrecht zuständigen Stellen (§ 5 Abs. 1)

zur Beförderung zugelassen sein.

Wegen Proben für Prüfzwecke siehe Rn. 2020.

3.5 In folgenden Fällen sieht die GGVS Erleichterungen vor:

3.5.1 Die in den Rn. 2201a, 2301a, 2401a, 2431a, 2471a, 2501a, 2551a, 2601a, 2651a, 2801a aufgeführten gefährlichen Güter unterliegen unter bestimmten Bedingungen nicht den Vorschriften der GGVS. Entsprechendes gilt hinsichtlich bestimmter Ziffern der Blätter 1 bis 4 in Rn. 2703.

3.5.2 Auf begrenzte Mengen gefährlicher Güter in Versandstücken sind bestimmte Vorschriften der Anlage B nicht anzuwenden (vgl. Rn. 10 011, 10 385 Abs. 6 und 10 500 Abs. 1).

3.5.3 Sonderregelungen enthalten Rn. 62 010 für die Beförderung gefährlicher Güter der Klasse 6.2 sowie Rn. 2010 und 10 602 für die Anwendbarkeit von Vereinbarungen nach ADR-Rn. 2010 und 10 602 im innerstaatlichen Verkehr.

3.6 Auskünfte darüber, welche Vorschriften im Einzelfall anzuwenden sind, kann die Behörde nur erteilen, wenn das betreffende Gut nach RI. 2002 (3) bezeichnet ist. Ist diese Bezeichnung des Gutes unbekannt und sind die notwendigen Angaben auch nicht vom Hersteller zu erhalten, so kann auf geeignete Stellen (z. B. für die Klassen 1a, 1b, 1c, 2, 4.1, 4.2, 4.3, 5.1 und 5.2) auf die Bundesanstalt für Materialforschung und -prüfung, Unter den Eichen 87, 1000 Berlin 45) verwiesen werden. Für die Anfrage wird das Formblatt nach Anlage 1 empfohlen.

Zu § 5

5.1 Für den Antrag auf Erteilung einer Ausnahmezulassung nach § 5 Abs. 1 wird das Formblatt nach Anlage 1 empfohlen.

Anträge auf Neuerteilung (Verlängerung der Geltungsdauer) sind wie Anträge auf erstmalige Erteilung einer Ausnahme zu behandeln. Dasselbe gilt sinngemäß für „Erweiterungen" von Ausnahmezulassungen (z. B. um weitere Verpackungen oder Stoffe).

5.2 Nach § 5 Abs. 3 Satz 1 hat der Antragsteller bei Abweichungen von den Anlagen A und B ein Sachverständigengutachten vorzulegen. In dem Gutachten sind das jeweilige Gefahrenpotential sowie die zur Herabminderung dieser Gefahren notwendigen Sicherheitsvorkehrungen exakt und nachprüfbar darzulegen. Es müssen alle maßgeblichen Daten und Fakten für eine sachgerechte Entscheidung über die Zulassung zum Transport vorgelegt werden. Es bleibt dem Antragsteller überlassen, welche Sachverständigen er für geeignet hält, sein Anliegen mit Sachwissen zu vertreten.

Folgende Sachverständige kommen insbesondere in Frage:

a) für gefährliche Stoffe und Gegenstände sowie für die Kennzeichnung von Versandstücken mit gefährlichen Gütern:

Chemische und physikalische Untersuchungsstellen (z. B. wissenschaftliche Institute), anerkannte Chemiker/ Physiker;

b) für Verpackungen (einschließlich Zusammenpacken und Zusammenladen):

Materialprüfstellen (z. B. Materialprüfämter, TÜV);

c) für Kraftfahrzeuge und deren Ausrüstung:

Sachverständige nach § 9 Abs. 3 Nr. 3, Fachingenieure anerkannter Kraftfahrzeugüberwachungsorganisationen sowie vereidigte oder von der IHK anerkannte oder bestellte Sachverständige;

d) für Tanks einschließlich Tankcontainer und deren Ausrüstung:

Sachverständige nach § 9 Abs. 3 Nr. 2.

Auf die Vorlage eines Sachverständigengutachtens kann verzichtet werden, wenn aufgrund von solchen Gutachten bereits eine Eisenbahnausnahmegenehmigung erteilt wurde.

5.3 Das Gutachten hat zur Einhaltung des Standes von Wissenschaft und Technik Stellung zu nehmen. Soweit der anerkannte Stand von Wissenschaft und Technik in zu begründenden Einzelfällen nicht eingehalten werden kann, ist nicht auszuschließen, daß bei Abwägung aller Gesichtspunkte ein niedriger Sicherheitsstandard den berechtigten Anspruch der Allgemeinheit, vor Gefahren ausreichend geschützt zu werden, abdeckt. Deshalb kann die Behörde bei entsprechenden Anträgen vom Stand von Wissenschaft und Technik abweichen, wenn feststeht, daß die verbleibenden Gefahren als vertretbar angesehen werden können. Bei einem Sicherheitsstandard, der unterhalb dem Stand von Wissenschaft und Technik liegt, ist im Gutachten nachprüfbar darzulegen, welche Gefahren verbleiben und weshalb die verbleibenden Gefahren für vertretbar angesehen werden können.

5.4 Vergleichende Verweisungen auf geltende oder bereits beschlossene künftige Vorschriften können bei Anträgen auf Ausnahmezulassung die durch die Rechtsvorschriften des § 5 verlangten und vorstehend wiedergegebenen Darlegungen nicht ersetzen.

5.5 Bei der Beantragung auf Zulassung einer neuen Verpackung reicht z. B. das Gutachten eines Verpackungssachverständigen allein nicht aus. Wegen der Gefahrendarstellung ist zusätzlich das Gutachten eines Sachverständigen für das zu befördernde Gut (Stoffsachverständigen) notwendig.

5.6 Die für die Erteilung der Ausnahmezulassung zuständigen Stellen sollen die Gutachten ggf. mit dem Entwurf der Ausnahmezulassung in der Regel Behörden/Organisationen, die im Gefahrgut-Verkehrs-Beirat vertreten sind, zur Stellungnahme vorlegen.

5.7 Den Ausnahmezulassungen ist eine Numerierung zuzuteilen, die aus laufender Nummer, Jahreszahl und Kurzbezeichnung des genehmigenden Bundeslandes besteht, z. B. 12/83 He. Werden Ausnahmen in einem Lande von mehreren Stellen zugelassen, so ist jeder Stelle ein Unterscheidungsmerkmal zuzuweisen, z. B. 3/83 NRW 1.

5.8 Die Ausnahmezulassungen sind nach der Nennung des Genehmigungsinhabers wie folgt zu gliedern:
1. Art und Zulassung (z. B. Stoff- und/oder Verpackungszulassung)
2. Verpackungsvorschriften, gegliedert nach Innen-, Zwischen- und Außenverpackung oder Vorschriften für Bau und Betrieb von Tankcontainern, Tankfahrzeugen, Prüfvorschriften (z. B. Baumusterprüfung)
3. Sonstige Vorschriften (z. B. Kennzeichnung)
4. Vermerke im Beförderungspapier
5. Geltungsdauer und Widerrufsvorbehalt
6. Übergangsvorschriften
7. Rechtsbehelfsbelehrung

5.9 Die Genehmigungsbehörde übersendet den anderen Ländern (lt. folgendem Verteiler) und dem Bundesverkehrsministerium Kopien der Ausnahmezulassung.

Verteiler

Verkehrsminister/-senatoren
– Verkehrsministerien –
der Länder in

Berlin, Bremen, Hannover, Kiel, Mainz, München, Saarbrücken, Wiesbaden

Behörde für Inneres
Wasserschutzpolizei Pol.-Dir. Süd
– PD 452 –
Johanniswall 4
2000 Hamburg

Staatl. Materialprüfungsamt
Nordrhein-Westfalen
Postfach 41 03 07
4600 Dortmund

Regierungspräsidium Karlsruhe
Postfach 53 43
7500 Karlsruhe

Bezirksregierung Koblenz
– Verkehrsreferat –
Stresemannstr. 3-5
5400 Koblenz

Bezirksregierung Rheinhessen-Pfalz
– Verkehrsreferat –
Friedrich-Ebert-Str.
6730 Neustadt/W.

Bezirksregierung Trier
– Verkehrsreferat –
Kurfürstliches Palais
5500 Trier

Zu § 6

6.1 Zulassung des Baumusters

Für die Zulassung des Baumusters von festverbundenen Tanks, Aufsetztanks und Gefäßbatterien zur Beförderung gefährlicher Güter sind besondere Richtlinien erlassen worden (– RS 001 –, VkBl 1986 S. 64). Diese Richtlinien enthalten Muster für die Berichte über die Baumusterprüfung, für einen Antrag auf Baumusterzulassung und für einen Bescheid über die Zulassung des Baumusters.

Auch für die Zulassung des Baumusters von Tankcontainern zur Beförderung gefährlicher Güter bestehen besondere Richtlinien (– R 001 –, VkBl 1986 S. 59).

6.2 Prüfbescheinigung

Für den Antrag auf Ausstellung einer Prüfbescheinigung nach Anhang B.3a und Anhang B.3b der Anlage B der GGVS wird ein Vordruck nach Muster der Anlage 2 empfohlen. Der Antrag ist an die Prüfstelle [Technischer Überwachungsverein, Technisches Überwachungsamt (siehe Verzeichnis auf der Rückseite des Antragsvordrucks)] zu richten, der der zuständige Sachverständige angehört.

– Zuständig für die Ausstellung einer Prüfbescheinigung nach Anhang B.3a der Anlage B der GGVS für Tankfahrzeuge, Aufsetztanks und Gefäßbatterien sind die amtlichen oder amtlich für Prüfungen von Anlagen nach § 24 Abs. 3 Nr. 2 oder 9 der Gewerbeordnung anerkannten Sachverständigen nach § 24c der Gewerbeordnung sowie die nach Rechtsverordnungen aufgrund des § 24 Abs. 1 der Gewerbeordnung für die Prüfungen dieser Anlagen amtlich anerkannten Sachverständigen.

– Zuständig für die Ausstellung einer Prüfbescheinigung nach Anhang B.3a der Anlage B der GGVS für Sattelzugmaschinen, die zum Betrieb von Tankfahrzeugen oder Trägerfahrzeugen von Aufsetztanks bestimmt sind, und für Trägerfahrzeuge von Aufsetztanks sowie für die Ausstellung einer Prüfbescheinigung nach Anhang B.3b der Anlage B der GGVS für Beförderungseinheiten der Fahrzeugklasse B.III sind die amtlich anerkannten Sachverständigen für den Kraftfahrzeugverkehr.

6.2.1 Prüfbescheinigungen nach Anhang B.3a der Anlage B der GGVS für Sattelzugmaschinen, die zum Betrieb von Tankfahrzeugen und von Trägerfahrzeugen von Aufsetztanks bestimmt sind, sowie für Trägerfahrzeuge von Aufsetztanks sind, wenn die Voraussetzungen nach § 6 Abs. 4 GGVS erfüllt sind, unbefristet auszustellen, soweit die Vorschriften des Anhangs B.2 der Anlage B der GGVS für die elektrische Ausrüstung dieser Fahrzeuge nicht anzuwenden sind. Das ist z. B. der Fall, wenn mit solchen Fahrzeugen ausschließlich Heizöl (Klasse 3 Ziffer 32c) befördert wird und die Prüfbescheinigung entsprechend beschränkt worden ist (Rn. 10 251 der Anlage B der GGVS).

6.2.2 Wird durch Wechsel des amtlichen Kennzeichens, des Fahrzeughalters oder des Fahrzeugstandortes eine Änderung der vorgenannten Prüfbescheinigung erforderlich, so können diese Änderungen auch von der Zulassungsstelle nach § 23 StVZO unter Spalte „Ergänzungen und Änderungen" in die Prüfbescheinigung eingetragen werden.

6.3 Vermerk im Fahrzeugschein

Der Vermerk nach § 6 Abs. 2 letzter Satz oder Abs. 4 letzter Satz ist unter Nr. 33 „Bemerkungen" des Fahrzeugscheins einzutragen (Stempelaufdruck).

6.4 Wiederkehrende Prüfungen

Für die Durchführung wiederkehrender Prüfungen (§ 6 Abs. 3 und 5) bedarf es keines förmlichen Antrags. Die jeweils zuständigen Sachverständigen führen die wiederkehrenden Prüfungen nach Anmeldung durch.

6.5 Grenzüberschreitende Beförderungen

Für Tankfahrzeuge, für Trägerfahrzeuge von Aufsetztanks, Tankcontainern und Gefäßbatterien sowie für Zugfahrzeuge von Tankfahrzeugen und für Beförderungseinheiten der Fahrzeugklasse B.III, die jeweils für grenzüberschreitende Beförderungen eingesetzt werden, sind die Bescheinigung der besonderen Zulassung nach Rn. 10 282 oder 10 283 (Anhang B.3 der Anlage B) erforderlich.

Zu § 7

7.1 Die in den Listen I und II des Anhangs B.8 der Anlage B zusammengestellten Güter sind so gefährlich, daß sie nach § 7 auf der Straße nur mit Erlaubnis der Straßenverkehrsbehörde befördert werden dürfen.

7

7.2 Die Beförderung der in den Listen I und II aufgeführten gefährlichen Güter ist nach § 7 Abs. 1 Satz 1 erlaubnispflichtig, wenn in einem Kraftfahrzeug oder Zug entweder

a) mehr als die in Spalte 4 der Listen angegebene Menge eines Gutes (Nettogewicht) befördert wird oder

b) verschiedene der in den Listen I und II aufgeführten Güter jeweils in geringeren Mengen als den in Spalte 4 angegebenen befördert werden und die Summe der aus tatsächlichem Nettogewicht x Faktor (Spalte 5) gebildeten Produkte größer als 10 000 ist.

Beispiel:

50 kg	Nitrozellulosepulver (Klasse 1 a, Ziff. 5; Faktor 100)	$50 \times 100 = 5\,000$
600 kg	Nitroglycerinpulver (Klasse 1 a Ziff. 3 a; Faktor 5)	$600 \times 5 = 3\,000$
300 kg	Pikrinsäure (Klasse 1 a Ziff. 7 a; Faktor 20)	$300 \times 20 = 6\,000$
		$\overline{14\,000}$

Da die Summe der Produkte (= 14 000) größer ist als 10 000, ist für die gemeinsame Beförderung der genannten drei Stoffe eine Erlaubnis nach § 7 erforderlich.

7.3 Die Beförderung der in den Listen I und II aufgeführten gefährlichen Güter ist nicht erlaubnispflichtig, wenn

a) die Mindestmengen nach Nr. 7.2 Buchstabe a) oder b) nicht erreicht sind oder

b) Gase der Klasse 2 der Listen I und II – ausgenommen Fluor [Rn. 2201 Ziffer 1 at)] und tiefgekühlte, verflüssigte Gase [Rn. 2201 Ziffer 7b) und 8b)] – in vorgeschriebenen Stahlflaschen mit einem Fassungsraum von höchstens 150 Liter oder Gefäßen mit einem Fassungsraum von mindestens 100 Liter bis höchstens 1000 Liter befördert werden.

7.4 Für den Antrag des Beförderers auf Erteilung einer Erlaubnis nach § 7 Abs. 1 Satz 1 wird das Muster nach Anlage 3 empfohlen.

7.5 Als Antragsunterlagen sind Nachweise darüber, daß die Anforderungen an den Bau, die Ausrüstung und die Prüfung der Beförderungsmittel erfüllt sind (§ 7 Abs. 1 Satz 2), zu fordern.

7.5.1 Beförderungsmittel sind Fahrzeuge, Tanks (festverbundene Tanks, Aufsetztanks, Gefäßbatterien und Tankcontainer) und Container.

Vorschriften über den Bau, die Ausrüstung und die Prüfung von Beförderungsmitteln, die für erlaubnispflichtige Beförderungen eingesetzt werden, sind in folgenden Paragraphen bzw. Randnummern (Rn.) enthalten:

7.5.1.1 **Fahrzeuge**
§ 6 Abs. 2, 3, 4 und 5
Rn. 10 204, 11 204, 42 204, 43 204, 52 205
Rn. 11 205
Rn. 11 210
Rn. 21 212
Rn. 10 220, 51 220, 52 220
Rn. 10 240, 21 240, 61 240, 81 240
Rn. 52 248
Rn. 10 251, 11 251
Rn. 10 260, 11 260, 21 260, 61 260
Rn. 10 282, 10 283

7.5.1.2 **Tanks**
§ 6 Abs. 2 und 3, Rn. 10 282, 10 283
Anhang B.1 a (Tanks außer Tankcontainer)
Anhang B.1 b (Tankcontainer)

7.5.1.3 **Container**
Rn. 10 118 Abs. 3, 11 118

7.5.2 Als Nachweis darüber, daß die Anforderungen an den Bau, die Ausrüstung und die Prüfung der Beförderungsmittel erfüllt sind, kommen in Betracht:

7.5.2.1

Beförderungsmittel	Bau, feste Ausrüstungsteile und Prüfung	Bewegliche Ausrüstungsteile (Rn. . . 240, . . 260)
a) Tankfahrzeuge	Prüfbescheinigung nach § 6 Abs. 2 [1]) oder Bescheinigung der besonderen Zulassung nach Rn. 10 282 [2])	Schriftliche Bestätigung des Halters bzw. Beförderers, daß die Beförderungseinheit mit den in Rn. . . 240 und . . 260 geforderten Ausrüstungsgegenständen ausgestattet ist.
b) Trägerfahrzeuge von Aufsetztanks	Prüfbescheinigung nach § 6 Abs. 4 [1]) oder Bescheinigung der besonderen Zulassung nach Rn. 10 282 [2])	wie a)
c) Sattelzugmaschinen von Fahrzeugen nach a) und b)	wie b)	wie a)
d) Trägerfahrzeuge von Gefäßbatterien	Bescheinigung der besonderen Zulassung nach Rn. 10 282 [2])	wie a)
e) Beförderungseinheiten B. III	Prüfbescheinigung nach § 6 Abs. 4 [1]) oder Bescheinigung der besonderen Zulassung nach Rn. 11 282 [2])	wie a)

7.5.2.2 **Übrige Fahrzeuge:**
– Bau, feste Ausrüstungsteile
Rn. . . 204 Fahrzeugschein

Rn. 11 205 11 210 21 212	Schriftliche Bestätigung eines Sachverständigen nach § 9 Abs. 3 Nr. 3, daß diese Vorschriften erfüllt sind.
Rn. 52 248	Schriftliche Bestätigung eines Technischen Überwachungs-Vereins (TÜV) oder des Deutschen Kraftfahrzeug-Überwachungs-Verein (DEKRA), daß diese Vorschrift erfüllt ist.

– Bewegliche Ausrüstungsteile

Rn. . . 240 . . 260	Schriftliche Bestätigung des Halters bzw. Beförderers, daß die Beförderungseinheit entsprechend ausgerüstet ist.

– Prüfung
Keine Vorschriften

7.5.2.3 **Aufsetztanks, Gefäßbatterien:** Prüfbescheinigung nach § 6 Abs. 2
Bei ausschließlicher Verwendung im grenzüberschreitenden Verkehr: Abdruck der Baumusterzulassung und schriftliche Bestätigung eines Sachverständigen nach § 9 Abs. 3 Nr. 2, daß der Tank dem zugelassenen Baumuster entspricht.

7.5.2.4 **Tankcontainer:** Abdruck der Baumusterzulassung und schriftliche Bestätigung eines Sachverständigen nach § 9 Abs. 3 Nr. 2, daß der Tankcontainer dem zugelassenen Baumuster entspricht.

7.5.2.5 **Container:** Soweit das Fahrzeug den Vorschriften über den Fahrzeugaufbau nicht entspricht und ein Großcontainer verwendet wird, muß ein Sachverständiger nach

---

[1]) für innerstaatliche, [2]) für grenzüberschreitende Beförderungen

§ 9 Abs. 3 Nr. 3 (Bereich der Klassen 1 a, 1 b) oder ein TÜV oder der DEKRA (Bereich der Klasse 5.2) bestätigen, daß der Großcontainer den Vorschriften über den Fahrzeugaufbau (Rn. 11 205, 11 210 für den Bereich der Klassen 1 a und 1 b; Rn. 52 248 für den Bereich der Klasse 5.2) entspricht. Für den Bereich der Klassen 1 a und 1 b gilt dies auch für den Kleincontainer (Rn. 11 118).

7.5.3 Entspricht ein festverbundener Tank, ein Aufsetztank oder eine Gefäßbatterie nur den Übergangsvorschriften der Rn. 211 181 des Anhangs B.1 a, muß die Erlaubnis mit verkehrsmäßigen Auflagen nach Nr. 7.12 a bis c versehen werden. Die Übereinstimmung der Tanks **nur** mit den erwähnten Übergangsvorschriften kann vermutet werden, wenn der Tank 1979 oder früher gebaut wurde.

Diese Vermutung kann durch eine schriftliche Bestätigung eines Sachverständigen nach § 9 Abs. 3 Nr. 2, daß der Tank dem Anhang B.1 a entspricht, widerlegt werden.

Soweit für den Tank (bzw. das Tankfahrzeug) eine Prüfbescheinigung nach § 6 Abs. 2 vorgelegt wird, kann das Baujahr des Tanks der Prüfbescheinigung entnommen werden (Anhang B.3 a unter C). Wird der Abdruck einer Baumusterzulassung und die Bestätigung des zuständigen Sachverständigen, daß der Tank dem zugelassenen Baumuster entspricht, vorgelegt, muß unterstellt werden, daß der Tank 1980 oder später gebaut wurde.

Wird nur eine Bescheinigung der besonderen Zulassung für ein Tankfahrzeug vorgelegt, aus der das Baujahr nicht hervorgeht (siehe Anhang B.3), kann vermutet werden, daß der festverbundene Tank 1979 oder früher gebaut wurde. Diese Vermutung kann durch eine schriftliche Bestätigung eines Sachverständigen nach § 9 Abs. 3 Nr. 2, daß der festverbundene Tank dem Anhang B.1 a entspricht, widerlegt werden.

Wird die Erlaubnis für die Beförderung von
Allylamin (Klasse 3, Ziffer 15 a)
1,2 – Dimethylhydrazin (Klasse 3 Ziffer 15 a)
Allylbromid (Klasse 3 Ziffer 16 a)
Acrolein (Klasse 3 Ziffer 17 a)
Tetramethylorthosilikat (Klasse 3 Ziffer 17 a)
Allylalkohol (Klasse 6.1 Ziffer 13 a)
Epibromhydrin (Klasse 6.1 Ziffer 16 a)
Alpha-Brombenzylhydrin (Klasse 6.1 Ziffer 17 a)
Phenylcarbylaminchlorid (Klasse 6.1 Ziffer 17 a)
in Klasse 6.1 Ziffer 17 a genannte polychlorierte Chlordibenzodioxine und -furane
Benzothiol (Thiophenol) (Klasse 6.1 Ziffer 20) oder
Lösungen anorganischer Cyanide (Klasse 6.1 Ziffer 41 a)
in festverbundenen Tanks, Aufsetztanks oder Tankcontainern beantragt, ist die Erlaubnis mit verkehrsmäßigen Auflagen nach Nr. 7.12 a bis c zu versehen, wenn nicht durch einen Sachverständigen nach § 9 Abs. 3 Nr. 2 schriftlich bestätigt wird, daß die festverbundenen Tanks oder Aufsetztanks den Vorschriften der Rn. 211 321 Satz 1 bzw. Rn. 211 621 sowie der Rn. 211 330 bzw. Rn. 211 630 und die Tankcontainer den Vorschriften der Rn. 212 321 bzw. 212 621 sowie der Rn. 212 330 bzw. 212 630 entsprechen. Dann ist von den Auflagen nach 7.12 a bis c abzusehen.

7.6 Bei Gütern der Liste I ist zunächst zu prüfen ob einer der nachstehenden Versagungsgründe vorliegt.

7.6.1 Die Erlaubnis ist zu versagen, wenn das gefährliche Gut in einem Gleis- oder Hafenanschluß verladen und in einem solchen entladen werden kann. Das ist dann der Fall, wenn die Beladestelle am Versandort und die Entladestelle am Empfangsort über einen Gleis- oder Hafenanschluß verfügt.

Ob ein Gleisanschluß deshalb nicht vorliegt, weil dem Antragsteller – wie z. B. bei Hafenbahnen – keine Verfügungsbefugnis zusteht, muß nach den tatsächlichen Gegebenheiten entschieden werden.

Wird geltend gemacht, daß in den Anschlüssen eine Be- oder Entladung nicht mit zumutbaren Mitteln möglich sei, so ist dies durch eine Bescheinigung der zuständigen Eisenbahndienststelle bzw. der Hafenbehörde nachzuweisen.

7.6.2 Im Sinne von § 7 Abs. 3 Satz 2 **können** gefährliche Güter in Tankcontainern oder als Versandstücke in Großcontainern verladen werden, wenn

– für das Gut zugelassene Tankcontainer tatsächlich zur Verfügung stehen,

– für das Gut zulässige Großcontainer tatsächlich zur Verfügung stehen und mindestens 1000 kg (netto) in Versandstücken befördert werden.

7.6.3 Als nicht geeignet sind Bahnhöfe oder Häfen (§ 7 Abs. 3 Satz 2) anzusehen, wenn die Benutzung ihrer Zu – oder Abfahrtwege zu einer Gefahrenerhöhung führt. Dies ist der Fall, wenn Straßen benutzt werden müssen, die

– für Gefahrguttransporte gesperrt sind (Zeichen 261, 269 StVO) oder

– üblicherweise für erlaubnispflichtige Transporte gesperrt werden,

z. B. Straßen, die durch längere Unterführungen (Tunnel) oder durch Wasserschutzgebiete führen oder die so gestaltet sind, daß enge Fahrbahnen und enge Gehwege in bebauten Gebieten Gefahrguttransporte und Verkehrsteilnehmer wie Anwohner besonders nah zusammenrücken lassen. In solchen Fällen muß im Wege der Güterabwägung ermittelt werden, ob der ausschließliche Transport auf der Straße oder der kombinierte Verkehr Schiene/Straße bzw. Binnenwasserstraße/Straße als sicherer angesehen werden kann. Die örtlich für die Verkehrsführung zuständigen Stellen sind bei der Entscheidungsfindung zu beteiligen.

7.6.4 Auf die ab 1. Januar 1989 geltende Regelung für den Huckepackverkehr (§ 7 Abs. 3 Satz 3) ist Nr. 7.6.3 entsprechend anzuwenden.

7.7 Kein Versagungsgrund nach Nr. 7.6.1 liegt z. B. vor, wenn das gefährliche Gut nicht in Gleisanschlüssen ver- oder entladen werden kann, weil

a) die Transportmittelfirmen dem Absender ausnahmsweise keinen geeigneten Eisenbahnkesselwagen zur Verfügung stellen können; dies ist durch eine Bescheinigung der Transportmittelfirma nachzuweisen;

b) geeignete Eisenbahnkesselwagen aus Gründen, die die Eisenbahn zu vertreten hat, nicht zugeführt werden können; dies ist durch eine Bescheinigung der zuständigen Eisenbahndienststelle nachzuweisen;

c) die Erprobungsstellen der Bundeswehr den Sprengstoffherstellern die Termine, zu denen Munition oder Munitionskomponente bei den Erprobungsstellen (z. B. Schießplätzen) vorliegen müssen, oft nur sehr kurzfristig ansetzen können, so daß der Eisenbahntransport nicht mehr möglich ist.

7.8 Bei der Prüfung von Anträgen auf Erteilung einer Beförderungserlaubnis für Güter der Liste II entfällt die Vorfrage, ob der Schienen- oder Wasserweg in Betracht kommt.

7.9 Für die Erlaubnis sind Bescheide nach dem Muster der Anlage 4 zu verwenden.

7.10 Die Erlaubnis kann
a) für eine einzelne Fahrt oder
b) für eine begrenzte Zahl von Fahrten oder
c) für eine unbegrenzte Zahl von Fahrten
erteilt werden.

In den Fällen der Buchstaben b) und c) darf die Geltungsdauer höchstens 3 Jahre betragen. In der Erlaubnis ist der Beförderungsweg oder das Beförderungsgebiet festzulegen.

7.11 Jede Erlaubnis für die Beförderung von Gütern der Listen I und II sollte in der Regel die allgemeinen Auflagen nach Abschnitt I des Musters der Anlage 4 enthalten.

7.11.1 Bei der Beförderung von verflüssigten Metallen (Klasse 9 Ziffer 1) ist die Erlaubnis mit der Auflage zu erteilen, daß der Fahrzeugführer im Besitz einer Bescheinigung nach Rn. 10 315 Abs. 4 (Grundkurs) sein muß.

7.12 Die Erlaubnis ist in den Fällen der Nr. 7.5.3 mit folgenden zusätzlichen verkehrsmäßigen Auflagen zu erteilen:

a) Die Beförderung ist von Freitag 15.00 Uhr bis Montag 9.00 Uhr verboten. Das gleiche gilt von Gründonnerstag bis Dienstag nach Ostern und von Freitag vor Pfingsten bis Dienstag danach.

b) Die Beförderung auf Straßen mit starkem Berufsverkehr (konkrete Angabe der Strecke) ist werktags von 6.00 bis 8.30 Uhr und von 15.30 bis 19.00 Uhr verboten.

c) Enge Kurven sind mit besonderer Vorsicht und verminderter Geschwindigkeit zu befahren. Enge Kurven sind z. B. Autobahnausfahrten sowie solche Kurven auf Straßen des öffentlichen Verkehrs, die durch die amtlichen Verkehrszeichen nach der Straßenverkehrsordnung, Zeichen 103 oder 105 (einfache Kurve, Doppelkurve), gekennzeichnet sind.

7.13 Jede Erlaubnis (Anlage 4) ist mit den Nebenbestimmungen nach Abschnitt III des Musters der Anlage 4 zu erteilen. Kann bei Gebietserlaubnissen für Güter der Liste I nicht festgestellt werden, ob die Empfänger das Gut in einem Gleis- oder Hafenanschluß entladen können, so ist folgende Nebenbestimmung aufzunehmen: „Beförderungen zu Entladestellen, die über einen Gleis-/Hafenanschluß verfügen, sind nicht zulässig."

7.14 Bei der Beförderung von den in Anhang B. 8 genannten gefährlichen Gütern der Klasse 1a und 1b ist vom Beförderer die Vorlage der Erlaubnis und des Befähigungsscheins nach §§ 7, 20 und 23 Sprengstoffgesetz zu verlangen.

7.15 Straßen, die von erlaubnispflichtigen Gefahrguttransporten benutzt werden müssen, oder Straßen, die von solchen Transporten nicht benutzt werden dürfen (z. B. bei Großveranstaltungen oder zum Schutz der öffentlichen Wasserversorgung oder von Heilquellen), sollen in eine Aufstellung aufgenommen werden, soweit sie nicht durch Zeichen der StVO für diese Transporte ausgeschlossen werden. Bei der Bestimmung des Fahrweges ist diese Aufstellung zu berücksichtigen.

7.16 Bei Beförderungen, die über das Land hinausgehen, gilt die Zustimmung der befragten höheren Verwaltungsbehörden der anderen Länder zu dem vorgesehenen Fahrweg als erteilt, wenn die Aufstellungen nach Nr. 7.15 der anderen Länder vorliegen und bei der Erteilung der Erlaubnis entsprechend berücksichtigt werden; andernfalls verfahren die Erlaubnisbehörden nach § 7 Abs. 4 Satz 2.

Von jeder Erlaubnis ist der betroffenen höheren Verwaltungsbehörde der anderen Länder eine Durchschrift zu übermitteln. Die höheren Verwaltungsbehörden prüfen die eingegangenen Erlaubnisdurchschriften und teilen, wenn erforderlich, Gründe, die nach § 7 Abs. 1 Satz 4 den Widerruf der Erlaubnis rechtfertigen, der Erlaubnisbehörde mit.

Die Erlaubnisbehörde widerruft ggf. die Erlaubnis und berücksichtigt – falls eine neue Erlaubnis erteilt wird – die Gründe in den Auflagen.

Zu § 9

Wer für die Hauptuntersuchung nach § 29 StVZO zuständig ist, richtet sich nach den Vorschriften der Abschnitte 3 bis 8 der Anlage VIII zur StVZO.

Zu § 10

10.1 Die Bußgeldbeträge des Katalogs in Nummer 10.2 sind Regelsätze, die von fahrlässiger Begehung, normalen Tatumständen und von mittleren wirtschaftlichen Verhältnissen ausgehen. Bei vorsätzlichem Handeln sind die angegebenen Sätze angemessen bis zum doppelten Satz zu erhöhen. Die Regelsätze erhöhen sich um mindestens 25 %, wenn durch die Zuwiderhandlung ein anderer gefährdet oder geschädigt

ist. Liegt Tateinheit vor, so ist der höchste in Betracht kommende Regelsatz um 25 % der Regelsätze für die anderen Ordnungswidrigkeiten zu erhöhen.

In jedem Wiederholungsfall ist die für den vorausgegangenen Verstoß festgesetzte Geldbuße um 50 % zu erhöhen, es sei denn, der Vorverstoß liegt bereits erhebliche Zeit zurück.

Die Bußgeldnormen sind mit Absatz (römische Zahlen), Nummer (arabische Zahlen) und Buchstabe (kleine Buchstaben) zitiert. Die Tatbestände des § 10 Abs. 1 (= I) gelten für innerstaatliche und grenzüberschreitende Beförderungen, die Tatbestände des § 10 Abs. 2 (= II) **nur** für innerstaatliche Beförderungen und die des § 10 Abs. 3 (= III) **nur** für grenzüberschreitende Beförderungen.

10.2 Bußgeldkatalog

Lfd. Nr.	Ordnungswidrigkeit, die darin besteht, daß	GGVS § 10	DM
	A. der Absender		
1	entgegen § 4 Abs. 2 Satz 1, auch in Verbindung mit Absatz 8, den Beförderer auf das gefährliche Gut, dessen Bezeichnung oder die Erlaubnispflicht nicht hinweist;	I 1	600,–
2	entgegen Anlage A Randnummer 2002 Abs. 3 Satz 1 ein Beförderungspapier nicht mitgibt;	II 1 a	400,–
3	entgegen Anlage A Randnummer 2010 Satz 2 oder Anlage B Randnummer 10 602 Satz 2 das Beförderungspapier nicht wie vorgeschrieben ausfüllt;	II 1 b	300,–
4	entgegen Anlage A Randnummer 2002 Abs. 3 Satz 2 dem Beförderer die in das Beförderungspapier einzutragenden Vermerke nicht mitteilt;	III 1 a	300,–
5	entgegen der Anlage A Anhang A.9 Randnummer 3901 Abs. 3 die vorgeschriebenen Gefahrzettel nicht anbringt;	III 1 b	300,–
6	entgegen Anlage B Randnummer 71 500 Abs. 2 Satz 2 erster Halbsatz die vorgeschriebenen Zettel nicht anbringt;	III 1 c	600,–
7	entgegen B Anhang B. 1 a Randnummer 211 174 Satz 3 die Dichtheit der Verschlußeinrichtung nicht prüft;	III 1 d	400,–
	B. der Verlader		
8	entgegen § 3 Abs. 1 Satz 2, auch in Verbindung mit Absatz 2, gefährliche Güter zur Beförderung übergibt;	I 2 a	2000,–
9	entgegen § 4 Abs. 2 Satz 1, auch in Verbindung mit Absatz 8, den Fahrzeugführer auf das gefährliche Gut, dessen Bezeichnung oder die Erlaubnispflicht nicht hinweist;	I 2 b	600,–
10	entgegen § 4 Abs. 4 Satz 2, auch in Verbindung mit Absatz 8, das Versandstück ohne Beseitigung des Mangels zur Beförderung übergibt;	I 2 c	800,–
11	entgegen § 4 Abs. 6 Satz 1, auch in Verbindung mit § 4 Abs. 4 und § 4 Abs. 8, dem Beförderer gefährliche Güter zur Beförderung übergibt;	I 2 d	800,–
12	entgegen Anlage B Randnummer 10 385 Abs. 3, auch in Verbindung mit § 1 Abs. 4, nicht dafür sorgt, daß die schriftlichen Weisungen (Unfallmerkblätter) vor Beförderungsbeginn in den Besitz des Fahrzeugführers gelangen;	I 2 e	500,–

Lfd. Nr.	Ordnungswidrigkeit, die darin besteht, daß	GGVS § 10	DM

B. der Verlader

Lfd. Nr.	Ordnungswidrigkeit, die darin besteht, daß	GGVS § 10	DM
13	entgegen Anlage B Randnummer 10 118 Abs. 5 Satz 4 oder 10 130 Abs. 1 Satz 4, auch in Verbindung mit § 1 Abs. 4, Gefahrzettel nicht anbringt;	I 2 f	300,–
14	entgegen Anlage B Randnummer 10 500 Abs. 11 Satz 2, auch in Verbindung mit § 1 Abs. 4, Warntafeln nicht anbringt;	I 2 g	300,–
15	entgegen Anlage B Anhang B.1 a Randnummer 211 172 Abs. 6 Satz 1, auch in Verbindung mit § 1 Abs. 4, den höchstzulässigen Füllungsgrad oder die höchstzulässige Masse der Füllung dem Fahrzeugführer nicht angibt;	I 2 h	600,–
16	entgegen Anlage B Anhang B 1 a Randnummer 211 172 Abs. 6 Satz 3, auch in Verbindung mit § 1 Abs. 4, nicht dafür sorgt, daß nicht befördert wird;	I 2 i	700,–
17	entgegen § 6 Abs. 7 Satz 4 nicht dafür sorgt, daß gefährliche Güter nur übergeben werden, wenn die Prüfbescheinigungen mit den erforderlichen Prüfvermerken oder die Erklärungen nach Anlage B Anhang B. 3 c vorliegen und in ihnen das zu befördernde Gut bezeichnet ist;	II 2 a	1000,–
18	entgegen Anlage B Randnummer 71 500 Abs. 2 Satz 2 erster Halbsatz die vorgeschriebenen Zettel nicht anbringt;	II 2 b	600,–
19	entgegen § 4 Abs. 6 Satz 2 dem Beförderer gefährlicher Güter zur Beförderung übergibt;	III 2	1000,–

C. der Beförderer

Lfd. Nr.	Ordnungswidrigkeit, die darin besteht, daß	GGVS § 10	DM
20	entgegen § 3 Abs. 1 Satz 1, auch in Verbindung mit Absatz 2, gefährliche Güter befördert;	I 3 a	2000,–
21	entgegen § 4 Abs. 6 Satz 1, auch in Verbindung mit § 1 Abs. 4 und § 4 Abs. 8, gefährliche Güter befördert;	I 3 b	800,–
22	entgegen § 7 Abs. 1 Satz 1, auch in Verbindung mit Absatz 6 Satz 1, gefährliche Güter ohne die erforderliche Erlaubnis befördert;	I 3 c	1500,–
23	entgegen § 7 Abs. 5, auch in Verbindung mit Absatz 6 Satz 1, den Erlaubnisbescheid vor Beförderungsbeginn nicht übergibt;	I 3 e	300,–
24	entgegen Anlage A Randnummer 2002 Abs. 3 Satz 2, auch in Verbindung mit § 1 Abs. 4, nicht dafür sorgt, daß das Beförderungspapier dem Fahrzeugführer vor Beförderungsbeginn übergeben wird;	I 3 f	400,–
25	entgegen Anlage B Randnummer 10 204 Abs. 4, auch in Verbindung mit § 1 Abs. 4, Vorschriften der Anlage B Randnummer 10 204 Abs. 1, 11 204, 41 204, 42 204, 43 204 oder 52 204 über die Fahrzeugarten nicht beachtet;	I 3 g	800,–
26	entgegen Anlage B Randnummer 10 315 Abs. 7 Satz 1, auch in Verbindung mit § 1 Abs. 4, nicht dafür sorgt, daß nur geschulte Fahrzeugführer eingesetzt werden:	I 3 h	
26.1	– Einsatz von Fahrzeugführern ohne Schulung		800,–
26.2	– Einsatz von Fahrzeugführern ohne Schulung für die betreffende Klasse;		400,–

C. der Beförderer

Lfd. Nr.	Ordnungswidrigkeit, die darin besteht, daß	GGVS § 10	DM
27	einer Vorschrift der Anlage B Anhang B. 1 a Randnummer 211 270 bis 221 273, auch in Verbindung mit § 1 Abs. 4, über die wechselseitige Verwendung der Tanks zuwiderhandelt;	I 3 i	800,–
28	entgegen Anlage B Anhang B. 1 a Randnummer 211 371, 211 672 oder 211 771, auch in Verbindung mit § 1 Abs. 4, Tanks zur Beförderung verwendet;	I 3 j	800,–
29	entgegen § 6 Abs. 7 Satz 1 oder 2 Beförderungsmittel verwendet;	II 3 a	1000,–
30	entgegen Anlage B Randnummer 10 260 Abs. 2 Satz 2, 21 260 Satz 3 oder 61 260 Satz 3 die erforderliche Schutzausrüstung nicht mitgibt;	II 3 b	300,–
31	entgegen Anlage B Randnummer 10 311 Satz 1, 2 oder 3 in Verbindung mit Satz 7 oder entgegen Anlage B Randnummer 11 311 einen Beifahrer nicht mitgibt;	II 3 c	500,–
32	entgegen Anlage B Randnummer 11 401, 41 401 oder 52 401 Mengengrenzen nicht beachtet;	II 3 d	800,–
33	entgegen § 4 Abs. 6 Satz 2 gefährliche Güter befördert;	III 3 a	1000,–
34	entgegen Anlage B Randnummer 10 385 Abs. 3 nicht dafür sorgt, daß das beteiligte Personal in der Lage ist, die Weisungen wirksam anzuwenden;	III 3 b	300,–
35	entgegen Anlage B Randnummer 11 311 in Verbindung mit Randnummer 10 311 und § 1 Abs. 4 den Fahrzeugführer nicht durch einen zu seiner Ablösung befähigten Beifahrer begleiten läßt;	III 3 c	500,–
36	entgegen Anlage B Randnummer 11 401 Abs. 1, 2, 3 oder 52 401 in Verbindung mit Randnummer 11 401 Abs. 4 und § 1 Abs. 4 die Mengengrenzen nicht beachtet;	III 3 d	800,–

D. der Fahrzeugführer

Lfd. Nr.	Ordnungswidrigkeit, die darin besteht, daß	GGVS § 10	DM
37	entgegen § 4 Abs. 7 Nr. 3, auch in Verbindung mit Absatz 8 und § 1 Abs. 4, die Vorschriften über die Durchführung der Beförderung oder die Überwachung beim Parken nicht beachtet;	I 4 a	200,–
38	entgegen Anlage B Randnummer 10 240 Abs. 5, auch in Verbindung mit § 1 Abs. 4, Feuerlöschgeräte nicht mitführt oder zur Prüfung nicht vorzeigt oder nicht aushändigt;	I 4 b	300,–
39	entgegen Anlage B Randnummer 10 315 Abs. 1 oder 2 die vorgeschriebene Bescheinigung nicht besitzt:	I 4 d	
39.1	– Fahrzeugführung ohne Schulung		600,–
39.2	– Fahrzeugführung ohne Schulung für die betreffende Klasse;		300,–
40	entgegen Anlage B Randnummer 10 353 Abs. 1 oder 2 in Verbindung mit Abs. 3, auch in Verbindung mit § 1 Abs. 4, nicht für die Einhaltung der Vorschriften über das Betreten des Fahrzeugs mit Beleuchtungsgeräten sorgt;	I 4 e	200,–

Lfd. Nr.	Ordnungswidrigkeit, die darin besteht, daß	GGVS § 10	DM
D.	**der Fahrzeugführer**		
41	entgegen Anlage B Randnummer 10 381 Abs. 1 oder 2 Satz 1 Buchstabe a, b, d oder f Begleitpapiere nicht mitführt oder entgegen Absatz 3 Begleitpapiere zur Prüfung nicht vorzeigt oder nicht aushändigt, jeweils auch in Verbindung mit § 1 Abs. 4;	I 4 f	300,–
42	entgegen Anlage B Randnummer 10 500 Abs. 11 Satz 1, auch in Verbindung mit § 1 Abs. 4, nicht dafür sorgt, daß eine Warntafel oder Kennzeichnungsnummer angebracht, sichtbar gemacht, verdeckt oder entfernt wird;	I 4 g	300,–
43	entgegen Anlage B Randnummer 10 500 Abs. 11 Satz 3, auch in Verbindung mit § 1 Abs. 4, Gefahrzettel nicht anbringt, nicht sichtbar macht, nicht verdeckt oder nicht entfernt;	I 4 h	200,–
44	entgegen Anlage B Randnummer 10 507 Satz 1 die nächsten zuständigen Behörden nicht oder nicht rechtzeitig benachrichtigt oder benachrichtigen läßt;	I 4 i	300,–
45	entgegen Anlage B Randnummer 51 220 Abs. 4 Satz 1 in Verbindung mit Satz 3, auch in Verbindung mit § 1 Abs. 4, Wasser nicht mitführt;	I 4 j	200,–
46	entgegen Anlage B Randnummer 71 500 Abs. 2 Satz 2 zweiter Halbsatz oder Satz 3, auch in Verbindung mit § 1 Abs. 4, die vorgeschriebenen Zettel nicht anbringt, nicht verdeckt oder nicht entfernt;	I 4 k	300,–
47	entgegen § 4 Abs. 5 beschädigte Versandstücke befördert;	II 4 a	400,–
48	entgegen § 6 Abs. 7 Satz 3 den Fahrzeugschein von Anhängern nicht mitführt;	II 4 b	100,–
49	entgegen Anlage B Randnummer 10 260 Abs. 1 Satz 1 in Verbindung mit Absatz 3 Warnleuchten oder entgegen Absatz 2 Satz 1 oder Absatz 4 in Verbindung mit Absatz 3 die Schutzausrüstung nicht mitführt oder zur Prüfung nicht vorzeigt oder nicht aushändigt:	II 4 c	
49.1	Warnleuchten		300,–
49.2	Schutzausrüstung		200,–
50	entgegen Anlage B Randnummer 10 381 Abs. 2 Satz 1 Buchstabe e den Bescheid über die Ausnahmegenehmigung nicht mitführt oder ihn entgegen Absatz 3 zur Prüfung nicht vorzeigt oder nicht aushändigt;	II 4 d	300,–
51	entgegen Anlage B Randnummer 10 385 Abs. 1,5 Satz 1 in Verbindung mit Absatz 6 schriftliche Weisungen (Unfallmerkblätter) nicht oder nicht an der vorgesehenen Stelle mitführt (siehe auch lfd. Nr. 41);	II 4 e	300,–
52	entgegen Anlage B Randnummer 10 385 Abs. 4 die erforderlichen Maßnahmen nicht trifft;	II 4 f	200,–
53	entgegen Anlage B Randnummer 10 385 Abs. 8 Satz 2 andere Unfallmerkblätter nicht wie vorgeschrieben aufbewahrt;	II 4 g	300,–
54	entgegen Anlage B Randnummer 10 260 in Verbindung mit Absatz 3 und mit § 1 Abs. 4 Ausrüstungsgegenstände nicht mitführt oder zur Prüfung nicht vorzeigt oder nicht aushändigt;	III 4 a	300,–
55	entgegen Anlage B Randnummer 10 385 Abs. 1 Satz 1 in Verbindung mit § 1 Abs. 4 und mit Anlage B Randnummer 10 385 Abs. 2 Satz 2 eine Ausfertigung der Weisung im Führerhaus nicht mitführt;	III 4 b	300,–
E.	**der Beifahrer**		
56	entgegen Anlage B Randnummer 10 240 Abs. 5, auch in Verbindung mit § 1 Abs. 4, Feuerlöschgeräte nicht mitführt oder zur Prüfung nicht vorzeigt oder nicht aushändigt;	I 5	300,–
57	entgegen Anlage B Randnummer 10 260 Abs. 1 Satz 1 in Verbindung mit Absatz 3 Warnleuchten oder entgegen Absatz 2 Satz 1 oder Absatz 4 in Verbindung mit Absatz 3 die Schutzausrüstung nicht mitführt oder zur Prüfung nicht vorzeigt oder nicht aushändigt:	II 5 a	
57.1	Warnleuchten		300,–
57.2	Schutzausrüstung		200,–
58	entgegen Anlage B Randnummer 10 385 Abs. 4 die erforderlichen Maßnahmen nicht trifft;	II 5 b	200,–
59	entgegen Anlage B Randnummer 10 260 in Verbindung mit Absatz 3 und mit § 1 Abs. 4 Ausrüstungsgegenstände nicht mitführt oder zur Prüfung nicht vorzeigt oder nicht aushändigt;	III 5	300,–
F.	**der Halter**		
60	entgegen § 4 Abs. 7 Nr. 1, auch in Verbindung mit Absatz 8 und § 1 Abs. 4, die Vorschriften über den Bau oder die Ausrüstung der Fahrzeuge nicht beachtet:	I 6 a	
60.1	Mängel, die zu einer Stillegung/Untersagung der Weiterfahrt geführt haben;		1000,–
60.2	andere Mängel;		600,–
61	entgegen Anlage B Randnummer 10 500 Abs. 10, auch in Verbindung mit § 1 Abs. 4, für die dort vorgeschriebene Ausrüstung des Fahrzeugs nicht sorgt;	I 6 b	600,–
62	entgegen Anlage B Anhang B 1 a Randnummer 211 153 Satz 1, auch in Verbindung mit § 1 Abs. 4, nicht dafür sorgt, daß der Tank den Bau-, Ausrüstungs- und Kennzeichnungsvorschriften entspricht:	I 6 a	
62.1	Bau, Ausrüstung		1500,–
62.2	Kennzeichnung		500,–
63	entgegen Anlage B Anhang B. 1 a Randnummer 211 170, auch in Verbindung mit § 1 Abs. 4, Tanks ohne die vorgeschriebene Wanddicke verwendet;	I 6 d	1500,–
64	entgegen Randnummer 11 500 Satz 6 für die dort vorgeschriebene Ausrüstung des Fahrzeugs nicht sorgt;	II 6 a	600,–
65	entgegen Anlage B Anhang B. 1 a Randnummer 211 153 Satz 2 oder Anhang B. 1 b Randnummer 212 153 Satz 2 eine außerordentliche Prüfung nicht durchführen läßt;	II 6 b	1000,–

Lfd. Nr.	Ordnungswidrigkeit, die darin besteht, daß	GGVS § 10	DM
G.	**der Auftraggeber des Absenders**		
66	entgegen § 4 Abs. 2 Satz 2, auch in Verbindung mit Absatz 8, den Absender auf das gefährliche Gut, dessen Bezeichnung oder die Erlaubnispflicht nicht hinweist;	I 7	600,–
H.	**der Betroffene**		
67	entgegen § 4 Abs. 3 Nr. 1 oder 2, auch in Verbindung mit Absatz 8, eine dort aufgeführte Vorschrift über das Verpacken oder Zusammenpacken nicht beachtet;	I 8	1000,–
68	einer im Rahmen einer Beförderungserlaubnis nach § 7 erteilten vollziehbaren Auflage zuwiderhandelt;	I 13	500,–
69	entgegen § 4 Abs. 3 Nr. 3 eine dort aufgeführte Vorschrift über das Kennzeichen nicht beachtet;	II 7	300,–
70	entgegen § 4 Abs. 3 Nr. 4 eine dort aufgeführte Vorschrift über das Verpacken nicht beachtet;	II 7	1000,–
71	einer im Rahmen a) einer Baumusterzulassung nach § 6 Abs. 1 Satz 6 oder einer Prüfbescheinigung nach § 6 Abs. 2 Satz 4, b) einer Ausnahmezulassung nach § 5 oder c) einer Erklärung nach Anlage B Anhang B.3 c erteilten vollziehbaren Auflage zuwiderhandelt;	II 9	1000,–
72	entgegen § 6 Abs. 9 Tankcontainer befüllt oder zur Beförderung übergibt oder einer vollziehbaren Auflage der Baumusterzulassung zuwiderhandelt;	II 10	1000,–
I.	**der Empfänger**		
73	entgegen Anlage B Randnummer 10 118 Abs. 5 Satz 4 oder 10 130 Abs. 1 Satz 5, auch in Verbindung mit § 1 Abs. 4, Gefahrzettel nicht verdeckt oder nicht entfernt;	I 9 a	300,–
74	entgegen Anlage B Randnummer 10 500 Abs. 11 Satz 2, auch in Verbindung mit § 1 Abs. 4, Warntafeln nicht entfernt;	I 9 b	300,–
J.	**der Absender, Verlader, Beförderer, Fahrzeugführer, Beifahrer, Halter oder Empfänger**		
75	entgegen Anlage B Randnummer 10 374 das Rauchverbot nicht beachtet;	I 10	200,–
76	entgegen Anlage B Randnummer 11 354 Satz 1 mit Feuer oder offenem Licht umgeht;	II 8 a	200,–
77	entgegen Anlage B Randnummer 11 354 satz 2 Zündhölzer oder Feuerzeug mitnimmt;	II 8 b	200,–
K.	**der Verlader, Beförderer, Fahrzeugführer oder Beifahrer**		
78	entgegen § 4 Abs. 7 Nr. 2, auch in Verbindung mit Absatz 8 und § 1 Abs. 4,		
78.1	– die Vorschriften über das Beladen oder die Handhabung nicht beachtet;		200,–
78.2	– die Vorschriften über das Zusammenladen nicht beachtet;		400,–

Lfd. Nr.	Ordnungswidrigkeit, die darin besteht, daß	GGVS § 10	DM
L.	**der Beförderer, Fahrzeugführer, Beifahrer oder Empfänger**		
79	entgegen § 4 Abs. 7 Nr. 2, auch in Verbindung mit Absatz 9 und § 1 Abs. 4, die Vorschriften über das Entladen nicht beachtet;	I 11	200,–
M.	**der Verlader, Beförderer, Fahrzeugführer, Beifahrer oder Empfänger**		
80	einer Vorschrift der Anlage B Randnummer 31 410, 51 410, 61 410 oder 62 410 über Vorsichtsmaßnahmen bei Nahrungs-, Genuß- oder Futtermitteln zuwiderhandelt;	I 12	300,–
N.	**die verantwortliche Person**		
81	als verantwortlich nach Anlage B Randnummer 10 385 Abs. 1 Satz 3 Nr. 6 entgegen Randnummer 10 385 Abs. 1 Satz 3 in die schriftlichen Weisungen (Unfallmerkblätter) Angaben nicht, nicht richtig oder nicht vollständig aufnimmt;	II 11	500,–
O.	**der Eigentümer**		
82	entgegen Anlage B Anhang B.1 b Randnummer 212 153 Satz 1, auch in Verbindung mit § 1 Abs. 4, nicht dafür sorgt, daß der Tankcontainer den Bau-, Ausrüstung- und Kennzeichnungsvorschriften entspricht:	I 14	
82.1	Bau, Aurüstung		1500,–
82.2	Kennzeichnung		500,–
	11.– 14. bleiben frei.		

Zu Rn. 2000 Abs. 4

15. Obwohl der Wortlaut der Abfallbegriffsbestimmung nach dem Abfallgesetz von der der GGVS erheblich abweicht, stellt ein Abfall im Sinne der GGVS auch einen Abfall nach dem Abfallgesetz dar, wenn der Abfall ein gefährliches Gut ist. Dies gilt – mit Ausnahme für Altöl – jedoch nicht, wenn der Besitzer gefährliche Güter, die mit dem Ziel der späteren Wiederverwendung zur Aufbereitung befördert werden, **nicht** der entsorgungspflichtigen Körperschaft (§ 3 Abs. 2 Abfallgesetz) oder dem von dieser beauftragten Dritten überläßt. Dann liegt zwar ein Abfall im Sinne der Rn. 2000 Abs. 4, nicht aber nach dem Abfallgesetz vor (§ 1 Abs. 1 Satz 2 Abfallgesetz). Es empfiehlt sich, in diesen Fällen im Beförderungspapier zusätzlich zu vermerken: „Kein Abfall im Sinne des Abfallgesetzes!"

Zu Rn. 2002 Abs. 3

16.1 In allen Fällen, ausgenommen bei innerstaatlichen Beförderungen die in Rn. 2002 (3) Satz 4 genannten, sind Beförderungspapiere mitzugeben, die die in Rn. 2002 (3) Satz 5 ff. aufgeführten Angaben und Vermerke enthalten. Ein solches Beförderungspapier kann z. B. ein Beförderungs- und Begleitpapier nach §§ 28 oder 52 des Güterkraftverkehrsgesetzes, ein Lieferschein oder ein Eisenbahnfrachtbrief sein.

16.2 In das Beförderungspapier von Stoffen, die nach der Bemerkung vor Rn. 2100 nicht als explosive Stoffe im Sinne der Klasse 1 a gelten, die aber gefährliche Stoffe einer anderen Klasse der GGVS und außerdem explosionsgefährliche Stoffe im Sinne des Sprengstoffgesetzes sind, ist unter Berücksichtigung von § 18 Abs. 1 der Ersten Verordnung zum Sprengstoffgesetz zusätzlich zur Bezeichnung des Gutes anzubringen: „Nicht explosiver Stoff im Sinne der GGVS/

GGVE, aber „Explosionsgefährlich" im Sinne des Sprengstoffgesetzes".

16.3 Nach Rn. 2002 Abs. 3 Satz 4 Buchstabe b ist bei innerstaatlichen Beförderungen ungereinigter leerer festverbundener Tanks von Tankfahrzeugen oder ungereinigter leerer Aufsetztanks kein Beförderungspapier erforderlich. Deshalb können die Vorschriften über die Angaben im Beförderungspapier (z. B. in Rn. 2237 Abs. 3, 2322 Abs. 3) in diesen Fällen nicht angewendet werden.

Zu Rn. 2002 Abs. 8

17. Bei der Zuordnung von Gemischen oder Lösungen zur Klasse der Komponente mit der überwiegenden Gefahr ist der Mengenanteil der Komponenten unerheblich.

17.1 Wenn **eine** Komponente des Gemisches oder der Lösung ein Gut des Anhangs B.8 ist, so ist das Gemisch/die Lösung der Klasse, Ziffer und ggf. dem Buchstaben des Listengutes zuzuordnen.

Beispiel: Lösungen anorganischer Cyanide   6.1, 41 a)
(Gut der Liste I)
Kaliumhydroxid   8,   42 b)
Zuzuordnen der Klasse 6.1 Ziffer 41 a).

17.2 Bei den Klassen 3, 6.1 und 8 sind die Gemische oder Lösungen der Klasse zuzuordnen, der die Komponente angehört, die unter den Buchstaben a) fällt.

Beispiel: Allyljodid   3,   25 a)
Chlordimethylsulfat   6.1, 13 b)
Äthanolaminlösung   8,   54 c)
Zuzuordnen der Klasse 3 Ziffer 25 a).

Für Gemische oder Lösungen, die keine unter den Buchstaben a), aber eine unter den Buchstaben b) fallende Komponente enthalten, gilt folgendes Beispiel:

Pyridin   3,   15 b)
Chromcarbonyl   6.1, 36 c)
Zuzuordnen der Klasse 3 Ziffer 15 b).

Zu Rn. 2012

18. Anstelle von Einheitspappkästen dürfen auch Verpackungen nach Anhang A.5, deren Kennzeichnung die Codenummer 4 G enthält, verwendet werden, weil diese Verpackungen zumindest gleichwertig sind.

Zu Rn. 2314 Abs. 1, 2614 Abs. 1 und 2814 Abs. 1

19. Unter „technischer Bezeichnung" ist bei Zubereitungen und Gemischen die Angabe der chemischen Bezeichnung des/der Stoffe(s) zu verstehen, welche(r) die Gefahr(en) auslöst/auslösen (z. B. Fixiermittel, enthält Äthanol und Essigsäure).

Zu Rn. 10 011

20. Das Zitat der Rn. 10 315 in der Aufstellung der Vorschriften, die bei der Beförderung begrenzter Mengen gefährlicher Güter in Versandstücken nicht angewendet zu werden brauchen, bedeutet **nicht**, daß eine Schulungspflicht für Fahrer von Fahrzeugen mit Versandstücken besteht.

Zu Rn. 10 014

21. Der Begriff „Container" umfaßt auch Wechselaufbauten und Wechselbehälter. Die Vorschriften für Container sind jedoch nicht anzuwenden, wenn die Wechselaufbauten und Wechselbehälter auf dem Fahrzeug be- und entladen werden und im Verlauf der Beförderung im beladenen Zustand vom Fahrzeug nicht getrennt werden.

Zu Rn. 10 251

22. Bei den in Rn. 10 251 Buchstabe a genannten Fahrzeugen mit Gefäßbatterien handelt es sich um Gefäßbatterie-Fahrzeuge i.S. der Begriffsbestimmung in Rn. 10 014 (1). Danach ist ein „Gefäßbatterie-Fahrzeug" ein Fahrzeug mit einer Gefäßbatterie oder Tankbatterie, das unter den Begriff „Tankfahrzeug" fällt.

Zu Rn. 10 283

23. Die in Rn. 10 283 genannten technischen Untersuchungen werden im Geltungsbereich der GGVS im Rahmen der Hauptuntersuchung nach § 29 StVZO durchgeführt.

Auf Antrag des Fahrzeughalters ist nach unmittelbar vorhergegangener Hauptuntersuchung (§ 29 StVZO) mit befriedigendem Ergebnis eine Bescheinigung nach Anlage B Anhang B.3 für die Klassen 2 bis 6.1, 7 und 8 auszustellen.

Zu Rn. 10 315

24.1 Die Grundsätze über die Anerkennung und Durchführung von Lehrgängen für die Fahrzeugführer nach Rn. 10 315 wurden in VkBl 1985 S. 334 bekanntgegeben.

24.2 Der in Rn. 10 315 (1) angegebene Gesamtfassungsraum von mehr als 3000 Litern bezieht sich nach der internationalen Entstehungsgeschichte nur auf Beförderungseinheiten mit Tankcontainern.

Zu Rn. 10 385

25.1 Ein Zwischenfall nach Absatz 1 liegt z. B. vor, wenn infolge einer undichten Absperrvorrichtung gefährliches Gut ausfließt.

25.2 Unfallmerkblätter für Bleialkyle der Klasse 6.1 Ziffer 31 a) und für 2,3,7,8-TCDD müssen bestimmte zusätzliche Angaben enthalten (vgl. Rn. 61 385).

25.3 Der in Rn. 10 385 (1) e) für grenzüberschreitende Beförderungen angegebene Fassungsraum von 3000 Litern bezieht sich auf den Fassungsraum des einzelnen festverbundenen Tanks, des Aufsetztanks oder des Tankcontainers.

25.4 Angaben über Schutzausrüstung in den Unfallmerkblättern (schriftliche Weisungen) sind nicht bindend. Die Pflicht, das Fahrpersonal mit bestimmter Schutzausrüstung auszustatten (Beförderer) und diese während der Beförderung mitzuführen (Fahrzeugführer, Beifahrer), ergibt sich vielmehr aus den Rn. 10 260 Abs. 2 und 3, Rn. 11 260, 21 260 und 61 260. Dabei ist zu beachten, daß Rn. 10 260 Abs. 2 nicht für grenzüberschreitende Beförderungen gilt. Im übrigen stellen die Angaben über Schutzausrüstung in den Unfallmerkblättern Empfehlungen dar, denen – ungeachtet der Rechtspflichten nach der GGVS – gefolgt werden sollte.

25.5 Wird nur ein einziges Gut der Klassen 2 bis 5.1, 6.1 oder 8 in Versandstücken befördert, darf auch nach Rn. 10 385 Abs. 6 a verfahren werden.

Zu Rn. 10 500

26. Der in Rn. 10 500 (2) angegebene Fassungsraum des Tanks von 1000 Litern für innerstaatliche Beförderungen und 3000 Litern für grenzüberschreitende Beförderungen bezieht sich auf den Fassungsraum des einzelnen Tanks (festverbundener Tank, Aufsetztank, Tankcontainer).

Anlage 1

Formblatt für Anträge im Gefahrgutbereich

Bei Anträgen auf Erteilung von Ausnahmezulassungen bzw. den Abschluß von Vereinbarungen sowie bei Anregungen von Vorschriften-Änderungen sind Angaben zu folgenden Fragen oder Punkten zu machen *). Die Angaben werden nur für amtliche Zwecke und vertraulich behandelt.

Antragsteller:
....
(Name)   (Firma)

....
(   ) ....

....
(Anschrift)

---

*) Bei Fragen, die für den betreffenden Antragsgegenstand nicht zutreffen, ist „entfällt" einzutragen.

Kurzbeschreibung des Antrags:
(z. B. „Verpackung von .... in freitragenden Kunststoffgefäßen mit einem Fassungsraum von höchstens .... Liter"
oder
„Zulassung der Beförderung von .... als Stoff der Klasse
.........."）

Anlagen
(mit Kurzbeschreibung)

Aufgestellt:

Ort: ....

Datum: ....

Unterschrift: ....
(des für die Angaben Verantwortlichen)

1.   **Allgemeines**
1.1 Folgende Rechtsvorschrift(en) wird (werden) berührt.
      GGVE □   RID □   GGVS □   ADR □   ADNR □
      GGVSee □   IMDG-Code □   ICAO □
      UN-Empfehlungen □
      Rechtsgrundlage (z. B. Paragraph, Randnummer): ....

1.2 **Der Antrag/die Anträge betrifft (betreffen):**
      □ einen nach den Beförderungsvorschriften nicht zugelassenen Stoff oder Gegenstand
      □ eine nach den Beförderungsvorschriften nicht zulässige Verpackung
      □ ein nach den Beförderungsvorschriften nicht zugelassenes Beförderungsmittel
      □ eine Ersterteilung, Erweiterung oder Neuerteilung einer Ausnahmegenehmigung gem. § 5 GGVE (Gutachten beifügen)
      □ eine Vereinbarung gemäß Artikel 5, § 2 CIM (RID-Sondervereinbarung), einschließlich Anträge auf Erweiterung und Neuerteilung (Fragebogen und Gutachten dem Antrag an die Deutsche Bundesbahn beifügen)
      □ eine Ersterteilung, Erweiterung oder Neuerteilung einer Ausnahmegenehmigung gemäß § 5 GGVS (Gutachten beifügen)
      □ eine Vereinbarung gem. Randnummer 2010 und 10 602 des ADR (Gutachten beifügen), einschließlich Anträge auf Erweiterung und Neuerteilung von Vereinbarungen
      □ eine Ersterteilung, Erweiterung oder Neuerteilung einer Sondergenehmigung gemäß § 4 der Anlage I zur Verordnung über die Beförderung gefährlicher Güter auf dem Rhein (ADNR) (Gutachten beifügen)
      □ eine Ersterteilung, Erweiterung oder Neuerteilung einer Ausnahmegenehmigung gemäß § 3 Abs. 2 GGVSee (Gutachten beifügen)
      □ die Klassifizierung von Stoffen und Gegenständen
      □ die Umklassifizierung
      □ die Aufnahme eines Stoffes, einer Verpackungsart oder eines Beförderungsmittels in
      □ UN-Empfehlungen   □ ADNR
      □ IMDG-Code/GGVSee
      □ GGVS/ADR   □ ICAO
      □ GGVE/RID
      Sonstige Anträge

1.3 Welche Gründe erfordern das Abweichen von den gesetzlichen Vorschriften?
      □ technischer Fortschritt   □ Beförderung
         (neuere Erkenntnisse)   sonst
                                       ausgeschlossen
      □ Einhaltung der Vorschriften unzumutbar
         (Gründe angeben)

1.4 Voraussichtlicher Umfang der vorgesehenen Transporte, soweit bekannt (maximale Größe je Verpackungseinheit, Versandstück oder Ladungseinheit)?
1.5 Voraussichtliche Zielgebiete (In/Ausland, ggf. Staaten)
1.6 Mit welchen Staaten bzw. Eisenbahnverwaltungen soll ggf. eine Vereinbarung getroffen werden?
1.7 Welche Verkehrsträger sind vorgesehen

2.   **Allgemeine Angaben zum Gefahrgut**
2.1 Handelt es sich um einen Stoff □, um eine Mischung □, um eine Lösung □ oder um einen Gegenstand □?
2.2 Chemische Bezeichnung (möglichst IUPAC-Nomenklatur)
2.3 Synonyme
2.4 Handelsname
2.5 Strukturformel und/oder Zusammensetzung, Konzentration, technischer Aufbau und Wirkungsmechanismus des Gegenstandes
2.6 Gefahrklasse
      ggf. Gruppe
      ggf. Ziffer und Buchstabe
      ggf. Kategorie (nur bei ADNR)
      ggf. Verträglichkeitsgruppe (nur bei Explosivstoffen)
      ggf. Blatt (nur bei radioaktiven Stoffen)
      ggf. Unterklasse
      ggf. Prüfung oder Zulassung durch die Bundesanstalt für Materialprüfung (nur bei organischen Peroxiden und gewissen selbstreaktiven Stoffen der Klasse 4.1 sowie bei explosiven Stoffen und Gegenständen)
2.7 UN-Nummer (soweit vorhanden)
2.8 Verpackungsgruppe nach UN (I, II oder III)

3.   **Physikalisch-chemische Eigenschaften**
3.1 Zustand während der Beförderung (z. B. gasförmig, flüssig, körnig, pulverförmig . . .)
3.2 Dichte der Flüssigkeit bei 20° C
3.3 Beförderungstemperatur (bei Stoffen, die in aufgeheiztem oder gekühltem Zustand befördert werden)
3.4 Schmelzpunkt oder Schmelzbereich . . .° C
3.5 Ergebnis des Penetrometer-Tests gemäß TRbF 003
      Viskosität: Auslaufzeit nach DIN 53 211 . . . Sekunden
      Temperatur . . .° C
3.6 Siedepunkt oder Siedebereich . . .° C
3.7 Dampfdruck bei 20° C . . ., bei 50° C . . .; bei verflüssigten Gasen Dampfdruck bei 70° C . . ., bei permanenten Gasen Druck bei Füllung bei 15° C . . .
      Betriebstemperatur (höchster Wert aus Füll-, Transport- und Entleerungstemperatur):
3.8 Löslichkeit in Wasser bei 15° C
      Angabe der Sättigungskonzentration in mg/l . . .
      bzw. Mischbarkeit mit Wasser bei 15° C?
      beliebig □   teilweise □   nicht □
                   (Konzentration angeben)
3.9 Farbe
3.10 Geruch
3.11 Reaktion einer wässerigen Lösung: sauer/neutral/alkalisch
3.12 pH-Wert des Stoffes bzw. einer wässerigen Lösung (bitte Konzentration angeben):
3.13 Sonstige Angaben

4.   **Sicherheitstechnische Eigenschaften**
4.1 Zündtemperatur nach DIN 51 794 ....° C
4.2 Flammpunkt
      im geschlossenen Tiegel .... ° C
      im offenen Tiegel ....° C
      (bitte Prüfmethode angeben, z. B. nach DIN . . .)

15

4.3 Explosionsgrenzen (Zündgrenzen):
     untere .... %, obere .... %.

4.4 Ist der Stoff bei Luftzufuhr brennbar (bitte Prüfmethode angeben)?

4.5 Explosionsgefahr bei Stoß/Entzündung/Reibung/Sonstigem (entsprechend den Prüfverfahren in den jeweils zutreffenden Vorschriften)?

4.6 Bildung explosionsfähiger Dampf/Luft-Gemische ☐
     Bildung explosionsfähiger Staub/Luft-Gemische ☐

4.7 Kann sich der Stoff schon in kleinen Mengen und nach kurzer Zeit (Minuten) bei gewöhnlicher Temperatur an der Luft ohne Energiezufuhr erhitzen und schließlich entzünden? ☐
     Kann sich der Stoff nur in größeren Mengen und nach längerer Zeit (Stunden bis Tage) bei gewöhnlicher Temperatur an der Luft ohne Energiezufuhr erhitzen und schließlich entzünden? ☐

4.8 Neigt der Stoff ohne Luftzufuhr zur Selbstzersetzung
     bei gewöhnlicher Temperatur ☐
     bei erhöhter Temperatur ☐
     Für organische Peroxide und gewisse selbstreaktive Stoffe der Klasse 4.1 angeben:
     SADT ....° C
     Höchstzulässige Beförderungstemperatur ....° C
     Notfalltemperatur ....° C

4.9 Zersetzungsprodukte bei Brand unter Luftzutritt oder bei Einwirkung eines Fremdbrandes:

4.10 Ist der Stoff brandfördernd? Ja/Nein

4.11 Reagiert der Stoff mit Wasser oder feuchter Luft unter Entwicklung entzündlicher oder giftiger Gase? Ja/Nein
     Entstehende Gase:

4.12 Reagiert der Stoff gefährlich mit Säuren, Alkalien, brandfördernden Stoffen, Metallen?

4.13 Ist der Stoff radioaktiv? Ja/Nein

4.14 Reagiert der Stoff auf andere Weise gefährlich?

5.   **Physiologische Gefahren**

5.1.1 Mögliche schädliche Wirkungen bei Einwirkung auf Augen oder Haut, Aufnahme durch die Haut, die Atemwege oder den Mund?
     Die Tabelle ist wie folgt auszufüllen:
     1 starke Reizwirkung
     2 mittlere Reizwirkung
     3 geringe Reizwirkung
     4 stark ätzend
     5 ätzend
     6 schwach ätzend
     7 sehr giftig
     8 giftig
     9 gesundheitsschädlich

Schäden		innerlich			äußerlich	
Bei Einwirkung auf bzw. Aufnahme durch:	Haut	Atemwege	Mund	Haut	Atemwege	Augen
in fester Form						
in flüssiger Form						
in Dampfform						

5.1.2 LD 50- und/oder LC 50-Werte bzw. Nekrosewerte

5.2 Ist ein verzögerter Vergiftungseffekt bekannt?

5.3 Entstehen bei Zersetzung oder Reaktion physiologisch gefährliche Stoffe (soweit bekannt, bitte angeben)?

5.4 Sonstige gefährliche physiologische Eigenschaften

6.   **Angaben zum Gefahrenpotential**

6.1 Mit welchen konkreten Schäden muß gerechnet werden, wenn die gefährlichen Eigenschaften des zu befördernden Gutes wirksam werden?
     ☐ Verbrennung   ☐ mechanische
     ☐ Verletzung   Beschädigung
     ☐ Verätzung   ☐ Zerstörung
     ☐ Vergiftung bei   ☐ Brand
       Aufnahme durch die Haut   ☐ Korrosion
     ☐ Vergiftung beim Einatmen

6.2 Wie verändert sich daher jeweils die Wirkung
     a) bei unterschiedlichen Mengen des gefährlichen Gutes?
     b) bei unterschiedlichen Entfernungen vom Ort des Freiwerdens?
     In welchem Zeitraum treten diese Schäden ein?

7.   **Angaben zum Beförderungsmittel**

7.1 Welche Beförderungsmittel sind von dem Antrag auf Ausnahmezulassung betroffen?
     Eisenbahngüterwagen (geschlossen, offen?) – Reisegepäckwagen –
     Lastkraftfahrzeuge (Art der Aufbauten) –
     Binnenfrachtschiffe – Überseefrachtschiffe – Containerschiffe – Passagierschiffe
     – Frachtflugzeuge – Passagierflugzeuge

7.2 Sind besondere Stauvorschriften vorgesehen/erforderlich? (Welche?)

7.3 Wie soll das Beförderungsmittel ausgerüstet sein (z. B. elektrische und Brandschutzausrüstung, Lüftungseinrichtung, Kühleinrichtung)?

8.   **Beförderung gefährlicher Güter in Tanks**

8.1 In welchen Tanks soll das gefährliche Gut befördert werden? (Tankcontainer, Aufsetztank, Gefäßbatterien, Tankfahrzeug, Silotankfahrzeug, Eisenbahnkesselwagen, Binnentankschiff, Seetankschiff, RoRo-Schiffe)

8.2 Liegt hierfür bereits eine Zulassung vor (ggf. Zulassungskennzeichnung und ausstellende Behörde angeben)?

8.3 Gilt die Zulassung für das/die unter 2. beschriebene(n) Gut/Güter? (Bei neuen, noch nicht zugelassenen Tanks sind Konstruktionsunterlagen entsprechend RS 001 sowie ein gutachtlicher Eignungsnachweis erforderlich)

9.   **Angaben zur Verpackung**

9.1 Beschreibung und Codierung der Verpackungsbauart (Bitte Konstruktionszeichnungen und einen gutachtlichen Eignungsnachweis beifügen)

9.2 Nach welchen Vorschriften geprüft? (Bitte Prüfbericht beifügen)

9.3 Soll die Verpackung nur unter zusätzlichem Schutz einer
     – Palette,
     – Palette umschrumpft oder umstretcht,
     – eines Containers,
     – in geschlossener Ladung
     verwendet werden?
     (ggf. bitte näher erläutern)

9.4 Sind mit der Verpackung bereits Erfahrungen beim Transport gesammelt worden?
     (Wenn ja, in welcher Zeitspanne, mit welchem Beförderungsmittel und mit welchen Füllgütern?)

9.5 Sonstige Hinweise

10.1 **Sicherheitstechnische Begründung**
     (Bitte Sachverständigen-Gutachten beifügen)

10.1 Welche Sicherheitsvorkehrungen sind nach dem Stand von Wissenschaft und Technik im Hinblick auf die vom Gut ausgehenden Gefahren sowie im Verlauf des gesamten Transportes möglichen Gefährdungen erforderlich?

10.2 Welche Sicherheitsvorkehrungen werden vorgeschlagen (z. B. Verpackung, Ladungssicherung, Menge, Verkehrsträger, Weg)?

10.3 Falls die in Nr. 10.2 vorgeschlagenen Sicherheitsvorkehrungen nicht den in Nr. 10.1 angegebenen erforderlichen Sicherheitsvorkehrungen nach dem Stand von Wissenschaft und Technik entsprechen:

– Darstellung der verbleibenden Gefahren

– Begründung, weshalb die verbleibenden Gefahren als vertretbar angesehen werden.

TÜV Rheinland	5000 Köln 91	Postfach 10 17 50
TÜV Saarland	6603 Sulzbach	Postfach 16
TÜV Stuttgart	7024 Filderstadt 1	Postfach 13 80
Amt für Arbeitsschutz – Abt. Technische Aufsicht –	2000 Hamburg 76	A.-Schönfelder-Str. 5
TÜA Darmstadt	6100 Darmstadt 11	Postfach 11–106
TÜA Frankfurt/Main	6000 Frankfurt/M. 90	Postfach
TÜA Kassel	3500 Kassel	Postfach 10 37 07

Anlage 2

Antrag

auf Prüfung nach § 6 Abs. 2 oder 4 der Gefahrgutverordnung Straße (GGVS) und auf Erteilung einer Prüfbescheinigung (Verzeichnis der zuständigen Prüfstelle, an die der Antrag zu richten ist, siehe Rückseite)

Hiermit beantrage(n) ich (wir) *)

....

(Name und Anschrift des Antragstellers)

die Prüfung nach § 6 Abs. 2 (oder 4) *) für ein(e)(n) *)

Tankfahrzeug *)

Aufsetztank *)

Gefäßbatterie *)

Beförderungseinheit der Fahrzeugklasse B.III *)

Sattelzugmaschine *)

Trägerfahrzeug für Aufsetztanks *)

zur Beförderung folgender gefährlicher Güter:

....

....

....

(Bezeichnung der Güter – Angabe der in der Stoffaufzählung aufgeführten Benennung, Klasse, Ziffer ggf. Buchstabe der Stoffaufzählung – Angaben über die Zugehörigkeit des Gutes zur Liste I oder Liste II des Anhanges B.8)

sowie die Erteilung einer Prüfbescheinigung.

Die Baumusterzulassung vom ....

der .... liegt als Anlage bei.

(Zulassungsbehörde)

............................., den.................... 19.....

....

(Unterschrift)

(Rückseite)

Anschriften der Prüfstellen

TÜV Baden	6800 Mannheim 1	Postfach 10 32 62
TÜV Bayern	8000 München 21	Westendstraße 199
TÜV Berlin	1000 Berlin 42	Alboinstraße 56
Technische Prüfstelle für den Kraftfahrzeugverkehr an der TU Berlin (nur Prüfung nach § 6 Abs. 4 GGVS)	1000 Berlin 10	Franklinstraße 5
TÜV Hannover	3000 Hannover 81	Postfach 81 07 40
TÜV Norddeutschland	2000 Hamburg 54	Postfach 54 02 20
Technische Prüfstelle bei der Landesverkehrsverwaltung Hamburg (nur Prüfung nach § 6 Abs. 4 GGVS)	2000 Hamburg 26	Ausschläger Weg 100
TÜV Pfalz	6750 Kaiserslautern	Postfach 13 60
Rheinisch-Westfälischer TÜV	4300 Essen 1	Postfach 70 41

---

*) Nichtzutreffendes streichen

Anlage 3

Antrag auf Erteilung einer Erlaubnis nach § 7 Abs. 1 GGVS

Name und Anschrift des Beförderers oder Absenders

An die Straßenverkehrsbehörde

(　　　) ....

Betr.: Antrag auf Erteilung einer Erlaubnis nach § 7 Abs. 1 der Gefahrgutverordnung Straße (GGVS)

Anlagen: ....

Abschnitt A **)

Ich beabsichtige, folgende Güter der Liste I/Liste II *), und zwar

.... kg⁰) .... Klasse .... Ziffer ....

　　　　　(Bezeichnung des Gutes)

.... kg⁰) .... Klasse .... Ziffer ....

　　　　　(Bezeichnung des Gutes)

.... kg⁰) .... Klasse .... Ziffer ....

　　　　　(Bezeichnung des Gutes)

in Versandstücken/Containern für Versandstücke/Tankcontainern/Aufsetztanks

Tankfahrzeugen *)..

　　　　　　　(Zeichen des Tanks, polizeiliches

.... einmalig am ....

Kennzeichen des Fahrzeugs)

mehrmals in der Zeit vom.................................. bis ....

für ....

　　　　　(Name und Wohnort des Versenders)

von .... über/im Gebiet von ....

　　(Versandort)　　　　　　　　　　　　(genaue Angaben)

des Beförderungsweges oder Beförderungsgebietes)

an ⁰⁰)..

　　　　(Name und Anschrift des/der Empfänger[s])

nach .... zu befördern.

　　　　　　　(Empfangsort[e])

Abschnitt B

(Nur ausfüllen bei Gütern der Liste I)

1. a) Der Absender verfügt am Versandort über einen/keinen *) Gleis-/Hafenanschluß *), in dem das gefährliche Gut verladen werden kann.

b) Der Empfänger verfügt am Empfangsort über einen/keinen *) Gleis-/Hafenanschluß *), in dem das gefährliche Gut entladen werden kann.

c) Die Straßenentfernung von .... nach ....
　　　　　　　　　　(Versandort)　　(Empfangsort)
beträgt unter Zugrundelegung des im Abschnitt A angegebenen Beförderungsweges .... km. Die Entfernung des Schienen-/Wasserweges *) beträgt .... km.

---

*) Nichtzutreffendes bitte streichen

**) Wenn der Platz nicht ausreicht, sind die Angaben in einem Beiblatt aufzuführen

⁰) Nur ausfüllen bei der Beantragung von Erlaubnissen für eine einzelne Fahrt

⁰⁰) Entfällt bei der Beantragung von Dauererlaubnissen für Güter der Liste II

17

2. Das gefährliche Gut wird in Versandstücken / Containern für Versandstücke / Tankfahrzeugen / Aufsetztanks / Tankcontainern *)

von..................... nach ....
(Versandort)   (Empfangsort)

das sind .... km, befördert. Die Beförderungsstrecken auf der Straße betragen insgesamt .... km.

Abschnitt C

Es sind beigefügt bzw. werden zur Einsicht vorgelegt:

1. Für Tankfahrzeuge/Aufsetztanks *) die Prüfbescheinigung nach § 6 Abs. 2 GGVS;

2. für Beförderungseinheiten B.III/Sattelzugmaschinen zum Betrieb von Tankfahrzeugen/Trägerfahrzeugen von Aufsetztanks *) die Prüfbescheinigungen nach § 6 Abs. 4 GGVS;

3. für den grenzüberschreitenden Verkehr für Tankfahrzeuge/Beförderungseinheiten B.III/Trägerfahrzeuge für Aufsetztanks *) die Bescheinigung der besonderen Zulassung nach Anhang B.3 der Anlage B.

4. (andere Unterlagen, z. B. für Tankcontainer) ....
....
....
....

(Unterschrift)

Anlage 4

Gegen Zustellungsnachweis

Firma .... Ausstellende Behörde: ....
(genaue Bezeichnung des Unternehmens)
.... Az. ....
Postleitzahl,
Ort ....
Straße, Haus-Nr. .... Zum Antrag vom ....

Erlaubnis-Nr. ....

1. Aufgrund des § 7 Abs. 1 der Gefahrgutverordnung Straße (GGVS) vom 22. Juli 1985 (BGBl. I S. 1550) wird hiermit unter den nachstehenden Nebenbestimmungen die Erlaubnis erteilt

für eine einzelne Fahrt – für mehrere Fahrten *)

in der Zeit vom.................... bis ....

von ....

nach/im Gebiet von **) ....

über **) ....

....

mit dem nachstehend aufgeführten Fahrzeug:

Kraft-(Zug-)fahrzeug **).................... Anhänger: **) ....
(Art) (amtl. Kennz.)   (Art) (amtl. Kennz.)

im nachstehend bezeichneten Container/Aufsetztank/Tankcontainer *) ....
....
....
....

zum Transport von **)

.... Klasse .... Ziffer ....
(Bezeichnung des Gutes)

.... Klasse .... Ziffer ....
(Bezeichnung des Gutes)

.... Klasse .... Ziffer ....
(Bezeichnung des Gutes)

Folgende Straßen dürfen – nicht *) – benutzt werden: ....
....
....

Die Erlaubnis wird widerrufen, wenn sich die geltenden Sicherheitsvorschriften oder die erteilten Auflagen als unzureichend zur Einschränkung der von der Beförderung ausgehenden Gefahren herausstellen. Die Erlaubnis ist an folgende Bedingungen und Auflagen gebunden.

I. Verkehrsmäßige Auflagen

....
....
....

II. Sonstige Bestimmungen

1. a) Von der Erlaubnis darf nur Gebrauch gemacht werden, wenn zusätzlich zu der nach dem Pflichtversicherungsgesetz vorgeschriebenen Kraftfahrzeug-Haftpflichtversicherung bei einem für diesen Versicherungszweig zugelassenen Versicherer Versicherungsschutz für mindestens 5 Millionen DM je Schadensereignis besteht. Eine entsprechende Bestätigung des Versicherers ist während der Beförderung mitzuführen und zuständigen Personen auf Verlangen auszuhändigen.

b) Diese Erlaubnis wird erteilt unbeschadet der Haftung des Antragstellers für alle durch das Transportgut entstehenden Schäden.

c) Eine Gewähr für Ausbau und Beschilderung der benutzten Straßen für die besonderen Anforderungen des Transports wird nicht übernommen. Die Erlaubnisbehörde ist von allen etwaigen Ansprüchen Dritter, die ggf. durch das Transportgut entstehen, freigestellt.

d) Alle durch das Transportgut am Straßenkörper entstandenen Schäden sind den Straßenbaubehörden unverzüglich anzuzeigen.

2. Nach Rn. 10381 (2) e) ist diese Erlaubnis oder eine von der Erlaubnisbehörde beglaubigte Abschrift hiervon während der Beförderung beim Fahrzeug mitzuführen und zuständigen Personen zur Prüfung vorzulegen oder auszuhändigen.

III. Rückgabe der Erlaubnis

Diese Erlaubnis wird in .... Ausfertigungen erteilt. Bei Widerruf sind diese Erlaubnis und alle Ausfertigungen der beglaubigten Abschriften unverzüglich an die Erlaubnisbehörde zurückzugeben.

IV. Kostenfestsetzung

Der Antragsteller hat die Kosten des Verfahrens zu tragen (§ ....).

Für diese Erlaubnis wird eine Gebühr von ...... DM festgesetzt;
die Auslagen betragen (§ ....) ...... DM festgesetzt;
(Geb.-Nr. .... GebTSt) ...... DM festgesetzt;

V. Rechtsbehelfsbelehrung

....
....

...................., den ....

....
(Unterschrift)

---

*) Nichtzutreffendes streichen
**) Die Angaben sind erforderlichenfalls in einem Beiblatt aufzuführen

Richtlinie für die Erstellung von Unfallmerkblättern – RS 006

Nr. 94   Beförderung gefährlicher Güter auf der Straße;
hier: Unfallmerkblätter
(schriftliche Weisungen)

Bonn, den 19. Mai 1988
A 13/26.20.70-12

Nach der 1. Straßen-Gefahrgut-Änderungsverordnung vom 21. Dezember 1987 (BGBl. I S. 2858) darf für sogenannte Sammelladungen ein Unfallmerkblatt für Sammelladungen verwendet werden.

Der Ausschuß „Stoffe/Verpackungen (ASV)" des Gefahrgut-Verkehrs-Beirats hat ein Muster für ein Unfallmerkblatt für Sammelladungen entwickelt (Anlage 2), das ich hiermit zur Anwendung dringend empfehle.

Die Einführung des Unfallmerkblatts für Sammelladungen machte die Überarbeitung der Richtlinie für die Erstellung von Unfallmerkblättern (schriftliche Weisungen) für den Straßenverkehr – RS 006 – vom 13. März 1985 (VkBl 1985 S. 218) erforderlich. Die Richtlinie wird in der überarbeiteten Fassung neu bekanntgemacht.

Hinzuweisen ist noch darauf, daß diese Richtlinie auch im Absendern im Eisenbahnverkehr und – mit Ausnahme des Abschnitts 2.11 – auch von Eisenbahnen beachtet werden soll, wenn gemäß Randnummer 1/2 der GGVE-Unfallmerkblätter neu erstellt werden.

Der Bundesminister für Verkehr

Im Auftrag
H i n z

Richtlinien für die Erstellung von Unfallmerkblättern
(schriftliche Weisungen)
für den Straßenverkehr – RS 006 –

1.   Allgemeines

Mit der Zunahme der Beförderung gefährlicher Güter wächst das Bedürfnis nach klarer, verläßlicher Information über die gefährlichen Eigenschaften der beförderten Güter und nach Hinweisen auf die nach Unfällen zu ergreifenden Maßnahmen. Bei den ersten Abwehrmaßnahmen wird dem Fahrpersonal sowie der Polizei, der Feuerwehr und anderen beteiligten Stellen die Arbeit sehr erschwert, wenn nicht bekannt ist, welche Gefahreigenschaften die bei einem Unfall freiwerdenden Stoffe haben, und welche besonderen Schutzmaßnahmen für die Umgebung der Unfallstelle und insbesondere für die Hilfsmannschaften erforderlich sind. Die Erfahrung zeigt überdies, daß bei Verkehrsunfällen von Fahrzeugen mit gefährlichen Ladungen der Verkehr oft unnötig lange unterbrochen werden muß, wenn wegen Fehlens ausreichender Information die Bekämpfung der Unfallgefahren erschwert und die Aufräumungsarbeiten verzögert werden.

In der Absicht, hier Abhilfe zu schaffen, ist in der Verordnung über die Beförderung gefährlicher Güter auf der Straße (GGVS) und im Europäischen Übereinkommen über die internationale Beförderung gefährlicher Güter auf der Straße (ADR), Anlage B, Randnummer 10 385, vorgeschrieben, daß bei der Beförderung gefährlicher Güter – ausgenommen bestimmte Güter oder Mengen – schriftliche Weisungen (nachstehend Unfallmerkblätter genannt) mitzuführen sind, die in knapper Form angeben:

1. die Bezeichnung der beförderten gefährlichen Güter, die Art der Gefahr, die die gefährlichen Güter in sich bergen sowie die erforderlichen Sicherheitsmaßnahmen, um ihr zu begegnen;

2. die zu ergreifenden Maßnahmen und Hilfeleistungen, falls Personen mit den beförderten Gütern oder entweichenden Stoffen in Berührung kommen;

3. die im Brandfalle zu ergreifenden Maßnahmen, insbesondere die Mittel oder Gruppen von Mitteln, die zur Brandbekämpfung verwendet oder nicht verwendet werden dürfen,

4. die bei Bruch oder sonstiger Beschädigung der Verpackung oder der beförderten gefährlichen Güter zu ergreifenden Maßnahmen, insbesondere wenn sich diese Güter auf der Straße ausgebreitet haben.

5. Zusätzlich ist nach Randnummer 10 385 Absatz 1 Nummer 3 der GGVS die mögliche Gefährdung von Gewässern beim Freiwerden der beförderten Güter und die für diesen Fall zu ergreifenden Sofortmaßnahmen anzugeben, falls die beförderten Güter wassergefährdende Stoffe sind und in Gewässer, Erdreich oder Kanalisation gelangen können oder gelangt sind. Ergänzend kann für innerstaatliche Beförderungen die Wassergefährdungsklasse (WGK) – z. B.

„schwach wassergefährdender Stoff – WGK 1"
„wassergefährdender Stoff – WGK 2"
„stark wassergefährdender Stoff – WGK 3"

angegeben werden.

Ist die Angabe einer eindeutigen WGK nicht möglich, ist der Hinweis „Mögliche Gefahr für Gewässer und Kläranlagen" anzuführen.

6. Name und Anschrift der natürlichen oder juristischen Person, die das Unfallmerkblatt aufgestellt hat und die für den Inhalt verantwortlich ist.

Nummern zur Kennzeichnung der Gefahr und des Stoffes (siehe 2.1) nach Anlage B Anhang B.5 (nur bei Beförderungseinheiten mit Tanks, die einen Fassungsraum von mehr als 3000 Liter haben, im grenzüberschreitenden Verkehr nach ADR).

Das Unfallmerkblatt soll insbesondere folgenden Zwecken dienen:

– Das Merkblatt soll zunächst das Fahrpersonal in die Lage versetzen, bei Unfällen die richtigen Sofortmaßnahmen zu ergreifen.

– Darüber hinaus wendet sich das Merkblatt an Polizei und Feuerwehr und sonstige Hilfsdienste für weiterreichende Bekämpfungsmaßnahmen zur Abwendung von Unfallfolgen.

Bei der Ausarbeitung und Handhabung von Unfallmerkblättern sollen folgende Grundsätze beachtet werden:

– Die Informationen sind in knapper Form anzugeben und sollen nicht mehr als 1 Seite umfassen (Ausnahme: Unfallmerkblatt für Sammelladungen).

Quelle: Verkehrsblatt Heft 11/88, S. 346–352

1

– Nur solche Informationen sollen gegeben werden, die der Aufklärung über Gefahren und deren Abwendung dienen oder für die Bekämpfung von Unfallfolgen nützlich sind.

– Dem Verantwortlichen sollen die Unfallmerkblätter die Entscheidung über zu ergreifende Notmaßnahmen erleichtern, sie sollen ihn indessen nicht in seinem Entscheidungsspielraum einengen. Über die Reihenfolge der möglichen Maßnahmen und auch über deren Umfang behält der Verantwortliche in Abschätzung der gegebenen Situation die alleinige Entscheidungsgewalt.

– Um eine Vergleichbarkeit der Maßnahmen und ihrer Wertigkeit durchgehend sicherzustellen, sollten die Unfallmerkblätter aus festgelegten Sätzen (Phrasen) zusammengestellt werden.

Von einem Arbeitskreis der CEFIC*) wurde ein Katalog mit Standard-Sätzen (Phrasen) ausgearbeitet, der bei der Erstellung der Unfallmerkblätter mit herangezogen werden kann.

Anhaltspunkte können auch die von einem Arbeitskreis beim Verband der chemischen Industrie (VCI), Karlstr. 21, 6000 Frankfurt/Main, erarbeiteten Unfallmerkblätter geben.

Für Lösungen und Mischungen gefährlicher Stoffe, welche die gleichen Gefahren aufweisen wie die gefährlichen Stoffe selbst (Anlage A, Randnummer 2002 Abs. 8 und 9 GGVS/ADR), dürfen die entsprechenden Einzelmerkblätter verwendet werden. Allerdings sollte in diesen Fällen im Abschnitt „Zusätzliche Hinweise" vermerkt werden, daß es sich hierbei um eine Zubereitung handelt.

2. Aufbau der Unfallmerkblätter

Auf dem Unfallmerkblatt sollten sich folgende Abschnitte befinden:

– Stoffbezeichnung, Klassifizierung und Kennzeichnung

– Eigenschaften des Ladegutes

– Gefahren

– Schutzausrüstung

– Notmaßnahmen

– Leck

– Feuer

– Erste Hilfe

– Zusätzliche Hinweise des Herstellers/Verladers, Absenders

– Telefonische Rückfrage

– Angabe der natürlichen oder juristischen Person, die das betreffende Unfallmerkblatt erstellt hat und die für den Inhalt verantwortlich ist, z. B. „Für den Inhalt verantwortlich: ... (Name und Anschrift der natürlichen oder juristischen Person)

Die einzelnen Abschnitte werden im folgenden näher erläutert.

2.1 Stoffbezeichnung, Klassifizierung und Kennzeichnung

Als Stoffbezeichnung sollte an erster Stelle die in der GGVS durch Kursivschrift hervorgehobene Benennung aufgeführt werden, sodann – wenn nötig – in Klammern weitere gebräuchliche Benennungen. In der rechten oberen Ecke wäre die Klasse, die Ziffer, ggf. auch der Buchstabe, bei Stoffen der Klasse 7 ggf. auch die Stoffblattseite, einzutragen. Bei unterschiedlicher Klassifizierung in ADR und GGVS zusätzlich die Abkürzung der Vorschrift, wie ADR oder GGVS (Ausnahme: Unfallmerkblatt für Sammelladungen).

Die in Randnummer 10 385 Abs. 1 Buchstabe e) des ADR vorgeschriebenen Nummern zur Kennzeichnung der Gefahr und des Stoffes sollten in der rechten oberen Ecke unter dem roten Balken in einem zweigeteilten, schwarz umrandeten Feld enthalten sein. In der oberen Hälfte wäre die Kennzeichnungsnummer der Gefahr und in der unteren Hälfte die Nummer zur Kennzeichnung des Stoffes (UN-Nummer) einzutragen. Diese Nummern befinden sich an gleicher Stelle auch auf der nach GGVS/ADR vorgeschriebenen zweigeteilten orangefarbenen Warntafel.

*) CEFIC = Conseil Européen des Fédérations de l'Industrie Chimique

2.2 Eigenschaften des Ladegutes

Im Unfallmerkblatt aufgeführte Eigenschaften können z. B. der Aggregatzustand des beförderten Stoffes, etwaige Zustandsänderungen, wenn diese im Bereich der Beförderungstemperatur liegen, oder die Farbe des Stoffes sein. Am Auftreten eines ungewohnten Geruches wird oft zuerst das Leckwerden einer Verpackung erkannt. Indessen wird der Geruch eines Stoffes von den Menschen sehr verschieden beurteilt. In geringen Dampf-Konzentrationen als wohlriechend empfunden, erscheint ein derartiger Stoff in hohen Konzentrationen als stinkend. Andere Stoffe sind in höheren Konzentrationen nach längerer Einwirkungsdauer – weil physiologisch wirksam – nicht mehr riechbar. Daher sollte auf eine eingehende Geruchsbeschreibung – die ohnehin nur vergleichend und deshalb sehr ungenau sein könnte – verzichtet werden. Ein einfacher Hinweis, ob überhaupt ein wahrnehmbarer Geruch vorhanden ist oder nicht, dürfte in der Regel ausreichend sein.

Von großer Wichtigkeit ist dagegen ein Hinweis auf die Mischbarkeit mit bzw. die Löslichkeit in Wasser. Namentlich für eine Beurteilung der Erfolgsaussichten bei der Anwendung der verschiedenen Methoden zur Feuerbekämpfung erscheint eine etwas differenzierte Betrachtung dieser Eigenschaften bedeutsam. Unter Löslichkeit bzw. Mischbarkeit wird hierbei die Masse eines Feststoffes bzw. einer Flüssigkeit verstanden, die sich in 100 g reinem Wasser von 15° C lösen. Die Löslichkeit bzw. Mischbarkeit wird wie folgt gestuft:

Bei Feststoffen:

„gut löslich in Wasser"	bei einer Löslichkeit von mehr als 20 g in 100 g Wasser
„löslich in viel Wasser"	bei einer Löslichkeit von 1 g bis 20 g in 100 g Wasser
„unlöslich in Wasser"	bei einer Löslichkeit von weniger als 1 g in 100 g Wasser

Bei Flüssigkeiten:

„vollständig mischbar in Wasser"	bei einer Löslichkeit von mehr als 90 g in 100 g Wasser
„teilweise mischbar mit Wasser"	bei einer Löslichkeit von 10 g bis 90 g in 100 g Wasser
„nicht mischbar mit Wasser"	bei einer Löslichkeit von weniger als 10 g in 100 g Wasser

Die Mischbarkeit mit Wasser ist u. U. wichtig für das Verdünnen (Herabsetzen der Konzentration), Niederschlagen von Dämpfen oder Nebel usw.

Des weiteren sollte aufgeführt werden, ob eine Flüssigkeit leichter oder schwerer als Wasser ist, wenn sie mit Wasser wenig oder nicht mischbar ist. Wenn eine Flüssigkeit mit Wasser vollständig mischbar ist, kann ein entsprechender Hinweis entfallen, da Stoff und Wasser mehr oder weniger schnell ein einheitliches Medium (Lösung) bilden, das bei starker Verdünnung weniger gefährlich wird; so ist z. B. eine Mischung von Äthylalkohol mit der 33fachen Menge Wasser nicht mehr entzündbar.

2.3 Gefahren

Die im Abschnitt „Gefahren" angeführten Gefahrenhinweise sollen nur solche Gefahren betreffen, die bei der Beförderung der Stoffe als Folge von Unfällen oder Zwischenfällen auftreten können und von Bedeutung sind, berücksichtigen. Gefahren, die nur bei der Herstellung, beim Gebrauchen, Verbrauchen oder beim Verarbeiten auftreten, sollten in der Regel nicht aufgeführt werden. Für den Einsatz beim Umgang mit gefährlichen Stoffen sind die Unfallmerkblätter deshalb nicht gedacht, insbesondere gilt dies für die Gesundheitsgefahren. Bei der Beförderung werden betriebsmäßig keine gefährlichen Stoffe freigesetzt. Dies geschieht vielmehr nur bei Unfällen, wenn die Verpackung beschädigt wird. Die Personen, die dabei mit dem gefährlichen Stoff in Berührung kommen, werden in der Regel nicht mehr der Einwirkung des gleichen Stoffes unterliegen. Deshalb werden Stoffe, die nur bei langwährender Einwirkung chronische Gesundheitsschäden hervorrufen, bei ihrer Beförderung im allgemeinen als weniger risikobehaftet angesehen als Stoffe, die schon bei einmaliger Einwirkung zu Gesundheitsschäden führen können. In den Unfallmerkblättern können deshalb Hinweise auf chronische Schäden unterbleiben.

Gleichwohl können sie zur Erstellung von Betriebsanweisungen für die Lagerung, z. B. gemäß Absätze 5.5 der Technischen Regeln Gefahrstoffe – TRGS 514 und TRGS 515, usw. mit herangezogen werden.

Für die Verwendung einiger Phrasen bestehen Auswahlkriterien. Sie sind in den folgenden Abschnitten aufgeführt:

Als „leicht flüchtig" sollen Flüssigkeiten bezeichnet werden, wenn ihr Siedepunkt unter 65° C liegt, als „flüchtig", wenn ihr Siedepunkt zwischen 65° C und 150° C liegt.

Bei Einwirkung von Hitze auf Behälter mit gefährlichen Stoffen sollen je nach der Gefährdung, die von den Stoffen ausgeht, verschiedene Phrasen verwendet werden:

a) Erhitzen führt zu Drucksteigerung
    – Berstgefahr
b) Erhitzen führt zu Drucksteigerung
    – Berst- und Explosionsgefahr
c) Erhitzen führt zu Drucksteigerung
    – erhöhte Berst- und Explosionsgefahr.

Die Formulierung nach a) sollte verwendet werden, wenn bei Wärmeeinwirkung aufgrund des Ausdehnungsverhaltens des Stoffes oder des zunehmenden Dampfdrucks ein Bersten der Verpackung zu befürchten ist, ohne daß sich hieran – Gesundheitsgefahren ausgeschlossen – weitere Gefährdungen anschließen.

Die Formulierung nach b) sollte verwendet werden, wenn sich im Behälter entzündbare Flüssigkeiten befinden, die beim Bersten der Verpackung verdampfen oder vernebeln und explosionsfähige Atmosphäre bilden können.

Die Formulierung nach c) sollte verwendet werden für

1. alle entzündbaren Gase,
2. alle Stoffe, die sich bei höheren Temperaturen in gefährlicher Weise zersetzen (chemische Reaktion),
3. alle Stoffe mit Polymerisationsgefahr bei höheren Temperaturen,
4. bestimmte entzündbare Flüssigkeiten mit Dampfdruck über 110 kPa (1,1 bar) bei 50° C (z.B. Pentan, Isopenten, Äthyläther, Isopren, Methylformiat).

2.4 Schutzausrüstung

Die im Unfallmerkblatt aufgeführte Schutzausrüstung soll zum Schutz des Fahrpersonals im Fahrzeug mitgeführt werden (Ausrüstung durch den Beförderer).

Jedoch sind Schutzanzug, vollkommener Kopf-, Gesichts- und Nackenschutz sowie die besondere Erste-Hilfe-Ausrüstung – soweit überhaupt erforderlich – nur bei der Beförderung der gefährlichen Güter in Tanks oder Tankcontainern mitzugeben. Mindestens – bis auf wenige Ausnahmen einzelner Klassen – dichtschließende Schutzbrille, geeignete Schutzhandschuhe und eine Augenspülflasche mit reinem Wasser mitzuführen. Das Nichtmitführen der Mindestschutzausrüstung ist bußgeldbewehrt.

„Geeigneter Atemschutz" ist ein Atemschutz, der für die zu ergreifenden Maßnahmen bei Unfällen geeignet ist. So ist für viele der allgemeinen Notmaßnahmen, die von der Fahrzeugbesatzung ausgeführt werden können, eine Vollmaske mit Filter oder ein Fluchtfiltergerät (in Kombination mit einer dichtschließenden Schutzbrille) ausreichend. Da indessen Filtergeräte nur begrenzte Zeit schützen, sollten sie nur in den Fällen, wo geringe Mengen gesundheitsgefährdender, flüchtiger Stoffe freigeworden sind, bei der Bekämpfung von Leck und Feuer verwendet werden.

Die Phrase „Besondere Erste-Hilfe-Ausrüstung" soll bei Stoffen aufgeführt werden, die bei Vergiftungen sehr schnell wirken und bei denen der Fahrer nach vorheriger Unterweisung, jedoch ohne besondere medizinische Kenntnisse, schnelle gezielte Hilfe leisten kann. Auf eine Spezifizierung kann verzichtet werden, um dem Fortschritt in der medizinischen Therapie nicht im Wege zu stehen.

Die Phrase „Erste-Hilfe-Ausrüstung mit ärztlicher Weisung für Spezialbehandlung" sollte bei Stoffen aufgenommen werden, bei denen die Erste-Hilfe-Maßnahmen von einem Arzt ausgeführt werden müssen, aber nicht erwartet werden kann, daß das entsprechende Mittel zur Therapie immer beim Arzt vorrätig ist.

2.5 Notmaßnahmen

Notmaßnahmen sind allgemeiner Art und stellen die dringlichsten Maßnahmen dar, die nach einem Unfall zu ergreifen sind. Die Phrase „Zündquellen fernhalten (z. B. kein offenes Feuer), Rauchverbot", sollte generell aufgeführt werden, auch wenn der beförderte Stoff selbst nicht brennbar ist. Gedacht ist hier u. a. an das Leckwerden des Kraftstoffbehälters eines Fahrzeugs als Folge eines Unfalls. Die Beseitigung von Unfallfolgen wird – auch wenn selbst unbrennbare Stoffe ausgetreten sind – sehr erschwert, wenn das Fahrzeug in Brand geraten ist.

2.6 Leck

Bei der Durchführung der im Unfallmerkblatt vorgesehenen Maßnahmen ist bei flüchtigen gesundheitsgefährdenden Stoffen geeigneter Atemschutz zu tragen. In vielen Fällen sind Filtergeräte ausreichend, zumal wenn die Forderung „Auf windzugewandter Seite bleiben" befolgt wird. Bei giftigen oder gesundheitsschädlichen Gasen oder leicht flüchtigen Stoffen sollte indessen bei Freiwerden größerer Mengen nur umluftunabhängiges Atemschutzgerät Verwendung finden. **Die Bekämpfung größerer Leckagen muß deshalb der Feuerwehr überlassen bleiben.**

Im Unfallmerkblatt kann verlangt werden, das ausgetretene Ladegut an einen sicheren Ort zu bringen. Sicher im Sinne des Unfallmerkblattes ist ein Ort dann, wenn von dem dorthin verbrachten Ladegut für Personen keine Gefahren oder beträchtlich verringerte Gefahren ausgehen. Ob dieser Ort auch sicher unter dem Aspekt des Umweltschutzes ist, muß geprüft werden. Die schnelle Abwendung von unmittelbaren Gefahren für Personen hat jedoch immer Vorrang.

In den Unfallmerkblättern kann die Heranziehung eines Fachmannes gefordert werden. Fachleute können z. B. Angehörige von Feuerwehren, Gewerbeaufsicht, Berufsgenossenschaft, Wasserbehörden oder der TUIS*) sein. Im allgemeinen ist es ratsam, sich mit der auf dem Unfallmerkblatt angegebenen Telefonnummer in Verbindung zu setzen.

Die Phrase „Falls Produkt in Gewässer oder Kanalisation gelangt ist oder Erdboden oder Pflanzen verunreinigt hat, Feuerwehr oder Polizei darauf hinweisen" sollte bei jedem Stoff – ausgenommen einige verdichtete schnell verdampfende tiefkalte oder unter Druck verflüssigte Gase – verwendet werden. Mit ihr sollen die genannten Stellen auf mögliche Gefahren für die Umwelt hingewiesen werden. Feuerwehr oder Polizei werden sich nach Kenntnisnahme des Merkblattes und Identifizierung des ausgetretenen Stoffes mit den für den Gewässerschutz zuständigen Behörden in Verbindung setzen.

2.7 Die im Unfallmerkblatt anzuführenden Maßnahmen sollen Gefahren berücksichtigen, die vom Ladegut ausgehen. Das Unfallmerkblatt sollte z. B. nicht auf Bekämpfungsmaßnahmen eines bloßen Brandes der Fahrzeugaufbauten oder der Reifen eingehen. Es darf davon ausgegangen werden, daß die Bekämpfung derartiger Brände vom Fahrer beherrscht wird.

Die im Fahrzeug mitgeführten Feuerlöschgeräte sind nur für die Bekämpfung von Entstehungsbränden vorgesehen. So wird der Fahrer nur kleine Brände mit Erfolg selbst bekämpfen können. Die Bekämpfung größerer Brände muß der Feuerwehr überlassen bleiben.

---

*) Transport-Unfall-Informations- und Hilfeleistungs-System der chemischen Industrie

2.8 Erste Hilfe

Siehe Nummer 2.4

2.9 Zusätzliche Hinweise

In diesem Abschnitt können vom Verlader, Hersteller, Absender noch zusätzliche, wichtig erscheinende Hinweise angebracht werden, aber nicht solche, die in Widerspruch zu den anderen im Merkblatt befindlichen stehen oder dort aufgeführte Maßnahmen unwirksam machen bzw. ins Gegenteil verkehren.

2.10 Telefonische Rückfrage

Hier soll eine Telefonnummer angegeben werden, über die fachmännischer Rat bezüglich des beförderten Gutes eingeholt werden kann.

2.11 Verantwortliche Person

Die Nennung der natürlichen oder juristischen Person sollte wie folgt erfolgen:

1. Beispiel für eine „natürliche" Person:

„Fritz Müller" in Firma „Trans-Chemie mbH"
Chemiestraße 1
6000 Frankfurt/Main

2. Beispiel für eine „juristische" Person:

„Trans-Chemie mbH"
Chemiestraße 1
6000 Frankfurt/Main

3. **Gruppenmerkblätter**

Nach Randnummer 10 385 Abs. 1 Satz 2 GGVS oder 10 385 Abs. 2 ADR dürfen auch Gruppenmerkblätter erstellt werden. Sie sind notwendigerweise oft weniger präzise als Einzelmerkblätter.

In GGVS und ADR werden unter einzelnen Ziffern oft Sammelbegriffe für bestimmte, verwandte Stoffe verwendet, so z. B. in Klasse 3, Ziffer 31 „Stoffe mit einem Flammpunkt von 21° C bis 55° C, in Klasse 5.1, Ziffer 8 „Anorganische Nitrite" oder in Klasse 8, Ziffer 21 „Flüssige Halogenide und andere flüssige halogenhaltige Stoffe, die in Berührung mit feuchter Luft oder Wasser saure Dämpfe abgeben . . .". Die unter sol-

chen Sammelbezeichnungen zusammengefaßten Stoffe ähneln einander im chemischen Aufbau, im Verhalten und in den Eigenschaften. Für diese Stoffe können Gruppenmerkblätter erstellt werden. Durch die Gruppenbezeichnung im Titel wird der betroffene Stoffkreis angesprochen und begrenzt.

4. **Unfallmerkblatt für Sammelladungen im innerstaatlichen Verkehr**

Werden verschiedene gefährliche Güter der Klassen 2, 3, 4.1, 4.2, 4.3, 5.1, 6.1 und 8 in Versandstücken befördert, kann im innerstaatlichen Verkehr nach Randnummer 10 385 Abs. 6a ein Unfallmerkblatt für Sammelladungen verwendet werden.

Dieses Unfallmerkblatt wurde vom Ausschuß „Stoffe/Verpackungen" des Gefahrgut-Verkehrs-Beirats erarbeitet und soll dem angefügten Muster 2 entsprechen. Die auf Seite 2 abgedruckten Gefahrzettel müssen farblich wiedergegeben werden.

5. **Form**

Für die aufzustellenden Unfallmerkblätter wird folgendes empfohlen:

a) Die Unfallmerkblätter sollen das Format DIN A4 haben.

b) Die Mindestqualität des verwendeten weißen Kartonpapiers soll 150 g/m² betragen.

c) Die Unfallmerkblätter sollen möglichst im Zweifarbendruck (schwarz und rot) hergestellt sein; bei dem Unfallmerkblatt für Sammelladungen müssen die auf der Rückseite abgebildeten Gefahrzettel unbedingt mit den nach Anlage A Anhang A.9 GGVS angegebenen Farben übereinstimmen.

d) Die Gliederung der Angaben soll dem nachstehenden Muster 1 entsprechen. Das Unfallmerkblatt soll nicht mehr als eine Seite umfassen.

Muster 1:
Allgemeines Unfallmerkblatt für den Straßentransport*)

UNFALLMERKBLATT FÜR DEN STRASSENTRANSPORT	Klasse 2 Ziff. 3 b)

BUTAN

	23
	1011

Eigenschaften des Ladegutes: Farbloses, oft geruchloses, unter Druck verflüssigtes Gas.

Gefahren: Leicht entzündbar.
Auslaufende Flüssigkeit verdampft – große Explosionsgefahr.
Gas ist unsichtbar, schwerer als Luft und breitet sich am Boden aus.
Bildet mit Luft explosionsartige Gemische, auch in leeren, ungereinigten Behältern.
Erhitzen führt zu Drucksteigerung – erhöhte Berst- und Explosionsgefahr.
Flüssigkeit verursacht schwere Augenschäden.

Schutzausrüstung: Dichtschließende Schutzbrille.
Handschuhe aus Leder oder dickem Stoff und antistatische Stiefel.

NOTMASSNAHMEN
Sofort Feuerwehr und Polizei benachrichtigen

- Fahrzeug möglichst in freies Gelände bringen.
- Motor abstellen.
- Zündquellen fernhalten (z. B. kein offenes Feuer), Rauchverbot.
- Straße sichern und andere Straßenbenutzer warnen.
- Unbefugte fernhalten.
- Explosionsgeschützte Leuchten und Elektrogeräte benutzen.
- Auf windzugewandter Seite bleiben.

Leck

- Wenn möglich, Undichtheiten beseitigen.
- Flüssigkeit mit Erde oder dergl. eindämmen; alle Zündquellen entfernen oder unwirksam machen (z. B. Blinklichter, Motore ausschalten); Fachmann beiziehen.
- Eindringen der Flüssigkeit in Kanalisation, Gruben und Keller verhindern – Dämpfe verursachen Explosionsgefahr.
- Kanalisation abdecken und Keller evakuieren lassen.
- Alle warnen – Explosionsgefahr. Falls notwendig, evakuieren.

Feuer

- Bei Feuereinwirkung Behälter mit Wassersprühstrahl kühlen.
- Flammen an Behälterlecks nicht löschen. Fachmann beiziehen.
- Wenn unbedingt erforderlich, dann mit Löschpulver oder Schaum löschen.
- Niemals scharfen Wasserstrahl verwenden.

Erste Hilfe

- Durchtränkte Kleidungsstücke unverzüglich entfernen.
- Ärztliche Hilfe erforderlich bei Symptomen, die offensichtlich auf Einatmen oder Einwirkung auf Haut oder Augen zurückzuführen sind.

Zusätzliche Hinweise des Herstellers oder Absenders:

TELEFONISCHE RÜCKFRAGE:

Für den Inhalt verantwortlich:

(Name und Anschrift der natürlichen oder juristischen Person)

Gilt nur während des Straßentransports

*) *Redaktionelle Anmerkung: Die Farbwiedergabe der roten Flächen in der Original-Richtlinie ist hier durch ein Grau-Raster ersetzt*

Muster 2:
Unfallmerkblatt für Sammelladungen im innerstaatlichen Verkehr*)

UNFALLMERKBLATT: SAMMELLADUNG GEFÄHRLICHER GÜTER IN VERSANDSTÜCKEN FÜR DIE KLASSEN 2, 3, 4.1, 4.2, 4.3, 5.1, 6.1 und 8

Eigenschaften des Ladegutes: Die Substanzen können Flüssigkeiten, feste Stoffe oder Gase sein. Ihre Eigenschaften sind aus Spalte 3, ihre Kennzeichnung (Gefahrzettel) aus Spalte 1 der Rückseite zu ersehen.

Gefahren: Stoffe können explosionsgefährlich entzündbar, selbstentzündlich, giftig oder ätzend sein oder die Verbrennung fördern oder sich zersetzen. Sie können explosionsfähige Gemische mit Luft bilden, sie können miteinander oder mit Wasser reagieren.

Erhitzen kann zum Behälterzerknall, zur Explosion, Zersetzung und/oder Bildung von giftigen Gasen/Dämpfen führen.

Mögliche Gefahr für Gewässer und Kläranlagen.

(Vgl. Gefahrenangaben zu den einzelnen Gefahrklassen bzw. Gefahrzetteln auf der Rückseite in Spalte 3.)

Schutzausrüstung:

Für Hilfskräfte: Erstmaßnahme: Vollschutz nach VFDB-Richtlinie 0801.
Nach Klärung des Ladungsinhalts klassenspezifische Schutzausrüstung und Maßnahmen (siehe Rückseite Spalte 4 und 5).

Für Fahrzeugführer: Vollmaske mit Filter **oder** Fluchtfiltergerät in Kombination mit dichtschließender Schutzbrille
Schutzkleidung
Handschuhe aus Kunststoff oder Gummi
Augenspülflasche mit reinem Wasser.

NOTMASSNAHMEN   Sofort Feuerwehr und Polizei benachrichtigen

- Motor abstellen.
- Schutzausrüstung anlegen.
- Zündquellen fernhalten (z. B. kein offenes Feuer) – Rauchverbot.
- Straße sichern und andere Straßenbenutzer warnen.
- Unbefugte fernhalten.
- Auf windzugewandter Seite bleiben.
- Nur explosionsgeschützte Leuchten und Elektrogeräte benutzen.
- Transportdokumente aus dem Führerhaus bergen und Feuerwehr oder Polizei bei Eintreffen übergeben

Leck
- Ausgelaufene Flüssigkeit mit Erde, Sand oder anderem geeigneten Material eindämmen.
- Verschütteten Feststoff mit trockenem Sand oder anderem geeigneten Material zudecken.
- Verschüttetes Ladegut nur in geeignete Gefäße füllen.
- Falls Produkt in Gewässer oder Kanalisation gelangt ist oder Erdboden oder Pflanzen verunreinigt hat, Feuerwehr oder Polizei darauf hinweisen.

Fachmann hinzuziehen

Feuer
- Entstehungsbrände mit Feuerlöscher bekämpfen; für die weitere Brandbekämpfung siehe Rückseite Spalte 4

Erste Hilfe
- Unter Beachtung des Selbstschutzes Verletzte retten.
- Mit Produkt verunreinigte Haut sofort mit viel Wasser gründlich spülen.
- Falls Produkt in Augen gelangt, unverzüglich mit viel Wasser mindestens 15 Minuten spülen.
- Verunreinigte Kleidungsstücke sofort auszuziehen.
- Ärztliche Hilfe grundsätzlich anfordern, insbesondere aber erforderlich bei Symptomen, die offensichtlich auf Einatmen, Verschlucken, Einwirkung auf Haut und Augen oder Einatmen u. a. von Verbrennungsgasen zurückzuführen sind.

Telefon-Nummer und Anschrift des Beförderers (bei Verwendung einfügen):

Für den Inhalt verantwortlich

(Name und Anschrift der natürlichen oder juristischen Person)

Unfallmerkblatt für den Straßen- und Schienentransport

*) *Redaktionelle Anmerkung: Die Farbwiedergabe der roten Flächen in der Original-Richtlinie ist hier durch ein Grau-Raster ersetzt*

Rückseite Muster 2*)

UNFALLMERKBLATT: SAMMELLADUNG GEFÄHRLICHE GÜTER IN VERSANDSTÜCKEN				
Gefahrzettel	Klasse	Güterarten und ihre gefährlichen Eigenschaften	Bei Unfällen oder Zwischenfällen direkt zu ergreifende Maßnahmen	Schutzausrüstung für Hilfskräfte Hinweise für andere
1	2	3	4	5
*)	2	**Verdichtete, verflüssigte oder unter Druck gelöste Gase.** Explosions-, Zerknall-, Brand- und/ oder Vergiftungsgefahr. Reagieren auf Hitze, z. T. auch auf Stoß und Schlag. Wassergefährdend, wenn wasserlöslich.	Personen möglichst gegen den Wind aus dem Gefahrenbereich bringen. Bei Brand Gasflaschen und Behälter kühlen und möglichst aus dem Gefahrenbereich bringen. Bei Brand Behälter kühlen. Gas ausbrennen lassen, wenn Gasaustritt nicht zu stoppen ist. Leckstellen nicht direkt anspritzen. Auf sichere Deckung achten. Zündquellen fernhalten. Absperren im Bereich wahrnehmbarer Wolke. Betroffene warnen.	**Schutzausrüstung für den Fall der Produktberührung:** Chemikalien- schutzanzug nach VFDB-Richtlinie 0801. **Ansonsten** Feuerwehrdienstan- zug nach Dienstvor- schrift, geeigneter Atemschutz (wenn er- forderlich). Augenspülflasche mit reinem Wasser, Erste- Hilfe-Ausrüstung mit ärztlicher Weisung für Spezialbehandlung.
	3	**Entzündbare flüssige Stoffe** Brandgefahr, Explosionsgefahr bei Dampfwolkenbildung. Entzündbar durch Hitzeeinwirkung, Flug- und Schlagfunken. Gefahr für Wasser, Kanalisation und Kläranlagen.	Bei Brand mit Pulver, Schaum oder Sprühstrahl löschen. Vom Brand nicht erfaßte Behälter kühlen. Zündquellen fernhalten. Schaumlöschmittel sind wassergefährdend. Auslaufende Stoffe nicht in Gewässer oder Kanalisation fließen lassen.	
	4.1	**Entzündbare feste Stoffe** Brandgefahr Entzündbar durch Hitzeeinwirkung	Bei Brand mit Wassersprühstrahl, Schaum oder Pulver löschen. Rauchgase niederschlagen. Zündquellen fernhalten. Gewässer schützen.	
	4.2	**Selbstentzündliche Stoffe** Selbstentzündungsgefahr bei beschädigten Versandstücken und verschüttetem Inhalt. Reagieren teilweise heftig in Verbindung mit Wasser.	Wenn möglich, Behälter aus dem Gefahren- bereich bringen. Vorsicht: Metallalkyle und Metall-Stäube (und -Pulver) reagieren explosionsartig mit Wasser, daher wasserfreie Sonderlöschmittel einsetzen, z. B. Pulver, Zement. Bei anderen Produkten dieser Klasse Brand mit Pulver und viel Wasser löschen. Gewässer schützen.	
	4.3	**Stoffe, die in Berührung mit Wasser entzündliche Gase entwickeln** Explosions- und Enzündungsgefahr bei beschädigten Versandstücken oder verschüttetem Inhalt. Reagieren z. T. sehr heftig m. Wasser.	Wenn möglich, Behälter aus dem Gefahren- bereich bringen. Bei Brand nur mit Pulver oder trockenen bzw. gasförmigen Mitteln löschen. Wassergabe verursacht Brandausweitung und kann Explosionsgefahren auslösen.	**Hinweise geben an** Polizei bzw. Feuerwehr, Sanitätsdienste, Umweltschutz- behörde, Wasserbehörden
	5.1	**Entzündend (oxydierend) wirkende Stoffe** Explosions-, Entzündungs- und Gesundheitsgefahr bei beschädigten Versandstücken und verschüttetem Inhalt. Reagieren sehr heftig in Verbindung mit anderen brennbaren Stoffen.	Wenn möglich, Behälter aus dem Gefahren- bereich bringen. Vermischen mit brennbaren Stoffen vermeiden. Bei Brand sehr viel Wasser einsetzen. Deckung halten. Gewässerschutz beachten.	**Informieren über** Ladungsinhalt, Produkte, die ausge- laufen sind oder mit denen Personen in Kontakt gekommen sind.
	6.1	Giftige Stoffe Vergiftungs- und zum Teil Brandgefahr. Einatmen, Verschlucken, Hautkontakt vermeiden. Gefahr für Gewässer u. Kläranlagen.	Bei Meldung auf Wassergefährdung hinweisen. Nicht in Gewässer oder Kanalisation fließen lassen. Bei Brand mit Pulver, Schaum oder Sprühstrahl löschen. Vom Brand nicht erfaßte Behälter kühlen. Absperren im Bereich wahrnehmbarer Wolke. Betroffene warnen. Produktberührte Ausrüstung sammeln und nach Rücksprache mit Fachleuten behandeln.	
	8	**Ätzende Stoffe** Verätzungs-, Brand- und Explosionsgefahr bei beschädigten oder kontaminierten Versandstücken und verschüttetem Inhalt. Reagieren z. T. sehr heftig untereinander, mit Wasser und mit anderen gefährlichen Stoffen. Gefahr für Gewässer, Kanalisation u. Kläranlagen.	Bei Meldung auf Wassergefährung hinweisen. Bei Brand mit Pulver oder Wasser bekämpfen. Auslaufende Stoffe nicht in Gewässer oder Kanalisation fließen lassen. Absperren im Bereich wahrnehmbarer Wolke. Betroffene warnen. Jede Produktbenutzung mit Wasser abspülen, ggf. Mannschutz mit Wassersprühstrahl. Leckstellen nicht direkt anspritzen.	

* Gefahrzettel wird nur im See- und Luftverkehr sowie im Vor- und Nachlauf zu Häfen verwendet.

Unfallmerkblatt für den Straßen-und Schienentransport

*) Redaktionelle Anmerkung: Die Farbwiedergabe in der Original-Richtlinie ist hier durch unterschiedliche Grau-Raster ersetzt. Die Farben der Gefahrzettel müssen denen in Anhang A.9 der GGVS entsprechen

RS 006

7

Grundsätze für die Fahrzeugführerausbildung

II

Fahrzeugführerausbildung

Grundsätze über die Anerkennung und Durchführung von Lehrgängen für Fahrzeugführer nach Randnummer (Rn) 10315 GGVS und Randnummer (Rn) 10315 ADR

Nr. 106 **Grundsätze über die Anerkennung und Durchführung von Lehrgängen für Fahrzeugführer nach Randnummer (Rn) 10315 GGVS und Randnummer (Rn) 10315 ADR**

Bonn, den 28. Mai 1985
A 13/26.20.70-61

Nachstehend gebe ich die unter Beteiligung der zuständigen obersten Landesbehörden und des Deutschen Industrie- und Handelstages ausgearbeiteten Grundsätze über die Anerkennung und Durchführung von Lehrgängen für Fahrzeugführer nach Randnummer (Rn.) 10315 der Anlage B zur Verordnung über die für innerstaatliche und grenzüberschreitende Beförderung gefährlicher Güter auf Straßen (GGVS 1985) und Randnummer (Rn.) 10315 der Anlage B zum Europäischen Übereinkommen über die internationale Beförderung gefährlicher Güter auf der Straße (ADR) bekannt.

Diese Grundsätze treten mit dem Inkrafttreten der GGVS 1985 in Kraft. Die Grundsätze vom 18. November 1982 (VkBl S. 517) können übergangsweise bis zum 31. Dezember 1985 angewendet werden, sie treten mit Ablauf dieses Tages außer Kraft.

Der Bundesminister für Verkehr
Im Auftrag
Hinz

Bonn, den 14. Oktober 1985
A 13/26.20.70-61

Die Grundsätze über die Anerkennung und Durchführung von Lehrgängen für Fahrzeugführer nach Randnummer (Rn) 10315 GVVS und Randnummer (Rn) 10315 ADR vom 28. Mai 1985 (VkBl S. 334) waren im Vorgriff auf eine zu erwartende Änderung der Gefahrgutverordnung Straße bekanntgegeben worden. Damit sollte den Betroffenen die Möglichkeit gegeben werden, sich rechtzeitig auf die künftige Durchführung der Lehrgänge einzustellen. Zwischenzeitlich trat die neue Gefahrgutverordnung Straße (BGBl I S. 1550) in Kraft. Die Grundsätze sind dem nunmehr vorliegenden Verordnungstext anzupassen.

Der Bundesminister für Verkehr
Im Auftrag
Hinz

Grundsätze über die Anerkennung und Durchführung von Lehrgängen nach Randnummer (Rn) 10315 GGVS und Randnummer (Rn) 10315 ADR

Vom 28. Mai 1985

1. Zweck und Gliederung der Lehrgänge

1.1 Die nachstehenden Grundsätze gelten für die Anerkennung und Durchführung von Lehrgängen für Fahrzeugführer, die der Schulungspflicht gemäß Rn. 10315 der Anlage B zur Gefahrgutverordnung Straße 1985 (GGVS 1985) und Rn. 10315 der Anlage B zum Europäischen Übereinkommen über die internationale Beförderung gefährlicher Güter auf der Straße (ADR) unterliegen.

1.2 Die Lehrgänge haben den Zweck, Fahrzeugführern, die gemäß Rn. 10315 GGVS oder – aufgrund der entsprechenden Zuständigkeitsregelung der Länder – nach Rn. 10315 ADR eine Bescheinigung oder Bescheinigungseintragung der Industrie- und Handelskammer über die erfolgreiche Teilnahme an einer Schulung über die besonderen Anforderungen bei Gefahrguttransporten erwerben wollen, die hierfür erforderlichen theoretischen und praktischen Kenntnisse zu vermitteln.

1.3 Es dürfen befördert werden   nach erfolgreicher Teilnahme
    Güter der Klassen   an einem

	Grundkurs und zusätzlich an einem			
Grundkurs	Aufbaukurs Klasse 2	Aufbaukurs Klasse 3	Aufbaukurs Klassen 5.1, 6.1 und 8	Gesamtkurs (Grundkurs und 3 Aufbaukurse)
4.1, 4.2, 4.3, 5.2 und 7	X				
2, 4.1, 4.2, 4.3, 5.2 u. 7	X	X			
3, 4.1, 4.2, 4.3, 5.2 u. 7	X		X		
4.1, 4.2, 4.3, 5.1, 5.2, 6.1, 7 u. 8	X			X	
2, 3, 4.1, 4.2, 4.3, 5.2 u. 7	X	X	X		
2, 4.1, 4.2, 4.3, 5.1, 5.2, 6.1, 7 u. 8	X	X		X	
3, 4.1, 4.2, 4.3, 5.1, 5.2, 6.1, 7 u. 8	X		X	X	
2, 3, 4.1, 4.2, 4.3, 5.1, 5.2, 6.1, 7 und 8					X

Quelle: Verkehrsblatt 1985 S. 334 und 642

1

1.4 Für die Erweiterung der Bescheinigung der Industrie- und Handelskammer auf andere als in der Bescheinigung genannte Klassen ist die erfolgreiche Teilnahme an dem entsprechenden Aufbaukurs notwendig.

1.5 Die Ausbildungsrahmenpläne für Grundlehrgänge sind enthalten

  – für den Grundkurs in Anlage 1,
  – für den Aufbaukurs Klasse 2 in Anlage 2,
  – für den Aufbaukurs Klasse 3 in Anlage 3,
  – für den Aufbaukurs Klassen 5.1, 6.1 und 8 in Anlage 4.

Der Ausbildungsrahmen für den Gesamtkurs umfaßt die Ausbildungsrahmenpläne für den Grundkurs und die drei Aufbaukurse (Anlagen 1 bis 4).

1.6 Die Ausbildungsrahmenpläne für Fortbildungslehrgänge sind enthalten

  – für den Grundkurs in Anlage 5,
  – für den Aufbaukurs Klasse 2 in Anlage 6,
  – für den Aufbaukurs Klasse 3 in Anlage 7,
  – für den Aufbaukurs Klassen 5.1, 6.1 und 8 in Anlage 8.

Der Ausbildungsrahmen für den Gesamtkurs umfaßt die Ausbildungsrahmenpläne für den Grundkurs und die drei Aufbaukurse (Anlagen 5 bis 8).

2. Anerkennung von Lehrgängen

2.1 Es wird eine gemeinsame Anerkennung für Lehrgänge nach Rn. 10315 GGVS und Rn. 10315 ADR erteilt. Für Grundlehrgänge und Fortbildungslehrgänge wird eine gemeinsame Anerkennung erteil.

2.2 Für die Anerkennung der Lehrgänge ist diejenige Industrie- und Handelskammer zuständig, in deren Bezirk sich die Schulungsstätte des Lehrgangsveranstalters befindet.

2.3 Die Anerkennung wird nur auf Antrag erteilt. Antragsberechtigt ist jede natürliche oder juristische Person oder Handelsgesellschaft.

2.4 Die Anerkennung berechtigt den Veranstalter, bestimmte Kurse und deren Verbindungen (Kombinationen) als Grundlehrgänge und als Fortbildungslehrgänge durchzuführen. Grundlehrgänge dienen der erstmaligen Schulung von Fahrzeugführern. Fortbildungslehrgänge dienen der Auffrischung des Wissens und sollen inzwischen eingetretene technische, rechtliche und stoffbezogene Neuerungen vermitteln. Sie müssen vor Ablauf der in Rn. 10315 GGVS/ADR genannten Frist erfolgreich absolviert worden sein.

3. Voraussetzungen für die Anerkennungen:

3.1 Der Lehrgangsveranstalter hat der Industrie- und Handelskammer ausführliche Kurspläne vorzulegen. Diese kann dabei verlangen, daß diese Kurspläne den einheitlichen, vom Deutschen Industrie- und Handelstag zur Anwendung empfohlenen Mustern entspricht. Die Industrie- und Handelskammer soll von dieser Forderung absehen, wenn die betrieblichen Belange des Lehrgangsveranstalters dies erfordern; dabei sind Ausnahmen vom Zeitbedarf (Ziffer 3.2) und vom Umfang der Schulung nicht zulässig.

3.2 Der Lehrgangsveranstalter hat seinen Kursen mindestens folgenden Zeitbedarf zugrunde zu legen:

  a) G r u n d l e h r g ä n g e :

Grundkurs allein	16 Unterrichtsstunden,
Aufbaukurs allein	16 Unterrichtsstunden,
Grundkurs mit einem Aufbaukurs	30 Unterrichtsstunden,
Grundkurs mit zwei Aufbaukursen	36 Unterrichtsstunden,
Gesamtkurs	42 Unterrichtsstunden.

  b) F o r t b i l d u n g s l e h r g ä n g e :

Grundkurs	6 Unterrichtsstunden,
damit verbundener Aufbaukurs jeweils	2 Unterrichtsstunden,
Aufbaukurs allein	6 Unterrichtsstunden.

Die Industrie- und Handelskammer kann im Rahmen eines Grundlehrgangs eine Verminderung des Zeitbedarfs zulassen, wenn es sich um ausgebildete Berufskraftfahrer handelt. Das gleiche gilt für Kurse nach Ziffer 4.3.

3.3 Die fachliche Qualifikation der eingesetzten Lehrkräfte zur Vermittlung der in Grund- und Fortbildungslehrgängen erforderlichen Kenntnisse und Fertigkeiten sowie erwachsenengerechte Lehr- und Lernmethoden werden vorausgesetzt. Die Industrie- und Handelskammer kann hierzu vom Lehrgangsveranstalter nähere Angaben verlangen.

3.4 Der Lehrgangsveranstalter hat bei Antragstellung nachzuweisen, daß er über geeignete Räumlichkeiten für die Schulung und über das erforderliche Lehrmaterial verfügt.

3.5 Die Lehrgänge müssen grundsätzlich zu angemessenen Bedingungen allen Teilnehmern, die der Schulungspflicht unterliegen, offenstehen. Ausnahmen hiervon kann die anerkennende Industrie- und Handelskammer zulassen, wenn ein gleiches Lehrgangsangebot in zumutbarer Entfernung vom Wohnsitz des Teilnehmers und zu einem zumutbaren Zeitpunkt nachgewiesen werden kann.

4. Erteilung der Anerkennung

4.1 Die Industrie- und Handelskammer erteilt die Anerkennung schriftlich. Diese enthält insbesondere die Auflagen, daß

  – die Lehrgänge nach den Ziffern 5.1 und 5.2 und die Erfolgskontrollen nach Ziffern 6.1 und 6.2 durchgeführt werden;
  – ihr die Befugnis eingeräumt wird, Beauftragte zu den Lehrgangsveranstaltungen, insbesondere auch zur Überprüfung der Erfolgskontrolle, zu entsenden;
  – ihr die Termine der einzelnen Lehrgangsveranstaltungen, einschließlich der Termine der jeweiligen Erfolgskontrolle, rechtzeitig anzuzeigen sind;

4.2 In die Anerkennung ist aufzunehmen, ob es sich um einen Gesamtkurs, einen Grundkurs und/oder ein oder mehrere – ggf. welche – der in Ziffer 1.3 genannten Aufbaukurse handelt.

4.3 In Ausnahmefällen kann die Industrie- und Handelskammer anstelle des Aufbaukurses für die Klassen 5.1, 6.1 und 8 auch Aufbaukurse zulassen, die nur eine oder zwei dieser Klassen umfassen.

4.4 Will der Lehrgangsveranstalter nach Anerkennung eines Lehrgangs Veränderungen hinsichtlich solcher Umstände vornehmen, die für die Anerkennung von Bedeutung waren, so hat er vorher die Zustimmung der Industrie- und Handelskammer einzuholen. Dies gilt insbesondere für Veränderungen der eingesetzten Lehrkräfte sowie der Kurspläne.

5. Durchführung der Lehrgänge

5.1 Die Lehrgänge müssen sicherstellen, daß die Teilnehmer den vermittelten Stoff beherrschen. Eine erfolgreiche Teilnahme in diesem Sinne ist dann gegeben, wenn der Lehrgangsteilnehmer ausreichende Kenntnisse des zur Erfolgskontrolle abgefragten Stoffes nachweist.

Die Lehrgänge müssen dem aktuellen Stand der Entwicklungen in den jeweiligen Schulungsbereichen Rechnung tragen. Der Lehrgangsveranstalter trägt die Verantwortung dafür, daß die Entwicklungen in den Schulungsbereichen von den eingesetzten Lehrkräften beobachtet und beherrscht werden.

5.2 Die Durchführung der Lehrgänge soll so praxisnah wie möglich erfolgen. Dabei sind den Kursplänen der Lehrgänge die in den Ziffern 1.5 und 1.6 genannten Ausbildungsrahmenpläne zugrunde zu legen. Der praktische Teil der Grundlehrgänge soll mindestens 20 % des in Ziffer 3.2 a) angegebenen Zeitbedarfs betragen. Bei Fortbildungslehrgängen kann die Industrie- und Handelskammer verlangen, daß die Kurspläne die Durchführung praktischer Teile vorsehen.

6. Erfolgskontrolle

6.1 Zur Gewährleistung der Einheitlichkeit sind die vom Deutschen Industrie- und Handelstag empfohlenen Fragebogen zu verwenden.

6.2 Nach Abschluß eines Kurses teilt der Lehrgangsveranstalter der Industrie- und Handelskammer mit, welche Teilnehmer den Kurs mit Erfolg besucht haben. Die Industrie- und Handelskammer soll zur Überprüfung dieser Angaben die Unterlagen der Erfolgskontrolle anfordern.

7. Bescheinigung

7.1 Die Bescheinigung über die erfolgreiche Teilnahme an der Schulung wird von derjenigen Industrie- und Handelskammer erteilt, die den Lehrgang anerkannt hat. Die Bescheinigung kann auch verweigert werden, wenn Unregelmäßigkeiten bei der Durchführung des Lehrgangs, insbesondere bei der Erfolgskontrolle, nachweisbar sind.

7.2 Entsprechend dem Muster nach Anhang B.6 ADR enthält die Bescheinigung nur **ein** Gültigkeitsdatum. Hierfür maßgebend ist die Geltungsdauer des Grundkurses.

7.3 Die erfolgreiche Teilnahme an einem Fortbildungslehrgang wird von der Industrie- und Handelskammer als Gültigkeitsverlängerung durch Eintragung in der Bescheinigung oder durch Ausstellen einer neuen Bescheinigung vermerkt. Die Bestimmungen der Ziffern 7.1 und 7.2 gelten entsprechend.

8. Umschreibung von Schulungsnachweisen der Bundeswehr

8.1 Die in der Ausnahme Nr. S 65 der Straßen-Gefahrgutausnahmeverordnung*) veröffentlichte Regelung über die Umschreibung von Schulungsnachweisen der Bundeswehr ist mit folgender Maßgabe anzuwenden:

8.1.1 Die Bundeswehr führt ihre Schulung gemäß den einschlägigen Ausbildungsrahmenplänen der jeweiligen Anlagen und den ihr dazu vom Deutschen Industrie- und Handelstag übermittelten Musterkursplänen durch. Über Abweichungen von den Inhalten der jeweils maßgeblichen Ausbildungsrahmenpläne und Musterkurspläne wird der Bundesminister für Verkehr vom Bundesminister der Verteidigung unverzüglich unterrichtet.

8.1.2 Der Nachweis über die erfolgreiche Teilnahme an einer Schulung der Bundeswehr über die besonderen Anforderungen bei Gefahrguttransporten ist mit einem Vordruck gemäß Anlage 9 zu erbringen.

---

*) Bekanntgabe erfolgt im Rahmen der vorgesehenen Neufassung dieser Verordnung etwa Mitte 1985 im Bundesgesetzblatt Teil I

Anlagen zu den Grundsätzen   **Anlage 1**

1.1.1

Ausbildungsrahmenplan für die Schulung der Fahrzeugführer nach Rn. 10315 GGVS/ADR

Grundlehrgang: Grundkurs

Themenkreis: Beförderung gefährlicher Güter allgemein

1 **Themensektor:** Allgemeine Vorschriften für die Gefahrgutbeförderung

Groblernziele	Lerninhalte
Der Fahrzeugführer soll ...	
1.1 die Notwendigkeit gesetzlicher Maßnahmen hinsichtlich der Beförderung gefährlicher Güter kennen;	Gesetzgebung als Problemlösungsprozeß: eigener Schutz, Verhütung von Schäden, Abgrenzung der Verantwortlichkeiten.
1.2 den Anwendungsbereich von GGVS/ADR kennen;	Struktur und Aufbau von GGVS/ADR: über die Beförderung gefährlicher Güter; Ausnahmeverordnungen.
1.3 die im Wasserhaushaltsgesetz, in der GefahrstoffVO festgelegten Vorschriften, soweit sie die Handhabung und Beförderung gefährlicher Güter betreffen, kennen;	Wasserhaushaltsgesetz (WHG), GefahrstoffVO
1.4 die besonderen Verkehrszeichen gemäß Straßenverkehrsordnung (StVO) für die Beförderung gefährlicher Güter kennen;	Besondere Verkehrszeichen für Gefahrgutfahrzeuge gemäß Straßenverkehrsordnung (StVO)

2   Themensektor: Pflichten und Verantwortlichkeiten

Groblernziele	Lerninhalte
Der Fahrzeugführer soll	
2.1 seine Pflichten und Verant-wortlichkeiten aufgrund der betreffenden Rechtsvor-schriften kennen;	Verantwortungsbereiche des Fahrzeugführers und deren Abgrenzung nach GGVS/ADR zu Halter, Beförderer, Absender, Verlader, Sonstigen.
2.2 den Verantwortlichen für Beförderungsauflagen ken-nen;	
2.3 die Sanktionen kennen, mit denen Verstöße gegen die ihm obliegenden Pflichten bedroht sind	Bußgeld-, Strafbestimmungen und haftungsrechtliche Fol-gen.

3   Themensektor: Allgemeine Gefahreneigenschaften der Stoffe

Groblernziele	Lerninhalte
Der Fahrzeugführer soll ...	
3.1 die Eigenschaften der häu-figsten in Tanks transpor-tierten Güter und die sich daraus ergebenden Gefah-ren kennen;	Allgemeine Darstellung der Hauptgefahren der zu trans-portierenden Güter.
3.2 die möglichen Schädigun-gen durch direkte Einwir-kung auf den menschlichen Körper kennen;	Schadwirkungen durch direkte Einwirkung auf den menschli-chen Körper.
3.3 die Wirkungen von Dämp-fen und Luftverunreinigun-gen sowie von Brand, Ex-plosion sowie Wasser- und Bodenverunreinigungen kennen.	Wirkungen von Dämpfen und Luftverunreinigungen sowie von Brand, Explosion, Wasser- und Bodenverunreinigungen.

4   Themensektor: Gefahrenkennzeichnung und -information

Groblernziele	Lerninhalte
Der Fahrzeugführer soll ...	
4.1 die Begleitpapiere kennen;	Rn. 10381 GGVS/ADR
4.2 Inhalt und Bedeutung des Beförderungspapiers ken-nen;	Rn. 2002 Abs. 3, 4 und 10 GGVS/ADR
4.3 Inhalt und Bedeutung der schriftlichen Weisungen (Unfallmerkblätter) kennen;	Rn. 10385 GGVS/ADR, Beson-derheiten der Gruppenunfall-merkblätter.
4.4 den wesentlichen Inhalt der Prüfbescheinigung / der Bescheinigung der beson-deren Zulassung kennen.	§ 6 GGVS / Rn. 10282 GGVS/ ADR
4.5 den wesentlichen Inhalt der Beförderungserlaubnis für Güter der Listen I und II kennen;	§ 7 GGVS
4.6 die Pflichten des Fahrers über Warntafeln und Ge-fahrzettel kennen;	Kennzeichnung der Fahrzeuge und Tanks Rn. 10130, 10500, Anhang B.5 GGVS/ADR.
4.7 Bedeutung der Gefahrzettel kennen.	Anhang A.9 GGVS/ADR

5   Themensektor: Ausrüstung und Fahrverhalten der Fahrzeu-ge sowie Durchführung der Beförderung

Groblernziele	Lerninhalte
Der Fahrzeugführer soll ...	
5.1 Tanks und deren Ausrü-stung kennen;	Arten, Bauformen, Materialien, Einsatzmöglichkeiten und Aus-rüstung von Tanks (Rn. 10014, 10200 ff., Anhang B.1a und B.1b GGVS/ADR).
5.2 sonstige Sicherheitseinrich-tungen am Fahrzeug ken-nen;	Rn. 10220 ff., Rn. 220000 GGVS/ADR z. B. Warnleuchten, Trenn-schalter, Feuerlöscher, per-sönliche Schutzausrüstung, Werkzeugkasten.
5.3 Be- und Entladung von Tanks sowie das besondere Fahrverhalten von Fahrzeu-gen mit Tanks kennen;	Physikalisches Verhalten von Flüssigkeiten, insbes. bei teil-weise gefüllten Tanks (Schwallwirkung, Schubkraft, Entladungsfolge, Sattelzug-Eigenarten).
5.4 die allgemeinen Vorschrif-ten für die Durchführung der Beförderung kennen;	Z. B. Fahrzeugbesatzung, Überwachung beim Parken, Mitnahmeverbot, Rauchverbot (Rn. 10311, 10321, 10325, 10374, 10503 ff. GGVS/ADR).

6   Themensektor: Unfallverhütung und -bekämpfung

Groblernziele	Lerninhalte
Der Fahrzeugführer soll ...	
6.1 die wichtigsten Maßnahmen der Unfallverhütung ken-nen;	Fahrtvorbereitungen – Fahrbe-trieb (Fahrverhalten unter Be-rücksichtigung der Einflüsse durch Ladung, Straßennässe, Kurvenfahrt usw.), persönliche Schutzausrüstung.
6.2 seine Aufgaben hinsichtlich der Meldepflicht kennen;	Rn. 10507 GGVS/ADR.
6.3 die wichtigsten Maßnahmen der Unfallbekämpfung so-wie der Verhinderung der Schadensausweitung auf Personen und Umwelt, ins-bes. einer Verunreinigung des Grundwassers und des Bodens kennen.	Sichern der Unfallstelle, Brandbekämpfung, schriftliche Weisungen (Unfallmerkblatt).

Anlage 2

1 1 2

Ausbildungsrahmenplan für die Schulung der Fahrzeugführer nach Rn. 10315 GGVS/ADR

Grundlehrgang: Aufbaukurs Klasse 2

Themenkreis: Beförderung gefährlicher Güter der Klasse 2 (ver-dichtete, verflüssigte oder unter Druck gelöste Gase)

1	**Themensektor:** Allgemeine Vorschriften

Groblernziele	Lerninhalte
Der Fahrzeugführer soll	
1.1 prinzipielle Merkmale des Aufbaus der Klasse 2 kennen.	Rn. 2200 und 2201 GGVS/ADR.

2	**Themensektor:** Pflichten und Verantwortlichkeiten

Groblernziele	Lerninhalte
Keine Besonderheiten gegenüber dem Grundkurs.	

3	**Themensektor:** Allgemeine Gefahreneigenschaften der Stoffe

Groblernziele	Lerninhalte
Der Fahrzeugführer soll	
3.1 die Eigenschaften der häufigsten in Tanks transportierten Stoffe der Klasse 2 und die sich daraus ergebenden Gefahren kennen;	Erläuterung der Begriffe und Zusammenhänge: – Dampfdruck – Dichte (Spezifisches Gewicht) – Brennbarkeit – Toxizität.
3.2 die Gefahren kennen, die sich aus der direkten Einwirkung auf den menschlichen Körper ergeben können;	Schädigung durch: – Einatmen von Gasen – Benetzen der Haut/Schleimhaut.
3.3 die speziellen Wirkungen von Dämpfen und Luftverunreinigungen sowie von Bränden und Explosionen kennen.	Mögliche Auswirkungen von Dämpfen und Luftverunreinigungen sowie von Bränden und Explosionen.

4	**Themensektor:** Gefahrenkennzeichnung

Groblernziele	Lerninhalte
Der Fahrzeugführer soll	
4.1 die Bedeutung der in der Klasse 2 vorkommenden Kennzeichnungsnummern kennen;	Anhang B.5 GGVS/ADR.
4.2 die Handhabung des Anhangs B.5 kennen;	Auflistung der Kennzeichnungsnummern im Anhang B.5 GGVS/ADR; Besonderheiten bei Gemischen.
4.3 die Gefahrzettel kennen, die in der Regel bei Produkten der Klasse 2 zu verwenden sind, die Fundstellen kennen, nach denen dies für den Einzelfall sicher festgestellt werden kann.	Anhang A.9 (Rn. 3900 – 3902). Rn. 10130, 10500, 21130, 21500 GGVS/ADR.

5	**Themensektor:** Ausrüstung und Fahrverhalten der Fahrzeuge sowie Durchführung der Beförderung

Groblernziele	Lerninhalte
Der Fahrzeugführer soll ...	
5.1 die wesentlichen Unterscheidungsmerkmale der Tanks kennen;	Tankarten, Rohrleitungs- und Armaturenausrüstung.
5.2 Funktionsweise und Anwendung der Umfüllsysteme kennen;	Umfüllsysteme.
5.3 die Verwendung von Warnleuchten und Arbeitsleuchten kennen;	Rn. 10260 GGVS/ADR.
5.4 Funktionsweise des Trennschalters kennen;	Rn. 220000 GGVS/ADR.
5.5 Anzahl und Art der mitzuführenden Feuerlöscher und deren Bedienungsweise kennen;	Rn. 10240, 21240 GGVS/ADR.
5.6 die Fundstelle für die jeweilige Zusammenstellung der persönlichen Schutzausrüstung kennen.	Rn. 10260 GGVS, Rn. 21260 GGVS/ADR.

6	**Themensektor:** Unfallbekämpfung

Groblernziele	Lerninhalte
Der Fahrzeugführer soll ...	
6.1 Maßnahmen zur Begegnung spezieller Gefahren bei Produkten der Klasse 2 kennen.	Maßnahmen gemäß schriftlichen Weisungen (Unfallmerkblatt) (auch Maßnahmen zur Abdichtung von Leckagen).

Anlage 3

113

Ausbildungsrahmenplan für die Schulung der Fahrzeugführer nach Rn. 10315 GGVS/ADR

Grundlehrgang: Aufbaukurs Klasse 3

Themenkreis: Beförderung gefährlicher Güter der Klasse 3 (entzündbare flüssige Stoffe)

1	**Themensektor:** Allgemeine Vorschriften

Groblernziele	Lerninhalte
Der Fahrzeugführer soll ...	
1.1 prinzipielle Merkmale des Aufbaus der Klasse 3 kennen;	Rn. 2300 und 2301 GGVS/ADR.
1.2 das Verhältnis der Verordnung über brennbare Flüssigkeiten (VbF) mit ihren technischen Regeln (TRbF) zu GGVS/ADR kennen.	VbF.

2 **Themensektor:** Pflichten und Verantwortlichkeiten

Groblernziele	Lerninhalte
Keine Besonderheiten ge-genüber dem Grundkurs.	

3 **Themensektor:** Allgemeine Gefahreneigenschaften der Stoffe

Groblernziele	Lerninhalte
Der Fahrzeugführer soll ...	
3.1 die Zusammenhänge ken-nen, die eine Entzündung (Verpuffung, Verbrennung) auslösen können;	Erläuterung der Begriffe und Zusammenhänge: – Gas-/Luft-Gemisch-Verhält-nis. – Zündquellen. – statische Elektrizität. – Flüchtigkeit. – Flammpunkt.
3.2 die Wirkungen von Stoffen der Klasse 3 im Wasser und im Erdreich kennen;	Dichte (Spezifisches Gewicht), Mischbarkeit mit Wasser, Ver-halten im Erdreich, ökologi-sche Auswirkungen.
3.3 die Gefahren kennen, die sich aus der direkten Ein-wirkung von Stoffen der Klasse 3 auf den menschli-chen Körper ergeben kön-nen.	Schädigung durch: – Einatmen von Gas/Dämpfen – Benetzen der Haut/Schleim-haut – Zufuhr über Verdauungsor-gane.

4 **Themensektor:** Gefahrenkennzeichnung

Groblernziele	Lerninhalte
Der Fahrzeugführer soll ...	
4.1 die Bedeutung der in der Klasse 3 vorkommenden Kennzeichnungsnummern kennen;	Anhang B.5 GGVS/ADR.
4.2 die Handhabung des An-hangs B.5 kennen;	Auflistung der Kennzeich-nungsnummern im Anhang B.5 GGVS/ADR; Besonderheiten bei Gruppenbezeichnungen.
4.3 die Gefahrzettel kennen, die in der Regel bei Produkten der Klasse 3 zu verwenden sind; die Fundstellen kennen, nach denen dies für den Einzelfall sicher festgestellt werden kann.	Anhang A.9 (Rn. 3900 – 3902), Rn. 10130, 10500, 31130, 31500 GGVS/ADR.

5 **Themensektor:** Ausrüstung am Fahrzeug und Kenntnis über deren Bedienung

Groblernziele	Lerninhalte
Der Fahrzeugführer soll	
5.1 die wesentlichen Unter-scheidungsmerkmale der Tanks kennen;	Ein- und Mehrprodukten-Tank, Rohrleitungs- und Armatu-renanordnung.
5.2 die zweckmäßige Tätigkeits-folge bei der Abgabe ken-nen;	Checkliste, u. a. Schlauchbe-schaffenheit, Verschlüsse.

Groblernziele	Lerninhalte
5.3 Anwendung und Durchfüh-rung des Gaspendelverfah-rens bei der Abgabe ken-nen;	Gaspendelverfahren.
5.4 Funktionsweise und Anwen-dung von Grenzwertgeber und Abfüllsicherung ken-nen;	TRbF 180, § 19 k WHG.
5.5 die Verwendung von Warn-leuchten und Arbeitsleuch-ten kennen;	Rn. 10260, 10353 GGVS/ADR.
5.6 Funktionsweise des Trenn-schalters kennen;	Rn. 220000 GGVS/ADR.
5.7 Anzahl und Art der mitzu-führenden Feuerlöscher und deren Bedienungswei-se kennen;	Rn. 10240 GGVS/ADR.
5.8 die Fundstelle für die jewei-lige Zusammenstellung der persönlichen Schutzausrü-stung kennen.	Rn. 10260 GGVS.

6 **Themensektor:** Unfallbekämpfung

Groblernziele	Lerninhalte
Der Fahrzeugführer soll ...	
6.1 Maßnahmen zur Begeg-nung spezieller Gefahren bei Produkten der Klasse 3 kennen.	Maßnahmen gemäß schriftli-chen Weisungen (Unfallmerk-blatt) (auch Maßnahmen zur Abdichtung von Leckagen).

Anlage 4

1 1 4

Ausbildungsrahmenplan für die Schulung der Fahrzeugführer nach Rn. 10315 GGVS/ADR

Grundlehrgang: Aufbaukurs Klassen 5.1, 6.1 und 8

Themenkreis: Beförderung gefährlicher Güter der Klassen
 5.1 (entzündend [oxydierend] wirkende Stoffe)
 6.1 (giftige Stoffe)
 8 (ätzende Stoffe)

1 **Themensektor:** Allgemeine Vorschriften

Groblernziele	Lerninhalte
Der Fahrzeugführer soll ...	
1.1 prinzipielle Merkmale des Aufbaus der Klassen 5.1, 6.1, und 8 kennen.	Rn. 2500 und 2501, Rn. 2600 und 2601, Rn. 2800 und 2801 GGVS/ADR.

6

2 **Themensektor:** Pflichten und Verantwortlichkeiten

Groblernziele	Lerninhalte
Keine Besonderheiten gegenüber dem Grundkurs.	

3 **Themensektor:** Allgemeine Gefahreneigenschaften der Stoffe

Groblernziele	Lerninhalte
Der Fahrzeugführer soll . . .	
3.1 die Zusammenhänge kennen, die eine Entzündung anderer Stoffe durch Stoffe der Klasse 5.1 auslösen können;	Verhalten und Wirkungsweise von Oxydträgern.
die Zusammenhänge kennen, die eine Entzündung (Verpuffung, Verbrennung) giftiger und ätzender Stoffe, die zusätzlich entzündbare Eigenschaften besitzen, auslösen können;	Erläuterung der Begriffe und Zusammenhänge: – Gas-/Luft-Gemisch-Verhältnis – Zündquellen – Statische Elektrizität – Flüchtigkeit – Flammpunkt.
3.2 das Verhalten von entzündend wirkenden, giftigen und ätzenden Stoffen im Wasser und im Erdreich kennen;	Mischbarkeit mit Wasser, Verhalten im Erdreich, ökologische Auswirkungen.
3.3 die Gefahren kennen, die sich aus der direkten Einwirkung von entzündend wirkenden Stoffen, von giftigen Stoffen sowie von ätzenden Stoffen auf den menschlichen Körper ergeben können;	Schädigung durch: – Einatmen von Gas/Dämpfen – Benetzen der Haut/Schleimhaut – Zufuhr über Verdauungsorgane.
3.4 die Gefahren kennen, die sich durch ätzende Stoffe an anderen Gütern oder Transportmitteln ergeben können.	Ätzwirkung auf Metalle und andere Werkstoffe.

4 **Themensektor:** Gefahrenkennzeichnung

Groblernziele	Lerninhalte
Der Fahrzeugführer soll . . .	
4.1 die Bedeutung der in den Klassen 5.1, 6.1 und 8 vorkommenden Kennzeichnungsnummern kennen;	Anhang B.5 GGVS/ADR.
4.2 die Handhabung des Anhangs B.5 kennen;	Auflistung der Kennzeichnungsnummern im Anhang B.5 GGVS/ADR; Besonderheiten bei Gruppenbezeichnungen.
4.3 die Gefahrzettel kennen, die in der Regel bei Produkten der Klassen 5.1, 6.1 und 8 zu verwenden sind; die Fundstellen kennen, nach denen dies für den Einzelfall sicher festgestellt werden kann.	Anhang A.9 (Rn. 3900 – 3902), Rn. 10130, 10500, 51130, 51500, 61130, 61500, 81130, 81500 GGVS/ADR.

5 **Themensektor:** Ausrüstung am Fahrzeug und Kenntnis über deren Bedienung

Groblernziele	Lerninhalte
Der Fahrzeugführer soll . . .	
5.1 die wesentlichen Unterscheidungsmerkmale der Tanks kennen;	Ein- und Mehrprodukten-Tank, Rohrleitungs- und Armaturenanordnung.
5.2 die zweckmäßige Tätigkeitsfolge bei der Abgabe kennen;	Checkliste, u. a. Schlauchbeschaffenheit, Verschlüsse.
5.3 die Verwendung von Warnleuchten und Arbeitsleuchten kennen;	Rn. 10260, 10353 GGVS/ADR.
5.4 Funktionsweise des Trennschalters kennen;	Rn. 220000 GGVS/ADR.
5.5 Anzahl und Art der mitzuführenden Feuerlöscher und deren Bedienungsweise kennen;	Rn. 10240, 61240, 81240 GGVS/ADR.
5.6 die Fundstelle für die jeweilige Zusammenstellung der persönlichen Schutzausrüstung kennen;	Rn. 10260 GGVS Rn. 61260 GGVS/ADR.

6 **Themensektor:** Unfallbekämpfung

Groblernziele	Lerninhalte
Der Fahrzeugführer soll . . .	
6.1 Maßnahmen zur Begegnung spezieller Gefahren bei Produkten der Klassen 5.1, 6.1 und 8 kennen.	Maßnahmen gemäß schriftlichen Weisungen (Unfallmerkblatt) (auch Maßnahmen zur Abdichtung von Leckagen).

Anlage 5

211

Ausbildungsrahmenplan für die Schulung der Fahrzeugführer nach Rn. 10315 GGVS/ADR

Fortbildungslehrgang: Grundkurs

Themenkreis: Beförderung gefährlicher Güter allgemein

1 **Themensektor:** Allgemeine Vorschriften

Groblernziele	Lerninhalte
Der Fahrzeugführer soll . . .	
– den Anwendungsbereich von GGVS/ADR nennen können;	Struktur und Aufbau.
– andere Vorschriften, soweit sie die Handhabung und Beförderung betreffen, nennen können.	Spezifische Vorschriften des Wasserhaushaltsgesetzes (WHG), der GefahrstoffVO, der Straßenverkehrsordnung (StVO).

2 **Themensektor:** Pflichten und Verantwortlichkeiten

Groblernziele	Lerninhalte
Der Fahrzeugführer soll . .	
– seine Pflichten und Verantwortlichkeiten aufgrund der betreffenden Rechtsvorschriften nennen können	Verantwortlichkeitsbereiche des Fahrzeugführers in Abgrenzung zu Verantwortlichkeitsbereichen der anderen Transportbeteiligten.

3 **Themensektor:** Allgemeine Gefahreneigenschaften

Groblernziele	Lerninhalte
Der Fahrzeugführer soll . .	
– die Gefahreneigenschaften der am häufigsten in Tanks transportierten Güter einschätzen können;	Schadwirkungen auf Menschen, Tiere, Umwelt, Beförderungsmittel und Beförderungsgut.

4 **Themensektor:** Gefahrenkennzeichnung und -information

Groblernziele	Lerninhalte
Der Fahrzeugführer soll . . .	
– die Begleitpapiere und deren Inhalt nennen können;	Inhalt und Bedeutung von Begleitpapieren.
– seine Pflichten über die Kennzeichnung der Beförderungsmittel mit Warntafeln und Gefahrzetteln nennen können.	Kennzeichnung und Bezettelung der Beförderungsmittel.

5 **Themensektor:** Ausrüstung der Fahrzeuge sowie Durchführung der Beförderung

Groblernziele	Lerninhalte
Der Fahrzeugführer soll . . .	
– Be- und Entladung von Tanks unter Berücksichtigung der vorgeschriebenen Sicherheitseinrichtungen erklären können.	Verfahren der Be- und Entladung, z. B. Gaspendelung, Abfüllsicherung, Absperreinrichtungen.
– die allgemeinen Vorschriften für die Durchführung der Beförderung nennen können;	Z. B. hinsichtlich Fahrzeugbesatzung, Personenbeförderung, Rauchverbot, Parkvorschriften.
– die wichtigsten Ausrüstungsgegenstände nennen können.	Z. B. Feuerlöscher, Schutzausrüstung, Warnleuchte, Trennschalter.

6 **Themensektor:** Unfallverhütung und -bekämpfung

Groblernziele	Lerninhalte
Der Fahrzeugführer soll . . .	
– die wichtigsten Maßnahmen der Unfallverhütung und -bekämpfung nennen können.	Fahrtvorbereitung, Benutzung der Schutzausrüstung, Sichern der Unfallstelle, Unfallmeldung.

Ausbildungsrahmenplan für die Schulung der Fahrzeugführer nach Rn. 10315 GGVS/ADR

Fortbildungslehrgang: Aufbaukurs Klasse 2

Themenkreis: Beförderung gefährlicher Güter der Klasse 2 (verdichtete, verflüssigte oder unter Druck gelöste Gase)

1 **Themensektor:** Allgemeine Vorschriften

Groblernziele	Lerninhalte
Der Fahrzeugführer soll . . .	
– den prinzipiellen Aufbau der Klasse 2 erklären können.	Stoffe, Gegenstände, Eigenschaften der Klasse 2.

3 **Themensektor:** Gefahreneigenschaften der Stoffe

Groblernziele	Lerninhalte
Der Fahrzeugführer soll . . .	
– die wichtigsten Eigenschaften und damit verbundenen Gefahren der Stoffe der Klasse 2 nennen können.	Spezielle Gefahren der Stoffe der Klasse 2, z. B. Brandförderung, Druck, Temperatur, Brennbarkeit, Toxizität, Erstickungsgefahr.

4 **Themensektor:** Kennzeichnung und Information

Groblernziele	Lerninhalte
Der Fahrzeugführer soll . . .	
– die Bedeutung der in der Klasse 2 vorkommenden Kennzeichnungsnummern und Gefahrzettel erklären können.	Warntafeln, Kennzeichnungsnummern, Gefahrzettel.

5 **Themensektor:** Ausrüstung und Bedienung

Groblernziele	Lerninhalte
Der Fahrzeugführer soll . . .	
– die Notwendigkeit und Funktion der spezifischen Sicherheitseinrichtungen der Beförderungsmittel erklären können.	Produktspezifische Sicherheitseinrichtungen, z. B. Überdrucksicherungen, Füllstandsanzeigen, Überfüllsicherungen.

6 **Themensektor:** Unfallverhütung und -bekämpfung

Groblernziele	Lerninhalte
Der Fahrzeugführer soll . . .	
– Maßnahmen zur Begegnung spezieller Gefahren beim Transport von Stoffen der Klasse 2 nennen können	Maßnahmen gemäß schriftlichen Weisungen (Unfallmerkblätter).

Fahrzeugführer-ausbildung

**Ausbildungsrahmenplan für die Schulung der
Fahrzeugführer nach Rn. 10315 GGVS/ADR**

Fortbildungslehrgang: Aufbaukurs Klasse 3

Themenkreis: Beförderung gefährlicher Güter der Klasse 3 (entzündbare flüssige Stoffe)

1　Themensektor: Allgemeine Vorschriften

Groblernziele	Lerninhalte
Der Fahrzeugführer soll . . .	
– den prinzipiellen Aufbau der Klasse 3 erklären können.	Stoffe, Gegenstände, Eigenschaften der Klasse 3.

3　Themensektor: Gefahreneigenschaften der Stoffe

Groblernziele	Lerninhalte
Der Fahrzeugführer soll . . .	
– die wichtigsten Eigenschaften und damit verbundenen Gefahren der Stoffe der Klasse 3 nennen können.	Spezielle Gefahren der Stoffe der Klasse 3, z. B. Brennbarkeit, Toxizität, Wassergefährdung, Ätzwirkung.

4　Themensektor: Kennzeichnung und Information

Groblernziele	Lerninhalte
Der Fahrzeugführer soll . . .	
– die Bedeutung der in der Klasse 3 vorkommenden Kennzeichnungsnummern und Gefahrzettel erklären können.	Warntafeln, Kennzeichnungsnummern, Gefahrzettel.

5　Themensektor: Ausrüstung und Bedienung

Groblernziele	Lerninhalte
Der Fahrzeugführer soll . . .	
– die Notwendigkeit und Funktion der spezifischen Sicherheitseinrichtungen der Beförderungsmittel erklären können.	Produktspezifische Sicherheitseinrichtungen, z. B. Abfüllsicherung, Kippventil, Gaspendeleinrichtung, Schnellschlußventil.

6　Themensektor: Unfallverhütung und -bekämpfung

Groblernziele	Lerninhalte
Der Fahrzeugführer soll . . .	
– Maßnahmen zur Begegnung spezieller Gefahren nennen können.	Maßnahmen gemäß schriftlichen Weisungen (Unfallmerkblätter).

**Ausbildungsrahmenplan für die Schulung der
Fahrzeugführer nach Rn. 10315 GGVS/ADR**

Fortbildungslehrgang: Aufbaukurs Klasse 5.1, 6.1, 8

Themenkreis: Beförderung gefährlicher Güter der Klassen
5.1 (entzündend [oxydierend] wirkende Stoffe)
6.1 (giftige Stoffe)
8　(ätzende Stoffe)

1　Themensektor: Allgemeine Vorschriften

Groblernziele	Lerninhalte
Der Fahrzeugführer soll . . .	
– den prinzipiellen Aufbau der Klassen 5.1, 6.1 und 8 erklären können.	Stoffe, Gegenstände, Eigenschaften der Klassen 5.1, 6.1 und 8.

3　Themensektor: Gefahreneigenschaften der Stoffe

Groblernziele	Lerninhalte
Der Fahrzeugführer soll . . .	
– die wichtigsten Eigenschaften und damit verbundenen Gefahren der Stoffe der Klassen 5.1, 6.1 und 8 nennen können.	Spezielle Gefahren der Stoffe der Klassen 5.1, 6.1 und 8 z. B. Brandförderung, Toxizität, Wassergefährdung, Ätzwirkung.

4　Themensektor: Kennzeichnung und Information

Groblernziele	Lerninhalte
Der Fahrzeugführer soll . . .	
– die Bedeutung der in den Klassen 5.1, 6.1 und 8 vorkommenden Kennzeichnungsnummern und Gefahrzettel erklären können.	Warntafeln, Kennzeichnungsnummern, Gefahrzettel.

5　Themensektor: Ausrüstung und Bedienung

Groblernziele	Lerninhalte
Der Fahrzeugführer soll . . .	
– die Notwendigkeit und Funktion der spezifischen Sicherheitseinrichtungen der Beförderungsmittel erklären können.	Produktspezifische Sicherheitseinrichtungen, wie Abfüllsicherung, Gaspendeleinrichtung.

6　Themensektor: Unfallverhütung und -bekämpfung

Groblernziele	Lerninhalte
Der Fahrzeugführer soll . . .	
– Maßnahmen zur Begegnung spezieller Gefahren nennen können.	Maßnahmen gemäß schriftlichen Weisungen (Unfallmerkblätter).

Fahrzeugführerausbildung

9

Anlage 9

Dienststelle   PLZ, Ort, Datum

_____

                                  Straße Hausnummer, Tel.

                                  _____

NACHWEIS

zur Vorlage bei der Industrie- und Handelskammer zum Zwecke der
Ausstellung einer Bescheinigung gemäß Randnummer 10315
GGVS/ADR

Herr (Name, Vorname)   Geburtsdatum

_____

Geburtsort   Wohnort   Straße   Staatsangehörigkeit

_____

hat bei der Bundeswehr erfolgreich an einer Schulung entsprechend
Randnummer 10315 GGVS/ADR teilgenommen.
Die Schulung wurde – entsprechend den maßgeblichen Musterkurs-
plänen des Deutschen industrie- und Handelstages – für den

☐ Grundkurs,

☐ Aufbaukurs Klasse 3 (entzündbare flüssige Stoffe)
durchgeführt.

Er hat den Grundkurs im Rahmen eines

☐ Grundlehrgangs,

☐ Fortbildungslehrgangs

erfolgreich abgeschlossen am _____.

_____

Unterschrift, Dienstsiegel

Straßen-
Gefahrgutausnahmeverordnung

GGVS-
AusnahmeV

Straßen-Gefahrgutausnahmeverordnung

vom 25. September 1985
unter Berücksichtigung der Änderungsverordnungen vom 14. Februar 1986,
vom 30. September 1986 und vom 24. August 1987

Auf Grund des § 6 des Gesetzes über die Beförderung gefährlicher Güter vom 6. August 1975 (BGBl. I S. 2121) wird nach Anhörung der zuständigen obersten Landesbehörden verordnet:

§ 1

Anwendungsbereich

Diese Verordnung regelt gegenüber der Gefahrgutverordnung Straße vom 22. Juli 1985 (BGBl. I S. 1550) zulässige Abweichungen. Sie gilt für innerstaatliche Beförderungen gefährlicher Güter mit Straßenfahrzeugen.

§ 2

Zulassung zur Beförderung

(1) Abweichend von § 1 Abs. 1, § 3 Abs. 1, § 4 Abs. 2, 3 und 6, § 6 Abs. 1 bis 9, § 7 Abs. 1, 3 und 4, § 9 Abs. 3 und den Anlagen A und B der Gefahrgutverordnung Straße dürfen gefährliche Güter mit Straßenfahrzeugen befördert werden, wenn die Voraussetzungen und Bedingungen der in der Anlage 1 enthaltenen Ausnahmen erfüllt sind.

(2) Die in der Anlage 1 ohne nähere Bezeichnung angeführten Paragraphen, Anhänge, Klassen und Randnummern sind die der Gefahrgutverordnung Straße sowie der Anlagen dazu.

§ 3

Geltung von Ausnahmen des Eisenbahnverkehrs

(1) Abweichend von § 3 Abs. 1 und § 4 Abs. 3 und 6 in Verbindung mit der Anlage A der Gefahrgutverordnung Straße dürfen gefährliche Güter mit Straßenfahrzeugen befördert werden, wenn die Voraussetzungen und Bedingungen einer gemäß § 5 Abs. 1 der Gefahrgutverordnung Eisenbahn vom 22. Juli 1985 (BGBl. I S. 1560), geändert durch die Verordnung vom 21. August 1986 (BGBl. S. 1347) oder gemäß § 4 Abs. 1 der Gefahrgutverordnung Eisenbahn vom 23. August 1979 (BGBl. I S. 1502), geändert durch die Verordnung vom 22. Juni 1983 (BGBl. I S. 789), erteilten Ausnahmegenehmigung oder die Voraussetzungen und Bedingungen einer in der Eisenbahn-Gefahrgutausnahmeverordnung vom 16. August 1985 (BGBl. I S. 1651), geändert durch Artikel 1 der Verordnung vom 30. September 1986 (BGBl. I S. 1612), zugelassenen Ausnahme erfüllt sind und wenn

1. die Ausnahmegenehmigung oder die Ausnahme in der Anlage 2 aufgeführt ist oder

2. es sich um die Beförderung von gefährlichen Gütern in Versandstücken oder Containern zum oder vom nächsten geeigneten Bahnhof handelt und der Absender die Ausnahmegenehmigung oder die Ausnahme für die Eisenbahnbeförderung in Anspruch nehmen darf.

(2) Sofern in den Fällen des Absatzes 1 Nr. 1 eine Ausnahmegenehmigung oder eine Ausnahme für Beförderungen mit Straßenfahrzeugen nur mit Einschränkungen oder nur unter zusätzlichen Bedingungen gilt, ist dies in Spalte 4 der Anlage 2 angegeben.

(3) In den Fällen des Absatzes 1 hat der Absender im Beförderungspapier zusätzlich zu den sonst vorgeschriebenen Angaben die Nummer der Ausnahmegenehmigung oder der Ausnahme wie folgt anzugeben:

„AG Nr. E...", oder gegebenenfalls „Ausnahme Nr. E...".

Bei Beförderungen von Containern vom nächsten geeigneten Bahnhof zum Empfänger ist dieser Vermerk durch die jeweilige Abfertigungsstelle der Eisenbahn anzubringen.

§ 4

Geltung von Ausnahmen des Seeschiffsverkehrs

(1) Abweichend von § 3 Abs. 1 und § 4 Abs. 3 und 6 in Verbindung mit den Anlagen A und B der Gefahrgutverordnung Straße dürfen gefährliche Güter von und nach einem deutschen Seehafen mit Straßenfahrzeugen befördert werden, wenn die Voraussetzungen und Bedingungen einer Ausnahmegenehmigung nach § 3 Abs. 1 der Gefahrgutverordnung See in der Fassung der Bekanntmachung vom 27. Juni 1986 (BGBl. I S. 961) erfüllt sind und wenn die Beförderung mit einem Seeschiff vorausging oder folgt.

(2) In den Fällen des Absatzes 1 ist vom Absender ein Abdruck der Ausnahmegenehmigung dem Beförderungspapier beizugeben. Der Absender hat im Beförderungspapier zusätzlich zu den sonst vorgeschriebenen Angaben die Nummer der Ausnahmegenehmigung für den Seeverkehr wie folgt anzugeben:

„AG Nr. See...".

Quelle: Bundesgesetzblatt 1985 S. 1925, 1986 S. 283 und 1612, 1987, S. 2095

GGVS – AusnahmeV

1

Berlin-Klausel

Diese Verordnung gilt nach § 14 des Dritten Überleitungsgesetzes in Verbindung mit § 14 des Gesetzes über die Beförderung gefährlicher Güter auch im Land Berlin.

§ 6
Inkrafttreten

Diese Verordnung tritt am 1. Oktober 1985 in Kraft. Gleichzeitig tritt die Straßen-Gefahrgutausnahmeverordnung vom 2. Oktober 1979 (BGBl. I S. 1609), zuletzt geändert durch Artikel 2 der Verordnung vom 25. April 1985 (BGBl. I S. 719), außer Kraft.

Bonn, den 25. September 1985

Der Bundesminister für Verkehr
In Vertretung
Alfred Bayer

Anlage 1
(zu § 2)

Ausnahmen Nr. S 1 bis S 9

(bleiben frei)

Ausnahme Nr. S 10

(Gasgemische)

1　Abweichend von § 3 Abs. 1 in Verbindung mit Anlage A Randnummern 2200 und 2201 dürfen die in der Tabelle zu dieser Ausnahme aufgeführten Gasgemische unter Beachtung der für die in Spalte 2 dieser Tabelle angegebenen Ziffer geltenden Vorschriften unter folgenden Bedingungen als Stoffe der Klasse 2 befördert werden:

2　**Verpackung**

Die Stoffe sind in Druckgasflaschen aus Stahl – ausgenommen Flaschen aus Manganstahl – mit einem Inhalt von höchstens

50 Liter zu verpacken. Es sind die in der Spalte 3 der Tabelle angegebenen Mindestprüfdrücke und die in der Spalte 4 angegebenen Fülldrücke sowie die Druckbehälterverordnung in der jeweils gültigen Fassung zu beachten.

3　**Sonstige Vorschriften**

Eine Erlaubnis nach § 7 ist nicht erforderlich.

4　**Vermerk im Beförderungspapier**

Im Beförderungspapier hat der Absender zusätzlich zu den sonst vorgeschriebenen Angaben zu vermerken:

„. . . ¹), 2, GGVS, Ausnahme Nr. S 10".

---

¹) Stoffbezeichnung wie in der Tabelle zu dieser Ausnahme (Spalte 1) angegeben.

Tabelle zur Ausnahme Nr. S 10

Gasgemisch	Ziffer	Mindestprüfdruck in MPa (bar) (Überdruck)	höchstzulässiger Fülldruck in MPa (bar)
1	2	3	4
0–10 Vol.-% Chlorwasserstoff in Wasserstoff	2 bt)	$1,5 \cdot p_{15}$[2]	20 (200)
0–10 Vol.-% Schwefelwasserstoff in Wasserstoff	2 bt)	$1,5 \cdot p_{15}$	12 (120)
0–10 Vol.-% Ammoniak in Wasserstoff	2 bt)	$1,5 \cdot p_{15}$	5 (50)
0–5 Vol.-% i-Butan in Helium	2 b)	$1,5 \cdot p_{15}$	3,5 (35)
0–5 Vol.-% n-Butan in Helium	2 b)	$1,5 \cdot p_{15}$	2,5 (25)
13 Vol.-% Propan und 87 Vol.-% Methan	2 b)	$1,5 \cdot p_{15}$	4 (40)
180 ppm Acetylen in Wasserstoff	2 b)	$1,5 \cdot p_{15}$	15 (150)
14,5 Vol.-% Acetylen und 85,5 Vol.-% Wasserstoff	2 b)	$1,5 \cdot p_{15}$	1,5 (15)
14 Vol.-% Acetylen und 86 Vol.-% Wasserstoff	2 b)	$1,5 \cdot p_{15}$	1,6 (16)
9 Vol.-% Acetylen, 38,1 Vol.-% Wasserstoff, 29 Vol.-% Kohlenoxid, 9 Vol.-% Stickstoff, 9 Vol.-% Methan, 4 Vol.-% Kohlendioxid und 1,9 Vol.-% Äthylen	2 bt)	$1,5 \cdot p_{15}$	5 (50)
60 Vol.-% Acetylen, 13 Vol.-% Helium, 9 Vol.-% Kohlendioxid, 9 Vol.-% Stickstoff, 4,5 Vol.-% Äthylen und 4,5 Vol.-% Äthan	2 b)	1 (10)	0,15 (1,5)
60 Vol.-% Acetylen, 9,5 Vol.-% Äthylen, 9,5 Vol.-% Äthan, 9 Vol.-% Kohlendioxid, 9 Vol.-% Stickstoff und 3 Vol.-% Helium	2 b)	1 (10)	0,15 (1,5)
0–3 Vol.-% Propan in Helium	2 a)	$1,5 \cdot p_{15}$	18,5 (185)
0–5 Vol.-% Difluordichlormethan in Stickstoff	2 a)	$1,5 \cdot p_{15}$	7 (70)
0–10 Vol.-% Chlorwasserstoff in Argon	2 at)	$1,5 \cdot p_{15}$	20 (200)
0–10 Vol.-% Chlorwasserstoff in Helium	2 at)	$1,5 \cdot p_{15}$	20 (200)
0–10 Vol.-% Chlorwasserstoff in Stickstoff	2 at)	$1,5 \cdot p_{15}$	20 (200)
0–10 Vol.-% Schwefelhexafluorid in Argon	2 a)	$1,5 \cdot p_{15}$	14,5 (145)
0–10 Vol.-% Schwefelhexafluorid in Helium	2 a)	$1,5 \cdot p_{15}$	14,5 (145)

[2] p_{15} ist der Fülldruck bei +15 °C.

Gasgemisch	Ziffer	Mindestprüfdruck in MPa (bar) (Überdruck)	höchstzulässiger Fülldruck in MPa (bar)
1	2	3	4
0–10 Vol.-% Schwefelhexafluorid in Stickstoff	2 a)	$1{,}5 \cdot p_{15}$	14,5 (145)
0–10 Vol.-% Schwefelwasserstoff in Argon	2 bt)	$1{,}5 \cdot p_{15}$	12 (120)
0–10 Vol.-% Schwefelwasserstoff in Helium	2 bt)	$1{,}5 \cdot p_{15}$	12 (120)
0–10 Vol.-% Schwefelwasserstoff in Stickstoff	2 at)	$1{,}5 \cdot p_{15}$	12 (120)
0–10 Vol.-% Ammoniak in Argon	2 at)	$1{,}5 \cdot p_{15}$	5 (50)
0–10 Vol.-% Ammoniak in Helium	2 at)	$1{,}5 \cdot p_{15}$	5 (50)
0–10 Vol.-% Ammoniak in Stickstoff	2 at)	$1{,}5 \cdot p_{15}$	5 (50)

Ausnahmen Nr. S 11 bis S 18

(bleiben frei)

Ausnahme Nr. S 19

(Zusammenladung von Stoffen und Gegenständen der Klassen 1 a und 1 b)

1 Abweichend von § 4 Abs. 7 Nr. 2 in Verbindung mit Anlage B Randnummer 11 403 Abs. 1 Buchstabe a, Abs. 2 Buchstabe a und Abs. 3 Buchstabe a dürfen

a) Stoffe und Gegenstände der Anlage A Klasse 1 a Randnummer 2101 sowie Gegenstände der Anlage A Klasse 1 b Randnummer 2131, jeweils in Versandstücken, die mit einem Gefahrzettel nach Anlage A Anhang A.9 Muster Nr. 1 versehen sind,

b) mit Gegenständen der Anlage A Klasse 1 b Randnummer 2131 in Versandstücken, die mit zwei Gefahrzetteln nach Anlage A Anhang A.9 Muster Nr. 1 versehen sind,

zusammen auf einem Fahrzeug unter folgenden Bedingungen befördert werden:

2 **Anforderungen an die Gegenstände nach Abschnitt 1 Buchstabe b**

Die Gegenstände dürfen nur zusammen befördert werden, wenn sie nach folgenden Bekanntmachungen des Präsidenten der Bundesanstalt für Materialprüfung (BAM) oder des Direktors des Bundesinstitutes für Chemisch-Technische Untersuchungen beim Bundesamt für Wehrtechnik und Beschaffung (BICT) der Lagergruppe 1.4 angehören:

Bekanntmachung vom

– 12. Juli 1978 (BAnz. Nr. 144 vom 4. August 1978),

– 26. Februar 1980 (BAnz. Nr. 49 vom 11. März 1980),

– 18. Juni 1980 (BAnz. Nr. 117 vom 1. Juli 1980),

– 3. September 1980 (BAnz. Nr. 183 vom 1. Oktober 1980),

– 8. Januar 1981 (BAnz. Nr. 21 vom 31. Januar 1981),

– 28. September 1981 (BAnz. Nr. 187 vom 7. Oktober 1981),

– 2. Februar 1984 (BAnz. Nr. 30 vom 11. Februar 1984),

– 29. März 1984 (BAnz. Nr. 82 vom 28. April 1984),

– 5. Oktober 1984 (BAnz. Nr. 199 vom 19. Oktober 1984) und

– 19. April 1985 (BAnz. Nr. 81 vom 30. April 1985).

3 **Anforderungen an das Fahrzeug**

Die Stoffe und Gegenstände dürfen nur in Beförderungseinheiten B. III gemäß Anlage B Randnummer 11 205 Abs. 2 Buchstabe c befördert werden.

4 **Anforderungen an den Laderaum**

Der Laderaum für die Gegenstände nach Abschnitt 1 Buchstabe b muß allseitig vom Laderaum für die Stoffe und Gegenstände nach Abschnitt 1 Buchstabe a durch eine Wand abgetrennt sein, deren Schutzwirkung gegenüber der Detonationsübertragung mindestens der einer fugenlosen Holzwand von 50 mm Dicke entsprechen muß.

5   **Gleichwertigkeitsbescheinigung für andere Abtrennungen**

Werden andere Laderaumabtrennungen als die in Abschnitt 4 genannten verwendet, so ist eine Gleichwertigkeitsbescheinigung der Bundesanstalt für Materialprüfung (BAM), für den militärischen Bereich eine Gleichwertigkeitsbescheinigung des Bundesinstituts für Chemisch-Technische Untersuchungen beim Bundesamt für Wehrtechnik und Beschaffung (BICT), über die Wirksamkeit der Abtrennung hinsichtlich der Verhinderung einer Detonationsübertragung erforderlich. In Zweifelsfällen ist die Wirksamkeit dieser Abtrennungen durch Versuche zu überprüfen.

6   **Mitführen von Bescheinigungen**

Während der Beförderung ist

– eine schriftliche Erklärung des Fahrzeughalters, daß die Abtrennung der Laderäume aus einer fugenlosen Holzwand von mindestens 50 mm Dicke besteht und den Bedingungen dieser Ausnahme entspricht, oder

– eine Kopie der Gleichwertigkeitsbescheinigung der Bundesanstalt für Materialprüfung (BAM) oder des Bundesinstituts für Chemisch-Technische Untersuchungen beim Bundesamt für Wehrtechnik und Beschaffung (BICT)

mitzuführen.

7   **Vermerk im Beförderungspapier**

Im Beförderungspapier hat der Absender zusätzlich zu den sonst vorgeschriebenen Angaben zu vermerken:

„Ausnahme Nr. S 19".

Ausnahmen Nr. S 20 bis S 25

(bleiben frei)

Ausnahme Nr. S 26

(Tanks aus glasfaserverstärktem Kunststoff)

1   Abweichend von Anlage B Randnummer 10121 Abs. 1 dürfen bestimmte

– entzündbare flüssige Stoffe der Klasse 3 Randnummer 2301,

– entzündend (oxydierend) wirkende Stoffe der Klasse 5.1 Randnummer 2501,

– giftige Stoffe der Klasse 6.1 Randnummer 2601,

– ätzende Stoffe der Klasse 8 Randnummer 2801

unter folgenden Bedingungen in Tanks (festverbundene Tanks, Aufsetztanks und Tankcontainer) aus glasfaserverstärktem ungesättigtem Polyesterharz oder glasfaserverstärkten Epoxidharz-Formstoffen (glasfaserverstärktem Kunststoff) befördert werden.

2   **Bau, Ausrüstung und Verwendung**

2.1   Die Tanks müssen den „Richtlinien für Tanks aus glasfaserverstärktem ungesättigtem Polyesterharz oder aus glasfaserverstärkten Epoxidharz-Formstoffen (glasfaserverstärktem Kunststoff) – TRT 001 –" vom 25. Juli 1975 (Verkehrsblatt S. 430), zuletzt geändert durch Bekanntmachung vom 30. Dezember 1985 (Verkehrsblatt 1986, S. 35), entsprechend gebaut, ausgerüstet, bauartgeprüft, zugelassen und gekennzeichnet sein.

2.2   Es dürfen nur die im Anhang I dieser Richtlinien aufgeführten Stoffe befördert werden.

3   **Übergangsvorschriften**

3.1   Festverbundene Tanks, Aufsetztanks und Tankcontainer aus glasfaserverstärktem Kunststoff, die vor dem 1. Juni 1984 entsprechend der bis zu diesem Zeitpunkt geltenden Fassung der Ausnahme Nr. S 26 gebaut und in den Verkehr gebracht worden sind, dürfen mit Zustimmung der für die Baumusterzulassung zuständigen Behörde nach § 9 Abs. 3 Nr. 1 bis zum 31. Dezember 1994 weiterverwendet werden.

3.2   Stoffe, die gefährliche Güter der Klassen 3, 6.1 und 8 sind und die den Vorschriften der Gefahrgutverordnung Straße in der Fassung der Bekanntmachung vom 29. Juni 1983 (BGBl. I S. 905) nicht unterstellt waren, dürfen bis längstens zum 30. April 1990 in den für sie geeigneten Tanks aus glasfaserverstärktem Kunststoff weiterbefördert werden, sofern sie unter die Gruppen b und c der genannten Klassen fallen und nachweisbar auch vor dem Inkrafttreten der Gefahrgutverordnung Straße vom 22. Juli 1985 in den entsprechenden Tanks aus glasfaserverstärktem Kunststoff befördert wurden.

4   Im Beförderungspapier hat der Absender zusätzlich zu den sonst vorgeschriebenen Angaben zu vermerken: „Ausnahme Nr. S. 26".

Ausnahme Nr. S 27

(bleibt frei)

Ausnahme Nr. S 28

(Zulassung eines Gasgemisches)

1   Abweichend von § 3 Abs. 1 in Verbindung mit Anlage A Randnummern 2200 und 2201 darf das Gasgemisch

– Äthylenoxid   12 %

– Dichlordifluormethan   88 %

unter folgenden Bedingungen als Stoff der Klasse 2 befördert werden:

2   Allgemeine Vorschriften

2.1   Die für Gase der Anlage A Randnummer 2201 Ziffer 4 Buchstabe c geltenden Vorschriften sind entsprechend zu beachten, soweit nachfolgend nicht besondere Bedingungen festgelegt sind.

2.2   Eine Erlaubnis nach § 7 ist nicht erforderlich.

3   Sonstige Vorschriften

3.1   Das Gemisch darf nur aus der flüssigen Phase entnommen werden.

3.2   Hinsichtlich des bei der Flüssigkeitsdruckprobe anzuwendenden inneren Drucks (Prüfüberdruck) und der höchstzulässigen Füllung gelten folgende Werte:

3.2.1   Prüfüberdruck = 1,8 MPa (18 bar),

3.2.2   Höchstzulässige Masse der Füllung je Liter Fassungsraum: 1,09 kg/l.

4   Vermerk im Beförderungspapier

Im Beförderungspapier hat der Absender zusätzlich zu den sonst vorgeschriebenen Angaben zu vermerken:

„Ausnahme Nr. S 28".

Ausnahmen Nr. S 29 und S 30

(bleiben frei)

Ausnahme Nr. S 31

(Begleitpapiere
innerhalb der Seehafenstädte)

Abweichend von der Anlage A Randnummer 2002 Abs. 3 darf bei der Beförderung gefährlicher Güter innerhalb der Seehafenstädte auch als Begleitpapier ein Verladeschein (Schiffszettel) nach § 8 Abs. 2 Gefahrgutverordnung See in der Fassung der Bekanntmachung vom 27. Juni 1986 (BGBl. I S. 961) verwendet werden.

Ausnahmen Nr. S 32 bis S 55

(bleiben frei)

Ausnahme Nr. S 56

(Probe- und Einweisungsfahrten)

Abweichend von Anlage B Randnummer 10 315 Abs. 1 dürfen Tankfahrzeuge oder Beförderungseinheiten zur Beförderung von Tanks (Aufsetztanks, Gefäßbatterien) oder von Tankcontainern auch von Fahr-

zeugführern gefahren werden, die nicht im Besitz einer von der Industrie- und Handelskammer ausgestellten Bescheinigung sind, wenn folgende Bedingungen eingehalten werden:

1. Das Fahrzeug muß sich auf einer Probefahrt mit einem Sachverständigen oder Prüfer nach § 9 Abs. 3 Nr. 2 oder auf einer Fahrt für einen einzuweisenden Fahrzeugführer befinden.

2. Der Fahrzeugführer muß von einem Beifahrer begleitet werden, der im Besitz der vorgenannten Bescheinigung ist; der Beifahrer ist verantwortlich für die Beachtung der Gefahrgutvorschriften und für die Einhaltung der Vorsichtsmaßnahmen.

Ausnahme Nr. S 57

(Gefäße und Tanks
für Reinigungszwecke)

Abweichend von § 4 Abs. 3 und § 6 Abs. 1 bis 9 in Verbindung mit Anlage A Randnummer 2301 Ziffer 41 und Anlage B gilt die Gefahrgutverordnung Straße nicht für ungereinigte leere Gefäße und Tanks, die zum Zwecke der Reinigung anderer Tanks von nach § 19 1 des Wasserhaushaltsgesetzes zugelassenen Fachbetrieben genutzt werden, wenn in ihnen Heizöle oder Dieselöle der Klasse 3 Randnummer 2301 Ziffer 32 Buchstabe c nur zwischengelagert worden sind.

Ausnahmen Nr. S 58 und S 59

(bleiben frei)

„Ausnahme Nr. S 60
(Beförderung von Geräten
mit polychlorierten Biphenylen)

1   Abweichend von § 4 Abs. 2 Nr. 1 in Verbindung mit der Anlage A Randnummer 2606 und der Anlage B Randnummern 10 385, 10 500 und 280 001 dürfen bis zum 31. Dezember 1990 Geräte mit polychlorierten Biphenylen (PCB) der Randnummer 2601 Ziffer 17 Buchstabe b (assimiliert) unter folgenden Bedingungen befördert werden.

Bem. 1: Geräte mit Gemischen mit einem PCB-Gehalt von nicht mehr als 50 mg/kg unterliegen nicht den Vorschriften der GGVE, sofern nicht auf Grund anderer Bestandteile eine Einstufung erforderlich ist.

Bem. 2: Geräte, die PCB oder PCB-haltige Gemische mit mehr als 50 mg/kg PCB enthalten, unterliegen nicht den Vorschriften der GGVS, wenn die Menge der Stoffe je Gerät 500 ml und je Versandstück 2 l nicht überschreitet und die Geräte in flüssigkeitsdichten Verpackungen verpackt sind.

2 Verpackungen und Beförderungsmittel

2.1 Verpackungen

2.1.1 Geräte (z. B. Transformatoren, Kondensatoren, hydraulische Betriebsmittel) mit PCB oder PCB-haltigen Gemischen sind in Fässer mit abnehmbarem Deckel aus Stahl, Aluminium oder Kunststoff der Kodierungen 1A2, 1B2 oder 1H2 nach der Anlage A Randnummer 2607 zu verpacken. Die Geräte sind in den Verpackungen gegen Bewegungen gegeneinander und gegen Wände, Boden und Deckel zu sichern.

2.1.2 Geräte, die auf Grund ihrer Bauart und Abmessungen nicht nach Nummer 2.1.1 verpackt werden können, dürfen auch unverpackt befördert werden. Dabei muß das Kühlmittelsystem während der Beförderung dicht sein. Stoßempfindliche Teile der Geräte sind durch geeignete Maßnahmen besonders zu schützen. Die Füllstandskontrolleinrichtungen müssen dabei ablesbar bleiben.

2.2 Beförderungsmittel

2.2.1 Unverpackte Geräte sind in flüssigkeitsdicht verschlossenen Containern zu befördern.

2.2.2 Unverpackte Geräte dürfen auch in flüssigkeitsdichten Auffangbehältnissen (Auffangwannen) befördert werden, die zusätzlich zu den Geräten mindestens 125 % der in den Geräten enthaltenen PCB oder PCB-haltigen Gemische aufnehmen können und in denen sich soviel inerte Stoffe befinden, daß sie mindestens 110 % der in den Geräten enthaltenen Stoffe aufsaugen können; die Geräte und die Auffangbehältnisse müssen so beschaffen sein, daß das Austreten von Flüssigkeit unter normalen Beförderungsbedingungen verhindert wird.

2.2.3 Unverpackte Geräte, die auf Grund ihrer Größe oder ihres Gewichtes nicht unter den Bedingungen nach den Nummern 2.2.1 und 2.2.2 befördert werden können, dürfen auch mit geeigneten offenen Spezialfahrzeugen befördert werden. Dabei müssen die Geräte selbsttragend sein, Öffnungen und Verschlüsse müssen dicht verschlossen, Füllstandskontrolleinrichtungen geschützt und ablesbar sein. Jedes Gerät ist vor der Beförderung von einem Sachverständigen nach § 9 Abs. 3 Nr. 2 in einer äußeren Besichtigung auf Dichtheit und Transportfähigkeit zu untersuchen. Der Sachverständige hat die Transportfähigkeit zu bescheinigen, ein Abdruck der Bescheinigung ist dem Beförderungspapier beizugeben.

3 Sonstige Vorschriften

3.1 Die Beförderung von unverpackten Geräten mit PCB oder PCB-haltigen Gemischen ist erlaubnispflichtig nach § 7, wenn die Masse der mit einer Beförderungseinheit beförderten PCB oder PCB-Gemische mehr als 400 kg beträgt. Die PCB und PCB-Gemische sind dann wie Stoffe der Anlage B Anhang B.8 Liste II zu behandeln. Beträgt die Masse der mit einer Beförderungseinheit beförderten PCB oder PCB-Gemische mehr als 1 000 kg, so sind die PCB und PCB-Gemische wie Stoffe der Anlage B Anhang B.8 Liste I zu behandeln.

3.2 Auf unverpackte Geräte dürfen keine anderen Güter gestapelt werden. Sie sind so zu sichern, daß sie nicht verrutschen, verkanten, umfallen oder durch herunterfallende Gegenstände beschädigt werden können.

3.5 Abweichend von Anlage B Randnummer 10 385 sind schriftliche Weisungen bei jeder Beförderung von unverpackten Geräten mit PCB oder PCB-Gemischen mitzuführen, in denen zusätzlich anzugeben ist:

a) Bei den nach Anlage B Randnummer 10 385 Abs. 1 Nr. 1 zu machenden Angaben:

   „Im Brandfall kann es zur Bildung von hochgiftigem Dioxin kommen.",

b) bei den nach Anlage B Randnummer 10 385 Abs. 1 Nr. 4 zu machenden Angaben:

   „Unverzüglich Straße sichern und andere Straßenbenutzer warnen sowie Unbefugte fernhalten. Unverzüglich die zuständige Umweltschutzbehörde über den Unfall oder Zwischenfall verständigen (falls die Umweltschutzbehörde nicht bekannt ist, muß die Polizei oder Feuerwehr gebeten werden, diese Behörde zu informieren).",

c) bei den nach Anlage B Randnummer 10 385 Abs. 1 Nr. 5 zu machenden Angaben:

   „Falls polychlorierte Biphenyle (PCB) nach einem Unfall in das Erdreich eindringen, müssen sie restlos mit dem verunreinigten Boden entfernt werden."

3.6 Die Fahrzeuge mit unverpackten Geräten mit PCB oder PCB-haltigen Gemischen sind abweichend von Anlage B Randnummer 10 500 auch dann mit orangefarbenen Tafeln zu kennzeichnen, wenn das Nettogewicht der mit einer Beförderungseinheit beförderten PCB oder PCB-Gemische 1 000 kg oder weniger beträgt.

3.7 Die sonstigen für Stoffe der Anlage A Randnummer 2601 Ziffer 17 Buchstabe b geltenden Vorschriften sind entsprechend anzuwenden.

4 Vermerke im Beförderungspapier

Die Bezeichnung des Gutes im Beförderungspapier muß lauten:

„Gerät(e) mit PCB (PCB-Gemischen), 6.1, Ziffer 17 b) GGVS."

Zusätzlich zu den sonst vorgeschriebenen Angaben ist zu vermerken:

„Ausnahme Nr. S 60".

Ausnahme Nr. S 61

(Beförderung von ansteckungsgefährlichen Abfällen sowie Anforderungen an die Verpackungen)

1 Abweichend von § 3 Abs. 1 und § 4 Abs. 3 in Verbindung mit Anlage A Randnummern 2650, 2651 und Anhang A.5 sowie in Verbindung mit Anlage B Randnummern 10 315, 10 385 und 10 500 dürfen ansteckungsgefährliche Abfälle aus Krankenhäusern, Tierkliniken und anderen Einrichtungen des Gesundheitswesens als Stoffe und Gegenstände der Anlage A Klasse 6.2 Randnummern 2650 und 2651 sowie ekelerregende Stoffe der Anlage A Randnummer 2651 Ziffer 11 unter nachfolgenden Bedingungen befördert werden.

2 Verpackungen und Transportgefäße

2.1 Verpackungen

2.1.1 Nicht wiederverwendbare Verpackungen für feste Abfälle (siehe Nummer 3.1)

– Fässer aus Kunststoff (Typ 1 H 2),

– Fässer aus Pappe (Typ 1 G), jeweils mit einem höchstzulässigen Fassungsraum von 250 l oder

– Kanister aus Kunststoff (Typ 3 H 2) mit einem höchstzulässigen Fassungsraum von 60 l oder

– Kisten aus Pappe (Typ 4 G) oder

– Kisten aus massiven Kunststoffen (Typ 4 H 2) jeweils mit einem höchstzulässigen Fassungsraum von 60 l

entsprechend Anlage A Anhang A.5 Randnummern 3525, 3526, 3530 und 3531.

2.1.2 Verpackungen für flüssige Abfälle

– Fässer aus Kunststoff (Typ 1 H 1),

– Kanister aus Kunststoff (Typ 3 H 1)

entsprechend Anlage A Anhang A.5 Randnummer 3526.

2.1.3 Zusätzliche Anforderungen an die Verpackung

2.1.3.1 Die Verpackungen müssen

a) desinfizierbar sein,

b) wasserdicht sein,

c) durchdringfest gegenüber spitzen Kanülen von Spritzen mit einem Außendurchmesser von ca. 1 mm sein (z. B. DIN 13 097 Teil 2),

d) mit Griffen, Griffrand oder Hebevorrichtungen ausgerüstet sein.

Die Verschlüsse sowie die ggf. vorhandenen Lüftungseinrichtungen (siehe Nummer 2.1.3.3) müssen keimdicht sein.

Ein Öffnen der Verpackungen nach ordnungsgemäßem Verschluß muß visuell erkennbar sein.

2.1.3.2 Die Anforderungen der Buchstaben b und c sowie die Keimdichtheit sind von der zuständigen Behörde für die Bauartprüfung (siehe Nummer 2.1.4) zu prüfen.

2.1.3.3 Die Verpackungen müssen mit einer geeigneten Lüftungseinrichtung nach Anlage A Randnummer 3500 Abs. 8 versehen sein, welche die Keimdichtheit sicherstellt (siehe Nummern 2.1.3.1 und 2.1.3.2). Auf Lüftungseinrichtungen darf verzichtet werden,

– wenn die gefüllten Verpackungen vom Absender temperiert (höchstens + 15 °C) zur Beförderung übergeben werden oder

– wenn zwischen dem Verpacken und der Beendigung des Transports höchstens 48 Stunden liegen und die Verpackungen nicht der Sonneneinstrahlung oder starker Wärmeeinwirkung ausgesetzt werden.

2.1.4 Bauartprüfung

Die Eignung der Verpackungen muß durch eine Bauartprüfung gemäß Anlage A Anhang A.5 nachgewiesen sein.

Für stark ansteckungsgefährliche Abfälle (infektiöse Abfälle der Gruppe C der „Richtlinien für die Erkennung, Verhütung und Bekämpfung von Krankenhausinfektionen" des Bundesgesundheitsamtes) sind die Bedingungen für Stoffe der Verpackungsgruppe II, für sonstige ansteckungsgefährliche Abfälle, sofern eine Verbreitung von Krankheiten zu befürchten ist – sofern eine Verbreitung nicht zu befürchten ist, hat der Absender dem Beförderer eine entsprechende Bescheinigung zu übergeben –, sind die Bedingungen für Stoffe der Verpackungsgruppe III anzuwenden. Werden die Abfälle nicht getrennt gesammelt, sind die Bedingungen der höheren Verpackungsgruppe maßgebend.

Folgende Abweichungen sind zulässig:

– Die Prüfungen nach Anlage A Randnummer 3551 Abs. 5 und 6 und Randnummer 3555 dürfen mit der Standardflüssigkeit Wasser durchgeführt werden.

– Die Prüfzeiten nach Anlage A Randnummer 3551 Abs. 5 und 6 und Randnummer 3555 Abs. 3 Satz 5 dürfen auf 14 Tage reduziert werden.

Zusätzlich sind folgende Prüfungen durchzuführen:

2.1.4.1 Zusätzliche Prüfungen

2.1.4.1.1 Prüfung der Keimdichtheit

Die Prüfung ist an 3 Prüfmustern je Bauart und Hersteller vorzunehmen. Es sind 2 Prüfverfahren zulässig:

2.1.4.1.1.1 Die Innenwände der Prüfmuster werden mit 0,1 ml/10 cm² Innenfläche mit einer Keimsuspension thermophiler Bakterien (Bacillus stearo thermophilus) mit 10^7 log-Stufen KBE/ml*) im Sprühverfahren gleichmäßig benetzt.
Anschließend sind die Prüfmuster bei einer relativen Luftfeuchte von mindestens 80 % und Raumtemperatur vorschriftsgemäß zu verschließen, auf + 55 °C zu erhitzen und nach Erreichen dieser Temperatur 14 Tage unter diesen Bedingungen zu lagern.
Täglich sind an den Außenwänden der Prüfmuster Abklatschuntersuchungen mittels spezifischer Nährböden und an Deckelfugen, Bodenfugen, Verschlüssen sowie vorhandenen Lüftungseinrichtungen Abstrichuntersuchungen mittels steriler angefeuchteter Tupfer durchzuführen. Die Tupfer sind in mit 10 ml keimspezifischer Nährlösung gefüllte Reagenzgläser zu geben und ebenso wie die Nährböden der Abklatschuntersuchungen bei + 55 °C mindestens 48 Stunden zu bebrüten. Bei Trübung der Nährlösung oder Veränderung der Nährböden sind Nachweistests für die Testkeime vorzunehmen.
Nach Ende der 14tägigen Lagerzeit sind an den Innenwänden der Prüfmuster mindestens 3 Abklatschpräparate mit Rodac-Platten, die mit keimspezifischem Nährboden gefüllt sind, anzufertigen. Diese sind bei + 55 °C mindestens 48 Stunden zu bebrüten, anschließend müssen die eingegebenen Testkeime reisoliert werden können.

Kriterien für das Bestehen der Prüfung:
Die eingegebenen Testkeime müssen nach der Prüfzeit an den Innenwänden der Prüfmuster nachgewiesen werden. Bei den an den Außenseiten, Verschlüssen und vorhandenen Lüftungseinrichtungen vorgenommenen Untersuchungen dürfen keine Testkeime nachgewiesen sein.

2.1.4.1.1.2 Die Prüfungen nach Nummer 2.1.4.1.1.1 können auch bei + 37 °C mit Keimen von Staphylococcus aureus SG 511 in Traubenzuckerlösung durchgeführt werden.

2.1.4.1.2 Prüfung der Durchdringfestigkeit

Die Prüfung ist bei Verpackungen nach Nummer 2.1.1 und Transportgefäßen aus Kunststoff nach Nummer 2.2 durchzuführen.

Aus einem Prüfmuster werden aus Boden, Seitenwand und Deckel Proben entnommen. Auf jede Probe ist als Prüfkörper eine spitze Kanüle mit einem Außendurchmesser von ca. 1 mm (z. B. DIN 13 097 Teil 2) auf die Innenseite senkrecht aufzusetzen und mit einer geführten Masse von 0,5 kg 10 Minuten zu belasten.

Die Prüfung ist an jeder Probe bei + 40 °C in einer relativen Luftfeuchtigkeit von mindestens 65 % durchzuführen.

Kriterium für das Bestehen der Prüfung

Der Prüfkörper darf die Proben nicht durchdringen.

2.1.4.1.3 Prüfung der Wasserdichtheit

Drei Prüfmuster sind mit Wasser zu füllen und mindestens 24 Stunden lang auf der Seite mit Verschluß nach unten bei Raumtemperatur zu lagern.

Kriterium für das Bestehen der Prüfung

Bei keinem Prüfmuster darf Flüssigkeit austreten.

2.1.5 Zulassung und Kennzeichnung

2.1.5.1 Die Bauart der Verpackung muß gemäß Anlage A Anhang A.5 Randnummern 3500 Abs. 3 und 3550 zugelassen sein.

2.1.5.2 Jede auf Grund der zugelassenen Bauart hergestellte Verpackung muß gemäß Anlage A Anhang A.5 Randnummer 3512 und nach Nummer 3.3 gekennzeichnet sein.

2.2 Transportgefäße für mehrfache Verwendung

Die Transportgefäße sind nur für feste Abfälle (siehe Nummer 3.1) zugelassen.

2.2.1 Innenverpackungen

Die Abfälle sind in Mengen bis zu höchstens 25 kg in dicht zu verschließende Säcke aus geeignetem Kunststoff oder gleichwertige Innenverpackungen zu verpacken.

2.2.2 Transportgefäße

Die Innenverpackungen sind in dichte vollwandige Transportgefäße aus Metall oder geeignetem Kunststoff mit einem höchstzulässigen Fassungsraum von 1 000 l mit dicht verschließbarem Deckel einzugeben. Die Anforderungen nach den Nummern 2.1.3.1 bis 2.1.3.3 sind für die Transportge-

*) KBE = Keim-Bildende-Einheiten

9

fäße entsprechend anzuwenden. Brutto-höchstmasse eines Transportgefäßes: 400 kg. Transportgefäße aus Kunststoff dürfen höchstens 5 Jahre ab dem Monat der Herstellung verwendet werden.

2.2.3 Bauartprüfung

Die Eignung der Transportgefäße mit Innen-verpackungen muß durch eine Bauartprü-fung nachgewiesen sein.

Transportgefäße aus Metall sind einer Sta-peldruckprüfung und einer Fallprüfung gemäß den Abschnitten 2.3 und 2.4 des Anhangs I der „Technischen Richtlinien für den Bau, die Prüfung, die Zulassung, die Kennzeichnung und die Verwendung von kubischen Tankcontainern (KTC) aus metallischen Werkstoffen – TR KTC 001 –" (Verkehrsblatt 1985 S. 422), Transportge-fäße aus Kunststoff sind einer Stapeldruck-prüfung und einer Fallprüfung gemäß den Abschnitten 4.5 und 4.11 der „Technischen Richtlinien für den Bau, die Prüfung, die Zulassung, die Kennzeichnung und die Ver-wendung von Transportgefäßen aus Kunst-stoffen – TR TK 001 –" (Verkehrsblatt 1985 S. 422) zu unterziehen.

Es sind die Bedingungen für feste Stoffe der Verpackungsgruppe II der vorgenannten Richtlinien anzuwenden.

Die zusätzlichen Prüfungen nach Nummer 2.1.4.1 sind auch bei der Bauartprüfung der Transportgefäße durchzuführen.

2.2.4 Zulassung und Kennzeichnung

2.2.4.1 Die Bauart der Transportgefäße muß von der zuständigen Behörde zugelassen sein.

2.2.4.2 Jedes auf Grund der zugelassenen Bauart hergestellte Transportgefäß muß wie folgt gekennzeichnet sein:

– mit dem Zeichen „GGVS",

– mit dem Buchstaben „y" für Verpak-kungsgruppe II,

– mit dem Buchstaben „S",

– mit der Angabe der Bruttohöchstmasse in kg,

– mit dem Jahr der Herstellung (die letzten beiden Ziffern), bei Transportgefäßen aus Kunststoff zusätzlich mit dem Monat der Herstellung,

– mit dem Buchstaben „D",

– entweder mit der Registriernummer und dem Namen oder Kurzzeichen des Her-stellers oder aus einer anderen Kenn-zeichnung der Transportgefäße, wie sie von der zuständigen Behörde festgesetzt wurde und

– nach Nummer 3.3.

Die Kennzeichnung ist dann beispielsweise wie folgt zu fassen:

„GGVS/y/S/400/12-85/D/BAM 999" zu-züglich der Aufschrift nach Nummer 3.3.

3 **Sonstige Vorschriften**

3.1 In Verpackungen nach Nummer 2.1.1 und Transportgefäße mit Innenverpackungen nach Nummer 2.2 für feste Abfälle dürfen auch flüssige Abfälle in geringer Menge (höchstens 5 % des höchstzulässigen Füll-gewichts) eingefüllt werden, wenn geeig-nete Saugstoffe beigegeben werden. Die Saugstoffe müssen die Flüssigkeit voll-ständig aufsaugen.

3.2 Jedes Versandstück ist mit einem Gefahr-zettel für „INFECTIOUS SUBSTANCE" nach dem Muster auf Seite 6620 der Anlage zur Zweiten Verordnung zur Ände-rung der Verordnung über die Beförde-rung gefährlicher Güter mit Seeschiffen vom 27. Juni 1986 (BGBl. I S. 953) zu versehen; dabei ist auf dem Gefahrzettel die englische Angabe

„INFECTIOUS SUBSTANCE"

durch das Wort

„ANSTECKUNGSGEFAHR",

und der englische Text

„In case of damage or leakage immedi-ately notify public health authority"

durch den deutschen Wortlaut

„Bei Beschädigung oder Auslaufen unver-züglich zuständige Gesundheitsbehörde benachrichtigen"

zu ersetzen. Die Versandstücke dürfen statt dessen auch mit einem Gefahrzettel nach Anlage A Anhang A.9 Muster Nr. 6.1A gekennzeichnet sein.

3.3 Jedes Versandstück muß deutlich und halt-bar folgende Aufschrift tragen:

„Höchstzulässiges Füllgewicht: ... kg".

Das auf dem Versandstück angegebene Füllgewicht darf nicht überschritten wer-den.

3.4 Nicht temperierte Verpackungen und Transportgefäße dürfen vor der Beförde-rung längstens 4 Tage, temperierte Verpak-kungen und Transportgefäße (höchstens + 15 °C) längstens 7 Tage befüllt gelagert sein. Für gekühlte Verpackungen und Transportgefäße (höchstens 5 °C) beträgt diese Frist längstens vierzehn Tage.

3.5 Versandstücke ohne Lüftungseinrichtung dürfen nur in temperierten Fahrzeugen (höchstens + 15 °C) befördert werden.

3.6 Den Versandstücken dürfen außen keine Spuren der gefährlichen Güter anhaften.

3.7 Abweichend von Anlage B Randnummer 10 385 sind schriftliche Weisungen bei jeder Beförderung mitzuführen.

3.8 Die Fahrzeuge sind mit orangefarbenen Warntafeln ohne Kennzeichnungsnummer nach Anlage B Randnummer 10 500 zu kennzeichnen.

3.9   Der Beförderer darf nur Fahrzeugführer einsetzen, die zusätzlich zu Anlage B Randnummer 10 315 Abs. 7 Satz 2 über die vom Beförderungsgut ausgehenden Gefahren und die Bedingungen dieser Ausnahme unterrichtet wurden.

4   **Vermerke im Beförderungspapier**

Im Beförderungspapier hat der Absender zusätzlich zu den sonst vorgeschriebenen Angaben zu vermerken:

„Ausnahme Nr. S 61".

5   **Übergangsvorschriften**

5.1   Nicht bauartgeprüfte Verpackungen und Transportgefäße, die vollwandig, dicht verschließbar, formstabil und freitragend sind, dürfen unter Beachtung der übrigen Bestimmungen dieser Ausnahme bis zum 31. Dezember 1987 weiter verwendet werden. Die Anforderungen nach Nummer 2.1.3.1 brauchen nicht nachgewiesen zu sein.

5.2   Die Versandstücke brauchen bis zum 31. Dezember 1985 nicht nach Nummer 3.2 und bis zum 31. Dezember 1987 nicht nach Nummer 3.3 gekennzeichnet zu sein.

Ausnahme Nr. S 62

(bleibt frei)

Ausnahme Nr. S 63

(Saug-Druck-Tanks)

1   Abweichend von § 6 Abs. 1 bis 3 und § 9 Abs. 3 in Verbindung mit Anlage B Anhang B.1 a Randnummer 211 172 Abs. 5 und Anhang B.1 b Randnummer 212 172 Abs. 4 dürfen gefährliche Güter mit einem Flammpunkt bis zu 100 °C der Klassen 3, 6.1 und 8, die zur Beförderung in festverbundenen Tanks (Tankfahrzeugen), Aufsetztanks oder Tankcontainern mit einem Berechnungsdruck bis zu 400 kPa (4 bar) zugelassen sind, in Saug-Druck-Tanks auch unter Verwendung von Druckluft entleert werden, wenn die Tanks explosionsdruckfest sind und hinsichtlich Bau und Ausrüstung den „Technischen Richtlinien Tanks" in der Fassung der Bekanntmachung vom 10. April 1987 (Verkehrsblatt S. 307) entsprechen.

Saug-Druck-Tanks sind festverbundene Tanks (Tankfahrzeuge), Aufsetztanks oder Tankcontainer im Sinne von Anlage B Randnummer 10 014 Abs. 1.

2   Abweichend von Anlage B Anhang B.1 a Randnummer 211 173 und Anhang B.1 b Randnummer 212 173 dürfen gefährliche Güter der Klassen 3, 5.1, 6.1 und 8 in Saug-Druck-Tanks auch mit einem Füllungsgrad unter 80 % befördert werden.

3   In die Baumusterzulassung nach § 6 Abs. 1 und in die Prüfbescheinigung nach § 6 Abs. 2 sind folgende Auflagen aufzunehmen:

a) Bei Beförderung von Stoffen mit Flammpunkten bis zu 100 °C darf eine Vermischung mit entzündend (oxydierend) wirkenden Stoffen nicht erfolgen.

b) Die Tanks sind nach jeder Benutzung zu reinigen und vor der erneuten Befüllung auf Schäden zu untersuchen. Dies gilt auch für die Armaturen und Dichtungen.

c) Bei jeder Dichtheits- und Funktionsprüfung der Ausrüstungsteile ist durch den Sachverständigen zusätzlich eine innere Prüfung des Tanks durchzuführen.

4   Saug-Druck-Tanks, die vor dem 1. Juni 1984 in den Verkehr gebracht worden sind und für die keine Baumusterzulassung vorliegt, dürfen bis zum 31. Dezember 1994 weiterverwendet werden, wenn die Vorschriften der Nummern 1 und 2 erfüllt und in der Prüfbescheinigung die Auflagen nach Nummer 3 aufgenommen sind.

5   Im Beförderungspapier hat der Absender zusätzlich zu den sonst vorgeschriebenen Angaben zu vermerken:

„Ausnahme Nr. S 63".

Ausnahme Nr. S 64

(bleibt frei)

Ausnahme Nr. S 65

(Umschreibung von Schulungsnachweisen der Bundeswehr)

1   Abweichend von Anlage B Randnummer 10 315 Abs. 1 ist Soldaten und ehemaligen Soldaten der Bundeswehr von der für ihren Wohnsitz zuständigen Industrie- und Handelskammer auf Antrag bei Vorlage eines Nachweises über die bei der Bundeswehr erfolgreich abgeschlossene Schulung eine Bescheinigung nach Anlage B Anhang B.6 ohne nochmalige erfolgreiche Schulung entsprechend Anlage B Randnummer 10 315 auszustellen.

2   Für die Schulung der Bundeswehr bedarf es keiner gesonderten Lehrgangsanerkennung durch die Industrie- und Handelskammern. Der Bundesminister der Verteidigung sorgt dafür, daß die von der Bundeswehr durchgeführte Schulung den jeweiligen Anforderungen an die besondere Schulung der Fahrzeugführer nach Anlage B Randnummer 10 315 entspricht.

3   Die Bescheinigung darf nur für die in dem Nachweis der Bundeswehr ausgewiesenen Klassen ausgestellt werden. Maßgebend

GGVS – AusnahmeV

für die Berechnung der Geltungsdauer gemäß Anlage B Randnummer 10 315 Abs. 1 und 2 ist der Tag, an dem der Grundkurs eines Grundlehrgangs oder eines Fortbildungslehrgangs in der Bundeswehr erfolgreich abgeschlossen wurde.

Ausnahme Nr. S 66

(Beförderung von Kohlenstäuben in Tankfahrzeugen)

1 Abweichend von § 6 Abs. 1 bis 3 in Verbindung mit der Anlage B Randnummern 211 127 Abs. 1, 211 131 Satz 1 und 211 420 bis 211 475 sowie abweichend von der Anlage B Randnummern 10 220 Abs. 1, 10 260 Abs. 2, 10 315 und 211 410 dürfen künstlich aufbereitete Stäube von Braunkohle, Braunkohlenkoks oder Steinkohle sowie deren Gemische der Klasse 4.1 Randnummer 2401, Ziffer 10 unter den folgenden Bedingungen in festverbundenen Tanks von Tankfahrzeugen befördert werden.

2 Bau, Ausrüstung und Prüfung der Tanks und der Tankfahrzeuge

2.1 Bau und Ausrüstung

2.1.1 Die Tanks müssen den Vorschriften der Anlage B Anhang B.1 a mit Ausnahme der Randnummern 211 131 Satz 1 sowie 211 420 bis 211 475 entsprechen.

2.1.2 Die Anforderungen der Anlage B Randnummer 10 220 Abs. 1 sind auf Fahrzeuge mit kippbaren Tanks, deren hintere Ausrüstungsteile mit einem besonderen Schutz versehen sind, der die Tanks in gleicher Weise schützt wie eine Stoßstange, nicht anzuwenden.

2.1.3 Tanks mit Untenentleerung dürfen abweichend von Anlage B Randnummer 211 131 Satz 1 anstatt mit zwei hintereinanderliegenden, voneinander unabhängigen Verschlüssen mit nur einem Verschluß (Auslaufstutzen mit Absperreinrichtung) versehen sein, wenn der Verschluß aus verformungsfähigem Werkstoff gebaut ist.

2.1.4 Die Tankfahrzeuge müssen Anlage B Randnummer 211 126 entsprechen und zusätzlich mit einem Erdungsband (Schleppband) mit einwandfreier elektrischer Verbindung zu den Tanks ausgerüstet sein.

2.1.5 Die Schutzausrüstung gemäß Anlage B Randnummer 10 260 Abs. 2 braucht nicht mitgeführt zu werden.

2.2 Prüfungen

2.2.1 Die Tanks und ihre Ausrüstungsteile sind erstmals vor Inbetriebnahme sowie ein Jahr nach der Inbetriebnahme und danach mindestens alle 3 Jahre wiederkehrend den Prüfungen gemäß Anlage B Randnummern 211 151 und 211 152 zu unterziehen.

2.2.2 Nach Reparaturen an Tanks und deren Befestigungseinrichtungen ist eine Prüfung nach Anlage B Randnummer 211 153 durchzuführen.

2.2.3 In der Prüfbescheinigung nach § 6 Abs. 2 ist zusätzlich zu vermerken:

„Ausnahme Nr. S 66".

3 Sonstige Vorschriften

3.1 Be- und Entladung

3.1.1 Die Tanks sind mittels Schwerkraft soweit wie möglich und zulässig mit Füllgut zu befüllen.

3.1.2 Hinsichtlich der Gefahren durch elektrostatische Aufladung ist das Merkblatt „Statische Elektrizität" ZH 1/200 des Hauptverbandes der gewerblichen Berufsgenossenschaften zu beachten.

3.1.3 Bei Beladung gemäß Nummer 3.1.1 und bei Entleerung mit Druckluft aus stationären Anlagen ist der Fahrzeugmotor während des Be- und Entladens der Tanks abzustellen. Entladung mit Druckluft aus fahrzeugeigenen Anlagen ist nur zulässig, wenn die Auspuffanlage des Fahrzeugmotors mindestens 5 m von Einfüll- und Entleerungsöffnungen sowie von Sicherheitsventilen entfernt ist.

3.1.4 Als Bereich des Tankfahrzeuges für das Einhalten der Verbote der Anlage B Randnummern 10 353 und 10 374 ist eine Fläche mit einem Radius von 10 m um die Einfüll- bzw. Entleerungsöffnungen der Tanks sowie von zwei jeweils 10 m breiten Streifen auf beiden Seiten des Förderschlauches anzusehen. Bei Entladung kann dieser Bereich auf 5 m verringert werden, wenn am Tankfahrzeug eine geeignete automatische Schnellschlußvorrichtung vorhanden und einsatzbereit ist.

3.1.5 Während des Be- und Entladens ist der Aufenthalt in oder auf dem Tankfahrzeug einschließlich Zugfahrzeug – mit Ausnahme des unbedingt notwendigen Aufenthalts zur Bedienung der Be- und Entladeeinrichtungen am Fahrzeug – nicht zulässig. Darüber hinaus dürfen sich während des Entladens außer dem dafür verantwortlichen Personal keine weiteren Personen im Bereich des Tankfahrzeugs (siehe Nummer 3.1.4) befinden.

3.1.6 Unmittelbar nach dem Beladen ist in die Tanks Schutzgas (Inertgas), z. B. Stickstoff oder Kohlendioxid, bis zu einem Überdruck von höchstens 30 kPa (0,3 bar) einzuleiten. Der Überdruck durch Schutzgas muß während der gesamten Beförderung durch Einspeisung aus mitgeführten Druckbehältern aufrechterhalten werden und mit Hilfe einer geeigneten Meßeinrichtung leicht feststellbar sein. Er darf 30 kPa (0,3 bar) nicht überschreiten und 1 kPa (0,01 bar) nicht unterschreiten. ,,Die Methode und die Einrichtung für die Einspeisung des Schutzgases sowie für die Aufrechterhaltung des Überdrucks müssen von einem Sachverständigen nach § 9 Abs. 3 Nr. 2 geprüft und in der Prüfbescheinigung nach § 6 Abs. 2 als geeignet bescheinigt sein. Zusätzlich ist in der Prüfbescheinigung der erforderliche Inhalt der mitzuführenden Druckbehälter anzugeben.'' Die Druckbehälter müssen den Vorschriften der Klasse 2 entsprechen und am Tankfahrzeug sicher angebracht sein.

3.1.7   Die Tankfahrzeuge sind jeweils an einer Entladestelle zu entladen. Kann das Tankfahrzeug nicht restlos entleert werden, ist der Tank nach dem Entladen bis zur erneuten Beladung luftdicht zu verschließen.

3.1.8   Die Tanks dürfen mit Druckluft entladen werden. Die Temperatur der zum Entladen verwendeten Druckluft darf +80 °C nicht überschreiten. Der Förderdruck der Druckluft darf höchstens 200 kPa (2,0 bar) (Überdruck) betragen.

3.1.9   Ausgenommen bei Braunkohlen-Koksstaub ist vor dem Entladen mit Druckluft ein Schutzgas (Inertgas) – z.B. Stickstoff oder Kohlendioxid – bis zu einem der Förderluft entsprechenden Druck (vergleiche Nummer 3.1.8) in die Tanks einzuleiten. Hierauf kann verzichtet werden, wenn durch ein von der für Ausnahmezulassungen nach § 5 Abs. 1 oder einer anderen nach Landesrecht zuständigen Behörde anerkanntes Verfahren sichergestellt ist, daß keine Glimmnester in die Tanks gelangt sind und der Verlader dies im Beförderungspapier nach Anlage A Randnummer 2002 Abs. 3 und 4 bestätigt hat.

3.1.10   Vor der Durchführung der Maßnahme nach Nummer 3.1.9 ist festzustellen, ob der in Nummer 3.1.6 geforderte Mindestüberdruck noch besteht. Ist der Überdruck nicht mehr vorhanden, darf nur ein Schutzgas (Inertgas) zur pneumatischen Förderung (Entladung) verwendet werden.

3.1.11   Das Sicherheitsventil in der Druckluftzuleitung muß von Halter oder Fahrzeugführer regelmäßig auf Funktionsfähigkeit geprüft werden.

3.1.12   Die allgemeinen Betriebsvorschriften (Abschnitt 3) und die besonderen Vorschriften für das Beladen, Entladen und für die Handhabung (Abschnitt 4) des I. Teils der Anlage B sind zu beachten.

3.2   **Betriebs- und Beförderungsvorschriften**

3.2.1   Es darf nur Personal eingesetzt werden, das mit der Handhabung der Tankfahr-

zeuge und ihrer Ausrüstung sowie mit den besonderen Gefahren, die vom Füllgut ausgehen können, vertraut ist (siehe Randnummer 10 315 Abs. 7 Satz 2).

3.2.2   Der Beförderer darf nur Fahrzeugführer einsetzen, die zusätzlich zu dem nach Anlage B Randnummer 10 315 für die Klasse 4.1 geforderten Grund- bzw. Fortbildungskurs über die besonderen Gefahren des Füllgutes und die Vorschriften dieser Ausnahme unterrichtet worden sind.

3.2.3   Bei Beförderung von leeren ungereinigten Tanks ist die Schutzgasaufgabe gemäß Nummer 3.1.6 nicht erforderlich.

3.2.4   Die Beförderung der beladenen Tankfahrzeuge im kombinierten Ladungsverkehr (Huckepackverkehr) mit der Eisenbahn ist nur zugelassen, wenn die Überlagerung mit Inertgas nach Nummer 3.1.6 durch eine automatische Regelungseinrichtung sichergestellt ist.

4   **Vermerke im Beförderungspapier**

Im Beförderungspapier ist zusätzlich zu den sonst vorgeschriebenen Angaben zu vermerken:

,,Ausnahme Nr. S 66''.

5   **Übergangsvorschriften**

5.1   Tankfahrzeuge,

     – deren Baumuster auf Grund von Ausnahmen der zuständigen Landesbehörden nach § 11 Abs. 1 der Gefahrgutverordnung Straße in der Fassung der Bekanntmachung vom 29. Juni 1983 (BGBl. I S. 905) zugelassen ist,

     – die bis zum 30. September 1985 in den Verkehr gebracht wurden und

     – deren Verwendung auf Grund von Ausnahmen der zuständigen Landesbehörden nach § 11 Abs. 1 der Gefahrgutverordnung Straße in der Fassung der Bekanntmachung vom 29. Juni 1983 bis zum 30. September 1985 zugelassen war,

dürfen unter Beachtung der Vorschriften der Abschnitte 2 bis 4 dieser Ausnahme weiterverwendet werden.

5.2   Tankfahrzeuge,

     – für die keine Baumusterzulassung erteilt wurde,

     – die vor dem 1. Oktober 1984 erstmals in den Verkehr gebracht wurden und

     – deren Verwendung auf Grund von Ausnahmen der zuständigen Landesbehörden nach § 11 Abs. 1 der Gefahrgutverordnung Straße in der Fassung der Bekanntmachung vom 29. Juni 1983 bis zum 30. September 1985 zugelassen war,

GGVS-AusnahmeV

13

dürfen unter nachfolgenden Bedingungen bis zum 30. April 1990 weiterverwendet werden:

5.2.1   Die Erfüllung der Anforderungen der Anlage B Randnummer 211 127 Abs. 1 braucht nicht nachgewiesen zu sein.

5.2.2   Soweit der Tankwerkstoff Baustahl (s. Anlage B Fußnote 3 zu Randnummer 211 127) oder eine Aluminiumknetlegierung der Güte AlMg3 oder AlMg 4, 5Mn ist, müssen die Wände und Böden der Tanks abweichend folgende Mindestdicken haben:

Tanks aus Baustahl: 4 mm
Tanks aus
Aluminiumknetlegierungen: 5 mm

Die Tanks müssen mit einem Druck von 260 kPa (2,6 bar) (Überdruck) geprüft werden. Dieser Prüfdruck ist auch als Berechnungsdruck nach Anlage B Randnummer 211 123 anzuwenden. Der höchste Betriebsdruck darf 200 kPa (2,0 bar) (Überdruck) nicht übersteigen.

5.2.3   Die Prüfung nach Anlage B Randnummer 211 150 des nach § 9 Abs. 3 Nr. 2 zuständigen Sachverständigen muß anstelle der Übereinstimmung des Tanks (Tankfahrzeugs) mit dem zugelassenen Baumuster die Übereinstimmung des Tanks (Tankfahrzeugs) mit den Vorschriften des Anhangs B.1 a und den übrigen Vorschriften der Anlage B in Verbindung mit dieser Ausnahme umfassen. Die Prüfungen nach Anlage B Randnummern 211 151 und 211 152 sind auch vor erstmaliger Inbetriebnahme durchzuführen. Die Prüfbescheinigung nach § 6 Abs. 2 darf nur 1 Jahr gültig sein.

5.2.4   Der Sachverständige nach § 9 Abs. 3 Nr. 2 darf die Gültigkeitsdauer einer Prüfbescheinigung nach § 6 Abs. 2 nur für jeweils 1 Jahr verlängern, wenn vorher der Tank und seine Befestigung einer inneren und äußeren Prüfung gemäß Anlage B Randnummern 211 151 und 211 152 unterzogen worden ist. Die innere Prüfung muß Oberflächenrißprüfungen an besonders beanspruchten Stellen des Tanks einschließen. Wenn die Oberflächenrißprüfungen ergeben, daß unter Berücksichtigung der zu erwartenden Beanspruchungen die Dichtheit des Tanks nicht mehr gewährleistet ist, darf die Prüfbescheinigung nicht verlängert werden. Bei V-förmigen Tanks mit einem mittigen Untenauslauf und bei kippbaren zylindrischen Tanks mit einem hinteren Auslauf darf auf eine innere Prüfung verzichtet werden, wenn im Vorjahr eine entsprechende Prüfung durchgeführt und dabei keine Mängel im Tank festgestellt wurden; die Tanks sind statt dessen einer Dichtheitsprüfung nach Anlage B Randnummer 211 102 Abs. 3 zu unterziehen.

5.2.5   Die Vorschriften der Nummern 5.2.1 bis 5.2.4 sind auch für Tankfahrzeuge anzuwenden, die auf Grund von Ausnahmen der zuständigen Landesbehörde nach § 11 Abs. 1 der Gefahrgutverordnung Straße in der Fassung der Bekanntmachung vom 29. Juni 1983 in dem Zeitraum vom 1. Juli 1984 bis zum 30. September 1985 erstmals in den Verkehr gebracht wurden, obwohl keine Baumusterzulassung vorlag.

5.2.6   Die sonstigen Bestimmungen der Abschnitte 2 bis 4 dieser Ausnahme sind entsprechend anzuwenden.

Ausnahme Nr. S 67
(bleibt frei)

Ausnahme Nr. S 68
(bleibt frei)

„Ausnahme Nr. S 69
(Beförderung von Akkumulatoren in loser Schüttung)

1   Abweichend von § 4 Abs. 3 Nr. 1 in Verbindung mit Anlage A Randnummer 2806 und Anlage B Randnummer 81 111 dürfen Akkumulatoren (z. B. Kraftfahrzeugbatterien) mit Schwefelsäure der Randnummer 2801 Ziffer 1 Buchstabe b und Bleisulfat der Randnummer 2801 Ziffer 23 Buchstabe b unter folgenden Bedingungen in loser Schüttung in besonders ausgerüsteten Straßenfahrzeugen oder offenen Containern (einschließlich solchen mit einem Fassungsraum unter 1 000 l) befördert werden.

2   **Bau, Ausrüstung und Prüfung**

2.1   Die Laderäume der Straßenfahrzeuge und die Container einschließlich ihrer Ausrüstung (z. B. Hauben, Klappen und Verschlüsse) müssen aus geeigneten

a) säurebeständigen Stählen (z. B. 1.4505 oder 1.4506) mit einer maximalen Abtragungsrate gegenüber Schwefelsäure in Konzentrationen bis zu 45 % bei einer Temperatur von 50 °C von 0,2 mm pro Jahr

oder aus

b) eingeschränkt säurebeständigen austenitischen Chrom-Nickel-Stählen mit mindestens 2 % Molybdän (z. B. 1.4404, 1.4406 oder 1.4571) mit einer maximalen Abtragungsrate gegenüber Schwefelsäure in Konzentrationen bis zu 25 % bei einer Temperatur von 20 °C von 1 mm pro Jahr in Verbindung mit einer Auskleidung aus geeignetem säurebeständigem Kunststoff gebaut sein und gegen die zu erwartenden mechanischen Belastungen beständig sein. Dichtungen müssen aus entsprechend säurebeständigem Material hergestellt sein.

Die Auskleidung gilt als geeignet, wenn sie aus glasfaserverstärktem Kunststoff hergestellt ist, der den Werkstoffanforderungen der „Richtlinien für Tanks aus glasfaserverstärktem ungesättigtem Polyesterharz – oder glasfaserverstärkten Epoxidharzformstoffen (GfK) – TRT 001 –" vom 25. Juli 1975 (Verkehrsblatt S. 430), zuletzt geändert durch Bekanntmachung vom 30. Dezember 1985 (Verkehrsblatt 1986 S. 35), entspricht. Die Auskleidung gilt gleichfalls als geeignet, wenn die Bestimmungen der „Technischen Richtlinien Tanks – TRT 010 – Schutzauskleidungen auf organischer Basis" vom 29. Januar 1986 (Verkehrsblatt S. 71) eingehalten sind.

2.2 Die Dicke des Stahls muß an allen Stellen der Laderäume und der Container mindestens 3 mm betragen; sie kann im Bereich der Wände mindestens 2 mm betragen, wenn die Festigkeit der Laderäume und der Container durch geeignete Maßnahmen (z. B. Verstärkungsstreben in kurzem Abstand) sichergestellt ist.

2.3 Sollen andere Materialien oder Materialkombinationen als die in Nummer 2.1 beispielhaft aufgeführten zur Verwendung kommen, so muß die Eignung der Materialien und ihre Gleichwertigkeit zu den beispielhaft aufgeführten durch ein Gutachten der Bundesanstalt für Materialforschung und -prüfung nachgewiesen sein.

2.4 Die Laderäume und die Container müssen mit einer elektrischen Isolierung gegen mögliche Restströme gesichert sein. Diese Funktion kann auch durch eine vorhandene Auskleidung aus Kunststoff erfüllt werden.

2.5 Die Laderäume und die Container sind mit einer säurebeständigen Haube flüssigkeitsdicht zu verschließen. Laderäume und Container mit im oberen Teil (mindestens zwei Drittel ihrer Wände) senkrechten Wänden dürfen auch mit einer säurebeständigen Plane abgedeckt werden, die über die Oberkante der Wände überlappt und befestigt ist.

2.6 Vorhandene Klappen und Verschlüsse müssen mit säurebeständigen Dichtungen flüssigkeitsdicht verschlossen sein.

2.7 Die Straßenfahrzeuge – auch diejenigen für die Beförderung der Container – sind mit Feuerlöschmitteln nach Anlage B Randnummern 10 240 in Verbindung mit Randnummer 81 240 und mit 2 Warnleuchten nach Anlage B Randnummer 10 260 auszurüsten.

2.8 Die Einrichtungen zur Befestigung der Ladungsträger (Laderäume, Container) an den Straßenfahrzeugen und Containern müssen die in der Anlage B Randnummern 211 127 Abs. 1 Satz 1 und 212 127 Abs. 1 Satz 1 genannten Kräfte aufnehmen können.

2.9 Die zur Entladung der Fahrzeuge und der Container erforderlichen Einrichtungen sind in geeigneter Weise gegen unbefugtes und unbeabsichtigtes Betätigen zu sichern.

2.10 Teile von Brems- oder Beleuchtungsanlagen oder sonstige sicherheitsrelevante Teile der Straßenfahrzeuge, auf denen beim Entladen Schwefelsäure tropfen kann, müssen säurebeständig oder durch säurebeständige Schutzeinrichtungen (z. B. ableitende Tropfbleche) geschützt sein.

2.11 Die Laderäume der Straßenfahrzeuge und die Container sind erstmals vor Inbetriebnahme einer Bauprüfung und einer inneren und äußeren Untersuchung hinsichtlich der Säurebeständigkeit sowie der Eignung für das vorgesehene Beförderungsgut und einer Prüfung auf Dichtheit mit Wasser zu unterziehen.

2.12 Die Laderäume der Straßenfahrzeuge und die Container sind wie folgt wiederkehrend einer inneren und äußeren Untersuchung und einer Prüfung auf Dichtheit mit Wasser zu unterziehen:

a) solche nach Nummer 2.1 Buchstabe a mindestens alle 3 Jahre,

b) solche nach Nummer 2.1 Buchstabe b und nach Nummer 2.3 mindestens alle 2 Jahre.

Auch bei den wiederkehrenden Prüfungen darf die Dicke des Stahls nach Nummer 2.2 nicht unterschritten werden.

2.13 Die Prüfungen sind von Sachverständigen nach § 9 Abs. 3 Nr. 2 vorzunehmen. Diese

15

haben über die Prüfungen Bescheinigungen auszustellen. In den Bescheinigungen ist die Nummer dieser Ausnahme wie folgt anzugeben:

„Ausnahme Nr. S 69".

2.14 An den Laderäumen und den Containern müssen auf einem Schild aus nicht korrodierendem Metall dauerhaft und an einer leicht zugänglichen Stelle folgende Angaben eingestanzt oder in einem ähnlichen Verfahren angebracht sein:

– Hersteller oder Herstellerzeichen,

– Herstellungsnummer,

– Baujahr,

– Datum (Monat/Jahr) der erstmaligen und der zuletzt durchgeführten wiederkehrenden Prüfung nach den Nummern 2.11 und 2.12,

– Stempel des Sachverständigen, der die Prüfung vorgenommen hat.

2.15 Folgende Angaben müssen an den Laderäumen der Straßenfahrzeuge und den Containern oder auf einer Tafel angegeben sein:

– Name des Eigentümers und des Betreibers (Benutzers),

– Rauminhalt der Laderäume der Straßenfahrzeuge oder der Container in l gemessen vom Boden bis zur Oberkante ihrer niedrigsten Wand,

– Eigenmasse des Straßenfahrzeugs oder des Containers,

– höchstzulässige Gesamtmasse.

3 Sonstige Vorschriften

3.1 Die Laderäume der Straßenfahrzeuge und die Container, ihre Hauben, Verschlüsse und Dichtungen, sind vom Halter oder Fahrzeugführer vor jeder Bereitstellung zur Beladung auf Schäden, die ihre Flüssigkeitsdichtigkeit oder Säurebeständigkeit beeinträchtigen können, Planen entsprechend auf Schäden, die ihre Säurebeständigkeit beeinträchtigen können, zu untersuchen. Fahrzeuge mit beschädigten Laderäumen oder beschädigte Container einschließlich Hauben oder Planen, dürfen nicht beladen werden.

3.2 Die Laderäume der Straßenfahrzeuge und die Container dürfen nicht über die Höhe ihrer niedrigsten Wand hinaus beladen werden.

3.3 Bei Umschlagvorgängen (z. B. Selbstaufladung von Containern) darf auch bei dadurch bedingten Schrägstellungen keine Flüssigkeit austreten.

3.4 Die Dichtungen der Laderäume der Straßenfahrzeuge und der Container sind nach jeder Entladung so zu reinigen, daß Flüssigkeitsdichtigkeit und Säurebeständigkeit gewährleistet sind.

3.5 Die Fahrzeuge sind mit orangefarbenen Tafeln ohne Kennzeichnungsnummer nach Anlage B Randnummer 10 500 zu kennzeichnen.

3.6 Abweichend von Anlage B Randnummer 10 385 sind schriftliche Weisungen bei jeder Beförderung mitzuführen.

3.7 In den Laderäumen und den Containern dürfen sich keine anderen gefährlichen Güter befinden. Während der Beförderung dürfen den Laderäumen und den Containern außen keine gefährlichen Reste des Inhalts anhaften.

3.8 Fahrzeugführer für Beförderungen im Rahmen dieser Ausnahme bedürfen einer Schulung gemäß den nachfolgenden Vorschriften, wenn die Masse der mit einer Beförderungseinheit beförderten Akkumulatoren 3000 kg oder mehr beträgt.

3.8.1 Es dürfen nur Fahrzeugführer eingesetzt werden, die im Besitz einer gültigen Bescheinigung über die erfolgreiche Teilnahme an einer Schulung (Grundkurs) nach der Anlage B Randnummer 10 315 in Verbindung mit den „Grundsätzen für die Anerkennung und Durchführung von Lehrgängen für Fahrzeugführer nach Randnummer 10 315" (Verkehrsblatt 1985 S. 642) sind.

3.8.2 Der Beförderer hat dafür Sorge zu tragen, daß nur entsprechend den Vorschriften in 3.8.1 geschulte Fahrzeugführer eingesetzt werden, die zusätzlich über die besonderen Gefahren bei der Beförderung von Akkumulatoren in loser Schüttung und über die Vorschriften dieser Ausnahme unterrichtet worden sind. Die Unterrichtung kann mündlich erfolgen oder in Form eines dem Fahrzeugführer in schriftlicher Form mitzugebenden Merkblattes. Wird der Fahrzeugführer mündlich unterrichtet, so hat die Person, welche die Unterrichtung durchgeführt hat, diese zu bestätigen. Die Bestätigung oder das Merkblatt sind vom Fahrzeugführer mitzuführen und befugten Personen auf Verlangen vorzulegen.

3.8.3 Auf die zusätzliche Schulung nach Nummer 3.8.2 darf verzichtet werden, wenn die Fahrzeugführer im Besitze einer gültigen Bescheinigung für Grundkurs und Aufbaukurs für gefährliche Güter der Klasse 8 nach Anlage B Randnummer 10 315 in Verbindung mit den in Nummer 3.8.1 genannten Grundsätzen sind.

3.9 Die sonstigen für Schwefelsäure der Randnummer 2801 Ziffer 1 Buchstabe b und Bleisulfat der Randnummer 2801 Ziffer 23 Buchstabe b geltenden Vorschriften sind entsprechend anzuwenden.

4　Angaben im Beförderungspapier

Zusätzlich zu den sonst vorgeschriebenen Angaben ist zu vermerken:

„Ausnahme Nr. S 69".

5　Übergangsvorschriften

5.1 Laderäume von Straßenfahrzeugen und Containern, die abweichend von Nummer 2.1 aus nicht säurebeständigem Stahl, der gegen die zu erwartenden mechanischen Belastungen beständig ist (z. B. Baustahl), mit einer Abtragungsrate gegenüber Schwefelsäure in Konzentrationen bis zu 25 % bei einer Temperatur von 20 °C von mehr als 1 mm pro Jahr bestehen und die mit einer Auskleidung aus geeignetem Kunststoff (vgl. Nummer 2.1 TRT 001 und TRT 010) versehen sind, dürfen unter nachfolgenden Bedingungen bis zum 31. Dezember 1990 weiterverwendet werden:

5.1.1 Die Laderäume der Straßenfahrzeuge und die Container sind erstmals vor Inbetriebnahme nach Nummer 2.11 zu prüfen und abweichend von Nummer 2.12 mindestens einmal jährlich einer wiederkehrenden inneren und äußeren Untersuchung und einer Prüfung auf Dichtheit mit Wasser zu unterziehen. Die wiederkehrenden Untersuchungen und Prüfungen nach Nummer 2.12 können auch nach der nächsten Entleerung nach Ablauf eines Jahres durchgeführt werden, sofern die nächste Entleerung spätestens 14 Monate nach der letzten Untersuchung und Prüfung nach den Nummern 2.11 oder 2.12 durchgeführt wird.

5.1.2 Die Laderäume der Straßenfahrzeuge und die Container nach Nummer 5.1 müssen vor dem 1. September 1987 erstmals in Verkehr gebracht sein.

5.1.3 Die übrigen Vorschriften dieser Ausnahme sind zu beachten.

5.2 Den Vorschriften in Nummer 2 entsprechende Laderäume und Container, welche vor dem 31. Dezember 1986 erstmals in Verkehr gebracht wurden und noch nicht nach den Nummern 2.11 oder 2.12 geprüft und nach den Nummern 2.14 und 2.15 ausgerüstet sind, dürfen längstens bis zum 31. August 1987 unter Beachtung der übrigen Vorschriften dieser Ausnahme weiterverwendet werden.

5.3 Container bis zu 1 000 l Rauminhalt, gemessen vom Boden bis zur Höhe ihrer niedrigsten Wand, die vor dem 31. Dezember 1986 erstmals in Verkehr gebracht wurden und noch nicht nach den Nummern 2.11 oder 2.12 geprüft und nach den Nummern 2.14 und 2.15 ausgerüstet sind, dürfen längstens bis zum 31. Dezember 1987 unter Beachtung der übrigen Vorschriften dieser Ausnahme weiterverwendet werden.

Ausnahme Nr. S 70
(Baumaschinen mit Tanks
für brennbare Gase)

1 Abweichend von § 6 Abs. 1, 2 und 3 in Verbindung mit Anlage A Randnummer 2200 und Anlage B dürfen brennbare Gase der Anlage A Randnummer 2201 Ziffern 2, 3, 4, jeweils Buchstabe b, in festverbundenen Tanks von Baumaschinen (z. B. Straßenfräsen, Vorwärmgeräte für Straßenbeläge, Remixer) unter folgenden Bedingungen befördert werden.

2　Bau, Ausrüstung und Prüfung

2.1 Festverbundene Tanks

Die festverbundenen Tanks müssen den Vorschriften des Anhangs B 1a entsprechen und nach den Vorschriften des § 6 Abs. 1 baumusterzugelassen sein.

2.2 Fahrzeuge

2.2.1 Die Vorschriften der Anlage B sind anzuwenden. Auf die Anwendung der Anlage B Randnummer 10 220 Abs. 1 darf verzichtet werden, wenn aufgrund des vorgesehenen Einsatzzweckes ein solcher Schutz nicht angebracht werden kann und der hintere Bereich der Tanks durch andere Einrichtungen der Baumaschine gleichwertig geschützt ist. Die Gleichwertigkeit ist im Rahmen der Baumusterzulassungs-verfahren zu bescheinigen.

2.2.2　Werden die Baumaschinen mit festver-bundenen Tanks auf anderen Straßen-fahrzeugen (Trägerfahrzeugen) befördert, so gelten die Vorschriften der Anlage B, I. und II. Teil nicht für die Baumaschine. Die Trägerfahrzeuge und ihre Zugfahr-zeuge (Beförderungseinheiten) müssen nach Anlage B entsprechend den Vor-schriften für Beförderungseinheiten von Tankcontainern ausgerüstet sein.

3　Sonstige Vorschriften

3.1　Werden Baumaschinen mit festverbunde-nen Tanks auf anderen Straßenfahrzeu-gen (Trägerfahrzeuge und Zugfahrzeuge) befördert, so

- sind sie entsprechend den Vorschriften der Anlage B Randnummer 212 127 Abs. 1 zu sichern,

- ist die elektrische Ausrüstung der Bau-maschine auszuschalten,

- müssen die Tanks mindestens 5 m ent-fernt von heißen Teilen (z. B. Motor, Auspuff) und von Fahrerhäusern ohne Schutzwand der Beförderungseinheiten (Trägerfahrzeuge und Zugfahrzeuge) sein.

3.2　Abweichend von Randnummer 2002 Abs. 3 und 4 darf auf ein Beförderungs-papier verzichtet werden, wenn der Fas-sungsraum der mit einer Beförderungsein-heit beförderten Tanks 10 000 l nicht über-schreitet, schriftliche Weisungen (Unfall-merkblätter) nach Anlage B Randnummer 10 385 für das beförderte Gut mitgeführt werden und die Baumaschine oder die Beförderungseinheit für eine Bau-maschine (Trägerfahrzeug und Zugfahrzeug) mit orangefarbenen Tafeln nach Anlage B Randnummer 10 500 Abs. 1 gekennzeich-net ist.

4　Übergangsvorschriften

4.1　Festverbundene Tanks von Baumaschi-nen, welche bis zum 31. März 1986 erst-mals in den Verkehr gebracht wurden und die Vorschriften nach Nummer 2.1 nicht erfüllen, dürfen weiterverwendet werden, wenn die Fahrzeuge nach Anlage B Rand-nummer 10 220 Abs. 2 Buchstaben a, b und e ausgerüstet sind und wenn die Tanks die Vorschriften der Druckbehälter-verordnung in der jeweils gültigen Fas-sung erfüllen.

4.2　Baumaschinen mit festverbundenen Tanks, deren Fahrerhausrückwand nicht der Anlage B Randnummer 10 220 Abs. 2 Buchstaben a und e entspricht und die bis zum 31. März 1986 erstmals in Verkehr gebracht wurden, dürfen bis zum 30. Juni 1988 weiterverwendet werden. Befinden sich Teile der Auspuffanlage hinter der Fahrerhausrückwand, so müssen diese mit einem Tropfschutz gegen herabtrop-fende Flüssigkeit versehen sein. Die Bau-maschinen dürfen darüber hinaus weiter-verwendet werden, wenn sie nach den Vorschriften der Anlage B Randnummer 10 220 Abs. 2 Buchstaben a und e nach-gerüstet wurden und die Vorschriften der Nummer 4.1 erfüllen."

Ausnahme Nr. S 71
(Beförderung von Eichnormalen
für Benzin und Kerosin)

1　Abweichend von § 4 Abs. 3 und § 6 Abs. 1 bis 3 in Verbindung mit Anlage A Randnum-mern 2300 bis 2322 und Anlage B dürfen festverbundene ungereinigte leere Eichnor-male für Benzin der Anlage A Randnummer 2301 Ziffer 3 Buchstabe b sowie Kerosin der Anlage A Randnummer 2301 Ziffer 31 Buchstabe c unter nachfolgenden Bedin-gungen mit Straßenfahrzeugen befördert werden. Bei Fassungsräumen bis 1000 l sind die Beförderungsvorschriften für leere Gefäße der Anlage A Randnummer 2301 Ziffer 41, bei Fassungsräumen über 1000 l die Beförderungsvorschriften für leere ungereinigte Tanks anzuwenden.

2　**Ausrüstung und Prüfung der Eichnormale mit Fassungsräumen über 1000 l**

2.1　Die Eichnormale müssen entleert und drucklos sein. Ihre Befüll- und Entleerungs-öffnungen müssen dicht verschlossen sein.

2.2　Die Be- und Entlüftungsöffnungen müssen mit einer flammendurchschlagsicheren Armatur ausgerüstet sein.

2.3　Die Eichnormale sind erstmalig vor Inbe-triebnahme sowie wiederkehrend minde-stens alle 3 Jahre von einem Sachverstän-digen nach § 9 Abs. 3 Nr. 2 einer äußeren und ggf. inneren Besichtigung und einer Dichtheitsprüfung mit Wasser ohne Über-druck zu unterziehen. Über die Prüfung hat der Sachverständige eine Bescheinigung auszustellen, die bei jeder Beförderung mit-zuführen ist.

3　**Sonstige Vorschriften**

3.1　Bei Beförderung von Eichnormalen mit Fas-sungsräumen über 1000 l dürfen abwei-chend von Anlage B Randnummer 10 315

GGVS-
AusnahmeV

nur Fahrzeugführer eingesetzt werden, die im Besitz einer gültigen Bescheinigung nach dieser Randnummer sind.

3.2 Schriftliche Weisungen nach Anlage B Randnummer 10 385 sind bei jeder Beförderung von Eichnormalen mit Fassungsräumen über 1 000 l mitzuführen.

3.3 Die Eichnormale mit Fassungsräumen über 1 000 l sind an beiden Seiten mit einem Gefahrzettel nach Anlage A Anhang A.9 Muster Nr. 3 zu kennzeichnen.

3.4 Die Fahrzeuge mit Eichnormalen mit Fassungsräumen über 1 000 l sind mit Warntafeln nach Anlage B Randnummer 10 500 zu kennzeichnen. Die Nummer der Kennzeichnung muß diejenige des Stoffes sein, sich zuletzt im Eichnormal befunden hat (Prüfmedium).

3.5 Die übrigen Vorschriften der Anlagen A und B – mit Ausnahme der Randnummern 10 204, 10 417 und 211 126 – sind nicht anzuwenden.

Ausnahme Nr. S 72

(Beförderung von Eichnormalen für Heizöl und Dieselöl)

Abweichend von § 3 Abs. 1 in Verbindung mit Anlage A Randnummern 2300 und 2301 Ziffer 41 unterliegen ungereinigte leere Eichnormale für Heizöle und Dieselöle der Anlage A Randnummer 2301 Ziffer 32 Buchstabe c nicht den Vorschriften der Gefahrgutverordnung Straße, wenn sie entleert und drucklos sind.

Ausnahme Nr. S 73

(Anwendung der Vorschriften der Anlagen A und B auf Stoffe der Klasse 4.1 Ziffer 1)

Abweichend von § 3 Abs. 1 und § 4 Abs. 3 sind die Vorschriften der Anlagen A und B auf Stoffe der Anlage A Randnummer 2401 Ziffer 1 nicht anzuwenden.

Ausnahme Nr. S 74

(Erlaubnispflicht für die Beförderung von Schwefelsäure)

1 Abweichend von § 7 Abs. 1 in Verbindung mit Anlage B Anhang B.8 ist die Beförderung von Schwefelsäure der Anlage A Randnummer 2801 Ziffer 1 Buchstabe b nur in Konzentrationen über 85 % erlaubnispflichtig. Schwefelsäure der Anlage A Randnummer 2801 Ziffer 1 Buchstabe b in Konzentrationen bis zu 85 % gilt nicht als Gut der Liste II der Anlage B Anhang B.8.

2 Im Beförderungspapier ist die Nummer dieser Ausnahme wie folgt zu vermerken: „Ausnahme Nr. S 74''.

Ausnahme Nr. S 75

(Beförderung von schäumbarem Polystyrol in Tankfahrzeugen)

1 Abweichend von § 6 Abs. 1 in Verbindung mit Anlage B Randnummer 211 410 dürfen schäumbare Polystyrole der Anlage A Randnummer 2401 Ziffer 12 unter nachfolgenden Bedingungen in Tankfahrzeugen befördert werden.

2 **Bau und Ausrüstung der Tanks**
Die Tanks müssen den Vorschriften des allgemeinen Teils der Anlage B Anhang B.1a entsprechen und für einen Betriebsdruck von mindestens 0,2 MPa (2 bar) gebaut sein.

3 **Sonstige Vorschriften**

3.1 Befüllung, Beförderung und Entladung sind unter Stickstoffüberlagerung durchzuführen.

3.2 Nach dem Beladen ist in die Tanks Stickstoff bis zu einem Höchstdruck von 30 kPa (0,3 bar) aufzugeben. Die Inertgasüberlagerung muß bis zur Entladung vorhanden sein, wobei der Restsauerstoffgehalt bis zur Entladung weniger als 3 Vol.-% betragen muß.

3.3 Die sonstigen für Stoffe der Anlage A Randnummer 2401 Ziffer 12 geltenden Vorschriften sind entsprechend anzuwenden.

4 **Vermerke im Beförderungspapier**
Im Beförderungspapier hat der Absender zusätzlich zu den sonst vorgeschriebenen Angaben zu vermerken: »Ausnahme Nr. S 75«.

5 **Übergangsvorschriften**

5.1 Tankfahrzeuge, die vor dem Inkrafttreten dieser Ausnahme nach den Vorschriften des allgemeinen Teils der Anlage B Anhang B.1a in der zwischen dem 1. September 1979 und dem 30. Juli 1985 gültigen Fassung gebaut und in den Verkehr gebracht wurden, dürfen weiterverwendet werden.

5.2 Tankfahrzeuge, die vor dem Inkrafttreten dieser Ausnahme gebaut und in den Verkehr gebracht wurden und die den Vorschriften in Nummer 5.1 nicht entsprechen, dürfen bis zum 31. Dezember 1987 weiterverwendet werden, wenn die Tanks nach den Vorschriften der Druckbehälterverordnung in der jeweils gültigen Fassung mit einem Prüfdruck von mindestens 200 kPa (2 bar) erstmals vor Inbetriebnahme und wiederkehrend geprüft sind.

5.3 Abweichend von Anlage B Rn. 10 315 dürfen bis zum 31. Dezember 1986 noch Fahrzeugführer eingesetzt werden, die nicht im

Besitze einer gültigen Bescheinigung nach Anlage B Rn. 10 315 sind.

Ausnahme Nr. S. 76

(Beförderung bestimmter Gegenstände der Klassen 1b und 1c)

1 Abweichend von Anlage B Randnummern 10311 und 11311 dürfen die Gegenstände der Klassen 1 b – außer solchen der Ziffer 3 – und der Klasse 1 c – außer solchen der Ziffern 3 A, 3 B, 26, 27, 28 a) und c) und 30 – ohne Beifahrer befördert werden, wenn die nachfolgenden Bedingungen eingehalten sind.

2 Die Gegenstände müssen nach den Vorschriften der Anlage zur Gefahrgutverordnung See vom 5. Juli 1978 (BGBl. I S. 1017), zuletzt geändert durch die Verordnung vom 27. Juli 1986 (BGBl. I S. 953), der Unterklasse 1.4 und einer Verträglichkeitsgruppe außer B und F zugeordnet sein.

3 In einem Fahrzeug ohne Anhänger oder einem Sattelkraftfahrzeug dürfen nicht mehr als 9.000 kg der Versandstücke mit solchen Gegenständen oder in einem Fahrzeug mit Anhänger nicht mehr als 12.000 kg geladen sein.

4 **Vermerke im Beförderungspapier**

Im Beförderungspapier ist zusätzlich zu den sonst vorgeschriebenen Angaben die Klassifizierung der Gegenstände nach den Vorschriften der Gefahrgutverordnung See mit der UN-Nummer, der Unterklasse mit Verträglichkeitsgruppe und der Stoffseite der Anlage zur Gefahrgutverordnung See anzugeben und zu vermerken:

„Ausnahme Nr. S 76".

„Ausnahme Nr. S 77
(Baumaschinen mit Flaschen oder Gefäßen für brennbare Gase)

1 Abweichend von § 4 Abs. 3 Nr. 1 in Verbindung mit Anlage A Randnummern 2200, 2203 Abs. 1 und 2213 Abs. 2 und Anlage B Randnummer 21 414 dürfen brennbare Gase der Anlage A Randnummer 2201 Ziffern 2, 3, 4, jeweils Buchstabe b, in Flaschen oder Gefäßen von Baumaschinen, aus denen sie zur Beheizung der Baustoffe (z. B. Gußasphalt) während der Fahrt entnommen werden können oder die ohne Schutzkappe befördert werden (z. B. bei Gußasphalt-Mischgeräten, Fugenvergußgeräten, Pumpkochern, Schmelzöfen, Straßenmarkie-

rungsgeräten, Straßenfertigern, Straßeninstandsetzungsgeräten, Asphalt-Rückgewinnungsgeräten, Heizgeräten, Straßenfräsen) unter folgenden Bedingungen befördert werden.

2 **Bau, Ausrüstung und Prüfung**

Es müssen die folgenden sicherheitstechnischen Voraussetzungen erfüllt sein:

2.1 Die Flaschen und Gefäße und ihre Armaturen einschließlich der Ausrüstungsteile bis zur Brenneranlage müssen durch eine geeignete Schutzvorrichtung gegen Losreißen und Beschädigung gesichert sein. Sie müssen entsprechend den Vorschriften der Anlage B Randnummer 212 127 Abs. 1 befestigt sein. Zusätzlich müssen Einrichtungen vorhanden sein, die ein Verdrehen der Flaschen und Gefäße verhindern.

2.2 Es müssen Einrichtungen vorhanden sein, die ein Ausströmen der Gase nach einem Leitungsbruch sowie bei Erlöschen der Brennerflamme verhindern. Die Wirksamkeit der Einrichtungen muß durch einen Sachverständigen nach § 9 Abs. 3 Nr. 2 erstmals vor Inbetriebnahme und wiederkehrend mindestens alle fünf Jahre bescheinigt sein. Ein Abdruck der Bescheinigung ist mitzuführen. Die Funktionsfähigkeit der Einrichtungen muß vom Halter und/oder Fahrer der Baumaschine sichergestellt werden.

2.3 Die Flaschen und Gefäße und ihre Armaturen einschließlich der Ausrüstungsteile bis zur Brenneranlage müssen gegen eine gefährliche Erwärmung (mehr als 50 °C) durch die Brenneranlage oder den Behälter für die Baustoffe (z. B. Gußasphalt) geschützt sein.

3 **Sonstige Vorschriften**

3.1 Die Gase dürfen aus den Flaschen und Gefäßen nur gasförmig entnommen werden.

3.2 Unabhängig vom Rauminhalt der Flaschen und Gefäße sind die Vorschriften der Anlage B Randnummer 10 204 Abs. 1 einzuhalten.

3.3 Die sonstigen Vorschriften der Anlage B sind anzuwenden.

3.4 Abweichend von Anlage A Randnummer 2002 Abs. 3 und 4 darf auf ein Beförderungspapier verzichtet werden, wenn unabhängig von der beförderten Menge schriftliche Weisungen (Unfallmerkblätter) nach Anlage B Randnummer 10 385 für das beförderte gefährliche Gut mitgeführt werden und die Baumaschinen oder die Beförderungseinheiten von Baumaschinen (Trägerfahrzeuge einschließlich Zugfahrzeuge) mit orangefarbenen Tafeln nach Anlage B Randnummer 10 500 Abs. 1 gekennzeichnet sind.

4   Übergangsvorschriften

4.1   Baumaschinen mit Flaschen und Gefäßen, die bis zum 31. August 1987 erstmals in Verkehr gebracht werden und die den Vorschriften nach Nummer 2.1 nicht entsprechen, dürfen bis zum 31. August 1988 weiterverwendet werden. Sie dürfen darüber hinaus verwendet werden, wenn die Maßnahmen nach Nummer 2.1 getroffen sind.

4.2   Die Wirksamkeit der Einrichtungen nach Nummer 2.2 an Baumaschinen, die bis zum 31. August 1987 erstmals in Verkehr gebracht werden, muß vom Sachverständigen nach § 9 Abs. 3 Nr. 2 bis zum 31. August 1988 festgestellt sein.

4.3   Baumaschinen, die Einachs-Anhänger im Sinne der Anlage B Randnummer 10 204 Abs. 1 sind und die bis zum 31. August 1987 erstmals in Verkehr gebracht werden, dürfen abweichend von Anlage B Randnummer 10 204 Abs. 1 Satz 2 acht Jahre ab dem Datum ihres erstmaligen Inverkehrbringens, längstens jedoch bis zum 31. Dezember 1994, weiterverwendet werden.

Ausnahme Nr. S 78
(Beförderung von
teilentleerten Flüssiggaslagerbehältern)

1   Abweichend von § 4 Abs. 3 Nr. 1 in Verbindung mit Anlage A Randnummern 2200 und 2203 bis 2226 sowie § 6 in Verbindung mit Anlage B dürfen teilentleerte Flüssiggaslagerbehälter (ortsfeste Druckbehälter) mit den Gasen Propan, Butan und deren Gemischen der Randnummer 2201 Ziffern 3 und 4, jeweils Buchstabe b, unter folgenden Bedingungen befördert werden.

2   Bau, Ausrüstung und Prüfung

2.1   Flüssiggaslagerbehälter (Druckbehälter)

2.1.1   Die Flüssiggaslagerbehälter (Druckbehälter) müssen den Bestimmungen der Druckbehälterverordnung in der jeweils gültigen Fassung entsprechen; sie müssen ferner der Norm DIN 4680 (1978) „Ortsfeste Druckbehälter aus Stahl für Propan, Butan und deren Gemische für oberirdische Aufstellung" entsprechen und aus Stahl mit einem Festigkeitswert von 355 N/mm^2 hergestellt sein.

2.1.2   Der Fassungsraum der Flüssiggaslagerbehälter (Druckbehälter) darf nicht mehr als 4 850 l betragen.

2.1.3   Die Armaturen der Flüssiggaslagerbehälter (Druckbehälter) müssen während der Beförderung so geschützt sein, daß sie auch bei einem evtl. Umkippen des Beförderungsfahrzeuges nicht abgerissen werden können. Dieser Schutz muß die gleiche Sicherheit bieten wie der Flüssiggaslagerbehälter (Druckbehälter) selbst. Die Bestimmungen des letzten Absatzes der „Technischen Richtlinien Tanks – Berechnung der Mindestwanddicke – TRT 020" in der Fassung vom 29. Januar 1986 (Verkehrsblatt S. 71) sind mit der Maßgabe entsprechend anzuwenden, daß die Anforderungen um den Faktor 2 zu erhöhen sind und mindestens eine 1,0fache Sicherheit gegen die Streckgrenze vorliegen muß.

2.2   Trägerfahrzeuge

Die Trägerfahrzeuge für die Flüssiggaslagerbehälter (Druckbehälter) müssen gemäß § 6 Abs. 4 wie Trägerfahrzeuge für Aufsetztanks zugelassen sein.

3   Sonstige Vorschriften

3.1   Die Flüssiggaslagerbehälter (Druckbehälter) sind vor der Beförderung bis auf eine Restflüssiggasmenge von höchstens 20 l zu entleeren.

3.2   Die Flüssiggaslagerbehälter (Druckbehälter) sind so auf den Trägerfahrzeugen zu befestigen, daß die in Anlage B Randnummer 212 127 Abs. 1 genannten Kräfte aufgenommen werden. Diese Kräfte müssen nicht nur von dem Beförderungsmittel, sondern auch von den Befestigungseinrichtungen an den Flüssiggaslagerbehältern (Druckbehältern) und an den Trägerfahrzeugen aufgenommen werden können. Im übrigen sind die Bestimmungen der Richtlinien 2701 und 2702 des Vereins Deutscher Ingenieure (VDI) einzuhalten (zu beziehen beim Beuth-Verlag, Burggrafenstraße 4–7, 1000 Berlin 30).

3.3   Die Beförderungen dürfen nur von Fahrzeugführern durchgeführt werden, die im Besitz einer gültigen Bescheinigung nach Anlage B Randnummer 10 315 für Gase der Klasse 2 sind.

3.4   Unabhängig von der Größe der Behälter und der Menge der beförderten Gase sind die Vorschriften der Anlage B Randnummern 10 240, 10 260, 10 321, 10 325, 10 340, 10 374, 10 381, 10 385 und 10 500 Abs. 1 einzuhalten.

4   **Vermerke im Beförderungspapier**

Zusätzlich zu den sonst vorgeschriebenen Angaben ist zu vermerken:

„Ausnahme Nr. S 78".

Ausnahme Nr. S 79
(Verpackungszulassung
für Calciumhypochlorit-Mischungen/
Chlorkalk)

1   Abweichend von § 4 Abs. 2 Nr. 1 in Verbindung mit Anlage A Randnummer 2506 dürfen Calciumhypochlorit-Mischungen, trocken mit mehr als 10 %, jedoch nicht mehr als 39 % aktivem Chlor (Chlorkalk), der Anlage A Randnummer 2501 Ziffer 4 Buchstabe e auch unter folgenden Bedingungen befördert werden.

2   **Verpackung**

2.1   Der Stoff ist in Mengen bis zu höchstens 50 kg in Säcke aus Kunststoffgewebe mit einer Auskleidung aus geeignetem Kunststoff der Kodierung 5H3 zu verpacken.

2.2   Bauartprüfung

Die Verpackungen müssen einer Bauartprüfung nach Anhang A.5 mit Erfolg unterzogen worden sein. Es sind die Bedingungen für Stoffe der Verpackungsgruppe III anzuwenden.

2.3   Zulassung und Kennzeichnung

2.3.1   Die Bauart der Verpackungen muß gemäß den „Richtlinien über das Verfahren für die Durchführung der Bauartprüfung und die Zulassung von Verpackungen für die Beförderung gefährlicher Güter – R 002 – (Verkehrsblatt 1985 S. 518)" zugelassen sein.

2.3.2   Jede auf Grund der zugelassenen Bauart hergestellte Verpackung muß die vorgeschriebene Kennzeichnung tragen.

2.4   Verwendung anderer geprüfter Verpackungen

Es dürfen auch Verpackungen der Kodierung 5H3 verwendet werden, die nach Anhang V der Gefahrgutverordnung Eisenbahn vom 22. Juli 1985 (BGBl. I S. 1560), geändert durch die Verordnung vom 21. August 1986 (BGBl. I S. 1347), oder nach den „Richtlinien für die Bauartprüfung und die Erteilung der Kennzeichnung von Verpackungen zum Transport gefährlicher Güter mit Seeschiffen – RM 001 –" (Beilage Nummer 157 a zum Bundesanzeiger vom 24. August 1985) unter gleichen Bedingungen bauartgeprüft sind.

3   **Angaben im Beförderungspapier**

Zusätzlich zu den sonst vorgeschriebenen Angaben ist zu vermerken:

„Chlorkalk mit Calciumhypochlorit, 5.1, Ziffer 4 e), GGVS, Ausnahme Nr. S 79".

4   **Übergangsvorschriften**

Abweichend von Nummer 2.2 dürfen bis zum 30. April 1990 auch nicht bauartgeprüfte Säcke aus Kunststoffgewebe mit einer Auskleidung aus geeignetem Kunststoff verwendet werden.

Ausnahme Nr. S 80
(Prüfungen von Tankcontainern)

1   Abweichend von § 9 Abs. 3 Nr. 1 und 2 in Verbindung mit Anlage B Randnummer 212 154 dürfen Prüfungen an Tankcontainern, die auch für die Beförderung gefährlicher Güter mit Seeschiffen bestimmt sind, anstelle der dort genannten Sachverständigen auch von Sachverständigen durchgeführt werden, die von der Bundes-

anstalt für Materialforschung und -prüfung gemäß Abschnitt 13 der Allgemeinen Einleitung der Anlage zur Zweiten Verordnung zur Änderung der Verordnung über die Beförderung gefährlicher Güter mit Seeschifffen vom 27. Juni 1986 (BGBl. I S. 953) anerkannt sind."

Anlage 2 zu § 3 Abs. 1

Geltung von Ausnahmen der Eisenbahn-Gefahrgutausnahmeverordnung und von Ausnahmegenehmigungen gemäß der Gefahrgutverordnung Eisenbahn für die Beförderung gefährlicher Güter mit Straßenfahrzeugen

Teil 1

Die nachfolgend aufgeführten Ausnahmen der Eisenbahn-Gefahrgutausnahmeverordnung vom 16. August 1985 (BGBl. I S. 1651), zuletzt geändert durch Artikel 1 der Verordnung vom 24. August 1987 (BGBl. I S. 2095), gelten im Rahmen der in Spalte 4 aufgeführten Sondervorschriften sowie der in Spalte 6 jeweils angegebenen Geltungsdauer auch für Beförderungen gefährlicher Güter mit Straßenfahrzeugen.

Ausnahme Nr.	Klasse	Stoffe oder Ziffern	Inhalt der Ausnahme und ggf. für den Straßenverkehr zu beachtende Einschränkungen und zusätzliche Bedingungen	Fundstelle	Geltungsdauer längstens bis
1	2	3	4	5	6
E 3	5.2	–	Zulassung der Beförderung bestimmter Peroxid-Lösungen in zusammengesetzten Verpackungen	BGBl. 1985 I S. 1651	unbefristet
E 6	1 2 4.1 4.2 4.3 5.1 5.2 6.2 7	alle	Zulassungen von verkleinerten Gefahrzetteln	BGBl. 1985 I S. 1651	31. Dezember 1987
E 7	2	Stickstoff Kohlendioxid	Bedingte Freistellung von Feuerlöschern mit Stickstoff oder Kohlendioxid als Treibmittel von den Beförderungsvorschriften	BGBl. 1985 I S. 1651 und BGBl. 1987 I S. 2095	unbefristet
E 10	3 6.1 8	bestimmte Stoffe	Übergangsweise Zulassung der Weiterverwendung nach den „Richtlinien für die Baumusterprüfung und Zulassung von freitragenden Kunststoffgefäßen zur Beförderung gefährlicher Stoffe (RfK)" vom 8. März 1976 (Verkehrsblatt 1976 S. 258) baumustergeprüfter, zugelassener und gekennzeichneter Verpackungen. Die Bauart darf auch vom Bundesbahn-Zentralamt Minden zugelassen sein.	BGBl. 1985 I S. 1651	30. April 1990
E 11	2	Stickstoff	Zulassung der Beförderung von Hydrospeichern mit Stickstoff	BGBl. 1985 I S. 1651	unbefristet
E 12	verschiedene	verschiedene	Abteile bei Tanks von Tankcontainern	BGBl. 1985 I S. 1651	unbefristet
E 13	3 4.1 4.2 4.3 5.1 6.1 6.2 8	bestimmte Stoffe	Zulassung der Beförderung bestimmter Stoffe in kubischen Tankcontainern (KTC) Zusätzliche Bedingungen: 1. Hinsichtlich der Übergangsvorschriften (Nummer 5.4 der Ausnahme) ist die Gefahrgutverordnung Straße in der Fassung vom 29. Juni 1983 (BGBl. I S. 905) heranzuziehen. 2. KTC mit Fassungsräumen von mehr als 1 000 l brauchen abweichend von Anlage B	BGBl. 1985 I S. 1651	unbefristet

24

Aus-nahme Nr.	Klasse	Stoffe oder Ziffern	Inhalt der Ausnahme und ggf. für den Straßenverkehr zu beachtende Einschränkungen und zusätzliche Bedingungen	Fundstelle	Geltungsdauer längstens bis
1	2	3	4	5	6
			Randnummer 10 500 nicht mit Tafeln nach Anlage B Randnummer 10 500 Abs. 2 und 3 gekennzeichnet zu sein.		
			3. Anlage B Randnummer 10 130 Abs. 1 Satz 2 ist nicht anzuwenden.		
E 14	4.1 5.1 6.1 6.2 8	bestimmte Stoffe	Zulassung der Beförderung bestimmter Stoffe in flexiblen Großpackmitteln (flexible IBC) Zusätzliche Bedingungen: 1. Die Beförderung ist nur als geschlossene Ladung in gedeckten oder bedeckten Straßenfahrzeugen oder als Containerladung zugelassen. 2. Hinsichtlich der Übergangsvorschriften (Nummer 5.3 der Ausnahme) ist die Gefahrgutverordnung Straße in der Fassung vom 29. Juni 1983 (BGBl. I S. 905) heranzuziehen.	BGBl. 1985 I S. 1651	unbefristet
E 15	3 4.1 4.2 4.3 5.1 6.1 6.2 8	bestimmte Stoffe	Zulassung der Beförderung bestimmter Stoffe in Transportgefäßen aus Kunststoffen (TK) Zusätzliche Bedingung: Hinsichtlich der Übergangsvorschriften (Nummer 5.3 der Ausnahme) ist die Gefahrgutverordnung Straße in der Fassung vom 29. Juni 1983 (BGBl. I S. 905) heranzuziehen.	BGBl. 1985 I S. 1651	unbefristet
E 16	1 a	12 c)	Verpackungszulassung für bestimmte Nitratsprengstoffe	BGBl. 1986 I S. 1612	unbefristet
E 17	4.2	–	Zulassung der Beförderung von Natriummethylat in Verpackungen, Tankcontainern und kubischen Tankcontainern (KTC) Zusätzliche Bedingungen: 1. Abweichend von Anlage B Randnummer 10 315 der Gefahrgutverordnung Straße vom 22. Juni 1985 (BGBl. I S. 1550) dürfen die Transporte bis zum 31. Dezember 1988 auch von Fahrern durchgeführt werden, die nicht im Besitze einer gültigen Bescheinigung nach Randnummer 10 315 sind. 2. KTC mit Fassungsräumen von mehr als 1 000 l brauchen abweichend von Anlage B Randnummer 10 500 nicht mit Tafeln nach Randnummer 10 500 Abs. 2 und 3 gekennzeichnet zu sein. 3. Anlage B Randnummer 10 130 Abs. 1 Satz 2 ist für die KTC nicht anzuwenden.	BGBl. 1986 I S. 1612	unbefristet
E 18	2	10	Verpackungszulassung für Druckgaspackungen	BGBl. 1986 I S. 1612	unbefristet
E 19	2	10	Zulassung neuer Prüfverfahren für Druckgaspackungen	BGBl. 1986 I S. 1612	unbefristet
E 20	3	bestimmte Stoffe	Weiterverwendung von nicht nach Anhang A.5 bauartgeprüften, zugelassenen und gekennzeichneten Feinstblechverpackungen	BGBl. 1986 I S. 1612	30. April 1990

GGVS – AusnahmeV

Aus-nahme Nr.	Klasse	Stoffe oder Ziffern	Inhalt der Ausnahme und ggf. für den Straßenverkehr zu beachtende Einschränkungen und zusätzliche Bedingungen	Fundstelle	Geltungsdauer längstens bis
1	2	3	4	5	6
E 21	1 c	–	Zulassung der Beförderung von Rauchpulvern	BGBl. 1986 I S. 1612	unbefristet
E 22	5.2	–	Zulassung der Beförderung von bestimmten Per-essigsäuren	BGBl. 1986 I S. 1612 BGBl. 1987 I S. 2095	unbefristet
E 23	6.1	58 b)	Freistellung von Vanadiumpentoxid, geschmol-zen	BGBl. 1987 I S. 2095	unbefristet
E 24	4.3	1 a)	Verpackungszulassung für Natrium	BGBl. 1987 I S. 2095	unbefristet
E 25	4.3	–	Zulassung der Beförderung von Natriumhydrid	BGBl. 1987 I S. 2095	unbefristet
E 26	4.3	–	Zulassung der Beförderung eines Gemisches mit Siliciumtetrachlorid	BGBl. 1987 I S. 2095	unbefristet
E 27	5.1	8	Verpackungszulassung für anorganische Nitrite	BGBl. 1987 I S. 2095	unbefristet
E 28	5.1	4 c)	Verpackungszulassung für bestimmte Chlorit-Lösungen	BGBl. 1987 I S. 2095	unbefristet
E 29	2	2 bt) 2 ct)	Verpackungszulassung für bestimmte Gas-gemische	BGBl. 1987 I S. 2095	unbefristet
E 30	4.3	–	Zulassung der Beförderung bestimmter Di-methylaminoverbindungen Zusätzliche Bedingung: Die für Stoffe der Randnummer 2471 Ziffer 2 Buchstabe b zu beachtenden Vorschriften der Anlagen A und B sind entsprechend anzuwen-den.	BGBl. 1987 I S. 2095	unbefristet
E 31	2	3 bt)	Verpackungszulassung für Äthylchlorid	BGBl. 1987 I S. 2095	unbefristet
E 32	4.2	6 a)	Verpackungszulassung für Nickelkatalysatoren in Form von Tabletten oder Pulver	BGBl. 1987 I S. 2095	unbefristet
E 33	5.2	10, 14, 18	Verpackungszulassung für bestimmte organi-sche Peroxide	BGBl. 1987 I S. 2095	unbefristet
E 34	1 b	–	Zulassung der Beförderung von Treibladungs-anzündern	BGBl. 1987 I S. 2095	unbefristet
E 35	4.3	3	Verpackungszulassung für Natriumamid	BGBl. 1987 I S. 2095	unbefristet
E 36	4.2	6 a)	Verpackungszulassung für Raney-Nickel-Kataly-satoren, in Wasser aufgeschlämmt	BGBl. 1987 I S. 2095	unbefristet
E 37	4.2	–	Zulassung der Beförderung von Tributylphosphin	BGBl. 1987 I S. 2095	unbefristet
E 38	1 c	–	Zulassung der Beförderung von Airbag- und Gurtstrammer-Einheiten	BGBl. 1987 I S. 2095	unbefristet

GGVS – AusnahmeV

26

Aus-nahme Nr.	Klasse	Stoffe oder Ziffern	Inhalt der Ausnahme und ggf. für den Straßenverkehr zu beachtende Einschränkungen und zusätzliche Bedingungen	Fundstelle	Geltungsdauer längstens bis
1	2	3	4	5	6

GGVS – AusnahmeV

			Zusätzliche Bedingungen:		
			1. Abweichend von Anlage B Randnummer 11 206 Abs. 2 Buchstabe a dürfen die Gegenstände ohne Mengenbegrenzung in Beförderungseinheiten B I befördert werden.		
			2. Abweichend von Anlage B Randnummer 10 240 Abs. 1 Buchstabe b und Abs. 3 in Verbindung mit Randnummer 11 240 darf auf ein zusätzliches tragbares Feuerlöschgerät verzichtet werden.		
			3. Abweichend von Anlage B Randnummer 10 321 kann auf die Überwachung der Fahrzeuge verzichtet werden.		
E 39	4.1	8	Verpackungszulassung für Phosphorpentasulfid	BGBl. 1987 I S. 2095	unbefristet
E 40	3	3 b)	Verpackungszulassung für Äthylalkohol	BGBl. 1987 I S. 2095	31. Dezember 1999
E 43	6.1	17 a)	Zulassung der Beförderung von TCDD-Analysen-Standards	BGBl. 1987 I S. 2095	unbefristet
			Zusätzliche Bedingungen:		
			1. Die Erlaubnis nach § 7 darf nur für Einzeltransporte erteilt werden. Auf einem Fahrzeug darf sich nicht mehr als eine Sendung mit höchstens 10 Versandstücken befinden.		
			2. Absender, Empfänger und Beförderer haben die Beförderungen rechtzeitig abzustimmen.		
			3. Die Fahrzeuge haben den Beförderungsweg ohne verkehrsunabhängige Aufenthalte zurückzulegen. Das Personal hat die Versandstücke zu beaufsichtigen.		
			4. Die Fahrzeuge sind abweichend von Anlage B Randnummer 10 500 bei jeder Beförderung mit orangefarbenen Tafeln ohne Kennzeichnungsnummer zu kennzeichnen.		
			5. Abweichend von Anlage B Randnummer 10 385 sind schriftliche Weisungen bei jeder Beförderung mitzuführen.		
			6. Die Bestimmungen der vorstehenden Nummern 1 bis 5 sind auch anzuwenden, wenn eine Eisenbahnbeförderung im Rahmen der Ausnahme Nr. E 43 vorausgeht oder folgt.		
E 44	2	10	Zusammenpackungszulassung für Druckgaspackungen	BGBl. 1987 I S. 2095	unbefristet
E 45	2	–	Zulassung der Beförderung von Gasgemischen aus Argon und Kohlendioxid	BGBl. 1987 I S. 2095	unbefristet
E 46	3 6.1 8	bestimmte Stoffe	Verpackungszulassung für viskose Stoffe in Verpackungen mit abnehmbarem Deckel	BGBl. 1987 I S. 2095	unbefristet
E 47	5.1	Perchlorsäure, Chromtrioxid	Verpackungszulassung in zusammengesetzten Verpackungen	BGBl. 1987 I S. 2095	unbefristet

Teil 2

Die nachfolgend aufgeführten, auf Grund des § 5 Abs. 1 der Gefahrgutverordnung Eisenbahn vom 22. Juli 1985 (BGBl. I S. 1560), geändert durch die Verordnung vom 21. August 1986 (BGBl. I S. 1347), sowie des § 4 Abs. 1 der Gefahrgutverordnung Eisenbahn vom 23. August 1979 (BGBl. I S. 1502), geändert durch die Verordnung vom 22. Juni 1983 (BGBl. I S. 789), erteilten Ausnahmegenehmigungen gelten im Rahmen der in Spalte 4 aufgeführten Sondervorschriften sowie der in Spalte 6 jeweils angegebenen Geltungsdauer auch für Beförderungen gefährlicher Güter mit Straßenfahrzeugen.

Ausnahmegenehmigung Nr. E	Klasse	Stoffe oder Ziffern	Inhalt der Ausnahmegenehmigung und ggf. für den Straßenverkehr zu beachtende Einschränkungen und zusätzliche Bedingungen	Fundstelle	Geltungsdauer längstens bis
1	2	3	4	5	6
258	1 a	12 a)	Verpackungszulassung	Verkehrsblatt 1986 S. 2	31. 12. 1988
304	1 a	12 a)	Zulassung der Beförderung in Transportgefäßen aus Kunststoffen (TK) Zusätzliche Bedingungen: Werden die TK mit fahrzeugeigenen Entladeeinrichtungen (z. B. Schläuche, Pumpen) entladen, so müssen diese bei einer anschließenden Beförderung von den TK getrennt und dicht verschlossen sein, so daß vom Inhalt nichts nach außen gelangen kann. Die in den Entladeeinrichtungen verbleibenden Sprengstoffmengen dürfen zu keiner Gefahrerhöhung gegenüber der Beförderung der Sprengstoffe in TK allein führen. Dies ist durch eine Bescheinigung der Bundesanstalt für Materialforschung und -prüfung nachzuweisen.	Verkehrsblatt 1986 S. 2	31. 12. 1988
343	1 c	–	Zulassung der Beförderung von Thermitzündern in bestimmter Zusammensetzung	Verkehrsblatt 1986 S. 2	31. 12. 1988
360	4.1 4.2 4.3 5.1 5.2	bestimmte Stoffe	Zulassung von Erleichterungen für die Zusammenpackung	Verkehrsblatt 1985 S. 462	31. 7. 1988
361	1 a 4.1	1 und 2 7 a)	Verpackungszulassung	Verkehrsblatt 1986 S. 2	31. 12. 1988
374	1 b	5 a)	Verpackungszulassung	Verkehrsblatt 1986 S. 2	31. 12. 1988
404	1 b	–	Zulassung der Beförderung von Druckgasgeneratoren für Feuerlöscher mit Explosivstoffsatz in bestimmter Zusammensetzung	Verkehrsblatt 1986 S. 2	31. 12. 1988
413	1 b	1 c)	Verpackungszulassung	Verkehrsblatt 1986 S. 2	31. 12. 1988
417	1 b	5 a)	Verpackungszulassung	Verkehrsblatt 1986 S. 2	31. 12. 1988
419	1 b	–	Zulassung der Beförderung von Zündverzögerern für elektrische Sprengzeitzünder	Verkehrsblatt 1986 S. 2	31. 12. 1988

Aus-nahme-genehmigung Nr. E	Klasse	Stoffe oder Ziffern	Inhalt der Ausnahmegenehmigung und ggf. für den Straßenverkehr zu beachtende Einschränkungen und zusätzliche Bedingungen	Fundstelle	Geltungsdauer längstens bis
1	2	3	4	5	6
421	1 c	–	Zulassung der Beförderung eines Heizsatzes für Gasgeneratoren in bestimmter Zusammensetzung	Verkehrsblatt 1986 S. 2	31. 12. 1988
428	1 b	–	Zulassung der Beförderung von Sprengschnüren in einer bestimmten Verpackung	Verkehrsblatt 1986 S. 2	31. 12. 1988
464	1 b	–	Zulassung der Beförderung von Detonatoren für Munition	Verkehrsblatt 1986 S. 2	31. 12. 1986
498	1 b	–	Zulassung der Beförderung von – Trennschrauben M 10 Zulassungszeichen BAM PT$_2$ – 0013 – Trennschrauben M 12 Zulassungszeichen BAM PT$_2$ – 0014	Verkehrsblatt 1986 S. 2	31. 12. 1988
512	1 a	11 c)	Verpackungszulassung für Preßkörper aus Schwarzpulver als Treibladungen für Vorderladerwaffen	Verkehrsblatt 1985 S. 567	31. 7. 1988
16/77	1 a	–	Zulassung der Beförderung von Mischungen aus Nitroglycerin und Milchzucker	Verkehrsblatt 1986 S. 2	31. 12. 1988
7/78	5.2	–	Zulassung der Beförderung einer Peressigsäure in bestimmter Zusammensetzung	Verkehrsblatt 1985 S. 462	31. 5. 1988
11/78	1 b	5 a) 5 b)	Verpackungszulassung	Verkehrsblatt 1986 S. 2	31. 12. 1988
36/78	1 a	–	Zulassung der Beförderung von Tetrazol-1-Essigsäure	Verkehrsblatt 1986 S. 2	31. 12. 1988
5/80	1 c	–	Zulassung der Beförderung von Kraftelementen (Auslöser, elektrisch)	Verkehrsblatt 1986 S. 2	31. 12. 1988
10/85	4.1 4.2 5.1	bestimmte Stoffe	Verpackungszulassung	Verkehrsblatt 1985 S. 462	31. 7. 1988

GGVS – AusnahmeV

29

Richtlinien für Verpackungen und Großpackmittel

I

Inhalt

Verpackung

II

Richtlinie für die Bauartprüfung und Zulassung von Verpackungen — R 002

Nr. 164

1. Richtlinien über das Verfahren für die Durchführung der Bauartprüfung und die Zulassung von Verpackungen für die Beförderung gefährlicher Güter – R 002 –

2. Richtlinien für das Verfahren der Bauartprüfung, die Erteilung der Kennzeichnung und die Zulassung von Verpackungen für die Beförderung gefährlicher Güter mit Seeschiffen – RM 001 –

Bonn, den 28. Juni 1985
A 13/26.40.70-35/17 0 35

Hiermit gebe ich die

„Richtlinien über das Verfahren für die Durchführung der Bauartprüfung und die Zulassung von Verpackungen für die Beförderung gefährlicher Güter – R 002 –"

bekannt. Die Richtlinien sind mit den zuständigen obersten Landesbehörden abgestimmt. Nach ihnen kann ab sofort verfahren werden.

Die Bekanntmachung vom 11. Oktober 1984 betreffend die Kennzeichnung von bauartgeprüften Verpackungen der RM 001 im Verkehrsblatt 1984 (S. 470) wird hiermit aufgehoben. Die RM 001 ist in neuer Fassung als Beilage zum Bundesanzeiger Nr. 157 A vom 24. August 1985 bekanntgegeben worden.

Der Bundesminister für Verkehr

Im Auftrag
H i n z

**Richtlinien
über das Verfahren für die Durchführung der Bauartprüfung und die Zulassung
von Verpackungen für die Beförderung gefährlicher Güter
– R 002 –**

1. Geltungsbereich

1.1 Diese Richtlinien gelten gemäß

– § 5 der Verordnung über die Beförderung gefährlicher Güter mit Seeschiffen in der Fassung der 1. See-Gefahrgut-Änderungsverordnung vom 27. Juli 1982 (BGBl. I S. 1113)

– § 9 Abs. 3 Nr. 5 der Gefahrgutverordnung Straße – GGVS vom 22. Juli 1985 (BGBl. I S. 1550)

– § 9 Abs. 3 der Gefahrgutverordnung Eisenbahn – GGVE vom 22. Juli 1985 (BGBl. I S. 1560)

für alle Verpackungen, die für die Beförderung gefährlicher Güter mit Seeschiffen, auf Straßen und mit Eisenbahnen vorgesehen und nach einem zugelassenen Baumuster hergestellt werden müssen.

1.2 Diese Richtlinien gelten ferner für Verpackungen, die für die Beförderung gefährlicher Güter mit Luftfahrzeugen verwendet werden, soweit die maßgebenden Vorschriften den Einsatz bauartgeprüfter und entsprechend gekennzeichneter Verpackungen vorschreiben oder zulassen.

2. Anforderungen

Die Baumuster müssen die vorgeschriebenen Bauartprüfungen bestanden haben.

3. Verfahren zur Durchführung der Bauartprüfung

3.1 Jede Bauart einer Verpackung ist auf Kosten des Antragstellers

3.1.1 von der Bundesanstalt für Materialprüfung (BAM), Unter den Eichen 87, 1000 Berlin 45, oder vom Bundesbahn-Zentralamt (BZA), Minden (Westf.)

3.1.2 von dem Hersteller oder Verwender einer Verpackung oder sonstigen Prüfstellen – wenn diese die Bescheinigung nach Nr. 3.1.2 Buchstabe a) Satz 2 erhalten haben – der Bauartprüfung zu unterziehen.

Zu 3.1.2

a) Die dort Genannten müssen gegenüber der BAM mit einem Fragebogen gemäß Anlage 2 nachweisen, daß sie über die erforderlichen Prüfeinrichtungen, das erforderliche fachkundige Personal sowie eine verantwortliche Aufsicht verfügen. Sofern die Voraussetzungen erfüllt sind, stellt die BAM hierüber eine Bescheinigung aus.

b) Dieser Nachweis ist nicht erforderlich, wenn bis zum 30. Juni 1985 die Durchführung einer Bauartprüfung nach den Rechtsvorschriften für die Beförderung gefährlicher Güter mit der Eisenbahn oder auf der Straße oder dazu in Kraft gesetzten Richtlinien für die zuständige Behörde Grundlage für die Zulassung einer Verpackungsbauart war. In diesen Fällen ist die erforderliche Bescheinigung unter Angabe der anerkannten Bauartprüfung bei der BAM zu beantragen.

c) Die Bescheinigung der BAM kann die Durchführung von Einzelprüfungen bei einzelnen oder mehreren Verpackungsarten oder die Gesamtheit des Prüfprogramms bei einzelnen oder mehreren Verpackungsarten umfassen.

d) Die nach der bisher geltenden Fassung der RM 001 ausgestellten Bescheinigungen gelten vorbehaltlich einer in ihnen festgelegten Befristung weiter. Die BAM muß bis zum 31. Dezember 1986 unter Angabe der Gründe die Prüfstellen unterrichten, die die Voraussetzungen für die Durchführung der Prüfungen nicht mehr erfüllen.

3.2 Die anerkannten Prüfstellen sind von der BAM bekanntzumachen.

3.3 Die Durchführung der Bauartprüfung ist unter Angabe der Stoffdaten (z. B. Dichte, Dampfdruck), bei Verpackungen aus Kunststoff unter Angabe der einzelnen Stoffe oder der Stoffgruppen, mit denen die Prüfung auf Werkstoffverträglichkeit durchgeführt wurde, zu beantragen.

Der Antrag muß mindestens folgende Angaben und Unterlagen in deutscher Sprache enthalten:

– Firma und Anschrift des Antragstellers

– Firma und Anschrift des Herstellers der Verpackung

– Bezeichnung der Verpackungsart

– fachgerechte Konstruktionszeichnung der Verpackung

– gegebenenfalls Fotos

– verwendete Werkstoffe (z. B. Sortenbezeichnung, Handelsname)

– vorgesehene Verwendung.

3.4 Prüfberichte

3.4.1 Über die Ergebnisse der Einzelprüfungen sind Prüfberichte zu erstellen.

3.4.2 Die BAM oder das BZA fassen gegebenenfalls die Ergebnisse einzelner Prüfberichte in einem Gesamtprüfbericht zusammen.

3.4.3 Der Gesamtprüfbericht muß folgende Angaben enthalten:

– prüfende Stelle,

– Antragsteller,

– Hersteller der Verpackung,

– Beschreibung der Verpackung, kennzeichnende Merkmale wie Werkstoffe, Abmessungen, Wanddicken, Gewicht, Verschlüsse,

Quelle: Verkehrsblatt 1985 S. 518

1

– fachgerechte Konstruktionszeichnung der Verpackung und der Verschlüsse (ggf. Fotos),

– Herstellverfahren,

– Volumen,

– Prüfergebnisse.

3.4.4 Der Prüfbericht ist von der prüfenden Stelle aufzubewahren.

3.5 Die in 3.1.1 genannten Prüfanstalten können Ergebnisse anderer Stellen anerkennen. Sie können auf einzelne Prüfungen verzichten, wenn das Verhalten der Verpackungen auf andere Weise bekannt geworden ist. Es können andere als die beschriebenen Prüfmethoden angewendet werden, wenn diese mindestens ebenso wirksam sind.

4. Zulassung

4.1 Sind die Voraussetzungen gemäß Nr. 2 durch die Vorlage von Prüfberichten erfüllt, legen die BAM oder das BZA die Kennzeichnung und Kodierung für die Bauart fest und erteilen die Zulassung mit einem Zulassungsschein gemäß Anlage 1.

4.2 Die BAM ist zuständig für die Erteilung der Zulassung von Verpackungsbauarten für den Seeschiffs-, Straßen-, Eisenbahn- und Luftfahrzeugverkehr; das BZA für den Eisenbahnverkehr.

4.3 Im Zulassungsschein ist anzugeben:

„Die Bauart entspricht den von den Vereinten Nationen (UN) festgelegten Prüfanforderungen für Verpackungen zur Beförderung gefährlicher Güter."

4.4 Die Zulassungsbehörden müssen sich gegenseitig über die erteilten Zulassungen unterrichten.

4.5 Zulassungen ausländischer Stellen gelten, wenn die Bauart den internationalen Übereinkommen für den Straßen- oder Eisenbahnverkehr (ADR/RID) oder den internationalen Vorschriften des See- oder Luftverkehrs (IMDG-Code/ICAO-TI) entspricht.

5. Gewährleistung

Mit Anbringung der Kennzeichnung gewährleistet der Hersteller, daß die serienmäßig gefertigten Verpackungen der zugelassenen Bauart entsprechen und daß die im Zulassungsschein genannten Bedingungen erfüllt sind.

Zulassungsschein

(Nr.)

für die Bauart einer Verpackung zur Beförderung gefährlicher Güter

1. Rechtsgrundlagen

2 Antragsteller

3. Beschreibung der Bauart

4. Anforderungen an die Bauart
   Die Bauart muß den Baumustern entsprechen, die gemäß

› Prüfbericht Nr.
   der Prüfstelle
   vom

   einer Bauartprüfung nach [z. B. Richtlinien für das Verfahren der Bauartprüfung, die Erteilung der Kennzeichnung und die Zulassung von Verpackungen für die Beförderung gefährlicher Güter mit Seeschiffen – RM 001 – vom 28. Juni 1985, im Bundesanzeiger Nr. 157 A vom 24. August 1985] unterzogen worden sind.

5. Zulassung
   Die unter Nr. 3 beschriebene Bauart wird unter der Voraussetzung, daß die Anforderungen nach Nummer 4. erfüllt werden, zugelassen.

6. Fertigung von Verpackungen
   Nach der zugelassenen Bauart dürfen Verpackungen serienmäßig gefertigt werden. Der Hersteller muß gewährleisten, daß bei den serienmäßig gefertigten Verpackungen die für die Bauart festgelegten Anforderungen erfüllt sind.

7. Kennzeichnung
   Die nach der zugelassenen Bauart serienmäßig gefertigten Verpackungen sind dauerhaft und gut sichtbar wie folgt zu kennzeichnen:

8. Auflagen über die Verwendung der Verpackungen

8.1 Die nach der zugelassenen Bauart serienmäßig gefertigten und entsprechend Nr. 7 gekennzeichneten Verpackungen dürfen für gefährliche Güter verwendet werden, wenn für sie nach den Vorschriften der (z. B. GGVS/GGVE/GefahrgutVSee/Ausnahmegenehmigung Nr.) solche Verpackungen zulässig sind.

8.2 Die Verpackungen dürfen für gefährliche Güter der Verpackungsgruppe(n) verwendet werden.

8.3 Die Grenzdaten für den Inhalt (z. B. Dichte/Schüttdichte) bzw. der Bruttomasse dürfen nicht überschritten werden.

8.4 Der Gesamtdruck (Dampfdruck plus Partialdruck evtl. vorhandener Gase) der Füllgüter bei 55° C darf kPa (Überdruck) nicht überschreiten.

8.5 Wird die zugelassene Verpackungsbauart als zusammengesetzte Verpackung – auch mit anderen als in diesem Zulassungsschein beschriebenen Innenverpackungen – verwendet, muß nachweisbar sichergestellt sein, daß die zusammengesetzte Verpackung mit den Innenverpackungen ebenso wirksam ist wie die zugelassene Verpackungsbauart.

8.6 . . . (weitere von der Zulassungsstelle für erforderlich gehaltene Auflagen)

9. Der in Nr. 2 genannte Antragsteller muß nachweisbar sicherstellen, daß alle Auflagen über die Verwendung der Verpackung demjenigen, der die Verpackung für Gefahrgut einsetzt/befüllt, bekannt sind.

10. Sonstiges
    Die Bauart entspricht den in den

    – internationalen Übereinkommen für den Straßen- oder Eisenbahnverkehr (ADR/RID) und/oder

    – internationalen Vorschriften des See- oder Luftverkehrs (IMDG-Code/ICAO-TI)

    festgelegten Prüfanforderungen für Verpackungen zur Beförderung gefährlicher Güter.

Anlage 2

Fragebogen

für Antragsteller gemäß Nr. 3.1.2 der R 002

1. Angaben zum Antragsteller

1.1 Name

1.2 Anschrift

1.3 Telefon: Telex:

2. Angaben über die zu prüfenden Bauarten ggf. mit Angaben darüber, ob und über welchen Zeitraum derartige Prüfungen bereits durchgeführt wurden.

3. Angaben zur verantwortlichen Prüfaufsicht:
   Name: Vorname: geb. am:
   Unterschriftenprobe

4. Angaben zum Prüfpersonal
   Name: Vorname: geb. am:
   Ausbildung als   Tätigkeiten im Betrieb

5. Angaben zur vorhandenen Ausrüstung und zur Verfahrensweise.

5.1 Angaben zu Fallprüfungen

5.1.1 Fall v. Kranhaken: ja/nein
   v. Fallmaschine: ja/nein
   v. Fallvorrichtung: ja/nein

5.1.2 Lagefixierung des Prüflings durch

5.1.3 Beschaffenheit des Fallfundaments
   Aufprallboden
   Aufbau
   Oberflächenbeschaffenheit
   Masse
   Abmessungen (Länge, Breite, Höhe)

5.1.4 Verfahren zur Probentemperierung auf – 18° C vor der Prüfung
Temperaturabweichung während der Prüfung   ± K.
Temperaturschwankung im Packmittel   ± K.

5.2 Angaben zu Stapeldruckprüfungen

5.2.1 Prüfmasse   geführte Last   ja/nein

5.2.2 Messung der Prüfkraft durch

5.2.3 Probenklimatisierung
(nur für Verpackungen aus Papier und Pappe)
im Prüfklima. . . . . erfolgt durch
(z. B. Normalklima 23/50-1 DIN 50 014).

5.2.4 Verfahren zur Probentemperierung auf + 40° C während der Prüfung.
Temperaturschwankung   ± K.

5.3 Angaben zu Dichtheitsprüfungen/Prüfungen von Lüftungseinrichtungen

5.3.1 Die zur Anwendung kommende Lecknachweismethode ist

5.3.2 Die Druckkonstanthaltung erfolgt durch

5.3.3 Der Prüfdruck wird gemessen mit
mit einer Genauigkeit von   ± kPa (bar)

5.4 Angaben zur Innendruckprüfung
Die Druckkonstanthaltung erfolgt durch
Die Druckdauer wird gemessen ab Erreichen welchen Innendrucks?
Der Prüfdruck wird gemessen mit
mit einer Genauigkeit von   ± kPa (bar)

5.5 Angaben zu Seitendruckprüfungen
Verwendet wird eine Druckprüfmaschine
nach DIN
Hersteller
Typ
Meßbereiche

5.6.1 Angaben zur 6-Monate-Lagerung unter Füllguteinfluß
Lagerfläche
Lagerraumklima nach DIN 50 014

5.6.2 Angaben zur 3wöchigen Lagerung unter Füllguteinfluß bei + 40° C

5.7 Angaben zur angewandten Nachweismethode für die Feststellung einer ausreichenden Festigkeit hygroskopischer Packstoffe oder Packmittel in feuchtem Zustand

5.8 Angaben zur Wartung und Justierung der Einrichtungen
Welche Wartungsintervalle sind intern vorgesehen?
Die Wartung erfolgt durch

5.9 Angaben über vorhandene geeichte Meßzeuge
(Waagen, Thermometer, Gewichtsstück-Sätze)

6. Erklärung der beantragenden Stelle

6.1 Änderungen zu den Angaben in Nr. 1 bis 5 werden wir umgehend mitteilen.

6.2 Wir erklären uns bereit, die bei der BAM zur Vorlage kommenden Prüfergebnisse nach allen Einzelprüfungen und Einzelbefunden aufzuschlüsseln und diese Prüfzeugnisse vom Protokollführer und einer der unter Nr. 3 genannten Aufsichtspersonen gemäß Unterschriftsprobe unterzeichnen zu lassen

7. Anlagen der beantragenden Stelle

Ort, Datum, Unterschrift

4

Technische Richtlinie für Transportgefäße aus Kunststoffen — TR TK 001

vom 28. Juni 1985

**Technische Richtlinien für den Bau, die Prüfung,
die Zulassung, die Kennzeichnung
und die Verwendung von Transportgefäßen
aus Kunststoffen**

– TR TK 001 –

Kapitel I

1. Geltungsbereich

1.1 Diese Richtlinien gelten für Transportgefäße aus Kunststoffen (TK) einschl. Bedienungs- und bauliche Ausrüstung mit einem Fassungsraum von mehr als 250 l bis 1250 l für flüssige und feste Stoffe.

1.2 Das Kapitel I enthält die allgemeinen Bestimmungen. Das Kapitel II enthält die Stoffe, die in TK befördert werden dürfen.

2. Anforderungen

2.1 Die Gefäße müssen den zu erwartenden mechanischen, thermischen und chemischen Beanspruchungen standhalten und dicht bleiben. Sie müssen gegen die gefährlichen Stoffe und deren Dämpfe beständig sein. Sie müssen ferner in erforderlichen Maße beständig sein gegenüber Alterung und UV-Strahlung. Diese Anforderungen müssen während der Gebrauchsdauer erfüllt sein. Die Gebrauchsdauer*) darf höchstens 5 Jahre betragen, es sei denn, es treffen die Bedingungen unter Nummer 3.11 zu. Bei Transportgefäßen, die für eine einmalige Verwendung bestimmt sind, ist eine Gebrauchsdauer von 18 Monaten nach Herstellungsmonat sicherzustellen.

2.2 Die Gefäße müssen so gebaut sein, daß ihre gefahrlose Behandlung mit Kran und Flurförderfahrzeugen gewährleistet ist.

2.3 Die Gefäße müssen in einer kunststoffgerechten Bauweise aus einwandfreiem, geeignetem Kunststoff nach dem Stand der Technik hergestellt sein. In ihrer Zusammensetzung unkontrollierte Kunststoffe sowie Werkstoffe bereits benutzter Gefäße dürfen für die Herstellung der Gefäße nicht verwendet werden.

2.4 Bei Stoffen mit einem Flammpunkt von höchstens 35° C muß sichergestellt sein, daß bei betriebsmäßigen Vorgängen keine Gefahren durch elektrostatische Aufladung der Gefäße entstehen können. Zur Vermeidung derartiger Gefahren müssen die TK den Anforderungen nach 4.13 genügen.

2.5 Die Gefäße müssen gegen Flammeneinwirkung ausreichend widerstandsfähig sein. Wenn zu befürchten ist, daß das Brandverhalten der zuzulassenden Bauart schlechter ist als bei bewährten Bauarten, kann die Prüfanstalt dies nachprüfen.

2.6 Die TK müssen die Anforderungen der Prüfungen nach Nummer 4 erfüllen.

3. Zulassung des Baumusters

3.1 Jede Bauart eines TK muß von der

Bundesanstalt für Materialprüfung (BAM)
Unter den Eichen 87
D-1000 Berlin 45

oder

Bundesbahn-Zentralamt Minden (BZA)
D-4950 Minden (Westf.)

baumustergeprüft und zugelassen sein.

*) Nicht als Verlängerung der Gewährleistungspflicht oder besondere
Garantie des Herstellers zu verstehen.

Quelle: Verkehrsblatt 1985, S. 422

3.2 Die Baumusterprüfung und Zulassung sind bei einer der in 3.1 genannten Behörden zu beantragen.

3.3 Dem Antrag müssen mindestens folgende Angaben und Unterlagen in dreifacher Ausfertigung in deutscher Sprache beigefügt werden:

– Firma und Anschrift des Antragstellers

– Firma und Anschrift des Herstellers des TK

– Typenbezeichnung des TK

– Baubeschreibung (ggf. mit Fotos) und verwendete Werkstoffe (Handelsname und Sortenbezeichnung mit zugehörigen technischen Informationen)

– vorgesehene Verwendung (Rechtsvorschrift, nach der die Zulassung erteilt werden soll)

– sämtliche zur Herstellung des TK erforderlichen Konstruktionszeichnungen einschließlich einer Zusammenstellungszeichnung (ggf. mit Fotos)

– Datenblatt, das kurzgefaßte Angaben über die wichtigsten Betriebsgrößen enthält, wie äußere Abmessungen, Volumen, Bruttomasse, Nettohöchstmasse, Prüflast für die Stapeldruckprüfung

– Betriebs- und Bedienungsanleitung der Bedienungsausrüstungen und Handhabungseinrichtungen

– die zu befördernden Stoffe nach den Angaben des Kapitels II

– wichtige physikalische Kenngrößen der zu befördernden Stoffe, wie Schüttdichte in kg/l, Korngröße in mm

– ein Qualitätssicherungsprogramm, welches sicherstellen muß, daß jedes gefertigte TK den Anforderungen dieser Richtlinien genügt

– Darstellung der sonstigen Kennzeichnung

– Erklärung darüber, daß das Baumuster den vorgeschriebenen Prüfungen unterzogen werden darf

– Erklärung zur Übernahme der Prüfkosten gemäß den Gebührenordnungen.

3.4 Die Bauart eines TK wird bestimmt durch die Konstruktion, Größe, Werkstoff und Wanddicke, Art der Herstellung und des Zusammenbaus. Ebenfalls eingeschlossen sind TK, die lediglich geringere äußere Abmessungen haben.

3.5 Die in 3.1 genannten Behörden können Prüfergebnisse anderer Stellen anerkennen. Sie können auf einzelne Prüfungen verzichten, wenn das Bestehen der Prüfanforderungen der TK auf andere Weise nachgewiesen worden ist.

Vertreter der in 3.1 genannten Behörden, des Antragstellers und des Herstellers der TK können bei der Prüfung des Baumusters zugegen sein.

3.6 Nach Abschluß der Baumusterprüfung ist ein Prüfbericht mit der Beschreibung der Bauart, den durchgeführten Prüfungen und deren Ergebnis zu erstellen.

3.7 Wenn die Voraussetzungen erfüllt sind, stellt die Behörde eine Zulassung für das Baumuster nach den Rechtsvorschriften für die Beförderung gefährlicher Güter aus und legt die Bedingungen für die Serienfertigung fest.

3.8 Die in 3.1 genannten Behörden müssen sich gegenseitig über die erteilten Zulassungen unterrichten. Sie haben sicherzustellen, daß die Kennzeichnung einheitlich festgelegt wird.

3.9 Bei TK, die für Druckentleerung mit 50 kPa (0,5 bar) Überdruck vorgesehen und entsprechend gekennzeichnet werden sollen, legt die Behörde in der Zulassung fest, daß die nach dem zugelassenen Baumuster hergestellten

TK vom Hersteller einer Druckprüfung mit 65 kPa (0,65 bar) Überdruck zu unterziehen sind.

3.10 Soll von der Zulassung einschließlich der dazugehörenden Unterlagen abgewichen werden, ist die Entscheidung der Behörde einzuholen, die die Zulassung erteilt hat. Dabei durchzuführende Prüfungen sind von der Art und dem Umfang der Änderungen abhängig.

3.11 Für nach einem zugelassenen Baumuster hergestellte TK aus Polyäthylen oder aus anderem Kunststoff kann die Bundesanstalt für Materialprüfung oder das Bundesbahn-Zentralamt Minden die Gebrauchsdauer um höchstens 3 Jahre auf insgesamt 8 Jahre verlängern. Für Transportgefäße aus GFK von höchstens 5 auf insgesamt 10 Jahre. Für das Verfahren gilt 3.12.

3.12 Für TK, deren Gebrauchsdauer über den Zeitraum von 5 Jahren hinaus verlängert wird, ist eine Innendruckprüfung gemäß Nummer 4.10 sowie eine Fallprüfung gemäß Nummer 4.11 an einer von der Behörde bestimmten Zahl von TK durchzuführen. Die Behörden legen in einem Nachtrag zur Zulassung über die Verlängerung der Gebrauchsdauer fest, in welchem Umfang die in die Regelung einzubeziehenden TK jährlich wiederkehrend Stück für Stück auf Dichtheit und bestimmungsgemäßen Zustand durch einen Sachkundigen zu überprüfen sind. Sie legen darüber hinaus alle weiteren Auflagen wie z. B. Tausch von Schraubdeckeln, Auslaufarmaturen, Dichtungen aus bestimmten Werkstoffen und Aufarbeitung der Gitterboxpaletten nach sachverständigem Ermessen für die in die Gebrauchsdauerverlängerung einbezogenen TK fest. Die übrigen Bestimmungen der TR TK 001 sind, soweit erforderlich, sinngemäß anzuwenden.

4. **Baumusterprüfungen**

4.1 Allgemeines

4.1.1 Durch die Baumusterprüfung soll die Eignung der TK-Bauart für die Beförderung bestimmter Stoffe festgestellt werden.

4.1.2 Folgende Werkstoffprüfung an nicht konfektionierten TK wird durchgeführt (siehe 4.2).

4.1.3 Folgende Prüfungen an versandfertig verschlossenen Gefäßen werden durchgeführt (siehe 4.8.2, 4.9.2 und 4.1.3.1).

– Prüfung des Verhaltens gegenüber dem zu transportierenden Stoff
– Warmlagerungsprüfung bei Gefäßen mit Schutzrahmen
– Stapeldruckprüfung
– Dichtheitsprüfung
– Innendruckprüfung (für Stoffe mit einem Dampfdruck bei 50° C von mehr als 10 kPa (0,1 bar) absolut
– Fallprüfung
– Druckwechselprüfung
– Berstdruckprüfung
– Prüfung der elektrostatischen Aufladung.

4.1.4 Je nach Art des Kunststoffes können hinsichtlich der Ausführung der Prüfungen zusätzliche Bedingungen (z. B. Konditionierung) gestellt werden.

4.2 Werkstoffprüfung

Die Ergebnisse der Werkstoffprüfung dienen der Festlegung von Gewährleistungswerten, die bei der laufenden Fertigung innerhalb der Behörde gesondert festzulegender Toleranzen einzuhalten sind.

4.2.1 Zahl der Prüfmuster

1 Gefäß

4.2.2 Probennahme

Die Prüfstelle entnimmt aus einem ebenen Wandungsteil des noch nicht beanspruchten Gefäßes eine für die Durchführung von Werkstoffprüfungen ausreichend große Probenplatte. Die Entnahme soll so erfolgen, daß ggf. auch fertigungsbedingte Schwachstellen (z. B. Quetschnaht, Klebeverbindungen) ergänzend überprüft werden können.

Die Entnahmestelle und die Probenlage sind im Prüfbericht zu vermerken.

4.2.3 Werkstoffprüfung an Transportgefäßen aus Polyäthylen

		Werkstoff-eigenschaften	Einheit	Prüfverfahren
1. Polyäthylen unvernetzt	1.1	Schmelzindex	g/10 min.	DIN *) 53 735 – Fassung 01/83 – Prüftemperatur 190° C [1]
	1.2	Dichte d_R	g/cm³	DIN 53 479 – Fassung 07/76 – Verfahren A bis C [2]
2. Polyäthylen vernetzt	2.1	Gelanteil G	%	[3]
	2.2	Quellwert Q	–	[4]

*) DIN – Deutsches Institut für Normung
[1] Normalerweise wird geprüft mit 5 kg Belastung. Wenn der Schmelzindex mit der 5-kg-Belastung unter 0,25 g/10 min. liegt, ist eine Belastung von 21,6 kg anzuwenden.
[2] Messung am Schmelzstrang aus Schmelzindex-Bestimmung nach Temperung entsprechend DIN 16 776 Teil 2 – Fassung 04/78 –, wobei der Strang 1 Stunde in kochendem Wasser gelagert wird.
[3] Die Probe (etwa 0,5 g) wird 8 Stunden im Soxleth mit Xylol (kp 140° C) extrahiert, anschließend bis zur Gwichtskonstanz getrocknet. Der ungelöste Rückstand in Prozent der Einwaage ist der Gelanteil G.
[4] Die Probe (etwa 0,1 g) wird 2 Stunden mit Xylol am Rückfluß gekocht, abfiltriert, oberflächlich abgetupft und sofort gewogen. Das Verhältnis des Gewichts der gequollenen zum Gewicht der ungequollenen Probe ergibt den Quellwert Q.

4.2.4 Werkstoffprüfung an Transportgefäßen aus GFK bzw. des GFK-Mantels von Transportgefäßen

Es werden Prüfungen zur Bestimmung folgender Werte durchgeführt:

1. Glasgehalt (Glührückstand nach DIN EN 60 – Fassung 11.77 –) und Glasschichtaufbau an 3 Proben;
2. bei GFK-UP [5]) Styrolgehalt nach DIN 16 945 – Fassung 04/76 – Abschnitt 4.14, bezogen auf den Harzanteil, an 3 Proben;
   bei GFK-EP [6]) Gehalt an acetonlöslichen Bestandteilen des EP-Harz-Formstoffes, bezogen auf den Harzanteil, nach DIN 53 700 – Fassung 1/70 – an 3 Proben;
3. Zugfestigkeit und Bruchdehnung in Anlehnung an DIN 53 455 – Fassung 08.81 – sowie Elastizitätsmodul im Zugversuch nach DIN 53 457 – Fassung 5/68 –. Die Prüfung erfolgt in den Hauptverstärkungsrichtungen an je 5 Proben. Bei Verstärkungsarten, die eine richtungsunabhängige Verstärkung ergeben (z. B. Mattenlaminate), erfolgt die Prüfung richtungsunabhängig (5 Proben);
4. Rohdichte nach DIN 53 479 – Fassung 07/76 – an 3 Proben;
5. Barcol-Härte mit Prüfgerät Typ 934-1 (10 Prüfungen).

Bei der Prüfung von GFK-UP nach Ziffer 2 darf ein Styrolgehalt von 2 %, bei GFK-EP ein Differenzwert an acetonlöslichen Bestandteilen von 2 % nicht überschritten werden.

4.2.5 Werkstoffprüfung an Transportgefäßen aus anderen Kunststoffen

Falls im Rahmen neuerer Entwicklungen andere Werkstoffe als die unter 4.2.3 und 4.2.4 genannten verwendet werden sollen, sind von der zuständigen Behörde gleichwertige Werkstoffprüfungen festzulegen.

4.3 Prüfung des Verhaltens gegenüber dem zu transportierenden Stoff

4.3.1 Zahl der Prüfmuster

2 Gefäße.

[5]) Glasfaserverstärkte Kunststoffe – Ungesättigte Polyester
[6]) Glasfaserverstärkte Kunststoffe – Epoxidharz

4.3.2 Vorbereitung der Prüfmuster für die Prüfung

Die Prüfmuster werden unter Beachtung der beantragten Füllmenge mit dem für den Versand vorgesehenen Füllgut[7]) gefüllt, versandfertig verschlossen und bei Raumtemperatur gewogen.

4.3.3 Prüfverfahren

Die Prüfmuster werden bei Raumtemperatur nach DIN 50 014 – Fassung 12.75 – sechs Monate gelagert und danach gewogen.

Während der ersten und der letzten 24 Stunden der Lagerzeit sind die Prüfmuster mit dem Verschluß nach unten aufzustellen.

Diese zusätzliche Prüfung entfällt, wenn die TK mit einer Druckbegrenzungseinrichtung ausgerüstet sind.

4.3.4 Kriterium für das Bestehen der Prüfung

Die Prüfmuster müssen dicht bleiben. Insbesondere darf während der Lagerzeit mit dem Verschluß nach unten aus den Prüfmustern kein Füllgut austreten.

Durch Permeation darf bei brennbaren Flüssigkeiten nicht mehr als 0,008 g pro l und h des Füllgutes austreten.

Die zulässige Permeationsrate bei gesundheitsgefährdenden Stoffen bedarf der Beurteilung im Einzelfall.

Nach der 6monatigen Lagerung sind die Prüfmuster je nach Bauart und Verwendungszweck der Warmlagerungsprüfung, Stapeldruckprüfung, Dichtheits- und ggf. Innendruckprüfung, Fallprüfung, Druckwechselprüfung, Berstdruckprüfung und Prüfung der elektrostatischen Aufladung zu unterziehen.

4.4 Warmlagerungsprüfung unter Füllguteinfluß bei Gefäßen, bei denen der Stapeldruck vom Schutzrahmen aufgenommen wird

4.4.1 Prüfmuster

Erstes TK aus 4.3.

4.4.2 Vorbereitung des Prüfmusters für die Prüfung

Das Prüfmuster ist mit dem für den Versand vorgesehenen Stoff[8]) versandfertig zu füllen und zu verschließen und bei Raumtemperatur zu wägen.

4.4.3 Prüfverfahren

Das Prüfmuster wird in Gebrauchslage über eine Zeitspanne von 28 Tagen bei 40° C gelagert. Danach wird das Prüfmuster bei Raumtemperatur gewogen und der Unterschied zum Gewicht vor der Prüfung ermittelt (Permeation).

Zur Feststellung der Dichtheit ist das Prüfmuster unmittelbar nach dem Wägen mit dem Verschluß nach unten aufzustellen und 30 Minuten zu lagern.

An Prüfmustern, deren Verschlüsse mit Druckbegrenzungseinrichtung ausgerüstet sind, wird nach dem Wägen durch Lösen der Verschlüsse der Druckausgleich hergestellt. Danach werden die Prüfmuster ebenfalls 30 Minuten mit dem Verschluß nach unten gelagert.

4.4.4 Kriterium für das Bestehen der Prüfung

Das Prüfmuster muß nach der Prüfung dicht sein und darf keine Verformung aufweisen, die seine Verwendbarkeit beeinträchtigt.

4.5 Stapeldruckprüfung unter Füllguteinfluß bei stapelbaren TK, bei denen der Stapeldruck ganz oder teilweise vom TK aufgenommen wird.

4.5.1 Prüfmuster

Erstes TK aus 4.3.

4.5.2 Vorbereitung des Prüfmusters für die Prüfung

Das Prüfmuster ist mit dem für den Versand vorgesehenen Stoff[9]) versandfertig zu füllen und zu verschließen und bei Raumtemperatur zu wägen.

4.5.3 Prüfverfahren (Einzelheiten: vgl. DIN 53 757 – Fassung 08.77)

Das Prüfmuster wird auf ebenem, horizontalem Boden freistehend oder liegend über eine Zeitspanne von 28 Tagen bei 40° C unter Beanspruchung gemäß Abschnitt 4.5.4 geprüft. Die Beanspruchung wird durch eine Masse ausgeübt, die senkrecht wirkt und geführt wird. Sie wirkt auf das Prüfmuster über den ausgesteiften Boden eines gleichartigen Gefäßes. Anschließend an die Prüfung wird das Prüfmuster ohne Beanspruchung 24 Stunden bei Prüftemperatur belassen.

Danach wird das Prüfmuster bei Raumtemperatur gewogen und der Unterschied zum Gewicht vor der Stapeldruckprüfung ermittelt (Permeation).

Zur Feststellung der Dichtheit ist das Prüfmuster unmittelbar nach dem Wägen mit dem Verschluß nach unten aufzustellen und 30 Minuten zu lagern.

An Prüfmustern, deren Verschlüsse mit Druckbegrenzungseinrichtung ausgerüstet sind, wird nach dem Wägen durch Lösen der Verschlüsse der Druckausgleich hergestellt. Danach werden die Prüfmuster ebenfalls 30 Minuten mit dem Verschluß nach unten gelagert.

4.5.4 Prüfmasse

Die Prüfmasse für den Stapeldruckversuch wird nach folgender Formel berechnet:

$$m_{\text{Prüf}} = \left(\frac{h_s}{h} - 1\right) \cdot (m_L + m_F)$$

Dabei bedeuten:

$m_{\text{Prüf}}$ = auf das Prüfmuster aufzubringende Prüfmasse in kg
h_s = geforderte Stapelhöhe 300 cm
h = Höhe des unbeanspruchten Prüfmusters in cm
m_L = Masse des leeren Prüfmusters in kg
m_F = Masse des Füllgutes eines Prüfmusters in kg

4.5.5 Kriterium für das Bestehen der Prüfung

Das Prüfmuster muß nach der Prüfung dicht sein und darf keine Verformung aufweisen, die seine Verwendbarkeit und Stapelfähigkeit beeinträchtigt.

4.6 Stapeldruckprüfung bei TK, bei denen der Stapeldruck vom Schutzrahmen aus metallischen Werkstoffen aufgenommen wird.

4.6.1 Prüfmuster

Das TK aus 4.4.

4.6.2 Prüfverfahren (Einzelheiten: vgl. DIN 53 757 – Fassung 08.77)

Das Prüfmuster wird auf ebenem, horizontalem Boden freistehend unter Beanspruchung gemäß Abschnitt 4.6.3 geprüft. Die Beanspruchung wird durch einen gleichartigen Schutzrahmen (ersatzweise eine ebene Platte) ausgeübt, der in Gebrauchslage darauf gestapelt ist und mit zusätzlichen Massen bestückt ist. Die Beanspruchung dauert 60 Minuten bei Raumtemperatur.

4.6.3 Prüfmasse

Die Masse, die auf den Schutzrahmen wirkt, wird nach folgender Formel berechnet:

$$m_{\text{Prüf}} = \left(\frac{h_s}{h} - 1\right) \cdot (m_L + m_F)$$

---

[7] [8]) Bei Gemischen wie z. B. Kraftstoffen werden die festgelegten Prüfstoffe verwendet.

[9]) Bei Gemischen wie z. B. Kraftstoffen werden die festgelegten Prüfstoffe verwendet.

Dabei bedeuten:

$m_{Prüf}$ = auf den Schutzrahmen aufzubringende Prüfmasse in kg

hs = geforderte Stapelhöhe 300 cm

h = Höhe des Schutzrahmens in cm

m_L = Masse des leeren Prüfmusters (Schutzrahmen und Gefäß)

m_F = Masse des Füllgutes eines Prüfmusters in kg

4.6.4 Kriterium für das Bestehen der Prüfung

Der Schutzrahmen darf nach der Prüfung keine Verformung aufweisen, die seine Verwendbarkeit und Stapelfähigkeit beeinträchtigt.

4.7 Druckwechselprüfung

4.7.1 Zu prüfende TK

Der Druckwechselprüfung sind TK zu unterziehen, die für Druckentleerung mit einem maximalen Betriebsdruck von 50 kPa (0,5 bar) Überdruck vorgesehen sind.

4.7.2 Prüfmuster

Das TK aus 4.5 bzw. 4.6.

4.7.3 Vorbereitung des Prüfmusters für die Prüfung

Das Prüfmuster ist mit dem für den Versand vorgesehenen Füllgut versandfertig zu füllen und zu verschließen. Im Anschluß daran wird es bei Raumtemperatur 5 Stunden lang dem vorgesehenen Betriebsdruck unterworfen. Der Druck muß während dieser Zeit konstant gehalten werden.

4.7.4 Prüfverfahren

Das Prüfmuster wird periodisch 25mal mit dem Betriebsdruck beaufschlagt und wieder entlastet.

4.7.5 Kriterium für das Bestehen der Prüfung

Nach der Prüfung muß das Prüfmuster dicht sein.

4.8 Berstdruckprüfung

4.8.1 Prüfmuster

Das TK aus 4.5, 4.6 bzw. 4.7.

4.8.2 Vorbereitung des Prüfmusters für die Prüfung

Das Prüfmuster ist zu entleeren und mit Wasser zu füllen. Die Öffnungen sind – ggf. unter Verwendung von besonders hergerichteten Verschlüssen – dicht zu verschließen.

4.8.3 Prüfverfahren

Das Prüfmuster wird bei Raumtemperatur einer Wasserdruckprüfung nach 4.8.4 unterzogen.

4.8.4. Prüfdruck

Als Prüfdruck ist der höhere der beiden folgenden Drücke anzuwenden
– 3facher Betriebsdruck
– 3facher Dampfdruck bei 50° C abzüglich 10 kPa (1 bar)

4.8.5 Kriterium für das Bestehen der Prüfung

Das Prüfmuster darf nicht bersten.

4.9 Dichtheitsprüfung

4.9.1 Prüfmuster

Zweites TK aus 4.3.

4.9.2 Vorbereitung des Prüfmusters für die Prüfung

Verschlüsse mit Druckbegrenzungseinrichtung müssen gegen solche ohne Druckbegrenzungseinrichtung ausgetauscht werden.

4.9.3 Prüfverfahren

Die Dichtheitsprüfung wird an dem entleerten Prüfmuster bei Raumtemperatur mit Luft von 20 kPa (0,2 bar) Überdruck 30 Minuten lang durchgeführt.

Der Prüfdruck muß während dieser Zeit konstant gehalten werden.

Die Dichtheit kann durch Eintauchen in Wasser, Überstreichen mit schaumbildenden Lösungen oder anderen geeigneten Verfahren festgestellt werden.

4.9.4 Kriterium für das Bestehen der Prüfung

Das Prüfmuster muß dicht sein.

4.10 Innendruckprüfung an TK für Flüssigkeiten

4.10.1 Zu prüfende TK

Der Innendruckprüfung sind Gefäße zu unterziehen, die zur Beförderung von flüssigen Stoffen mit einem Dampfdruck bei 50° C von mehr als 10 kPa (0,1 bar) absolut vorgesehen sind.

4.10.2 Prüfmuster

Das TK aus 4.9.

4.10.3 Prüfverfahren

Das freistehende (nicht zusätzlich mechanisch gestützte) Prüfmuster wird bei Raumtemperatur 30 Minuten lang einer Wasserdruckprüfung nach Abschnitt 4.10.4 unterzogen. Der Prüfdruck muß während dieser Zeit konstant gehalten werden.

4.10.4 Prüfdrücke

Der Prüfdruck beträgt für TK zur Beförderung von flüssigen Stoffen mit einem Dampfdruck bei 50° C von

mehr als 10 kPa (0,1 bar) bis höchstens 110 kPa (1,1 bar) absolut: 75 kPa (0,75 bar) Überdruck

mehr als 110 kPa (1,1 bar) absolut das 1,5fache des Gesamtdruckes bei 50° C minus: 100 kPa (1 bar), mindestens jedoch 100 kPa (1 bar) Überdruck.

4.10.5 Kriterium für das Bestehen der Prüfung

Das Prüfmuster muß dicht sein.

4.11 Fallprüfung

4.11.1 Prüfmuster

Das TK aus 4.9 bzw. 4.10.

4.11.2 Vorbereitung des Prüfmusters für die Prüfung

Das Prüfmuster der für flüssige Stoffe mit einer Dichte von höchstens 1,2 g/cm³ bestimmten Gefäße ist zu 98 % mit Wasser unter Zusatz eines Frostschutzmittels versandfertig zu füllen.

Bei flüssigen Stoffen mit einer Dichte von mehr als 1,2 g/cm³ kann eine Ersatzflüssigkeit von mindestens gleicher Dichte wie die zur Beförderung vorgesehene Flüssigkeit verwendet werden. Wenn eine Ersatzflüssigkeit gleicher Dichte nicht vorhanden ist, ist die Dichtedifferenz durch eine entsprechend größere Fallhöhe auszugleichen (s. 4.11.4).

Das Prüfmuster der für feste Stoffe bestimmten TK ist mit dem Originalfüllgut oder einem ungefährlichen Ersatzgut zu mindestens 95 % seines Fassungsraumes zu füllen. Die Schüttdichte des Ersatzfüllgutes muß, die weiteren physikalischen Eigenschaften des Ersatzfüllgutes sollen denen des für den Versand vorgesehenen Stoffes entsprechen.

Die Prüfung ist nach Temperierung des Prüfmusters und seines Inhalts auf – 20° durchzuführen.

4.11.3 Aufprallfläche

Die Aufprallfläche muß eben, glatt, horizontal und nicht federnd sein.

4.11.4 Fallhöhe

Feste Stoffe: 1,20 m.

Flüssige Stoffe

mit einer Dichte von höchstens 1,2 g/cm³ oder bei Verwendung einer Ersatzflüssigkeit gleicher Dichte: 1,20 m.

Wird für flüssige Stoffe mit einer Dichte von mehr als 1,2 g/cm³ ein Ersatzfüllgut gleicher Dichte nicht verwendet, so entspricht – bei Füllung mit einem Wasserfrostschutzmittel-Gemisch – die Fallhöhe in Metern der Maßzahl der Dichte der zu befördernden Flüssigkeit, aufgerundet auf die erste Dezimale.

4.11.5 Als Aufprallstelle ist die schwächste Stelle des TK zu wählen.

4.11.6 Kriterium für das Bestehen der Prüfung

Nach der Prüfung muß das Prüfmuster dicht sein.

4.12 TK mit Druckbegrenzungseinrichtung

4.12.1 An Prüfmustern der TK, deren Verschlüsse mit Druckbegrenzungseinrichtung ausgerüstet sein müssen, ist bei Raumtemperatur der Ansprechdruck der Druckbegrenzungseinrichtung festzustellen. Der Ansprechdruck muß höher als 20 kPa (0,2 bar) Überdruck sein. Nach Auswechseln des Verschlusses mit Druckbegrenzungseinrichtung gegen einen solchen ohne Druckbegrenzungseinrichtung muß durch Prüfung an dem Muster nachgewiesen werden, daß das TK 30 Minuten einem Druck standhält, der das 1,5fache des festgestellten maximalen Ansprechdrucks der Druckbegrenzungseinrichtung beträgt.

Bei Gefäßen, bei denen nach 4.10.4 Prüfdrücke vorgegeben sind, darf der Ansprechdruck der Druckbegrenzungseinrichtung $^2/_3$ des Prüfdruckes nicht überschreiten.

4.12.2 Bei Verwendung von semipermeablen Folien als Druckbegrenzungselement wird ein Mindestansprechdruck nicht vorgeschrieben.

4.13 Prüfung der elektrostatischen Aufladung

4.13.1 Prüfmuster
Die TK aus 4.2 und 4.8 (geleert).

4.13.2 Bei TK mit Wandungen ohne elektrisch leitfähige Schichten ist zu messen, ob der Oberflächenwiderstand (Isolationswiderstand), gemessen nach DIN 53 486, Fassung 04.75, im Normalklima 23/50 nach DIN 50 014 – Fassung 12.75 – weniger oder gleich 10^9 beträgt.

Bei TK mit elektrisch leitfähigen Schichten ist zu prüfen, ob die max. Dichte t_m einer nicht leitfähigen Schicht über der leitfähigen Schicht (z. B. leitfähiges Blech, Metallnetz oder anderes geeignetes Material), die mit der Erdungsklemme verbunden ist, die in Tafel 1 angegebenen Werte nicht überschreitet.

Tafel 1

Explosionsgruppe IEC ^{1}) 79-1	max. Dicke t_m in mm	max. Maschengröße ^{2}) für Metallnetze in cm²
II A und II B	2	100
II C	0,2	100

Alle Metallteile des TK sowie elektrisch leitfähige Schichten der Wandungen müssen untereinander leitfähig verbunden sein. Der Widerstand zwischen jedem leitfähigen Teil darf nicht größer als 10^9 Ohm sein.

5. Kennzeichnung

5.1 Jedes TK, welches für den Einsatz gemäß diesen Richtlinien hergestellt ist, muß mit einer beständigen und gut sichtbaren Kennzeichnung – ggf. auf zwei gegenüberliegenden Seiten – versehen sein, die folgende Angaben enthält:

(a) Das Verpackungssymbol der Vereinten Nationen: Ⓤ

(b) 1. Die Kennziffer, die den Typ des TK angibt:
TK für Feststoffe mit Entleerung oder Füllung durch Schwerkraft oder Druck von < 10 kPa (0,1 bar): 11
Für Feststoffe mit Entleerung oder Füllung unter Druck von > 10 kPa (0,1 bar): 21
TK für flüssige Stoffe: 31
2. Den lateinischen Großbuchstaben „H" für den Werkstoff der TK.

(c) Den Buchstaben „Y" als Nachweis dafür, daß die TK für den Transport von Stoffen der Verpackungsgruppen II und III <(b) und (c)> geeignet sind

(d) Den Monat und das Jahr (die letzten 2 Stellen) der Herstellung

(e) Den Buchstaben „D"

(f) Den Namen oder das Kurzzeichen des Herstellers, ggf. ergänzt durch zusätzliche Angaben, die von den Behörden festgelegt wurden.

(g) Die Prüflast der Stapeldruckprüfung in kg

(h) Nettohöchstmasse in kg

---

^{1}) IEC = International Electrotechnical Commission in der Fassung von 1971

^{2}) Für das Innere begehbarer Tanks (Zone 0) gelten folgende Werte: Für II A = 50 cm², für II B = 25 cm² und für II C = 4 cm²

(i) Fassungsvermögen in Liter Wasser bei 20° C

Die vorgeschriebene Kennzeichnung ist in der Reihenfolge der Unterabsätze anzubringen.

Mit der Angabe der Kennzeichnung gewährleistet der Hersteller, daß die serienmäßig hergestellten TK dem geprüften Baumuster entsprechen und den in der Zulasung enthaltenen Auflagen und Nebenbestimmungen genügen.

6. Übergangsbestimmungen

6.1 Sind Baumuster von TK bis zum Inkrafttreten dieser Richtlinien zugelassen worden, so dürfen nach diesem Baumuster TK bis zum 30. April 1990 gefertigt werden.

6.2 Die aufgrund von Ausnahmen nach zugelassenen Baumustern gefertigten TK dürfen für die Beförderung der zugelassenen Stoffe längstens bis zum Ablauf ihrer spezifischen Gebrauchsdauer verwendet werden.

6.3 Stoffe, die als gefährliche Güter der Klassen 3, 6.1 und 8 der GGVE oder der GGVS zu behandeln sind und den Vorschriften der Gefahrgutverordnung Eisenbahn i.d.F. der Bekanntmachung vom 22. Juni 1983 (BGBl. I S. 827) oder der Gefahrgutverordnung Straße i.d.F. der Bekanntmachung vom 29. Juni 1983 (BGBl. I S. 905) nicht unterstellt waren, dürfen bis längstens zum 30. April 1990 in den für sie geeigneten TK weiterbefördert werden, sofern sie unter die Gruppen b) und c) der genannten Klassen fallen und nachweisbar auch vor dem Inkrafttreten der Gefahrgutverordnung Eisenbahn vom 22. Juli 1985 oder der Gefahrgutverordnung Straße vom 22. Juli 1985 die entsprechenden TK im Einsatz waren.

6.4 Die für die einzelnen TK festgelegte spezifische Gebrauchsdauer darf nicht überschritten werden.

Kapitel II
Stoffe des RID/der GGVE oder des ADR/der GGVS die in TK befördert werden dürfen

1. Entzündbare, flüssige Stoffe, Klasse 3
Alle entzündbaren flüssigen Stoffe, die als gefährliche oder weniger gefährliche Stoffe unter die Gruppen b) und c) der Klasse 3 fallen, mit einem Dampfdruck von höchstens 110 kPa (1,1 bar) absolut bei 50° C – ausgenommen ist Nitromethan –, dürfen in TK befördert werden.

2. Entzündbare, feste Stoffe, Klasse 4.1
Selbstentzündliche Stoffe, Klasse 4.2
Stoffe, die in Berührung mit Wasser entzündliche Gase entwickeln, Klasse 4.3

2.1 Alle Stoffe der Klasse 4.1 mit einem Dampfdruck von höchstens 10 kPa (0,1 bar) absolut bei 50° C – ausgenommen die Stoffe der Ziffern 2 b), 3, 4, 5, 6, 7, 11 c), 12 A, 14, 15 und 16 –, dürfen in TK befördert werden.

2.2 Alle Stoffe der Klasse 4.2, die bei 50° C einen Dampfdruck von höchstens 110 kPa (1,1 bar) absolut haben – ausgenommen die Stoffe der Ziffern 1, 2, 3, 4 und 6 a –, dürfen in TK befördert werden.

2.3 Alle Stoffe der Klasse 4.3, die bei 50° C einen Dampfdruck von höchstens 110 kPa (1,1 bar) absolut haben – ausgenommen die Stoffe der Ziffern 1 a), 1 b), 1 c), 2 b) und 4 –, dürfen in TK befördert werden.

3. Entzündend (oxydierend) wirkende Stoffe, Klasse 5.1
Alle Stoffe der Klasse 5.1 – ausgenommen die Stoffe der Ziffern 1 bis 5 und 9 sowie 10 – dürfen in TK befördert werden.

4. Giftige Stoffe, Klasse 6.1
Ekelerregende oder ansteckungsgefährliche Stoffe, Klasse 6.2

4.1 Alle giftigen und gesundheitsschädlichen Stoffe, die unter die Gruppen b) oder c) der Klasse 6.1 fallen, dürfen in TK befördert werden.

4.2 Alle Stoffe der Klasse 6.2 – ausgenommen die Stoffe der Ziffern 11 und 11 A – dürfen in TK befördert werden.

5. Ätzende Stoffe, Klasse 8
Alle ätzenden und schwach ätzenden Stoffe der Klasse 8, die unter die Gruppen b) und c) fallen, dürfen in TK befördert werden.

5

Die Rechtsgrundlage für die Verwendung von Transportgefäßen aus Kunststoffen ist die Anlage 2 der Straßen-Gefahrgutausnahmeverordnung in Verbindung mit der Ausnahme Nr. E 15 der Eisenbahn-Gefahrgutausnahmeverordnung:

Ausnahme Nr. E 15

Ausnahme Nr. E 15
(Transportgefäße aus Kunststoffen)

1 Abweichend von § 4 Abs. 2 in Verbindung mit der Anlage dürfen die im Kapitel II der nachfolgend genannten Richtlinien aufgeführten Stoffe der Klassen 3, 4.1, 4.2, 4.3, 5.1, 6.1, 6.2 und 8 unter nachfolgenden Bedingungen in Transportgefäßen aus Kunststoffen (TK) befördert werden.

2 Bau, Ausrüstung und Prüfung

Die TK müssen hinsichtlich Bau und Ausrüstung den „Technischen Richtlinien für den Bau, die Prüfung, die Zulassung, die Kennzeichnung und die Verwendung von Transportgefäßen aus Kunststoffen – TR TK 001 –" (Verkehrsblatt 1985 S. 422) entsprechen und gemäß diesen Richtlinien geprüft, zugelassen und gekennzeichnet sein.

3 Sonstige Vorschriften

Die sonstigen für den jeweils beförderten Stoff geltenden Vorschriften sind entsprechend anzuwenden.

4 Angaben im Frachtbrief

Zusätzlich zu den sonst vorgeschriebenen Angaben ist zu vermerken:
„Ausnahme Nr. E 15".

5 Übergangsvorschriften

5.1 Sind Baumuster von TK bis zum Inkrafttreten dieser Verordnung zugelassen worden, so dürfen nach diesem Baumuster TK bis zum 30. April 1990 gefertigt werden.

5.2 Die auf Grund von Ausnahmen nach zugelassenen Baumustern gefertigten TK dürfen für die Beförderung der zugelassenen Stoffe bis zum Ablauf ihrer spezifischen Gebrauchsdauer verwendet werden.

5.3 Stoffe, die als gefährliche Güter der Klassen 3, 6.1 und 8 zu behandeln sind und die bisher den Vorschriften der Gefahrgutverordnung Eisenbahn in der Fassung der Bekanntmachung vom 22. Juni 1983 (BGBl. I S. 827) nicht unterstellt waren, dürfen bis längstens zum 30. April 1990 in den für sie geeigneten TK weiterbefördert werden, sofern sie unter die Gruppen b oder c der genannten Klassen fallen und nachweisbar auch vor dem Inkrafttreten der Gefahrgutverordnung Eisenbahn vom 22. Juli 1985 die entsprechenden TK im Einsatz waren.

5.4 Die für die einzelnen TK festgelegte spezifische Gebrauchsdauer darf nicht überschritten werden.

Technische Richtlinien über kubische Tankcontainer – TR KTC 001 –

vom 28. Juni 1985

Technische Richtlinien für den Bau, die Prüfung, die Zulassung, die Kennzeichnung und die Verwendung von kubischen Tankcontainern (KTC) aus metallischen Werkstoffen

– TR KTC 001 –

Kapitel I

1.   **Bestimmungen für alle Klassen**

1.1   Allgemeines, Geltungsbereich, Begriffe

1.1.1   Diese Bestimmungen gelten für kubische Tankcontainer (KTC) mit mehr als 0,25 m³ bis einschließlich 3,0 m³ Inhalt für flüssige und feste Stoffe.

1.1.2   Das Kapitel I enthält die allgemeinen Bestimmungen. Das Kapitel II enthält die Stoffe, die in KTC befördert werden dürfen.

1.1.3   Der KTC besteht aus dem kubischen Tank und der Bedienungsausrüstung sowie der baulichen Ausrüstung, die das Umsetzen, Transportieren und Stapeln des KTC im gefüllten und entleerten Zustand ermöglicht.

1.1.4   In den folgenden Bestimmungen versteht man unter

1.1.4.1 – kubischen Tank

        die Tankwände und die Tankböden (einschl. der Öffnungen und ihre Deckel);

1.1.4.2 – Bedienungsausrüstung des KTC:

        die Füll- und Entleereinrichtungen, Be- und Entlüftungsarmaturen, Heizungs- und Wärmeschutzeinrichtungen sowie die Meßinstrumente;

1.1.4.3 – Bauliche Ausrüstung des KTC:

        die am Tank angebrachten Versteifungselemente, Elemente für die Befestigung, das Abstellen, das Anheben (Kranösen, Taschen für Staplergabeln, Untergestelle mit Absetzeinrichtungen, z. B. Kufen, Füße, Stützen, Rahmen usw.) und den Schutz gegen Beschädigung;

1.1.4.4 – Druckprüfung bei der Prüfung des Baumusters (anstelle eines rechnerischen Festigkeitsnachweises): eine Wasserdruckprüfung mit 200 kPa (2,0 bar) Überdruck (s. Anhang I, 2.2).

1.1.4.5 – Druckprüfung bei der erstmaligen und wiederkehrenden Prüfung: eine Prüfung mit dem 1,3fachen Dampfdruck, den der zur Beförderung vorgesehene Stoff bei 50° C hat (P_{50}) red. um 100 kPa (1 bar) (1,3 P_{50}– 1 bar = PPrüf.), mindestens aber dem doppelten statischen Druck der zu befördernden Flüssigkeit, jedoch nicht weniger als dem doppelten statischen Druck von Wasser; oder dem 1,3fachen des Betriebsüberdrucks bei Druckfüllung bzw. -entleerung (s. auch 1.5). Bei dieser Druckprüfung darf der KTC sich nicht bleibend verformen.

1.1.4.6 – Dichtheitsprüfung:

        Eine Prüfung, bei der der Tank nach einer von der Bundesanstalt für Materialprüfung anerkannten Methode einem inneren Druck unterworfen wird, der gegenüber dem höchsten Druck des umgebenden Mediums (z. B. im Wasserbad) um 20 kPa (0,2 bar) höher liegt (s. auch 1.5 und Anhang I, 2.1).

1.2   Bau

1.2.1   Die Tanks müssen aus geeigneten metallischen Werkstoffen hergestellt sein. Für geschweißte Tanks darf nur ein Werkstoff verwendet werden, dessen Schweißbarkeit einwandfrei feststeht. Die Schweißverbindungen müssen ordnungsgemäß ausgeführt sein und volle Sicherheit bieten.

1.2.2   Die Werkstoffe der KTC und ihre Verschlüsse müssen nachweisbar gegenüber dem Füllgut beständig sein oder durch geeignete Auskleidung so geschützt sein, daß sie nicht vom Füllgut angegriffen werden oder gefährliche Verbindungen mit dem Füllgut eingehen. Der Nachweis muß nach dem anerkannten Stand der Technik geführt werden können.

1.2.3   Die Schutzauskleidung muß so beschaffen sein, daß ihre Dichtheit gewahrt bleibt, wie immer auch die Verformungen sind, die unter normalen Beförderungsbedingungen auftreten können. Zieht die Berührung zwischen dem beförderten Stoff und dem für den Bau verwendeten Werkstoff eine fortschreitende Verminderung der Wanddicken nach sich, so müssen diese bei der Herstellung durch einen geeigneten Wert erhöht werden. Dieser Abzehrungszuschlag darf bei der Wanddickenbemessung nicht berücksichtigt werden; er ist den Mindestwanddicken (nach 1.2.8.1 bzw. 1.2.8.3) zuzuschlagen.

1.2.4   Die KTC, ihre Bedienungsausrüstung und ihre bauliche Ausrüstung (Untergestell, Rahmen) müssen so beschaffen sein, daß sie unter normalen Beförderungsbedingungen ohne Verlust des Inhalts den statischen und dynamischen Beanspruchungen standhalten. Sofern die KTC bei der Deutschen Bundesbahn (DB) als Privatcontainer eingestellt werden sollen, müssen die besonderen Vorschriften der DB (ggf. UIC-Merkblätter) eingehalten werden.

1.2.5   Folgende Arten von KTC werden unterschieden:

        – KTC für feste Stoffe, die bei 50° C einen Dampfdruck von ≤ 10 kPa (0,1 bar) absolut haben und durch Schwerkraft oder mit einem Überdruck von ≤ 10 kPa (0,1 bar) befüllt oder entleert werden.

        – KTC für feste Stoffe, die bei 50° C einen Dampfdruck von ≤ 10 kPa (0,1 bar) absolut haben und mit einem Betriebsüberdruck von ≥ 10 kPa und ≤ 50 kPa (0,5 bar) befüllt oder entleert werden.

        – KTC für flüssige Stoffe, die bei 50° C einen Dampfdruck von ≤ 150 kPa (1,5 bar) absolut haben (Stoffe der Klassen 3, 4.2 und 4.3 ≤ 110 kPa (1,1 bar absolut).

1.2.6   Die Bruchdehnung ¹) muß bei der Verwendung von Feinblechen (unter 3 mm Blechdicke) aus St 37 (Baustahl) mindestens 18 % betragen. Bei anderen Halbzeugformen aus St 37 (Baustahl) muß die Bruchdehnung mindestens 24 % betragen. Bei Feinkornbaustahl darf die Bruchdehnung nicht weniger als 16 %, bei anderen Stählen nicht weniger als 20 % und bei Aluminium und seinen Legierungen nicht weniger als 12 % betragen. Bei allen anderen metallischen Werkstoffen muß die Bruchdehnung mindestens dem Zahlwert $\dfrac{10\,000\,^2)}{R_m}$ entsprechen.

1.2.7   KTC für Stoffe, die beim Füllen und Entleeren entzündbare Gemische bilden, müssen elektrisch geerdet werden können. Bei betriebsmäßigen Vorgängen dürfen keine Gefahren durch elektrostatische Aufladung entstehen können.

1.2.8   Die KTC müssen einem Baumuster entsprechen, das – ohne undicht zu werden und ohne bleibende Verformungen oder andere Abweichungen am Rahmenwerk, welche seine Verwendbarkeit und Stapelfähigkeit beeinträchtigen – folgende Prüfungen bestanden hat:

        – Dichtheitsprüfung (wenn der KTC für den Transport fester Stoffe bestimmt ist, s. 1.1.4.6),

        – Stapeldruckprüfung,

        – Hebeprüfung von oben,

        – Hebeprüfung von unten.

Quelle: Verkehrsblatt 1985, S. 422

Bei den weiteren Prüfungen muß das Baumuster dicht bleiben, darf sich aber bleibend verformen:
– Druckprüfung (wenn der KTC für den Transport fester Stoffe mit Druckfüllung bzw. -entleerung ≥ 10 kPa (0,1 bar) oder für flüssige Stoffe bestimmt ist, s. 1.1.4.4),
– Fallprüfung.

1.2.8.1 Als Mindestwanddicken bei Verwendung von St 37 (Baustahl) sind einzuhalten:

	Wanddicke in mm			
	Für feste Stoffe mit Entleerung oder Füllung durch Schwerkraft oder einen Druck von höchstens 10 kPa (0,1 bar)		Für feste Stoffe mit Entleerung oder Füllung unter Druck von mehr als 10 kPa (0,1 bar) und für flüssige Stoffe	
Fassungsraum in m³	ungeschützt	geschützt	ungeschützt	geschützt
≥ 0,25 – ≤ 1,0	2,0	1,5	2,5	2,0
≥ 1,0 – ≤ 2,0	2,5	2,0	3,0	2,5
> 2,0 – ≤ 3,0	3,0	2,5	4,0	3,0

---

[1]) Die Proben werden quer zur Walzrichtung entnommen. Bei Blechen mit einer Dicke unter 3 mm sind die Maße der Flachprobe zur Ermittlung der Bruchdehnung wie folgt festzulegen:

$$L_0 = 5,65 \sqrt{A}$$

Meßlänge vor dem Versuch

A = Querschnitt des Prüfmusters in mm²

Bei anderen Halbzeugformen sollen die Maße der Probe zur Ermittlung der Bruchdehnung wie folgt festgelegt sein:

$L_0 = 5\,d$, L_0 = Meßlänge vor dem Zugversuch

d = Durchmesser der Probe.

[2]) Rm = Mindestzugfestigkeit in N/mm².

Bei Verwendung anderer Werkstoffe ergibt sich die gleichwertige Wanddicke nach 1.2.8.3 jedoch darf sie nicht weniger als 1,5 mm betragen.

1.2.8.2 Wenn die KTC einen zusätzlichen Schutz gegen Beschädigungen aufweisen, können die Wanddicken im Verhältnis zu diesem Schutz – höchstens jedoch auf die Werte wie in 1.2.8.1 angegeben – reduziert werden.

Als zusätzlicher Schutz gelten konstruktive Maßnahmen, z. B. Gitterboxen, Rahmengestelle, Doppelwand, Sandwichbauweise.

1.2.8.3 Gleichwertige Wanddicken oder entsprechende Werte von Mindestwanddicken anderer metallischer Werkstoffe liegen vor, wenn sie nach der Formel

$$e_1 = e_0 \cdot \sqrt[3]{\frac{21,4}{Rm_1 \ A_1}}$$

ermittelt worden sind. Dabei bedeuten:

e_0 = geforderte Mindestwanddicke für St 37 (Baustahl) in mm,

e_1 = gleichwertige Wanddicke in mm oder entsprechender Wert der Mindestwanddicke in mm,

Rm_1 = Mindestzugfestigkeit des anderen Metalles in N/mm²,

A_1 = Mindestbruchdehnung in %, ermittelt an Proben, die quer zur Walzrichtung entnommen wurden (siehe Abschnitt 1.2.6).

1.3 Bedienungsausrüstung und bauliche Ausrüstung

1.3.1 Bedienungsausrüstung

1.3.1.1 Die Ausrüstungsteile sind so anzubringen, daß sie während der Beförderung und Handhabung gegen Losreißen oder Beschädigung geschützt sind. Wenn die Verbindung zwischen Gestell und Tank Verschiebungen zuläßt, müssen die Ausrüstungsteile so befestigt sein, daß sie durch diese Verschiebung nicht beschädigt werden können. Die Ausrüstungsteile müssen die gleiche Sicherheit [3]) gegen innere und äußere Kräfte bieten wie der Tank.

1.3.1.1.1 Sind die Tanks für entzündbare, flüssige Stoffe mit einem Flammpunkt unter oder bis einschließlich 55° C aus Aluminium, so dürfen keine beweglichen Teile, die mit den

für diese Stoffe bestimmten Aluminiumtanks in schlagende oder reibende Berührung kommen können (z. B. Dekkel, Verschlußteile usw.), aus ungeschütztem, rostendem Stahl gefertigt sein.

1.3.1.2 KTC mit Untenentleerung für den Transport flüssiger Stoffe müssen mit zwei hintereinanderliegenden, voneinander unabhängigen Absperreinrichtungen versehen sein, von denen die äußere ein Blindflansch oder eine gleichwertige Einrichtung sein kann.

Die Absperreinrichtungen sind so anzuordnen, daß sie durch den Rahmen des KTC oder durch widerstandsfähige Schutzverkleidungen gegen Stöße geschützt sind und unter dem Einfluß äußerer Beanspruchungen, z. B. durch Flurförderzeuge, nicht undicht werden können. Die Stellung – offen oder geschlossen – der Absperreinrichtung muß kontrollierbar sein. Die Betätigungselemente der Absperreinrichtungen müssen so beschaffen sein, daß jegliches ungewollte Öffnen infolge eines Stoßes oder einer unbeabsichtigten Handlung ausgeschlossen ist.

1.3.1.3 Jeder Tank muß mit einer Öffnung [4]) versehen sein, die groß genug ist, um die innere Besichtigung zu ermöglichen.

1.3.1.4 Die Ausrüstungsteile sind so anzubringen, daß eine restlose Entleerung möglich ist.

1.3.2 Bauliche Ausrüstung, z. B. Rahmen, Untergestelle für Absetzeinrichtungen, Kranösen, Eckbeschläge.

1.3.2.1 Die baulichen Ausrüstungen sind so anzubringen, daß sie während der Beförderung und bei der Stapelung eine sichere Auflage gewährleisten.

1.3.2.2 Der KTC ist so zu bauen, daß er mit den vorgesehenen Fördermitteln sicher transportiert werden kann.

1.3.3 KTC mit einem Nenninhalt > 1000 l, die für den Transport von flüssigen Stoffen mit einem Flammpunkt unter oder bis einschließlich 55° C bestimmt sind.

1.3.3.1 Be- und Entlüftungsarmaturen [5])

1.3.3.1.1 KTC müssen mit absperrbaren Belüftungs- bzw. Entlüftungsarmaturen ausgerüstet sein. Der Durchmesser angeschlossener Lüftungsleitungen muß so bemessen sein, daß im Tank kein unzulässiger Über- bzw. Unterdruck entstehen kann.

1.3.3.1.2 KTC müssen mit einem Anschluß für eine Gaspendelleitung ausgerüstet sein. Die lichte Weite des Anschlusses muß mindestens 32 mm betragen.

1.3.3.2 Flammendurchschlagsichere Armaturen
Be- und Entlüftungseinrichtungen und Gaspendelleitungsanschlüsse der KTC müssen entsprechend den Anforderungen, die nach den Betriebsverhältnissen und der gewählten Einbauart zu stellen sind, mit flammendurchschlagsicheren Armaturen ausgerüstet sein.

1.3.3.3 Füll- und Entleerungseinrichtungen
Zum Befüllen und Entleeren muß jeder KTC mit Einrichtungen versehen sein, die den sicheren Anschluß einer fest verlegten Rohrleitung oder einer abnehmbaren Schlauchleitung ermöglichen. Die Gefahr des Funkenreißens beim Befestigen oder Lösen der Leitungen muß ausgeschlossen sein.

1.3.3.4 Feststellen des Füllungsgrades
KTC müssen mit einer Einrichtung zur Feststellung des Füllungsgrades ausgerüstet sein.

---

[3]) Die gleiche Sicherheit für Ausrüstungsteile ist gewährleistet, wenn die Armaturen entsprechend dem Prüfdruck nach 1.1.4.5 ausgelegt wurden und ihr Werkstoff den Beanspruchungen des beförderten Stoffes hinsichtlich Korrosion und Temperatur standhält.

[4]) Eine Öffnung zur Besichtigung ist genügend groß, wenn sie mindestens 320 mm lichte Weite hat. Sie muß so angeordnet sein, daß die wesentlichen Teile der Schweißnähte sowie die Stutzeneinschweißungen auf der Innenseite des Tanks beurteilt werden können.
Der Verschlußdeckel der Besichtigungsöffnungen darf für Rohranschlüsse, wie z. B. Füll- und Entleerungen, benutzt werden.

[5]) Die Be- und Entlüftungsarmaturen müssen von Sachverständigen nach 1.5.3 geprüft und die flammendurchschlagsicheren Armaturen der Bauart nach für den vorgesehenen Verwendungszweck von der PTB zugelassen sein.

1.4   Zulassung des Baumusters

1.4.1   KTC dürfen nur verwendet werden, wenn ihr Baumuster zugelassen ist. Zuständige Behörde für die Zulassung ist die Bundesanstalt für Materialprüfung (BAM), Unter den Eichen 87, 1000 Berlin 45.

Für jedes Baumuster eines KTC ist durch die BAM eine Bescheinigung auszustellen, in der zu bestätigen ist, daß das geprüfte Baumuster des KTC einschließlich seiner Ausrüstung für den beabsichtigten Zweck geeignet ist und daß die Bestimmungen in 1.2.1, 1.2.3 bis 1.2.8 sowie 1.3 eingehalten sind. Die Zulassung gilt für KTC, die dem geprüften Baumuster entsprechen. In der Zulassung sind die Prüfergebnisse, die Stoffe gemäß Kapitel II anzugeben, für die der KTC zugelassen ist, und eine Zulassungsnummer festzulegen.

1.4.2   Der Antragsteller hat mit der Prüfung die Prüfstellen nach 1.4.4 zu beauftragen. Der BAM ist gleichzeitig der Antrag auf Zulassung mit den entsprechenden Angaben und Unterlagen nach 1.4.3 sowie Nennung der Prüfstelle gemäß 1.4.4.2 zu übersenden.

1.4.2.1   Die BAM muß innerhalb vier Wochen dem Antragsteller und der Prüfstelle das Ergebnis der Vorprüfung mitteilen und zur Durchführung der weiteren Prüfungen der Prüfstelle die mit Prüfvermerk versehenen Unterlagen zusenden.

1.4.3   Mit dem Antrag sind der BAM folgende Angaben und Unterlagen in dreifacher Ausfertigung in deutscher Sprache einzureichen:

– Auftrag zur Prüfung der benannten Prüfstelle

– Firma und Anschrift des Antragstellers

– Baubeschreibung des KTC

– vorgesehene Verwendung (Rechtsvorschrift, nach der die Zulassung erteilt werden soll)

– vorgesehene Betriebsweise (z. B. Druckentleerung)

– die zu befördernden Stoffe nach den Angaben im Kap.II

– wichtige physikalische Kenngrößen der zu befördernden Stoffe in Form von Eckdaten: wie max. Dampfdruck bei 50° C, max. Dichte, Flammpunkt u. a. zur Bestimmung des Prüfdruckes nach 1.1.4.5

– schematische Darstellung des KTC durch eine Baumusterskizze

– Schaltschema für Rohrleitungen und Armaturen

– Datenblatt, das kurzgefaßte Angaben über die wichtigsten Betriebsgrößen des KTC enthält

– ggf. Berechnung der gleichwertigen Wanddicke gemäß 1.2.8.3

– sämtliche zur Herstellung des KTC erforderlichen Zeichnungen einschließlich einer Zusammenstellungszeichnung

– ggf. Prüfnachweise für Bauteile aus bereits zugelassenen Baumustern

– Armaturenliste mit Armaturenbeschreibung

– Zeichnung des Schildes am KTC

– Darstellung der sonstigen Kennzeichnung des KTC

– Firma und Anschrift des Herstellers des KTC mit der Bescheinigung über die durchgeführte Verfahrensprüfung

– Angaben darüber, wo das Baumuster besichtigt werden kann und wo es ggf. zur Prüfung bereitgehalten wird

– Erklärung darüber, daß das Baumuster den vorgeschriebenen gem. TRTC 005 Prüfungen unterzogen werden darf

– Erklärung zur Übernahme der Prüfkosten gemäß den Gebührenordnungen.

Der Antrag auf Prüfung kann sich auf eine Größe oder auf mehrere gleichartige und im selben Werk hergestellte Größen (Baureihen) von KTC beziehen.

1.4.4   Für die Durchführung der Prüfungen sind folgende Stellen zuständig:

1.4.4.1   Für die Vorprüfung der Antragsunterlagen ist die BAM zuständig.

1.4.4.2   Für die Prüfung des Herstellungsverfahrens, die Bauprüfung, die Dichtheitsprüfung oder gegebenenfalls die

Druckprüfung sind die amtlichen oder amtlich anerkannten Sachverständigen der TÜO zuständig.

1.4.4.3   Für die Hebeprüfungen von oben und unten, die Stapeldruck- und Fallprüfung des Baumusters – unabhängig vom vorgesehenen Verwendungszweck – ist das Bundesbahn-Zentralamt Minden, 4950 Minden/Westf. zuständig.

1.4.5   Die in Nr. 1.4.4.2 genannten Sachverständigen müssen folgende Prüfungen durchführen:

1.4.5.1   Prüfung der Zeichnungen sowie eine Bau- und Wasserdruckprüfung oder ggf. Dichtheitsprüfung und eine Prüfung auf Vollständigkeit und Funktionsfähigkeit der Ausrüstungsteile.

1.4.5.2   Bei der Prüfung der Zeichnungen ist festzustellen, ob die KTC hinsichtlich Werkstoff, konstruktiver Gestaltung, Herstellung und Ausrüstung diesen Richtlinien entsprechen.

1.4.5.3   Bei der Bauprüfung ist festzustellen, ob die KTC hinsichtlich Werkstoff, Abmessungen und Herstellungsverfahren den geprüften und mit Prüfvermerk versehenen Unterlagen entsprechen.

1.4.5.4   Bei der Prüfung auf Vollständigkeit und Funktionsfähigkeit der Ausrüstungsteile wird geprüft, ob die KTC betriebsfertig ausgerüstet und ordnungsgemäß gekennzeichnet und dicht sind.

Wenn der Tank und seine Ausrüstungsteile getrennt geprüft werden, müssen sie zusammen einer Dichtheitsprüfung unterzogen werden.

1.4.6   Die Prüfungen gemäß 1.4.4.2, 1.4.4.3 und 1.4.8 sowie die sich aus dem vorgesehenen Verwendungszweck (Verkehrsmittel) ergebenden besonderen Anforderungen im Schienen- und Straßenverkehr aus den besonderen Vorschriften der DB und gegebenenfalls den UIC-Merkblättern, für den Straßenverkehr aus der Straßenverkehrs-Zulassungsordnung ergeben, sind im Anhang I aufgeführt.

1.4.7   Die Ergebnisse der Einzelprüfungen sind in einem Prüfbericht zusammenzufassen und an den Auftraggeber und die BAM zu übersenden. Zum Prüfbericht gehören die mit Prüfvermerk vesehenen Unterlagen sowie ggf. Vorschläge für weitergehende Prüfungen bei der Serienfertigung.

1.4.8   Die BAM kann Prüfergebnisse anderer Stellen für die Zulassung anerkennen. Sie kann auf einzelne Prüfungen verzichten, wenn das Verhalten der KTC auf andere Weise nachgewiesen worden ist.

1.4.9   Vertreter der Zulassungsstelle, des Antragstellers und des Herstellers der KTC können bei der Prüfung des Baumusters zugegen sein.

1.4.10   Wenn die Voraussetzungen erfüllt sind, stellt die Bundesanstalt für Materialprüfung aufgrund des Prüfberichts eine Zulassung für das Baumuster nach den Rechtsvorschriften für die Beförderung gefährlicher Güter aus und legt die Bedingungen für die Serienfertigung fest.

In der Zulassung ist besonders festzulegen, daß vor der ersten Beförderung eines gefährlichen Gutes in einem KTC der Nachweis der Verträglichkeit gem. Nr. 1.2.2 erbracht sein muß.

Der Hersteller muß diese Auflagen an die Betreiber der nach einem zugelassenen Baumuster hergestellten Serien-KTC weitergeben.

1.4.11   Soll von der Zulassung (einschließlich der dazugehörenden Unterlagen) abgewichen werden oder eine Ergänzung der zugelassenen Stoffe erfolgen, ist dies bei der BAM zu beantragen.

1.5   Erstmalige und wiederkehrende Prüfungen

1.5.1   Die KTC und ihre Ausrüstungsteile sind entweder zusammen oder getrennt erstmalig vor Inbetriebnahme zu prüfen. Diese Prüfung umfaßt:

– Übereinstimmung des KTC mit dem zugelassenen Baumuster

– eine Bauüberwachung

– eine Dichtheitsprüfung nach 1.1.4.6

– sowie eine Funktionsprüfung der Ausrüstungsteile

3

KTC, in denen flüssige Stoffe transportiert oder feste Stoffe mit Druck ≥ 10 kPa (0,1 bar) eingefüllt oder entleert werden, sind anstelle der Dichtheitsprüfung

– einer Druckprüfung nach 1.1.4.5

zu unterziehen.

Die Dichtheitsprüfung bzw. die Druckprüfung ist vor dem Anbringen einer evtl. notwendigen Wärmeisolierung durchzuführen. Wenn die Tanks und ihre Ausrüstungsteile getrennt geprüft werden, müssen sie zusammen einer Dichtheitsprüfung unterzogen werden.

1.5.2   Die Prüfungen nach 1.5.1 sind durch den amtlichen oder amtlich anerkannten Sachverständigen der TÜO an den ersten 5 KTC durchzuführen.

Ergeben sich bei diesen Prüfungen keine Beanstandungen, so können die Prüfungen an den weiteren gebauten KTC durch einen Betriebsbeauftragten, der der TÜO zu benennen ist, oder einen Sachverständigen nach 1.5.3 vorgenommen und bescheinigt werden. Die Fertigung wird jedoch in Abhängigkeit von der Fertigungszahl regelmäßig durch den amtlichen oder amtlich anerkannten Sachverständigen überprüft; dies erfolgt mindestens in halbjährigen Abständen.

1.5.3   Die KTC sind alle 5 Jahre von einem amtlichen oder amtlich anerkannten Sachverständigen nach § 24 e der Gewerbeordnung (GewO) oder durch einen aufgrund einer Rechtsverordnung nach § 24 Absatz 1 der GewO amtlich anerkannten Sachverständigen folgenden Prüfungen zu unterziehen:

– einer inneren und äußeren Prüfung sowie einer Dichtheitsprüfung bzw. bei KTC für den Transport flüssiger Stoffe bzw. bei KTC für Druckfüllung und/oder -entleerung ≥ 10 kPa (0,1 bar) fester Stoffe einer Druckprüfung (nach 1.1.4.5). Ummantelungen, Isolierungen usw. sind nur insoweit zu entfernen, wie es für die sichere Beurteilung des Tanks erforderlich ist.

1.5.4   Über die Prüfungen sind Bescheinigungen auszustellen. Die Prüfunterlagen sind aufzubewahren.

1.5.5   Vor Inbetriebnahme und spätestens alle 2½ Jahre ist eine Dichtheits- und Funktionsprüfung sämtlicher Ausrüstungsteile durch den Betreiber vorzunehmen.

1.5.6   Ist die Funktionsfähigkeit eines KTC durch äußere Einflüsse (z. B. Unfall) wesentlich beeinträchtigt worden, so ist nach der Instandsetzung eine Prüfung durch einen Sachverständigen nach 1.5.3 zu veranlassen, die in ihrem Umfang einer erstmaligen Prüfung entspricht.

1.6   Kennzeichnung

1.6.1   Jeder KTC, der für den Einsatz gem. diesen Richtlinien hergestellt ist, muß mit einer beständigen und gut sichtbaren Kennzeichnung – ggf. an zwei gegenüberliegenden Seiten – versehen sein, die folgende Angaben enthält:

(a)   Das Verpackungssymbol der Vereinten Nationen: ⊔ⁿ

(b)   1. Die Kennziffer, die den Typ des Behälters angibt:

KTC für Feststoffe mit Entleerung oder Füllung durch Schwerkraft oder Druck von ≤ 10 kPa (0,1 bar) : 11

Für Feststoffe mit Entleerung oder Füllung unter Druck von ≥ 10 kPa (0,1 bar) : 21

KTC für flüssige Stoffe: 31

2. Einen der nachfolgenden lateinischen Großbuchstaben für den Werkstoff (unabhängig von Oberflächenbehandlungen oder Auskleidung)

A für KTC aus Stahl (alle Arten)

B für KTC aus Aluminium und seinen Legierungen

N für KTC aus Metall (andere als Stahl oder Aluminium).

(c)   Den Buchstaben „Y" als Nachweis dafür, daß der KTC für den Transport von Stoffen der Verpackungsgruppen II und III [(b) und (c)] geeignet ist.

(d)   Den Monat und das Jahr (die letzten 2 Stellen) der Herstellung

(e)   Den Buchstaben „D"

(f)   Den Namen oder das Kurzzeichen des Herstellers, ggf. ergänzt durch zusätzliche Angaben, die von der Bundesanstalt für Materialprüfung festgelegt wurden.

(g)   Die Prüflast der Stapeldruckprüfung in kg.

Die vorgeschriebene Kennzeichnung ist in der Reihenfolge der Unterabsätze anzubringen.

Mit der Angabe der Kennzeichnung gewährleistet der Hersteller, daß die serienmäßig hergestellten KTC dem geprüften Baumuster entsprechen und den in der Zulassung enthaltenen Auflagen und Nebenbestimmungen genügen.

1.6.2   Zusätzliche Kennzeichnung

Jeder KTC muß mit einem korrosionsbeständigen Metallschild versehen werden, das dauerhaft am Tankkörper an einer für Prüfzwecke gut zugänglichen Stelle angebracht sein muß; dieses Schild muß die Kennzeichnung gemäß 1.6.1 aufweisen sowie zusätzlich:

das Fassungsvermögen in Liter Wasser bei 20° C;

das Leergewicht in kg;

das höchstzulässige Gesamtgewicht in kg;

das Datum der letzten wiederkehrenden Prüfung (Monat und Jahr);

den höchstzulässigen Befüllungs-/Entleerungsdruck in kPa (bar) (falls zutreffend);

den Werkstoffen des Tankkörpers und die Mindestdicke in mm;

die Seriennummer des Herstellers;

den Prüfdruck in kPa (bar);

den Stempel des Sachverständigen, der die Prüfung vorgenommen hat.

1.7   Betrieb

1.7.1   KTC mit einem Nenninhalt > 1000 l müssen durch eine Sicherung am Behälter oder an der Fülleinrichtung gegen Überfüllen geschützt sein.

1.7.2   Die KTC müssen während des Transportes so auf dem Wagen befestigt sein, daß sie durch Einrichtungen des Wagens oder des KTC ausreichend gegen seitliche und rückwärtige Stöße sowie gegen Überrollen gesichert sind *). Wenn die KTC einschl. der Betriebsausrüstungen so gebaut sind, daß sie den Stößen oder dem Überrollen standhalten können, ist es nicht nötig, sie auf diese Weise zu sichern. Die KTC müssen während des Transportes so gesichert bzw. gestaut sein, daß sie durch einwirkende Kräfte nicht umstürzen können.

1.7.3   Die KTC dürfen nur mit denjenigen gefährlichen Gütern gefüllt werden, für die sie zugelassen sind und für die feststeht, daß der Werkstoff der KTC (einschließlich ihrer Verschlüsse) oder ihrer Auskleidung keine Stoffe enthalten, die mit dem Inhalt gefährlich reagieren, gefährliche Stoffe erzeugen oder den Werkstoff merklich schwächen.

1.7.4   Die KTC dürfen bei 50° C höchstens zu 98 % ihres Fassungsraumes gefüllt sein.

1.7.5   Der angegebene Füll- oder Entleerdruck darf nicht überschritten werden.

1.7.6   Die KTC müssen so verschlossen und dicht sein, daß vom Inhalt nichts unkontrolliert nach außen gelangen kann.

1.7.7   Falls mehrere Absperreinrichtungen hintereinander liegen, ist die dem Füllgut zunächstliegende Einrichtung zuerst zu schließen.

1.7.8   Während der Beförderung dürfen dem KTC außen keine gefahrbringenden Füllgutreste anhaften.

---

*) Beispiele für Schutz des Tanks:

1. der Schutz gegen seitliches Anfahren kann z. B. aus Längsträgern bestehen, die den Tank auf beiden Längsseiten auch in Höhe der Tankmittellinie schützen,

2. der Schutz gegen Überrollen kann z. B. aus Verstärkungsringen oder aus Rahmenquerträgern bestehen,

3. der Schutz gegen Anfahren von rückwärts kann z. B. aus einer Stoßstange oder einem Rahmen bestehen.

1.7.9 Leere ungereinigte KTC müssen während der Beförderung ebenso verschlossen und dicht sein, wie im gefüllten Zustand.

1.7.10 Die KTC für Stoffe, die beim Füllen und Entleeren entzündbare Gemische bilden, müssen bei diesem Vorgang geerdet werden.

1.8 Übergangsbestimmungen

1.8.1 Sind Baumuster von KTC bis zum Inkrafttreten dieser Richtlinien zugelassen worden, so dürfen nach diesem Baumuster KTC bis zum 30. April 1990 gefertigt werden.

1.8.2 Die aufgrund von Ausnahmen nach zugelassenen Baumustern gefertigten KTC dürfen noch bis zum 30. April 1990 für die Beförderung der zugelassenen Stoffe weiterverwendet werden, wenn die festgelegten Auflagen und Nebenbestimmungen eingehalten sind. Diese Frist kann mit Zustimmung der BAM wiederkehrend um jeweils fünf Jahre verlängert werden.

1.8.3 Die Bestimmungen für die wiederkehrenden Prüfungen nach 1.5.3 sind auch für KTC anzuwenden, die nach den Bestimmungen in Nr. 1.8.1 gefertigt worden sind.

1.8.4 Stoffe, die als gefährliche Güter der Klassen 3, 6.1 und 8 der GGVE oder der GGVS zu behandeln sind und den Vorschriften der Gefahrgutverordnung Eisenbahn i.d.F. der Bekanntmachung vom 22. Juni 1983 (BGBl. I S. 827) oder der Gefahrgutverordnung Straße i.d.F. der Bekanntmachung vom 29. Juni 1983 (BGBl. I S. 905) nicht unterstellt waren, dürfen bis längstens zum 30. April 1990 in den für sie geeigneten KTC weiterbefördert werden, sofern sie unter die Gruppen b) oder c) der genannten Klassen fallen und nachweisbar auch vor dem Inkrafttreten der Gefahrgutverordnung Eisenbahn vom 22. Juli 1985 oder der Gefahrgutverordnung Straße vom 22. Juli 1985 die entsprechenden KTC im Einsatz waren.

Kapitel II

Stoffe des RID/der GGVE oder des ADR/der GGVS die in KTC befördert werden dürfen

1. **Entzündbare, flüssige Stoffe, Klasse 3**
Alle entzündbaren flüssigen Stoffe, die als gefährliche oder weniger gefährliche Stoffe unter die Gruppen b) und c) der Klasse 3 fallen, mit einem Dampfdruck von höchstens 110 kPa (1,1 bar) absolut bei 50° C – ausgenommen ist Nitromethan –, dürfen in KTC befördert werden.

2. **Entzündbare, feste Stoffe, Klasse 4.1**
Selbstentzündliche Stoffe, Klasse 4.2
Stoffe, die in Berührung mit Wasser entzündliche Gase entwickeln, Klasse 4.3

2.1 Alle Stoffe der Klasse 4.1 mit einem Dampfdruck von höchstens 10 kPa (0,1 bar) absolut bei 50° C – ausgenommen die Stoffe der Ziffern 2 b), 3, 4, 5, 6, 7, 11 c), 12 A, 14, 15 und 16 –, dürfen in KTC befördert werden.

2.2 Alle Stoffe der Klasse 4.2, die bei 50° C einen Dampfdruck von höchstens 110 kPa (1,1 bar) absolut haben – ausgenommen die Stoffe der Ziffern 1, 2, 3, 4 und 6 a – dürfen in KTC befördert werden.

2.3 Alle Stoffe der Klasse 4.3, die bei 50° C einen Dampfdruck von höchstens 110 kPa (1,1 bar) absolut haben – ausgenommen die Stoffe der Ziffern 1 a), 1 b), 1 c), 2 b) und 4 –, dürfen in KTC befördert werden.

3. **Entzündend (oxydierend) wirkende Stoffe, Klasse 5.1**
Alle Stoffe der Klasse 5.1 – ausgenommen die Stoffe der Ziffern 1, 2, 3 und 9 a) – dürfen in KTC befördert werden.

4. **Giftige Stoffe, Klasse 6.1**
Ekelerregende oder ansteckungsgefährliche Stoffe, Klasse 6.2

4.1 Alle giftigen und gesundheitsschädlichen Stoffe, die unter die Gruppen b) oder c) der Klasse 6.1 fallen, dürfen in KTC befördert werden.

4.2 Alle Stoffe der Klasse 6.2 – ausgenommen die Stoffe der Ziffern 11 und 11 A – dürfen in KTC befördert werden.

5. **Ätzende Stoffe, Klasse 8**
Alle ätzenden und schwach ätzenden Stoffe der Klasse 8, die unter die Gruppen b) und c) fallen, dürfen in KTC befördert werden.

Anhang I

Prüfungen des Baumusters kubischer Tankcontainer (KTC) aus metallischen Werkstoffen

1. **Allgemeines**
Die Prüfungen an Baumustern von KTC sollen den Nachweis erbringen, daß die nach zugelassenen Baumustern hergestellten KTC allen während der üblichen Umsetzungsvorgänge und des Transports auftretenden Belastungen standhalten.

Die Bedingungen sind erfüllt, wenn nach den Prüfungen entspr. 2.3, 2.5, 2.6 am KTC oder am Rahmenwerk (falls vorhanden) keine bleibenden Verformungen und Abweichungen, die die KTC für ihre Verwendung unbrauchbar machen, auftreten.

Die für die Ladebehandlung, das Befestigen und – soweit vorhanden – für die Austauschbarkeit geltenden Abmessungen müssen nach den Prüfungen noch im Rahmen der festgelegten Toleranzen liegen.

Bei den Prüfungen nach 2.2 und 2.4 darf der KTC sich bis zur Unbrauchbarkeit verformen. Er muß aber dicht bleiben.

2. **Prüfungen**

2.1 Dichtheitsprüfung
(Wenn der KTC für den Transport fester Stoffe mit einem Dampfdruck bei 50° C ≤ 10 kPa (0,1 bar) absolut und Druckfüllung bzw. -entleerung von höchstens 10 kPa bestimmt ist.)

Die Dichtheitsprüfung wird bei Raumtemperatur mit Luft von mindestens 20 kPa (0,2 bar) Überdruck 10 Minuten lang durchgeführt. Der Luftdruck muß während dieser Zeit konstant gehalten werden. Die Dichtheit kann z. B. durch Eintauchen in Wasser, Überstreichen mit schaumbildenden Lösungen o. a. geeigneten Verfahren festgestellt werden.

2.2 Druckprüfung
(Wenn der KTC für den Transport fester Stoffe mit Druckfüllung bzw. -entleerung mit mehr als 10 kPa (0,1 bar) Überdruck oder fl. Stoffe bestimmt ist.)

Die Druckprüfung wird mit Wasser bei Raumtemperatur und 200 kPa (2,0 bar) Überdruck durchgeführt.

2.3 Stapeldruckprüfung
(Soweit stapelbar)
Die Stapeldruckprüfung erfolgt statisch. Der KTC ist so zu beladen, daß seine Gesamtmasse 1 R (R = höchstes Bruttogewicht) beträgt. Die Prüflast beträgt $(n^1) + 1)$ R. Sie muß gleichmäßig auf die vier Ecken des KTC verteilt werden.

2.4 Fallprüfung
Der Fall erfolgt auf eine Aufprallplatte[2]) aus einer Höhe von 1,20 m. Als Aufprallstelle ist die gefährdetste Stelle des KTC zu wählen. Der KTC muß zur Fallprüfung zu 95 % bei festen bzw. zu 98 % bei flüssigen Stoffen seines Fassungsraumes mit dem schwersten vorgesehenen Transportgut oder einem gleichwertigen Ersatzgut gefüllt werden.

2.5 Hebeprüfung von oben
Der KTC ist mit dem 1,25fachen seines höchsten Bruttogewichts (R) zu beladen und an zwei gegenüberliegen-

¹) n – Anzahl der stapelbaren KTC.
²) Die Aufprallplatte muß eine ebene, waagerecht liegende Oberfläche haben, die so beschaffen sein muß, daß ihr beim Aufprall wachsender Widerstand den am Musterstück auftretenden Schaden nicht merklich vergrößert. Diese Oberfläche kann z. B. aus einer Stahlplatte bestehen, die mit einem Betonblock verbunden ist, wobei die Masse des Betonblocks mindestens zehnmal größer sein muß als die des zu prüfenden Musterstückes. Der Betonblock muß auf einer festen Unterlage stehen, und die mindestens 1,25 cm dicke Stahlplatte muß in frischem Beton eingeschwemmt werden, damit sie gut anhaftet.

5

den Lastaufnahmemitteln so anzuheben, daß die Hub-
kräfte unter einem Winkel von 45° zur Waagerechten angreifen. Der KTC muß mindestens 5 Minuten lang angehoben bleiben.

Als nächstes wird der KTC an nur einem Lastaufnahme-
mittel so angehoben, daß die Hubkraft senkrecht angreift.
Der KTC muß mindestens 5 Minuten lang angehoben
bleiben.

2.6 Hebeprüfung von unten

Der KTC ist mit dem 1,25fachen seines höchsten Bruttogewichts (R) zu beladen. Er wird nach dem vollständigen
Einfahren der Gabeln eines Staplers an der hierfür vorgesehenen Stelle angehoben.

2.7 Weitere Prüfungen

Diese können festgelegt sein für

a) den Eisenbahnverkehr in den UIC-Merkblättern und
den besonderen Vorschriften der Deutschen Bundesbahn,

b) den Straßenverkehr in der Straßenverkehrs-Zulassungsordnung,

c) das Handhaben der KTC in den Betrieben in den Vorschriften des Gewerberechts.

Sie sind zu beachten.

Die Rechtsgrundlage für die Verwendung von Kubischen Tankcontainern ist die Anlage 2 zur
Straßen-Gefahrgutausnahmeverordnung in Verbindung mit der Ausnahme Nr. E 13 der Eisenbahn-Gefahrgutausnahmeverordnung:

Ausnahme Nr. E 13

Ausnahme Nr. E 13
(Kubische Tankcontainer)

1 Abweichend von § 6 und § 9 Abs. 2 in Verbindung mit der Anlage Anhang X dürfen die im
Kapitel II der nachfolgend genannten Richtlinien aufgeführten Stoffe der Klassen 3, 4.1,
4.2, 4.3, 5.1, 6.1, 6.2 und 8 unter nachfolgenden Bedingungen in kubischen Tankcontainern (KTC) befördert werden.

2 **Bau, Ausrüstung und Prüfung**

Die KTC müssen in Bau und Ausrüstung den
„Technischen Richtlinien für den Bau, die Prüfung, die Zulassung, die Kennzeichnung und
die Verwendung von kubischen Tankcontainern (KTC) aus metallischen Werkstoffen – TR
KTC 001 –'' (Verkehrsblatt 1985, S. 422) entsprechen und gemäß den Vorschriften dieser
Richtlinien baumustergeprüft, zugelassen und
gekennzeichnet sein.

3 **Sonstige Vorschriften**

Die sonstigen für den jeweils beförderten Stoff
geltenden Vorschriften sind entsprechend
anzuwenden.

4 **Angaben im Frachtbrief**

Zusätzlich zu den sonst vorgeschriebenen
Angaben ist zu vermerken:
''Ausnahme Nr. E 13''.

5 **Übergangsvorschriften**

5.1 Sind Baumuster von KTC bis zum Inkrafttreten
dieser Verordnung zugelassen worden, so dürfen nach diesem Baumuster KTC bis zum
30. April 1990 gefertigt werden.

5.2 Die auf Grund von Ausnahmen nach zugelassenen Baumustern gefertigten KTC dürfen
noch bis zum 30. April 1990 für die Beförderung der zugelassenen Stoffe weiterverwendet werden, wenn die festgelegten Auflagen
und Nebenbestimmungen eingehalten sind.
Diese Frist kann mit Zustimmung der Bundesanstalt für Materialprüfung wiederkehrend um
jeweils 5 Jahre verlängert werden.

5.3 Die Bestimmungen für wiederkehrende Prüfungen nach den in Nummer 2 genannten

Richtlinien Abschnitt 1.5.3 sind auch für KTC
anzuwenden, die nach den Bestimmungen in
Nummer 5.1 gefertigt worden sind.

Stoffe, die als gefährliche Güter der Klassen 3,
6.1 und 8 zu behandeln sind und die den Vorschriften der Gefahrgutverordnung Eisenbahn
in der Fassung der Bekanntmachung vom
22. Juni 1983 (BGBl. I S. 827) nicht unterstellt
waren, dürfen bis längstens zum 30. April 1990
in den für sie geeigneten KTC weiterbefördert
werden, sofern sie unter die Gruppen b und c
der genannten Klassen fallen und nachweisbar auch vor dem Inkrafttreten der Gefahrgutverordnung Eisenbahn vom 22. Juli 1985 die
entsprechenden KTC im Einsatz waren.

6

Technische Richtlinien für flexible IBC – TR IBCf 001
vom 28. Juni 1985

Technische Richtlinien für den Bau, die Prüfung, die Zulassung, die Kennzeichnung und die Verwendung von flexiblen IBC*)

– TR IBCf 001 –

Kapitel I

1. **Geltungsbereich**

1.1 Diese Richtlinien gelten für flexible IBC bis einschließlich 3,0 m³ Inhalt zur Beförderung fester Stoffe.

1.2 Das Kapitel I enthält die allgemeinen Bestimmungen. Das Kapitel II enthält die Stoffe, die in flexiblen IBC befördert werden dürfen.

2. **Begriffsbestimmungen**

– **Flexible IBC** bestehen aus einem Körper, der aus Folie, Gewebe oder einem anderen flexiblen Werkstoff oder aus Kombinationen daraus hergestellt ist sowie den entsprechenden Bedienungsausrüstungen und Handhabungseinrichtungen. Sie müssen den Transport- und Handhabungsbeanspruchungen standhalten.

– **Körper** ist das eigentliche Behältnis einschließlich der Öffnungen und Verschlüsse.

– **Flexibler Werkstoff** ist ein Werkstoff oder Verbundwerkstoff bzw. Werkstoffverbund mit geringer Biegefestigkeit und ausreichender Zugfestigkeit, so daß der daraus hergestellte Körper des flexiblen IBC schon unter der Masse seines Füllgutes seine äußere Form sichtbar ändern kann. Insbesondere bezeichnet Kunststoffgewebe einen Werkstoffverbund, der aus gereckten Bändern oder Monofilen aus geeignetem Kunststoff besteht.

– **Handhabungseinrichtungen** sind Gurte, Schlaufen, Ösen oder Rahmen, die am Körper der flexiblen IBC befestigt oder integrierter Bestandteil des Körpers sind. Hebeeinrichtungen sind Handhabungseinrichtungen, die zum Heben des flexiblen IBC dienen.

– **Bedienungsausrüstungen** sind Füll-, Entleer-, Lüftungs- und Sicherheitseinrichtungen.

– **Nettohöchstmasse** ist die höchste Nettomasse, mit der der flexible IBC betrieben werden kann und für die er zugelassen ist.

3. **Typen flexibler IBC sind z. B.:**

13 H 1 Kunststoffgewebe, ohne Beschichtung oder Innenfolie

13 H 2 Kunststoffgewebe, mit Beschichtung

13 H 3 Kunststoffgewebe, mit Innenfolie

13 H 4 Kunststoffgewebe, mit Beschichtung und Innenfolie

13 H 5 Kunststoffolie

13 L 1 Textilgewebe, ohne Beschichtung oder Innenfolie

13 L 2 Textilgewebe, mit Beschichtung

13 L 3 Textilgewebe, mit Innenfolie

13 L 4 Textilgewebe, mit Beschichtung und Innenfolie

13 M 1 Papier, mehrlagig

13 M 2 Papier, mehrlagig, wasserbeständig

4. **Bau**

4.1 Die Körper müssen aus geeigneten flexiblen Werkstoffen hergestellt sein. Die Eigenschaften des flexiblen Werkstoffes und der Konstruktion des flexiblen IBC müssen dem Fassungsraum und dem vorgesehenen Verwendungszweck entsprechen.

4.2 Flexible IBC müssen so gebaut und verschlossen sein, daß vom Inhalt unter normalen Beförderungsbedingungen nichts austreten kann.

4.3 Flexible IBC müssen für die Stapelung ausgelegt sein.

4.4 Die Handhabungseinrichtungen an flexiblen IBC müssen von ausreichender Festigkeit sein, um den normalen Handhabungs- und Beförderungsbedingungen standzuhalten, ohne daß die Verwendbarkeit beeinträchtigt wird. Sie müssen so angebracht sein, daß keine übermäßige Beanspruchung in irgendeinem Teil des flexiblen IBC entsteht.

4.5 Besteht ein flexibler IBC aus einem Körper innerhalb eines Rahmens, muß er so ausgelegt sein, daß:

– Der Körper nicht gegen den Rahmen scheuert oder reibt und so Materialschäden am Körper hervorruft.

– Der Körper stets im Rahmen gesichert ist.

– Die Teile der Handhabungseinrichtungen und Bedienungsausrüstungen so befestigt sind, daß sie nicht beschädigt werden können, falls die Verbindung zwischen Körper und Rahmen eine relative Ausdehnung oder Bewegung zuläßt.

4.6 Die gesamten Bedienungsausrüstungen müssen so angebracht oder geschützt sein, daß die Gefahr des Austretens des Füllgutes aufgrund von Beschädigungen während der Handhabung und der Beförderung soweit wie möglich begrenzt wird.

4.7 Die Werkstoffe flexibler IBC müssen gegen klimatische Beanspruchungen – insbesondere ultraviolette Strahlung – und durch das Füllgut hervorgerufene Eigenschaftsveränderungen in ausreichendem Maße beständig sein.

4.8 Ist für flexible IBC aus Kunststoff ein Schutz vor ultravioletten Strahlen erforderlich, so muß dieser durch Beimischung von Ruß oder anderen geeigneten Pigmenten oder Inhibitoren erfolgen. Diese Zusätze müssen dem Inhalt verträglich sein und ihre Wirkung während der gesamten Verwendungsdauer des Körpers behalten. Bei Verwendung von Ruß, Pigmenten oder Inhibitoren, die verschieden sind von jenen, die für die Herstellung des geprüften Baumusters verwendet wurden, kann auf die Wiederholung der Baumusterprüfungen verzichtet werden, wenn Änderungen am Anteil des Rußes, der Pigmente oder der Inhibitoren sich nicht nachweislich nachteilig auf die Eigenschaften des für die Herstellung verwendeten flexiblen Werkstoffes auswirken. Zusätze können dem für den Körper verwendeten Kunststoff beigemischt werden, um die Beständigkeit gegen Alterung zu erhöhen oder um anderen Zwecken zu dienen, vorausgesetzt, daß diese sich nachweislich nicht nachteilig auf die physikalischen oder chemischen Eigenschaften des Kunststoffes auswirken.

*) IBC = Intermediate Bulk Container
= Mittelgroße Massengut-Behältnisse

Quelle: Verkehrsblatt 1985 S. 422

TR IBCf 001

Für die Herstellung der flexiblen IBC darf kein aus gebrauchten Körpern gewonnener Kunststoff verwendet werden. Produktionsreste oder Abfall aus demselben Herstellungsverfahren können jedoch verwendet werden. Dies schließt nicht die Wiederverwendung von Teilen wie etwa die am Körper befestigten Vorrichtungen oder Palettenschalen aus, vorausgesetzt, daß diese Teile bei früherer Verwendung in keiner Weise beschädigt wurden.

4.9 Alle für die Herstellung von flexiblen IBC der Typen 13 M 1 und 13 M 2 verwendeten flexiblen Werkstoffe müssen, nachdem sie für mindestens 24 Stunden völlig unter Wasser gehalten wurden, wenigstens 85 % der Zugfestigkeit in gleicher Faserrichtung beibehalten, die ursprünglich an dem bei einer relativen Luftfeuchtigkeit von höchstens 67 % konditionierten Werkstoff gemessen wurde.

Wird ein geringerer Wert erreicht, muß durch entsprechende Erhöhung der Lagenzahl oder der Dicke der serienmäßig gefertigten IBC gegenüber dem geprüften Baumuster diese geringere Naßfestigkeit mindestens kompensiert werden.

4.10 Die Nähte der flexiblen IBC müssen durch Vernähen, Heißverschweißen, Verkleben oder ein ähnliches Verfahren gebildet werden. Alle durch Vernähen gebildeten Nahtenden sind zu sichern.

4.11 Im befüllten Zustand darf bei flexiblen IBC das Verhältnis Höhe zu Breite höchstens 2:1 betragen.

4.12 Die Gebrauchsdauer*) darf höchstens fünf Jahre betragen. Bei flexiblen IBC, die für eine einmalige Verwendung bestimmt sind, ist eine Gebrauchsdauer von 18 Monaten nach Herstellungsmonat sicherzustellen.

5. **Verfahren zur Durchführung der Prüfungen und der Zulassung**

5.1 Jede Bauart eines flexiblen IBC muß von der

Bundesanstalt für Materialprüfung (BAM)
Unter den Eichen 87
1000 Berlin 45

oder dem

Bundesbahn-Zentralamt Minden (BZA)
4950 Minden (Westf.)

baumustergeprüft und zugelassen sein.

5.2 Die Baumusterprüfung und Zulassung ist bei einer der in 5.1 genannten Behörden zu beantragen.

5.3 Dem Antrag müssen mindestens folgende Angaben und Unterlagen in dreifacher Ausfertigung in deutscher Sprache beigefügt werden:
- Firma und Anschrift des Antragstellers
- Firma und Anschrift des Herstellers des flexiblen IBC
- Typenbezeichnung des flexiblen IBC
- Baubeschreibung (ggf. mit Fotos) und verwendete Werkstoffe (Handelsname und Sortenbezeichnung mit zugehörigen technischen Informationen)
- vorgesehene Verwendung (Rechtsvorschrift, nach der die Zulassung erteilt werden soll)
- sämtliche zur Herstellung des flexiblen IBC erforderlichen Konstruktionszeichnungen einschließlich einer Zusammenstellungszeichnung (ggf. mit Fotos)
- Datenblatt, das kurzgefaßte Angaben über die wichtigsten Betriebsgrößen enthält, wie äußere Abmessungen, Volumen, Bruttomasse, Nettohöchstmasse, Prüflast für die Stapeldruckprüfung
- Betriebs- und Bedienungsanleitung der Bedienungsausrüstungen und Handhabungseinrichtungen
- die zu befördernden Stoffe nach den Angaben im Kapitel II
- wichtige physikalische Kenngrößen der zu befördernden Stoffe, wie Schüttdichte in kg/l, Korngröße in mm

*) Nicht als Verlängerung der Gewährleistungspflicht oder besondere Garantie des Herstellers zu verstehen.

- ein Qualitätssicherungsprogramm, welches sicherstellen muß, daß jeder gefertigte flexible IBC den Anforderungen dieser Richtlinien genügt
- Darstellung der sonstigen Kennzeichnung
- Erklärung darüber, daß das Baumuster den vorgeschriebenen Prüfungen unterzogen werden darf
- Erklärung zur Übernahme der Prüfkosten gemäß den Gebührenordnungen.

5.4 Die Bauart eines flexiblen IBC wird bestimmt durch die Konstruktion, Größe, Werkstoff und Wanddicke, Art der Herstellung und des Zusammenbaus, kann aber verschiedene Oberflächenbehandlungen einschließen. Ebenfalls eingeschlossen sind flexible IBC, die lediglich geringere äußere Abmessungen haben.

5.5 Die in 5.1 genannten Behörden können Prüfergebnisse anderer Stellen anerkennen. Sie können auf einzelne Prüfungen verzichten, wenn das Bestehen der Prüfanforderungen des flexiblen IBC auf andere Weise nachgewiesen worden ist. Vertreter der in 5.1 genannten Behörden, des Antragstellers und des Herstellers der flexiblen IBC können bei der Prüfung des Baumusters zugegen sein.

5.6 Nach Abschluß der Baumusterprüfung ist ein Prüfbericht mit der Beschreibung der Bauart, der durchgeführten Prüfungen und deren Ergebnis zu erstellen.

.7 Wenn die Voraussetzungen erfüllt sind, stellt die Behörde eine Zulassung für das Baumuster nach den Rechtsvorschriften für die Beförderung gefährlicher Güter aus und legt die Bedingungen für die Serienfertigung fest.

In der Zulassung ist besonders festzulegen, daß vor der ersten Beförderung eines gefährlichen Gutes in einem flexiblen IBC nach dem anerkannten Stand der Technik nachgewiesen sein muß, daß die Werkstoffe und die Verschlüsse der flexiblen IBC gegenüber dem Füllgut beständig oder durch geeignete Auskleidung so geschützt sind, daß sie nicht vom Füllgut angegriffen werden oder gefährliche Verbindungen mit dem Füllgut eingehen.

Der Hersteller muß diese Auflage an den Betreiber der nach einem zugelassenen Baumuster in Serie hergestellten IBC weitergeben.

5.8 Die in 5.1 genannten Behörden müssen sich gegenseitig über die erteilten Zulassungen unterrichten. Sie haben sicherzustellen, daß die Kennzeichnung einheitlich festgelegt wird.

5.9 Soll von der Zulassung einschließlich der dazugehörenden Unterlagen abgewichen werden, ist die Entscheidung der Behörde einzuholen, die die Zulassung erteilt hat. Dabei durchzuführende Prüfungen sind von der Art und dem Umfang der Änderungen abhängig.

6. **Baumusterprüfungen**

6.1 Baumuster des flexiblen IBC sind den nachstehend aufgeführten Prüfungen zu unterziehen. Ein flexibler IBC, der eine Prüfung bestanden hat, darf für andere Prüfungen verwendet werden.

6.2 Prüfungen

Heben von oben (1)	– 6.3.3
Rißausbreitung	6.3.4
Stapeldruck	6.3.5
Fall	6.3.6
Fall durch Kippen	6.3.7
Aufrichten (1)	6.3.8

Anmerkung: (1) Wenn flexible IBC für das Heben von oben oder von der Seite ausgelegt sind.

6.3 Vorschriften für die Baumusterprüfung

6.3.1 Der für die Beförderung vorgesehene Stoff darf durch andere Stoffe ersetzt werden, soweit hierdurch nicht die Prüfergebnisse verfälscht werden.

Wenn ein anderer Stoff verwendet wird, muß dieser die gleichen physikalischen Eigenschaften (Schüttdichte,

Korngröße usw.) haben wie der zu befördernde Stoff. Es ist zulässig, zusätzliche Gewichtsstücke zu verwenden, wie Beutel mit Bleischrot, um die erforderliche Gesamtmasse zu erlangen, vorausgesetzt, sie sind so plaziert, daß die Prüfergebnisse nicht verfälscht werden.

6.3.2 Flexible IBC aus Papier müssen mindestens 24 Stunden in einem Klima konditioniert werden, dessen Temperatur und relative Luftfeuchtigkeit (r. L.) geregelt sind. Als Prüfklima ist 23° C ± 2° C und 50 % r. L. ± 2 % r. L. zu verwenden.

Mit Zustimmung der in 5.1 genannten Prüfanstalten kann auch eines der nachfolgenden Klimate verwendet werden:

20° C ± 2° C und 65 % r. L.± 2 % r. L.
oder 27° C ± 2° C und 65 % r. L.± 2 % r. L.

6.3.3 Hebeprüfung von oben

Anwendungsbereich

Gilt für alle flexiblen IBC-Typen, die für das Heben von oben oder von der Seite ausgelegt sind, als Baumusterprüfung.

Vorbereitung des Prüfmusters

Der flexible IBC ist mit dem sechsfachen der Nettohöchstmasse zu belasten, unter gleichmäßiger Verteilung der Last.

Prüfverfahren

Der flexible IBC ist seiner Konstruktion entsprechend anzuheben, bis er frei über dem Boden hängt, und so für die Dauer von 5 Minuten zu belassen.

Andere Methoden der Hebeprüfung und der Vorbereitung, die mindestens gleichwertig sind, dürfen angewendet werden.

Kriterien für das Bestehen der Prüfung

Keine Beschädigung an dem flexiblen IBC oder seinen Handhabungseinrichtungen, die den flexiblen IBC für den Transport unsicher macht.

6.3.4 Prüfung auf Rißausbreitung

Anwendungsbereich

Gilt für alle flexiblen IBC-Typen als Baumusterprüfung.

Vorbereitung des Prüfmusters

Der flexible IBC ist mindestens bis zu 95 % seines Fassungsraumes mit seiner Nettohöchstmasse zu befüllen, unter gleichmäßiger Verteilung der Last.

Prüfverfahren

Nachdem der flexible IBC auf dem Untergrund abgestellt ist, wird ein die Wand der Breitseite seines Körpers vollständig durchtrennender, 100 mm langer Schnitt mit einem Messer in einem Winkel von 45° zur Hauptachse des Körpers angebracht, und zwar in der Mitte zwischen Boden und oberer Ebene des Füllgutes. Der Körper ist dann einer gleichmäßig verteilten, überlagerten Prüflast auszusetzen, die dem 2fachen der Nettohöchstmasse entspricht. Die Last soll für mindestens 5 Minuten einwirken.

Für das Heben von oben oder von der Seite ausgelegte flexible IBC sind nach dem Entfernen der überlagerten Prüflast anzuheben, bis sie frei über dem Boden hängen und so für die Dauer von 5 Minuten zu belassen.

Kriterien für das Bestehen der Prüfung

Der Schnitt darf sich höchstens um 25 % seiner ursprünglichen Länge ausbreiten.

6.3.5 Stapeldruckprüfung

Anwendungsbereich

Gilt für alle flexiblen IBC-Typen als Baumusterprüfung.

Vorbereitung der Prüfmuster

Der flexible IBC ist mindestens bis zu 95 % seines Fassungsraumes mit seiner Nettohöchstmasse zu befüllen, unter gleichmäßiger Verteilung der Last.

Prüfverfahren

Der flexible IBC muß mit seinem Boden auf einen ebenen, harten Untergrund gestellt werden und einer gleichmäßig verteilten überlagerten Prüflast für die Dauer von 24 Stunden ausgesetzt werden.

Diese Last muß nach einem der folgenden Verfahren einwirken:

– ein oder mehrere IBC des gleichen Typs werden mit ihrer Nettohöchstmasse befüllt und auf den zu prüfenden IBC gestapelt;

– entsprechende Gewichte werden auf eine flache Platte gestellt, die auf den zu prüfenden flexiblen IBC gestapelt wird.

Berechnung der überlagerten Prüflast

Die aus dem flexiblen IBC anzubringende Last muß das 1,8fache des zusammengefaßten höchstzulässigen Bruttogewichts der Anzahl gleicher flexibler IBC betragen, die auf ihm während der Beförderung gestapelt werden.

Kriterien für das Bestehen der Prüfung

Keine Schädigung des Körpers, die den flexiblen IBC für den Transport unsicher macht oder den Verlust an Füllgut verursacht.

6.3.6 Fallprüfung

Anwendungsbereich

Gilt für alle flexiblen IBC-Typen als Baumusterprüfung.

Vorbereitung des Prüfmusters

Der IBC ist mindestens bis zu 95 % seines Fassungsraumes mit seiner Nettohöchstmasse zu befüllen, unter gleichmäßiger Verteilung der Last.

Prüfverfahren

Der flexible IBC ist mit seinem Unterteil auf eine starre, nicht federnde, glatte, flache und horizontale Fläche fallenzulassen.

Fallhöhe

Verpackungsgruppe II	Verpackungsgruppe III
1,2 m	0,8 m

Kriterien für das Bestehen der Prüfung

Kein Austreten des Füllgutes.

Ein geringfügiges Austreten beispielsweise aus den Verschlüssen oder den Nahtlöchern beim Aufprall gilt nicht als Versagen, vorausgesetzt, daß danach kein weiteres Füllgut austritt.

6.3.7 Fallprüfung durch Kippen

Anwendungsbereich

Gilt für alle flexiblen IBC-Typen als Baumusterprüfung.

Vorbereitung des Prüfmusters

Der flexible IBC ist mindestens bis zu 95 % seines Fassungsvermögens mit seiner Nettohöchstmasse zu befüllen, unter gleichmäßiger Verteilung der Last.

Prüfverfahren

Der flexible IBC ist auf eine starre, nicht federnde, glatte, flache und horizontale Fläche zum Kippen zu bringen.

Kipphöhe

Verpackungsgruppe II	Verpackungsgruppe III
1,2 m	0,8 m

Kriterien für das Bestehen der Prüfung

Kein Austreten des Füllgutes.

Ein geringfügiges Austreten beispielsweise aus den Verschlüssen oder den Nahtlöchern beim Aufprall gilt nicht als Versagen, vorausgesetzt, daß danach kein weiteres Füllgut austritt.

3

6.3.8   Prüfung der Hebeeinrichtungen durch Aufrichten

Anwendungsbereich

Gilt für alle flexiblen IBC, die für das Heben von oben oder von der Seite ausgelegt sind, als Baumusterprüfung.

Vorbereitung des Prüfmusters

Der flexible IBC ist mindestens bis zu 95 % seines Fassungsvermögens mit seiner Nettohöchstmasse zu befüllen, unter gleichmäßiger Verteilung der Last.

Prüfverfahren

Der auf der Seite liegende flexible IBC muß mit einer Geschwindigkeit von mindestens 0,1 m/s an einer Hebeeinrichtung – oder an zwei Hebeeinrichtungen, wenn das flexible Schüttgutbehältnis mit vier Hebeeinrichtungen ausgestattet ist – in eine aufrechte Stellung frei über den Boden gehoben werden.

Kriterien für das Bestehen der Prüfung

Keine Beschädigung an dem flexiblen IBC oder seinen Hebeeinrichtungen, die ihn für den Transport unsicher macht.

7.   **Kennzeichnung**

Jeder flexible IBC, der für den Einsatz gemäß dieser Richtlinien hergestellt ist, muß mit einer beständigen und gut sichtbaren Kennzeichnung versehen sein, die folgende Angaben enthält:

a)   Das Verpackungssymbol der Vereinten Nationen: $\overset{u}{n}$

b)   Die Kennziffer, die den Typ des flexiblen IBC angibt

c)   Einem Buchstaben, der die Verpackungsgruppen angibt, für welche die Bauart erfolgreich geprüft wurde:
Y für die Verpackungsgruppen II und III
Z nur für die Verpackungsgruppe III

d)   Monat und das Jahr (die letzten 2 Stellen) der Herstellung

e)   Den Buchstaben „D"

f)   Den Namen oder das Kurzzeichen des Herstellers, gegebenenfalls ergänzt durch zusätzliche Angabe, die von einer in 5.1 genannten Prüfanstalten festgelegt wurde

g)   Prüflast der Stapeldruckprüfung in kg

h)   Nettohöchstmasse in kg

Die vorgeschriebene Kennzeichnung ist in der Reihenfolge der Unterabsätze anzubringen. Diese Kennzeichnung sowie jede weitere von einer der in 5.1 genannten Behörden genehmigte Kennzeichnung muß so erfolgen, daß die Teile der Kennzeichnung noch einwandfrei einzeln erkennbar sind.

Mit der Kennzeichnung gewährleistet der Hersteller, daß die serienmäßig gefertigten flexiblen IBC der zugelassenen Bauart entsprechen und daß die in der Zulassung genannten Bedingungen erfüllt sind.

Beispiel für die Kennzeichnung:

$\overset{u}{n}$ 13 H2/Y/0185/D/LV/8100/1500

Jedes flexible IBC darf auch mit einem Piktogramm versehen sein, das die zugelassene Hebemethode aufzeigt.

8.   **Betriebsvorschriften**

8.1   Jeder flexible IBC muß vor dem Befüllen daraufhin überprüft werden, daß er innen keine Rückstände anderer Güter enthält. Er muß vor der Übergabe für die Beförderung daraufhin überprüft werden, daß er frei von Schäden ist und daß die Bedienungsausrüstungen einwandfrei funktionieren. Jeder flexible IBC, der Anzeichen verminderter Eignung zeigt, darf nicht länger verwendet werden, es sei denn, er ist so rekonditioniert worden, daß er den Baumusterprüfungen standhalten kann.

8.2   Die flexiblen IBC dürfen nur mit den gefährlichen Gütern gefüllt werden, für die sie zugelassen sind und für die feststeht, daß der Werkstoff der IBC (einschl. ihrer Verschlüsse) oder ihrer Auskleidung keine Stoffe enthalten, die mit dem Inhalt gefährlich reagieren, gefährliche Stoffe erzeugen oder den Werkstoff merklich schwächen.

8.3   Während der Beförderung darf dem flexiblen IBC außen kein gefährliches Gut anhaften.

8.4   Während der Beförderung müssen die flexiblen IBC sicher befestigt oder so gesichert sein, daß sie gegen Bewegungen oder Stoß geschützt und angemessen von außen gestützt sind.

8.5   Ungereinigte leere flexible IBC sind wie gefüllte flexible IBC zu behandeln, bis sie gereinigt sind.

8.6   Werden flexible IBC für die Beförderung von zu Staubexplosionen fähigen Pulvern verwendet, müssen beim Befüllen und Entleeren Maßnahmen ergriffen werden, um eine gefährliche elektrostatische Entladung zu verhindern.

9.   **Übergangsbestimmungen**

9.1   Sind Baumuster von flexiblen IBC bis zum Inkrafttreten dieser Richtlinien zugelassen worden, so dürfen nach diesem Baumuster flexible IBC bis zum 31. Dezember 1986 gefertigt werden.

9.2   Die aufgrund von Ausnahmen nach zugelassenen Baumustern gefertigten flexiblen IBC dürfen noch bis zum 30. April 1990 für die Beförderung der zugelassenen Stoffe weiterverwendet werden.

9.3   Stoffe, die als gefährliche Güter der Klassen 6.1 und 8 der GGVE oder der GGVS zu behandeln sind und den Vorschriften der Gefahrgutverordnung Eisenbahn i.d.F. der Bekanntmachung vom 22. Juni 1983 (BGBl. I S. 827) oder der Gefahrgutverordnung Straße i.d.F. der Bekanntmachung vom 29. Juni 1983 (BGBl. I S. 905) nicht unterstellt waren, dürfen bis längstens zum 30. April 1990 in den für sie geeigneten flexiblen IBC weiterbefördert werden, sofern sie unter die Gruppen b) oder c) der genannten Klassen fallen und nachweisbar auch vor dem Inkrafttreten der Gefahrgutverordnung Eisenbahn vom 22. Juli 1985 oder der Gefahrgutverordnung Straße vom 22. Juli 1985 die entsprechenden flexiblen IBC im Einsatz waren.

9.4   Die flexiblen IBC nach Nr. 9.2 und 9.3 dürfen nicht überstapelt werden.

9.5   Die für die einzelnen flexiblen IBC festgelegte spezifische Gebrauchsdauer darf nicht überschritten werden.

Kapitel II
Stoffe des RID/der GGVE oder des ADR/der GGVS die in flexiblen IBC befördert werden dürfen

1.   **Entzündbare, feste Stoffe, Klasse 4.1**
Selbstentzündliche Stoffe, Klasse 4.2
Stoffe, die in Berührung mit Wasser entzündliche Gase entwickeln, Klasse 4.3

1.1   Alle Stoffe der Klasse 4.1 mit einem Dampfdruck von höchstens 10 kPa (0,1 bar) absolut bei 50° C – ausgenommen Stoffe der Ziffern 2 b), 3, 4, 5, 6, 7, 11 c), 12 A, 14, 15 und 16 – dürfen in flexiblen IBC befördert werden.

1.2   Nicht erlaubt für Stoffe der Klasse 4.2.

1.3   Nicht erlaubt für Stoffe der Klasse 4.3.

2.   **Entzündend (oxydierend) wirkende Stoffe, Klasse 5.1**
Organische Peroxide, Klasse 5.2

2.1   Alle festen Stoffe der Klasse 5.1 – ausgenommen die Stoffe der Ziffern 1, 2, 3, 4, 5, 9 und 10 – dürfen in flexiblen IBC befördert werden.

2.2   Nicht erlaubt für Stoffe der Klasse 5.2.

3.   **Giftige Stoffe, Klasse 6.1**
Ekelerregende und ansteckungsgefährliche Stoffe, Klasse 6.2

3.1   Alle giftigen und gesundheitsschädlichen festen Stoffe, die unter die Gruppen b) und c) der Klasse 6.1 fallen, dürfen in flexiblen IBC befördert werden.

3.2   Alle festen Stoffe der Klasse 6.2 – ausgenommen Stoffe der Ziffern 11 und 11 A – dürfen in flexiblen IBC befördert werden.

4.   **Ätzende Stoffe, Klasse 8**

Alle ätzenden und schwach ätzenden festen Stoffe der Klasse 8, die unter die Gruppen b) und c) fallen, dürfen in flexiblen IBC befördert werden.

Die Rechtsgrundlage für die Verwendung von flexiblen IBC ist die Anlage 2 der Straßen-Gefahrgutausnahmeverordnung in Verbindung mit der Ausnahme Nr. E 14:

Ausnahme Nr. E 14

Ausnahme Nr. E 14
(Flexible Großpackmittel – flexible IBC *) –)

1   Abweichend von § 4 Abs. 2 in Verbindung der Anlage dürfen die im Kapitel II der nachfolgend genannten Richtlinien aufgeführten festen Stoffe der Klassen 4.1, 5.1, 6.1, 6.2 und 8 unter nachfolgenden Bedingungen in flexiblen IBC befördert werden.

2   **Anforderungen und Prüfungen**

Die flexiblen IBC müssen entsprechend den Vorschriften der „Technischen Richtlinien für den Bau, die Prüfung, die Zulassung, die Kennzeichnung und die Verwendung von flexiblen IBC – TR IBCf 001 –" (Verkehrsblatt 1985 S. 422) hergestellt, baumustergeprüft, zugelassen und gekennzeichnet sein.

3   **Sonstige Vorschriften**

3.1   Die sonstigen für den jeweils beförderten Stoff geltenden Vorschriften sind entsprechend anzuwenden.

3.2   Die Beförderung ist nur als Wagen- oder Containerladung zugelassen.

4   **Angaben im Frachtbrief**

Zusätzlich zu den sonst vorgeschriebenen Angaben ist zu vermerken:
„Ausnahme Nr. E 14".

*) IBC – Intermediate Bulk Container

5   **Übergangsvorschriften**

5.1   Sind Baumuster von flexiblen IBC bis zum Inkrafttreten dieser Verordnung zugelassen worden, so dürfen nach diesem Baumuster flexible IBC bis zum 31. Dezember 1986 gefertigt werden.

5.2   Die auf Grund von Ausnahmen nach zugelassenen Baumustern gefertigten flexiblen IBC dürfen noch bis zum 30. April 1990 für die Beförderung der zugelassenen Stoffe weiterverwendet werden.

5.3   Stoffe, die als gefährliche Güter der Klassen 6.1 und 8 zu behandeln sind und den Vorschriften der Gefahrgutverordnung Eisenbahn in der Fassung der Bekanntmachung vom 22. Juni 1983 (BGBl. I S. 827) nicht unterstellt waren, dürfen bis längstens 30. April 1990 in den für sie geeigneten flexiblen IBC weiterbefördert werden, sofern sie unter die Gruppen b oder c der genannten Klassen fallen und nachweisbar auch vor dem Inkrafttreten der Gefahrgutverordnung Eisenbahn vom 22. Juli 1985 die entsprechenden flexiblen IBC im Einsatz waren.

5.4   Die für die einzelnen flexiblen IBC festgelegte spezifische Gebrauchsdauer darf nicht überschritten werden.

5.5   Die flexiblen IBC nach den Nummern 5.2 und 5.3 dürfen nicht überstapelt werden.

6

Technische Richtlinien zur GGVS (TRS)

TRS 001   Anforderungen für Anhänger zum Transport gefährlicher Güter

TRS 002   Anforderungen für die elektrische Ausrüstung von Fahrzeugen zur Beförderung bestimmter gefährlicher Güter und an ortsbewegliche Warnleuchten

TRS 003   Anforderungen an die nichtelektrische Ausrüstung und Feuerlöscher

TRS 004   Definition für den Begriff „Aufsetztanks"

Nr. 36   Technische Richtlinien zur GGVS;   Bonn, den 27. Januar 1986
hier: TRS 001, TRS 002, TRS 003 und TRS 004   A 13/26.20.70-52

I.   Hiermit hebe ich die im Verkehrsblatt 1980 S. 730 bekanntgebene TRS 001 sowie die im Verkehrsblatt 1983 S. 413 bekanntgegebene TRS 004 auf. Gleichzeitig gebe ich neue mit den zuständigen obersten Landesbehörden abgestimmte Fassungen dieser Richtlinien nachfolgend bekannt und bitte vom Zeitpunkt der Bekanntgabe ab danach zu verfahren. Die Richtlinien berücksichtigen die Änderungen der GGVS 1985.

II.   Die TRS 002 in der Fassung der Bekanntmachung im Verkehrsblatt 1983 (S. 413) sowie die TRS 003 in der Fassung der Bekanntmachung im Verkehrsblatt 1982 (S. 306) sind, soweit die GGVS vom 22. Juli 1985 (BGBl. I S. 1550) unverändert geblieben ist, weiterhin anzuwenden. Eine Neufassung wird derzeit erarbeitet und voraussichtlich Mitte des Jahres in Kraft gesetzt werden.

Der Bundesminister für Verkehr

Im Auftrag

S t o l l

Nr. 68 Technische Richtlinien;
hier: TRS 002, 003, TRT 009, TRT 011 zu den Gefahrgutverordnungen Straße, Eisenbahn und See, RE 002 zur Gefahrgutverordnung Eisenbahn

Bonn, den 10. April 1987
A 13/26.00.70 – 60/123 Va 87

Die im Verkehrsblatt bekanntgegebenen Technischen Richtlinien
    TRS 002 – VkBl 1983 (S. 413) –
    TRS 003 – VkBl 1982 (S. 306) –
    TRTC 004, TRTF/KW 004 – VkBl 1986 (S. 71) –
    TRT 004, 005 und 006 – VkBl 1980 (S. 768) –
    TRT 011 – VkBl 1984 (S. 222) –
werden hiermit aufgehoben und durch eine neue Fassung der
       TRS 002, TRS 003, TRT 009 und TRT 011
ersetzt, die nachfolgend im Wortlaut bekanntgegeben wird. Gleichzeitig gebe ich nachfolgend die RE 002 bekannt.

Die Richtlinien enthalten die technischen Bedingungen zur Umsetzung der allgemeinen Vorschriften der 1985 in Kraft getretenen Gefahrgutverordnung Straße und Gefahrgutverordnung Eisenbahn sowie der 1986 in Kraft getretenen Gefahrgutverordnung See.

Die Richtlinien hat der Ausschuß „Tank/Technik (ATT)" des Gefahrgut-Verkehrs-Beirats erarbeitet. Nach diesen Richtlinien ist vom Zeitpunkt ihrer Bekanntgabe zu verfahren.

Für die TRT 009 und TRT 011 ergeht diese Bekanntmachung unter Bezugnahme auf die jeweiligen Bemerkungen zu Rn. 211 120 des Anhangs B. 1 a, Rn. 212 120 des Anhangs B. 1 b der GGVS und der jeweiligen Bemerkungen zu Nr. 1.2.1 des Anhangs X, zu Nr. 1.2.1 des Anhangs XI der GGVE.

Die zuständigen obersten Landesbehörden sind angehört worden.

Der Bundesminister für Verkehr
Im Auftrag
Dr. Sandhäger

Quelle: Verkehrsblatt 1986 S. 72 und 1987 S. 307

Technische Richtlinien Straße (TRS)	**TRS**
Anforderungen für Anhänger zum Transport gefährlicher Güter	**001**

Zu Rn. 10 204 der Anlage B der GGVS

Als zwei Achsen im Sinne dieser Vorschrift gelten für Anhänger (ausgenommen Sattelanhänger) auch Doppelachsen, die nach § 34 Absatz 1 StVZO aus zwei Achsen bestehen, deren Mittelpunkt zwischen zwei mindestens ein Meter und weniger als zwei Meter voneinander entfernten, zum Mittellängsschnitt des Fahrzeugs rechtwinklig stehenden Vertikalebenen liegt. Bei Einbau einer Doppelachse ist jedoch zusätzlich zu beachten:

1. Mit der Bremsanlage des Anhängers muß eine mittlere Verzögerung von mindestens 2,5 m/sec² erreicht werden.
2. Der Anhänger muß eine auf alle Räder wirkende Bremsanlage haben.
3. Die Achslastverteilung des Anhängers muß bei jedem Ladezustand etwa gleich sein.
4. Keine Achse des Anhängers darf mit einer Lenkung (z. B. selbstspurendes Aggregat) ausgerüstet sein.
5. Die Rollachse des Aufbaus des Anhängers muß in etwa horizontal verlaufen.
6. Der Anhänger (leer und voll) muß auch im abgestellten Zustand auf einer 10 % geneigten Fahrbahn dann noch kippsicher sein, wenn ein Reifen defekt ist.
7. Der Anhänger muß mit vier Stützen ausgestattet sein. Mit ihnen muß ein Anheben auch des voll beladenen Anhängers möglich sein.
8. Der Anhänger muß mit mindestens zwei Unterlegkeilen ausgerüstet sein.

Quelle: Verkehrsblatt 1986 S. 71

Technische Richtlinien zur Gefahrgutverordnung Straße (TRS)	TRS 002
Anforderungen an die elektrische Ausrüstung von Fahrzeugen zur Beförderung bestimmter gefährlicher Güter und an ortsbewegliche Warnleuchten	

A. Geltungsbereich

1. Diese Richtlinien gelten

1.1 für die elektrische Ausrüstung von Tankfahrzeugen, Fahrzeugen mit Aufsetztanks oder Gefäßbatterien einschl. Sattelzugmaschinen solcher Fahrzeuge, sofern nach Rn. 10251 der Anlage B die Vorschriften des Anhangs B.2 über die elektrische Ausrüstung anzuwenden sind und in diesen Fahrzeugen

1.1.1 entzündbare Gase und Gegenstände der Klasse 2, die in Rn. 220002 aufgezählt sind;

1.1.2 entzündbare flüssige Stoffe der Klasse 3 mit einem Flammpunkt $\leq$ 55° C;

1.1.3 organische Peroxide der Klasse 5.2, Stoffgruppe A, die einen Flammpunkt von $\leq$ 55° C haben oder mit Lösemitteln versetzt sind, die einen Flammpunkt von $\leq$ 55° C haben;

1.1.4 giftige Stoffe der Klasse 6.1 mit einem Flammpunkt $\leq$ 55° C;

1.1.5 ätzende Stoffe der Klasse 8 mit einem Flammpunkt $\leq$ 55° C

befördert werden.

1.2 Für ortsbewegliche Warnleuchten nach Rn. 10260 (1), sofern sie in einem Kraftfahrzeug mitgeführt werden, in dem die unter Nr. 1.1 genannten Güter befördert werden.

1.3 Für Fahrzeuge zur Beförderung von gefährlichen Gütern der Klassen 1a, 1b und 1c, die den für Beförderungseinheiten der Kategorie B.III Rn. 11205 (2) c) festgelegten Anforderungen entsprechen müssen, gilt hinsichtlich der elektrischen Ausrüstung folgendes:

1.3.1 Für Fahrzeuge, die Gegenstände der Rn. 2171
– Ziffern 1 a) und 3 oder
– Ziffer 1 b) in Mengen bis 500 kg

befördern, muß die elektrische Fahrzeugbeleuchtung Abschnitt B Nr. 1 entsprechen;

1.3.2 für Fahrzeuge, die Gegenstände der Rn. 2171
– Ziffern 2, 5 bis 20, 24, 25 und 27 oder
– 1 b) in Mengen über 500 kg

befördern, muß die elektrische Fahrzeugbeleuchtung dem Abschnitt B Nr. 1 und der Trennschalter Abschnitt B Nr. 2.1 bis 2.4 sowie die Batterie dem Abschnitt B Nr. 3 entsprechen;

1.3.3 für Fahrzeuge, die Stoffe und Gegenstände der Rn. 2101, 2131 sowie 2171 mit nicht unter 1.2.1 und 1.2.2 genannten Gegenständen befördern, muß die elektrische Ausrüstung den Abschnitten B und C Nr. 1 bis 4 entsprechen;

Bemerkung zu 1.1

Der Nachweis dafür, ob ein Stoff einen Flammpunkt unter oder über 55° C hat, ist bei Stoffen der Klassen 6.1 und 8 nicht über die Stoffaufzählung möglich, jedoch über das Stoffverzeichnis im Anhang B.5, der die Kennzeichnung der Tanks nach gleichen Kriterien vorschreibt. Sind Stoffe in diesem Verzeichnis nicht enthalten, so ist im Rahmen z. B. des Assimilierungsverfahrens auch die Frage des Flammpunktes zu klären.

2. Die Richtlinien enthalten Erläuterungen zu den Rn. 10251 und 10260 (1) sowie zum Anhang B.2.

3. Weitergehende Anforderungen für elektrische Ausrüstungen im Inneren von Tanks und in unmittelbarer Nähe von Tanköffnungen (z. B. Gefahrbereich Zone 0 im Sinne der Verordnung über brennbare Flüssigkeiten – VbF –) bleiben hiervon unberührt.

B. Anforderungen an die gesamte elektrische Anlage und Ausrüstung (Einrichtungen)

1. Allgemeines

Elektrische Einrichtungen müssen vorbehaltlich der nachfolgenden besonderen Anforderungen den allgemein anerkannten Regeln der Technik genügen.

2. Trennschalter, Rn. 220000 b)

2.1 Der Trennschalter muß in den Stromkreis so installiert sein, daß durch das Ausschalten alle Stromkreise spannungslos werden.

2.2 Stromkreise, die beim Betätigen des Trennschalters in Betrieb bleiben sollen, gelten als eigensicher, wenn sie DIN EN 50014 und 50020/VDE 0170/0171, Teil 1 und Teil 7 – elektrische Betriebsmittel für explosionsgefährliche Bereiche –/ Ausgabe 9.80 und 5.84 entsprechen.

2.3 Die zur Gewährleistung des eigensicheren Stromkreises notwendigen zugehörigen Betriebsmittel sollen in unmittelbarer Nähe des Trennschalters angebracht sein.

2.4 Die Betätigungsvorrichtung des Trennschalters muß auffällig gekennzeichnet sein.

3. Batterien (Sammler, Akkumulatoren), Rn. 220000 b)

3.1 Deckel und Seitenwände sind ausreichend und dauerhaft elektrisch isoliert, wenn dies im Bereich stromführender Teile durchgeführt ist.

C. Zusätzliche Anforderungen an die elektrische Anlage und Ausrüstung (Einrichtungen) hinter der Führerhausrückwand (Schutzwandung)

Quelle: Verkehrsblatt 1987 S. 307

1. **Allgemeines**

1.1 Es dürfen keine elektrischen Betriebsmittel verwendet werden, die betriebsmäßig zündfähige Funken erzeugen und betriebsmäßig Temperaturen annehmen, die zu Zündgefahren Anlaß geben können.

1.2 Die Anforderungen der Nr. 1.1 gelten z. B. als erfüllt, wenn die elektrischen Betriebsmittel mit Ausnahme der Leitungen den Bestimmungen der DIN 57 165/VDE 0165/9.83, Errichtung elektrischer Anlagen in explosionsgefährdeten Bereichen, Anforderungen für das Errichten in Zone 2, genügen. Für Leitungen gelten die Ausführungen unter Nr. 2.

2. **Leitungen, Rn. 220 000 c) Nr. 1**

2.1 Die Leitungen gelten als ausreichend geschützt, wenn sie mit einem Stahldrahtgeflecht und zusätzlichem äußeren Mantel aus geeignetem Kunststoff versehen sind.

2.2 Zulässig sind auch mehrdrahtige, feindrähtige Leitungen, die wie folgt aufgebaut sind: Isolierte Leiter mit mindestens 1,5 mm² Querschnitt mit gemeinsamer Adernumhüllung (Folien-Mantel, PVC-Innenmantel, Regenerat-Innenmantel, Stahldrahtgeflecht-Mantel und PVC-Außenmantel) oder feindrähtige Leiter nach DIN 72 551 in Polyamid-Schutzrohren oder mit einem anderen gleichwertigen Schutz versehen, mindestens in der Ausführung Polyurethan DIN-VDE 0250 Teil 818 Fassung Mai 1985.

2.3 Verbindungsleitungen zwischen zwei Fahrzeugen können abweichend von Nr. 2.2 auch als gummiisolierte Starkstromleitungen (Gummischlauchleitungen 07 Rn.) nach DIN 57 282 Teil 810/VDE 0282 Teil 810/11/79 mit entsprechenden Querschnitten ausgeführt sein.

2.4 Die Stromrückleitungen müssen isoliert ausgeführt sein und dürfen erst vor der Schutzwandung mit dem Rahmen des Fahrzeugs verbunden sein.

3. **Leuchten, Rn. 220 000 c) Nr. 2**

3.1 Leuchten, die außerhalb geschlossener Räume angeordnet sind, müssen in der Schutzart IP 54 nach DIN 40 050*) ausgeführt und mechanisch geschützt angeordnet sein.

3.2 Die Leuchten sind mechanisch geschützt, wenn sie z. B. den Unterfahrschutz bzw. Anfahrschutz seitlich und nach hinten nicht überragen. Bei Sattelzugmaschinen dürfen die Leuchten nicht den Durchschwenkradius bestimmen.

3.3 Anschlüsse in den Leuchten müssen gegen Selbstlockern gesichert sein.

3.4 Den Anforderungen genügen Soffitten in der Regel nicht.

3.5 Werden Flachsteckverbindungen verwendet, so müssen deren Steckhülsen Rastwarzen nach DIN 46 247 Blatt 3 haben.

4. **Klemmkästen und Steckvorrichtungen**

4.1 Gehäuse für feste oder lösbare Verbindungen von elektrischen Leitungen (Klemmkästen, Steckverbindungen) müssen in der Schutzart IP 54 nach DIN 40 050 ausgeführt sein. Die Gehäuse müssen entweder ausreichend mechanisch fest oder gegen mechanische Beschädigung ausreichend geschützt angeordnet sein.

4.2 Klemmen müssen gegen Selbstlockern gesichert sein. Diese Anforderung gilt z. B. für Steckverbindungen als erfüllt, wenn Flachsteckverbindungen verwendet werden, deren Steckhülsen Rastwarzen nach DIN 46 247 Blatt 3 haben.

5. **Antriebsmotoren von Pumpen**

Elektromotoren zum Antrieb von Pumpen und ihre Schalt- und Steuereinrichtungen müssen explosionsgeschützt entsprechend DIN EN 50 014 bis DIN EN 50 020/VDE 0171 Teil 1 bis 7 ausgeführt sein.

6. **Elektrische Einrichtungen in geschlossenen Räumen**

6.1 In geschlossenen Räumen, z. B. im Armaturenschrank, dürfen nur elektrische Ausrüstungen verwendet werden, die explosionsgeschützt entsprechend DIN EN 50 014 bis DIN EN 50 020/VDE 0171 Teil 1 bis 7 ausgeführt sind.

6.2 Die Anforderungen der Nr. 6.1 gelten als erfüllt, wenn für die Betriebsmittel eine Baumusterprüfbescheinigung nach § 8 ElexV vorliegt und sie nach den Bestimmungen der VDE 0165 errichtet sind.

D. Ortsbewegliche Warnleuchten, Rn. 10 260

1. Beleuchtungsgeräte dürfen keine metallische Oberfläche haben, die Funken erzeugen könnte (Rn. 10 353 GGVS). Als Beleuchtungsgerät im Sinne dieser Vorschrift sind Warnleuchten anzusehen.

2. Die Warnleuchten müssen nach § 22 a StVZO der Bauart nach genehmigt, nach DIN 40 050 in Schutzart IP 54 ausgeführt und gegen mechanische Beschädigung mit einem bruchsicheren Schutzglas oder einem Schutzgitter ausgerüstet sein.

3. Ist eine Warnleuchte mit einer Arbeitsleuchte in einer Bauart zu einer kombinierten Warn-Arbeitsleuchte zusammengefaßt, so muß diese Kombination, sofern brennbare Gase der Klasse 2 und/oder Stoffe mit einem Flammpunkt von kleiner oder gleich 55° C der Klassen 3, 5.2, 6.1 und 8 befördert werden, explosionsgeschützt ausgeführt und die Leuchte sowohl nach § 22 a StVZO der Bauart nach genehmigt als auch nach § 8 ElexV als Baumuster geprüft sein.

4. Ortsbewegliche Warnleuchten – mit Ausnahme der nach § 8 ElexV baumustergeprüft und mit ⟨ex⟩ gekennzeichneten –, die nach dem 1. 11. 1987 hergestellt werden und die den Bestimmungen der TRS 002 entsprechen, müssen mit „TRS 002" gekennzeichnet sein.

5. Ortsbewegliche Warnleuchten, die vor dem 1. 11. 1987 hergestellt worden sind und die den Bestimmungen der GGVS und dieser Richtlinien entsprechen, dürfen auch ohne Kennzeichnung weiter verwendet werden.

---

*) DIN 40 050 – IP-Schutzarten, Ausgabe Juli 80
Erste Kennziffer: Schutzgrad gegen Berühren und Eindringen von Fremdkörpern
Zweite Kennziffer: Schutzgrad gegen Eindringen von Wasser

Erste Kennziffer 5: Schutzgrad gegen Staubablagerung:
Vollständiger Schutz gegen Berühren unter Spannung stehender oder innerer sich bewegender Teile.
Schutz gegen schädliche Staubablagerungen. Das Eindringen von Staub ist nicht vollkommen verhindert, aber der Staub darf nicht in solchen Mengen eindringen, daß die Arbeitsweise beeinträchtigt wird.
Zweite Kennziffer 4: Schutz gegen Spritzwasser: Wasser, das aus allen Richtungen gegen das Betriebsmittel spritzt, darf keine schädliche Wirkung haben.

Technische Richtlinien zur Gefahrgutverordnung Straße (TRS)	**TRS**
Anforderungen an die nichtelektrische Ausrüstung und an Feuerlöscher	**003**

A. Geltungsbereich:

1.   Diese Richtlinien gelten

1.1   für die nichtelektrische Ausrüstung (Brandschutz) der Fahrzeuge mit festverbundenen Tanks, mit Aufsetztanks oder Gefäßbatterien einschließlich der Sattelzugmaschinen solcher Fahrzeuge, sofern nach Rn. 10 220 (2) in Verbindung mit Rn. 52 220 der Anlage B der GGVS diese Vorschriften anzuwenden sind und in diesen Fahrzeugen

1.1.1 entzündbare Gase und Gegenstände der Klasse 2, die in Rn. 220 002 aufgezählt sind;

1.1.2 entzündbare flüssige Stoffe der Klasse 3 mit einem Flammpunkt $\leq$ 55° C;

1.1.3 organische Peroxide der Klasse 5.2, Stoffgruppe A, die einen Flammpunkt von $\leq$ 55° C haben oder mit Lösemitteln versetzt sind, die einen Flammpunkt von $\leq$ 55° C haben;

1.1.4 giftige Stoffe der Klasse 6.1 mit einem Flammpunkt $\leq$ 55° C;

1.1.5 ätzende Stoffe der Klasse 8 mit einem Flammpunkt $\leq$ 55° C

befördert werden.

Bemerkung zu 1

Der Nachweis dafür, ob ein Stoff einen Flammpunkt unter oder über 55° C hat, ist bei Stoffen der Klassen 6.1 und 8 nicht über die Stoffaufzählung möglich, jedoch über das Stoffverzeichnis im Anhang B.5, der die Kennzeichnung der Tanks nach gleichen Kriterien vorschreibt. Sind Stoffe in diesem Verzeichnis nicht enthalten, so ist im Rahmen z. B. des Assimilierungsverfahrens auch die Frage des Flammpunktes zu klären.

2.   für Feuerlöscher nach Randnummer 10 240 GGVS.

3.   Die Richtlinien enthalten Erläuterungen zu den Randnummern 10 220 (2) sowie 10 240 der Anlage B GGVS.

4.   Bestimmungen, die über die ganze Seite abgedruckt werden, gelten für alle in Nr. 1 genannten Stoffe. Bestimmungen, die nur auf der linken Seite abgedruckt sind, gelten für alle Stoffe der Nr. 1.1.2 bis 1.1.5, Bestimmungen, die nur auf der rechten Seite abgedruckt sind, für die entzündbaren Gase und Gegenstände der Klasse 2 (Nr. 1.1).

B. Allgemeine Anforderungen, Rn. 10 220 (2) a) und b)

1.   Nichtelektrische Einrichtungen müssen vorbehaltlich der nachfolgenden besonderen Anforderungen den allgemein anerkannten Regeln der Technik genügen.

2.   Bei Kraftfahrzeugen ohne Tankaufbau mit Tankanhänger (jedoch nicht bei einem Sattelkraftfahrzeug, bestehend aus einer Sattelzugmaschine und einem Tanksattelanhänger) entfällt die Forderung nach einer Schutzwand nach Rn. 10 220 (2) a).

3.   Soweit nichtelektrische Einrichtungen auch eine elektrische Ausrüstung haben, muß diese der TRS 002 entsprechen*).

C. Besondere Anforderungen an einzelne Fahrzeugteile, Rn. 10 220 (2) d) und e)

1.   Schutzwand

1.1   Die Schutzwand besteht aus einer annähernd vertikalen Stahlblechwand zwischen Führerhaus und Tank, die mindestens bis Oberkante des Fahrzeugrahmens herabgezogen sein muß. Die Führerhausrückwand kann in die Schutzwand einbezogen sein. Ist die Führerhausrückwand Schutzwand, darf von der Senkrechten durch Einbeziehung von Radabdeckungen kleinen Abdeckhauben oder Schrägblechen abgewichen werden. Spalten in Überlappungen der Schutzwand sind möglichst vertikal und eng auszuführen.

1.2   Das Maß der freien Fläche zu höchstens zwei Rückfenstern darf je 0,1 m² nicht überschreiten. Das Maß des geradlinig in die Rückwand verlaufenden Schenkels von Eckfenstern darf 150 mm nicht überschreiten. Werden größere Rückfenster durch Stahlblech ganz oder teilweise abgedeckt, dürfen diese Blechabdeckungen nicht ausschließlich durch Gummieinfassungen, sondern durch feuerbeständige Einrichtungen gehalten sein. Für Rückfenster darf nur nach den Vorschriften der StVZO zulässiges Verbundglas verwendet werden. Sie müssen durch feuerbeständige Einrichtungen gehalten sein.

2.   Abdeckungen

2.1   Abdeckungen sind in der Regel horizontal angeordnete Bleche, die je nach den Gegebenheiten als Wanne oder Haube ausgebildet sein können und verhindern, daß Füllgut auf Teile auftropfen kann, die betriebsmäßig heiß werden.

2.2   Bei Antriebsmaschinen und angeflanschten Aggregaten unter Abdeckungen ist die Anforderung nach Nr. 2.1 auch als erfüllt anzusehen, wenn die Abdeckungen auf dem Fahrzeugrahmen aufliegen, wenn sie die Antriebsmaschine und die angeflanschten Aggregate über die ganze Länge und Breite abdecken und wenn sie auf der Auspuffseite des Fahrzeugs soweit nach unten geführt sind, daß Tropfleckagen nicht auf die Auspuffanlage gelangen können.

3.   Antriebsmaschinen und andere Verbrennungskraftmaschinen

3.1   Die Ansaugöffnung für die Verbrennungsluft muß möglichst weit von der Schutzwand und mindestens 80 cm über Erdgleiche liegen.

Quelle: Verkehrsblatt 1987 S. 307

5

3.2 Verbrennungskraftmaschinen, die hinter der Schutzwand angeordnet sind (z. B. zum Antrieb von Pumpen), müssen so ausgeführt sein, daß explosionsfähige Atmosphäre betriebsmäßig nicht gezündet werden kann.

4. Auspuffanlagen

4.1 Auspuffanlagen, die hinter der Schutzwand angeordnet sind, müssen so ausgeführt sein, daß explosionsfähige Atmosphäre betriebsmäßig nicht gezündet werden kann.

4.2 Auspuffanlagen, die hinter der Schutzwand unter Abdeckungen angeordnet werden, müssen so beschaffen sein, daß Teile der Auspuffanlage, deren Oberfläche über 200° C erwärmt werden kann, wassergekühlt ausgeführt oder gegen abstrahlende Wärme so isoliert sein, daß an deren Oberfläche 200° C nicht überschritten werden, wobei die Isolierung zum Schutz gegen das Eindringen von Flüssigkeiten mit einem ausreichend dicht abschließenden Blechmantel umgeben sein muß.

4.3 Auspuffrohre müssen vor der Schutzwand münden.

4.4 Können abweichend von Nr. 4.3 Auspuffrohre nicht vor der Schutzwand münden, so müssen sie mit geeigneten Funkenfängern ausgerüstet sein.

5. Fahrzeugbremsen
   Die Fahrzeuge dürfen nicht mit elektrischen Wirbelstrombremsen ausgerüstet sein.

6. Zusatzheizung für Führerhaus

6.1 Zusatzheizungen für das Führerhaus müssen hinsichtlich des Brandschutzes ausreichend sicher sein.

6.2 Die Zusatzheizungen für das Führerhaus (Fremdheizung mit Brennkammer; Heizgerät, das die erforderliche Wärme selbständig aus flüssigen oder gasförmigen Stoffen erzeugt) müssen vor der Schutzwandung angeordnet sein.

6.3 Das Heizgerät ist so weit wie möglich nach vorn und dort so hoch wie möglich (mindestens jedoch 80 cm über Erdgleiche) anzubringen, oder es muß so gebaut werden, daß an den Oberflächen des Heizgerätes und des Abgasrohres Temperaturen von 200° C nicht überschritten werden können.

6.4 Die Ansaugöffnung für die Verbrennungsluft ist so weit wie möglich nach vorn und so hoch wie möglich, mindestens jedoch 80 cm über Erdgleiche, zu verlegen.

6.5 Die Mündung des Abgasrohres soll hinter der vorderen Motor- bzw. Führerhausverkleidung (jedoch vor der Schutzwandung) etwa in Höhe der Stoßstange, jedoch nicht tiefer als der Fahrzeugauspuff, enden. Die Abgase sollen seitlich austreten (etwa im Winkel 45 bis 90° zur Fahrzeuglängsachse).

6.6 Alle Einrichtungen müssen so angeordnet sein, daß sie gegen mechanische Beschädigungen weitgehend geschützt sind.

6.7 Es dürfen nur Geräte mit Kurznachlauf des Gebläsemotors für die Verbrennungsluft (max. 20 Sek.) verwendet werden. Wird der Trennschalter (TRS 002 Abschnitt B Nr. 2) abgeschaltet, so kann auf den Kurznachlauf des Gebläsemotors verzichtet werden. Auf den Kurznachlauf des Gebläsemotors kann auch verzichtet werden, wenn bei Abschalten des Gebläses der Verbrennungsluftstrom durch eine Absperreinrichtung (z. B. Magnetventil) unterbrochen wird.
   Ist dies aus betriebs- oder sicherheitstechnischen Gründen nicht zulässig, sind die Anforderungen der TRS 002 im Abschnitt B Nr. 2 auch als erfüllt anzusehen, wenn

   1. das erforderliche Zeitrelais (max. 20 Sek.), über welches nur noch der Gebläsemotor versorgt wird, unmittelbar am Trennschalter angebracht ist,

   2. der Kurznachlaufstromkreis gegenüber allen anderen Stromkreisen abgeblockt ist,

   3. die Leitungen zwischen Lüftergebläse und Zeitrelais auch vor der Schutzwandung der TRS 002 Abschnitt C Nr. 2 entsprechen.

6.8 Die Heizung darf nur bei einem gesonderten, im Führerhaus angebrachten Einschalter in Betrieb genommen werden können. Das Einschalten der Heizung muß auch bei abgestelltem Motor möglich sein. Das Regelsystem der Heizung ist so zu gestalten, daß ein selbständiges Einschalten nicht erfolgen kann. Auch bei Inbetriebnahme des Kfz-Motors darf die Heizung nicht selbständig eingeschaltet werden.

6.9 Die Fremdheizung muß von einem im Führerhaus angebrachten Ausschalter außer Betrieb genommen werden können. Die Heizung ist ferner mit dem Kfz-Motor so zu koppeln, daß bei jedem Stillsetzen des Motors die Heizung selbständig abgeschaltet wird. Die Heizung muß auch dann selbständig abgeschaltet werden, wenn über einen Nebenantrieb des Kfz-Motors eine Förderpumpe des Tankwagens betrieben wird.

6.10 Im Bereich des Ein- und Ausschalters der Heizung ist ein Hinweisschild mit folgender, deutlich sichtbarer und dauerhafter Aufschrift anzubringen:
   „Fremdheizung darf an Füll- und Entleerstellen sowie bei Füll- und Entleervorgängen nicht eingeschaltet sein."

7. Fördereinrichtungen

7.1 Für Fördereinrichtungen müssen Werkstoffe verwendet werden, durch die Funkenbildungen nicht auftreten können, soweit diese nicht schon durch die Konstruktion der Fördereinrichtungen ausgeschlossen sind.

7.2 Bei Fördereinrichtungen müssen gefährliche Erwärmungen durch ausreichend bemessene Lager und erforderlichenfalls besondere Kühlung ausgeschlossen sein.

7.3 In der Verbindungsleitung zwischen Tank und Pumpe muß eine flammendurchschlagsichere Armatur eingebaut sein, die den Flammendurchschlag in den der Armatur nachgeschalteten Tank verhindert oder es muß eine Verblockung eingebaut sein, die sicherstellt, daß die Pumpe nur in Betrieb genommen werden kann, wenn sie mit Flüssigkeit gefüllt ist.

7.4

Für Verdichter gilt die Unfallverhütungsvorschrift (UVV) „Verdichter (Kompressoren); (VBG 16)". Für Pumpen gilt diese Unfallverhütungsvorschrift sinngemäß. Die Vorschriften des § 3 der UVV VBG 16 sind als erfüllt anzusehen, wenn die schriftliche Bestätigung des Herstellers der Fördereinrichtung darüber vorliegt, daß die Einrichtung den einschlägigen Regeln der Technik entspricht. Über die Bescheinigung nach Satz 1 hinaus bedarf es der Vorlage z. B. von Werkstoffbescheinigungen nicht. Der Sachverständige stützt sich auf diese Bestätigung. Weiterer Prüfungen bedarf es nicht; das gilt auch in bezug auf die Werkstoffe. Antriebsmaschinen für Fördereinrichtungen müssen im Gefahrfall von einer in sicherer Entfernung liegenden Stelle abgeschaltet werden können.

D. Feuerlöscher

1. Aus den Vorschriften in Rn. 10 240 (3) ist nicht abzuleiten, daß außer den nach Nr. 1 geforderten zwei Feuerlöschern auf einem Tanksattelanhänger immer ein dritter Feuerlöscher mitgeführt werden muß, da Sattelzugmaschinen in diesem Zusammenhang keine Beförderungseinheiten sind.

2. Der Feuerlöscher hat ein genügendes Gesamtfassungsvermögen nach Rn. 10 240 Abs. 1, wenn sein Inhalt mindestens 6 kg beträgt. Feuerlöscher, die ihren Inhalt unter Druck ausstoßen (d. s. die üblichen DIN-Feuerlöscher der Brandklassen ABC nach DIN EN 2), sind zur Bekämpfung von Kohlenstaubbränden nicht geeignet.

3. Am Feuerlöscher muß ein Prüfschild befestigt sein, auf dem der Name des Prüfenden und der Tag der Prüfung angegeben sind.

4. Die Feuerlöscher müssen so angebracht sein, daß sie leicht zugänglich und stets greifbar sind und daß sie bei Bedarf ohne größeren Zeitverlust abgenommen werden können.

5. Die Halterung muß rüttelsicher ausgeführt sein. Sie muß allen beim Betrieb des Fahrzeugs auftretenden Beanspruchungen genügen. Rüttelsicher bedeutet, daß die Feuerlöscher in ihrer Halterung nicht hin- und hergeschlagen werden und auch nicht durch Anstoßen aus der Haltevorrichtung herausfallen können.

---

*) Die in TRS 002 (VkBl 1987 S. 307) enthaltenen Anforderungen an die elektrische Anlage und Ausrüstung hinter der Schutzwand gelten auch über und unter Abdeckungen hinter der Schutzwand.

Technische Richtlinien Straße (TRS)	TRS
Definition für den Begriff „Aufsetztanks"	004

Zu Rn. 10 014 der Anlage B der GGVS.

Aufsetztanks sind Tanks, die ihrer Bauart nach dazu bestimmt sind, während der Befüllung, Beförderung und Entleerung mit dem Fahrzeug fest verbunden zu sein und nur im leeren Zustand auf den Fahrzeugaufbau (Pritsche, Plattform oder dgl.) gesetzt oder von ihm abgesetzt zu werden. Dieser Begriff umfaßt damit auch den Begriff „Tankwechselaufbau"

Quelle: Verkehrsblatt 1986 S. 71